长江流域新石器时代
以来环境考古

朱　诚　郑朝贵　吴　立等　著

国家自然科学基金重大研究计划（90411015）
国家自然科学基金项目（41371204、41171163、40971115、
　　40271103、40071083、49771075、49371063、41571179）
"十一五"国家科技支撑计划重点项目（2013BAK08B02、
　　2006BAK21B02）
高等学校博士学科点专项科研基金（20090091110036、
　　20050284011、2000028414）
黄土与第四纪地质国家重点实验室开放基金（SKLLQG1206、
　　SKLLQG0817、SKLLQG0503）
湖泊与环境国家重点实验室开放基金（2012SKL003）

共同资助

科学出版社

北　京

内 容 简 介

　　本书介绍了长江流域新石器时代以来环境考古研究的目的、意义、方法和成果等。本书在研究晚冰期以来湖北神农架大九湖地区环境演变的泥炭地层记录基础上，分析了长江上、中、下游新石器时代以来考古遗址时空分布、典型遗址考古地层、若干典型自然沉积地层与环境演变和人类文明演进的关系。对长江上游主要研究了重庆、成都平原、贵州、云南、青海的考古遗址时空分布和长江三峡库区、中坝遗址、玉溪遗址、大宁河流域及成都平原典型遗址考古地层特征，论述了成都平原温江红桥村遗址距今 4000 年前的水利工程特征。对长江中游主要研究了湖北江汉平原荆州江北农场新石器时代以来自然沉积记录，分析了湖北、湖南、江西等长江流域区新石器时代以来的遗址时空分布变化规律；讨论了湖北荆门沙洋钟桥遗址、天门石家河遗址与郧县辽瓦店遗址揭示的全新世环境演变与人类活动的关系。对长江下游主要研究了长江三角洲、南京林峰桥、宝华山地区、高淳县胥溪河环境演变记录，并与浙江天目山千亩田泥炭地层的全新世环境演变记录作了对比分析，在此基础上研究了上海马桥、江苏宜兴骆驼墩、高淳薛城、海安青墩、东台陶庄与开庄等典型遗址区新石器时代以来环境演变与人类文明演进的关系。

　　本书除可供环境考古、第四纪环境演变、自然地理学、地貌与第四纪地质学教学科研参考外，对当前环境考古具有较高参考价值，也可供高等院校师生和考古部门及博物馆工作人员参考。

　　本书封面照片由朱诚提供；封底照片上方左侧长江上游忠县中坝遗址全景照片由孙智彬提供，其余由朱诚提供。

图书在版编目（CIP）数据

长江流域新石器时代以来环境考古/朱诚等著. —北京：科学出版社，2015

ISBN 978-7-03-047350-9

Ⅰ.①长… Ⅱ.①朱… Ⅲ.①长江流域-新石器时代文化-文化遗址-研究 Ⅳ.①K878.04

中国版本图书馆 CIP 数据核字（2015）第 029414 号

责任编辑：胡　凯　周　丹　沈　旭／责任校对：张小霞　何艳萍
责任印制：张　倩

科 学 出 版 社 出版
北京东黄城根北街16号
邮政编码：100717
http://www.sciencep.com

北京利丰雅高长城印刷有限公司　印刷
科学出版社发行　各地新华书店经销
*
2015 年 12 月第 一 版　开本：787×1092　1/16
2015 年 12 月第一次印刷　印张：42 3/4
字数：1 000 000
定价：498.00 元
（如有印装质量问题，我社负责调换）

序　言

　　全新世环境演变与人地关系研究是当前全球变化研究的核心问题之一。长江是世界第三大河，是中华民族的母亲河，也是中华文明的重要孕育流域。长江流域现有 4 亿多人口，是我国重要经济区，但也是受洪涝、干旱、海侵等灾变事件影响较大的灾害多发区。从全流域角度入手，研究长江流域新石器时代以来环境演变对人类文明演进影响，无论是在理论上还是实践上均有重要科学意义。

　　本书作者及其科研团队自 1993 年以来，在多项国家自然科学基金（含重点项目）、高等学校博士学科点专项科研基金及科技部国家科技支撑计划项目资助下，对长江流域新石器时代以来人地关系进行了坚持不懈的系统性环境考古研究。本专著的学术贡献主要体现如下：

　　1. 针对全新世人地关系研究的难点，作者主要从三方面开展了环境考古研究：一是分别从上、中、下游入手，在广泛收集考古发掘资料和现场调查基础上，开展了对全流域各省市新石器时代考古遗址时空分布变化与地貌和环境演变关系的研究，其中采用了 GIS 制图和先进软件的分析手段，使各时期人类遗址在分层设色地形图上能清晰突显，增强了研究成果的可信度和可读性。二是对长江上、中、下游典型遗址地层作了深入细致的年代学、微体古生物学、沉积学和地球化学代用指标分析，获取了遗址地层中灾变事件对人类影响的重要记录。三是对全区典型自然沉积的全新世泥炭地层和河湖相沉积记录作了高分辨率的年代和孢粉学等研究，重建了全新世古气候与古生态环境，并将其与遗址地层作了对比集成研究。上述研究方法在环境考古领域具有独特创新性和很高的可信度，获得的研究成果系统性和整体性强。

　　2. 该著作的另一贡献是，长江流域长达六千多年的新石器时代是无文字记载的史前时期，如何阐明该时段环境演变对人类影响这一人地关系是一个难题，作者从遗址地层和自然沉积地层对比研究中，提取出古洪水和古海面变化等灾变事件对人类生存影响研究的成果具有显著特色。由于有丰富的 AMS[14]C 测年数据和孢粉、有孔虫等微体古生物及代用指标实验证据，该项研究成果的科学性强、可信度高。

　　3. 该专著对长江流域新石器时代以来环境考古研究的贡献还表现为：在上游地区，作者利用参加长江三峡工程抢救性考古发掘和主持国家自然科学基金重点项目及面上项目之际，着重开展了对全国十大考古发现之一的中坝遗址以及三峡库区玉溪遗址、双堰塘遗址、张家湾遗址和成都平原温江区红桥村遗址、郫县马街遗址、新津县宝墩遗址等的考古地层学、年代学、沉积学和古生物学环境考古研究，与此同时还与神农架大九湖泥炭地层高分辨率的年代及孢粉气候转换函数作了集成对比研究，定量重建了该区一万年来古气候变化序列及其与古洪水、生物多样性及人类文明兴衰变化的关系。在长江中游，作者在遗址时空分布变化研究基础上，主要对重点考古遗址如沙洋钟桥遗址、辽瓦店遗址、石家河遗址等作了考古地层学、年代学、沉积学、地球化学等多指标分析,并与江汉平原荆州江北农场全新世湖相沉积剖面高分辨率的年代和孢粉学研究相结合,弄清了全新世尤其是无文字记载的史前这六千多年来的环境演变和古洪水、古干旱等灾变事件对人类影响的过程。在长江下游,通过对长江三角洲遗址时空分布变化及上海马桥遗址、宜兴骆驼墩遗址和河姆渡等重点遗址的考古地层学、年代学、海相微体古生物鉴定,以及与天目山千亩田、南京林峰桥等全新世自然沉积地层高分辨率年代和地层学综合研究,提出了华东沿海在 7 ka BP 之前的全新世初经历过高海面、5~4 ka BP 经历过低海面和干旱期、4 ka BP 前后经历过显著的古洪水事件等新的学术观点,上述观点近年已得到国外同行学者高水平研究成果的证实。

　　该著作是作者及其科研团队近 20 年坚持不懈对长江流域环境考古研究的劳动结晶,其中很多成果已在国内外高水平杂志上发表,并得到学术界的高度认可。相信该专著的出版将有力推动我国全新世环境演变和人地关系研究的进展。

中国科学院院士:李吉均

2015 年 9 月 12 日

前　言

全新世环境演变与人类活动相互关系已成为 Future Earth（未来地球计划）和 PAGES（过去全球变化）研究的核心内容。环境考古是以"人"为研究核心，将所有的文化遗存都置身于生存环境背景下，通过分析考古地层遗存和自然沉积地层所记录的古气候、古植被与古环境等特征，来揭示人类与环境的相互关系。正如著名考古学家苏秉琦先生所言："环境考古是一门新产生的交叉学科，它的任务不是单纯研究自然界的进化，而是研究人与自然的关系。环境考古学的目的就在于从历史的角度阐述人类依附自然、利用自然、保护自然、最终回归自然的辩证关系"。纵观近年国内外研究的进展，环境考古在全新世环境演变与人地关系研究中无疑扮演了重要角色并已获得丰硕成果。

长江是世界第三大河，发源于青藏高原唐古拉山，其干流流经青海、西藏、云南、四川、重庆、湖北、湖南、江西、安徽、江苏和上海共 11 个省、市和自治区，支流延伸至 8 个省和自治区境内，养育了我国 4 亿多人口。在长江流域发现有约 12.5 ka BP 新旧石器过渡时期的江西万年仙人洞稻作和制陶业遗址遗存、约 10.0 ka BP 湖南道县玉蟾岩稻作遗存。新石器时代以来，长江流域更是物华天宝、人杰地灵，正是在这条中华民族的母亲河流域，繁育出众多的史前文化。因此，长江流域是中华民族和中华文明的重要发源地。长江流域存在大量新石器时代以来的典型考古遗址并蕴含有自然环境演变记录的泥炭地层，这为我们利用环境考古研究新石器时代以来人类文明发展与环境演变及灾变事件等人地关系提供了极好的高分辨率研究题材，长江流域在开展典型地区环境考古研究中具有鲜明的代表性。

在研究中我们发现以下科学问题值得重视：长江流域为何是中国流经省份最多且养育中华民族人口最多的母亲河？长江流域为何是全新世以来新石器时代先民和古文化遗址保留最丰富的流域？长江流域全新世新石器时代文化遗址分布特征及其发展变化的过程是什么？长江上中下游新石器时代文化遗址分布有何异同、与构造运动和海拔高程变化及河流地貌差异和洪水灾害有何联系？目前长江三峡大坝拦沙水位上涌（长江三峡大坝上游海拔 170 m 以下的考古遗址已经全部淹没于水面以下）对人类遗址保护和江湖失衡有哪些影响？洪水在河道修复中的作用及四川都江堰和温江红桥村遗址古水利工程给我们的启示是什么？对上述科学问题的探索，将有助于我们对长江流域全新世环境考古的科学认识。

本书是作者自 1993 年以来，从"长江中下游地区一万年以来环境考古与自然灾害研究"国家自然科学基金项目研究起步，在多项国家自然科学基金、高等学校博士学科点专项科研基金和国家科技支撑计划重点项目等多项经费资助下完成的科研成果。通过大量野外调查和室内多指标实验分析，系统开展了对长江流域新石器时代环境演变和人地关系的环境考古研究，取得一些重要的研究成果：一是对长江流域新石器至夏商周时代人类考古遗址时空分布作了系统研究,根据考古界的发掘资料,将新石器至夏商周时代人类遗址的时空分布变化用 GIS 研究手段和高分辨率、高清晰度的矢量化分层设色地形图体现出来,揭示了长江流域新石器至夏商周时期人类遗址时空分布变化与河流地貌演变和海侵事件之间的关系。二是对长江流域典型人类考古遗址地层进行了年代学、考古学、微体古生物学、地层学、沉积学和地球化学等各类环境代用指标的系统研究:其中长江上游重庆市忠县中坝遗址地层厚 12.5m,地层年代具有从新石器时代→夏商周→春秋战国→汉代→南朝→唐宋元明清→近现代约五千年以来的考古遗址地层,出土的器物数量超过 20 万件,种类包括陶器、石器、骨器、青铜器、瓷器、铁器等,动物骨骼数量和种类较多,测年信息丰富(含大量埋藏古树和炭屑等),古洪水沉积记录典型。从科学意义上看,对该项目研究有利于我国新石器时代典型标志性遗址剖面的建立和全新世人地相互作用研究的进展;有利于弄清长江上游地区全新世人类活动史、古洪水史、人类活动对动植物多样性变化的影响过程及对全球变化的区域响应特征,并为探索全新世人与自然相互作用研究提供新的尝试和研究方法。该项研究揭示了新石器时代以来长江上、中、下游典型研究区各时期人类生存环境演变、社会生产力水平与古洪水和海面变化等灾变事件的关系。三是将长江流域全新世典型自然沉积地层如神农架大九湖泥炭地层、天目山千亩田泥炭地层、南京林峰桥沉积剖面、江汉平原荆州河湖相沉积等剖面地层自然环境演变的记录,与典型人类考古遗址地层做了集成对比研究,揭示了区域人地关系互动及其对全球变化的响应过程。

本书内容分别由以下人员完成:

朱诚(前言,第 1 章,第 2 章第 1、2、3、4、6 节,第 3 章第 1、3、4 节,第 4 章第 1、2、3、4、5、7、8、9 节,第 5 章,第 6 章第 2、3 节,第 7 章第 1、2 节,第 8 章第 1、2、3 节,第 9 章第 2、4、5、6 节,第 10 章,第 11 章);郑朝贵(第 1 章,第 2 章第 1 节,第 3 章第 2 节,第 4 章第 4 节,第 6 章第 2 节,第 8 章第 1、4 节,第 9 章第 1、2、4、5、6 节);吴立(前言,第 1 章,第 3 章第 1、3 节,第 4 章第 8 节,第 5 章第 1、3 节,第 6 章,第 7 章第 1、2 节,第 9 章第 1、2、3、4、5 节,第 10 章第 3、4、6 节,第 11 章);马春梅(第 2 章,第 4 章第 1、4 节,第 6 章第 3 节,第 8 章第 4 节,第 9 章第 6 节);夏正楷(第 4 章第 8 节);史威(第 3 章第 1 节,第 4 章第 1 节,第 8 章第 2 节,第 10 章第 4 节);李中轩(第 6 章第 1、5 节,第 7 章第 3 节,第 10 章第 2 节);李兰(第 7 章第 1 节,第 9 章第 2 节,第 10 章第 2、3 节);朱光耀(第 4 章第 6 节,第 9 章第 3 节);王鑫浩(第 3 章第 4 节,第 11 章);于世永(第 2 章第 2 节,第 8 章第 1 节);宋友桂(第 8 章第 2 节);贾玉连(第 6 章第 4 节);李枫(第 5 章第 1、3 节,第 7 章第 1 节);张广胜(第 6 章第 4 节,第 7 章第 3 节);张强(第 4 章第 5 节);孙伟(第 5 章第 1 节,第 6 章第 3 节,第 9 章第 3 节);陈星(第 2 章第 3、4 节);黄润(第 3 章第 5 节);张芸(第 4 章第 5 节);孙智彬(第 4 章第 1、2 节);白九江(第 3 章第 2 节,第 4 章第 4 节);尹茜(第 2 章第 5 节,第 8 章第 4 节);李开封(第 3 章第 4 节,第 10 章第 6 节);高华中(第 4 章第 1 节);黄林燕(第 4 章第 1 节);黄蕴平(第 4 章第 2 节);R. K. Flad(第 4 章第 2 节);齐士峥(第 5 章第 1 节);龚琪岚(第 5 章第 1 节);张文卿(第 5 章第 2 节);钟宜顺(第 6 章第 2 节);李冰(第 7

章第 2 节）；唐领余（第 9 章第 6 节）；徐佳佳（第 4 章第 7、8、9 节，第 6 章第 4、5 节）；朱青（第 10 章第 4 节）；王富葆（第 10 章第 4 节）；赵泉鸿（第 10 章第 6 节）；田晓四（第 4 章第 3 节）；江章华（第 3 章第 3 节，第 4 章第 9 节）；黄明（第 4 章第 7、8、9 节）；杨占风（第 4 章第 8 节）；蒋赞初（第 10 章第 5 节）；濮阳康京（第 8 章第 3 节）；张娜（第 4 章第 7 节）；贾天骄（第 4 章第 8 节）；陆福志（第 4 章第 9 节）；蔡天赦（第 4 章第 9 节）；何琨宇（第 4 章第 9 节）。

本研究多次得到国家自然科学基金项目资助，并得到了江苏、四川、重庆、湖北、湖南、江西、河南、安徽、上海、浙江和贵州等各省市县考古部门的支持和协助。感谢成都文物考古研究所副所长/成都博物院副院长江章华先生、四川省文物考古研究院考古研究所所长孙智彬先生、重庆市文化遗产研究院副院长白九江先生、湖北省文物考古研究所副所长孟华平先生、南京博物院考古研究所原所长张敏先生和南京大学历史学院副院长水涛教授在长江流域新石器至青铜时代典型考古文化类型研究方面提出的宝贵建议，同时感谢蒋赞初、吴建民、林留根、宋建、刘辉、丁金龙、王子健、何汉生、何琨宇、黄明、曹波、赵小帆、王海明、邵九华等考古学界同仁的合作与支持。李吉均院士在百忙之中抽空审阅全书并为之作序，崔之久教授和许世远教授多年来对该项研究给予大力支持，作者在此深表感谢！本书撰写参阅了大量文献，虽一一列出，然仍恐挂一漏万，在此热忱期望同行与读者不吝赐教。

谨以此著献给世代生活在长江流域勤劳善良的人民和祖先。

作　者

2015 年 9 月 25 日

目　录

第一章　长江流域新石器时代环境
考古研究的意义

第一节　研究目的和意义

一、研究目的

本专著是作者承担的国家自然科学基金重大研究计划项目"长江三峡地区全新世典型遗址与自然沉积剖面的环境考古研究"（批准号：90411015）和多项国家自然科学基金面上项目"四川三星堆文明消失和金沙文明兴起成因的环境考古研究"（批准号：41371204）、"气候–海面变化对江苏新石器时代文明进程影响的环境考古研究"（批准号：41171163）、"江汉平原早中全新世古洪水事件考古地层学研究"（批准号：40971115）、"长江三角洲七千年以来环境质量变化的考古地层记录研究"（批准号：40271103）、"长江三角洲全新世海侵和洪涝事件序列环境考古研究"（批准号：40071083）、"长江三角洲全新世初至商周时代灾变事件对人类生存影响"（批准号：49771075）、"长江中下游地区一万年以来环境考古与自然灾害研究"（批准号：49371063）等以及其他项目共同资助的总结性研究成果。在对长江流域上、中、下游新石器时代以来自然沉积地层和典型考古遗址地层的精确定年及孢粉学、地球化学、沉积学、微体古生物学、环境磁学、重矿物组合与形态等多环境指标信息的高分辨率提取基础上，通过结合 GIS 空间分析支持下的考古遗址时空分布变化与自然环境演变、古洪水、海侵等环境灾变事件的对比研究，探讨本区不同文化断层的成因，恢复文化层和文化断层堆积时的气候与环境变化特征，探讨环境演变与人类活动之间的耦合关系，分析长江流域新石器时代和历史时期考古遗址时空分布规律，从地理学、考古学、历史学等学科综合角度重点探讨长江流域上、中、下游不同地区新石器时代以来人类文明的孕育发展与河流地貌演变、洪涝灾害及海面变化之间的关系，并建立可供今后对比之用的全新世以来本区若干标志性自然剖面地层。

二、研究意义

（一）理论意义

1）为全球变化研究提供可供对比的高分辨率区域环境演变和人地相互作用记录

长江流域是新石器时代（即新仙女木事件结束至文字出现之前的史前时代）人类活动与自然环境演变较为典型的地区，是我国经济最为发达的地区之一，同时也是中国西部青藏高原与东部长江三角洲、东部沿海与中西部内陆腹地古代文化相互交流、相互碰撞的一个重要区域。本区自新石器时代以来拥有数量众多的古文化遗址，区域古文化发达，是中华文明孕育和发展的重要地区之一；具有多种环境背景的史前及历史时期文化堆积，文化脉络清晰，时间序列完整，在 PAGES 研究中具有鲜明的代表性。同时，区内具有典型的全新世以来文化间歇层、海相层、洪积层、含泥炭和埋藏古树的自然沉积地层，保留了丰富的环境演变信息。因此，对考古遗址与典型自然沉积剖面的集成研究，有利于获得区域高分辨率环境演变和人地相互作用的信息记录，有利于推动全球变化的区域差异和区域对比研究进展。在利用长江流域不同区域代表性自然沉积记录恢复重建流域全新世环境序列的基础上，将聚落遗址时空分布特征与区域自然环境演变序列有机结合，探讨古遗址时空分布变化对环境变迁的响应关系，这不仅有助于过去全球变化（PAGES）的区域差异研究，而且对揭示本区新石器时代以来人地关系系统演变的历史规律和内在机制、协调现今人地关系都具有十分重要的意义，同时对进一步认识区域文化的发展、传播和变迁亦具有重要作用。

2) 对环境考古研究方法的探索

环境考古是在传统考古学和第四纪地质学基础上发展起来的，主要以考古地层学和地质学的方法作为基础。环境考古是自然科学和人文社会科学交叉研究的新领域，它将为各种新技术新方法的应用提供广阔的空间。GIS 空间分析技术支持下的聚落环境考古研究、遥感技术支持下的遥感环境考古理论与实践研究、遗址时空分布与典型自然地层集成对比研究等方法的应用将逐步推动环境考古研究方法和手段的进展。

（二）实践意义

长江流域是环境敏感和灾害多发地带。洪涝灾害、海侵和潮灾一直是该地区难以排除的隐患，长江中下游地区是我国社会经济最发达的地区之一，华东、华中和西南三大区国民生产总值占全国的 40% 左右，水患一旦成灾，对人民生命财产和经济建设将造成巨大损失。1998 年洪水全国共有 28 个省（含自治区和直辖市）遭受了不同程度的洪涝灾害，据各省统计，农田受灾面积 2229 万平方公顷（3.34 亿亩）、死亡 4150 人，倒塌房屋 685 万间，直接经济损失 2551 亿元，长江中下游干流和洞庭湖溃垸 1075 个，淹没面积 32.1 万公顷、耕地 19.7 万公顷（黄健民和徐之华，2005）。1991 年 6～7 月，太湖流域连遭暴雨，使环太湖两省一市（江苏、浙江、上海）灾情严重，受涝面积超过 540 万公顷，成灾面积 300 万公顷，灾害造成的直接经济损失近 100 亿元，间接经济损失达 200 亿元。因此，研究长江流域的洪灾成因及其治理、全新世古洪水发生的周期和规律已成为国内外专家目前研究的重要课题。本书作者在基于对长江流域各省市新石器时代以来人类遗址时空分布 GIS 研究的基础上，在长江上游，与四川省和重庆市考古部门合作，利用参加长江三峡工程抢救性考古发掘之机，对长江三峡库区中坝、玉溪、张家湾和双堰塘等重要考古遗址地层，从考古遗址文化断层成因分析入手，将遗址区现代洪水层与遗址地层中的古洪水层作了比对研究。在此基础上，根据对神农架大九湖泥炭地层年代测定、孢粉鉴定和区域地表孢粉-气候转换函数的研究，定量重建了该区全新世以来气温和降水变化过程，揭示了该区遗址地层中古洪水事件发生的主要年代和特征规律。在长江中游，本书作者与湖北省考古部门合作，重点分析了新石器时代石家河遗址、沙洋钟桥遗址、辽瓦店遗址等考古地层记录的古洪水时代及其对人类文明演进的影响，并结合对荆州江北农场河湖相沉积地层的年代学、孢粉学和地球化学研究，探讨了新石器时代以来环境演变对江汉平原人类文明兴衰的影响。在长江下游地区，作者与江苏省、浙江省、安徽省和上海市考古部门合作，重点对浙江河姆渡、上海马桥、江苏海安青墩、宜兴骆驼墩、苏州澄湖、高淳薛城、张家港东山村等遗址地层蕴含的古洪水、古水井和海相层进行了年代学、微体古生物学、沉积学和地球化学等多指标的研究，并与南京林峰桥和宝华山沉积剖面、天目山千亩田泥炭地层记录等作了对比研究，揭示了长江三角洲地区全新世以来高海面和古洪水事件发生的年代。上述成果，为科学界和政府部门了解长江流域一万年以来环境演变和人地关系，尤其是古洪水和海面变化事件对人类影响的历史过程，为长江流域各级政府部门在当前全球变暖、海面上升、环境污染、长江三角洲地区地面沉降背景下，如何应对未来全球变化和人类活动影响加剧的挑战、建立可持续发展的和谐社会提供了科学决策的重要依据。

第二节 研究方法、思路和内容

一、研究方法与思路

本书采用的研究方法主要有：GIS 空间分析法，年代学、沉积学、孢粉-有孔虫等微体古生物学、地球化学、环境磁学等相结合的研究方法、数理统计分析法、文献资料考证分析法等（表 1.2.1）。其中，长江流域新石器至青铜时代各典型考古学文化年代均以王巍先生主编的《中国考古学大辞典》为标准（王巍，2015），但已发表的内容仍采用原文的年代。

表 1.2.1 研究技术方法体系

技术方法	技术构成	研究目的	研究性质
GIS 空间分析	空间查询 空间统计 叠置分析 缓冲区分析 三维空间分析	遗址数量 居住面高程 遗址所处的地貌类型 遗址分布密度 遗址域范围 遗址分布空间相关性	定量/定性
年代学分析	^{14}C 测年 $AMS^{14}C$ 测年	断代 定年	定量

续表

技术方法	技术构成	研究目的	研究性质
环境代用指标分析	孢粉学 海相微体古生物学 地球化学 环境磁学 重矿物 粒度分析	植被演变 海面变化 气候变化 人类活动 沉积环境事件 沉积环境	定量/定性
数理统计分析	相关分析 聚类分析 主成分分析	遗址时空分布与自然环境演变相关性 全球变化区域响应	定量/定性
文献分析	系统分析 统计分析 定性分析	人类活动 海面变化 环境演变 环境灾变	定量/定性

本专著的技术路线及主要研究思路见图 1.2.1。

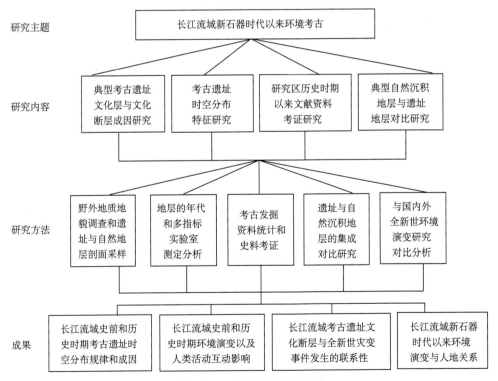

图 1.2.1   研究技术路线框图

二、研究内容

（1）长江流域典型全新世自然沉积地层如神农架大九湖泥炭、天目山千亩田泥炭、南京林峰桥剖面、江汉平原湖相沉积剖面地层等自然环境演变的记录，与人类典型考古遗址地层的对比集成研究：尤其是对神农架大九湖泥炭的研究，利用地表孢粉与气候转换函数，并结合大九湖地层孢粉的高分辨率研究，定量重建了该区末次冰期以来气温和降水变化的历史过程，揭示了人地关系的互动影响过程，重建了新石器时代长江流域人地关系及其对全球变化的响应。

（2）长江流域新石器至夏商周时代人类考古遗址时空分布的研究：根据考古界的发掘资料，将新石器至夏商周时代人类遗址的时空分布变化用 GIS 研究手段和高分辨率、高清晰的矢量化分层设色地形图体现出来，揭示长江流域新石器至夏商周时期人类遗址时空分布变化与河流地貌和环境演变的关系。通过对长江三角洲地区新石器时代遗址时空分布图的制作并与考古遗址地层结合研究的结果，揭示该区全新世经历的高海面和低海面的时代，通过各时期遗址分布数量和海拔的分析，揭示人类文明兴衰的过程及其与河流地貌演变和古洪水及海面变化事件的联系。

（3）长江流域典型人类遗址考古地层年代学、考古学、微体古生物学、沉积学和地球化学等各环境代用指标的系统研究：通过研究揭示新石器时代以来长江上、中、下游典型遗址区各文化时代人类生存的环境和当时社会生产力的水平。通过对遗址地层中出土的不同时代大量动植物遗存统计分析，弄清新石器时代以来该区生物多样性变化以及人类活动对其影响的过程。通过对遗址地层中文化堆积的间歇层（文化断层）的多指标鉴定分析，弄清各文化断层的成因及其与古洪水和海面变化的联系。通过对太湖地区大量新石器时代以来湖底古水井井口和井底标高的 GIS 和 GPS 海拔时空分布变化的测量，探讨了长江三角洲地区全新世海面变化的历史过程。通过对考古地层中自然淤积层的锆石扫描电镜下表面形态特征和重矿物组合分析，结合对当地现代洪水层的多指标对比研究，判定考古遗址地层中的古洪水层特征。

上述三个方面研究内容是紧密联系、相辅相成的。第一项研究是先导与前提，因为环境考古研究的人类遗址地层在形成过程中或多或少、不可避免的会因为人为扰动而造成某些时代地层的缺失，因而只有通过对研究区内典型自然连续沉积地层环境演变背景记录的集成对比研究，才能较好揭示区域古人类活动与古环境之间的相互关系，是后续两个方面研究的基础。第二项研究有助于了解人类文明从诞生到发展的过程，即考古学文化源与流的问题，以及人类遗址时空分布变化与地质地貌、环境变迁等自然地理要素之间的关系。第三项研究则有助于从垂向考古地层学角度，结合环境演变背景和遗址时空变化，综合系统地揭示研究区内不同时代的人地关系，特别是环境-文化系统互动响应与演进的规律。这也符合周昆叔先生在"中国第四届环境考古学大会"上提出的中国环境考古的根本任务：从中国环境的特点去诠释中国文化的特点（周昆叔和莫多闻，2007）。

第二章　晚冰期以来湖北神农架大九湖地区环境演变的泥炭地层记录研究

环境考古研究对象以"人"为核心。长江流域众多典型考古遗址地层中蕴含丰富的环境演变包括灾变事件与人类活动过程记录，但考古遗址地层由于受人类活动影响，仅凭对考古地层的研究难以确定长江流域新石器时代以来以自然界本身为背景的环境演变情况。有鉴于此，作者首先选择了受人类活动影响较小、具有高分辨率测年和孢粉微体古生物材料连续沉积的神农架大九湖泥炭沉积地层，重点进行了年代学、微体古生物学、孢粉气候因子转换函数和地球化学等环境代用指标的分析研究。

第一节　神农架大九湖泥炭剖面概况

一、区域地理环境

（一）地理位置

神农架位于湖北西部，西与大巴山脉相接，北临房县与武当山脉相邻，东与保康、兴山相连，南濒巴东隔长江与武陵山区相望，卧长江之北、汉水之南的广阔地带上，地理位置为东经 $109°56'\sim110°58'$，北纬 $31°15'\sim31°57'$ 之间。大九湖盆地位于神农架林区的最西部，地理坐标为东经 $109°56'\sim110°11'$，北纬 $31°33'\sim31°34'$，行政区划上属于湖北省神农架林区大九湖乡，存在同属于三峡地区北亚热带的典型泥炭沼泽沉积地层（距三峡奉节鱼腹浦遗址仅 100 km 左右）。

（二）地质地貌背景

神农架是一个非常古老的地块，自太古代起就有成陆的历史，后又几经沧海桑田，始成今日模样。从大地构造上看，它隶属于扬子准地台（扬子板块），为一地盾似的隆起（湖北省神农架林区地方志编纂委员会，1996）。从地质构造看，它为一复背斜，主轴大致东西走向，由于多次地壳运动的作用，许多次一级的断层大致呈南北走向与背斜轴部相交或斜切。

在距今约 30 亿年前的太古代，神农架海槽遭受吕梁运动的影响上升隆起，成为最早的原始穹形山地，并一直屹立于原始海中达 20 亿年之久。到新元古代，神农架再次沉降，没入海中直到古生代的泥盆纪，海西运动使之逐渐脱离海侵成为陆地。后又数次升降，小规模的海侵海退，一直到古生代末和中生代初，印支运动发生，才使得神农架彻底脱离海洋而再次成为陆地。当时其地形比较平坦，尚无高大山川发育。中生代侏罗—

白垩纪发生的燕山运动使得神农架地层不断抬升，并强烈褶皱，形成现有地质构造与地貌框架。新生代的喜马拉雅运动使这种框架进一步稳定，并继续上升。第四纪新构造运动显然继承了喜马拉雅运动的特点，表现为间歇性上升，至今犹未止息。进入第四纪以来，神农架的新构造运动总体表现为在总体隆起的背景上，沿北北东方向间歇式拱曲上升。在构造抬升阶段，以造山作用为主导；当构造运动比较平静时，流水侵蚀、剥蚀作用相对活跃，地表形成多级夷平面。在神农架有五级夷平面，它们的海拔分别为3000 m、2500 m、2100 m、1700 m、800～1000 m。神农架山体顶部一般比较平坦、开阔，是古老夷平面的残留部分。海拔较高的两级夷平面可能形成于第三纪，其他海拔较低的三级夷平面则形成于第四纪（湖北省神农架林区地方志编纂委员会，1996）。

本区出露地层主要是比较古老的沉积岩，间有少量变质岩与火山岩。元古界神农群是最为古老、分布最为广泛的地层，为一碳酸盐岩、碎屑岩夹火山岩建造，构成古老的基底。震旦系环绕神农群基底的边缘分布，少数覆盖其上，为一套碳酸盐质砂砾岩、冰碛砂砾岩和泥岩、硅质和碳质页岩、磷灰岩和碳酸盐岩。早古生界的寒武系、奥陶系和志留系也有广泛分布，大都覆于神农群与震旦系之上，主要是白云岩、石灰岩、碳质和硅质页岩、粉砂岩。一般来说，石灰岩和砂页岩是这里的主要岩石类型，前者大都构成中高山，后者大都构成低山丘陵。

神农架地区地貌营力组合主要为构造上升与流水侵蚀。由于新构造运动一直处于间歇性上升状态，而且其幅度相当大，因此在地貌营力组合中，内营力居主导地位，现代流水作用尚未充分进行，只是下蚀作用明显，故而使得神农架呈现以山地为主的地貌结构。

神农架在"中国地貌区划"中属于大巴山高山，是我国地势第二阶梯的东部边缘，属秦岭大巴山脉的东延部分，山脉大致呈东西走向。

神农架境内总的地势是西南部高东北部低，山势高大，山峦叠嶂，山峰挺拔，深谷纵横，绝壁高悬，素有"华中屋脊"之称。这里海拔2900 m以上的山峰有12座，最高峰神农顶海拔3105.4 m，是华中地区最高点，故有"华中第一峰"的美誉。区内最低点位于下谷乡石柱河，海拔398 m，与神农顶的相对高差达2707.4 m（湖北省神农架林区地方志编纂委员会，1996）。整体地貌以神农顶等高峰为中心，岭脊向四方延伸，构成长江与汉水的一级分水岭。

神农架除了发育山地地貌和流水地貌外，还发育了喀斯特地貌（何报寅等，2003），主要有漏斗和洼地、坡立谷、峰丛、天生桥等。

（三）气候

神农架山体高大，位于我国东部北亚热带季风气候区内，因此其气候除了主要受季风环流系统控制外，还受到地形的强烈影响。因地形多变，坡地的方位和坡度不同，并由此产生太阳辐射强度、土壤湿度、植被盖度和风力大小等各异，形成多样的小气候环境。其自然地理条件和植物分布等在垂直和水平方向的气候方面亦有差异。就大、小神农架主体而言，其垂直气候带大体上可分为亚热带（海拔1500 m以下）、暖温带（1500～2600 m）和温带（2600 m以上）三个生物气候带。

总的来说，神农架冬季温和略显干燥，夏季温暖多雨，属温和湿润的山地季风气候类型。通常七月气温最高，一月最低。同时，这里降水丰沛，年降水量1200～2000 mm。受地形影响，气温和降水的垂直变化都非常明显。海拔愈高，气温愈低，降水愈多。不同海拔之间的年均温、七月均温、一月均温、降水量都有很大的差别。表2.1.1给出了阳日湾、松柏镇和大九湖三个不同海拔观测站气温和降水的多年观测值。

表 2.1.1 不同海拔的气温和降水的多年观测值（据《神农架志》整理）

观测站	海拔/m	年均温/℃	七月均温/℃	一月均温/℃	年降水量/mm
阳日湾	420	14.5	26.0	2.4	1300
松柏镇	900	12.0	23.0	0.0	1400
大九湖	1700	7.2	17.2	−2.4	1560

从多年观测资料可知，神农架海拔每升高100 m，年均温和七月均温就下降约0.64℃，一月均温则下降得要小一些；而年降水量的垂直递增率为20～25 mm/100 m。神农架降水季节分配不均，大部分降水都集中在受夏季风控制的5～9月。如阳日湾5～9月降水近800 mm，占全年降水量的61.5%；松柏镇同期降水约1000 mm，占全年降水的64.1%。

综合主要气候因子（中国科学院武汉植物研究所，1980）可得出神农架地区总的气候特点是：低海拔地区温暖湿润，水热条件好；干湿季节分明，11月至次年4月为干季，5～10月为湿季；蒸发量（1200～1500 mm）大于降水量（819～1129 mm）；空气相对湿度小（75%以下）；温差大。高海拔地区低温高湿，夏季云雾缭绕，冬季冰雪覆盖；降水量大于蒸发量，没有明显的干湿季节；空气相对湿度大（85%以上）；温差小。以南北坡同一海拔的气温和降水量相比，南坡高于北坡。

（四）植被

1. 植物区系组成

神农架处于我国北亚热带，是南部亚热带与北部暖温带的过渡地带，又是从我国东部低山丘陵向西部高原山地的过渡区域。地理位置决定了具有复杂多变的气候条件，植物丰富多彩，既有热带、亚热带成分，又含温带、暖温带成分。据中国科学院武汉植物研究所（1980）调查统计，植物区系主要成分如下：

（1）西南—大巴山脉成分：神农架属于大巴山系，是大巴山脉的东缘，因此其植物成分与大巴山脉和川东地区最为密切，包含较多的云贵高原、四川盆地尤其川东山区的类群。一些较大的科属中的种或相近种以及许多特有种属是共有的。例如楠木（*Phoebe* spp.）、杜仲（*Eucommia ulmoides*）、领春木（*Euptelea pleiosperma*）、连香树（*Cercidphyllum japonicum*）、华西枫杨（*Pterocarya insignis*）、米心水青冈（*Fagus engleriana*）、峨眉蔷薇（*Rosa omeiensis*）、铁坚杉（*Keteleeria davidiana*）、巴山冷杉（*Abies fargesii*）、巴山松（*Pinus henryi*）等。

（2）西北—秦岭山脉成分：秦岭南坡为我国北亚热带的北缘，而秦岭武当山脉与神农架山脉相连，鄂北武当山乃秦岭山脉的余脉。因此，神农架的植被组分在一定程度上受西北—秦岭山脉成分的影响，其代表植物有华山松（*Pinus armandii*）、白皮松（*Pinus bungeana*）、秦岭冷杉（*Abies chensiensis*）、黄连木（*Pistacia chinensis*）、红桦（*Betula albo-sinensis*）、山杨（*Populus davidiana*）、太白械（*Acer givaldii*）等。

（3）华中区系成分：神农架山脉东连我国东部低山丘陵，南临长江三峡，具有华中气候特征，因此植物成分与华中区系密切相关。其代表植物有：马尾松（*Pinus massoniana*）、穗花杉（*Amentotaxus argotaenia*）、青檀（*Pteroceltis tatarinowii*）、鹅掌楸（*Liriodendron chinense*）、腊梅（*Chimonanthus praecox*）、八角枫（*Alangium* spp.）、中华猕猴桃（*Actinidia chinensis*）等。

（4）神农架特征植物：由于神农架山大地阔，峰高谷深，地形复杂，气候多变，高山地带雨量充沛，经常云雾缭绕，湿度较大，这种特殊性必然反映到植物区系上，孕育和滋长着鄂西山地或神农架地区特征种类，代表植物有：湖北鼠李（*Rhamnus hupehensis*）、湖北无尾果（*Coluria henryi*）、湖北羊蹄甲（*Bauhinia hupehana*）等。

上述四种植物区系成分，均在神农架山脉汇合，它们的主要建群种常组成大面积的纯林或组成针阔叶混交林，成为鄂西神农架山脉的主要森林资源。

2. 植被垂直分布规律

神农架是我国东南部低山丘陵至西部高山以及青藏高原的一级中间阶梯，具有明显的植被垂直分布。其垂直带谱的结构，大体上与大巴山北坡和秦岭南坡植被的垂直带谱相似。海拔由低到高可分带如下：

A. 常绿落叶阔叶混交林带

分布在神农架山脉北坡海拔 400～800 m、南坡 200～800 m 地带。本带可划分为 3 个亚带：

A1. 农垦地亚带

分布在 800 m 以下的低山丘陵，由于人类长期经济活动，多已开垦为农田，种植农作物或果园和经济林。

A2. 含有常绿阔叶林的落叶阔叶林亚带

分布在神农架山脉南北坡海拔 800～1500 m 的低山地带，常绿阔叶林主要代表有青冈（*Cyclobalanopsis myrsinaefolia*）、刺叶栎（*Quercus spinosa*）、曼稠（*Quercus oxyodon*）、巴东栎（*Quercus engleriana*）、蚊母树（*Disytylium chinensis*）。这些阔叶林在群落的外貌和结构上都具有亚热带常绿阔叶林的性质，但分布单纯，主要分布在神农架山脉海拔 1500 m 以下的南坡峡谷两侧，而且分布面积较小。

落叶阔叶林主要有栓皮栎（*Quercus variabilis*）、茅栗（*Castanea sequinii*）、抱栎（*Quercus glandulifera*）、化香树和鹅耳栎，在神农架南北坡占有较大的分布面积。本亚带内还有马尾松林和杉木等暖湿性针叶林，其分布上限为 1300 m。

A3. 含有常绿阔叶林树种的落叶阔叶林亚带

本带以小叶青冈（*Cyclobalanopsis gracilis*）、亮叶桦、鹅耳栎或小叶青冈、化香树为代表。常见的常绿树种如小叶青冈、包槲柯（*Lithocarpus cleistocarpus*）、圆锥柯（*L. peniculatus*）、刺叶栎（*Quercus spinosa*）等。由于受热量条件的限制，不能形成纯林，只散生于落叶阔叶林中。落叶阔叶林有抱栎林、锐齿槲栎（*Quercus aliena*）、亮叶水青冈（*Fagus lucida*）、米心水青冈林、山杨林等。

B. 温带针叶林、落叶阔叶林带

本带分布在神农架山脉南北坡1800～2600 m的中山上部广阔地带。根据植被类型的不同和气候带的差异，可划分为两个亚带：

B1. 华山松、落叶阔叶林亚带

分布于海拔1800～2400 m的中山中上部，针叶林以华山松林占有较大的分布面积，且多为纯林。本亚带为落叶阔叶林的集中分布区，如锐齿槲栎、亮叶水青冈、米心水青冈、山杨、红桦等。

B2. 巴山冷杉、落叶阔叶林亚带

分布在海拔2400～2600 m的中山上部。本亚带的显著特征是，形成华山松、山杨林和巴山冷杉、红桦、槭类等针阔叶混交林。此外，在海拔2000～2600 m的地带，可见秦岭冷杉、麦吊杉（*Picea brachytyla*）等，散生于阔叶林中。

C. 寒温带常绿针叶林带

分布在神农架南北坡海拔2600～3105 m的亚高山地带，以巴山冷杉组成原始森林。林下灌木层以箭竹（*Sinarundinaria nitida*）或常绿杜鹃占优势。

二、大九湖盆地概况

（一）大九湖泥炭沼泽地现代环境与植被

大九湖泥炭沼泽是中纬度亚热带地区少有的高山沼泽，位于神农架林区的最西端，地理坐标在东经109°56′～110°11′与北纬31°24′～31°33′之间，底部海拔在1700～1760 m，面积约16 km²。其南部、西部与重庆市的巫山县接壤，西北部与竹山县为邻，北部与林区东溪乡交界，东部在猴子石一带与神农架自然保护区相连。大致以响水、小界岭和本区最西角为三个顶点，呈一个不规则的顶角朝西的等腰三角形。大九湖是一群山环抱且封闭的喀斯特盆地，盆地有自身独立的分水岭。

大九湖位于神农架短轴穹隆背斜的西南翼，岩层近于直立。第四纪以前各时代的地层除泥盆系、石炭系、侏罗系以及第三系缺失外，自元古界至三叠系在本区均有出露，但以震旦系、寒武系和奥陶系灰岩为主，仅在西缘有少量的志留系—泥盆系和三叠系砂页岩。

大九湖盆地外围为海拔2200～2400 m的陡峭中山，山顶高出盆地底部500～800 m。其中最高点是位于本区中部的霸王寨主峰（2625.4 m），最低点是东北部的漆树娅（约1500 m）。盆地内侧发育有较宽阔的坡度较缓的台地，海拔1740～1760 m，由更新世中晚期的黄土状堆积物构成，上部为黄褐色亚黏土，下部为棕黄色亚黏土，并含有潜育化灰白色绿色条带，厚度达5 m以上。

台地以下是更新世晚期至全新世初期形成的一级阶地，高出河漫滩1～2 m，堆积灰黄色亚黏土向下渐变为黄白色，厚2～4 m，由于流水的侵蚀切割，一级阶地仅在局部残存。阶地以下是广阔的全新世中期形成的冲积-洪积扇缘、高河漫滩，高出河面1～2 m，泥炭沼泽就发育在这一地貌部位上，沿河流两侧是低河漫滩，高出河面0.5～1 m，堆积现代河流冲积的亚砂土—亚黏土，厚1～3 m。

大九湖内的河流河床窄小，一般宽1～3 m，坡降小，流速慢，曲流非常发育，但曲流半径小，河流均为断头河，较大河流汇入盆地西北侧暗河（落水洞）之中，溪流、小河在中途消失于石灰岩中。由于盆地封闭，无其他排水通道，而喀斯特洞穴又不能通畅排水，因而地下水位普遍较高，在盆地中部低平的河漫滩地带，地下水位接近于地表。

盆地地处北亚热带，但海拔较高，气候冷湿，年平均气温7.4℃，最热月（七月）平均气温17.2℃；最冷月（一月）平均气温−2.4℃；无霜期短，只有144天；年平均降水量1528.4 mm，最大降水量可达3000 mm，年雨日150～200天，降水丰富且分布均匀，相对湿度达80%以上。

盆地周围山地植被主要属于神农架温性针叶林、落叶阔叶林带，植被类型主要有茅栗、亮叶桦、毛楝、漆树、米心水青冈、巴山松、巴山冷杉及山地草甸。面向盆地的山坡主要是落叶阔叶林带，其中以山毛榉科为优势，林下有成片箭竹及大量蕨类植物（图2.1.1）。

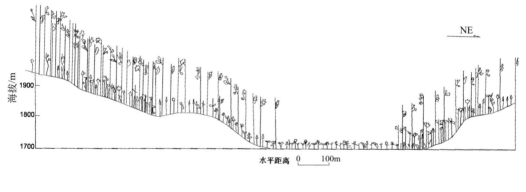

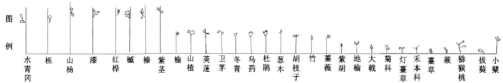

图 2.1.1　大九湖盆地表土样带剖面植物分布图（据刘光琇，1990）

盆地内植被以草甸植被和沼泽植被为主（图2.1.2），在地势较高和排水通畅的地区（如落水洞附近）为杂草类草甸，主要组成植物有芒草、拂子茅、云南箐等，在泥炭沼泽发育的地段，主要是刺子莞、苔草两大群系，地表植物有金发藓、镰刀藓、泥炭藓等。盆地内沼泽分布，从边缘向中心依次为：低位至中高位类型，中心部位泥炭藓略有突出，呈扁平垄状。局部地点，尤其盆地边缘和地势较高地段，见有独株米心水青冈、鼠李、槭栎等木本植物大树散布。低洼处有积水，其中生有慈姑（*Sagittaria sagittifolia*）等水生植物。

图 2.1.2　大九湖泥炭沼泽地照片

据《中国沼泽志》（赵魁义，1999），大九湖沼泽的发育经历过草甸阶段（野古草＋苔草群落）→富营养沼泽阶段（苔草＋灯芯草群落）→中营养沼泽阶段（柳兰＋灯芯草群落）→灯芯草＋泥炭藓群落阶段。

（二）环境演变记录研究历史

赵魁义（1999）、尹善春等（1991）及柴岫（1990）早期曾对大九湖泥炭地有过初步调查和研究，发现其记录了亚热带喀斯特区沼泽形成、发育及古环境变化的信息。周明明和李文漪（1993）对该泥炭进行了孢粉分析，将全新世温暖期时间划定在 8500～3800 a BP 之间，其中最温暖阶段为 6500～4500 a BP，其依据是此时多种亚热带针叶和阔叶树，如铁杉、铁坚杉（*Keteleeria davidiana*）、水青冈、栎、青钱柳、栲、山核桃等花粉含量明显处于峰值，说明神农架山区温暖期的植被比现代丰富得多。李文漪等（1998）曾对神农架个别地段的表土和大气作过孢粉分析，对神农架现代栎林和冷杉林也作过孢粉学考察，并对大九湖地区的全新世植被与环境有所探讨。这些工作具有开创性，但受工作条件限制，没能建立高分辨率的第四纪孢粉组合序列。

刘会平和谢玲娣（1998）、刘会平等（2001）、张华等（2002）在大九湖盆地钻取了三处岩芯，进行了较高密度的孢粉学研究，将神农架大九湖 12 500 a BP 以来的孢粉植物群划分为 15 个演替阶段，从寒温带针叶林到北亚热带常绿阔叶与落叶阔叶混交林等多个植被型都有出现，植被带的垂直高度随气候变化上下移动，最冷时（12 500～10 700 a BP）下移 900～1100 m，最暖时（5200～6450 a BP）上移 500～700 m。孢粉植物群所反映的古气候变化具有明显的阶段性。12 500～7400 a BP 气候相对冷干，但温度和降水回升很快，最冷时年平均温度和降水比现今低 6.1℃和 195 mm；7400～3300 a BP 气候最为暖湿，但仍有波动，最暖时年平均温度和降水比现今高 3.9℃和 195 mm；3300 a BP 以后气候小幅度波动，冷暖干湿多次交替。刘会平等（2000）还根据大量孢粉分析与气候观测资料，运用统计方法建立了神农架地区现代花粉-气候转换函数，并以大九湖为例，运用所建回归方程计算出了晚第四纪距今 12 500 年以来的气候参量值。结果表明，更新世末(10 600～12 500 a BP)为寒冷干燥的冰期气候，年均温比现今低 8℃，年降水量比现今低 150～200 mm，7400～10 600 a BP 为一气候过渡期。年均温比现今高 3.5℃ 左右。年降水量最高时比现今约高 300 mm；4000 a BP 以来，气候有所波动，基本以温和湿润为特征。

何报寅等（2003）对大九湖一深度为 121 cm 的泥炭柱样进行了环境磁学参数测量、X 射线荧光（XRF）光谱分析、孢粉鉴定和统计建模，划分为 4 个气候阶段：①600 BC ～550 AD，气候相对冷湿；②550 AD～1300 AD，气候相对凉干；③1300 AD～1900 AD，气候又转变为冷湿，其中最冷 1400 AD～1900 AD 可与欧洲的小冰期对应；④1900 AD 至今，气候又开始转向相对凉干。同时发现低频磁化率 χH 与铁元素含量之比（χH/Fe）的变化曲线与利用孢粉分析数据恢复的大九湖气候变化曲线对应得很好，特别是二者都清晰地显示了 500 AD～1300 AD 为一相对暖期。指出 χH/Fe 可能是泥炭剖面的一个很好的气候记录代用指标。

另外，易朝路等（2002）等根据在大九湖盆地取得的沉积物钻孔样品，用偏光显微镜和电子显微镜观察微结构特征并以此解释湖相黏土的成因和沉积环境的变化；他们根据鱼骨框架结构证明，在 4～2.9 ka BP 的全新世温暖期大九湖山间盆地出现大量鱼类，但并没有导致喜温鱼类向上游明显迁徙。

由上可知，前人在此作过很好的研究，但存在一定问题，主要表现在：①均采用的是常规 ^{14}C 测年方法（表 2.1.2），测年密度低，年代时间尺度长，其中做得最细的刘会平 2 孔 3.4 m 的剖面也只有 7 个常规 ^{14}C 年代控制，达不到高分辨率研究要求；②研究方法上重在孢粉学，利用多指标综合对比分析不足；③古气候、古环境演变中对人类活动影响的研究不够；④突变事件发生、持续时间与季风转型特征及其形成机制探讨不足。

表 2.1.2　已发表文献中大九湖泥炭测年数据

样品	深度/m	常规 ^{14}C 实测年代/a BP	数据来源
刘会平 1 孔	1.2	2170±150	刘会平和谢玲娣（1998）、刘会平等（2001）
	2.1	4320±210	
	2.7	7350±180	
	3.5	12 300±300	
刘会平 2 孔	1	1950±100	刘会平和谢玲娣（1998）、刘会平等（2001）
	1.2	2520±190	
	1.8	4000±210	
	2	4500±180	
	2.5	6620±180	
	3	9450±200	
	3.4	12 500±250	
刘会平 3 孔	1.02	2300±150	刘会平和谢玲娣（1998）、刘会平等（2001）
	1.98	4800±180	
	2.25	5100±210	

<table>
<tr><td></td><td></td><td></td><td style="text-align:right">续表</td></tr>
</table>

样品	深度/m	常规^{14}C 实测年代/a BP	数据来源
	0.06	115±42	
李文漪	0.09	125±40	李文漪（1998）
	0.5	1068±33	
	0.12	350a±70	
孟宪玺	0.80~0.82	4965±85	孟宪玺（1999）
	1.30~1.32	9735±150	

三、野外采样与剖面特征

作者于 2004 年 2 月 16 日~2 月 18 日雇民工开挖剖面，用特制防锈白铁皮槽采集到 297 cm 的泥炭剖面。采样地点 GPS 地理位置为北纬 31°29′27″，东经 109°59′45″，海拔 1760 m（图 2.1.3 和图 2.1.4）。

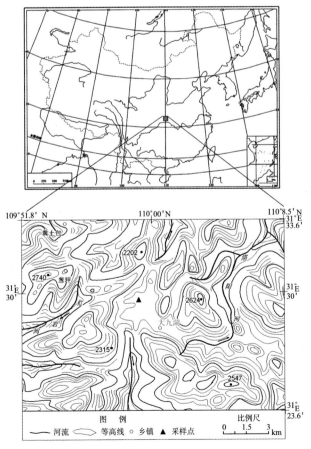

图 2.1.3　大九湖泥炭采样点位置

图 2.1.4　大九湖剖面采样照片

如图 2.1.5 所示，本书讨论的大九湖剖面根据沉积物特征自上而下分为 9 层，根据距地表深度依次具体描述如下：

（1）0～20 cm 为多草被的灰黑色泥炭表土层；

（2）20～114 cm 为黑色泥炭层；

（3）114～180 cm 为多草根的灰黑色泥炭层；

（4）180～213 cm 为青灰色黏土；

（5）213～230 cm 为含黏土的灰黑色泥炭层；

（6）230～259 cm 为棕褐色多腐植物根系的泥炭沼泽土；

（7）259～280 cm 为灰黑色黏土，含腐植物根系；

（8）280～292 cm 为棕褐色多腐植物根系的泥炭沼泽土；

（9）292～297 cm（未见底）为含有腐植物根系的灰黑色黏土。

四、大九湖泥炭高精度年代标尺的建立

（一）测年与校正方法

在研究大九湖泥炭剖面中采用了常规 ^{14}C 和加速器（AMS）两种测年方法，共获得 20 个测年数据。常规 ^{14}C 测年实验在中国科学院南京地理与湖泊研究所 ^{14}C 实验室完成。采用中国糖碳标准，^{14}C 半衰期采用 5730 年，距今年龄以 1950 年为起点。

目前国际上对古湖沼及泥炭的测年方法存在争议，已经认识到从泥炭中提取不同组分测年结果有差异。不过，如果选择适当的组分，如 60～180 μm 粒级的泥炭被视为沉积过程中未完全分解的植物残体时，能够代表泥炭沉积的真实年龄（周卫健等，2001）。此外，泥炭测年可能存在"碳库效应"，混合样的年龄或许偏大几百年，所以用 AMS ^{14}C 测年技术测定陆生植物残体比测定有机湖沼沉积物本身要好，但一些研究也发现许多泥炭的混合样年龄与陆相植物残体的年龄没有明显的差异。本研究为达到高分辨率研究要求，在大九湖剖面上根据深度和岩性变化，选择了 10 个 AMS ^{14}C 测年样品，由中国科学院地球环境研究所制样，由北京大学核物理与核技术国家重点实验室测定 AMS ^{14}C

深度 /cm | 剖面示意 | 地层描述

① 多草被的灰黑色泥炭表土层
② 黑色泥炭层
③ 灰黑色泥炭层
④ 青灰色黏土
⑤ 含黏土的灰黑色泥炭层
⑥ 棕褐色多腐植物根的泥炭沼泽土
⑦ 含腐植物根系的灰黑色黏土层
⑧ 棕褐色多腐植物根系的泥炭沼泽土
⑨ 含腐植物根系的灰黑色黏土

297 cm
(未见底)

图 2.1.5　大九湖剖面照片与岩性特征

年龄。为了获取可信年龄，前处理选择 60～180 μm 粒级的泥炭（湿选后，进行 HCl-NaOH-HCl 化学处理）进行样品制靶（周卫健等，2001）。测量时 ^{14}C 平均寿命取 8033 a 所得年龄（即半衰期为 5568 a），靶轮数 238。测年时间为 2005 年 10 月 11～12 日，测量人：丁杏芳、付东坡、刘克新。数据处理：丁杏芳、刘克新。测定年龄均通过碳同位素校正。全部数据使用国际通用的两种校正程序 CALIB 5.0 版本（Stuiver et al.，1998；Reimer et al.，2009）和 OxCal 3.0 进行日历年校正对比。由于程序用于计算的半衰期是 5568 a，在校正之前把常规 ^{14}C 原始数据除以 5730/5568 或 1.029。

（二）测年结果与分析

　　表 2.1.3 和表 2.1.4 分别列出了该剖面常规 ^{14}C 测年和 AMS^{14}C 测年的数据及两种方法的日历年校正结果。比较可知，两种方法得出的校正结果略有不同，但变化范围基本一致。本节选择使用国际学者常用的 CALIB 5.0 校正结果。

表 2.1.3　大九湖剖面常规[14]C 测年数据及日历年校正

实验室编号	原编号	深度/cm	样品名称	测试材料	[14]C 年龄/a BP	校正年代（CALIB 5.0）（1 σ, cal. a BP）	校正年代（OxCal 3.0）（68.2% probability, cal. a BP）
KF05003	DJ30-31	30～31	泥炭	有机质	4898±140	5463（5316～5610）	5310～5620
KF05002	DJ60-61	60～61	泥炭	有机质	2917±124	2958（2836～3080）	2840～3080
KF04084	DJ90-91	90～91	泥炭	有机质	7694±179	8289.5（8152～8427）	8110～8420
KF05001	DJ120-121	120～121	泥炭	有机质	8185±171	8804（8589～9019）	8580～9030
KF04085	DJ150-151	150～151	泥炭	有机质	7231±178	7841.5（7681～8002）	7670～7980
KF04082	DJ175-176	175～176	泥炭	有机质	8584±225	9280.5（9028～9533）	9000～9500
KF05004	DJ213-214	213～214	泥炭	有机质	11 770±224	13 304（13 099～13 509）	13 150～13 600
KF05005	DJ240-241	240～241	泥炭	有机质	14 457±384	16 811.5（16 207～17 416）	16 250～17 450
KF04083	DJ270-271	270～271	泥炭	有机质	12 517±292	14 173.5（13 740～14 607）	13 750～14 450
KF04081	DJ296-297	296～297	泥炭	有机质	11 299±252	12 982（12 765～13 199）	12 800～13 200

表 2.1.4　大九湖剖面 AMS[14]C 测年数据及日历年校正

实验室编号	样品编号	深度/cm	测试材料	石墨碳含量/mg	[14]C 年代/a BP	校正年代（CALIB 5.0）（1 σ, cal. a BP）	校正年代（OxCal 3.0）（68.2% probability, cal. a BP）
XLLQ1632	DJ①	25～26	泥炭	2.49	510±30	527.5（515～540）	515～542
XLLQ1633	DJ②	50～51	泥炭	2.52	1940±30	1895.5（1865～1926）	1866～1900
XLLQ1634	DJ③	80～81	泥炭	2.16	2780±30	2886.5（2845～2928）	2840～2930
XLLQ1635	DJ④	110～111	泥炭	2.27	3490±30	3807.5（3788～3827）	3790～3830
XLLQ1636	DJ⑤	140～141	泥炭	2.53	6560±40	7458.5（7429～7488）	7420～7510
XLLQ1637	D2⑥	170～171	泥炭	2.76	7740±30	8530.5（8508～8553）	8450～8500
XLLQ1638	DJ⑦	220～221	泥炭	2.85	10 790±35	12 826.5（12 809～12 844）	12 810～12 970
XLLQ1639	DJ⑧	250～251	泥炭	3.21	12 400±35	14 347.5（14 203～14 492）	14 100～14 450
XLLQ1640	DJ⑨	280～281	泥炭	1.97	12 650±35	14 935.5（14 816～15 055）	14 350～14 850
XLLQ1641	DJ⑩	296～297	泥炭	1.96	13 290±35	15 753.5（15 579～15 928）	15 700～16 250

图 2.1.6 给出了 20 个测年数据随深度的变化情况。可以看出，10 个 AMS[14]C 测年数据具有良好的线性关系，但常规[14]C 数据中有 5 个数据偏差较大，为 DJ30-31（深度 30～31 cm）、DJ90-91（深度 90～91 cm）、DJ120-121（深度 120～121 cm）、DJ240-241（深度 240～241 cm）及 DJ296-297（深度 296～297 cm）。除 DJ296-297（深度 296～297 cm）样品数据偏年轻，其余均偏老。

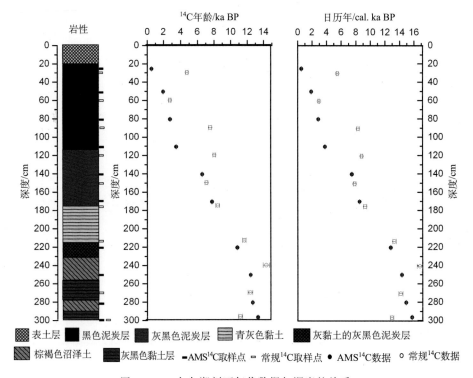

图 2.1.6　大九湖剖面年代数据与深度的关系

（三）大九湖泥炭剖面年代深度模式

考虑到常规¹⁴C 数据误差较大，本章研究主要采用了 10 个 AMS¹⁴C 数据建立起年代深度模式（图 2.1.7）。

由图 2.1.7 可以看出，10 个 AMS¹⁴C 测年数据和剖面深度有良好的线性关系。实测¹⁴C 年龄与深度之间的关系式为 $y=0.0217x$，$R^2=0.9699$；日历校正年龄与深度之间的关系式为 $y=0.0186x$，$R^2=0.9581$。

由 10 处 AMS¹⁴C 年龄内插推算的各地层沉积速率亦可由表 2.1.5 得出。由表 2.1.5 可知，大九湖 297 cm 厚的地层各层沉积速率是不一致的。其中，沉积速率最快的是 281～251 cm，沉积速率为 0.051 cm/a，141～111 cm 沉积速率最慢为 0.0082 cm/a，绝大部分地层沉积速率在 0.02～0.04 cm/a。平均约 53 cm/a，达到高分辨率研究的要求。

为了便于问题的讨论，本章成图一般是同时给出了 AMS¹⁴C 年龄和校正后的日历年龄，以方便对比研究。

文中计算出两个 AMS¹⁴C 测年数据之间的沉积速率，内插推算出每个样品的年龄。由于没有近代测年手段控制，0～25 cm 的样品年龄由外推所得。由于大九湖泥炭堆积目前仍在进行，故可假定最上部泥炭表层的¹⁴C 年龄为零。

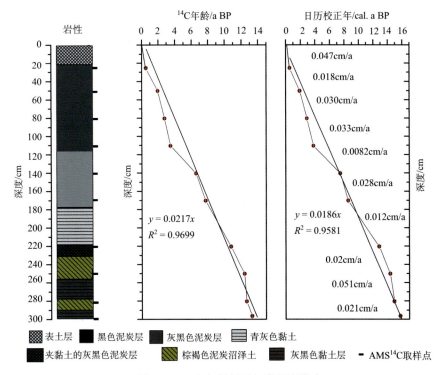

图 2.1.7　大九湖剖面年代深度模式

表 2.1.5　大九湖泥炭地层 15 753 cal. a BP（^{14}C 年龄 13 290 a BP）以来各层沉积速率推算

深度/cm	AMS^{14}C 日历校正年龄/cal. a BP	时间跨度/a	沉积速率/(cm/a)
0～25		527	0.047
25～26	527		0.018
50～51	1895	1368	0.030
80～81	2886	991	0.033
110～111	3807	921	0.0082
140～141	7458	3651	0.028
170～171	8530	1072	0.012
220～221	12 826	4296	0.02
250～251	14 347	1521	0.051
280～281	14 935	588	0.021
296～297	15 753	818	

第二节　神农架大九湖泥炭晚冰期以来孢粉记录的环境演变

一、孢粉分析方法

以间距 2 cm 对厚 297 cm 的大九湖泥炭剖面进行取样（每个样品厚 1 cm）。就孢粉分析而言，间距 2 cm 采集样品应属于高分辨率取样。样品的实验室前处理在中国科学院南京地质古生物研究所完成。采用 HF 处理法，每块样品取 2 cm³ 泥炭，外加石松孢子 12 540 粒；分别加 HCl（10%）和 KOH（10%）进行酸碱处理，分离洗水、离心集中，再进行冰醋酸和 9∶1（醋酸酐和硫酸）混合液处理，进行超声波震荡，再过筛，加入分散剂，集中于试管中。最后制活动玻片，在显微镜下用高倍镜头进行观察、鉴定、统计。分析结果用百分比和浓度表示，花粉百分比的计算是以陆生种子花粉和蕨类孢子总和为基数，浓度用外加石松孢子计算。

上部 130 cm 地层的 65 个样品鉴定由中国科学院南京地质古生物研究所唐领余研究员和本书作者之一马春梅副教授共同完成，下部 167 cm 厚的 83 个样品鉴定由中国地质调查局水文地质环境地质调查中心张文卿老师完成。

二、孢粉鉴定结果

鉴定结果表明，大九湖泥炭剖面的孢粉不仅含量和浓度高，其所含植物种属也相当丰富。所鉴定孢粉分属于 137（科）属。孢粉中种子植物种属高于蕨类植物种属，种子植物中又以被子植物居优势地位，裸子植物次之。针叶树种属较少，含量相对较低。所有样品中以落叶阔叶乔木占主要百分比，热带亚热带常绿阔叶乔木所含比例较少。灌木植物种属繁多，含量却较低。草本植物种属较多，含量比灌木植物稍高。主要成分有：裸子乔木植物是松属（*Pinus*）、云杉属（*Picea*）、铁杉属（*Tsuga*）、油杉属（*Keteleeria*）、柏科（Cupressaceae）；被子乔木为桦属（*Betula*）、桤木属（*Alnus*）、鹅耳枥属（*Carpnus*）、榛属（*Corylus*）、常绿栎（*Quercus*）、落叶栎（*Quercus*）、栗属（*Castanea*）、栲属（*Castanopsis*）、水青冈属（*Fagus*）、椴属（*Tilia*）、柳属（*Salix*）、白蜡树属（*Fraxinus*）、桑属（*Morus*）、胡桃属（*Juglans*）、黄杞属（*Engelhardtia*）、山核桃属（*Carya*）、喙核桃属（*Annamocarya*）、枫杨属（*Pterocarya*）、化香属（*Platycarya*）、榆属（*Ulmus*）、朴属（*Celtis*）、糙叶树属（*Aphananthe*）、山麻黄属（*Trema*）、杨梅属（*Myrica*）、桃金娘科（Myrtaceae）、柿树科（Dispyros）、无患子科（Sapindaceae）、无患子属（*Sapindus*）、楝科（Meliaceae）、杜英科（Elaeocarpaceae）、金缕梅科（Hamamelidaceae）、枫香属（*Liquidambar*）、牛鼻栓属（*Fortunearia*）、芸香科（Rutaceae）、槭树属（*Acer*）、爵床科（Acanthaceae）、紫葳科（Bignoniaceae）、山拐枣属（*Poliothyrsis*）、瑞香科（Thymelaeaceae）；灌木植物有蔷薇科（Rosaceae）、绣线菊属（*Spireae*）、山黄皮属（*Randia*）、三角瓣花属（*Prismatomeris*）、杜鹃科（Ericaceae）、杜鹃属（*Rhododendron*）、卫矛属（*Euony-*

mus）、栾树属（Koelreuteria）、胡颓子科（Elaeagnus）、山龙眼科（Proteaceae）、叶下珠属（Phyllanthus）、叶底珠属（Securinega）、水柳属（Homonoia）、五加科（Araliaceae）、山茱萸科（Cornaceae）、山茱萸属（Cornus）、冬青属（Ilex）、八角属（Illicium）、鼠李属（Rhamnus）、小檗属（Berberis）、山矾属（Symplocos）、乌桕属（Sapium）、安息香属（Styrax）、桢桐属（Clerodendrum）、木犀科（Oleaceae）、麻黄属（Epherda）、忍冬科（Caprifoliaceae）、夹蓬属（Viburnum）等；中旱生草本植物有马齿苋科（Portulacaceae）、堇菜科（Violaceae）、苋科（Amaranthaceae）、菊科（Compsitea）、蒿属（Artemisia）、紫菀属（Aster）、三白草属（Saururus）、禾本科（Gramineae）、地榆属（Sanguisorba）、凤仙花科（Impatiens）、藜科（Chenopodiaceae）、茄科（Solanaceae）、玄参科（Scrophulariaceae）、马先蒿属（Pedicularis）、玄参属（Scrophularia）、十字花科（Cruciferae）、石竹科（Caryopyllaceae）、伞形花科（Umbelliferae）、唇形花科（Labiatae）、大戟科（Euphorbiaceae）、大戟属（Euphorbia）、蓼科（Polygonum）、毛茛科（Ranunculaceae）、唐松草属（Thalicirum）、西番莲科（Passifloraceae）、旋花科（Convlvuaceae）、桔梗科（Campanulaceae）、沙参属（Adenophora）、豆科（Leguminosae）、合叶子属（Filipedila）、苦苣苔科（Gesneriaceae）、龙胆科（Gentiana）、车前属（Plantago）、紫草科（Boraginaceae）；水生草本植物有狐尾草属（Myriophyllum）、荇菜属（Nymphoidies）、泽泻科（Alisma）、莎草科（Cyperaceae）、眼子菜科（Potamogetonaceae）等；蕨类植物孢子含量低，属种较单一，有石松属（Lycopodium）、水龙骨属（Polygodium）、水龙骨科（Polygodaceae）、槲蕨属（Drynaria）、卷柏科（Selaginella）、鳞盖蕨属（Microlepia）、凤尾蕨属（Pteris）、紫萁属（Osmunda）、单缝孢子（Monolites）、三缝孢子（Trilies）等。

孢粉百分比图能醒目地反映一定空间中孢粉组合成分的主次地位变化，而孢粉浓度、汇集量两种图式能较突出地反映孢粉组合的实际增减变化，有助于对剖面进行时间序列上的对比，本书还计算了花粉的绝对浓度（absolute pollen）。

本宁霍夫（Benninghoff）于 1962 年提出用外加花粉间接计算法，即基于数理统计原理，假设各等体积样品在处理过程中损失的花粉数相等（作为系统误差考虑），在处理后的各种样品中加入一定量的已知孢子或花粉，使之与化石孢粉混合均匀，制成样片。在化石孢粉鉴定的同时，记下所见的外加花粉数。这样，只随机鉴定每个样品的部分样片，根据关系：

样品中化石孢粉数/样品中外加花粉(LA)＝鉴定的化石孢粉数(P)/鉴定的外加花粉数(LP)即可求出样品中实际包含的化石孢粉数。即样品中化石孢粉数＝LA×P/LP。再除以体积或者重量，可得到样品中化石孢粉数的实际浓度 AC。然后根据沉积速率推算出每年花粉的汇集量。由于水生植物和蕨类一般不能反映区域植被，计算时花粉总数基于木本（包括灌木）和旱生草本花粉总数。根据孢粉百分比组合特征，结合浓度、汇集量变化以及 Tilia 软件数据聚类分析结果，可将大九湖泥炭地层自下而上划分为 6 个孢粉组合带以及若干个亚带（图 2.2.1 和图 2.2.2）。

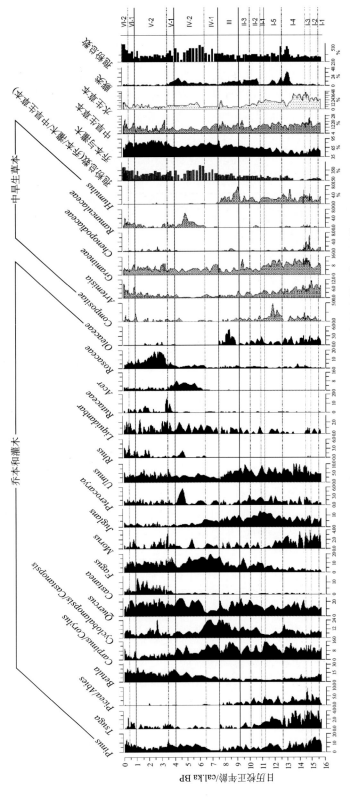

图 2.2.1　大九湖泥炭地层 15.753 ka BP 以来的孢粉百分比图谱

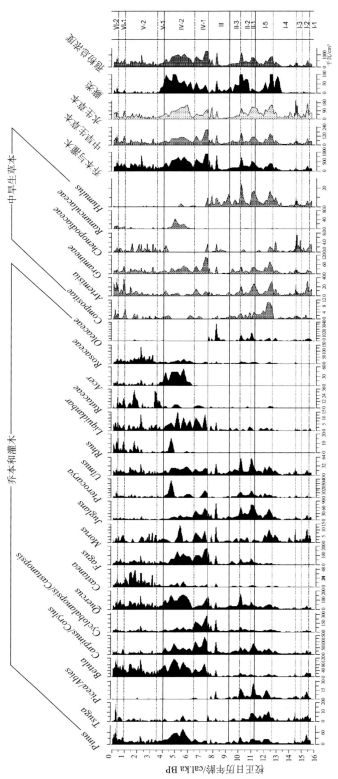

图 2.2.2 大九湖泥炭地层 15.753 ka BP 以来的孢粉浓度图谱

1. 孢粉带 I

剖面深度 297～203 cm，日历校正年代为 15.753～11.280 cal. ka BP（^{14}C 年龄为 13.290～9.692 ka BP），分析样品 47 块。本带花粉浓度在整个剖面中较低，变化幅度较大，其中木本植物花粉浓度 16.28～420.09 千粒/cm³，平均 73.49 千粒/cm³，中旱生草本花粉 6.04～152.57 千粒/cm³，平均 35.28 千粒/cm³，水生植物（主要为莎草科）花粉 10.10～211.65 千粒/cm³，平均 56.72 千粒/cm³，蕨类孢子下部极少，上部较多，平均 19.66 千粒/cm³。从百分比来看，木本花粉占优势，平均约 50.59%，中旱生草本 15.94%，水生植物花粉在本剖面中平均值最高，达 27.49%，蕨类为 6.44%。针叶类花粉含量很高，主要有松、铁杉、云杉和冷杉等。其中松属为最多，占木本和中旱生草本花粉之和的 8.20%，铁杉属 2.32%，云冷杉 2.76%。阔叶乔木花粉百分含量较大，其中落叶栎 12.21%，桦木属约 5.80%，栲占 7.21%，鹅耳枥/榛占 9.34%，胡桃 6.46%，榆 5.89%，另外还有栗、水青冈、桑属等。灌木植物花粉较少，有木犀科、蔷薇科等。中旱生草本中蒿属和禾本科百分含量都很大，分别达 5.45% 和 10.11%。组成含少量常绿树种的针阔叶混交林，体现出晚冰期及其向全新世过渡时期整体较冷湿的气候特点，但花粉百分比和浓度都波动频繁，体现了气候冷暖干湿的频繁波动，可划分为 5 个亚带。

亚带 I-1：剖面深度 297～293 cm，日历校正年代为 15.753～15.549 cal. ka BP（^{14}C 年龄为 13.29～13.13 ka BP），分析样品 2 个。本亚带孢粉浓度在整个带中较大，木本植物花粉浓度平均 142.64 千粒/cm³。中旱生草本花粉 45.46 千粒/cm³，水生植物（主要为莎草科）花粉平均 66.14 千粒/cm³，蕨类孢子极少，只有平均 1.94 千粒/cm³。从百分比看，木本 55.56%，中旱生草本 17.71%，水生草本 25.97%，蕨类很少，只有 0.76%。木本花粉中松 9.94%，铁杉 1.48%，云/冷杉 1.04%；桦百分含量较高，平均 11.68%；鹅耳枥/榛 9.21%，略高于本带平均值；落叶栎 10.87%，略低于剖面平均值。中旱生草本中有菊科（0.21%）、蒿属（6.71%）、禾本科（9.13%）和藜科（1.67%）等。

亚带 I-2：剖面深度 293～279 cm，日历校正年代为 15.549～14.936 cal. ka BP（^{14}C 年龄为 13.130～12.633 ka BP），分析样品 7 个。本带花粉浓度较高，木本植物花粉浓度平均 127.38 千粒/cm³。中旱生草本花粉 35.64 千粒/cm³，水生植物（主要为莎草科）花粉平均 67.37 千粒/cm³，蕨类孢子少中有增，平均 2.77 千粒/cm³。从百分比看，木本乔木植物花粉略占优势，为孢粉总数的 56.41%，温带阔叶乔木植物花粉占 31.85%，有桦属、落叶栎属、鹅耳枥属、桑属、胡桃属、榆属、水青冈属等；针叶树为 13.9%，是本剖面针叶树含量最高带，且以分布甚广的松属为主（10.1%），铁杉属（2.0%）、云杉属少量；亚热带阔叶树以常绿栎（6.3%）为主。灌木植物花粉占本带孢粉总数的 2.1%，有木犀科、蔷薇科等。中旱生草本植物花粉占 15.40%，有禾本科、蒿属等；水生草本占 26.63%，莎草科占主要百分比。蕨类植物孢子占 1.62%。

亚带 I-3：剖面深度 279～259 cm，日历校正年代为 14.936～14.505 cal. ka BP（^{14}C 年龄为 12.633～12.467 ka BP），分析样品 10 个。本亚带孢粉浓度是本剖面中平均值最低的阶段，木本植物花粉浓度平均 59.70 千粒/cm³，中旱生草本花粉 24.43 千粒/cm³，水生植物（主要为莎草科）花粉平均 49.65 千粒/cm³，蕨类孢子平均 1.89 千粒/cm³。

从百分比来看，木本 48.12%，中旱生草本 18.27%，水生草本 32.17%，蕨类很少，只有 1.29%。木本花粉中，针叶树稍有下降，阔叶树中常绿成分减少，落叶树稍有增加；草本中蒿属减少，禾本科增大，水生植物明显增加。

亚带 I-4：剖面深度 259～219 cm，日历校正年代为 14.505～12.655 cal. ka BP（^{14}C 年龄为 12.467～10.668 ka BP），分析样品 20 个。本亚带孢粉浓度较低且波动频繁，其中木本 16.28～202.73 千粒/cm^3，平均 68.98 千粒/cm^3；中旱生草本花粉 6.04～61.66 千粒/cm^3，平均 20.69 千粒/cm^3，水生植物（主要为莎草科）花粉 10.09～78.33 千粒/cm^3，平均 34.14 千粒/cm^3，蕨类孢子平均 21.37 千粒/cm^3。从百分比来看，木本 48.08%，中旱生草本 14.62%，水生草本 27.19%，蕨类 10.62%。针叶树较前亚带稍有下降，阔叶树种有逐步增加的趋势，榆属增加明显；中旱生草本中蒿和禾本科都稍有增加。

亚带 I-5：剖面深度 219～203 cm，日历校正年代为 12.655～11.280 cal. ka BP（^{14}C 年龄为 10.668～9.692 ka BP），分析样品 8 个。本带孢粉浓度比前带升高，其中木本植物花粉浓度平均 250.88 千粒/cm^3，中旱生草本花粉 77.35 千粒/cm^3，水生草本植物花粉浓度增大，平均为 91.55 千粒/cm^3，蕨类孢子增至平均 57.33 千粒/cm^3。从百分比来看，木本花粉占 55.14%，中旱生草本 15.43%，水生草本 20.83%，蕨类 9.22%。木本花粉中针叶树百分含量较大，其中松属平均达 6.24%，铁杉（1.79%）比前带略有降低，云/冷杉 2.36%；落叶阔叶树总体呈增加趋势，常绿阔叶树含量较少。中旱生草本禾本科（10.28%）变化不大，菊科（2.11%）增多。

2. 孢粉带 II

剖面深度 203～179 cm，日历校正年代为 11.280～9.218 cal. ka BP（^{14}C 年龄为 9.692～8.228 ka BP），分析样品 12 个。本带孢粉浓度升高，其中木本植物花粉浓度 159.89～736.73 千粒/cm^3，平均 328.52 千粒/cm^3；中旱生草本花粉浓度较前带变化不大，略有增加，平均 68.15 千粒/cm^3；水生草本植物花粉浓度平均为 61.22 千粒/cm^3；蕨类孢子浓度有所下降，平均 51.80 千粒/cm^3。本带植物种属繁多，从百分比来看，木本植物花粉含量在本剖面首次以较大落差高于草本植物花粉的含量，木本植物花粉占本带孢粉总数的 64.87%，其中针叶乔木占 6.6%，松属减少，平均 4.06%，铁杉属、云杉/冷杉属较稳定出现。草本植物花粉 13.11%。温带阔叶树种的花粉占 49.6%，有胡桃属（8.7%）、水青冈属（8.13%）、落叶栎（14.94%）、鹅耳枥属（9.4%）、榆属（5.9%）等占主要百分比，其他还有糙叶树属、白蜡树属、桑属、黄杞属、枫杨属、桤木属、栗属、栲属等。热带亚热带阔叶树种占 13.5%，以常绿栎含量最高，为 6.3%，杨梅属、无患子属、楝科等一定量参加。灌木含量下降，有蔷薇科、绣线菊属、胡秃子科、木犀科等。草本植物花粉占本带孢粉总数的 28.5%，其中中旱生草本植物花粉占 13.8%，有禾本科、蒿属、菊科、地榆属、十字花科、唇形花科、大戟科、蓼科、百合科、豆科含量较高，藜科、石竹科、茜草科、毛茛科、葎草属等都有出现。水生草本植物花粉继续减少，为 12.02%，主要是莎草科，荇菜属在早期有少量分布。蕨类植物孢子占 10.44%，有水龙骨科、单缝孢子、三缝孢子等。从植物成分看，本带反映的区域植被为常绿落叶阔叶林。

亚带 II-1：剖面深度 203～199 cm，日历校正年代为 11.280～10.936 cal. ka BP（^{14}C 年龄为 9.692～9.448 ka BP），分析样品 2 个。本带孢粉浓度上升，其中木本植物花粉浓度平均值 491.15 千粒/cm^3；中旱生草本花粉平均 111.81 千粒/cm^3；水生草本植物花粉浓度平均值降至 128.65 千粒/cm^3；蕨类孢子浓度平均值为 19.71 千粒/cm^3。从百分比看，木本植物花粉含量仍居优势，占孢粉总数的 65.18%，中旱生草本占 14.93%，与前段变化不大；水生草本（17.26%）和蕨类（2.62%）都有所下降。木本花粉中针叶树种逐渐降低；阔叶树种中鹅耳枥/榛前期较高，后期降低，常绿栲等百分含量很低，水青冈含量低，胡桃平均含量较高。中旱生草本中蒿和禾本科百分含量都较高。

亚带 II-2：剖面深度 199～179 cm，日历校正年代为 10.936～10.077 cal. ka BP（^{14}C 年龄为 9.448～8.838 ka BP），分析样品 5 个。本带孢粉浓度降低，其中木本植物花粉浓度 212.14～736.73 千粒/cm^3，平均值 352.46 千粒/cm^3；中旱生草本花粉 29.26～169.29 千粒/cm^3，平均 68.93 千粒/cm^3；水生草本植物花粉浓度平均值降至 69.09 千粒/cm^3；蕨类孢子浓度增大，平均值为 73.29 千粒/cm^3。从百分比看，木本植物花粉含量仍居优势，占孢粉总数的 62.21%，中旱生草本占 11.47%，与前段变化不大；水生草本（13.60%）有所下降，蕨类（12.71%）增多。木本花粉中，针叶树降低，阔叶树整体含量较高，落叶栎和胡桃下降趋势，榆属出现低谷；中旱生草本中蒿和禾本科均减少。

亚带 II-3：剖面深度 189～179 cm，日历校正年代为 10.077～9.218 cal. ka BP（^{14}C 年龄为 8.838～8.228 ka BP），分析样品 5 个。本带孢粉浓度下降，其中木本植物花粉浓度 159.89～215.87 千粒/cm^3，平均值 191.59 千粒/cm^3；中旱生草本花粉 24.45～60.91 千粒/cm^3，平均 38.41 千粒/cm^3；水生草本植物花粉浓度平均值降至 22.85 千粒/cm^3；蕨类孢子浓度降低，平均值为 33.29 千粒/cm^3。从百分比看，木本植物花粉占孢粉总数的 67.13%，中旱生草本占 13.43%，与前段变化不大；水生草本（7.78%）有所下降，蕨类（11.65%）变化不大。木本花粉中针叶树种百分含量小，阔叶树含量有所增加，落叶栎平均百分含量 17.63%，水青冈、栲、榆等都出现峰值。中旱生花粉中禾本科较前带大，蒿属稍降低。

3. 孢粉带 III

剖面深度 179～143 cm，日历校正年代为 9.218～7.530 cal. ka BP（^{14}C 年龄为 8.228～6.387 ka BP），分析样品 18 个。本带孢粉浓度较前带低，但变化范围较大，其中木本植物花粉浓度 60.110～849.585 千粒/cm^3，平均值降至 206.65 千粒/cm^3；中旱生草本花粉 7.78～131.67 千粒/cm^3，平均 36.11 千粒/cm^3，显著降低；水生草本植物花粉浓度平均值降至 26.51 千粒/cm^3；蕨类孢子浓度下降明显，平均值为 16.63 千粒/cm^3。从百分比看，木本植物花粉含量仍居优势，占孢粉总数的 71.20%，中旱生草本占 13.31%，与前阶段变化不大；水生草本（8.15%）和蕨类（7.34%）都有所下降。木本植物中针叶树花粉有所降低，有松属（3.3%）及少量的铁杉属、云杉和冷杉。阔叶树种花粉占 61.1%，落叶栎（14.94%）和水青冈属（8.13%）增加、常绿栎、榛属、胡桃属、榆属、鹅耳枥属、桦属、及少量的桤木属、白蜡树属、黄杞属、山核桃属、枫杨属、糙叶树属、杨梅属、无患子科、百合科、芸香科等；灌木植物花粉占5.6%，有蔷薇科、绣线菊属、胡秃子属、木犀属、麻黄属等。

4. 孢粉带 IV

剖面深度 143～113 cm，日历校正年代为 7.530～4.051 cal. ka BP（^{14}C 年龄为 6.387～3.695 ka BP），分析样品 15 个。本带孢粉浓度在整个剖面最大，其中木本植物花粉浓度 180.567～924.825 千粒/cm^3，平均值高达 562.607 千粒/cm^3；中旱生草本花粉 25.864～206.91 千粒/cm^3，平均 90.11 千粒/cm^3；水生草本植物花粉浓度平均值增至 74.89 千粒/cm^3；蕨类孢子浓度平均值增至 52.93 千粒/cm^3。从百分比看，木本植物花粉仍占优势，并比前带稍有增加，达 72.14%；中旱生草本略有下降，平均为 11.03%；水生草本和蕨类变化不大，分别为 9.29% 和 7.54%。木本植物中，针叶树所占百分比较小，松属 5.06%，较前带有所增加，铁杉和云/冷杉只是断续出现。阔叶树丰富多样占优势，桦（平均 9.61%）呈逐渐增长趋势；鹅耳枥/榛（8.88%）及栲（12.78%）均是前阶段高，后阶段降低；而落叶栎（14.42%）前阶段较低，后阶段增加；水青冈属（13.28%）在整带都很高；其他还有榆属（3.13%）、少量的栗属等，槭属在本带含量较高，尤其在后阶段有显著比例。中旱生草本中禾本科（5.28%）和毛茛科（1.28%）占主要百分比，蒿属（0.78%）含量降低。为常绿落叶阔叶林。分两个亚带：

亚带 IV-1：剖面深度 143～133 cm，日历校正年代为 7.530～6.485 cal. ka BP（^{14}C 年龄为 6.387～5.741 ka BP），分析样品 5 个。本亚带孢粉浓度比前带高。阔叶乔木、草本植物及灌木含量增加，针叶乔木、中旱生草本植物花粉、蕨类植物孢子含量减少。木本植物花粉含量占孢粉总数的 74.6%，其中针叶乔木占 2.2%，松属花粉含量较高，铁杉属、云杉属、油杉属、柏科断续出现。温带阔叶树花粉占 43.1%，水青冈属（13.2%）、落叶栎属（9.8%）、胡桃属（4.3%）、桦属（4.7%）、榛属（3.7%）、鹅耳枥属（3.9%）、榆属（1.9%）含量较高，白蜡树属、黄杞属、枫杨属、糙叶树属、椴属等都有一定比例参加。亚热带阔叶树种占 27.0%，常绿栎（20.2%）占主要百分比，山核桃属、杨梅属、枫杨属、无患子科、楝科、杜英科、枫香属、芸香科等少量；灌木植物花粉占 12.4%，有蔷薇科、绣线菊属、木犀科、麻黄属等；草本植物花粉含量占本带孢粉总数的 22.7%，禾本科、地榆属占主要百分比，蒿属、茜草科、大戟科、莎草属少量稳定出现，藜科、十字花科、蓼科、唐松草属、豆科、龙胆属零星分布。水生草本植物花粉占 9.6%，莎草科为主。蕨类植物孢子占 2.7%，有单缝孢子、三缝孢子及少量的水龙骨科、卷柏科等。

亚带 IV-2：剖面深度 133～113 cm，日历校正年代为 6.485～4.051 cal. ka BP（^{14}C 年龄为 5.741～3.695 ka BP），分析样品 10 个。本带孢粉浓度依然居高不下，各种植物种属丰富。木本植物花粉含量由孢粉带 IV-1 的 74.5% 下降到 67.6%。针叶乔木花粉含量由孢粉带 IV-1 的 2.2% 上升到 5.6%，松属占 5.1%。温带阔叶乔木为 43.1%，有落叶栎属（12.4%）、桦属（10.5%）、水青冈属（9.1%）、榛属（4.9%）、槭树属

（3.4%），桤木属、鹅耳枥属、栗属、栲属、桑属、枫杨属等都有相当的含量。椴属、柳属、黄杞属、朴属含量较低；热带阔叶乔木植物花粉含量较前带明显降低，占孢粉总数的 11.9%，常绿栎也只有 4.7%，另有少量的山核桃属、金缕梅科、枫香属、芸香科等。灌木植物花粉占 4.8%，有蔷薇科、冬青属等；草本植物花粉含量占本带孢粉总数的 20.1%，禾本科、地榆属、葎草属、毛茛科含量较高，且分布稳定，蒿属、菊科、伞形花科、唇型花科、茜草科、大戟科、蓼科、桔梗科、豆科、龙胆属断续出现，藜科、茄科、十字花科、百合等零星出现；水生草本植物花粉占 9.6%，莎草科为主。蕨类植物孢子占 12.3%，有水龙骨科、单缝孢子、三缝孢子等。

5. 孢粉带 V

剖面深度 113～33 cm，日历校正年代为 4.051～0.911 cal. ka BP（^{14}C 年龄为 3.695～0.910 ka BP），分析样品 40 个。本带孢粉浓度较前带较低，但波动较大，其中木本植物花粉浓度 80.52～830.76 千粒/cm^3，平均值高达 244.43 千粒/cm^3；中旱生草本花粉平均 29.34 千粒/cm^3；水生草本植物花粉浓度平均值增至 21.21 千粒/cm^3；蕨类孢子浓度平均值很低，只有 5.29 千粒/cm^3。从百分比看，木本植物花粉占绝对优势，并比前带稍有增加，达 80.88%；中旱生草本略有下降，平均为 10.06%；水生草本和蕨类均为本剖面最低，分别为 21.21% 和 5.29%。木本植物中，针叶树所占百分比较小，松属 5.33%，铁杉和云/冷杉只是断续出现。阔叶树中桦（平均 14.38%）显著增加且较稳定；鹅耳枥/榛（3.43%）及栲（6.71%）均较前带明显减少；而落叶栎（16.7%）百分比高而较稳定；水青冈属（10.118%）相对降低；栗属（4.48%）增加。灌木花粉中蔷薇科显著增加，平均达 10.70%。中旱生草本中禾本科（5.42%）较稳定，蒿属（1.58%）有增加趋势，其他还有少量毛茛科和藜科等。整体来看，本带属含常绿树种的落叶阔叶林。根据花粉百分比和浓度变化可分为两个亚带：

亚带 V-1：剖面深度 113～101 cm，日历校正年代为 4.051～3.501 cal. ka BP（^{14}C 年龄为 3.695～3.253 ka BP），分析样品 6 个。本带孢粉浓度略有降低，木本植物花粉含量上升，占孢粉总数的 78.5%，其中针叶乔木占 9.3%，有松属、铁杉属、柏科等。阔叶树花粉占 64.0%，有落叶栎（13.8%）、桦属（11.4%）、芸香科（9.1%）、水青冈属（8.1%）、榛属（3.9%）、常绿栎（2.5%）、栗属（2.1%），及少量稳定出现的栲属、桑属、胡桃属、金缕梅科、枫香属、槭树属等；灌木植物花粉占 5.2%，有蔷薇科、冬青属等；草本植物花粉含量较低，占孢粉总数的 16.2%，有禾本科、蒿属、菊科、地榆属、藜科、大戟科、毛茛科、葎草属等；水生草本植物花粉占 7.6%，莎草科为主，香蒲属、荇菜属少量；蕨类植物孢子占 5.3%，有水龙骨科等。

亚带 V-2：剖面深度 101～33 cm，日历校正年代为 3.501～0.911 cal. ka BP（^{14}C 年龄为 3.253～0.910 ka BP），分析样品 34 个。本带孢粉浓度时有大小变化，孢粉种属繁多。木本植物花粉含量占孢粉总数的 79.0%，其中针叶乔木占 4.9%，及少量的铁杉属、冷杉属；温带阔叶乔木占 46.6%，有落叶栎（15.3%）、桦属（10.6%）、水青冈属（8.3%）、栗属（3.5%）、榆属（3.1%）、榛属（2.7%）、桤木属、鹅耳枥属、桑属、胡桃属、枫杨属等；亚热带阔叶乔木花粉含量占孢粉总数 11.6%，常绿栎含量较高，漆属、无患子属、金缕梅科、枫香属、芸香科等都占一定比例。灌木植物花粉占14.9%，有蔷薇科、绣线菊属、山黄皮属、冬青属、木犀科等；草本植物花粉含量占孢粉总数的16.7%，中中旱生草本植物高于水生植物花粉的含量，其中禾本科、莎草科含量较高，蒿属低含量稳定出现，菊科、地榆属、藜科、唇形花科、茜草科、大戟科、蓼科、毛茛科、百合科不连续出现，葎草属、苦苣苔科、龙胆属只在本带的下部出现。水生草本植物荇菜属、泽泻属、香蒲属少量；蕨类植物孢子占4.2%，有水龙骨科、单逢孢子等。

6. 孢粉带 VI

剖面深度33~0 cm，日历校正年代为0.911~0 cal. ka BP（^{14}C 年龄为0.910~0 ka BP），分析样品16个。本带孢粉浓度较前带略有增高，其中木本植物花粉浓度174.59~583.11 千粒/cm³，平均值306.25 千粒/cm³；中旱生草本花粉平均62.32 千粒/cm³；水生草本植物（主要为莎草科）花粉浓度平均值增至45.15 千粒/cm³；蕨类孢子浓度平均值低，但比前带略有增高，平均9.86 千粒/cm³。从百分比看，木本植物花粉占绝对优势，并比前带稍有降低，平均73.42%；中旱生草本略有增加，平均为14.10%；水生草本和蕨类均有所增加，分别为10.32%和2.15%。木本花粉中，针叶树有所增加，松属8.21%，铁杉0.61%，云/冷杉较少；阔叶树中桦（16.98%）略有增加，落叶栎（13.26%）和胡桃（8.11%）含量较高，但较前带有所下降。灌木中蔷薇（4.78%）明显减少。中旱生草本中蒿属（4.44%）增加。本阶段可定名为针阔叶混交林，但受人类活动影响较大。分为两个亚带：

亚带 VI-1：剖面深度33~21 cm，日历校正年代为0.911~0.426 cal. ka BP（^{14}C 年龄为0.910~0.412 ka BP），分析样品6个。本带孢粉含量高且较稳定，植物种属繁多，仍是木本植物优势带。木本植物花粉占孢粉总数的74.0%，针叶乔木花粉为6.6%，松属（6.5%）为主，铁杉属断续出现；温带阔叶乔木为46.7%，有桦属（13.8%）、落叶栎（12.9%）、水青冈属（7.9%）、榆属（2.9%）、榛属（2.8%）、栗属（2.5%）含量较高，槭树属、胡桃属、桑属、桤木属、枫杨属少量稳定出现；亚热带阔叶乔木含量为13.7%，有栲属（3.8%）、常绿栎（2.8%）、朴属、漆树、枫香属、芸香属等；灌木植物花粉占6.6%，有蔷薇科、山黄皮属、栾树属、冬青属等。草本植物花粉含量占孢粉总数的18.9%，中旱生草本植物花粉（11.8%）的含量虽然较低，但种属丰富，禾本科、蒿属、毛茛科占主要百分比，菊科、地榆属、藜科、唇形花科、茜草科、大戟科、百合科、桔梗科、豆科等都有一定量参加；水生草本植物为7.0%，莎草科为主，荇菜属少量。蕨类植物孢子占孢粉总数的7.2%，主要是水龙骨科植物；组成以阔叶树为主的针阔叶混交森林植被。

亚带 VI-2：剖面深度21~0 cm，日历校正年代为0.426~0 cal. ka BP（^{14}C 年龄为0.412~0 ka BP），分析样品10个。本带孢粉含量高，植物种属也多。木本植物花粉含量由前带的74.0%下降到61.9%，针叶乔木百分含量上升，由前带的6.6%上升到8.4%，松属（8.2%）为主，铁杉属云杉属冷杉属有少量分布。阔叶树仍以落阔叶树种为主，桦属（13.1%）、落叶栎（7.6%）、水青冈属（4.6%）、榛属（3.3%）、榆属

（2.7％）、槭树属（1.9％）为主要成分，还有少量的胡桃属、桤木属、鹅耳枥属、桑属、枫杨属等；亚热带阔叶树含量虽然低，种属相当丰富，有栲属、漆树、枫香属、山核桃属等；灌木植物花粉占3.8％，有蔷薇科、龙船草属、栾树属、冬青属；草本植物花粉含量上升，由前带的18.9％上升到34.6％，其中水生草本植物花粉上升明显，由7.0％升到16.9％，有莎草科、荇菜属及少量香蒲属；蕨类植物孢子占孢粉总数的3.5％，有水龙骨科、石韦属等；组成以阔叶树为主的针阔叶混交森林植被。

三、孢粉数据揭示的区域环境演变序列与对比

综上所述，大九湖剖面148块样品6个孢粉带揭示了神农架大九湖297 cm厚的沉积物记录的古植被、古气候与古环境变化的以下特点：

（1）在对148块样品的孢粉观察、鉴定和统计过程中发现每块样品的孢粉（浓度）含量都很高，植物种属繁多。落叶阔叶乔木树种的花粉含量高于常绿阔叶树花粉的含量。常绿阔叶树、灌木植物的种属较多，花粉含量较低。针叶乔木、蕨类植物种属单一且含量低。草本植物花粉种属多，稳定分布且占一定百分比的种类较少。水生草本植物莎草科在全剖面都有分布，只是含量多少的变化。根据孢粉百分比和浓度图谱的变化特点，剖面自下而上共分为6个孢粉带。其中，孢粉带Ⅰ属晚冰期及其向全新世过渡阶段；孢粉带Ⅱ代表早全新世；孢粉带Ⅲ和Ⅳ为中全新世；孢粉带Ⅴ和Ⅵ为晚全新世。

（2）大九湖剖面孢粉带Ⅰ记录了该区域晚冰期及其向全新世过渡时期冷暖波动频繁的气候条件。该带孢粉浓度低，但波动明显。针叶树百分含量在整个剖面中最大，水生植物百分含量相对较大，为含少量常绿树种的针阔叶混交林。其中，亚带Ⅰ-1（15.753～15.549 cal. ka BP）对应最老仙女木期（Oldest Dryas）或北大西洋H1阶段冷期，亚带Ⅰ-2（15.549～14.936 cal. ka BP）对应博令暖期（Bølling），亚带Ⅰ-3（14.936～14.505 cal. ka BP）对应老仙女木（Older Dryas）冷期，亚带Ⅰ-4（14.505～12.655 cal. ka BP）对应阿勒罗德暖期（Allerød），亚带Ⅰ-5（12.655～11.280 cal. ka BP）对应新仙女木（Younger Dryas）冷期（黄春长，1998）。刘兴起等（2002）和沈吉等（2004a）对晚冰期以来青海湖沉积物孢粉、碳酸盐、有机C和N及碳同位素等多指标高分辨率研究结果及Zhou等（2004）对华南大湖泥炭剖面的孢粉、有机碳等多指标分析结果与本书上述研究基本一致。覃嘉铭等（2004a，2004b）对贵州荔波董歌洞D4石笋上部45.0～193.6 m处系统的TIMS-U系测年及碳氧稳定同位素分析以及都匀七星洞石笋高分辨率研究，揭示当地14.7～12.8 ka BP为B～A暖期，而新仙女木事件开始时间为12.8 ka BP，结束于11.58 ka BP；沈吉等（2004b）根据云南洱海湖泊沉积岩芯多环境指标高分辨率分析得出云南洱海地区12.950～10.329 ka BP为气候冷湿阶段。

（3）大九湖孢粉带Ⅱ代表了由晚冰期冷湿气候向全新世温暖气候转换的早全新世过渡时期。本带花粉浓度升高，木本种类增多，且百分含量增大；针叶树种有所降低，中旱生草本和水生草本含量均降低，体现出缓慢升温的过程。贵州荔波董歌洞石笋记录（覃嘉铭等，2004a，2004b）表明11.3～9.0 ka BP为新仙女木事件由冷到暖的突变以

后，全新世初期的缓慢升温过程，在该期夏季风进入调整期，相对稳定。湖北神农架山宝洞 SB10 石笋的氧同位素记录（Shao et al.，2006）也表明，11.5～9.3 ka BP 季风降水处于持续增长期。

（4）大九湖孢粉带Ⅲ代表中全新世前期的气温波动上升期。本带孢粉浓度较前带降低，但波动较大；针叶树百分含量减小；落叶阔叶树百分比有逐渐降低趋势，常绿栎百分比逐渐升高；中旱生草本中菊科、蒿属和禾本科等都逐渐减少；水生草本主要为莎草科，也呈逐渐减少趋势；反映了趋于高温和干旱的气候特点，但波动频繁。约 7.7 ka BP 前后，达到全新世最热的时期，之后略有下降。沈吉等（2004b）根据云南洱海湖泊沉积岩芯多环境指标高分辨率分析得出云南洱海地区 10 329～8399 a BP 气候温暖以及最温暖期出现在 8399～6371 a BP；Zhu 等（2003）根据人类遗址时空分布研究发现长江三角洲全新世高海面可能出现在 10 000～7000 a BP，这些均可证实这一时段是全新世初期的高温期。

（5）孢粉带 IV 代表中全新世温暖湿润期。孢粉浓度在整个剖面最大，木本植物、中旱生草本、水生草本及蕨类孢子浓度均有较大增加并逐渐稳定，为常绿落叶阔叶林，且是木本植物含量最高段。其中针叶树所占百分比较小，阔叶树丰富多样占优势，桦呈逐渐增长趋势；鹅耳枥/榛及栲均是前阶段高，后阶段降低；而落叶栎前阶段较低，后阶段增加；水青冈属在整带都很高；其他还有榆属、少量的栗属等，槭属在本带含量较高，尤其在后阶段占显著比例。中旱生草本中禾本科和毛茛科占主要百分比，蒿属含量降低。孢粉带 IV-1 是由全新世最温暖阶段波动降温到逐渐稳定期。而孢粉带 IV-2 为全新世最适宜期（安芷生，1993），水热配置条件最佳。神农架山宝洞 SB10 石笋的氧同位素记录（Shao et al.，2006）表明 9.3～4.4 ka BP 为降水丰沛的湿润期。Maldonado Villagrán（2002）根据沼泽森林孢粉记录研究了 32°S 智利半干旱海岸过去 6200 年来的古环境变化，表明 4200～3200 a BP 是该区森林扩张期；Kaplan 等（2002）对格陵兰南部 Qipisarqo 湖泊沉积物研究，发现该湖盆在 6000～3000 a BP 为变暖期，证实了这一温暖期的存在。

（6）大九湖孢粉带 V 代表晚全新世温干的气候。本带浓度较前带低但波动较大，水生草本花粉和蕨类孢子浓度平均值很低。从百分比看，木本植物花粉占绝对优势，并比前带稍有增加，中旱生草本略有下降，水生草本和蕨类均为本剖面最低。木本植物中，针叶树所占百分比较小；阔叶树中桦和落叶栎百分比高而较稳定。整体上看，本带属于含常绿树种的落叶阔叶林，体现出温干的气候特点。其中亚带 V-1 花粉浓度和百分比波动剧烈，体现了中全新世向晚全新世转换阶段气候不稳定特征。亚带 V-2 花粉浓度和百分比存在小波动，但整体较稳定。神农架山宝洞 SB10 石笋的氧同位素记录（Shao et al.，2006）表明 4.4～2.1 ka BP，该时段为降水较少的干旱期；于学峰等（2006）对青藏高原东部全新世泥炭记录研究表明 4.1 ka BP 以来的晚全新世是干冷期。

（7）大九湖孢粉带 VI 木本植物含量比前一阶段低，阔叶树的含量居高不下，阔叶树以落叶阔叶的桦属、栎属为主，针叶树和中旱生草本植物含量有增加的趋势，植被为针阔叶混交林，反映为温凉稍湿的气候。Maldonado 等（2002）根据沼泽森林孢粉记录得出智利海岸地区 1800～1300 a BP 为干燥气候；Kaplan 等（2002）对格陵兰南部 Qipisarqo 湖泊沉积物研究也发现该地区气候在小冰期的恶化；安成邦等（2003a）对黄土高原西部沼泽湿地研究发现 3800 a BP 以后夏季风退缩；Xu 等（2002）根据对红原泥炭研究得出该区 1500 a BP 左右气温由高温变为低温等，均可证实这一时期温凉稍湿气候的存在。

（8）全新世气候及其东亚季风转型变化是当前全球变化及其区域响应研究的重点和难点。由于各地学者研究的方法和材料不同，加之研究区域的差异，各地学者对全新世气候环境变化的细节尚未得出满意的共识。正如 O'Brien 等（1995）在 *Science* 杂志上所言，全新世气候变化比末次冰期更复杂，气候变化的信号比冰期时要小，"噪声"相对高。

第三节　神农架大九湖孢粉气候因子转换函数与古气候重建

当前，利用孢粉浓度、类型与气候环境演变的关系建立孢粉气候因子转换函数并对古气候进行定量重建，是古气候研究定量化的有效手段（Webb III and Bryson，1972；Shen et al.，1996；Deng et al.，2002；Liu et al.，2002；Peyron et al.，2005；宋长青等，1997；Shi and Song，2003）。可靠转换函数的建立取决于两个方面，一是高质量的孢粉采样样本，二是对最优孢粉因子的筛选。利用神农架大九湖地区采集的地表孢粉得出孢粉百分比含量数据，结合该区气象观测资料建立了温度转换函数，同时利用文献（朱诚等，2006a）的孢粉数据定量重建了大九湖晚冰期以来的温度序列。

一、研究方法

本研究在野外实地踏勘基础上，进行了孢粉样品采集，除了大九湖盆地内为表层土样外，其余选择神农架地区林间空旷处的苔藓进行采样，时间为 2004 年 2 月 16～18 日。按自然地形海拔每上升 100 m 采一个样，采样地点 GPS 地理范围为 31.4°～31.8°N，109.8°～110.6°E，海拔在 700～2800 m（图 2.3.1），本次共采得表土孢粉样品 121 块（采样位置见表 2.3.1）。样品在中国地质调查局水文地质环境地质调查中心利用重液浮选法进行前处理后制成活动玻片，在双目显微镜下用高倍镜头进行观察、鉴定和统计。对应的采样区气象要素资料则来自于神农架大九湖周边地区 7 个相关气象站 30 年来（1971 年 1 月至 2000 年 12 月）连续观测的气象资料库（图 2.3.2）。为最大限度获取孢粉所包含的气候信息，本研究选取 55 种常见孢粉，采用空间拟合与逐步回归方法建立孢粉气候因子转换函数，并利用大九湖 297 cm 厚的全新世泥炭剖面（31.5°N，109°59.75′E，海拔 1760 m）得出的 15.753 ka BP 以来孢粉百分比含量数据重建了该时期的古气候温度曲线（Webb III and Bryson，1972）。

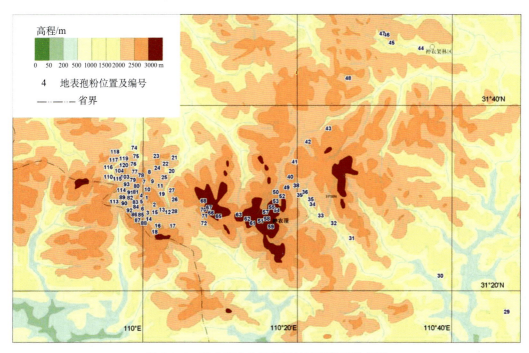

图 2.3.1　神农架大九湖地区地表孢粉采样点图

图中数字代表采样点编号

表 2.3.1　神农架地区地表孢粉采样点位置表

序号	采样编号	经纬度	海拔/m	序号	采样编号	经纬度	海拔/m
1	JHS-S①	31°28.975′N, 110°01.002′E	1745	16	JHS-N④	31°28.866′N, 110°01.398′E	1841
2	JHS-S②	31°29.086′N, 110°01.031′E	1765	17	JHS-N⑤	31°28.866′N, 110°01.478′E	1862
3	JHS-S③	31°29.112′N, 110°01.035′E	1787	18	JHS-N⑥	31°28.868′N, 110°01.515′E	1882
4	JHS-S④	31°29.125′N, 110°00.982′E	1815	19	JHS-N⑦	31°28.875′N, 110°01.519′E	1902
5	JHS-S⑤	31°29.129′N, 110°00.956′E	1842	20	JHS-N⑧	31°28.875′N, 110°01.538′E	1922
6	JHS-S⑥	31°29.137′N, 110°00.937′E	1869	21	JHS-N⑨	31°28.878′N, 110°01.579′E	1962
7	JHS-S⑦	31°29.093′N, 110°00.885′E	1921	22	JHS-N⑩	31°28.878′N, 110°01.579′E	1962
8	JHS-S⑧	31°29.143′N, 110°00.870′E	1960	23	JHS-N(11)	31°28.862′N, 110°01.587′E	1982
9	JHS-S⑨	31°29.147′N, 110°00.871′E	1989	24	JHS-N(12)	31°28.848′N, 110°01.610′E	2002
10	JHS-S⑩	31°29.165′N, 110°00.840′E	2017	25	JHS-N(13)	31°28.842′N, 110°01.596′E	2022
11	JHS-S(11)	31°29.177′N, 110°00.824′E	2039	26	JHS-N(14)	31°28.832′N, 110°01.627′E	2045
12	JHS-S(12)	31°29.122′N, 110°00.827′E	2032	27	JHS-N(15)	31°28.827′N, 110°01.625′E	2072
13	JHS-N①	31°28.898′N, 110°01.340′E	1782	28	JHS-N(16)	31°28.820′N, 110°01.717′E	2117
14	JHS-N②	31°28.876′N, 110°01.372′E	1802	29	宜松-1	30°49.905′N, 110°23.651′E	205
15	JHS-N③	31°28.858′N, 110°01.398′E	1822	30	宜松-2	30°160′N, 110°30.277′E	716

续表

序号	采样编号	经纬度	海拔/m	序号	采样编号	经纬度	海拔/m
31	宜松-3	31°671′N, 110°28.076′E	856	65	神农顶(16)	31°27.645′N, 110°13.453′E	2576
32	宜松-4	31°26.331′N, 110°25.716′E	1044	66	神农顶(17)	31°27.261′N, 110°10.738′E	2504
33	宜松-5	31°27.181′N, 110°24.048′E	1144	67	神农顶(18)	31°27.617′N, 110°09.761′E	2400
34	宜松-6	31°28.438′N, 110°22.981′E	1279	68	神农顶(19)	31°28.204′N, 110°09.516′E	2291
35	宜松-7	31°28.968′N, 110°22.757′E	1381	69	神农顶(20)	31°28.603′N, 110°09.141′E	2182
36	宜松-8	31°768′N, 110°22.029′E	1498	70	神农顶(21)	31°28.334′N, 110°09.311′E	2081
37	宜松-9	31°29.997′N, 110°22.117′E	1616	71	神农顶(22)	31°27.971′N, 110°08.774′E	1978
38	宜松-10	31°29.693′N, 110°21.670′E	1724	72	神农顶(23)	31°27.307′N, 110°08.933′E	1874
39	宜松-11	31°29.457′N, 110°21.327′E	1845	73	神农顶(24)	31°26.783′N, 110°08.839′E	1769
40	宜松-12	31°29.997′N, 110°22.117′E	1669	74	神农顶(25)	31°26.542′N, 110°08.767′E	1669
41	宜松-12	31°31.434′N, 110°20.132′E	1741	75	JHB-1	31°29.598′N, 109°59.726′E	1729
42	宜松-13	31°33.067′N, 110°20.718′E	1634	76	JHB-2	31°29.569′N, 109°59.724′E	1731
43	宜松-14	31°35.222′N, 110°22.457′E	1520	77	JHB-3	31°29.561′N, 109°59.722′E	1730
44	宜松-15	31°36.665′N, 110°25.141′E	1398	78	JHB-4	31°29.528′N, 109°59.718′E	1729
45	宜松-16	31°45.278′N, 110°37.335′E	975	79	JHB-5	31°29.511′N, 109°59.716′E	1731
46	宜松-17	31°45.897′N, 110°33.511′E	1132	80	JHB-6	31°29.491′N, 109°59.718′E	1730
47	宜松-18	31°46.776′N, 110°32.859′E	1255	81	JHB-7	31°29.472′N, 109°59.717′E	1731
48	宜松-19	31°46.903′N, 110°32.270′E	1372	82	JHB-8	31°29.452′N, 109°59.719′E	1732
49	宜松-20	31°42.092′N, 110°27.800′E	2087	83	JHB-9	31°29.432′N, 109°59.720′E	1732
50	神农顶①	31°30.291′N, 110°19.628′E	1863	84	JHB-10	31°29.404′N, 109°59.716′E	1732
51	神农顶②	31°29.821′N, 110°18.224′E	1963	85	JHB-11	31°29.374′N, 109°59.711′E	1732
52	神农顶②	31°26.684′N, 110°16.237′E	2811	86	JHB-12	31°29.355′N, 109°59.723′E	1733
53	神农顶③	31°29.620′N, 110°18.512′E	2066	87	JHB-13	31°29.336′N, 109°59.734′E	1732
54	神农顶④	31°28.830′N, 110°18.212′E	2153	88	JHB-14	31°29.323′N, 109°59.738′E	1732
55	神农顶⑤	31°28.567′N, 110°18.131′E	2199	89	JHB-15	31°29.457′N, 109°59.749′E	1732
56	神农顶⑥	31°28.169′N, 110°17.662′E	2302	90	SNDE01	31°29′N, 109°59′E	1730
57	神农顶⑦	31°27.942′N, 110°17.387′E	2404	91	SNDE02	31°29′N, 109°59′E	1730
58	神农顶⑧	31°27.309′N, 110°17.132′E	2508	92	SNDE03	31°29′N, 109°59′E	1730
59	神农顶⑨	31°26.894′N, 110°17.216′E	2563	93	SNDE04	31°29′N, 109°59′E	1730
60	神农顶⑩	31°26.585′N, 110°17.439′E	2609	94	SNDE05	31°29′N, 109°59′E	1730
61	神农顶(11)	31°27.153′N, 110°16.872′E	2706	95	SNDE06	31°29′N, 109°59′E	1730
62	神农顶(13)	31°26.937′N, 110°15.080′E	2177	96	SNDE07	31°29′N, 109°59′E	1730
63	神农顶(14)	31°26.946′N, 110°14.471′E	2705	97	SNDE08	31°29′N, 109°59′E	1730
64	神农顶(15)	31°27.407′N, 110°13.390′E	2606	98	SNDE09	31°29′N, 109°59′E	1730

续表

序号	采样编号	经纬度	海拔/m	序号	采样编号	经纬度	海拔/m
99	SNDE10	31°29′N，109°59′E	1730	111	SND04	31°29′N，109°59′E	1730
100	SNDE11	31°29′N，109°59′E	1730	112	SND05	31°29′N，109°59′E	1730
101	SNDE12	31°29′N，109°59′E	1730	113	SND06	31°29′N，109°59′E	1730
102	SNDE13	31°29′N，109°59′E	1730	114	SND07	31°29′N，109°59′E	1730
103	SNDE14	31°29′N，109°59′E	1730	115	SND08	31°29′N，109°59′E	1730
104	SNDE15	31°29′N，109°59′E	1730	116	SND09	31°29′N，109°59′E	1730
105	SNDE16	31°29′N，109°59′E	1730	117	SND10	31°29′N，109°59′E	1730
106	SNDE17	31°29′N，109°59′E	1730	118	SND11	31°29′N，109°59′E	1730
107	SNDE18	31°29′N，109°59′E	1730	119	SND12	31°29′N，109°59′E	1730
108	SND01	31°29′N，109°59′E	1730	120	SND13	31°29′N，109°59′E	1730
109	SND02	31°29′N，109°59′E	1730	121	SND14	31°29′N，109°59′E	1730
110	SND03	31°29′N，109°59′E	1730				

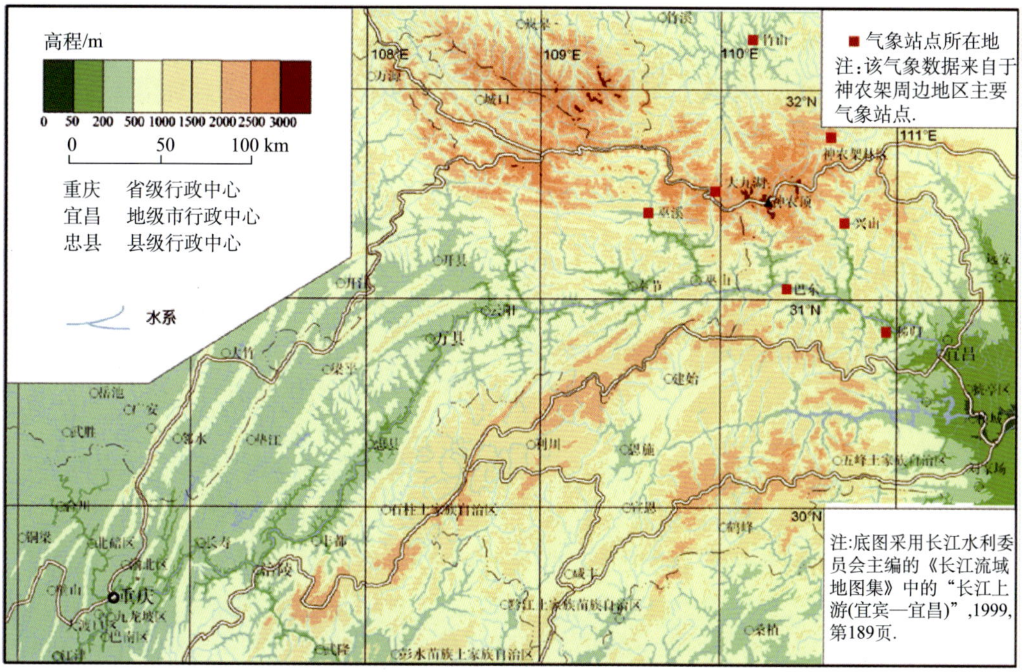

图 2.3.2　神农架大九湖地区气象站点分布图

二、转换函数的建立和大九湖古气候重建

植被的分布主要受温度和降水等气候因子决定。神农架大九湖地区海拔高差大，气

候因子随高度变化显著，与此相对应的植被类型分布亦随高度而改变。

从不同海拔采集的地表孢粉样本包涵了气候要素的垂直变化信息和空间分布特征，因此可以根据植被与气候的关系建立孢粉气候因子转换函数。由于大九湖采样地区没有足够的气象观测站记录，特别是由于山区降水空间的差异性较大、连续性差，由该地区地表孢粉样本建立降水转换函数缺乏可靠性。但是由于温度的空间连续性较好，利用大九湖地区温度记录可以建立温度的空间分布函数，再由温度分布函数计算各孢粉采样点的温度就可以建立该地区的温度转换函数。根据这一原理，本项研究建立了神农架大九湖地区年平均温度的转化函数，并根据泥炭剖面的孢粉数据检验（朱诚等，2006a），重建了大九湖 15.753 ka BP 以来的年平均温度变化序列。

(一) 大九湖地区温度空间函数的建立

本研究选择了大九湖周边地区有 30 年连续气象观测资料的竹山、房县、郧阳、神农架、兴山、巴东和大九湖 7 个气象站温度观测数据用于大九湖地区温度空间函数的建立。对于给定的地点，其多年平均温度（T）决定于纬度（ϕ）、经度（λ）和海拔（H），即年平均温度可以近似表示为：

$$T(\phi, \lambda, H) = a_0 + a_1\phi + a_2\lambda + a_3H \qquad (1)$$

通过最小二乘方法和显著性检验，可以得出拟合系数而建立区域年平均温度的空间分布函数。本研究根据大九湖地区 7 个气象站多年平均温度和各站点的地理信息资料拟合出该地区的年平均温度函数为：

$$T = 61.657 - 1.375\phi - 0.006H \qquad (2)$$

该式表明，大九湖地区的年平均温度主要决定于纬度和海拔高度，随纬度和高度的增加温度逐渐降低，但与经度关系不大。对大九湖地表孢粉采样点的地理信息进行比较分析后，从 716 m 至 2811 m 共 73 个高度上的采样点计算了年平均温度分布。计算结果显示，该分布函数较好的反映了大九湖地区温度的空间分布特征。例如由式（2）计算出大九湖泥炭剖面采样点大九湖（31.5°N，1760 m）的年平均温度为 7.78℃，实际观测值是 7.2℃，绝对误差约 0.58℃，相对误差 8%；对神农架气象站（31.75°N，937.2 m）计算的年平均温度是 12.31℃，实际观测值是 12.1℃，绝对误差和相对误差分别为 0.21℃和 1.7%，其他各站的温度计算值与观测值都拟合得很好（表 2.3.2），表明式（2）给出的温度分布函数计算结果是可靠的。根据该温度函数得出神农架大九湖地区在海拔 716～2811 m 之间的年平均温度变化范围是 1.57～15.63℃，相当于中国东部地区 30°～45°N 之间的气候年平均温度变化，即从神农架地区的中亚热带气候到中国东北地区的中温带气候，横跨中亚热带、北亚热带、南温带和中温带 4 个气候区。可见神农架地区约 2000 m 垂直范围内地表孢粉信息的变化可以代表水平地带大尺度范围内的温度变化，具有重要的气候学意义。

表 2.3.2　建立温度空间函数所用气象站点及拟合年平均温度比较

站 名	北纬/(°)	东经/(°)	海拔/m	观测温度/℃	拟合温度/℃
竹山	32.23	110.23	309.0	15.4	15.35
房县	32.03	110.77	427.1	14.3	15.05
郧阳	32.65	110.78	253.9	15.4	15.23
神农架	31.75	110.67	937.2	12.1	12.31
兴山	31.23	110.77	275.6	16.8	17.06
巴东	31.07	110.40	295.6	17.3	17.16
大九湖	31.50	110.00	1760.0	7.2	7.78

(二) 孢粉温度转换函数的建立

根据前述大九湖地区 73 个高度上的 55 个科属地表孢粉样本，采用常规逐步回归方法（宋长青等，1997；Shi and Song，2003）在 $\alpha=0.05$ 显著水平上对不同的选取和剔除阈值 F_1 和 F_2 进行计算，得出复合相关系数相对较大、选入因子个数适中的温度转换函数。计算试验表明，选入因子相对较多时，复合相关系数较高，但因子太多不便于实际计算。根据本文计算比较，最终选取 10 个因子建立转换函数，其复合相关系数达到 0.8962。大九湖年平均温度转换函数为

$$T = 7.649 - 2.33097X_{冷杉属} - 0.10873X_{桦属} - 0.17352X_{菊科}$$
$$- 0.13176X_{十字花科} + 0.13356X_{大戟科} - 0.83069X_{桔梗科}$$
$$+ 1.96494X_{石韦属} + 0.38411X_{凤尾蕨} + 2.77741X_{卷柏属}$$
$$+ 0.04439X_{厚壁单缝孢属} \tag{3}$$

式中，$X_{冷杉属}$，$X_{桦属}$，$X_{菊科}$，$X_{十字花科}$，$X_{大戟科}$，$X_{桔梗科}$，$X_{石韦属}$，$X_{凤尾蕨}$，$X_{卷柏属}$ 和 $X_{厚壁单缝孢属}$，分别代表冷杉属、桦属、菊科、十字花科、大戟科、桔梗科、石韦属、凤尾蕨、卷柏属和厚壁单缝孢属的相对百分比含量（%）。从转换函数式（3）可以看出，冷杉属、桦属、菊科、十字花科和桔梗科相对百分比含量的增加指示温度降低，而大戟科、石韦属、凤尾蕨、卷柏属和厚壁单缝孢属的相对百分比含量的增加则指示温度升高。

为对拟合结果误差进行定量分析，本节以刘会平等（2000）给出的大九湖地区不同高度上年平均温度观测值作为参考，选取相近的 23 个高度，分别求出本文转换函数重建的年平均温度和观测值的相关系数与均方根误差（RMSE）分别为 0.9113 及 1.5090，相关系数通过 $\alpha=0.01$ 的显著性检验。观测和重建序列的平均温度分别为 7.6℃ 和 8.1℃、标准差分别为 3.7℃ 和 3.3℃，重建的温度比观测值平均高约 0.5℃。可以看出，本节重建的温度与观测值吻合较好。

(三) 大九湖 15.753 ka BP 以来温度序列的重建

根据转换函数式（3），使用大九湖泥炭剖面中的孢粉百分比含量数据（朱诚等，

2006a）对 15.753 ka BP 以来的年平均温度进行了重建计算，得到如图 2.3.3 所示的年平均温度时间序列，图中粗实线为三点滑动平均。

图 2.3.3 显示，约 15 ka 以来神农架大九湖地区气候经历了几个典型阶段，新仙女木、全新世气候适宜期、8.2 ka BP 气候事件和小冰期以来的气候变化特征都在重建的温度序列中有显著指示。15.753～11.0 ka BP 该区域经历了从晚冰期向全新世过渡时期冷暖波动频繁的气候变化特征，其中 15.753～15.4 ka BP、14.7～14.4 ka BP 和 12.6～11.2 ka BP 分别对应于最老仙女木（MOD）、老仙女木（OD）和新仙女木（YD）气候寒冷期，在 12.0～11.4 ka BP 之间为快速降温的 YD 气候突变特征；而 15.4～14.7 ka BP 和 14.4～12.6 ka BP 分别对应于博令暖期（BW）和阿勒罗德暖期（AW），温度明显升高；11.2～9.4 ka BP 为由晚冰期气候向全新世温暖气候转换的早全新世升温过渡期，在 11.2～10.8 ka BP 之间为快速温度回升，然后进入缓慢回升期，反映出 YD 气候突变的典型特征；此后 9.4～7.8 ka BP 代表了中全新世前期的气温波动上升期，在约 7.9 ka BP 达到全新世最高温度；7.5～4.0 ka BP 为中全新世气候适宜期，气温波动较小。4.0～1.0 ka BP 为晚全新世温暖气候向偏凉气候渐变的特征，且波动加大；1.0 ka BP 至今为由温凉气候向现代偏暖气候的转变，其中可以看出中世纪暖期（MWP）、小冰期（LIA）和现代温度升高的气候变化特征。

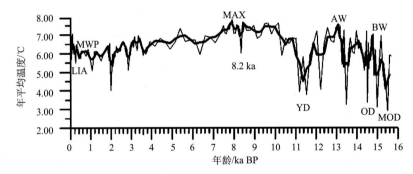

图 2.3.3　神农架大九湖 297 cm 厚泥炭剖面孢粉重建的 15.753 ka BP 以来的年平均温度曲线

粗线为三点滑动平均；YD：新仙女木事件；OD：老仙女木事件；MOD：最老仙女木事件；AW：阿勒罗德暖期；BW：博令暖期；MAX：温度最高点；8.2ka：早全新世冷事件

从整个重建温度变化曲线可以看出，15 ka BP 以来神农架大九湖地区经历了与北半球类似的气候变化，温度变化幅度在 2.89℃（MOD）～7.92℃（MAX）之间，振幅约 5℃；YD 时期的温度比现代平均温度约低 3.5℃，这与有关研究和模拟结果十分接近（陈星等，2004）。在 YD 事件之前为剧烈的冷暖气候波动，以 YD 和阿勒罗德暖事件（AW）为典型特征。在经历约 1 ka（12～11 ka BP）的 YD 气候突变之后进入全新世及温暖气候适宜时期，其间出现典型的 8.2 ka BP 气候突变事件。气候适宜期平均温度比现代约高 1.0℃，这与其他相关研究结果相一致（安芷生，1993；陈星等，2002）。自 4.0 ka BP 以来，气候进入一个新的波动时期，其波动幅度要远小于 YD 事件之前。图 2.3.3 还显示，虽然自 LIA 以来大九湖地区温度开始快速回升，但其温暖程度仍低于全新世气候适宜期和最暖期，也低于阿勒罗德暖期（AW）。值得注意的是，大九湖地区 LIA 以来的增温趋势是与全球变暖趋势相一致的,可以认为,温室效应对该地区植被变化有显著影响。

为了对本研究重建温度的区域气候特征有更进一步的认识,这里与宋长青等(1997)建立的中国北方地区孢粉气候函数和重建年平均温度曲线进行了对比。该文献使用包括新疆地区在内的中国北方 215 块表土孢粉样品得出了温度转换函数。转换函数因子包括的孢粉种类有云杉属、松属、桦属、栎属、莎草科、麻黄属、菊科和蒿属,其中乔木类和草本(蕨类)各占 1/2,与本书转换函数中相同的孢粉因子只有桦属和菊科,其他都不相同,表现出很大的区域差异。该文献利用地层孢粉和气候转换函数重建的 DJ 年平均温度序列与本文得出的年平均温度序列在总体趋势上基本一致,但数值稍低,而且对 YD 气候突变期表现得不显著,YD 以后的温度回升较缓慢,中全新世暖期持续时间稍短且温度偏低;同时对中全新世暖期以来的温度变化和近 1 ka 以来的温度拟合与实际情况偏差较大,这可能反映了植被分布区域性差异的影响。

三、孢粉气候因子转换函数与古气候重建讨论

(1) 通过对神农架大九湖地区地表孢粉样本分析,得出了不同科属孢粉随海拔高度变化的百分比含量数据,再根据神农架和周边地区气象站观测资料得出年平均温度的空间分布函数并计算出各孢粉采样点的年平均温度,在此基础上建立了神农架大九湖地区孢粉温度转换函数。该转换函数通过 10 种孢粉百分比含量可以定量恢复对应的温度值。

(2) 通过对大九湖地区 297 cm 厚泥炭层孢粉样本获得的孢粉浓度百分比含量,重建了该地区 15.753 ka BP 以来的年平均温度序列。

(3) 该温度序列较好的反映了晚冰期以来的气候变化特征,对最老仙女木期、老仙女木、新仙女木、8.2 ka BP 等极端冷事件和博令、阿勒罗德暖期及气候波动都有准确的指示,清楚地再现了晚冰期及其向全新世过渡时期冷暖波动频繁的温度变化特征。温度曲线还指示出大九湖从晚冰期冷湿气候向全新世温暖气候转变及早全新世缓慢升温的过渡时期、中全新世前期的气温波动上升期及 7.9 ka BP 前后的最高温度。

(4) 重建的温度序列还揭示了全新世适宜期、晚全新世温干气候及近 1 ka 以来大九湖的气候变化特征。因此可以认为,神农架大九湖地表和剖面孢粉样本具有重要气候意义,其温度转换函数和重建的温度序列对于研究末次冰期以来的气候变化有着重要参考价值。

(5) 转换函数显示,在 10 种显著孢粉因子中,作为高等植物的乔木类孢粉只有冷杉属和桦属,其他 8 种均为草本和蕨类植物,这与早期有关研究结论(刘会平等,2001)有一定差异,这一方面可能与神农架地区植被所处的特定气候条件有关;另一方面可能与孢粉的气候敏感性有关,对此我们将在接下来的部分论述。

第四节　神农架大九湖气候转换函数中孢粉因子的气候敏感性分析

上一节我们采用数学方法建立了孢粉气候因子转换函数，从而实现对古气候要素的定量重建。可以看出，与其他气候代用资料相比，孢粉具有分布广、便于采集且记录年代较长的优点，是进行古气候定量化研究的有效资料。但孢粉资料本身也有时间分辨率较低的不足。除孢粉样本的代表性外，如何选取孢粉气候因子并建立其函数关系是决定用孢粉进行古气候定量重建成功与否的一个关键问题。因此，能否建立较可靠的孢粉气候因子转换函数，一方面决定于孢粉样本质量，另一方面则取决于最优孢粉因子的筛选方法（Sander et al.，2006）。以往的研究表明，孢粉气候因子的筛选有很大的不确定性（吕厚远等，1996a），即不同孢粉科属对气候因子的响应有较大差异；同时在孢粉种类和各类孢粉所占总样本的比例这两个因子的最佳确定上仍没有明确有效的方法，而不同的方法可能导致不同的结果（Paul and John，1983）。本节研究采用神农架大九湖地区采集的地层孢粉（朱诚等，2006a）和地表孢粉得出的孢粉百分比含量，利用由该区域气象观测资料建立的温度转换函数，通过对神农架大九湖地区晚冰期以来温度序列定量重建的对比，分析了转换函数中孢粉因子的气候敏感性，并讨论了不同孢粉类型的百分比含量与气候敏感性的关系。

一、研究方法

自 20 世纪 90 年代中期以来，中国在使用建立孢粉-气候转换函数、气候孢粉响应面模型等方法定量恢复古气候方面开展了大量研究，并取得了显著的成果（宋长青和孙湘君，1999）。从研究方法上看，建立孢粉与气候要素的关系经历了指示种法、相似比较法、转换函数法和气候响应面方法等阶段（孙湘君，1987）。由于前两种方法采用简单的类比，所得的结果只能是定性的；后两种属于定量方法（Davis，1966；Bartlein et al.，1986）。转换函数法认为孢粉与气候之间存在函数关系，以多元的孢粉因子组合来表示气候变量，但只考虑了线性的定量关系。虽然如此，但该方法能直观定量的给出气候要素与孢粉含量及其组合之间的关系，仍有广泛的应用价值。而气候响应面方法选取若干有代表性的孢粉类型，逐类地将现代孢粉丰度在地理空间的分布转换为在气候空间（如年降雨量与夏季气温为坐标）的分布，然后用 2 次或 3 次响应面函数的方法求出该类孢粉分布的气候最佳条件（最高值）与极端条件（最低值），将孢粉组合数据与各种孢粉的气候响应面对比以求得古气候参数（Bartlein et al.，1986）。由于此法建立在逐类孢粉的生态分布资料基础上，并且考虑了孢粉与气候之间的非线形关系，因此具有广泛的适用范围（王瑱瑜等，1997）。国内学者采用这一方法成功的建立了孢粉-气候响应面模型并应用于古气候恢复重建（孙湘君和宋长青，1996；王瑱瑜等，1998）。可以认为，在寻找更好的定量模型来建立孢粉与气候参数的关系上取得了新的进展。但是，不同方法之间也存在矛盾和不一致的地方（王瑱瑜等，1998），因此从各种定量方法选取孢粉因子的基本假设、要求以及不同植物孢粉对气候变化的敏感性及其时间响应上看，仍有许多问题值得探讨。从最典型的逐步多元回归孢粉气候转化函数方法和孢粉气候响应面模型方法来看，两者最主要的差别在于后者考虑了气候要素之间的非线性关系在孢粉类型百分数中的反映，进而也考虑了孢粉对气候环境演变响应的复杂性。但是，两者的共同之处仍是选择何种类型的孢粉进行拟合计算。显然，不同的孢粉对气候变化的敏感性和响应时间是不一样的，这一问题在上述两种方法中都是必须研究的。本章基于这一认识，以常见的多元逐步回归方法为例，以基本孢粉数据为样本分析不同孢粉在气候转换函数中的气候敏感性问题，同样的思路和处理方法也可用于孢粉气候响应面模型中的孢粉因子的气候敏感性研究。

　　根据上一节建立的神农架大九湖地区温度空间分布函数和按常用的逐步回归方法建立的孢粉因子气候转换函数，选取的孢粉因子分别为冷杉属（*Abies*）、桦属（*Betula*）、菊科（*Compositae*）、十字花科（*Cruciferae*）、大戟科（*Euphorbiaceae*）、桔梗科（*Campanulaceae*）、石韦属（*Pyrrosia*）、凤尾蕨（*Pteris*）、卷柏属（*Selaginella*）和厚壁单缝孢属（*Monolites*）共10类，其中作为高等植物的乔本类只有冷杉属和桦属2种，其余为草本和蕨类。为了对这种现象的原因进行分析，我们采用下述方法进行了比较分析：①对用于建立转换函数的地表孢粉样本中常见的55种孢粉百分比含量进行EOF分析，分析主要孢粉种类贡献的大小和随高度（温度）变化的特征；将方差贡献最大的前12个孢粉因子用多元回归法建立转换函数 T_1；②将这55种孢粉按乔本（29种）和草本（含蕨类）（26种）分为两部分，对这两部分用逐步回归法建立温度转换函数，即分别得出只有乔本和只有草本（含蕨类）孢粉因子的转换函数 T_2 和 T_3；③分别用本书得出的3种转换函数 T_1、T_2、T_3 和文献（宋长青等，1997）中的转换函数对大九湖地层孢粉样本进行温度重建，与文献（宋长青等，1997；Zhu et al.，2008）得出的转换函数所得结果及 Greenland 温度序列（Cuffey and Clow，1997；Alley，2000）进行比较，进而分析各孢粉因子、百分比含量和转换函数的气候敏感性和区域差异；同时与神农架大九湖地区的相关研究结果（刘会平等，2000）进行了初步比较，分析了孢粉因子选取方法对转换函数建立和温度定量重建的可能影响。

二、转换函数与孢粉的气候敏感性

（一）地表孢粉样本随高度（温度）分布特征

　　对神农架大九湖地表孢粉样本中55种常见科属进行EOF分析，发现方差贡献最大的前12个孢粉种类累积方差贡献达97.6%，其中乔本类3个（松属、常绿栎和落叶栎，累计方差贡献48.1%），其余9个为草本和蕨类（累计方差贡献49.5%），如表2.4.1。从各孢粉的方差贡献大小可以看出，松属（*Pinus*）在整个孢粉样本中所占的百分比最大（44.8%），常绿栎（*Quercus*（E））和落叶栎（*Quercus*（D））所占比例较小（3.3%）；相对于松属而言，草本和蕨类孢粉所占比例相对较小（0.8%～13.0%），但它们随高度（温度）的变化十分敏感。

表 2.4.1　神农架大九湖地表孢粉百分比含量的 EOF 分析结果

孢粉类型	方差贡献/%	累计方差贡献/%
松属（*Pinus*）	44.8	44.8
水龙骨科（Polygodiaceae）	13.0	57.8
海金沙科（Lygodiaceae）	12.7	70.5
蒿属（*Artemisia*）	7.3	77.8
厚壁单缝孢属（*Monolites*）	5.9	83.7
菊科（Compositae）	4.2	87.9
伞形科（Umbelliferae）	3.0	90.9
常绿栎（*Quercus*（E））	2.6	93.5
大戟科（Euphorbiaceae）	1.4	94.9
石松科（Lycopodiaceae）	1.2	96.1
凤尾蕨（*Pteris*）	0.8	96.9
落叶栎（*Quercus*（D））	0.7	97.6

图 2.4.1 是 EOF 前 8 个特征向量所对应海拔变化的高度系数，它们分别代表松属、水龙骨科、海金沙科、蒿属、厚壁单缝孢属、菊科、伞形科和常绿栎相对百分比含量随高度变化的特征。可以看出，松属几乎在所有高度都有较大的分布权重，水龙骨科和海金沙科在较低海拔（1400 m 以下）相对含量较高，变化敏感；厚壁单缝孢属、蒿属、伞形科和常绿栎在 1400～2000 m 之间变化敏感；菊科则在高海拔（2500 m 以上）贡献较大。可见，主要孢粉种类分布变化表现出对海拔（温度）变化的不同敏感性。松属虽然百分比含量最高，但对海拔变化敏感性较低，因此在气候转换函数中对气候变化的敏感性较低。上一节的转换函数中 10 个孢粉因子分别为冷杉属、桦属、菊科、十字花科、大戟科、桔梗科、石韦属、凤尾蕨、卷柏属和厚壁单缝孢属。与表 2.4.1 给出的 EOF 选出因子相比，只有菊科和厚壁单缝孢属相同，而乔本类则是冷杉属和桦属，松属并未进入最优因子。

对上一节选出的 10 个孢粉种类百分比含量随高度的分布进行分析可以发现，桦属、菊科、十字花科、大戟科、凤尾蕨和厚壁单缝孢属的百分比含量较高，其最大含量高度分别约在 2000 m、2600 m（以上）、1000 m、1800 m、700 m 和 1400～1700 m 附近；从低海拔（700 m）到高海拔（2600 m 以上）百分比含量最高的分布依次为凤尾蕨、十字花科、厚壁单缝孢属、大戟科、桦属和菊科，这反映了大九湖地区孢粉种类百分比含量与海拔和温度的关系。由这种孢粉组合建立的温度转换函数能够较真实地反映孢粉种类组合与温度的关系，其重建温度与实际观测值吻合较好。

（二）不同类别孢粉因子转换函数的比较

上述分析表明不同种类的植物孢粉随海拔（温度）的分布有很大差异，这种差异性是建立孢粉气候因子（温度）转换函数的基础。一般认为，作为高等植物的乔本类有更

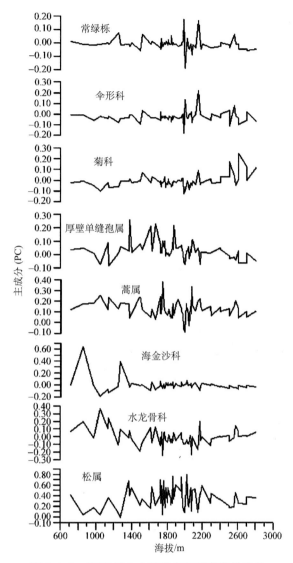

图 2.4.1　EOF 前 8 个特征向量随高度的变化

好的稳定性，而且一些常见乔本类孢粉在采样中含量较高，如松属，其 EOF 分析的方差贡献也很大（表 2.4.1），在传统的孢粉因子-气候转换函数建立方法中，通常选用乔本类孢粉因子（刘会平等，2000）。但是研究也发现，一些百分比含量较低、方差贡献不明显的孢粉却表现出很高的气候敏感性（吕厚远等，1996a，1996b）。由 EOF 分析得出的孢粉百分比含量权重虽然能够表示出孢粉种类的最主要贡献者，但对温度的敏感性和不同气候条件下孢粉种类百分比含量组合的信息解释却不够。为了定量分析这一现象，我们用不同方法建立大九湖地区年平均温度转换函数并对过去 15 ka 的温度重建结果进行比较。

（1）利用大九湖地表孢粉样本和温度空间分布函数，将 EOF 得出的前 12 个特征向

量中的 10 个所对应的孢粉因子按多元回归方法建立年平均温度转换函数 T_1 如下（回归相关系数为 0.7249）

$$
\begin{aligned}
T_1 = 7.27 &- 0.004\ 110X_1 + 0.002\ 682X_2 + 0.031\ 772X_3 \\
&- 0.195\ 437X_4 - 0.052\ 712\ 7X_5 \\
&+ 0.008\ 627X_6 + 0.205\ 948X_7 - 0.024\ 733\ 5X_8 \\
&+ 0.471\ 661X_9 - 0.136\ 815X_{10}
\end{aligned} \tag{4}
$$

式中，$X_1 \sim X_{10}$ 依此代表松属、蒿属、厚壁单缝孢属、菊科、伞形科、常绿栎、大戟科、石松科、凤尾蕨和落叶栎的百分比含量。再用该转换函数对大九湖地层孢粉样本进行 15.753 ka BP 以来年平均温度序列重建，结果如图 2.4.2。可以看出，图 2.4.2 中由函数 T_1 重建的温度变化可以反映出 15.753 ka 以来的某些气候波动特征，如约 12.6～11.4 ka BP 之间的新仙女木事件（Younger Dryas, YD）、中全新世暖期（7.6～6 ka BP）等，但对 YD 以前的极端寒冷气候事件特征表现不明显；同时不能真实再现晚冰期 YD 事件以来的温度快速上升的总体变化趋势和特征，可信度较低。

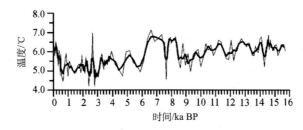

图 2.4.2　由 EOF 方法选取的 10 个孢粉种类建立的温度转换函数 T_1 重建的温度序列

（2）将神农架大九湖地表 55 种孢粉样本按乔本（29 种）和草本（含蕨类）（26 种）分为两部分，对这两部分分别用逐步回归法建立转换函数，即分别得出只有乔本和只有草本（含蕨类）孢粉的转换函数 T_2 和 T_3。乔本类孢粉的转换函数为

$$
\begin{aligned}
T_2 = 11.6450 &- 2.6952Y_1 - 0.044\ 60Y_2 - 0.2768Y_3 \\
&- 2.1018Y_4 + 0.7692Y_5 - 1.4245Y_6 + 0.9102Y_7 \\
&- 0.0961Y_8 - 1.0810Y_9 - 0.7394Y_{10} - 2.336\ 84Y_{11}
\end{aligned} \tag{5}
$$

式中，$Y_1 \sim Y_{11}$ 依次代表冷杉属、松属、桦属、桤木属（Alnus）、糙叶树属（Aphananthe）、山核桃属（Carya）、黄杞属（Engelhardtia）、常绿栎、枫香（Liquidambar）、芸香科（Rutaceae）和忍冬科（Caprifoliaceae）百分比含量，回归复相关系数为 0.6886。

草本（含蕨类）孢粉的转换函数为

$$
\begin{aligned}
T_3 = 6.3150 &- 0.1535Z_1 - 0.0533Z_2 + 0.2079Z_3 + 1.7837Z_4 \\
&- 1.2499Z_5 + 0.3761Z_6 + 3.2207Z_7 + 0.0524Z_8
\end{aligned} \tag{6}
$$

式中，$Z_1 \sim Z_8$ 依次代表菊科、伞形科、大戟科、石竹科（Caryophyllaceae）、禾本科（Gramineae）、凤尾蕨、卷柏属和厚壁单缝孢属百分比含量，回归复相关系数为 0.8322。

　　由上述两个转换函数 T_2 和 T_3 对大九湖地层孢粉样本进行年平均温度重建，结果如图 2.4.3 所示。可以看出，完全乔本转换函数重建的温度较高，对 YD 事件及其以前的温度特征描述不好，而对中全新世以来的温度变化表现得过于剧烈且下降趋势明显。而完全草本和蕨类转换函数对 YD 以前的温度变化特征描述较好，能够表现出 YD 事件（约 12.6～11.4 ka BP）及其此后向中全新世转变的趋势，但重建的温度过低。对比图 2.4.3 的 T_2 和 T_3 曲线可以发现，乔本和草本、蕨类孢粉对温度变化的敏感性差异较大，乔本对温度较高的气候环境响应敏感，而对温度较低的气候环境（如 YD 事件以前）响应较慢，且对 YD 等异常寒冷事件的响应有所滞后；草本、蕨类孢粉对低温气候环境极为敏感，对 YD 等极端突发寒冷事件响应迅速，但对高温气候环境的响应没有乔本类孢粉敏感。按传统的方法，采用全乔本孢粉因子和多元线性回归方法建立神农架大九湖地区的气候孢粉因子转换函数，其重建的温度序列虽然能够反映出 12.5 ka 以来该地区的温度变化趋势，但对气候突变事件的表现不显著，平滑掉了一些具有重要意义的气候事件，如 YD 事件和 8.2 ka 事件等（刘会平等，2000）；同时也发现简单多元线性回归没有进行因子筛选，所选因子不是通过显著检验进行筛选而是根据百分比含量来确定，因而不能客观地突出各类孢粉因子的气候学意义。

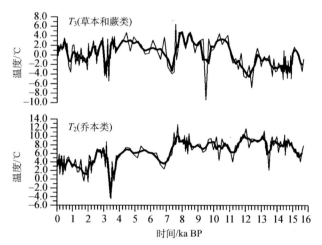

图 2.4.3　分别由乔本和草本（含蕨类）孢粉转换函数 T_2 和 T_3 重建的温度序列
粗线为 3 点滑动平均

　　为给出上述拟合结果误差的定量分析比较，刘会平等（2000）给出的大九湖地区不同高度上年平均温度观测值作为参考，分别求出上一节转换函数及 T_1、T_2 和 T_3 重建的在相近的 23 个高度上的年平均温度的相关系数和均方根误差（RMSE），如表 2.4.2 所示。表 2.4.2 中相关系数均通过 $\alpha=0.01$ 的显著性检验。可以看出，前述一节的因子筛选法重建的转换函数拟合的温度与实际观测结果相关系数最大为 0.9113，而误差最小，RMSE 为 1.5090；其次是纯草本因子转换函数 T_3，相关系数为 0.8577，RMSE 为 1.8892；相关系数最小而误差最大的是纯乔本函数 T_2，相关系数和 RMSE 分别 0.7029 和 2.8211；EOF 法筛选因子建立的转换函数 T_1 的拟合值与 T_2 接近。

表 2.4.2　不同孢粉因子选择法转换函数重建结果与观测温度的相关和误差分析

	相关系数（α＝0.01）	均方根误差（RMSE）
上一节函数	0.9113	1.5090
T_1函数（EOF 法）	0.7296	2.5142
T_2函数（纯乔本）	0.7029	2.8211
T_3函数（纯草本）	0.8577	1.8892

自然界孢粉的存在量及其组合特征是在特定的气候环境下形成的，反映了相应时期的气候演变过程以及植物对气候变化的适应过程，不同植物适应的所需要的时间有很大差别。通过上述比较分析可以看出，任何单一乔本类或草本（蕨）类孢粉组合的变化都不能完全反映气候环境的变化，只有孢粉样本中乔本、草本和蕨类等各科属百分比含量的多少、各种类别组合的综合才可能比较准确地表示气候环境的演变特征和时间特征。

（三）不同区域孢粉因子转换函数的差异比较

如前所述，神农架大九湖地区孢粉采样具有重要的气候研究价值，由其建立的孢粉温度转换函数和恢复重建的温度变化序列较好地反映了该地区 15 ka 以来的气候变化特征。为了分析比较孢粉温度转换函数的区域特征和与其他地区的孢粉温度转换函数重建的气候特征差异，这里我们利用大九湖地层孢粉百分比含量（朱诚等，2006a），分别使用上一节和宋长青等（1997）得出的孢粉温度转换函数重建了大九湖地区 15 ka 以来的温度序列［图 2.4.4 (a) 和图 2.4.4 (b)］，并与由 GISP2 冰芯重建的 Greenland 温度变化曲线［图 2.4.4 (c)］进行了比较（Cuffey and Clow，1997；Alley，2000）。宋长青等（1997）使用的是中国北方地区包括新疆地区在内的 215 块表土孢粉样品得出了温度转换函数，转换函数因子包括的植物孢粉种类有云杉属、松属、桦属、栎属、莎草科、麻黄属、菊科和蒿属共 8 个孢粉因子，其中乔本类和草本（蕨类）各占 1/2，与本章上一节转换函数中相同的孢粉因子只有桦属和菊科，其他都不相同，表现出很大的区域差异。由图 2.4.4 (b) 可以看出，由宋长青等（1997）转换函数重建的大九湖年平均温度序列与上一节得出的年平均温度序列在总体趋势上基本一致，但数值稍低，而且对 YD 气候突变期表现较弱，YD 以后的温度回升较缓慢、中全新世暖期持续时间稍短且温度偏低；同时对中全新世暖期以来的温度变化和近 1 ka 以来的温度拟合偏差较大，与实际情况偏差较大，这可能反映了植被分布区域性差异的影响。因为文献（宋长青等，1997）的孢粉样本采样点东西方向经度从新疆的约 75°E 直到东北地区的约 133°E，反映了较大区域的植被气候关系，跨越了不同的植被特征区，反映了该区域的气候特征差异，因此该函数对特定的未包括在其研究区域的大九湖地区的温度描述会有偏差。对比 Greenland 冰芯重建温度序列［图 2.4.4 (c)］可以看出，由神农架大九湖地表和地层孢粉样本重建的温度序列［图 2.4.4 (a)］对过去 15 ka 以来的温度变化特征反映较为准确，特别是 YD 以前的气候突变波动特征、YD 后的快速升温到缓慢升温过程和晚全新世以来的气候特征都有较好的再现。这说明，使用地表孢粉样本建立的气候转换函数有明显的区域特征，要注意采样的区域和空间分布特征；同时也表明，虽然有区域差异，但建立的合理的气候转换函数对全球性的气候事件和总的气候变化趋势应该有准确的反映。因此，根据上一节的方法对孢粉样本进行最佳因子的逐步回归筛选而得出的大九湖地区年平均温度转换函数在本节尝试的各种方法中是最佳方案，其重建的年平均温度变化特征和趋势与 Greenland 冰芯重建的温度序列相当接近。虽然本章上一节得出转换函数中乔本所占比例较小（2/10），但其与草本（含蕨类）孢粉的组合对该地区重建的温度序列具有较好的描述能力。

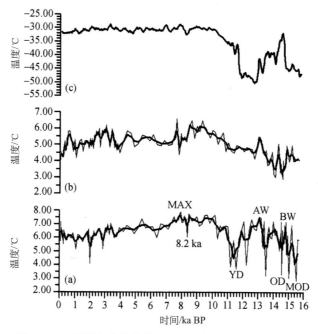

图 2.4.4　不同方法重建的 15 ka 以来的年平均温度比较

（a）温度转换函数重建的大九湖 15 ka 以来的年平均温度；（b）由温度转换函数重建的大九湖 15 ka 以来的年平均温度；（c）Greenland 温度变化曲线。图中：粗线为 3 点滑动平均，YD：新仙女木事件，OD：老仙女木事件，MOD：最老仙女木事件，AW：阿勒罗德暖期，BW：博令暖期，MAX：温度最高点，8.2 ka：早全新世冷事件

　　从上述比较可以发现，因为植被分布区域的差异可能影响孢粉因子的气候敏感性。如宋长青等（1997）采用大范围的多点孢粉样本建立的气候转换函数可能反映了一种大范围总体特征，若采用该转换函数进行对区域内的单个采样点的地层孢粉进行温度定量恢复，可以得出较理想的结果，但大九湖地区不在宋长青等（1997）所研究的主要区域范围内，且其地表和地层孢粉采样空间上相对集中，可以利用海拔高差而不是水平空间差异来反映气候的变化。因而消除了因纬度和经度等地理因素对植被分布的影响，突出了气候带（垂直气候带）的温度变化与植被类型分布的关系，对于局地性气候重建较为准确，并能反映全球性或北半球气候特征趋势，但对其他不同采样点的气候重建的可行性仍有待进一步研究。总体上可以认为，神农架大九湖地区地表和地层孢粉样本对于古气候重建和研究植被类型与气候因子的关系具有重要的科学意义。

三、孢粉因子的气候敏感性讨论

本节通过以神农架大九湖地区地表和地层孢粉样本进行孢粉温度转换函数建立过程中不同因子筛选方法的分析，研究了植被孢粉类型特征、百分比含量和类型组合对气候因子（温度）的敏感性及其区域差异。结果表明，在孢粉样本中各类孢粉百分比含量有较大差别，某些主要的乔本高等植物的孢粉含量较大，对样本的 EOF 分析显示出这类孢粉在整个孢粉样本百分比含量变化中的信号最强、方差贡献最大，是分析气候特征的重要参考依据。但这类孢粉对气候的敏感性相对较低，对气候环境的演变，特别是气候突变的响应较迟缓。而属于低等植物的草本（蕨类）孢粉虽然在样本中的百分比含量相对较低，在 EOF 分析中的方差贡献相对较小，但是对温度等气候变化敏感性相对较高，对气候环境的突变响应迅速，能够较显著地同步记录气候变换过程中的极端变化现象。研究还发现，不同区域采集的孢粉样本所反映出的孢粉因子的气候敏感性、转换函数中孢粉因子的最优组合是不同的。基本结论是，给定因子筛选阈值 F_1 和 F_2，对孢粉样本进行逐步回归以获得最大的复相关系数和最佳孢粉因子组合的方法仍是建立孢粉气候因子转换函数的最有效方法之一，可以选出对气候环境变化最为敏感的孢粉因子及其组合。同样，对于目前认为较先进的孢粉气候响应面模型，也可以进行孢粉的气候敏感性分析，从而进一步改进孢粉-气候参数之间定量关系的重建可信度和精度，这将是今后需要做的工作。

第五节　神农架大九湖泥炭高分辨率腐殖化度记录的气候变化

一、腐殖化度在泥炭环境记录研究中的应用

控制泥炭沼泽发生发展及其生态特征的基本因素是水分和热量（柴岫，1990）。因为不同水热组合直接决定有机体的增长量和有机残体分解量的对比关系，泥炭沼泽只有在有机体增长量超过其分解量时，才能得到发生和发展；而且不同水热组合条件，决定着泥炭累积的强度，泥炭沼泽发展的形式、速率，以及它们的生态特征。

湿度对植物的生长和微生物的活动以及泥炭沼泽的发生发展具有重要意义。当年平均降水量超过年平均蒸发量时，即湿润系数大于 1 时，则泥炭沼泽可得到广泛发育。湿度还影响微生物的活动强度，一般在湿度达到土壤最大持水量的 $60\%\sim80\%$ 时，微生物的活力最强，大于 80% 或小于 40% 时，微生物活动就较弱或极弱。

泥炭腐殖化度是试图定量描述泥炭分解程度的指标，是泥炭中无定形腐殖质占泥炭样品干重的百分率（%）。泥炭的分解是在微生物的作用下植物残体降解的过程，因为影响微生物活动的主要因素是水热条件（柴岫，1990），所以泥炭腐殖化度被用作恢复古气候（Aaby and Tauber，1975；Aaby，1976；Blackford and Chambers，1991；Anders，2005）尤其是古水文（Aaby and Tauber，1975；Aaby，1976；Blackford and Chambers，1991；Chambers et al.，1997，2011；Anderson，1998；Mauquoy and

Barber，1999）的代用指标。此方法原理基于泥炭中腐殖酸的比例是随着泥炭的分解程度而增加的。地表相对干燥时泥炭分解快。因此，腐殖酸相对含量的变化可能作为过去湿度变化的代用指标（Blackford and Chambers，1991）。尽管有人报道腐殖化度记录可能因泥炭植物成分而偏差，且对泥炭的腐烂过程理解不充分（Caseldine et al.，2000），但不可否认，腐殖化度在恢复地表湿度发生重大变化时是一个很可靠的代用指标（Caseldine et al.，2000；Robert and Stephen，2003）。Chambers 和 Blackford（2001）总结了该代用指标的优缺点，其优点在于：①提供了沉积时的湿度；②同时记录了干旱阶段和干湿的转换；③能够重复实验并能和其他气候代用指标对比；④可适用于所有泥炭类型和整个泥炭剖面，即使没有可以确认的大化石遗存。缺点为：①从气象学来讲，数据有不严密性，只能定性描述泥炭沼泽表面的干湿度，而无法定量给出温度具体数值或水面的深度；②精度变化取决于泥炭的累积速率；③分解（速度和产物）受植被种属控制，泥炭的腐烂过程理解不充分（Caseldine et al.，2000）。

　　1976 年 Aaby（1976）首次测定了丹麦 Draved 沼泽上升泥炭的腐殖化度，并与指示泥炭表面湿度的两类根足虫的含量进行对比。自此以后，上升泥炭腐殖化度与古气候变化关系的研究在欧洲大范围开展起来（Chambers et al.，1997；Christopher and Htallis，2000；Chambers et al.，2001）。Chambers 和 Blackford（2001）进一步研究了苏格兰南部 Talla 沼泽披盖式泥炭的腐殖化度与孢粉的含量。2005 年，Anders（2005）对瑞典中南部的两个泥炭剖面提取了过去 10000 年的腐殖化度记录，并利用功能谱分析揭示出该地 250 年的气候变化周期。

　　2003 年在欧洲经济共同体资助下，由 Chanbers 牵头，联合英国、德国和法国等 9 个国家开始一项名为记录欧洲陆地的突然气候变化（ACCROTELM）研究计划，该计划的目标是"改善和应用现存的泥炭腐殖化度和植物大化石技术与泥炭钻孔研究；应用遗存的阿米巴虫作为湿度气候代用指标；将开发一种新的分子生物温度代用指标；研究碳平衡（http：//www. cordis. lu/fp5/home. html）。这些研究进展表明，目前国际上对泥炭腐殖化度作为气候代用指标的研究正在加紧进行。在区域上，重点放在有大面积泥炭分布的欧洲，也波及到美洲大陆；在方法上，重点把泥炭腐殖化度指标与泥炭中的植物大化石、阿米巴虫等指标进行对比，以进一步认识泥炭腐殖化度的古气候意义。这些研究涉及的气候因子限于地表环境湿度，未涉及温度、或温度-湿度组合对泥炭腐殖化度的影响研究。

　　目前国际上测量腐殖化度的方法主要有以下 3 种：Cavani 等给出的用化学方法计算腐殖化度（DH）、腐殖化率（HR）、腐殖化指数（HI）的方法（Cavani et al.，2003）；ACCROTELM 采用泥炭碱提取溶液吸光度法度量泥炭腐殖化过程（http：//www. cordis. lu/fp5/home. html），该方法由 Aaby 最早使用（Aaby and Tauber，1975），并经 Blackford 改进（Blaekford and Chambers，1991），成为腐殖化度测量比较常用的传统方法；Martin-Neto 等（1998）通过 ESR 法测定自由基的浓度和用分光光度计测量泥炭碱提取液的 E_4/E_6（碱提取溶液在 400 nm 和 600 nm 的吸收光度比值）来指示腐殖化程度。

　　国内对泥炭腐殖化度记录的研究尚属开始阶段。王华等（2003，2004）对青藏高原东部四川省红原泥炭进行了腐殖化度测定，并通过与同一剖面木里苔草纤维素 δ^{13} C 气候代用指标及其他气候代用指标的对比，得出腐殖化度偏大指示气候偏暖湿，腐殖化度偏小指示气候偏干冷。这是因为湿润温暖的气候条件，即湿暖气候组合，一方面促进植物初级生产力提高，提供较多的植物残体进行腐解；另一方面也提高了微生物的分解能力。这两方面的综合作用使得泥炭中无定形腐殖质百分含量增高，即腐殖化度增高；反之，在干旱寒冷的气候条件，即干冷气候组合，不仅使植物初级生产力减弱，仅能提供较少的植物残体进行腐解，而且同时使微生物分解能力也减弱，导致泥炭中无定形腐殖质的百分比降低，即泥炭的腐殖化度降低。因此，泥炭的腐殖化度反映了腐殖化分解作用的综合影响，同时也间接反映了水热条件的影响。泥炭的腐殖化度较高，指示气候较湿暖；泥炭的腐殖化度较低，指示了气候较干冷。于学峰等（2005，2006）同样对红原泥炭地同一剖面进行了腐殖化度和灰度的测定研究，从方法探讨上通过比较认为泥炭灰度和碱提取液吸光度间存在较强相关性，灰度可用来表征泥炭腐殖化程度，其原因在于泥炭是植物经过降解形成的复合体，其中含有未降解的纤维素、腐殖质和矿物质等。腐殖质含量引起泥炭剖面上灰度变化，所以，灰度值的高低变化代表泥炭中腐殖质含量的高低变化，泥炭灰度和碱提取液吸光度间存在较强相关性。他们选取了灰分作为冬季风的代用指标，选取灰度、腐殖化度作为夏季风的代用指标。

　　由上可知，国内外对腐殖化度环境意义的解释有差别，表明由于泥炭形成的水热条件的区域差异，腐殖化度的指示意义没有固定模式，需结合剖面岩性特征及其他指标进行解释。

二、腐殖化度实验方法

　　本节大九湖泥炭剖面的测定采用了传统的碱提取溶液吸光度法（Blaekford and Chambers，1991），实验步骤为：将 297 cm 厚的沉积岩芯按 1 cm 间距连续切样，由于表层样品缺失，得到 296 个样品。样品自然风干前尽量小心去除现代根系污染，之后，磨细过 60 目筛，搅拌均匀，精确称取 0.1000 g 样品，放入 100 ml 烧杯中，加入 50 ml 之前混合好的 8% 的 NaOH。在电热板上加热烧杯（在通风橱中）直到沸腾。然后降低电热板的温度，样品微热慢煮 1 小时，使蒸发作用达最小，同时使泥炭中的腐殖酸充分浸出。冷却后，转移至 100 ml 的容量瓶，稀释至刻度，然后摇晃均匀。用定量试纸过滤样品。取清液 50 ml 转入 100 ml 的容量瓶，用水 1：1 稀释至刻度，摇晃均匀，用岛津 UV-3000 型分光光度计对泥炭样品的碱提取物在波长 540 nm 处进行吸光度测定，其吸光度值即用来表征泥炭的腐殖化度，数据以吸光度的百分率形式给出。

　　为了对比分析，我们对所有样品同时做了烧失量实验，以简单测定有机质含量。实验方法：把以 1 cm 间距连续分得的样品在恒重坩埚中放入 105℃ 烘箱干燥 12～24 h，称重后 550℃ 灼烧 4 h（Dean，1974；张佳华等，1998），烧失部分的重量占干样品重量的百分比即为烧失量。腐殖化度实验和烧失量实验均在南京大学现代分析中心完成。

三、腐殖化度实验结果与分析

实验结果如图 2.5.1 所示。由图 2.5.1 可以看出，整个剖面吸光度值在 0～47.1%，变化幅度较大，根据曲线变化的特点，同时对照岩性变化和烧失量数据，自下而上分成四个大阶段。各阶段又分为若干小阶段。

阶段 I：剖面深度 297～203 cm，日历校正年代为 15.753～11.280 cal. ka BP（^{14}C 年龄为 13.290～9.692 ka BP）。从年代看，本阶段属于晚冰期及其向全新世转换时期的沉积。根据曲线变化分为 5 个亚阶段。亚阶段 I-1 代表深度 293～297 cm，^{14}C 年龄约 13.29～13.17 ka BP（15.75～15.60 cal. ka BP），吸光度很低，只有 0.3%～3.1%，表明湿度很大；亚阶段 I-2 剖面深度 293～279 cm，日历校正年代为 15.549～14.936 cal. ka BP（^{14}C 年龄为 13.130～12.633 ka BP），吸光度较高，为 8.7%～22%，平均 16.27%，表明湿度较小；亚阶段 I-3 代表剖面深度 279～259 cm，日历校正年代为 14.936～14.505 cal. ka BP（^{14}C 年龄为 12.633～12.467 ka BP），吸光度 1.7%～28.2%，平均 8.55%，属湿度较大的阶段，且波动上升；亚阶段 I-4 代表剖面深度 259～219 cm，日历校正年代为 14.505～12.655 cal. ka BP（^{14}C 年龄为 12.467～10.668 ka BP），吸光度值 23.6%～37.2%，平均 32.225%，在 11.0～11.1 ka BP 的时候达到峰值，应该表明了一次显著的干旱事件。亚带 I-5 剖面深度 219～203 cm，日历校正年代为 12.655～11.280 cal. ka BP（^{14}C 年龄为 10.668～9.692 ka BP）。

阶段 II：剖面深度 203～179 cm，日历校正年代为 11.280～9.218 cal. ka BP（^{14}C 年龄为 9.692～8.228 ka BP），是腐殖化度由波动下降到基本稳定阶段。吸光度 0～5.2%，平均 2.63%，属本剖面最低的阶段，湿度很大，基本稳定，有很小的干湿波动。本阶段岩性为青灰色黏土质粉砂，估计为水较深的阶段，基本没有累积泥炭的条件。II-1 代表剖面深度 203～189 cm，日历校正年代为 11.280～10.077 cal. ka BP（^{14}C 年龄为 9.692～9.448 ka BP），吸光度呈明显波动下降，表明沉积物形成时期表面湿度逐渐增大。II-2 代表剖面深度 189～179 cm，日历校正年代为 10.077～9.218 cal. ka BP（^{14}C 年龄为 8.838～8.228 ka BP），整体较稳定，是本剖面吸光度值最小的阶段，说明湿度很大。中间有小的波动，应是气候次级波动引起的。

阶段 III：剖面深度 179～113 cm，日历校正年代为 9.218～4.051 cal. ka BP（^{14}C 年龄为 8.228～3.695 ka BP）。III-1，剖面深度 179～143 cm，日历校正年代为 9.218～7.530 cal. ka BP（^{14}C 年龄为 8.228～6.387 ka BP），吸光度 0.9%～29.5%，波动上升；III-2，剖面深度 143～133 cm，日历校正年代为 7.530～6.485 cal. ka BP（^{14}C 年龄为 6.387～5.741 ka BP），此阶段吸光度很高，范围 32.4%～47.1%，平均 39.71%，在约 6.84 ka BP（7.71 cal. ka BP）时达到峰值，表明了一次显著的干旱事件；III-3 剖面深度 133～113 cm，日历校正年代为 6.485～4.051 cal. ka BP（^{14}C 年龄为 5.741～3.695 ka BP）吸光度 17.8%～27.9%，平均约 21.18%，接近整个剖面的平均值 19.0%（图 2.5.1 和图 2.5.2），除小幅度干湿波动，湿度稳定适中，表明了全新世大暖期温暖湿润的时期，也是泥炭的稳定累积期。

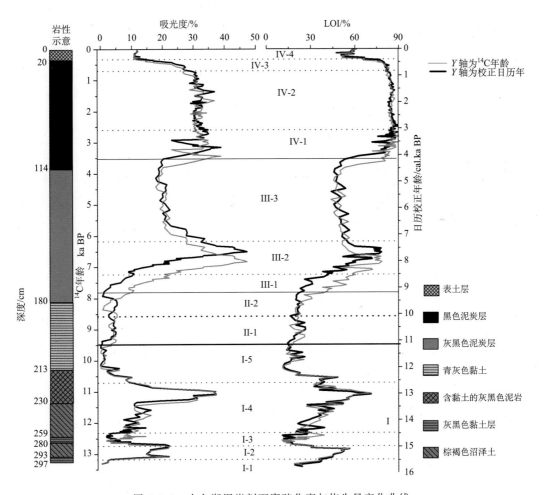

图 2.5.1　大九湖泥炭剖面腐殖化度与烧失量变化曲线

　　阶段 IV 剖面深度 113～0 cm，日历校正年代为 4.051～0.000 cal. ka BP（^{14}C 年龄为 3.695～0.000 ka BP）。吸光度 20.2%～38.9%，平均约 31.5%，本剖面最高的一个阶段，表明了干燥的地表湿度。按照曲线变化划分为四个亚阶段。IV-1 剖面深度 113～101 cm，日历校正年代为 4.051～3.501 cal. ka BP（^{14}C 年龄为 3.695～3.253 ka BP），吸光度 20.2%～38.9%，平均 29.6%。该阶段干湿波动明显，记录了从 3.44 ka BP（3.75 cal. ka BP）的干旱到 3.23 ka BP（3.45 cal. ka BP）稍湿的转换，然后又转为干旱。IV-2 剖面深度 101～33 cm，日历校正年代为 3.501～0.911 cal. ka BP（^{14}C 年龄为 3.253～0.910 ka BP），吸光度 28.8%～36.9%，平均 31.96%，是稍有波动的稳定干旱期。IV-3 剖面深度 33～21 cm，日历校正年代为 0.911～0.426 cal. ka BP（^{14}C 年龄为 0.910～0.412 ka BP），吸光度 13%～27.5%，平均 21.15%，是持续下降阶段，表明湿度逐渐增大。IV-4 剖面深度 21～0 cm，日历校正年代为 0.426～0.000 cal. ka BP（^{14}C 年龄为 0.412～0 ka BP），吸光度低，说明很湿润（图 2.5.3）。

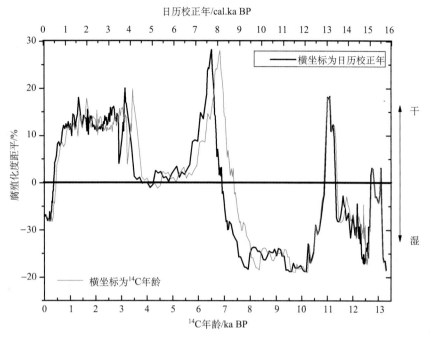

图 2.5.2　大九湖泥炭剖面腐殖化度距平图

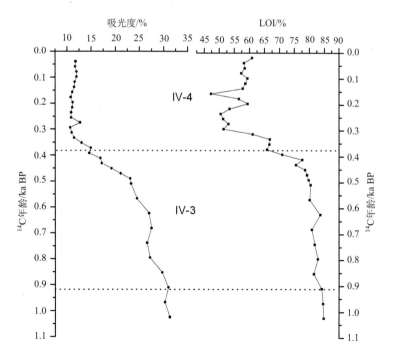

图 2.5.3　大九湖泥炭剖面上部千年以来沉积的腐殖化度与有机质含量对比图

由图 2.5.3 可以看出，本剖面腐殖化度值和烧失量（表征有机质百分含量）呈很好的正相关，计算 R^2 达 0.6586，这说明该区域泥炭的分解度和有机碳的积累是一致的。

四、腐殖化度记录的气候变化讨论

为了进一步探讨神农架大九湖山地泥炭记录的季风降水变化的信息，利用已发表的贵州董哥洞平均分辨率为 5 年的 DA 石笋 δ^{18}O 记录（图 2.5.4（a））（Dykoski et al.，2005）和与大九湖剖面位于相同研究区域的神农架山宝洞石笋 δ^{18}O 记录（图 2.5.4（b））（Wang et al.，2008）进行对比分析。可以看出：大九湖和千亩田两处泥炭的腐殖化度记录的季风降水变化和神农架山宝洞石笋、贵州董哥洞石笋 δ^{18}O 记录总体趋势有一致性。大九湖泥炭腐殖化度显著记录的晚冰期（约 16.0～11.4 cal. ka BP）中的新仙女木（YD）（约 11.4～12.6 cal. ka BP）冷干事件，博令-阿勒罗德暖湿期（B-A 暖期）（12.6～15.2 cal. ka BP）和最老仙女木冷干事件（OD）（约 15.2～16.0 cal. ka BP）和神农架山宝洞石笋、贵州董哥洞石笋 δ^{18}O 记录在时间和变化特征上大体一致。大九湖泥炭腐殖化度曲线明显体现出早全新世（11.4～9.4 cal. ka BP）的最湿润期和 8.2 cal. ka BP 前后的冷干事件，这在两处石笋 δ^{18}O 记录也有体现，但山宝洞石笋对 8.2 cal. ka BP 冷事件反映不够显著。在约 7.0～4.2 cal. ka BP，大九湖泥炭腐殖化度和山宝洞石笋 δ^{18}O 记录均总体体现出较平稳的变化趋势，说明该阶段气候较稳定，但山宝洞记录的早中全新世气候变化没有大九湖泥炭反映得明显。几条曲线都表明在 4.2 cal. ka BP 前后，出现中晚全新世气候转型，由湿润快速转向干旱，标志着中全新世气候适宜期的快速结束。神农架山宝洞石笋数据不全（Wang et al.，2008），而董哥洞石笋氧同位素数据（Dykoski et al.，2005）表明距今约 800 a 以来季风降水呈明显的上升趋势，和大九湖泥炭剖面的腐殖化度记录具一致性。由此可见，大九湖泥炭剖面的腐殖化度记录和研究区域及相近区域的高分辨率石笋 δ^{18}O 记录具有较好的对比性，但在细节处有一定差别，这可能和记录载体（石笋和泥炭）的本身性质差异、分辨率及小区域气候差异性有关。

与东亚季风区其他地质记录比较来看，哈尼泥炭纤维素 δ^{13}C 数据（Hong et al.，2005）表明东亚季风区近 5.0 cal. ka BP 以来的气候变化和大九湖泥炭剖面记录的气候变化有一致性，即在近 5.0 cal. ka BP 至约 4.0 cal. ka BP 属于暖湿期，约 4.0 cal. ka BP 后转为凉干，在约 1.0 cal. ka BP 后又有转为暖湿的趋势，表现为气候变化的 3 个阶段。而华南的江西定南大湖泥炭（Zhou et al.，2004，2005）（24°41′N，115°E，海拔为 250～260 m）TOC 等记录到晚冰期的新仙女木冷事件和博令-阿勒罗德暖湿期（B-A 暖期），显示全新世适宜期发生在 10.0～6.0 cal. ka BP，6.0～4.0 cal. ka BP 的中全新世是寒冷干燥期；其孢粉数据（Xiao et al.，2007）也表明大湖地区 15.6～11.6 cal. ka BP 之间孢粉植被是有常绿阔叶树的落叶阔叶林，气候温和湿润；11.6～6.0 cal. ka BP 之间孢粉植被演替为栲/石栎为建群种的常绿阔叶林，气候温暖湿润；6.0 cal. ka BP 以来，孢粉组合最大特点是木本植物花粉急剧减少，草本植物花粉在后期含量高，蕨类孢子急剧增多，孢粉植被与 6.0 cal. ka BP 以前比较，发生了明显的变化，气候环境在 6.0 cal. ka BP 左右向凉、干转化，在约 3.0 cal. ka BP 前后发生转变，由凉干转向暖湿。这和大九湖记录到的晚冰期及早全新世气候变化有一致性。青海湖晚冰期以来沉积

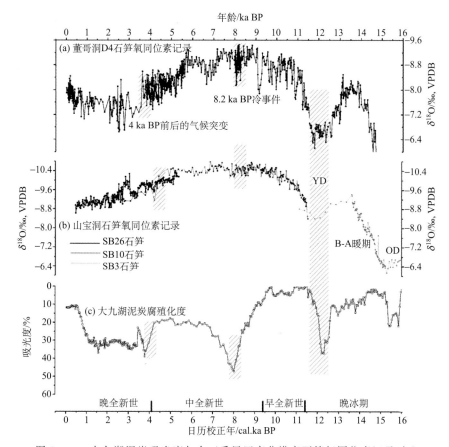

图 2.5.4　大九湖泥炭吸光度与东亚季风区高分辨率石笋氧同位素记录对比

（a）贵州董哥洞平均分辨率为 5a 的 DA 石笋记录（Dykoski et al.，2005）；（b）神农架山宝洞石笋的 $\delta^{18}O$ 记录（Wang et al.，2008）；（c）大九湖泥炭腐殖化度曲线

物孢粉、碳酸盐、有机 C、N 和有机 $\delta^{13}C$ 等多项指标高分辨率分析（刘兴起等，2002；沈吉等，2004a）表明，15.4 cal.ka BP 起，气候开始向暖湿化发展，7.4 cal.ka BP 时达到了暖湿组合的鼎盛期，4.5 cal.ka BP 以后气候又逐步转入冷干，这和大九湖沉积记录有着一致性。广东湛江湖光岩玛珥湖高分辨率孢粉记录（王淑云等，2007）显示中国南方热带-亚热带地区高温湿润的全新世适宜期发生在早全新世（9.5～8.0 cal.ka BP），晚全新世 4.2 cal.ka BP 开始，草本植物和山地针叶植物花粉明显增多，揭示出晚全新世湖光岩地区温度、湿度明显下降。该湖沉积物晚冰期以来的 TOC、磁化率、Ti 元素含量等环境替代指标（Yancheva et al.，2007）表明了相似的晚冰期季风变迁特征和早全新世湿润的气候特点，但在 7.0～5.0 cal.ka BP 之间体现出夏季风的低谷和大九湖泥炭腐殖化度记录的水热配置最佳适宜期不相符合。而海南岛双池玛珥湖全新世高分辨率粒度、黏土矿物、C/N、孢粉、藻类等记录（郑卓等，2003）显示热带湖泊全新世高温期为 7.2～2.7 cal.ka BP，在 2.7 cal.ka BP 前后气候模式发生转变，和大九湖山地泥炭记录的气候变化不一样。

　　可见，东亚季风区晚冰期以来尤其全新世的气候变化很复杂，在晚冰期和早全新世存在较一致性的变化，但在中晚全新世季风变迁和气候变化方面有差异，仍然需要寻找更多的高分辨率地质记录来探寻其可能的规律性。但总体来说，对比该纬度太阳辐射曲线（Shao et al.，2006）可知，大九湖泥炭腐殖化度记录的季风降水变化趋势与太阳辐射曲线呈现大体一致的变化，说明亚洲季风在末次冰期后季风快速加强，早全新世季风强盛，随后季风衰退，中全新世季风变弱，气候变干，主体上响应了北半球夏季太阳辐射的统一驱动（陈发虎等，2006）。

　　综上所述，以吸光度百分率表征的泥炭腐殖化度是研究季风降水的良好环境替代指标。研究表明，对于东亚季风区中纬度山地泥炭，气候越干冷时泥炭的分解就越强烈，腐殖化度就越高，相反，当气候较温暖潮湿时泥炭主要处于还原状态，分解较慢，腐殖化度较低。大九湖剖面的腐殖化度记录了晚冰期（约 16.0～11.4 cal. ka BP）中的新仙女木（YD）（约 11.4～12.6 cal. ka BP）冷干事件、博令-阿勒罗德暖湿期（B-A 暖期）（约 12.6～15.2 cal. ka BP）、最老仙女木冷干事件（OD）（约 15.2～16 cal. ka BP）、早全新世的湿润期（约 11.4～9.4 cal. ka BP）、8.2 cal. ka BP 前后的冷干事件和约 7.0～4.2 cal. ka BP 之间的适宜期。和中国东部季风区其他高分辨率沉积记录对比发现，大九湖泥炭记录的近 1.6 万年的晚冰期以来气候变化响应了北半球夏季太阳辐射的统一驱动，下一节将进一步深入阐述该问题。

第六节　神农架大九湖泥炭高分辨率气候变化的地球化学记录

　　前述已经对大九湖晚冰期以来泥炭沉积物的孢粉学数据和腐殖化度进行了高分辨率研究。本节主要通过对该剖面的有机碳、氮和有机碳同位素等多种气候环境的地球化学代用指标的研究，进一步提供 10 年际高分辨率的气候记录，确立突变事件的发生和持续时间及季风转型特征，探讨其可能的形成机制，同时为该区全新世以来人地关系的耦合研究提供环境背景资料，并为湿地保护决策提供理论依据。

一、地球化学实验

　　大九湖柱状剖面厚 297 cm，室内以 1 cm 间距连续采集样品，由于表层样品缺失，故共得到 296 个样品。为了在整个地球化学实验中控制样品的使用量，首先用简单的烧失法（LOI）测定有机质含量。把以 1 cm 间距连续分得的 297 个样品在恒重坩埚中放入 105℃烘箱干燥 12～24 h，称重后在马弗炉内加热至 550℃灼烧 4 h（Dean，1974），烧失部分的重量占干样品重量的百分比即为烧失量。实验在南京大学现代分析中心完成。

　　有机碳稳定同位素测试在中国科学院南京地理与湖泊研究所湖泊与环境国家重点实验室完成。实验仪器：EA-MS 系统由三部分组成，带 AS200 型自动进样器 FLASH EA1112 型元素分析仪、Thermo FINNIGEN 公司 Delta[plus] advantage 质谱仪和连续流装置 ConfloIII。$\delta^{13}C$ 值样品数据为相对于国际标准 PDB 值，样品分析过程中，每 5 个样品加入一个国家标准（GBW04407 或 GBW04408）进行质量监控。

　　一般来说，湖泊沉积物中烧失量与有机碳含量呈线性关系（Dean，1974），可以粗略地代表有机碳的含量。但为了对比探讨泥炭沉积中烧失量与元素分析仪法测得的有机碳的关系，检验实验的精确度，并研究有机碳、氮和 C/N 比的环境意义，本研究进一步进行了有机碳、氮的测试。实验步骤为：①样品烘干，研磨过 80 目筛；②取一定量的样品，加入 5% 的稀盐酸多次搅拌，不断加入稀盐酸直至反应完全，浸泡一昼夜；③用中性去离子水洗至中性（pH＝7），烘干后研磨过 150 目筛；④根据样品中有机碳、氮的含量称取一定量的被测样品在锡纸紧密包裹下送入氧化炉中，由 AS200 型自动进样器 FLASH EA1112 型元素分析仪测出 TOC 和 TN 的百分含量。实验在中国科学院南京地理与湖泊研究所湖泊与环境国家重点实验室进行。

二、有机碳和同位素地球化学结果

　　两种方法的实验结果表明（图 2.6.1）：大九湖泥炭剖面的 LOI（550℃烧失量）和 TOC（总有机碳）含量变化趋势一致，呈很好的正相关，R^2 达 0.9198，但在细节方面有一定的差别（图 2.6.1）。在剖面下部，元素分析仪法测得的 TOC 含量波动变化更剧烈。

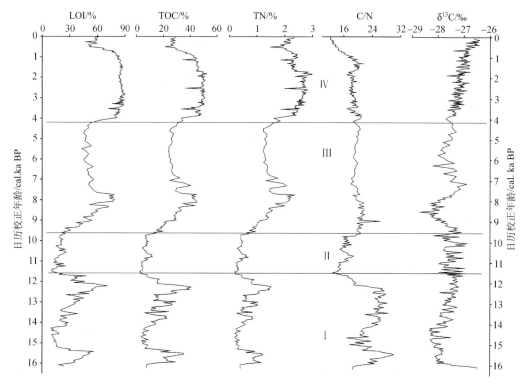

图 2.6.1　大九湖泥炭剖面有机碳、氮、C/N 和有机碳同位素变化曲线

由图 2.6.1 整体可以看出，此剖面的有机碳（烧失量在 9.72％～92.08％，平均 52.65％；TOC 在 2.70％～52.25％，平均 27.82％）、氮含量（0.21％～3.07％，平均 1.46）变化幅度较大并呈显著正相关，且下部偏低，上部偏高。但 C/N（整体来看在 12.25～30.00，平均 19.73）在 30～180 cm 变化幅度很小，可能是因为该阶段较稳定累积泥炭，有机质来源较稳定。整个剖面 $\delta^{13}C$ 值在 −28.692‰～−26.415‰，平均约 −27.45‰，说明泥炭累积的植物残体主要为 C_3 植物。

三、气候变化阶段的划分

结合有 TOC 和 TN 及有机碳同位素、各元素与元素比值的变化特点，可分为 4 个阶段：

阶段 I 剖面深度 297～213 cm，日历校正年龄为 16～11.4 cal. ka BP（^{14}C 年龄为 13.3～9.7 ka BP）。此阶段的有机碳、氮和 C/N 变化都很剧烈，烧失量（9.71％～70.79％，平均 29.81％）、TOC（2.7％～40.7％，平均 15.03％）和 TN（0.21％～1.52％，平均 0.63％）含量整体偏低，C/N 在本剖面整体最高的阶段（13.1～30.00，平均 22.55），有机碳稳定同位素（−28.33‰～−26.486‰，平均 −27.67‰）由底部的最重值 −26.486‰ 急剧减轻，之后波动增大。该阶段各指标均变化剧烈，反映了晚冰期的干湿频繁波动的不稳定气候特点，其中，12.6～11.4 cal. ka BP 之间有机碳、氮为峰值，有机碳同位素偏正，应属于新仙女木（Younger Dryas）时期的沉积；而 15.2～12.6 cal. ka BP 期间为 B-A 暖期［博令暖期（Bolling）——老仙女木（Older Dryas）冷期和阿勒罗德（Allerod）暖期］，16～15.2 cal. ka BP 为最老仙女木（Oldest Dryas）时期。

阶段 II 剖面深度 213～180 cm，日历校正年代为 11.4～9.4 cal. ka BP（^{14}C 年龄为 9.7～8.2 ka BP）。烧失量为 13.46％～25.64％，平均 19.54％；TOC 为 3.88％～11.80％，平均 7.39％；TN 为 0.26％～0.69％，平均 0.44％；C/N 为 14.80～18.87，平均 16.63；有机质碳同位素为 −27.96‰～−26.88‰，平均 −27.50‰。该阶段 TOC 和 TN 及 C/N 都很低，有机质碳同位素波动很剧烈，总体偏负，体现出较冷湿的气候条件下波动增温的特点。从岩性上看，该阶段为青灰色的黏土，应为水量大的时期，基本没条件累积泥炭。但与前人研究（李文漪，1998；刘会平等，2001）对比发现，并不是所有钻孔在此深度和年代上有此淤泥层，应该是局部低洼处。综合看该阶段气候很湿润。

阶段 III 剖面深度 180～113 cm，日历校正年龄为 9.4～4.2 cal. ka BP（^{14}C 年龄为 8.2～3.7 ka BP）。烧失量为 22.15％～78.27％，平均 52.34％；TOC 为 8.35％～45.17％，平均 28.72％；TN 为 0.43％～2.39％，平均 1.43％；C/N 为 18.07～26.14，平均 20.23；有机质碳同位素为 −28.69‰～−26.9‰，平均 −27.71‰。该阶段烧失量、有机碳和氮都波动增大，到剖面 148～141 cm（7.74～7.52 cal. ka BP）处达到最大值，之后波动下降，到约 6.7 cal. ka BP 开始基本稳定下来。C/N 比在 6.7 cal. ka BP 以前稍大，并波动频繁，之后，波动幅度很小。碳同位素变化剧烈，和有机

碳氮及 C/N 比变化趋势稍不同步，前期波动偏负，到约 8.0 cal. ka BP 时达到最低值，之后波动上升到 7.0 cal. ka BP 的最大值后再波动下降，6.1 cal. ka BP 以后波动增大。该阶段应属于全新世的大暖期，总体温暖湿润，但中间有显著干湿波动和突出的冷干事件。总体看来，本阶段的 8.0 cal. ka BP 前后记录了一次干旱事件，可能是北半球 8.2 ka BP 冷事件的反应；6.7～4.2 cal. ka BP 之间水热配置均匀，各地球化学指标都很稳定，应是中全新世最佳适宜期。

阶段Ⅳ剖面深度 113～0 cm，日历校正年龄为 4.2～0 cal. ka BP（^{14}C 年龄为 3.7～0 ka BP）。烧失量为 47.25%～92.08%，平均 79.37%；TOC 为 21.33%～52.25%，平均 42.97%；TN 为 1.50%～3.07%，平均 2.41%；C/N 为 12.25～21.52，平均 17.75；有机质碳同位素为 −27.69‰～−26.42‰，平均 −27.10‰。本阶段属晚全新世，总体干冷气候，但干湿波动频繁。

总体看来，大九湖泥炭剖面 TOC 和 TN 及有机碳同位素的变化反映了研究区域晚冰期以来的气候变化。其中，297～213 cm（16～11.4 cal. ka BP）为晚冰期阶段，分别记录了最老仙女木冷期（16～15.2 cal. ka BP）、阿勒罗德暖期-老仙女木冷期-博令暖期（15.2～12.6 cal. ka BP）和新仙女木冷期（11.4～12.6 cal. ka BP）。213～180 cm（11.4～9.4 cal. ka BP）属于早全新世较湿的条件，气温可能继承了晚冰期的气候特点；其中记录到了 10.6 cal. ka BP 前后的干旱事件。180～113 cm（9.4～4.2 cal. ka BP）属于中全新世总体温暖期。但记录了 8.0 cal. ka BP 前后的干旱事件。之后，波动下降。6.7～4.2 cal. ka BP 之间水热配置条件好，是全新世最佳适宜期。从 4.2 cal. ka BP 前后，中全新世开始向晚全新世转换，其间，气候干湿波动明显。113～0 cm（4.2～0 cal. ka BP）总体属干凉的晚全新世，其中 3.5～0.91 cal. ka BP 期间较稳定，低温干燥，之后转向凉湿。

四、与其他高分辨率记录的对比讨论

（一）和其他高分辨率泥炭记录的对比

为了进一步研究大九湖泥炭地球化学指标的环境意义，与江西大湖泥炭、糜地湾泥炭和若尔盖红原泥炭的相关指标进行了对比（图 2.6.2）。可以看出，4 个地方的泥炭剖面所揭示的气候环境变化有很大差别。大九湖泥炭的有机碳记录和大湖泥炭记录有明显的负相关。红原泥炭有机碳含量表明，13～11.1 cal. ka BP 之间盛行干冷冬季风，即在寒冷的背景下主要以干为主，其间有湿润的颤动，相当于 YD 的寒冷期。11.12～11.0 cal. ka BP 期间反映了全新世温湿期的快速到来。进入全新世的温暖期后，有机碳含量出现高频变化，表征出数次气候事件，并以 5.0 cal. ka BP 为界限将全新世分为早全新世的温和湿润期和晚全新世的干冷期。位于华南的江西大湖泥炭 TOC 记录显示，该区域全新世适宜期在 10～6 ka BP，而 6.0～4.0 cal. ka BP 的中全新世是寒冷干燥期。而位于沙漠-黄土过渡带的陕北糜地湾泥炭表现出相反的结论。大九湖泥炭 TOC 和孢粉浓度表明，和江西大湖泥炭时期对应的 6～4 cal. ka BP 之间孢粉浓度和有机碳都较高，在

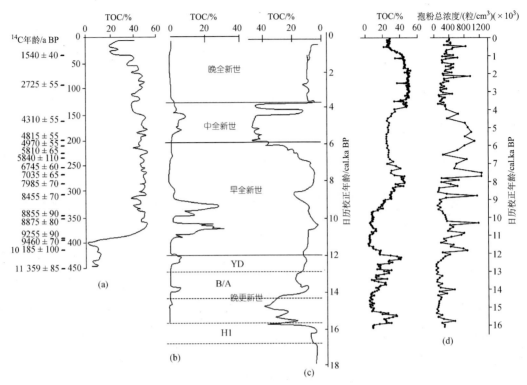

图 2.6.2　大九湖泥炭与江西大湖泥炭、陕北糜地湾泥炭及若尔盖红原泥炭替代指标对比图

（a）若尔盖红原泥炭有机碳含量（周卫健等，2001）；（b）陕北糜地湾泥炭有机碳含量（Li et al.，2003）；

（c）江西大湖泥炭有机碳含量（Zhou et al.，2004）；（d）大九湖泥炭有机碳剖面有机碳、孢粉总浓度

整个剖面中最接近平均值，代表了温暖湿润的气候，水热配置条件最佳（推测此时期年较差较小），是全新世的最适宜期。由此可见，不同纬度、不同经度和不同海拔高度的泥炭所记录的气候环境信息差别很大，对 TOC 环境替代指标意义的解释也各不相同。

图 2.6.3 给出了大九湖泥炭剖面和红原泥炭、东北哈尼泥炭植物纤维碳同位素（Hong et al.，2005）的对比曲线。可以看出，从总体趋势上看，大九湖泥炭有机碳同位素和红原泥炭木里苔草碳同位素记录总体趋势较接近。我们认为神农架大九湖地处东亚东南季风的腹部，同时也受到西南季风影响，其连续沉积的泥炭剖面记录了丰富的过去东亚季风气候变化信息。是否存在东亚夏季风和西南季风的反相关响应，还需要更多沉积记录的研究和分析。

（二）和东部季风区其他高分辨率记录的对比

另外，选择近几年发表的在国际上影响较大的南京葫芦洞（Wang et al.，2001）和贵州董哥洞高分辨率石笋的氧同位素记录（Dykoski et al.，2005；Wang et al.，2005）、湖光玛珥湖泊沉积记录（Yancheva et al.，2007）以及发表在 *Chinese Science Bulletin* 上的正好位于研究区域（神农架地区）的山宝洞石笋氧同位素记录（Shao et al.，2006）进行比较研究。这些高分辨率研究点与大九湖泥炭剖面大体处于东亚季风区，具有较强

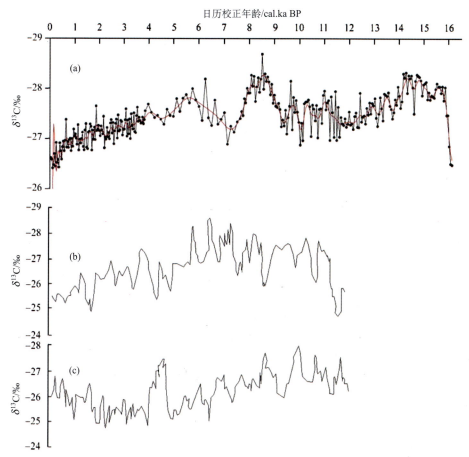

图 2.6.3　大九湖泥炭剖面有机碳同位素和红原泥炭、东北哈尼泥炭植物纤维碳同位素的对比

（a）大九湖泥炭剖面有机碳同位素曲线；（b）红原泥炭木里苔草碳同位素曲线（Hong et al.，2005）；

（c）东北哈尼泥炭纤维素碳同位素曲线（Hong et al.，2005）。红线为三点滑动平均

的可对比性（图 2.6.4）。

大九湖泥炭剖面忠实记录了晚冰期气候的不稳定性，尤其很好地记录了新仙女木事件，就事件的起迄时间而言，图 2.6.4 可见南京葫芦洞 $\delta^{18}O$ 记录给出了新仙女木（YD）干冷事件发生于 12.823～11.473 ka BP（Wang et al.，2001），董哥洞（Dykoski et al.，2005）给出了 12.8～11.58 ka BP，而本节确定的新仙女木事件为 12.6～11.4 cal. ka BP，总体上比较接近的。这和格陵兰冰芯记录（North Greenland Ice Core Project members，2004）、青藏高原冰芯记录（姚檀栋等，1997）、深海沉积（汪品先等，1996）、石笋氧同位素记录（Wang et al.，2001；Dykoski et al.，2005）和湖泊沉积（Yancheva et al.，2007）等有一致性，进一步说明这一冷事件具全球性。

早全新世（11.4～9.4 cal. ka BP），湖光岩玛珥湖高分辨率孢粉记录（王淑云等，2007）和 Ti 含量记录（Yancheva et al.，2007）都表明该区早全新世升温迅速，达到最

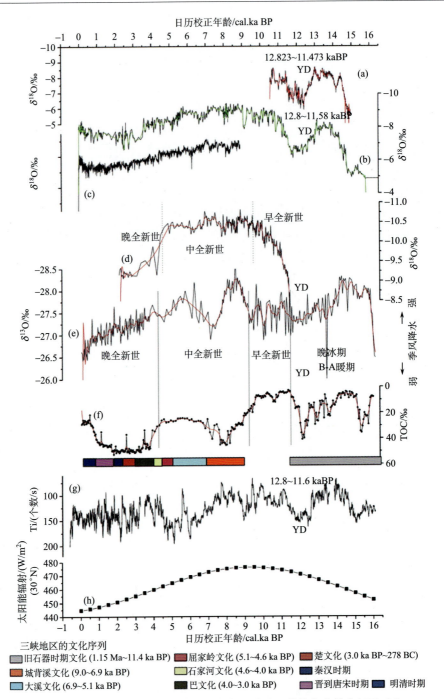

图 2.6.4　大九湖泥炭环境替代指标与东亚季风区其他高分辨率记录对比

(a) 南京葫芦洞石笋 δ^{18}O 记录（Wang et al.，2001）；(b) 贵州董哥洞 D4 石笋 δ^{18}O 记录（Dykoski et al.，2005）；(c) 贵州董哥洞平均分辨率为 5 年的 DA 石笋记录（Wang et al.，2005）；(d) 神农架山宝洞石笋 11.5～2.1 ka BP 的 δ^{18}O 记录（Shao et al.，2006）；(e)，(f) 分别为大九湖泥炭的有机碳同位素记录和 TOC 含量曲线，带色曲线为三点滑动平均；(g) 湖光玛珥湖的 Ti 含量记录（Yancheva et al.，2007）；(h) 为 16 ka BP 以来的 30°N 的夏季太阳辐射变化（Berger and Loutre，1991）

佳的水热配比，是全新世最适宜期；神农架山宝洞石笋 δ^{18}O 记录（Shao et al.，2006）表明，11.5～9.3 ka BP（对应 ^{14}C 日历年龄）期间季风降水处于持续增长期。大九湖的地球化学记录表明这一阶段季风降水是最强的时期，沉积物特点表现为湖泊沉积，无累积泥炭的条件，这和长江下游地区考古遗址分布和典型剖面研究所得出的"10～7 ka BP（^{14}C 年龄）之间可能为高海面"的结论（Zhu et al.，2003）一致。但从花粉记录（朱诚等，2006a）看，该阶段乔木花粉浓度在整个剖面中并不是最高，喜热的栲属（Castanopsis）、鹅耳枥属（Carpnus）、榛属（Corylus）、常绿栎（Quercus）等的百分含量也不是最高的，可能反映了研究区域在早全新世温度和降水不同步。

中国东部季风区中全新世的气候特点一直是学术界研究的热点问题，也存在一定的争议。竺可桢（1973）通过对中国历史文献记录、考古学、物候学等证据的分析，认为在距今 5～3.1 ka，黄河中下游地区年均温度和冬季温度分别比现在高 2℃ 和 3～5℃，之后气温逐渐下降；后来，施雅风等（1992）根据大量的地质记录，提出中国全新世大暖期（Holocene Megathermal Period）发生在 8.5～3.0 ka BP 期间，其中最温暖湿润期出现在 7.2～6.0 ka BP；An 等（2000）总结前人孢粉、黄土/古土壤及湖泊水面变化等数据研究了东亚季风影响下的中国全新世适宜期的不同步性，认为东北部是 10～8 ka BP，北—中部和东北—中部是 10～7 ka BP，长江中下游地区为 7～5 ka BP，华南为 3 ka BP。中国西南部全新世最暖期出现在 11 ka BP，但可能和西南季风扩展有关。山宝洞石笋记录的中全新世（9.3～4.4 ka BP）为降雨丰沛的湿润期（Shao et al.，2006）。大九湖泥炭多指标记录表明 9.4～4.2 cal. ka BP 期间属于中全新世总体温暖期，但不是全新世降水最多的时期，而且记录了 8.0 cal. ka BP 前后的干旱事件。6.7～4.2 cal. ka BP 之间水热配置条件好，是全新世最佳适宜期。

中晚全新世转型与晚全新世的干旱在很多沉积记录中都有体现。青海湖晚冰期以来沉积物孢粉、碳酸盐、有机碳、氮和有机 δ^{13}C 等多项指标高分辨率分析（刘兴起等，2002；沈吉等 2004a）表明，4.5 cal. ka BP 以后气候又逐步转入冷干。神农架山宝洞石笋 δ^{18}O 记录（Shao et al.，2006）揭示了 4.5 ka BP 前后季风降水突然减少，反映了植被-大气-气溶胶对太阳辐射减少的正反馈效应。贵州董哥洞石笋 δ^{18}O（Wang et al.，2005）记录在 4.5 ka BP 左右出现突变，神农架山宝洞石笋 δ^{18}O 记录了 4.5 ka BP 前后季风降水突然减少，4.4～2.1 ka BP 为降水较少的干旱期。华北泥炭多指标记录（靳桂云和刘东升，2001）显示在 4.8～4.4 ka BP 发生了在北半球带有普遍意义的降温事件。Wu 和 Liu（2004）通过对北半球许多地区气候变化数据的统计分析表明，至少在北半球大约 4 ka BP 前后发生了广泛降温，直接导致中国新石器文化的衰落。黄河三角洲花粉资料（Yi et al.，2003）表明在 4.5 ka BP 左右由最热期转为温凉期。大九湖泥炭在 4.2 cal. ka BP 前后季风衰退，气候由暖湿转向凉干，季风转型的过程中，可能导致了该时期长江流域的洪水频发期（朱诚等，1997）。

从图 2.6.4 给出的 30°N 的夏季太阳辐射变化曲线可以看出，早全新世时太阳辐射强盛，对应了大九湖泥炭记录的季风降水强盛期，之后，太阳辐射逐渐减弱。可以看出，大九湖泥炭记录的近 16 ka 以来的整体环境信息响应了北半球太阳辐射的变化和东亚季风的变迁，与近年来中国东部高分辨率石笋和湖泊记录的夏季风模式有着一致性，表明末次冰期后，季风快速加强，早全新世季风强盛，随后季风衰退，中全新世季风变弱，气候变干，和传统的"中全新世大暖期"（施雅风等，1992）或"温暖湿润期的穿时性"模式（An et al.，2000）并不吻合，而和陈发虎等（2006）最近提出了亚洲季风区全新世气候变化模式季风模式是吻合的。

五、大九湖泥炭气候变化的地球化学记录讨论

通过对神农架大九湖泥炭剖面的年代学、有机碳氮、同位素地球化学等气候环境代用指标的研究，以及与其他剖面的对比分析，重建了研究区域约 16 cal. ka BP（13.3 ka BP）以来的气候与环境演变序列。通过对比分析，探讨了气候环境变化的可能机制。主要认识如下：

（1）大九湖 297 cm 的沉积剖面主要以泥炭为主。10 个 AMS[14]C 测年数据表明，该剖面约为 16 cal. ka BP（[14]C 年龄为 13.3 ka BP）以来的沉积。

（2）多指标分析表明，研究区域 16 cal ka BP 以来的气候特点如下：①晚冰期阶段气候总体较冷湿，但很不稳定，12.6～11.4 cal. ka BP 之间应属于新仙女木时期的沉积；而 15.2～12.6 cal. ka BP 期间为 B-A 暖期（博令暖期-中仙女木冷期-阿勒罗德暖期），16～15.2 cal. ka BP 为最老仙女木时期。②早全新世总体上继承了晚冰期气候特点，较为冷湿，但体现出逐渐升温的过程。其中在 10.6 cal. ka BP 前后出现较显著的干旱事件。该阶段是该区域 16 ka BP 以来季风降水最强盛时期。③中全新世总体温暖湿润。其中 9.2～7.5 cal. ka BP 是逐步升温的过程，降水相对较少，在全球具有代表意义的 8.2 cal. ka BP 左右降温事件反映明显；6.7～4.2 cal. ka BP 期间各种替代指标相对稳定，水热条件配置最佳，是中全新世最适宜期。④在 4.2 cal. ka BP 前后发生的中晚全新世的气候和环境转换事件，表现为气候由温暖湿润快速转向凉干。约 0.9 cal. ka BP 前后转为较凉湿的气候。

（3）大九湖泥炭记录的气候和环境演变信息具有全球性变化特点，可以与东亚季风区其他高分辨率沉积记录对比，体现了"末次冰期后，季风快速加强，早全新世季风强盛，随后季风衰退，中全新世季风变弱，气候变干"的季风变迁模式，其变化的驱动机制可能是太阳辐射在中纬度地区东亚季风区的特定响应。

第三章 长江上游新石器时代以来考古遗址时空分布与环境的关系

第一节 长江上游新石器时代以来考古学文化演进特点

一、长江三峡库区文化谱系概述

(一)新石器文化演变序列

长江三峡库区新石器文化发展序列以瞿塘峡为界,分为东西两个既相互影响又各自独立发展演变的文化谱系或文化圈(杨华和李大地,2003;邹后曦和袁东山,2003;张之恒,2004;赵宾福,2004)。瞿塘峡至宜昌段为楠杆坪遗存(约 10.07 ka BP)—城背溪文化(约 8.5~7.0 ka BP)—大溪文化(约 6.4~5.3 ka BP)—屈家岭文化(约 5.0~4.6 ka BP)—石家河文化(约 4.6~4.0 ka BP)序列,后与夏商周文化衔接(杨华和李大地,2003;赵宾福,2004)。该文化圈内的文化演变序列大体上属于鄂西新石器文化谱系范畴,文化脉络清晰完整。瞿塘峡至重庆段的文化序列为:①以"玉溪下层"为代表的新石器早期阶段(约 7.5 ka BP 前后);②以"哨棚嘴早期"及"老关庙下层"为代表的新石器中期阶段(约 6~5 ka BP 或稍前);③以"魏家梁子文化"为代表的新石器晚期阶段(约 5~4 ka BP),该文化圈内的文化演变序列具有显著的土著文化特征(孙智彬,2003,2006),其新石器时代考古文化演变序列与瞿塘峡至宜昌段文化演变序列对比及其所属时代见表 3.1.1。

表 3.1.1 重庆三峡库区新石器时代考古文化编年简表 (赵宾福,2004)

类别 分段	代表文化	代表遗址	绝对年代(BC)	共时文化	所属时代
第一段	玉溪下层文化	玉溪下层(T0604 第 8~38 层)	~5000	城背溪文化	前仰韶时代
第二段	玉溪上层文化	玉溪上层(T0604 第 4~7 层)	5000~4000	大溪文化早期	仰韶时代早期
第三段	老关庙下层文化早期	中坝早段(孙智彬 1 期) 哨棚嘴第一期 1~3 段 瓦渣地第一期 1~2 段 玉溪坪 1~3 段	4000~3500	大溪文化中期	仰韶时代中期
第四段	老关庙下层文化晚期	中坝晚段(孙智彬 2、3 期) 老关庙下层	3500~3000	大溪文化晚期	仰韶时代晚期

类别　　分段	代表文化	代表遗址	绝对年代（BC）	共时文化	所属时代
第五段	魏家梁子文化	魏家梁子上、中、下三层 （吴耀利早、晚两期） 锁龙早、晚期 擂鼓寨 1~3 期 老关庙土坑墓	3000~2000	屈家岭文化 石家河文化	龙山时代

1. 东部文化圈的文化谱系

长江西陵峡南端清江中游长阳桅杆坪遗存年代超过 1 万年，是东部文化圈中一处从旧石器时代末期向新石器时代过渡的原始文化遗存。本区新石器文化谱系的主体是与鄂西同源的城背溪、大溪、屈家岭和石家河文化，其文化内涵前后相继。

1）城背溪文化

主要分布在湖北枝城以西至西陵峡区域内的沿江一带，代表性遗址有湖北枝城城背溪（陈振裕和杨权喜，1984）、枝城北、枝江青龙山、秭归柳林溪和朝天嘴（张之恒，2004）、宜昌路家河、三斗坪、窝棚墩及巴东楠木园等（杨华和李大地，2003）。城背溪文化石器以打制为主，磨制石器的数量和种类都较少。陶器器形简单，多夹砂和夹炭陶，泥片贴塑法制作，多绳纹，红褐陶是这一时期具有代表性的陶色。圜底器发达，平底器和三足器极少，代表性器物有罐、釜、钵、盆、碗、壶和支座等。秭归"柳林溪一期文化"可归属于城背溪文化晚期（张之恒，2004）。

2）大溪文化

大溪文化继承了城背溪文化因素并得到进一步发展，它的分布地域要比城背溪文化大得多。大溪文化包括三峡地区的中堡岛类型、江汉平原西部的关庙山类型和汉水以东的油子岭类型，其中中堡岛类型与渝东地区的大溪文化面貌相同，其分布地域的西界大约到瞿塘峡东口。中堡岛类型典型遗址有湖北宜昌中堡岛（湖北省宜昌地区博物馆和四川大学历史系，1987）、伍相庙、清水滩、杨家湾；宜都红花套；秭归龚家大沟、朝天嘴；重庆巫山大溪、江东嘴和欧家老屋等（四川省博物馆，1981；余秀翠，1987）。大溪文化磨制石器大量增加，由早期磨制粗糙的石器逐渐发展为中晚期多钻孔的精细石器，制作水平不断提高。陶器有一部分为红衣陶、夹砂陶，彩陶多为黑彩，器形多圈足和圜底器，圈足器外壁红内壁黑，外红内黑是大溪文化的一大特点，晚期出现慢轮修整（四川省博物馆，1981）。

3）屈家岭文化

分布中心区域在江汉平原，晚期阶段向西进入长江三峡地区，最远抵达瞿塘峡东口。三峡地区大溪和屈家岭文化缺少两湖平原地区的大型遗址，三峡地区至今未发现该时期的大型中心聚落和城址（张之恒，2004）。代表遗址如湖北宜昌中堡岛、杨家湾、清水滩等。秭归仓坪遗址（水涛，2003）、重庆巫山大溪等遗址发现的往往是屈家岭中晚期文化遗存（四川省博物馆，1981）。陶器有灰、黑、红、黑皮陶等，已采用轮制，器形较为规整（杨华和李大地，2003）。

4）石家河文化

石家河文化已进入新石器末期，石家河文化分布的中心地域在江汉平原，向西发展达到三峡地区东段，如湖北秭归庙坪遗址的石家河文化遗存（张之恒，2004）。在三峡东部文化圈中这一时期的文化也可称之为"白庙遗存"（杨权喜，1997）或"峡区龙山时代文化"。代表遗址有宜昌白庙子、下岸、下尾子等（湖北宜昌地区博物馆和四川大学历史系考古专业，1983）。

2. 西部文化圈的文化谱系

瞿塘峡东口是鄂渝地区两个文化区系的交汇地带，瞿塘峡以西为三峡库区西部文化圈或称渝东文化区。由"玉溪下层文化"、"哨棚嘴早期文化"、"老关庙下层文化"至"魏家梁子文化"的演变序列是该文化谱系的代表序列，与东部文化圈相比带有浓厚的地方色彩。

1）玉溪下层文化

玉溪下层文化或"玉溪一期文化"是以玉溪遗址下层文化遗存为典型代表，包括奉节鱼腹浦文化遗存是渝东最早的新石器时代文化遗存。文化层基本为骨渣层与淤砂层相间，江边堆积最厚。石器大多为打制，完整器较少。陶器均以泥片贴塑法制作，烧成温度低，陶质疏松，陶色红褐不均，器表多散乱粗绳纹。器形以圜底器为主，圈足器次之，有少量平底器，无三足器，器类简单，仅有罐、釜、碗和钵。玉溪下层出土动物骨骼数量很多，说明狩猎和捕捞远比农业经济占有更重要的地位（四川省文物考古研究所，1998；邹后曦等，2003）。玉溪下层文化总体面貌与主要分布于湘西北的皂市下层、鄂西的城背溪文化有许多相似之处，如窝棚墩早期和石门皂市下层一、二期与玉溪下层文化最为接近，年代应在 7 ka BP 前（邹后曦等，2003）。陶器的器形、制作特点及纹饰风格与三峡东部的城背溪文化中的陶器相似；但与典型的皂市下层、城背溪文化相比，玉溪下层文化的陶器也具有其自身的特点，这种差异性说明玉溪下层文化不是继承其中的某个文化发展的，而是可能另有源流的文化（邹后曦等，2003）。

2）玉溪上层文化

"玉溪上层"遗存出土遗物有少量陶片和打、磨制石器，多台面小燧石石核。尽管遗物不多，但玉溪上层文化特征明显，同时具有重庆峡江地区新石器文化的早期特征和大溪文化风格，断定玉溪上层年代大致相当于大溪文化阶段，时代早于忠县哨棚嘴早期。玉溪上层文化是土著文化，其中存在的大溪文化遗物应当归于文化交流现象（邹后曦等，2003）。

哨棚嘴一期1段中泥质黑皮陶盆、彩陶壶、红衣陶罐具有屈家岭、大溪文化风格（邹后曦，2003）。哨棚嘴早期遗存与玉溪坪遗址1~3段遗存、中坝遗址早段遗存、老关庙下层文化早期遗存的时代相当，其较早阶段的遗存应该早于大溪文化的晚期，甚至有可能早到大溪文化的中期，最早年代或许可以到 6 ka BP 前后（赵宾福，2004）。以哨棚嘴遗址1999年度新石器时代遗存下层为代表的陶质、陶色、纹饰、器物组合及形制特征等，可归属于"哨棚嘴-玉溪坪"文化（孙智彬，2006），时代早于老关庙下层文化遗存和中坝第一期遗存。

3）老关庙下层文化

老关庙下层文化陶器以夹砂红褐陶为主，纹饰以绳纹或绳纹交叉组成的菱格纹较多，器物口沿常见花边。器形多平底器或尖底器，圈足器较少。这些特征都与哨棚嘴文化相同，应视为哨棚嘴文化因素的继承和发展。巫山大溪遗址、江东嘴遗址发现有与老关庙下层文化相似的文化遗存（水涛，2003）。老关庙下层文化早期遗存应与哨棚嘴一期遗存、玉溪坪遗址1～3段遗存相当；老关庙下层文化晚期遗存应该处于大溪文化晚期至石家河文化早期之间（赵宾福，2004）。

4）魏家梁子文化

魏家梁子文化是渝东沿江分布的新石器晚期具有土著特征的文化，向东抵达三峡巫山大宁河谷，典型遗址有巫山魏家梁子、江东嘴、琵琶洲、锁龙、奉节老关庙、忠县哨棚嘴和瓦渣地、江津王爷庙等，年代大约4.5～4.0 ka BP（吴耀利和丛德新，1996；中国社会科学院考古所长江三峡工作队，1999），与石家河文化或白庙遗存的时代相当。巫山魏家梁子遗存所代表的"魏家梁子文化"实际就是重庆三峡库区的龙山阶段遗存，其年代晚于本区仰韶时代中晚期的老关庙下层文化（赵宾福，2004）。魏家梁子出土的遗存与屈家岭文化存在共性，表现出了某些龙山时代考古文化遗存的一般特性，如该遗址1～3段中陶器组合出现红、褐陶外，普遍存在数量较多的灰、黑和黑皮陶等，器表出现绳纹，已体现出只有龙山时代才有的篮纹和方格纹，绝对年代可能在4.7～4.0 ka BP间（中国社会科学院考古研究所长江三峡工作队，1996；赵宾福，2004）。

三峡库区西部文化圈的文化谱系与东部文化圈的文化谱系在时代上大致可对应如下：即奉节鱼腹浦文化遗存时代与长阳桅杆坪文化遗存相当；玉溪下层文化与城背溪文化相当；玉溪上层文化、哨棚嘴早期文化和老关庙下层文化大致相当于大溪文化的早、中、晚三个阶段；魏家梁子文化则大致可与屈家岭文化及石家河文化对应。

3. 三峡库区文化与周边文化的联系

1）与江汉地区新石器文化的联系

前文已述及三峡库区东部（大致以西陵峡或奉节至巫山为界）新石器时期城背溪文化～大溪文化～屈家岭文化～石家河文化的演变序列，完全与长江中游江汉地区的新石器文化演变过程同步，前者是后者在不同时期向西延伸的部分，同属于一个文化谱系。然而，三峡库区东部新石器文化遗存却又多少反映出受到三峡库区西部（渝东地区）新石器文化的影响，如遗址沿河分布、相对小而分散、缺乏大型聚落遗址以及遗物中渔猎工具等。同样，反观渝东地区新石器文化遗存，尽管渝东地区新石器文化演化序列相对独立，另有其文化渊源，是一种地方色彩浓厚的土著文化谱系，但越来越多的证据表明它显然是在不同时期并且在不同程度上受到了来自东部文化的影响。

重庆近年发掘资料显示，至少从城背溪文化开始，瞿塘峡就成为一条长江中游和重庆地区之间的文化通道（邹后曦等，2003）。如大宁河中游的巫山刘家坝遗址发现泥片贴塑法制作的细绳纹夹炭和夹砂的釜、罐类陶片，应与城背溪文化有关；瞿塘峡以西的奉节羊安渡遗址发现不晚于大溪文化早期的夹砂釜罐类陶片；丰都玉溪下层遗存与皂市下层、城背溪文化有许多相似之处，尤其接近西陵峡内的窝棚墩遗址；大溪文化阶段，瞿塘峡东部的巫山地区属于长江中游的大溪文化系统，没有峡江土著新石器文化遗存的发现。瞿塘峡以西的重庆土著新石器文化遗址中，却发现了一些大溪文化遗物共存的现象，如丰都玉溪上层、忠县哨棚嘴遗址下层发现有典型大溪文化遗物；奉节羊安渡和李家坝、云阳故陵也有大溪文化陶片出土等，尽管还没有融入当地的土著文化。屈家岭文化时期，哨棚嘴遗址发现的彩陶壶形器、折沿盆、内折沿豆、器盖、纺轮等典型屈家岭文化。玉溪坪、万州苏和坪遗址泥质黑皮陶罐等非典型屈家岭文化陶器，反映对屈家岭文化的吸收、融合。又如玉溪坪文化时期，大溪遗址第四期中两种文化共存的现象说明，大约在大溪文化晚期，玉溪坪文化开始向传统的大溪文化分布地区扩张，达到瞿塘峡以东。屈家岭文化时期，玉溪坪文化越过巫峡达到湖北西陵峡地区（吴汝祚，1989）。龙山时期文化交流现象更加普遍，长期相互影响形成了文化属性难以确认的复合文化现象。白庙早期、魏家梁子、老关庙下层遗存是三峡地区文化交融形成的一种复合文化现象，它们的源头分别来自长江中游的石家河文化和上游的哨棚嘴文化。白庙早期、跳石遗存与石家河文化关系可能更近；魏家梁子、老关庙、锁龙遗存等属于哨棚嘴文化（重庆市文物局和重庆市移民局，2003；李明斌和陈剑，2006）。

2）与四川地区新石器文化的联系

岷江上游"营盘山文化"（约 5.5 ka BP），夹灰褐色粗砂陶为主，文饰以绳纹组成的菱格纹等为主，主要有平底器，有少量圈足器，不见三足器、折沿深腹罐等，与玉溪坪文化遗迹有非常相似之处，玉溪坪文化与营盘山文化存在内在联系（成都市文物考古研究所，2003；邹后曦等，2003）。营盘山文化分布于川北、成都平原的绵阳边堆山、巴中月亮岩、通江擂鼓寨、广汉三星堆第一期、广元张家湾等遗址新石器文化与哨棚嘴文化有较多的相似性，时代略晚，应该是受到哨棚嘴文化直接影响的文化类型（王鑫，1998）；成都平原的宝墩文化与哨棚嘴文化之间有较多的联系；宝墩文化一些早期陶器出现于哨棚嘴文化的晚期，受到了哨棚嘴文化的影响（北京大学考古系，2001）。玉溪坪代表的重庆峡江地区新石器文化比营盘山代表的岷江上游文化分布范围广，文化辐射面大，渗透力强（邹后曦等，2003）。5.3～4.6 ka BP，重庆与四川的文化面貌虽有一定差异，但大体属于同一支考古学文化，即玉溪坪文化。玉溪坪文化主要分布于山区、丘陵的河谷地带，独立性很强。龙山时期文化分布区域有所变化，生存环境的变化，经济类型的改变，反映其文化面貌也出现差异（邹后曦等，2003）。

（二）夏商周古文化演变概述

1. 三峡库区东部夏商周古文化

三峡库区东部夏商周古文化分布范围指巫山以东至清江口的鄂西地区。

1）路家河类型（夏至晚商前段）

鄂西地区路家河类型的典型文化遗存有中堡岛上层文化遗存（湖北宜昌地区博物

馆，1987）、秭归朝天嘴 B 区遗存（国家文物局三峡考古队，1998）、长府沱遗存（宜昌博物馆，2004）以及宜昌路家河（林春，1984）、杨家嘴遗存（三峡考古队第三小组，1994）。三峡地区青铜时代陶器组合往往以一、两类器物占绝大多数为其特点，路家河类型在炊器方面如罐、釜表现显著，尤以绳纹圜底釜作为其标志性器形（王宏等，2003）。

2）周梁玉桥文化（晚商后段至西周早、中期）

本区秭归、宜昌等地多处周代楚文化遗存中，以鼎、釜为代表的陶器组合，与江汉平原西部的晚商后段至西周早、中期的周梁玉桥文化面貌接近（王宏，1996），其中有些形制同于皂市中层文化（王宏等，2003）。

3）楚文化

本区楚文化遗址以秭归官庄坪、柳林溪、宜昌小溪口为代表。陶器以夹细砂红陶、红褐陶以及泥质红陶为主，鼎、釜为代表的陶器组合占优势，鬲、盂、豆、罐等具有关中周原地区周文化的一般特征（王宏等，2003）。

2. 三峡库区西部夏商周古文化

三峡库区西部夏商周古文化分布范围指重庆至巫山大宁河谷的渝东地区。

1）中坝子类型（夏商时期）

以忠县哨棚嘴第二期遗存、万州中坝子遗存为代表，罐、碗、豆为基本器类，其中尤以各类罐的数量最多，年代自夏至商代前期。陶器与成都平原三星堆文化非常相似，但有些器物又与三星堆文化存在不小差异，地方特色不显著（王宏等，2003；孙华，2000）。中坝子遗存特征介于三星堆文化类型与中堡岛文化第三期类型之间（王建新和王涛，2002）。

2）哨棚嘴第三期类型（商代晚期）

以忠县哨棚嘴第三期遗存、奉节新铺遗址下层为代表，尖底器占绝大多数，如尖底杯、尖底盏等，以夹砂红陶为主，应属于十二桥文化范畴（孙华，2000）。

3）双堰塘类型（西周至春秋时期）

典型文化有巫山双堰塘遗存、哨棚嘴遗址第四期遗存、瓦渣地遗址第二期遗存等，器类以圜底釜、圜底罐为主，并有一定数量的尖底杯和尖底盏等（中国科学院考古所长江队三峡考古工作队，1961）。

4）巴文化遗存（战国时期）

陶器以圜底罐、釜为代表，数量众多，秉承重庆地区上一阶段的特点，以无把豆代表的器物组合继续沿袭成都平原的影响；另外还受到楚文化和秦文化的影响，战国时期重庆地区与成都平原的同时期文化差别已经很小，铜器、兵器等已表现出很高的一致性（王宏等，2003）。代表遗址有万州麻柳沱、忠县中坝、哨棚嘴、云阳李家坝、涪陵小田溪等。

5）楚文化遗存

重庆地区的楚文化遗存只在战国时期有发现，与鄂西地区已无明显差异。代表遗址有秭归官庄坪、柳林溪、宜昌小溪口等（王宏等，2003）。

3. 三峡库区古文化演变特点

由上述分析可知，三峡库区古文化演变：①继续延续了三峡地区东、西部各具特色的文化演变格局；②深受三峡地区东西两侧文化的影响；③峡江文化走廊作用使得东、西之间始终存在文化交流。历史时期东西文化变迁以及东西两区文化范围的此进彼退、此消彼长，往往同政治势力的兴衰紧密相关。因此可以说，一方面三峡地区夏商周时期的各种文化或类型从早到晚都是继承演变的；另一方面三峡地区夏商周时期各文化或类型的构成都不是单一的，即反映了文化的传播及其影响（王宏等，2003）。文化因素的传播和影响，受中间环节（时间、地域、交通）的阻隔，以及异地人们接受程度不同的制约，在各地的出现和消失都有早晚差异，即存在文化滞后现象（李伯谦，1997）。正因为如此，我们发现三峡库区古文化或类型中往往除自身文化因素的传承演变外，都或多或少包含邻近文化因素的影响甚至改造的特点。如渝东地区夏商周时期的土著文化受到川西三星堆文化、十二桥文化的影响；战国时期本区巴文化又受到东部楚文化的影响等。中坝遗址夏商周出土陶器从陶质、陶色、纹饰、器物群和形制特征等方面证实，"中坝文化"既有土著文化的特征，又有与邻近地区文化相同的因素（Sun，2008）。

历史时期三峡库区古文化的演变过程中，不同文化或类型之间的冲突、涵化、融合或替代也是常见的现象。如库区东部鄂西地区西周中期以后楚文化逐渐替代了"周梁玉桥文化"，三峡大宁河流域的周梁玉桥文化、双堰塘文化类型则大量接受楚文化因素并逐渐融入到楚文化之中。巴人主体起源于新石器时代晚期的哨棚嘴文化，与川西同期的宝墩文化联系密切，但同时鄂西的石家河文化与哨棚嘴文化也有联系。自夏至商，三星堆文化取代了宝墩文化并向东扩，哨棚嘴文化被迫向东压缩；而西周以后巴文化势力扩展，但春秋以后巴文化受楚文化的挤压，随之又向西返回峡江地区（方刚和张建文，2003）。

二、四川地区的新石器文化和青铜文化

四川地区的新石器文化和青铜文化具有自身的特色，拥有众多的史前文化遗存和遗迹。本节根据王巍先生（2015）主编的《中国考古学大辞典》，择其与长江流域其它区域史前文化特别是与三峡库区古文化密切相关的若干新石器文化和青铜文化作了梳理，以便于更好理解长江流域上游新石器文化和青铜文化的演进特点。

（一）宝墩文化

宝墩文化的名称来源于四川省新津县宝墩古城遗址。该文化主要分布在四川盆地的成都平原及其周围的低山丘陵或河谷地带。考古调查与发掘始于1996年。先后发现的宝墩文化古城址已达8座，分别是宝墩古城、鱼凫城、芒城、古城村、双河古城、紫竹古城、盐店古城、高山古城等。同时，近年来对三星堆下层、绵阳边堆山遗址，以及成都平原其它若干商周遗址（如金沙遗址）下层堆积和地层的进一步研究与认识，表明宝墩文化分布可能不仅仅限于成都平原地区，还扩散到了其它区域。除了史前城址遗迹，1999年成都西郊的锦汇花园和南郊的十街坊基建工地考古中均发现了宝墩文化性质的

墓地（叶茂林，2015a）。

宝墩文化的城址都保留有墙垣遗迹，采用堆筑方法建成，有的是双重城圈，有壕沟，城内为居址。出土陶器主要有夹砂陶和泥质陶等，所占比例因不同时期和不同地点而有变化，大体上夹砂陶居多，且以红陶系为主，灰褐陶和红褐陶多，泥质陶中灰白、灰黄陶占多，纹饰盛行绳纹、篦纹、刻划纹、戳印纹、附加堆纹、弦纹等，构成几何图案纹饰。同时，口沿上还饰绳纹或印文，采用波浪花边口装饰。宝墩文化器形多是侈口或高领的深腹罐以及壶形器和尊形器等，平底器为主，圈足器也有，且早期器形更为精致美观。灰坑形状多样，墓葬无随葬器物，也无葬具，以竖穴土坑单人葬墓为主，有序排列。房址方面，有公共建筑和普通民居，前者壮观高大，结构讲究，后者为木骨泥墙分间式（叶茂林，2015a）。宝墩文化年代距今约 4500～3700 年。

（二）三星堆文化

三星堆遗址位于四川省广汉市南兴镇三星村及真武村。文化遗存演进主要经历了两个阶段，即新石器时代文化遗存阶段和青铜时代考古学文化时代。新石器时代文化遗存阶段一般称为"三星堆一期遗存"，年代距今 4800 年，是在三星堆遗址堆积的下层发现明显早于夏商时期三星堆文化的少量遗存之后命名，其性质具有新石器时代晚期文化的特点，与绵阳边堆山文化（距今约 4000 年）及成都平原宝墩文化遗存相似。出土陶器以夹砂陶为主，红褐陶和灰褐陶富有特色，多绳纹，唇沿部有的还做成近似花边的装饰，磨制石器如斧、锛、凿等小型化。在三星堆遗址的城墙剖面上还能观察到夯土堆积和夯土层中包含有三星堆一期遗存的遗迹，发现城墙夯土叠压打破了三星堆一期遗存的地层堆积和房址。三星堆一期遗存与后来的青铜文化之间有较大的距离和差异（叶茂林，2015b）。

青铜时代的三星堆文化主要分布于成都平原，峡江地区、嘉陵江和大渡河流域也有发现。典型遗址即三星堆遗址。主要的发现包括房址、墓葬、器物坑等遗迹以及青铜器、玉器、石器、金器、陶器等遗物。夹砂褐陶为主，多饰绳纹、弦纹、刻划纹和附加堆纹。平底器最多，其次是圈足器和尖底器，但三足器和圜底器少。罐、高柄豆、豆形器、袋足盉、鸟头柄勺等为主要器形，早期还多见小平底大口盆、大圈足盘、大口尊、小口高领罐、鬲形器，晚期出现尖底器。青铜器多人物和动物造型，玉器主要是礼器和工具类。三星堆文化年代距今约 3700～3200 年，相当于中原二里头文化时期至商代。三星堆遗址推测为商代的蜀国都邑。峡江地区的三星堆文化被称为"朝天嘴类型"，其中还有来自中原及江汉地区的陶器，以及当地由龙山时代文化发展而来的土著陶器（施劲松，2015a）。

（三）十二桥文化

十二桥文化因四川省成都市的十二桥遗址而命名，主要分布于成都平原，在四川盆地周边及峡江地区也有相类似遗存发现。典型遗址为十二桥遗址群以及雅安市沙溪遗址、成都市水观音遗址等。成都市金沙遗址、羊子山土台遗址和彭县竹瓦街窖藏铜器也属于十二桥文化的重要组成部分，所以该文化又有"金沙-十二桥文化"之称。根据考古发掘资料及历史文献考证，金沙遗址推测是商代晚期和西周时期的蜀国都邑。十二桥文化主要遗迹有大型房屋建筑、祭祀遗存、墓葬等。陶器主要是夹砂灰陶，多尖底器，代表性器物有尖底杯、尖底盏、尖底罐、高领壶、圜底釜等，陶器多素面。十二桥文化可以分为两期，早期以十二桥遗址、金沙遗址下层为代表，有三星堆文化的因素，相当于商代晚期至西周初；晚期以成都市新一村遗址为代表，相当于西周至春秋（施劲松，2015b）。一般认为，十二桥文化年代距今约 3200～2500 年。

第二节　重庆旧石器至唐宋时期遗址时空分布与自然环境的关系

一、研究区概况及研究方法

重庆库区位于长江上游四川盆地东部沿江两岸，地跨 28°10′～31°13′N，105°11′～110°38′E 之间，西至重庆巴南区，东达巫山，总面积约为 36 923.5 km²。本区是旧石器时代以来人类活动和自然环境演变较为典型的地区，有丰富的旧石器时代以来考古遗址，其研究可为本区旧石器时代以来人类活动与自然环境演变提供有价值的研究成果。本节以 GIS 为手段，对重庆库区旧石器时代至唐宋时期考古遗址时空分布特征进行分析，探讨考古遗址分布的时空变化与自然环境演变的关系。

重庆库区旧石器时代至唐宋时期遗址时空分布特征采用 GIS 空间分析方法，重点从三个方面进行：①遗址的时间分布，主要考察遗址数量随时间变化的特征；②遗址的平面空间分布，主要考察遗址分布密度、遗址域范围、遗址距河岸距离等特征；③遗址的垂直空间分布，主要考察遗址分布海拔、遗址叠置特征等。自然环境演变背景分析主要结合前人对旧石器至历史时期的自然环境演变研究。

二、遗址时空分布特征

（一）遗址数量及分布

重庆库区旧石器时代至唐宋时期考古遗址资料主要来源于《重庆库区考古报告集1997 卷》（重庆市文物局和重庆移民局，2001）、《重庆库区考古报告集 1998 卷》（重庆市文物局和重庆移民局，2003）、《重庆库区考古报告集 1999 卷》（重庆市文物局和重庆移民局，2006）、《三峡工程淹没及迁建区文物保护规划（保护项目和保护方案）》等。统计表明，重庆库区旧石器时代至唐宋时期考古遗址共 677 处（剔除叠置遗址后为 303处），其中，旧石器时代 53 处，新石器时代 79 处，夏朝 16 处，商朝 74 处，周朝 108处，秦朝 27 处，汉朝 159 处，六朝 52 处，唐朝 45 处，宋朝 64 处。

根据 677 处遗址分布情况填绘于用 ArcGIS 软件矢量化的不同海拔分层设色的地形图上，获得本区从旧石器时代至唐宋时期各时期遗址分布图（图 3.2.1～图 3.2.10）。

从各时期遗址数量对比看，旧石器时代至唐宋时期，本区遗址的数量波动较大。新石器时代、周朝、汉朝时期遗址数量较多，而夏朝、秦朝、唐朝时期遗址数量相对较少。其中，汉朝时期遗址最多，达 159 处；夏朝时期遗址最少，仅 16 处（图 3.2.11）。

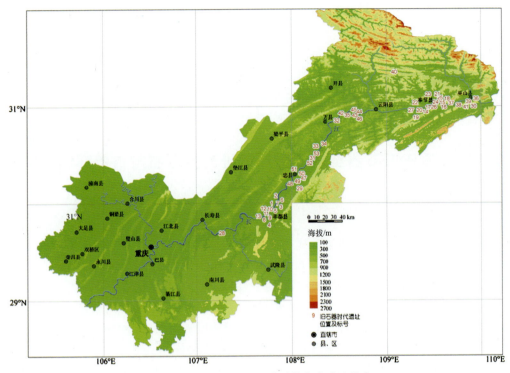

图 3.2.1　重庆库区旧石器时代考古遗址分布

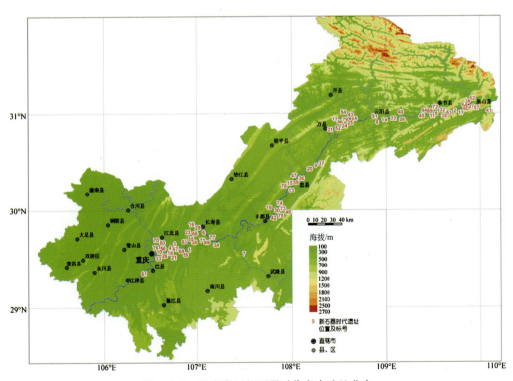

图 3.2.2　重庆库区新石器时代考古遗址分布

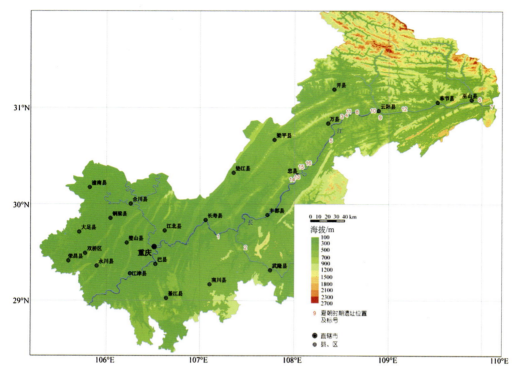

图 3.2.3　重庆库区夏朝时期考古遗址分布

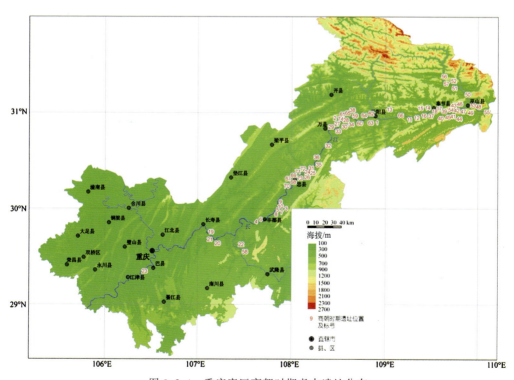

图 3.2.4　重庆库区商朝时期考古遗址分布

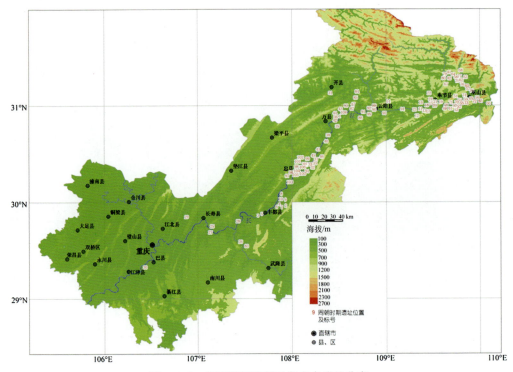

图 3.2.5　重庆库区周朝时期考古遗址分布

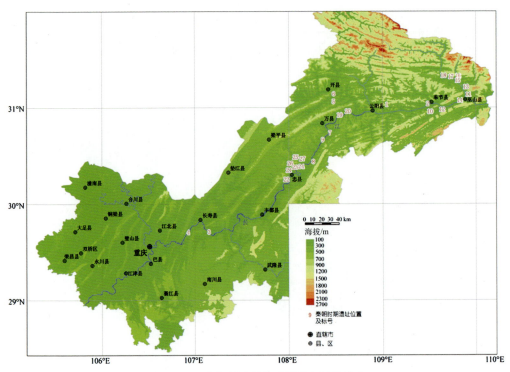

图 3.2.6　重庆库区秦朝时期考古遗址分布

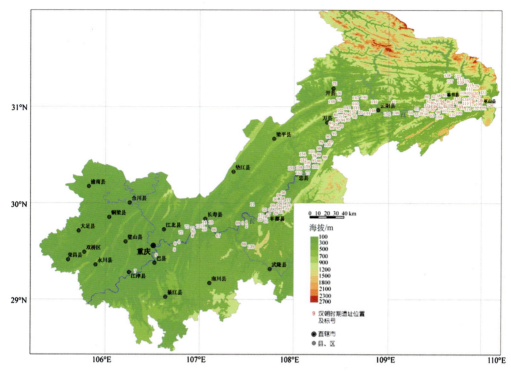

图 3.2.7　重庆库区汉朝时期考古遗址分布

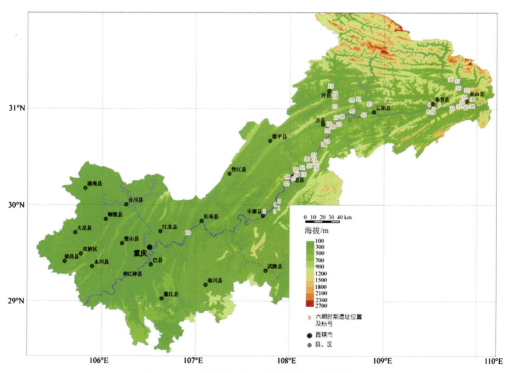

图 3.2.8　重庆库区六朝时期考古遗址分布

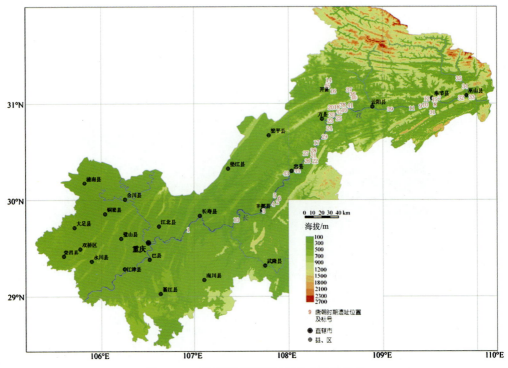

图 3.2.9　重庆库区唐朝时期考古遗址分布

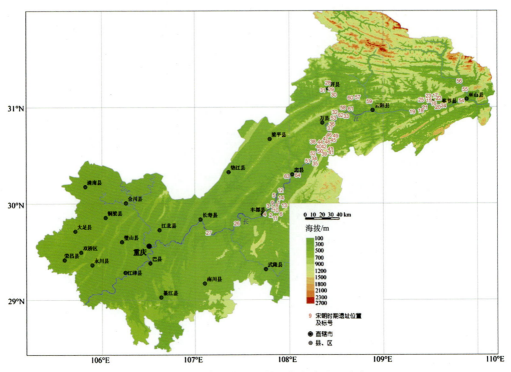

图 3.2.10　重庆库区宋朝时期考古遗址分布

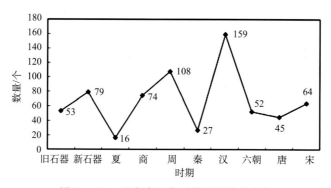

图 3.2.11　重庆库区各时期遗址数量变化

（二）遗址距河岸距离

遗址距河岸距离远近，反映了先民对水的利用和水旱状况对人类居住地选择的影响，这些又在不同时期遗址距河岸的平均距离方面得到较好的体现。遗址距河岸距离采用 ArcGIS 的邻近分析获得，表示为各遗址点到最近河岸的直线距离。由表 3.2.1 和图 3.2.12 可见，本区从旧石器时代至唐宋时期遗址距河岸的平均距离以秦朝时期最大，新石器时代和六朝时期为次，而旧石器时代和宋朝时期相对较小，其余各时期相差不大。从遗址距河岸的最大距离来看，旧石器和汉朝时期较大，分别为 2896.1 m 和 3121.6 m。

表 3.2.1　各时期遗址距河岸距离　　　　　　（单位：m）

时期	旧石器时代	新石器时代	夏朝	商朝	周朝	秦朝	汉朝	六朝	唐朝	宋朝
平均	304.1	439.3	350.6	355.6	369.2	569.9	400.6	439.2	381.7	314.1
最大	2896.1	2495.4	1783.1	2495.4	1721.7	2495.4	3121.6	2495.4	2495.4	1310.8
最小	16.7	0.7	0.7	0.7	0.7	59.2	6.1	0.7	23.9	20.9

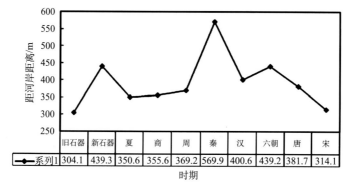

图 3.2.12　重庆库区各时期遗址距河岸平均距离变化

(三) 遗址域面积

遗址区域是先民生产和生活活动的范围 (荆志淳, 1991), 也被称作生活辐射区 (肖彬等, 1999)。在诸多自然资源中, 某些资源 (如水) 居于最基本、最重要的地位, 获取它们的路程必须尽可能地最短, 所以, 古人的居住址一般位于河湖旁边或泉水附近。又由于人类对自然资源的利用存在一定差别并且随季节和时间变化, 因此便出现了对聚落周围土地和自然资源利用的差异或分带。有关研究 (张宏彦, 2003) 表明, 人们一般在步行 1 h 的范围内耕作, 在步行 2h 左右范围内狩猎, 这样算来, 古人一般不会到离开居住地 10 km 以外的地方去获取资源。因此, 本书以遗址周围 10 km 为其遗址域半径。此外, 遗址域内遗址点分布的密度高低, 更是古人居住聚落集聚程度的真实反映, 也间接反映了先民对居住区自然环境的适应程度和对资源的利用强度, 因此, 遗址域内遗址点分布密度应作为遗址域分析的一项重要指标 (本节遗址密度均指遗址地域内遗址点密度)。

在 ArcGIS 中, 对重庆库区从旧石器时代至唐宋不同时期文化遗址, 以 10 km 为半径做缓冲区分析, 并对重叠的区域进行叠置 (overlay) 处理。统计结果显示 (表 3.2.2), 本区从旧石器时代至唐宋时期, 遗址域面积处在波动变化之中。其中, 新石器时代、周朝、汉朝时期较大, 而旧石器时代、夏朝、秦朝、唐朝时期相对较小, 与遗址数量的变化特征基本一致 (图 3.2.13)。由此计算出来的各时期遗址域内的遗址点密度表现出与遗址域面积变化一致的情形。但旧石器时代和宋朝时期遗址域面积较小, 而遗址域内的遗址点密度较大, 表现出遗址点集聚的特征 (图 3.2.13)。

表 3.2.2　各时期遗址域面积及遗址域内遗址点密度

时期	旧石器时代	新石器时代	夏朝	商朝	周朝	秦朝	汉朝	六朝	唐朝	宋朝
面积	5431	7890	3306	7611	9231	4721	11 680	6197	6093	6276
密度	0.976	1.001	0.484	0.972	1.171	0.571	1.361	0.839	0.739	1.02

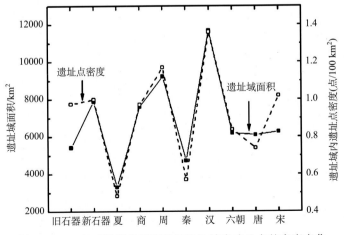

图 3.2.13　各时期遗址域面积及遗址域内遗址点的密度变化

（四）居住面高程

本区人类活动场所常在江河高水位附近的平缓地带，与古代的河面有着某种"亲缘"关系。因此居住面高程的变化很大程度上是江河水位变化的重要反映。根据每个遗址现在所处的海拔、文化层埋深得出相应时期先民居住面高程。对相关文献中无高程记录的遗址，主要采取实地调查或根据遗址所处位置在大比例尺地形图上读取其分布的地面高程进行换算。计算结果表明（图 3.2.14），本区先民史前时期的居住面高程相对较高，其中，旧石器时代平均为 166.9 m，新石器时代平均达 175.3 m。而历史时期则相对较低，均在 160 m 以下，其中，六朝时期最小，平均居住面高程为148.7 m。

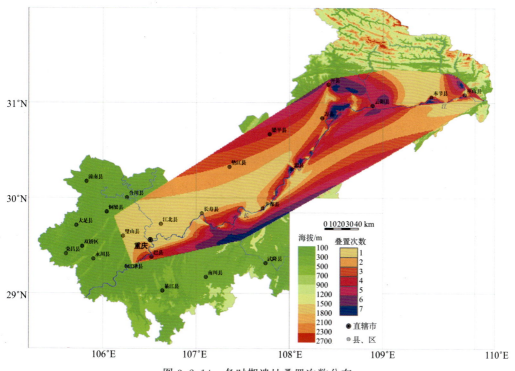

图 3.2.14 各时期遗址叠置次数分布

（五）遗址叠置状况

考古遗址的文化层堆积类型一般可分为两类：只包含一个类型文化堆积的单一型遗址和包含不同类型文化堆积的叠置型遗址（崔之久等，2002）。其中，叠置型遗址又可分为文化层时代连续的连续叠置型遗址和文化层时代间断的间断叠置型遗址。为探讨不同时期人类聚落位置之间的承袭或转移规律，黄宁生（1996）提出了文化遗址叠置系数（C）分析方法。遗址叠置系数的计算公式为 $C_{a/b} = n/N$，式中，a 类遗址为早期文化遗址；b 类遗址为文化期相邻的晚期文化遗址；n 为上覆有 b 类遗址的 a 类遗址个数；N

为 a 类遗址总个数。文化遗址叠置系数反映了晚期对早期遗址的重复利用率,可作为判断人类演化进程中聚落位置变动程度的定量指标,而聚落位置的变动又与自然环境有着密不可分的联系。这是因为早期人类的生产力水平低下,对自然环境依赖明显,而对自然环境影响有限(周昆叔,1991)。若自然环境相对稳定,则聚落位置相对固定,不同时期文化遗址上、下叠置的概率增加,从而产生高叠置系数值。若自然环境发生的变化较大,则会促使古代人类向更适合人们居住地区移居,这就减少了不同时期文化遗址之间的叠置机会,其叠置系数值较低(黄宁生,1996)。

统计表明(表 3.2.3),在重庆库区旧石器至唐宋时期的 303 处遗址中,单一型遗址共 148 处,占总遗址数的 48.84%,其中主要是汉朝文化遗址(为 46 处,占单一型遗址数的 30.81%);叠置型遗址 155 处,占总遗址数的 51.15%。其中,夏朝至商朝、商朝至周朝以及秦朝至汉朝遗址叠置系数较大,均在 0.8 以上,而旧石器时代至新石器时代、新石器时代至夏朝以及周朝至秦朝遗址叠置系数相对较小,不足 0.2。从分布上看,丰都、忠县、巫山、万州、云阳等县区是遗址叠置程度较高区域,其中,丰都的玉溪和玉溪坪、忠县的中坝、万州的大周溪和冯家河、巫山的江东嘴、云阳的乔家院子等 7 处遗址叠置次数达 7 次之多,忠县的老鸹冲和王家堡,巫山的下湾和大溪、万州的中坝子、奉节的陈家坪、云阳的人头山坡、开县的余家坝等 8 处遗址叠置次数亦达 6 次之多(图 3.2.15)。

表 3.2.3　各时期遗址叠置系数

时　期	$C_{旧/新}$	$C_{新/夏}$	$C_{夏/商}$	$C_{商/周}$	$C_{周/秦}$	$C_{秦/汉}$	$C_{汉/六朝}$	$C_{六朝/唐}$	$C_{唐/宋}$
某类文化遗址个数(N)	53	79	16	74	108	27	159	52	45
上覆有后期文化遗址的该类文化遗址个数(n)	7	11	16	63	19	24	46	20	26
叠置系数(C)	0.13	0.14	1.00	0.85	0.18	0.89	0.29	0.38	0.58

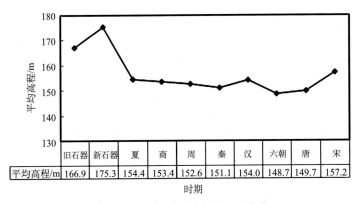

	旧石器	新石器	夏	商	周	秦	汉	六朝	唐	宋
平均高程/m	166.9	175.3	154.4	153.4	152.6	151.1	154.0	148.7	149.7	157.2

时期

图 3.2.15　各时期居住面高程变化

三、重庆库区旧石器时代至唐宋时期考古遗址分布规律

(一) 遗址的时间分布

从旧石器时代至唐宋时期，本区遗址的数量变化较大。其中，新石器时代、商朝、周朝、汉朝和宋朝时期遗址数量各比相应的前一时期分别增加了 49.06%、362.50%、45.95%、488.89% 和 42.22%，而夏朝、秦朝、六朝和唐朝时期遗址数量各比相应的前一时期分别减少了 79.75%、75.00%、67.30% 和 13.46%。

(二) 遗址的平面空间分布

从遗址距河岸距离看，本区旧石器时代至唐宋时期遗址距河岸的平均距离均在 600 m 以内，大多在 400 m 以内，反映山区先民临水而居的特征。史前时期变化较大，历史时期除秦朝之外，其余各时期相差不大。从遗址域面积看，新石器时代、周朝、汉朝时期较大，而旧石器时代、夏朝、秦朝时期相对较小。其中，新石器时代、商朝、周朝、汉朝、宋朝时期遗址域面积各比相应的前一时期分别增加了 45.28%、130.22%、21.28%、147.41% 和 3.00%，而夏朝、秦朝、六朝时期遗址域面积各比相应的前一时期分别减少了 58.10%、48.86%、1.68% 和 46.94%。从遗址域内遗址分布密度特征看，重庆库区旧石器、新石器、商、周、汉、宋时期遗址分布密度较高，而夏、秦、六朝、唐时期遗址分布密度较低。可见，本区旧石器时代至唐宋时期遗址分布密度和遗址数量变化特征基本一致。

(三) 遗址的垂直空间分布

从遗址叠置状况看，本区夏朝至商朝、商朝至周朝以及秦朝至汉朝遗址叠置系数较大，而旧石器至新石器时代、新石器时代至夏朝以及周朝至秦朝遗址叠置系数相对较小，并且在丰都、忠县、巫山、万州、云阳等县区形成遗址叠置程度较高区域。

从居住面高程看，史前时期先民居住的平均海拔较高，均在 170 m 以上，而历史时期则相对较低，平均海拔均在 160 m 以下，且各时期相差不大。

四、考古遗址时空分布与自然环境的关系

从年代学上看，大九湖孢粉带 I 和 II (15.753～9.218 ka BP) 对应于重庆库区旧石器时代末次冰期以来至全新世初的时间段 (15.753～10 ka BP)；孢粉带 III 和 IV (9.218～4.051 ka BP) 对应于新石器时代文化阶段 (约 8.0～4.0 ka BP)；孢粉带 V (4.051～0.911 ka BP) 对应于夏朝至六朝时期 (约 4.0 ka BP～960 AD)；孢粉带 VI (0.911～0 ka BP) 早期对应于唐宋时期 (朱诚等，2006a；郑朝贵等，2008)。

(I) 重庆库区旧石器时代至唐宋时期 677 处遗址时空分布的总趋势是从西往东、从高往低逐渐增加的，遗址多沿江河分布，且在河流交汇的区域呈聚集状态，史前的旧石器时代和新石器时代遗址分布高度明显高于历史时期。究其原因主要为：一是各时代

人类都需要选择既靠近水源，又便于抵御洪水的河流1～2级阶地为生存地点。而全新世以来受区域构造抬升作用，河流相对下切，时代越早，遗址往往分布海拔越高。二是重庆库区地形起伏较大，在受河流侧旁侵蚀与堆积形成的宽谷和阶地才有更多适于古人生存的空间，故遗址多沿江河分布。三是本区早期经济以渔猎和农业为主，但在山地地区陡峭的地形限制了早期耕作业发展，而河流交汇处地势平坦，土地肥沃，鱼类资源丰富，因而成为人们较为理想的耕作和渔猎场所。此外，本地区人类遗址时空分布变化受气候条件影响较大。

（Ⅱ）重庆库区旧石器时代遗址分布海拔位置较高，多分布在现在长江及其支流的三级阶地及其以上位置，少数分布在二级阶地，几乎没有在一级阶地上分布的遗址。比如，距今2.04 Ma的龙骨坡巫山人化石地点分布的海拔竟达830 m。但旧石器时代遗址距河岸距离却是不远，平均距离为各时期最小。遗址域面积不大，但遗址域内遗址点密度较大。以上特征的形成除与大九湖泥炭孢粉带Ⅰ、Ⅱ揭示的在末次冰期至全新世初气候波动显著密切相关之外，从河流地貌发育角度看，该时期遗址分布在较高位置与此时期河流主要分布在较高地势区有关，河流后期下切才使它们被置于更高的阶地。此外，较高的地势既便于抵御洪水侵袭，又有靠近山林、利于狩猎、采集和渔获之便利。

（Ⅲ）与旧石器时代相比，重庆库区新石器时代遗址数量明显增多，遗址域面积显著增大，但叠置于旧石器遗址上的遗址仅7处，遗址分布沿长江呈向西扩展态势，新增遗址主要分布在长寿县和重庆市及其周围。新石器时代遗址海拔更高，分布平均海拔为各时期之首。这一时期遗址距河岸距离较远，平均距离比旧石器时代增加135 m之多。大九湖泥炭孢粉带Ⅲ、Ⅳ和众多研究（施雅风等，1992）表明，全新世气候迅速转暖，并于8.0～4.0 ka BP表现为中全新世温暖湿润期。温热气候和丰富降水促进了本区古文化发展，故遗址数量增多同时分布范围也迅速扩大。但这一时期的多雨气候，在多山的重庆库区往往会多易形成洪涝。朱诚等（1997）研究也证实，这一时段的8.0～5.5 ka BP是长江三峡及江汉平原地区全新世的第一洪水期。为躲避洪水之害，先民选择地势较高、距河较远的地点居住就不难理解。

（Ⅳ）众多研究表明（吴文祥等，2004；安成邦等，2003b；崔建新和周尚哲，2003；班武奇，1998；Zhou S Z et al.，1991；Yao T D and Thompson，1992；刘嘉琪等，2000；张兰生等，1997），夏朝时期为全国乃至整个北半球气候异常、环境突变时期。朱诚等（1997）的研究也表明，这一时期是长江三峡及邻近地区全新世的第二洪水期。对应本时段的大九湖泥炭孢粉亚带 V-1 花粉浓度和百分比波动剧烈，体现了中全新世向晚全新世转换阶段气候的不稳定特征（朱诚等，2006a）。受气候环境突变的影响，这一时期本区遗址数量急剧减少，仅16处，但其中有11处遗址是叠置于新石器遗址之上的，因而继承了新石器遗址分布海拔较高的特点。夏朝时期本区遗址域较小，遗址分布密度也很低。

（Ⅴ）商周时期是本区气候相对稳定的时期。神农架山宝洞 SB10 石笋的氧同位素记录（Shao et al.，2006）表明，该时段为降水较少的干旱期。对应本时段的大九湖泥炭孢粉亚带 V-2 花粉浓度和百分比存在较小波动，但整体较稳定（朱诚等，2006）。正是这种气候上的稳定性，促成本区这一时期遗址数量不断增多、遗址域范围不断扩大、遗址点密度不断增大。这一时期也是本区遗址距河岸距离渐增时期，但遗址分布高程却变化不大。

（Ⅵ）秦朝时期，处在中国历史上的第二暖期（770 BC～0 BC），气候湿润，降水偏多（竺可桢，1973）。本区先民居住地离河较远，遗址距河岸平均距离为各时期之首，达 569.9 m。但由于秦朝持续时间较短（仅 14 年），所以遗址数量不多，密度不高。与此相适应的是，遗址域面积不大，但遗址分布的海拔与商周时期相差不大。

（Ⅶ）汉朝时期是中国自然环境变幅较大的时期，其中，西汉时期仍处在中国历史上的第二暖期，气候温暖湿润，但降水状况波动比较频繁；而东汉时期却处在中国历史上的第二冷期（0 AD～600 AD），气候转为严寒，但比较湿润（竺可桢，1973）。可见，汉朝时期气候总体湿润，降水丰富，有利于农业发展。这一时期重庆库区郡县建置不断增加，人口日益增多（陈可畏，2002），遗址数量急剧上升，总数达 159 处，为各时期之最，相应地遗址域面积和遗址分布密度亦为各期之首。许多研究（宋正海等，2002）表明，汉朝时期为自然异常和人文异常的"两汉宇宙期"，各种自然灾害频发，水灾严重。据《汉书·五行志上》记载，高后三年（185 BC）和高后八年（180 BC），汉中、南郡均发生了特大洪水，当时"水出流四千余家"、"流六千余家"。朱诚等（1997）的研究也表明，这一时期处于长江三峡及江汉平原地区全新世的第三洪水期，使得先民不得不逐高地而居，居住面高程明显较高。

（Ⅷ）六朝时期包括中国历史上第二冷期（竺可桢，1973），气候严寒，霜雪异常等极端气候事件常有发生（胡阿祥，2006）。这种寒冷气候一直持续到 3 世纪后期，特别是 280 AD～289 AD 达到极点，当时每年阴历四月还降霜（竺可桢，1973）。严寒的气候使得本地先民经受着严峻考验，遗址数量从汉代时期的 159 处急剧减少至 52 处，遗址域面积和遗址点密度减小，遗址分布的海拔降低。

（Ⅸ）唐朝时期相当于中国历史上第三温暖期（600 AD～1000 AD），气候明显转暖，且湿润多雨。温暖湿润气候有利于耕作农业的发展，作物生长季节比现在还要长（竺可桢，1973）。有关研究表明，这一时期三峡地区的农业已向半山区发展，农耕范围扩大，技术也有一定进步（陈可畏，2002）。尽管这一时期遗址数量比六朝时期少（仅45 处），但遗址域面积和六朝时期相差不大，遗址域内遗址点密度明显降低，遗址距河岸距离减小，遗址分布的海拔增加，也暗示着当时人们生产活动范围向山区、河区拓展。

（Ⅹ）宋朝时期相当于中国历史上的第三寒冷期（1000 AD～1200 AD），气候异常寒冷且干旱，波动频繁（竺可桢，1973）。两宋时期也是中国历史上灾害多发期之一，并且在诸种灾害中，以水旱两灾最为频繁，也最具危害（张文，2006）。这一时期三峡地区农业有较大发展，耕作范围进一步扩大，不少县区的畲田已向高山延展（陈可畏，2002）。与唐朝时期相比，遗址点数量增多，遗址域面积相差无几，但遗址域内遗址点密度增大，这显然是人口增多的结果。遗址距河岸距离的进一步缩短，居住面高程进一步增大，都证实了先民生产、生活范围的扩展。

（Ⅺ）本节研究表明，考古遗址时空分布变化与自然沉积地层高精度测年和孢粉记录的结合研究，是揭示是人类文明演进与自然环境演变关系的有效手段之一。此外，考古遗址时空分布变化除受自然环境演变影响，还与区域古文化的自身演进和传播以及社会、经济的发展密切相关，因此，人类社会、生产力、生产关系、生产方式变革对遗址时空分布变化的影响值得探讨。但毋庸置疑，在生产力水平低下的远古时代，自然环境对考古遗址时空分布的影响是深刻的。

第三节　四川三星堆文明消失和金沙文明兴起成因的环境考古

中华文明的起源与早期发展一直是国内外学术界普遍关注的重要学术问题。史学界过去认为，中华文明的发祥地是黄河流域，然后逐渐整合形成全中国。然而，宝墩遗址、三星堆遗址和金沙遗址等的发现，将四川成都平原的历史向前推进到 5000 年前，证明位于长江上游的成都平原同为中华文明起源地之一。从器物考古看，由于宝墩文化、三星堆文化和金沙文化这几个主要阶段均缺乏文字记载（陈德安等，1998；肖先进等，2001；雷雨，2007；成都金沙遗址博物馆，2006，2010），因此，目前对长江上游四川境内古蜀文明以上重要阶段文明兴衰过程的确切成因至今尚未得到令人信服的科学解释。在约 3.2 ka BP，处于鼎盛时期的三星堆文明突然消失，而与之有许多相似特征的成都金沙文明出现，关于三星堆文明突然消失的原因，当今最普遍的观点是政治中心的迁移（Robert，2001），但诱发政治中心迁移的因素是什么？有人认为是洪水，有人认为是战争，还有人认为是地震和干旱。因此，通过对三星堆和金沙等遗址群及其周边自然地层特征、考古地层时代与环境考古的结合研究，将有助于解释该区新石器时代以来古蜀文明兴衰的真实成因。

一、研究区域自然地理概况

位于长江上游的成都平原是中国西南地区最大平原之一，地势平坦、水域遍布，河网纵横、物产丰富，自古就有"天府之国"的美誉。成都平原由岷江、沱江、青衣江、大渡河冲积平原组成，总面积 23 000 平方公里，因该平原地区主要为成都市所辖区市县，故称成都平原。成都平原的地质构造是在坚硬的基岩上覆盖了一层较厚的以第四系为主的松散沉积物。四川盆地从侏罗纪—白垩纪喜马拉雅期（约 1.3 亿年前）构造活动结束海侵、成为陆地后，就进入稳定的地台发展期，期间龙门山在中生代和早新生代（约 6500 万年前）形成。据四川深部地球物理资料记载，盆地基底是硬化程度很高的前寒武纪花岗岩结晶基底，故成都平原岩层亦十分坚硬，之上有杂填土（平均深度为 5～7 m）和沙卵石（平均深度为 7.11～10.24 m）。

根据范泽孟等（2011）对我国 1964～2007 年全国平均气温和降水的空间分布分析表明，成都平原全年平均气温为 17.0～18.0℃，全年平均降水为 1200～1800 mm。由于研究区以平原和盆地为主，平坦甚至低洼的地势使之成为极易受涝的地区。从河网分布来看，成都平原的水系众多且复杂，地理位置上与水的密切关系使其遭受洪水侵袭的可能性增大。

二、成都平原的古文化演替

前文及最新的考古资料表明（成都金沙遗址博物馆，2006，2010；国家文物局，2009a；万娇和雷雨，2013），四川成都平原新石器晚期文化到古蜀文化的文化发展序列依次经历了桂圆桥一期文化（约 4.9～4.6 ka BP）、宝墩文化（约 4.5～3.7 ka BP，相当于中原龙山文化至夏代早期）、三星堆文化（约 3.7～3.2 ka BP，相当于中原夏代晚期至商代后期）、金沙-十二桥文化（3.2～2.5 ka BP，相当于中原商代后期至春秋时期）四个阶段（图 3.3.1～图 3.3.4）。公元前 316 年秦灭巴蜀，至西汉中期武帝时期，巴蜀文化最终融于汉文化中，古蜀王国历史至此结束，古蜀文明最终成为中华文明共同体的有机组成部分。各时期文化遗址的统计结果表明（图 3.3.1 至图 3.3.4），成都平原新石器晚期以来的遗址数量在早期较少（如桂圆桥一期文化），宝墩文化期数量较多，达到 15 处，在三星堆和金沙-十二桥文化时期数量又呈现减少的特征，分别为 3 处和 6 处。各时期多数遗址的海拔分布在 400～600 m，海拔最高的遗址为宝墩文化时期芒城城址（660 m），海拔最低的遗址是宝墩文化时期的程黄遗址（389 m）。

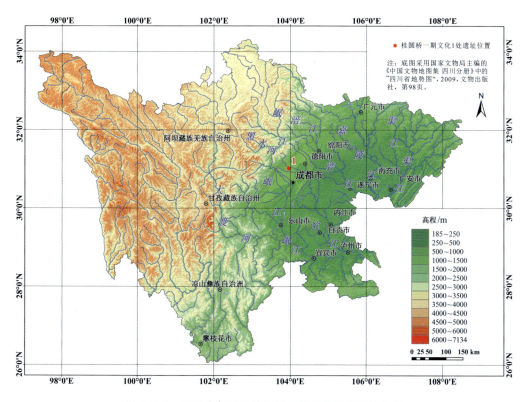

图 3.3.1　四川成都平原桂圆桥一期文化时期遗址分布

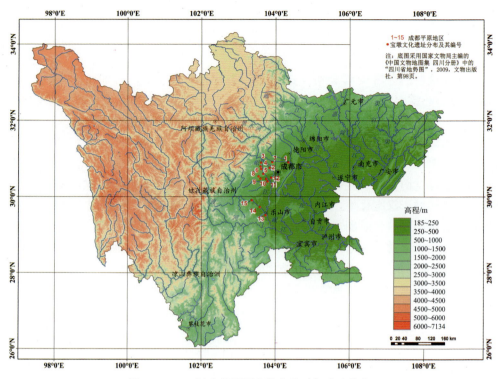

图 3.3.2　四川成都平原宝墩文化时期遗址分布

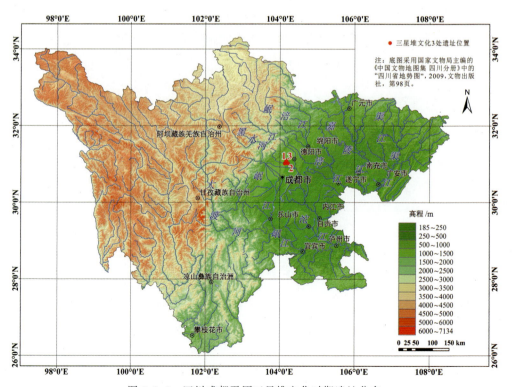

图 3.3.3　四川成都平原三星堆文化时期遗址分布

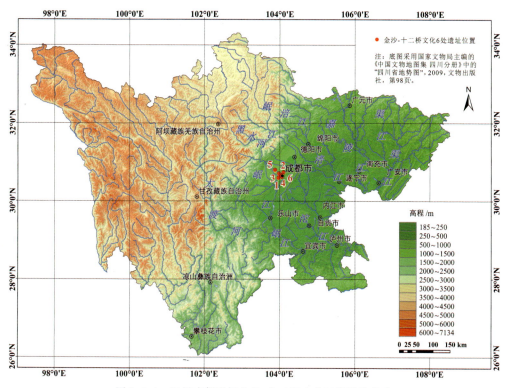

图 3.3.4　四川成都平原金沙-十二桥文化时期遗址分布

　　其中，三星堆遗址的考古发现和发掘自 1929 年以来已有 80 多年的历史。多年发掘表明，这是一处总面积超过 15 km² 的大型遗址群，遗址的年代约 4.8～3.0 ka BP，海拔 484～492 m。在历次发掘中发现了包括大型城址、大面积居住区以及祭祀坑在内的重要文化遗迹，出土了大批有地层年代依据的青铜器五百余件、玉石礼器一千余件、金器近百件、石器数千件，以及大量的陶器（标本数万件、可复原者上千件）和骨器、海贝、象牙等，取得举世瞩目的考古成果（陈德安等，1998）。三星堆文化的器物形制奇特，不仅在四川是首次发现，在全国也较为罕见，如象征王权的金杖、金面罩，高达 2.6 m 的青铜立人像，八十多件铜人像、头像、青铜纵目面具以及高大神奇的青铜神树，玉石器中的成组石壁，还有雕刻精美的玉璋、玉瑗、玉琮及特色鲜明的陶器群等，被誉为"世界上最引人注目的考古发现之一"（陈德安等，1998；肖先进等，2001）。近 80 年来的发掘表明三星堆文化具有以下特征（雷雨，2007）：①具有政治中心性质，其规模超过周围相邻的城址；②有高度发达的青铜冶炼技术和黄金冶炼加工技术，有规模可观的玉石器加工作坊和高超的玉石器加工技术；③有分布范围达 3～4 km² 的夯土城墙遗址；④有自然水系的合理利用与治理；⑤有较完善的宗教礼仪祭祀制度。

　　同时，自 2001 年以来的发掘表明，金沙遗址分布面积在 5 km² 以上，海拔 504～508 m，已发现大型宫殿建筑遗址、大型祭祀活动场所、居址、墓地等重要遗迹，出土了金器、铜器、玉器、漆器及象牙等珍贵文物数万件。从遗址的规模和遗物分析，金沙遗址极可能是三星堆文明衰落后在成都平原兴起的又一个政治、经济、文化中心，是古蜀国在商代晚期至西周时期的都邑所在（成都金沙遗址博物馆，2006，2010）。

三、三星堆、金沙遗址古河道沉积环境分析

（一）三星堆遗址地层及其上游河道沉积物物源沉积相比较

据 1986 年三星堆遗址考古发掘领队四川大学考古专家林向先生提供的当年第三发掘区 T1414 探方地层发掘记录记载，该探方自地表往下 1~6 层是秦汉时代文化层，第 7 层是厚 20~50 cm 富水含沙的洪积淤土层，从图 3.3.5 所示以及林向先生（2006）介绍可知，其年代约为 3~2.2 ka BP，该层沉积物不含任何文化器物，该层之下是深黑色的三星堆文化层和宝墩文化层。鉴于两种洪水说（傅顺等，2005；林向，2006）的提出者均认为该探方有洪水层，仅是层位划分不同，但又未对该层做过沉积学实验研究，故本节将两处地层尤其是第 7 层作为重要研究对象，结合对该剖面各时代地层的年代学、沉积学、生物学、重矿物、地球化学和环境磁学等研究与三星堆遗址处鸭子河上游、湔江及龙门山镇以上白水河、雁门沟、岷江河道沉积物的沉积相特征作对比研究，验证并揭示该层的沉积环境与成因。

图 3.3.5　1986 年三星堆遗址考古发掘领队林向先生提供的 T1414 探方关键柱（左）和 T1415 探方（右）照片（需指出目前遗址区仍保留有上述考古地层）

（二）金沙遗址地层及其古河道沉积物沉积环境

金沙遗址的 IT8006 探方具备完整的从商代晚期→西周→春秋→汉代→唐宋→明清→近现代的考古地层，其附近探方第 11 号遗迹还发现有古河道和埋藏古树（图 3.3.6）。通过对该遗址目前所在古河道沉积最顶层的埋藏古树所做 AMS^{14}C 测年研究

（表 3.3.1），揭示了金沙遗址古河流改道的确切年代经树轮校正后为 3647～3852 cal. a BP（中国科学院地球环境研究所加速器质谱中心测试），同时经中国科学院林木工业研究所用光学方法鉴定，其中的古树主要是中国古代沉积的秋枫树（*Bischofia* sp.）。傅顺等（2005）虽对金沙遗址 WT7908 和 IT8305 剖面做过孢粉鉴定，但因未对各地层年代进行[14]C 测年，缺乏绝对年代坐标，亦未对该区全新世自然沉积地层记录做过环境演变对比研究，因此，本节初步确定宝墩文化消亡和三星堆文化兴起年代应在金沙遗址古树揭示的 3647～3852 cal. a BP 年代范围，因为这个时间金沙遗址的环境刚开始转好，河流改道，逐步适宜居住。成都理工大学（杨利容，2005）用高精度电阻率法对金沙遗址所做的研究得出过古河道左河岸特征在各测线的反演结果中都非常清楚，在左河岸西北段有小的弯曲现象，而在 43～46 测线附近有明显转弯现象，其走向呈北西—南东—北东走向；古河道沉积的地层是直接在金沙遗址区内文化层之下的，古河道的位置就是金沙遗址的中心，即祭祀区，正是古河道在 3647～3852 cal. a BP 时间段改道，之后十二桥文化才能在此处发展。

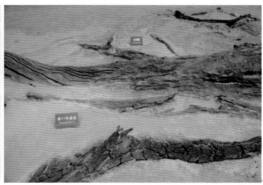

图 3.3.6　金沙遗址 IT8006 探方（左）和金沙遗址下部的古河道埋藏古树（右）

表 3.3.1　金沙遗址 AMS[14]C 年代测定及校正结果

实验室编号	采样深度/m	样品性质	AMS[14]C 年代/a BP	2σ 树轮校正年代	日历年代/cal. a BP
XA11906	4.00	古树	3404±34	1774BC（97.4%）1620BC	3647±77
XA11907	4.00	古树	3535±24	1941BC（54.2%）1862BC	3852±40

四、三星堆文明消失问题的地貌学证据

对范念念等（2010）提出的白水河为地震断头河的观点，作者对光光山以南白水河和以北雁门沟河地貌形态、沉积物特征等作了实地调查研究。

首先，我们考察了白水河其北侧的山体特征，其中最重要的发现是汶川、茂县至大宝镇之间的山体平均海拔达 3629～4005 m，为连续分布的山体，范念念等（2010）提到与地震断头河白水河有关的是汶川南侧，即文政沟、雁门沟南侧的光光山，并认为其是公元前1099年因地震崩塌作用形成，但目前光光山所见到的实际上是末次冰期形成的海拔4100 m的冰斗地貌和冰斗湖沉积地形，光光山是该区海拔最高的山顶，用公元前1099年因地震崩塌作用形成之说根本不能解释，因为此区地震崩塌作用只能使山体高程下降，绝不会致其上升。

进一步的地质地貌调查发现，该区受川西北与青藏高原接触的影响，可观察到在巨大的石灰岩山体下，还有一段粒径粗大的巨厚砾石层，而上压的灰岩山体，有十分明显的擦痕，这个砾石层就是有名的大邑砾岩。石灰岩是二叠纪的地层，已近3亿年，而大邑砾岩十分年轻，形成于上新世。同时，上述地层之下又出现中生代的侏罗、白垩系地层。这种地层倒置现象是由地壳构造运动造成的，即老地层盖在新地层上的现象，地质学上称飞来峰。李吉均院士等（2014）曾对大邑砾岩进行过采样分析，经过ESR测年证明其形成于上新世以来，和西北的玉门砾岩、西域砾岩均为同一时期，是青藏高原隆升的产物。以上表明，白水河、光光山地区地貌形态总体上是上新世以来以隆升为主的地貌，不具备在公元前1099年发生地震崩塌作用的基础。

按范念念等（2010）提出的观点，岷江原来是沿龙门山→丹景山→广汉三星堆一线流动，公元前1099年因地震引起岷江改道，岷江改为从汶川向南流动。倘若其观点成立，那么，白水河→雁门沟河道中沉积物应具有相似的沉积特征，但作者现场调查发现龙门山白水河一带主要是火山集块岩（图3.3.7），而龙门山的雁门沟一带主要是高度风化的千枚岩（图3.3.8），白水河与雁门沟两条河流河道中的沉积物差别也很大，此岩性差异不具备古岷江河道从三星堆一带流过的证据，龙门山高耸的地貌形态，也不具备岷江从光光山流向三星堆遗址的条件。

图3.3.7　三星堆上游白水河处的火山集块岩

五、四川三星堆文明消失和金沙文明兴起成因的讨论与认识

提出洪水说的学者依据是三星堆文化层之上有厚20～50 cm的自然淤积层（傅顺等，2005；林向，2006）。战争说的主要依据是三星堆二号器物坑埋的是代表权位的金

图 3.3.8　光光山以北雁门沟高度风化的千枚岩

杖、生活中使用的贵重铜器、代表祖先的神位和代表财富的大量象牙（徐鹏章，2005）。徐鹏章（2005）认为，这些贵重文物的发现表明，这只可能是古蜀人在战争突然降临和战败之际因无法带走和处理这些宝藏而匆忙丢弃埋下的。范念念等（2010）则提出了地震-干旱说。

但上述洪水说、战争说和地震-干旱说目前尚缺乏以下重要证据来证实：

1）洪水说之一（林向，2006）的证据是其提出的三星堆文化层之上第 7 层为厚20～50 cm 的洪水沉积层，包含物较少。该观点认为从埋藏学角度分析这么厚的淤积层必然是长期被洪水浸泡的结果，故提出是洪灾中断了三星堆古城文明的发展。而洪水说之二（傅顺等，2005）的观点则认为三星堆遗址第 8 层是 20～50 cm 厚的富水淤积层。由此可知，以上两种洪水说观点一是对洪水层的层位说法不一；二是均未对所说的这20～50 cm 厚的洪水淤积层做沉积学深入研究，缺乏重要的科学实验证据。

2）对战争说（徐鹏章，2005）的观点，刘兴诗（2005）认为，经查证古蜀历史，似仅有武丁伐蜀一例，但因交通不便，当时未攻到蜀之腹地。他认为，甲骨文记载的"王缶于蜀"已经过郭沫若先生考证，缶在今陕西南部，"王缶于蜀"似乎只是一次边界冲突，对安居秦岭—大巴山以南的古蜀国没有任何影响，因此该观点也缺乏可靠证据来证实。

3）地震-干旱说（范念念等，2010）的观点认为：①古岷江原是沿茂县→雁门乡→龙门山镇→丹景山镇→广汉三星堆一线流动，此流线穿过光光山，并沿今白水河、湔江流向沱江；②公元前 1099 年的地震引发了山崩、滑坡，形成了堰塞湖，导致古岷江光光山峡谷被阻断，光光山以下成为断头河，堰塞湖上游湖水上涨并流向汶川县城与其上游杂古脑河交汇，向下开辟岷江新河道水系，经都江堰流向成都金沙一带；③这次河流改道，使得流向三星堆的古岷江枯竭，而今都江堰玉垒山出山口水量急剧增大，这一系列变化是导致三星堆文明消亡与金沙文明兴起的原因。

地震-干旱说（范念念等，2010）的观点缺乏以下重要科学实验证据：①提出者并未对前人提及的三星堆文化层之上第 7 层和第 8 层称之为古洪水层的地层做出实验验证研究来证实其干旱说观点的正确性；②范念念等（2010）认为三星堆上游湔江之上的白水河是地震崩塌阻断而成的断头河。根据沉积学的原理（Reineck and Singh，1980；任明达和王乃梁，1985），同一条河流即使其中段被地震崩塌体阻断后，其崩塌体两侧河道的沉积物物源在沉积物重矿组成、沉积物物源岩性成分、沉积物概率累积曲线、重矿磨圆度、沉积物粒径粒级分布上均有一系列相似性特征（朱诚等，2005，2008）；但地震-干旱说（范念念等，2010）的提出者并未对白水河和光光山以北的雁门沟河作河流沉积物沉积学相似性比较研究来认识其特点；③按地震-干旱说（范念念等，2010）的观点，三星堆文明是因地震和干旱而消亡，而金沙文明则是因岷江改道而兴起，金沙遗址和成都市内的河流在公元前 1099 年前尚不存在。但地震-干旱说（范念念等，2010）的提出者未对金沙遗址和成都市所在河流最下层沉积物的沉积年代作测年分析，也未提供对公元前 1099 年地震引起古岷江改道事件的地震年代考证学证据，缺少金沙遗址地区目前河流发育年代的科学实验证据。

在三星堆消亡与金沙文明兴起关系研究方面，四川大学历史文化学院林向教授对洪水说有新的探讨（林向，2006）。他曾在接受中央电视台采访时说到："代表古蜀文明权力中心的广汉三星堆古城是毁于洪灾的，根据金沙遗址出土的文物看来，其后这个权力中心的都邑很可能转移到成都市区来"。林向教授研究发现，从地貌和城址看，三星堆遗址其墙基宽约 40 m、东墙线长 1100 m、南墙断续残存 800 m、西墙被马牧河古河道所侵蚀，据此推算城内面积至少在 4 km² 以上。林向先生根据测年分析发现，三星堆古城的始建至废弃年代在距今 4000～3000 年之间，这是一座相当于夏商时期具有内外城的宏伟城池。林向先生对其主持的 1986 年三星堆遗址第三发掘区第 7 层厚达 50 cm 淤沙层的发掘和鉴定，证实是洪灾中断了三星堆古城的证据。金沙遗址年代为商晚期至春秋早期，商代晚期是其繁荣时期，有金器、玉器、石器、青铜器、象牙器、骨骼、漆木器等珍贵文物 5000 多件。其出土的金器数量之多与三星堆一样，在我国首屈一指。以上说明，三星堆消亡的同时，正是金沙文明兴起的时代。对都江堰水利工程出现时代的分析亦可以发现，都江堰修建之前，四川盆地的降水特点是夏秋季节雨量集中，成都平原在 5～10 月降雨量约占全年的 80%～90%，盆地西北山区暴雨必定发生山洪泥石流，对下游的成都平原会造成灾难；加之成都平原水网有两个出水口，沱江水道有金堂峡、月亮峡、石灰峡；岷江水道有神仙峡，都是狭窄水道，山崖陡立，经常有岩石崩塌与砂石淤塞，一旦遇到夏秋雨量集中，水流不畅，必然造成洪水灾害。林向先生认为这是洪水灾害毁灭三星堆古城文明的重要原因。2014 年 7 月作者对金堂峡作了现场调查，经纬度 130°47′054″N、104°29′273″E，发现该处峡谷高度在海拔 500 m 左右，河道流向 145°SE（图 3.3.9），其两侧岩层确是崩塌成因的侏罗系紫红色泥页岩堆积，且该峡谷河道宽度 < 90 m，这加剧了河道淤塞对河流上游洪水位上升及对三星堆聚落的影响。

综上所述，本节首先针对有关地震导致河流改道与古蜀文明变迁的观点，对三星堆遗址上游白水河及反向河雁门沟的地形地貌特征进行了现场调查，否定了三星堆上游湔江之上的白水河是地震崩坍阻断而成的断头河以及曾因白水河于公元前 1099 年地震改道引起岷江改道的观点。其次证实了三星堆文明的消亡与其海拔低于金沙遗址，但其两

图 3.3.9　三星堆遗址下游的金堂峡河道

侧沱江水道和下游金堂峡、月亮峡、石灰峡及岷江水道神仙峡都是水道狭窄、山崖陡立，经常有岩石崩塌与砂石淤塞，导致上游三星堆容易遭受洪水灾害有关。3.2 ka BP前后三星堆 T1414 探方的洪水现象则可能是三星堆文明衰亡的主要原因之一。

第四节　贵州旧石器时代至商周时期遗址空间分布及其自然环境背景

一、研究区域概况

发源并流经贵州全境的乌江是注入长江上游干流的重要一级支流。贵州省位处我国西南部地势第二级阶梯的云贵高原上，平均海拔 1100 m 左右。全省地势西部地区最高，中部稍低，自中部起向北、东、南三面倾斜，因此在大地貌类型上呈现西部高原，中部山原和丘原，东部为低山、丘陵的分布格局，山地和丘陵的面积占全省总面积的92.5%。贵州气候属亚热带湿润季风气候，大部分地区年均温 14～16℃，1 月均温一般不低于 5℃，7 月均温一般在 25℃以下，年降水量一般 1100～1400 mm。东部受东南季风影响，四季明显；西部则处于东南季风向西南过渡的地带，干湿季比较分明。由于境内山岭纵横，地形破碎，地势高差悬殊，气温、降水等在空间上差异显著，造成贵州山地生态系统复杂多样，动植物类型繁多，资源丰富。但全省大范围气候、土壤、植被等自然地理要素均具有由东部向西部和由南部、北部向中部发生递变的性质。贵州处在长江和珠江两大水系上游交错地带，全省水系顺地势由西部、中部向北、东、南三面分流。苗岭是长江和珠江两流域的分水岭，以北属长江流域，主要河流有乌江、赤水河、清水江等；以南属珠江流域，主要河流有南盘江、北盘江、红水河、都柳江等。境内碳酸盐类岩石分布广泛，出露面积 $10.9 \times 10^4 \mathrm{km}^2$，占全省土地总面积的 61.9%（贵州师范大学地理系，1990）。

因碳酸盐类岩石的可溶性，全省喀斯特地貌发育，其中的一些溶洞就成为旧石器时代人类的天然居所，在洞穴的堆积物中有时可以找到远古人类劳动、生息于此的遗物和遗迹（张森水和曹泽田，1980）。20 世纪 60 年代以来，自黔西观音洞旧石器早期遗存的考古发掘开始，一系列旧石器时代、新石器时代和商周时期的遗存被发现（贵州省文物考古研究所，1999；吴小华，2011）。史前时期，对于严重依赖自然环境生存的早期先民而言，自然环境变化对其空间活动范围、生存生产方式等有着重要影响（刘嘉麒等，1998；张之恒等，2003）。通过考古遗存的时空分布变化可以就史前时期的人地关系进行探讨分析，国内外学者从这一角度开展过有关人类活动与自然环境的相关研究，取得了初步成果（徐其忠，1992；韩嘉谷，2000；杜耘，2002；朱诚等，2003，2007；黄润等，2005；安成邦等，2006；邓辉等，2009；González-Sampériz et al.，2009；Zong et al.，2011；吴立等，2012，2015），并形成了较为成熟的理论方法。贵州境内早在几十万年前的旧石器时代就已经有人类活动的遗迹，目前对贵州境内旧石器时代以来的人地关系从环境考古角度的研究未见报道，本节将从遗址时空分布角度，对贵州旧石器时代至商周时期遗址时空变化特征、期间人类活动与环境变化的关系进行讨论。

二、材料与方法

　　根据贵州省文物考古研究所提供的考古遗址数据，并结合相关已发表的考古发掘报告及研究论文等统计发现，贵州省境内旧石器时代至商周时期遗址共计 230 个。在这些遗址点中，一些遗址如石桥大岩洞遗址、龙里跳洞遗址等存在叠压关系，横跨旧石器时代、新石器时代和商周等时期。最终统计发现贵州旧石器时代遗址 134 个，新石器时代遗址 126 个，商周时期遗址 37 个。贵州省境内虽多数遗址缺乏绝对年龄数据，但根据发布的年代数据及发掘出土的动物骨骼可以发现，贵州境内旧石器时代遗址分布时代约从距今 26 万年至距今 1 万年左右（张森水和曹泽田，1980；原思训等，1986；席克定，1994；王红光，2006），新石器时代则是从距今 1 万年以来至距今 4000～3000 年之间的六七千年时间（宋先世，1992；张合荣和罗二虎，2006）。故根据考古年代学体系，将贵州省的遗址按旧石器时代、新石器时代和商周时期分别予以区分统计。由于新石器时代作为人类由过去以采集狩猎为主的攫取性经济向以农业生产为主的生产性经济转变的阶段，对于人类文明发展而言至关重要，且贵州新石器早中晚期遗存都较多，分别为106 个、80 个和 71 个，为进一步探寻新石器时代人类活动的空间变化，特将贵州省新石器时代的遗址进一步按早中晚时期分开进行统计。首先对贵州省 90 m 分辨率 SRTM DEM 数据、地形和水系图及各时期遗址点，在 Arc GIS 下进行处理和矢量化，后在贵州省不同海拔分层设色地形图上分别制作各时期文化遗址分布图（图 3.4.1～图3.4.6），并结合地貌及该区旧石器时代以来考古地层和自然地层记录的环境演变信息，探讨贵州境内旧石器时代至商周时期人类活动与周边自然环境之间的关系。

三、遗址时空分布特征

　　贵州境内旧石器时代遗址共计 134 个（图 3.4.1），绝大多数遗址分布在贵州腹地的贵阳和安顺、西北部毕节和西南部黔西南等高海拔区域。此外，在南部的北盘江流域和北部的遵义地区也有旧石器时代遗址点零星分布，而东部及南部地势较低地区则没有该时期的文化遗存被发现。统计发现旧石器时代遗址中有 125 个分布在海拔 1000 m 以上，占此时期遗址总数的 93%（表 3.4.1）。由于贵州碳酸盐类岩石广布，受流水作用影响，境内岩溶地貌十分发育，形态复杂。旧石器时代在落后的生产生活方式下，大量分布的溶洞往往为古人类提供了天然居住场所。故该时期贵州境内 95% 以上的考古遗存都发现于溶洞当中，已发现或已发掘的比较重要的旧石器遗存如黔西观音洞遗址、盘县大洞遗址、普定穿洞遗址、安龙观音洞遗址、水城硝灰洞遗址和兴义猫猫洞遗址等，都位于石灰岩溶洞。而且这些早期先民选择居住的溶洞多处在距河流较近且高于河面的位置，以便于生活取水，并从河床中采集加工石器的石料（张森水和曹泽田，1980），还可避免突发洪水等灾害的影响。如桐梓岩灰洞高出当地河面 32 m，水城硝灰洞高出当地河面 40 m，兴义猫猫洞高出当地河面 70 m，普定穿洞高出当地河面 26 m（张森水和曹泽田，1980），毕节青场老鸦洞高出当地河面 15 m 等（张合荣，2010）。贵州旧石器遗存中出土大量生活于中晚更新世时期的大熊猫——剑齿象动物群化石和大量的刮削器，以及少量遗址中出土的骨铲等工具（李衍垣，1979），说明这一时期人类经济方式以狩猎为生，采集为辅。

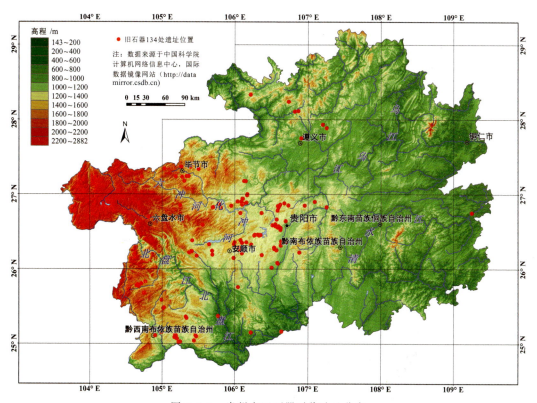

图 3.4.1　贵州省旧石器时代遗址分布

表 3.4.1　贵州省旧石器时代至商周时期不同海拔遗址分布

分类	遗址总数	海拔和遗址数量					
		200~400m	400~600m	600~800m	800~1000m	1000~1200m	>1200m
旧石器时代	134	2	1	1	5	18	107
新石器时代	126	11	11	4	3	20	77
新石器时代早期	106	6	3	3	2	19	73
新石器时代中期	80	7	7	4	2	8	52
新石器时代晚期	71	2	5	3	1	9	51
商周时期	37	9	8	2	2	1	15

　　目前贵州新石器时代遗址点有 126 个（图 3.4.2），遗址主要集中分布区与旧石器时代相比没有发生大的变化，仍然集中在腹地的贵阳、西北部毕节和西南部黔西南等高海拔区域。但腹地安顺周边和西南部北盘江上游地区遗址数量突降，西北部毕节六冲河流域的人类活动海拔则有所降低，逐渐趋向河流。而北盘江中下游、南部其他河流和东部清水江等地势较低地区人类活动地点增多。统计发现海拔 1000 m 以下的遗址数则占到总数的 23％（表 3.4.1），与旧石器时代 93％ 以上的遗址点分布在 1000 m 以上相比，新石器时代的人类活动海拔无疑降低许多。新石器时代是人类由过去以采集狩猎为主的

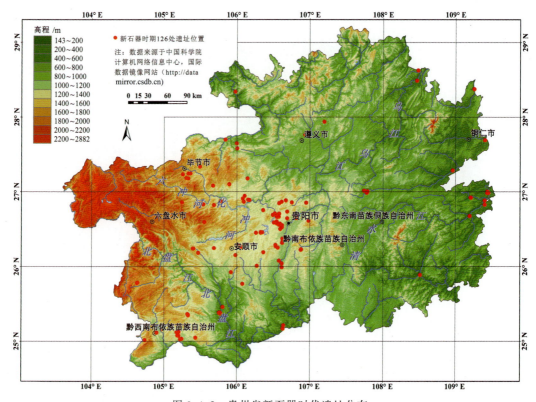

图 3.4.2　贵州省新石器时代遗址分布

攫取性经济向以农业生产为主的生产性经济转变的阶段，农业的出现对人类文明发展而言至关重要。该时期因经济方式开始转变，人类生活居住的地方不再局限于溶洞，河流两旁阶地及山间坝子等土质肥沃、水源方便、地势相对平坦开阔的地点开始成为人们生活居住的选择，如在北盘江西岸一级阶地上发现的天生桥新石器时代遗址和在六枝老坡底坝子发现的老坡底新石器遗址群等。这一时期人类已经开始从事农业生产，但采集和渔猎仍是生活的补充（张合荣，1996；刘恩元，2005）。

　　另外，为进一步探寻该时期人类活动空间变化，将贵州省新石器时代的遗址进一步按早中晚时期分别进行统计制图。结果表明（图3.4.3～图3.4.5），与旧石器时代相比，新石器时代早期时西北部毕节六冲河流域的人类就已经开始从高海拔地区趋向河流低海拔区迁移，西南部北盘江上游地区遗址点下降，南部北盘江、曹渡河和东部的清水江等河流，以及北部赤水河等河流附近开始有人类定居，而腹地的安顺周边遗址点明显减少。到新石器时代中期，北盘江及南部其他河流中下游地区遗址点增多，腹地安顺周边几乎没有遗址点，而贵阳周边遗址点则继续减少。到新石器时代的后期，北盘江中下游、曹渡河等南部河流中下游，清水江、洪渡河等东部河流下游和北部赤水河流域的遗址点减少，甚至消失，而西北毕节六冲河流域的遗址点在空间分布上略微偏离河流，腹地贵阳周边的遗址进一步减少。

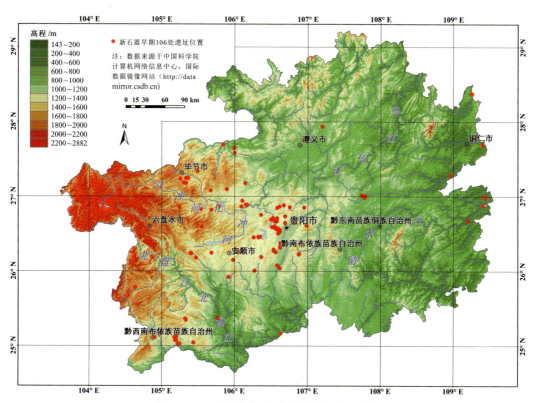

图 3.4.3　贵州省新石器时代早期遗址分布

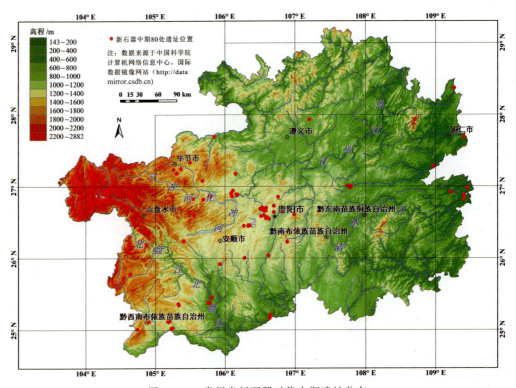

图 3.4.4　贵州省新石器时代中期遗址分布

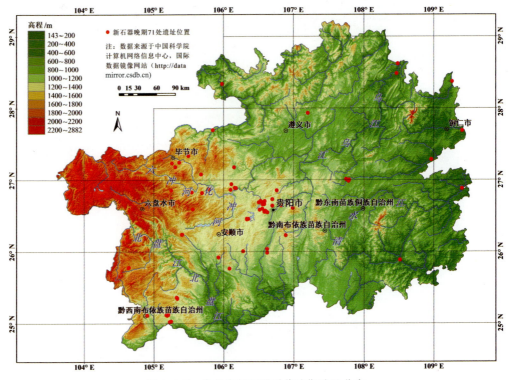

图 3.4.5　贵州省新石器时代晚期遗址分布

　　商周时期目前仅发现遗址 37 处（图 3.4.6），空间上较为分散，以东部乌江水系、清水江水系中下游分布较为聚集。在遗址分布的地貌类型上，东部和南部等海拔低于 1000 m 的区域遗址多分布在河流两岸阶地上，如东部乌江黑獭商周遗址群、洪渡中锥堡遗址、清水江溪口遗址、南部北盘江拉它遗址等；而西部、北部等地势较高区域的遗址点多分布在山间坝子里，如黔西中水鸡公山遗址、吴家大坪遗址和营盘山遗址等。因经济方式的转变，此时期人类主要从事生产性的农业活动，故发现的遗址多分布在河流阶地和山间坝子上，这些地区土地肥沃，取水方便，地势平坦，为人类的生活和农业生产提供了较为优越的自然条件。但在贵州仍有少部分商周时期的遗址分布在溶洞中，如仁怀云仙洞遗址。商周时人类已经在河流阶地和山间坝子定居，从事农业生产，种植水稻（张合荣，1996；刘恩元，2005；张合荣和罗二虎，2006）。

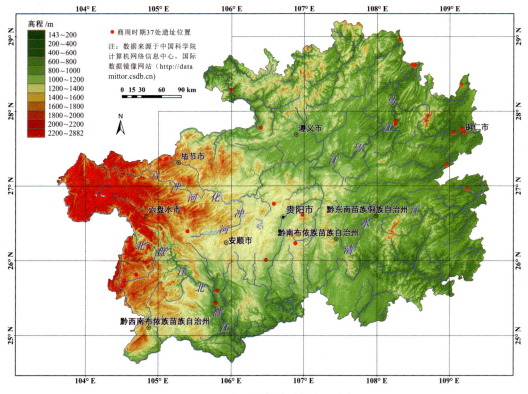

图 3.4.6　贵州省商周时期遗址分布

　　综上所述，通过分析旧石器时代、新石器时代和商周时期贵州遗址点的空间分布，发现这一时段贵州遗址点存在以下时空变化特点。

　　（1）旧石器时代贵州遗址集中分布在腹地贵阳、安顺，西北部毕节，西南部黔西南和北部遵义等高海拔区域，特别是在贵州腹地旧石器时代遗址密集。该时期分布海拔在 1000 m 以上的遗址占遗址总数的 93%。至新石器时代早期，遗址空间上较旧石器时代没有发生大的变化，但腹地安顺周边和黔西南北盘江上游地区遗址点数量显著减少，北盘江、曹渡河和清水江、锦江、乌江以及赤水河等河流附近开始有人类居住，西北部六冲河流域的人类活动海拔则有所降低，逐渐趋向河流。该时期海拔 1000 m 以下的遗址数占到总数的 23％，与旧石器时代仅 7％的比重相比，此时期人类活动海拔无疑降低许多。进入新石器时代中期，遗址空间变化上表现为北盘江及南部其他河流中下游地区遗址点增多和腹地遗址点继续减少。到新石器时代的后期，北盘江、曹渡河等南部河流中下游，清水江、锦江、洪渡河等东部河流和北部赤水河流域的遗址点明显减少，甚至消失，而西北部六冲河流域的遗址点在空间分布上略微偏离河流，腹地贵阳周边的遗址则进一步减少。贵州商周时期目前仅发现遗址 37 处，空间上较为分散，以东部乌江水系、清水江水系中下游分布较为聚集。

（2）一般而言，过去人类活动遗迹距今时代越远，越难以保存，而贵州文化遗存则呈现出相反的分布特征。目前，贵州旧石器时代遗址点发现 134 个，新石器时代早中晚期分别发现 106 个、80 个和 71 个，而商周时期的遗址点仅发现 37 个。贵州从旧石器时代至商周时期的遗址点数量表现出逐渐减少的显著变化特点。

（3）从遗址分布的地貌类型上看，旧石器时代贵州 95％以上的考古遗存都发现于溶洞当中，如黔西观音洞遗址、盘县大洞遗址、普定穿洞遗址、安龙观音洞遗址、水城硝灰洞遗址和兴义猫猫洞遗址等。而且该时期人类选择居住的溶洞多处在距河流较近且高于河面的位置。进入新石器时代，人类生活居住的地方不再局限于溶洞，河流两旁阶地及山间坝子等土质肥沃、靠近水源、距河面高度适宜、地势相对平坦开阔的地点开始成为人们生活居住的选择。此时人类居住遗址呈现洞穴遗址与河流阶地或山间坝子并存的现象，且随时间推移，文化遗存位于河流阶地和山间坝子愈多。到商周时期，贵州东部和南部等海拔低于 1000 m 的区域遗址多分布在河流两岸阶地上，而西部、北部等地势较高区域的遗址点多分布在山间坝子里。此时期人类主要从事生产性的农业活动，土地肥沃、取水方便、地势平坦的河流阶地和山间坝子为人类的生活和农业生产提供了较为优越的自然条件，成为人类居住地的优先选择。虽然商周时期人类多已在地势平坦地居住，但仍有极少部分遗址分布在溶洞中，如仁怀云仙洞遗址。

四、贵州遗址时空分布与自然环境的关系

史前时期，由于人类生产力水平低下，其生产和生活方式很大程度上受控于自然环境，尚不能摆脱对周围环境的依赖（刘嘉麒等，1998；张之恒，2003）。人类活动空间与周围环境必然存在一定的联系。

（一）贵州旧石器时代以来的自然环境变化

距今 26 万年前，贵州境内六冲河流域就已有以黔西观音洞为代表的旧石器时代早期古人类繁衍生息。自旧石器时代以来的二三十万年间，贵州地区自然环境经历了全球性冰期-间冰期的气候冷暖干湿波动（彭子成等，2002；刘启明，2003；Yuan et al.，2004；Zhang et al.，2004），引起当地气温、降水等因素改变，并进一步影响到当地生态系统（刘启明，2003）。但由于贵州境内山岭纵横，地形破碎，地势高差悬殊，气温、

降水等在空间上差异显著，造成贵州复杂多样的山地生态系统。而且贵州邻近北回归线，属亚热带气候区，气候冰期-间冰期的冷暖干湿波动并没有剧烈改变当地植被景观。黔南荔波凉风洞石笋 14220～1570 a BP 期间的 δ^{13}C 变化曲线显示（刘启明，2003），14220～10500 a BP 间的晚更新世晚期当地植被为 C_3 和 C_4 植物共同组成，即草被和林被的组合。孢粉分析结果则进一步揭示晚更新世贵州植被的具体组成情况（徐馨，1988；陈佩英等，1991，1994）。西北部北盘江上游幡龙河河源岩溶盆地晚更新世的植被在冰期是以少量柏、桤木、冬青等组成的小乔灌丛，间冰期时则为亚热带针阔叶混交林（徐馨，1988）。邻近威宁南屯泥炭层剖面孢粉也显示了相似的结果（陈佩英等，1991）。位于贵州中部岩溶盆地中的安顺小黑土剖面孢粉分析发现（陈佩英等，1994），24500～22300 a BP 期间，当地植被为常绿、落叶针阔叶混交林，而 22300～10000 a BP 期间植被为常绿、落叶阔叶林。进入全新世以来，气候条件转好，贵州植被以 C_3 植物为主（刘启明，2003）。孢粉分析显示，喀斯特谷地植被在 10780～5400 a BP 期间，植被经历了疏林草丛—阔叶树繁茂—阔叶树减退—疏林草地的变化过程（陈佩英等，1991）；高山植被自 10 ka BP 以来经历了草甸、落叶阔叶林—常绿落叶阔叶混交林—落叶阔叶林—落叶阔叶林、草甸的发展变化（乔玉楼等，1996）。

（二）贵州遗址时空分布变化的自然环境背景

旧石器时代人类生产力水平低下，只能从自然界获取食物，经济方式为采集和渔猎。而贵州境内雨量充沛，气候温暖，动植物资源丰富，遍布发育的石灰岩洞穴为古人类的生息繁衍提供了天然的优良条件。所以，贵州这一时期的文化遗存相当多，达 134 处。同时，早中晚期文化序列齐全，已构成地域性的文化，如以黔西观音洞遗址代表的观音洞文化，已得到学术界的公认（张森水和曹泽田，1980；贵州省文物考古研究所，1999）。位于亚热带湿润区的优越位置、丰富的动植物资源和境内普遍发育的天然溶洞，都为旧石器时代的先民在此繁衍生息提供了便利条件，从而造就了贵州极具特色的旧石器文化（贵州省文物考古研究所，1999；宋先世，2005）。另外，该时期遗址在空间上呈现在贵州中部、西北部和西南部等高海拔区域的集聚性。这样的空间分布情形与贵州中部、西北部和西南部更为发育的喀斯特地貌有关。贵州中部贵阳、安顺，西北部毕节市大方、黔西及西南部的安龙等地的喀斯特地貌面积比例都达到 80.3%～95.2%，岩溶地貌发育，天然溶洞众多。而贵州西部虽海拔也较高，但黔西高原已位于云贵高原腹地，喀斯特发育尚处于初级阶段，主要表现为山坡上和谷地里的圆形溶蚀洼地、石沟和高原面上的馒头状孤丘（夏正楷，2006），天然洞穴不如中部、西北部和西南部密集。

新石器时代是人类由过去以狩猎采集为主的攫取性经济向以农业生产为主的生产性经济转变的阶段，土质肥沃，水源方便，地势相对平坦开阔的河流两旁阶地及山间坝子等地点开始成为人们生活居住的选择。所以，与旧石器时代相比，该时期相当数量遗址分布的海拔有所降低，具体就表现为：腹地安顺周边和西南部北盘江上游地区遗址数量突降，西北部毕节六冲河流域的人类活动趋向河流。而北盘江中下游、南部其他河流和东部清水江等地势较低地区人类活动地点增多。海拔 1000 m 以下的遗址数，与旧石器时代仅7%的比重相比，增加到23%。在旧石器时代，贵州湿润的气候，较多的雨水，喀斯特山区茂密的林木，丰富的果实和成群的野兽等优越的自然条件，为依靠狩猎和采集为生的古人类，提供了优越的生活条件，形成贵州发达的旧石器文化（席克定，1994）。但到新石器时代，打磨光滑锋利的磨制石器生产工具出现（刘恩元，2005），使农业逐渐成为社会的主要经济部门，农产品成为人类食物的主要来源。但原始农业生产中，土壤和水源是两个十分重要的条件。贵州喀斯特地貌区河流深切，河谷陡峭，一般深度都在200 m以上（贵州师范大学地理系，1990），故较深的河谷不利于农业灌溉。并且在喀斯特地区，地表土壤层薄而贫瘠，不利于农作物生长。因此，在新石器时代和商周时期人们自然会向土壤肥沃、灌溉便利的河谷平原和山间坝子逐渐迁移（席克定，1994）。但贵州农业经济发展迟缓，直到商周时期的遗址当中，仍有很多石器出土，且出土的青铜器具多为一般的作战兵器、生活用具和生产工具（王红光，2006；张合荣，2010）。在旧石器时代人们主要以狩猎和采集为生，贵州优越的自然环境为人们提供了丰富的食物来源，造就贵州极为发达的旧石器文化。贵州境内广布的喀斯特地貌，深切的河谷，层薄而贫瘠的土壤，则限制了贵州农业的发展，从而造成逐渐向农耕经济过渡的新石器时代和已进入农耕经济的商周时期农业经济发展较为迟缓（宋先世，1992），这可能也是造成贵州旧石器时代、新石器时代和商周时期遗址数呈现明显差异的原因之一（表1）。

商周时期贵州遗址主要集中分布在河流中下游地区及山间坝子里，除这些地区土壤、地形等便于发展农业之外，与这一时期外来文化的影响交流关系密切（周必素，1998；王红光，2006；吴小华，2011）。如乌江、赤水河水系区域出土器物特征方面与四川、重庆地区商周时期文化有较大共性（吴小华，2011），最近在重庆发现的清源遗址也证明了乌江文化通道的存在（张弛和洪晓纯，2009）。黔西、黔西北地区文化则受滇东高原文化的影响，在青铜文化时期滇东黔西地区就形成了一种不同于周围的独特文化（孙华，2007），这一点在中水鸡公山文化中表现突出（张合荣和罗二虎，2006）。

五、对贵州地区旧石器至商周时期遗址时空分布与自然环境关系的认识

1）旧石器时代贵州遗址集中分布在中部、西北部、西南部和北部等高海拔区域，特别是在贵州中部、西北部和西南部喀斯特地貌发育区遗址分布更为密集。至新石器时代，该时期遗址空间分布上表现为腹地安顺周边和黔西南北盘江上游地区遗址点显著变小，南部、东部河流沿河分布遗址点数量增多，西北部六冲河流域的人类活动海拔则有所降低，逐渐趋向河流。商周时期贵州遗址空间上较为分散，但以东部乌江水系、清水江水系中下游分布较为聚集。

2）旧石器时代，遗址分布在海拔1000 m以上的遗址占遗址总数的93%，此时期人类主要居住在喀斯特溶洞中。到新石器时期，人类生活居住的地方不再局限于溶洞，河流两旁阶地及山间坝子等土质肥沃、靠近水源、距河面高度适宜、地势相对平坦开阔

的地点开始成为人们生活居住的选择。此时人类居住地为洞穴遗址与河流阶地或山间坝子并存，且随时间推移，文化遗存中位于河流阶地和山间坝子愈多。到商周时期，贵州东部和南部等海拔低于 1000 m 的区域遗址多分布在河流两岸阶地上，而西部、北部等地势较高区域的遗址点多分布在山间坝子里。

3) 贵州新旧石器时代遗址分布的变化与河流地貌的演变密切相关。旧石器时代遗址分布的海拔位置高于新石器时代，表明受青藏高原隆起和新构造运动影响，云贵高原全新世以来仍处于抬升之中。旧石器时代的河流及其阶地位置较高，人类逐水而生，因而当时遗址的位置亦较高。新石器时代以来，随着新构造运动和地壳的不断隆升，喀斯特地貌区的河流也不断下切，高处遗址区的古河道及阶地逐渐远离河水，先民们出于生活和生产用水的需求，不得不向海拔较低的新发育成的河流及阶地区迁徙，这也是我国长江流域中上游地区旧石器时代以来遗址时空分布变化的一个共同特征（朱诚，2005；朱诚等，2007）。贵州遗址时空分布变化与区域气候环境波动变化关系不大，而是与区域地貌环境密切相关。早期人类以狩猎和采集为生，喀斯特地貌发育，溶洞密集地区成为人类生活的集中区；后随农业出现，土壤和灌溉便利，适于发展原始农业的河流阶地和山间坝子成为人类居住的选择；在旧石器时代，贵州优越的自然环境为主要以狩猎和采集为生的人们提供了丰富的食物来源，造成贵州极为发达的旧石器文化。而境内广布的喀斯特地貌、深切的河谷、层薄而贫瘠的土壤，则限制了农业的发展，从而造成贵州农业经济发展迟缓。贵州在商周时期文化发展不平衡，加上外来文化影响，此时期从事农耕生产的人们主要在贵州乌江流域、黔西等地区的河流阶地和山间坝子生息。

第五节　云南新石器时代人类遗址分布与自然环境的关系

云南省是我国人类生存、繁衍最早的地区之一，距今约 170 万年元谋人化石是迄今所知我国最早的人类化石之一（国家文物局，2001）。该区不仅有丰富的旧石器和新石器时代考古遗址，还有滇池、洱海等许多内陆封闭湖泊，其湖泊沉积真实地记录了全新世以来自然环境演变状况，是新石器时代以来人类活动和自然环境演变较为典型的地区，对这两者的综合集成研究可为我们提供该区新石器时代以来人类活动历史及其与地貌和环境演变关系的重要科学信息（朱诚等，2007）。环境考古所涉及的资料，如植被与动物群的分布、各种资源的分布、古代遗址的位置等，不仅是多方位的，而且均带有明显的空间特征，因此环境考古研究应该建立在定量化的空间分析基础上，才可能对古代人类与环境的关系做出清晰的解释与说明（滕铭予，2006）。本节主要运用具有空间数据管理和空间数据分析功能的地理信息系统进行环境考古研究。

一、研究材料与方法

云南新石器时代考古遗址资料主要来源于《中国文物地图集·云南分册》（国家文物局，2001）等。统计表明，共有新石器时代考古遗址 198 处，其中，海东遗存（5.0～

4.0 ka BP）7 处，曼干遗存（约 4.0 ka BP）15 处，石寨山类型（4.425～4.095 ka BP）51 处，白羊村遗存（约 4.0 ka BP）16 处，大花石早期类型（4.107～3.222 ka BP）27 处，小河洞遗存（约 4.0 ka BP）13 处，忙怀类型（3.495～3.175 ka BP）46 处，大墩子遗存（3.3～3.1 ka BP）14 处，闸心场类型（公元前 14 世纪左右）9 处。本区不同时期不同类型遗址数量变化较大，石寨山和忙怀类型遗址数量较多，而海东村和闸心场类型较少。

本节以 GIS 为手段，对云南省新石器时代考古遗址时空分布特征进行分析，并与滇池、洱海等湖泊沉积恢复重建的自然环境演变背景进行对比，探讨该区新石器时代考古遗址时空变化与地貌和环境演变的耦合关系。将 198 处遗址分布情况填绘于用 ArcGIS 软件矢量化的不同海拔分层设色的地形图上，获得云南新石器各时期遗址分布图（图 3.5.1 至图 3.5.9），进而分析人类遗址分布与环境变迁的关系。

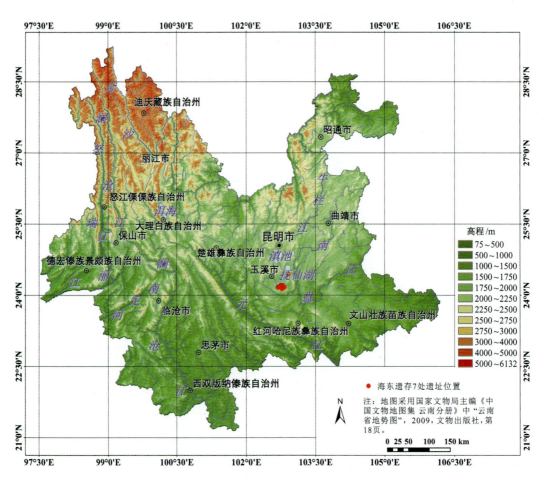

图 3.5.1　云南省海东遗存（5.0～4.0 ka BP）遗址分布

二、云南新石器时代人类遗址的时空分布

(一) 遗址的空间分布特征

从云南新石器时代各时期遗址分布图可以看出：

(1) 海东遗存：海东遗存遗址主要分布在滇中抚仙湖周围。因该地区湖泊众多，适合古人择水而居的生活习性，因而这一时期的遗址分布最为集中（图 3.5.1）。

(2) 曼干遗存：曼干遗存遗址主要分布在滇西南的西双版纳和思茅地区，另外，滇东南地区也有零星分布。这一时期人类遗址的数量较上一期有了明显的增加，分布范围也由集中分布变为分散分布；从纬度带来说，靠近低纬度分布特征明显，而且分布的高程平均海拔最低（图 3.5.2）。

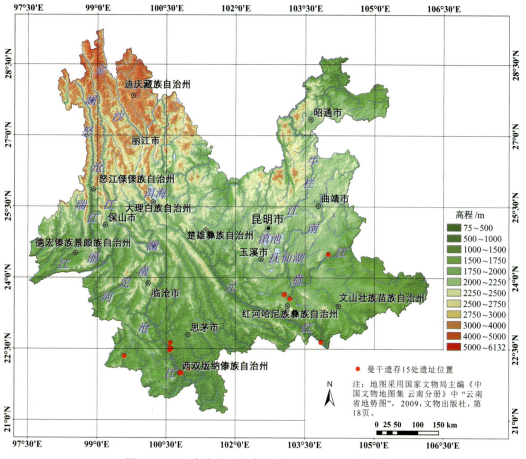

图 3.5.2　云南省曼干遗存（约 4.0 ka BP）遗址分布

(3) 石寨山类型：石寨山类型遗址集中分布在滇中滇池和抚仙湖附近，此外滇东北散布不少遗址。这一时期遗址数量较上一期呈爆发式增长（图 3.5.3）。

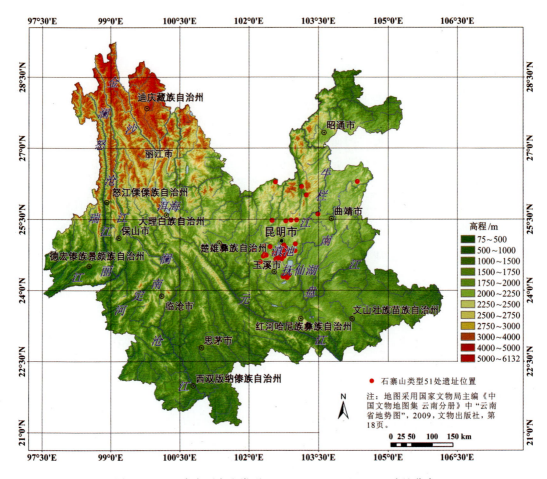

图 3.5.3　云南省石寨山类型（4.425～4.095 ka BP）遗址分布

（4）白羊村遗存：白羊村遗存遗址主要分布在滇西北洱海周围，该时期的遗址数量较上一期有了较大的下降，但遗址的分布高程呈现高海拔的特征，反映这一时期的古人开始由环湖泊而向高海拔的山麓地带迁居的趋势，且这一时期的遗址分布相对集中，可能与该时期的环境突变事件有关（图 3.5.4）。

（5）大花石早期类型：大花石早期类型遗址集中分布在滇西保山市一带，遗址分布继续呈现出高度集中的特征，而且这一时期遗址分布海拔的最大特征是高差大，最高的分布在 2545 m，最低的分布在 693 m（图 3.5.5）。

（6）小河洞遗存：小河洞遗存遗址主要分布在滇东南文山壮族自治州。该时期的遗址数量有较大下降，而且分布呈现低海拔、低纬度的特征（图 3.5.6）。

（7）忙怀类型：忙怀类型遗址分布较广，在滇西的德宏傣族景颇族自治州、保山市以及滇西南临沧市均有分布。这一时期的遗址数量又有了较大幅度的增长，分布呈现范围广，但部分相对集中的特征（图 3.5.7）。

（8）大墩子遗存：大墩子遗存遗址主要分布在滇北楚雄彝族自治州境内，这一时期

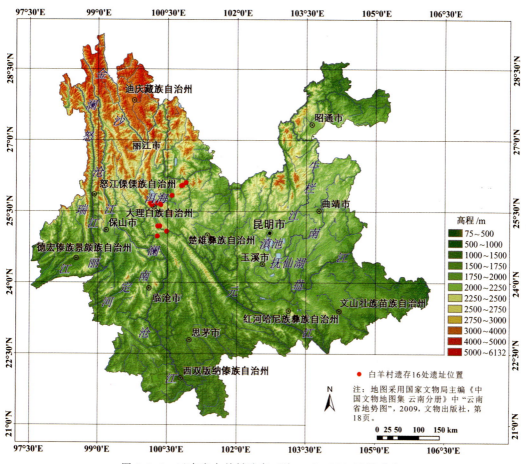

图 3.5.4　云南省白羊村遗存（约 4.0ka BP）遗址分布

的遗址数量开始下降，与忙怀类型分布在本省西部和西北部不同的是，大墩子遗存主要分布于本省北部和中北部（图 3.5.8）。

（9）闸心场类型：闸心场类型遗址主要分布在滇东北昭通市境内（图 3.5.9）。

云南新石器时代遗址空间分布有如下特点：一是早期遗址分布集中，后期分布越来越分散；云南新石器时代文化类型之多，表明云南的新石器文化具有多元性和多样性特征，云南民族文化一开始就是多元发生的，新石器时代云南民族文化是云南境内活动着的不同部族和组群所创造的。二是遗址多分布于湖泊周围和大江大河 1～2 级阶地上，尤其云南的滇池、抚仙湖、洱海、程海等大湖泊周围聚集了云南新石器时代遗址的 45% 左右。即人类选择既靠近水源，又便于抵御洪涝灾害的地点为居住地。

（二）遗址点高程

本区地处低纬高原，不同海拔其水热气候条件差异明显，进而影响人类的生存环境，因此人类居住高程的变化很大程度上反映了河流地貌与气候的变迁过程。根据遗址

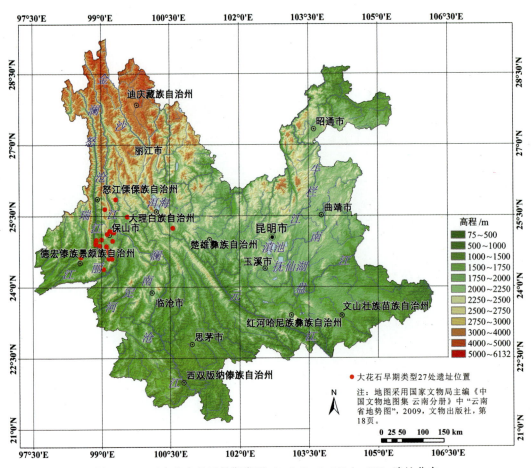

图 3.5.5　云南省大花石早期类型 (4.107～3.222 ka BP) 遗址分布

所处位置在大比例地形图上读取其分布的地面高程可以获取每个遗址的海拔（表 3.5.1）。

表 3.5.1　云南省新石器文化遗址海拔统计　　　　　（单位：m）

类型	海东遗存	曼干遗存	石寨山类型	白羊村遗存	大花石早期类型	小河洞遗存	忙怀类型	大墩子遗存	闸心场类型
最大	1902	1482	2408	2595	2545	1593	2798	2393	2063
最小	1800	395	1374	1439	693	769	642	1086	562
平均	1836	880	1897	2068	1528	1263	1442	1664	1672

　　计算结果表明，本区先民史前时期的居住海拔相对较高，其中，白羊村遗存平均海拔最高达 2068 m，曼干遗存平均海拔最低仅 880 m。

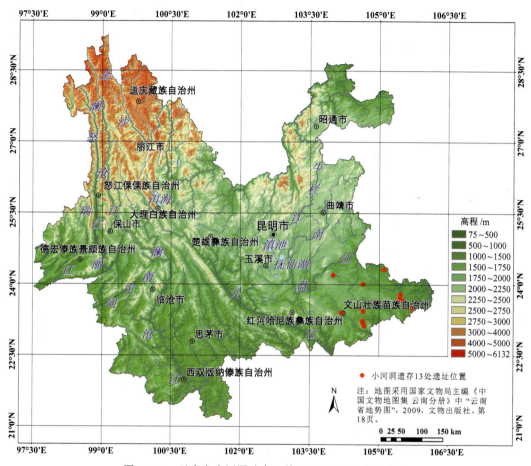

图 3.5.6　云南省小河洞遗存（约 4.0 ka BP）遗址分布

三、云南新石器人类遗址分布与自然环境的关系

（一）文化发展指数

环境考古学上为了直观地对同一地区某种文化发展程度进行定量描述，往往是将该种文化类型的考古遗址数量与其相邻的前一种文化类型的考古遗址数量进行对比，即两个相邻文化类型的发展是处于上升的高潮期还是处于下降的低潮期，主要体现在相邻的两种文化类型遗址数量的对比上。因此，对于考古文化高、低潮现象可通过文化发展指数（D_t）（朱诚等，1997；史威等，2009）来反映。

$$D_t = \frac{N_t - N_{t-1}}{N_t}$$

N_t 为后一个文化期的遗址数；N_{t-1} 为前一个文化期的遗址数。当 $D_t < 0$ 时，文化发展为低潮；当 $D_t > 0$ 时，文化蓬勃发展且值越大意味着发展越迅速。

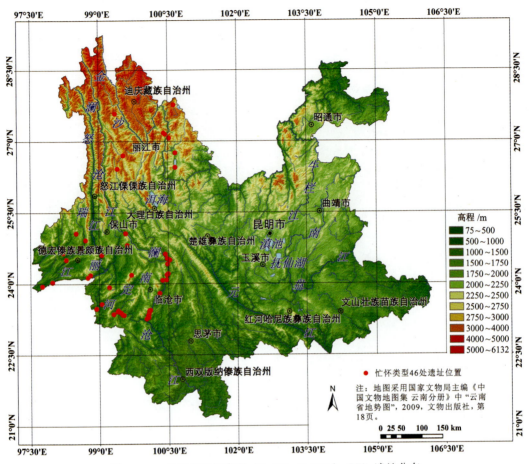

图 3.5.7　云南省忙怀类型（3.495～3.175 ka BP）遗址分布

　　据此定义，作者绘制了云南省 5.0～3.1 ka BP 期间文化发展指数曲线（图 3.5.10）。

　　从图中可以明显看出从石寨山类型～白羊村遗存（遗址数量由 51 处下降到 16 处）、大花石早期类型～小河洞遗存（遗址数量由 27 处下降到 13 处）、忙怀类型～大墩子遗存（遗址数量由 46 处下降到 14 处）、大墩子遗存～闸心场类型（遗址数量由 14 处下降到 9 处）期间为文化低潮期；而从海东遗存～曼干遗存（遗址数量由 7 处上升到 15 处）、曼干遗存～石寨山类型（遗址数量由 15 处上升到 51 处）、白羊村遗存～大花石早期类型（遗址数量由 16 处上升到 27 处）、小河洞遗存～忙怀类型（遗址数量由 13 处上升到 46 处）、大墩子遗存～闸心场类型期间为文化高潮期。总体上看，云南省古文化发展呈现出较明显的周期性波动。特别需要指出的是，忙怀类型 46 处-大墩子遗存 14 处-闸心场类型 9 处，这三种相邻文化类新的考古遗址数量处于连续下降趋势；而海东遗存 7 处-曼干遗存 15 处-石寨山类型 51 处，这三种相邻文化类型的考古遗址数量处于连续上升趋势，上述现象均可能与人居环境变迁有关。

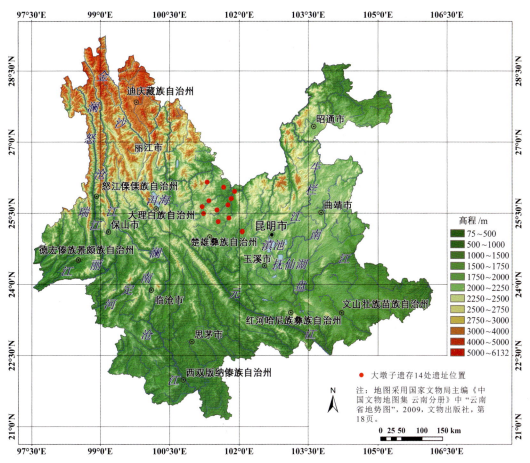

图 3.5.8　云南省大墩子遗存（3.3～3.1 ka BP）遗址分布

（二）云南新石器时代人类遗址分布与自然环境的关系

云南地处低纬度高原，地理位置特殊，地形地貌复杂，大体上，以云南元江谷地和云岭山脉南段的宽谷为界，全省大致可以分为东、西两大地形区。东部为滇东、滇中高原，称云南高原，属云贵高原的西部，平均海拔 2000 m 左右，这里主要是波状起伏的低山和浑圆丘陵，发育着各种类型的岩溶地貌。云南西部为横断山脉纵谷区，高山与峡谷相间，一般来说，西北部平均海拔在 3000～4000 m，西南部平均海拔在 1500～2200 m。在云南省起伏纵横的高原山地之中，断陷盆地星罗棋布，并发育了众多构造断陷湖泊。

由于湖泊沉积忠实地记录了流域气候和环境演变过程，前人开展了大量研究并取得了丰硕成果，初步建立了一些流域和地区全新世以来高分辨率环境演变序列（吴艳宏等，1998；周静等，2003；沈吉等，2004b；张美良等，2006；张威等，2007）。为了更好地解释云南新石器时代文化遗址时空分布与环境演变的关系，本节分别选取滇池和洱海沉积研究来恢复和重建云南东西两大区域全新世自然环境演变对人类生存影响的过程。

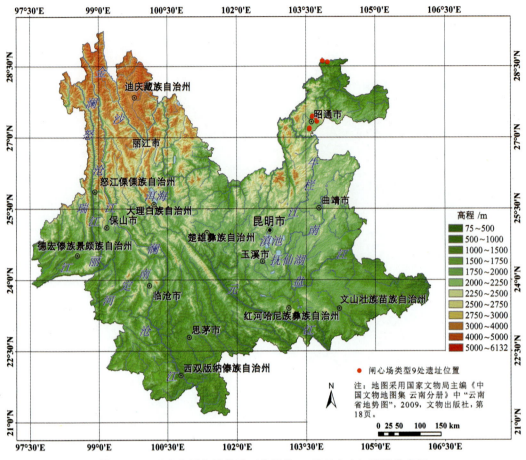

图 3.5.9　云南省闸心场类型（公元前 14 世纪左右）遗址分布图

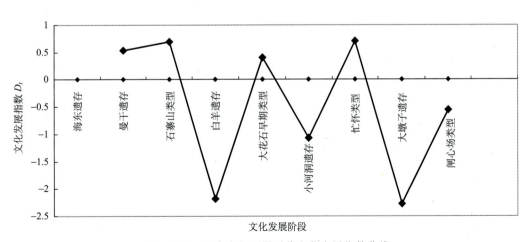

图 3.5.10　云南省新石器时代文化发展指数曲线

根据周静、王苏民等（2003）对洱海地区全新世气候环境演变湖泊沉积记录（编号ES孔）的研究表明，6800～5500 a BP这一阶段为全新世中稳定的暖湿阶段。各孢粉总量和浓度、碳屑浓度、盘星藻浓度均为整个剖面的高值部分。木本中松的含量较高，均值可达25%；铁杉和云冷杉含量降低；榆含量增加。该阶段气温高，植物生长空前繁茂，垂直带谱下部的针阔叶混交林发育，林线、暗针叶林等有较大幅度的退缩，湖泊扩张。5500～5100 a BP阶段，木本、草本花粉浓度都急剧下降。松、铁杉和云、冷杉含量均减少，但蕨类孢粉迅速增多，以水龙骨科为主。该阶段森林覆盖率开始降低，蕨类植被相对发育，气候开始转冷干。盘星藻浓度大幅下降，指示了湖泊水体变小。本阶段各粒度含量变化非常明显，Deton称5800～4900 a BP为第二小冰期，冷峰出现于5300 a BP前后，南北半球各山地均有冰川前进。我国天山乌鲁木齐河流域在5380 a BP左右就存在一次冰进，中国海面在5600 a BP左右从颠峰转折，华北、华东及西南的古气候研究表明5600～5300 a BP为低海面和低温期。洱海地区对这次冷事件的响应很强烈。5100～2400 a BP阶段，继上一阶段的冷事件之后，该地区气温有所回升，孢粉浓度依然偏低，说明流域植被较少。木本中云、冷杉几乎消失，温暖树种偶见，蕨类孢粉含量上升，反映森林覆盖率进一步减小。这一时期的温暖湿润条件，为云南新石器时代人类创造了良好的自然环境。3600～2700 a BP云南上述湖泊沉积物粒径明显增粗，说明该阶段气候偏干凉，湖面偏低。晚全新世西藏各地湖泊普遍强烈退缩，而北非撒哈拉地区的湖泊也在4500 a BP急剧萎缩消亡，沙漠环境开始出现。这一时期云南新石器时代遗址的大花石早期类型～小河洞遗存遗址数量由27处下降到13处，且遗址的分布高程平均海拔也由大花石早期类型的1528 m下降到小河洞遗存的1263 m，可能是湖泊干涸，先民逐水而居，由高海拔向低海拔迁居的结果。该时期的另两种文化忙怀类型和大墩子遗存遗址数量由46处下降到14处，人类活动范围减小，可能与该时期干旱环境有关。

吴艳宏等（1998）曾在滇池开阔的湖心采集沉积物岩心（编号DC93-1），根据DC93-1孔孢粉组合、总有机碳（TOC）、总氮（TN）、碳氮比（C/N）等资料，结合^{14}C测年等，对滇池地区13 ka以来的古环境演化进行了恢复和重建。其研究表明，7.5～4 ka BP，对应DC93-1孔2.8～1.5 m段，这一时段所有指标都显示出气候暖湿的特点。TOC、C/N、孢粉浓度和盘星藻含量大幅度提高，在6.5 ka BP前后达到峰值，5.0～4.5 ka BP为次高峰，$\delta^{13}C_{org}$偏负，最低值和次低值分别在6.5 ka BP前后和4.5 ka BP前后，沉积物岩性和盘星藻均显示湖水较深，曼干遗存和石寨山类型遗址数量由15处上升到51处。而在5.8～5.5 ka BP，TOC、C/N、孢粉含量等指标略低，表明7.5～4 ka BP在暖湿的背景下，仍存在次一级波动。4.0～2.7 ka BP，DC93-1孔1.5～1 m段，各项指标突然变化，TOC、C/N和孢粉含量突然降低，湖泊初始生产力下降，沉积物岩性变粗，为灰棕色粉砂，且富含螺壳，表明湖水位较低，磁化率突然升高，表明在冷干条件下植被覆盖率低，输入湖泊的物质主要为流域基岩风化物和湖泊内源有机质，磁性矿物含量较高。该时段C/N小于5也说明了这一点。而这时期$\delta^{13}C_{org}$偏正，表明湖水化学性质发生改变，湖水硬度较高，各项指标特征表明，在4 ka BP气候状况突然发生变化，气温下降，湿度减小，为干凉气候特点。这一时期的气候特征与古人类的活动关系再一次从云南新石器时代人类遗址的大花石早期类型~小河洞遗存遗址数量由 27 处下降到 13 处得到印证，环境的恶化，使得遗址数量开始下降。2.7~1.7 ka BP，DC93-1 孔 1~0.7 m 段，各项指标又表现为温湿的特点，湖面扩大，水位上升。对应云南新石器时代古人类遗址的忙怀类型 46 处、大墩子遗存 14 处、闸心场类型 9 处。这三种相邻文化类型的考古遗址数量处于连续下降趋势，说明环境经历了由温暖湿润适宜人居到逐渐干旱的变化过程。

综上所述，云南全新世以来的气候变化与中国其他各地基本上一致，只是各时期的起始和高峰值在时间上存在着先后差异，西南季风与东南季风在万年时间尺度上，气候的冷暖、干湿组合存在差异，云南气候的变化可能比中国其他地区更复杂。近年来的研究表明：在全新世大暖期大约从 7000~5500 a BP，在此前后，黄河流域出现仰韶文化（7000~5000 a BP），长江下游有马家浜文化（7000~5800 a BP）、崧泽文化（5800~5000 a BP），即使现代不适合人类居住的青藏高原西北部也发现 30 多处细石器文化遗址，推测也是该阶段的（莫多闻等，2003；庞奖励等，2003；申洪源等，2003；李俊等，2005）。但云南由于高温湿热的气候，加以全境普遍山峦重叠、林莽如海、森林和沼泽绵延不断、豺狼猛兽横行、瘴疠疟疾蔓延，并不适合人类生存和居住。所以，云南境内这一时期古文化遗址极少，至今尚未发现人类文明的遗址。

在 5500~5000 a BP，我国气候从高温湿热巅峰开始转折，我国许多地区新石器文化开始衰落，遗址数量和规模减少。例如大地湾仰韶中期文化在全新世中期开始衰落，于 5000 a BP 前后出现仰韶晚期文化。长江下游地区的崧泽文化与马家浜文化、良渚文化相比明显的衰落。山东的北辛文化（7000~6300 a BP）和龙山文化（4500~4000 a BP）之间出现了"断层"。内蒙古中南部，新石器文化在 5000 a BP 前后出现了数百年的文化缺失。类似的事实枚不胜举，这无疑说明相当于仰韶文化后期，我国普遍出现了一次文化上的衰退（施少华等，1993a，1993b；吴文祥等，2001）。虽然云南东部和西部地区此时气候也趋于干凉特征，但可能更适宜人类生存，恰恰为云南新石器文化的兴起助了一臂之力。所以在此前后，滇中和滇西南地区出现了海东遗存、曼干遗存等少量文化遗址。

大约在 4000 a BP，滇池和洱海地区湖泊沉积的研究都表明，云南东西部气候状况均出现了较大变化，气温下降，湿度减小，表现为凉干的气候特点。张美良等（2006）通过对云南宁蒗县永宁区仙人洞石笋进行 α-U 系测年和碳氧同位索分析，研究结果也表明 4000 a BP 左右是云南中全新世晚期一次重要的气候演变转折时期。这一时期发生的 4000 a BP 降温事件，被认为可能是新仙女木事件（YD）以来最为寒冷的一次降温过程。由这一事件引起的严重干旱导致了 4000 a BP 前后古埃及文明的衰落，也影响到了印度河流域的农业活动（Booth et al.，2005）。而偏偏云南高原的新石器文化却恰恰表现为大繁荣时期。洱海地区最早的人类活动遗址是洱海东部宾川县白羊村遗址，[14]C 测定的年代为（3770±85）a BP，有火塘及使用火的遗迹，晚期房址多为木胎泥墙，磨制石器和陶器大量使用，说明该区人类从距今 4000 年左右开始砍伐、燃烧林木。与之对应的是这一阶段碳屑浓度增大，本阶段湖泊流域环境开始受人类活动影响。说明此时云南的生境条件更加好转，更有利于人类生存，从而导致了新石器文化的空前繁荣，出现了石寨山、白羊村、大花石早期、小河洞等类型文化遗址，是云南新石器文化遗址数量最多、类型最丰富的时期，且分布十分广泛，几乎遍及云南全境。

大约从 3300 a BP 至春秋战国时期，气候进一步趋于干冷，许多湖泊湖面降低，致使云南新石器文化衰落，遗址数量大幅度减少，仅在滇北楚雄和滇东北昭通有少量遗址分布。

第四章 长江上游新石器时代以来典型
遗址考古地层研究

第一节 长江三峡库区中坝遗址的考古发现与人地关系记录

被评为1998年"全国十大考古发现"之一的中坝遗址经过1997~2002年6个年度的发掘，发现数以百计的房址、灰坑、墓葬、窑、卤水槽、窖、灶、墙、地面、道路等遗迹，出土陶、石、骨、铜、瓷器等遗物超过20万件，发掘所获的动物骨骼也超过20万块，文化层堆积厚达12.5 m，延续时间从新石器时代晚期至近现代，中间没有大的时代缺环。从目前发表的长江三峡库区的考古资料看，中坝遗址是迄今为止该区域发现的最重要遗址之一，其地层堆积之厚、延续时间之长、出土遗迹和遗物之丰富，在中外已经发掘过的遗址中都是极为罕见的。它不仅有极高的考古学研究价值，而且蕴涵着极其丰富的自然科学研究信息。是什么原因形成该遗址在长达约5000年的时间里没有大的时代缺环？为什么它的文化层堆积形态和我们已经发现的遗址类别有比较大的差异？为什么发现的一些遗迹种类在以往的遗址中前所未见？也就是说，该遗址的性质与以前发现的各类遗址存在明显的区别，它应该是一种新的遗址类别。随着该遗址资料的陆续发表，中坝遗址日益引起学术界的高度重视和广泛关注，南京大学与多所合作单位及兄弟院校先后开展了自然科学的检测、盐业考古、动物考古、环境考古、浮选等方面的合作研究，获得了多学科、多角度、全方位解读遗址遗留的信息。

中坝遗址的环境考古研究在20世纪90年代以前可以说是一片空白，1999年以后陆续开展的多学科综合研究中涉及一些环境考古方面的内容，但正式开展环境考古方面的研究是从2002年开始。中坝遗址作为南京大学与四川省文物考古研究院、重庆市文物考古研究所等单位合作开展的国家自然科学基金重大研究计划"长江三峡地区全新世典型遗址与自然沉积剖面的环境考古研究"重点项目中最重要的典型遗址，经过近几年的研究，已经取得了一些阶段性成果，本节旨在前人研究基础上，开展该遗址性质与环境以及人地关系方面的研究，目的是促进该地区环境考古的研究能够在将来更深入的开展下去。

一、中坝遗址概况与地层堆积特征

(一) 中坝遗址概况

中坝遗址位于忠县县城正北约6 km㽏井河两岸的台地上，遗址东西最长约350 m，南北最宽约140 m，总面积约50 000 m²。由于河水的常年冲刷，该遗址的主体部分已沦为河床左侧一座面积约 7000 m² 的孤岛，人称"中坝"，故将遗址命名为中坝遗址。遗址中心地理坐标为 37°17′14″N，108°1′16″E，海拔 135～148 m，隶属重庆市忠县㽏井镇佑溪村一社（图 4.1.1）。㽏井河出羊子岩峡谷后，形成较为宽阔的河谷地带，东有李公山，南有灶柏山，西有凤凰岩，北有㽏田坝，中坝遗址即处于群山环抱的河谷台地之间。

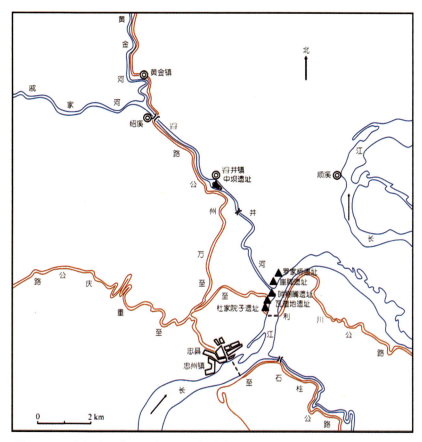

图 4.1.1　中坝遗址位置示意图（根据成都地图出版社 1989 年出版地图绘制）

中坝呈西北—东南向陈列，地表为三级台地，西北高，东南低。第三级台地位处中部偏西，是直径约 13 m 的圆形土台，老乡介绍是奎星阁庙宇废址，高出二级台地约 2 m；第二级台地分布于中坝西部至中部，相对较平，面积约 2800 m²，高出一级台地约 2 m；第一级台地分布于中坝中部、东部，自西向东倾斜至河滩，面积约 4000 m²。现三级台地全为菜地（图 4.1.2）。

中坝遗址最早发现于 20 世纪 50 年代末，当时在中坝岛上挖了 3 条探沟，但由于种种原因，此次试掘的材料未发表。1987 年，该遗址在四川省文物普查中重新发现。1989 年，中国社会科学院考古研究所吴家安和叶茂林（1990）对四川万县地区长江流域进行考古调查时，对该遗址进行了复查。1990 年，四川省文物考古研究院对该遗址进行了试掘（巴家云，1992）；1992 年以后，四川省文物考古研究院与北京大学考古文

图 4.1.2　中坝遗址全景（西北—东南侧向俯视）

博学院等又多次对该遗址进行了复查。自 1997 年始，四川省文物考古研究所对该遗址进行了为期 6 个年度的抢救性发掘（刘化石等，2001；孙智彬等，2003），共开探方137 个，其中 5 m×5 m 探方 76 个，10 m×10 m 探方 61 个，发掘面积约 8000 m²（图4.1.3）。

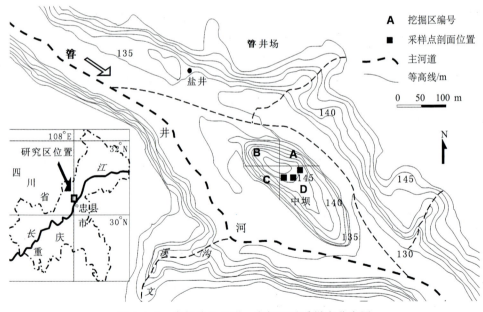

图 4.1.3　中坝遗址地形、发掘区及采样点分布图

中坝遗址发现数以百计的房址、灰坑、墓葬、灰沟、窑、灶、地面、路、墙、窖、卤水池等遗迹；经过 2003～2005 年的室内资料整理，统计到个体的出土器物超过 20 万件，发掘所获的动物骨骼也达 20 多万块。遗址文化层堆积厚达 12.5 m，从上往下依次

为：现代农耕土和淤沙、明、清、宋、唐、南朝、汉、秦、战国、春秋、西周、商、夏和新石器时代晚期，历时长达约 5000 年左右的时间（图 4.1.4）。

图 4.1.4　中坝遗址发掘区 D 区 T0102 西壁地层剖面照片及综合柱状图

（二）剖面位置和地层堆积特征

T0102、T0202 和 T0301 探坑剖面位于发掘区 D 区（自西向东排列，图 4.1.3）。各剖面地层（图 4.1.4～图 4.1.8；表 4.1.1 和表 4.1.2）不仅可以嵌插补缺使时代连续，而且主要文化层及部分"洪水扰动层"亦能互补对照，相互印证。从颜色和质地等属性上看，总体以含碎陶片的灰色、灰褐色、黄褐色及灰黑色土层为主，其间夹有灰黄色粉砂、灰黄色黏土、棕红色胶泥及棕红色粉砂等地层（其中含碎陶片多少不等），上部、底部地层还夹有大鹅卵石或石块。各时代文化层碎陶片极为丰富（图 4.1.5 中 A和 B），有些地层中还含有大量炭屑及动物骨头碎片。剖面中亦可见文化间歇层（极少含碎陶片或为纯净细、粉砂），其中 T0102 剖面中夹新石器晚期、夏代、西周、战国早期、宋代中期、清代等几个呈黄红色的细粉砂层（图 4.1.5 中 C～F），朱诚等（2005）证实它们代表了本区曾发生的六次相当规模的古洪水事件。

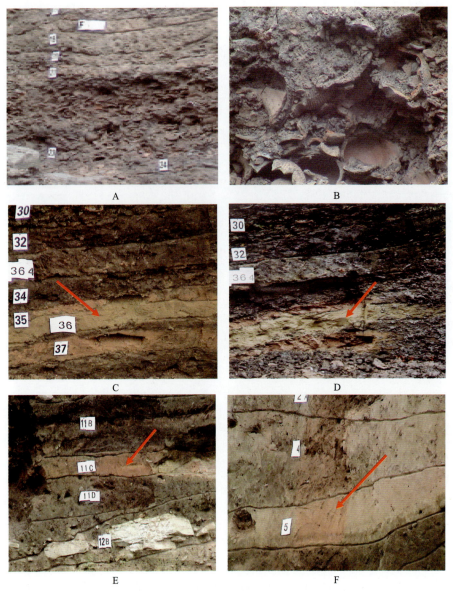

图 4.1.5　中坝遗址西部和西北部堆积的碎陶片（A、B）以及 T0102 剖面中西周、
战国早期、宋代和清代洪水层（C～F）

表 4.1.1　中坝遗址 T0102 探方西壁地层主要特征

文化分期	层位	厚度	地层特征
现代	1	32	表土层
现代	2a	21	棕红色文化土
清代	3	35	棕红色文化土
清代	3（柱样）	13	含灰陶片、炭屑层棕红色粉砂

续表

文化分期	层位	厚度	地层特征
清代	5	24	棕红色过渡到棕黄色粉砂层，纯净
明代	(8) X	47	含灰陶和红陶的棕色壤土
宋代晚	9（柱样1）	5	含陶片棕色壤土
宋代晚	8X	40	棕色文化土
宋代晚	(8X)	12	棕色文化土
宋代晚	9	41	棕色文化土
宋代晚	11a	10	棕色文化土
宋代晚	9（柱样2）	6	含棕色壤土黑色土
宋代中	11a 上	10	黑色土层，较松散
宋代中	11a 下	12	含炭屑灰黄色土层
宋代早	11b	25	含少量炭屑灰黄色土
唐代	12a	39	含大量炭屑灰黑色土
唐代	12b 上	8	含较多炭屑灰褐色土
唐代	12b 下	38	含炭屑较松散灰色土
六朝	13	53	含小瓷片和少许炭屑的棕色壤土
汉代	14	8	含灰色小陶片的棕色壤土

表 4.1.2　中坝遗址 T0202 探方东壁地层主要特征

文化分期	层位	厚度	地层特征
战国	17	31	陶片很多，上覆作坊、窑
战国	18	12	陶片多
战国	20	18	陶片多
战国	21	11	陶片多，层顶为人类活动面
战国	22	9	棕色文化土
战国	F240	14	作坊
战国	H477	75	上部灰黄色粉砂层，下部为含灰陶片和炭屑的灰褐土层，活动面
战国	27	13	含较多灰陶片的棕红色粉砂
战国	28b1	6	含少量陶片和炭屑的灰黄色土
战国	28b2	5	含较多陶片和炭屑的棕黄色土
战国	28b3	8	含大量红陶片和炭屑的灰黑色土
战国	28b4	6	含少量炭屑的棕红色粉砂层
春秋	39 上	13	含大量炭屑和少量陶片的灰黑色土，作坊
春秋	39 下	17	含大量红陶片的灰黄色土层，作坊
春秋	42b	14	含炭屑及红陶片和灰陶片的灰褐色土，作坊

续表

文化分期	层位	厚度	地层特征
春秋	42	12	作坊
春秋	43	6	作坊，灰坑
西周	44	11	作坊，灰坑
西周	46	6	含炭屑的灰黑色土层，灰坑，多沟
西周	46（柱样）	6	灰坑
西周	47	26	含大量炭屑和灰陶片的灰黑色土，灰坑
夏商	49b	12	含大量红陶片，夹尖底杯底
夏商	50	39	棕红色胶泥
夏商	52b	13	棕红色胶泥
夏商	X1	6	含炭屑和灰陶片的棕褐色土
新石器	52a	20	含炭屑和红烧土的棕色土
新石器	53a	7	含有红陶、炭屑的棕黄色粉砂
新石器	53a 下	11	含有红陶、炭屑及少量红烧土的棕黄色粉砂
新石器	49a	12	黄褐色文化土
新石器	55a	15	黄褐色文化土
新石器	53a 上（柱样）	21	黄褐色土
新石器	56b	20	上为灰黄色粉砂层，下为灰红色含红陶片粉砂，灰坑
新石器	62	19	含灰陶片的灰褐色土
新石器	63	9	含灰陶片的灰黑色土
新石器	64b	4	灰褐色土
新石器	65	14	含灰陶片的灰黑色土
新石器	66	13	含灰陶片的灰褐色土
新石器	60	12	灰褐色文化土
新石器	60X	31	灰褐色文化土
新石器	67	5	含少量炭屑，夹大灰陶片的灰黄色粉砂，灰坑上
新石器	H646 上	23	含大鹅卵石、灰陶片的灰褐土，活动面
新石器	H646 下	56	棕红色粉砂土，活动面
新石器	68	7	生土层

　　四川省文物考古研究院与北京大学考古队在发掘中发现（孙智彬，2003），灰坑和活动面是剖面发掘中最常见的人类活动现象（图 4.1.6～图 4.1.8），各时期地层中都有灰坑出现，但保存最多的是新石器时代底部有黏土或大砾石的灰坑（图 4.1.8）。如 T0301 剖面，青铜时代人类活动面较普遍，而新石期时代地层中则灰坑较多（图 4.1.8）；T0202 剖面的灰坑内不少也含有黏土或大砾石，文化层中陶片类型最多（以红、灰陶为主），人类活动面上往往密布小洞（图 4.1.8），以青铜时代的地层最为集中。

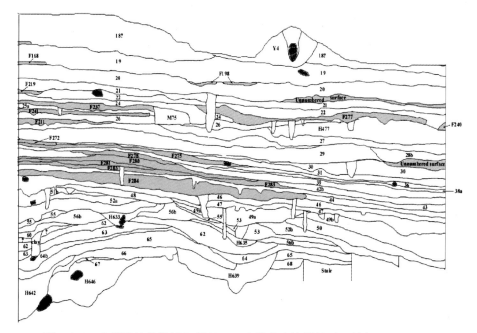

图 4.1.6　中坝遗址发掘区 D 区 T0202 东壁考古地层剖面（引自 Flad，2004）

H 为灰坑；F 为工作面、人类活动面（图中阴影部分）；Y 为龙窑

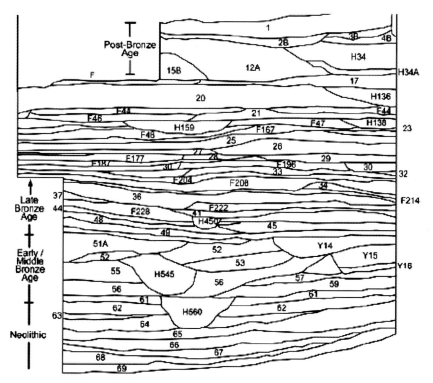

图 4.1.7　中坝遗址发掘区 D 区 T0301 东壁考古地层剖面（引自 Flad，2004）

H 为灰坑；F 为工作面或人类活动面（多为密布小洞的板结地面）；Y 为龙窑

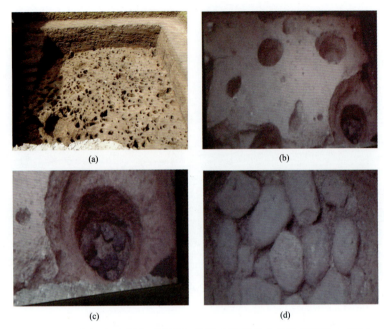

图 4.1.8　中坝遗址布满"柱洞"的活动面及垫在灰坑底部的大砾石

（a）布满"柱洞"的活动面；（b）柱洞和灰坑；（c）灰坑；（d）灰坑中垫底的大砾石

二、^{14}C 测年与出土器物考古以及史料考证断代

相对完整的剖面地层时间序列是遗址环境考古研究的必要条件，书中 AMS^{14}C 测年数据由北京大学核物理与核技术国家重点实验室加速器完成，测年样品取自地层中所含动物骨头、炭屑和古树，年代经树轮校正（表 4.1.3），同时结合文化器物推定时代建立了该遗址地层的时间序列。

表 4.1.3　中坝遗址 T0102 西剖面文化器物推定时代、地层 AMS^{14}C 测定及年龄校正值

层位编号	距地表深度/cm	研究后确定的层位性质	树轮校正的 AMS^{14}C 年代（洪水层年代由相邻层年代推算）	AMS^{14}C 测年实验室编号
2B-1	10	现代洪水层	1981AD(当地农民指认的年代)	
2B-2	20	现代洪水层	1981AD(当地农民指认的年代)	
2B-3	25	现代洪水层	1981AD(当地农民指认的年代)	
2B-4	30	现代洪水层	1981AD(当地农民指认的年代)	
5-1	60	清代疑似古洪水层	清代	
5-2	70	清代疑似古洪水层	(相邻文化层出土器物考古断代)	
11C-1	210	宋代疑似古洪水层	宋代中期	
11C-2	215	宋代疑似古洪水层	(相邻文化层出土器物考古断代)	
20*	390	战国文化层	800～350BC(骨头)	BA001424
21	410	战国疑似古洪水层	400～350BC 战国早期(据器物和相邻层测年数据推算)	
22*	415	战国文化层	770～400BC(骨头)	BA01368
28-1*	633	春秋文化层	790～520BC(炭屑)	BA04419

层位编号	距地表深度/cm	研究后确定的层位性质	树轮校正的 AMS¹⁴C 年代（洪水层年代由相邻层年代推算）	AMS¹⁴C 测年实验室编号
34-1*	610	西周文化层	1130～760BC(骨头)	BK2002045
34-2*	615	西周文化层	1005～900BC(炭屑)	BA04420
37-1	620	西周疑似古洪水层	920～900BC 西周时期(据器物和相邻层测年数据推算)	
37-2	630	西周疑似古洪水层	920～900BC 西周时期(据器物和相邻层测年数据推算)	
38-1*	635	西周文化层	920～800BC(炭屑)	BA04421
38-2*	640	西周文化层	1460～1000BC(木头)	BK2002046
44-2*	700	商代文化层	1690～1450BC(炭屑)	BA04422
49-1*	795	夏代文化层	1900～1100BC(木头)	BK2002047
49-2*	800	夏代文化层	1690～1450BC(炭屑)	BA04423
50-2	810	夏代疑似古洪水层	2070～1600BC 夏代(据器物和相邻层测年数据推算)	
56*	830	新石器文化层	2140～2070BC(骨头)	BA01390
73-1*	1150	新石器文化层	2650～2000BC(骨头)	BA01398
73-4*	1170	新石器文化层	2140～2080BC(古树)	BA04424
75-1*	1210	新石器文化层	2470～2030BC(木头)	BK2002048
75-2*	1215	新石器文化层	2300～2130BC(炭屑)	BA04425
76-1	1220	新石器时代疑似古洪水层	3000～2300BC 新石器时代(据器物和相邻层测年数据推算)	
76-2	1230	新石器时代疑似古洪水层	3000～2300BC 新石器时代(据器物和相邻层测年数据推算)	

三、中坝遗址的性质与考古发现

(一) 中坝遗址的性质

通过对中坝遗址的地层与地层、地层与遗迹之间的叠压与打破关系和出土遗迹、遗物的考古学研究，作者建立了该遗址的年代框架，但并没有解决遗址的性质问题。为此，我们开展了自然科学方面的检测、盐业考古、动物考古、环境考古、浮选等方面的多学科综合研究，以期解决这一问题。

多学科合作的盐业考古研究主要集中在当地的盐矿资源、文献记载、考古发现的对比和分析、自然科学检测等几方面，研究结果如下。

1. 盐矿的形成与四川盆地的沉积环境密切相关。经过白垩纪、侏罗纪、三叠纪及其以前的地质运动和地质构造的变化，在形成四川盆地的过程中，历经海侵、海退，高温蒸发，海水和湖水中浓缩盐卤结晶的盐层等矿物沉积下来，被埋藏在地下，成为岩盐岩和盐卤。四川盆地的盐矿主要贮藏于三叠系、侏罗系和白垩系地层中。

四川盆地的盐矿储量非常丰富，东到万县、石柱，西至洪雅、盐源，北到仪陇、阆中、江油，南到长宁、江津等县都有盐盆分布。本区主要有川东、川中、川西三大盐盆，与我们的研究密切相关的是川东万县盐盆。据四川省第二地质大队在《关于提请部向国家推荐云阳建设 50 万 t/年盐化工基地建议》书中介绍说：云阳、万县一带有一巨大盐盆，深埋于万县复向斜中 3000 m 左右，盐盆大致呈北东至南西向展开，西南起于忠县拔山寺以南，东北端止于云阳以西，西北和东南分别以云阳黄泥塘、云安镇背斜和大坪山至方斗山背斜为界，绵延长度近 100 km，宽 20～30 km，盐体展布面积 2700 km²，盐盆盐岩地质储量为（1500～1600）×10⁸ t。由于万县盐盆位于盆东平行岭谷地区，属于盆地边缘褶皱断层地带，盐盆呈窄长条形，盐盆的盆底虽然深达 3000m，但盆缘则非常浅，不少地点因为断层和河水下切的作用，地下盐卤在河床边自然露头。

中坝遗址就处于该盐盆边缘的大池至㽗井背斜处。该背斜是方斗山背斜和万县向斜之间的次级构造。由南西石帽子至北东武陵西消失，轴向 40°，轴线长 33 km。含盐层位于三叠系巴东组和嘉陵江组岩层中，由于背斜隆起和㽗井河的下切作用，盐卤接近地表或自然露头。这种现象极易被动物和古代先民们发现、利用与开发。

2. 从文献记载看，忠县的盐业生产历史从汉代以后一直没有间断，到 20 世纪 70 年代才停产。

3. 从考古发现的材料看，四川盆地内与盐业生产有关的最早物证是汉代的画像砖和"牢盆"。成都市郊出土的东汉盐业生产画像砖长 48 cm，宽 40 cm，画面大部分是山林，各种动物跳跃林木间，画面左下画一井架，4 人于井架上汲取卤水；画面中部偏右下，画两人负重而行；画面右中部有两人正在张弓射猎；画面右下角画一长条形老虎灶、一人在灶前拨火，上承圆形"牢盆"5 口，其左端为一方形盛器，在井与灶间有竹枧将卤水引入方形盛器内。该画像砖形像的反映了当时狩猎和食盐煎煮的盐业生产场景（高文，1987）（图 4.1.9）。在邛崃县花牌坊场出土的盐业生产画像砖长 45 cm，宽 34.5 cm，画面内容与前者大同小异，主要区别是在盐灶处搭有顶蓬，一人弯腰做搅拌牢盆内卤水状（高文，1987）（图 4.1.10）。

图 4.1.9　成都市郊出土东汉画像砖　　　　图 4.1.10　邛崃县花牌坊场出土东汉画像砖

近年在川西蒲江县发现了汉代"牢盆"的实物（龙腾和夏晖，2002）。该牢盆为生铁铸造，器形规范，盆壁厚度一致，内外壁光洁。盆内壁铸有汉隶书"二五石"3 字，口径 131 cm，底径 100 cm，高 57 cm，壁厚 3.5 cm，重数百公斤（图 4.1.11）。宋人文献记载，在巫山县衙发现有"巴官三百五十斤，永平七年第二十七西（卤）"的铁牢盆（任桂园，2002）。

明、清时期的盐业生产工具，在自贡市盐业博物馆内有很多展览，此处不再赘述。从文献记载和出土考古实物观察，四川盆地盐业历史最早可到战国晚期，但考古实物的证据只能到汉代，在此之前的盐业历史研究就只能更多的依靠考古学的发现和研究来进行了。

图 4.1.11　蒲江县发现的汉代"牢盆"

（二）遗迹

从考古发现的对比分析和研究看，观察、分析中坝遗址已经发现的遗迹，作者认为下列各项都很特别，有别于聚落类遗址和其他如铜、铁冶炼和陶、瓷烧制等的生产类遗址。

1. 新石器时代的灰坑或窖穴

在新石器时代的晚期，作者发现了数以百计的灰坑或窖穴，它们分布密集、打破关系复杂。其中一类，在坑壁和底部用厚 3 cm、5～20 cm 和 30 cm 的黄黏土加工后，再在底部平铺较平石块的灰坑，作者将其定性为窖藏。这类窖藏大多口大底小，口径约 1～2 m 左右，底径大都小于 1 m，深度多在 1 m 多，超过 2～3 m 的很少。这类灰坑或窖穴的坑壁都较斜直，底部太小，基本可排除作为半地穴式房子的可能（图 4.1.12）。

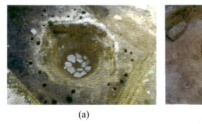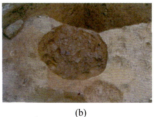

(a)　　　　　　　　　　　(b)

图 4.1.12　新石器时代晚期的灰坑或窖穴

（a）H292（东南—西北）；（b）H283（东北—西南）

我们知道，窖藏大多分布于房址内、外及其附近，像中坝这样密集分布和打破关系复杂的情况，在其他遗址中很难见到。

2. 柱洞

中坝遗址从新石器时代晚期至春秋战国都发现有一定分布范围，柱洞间无分布规律的柱洞类遗迹。这类遗迹现象在新石器时代晚期分布范围不大，柱洞也相对较稀疏，经夏、商，发展到商末周初时，在作者发掘到这一层的探方内，都有密集的分布，在 9 m×9 m 范围内有大小不等的柱洞多达上千个（图 4.1.13）。西周中晚期至战国，柱洞密集程度逐渐减小。这种遗迹现象，作者课题组从未见过，也曾经在多种场合向国内外的专家学者和同仁们请教过，但至今未得到最科学合理的解答。

图 4.1.13　西周早期柱洞类遗迹［2002DT0101（26）层下，南—北］

3. 黏土坑

作者在西周时期的发掘中，常常发现一类用黄黏土加工四壁和坑底的较小的灰坑，有的在黏土壁内再用正或反置的缸、瓮等残部为内壁进行使用（图 4.1.14）。在这类器物的内壁，常常发现有灰白色的钙化物。这类灰坑在其他遗址中也未发现过。

(a)　　　　　　　　　　　　　　(b)

图 4.1.14　中坝遗址发现的黏土坑

（a）H737～739（南—北）；（b）H507（俯）

4. 卤水槽

在春秋战国时期的发掘中，常常发现一类长方形，坑壁用黄黏土加工，内壁常常留有灰白色钙化物和炭化木痕迹的遗迹（图 4.1.15）。

在 1997 年最早发现的时候，作者把这类遗迹定性为墓葬。这类遗迹内或多或少的发现有同时期的完整遗物，但绝对不见人骨架出土。当时的解释是这一地方的土壤酸性，不利于人骨的保存。但随着发掘工作的继续，这类遗迹日渐增多，但始终未见确定

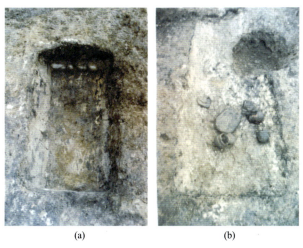

(a)　　　　　　　　　(b)

图 4.1.15　东周卤水槽（SC）

（a）SC14（俯）；（b）SC24（东南—西北）

的人骨发现，而作者在发掘新石器时代晚期的墓葬中，却有保存完好的人骨出土。这种现象引起作者进一步的反思，结果是否定了这类遗迹的墓葬性质。通过对这类遗迹的出土情况和现象进行观察，作者发现，它们和房址有较为密切的关系。至 2002 年，重庆市文物考古所发掘中坝遗址范围内的盐井——"官井台"，在井口旁发现一石质近长方形槽，在其四壁也有较厚的钙化层（图 4.1.16），与我们在此类遗迹四壁发现的相同，作者才恍然大悟，它们应该是和作坊配套使用的卤水槽。

图 4.1.16　官井台盐井和石质卤水槽（东北—西南）

5. 房址

目前，中坝遗址发现的房址数以百计，但这些房址与国内已知的其他遗址发现的房址却存在明显的差别。这些房址大多有一定的分布范围，呈长方形或方形。也多有别于地层的地面，但发现的地面中，很难有全地面范围内平整一致的，它们大都四周略高，中间略低，有的甚至分布在斜坡上呈倾斜状。这种地面随时间推移逐渐变硬，至战国时，变得硬如岩石。在地面范围内，也发现有柱洞，但这些柱洞排列并没有规律，至今未发现一例封闭呈一定形状的，而且在部分地方很密集，人在其中活动不便。在房址范围内，多发现有用火痕迹。但这些痕迹都有别于灶或火膛（图 4.1.17 和图 4.1.18）。

图 4.1.17　东周房址（F40 和 F158，西北—东南）　　　图 4.1.18　东周房址（F324，东南—西北俯）

1997 年，作者最早发现这些房址时，按照传统居住类房址的思维惯性来思考，总想搞清楚它们的开间、进深、外墙、隔墙、墙基、灶或火膛等情况。但时至今日，在数百座房址中只发现有地面、柱洞、卤水槽和用火痕迹等。这类房址应该不是人们生活、居住的地方，而是用于盐业生产的作坊。

6. 龙窑

在中坝遗址新石器时代晚期（图 4.1.19）和西汉（图 4.1.20）地层中，都发现有龙窑，此类遗迹的功能和作用，由于没有发现其烧制物和残留可作判别的东西，其性质也还未弄清楚。在四川盆地过去发现的唐、宋时期的龙窑，多是用来烧制陶器的。作者在中坝遗址发掘期间，临近遗址边缘仍然有一座现代龙窑还在烧制陶器；在广东也发现有用龙窑烧制砖、瓦的民族学资料。

据台湾大学陈伯桢介绍：加州州立大学旧金山分校的一位研究生在菲律宾做文化人类学调查时，她观察到菲律宾现在还有人在用陶罐熬盐，而这些圜底罐与中坝遗址出土的相比体积略小，形状类似，颈部与早期的花边圜底罐一样是束颈的，这些圜底罐是放在长条形略为倾斜的灶上熬煮，横向大约可放三到五个，纵向大约可放一、二十个，形状有点像曾先龙（2003）在"盐业史研究"上画的"龙窑"。

从考古发现的实物来看，在四川盆地发现东汉盐业生产画像砖中的老虎灶，与龙窑有一些相似之处，结合汉武帝施行"盐铁专买"政策和"牢盆"的发现，至西汉中期前后，煮盐工具已经主要使用铁器了，所以，中坝遗址发现的龙窑即是煮盐的遗迹，与之配合使用的制作工具也应该是"牢盆"一类的器物，这与中坝遗址发掘时发现汉以后的地层中陶片明显减少的情况也是相一致的。

图 4.1.19　龙窑 Y14（西北—东南）　　　　　图 4.1.20　龙窑 Y9（西南—东北）

7. 盐灶

在中坝遗址 2000 年度发掘的唐代地层中发现了排列有序的盐灶多座（图 4.1.21），发掘时不认识，作者是将它们当作窑来处理的；待到去自贡市全国文物保护单位鑫海井参观时，发现保留较原始生产方式的作坊内盐灶排列也有规律，中部排列多座盐灶，两两成组，前部煎煮、后部预热，两侧在长条形沟上置木板，再在板上用竹席围成圆形，将卤水煎煮到浓度饱后浇淋其中形成盐包。作者这才认识到，当作窑来处理的唐代遗迹应该是盐灶（图 4.1.22）。

（三）遗物

中坝遗址发掘所获的遗物中，在不同时期，都有少数一、二类器物在出土遗物中占有很大的比例。这种现象也与一般的聚落类遗址差别较大，现试举以下各例。

1. 新石器时代的敞口深腹缸

敞口深腹缸是作者在新石器时代晚期发现的主要器物，都以夹粗砂红褐陶为主，外壁饰绳纹，唇部多饰绳纹且纹痕很深呈花边或锯齿状，底部多呈小平底或柱状与尖底（图 4.1.23）。

图 4.1.21　唐代盐灶群（北—南）　　　　　图 4.1.22　自贡市鑫海井盐灶

　　　　　　　　　　（a）　　　　　　　　　　　　　　　（b）

图 4.1.23　新石器时代晚期陶缸口（a）和新石器时代晚期陶缸底（b）

　　这类器物出土的数量非常多，约占出土陶器总数的 68.2%，其他器物所占比例都在 5% 以下，2%～3% 就是所占比例较多的了，还有一些器物种类不到 1%（表 4.1.4）。

表 4.1.4　新石器时代晚期文化层陶器统计表

器类	深腹缸	厚胎缸	贴边缸	瓮	罐	壶	盘	盆	圜底钵	器盖	圈足	平底	其他（14）	合计
数量/件	14 865	31	136	82	3950	15	674	23	321	633	516	361	57	22 121
比例/%	67.44	0.14	0.62	2.19	17.92	0.07	2.95	0.1	1.5	2.9	2.3	1.6	0.26	100

2. 商、周时期的角杯

　　陶角杯是商代晚期至西周早期出土量最大的器物，在这一时期的文化层中出土角杯碎片特别多，也有少量完整的出土（图 4.1.24）。

　　这种现象不仅在本遗址如此，在忠县境内的梢棚嘴（王鑫，1998；孙华等，2001）、瓦渣地（孙华等，2003）、李园（陈德安等，1998）、邓家沱等遗址中也是如此。角杯主要是夹细砂陶，多为红、红褐或灰色，大都素面。口径约 4～5 cm，高 6～14 cm 左右。这类器物在商代晚期出土的数量非常多，约占出土陶器总数的 89.23%，除罐占 6.66%、瓮占 1.1%、尖底杯占 0.97%、釜占 0.72%、器盖占 0.34% 外，其他器物所占比例不到 0.3%（表 4.1.5）。

(a)　　　　　　　　　(b)

图 4.1.24　角杯 [(a),(b) 98BT0205（21）：1, 11]

表 4.1.5　商代晚期文化层陶器统计表

器类	瓮	罐	釜	角杯	尖底杯	器盖	其他（15）	合计
数量/件	68	397	43	5320	58	20	56	5962
比例/%	1.1	6.66	0.72	89.23	0.97	0.34	0.94	100

3. 圜底罐

此类器物陶质全是夹砂陶，多为红褐或灰褐色，几乎都饰绳纹，口径多在 10 多 cm，高约 10~20 多 cm（图 4.1.25）。

(a)　　　　　　　　(b)　　　　　　　　(c)

图 4.1.25　中坝遗址出土的圜底罐

(a) H610：6；(b) H420：2；(c) H738：3

　　这类器物最早出现在商代晚期，但此时数量较少。到西周时，数量大量增加。经春秋到战国时，已多到占出土陶器总量的 86.32%，其他十数种罐共计只占 3.59%，瓮占3.72%，釜占 1.03%，尖底盏占 1.3%，其他器物所占比例不到 1%（表 4.1.6）。

表 4.1.6　战国早期文化层出土陶器统计表

器类	缸	瓮	圜底罐	其他（罐）	釜	豆	尊形器	喇叭口器	盘	钵	尖底盏	圈足杯	其他（17）	合计
数量/件	94	402	9331	388	111	25	36	40	19	98	141	33	92	10 810
比例/%	0.87	3.72	86.32	3.59	1.03	0.23	0.33	0.4	0.18	0.91	1.3	0.31	0.85	100

　　上述遗迹、遗物分开来看，可能不易理解和分析的问题会更多，但联系在一起考虑，有的问题可能会更容易得到解决。比如，作者在商周之际的柱洞内，发现较多的角杯及碎片。在春秋时期前后，发现多例花边圜底罐口上底下正置柱洞口上的现象。在发现的卤水槽类遗迹中，还发现有成组的圜底罐、尖底盏、圜底钵、小石板等遗物。我们是否可以这样认为：这些遗迹和遗物应该是相互配套进行生产的场地和工具。

（四）与欧洲、美洲、非洲及日本等国外盐业考古发现的遗址相比

　　相同的特征主要有：一是都发现有以陶片为主的堆积地层；二是出土的陶器中，都以少数 1、2 种器类占绝大多数；三是都发现有类似"硬面"的遗迹。

　　由此可见，中坝遗址发现的上述遗迹、遗物的种种特征，都反映出与聚落、冶铁制铜、烧陶制瓷等类遗址有很大的差异，而与盐业生产类遗址有很多的相似之处。

（五）自然科学检测

　　采集了当地的卤水和房址、灰坑、卤水槽等遗迹的表面钙化物与相关陶片送自贡市国家轻工业部井矿盐质量监督检测中心和中国科学技术大学科技史与科技考古系、北京大学等单位进行微量元素、物相（XRD）、扫描电子显微镜（SEM）、液态包裹体、点扫描（EDS）定量分析等检测。

　　到目前为止，在自贡市国家轻工业井矿盐质量监督检测中心（孙智彬，2003）和中国科学技术大学科技史与科技考古系（朱继平等，2003）进行的检测已经取得了初步的检测和研究结果，可知：

　　（1）中坝遗址出土的西周时期花边圜底罐内壁的沉淀物和自贡汉代盐铁锅内的沉淀物及云阳现代盐厂生石灰处理后的沉淀物具有基本相同的物相，表明它们是同类物质（2002 年）。

　　（2）这些沉淀物的主要成分为 $CaCO_3$、SiO_2、Cl 和 Mg，与卤水中不溶于水的主要成分相同且含量明显增大。

　　（3）Ca 和 Cl 元素在花边罐内表面至陶胎内部的分布存在明显的梯度变化，而在外表面却没有，表明是花边罐内盛卤水使用所致。

　　（4）遗迹表面和花边圜底罐内壁的沉淀物与埋藏环境无关，即为非自然因素形成的。

（六）浮选

中国社会科学院考古研究所植物考古实验室对送交的 86 份浮选标本进行了分类、植物种属鉴定和分析。从检测的结果看：中坝遗址浮选出的炭化植物遗存可分为木屑、块茎残块和种子三大类。浮选样品的炭化木屑含量比较丰富，通过对各样品中大于 1 mm 的炭化屑进行称量计量，总计获得炭化屑 283.1 g，样品平均含量为 3.29 g。

中坝遗址浮选样品中共发现了各种炭化植物种子 1235 粒。经鉴定，其中绝大多数属于栽培作物遗存，包括有黍（糜子）、粟（谷子）和稻谷 3 种谷物的炭籽粒，合计 1161 粒，占所有出土植物种子总数的 94％。相对大多数遗址而言，中坝遗址出土的炭化植物种子数量并不是很多，例如，在周原遗址 2001 年发掘过程中，他们仅浮选了 39 份样品，结果获得各种炭化植物种子 12 000 余粒。再如，在陶寺遗址 2002 年度发掘中，他们共浮选了 47 份样品，结果获得各种炭化植物种子 13 000 余粒。

从浮选鉴定的结果看，与一般遗址相比中坝遗址有 3 个明显的特点：一是炭化木屑含量丰富；二是炭化植物种子明显较少；三是栽培作物以旱作黍、粟为主。

我们分析这一鉴定结果应该是与该遗址的性质有关。检测的样品基本上都有炭化木屑，而且含量丰富，说明它不是聚落农业生产类遗址，应该与盐业生产使用的树、竹等类燃料有关；检测出的炭化植物种子与其他同时代遗址相比明显较少，也因为它不是农业生产类的遗址，只是食物来源之一或种植很少的原因；传统观点认为，长江流域是以稻作农业为主，但本遗址的检测结果却明显是以旱作为主，这应该是与当地的地质环境有关。由于卤水的自然流露和埋藏较浅的原因，当地的土壤可能含盐碱的成分较多，更适宜于耐盐碱的黍、粟类作物生长。

从上述当地矿产资源上看，中坝遗址具备了盐业生产的自然条件；从古代文献的记载上看，汉及以后一直就没有中断过的盐业生产应该开始于更早的时期；从遗址地层堆积的特点和遗迹、遗物的特征方面看，也与已知的聚落、冶铸铜、铁和烧陶制瓷等类遗址截然不同；从自然科学方面所做的各项检测上看，从当地卤水中检测出除氯化钠以外的主要杂质，在中坝遗址发现的房址、卤水槽以及圜底罐等遗迹和遗物上也存在，这当然不是由于自然的原因而附集到他们表面和内外壁，而只能是在生产的过程中形成的；而且与国外的盐业遗址相比也有许多相同的特点。综上所述，已经可以确定无疑的说：中坝遗址的性质是中国古代一个延续数千年的盐业生产类遗址！

四、中坝遗址古洪水层沉积特征

中坝遗址 T0102 探方西壁 6 层洪水淤沙层粒度参数测试结果（表 4.1.7）表明：①平均粒径为 3.97～5.97Φ，属于极细砂、粗砂至中粉砂；②分选系数在 2.12～2.57（D_0），平均值为 2.43（S_D）；标准离差为 1.90～2.07（S_D），平均值为 2.00（S_D），分选程度比较差；③偏度在 -0.41～0.45（S_K），平均值为 0.07（S_K），为极负偏至极正偏。尖度为 0.63～1.01（K_G），平均值为 0.83（K_G），为宽平至中等，反映分选程度差。中坝 T0102 西壁探方古洪水沉积物概率累积曲线主要由 3～4 段式组成（图

4.1.26)。中坝遗址清代、宋代、战国、西周、夏代和新石器晚期的古洪水沉积物，所含锆石在形态上多为半浑圆状，这些锆石已由四方双锥形态被磨至近于浑圆状，表明均具有被流水长途搬运后留下的一定程度的磨圆特征，样品棱角均有被明显磨圆的痕迹（图 4.1.27）。其样品中所含重砂矿物组分及矿物特征也极为类同：即主要由磁铁矿、赤褐铁矿、绿帘石、石榴子石、锆石、金红石、磷灰石等 15 种重砂矿物组成。在所含的重砂矿物含量中，电气石、角闪石、辉石、绿泥石、榍石、白钛石、锐钛矿和黄铁矿都很少，而其他重砂矿物相对较多。大多数重砂矿物具有半棱角粒状，而锆石、金红石、磷灰石、榍石和白钛石多为半浑圆状和浑圆状。

表 4.1.7　中坝遗址 T0102 探方西壁 6 层古洪水淤砂粒度参数

淤砂层	平均粒径/Φ	分选系数（S_0）	标准离差（S_D）	偏度（S_K）	峰态（K_G）
清代淤砂层	3.97	2.57	2.07	0.42	0.93
（2 个样品）	5.13	2.38	1.94	0.21	1.01
宋代淤砂层	5.97	2.37	1.95	−0.06	0.86
（2 个样品）	5.47	2.12	1.90	−0.41	0.94
战国时期淤砂层	5.25	2.36	2.00	0.23	0.91
西周时期淤砂层	5.78	2.51	1.99	0.44	0.63
（2 个样品）	5.87	2.49	1.99	0.45	0.65
夏代淤砂砂层	5.87	2.47	2.05	−0.02	0.89
新石器时代淤砂层	5.77	2.47	2.05	−0.29	0.72
（2 个样品）	5.77	2.54	2.07	−0.32	0.72

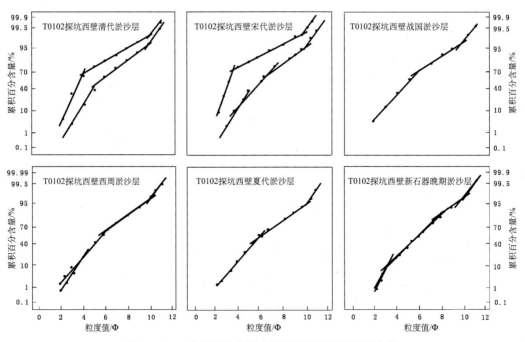

图 4.1.26　中坝遗址古洪水淤砂层粒度概率累积曲线

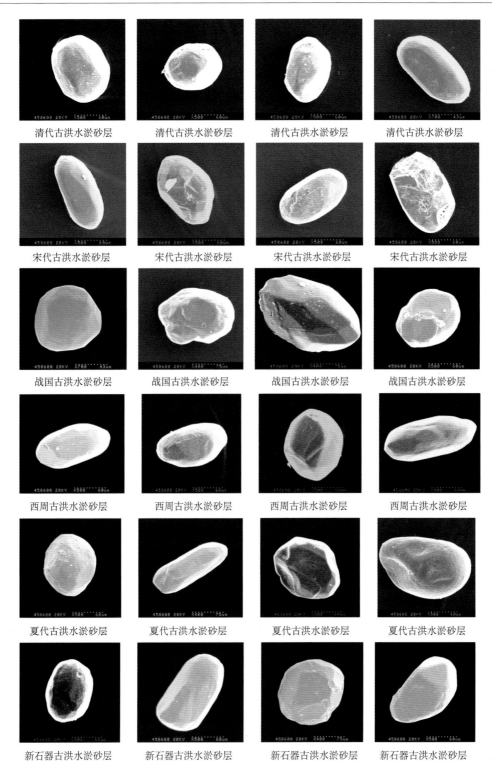

图 4.1.27　中坝遗址各时代古洪水淤砂层中的锆石形态

五、孢粉鉴定结果及其环境考古意义

(一) 孢粉鉴定结果

孢粉样品采自中坝遗址 T0102 探坑西壁,从第 1 层到第 76 层共采样品 82 个,样品实验的前期处理由南京大学马春梅副教授在中国科学院南京地质古生物研究所完成。孢粉样品的主要处理鉴定过程为:①分别加 HCl(10%)和 KOH(10%)进行酸碱处理;②分离洗水、离心集中;③冰醋酸和 9:1(醋酸酐和硫酸)混合液处理;④进行超声波震荡;⑤过筛,加入分散剂,集中于试管中;⑥制成活动玻片,在显微镜下用高倍镜头进行观察、鉴定和统计。

鉴定结果为:①乔木花粉主要有松属(*Pinus*)、杉科(Cuprassaceae)、栲属(*Castanopsis*)、榆属(*Ulmus*)、栎属(*Quercus*)、枫杨属(*Pterocarya*)、冷杉/云杉属(*Abies/Picea*)、铁杉属(*Tsuga*)、枫香属(*Liquidenbar*)、胡桃(*Juglans*)、青冈(*Cyclobalanopsis*)和桦木属/桤木属(*Betula/Aluns*)、柳属(*Salix*)和柏科(Cupressaceae)等;②灌木花粉主要有麻黄(*Ephadra*)、木犀科(Oleaceae)和蔷薇科(Rosaceae)等;③中旱生草本主要有禾本科(Gramineae)、蒿属(*Artemisia*)、菊科(Compositae)、唇形花科(Labiatae)、石竹科(Caryophyllaceae)、百合科(Liliaceae)、豆科(Leguminosae)、藜科(Chenopodiaceae)和葎草科(Humlus)、蓼科(Polygonaceae)、毛茛科(Ranunculaceae)、十字花科(Crucifeae)和伞形科(Umbellaceae)等;④水生草本主要有莎草科(Cypreceae)等;蕨类孢子主要有水龙骨科(Polypodiaceae)、鳞盖蕨属(*Microlepia*)、凤尾蕨属(*Pteris*)、石松属(*Lycopodium*)、里百属(*Hicriopteris*)、环纹藻属(*Concentricyste*)、卷柏属(*Selaginella*)和紫萁属(*Osmunda*)等。

经统计,中坝遗址 T0102 探方西壁的地层样品中共鉴定出 42 个科属(包括 16 个木本科属、14 个草本科属和 12 个蕨类孢子科属成分),孢粉总数为 5564 粒。地层中孢粉含量总体比较少,浓度也低,样品中多数单一科属仅鉴定出几粒、十几粒或二三十粒孢粉,仅少数超过 100 粒,最多为 140 粒(图 4.1.28 和图 4.1.29)。

(二) 环境考古意义分析

长期以来,孢粉分析一直是环境演变及过去全球变化研究的主要手段之一(Bartlein et al.,1986;Peyron et al.,2005)。然而,文化遗址堆积中的孢粉分析是否能如实反映环境演变一直存有疑问,遗址及遗址域范围的土地利用、聚落发展、人工栽培和次生扰动等对植被状况的改变、破坏以及可能导致地层中孢粉的丢失等都是不容忽视的问题。中坝遗址 T0102 探方孢粉鉴定结果显示(图 4.1.28 和图 4.1.29),地层中孢粉数量少,达不到统计要求,有些样品中甚至没有发现一粒孢粉,不宜根据孢粉组合划分孢粉带谱以恢复古植被,尚不能准确反映当时自然植被状况。但地层中频繁出现的蕨类孢子(相对于木本和草本花粉,其数量多,比例高),反映中坝地区植被长期处于次生化状态,这显然与人类活动有关。

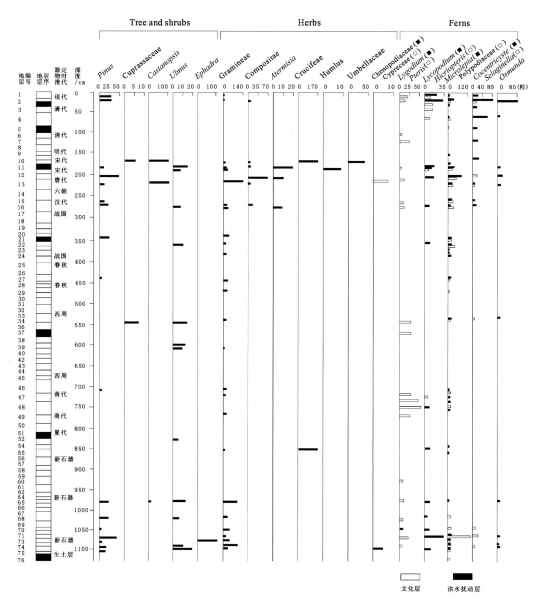

图 4.1.28　中坝遗址 T0102 探方西壁地层中孢粉含量分布图式一（5~140 粒不等/样品）

　　尽管"尚不能准确反映当时自然植被状况"，但这并不意味着中坝遗址 T0102 探方的孢粉鉴定结果没有参考价值。笔者分析认为中坝地层孢粉分布有几点值得注意：①蕨类占明显优势；②陶器制盐的旺盛阶段，如商代、西周、春秋及战国时期的地层中不少样品几乎完全没有发现孢粉；③遗址洪水堆积层中的孢粉含量往往相对高于临近的文化层。

　　依据图 4.1.28 和图 4.1.29 对中坝遗址 T0102 探方西壁剖面孢粉环境考古意义分析如下：

（1）明清至现代。地层中乔木与草本花粉极少，蕨类孢子种类和数量不断增加，这应是由该阶段人类开垦和砍伐导致遗址域植被覆盖率下降、次生化增强的结果。

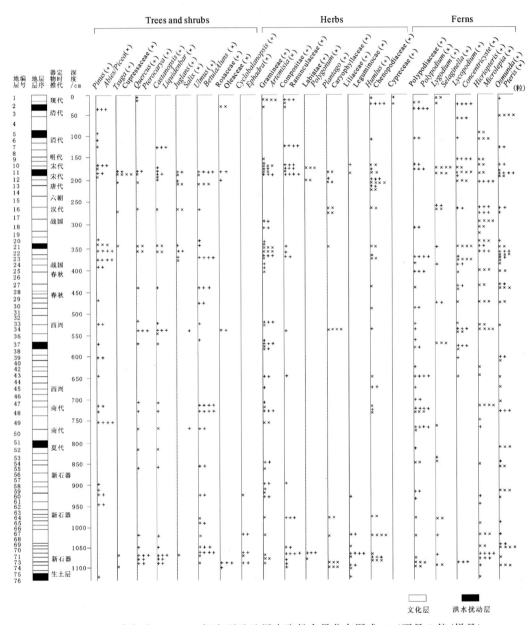

图 4.1.29　中坝遗址 T0102 探方西壁地层中孢粉含量分布图式二（不足 5 粒/样品）

（2）唐宋时期。地层中孢粉种类和数量显著高于其前后阶段，可能表明此时植被状况比较好；但蕨类孢子的种类和数量仍比较多，说明植被的次生化现象依然存在。植被状况比较好通常有两个原因：① 气候状况比较好；② 植被人为破坏不严重。隋唐温暖期和元初温暖期在中国东部季风区具有普遍意义（夏正楷，1997），中坝遗址隋代地层和元代地层都不明显，但从唐代地层底部至宋代地层顶部某些特殊孢粉的存在状况，大致能反映唐宋阶段的气候变化现象。如唐代地层底部和宋代地层顶部的样品中都出现数量超过 100 粒的栲属（*Castanopsis*）孢粉，宋代顶部地层之下却集中出现榆属（*Ulmus*）、蒿属（*Artemisia*）、葎草科（Humlus）和伞形科（Umbellaceae）等偏冷干的乔木和草本花粉，对应了上述两个温暖期之间的南宋寒冷期（夏正楷，1997），这应该不是巧合。同时我们还可以看出，唐宋之间禾本科（Gramineae）和十字花科（Crucifeae）等也集中分布，可能反映中坝地区在唐宋时期，人类栽培种植活动较其他阶段突出。

考古地层反映中坝地区汉代以后制盐工具发生了质的变化，即开始大量使用铁器而不是以往的陶器作为盐业生产工具，六朝以后盐业生产也不如之前持续旺盛，过去使用陶器直接依赖地面进行盐业生产活动的现象几乎消失（板结工作面主要出现在商周至战国时期）。笔者认为，正是盐业生产方式的改变及逐渐衰弱使得地层中保留了一定数量的花粉。

（3）新石器时代末期至六朝。包括其间的夏、商、西周、春秋、战国以及秦汉时期，是中坝遗址堆积的主体部分，最厚处超过 8 m，持续时间将近 2500 年；但地层中孢粉含量和浓度都极低，显然无法判断当时的植被状况，产生这种现象应与长期强烈的人类活动影响有关。

商代至周初并沿用到秦汉的尖底杯和圈底罐、埋藏量极大（陈伯桢，2003；孙智彬，2003；曾先龙，2003；Flad et al.，2005）且同时代地层中出现数座龙窑，地层中夹杂有许多木炭渣，应表明使用这种陶器需要大量用火（曾先龙，2003）。中坝遗址 T0202 探方考古发掘表明，新石器时代遗存灰坑分布较多；而整个青铜时代（夏商至战国）则以工作面（一种混合着黏土和盐业生产残留物石膏等的板结地面）密集分布为特色（Flad et al.，2005），表明当时的盐业生产主要是依赖地面条件进行的。因此，遗址 T0102 探方西壁这一时段地层中的孢粉种类和数量显著减少就不难理解了。尽管如此，我们仍能够从图 4.1.28 和图 4.1.29 中看出该时段地层中蕨类孢子比例明显高的的特点，显然反映中坝长期以来人类活动兴旺，尤其对生物燃料的需求导致过度砍伐，植被长期处于次生化状态。

（4）新石器晚期部分地层中，偏冷的榆属及偏干冷的藜、蒿和菊等草本花粉比较突出，这可能是该时段某一时期气候干冷迹象的反映。盐生草本藜科（Chenopodiaceae）花粉仅出现在中坝遗址新石器堆积层的下部，似乎表明早期遗址堆积之初颇受盐泉卤水的影响，或早期盐泉卤水浓度较高，亦或直接影响到岸边草本的生长。这与瀯井河流域，甚至整个三峡地区的盐泉几乎无一不在河边（刘卫国，2002）的事实是相吻合的。中坝遗址新石器晚期地层中也出现一定数量的禾本科（Gramineae）和十字花科（Crucifeae）花粉，反映出这个时期中坝地区在大规模从事盐业生产活动之前，栽培种植活动已经开始；而比例高的蕨类成分，则说明植被次生化现象由来已久。

六、T0102 探方西壁环境化学元素分析

(一) 样品及测试方法

共取中坝 T0102 探方西壁剖面环境化学测试样品 210 个。所采样品先自然风干，碾磨，过 200 目筛，取 0.125 g 左右的样用于实验。实验步骤如下：①称取 0.12～0.13 g 的样（精确 0.0001 g），置于 30 ml 聚四氟乙烯（PTFE）烧杯中加少量水润湿；②加 5 ml 盐酸，盖上 PTFE 盖，中温加热 30min 左右；③加 2.5 ml 硝酸，继续微沸加热至硝酸分解完毕（30min）；④加约 6 ml 氢氟酸，0.25 ml 高氟酸，盖好盖并加热，使溶液基本澄清后（1～2 h），将盖取下；⑤140℃高温赶尽高氟酸，取下冷却；⑥加入 1.75 ml 盐酸、0.25 ml 的双氧水（H_2O_2）和 3 ml 的水（亚氟水），再加热至全溶；⑦加 20 ml 水定容到 25 ml，待测。由南京大学现代分析中心 ICP 电感耦合等离子发射光谱实验室，采用 ICP 电感耦合等离子发射光谱仪测试。

(二) 环境化学元素分析

地表化学风化作用是环境地球化学行为的一个重要环节，区域环境是制约风化强度和风化产物成分的重要因素（Lasaga et al.，1994；Taylor and Lasaga，1999；金章东等，2001），因此，它可以被看作是恢复过去环境变化过程的重要手段之一（陈敬安和万国江，1999；朱诚，2000）。在表生地质环境过程中，元素尤其微量元素的迁移和转化具有如下一些特点：①外动力处于绝对优势，元素的迁移和富集直接受区域自然地理条件的制约而具有明显的周期性、地带性和区域性；②以淋溶和淀积为主要过程的水迁移作用占主要地位；③生物地球化学作用十分活跃；④元素的分布和组合受到地表地貌条件的影响；⑤人类生产和生存活动直接影响元素的再分配。通常，暖湿气候条件下地表岩矿的化学风化作用强烈，有机质分解快，在酸性溶液条件下易造成大量 K、Na、Ca、Mg、Ba、Li、Al、Fe 等化学元素的迁移和积累；相反，在干冷气候条件下，这些元素的含量一般较低。

庞奖励等（2001）认为 Pb、Cu、Zn、Gd、Mn 等元素含量变化实质上反映了气候变化的直接结果，含量高指示风化成壤作用强烈的湿润气候环境；含量低则指示寒冷的干旱气候环境。元素在表生环境中具有不同的地球环境化学行为，化学风化过程中，一些碱及碱金属元素容易迁移淋失（刘英俊，1984）。K、Na、Ca、Mg、Sr、Ba 等元素属于易迁移的元素，一般水热条件就能够从风化壳中淋溶出来；而 Al、Fe、Mn、Co、Cr、Ni 等元素迁移能力较弱，只有在暖湿气候条件下化学风化和生物作用较强的时候，才能够从岩矿中迁移出来。环境地球化学分析不仅广泛应用于湖相、海相、黄土、石笋等样品中，近年来，也开始不断用于考古遗址堆积地层的样品中（朱育新等，1999），并取得了一定成果。

由于所分析对象为考古遗址地层，其环境化学成分的迁移、转化和积累不仅受自然驱动力的影响和控制，同时也受人类活动因素的影响和控制，因此有必要对中坝遗址堆积物的物质来源作简要的归纳和说明：①中坝遗址底部为一古"冲积扇体"，扇体上部

可见较大的石块和砾石，然后才是堆积近 13 m 的遗址堆积体。该堆积体的物质主要有三个方面的来源，即洪汛期沉积物、人类活动搬运来的物质（如黏土、用于"黏土回火"的精细白沙、灰坑底部用于衬垫的砾石等）以及大量的器物碎片（如碎陶片等）（史威等，2007）；②无论来自于哪一方面的黏土、粉砂及其他碎屑物，其基本物质成分应主要是受渝东地区地表岩层岩性的控制。某些特殊成分，如洪水层中的重矿有可能受上游河床沉积物的影响；③三峡库区出露地层主要为二叠系、三叠系和侏罗系的碳酸盐岩、岩盐、页岩、砂岩、粉砂岩及其他碎屑岩等。土壤母质主要为紫色砂岩和泥岩（唐将等，2005），与全国土壤背景值相比较，Ba、Ca、K、Mg、Fe 等平均值均高于全国的平均值（王云和魏复盛，1995）。遗址所在的大池潜井构造带，其上层岩层主要是砂岩、粉砂岩夹泥页岩、薄层石灰岩、白云岩及石膏、岩盐和泥页岩等（蒲家奇等，1995），其中泥质岩中 K、Mg、Fe、Ba、P、Mn 等均相对最高；④中坝遗址 6 个古洪水层与 1981 年现代洪水层沉积物在重砂矿物成分及特征上有以下相似性，即主要由磁铁矿、赤褐铁矿、绿帘石、石榴子石、锆石、金红石和磷灰石等 15 种重砂矿物组成（朱诚等，2005）；⑤地层中的某些化学成分如 Mg、Li、Ca、P 等，与盐业生产过程中的残留杂质有关（陈忠勤和吴学娟，2001；刘卫国，2002）。

根据 T0102 探方西壁 210 个样品的 ICP 测试结果，可发现中坝遗址地层环境化学元素含量的变化存在不同的类型组合（图 4.1.30 和图 4.1.31）。图 4.1.30 中 Al、Fe、Ti、V、Cr 和 Se 元素含量变化曲线极为相似，同步变化特征明显；Sr 和 Ba 元素含量变化曲线也极为相似，与前面七种曲线呈反相关，曲线走势基本能够与中国气候变化的一般趋势进行对比（竺可桢，1973；施雅风，1992），反映出上述元素环境化学行为主要受气候驱动力控制的特点。从图 4.1.30 中曲线波动特征可看出，自新石器晚期（约 4.5 ka BP）以来，中坝遗址域：①约 4300 a BP 前后有一明显降温过程；②此后发生过几次冷干事件，依次为夏初（不显著）、西周初（显著）、西周中晚期（显著）、战国中晚期（显著）、六朝（不显著）、宋（显著）和明清时期（显著）；③约 3 ka BP 后气候波动较之前增大，晚清以来气候明显回升。

图 4.1.31 中曲线变化特征与上述图 4.1.30 中曲线的变化特征差异大，尤其 P、Ca、Mg、Li 四种元素（人类活动对该四元素的影响可见下文解释）的变化特征与人类活动强度和活动方式的变化具有很好的对应关系：①六朝以来，中坝遗址地层中上述四种元素的含量明显减少。特别宋以来，Mg、Li 两种元素（为盐业生产过程中主要杂质的残留物）的含量显著降低，明清以后似稍有恢复，应反映的是盐业生产活动的减弱过程；②商周至秦汉时期，地层中 P、Ca、Mg、Li 四种元素含量普遍较高，是中坝地区以盐业生产为主的人类活动旺盛阶段；③新石器晚期（约 4.5 ka BP）至夏代，P、Ca 含量高，而 Mg、Li 含量低则反映的是中坝早期人类活动阶段的特点，即此时盐业活动尚处于起步阶段，而中坝作为聚落或早期狩猎场所已持续一定时期。新石器地层中大量的灰坑、埋藏动物骨骼，包括大型饲养动物的骨骼等就是证据。从这一方面讲，环境化学分析结论与考古发掘结果是一致的。至于图 4.1.31 中 Co、Mn、Cu、Zn 和 Ni 等元素则明显受人类活动干扰，既不能反映气候的变化特征，也不能反映人类活动的强度或方式，应该说这正是考古遗址堆积地层与自然地层存在差异的地方。

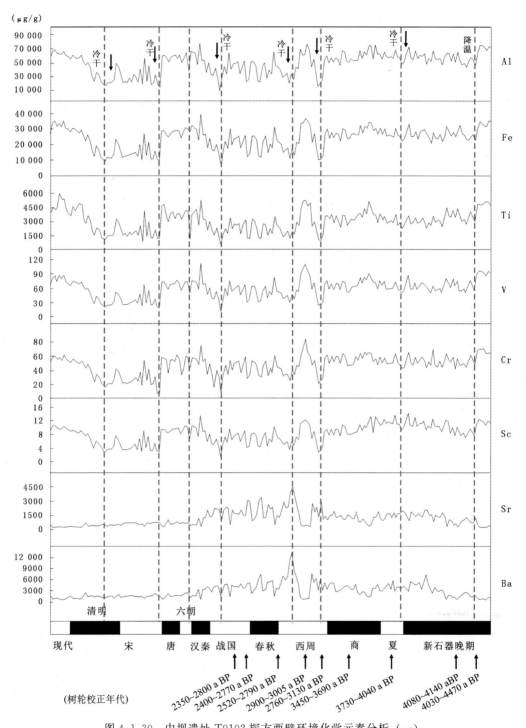

图 4.1.30　中坝遗址 T0102 探方西壁环境化学元素分析（一）

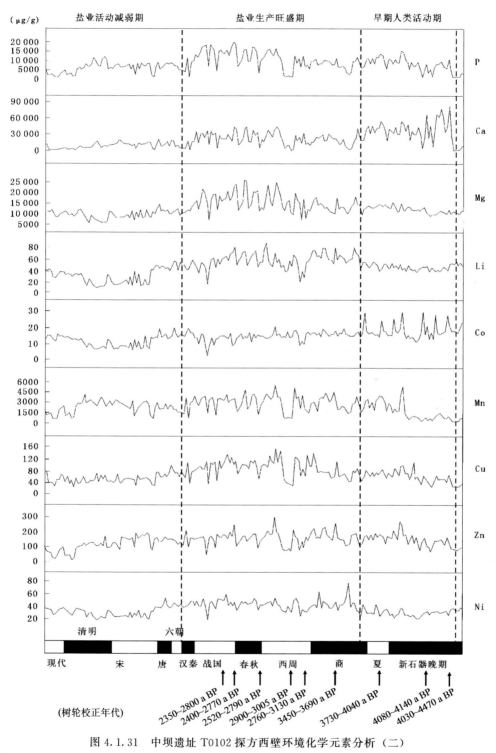

图 4.1.31　中坝遗址 T0102 探方西壁环境化学元素分析（二）

七、T0202 探方古气候与人类活动记录

中坝遗址与后文的玉溪遗址不同之处在于前者主要属于盐业性质的专业遗址,其人类活动的方式和强度与后者有显著区别。陈忠勤和吴学娟 (2001) 对盐泉的测定表明,卤水中多含有不易溶的钙、镁、汞等杂质,它们是伴随盐业生产过程而沉淀或析出的。土壤 TOC 是进入土壤中的生物残体及其部分分解产物和土壤腐殖质,其含量的高低受气候条件和人类活动的共同影响 (Post et al.,1982;Xiao,1999;潘根兴等,2003;周涛等,2003)。遗址地层中 P、Ca 含量高主要是由生物和人类活动造成的,P 不仅是动植物细胞的主要成分,而且 P、Ca 也是动物骨骼和牙齿的主要成分;因而文化遗址中 P、Ca 的聚集在很大的程度上主要反映的是人类生存居住情况 (Goldschmidt,1954)。

(一) 样品及测试方法

Rb、Sr 样品在室温下自然风干 1 个月,去除陶片、骨骼等杂质,每个样品各取约 5 g 预先研磨至 200 目并压制成圆片,其含量由日本岛津公司生产的 VP-320 型 X 射线荧光光谱仪进行测试;Hg 样品预处理采用硫酸-高锰酸钾消解法,在带有明显紫色的情况下消解 1 小时,取下冷却,滴加盐酸羟胺溶液至紫色褪尽,将消解液及残渣全部转入容量瓶中并用去离子水定溶,然后用 NCG-1 型冷原子吸收测汞仪测得全汞含量;P、Ca、Mg 样品先自然风干、碾磨并过 200 目的筛,取 0.125 g 左右的样用于实验,其含量由 ICP 电感耦合等离子发射光谱仪测试;TOC 样品经自然风干,剔除砾石及炭屑、陶片和动物骨骼碎片等,磨碎后先过 10 目筛,再过 100 目尼龙筛备用,并采用高温外热重铬酸钾氧化—容量法测定土壤有机碳含量。以上 Rb、Sr、Hg、P、Ca、Mg 及 TOC 样品皆由南京大学现代分析中心完成。

(二) 测试结果分析

共获 Rb、Sr、Hg 数据各 99 个,其中 Rb 取值范围在 $29 \sim 126\ \mu g/g$,平均值为 $83.07\ \mu g/g$;Sr 取值范围在 $141 \sim 3012\ \mu g/g$,平均值为 $795.93\ \mu g/g$;Hg 取值范围在 $0.67 \sim 108.35\ \mu g/g$,平均值为 $29.19\ \mu g/g$。共获 P、Ca、Mg 数据各 201 个,其中 P 取值范围在 $0.88 \sim 18.47\ mg/g$,平均值为 $9.21\ mg/g$;Ca 取值范围在 $16.34 \sim 689.65$,平均值为 $207.17\ mg/g$;Mg 取值范围在 $5.50 \sim 20.21$,平均值为 $13.09\ mg/g$。获 TOC 数据 70 个,取值范围为 $2.60 \sim 72.60$,平均值为 $25.76\ mg/g$。据以上数据绘制中坝遗址剖面新石器晚期以来 (约 4.5 ka BP 以来) Rb、Sr 及 Rb/Sr 分布曲线 (图 4.1.32 和图 4.1.33) 以及 Hg、P、Ca、Mg 及 TOC 分布曲线 (图 4.1.34)。

（三）古气候与人类活动记录

1. 古气候记录分析

中坝遗址虽位于滃井河出杨子堰后的宽谷区，然遗址域周边地形陡峻，残坡积浅薄，极难形成全新世以来的连续自然沉积，这给就近利用自然沉积建立同期气候变化曲线带来了困难。由于中坝遗址堆积物受人类活动影响异常强烈，地层中孢粉样品处理结果不理想，同时磁化率曲线的异常表现，均不能据此反映气候变化过程（史威等，2007）。本节 Rb、Sr 测试数据及 Rb/Sr 比变化曲线显示（图 4.1.32），尽管该两种元素在地层中的含量变化也可能会受到人类活动的影响，但仍较好的记录了遗址域新石器晚期约 4.5 ka BP 以来的气候变化过程，这表明中坝遗址地层中 Rb、Sr 代用指标受人类活动的干扰程度低。

从图 4.1.31 中可知，中坝遗址新石器末期（约 4.5～4 ka BP），Rb 值变化在 36～127 μg/g（平均为 83.07 μg/g），Sr 值变化在 185～1857 μg/g（平均为 795.93 μg/g），Rb/Sr 变化在 0.02～0.79，曲线波动大，反映气候不稳定，这与以往我国西北、中原、太湖及东部沿海区研究结果所揭示的 4 ka BP 前后气候转型期的特征相似（洪雪晴，1989；施雅风等，1992；朱诚等，1998；Yu, et al.，2000；Zhu, et al.，2000；夏正楷和杨晓燕，2003；史威和朱诚，2004；Wu and Liu，2004；Zhang, et al.，2005）。商末周初（约 3 ka BP 前后）、西周早中期和明末清初，Rb 曲线出现显著低谷，其值依次为 29 μg/g、35 μg/g 和 45 μg/g，远小于 83.07 μg/g 的平均值。商末周初和西周早中期 Sr 曲线出现峰值，依次为 3012 μg/g 和 2123 μg/g，远高于 795.93 μg/g 的平均值；但明末清初 Sr 值并不高，为 393 μg/g。上述数据变化特征表明：

（1）商末周初和西周早中期存在显著的干冷事件。

（2）明末清初中坝地区存在降温事件，但从此时出现较低 Sr 值上看，考虑到 Sr 对淋溶作用更为敏感（Dasch，1969；Gallet et al.，1996；陈骏等，1998；庞奖励等，2001；李福春等，2003），反映当时气候相对较为湿润，这一点与同纬度中国东部地区是有差别的。究其原因，可能一方面确实反映明末清初中坝独特的地形条件使得其气候与中国东部相比要湿润一些；但另一方面我们又不能排除这一阶段本区多发洪水且洪水位奇高（朱诚等，2005），以致因没顶（中坝岛）而导致地层中 Sr 淋溶作用增强的效应。此外，Rb、Sr 和 Rb/Sr 比曲线在夏代（Rb 值为 71 μg/g；Sr 值为 698 μg/g；Rb/Sr 比 0.10）、春秋早期（Rb 值为 76 μg/g；Sr 值为 1311 μg/g；Rb/Sr 比小于 0.06）和战国早期（Rb 值为 65 μg/g；Sr 值为 1491 μg/g；Rb/Sr 比 0.04）分别出现次一级的谷、峰值，即上述三个时期 Rb 值均明显小于平均值 83.07 μg/g，而 Sr 值也明显大于平均值 795.93 μg/g，应反映上述各时期曾出现过次一级冷干事件。由于遗址缺失隋及元代地层，南宋地层也不明显，故如南宋寒冷期、元代温暖期（夏正楷，1997）就难以从曲线上体现出来。Rb、Sr 曲线在六朝时期存在弱谷、弱峰，Rb 值为 107 μg/g，稍大于均值；Sr 值为 430 μg/g，则明显小于均值，与中国东部地区相比，反映本区六朝时期气候变化不明显，与商末周初、西周早中期既冷又干不同，也与明末清初冷而不干有别。比较而言，中坝地区商末周初冷干事件显得最为突出，推断此时冬季风对本区的影响可能是新石器晚期以来最强劲的。

中坝遗址地层中 Rb、Sr 及 Rb/Sr 变化曲线所反映的气候变化过程特点，一方面整体上具有中国气候变化的一般趋势，另一方面又表现出独特的区域特性，值得注意的是中国东部，尤其长江中下游六朝时期、明末清初的降温事件在中坝表现不显著，这很可能是由中坝所处的群山环抱的谷底环境影响所致，同时也说明本区谷地环境对东亚冬季风变化响应的复杂性。中坝遗址地层自新石器晚期以来受多期特大洪水或洪水期的影响（朱诚等，2005），图 4.1.32 中显示遗址地层中几次主要洪水期往往具有出现在上述冷干事件前后的特征。

通过中坝新石器晚期以来 Rb、Sr 及 Rb/Sr 曲线与祁连山敦德冰川 δ^{18}O（10^{-3}）变化曲线（姚檀栋，1996）、湛江湖光玛尔岩（Lake Huguang Maar）湖相沉积物磁化率（10^{-6}SI）和 Ti 含量（counts/s）变化曲线（Yancheva et al.，2007）以及以蒙德极小期 ^{14}C 浓度为标准的大气 ^{14}C 浓度变化和太阳活动水平较长期变化曲线（Eddy，1976，1977；Reid，1991）进行对比（太阳活动水平长期变化与全球气候变化之间有很好的正相关（Eddy，1976，1977）。作者发现上述各曲线存在可比性（图 4.1.33）。图 4.1.33 中干冷事件（箭头所示），即 Rb 谷值、Sr 峰值及 Rb/Sr 比谷值可与 δ^{18}O 变化曲线的谷值、磁化率和 Ti 曲线的峰值对比，且均处在大气 ^{14}C 浓度峰值期及太阳活动水平较长期变化的低谷阶段。其中商末周初（3000 a BP 前后）、六朝及明末清初干冷期，明显处于太阳活动极弱期和大气 ^{14}C 浓度峰值期。湖光岩湖相沉积物磁化率（10^{-6}SI）和 Ti（counts/s）曲线在 3000 a BP 前后、西周早中期和 17 世纪处于峰值，反映当时低纬度有风成搬运堆积，表明亚洲冬季风极为强盛（Yancheva et al.，2007）。中坝地层中 Rb 极低值、Sr 极高值及 Rb/Sr 比极低值在 3 ka BP 前后表现突出，不仅说明本区当时气候干冷，强盛的冬季风已将北方风尘物质带到澄井河谷，而且这些风尘物质可能已影响到堆积物中 Rb、Sr 含量，这可能是中坝遗址地层 3 ka BP 前后 Rb 含量极低，而 Sr 含量很高的原因之一。张芸对大宁河双堰塘遗址所做的粒度、磁化率及氧化物分析，证实 3～2.85 ka BP（第一小冰期）大宁河谷也有一套风尘堆积物发育（张芸等，2001）。

2. 人类活动记录与古环境分析

如图 4.1.34 所示，Hg、P、Ca、Mg 和 TOC 变化曲线与图 4.1.32 中 Rb、Sr 及 Rb/Sr 比变化曲线的走势和特征差异很大，前者反映不出中国新石器晚期约 4500 a BP 以来气候变化的一般趋势和特征（竺可桢，1972；施雅风，1992）。然而图 4.1.34 中 Hg、P、Ca、Mg 和 TOC 曲线之间却表现出明显的同步变化趋势，即存在着较为显著的相关性（表 4.1.8），同时上述曲线又可划分为三个明显不同的阶段：①新石器晚期至夏初的阶段 A（约 4.5～3.9 ka BP）；②夏商至汉代的阶段 B（约 3.9～1.7 ka BP）；③六朝至现代的阶段 C（约 1.7～0 ka BP）。作者将图中各曲线同步变化的阶段性表现及各阶段变化特征与考古发掘记录的不同阶段人类活动现象以及各阶段文化遗存的特征差异（表 4.1.9）进行对照分析，发现其间存在着密切的关联性。

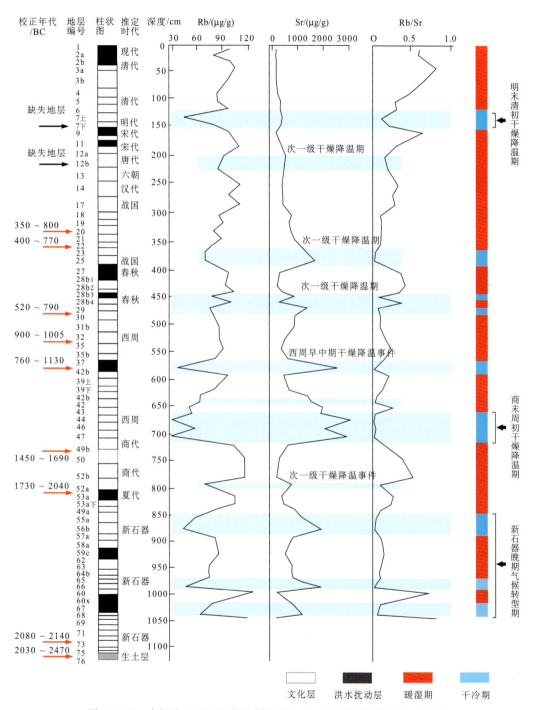

图 4.1.32　中坝遗址 T0202 探方剖面 Rb、Sr 含量及 Rb/Sr 比分布曲线

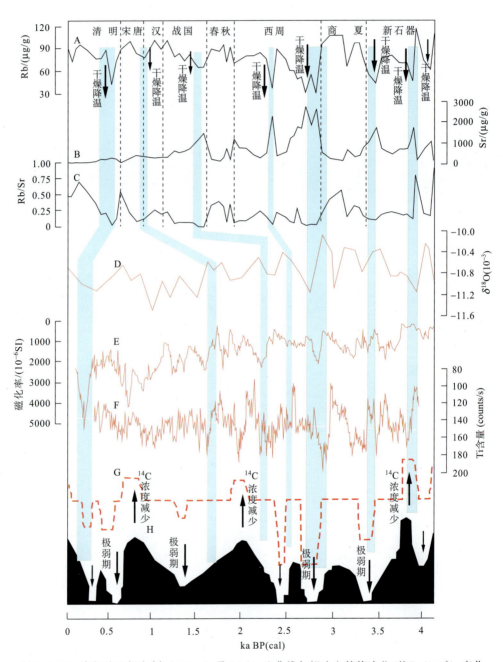

图 4.1.33　中坝遗址探方剖面 Rb、Sr 及 Rb/Sr 比曲线与祁连山敦德冰芯 δ^{18}O（10^{-3}）变化曲线、湛江湖光玛尔岩（Lake Huguang Maar）湖相沉积磁化率（10^{-6} SI）和 Ti 含量（counts/s）变化曲线、以及以蒙德极小期 ^{14}C 浓度为标准的大气 ^{14}C 浓度变化和太阳活动水平较长期变化曲线进行对比

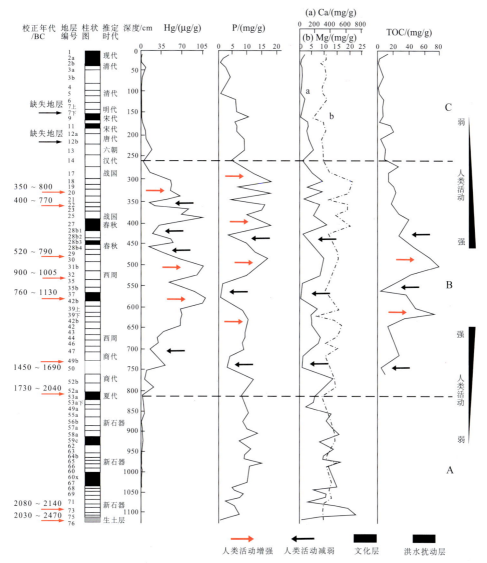

图 4.1.34　中坝遗址探方剖面 Hg、P、Ca、Mg 及 TOC 分布曲线

表 4.1.8　中坝遗址地层中 Hg、P、Ca 等元素及 TOC 变化曲线的相关性系数分布

考察阶段	各曲线间相关系数分布						
	Hg 与 P	Hg 与 Ca	Hg 与 TOC	P 与 Ca	P 与 Mg	P 与 TOC	Ca 与 Mg
A				0.901			
B		0.702			0.831		0.730
C	0.768				0.749	0.667	
A+B				0.692	0.693		
B+C	0.542	0.514	0.531	0.772	0.878		0.733
A+B+C				0.646			

注：双侧检验，显著性水平为 0.01；相关系数小于 0.5 的未列入。

遗址地层中 P、Ca 元素含量高低是体现人类活动强弱的重要指标（Goldschmidt，1954）。如图 4.1.34 所示，在 A+B 阶段，中坝遗址 P、Ca 曲线显示高值（B 段有明显波动），这表明新石器晚期至汉代（约 4.5~1.8 ka BP）为人类活动的相对旺盛时期，这一时期地层中出现大量与人类食物构成来源密切相关的动物、鱼类骨头（Flad et al.，2005）。而六朝至今（约 1.7~0 ka BP）的地层中动物骨头碎片显著减少，这可能是导致该时间段地层中 P、Ca 值降低的主要原因。就中坝遗址而言，地层中 Ca 与 P 含量变化的意义仍有差别，这不仅与人类活动强度有关，还可能直接涉及人类活动的方式。中坝遗址地层及器物样品的检测结果（孙智彬，2003；Flad et al.，2005）表明，地层中 Ca、Mg 等含量很可能与盐业生产密切相关，也就是说 Ca、Mg 含量及其变化的意义是与盐业活动有关。由表 4.1.8 中曲线相关分析结果可以看出，Ca 与 Mg 在 A+B 阶段不仅含量高，而且 Ca 与 Mg 的相关系数达到 0.733，实际上由于 A 阶段 Ca 与 Mg 相关系数小于 0.5（表 4.1.8），真正具有相关性的只在 B 阶段（系数为 0.730），即夏商至汉代（约 3.9~1.8 ka BP）应是本地盐业生产活动的主要阶段，大量的被确认为是制盐工具的尖底杯和圜底罐等主要出现在这一阶段，数量惊人（Flad et al.，2005；孙智彬，2003，2007）。A 阶段则更可能是具有聚落特征的并兼有初步盐业生产活动的时期或由此逐步转向以盐业遗址为主的过渡时期，遗址新石器晚期地层中出现的大型饲养动物如水牛、黄牛、鹿等以及有人体骨架的墓葬，而 B 阶段始终未见此情形（孙智彬，2003）等说明，其最初还是具有聚落遗址的性质或特征；同时盐业遗迹的非正式的空间组织特征以及被看作是制盐工具的尖底缸等并非出自中坝遗址最早的文化层中，而是在该遗址新石期晚期文化层中较晚阶段才出现并逐渐增多的（表 4.1.9）。作者认为，中坝遗址最初阶段的性质有聚落型特征，但又不同于一般聚落型遗址。最初遗址建立在河道宽谷左侧的砾石边滩上，下部是古冲击扇体，当时高度比今天见到的中坝顶部要低得多，洪汛期极易被淹没（史威等，2007），故遗址具有季节性。当时生活在这里的古人群可能与 4 km 外瓷井口遗址群关系密切（孙华，2004），之所以人们愿意冒险是因为这里存在盐泉。人们在此获取盐分，同时动物也有趋盐性（程龙刚，2001），最初这里还可能是很好的狩猎场所。A 阶段地层中高 Ca、Mg 值表明最初聚落可能与直接利用浓缩的盐泉有关或受盐泉直接影响所致。遗址早期地面出现的至今仍没有得到很好解释的中间低部有黏土或大石块衬垫的圆形灰坑（孙智彬，2003），有可能是为直接利用浓缩盐泉而建造的。已有研究表明，"中坝人"在汉以后使用铁器煮盐，西周至汉代使用陶器煮盐，西周之前的制盐方式可能主要是靠自然蒸发浓缩（孙智彬，2007），而在制盐工具出现之前完全有可能直接利用浓缩的盐卤。总的说来，A 阶段利用盐泉的量和规模比后期要小得多。

表 4.1.9　中坝遗址地层不同阶段考古遗存及人类活动现象的差异

阶段 C（六朝至今）	文化器物	地层中有唐、宋、明、清陶瓦片、瓷片和小铜器，炭屑含量少
	人类活动遗迹	发现较多唐宋时期房址、灰坑、窑和墓葬，如唐代"瓦棺葬"，工作面不多见
	土层特征	疏松褐色土为主，有耕作土特征；其中夹有具水平层理特征的棕红色粉砂洪水层
	文献记载	断续进行的盐业生产活动，如《后汉书·南蛮西南夷列传》、《水经注·江水》、《华阳国志·巴志》、《忠县志》和《忠州直隶州志》等

续表

（夏商至汉代）阶段B	文化器物	商周至秦汉尖底杯和圜底罐埋藏量十分惊人，碎陶片数量极大，尤以两周为盛，从夏代晚期至商代起开始向遗址西南断崖和西部倾出尖低杯和角杯等陶器碎片
	人类活动遗迹	土层紧实、板结，含多期大范围工作面、居住面、沟槽和灰坑等。居住面较普遍，灰坑、洞、沟、工作面和火炉等空间组织结构加强。沟呈西北—东南或东北—西南方向的直线，可能和盐水源头的位置有关。西周以后地层含许多木炭渣
	动物骨骼	大量动物骨头，小型野生动物逐渐占优势，鱼类比例大，生物多样性强
	墓葬情况	始终未见人骨出土
（新石器晚期至夏初）阶段A	文化器物	缸、罐、盘口器、盘口罐等，以缸最有特色，从小平底到柱状底再到尖底。出土包含物少或纯净，不见木炭渣。较晚出现尖底缸，碎陶片的密集度比后期低得多
	人类活动遗迹	遗迹有房址、灰坑、墓葬、龙窑等，遗物主要有陶器、石器、骨器和大量的动物骨骼。灰坑较多，灰坑、洞、沟、工作面和火炉等呈非正式的空间组织特征
	动物骨骼	大型饲养动物如牛、猪等占优势，哺乳动物比例大，生物多样性弱
	墓葬情况	有完好人骨出土
阶段A之间	文化器物	最下面的以侈口深腹盆（罐）、花边中腹平底缸、盘口粗颈罐、喇叭口粗颈壶、敛口平底钵为代表的"哨棚嘴文化"遗存，其年代相当于龙山时代早、中期

注：表格内容依据文献（孙智彬，2003，2007；曾先龙，2003；孙华，2004；朱诚等，2005）归纳总结。

中坝地层 Hg 值远远高于一般现代自然土的平均值（0.01~0.5 mg/kg）（熊定国和廖激，1994），该异常高值主要出现在 B 阶段。如表 4.1.9 所示，Hg 与 P（阶段 B+C、C）、Ca（阶段 B+C、B）的相关性明显，尤其与 Ca 曲线在 B 阶段的相关系数达 0.702，这说明中坝地层 Hg 异常高值的出现主要还是人类活动影响所致，应该是大规模集中盐业生产的副产品（陈忠勤和吴学娟，2001）。中坝遗址在 B 阶段的 TOC 含量值很高，到 C 阶段明显下降（图 4.1.34），同时 TOC 与 Hg（B+C 阶段）、P（C 阶段）值有相关性，相关系数分别为 0.667 和 0.531。而与 Rb、Sr 及 Rb/Sr 比值变化的相关性不大，这说明 TOC 的变化依然主要取决于人类活动及人类活动方式。另外，还有一个值得注意的现象，B 阶段各曲线波动大且具有同步变化特征。Ca 与 TOC 值的同步变化反映盐业生产强弱与用于煮盐的燃烧碳屑残余之间的正相关关系。在探讨 B 阶段人类活动处于低谷的原因时，我们不能回避人类社会内因所起的作用，但同时也发现 B 阶段几个低谷期往往处于洪水、冷干事件前后（图 4.1.34）。

可以推断，中坝遗址人类活动从新石器晚期至今（约 4.5~0 ka BP）经历了以下三个阶段：即新石器晚期至夏初为早期具有聚落特征的遗址向初期盐业遗址转型时期，表现为兼有聚落与盐业双重遗址型特征，从上述遗址地层多元素和 TOC 的分布趋势（图 4.1.34）以及考古地层记录的人类活动现象（表 4.1.9）可揭示聚落形成在前而盐业发展在后的演变过程；夏商至汉代为盐业遗址形成和发展时期，这一期间人类活动旺盛主要是指盐业生产活动，其中存在几次大的起伏波动。如商代早中期、西周早中期、西周末至春秋早期、春秋末至战国早期以及战国晚期是盐业活动的几个鼎盛时段；而商末周初、西周中晚期以及春秋和战国中期曾发生过持续时间不长的盐业活动减弱时段，影响因素可能涉及冷干事件、古洪水和社会因素，还可能与盐泉出卤量及卤水浓度有关。六朝至今，尤其宋代以来表现为盐业活动衰落期，但 P 值在明代之前并未显著降低，表明盐业活动减弱而人类活动并未减弱（图 4.1.34），此时 TOC 的降低可能与因垦殖活动加强而导致的植被破坏有关。

汉以后 Ca、Mg、Hg 值的明显降低，可能与中坝卤水涌出量以及卤水的浓度随时代变迁而不断减少和降低有关；或者说中坝盐卤资源因长期开发利用，汉以后已明显出现超用卤水的状况。但从考古资料（程龙刚，2001；曾先龙，2003；孙华，2004；Flad et al.，2005；孙智彬，2007）和文献记载（表 4.1.9）可知历史时期中坝盐业生产活动仍断续进行，尤其汉代的盐业生产仍较活跃，宋以后才显著衰落。究其原因，作者认为与汉以后制盐工具的改进有关。汉以后使用铁器煮盐（孙华，2004；Flad，2005；孙智彬，2007）、生产作坊更加专业化（Flad，2005），与早期利用陶器、地面、灰坑及沟渠等浓缩盐卤并进一步加工制盐有明显不同。铁器可以重复使用，加之作坊的进一步专业化使生产过程中避免了盐泉或盐卤大范围直接接触地面，这就是汉以后地层中很少出现如商周时期那样板结地面（工作面）的原因。板结地面实际与汉以前即商周至春秋战国时期因直接利用地面或直接接触地面煮盐或蒸发制盐（西周之前地层中碳屑极少）所形成的工作面有关（曾先龙，2003），面上密如蜂窝的小窟窿最可能的用途是直接放置或插入尖底杯、尖底缸或圜底罐等这些主要在商周时期用于制盐的工具。这些陶质工具与汉以后铁器的重复利用不同，当时人们往往通过打碎陶器取出固体盐块，大量碎陶片如"倒垃圾一样"堆积在地层中（孙智彬，2003），而附着在碎陶片上的盐末及其盐卤杂质必然随同陶片一起进入地层。

依据 AMS[14]C 测年和考古器物推定时代建立的地层时间序列，中坝遗址剖面（T0102、T0202 和 T0301）多元素和 TOC 研究，并结合遗址地层人类活动现象的对比分析，结果表明：

（1）Rb、Sr 及 Rb/Sr 比分布曲线能够反映遗址域古气候变化过程，曲线变化具有中晚全新世中国气候变化的一般特点，其中新石器末气候波动大，商末周初、西周早中期冷干事件、明末清初降温事件明显，但南北朝降温不显著同时气候仍较湿润。几次干冷期（或降温事件）可与敦德冰芯 δ^{18}O 变化曲线谷值、湖光岩湖相沉积物磁化率和 Ti 变化曲线峰值以及大气[14]C 浓度峰值期和太阳活动水平较长期变化的低谷期对比。中坝考古遗址地层的古气候记录，Rb、Sr 及 Rb/Sr 比变化曲线具有受人类活动干扰影响小的特性。

（2）Hg、P、Ca、Mg 和 TOC 在地层中的含量及其变化与人类活动有关，并据此划分为三个阶段：①新石器晚期至夏初为中坝早期具有聚落特征的遗址向初期盐业遗址转型时期，表现为兼有聚落与盐业双重遗址型特征；②夏商至汉代为盐业遗址形成和发展时期，商代早中期、西周早中期、西周末至春秋早期、春秋末至战国早期以及战国晚期是盐业活动的几个鼎盛时段；而商末周初、西周中晚期以及春秋和战国中期发生过持续时间较短的盐业活动减弱时段，影响因素可能涉及到干冷事件、古洪水和社会因素；③六朝至现代，尤其宋代以来为盐业遗址的衰落期，但人类活动并未显著减弱，只是活动方式发生了明显变化，垦殖可能是对植被破坏的主要原因。

（3）夏商至汉代盐业生产强度至少发生过三次较大波动，气候变化、古洪水等对此可能存在一定影响，但始终没能改变该地人类活动的基本连续性。六朝以后中坝盐业逐渐衰落，可能是由于卤水涌出量的减少或盐卤资源长期开采导致卤水浓度降低，同时也可能与洪水的威胁及由此造成的开采利用难度加大有关。

八、多剖面磁化率异常记录的人类活动

沉积物样品磁化率测试结果能敏感反映其中磁性矿物特别是铁磁性矿物含量的变化（Thompson et al.，1980；安芷生和马醒华，1991；安芷生，1993）。通常环境中沉积物所表现出来的磁性变化特征，因与磁性矿物的类型、含量、矿物晶粒特征以及类质同象混入物或铁质包裹体等关系密切，一定程度上反映了该沉积物的来源、搬运营力和成土作用等过程。而以上过程在很大程度上是受气候变化驱动的，因此不少学者认为地层磁化率曲线具有气候变化的指示意义（安芷生和马醒华，1991；韩家懋等，1991；刘秀铭等，1993）。如黄土—古土壤变化序列与气候波动的关系研究中表明，在相对暖湿气候条件下，古土壤发育并对应磁化率高值；而相对冷干气候条件下，则发生黄土堆积并对应磁化率低值（Beget et al.，1990；Maher and Thompson，1991；Netajirao，2000；Stefanie et al.，2002），然而对磁化率变化的形成机制却有不同的解释。Kukla 和 An（1989）认为黄土—古土壤的形成不仅与气候变化、更与特定气候条件下的不同物源区有关；Maher（1998）则认为成土过程是磁化率增强的主要原因，Heller 和 Liu（1984）还指出古土壤中磁化率增强是成土过程中碳酸盐淋失、孔隙度减少导致磁性矿物富集的结果；Meng 等（1997）、贾蓉芬等（1996）、范国昌等（1996）强调土壤中铁细菌和趋磁细菌对磁化率增强的贡献；吕厚远和刘东生（2001）则提出 C4 植物生长对土壤磁化率有重要贡献；Kletetschka 和 Banerjee（1995）研究认为频繁的自然火灾对土壤的加热作用也是强磁化率矿物形成的主要原因之一。

可见即使像黄土—古土壤这样沉积规律很强的自然体，影响磁化率变化的因素也是多方面的，而对非典型沉积环境下形成的如混杂堆积或人类活动参与改造的堆积体，磁化率变化的影响因素显然更复杂，关键在于搞清楚谁是地层中磁性矿物增加或磁化率增强的主要贡献者。王建等（1996）在研究沉积物磁化率与磁性矿物含量、沉积物粒度、物源及动力条件的相关性时，强调沉积后次生变化对磁化率的影响。次生变化可以由自然力驱动，也可以由人类活动驱动，对于遗址堆积而言，人类活动对遗址自然堆积体的影响由次生效应转化为主导因素并非不可能。朱诚等（2005）注意到人类活动极大地改变了环境中磁性物质的循环形式和存在状况，使得环境物质的磁性特征具有明显的人类活动印迹，遗址地层多表现为磁化率高值，认为利用磁性信息可以追索人类活动的历史。张芸等（2001）曾运用磁化率变化来解释重庆巫山张家湾遗址的环境变化，发现火烧及其他人类活动产生的大量细颗粒磁性矿物是对磁化率变化曲线的主要贡献，同时认为人类活动也使文化层中的 pH、有机质含量、微生物活动等发生显著变化，并由此改变了沉积物的磁性特征。

(一) 样品采集与测试方法

样品采集除少数地层因陶片密集为 2～5 cm 采一个样外，其余绝大多数样品皆为 1 cm 间距连续采样。其中 T0202 探方东壁采集样品 604 个；T0202 探方南壁采集样品 140 个；T0301 探方东壁采集样品 224 个；T0102 探方南壁采集样品 296 个；T0102 探方西壁采集样品 481 个。样品采集后，在 35℃ 以下的温度条件自然干燥数月 (不会改变磁化率性质)，之后用研钵压成粉末状，处理后的样品再使用南京大学区域环境演变研究所捷克产 AGICO 公司卡帕桥 (KLY-3) 型磁化率仪测定，共获得质量磁化率数据 1765 个。

(二) 测试结果分析

依据地层样品磁化率测试结果、器物推定时代及 ^{14}C 测年数据，作者绘制了质量磁化率 (SI) 垂直分布曲线 (图 4.1.35 和图 4.1.36)。测试结果表明磁化率值变化范围在 9.06～1754.659 SI，但主要集中在 50～200 SI，其次为 20～50 SI 及 200～300 SI，各剖面均多次出现异常高值 (有些高于最低值两个数量级以上)。各剖面层平均磁化率值变化在 13.91～208.83 SI，剖面低部 (T0202 东) 低值集中，剖面中上部 (T0202 东、T0202 南、T0301 东、T0102 南、T0102 西) 高值集中，且高低值变化特征明显；顶部磁化率值总体有降低趋势，变幅不明显 (T0102 南、T0102 西)。

黄土—古土壤剖面磁化率值研究 (安芷生等，1977，1989) 表明，古土壤层的磁化率值一般是黄土层的 3～4 倍。以往利用考古遗址磁化率曲线对比研究气候变化过程，还是可以看出气候变化的波动特点，如长江三峡库区的张家湾、双堰塘、下沱 (张芸，2001，2004) 及江苏海安青墩遗址 (张强等，2004) 等，磁化率高低值一般相差数倍或至多不过一个数量级 (如青墩)。然而，图 4.1.35 和图 4.1.36 所示中坝磁化率分布曲线则难以体现 5 ka BP 年以来中国气候变化的一般特点 (竺可桢，1973；施雅风，1992)，即反映不出四个温暖期 (仰韶—殷墟温暖期、春秋—秦汉温暖期、隋唐温暖期和元初温暖期) 和四个寒冷期 (殷末周初寒冷期、东汉南北朝寒冷期、南宋寒冷期和明末—晚清寒冷期) 的基本波动趋势或主要变化特征。造成上述现象的原因极可能与遗址性质、物源特点有关，即人类活动强度、特殊物源对剖面磁化率的贡献显著超过了气候变化对堆积体磁化率的影响。

(三) 磁化率异常记录与人类活动的关系

1. 磁化率分布与堆积物来源分析

中坝遗址堆积体的底、顶面高程 (135～148 m) 较附近几个遗址偏低，如哨棚嘴遗址堆积体的底、顶面高程约 145～152 m (四川省博物馆，1959；王鑫，1998)，杜家院子遗址堆积体的底、顶面高程约 135.5～160 m (四川省博物馆，1959；成都市文物考古研究所，2003)。1981 年洪水沉积于坝顶附近清晰可辨 (蓄水淹没前) (朱诚等，2005)，2005 年冬于中坝 145 m 高程处可采得 2004 年洪水沉积物，当年最大洪峰时水

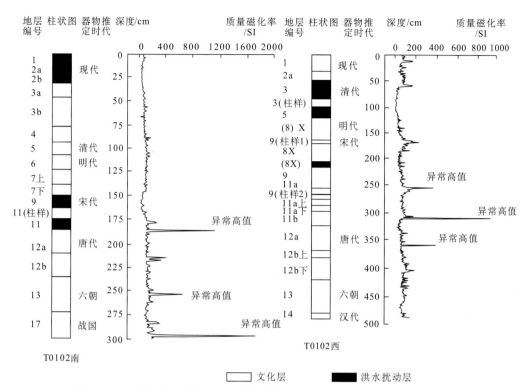

图 4.1.35　中坝遗址探方 T0102 剖面南壁和西壁地层质量磁化率分布曲线

位达到 150 m（中坝上游 2 km 处水文站资料），淹没坝顶。史前时期，中坝遗址最初的堆积体比目前矮许多，可以推断遗址形成之初，洪水时没顶是比较常见的，同时洪水带来的堆积物也不易存留。澶井河为典型山区深切峡谷河段，但出扬子堰后的一段（即中坝遗址所在的河段）地貌上变为宽谷盆地，两岸坡度变缓，河床纵剖面也有所减缓，流速减慢。对河流来讲，一是局部河床可能发生堆积现象；二是河流两岸侵蚀—堆积过程要进行调整。从目前主河道的发育看，自堆积体形成以来，澶井河右岸侵蚀作用显然强于左岸，左岸则更易于堆积并发育边滩。究其原因，除与坝体之下原本存在一个古冲积扇体有关，地球自转偏向力的惯性也起到一定作用，致使水流偏向右岸。随着人类活动的出现，堆积体的增长有可能进一步迫使水流拥向右岸，主河道进一步得到发展。考古发掘结果也证实中坝最底部是砾石、鹅卵石或岩石，说明中坝遗址最初确是建在一个围绕着古冲积扇体发育的砾石边滩上。堆积体达到相当规模后，大洪水时河流可能产生分叉并在左岸形成临时性河道，发掘中出现的河床砂应与此有关。认识中坝堆积体的构成来源对探讨遗址的形成及环境演变意义重大，也有助于解释其文化性质。

　　中坝遗址发掘以来，对坝体中是否存在古崩、滑块体一直没有报道，也未见之于文献记载。全新世中晚期以来，北纬 30° 湿润区河谷风成堆积恐怕也是微乎其微的。由于两岸多为基岩岸坡，残坡积物不发育，左岸坡面漫流、雨水冲刷下来的碎屑物也是有限

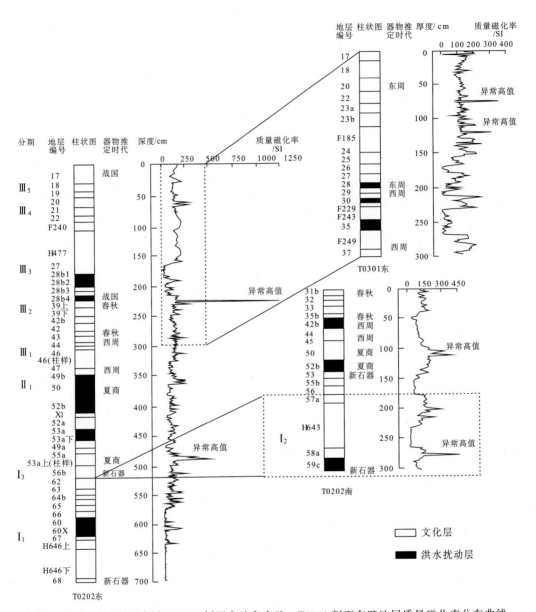

图 4.1.36　中坝遗址探方 T0202 剖面东壁和南壁、T0301 剖面东壁地层质量磁化率分布曲线

的。坝体堆积物中砂、细砂、粉砂和黏土物质基本上是与文化遗存混杂成层，新石器晚期、夏商、春秋、六朝和唐代地层以灰黑色、灰褐色、灰色、灰黄色和黄褐色土层为主，磁化率普遍为高值；新石器晚期、夏代、西周、战国早期、宋代中期及明清地层中所夹棕黄、黄色、红色粉砂或细粉砂及棕红色胶泥层（洪水扰动层），磁化率普遍为低值。由此推断，中坝堆积体的物源主要来自以下三个方面：①大量的碎陶片、一定数量的石器、动物骨头、红烧土和炭屑等；②人类活动带入的物质，如当地易于获取的进行黏土回火的"精细白沙"以及灰坑中起衬垫作用的黏土等；③河流汛期（遗址形成早

期）或洪水携带并滞留下来的砂、砾、黏土等碎屑物。大量碎陶片在遗址北、西北和南部象倒垃圾一样（孙智彬，2003），结构上类似沉积学上的"角砾堆积"，细颗粒充填其中，不易被冲走，可起到稳定及坚固"坝体"作用。

可以说中坝堆积体是在河流汛期或洪水时带来的碎屑物与文化堆积物之间相互促进与相互扰动中形成的。因遗址人类活动基本连续，洪水层多以干扰形式出现，故称之为"洪水扰动层"，其磁化率明显处于低值范围。2004年洪水堆积物是浅红色细砂，1981年洪水（朱诚等，2005）则以粉砂为主，平均磁化率值仅33.86SI（T0102南）。遗址各剖面均有多处磁化率低值层（范围多在30～50），均与含少量陶片的"洪水扰动层"一致。如T0202剖面东第27、28b1、28b4、50、52b、53a和60X层；T0202剖面南第44、52b和59c层；T0301剖面东第27、30和35层；T0102剖面西第3、5和（8X）层以及T0102剖面南第1、2a、2b、9和11层（图4.1.35和图4.1.36）均为磁化率低值层，反映新石器晚期、夏商早中期、西周早及晚期、春秋晚期、战国早期、宋代、明清以及现代均出现过特大洪水。

2. 磁化率分布与人类活动的特征分析

由于中坝遗址为盐业遗址（孙智彬，2003），与一般聚落型遗址有别，人类活动强弱并不一定受制于气候条件，社会因素可能更重要。磁化率高域值范围宽、持续时间久；磁化率低域值范围窄、持续时间短（图4.1.35和图4.1.36）。高域值与地层中碎陶片丰富以及灰坑、作坊、居住面等人类活动现象频繁出现相对应；低域值与"洪水扰动层"对应。遗址年代学、文化现象、堆积物属性及多剖面磁化率分析表明，自新石器末至唐代是人类活动的活跃期，新石器时代末、夏商中期、西周早中期、春秋时期、战国中晚期、六朝中期和唐代为活跃期中的旺盛阶段。对中坝地层Hg元素分析结果表明，人类活动产生的生活垃圾和生产废料常常直接进入地层是Hg含量增高的主要原因（Zhu et al.，2008），尽管当时Hg样品的采样分辨率不是很高，但新石器晚期、夏商、西周、春秋和战国时期Hg元素的高值域（图4.1.37），仍可与上述磁化率分布高域值对比，这从另一个侧面验证了中坝多剖面磁化率高分辨率采样分析结论的可靠性。

碎陶片含量高的地层质量磁化率频繁出现异常高值，说明其在氧化氛围、半露天的状态下，烧制方法对土层磁化率的贡献较大或陶片碎屑直接影响到了土层的磁性矿物含量。另外，有些灰坑里采出的样品磁化率反而低，所采集样品可能是这些灰坑里底部作为衬垫的黏土（防湿、防渗）（孙智彬，2003），这些黏土有可能是从其他地方取来的自然土，也可能是汛期或洪水带来的黏土，这在剖面底部新石器阶段表现突出。高华中等（2005）对中坝遗址T0102剖面有机碳作过分析，发现西周、春秋时期有机碳含量最高，明清时期最低，这与磁化率在这两个时期的表现比较相似。西周、春秋时期有机碳含量高，磁化率值也高，不仅反映植被状况良好，也反映成土作用、植被对磁化率的贡献。战国至宋有机碳含量逐渐降低，但磁化率值仍很高，不仅说明植被状况趋于退化，同时也说明人类活动并没有减弱，磁化率异常高值表明其用火、燃烧等需求更趋多样化，范围和规模也可能更大。在人类活动的旺盛阶段，如西周晚期、战国中晚期、六朝中期和唐代屡次出现异常高值（图 4.1.35 和图 4.1.36），作者以为这与用火有关，包括烧制陶器、煮盐时用火规模、范围的扩大（最初可能主要利用有黏土的灰坑、尖底缸等靠自然蒸发浓缩、晒盐），焚烧杂草清理地面、生活用燃料的增加（遗址中西周、春秋、战国等地层居住面遗迹显著增多）等都可能影响到地层中磁化率的异常表现。虽然这几个时期的土质、土色反映成土作用较强，气候条件相对暖湿，但综合分析表明人类活动对磁化率分布显然起主导作用。

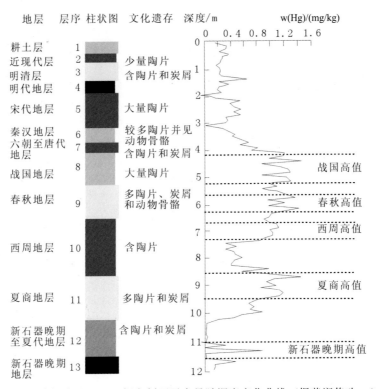

图 4.1.37　中坝遗址 T0102 探方剖面汞含量随深度变化曲线（据黄润修改，2004）

依据考古器物推定时代及 T0102 剖面^{14}C 年代测定，结合对考古地层中出现的人类活动现象和堆积物自然属性特征的分析，重庆中坝遗址 T0202（东、南壁）、T0102（南、西壁）和 T0301（东壁）剖面地层质量磁化率（SI）综合对比研究表明：

（1）中坝遗址堆积物来源主要有三个方面，即碎陶片、人为带入的黏土和细砂以及汛期或洪水沉积物。

（2）陶片集中的文化层对应磁化率高值，其中尤以红陶突出。顶部灰坑、作坊、居住面等频繁出现的文化层以及多有灰坑嵌入的文化层磁化率值也较高；而洪水扰动层往往处于磁化率低值范围。

（3）磁化率分布特征异常，反映出成土过程、气候变迁等自然因素对遗址地层磁化率分布的贡献已基本为人类活动的影响所掩盖。分析认为，中坝遗址域自新石器末至唐代是人类活动的活跃期，宋以后逐渐趋于减弱。其中新石器时代末、夏商中期、西周早中期、春秋时期、战国中晚期、六朝中期及唐代为活跃期中的旺盛阶段。西周晚期、战国中晚期、六朝中期和唐代屡次出现异常高值，可能与此时高强度用火、大规模燃烧等事件致使土层磁性矿物增加有关。

（4）因汛期或洪水沉积物与陶片等文化器物互为扰动，且堆积体以文化层为主，故一般汛期或较小洪水带来的沉积物可能已与文化器物混杂，难以辨认。通过磁化率低值、堆积物属性及文化器物堆积间断等特征，可以推断新石器晚期、夏商早期、西周早期、春秋晚期、战国早期、宋代、明清和现代曾出现特大洪水。

（5）中坝遗址堆积物多剖面磁化率研究结果也说明，人类活动不仅可以极大地影响、干扰地层中磁性矿物的含量和存在状况，甚至能够超越成土作用、气候变迁等自然因素，使得地层磁性特征具有显著的人类活动特征，这对利用磁性信息了解遗址堆积物的来源以及人类活动强度、规模和性质等具有重要意义。

九、Na-Ca 元素含量揭示的制盐业兴衰史

由于食盐极难在遗址中保存，所以盐业遗址考古比一般遗址考古研究的难度要大。以三峡库区为例，到目前为止，对三峡库区古代陶器制盐阶段盐业遗址的判定，主要还是基于三种经验推测：一是这类遗址的堆积形态类似于国外的制盐遗址；二是这类遗址出土的陶器与制盐器物具有较大的相似性；三是这类遗址都靠近盐卤资源产地（孙华，2003）。但上述经验推测尚缺乏确切的实验科学证据，且对于三峡库区新石器时代末期大量流行的如小底和尖底的陶缸陶罐，因为缺乏类比材料，目前无法进行基于经验推测的研究。因此，作者课题组于 2002～2005 年在测年建立地层年代框架基础上，对中坝制盐遗址 T0102 探方共采集了 201 个样品，对重庆丰都玉溪非制盐遗址采集了 47 个样品，对两处遗址地层样品进行 ICP 等离子发射光谱实验分析。通过对特征元素的比对，探讨 Na、Ca 元素含量反向相关与中坝遗址制盐业的兴衰过程。

（一）基本原理

氯化钠分子式为 NaCl，20℃时在水中的溶解度是 36 g，100℃时在水中的溶解度是 40 g，受温度的影响变化很大。古人制盐一般是将卤水中的水分蒸发而得到 NaCl 晶体。蒸发水分的方式主要有两种，一是用日光晒盐，二是用火煮盐。根据 Flad 等（2005）的研究，中坝的制盐技术不仅仅来源于本区人民的智慧，还来自于外来技术的借鉴。在此基础上制出优质的食盐，从而富甲一方。

人工煮盐的原理可以概括为：煮盐时将卤水放在陶罐中熬煮，慢慢浓缩，高温能加快水分的蒸发，由于在相同温度时 NaCl 的溶解度小于 $MgCl_2$、$CaCl_2$ 的溶解度，所以当 NaCl 结晶析出时，$MgCl_2$、$CaCl_2$ 还未达到饱和，还不会有结晶析出。析出的粗盐中除了 NaCl，还有少量 $CaCl_2$ 和 $MgCl_2$。$CaCl_2$ 和 $MgCl_2$ 对人体健康不利，在粗盐加工成食用盐时，需要把 $CaCl_2$ 和 $MgCl_2$ 除去，人们往往采用饱和 NaCl 溶液反复冲洗粗盐，以达到精制食盐的目的。这种方法主要是利用三种物质溶解度的不同将它们分离开来。

孙智彬（2007）采集了中坝遗址当地的卤水、房址、水槽等遗迹表面的钙化物和相关遗物陶片分别送自贡市国家轻工业部井矿盐质量监督检测中心、中国科技大学科技史与科技考古系、北京大学进行了物相（XRD）、扫描电子显微镜（SEM）、液态包裹体、点扫描 EDS 成分检测和定量分析。到 2007 年 1 月为止，在自贡市国家轻工业部井矿盐质量监督检测中心和中国科技大学科技史与科技考古系进行的检测已取得初步的分析结果，表 4.1.10 是部分测定结果。

表 4.1.10　忠县中坝遗址卤水等样品检测记录

项目 ＼ 标本	卤水/(g/L)	99ZZM71 钙化物/%	99ZZM55 钙化物/%	99ZZH457 器物内壁钙化物/%	99ZZAT0301（27）陶缸外壁钙化物/%
钙 Ca^{2+}	0.027	24.54	28.65	31.41	16.90
镁 Mg^{2+}	0.007	1.59	1.04	0.82	0.29
硫酸根 SO_4^{2-}	0.003	0.58	0.05	0.59	0.52

注：卤水采集于距中坝遗址上游约 3 km 处的盐泉，除卤水外，样品处理均采用酸溶。

由表 4.1.10 可见，当地卤水中检测出除 NaCl 以外的主要杂质，在中坝遗址发现的房址、卤水槽以及圜底罐等遗迹和遗物上也存在，并且相应的有所富集。这当然不是由于自然的原因而富集到容器表面和内外壁，而只能是人类的制盐活动造成的（孙智彬，2007）。

中坝遗址制盐的过程是提取本区卤水中的 NaCl，将提取出的 NaCl 以商品盐的形式卖到其他地区。因此盐卤废液中的 NaCl 含量极少，而 $CaCl_2$ 含量则大大提高。当先民把盐卤废液倾倒入遗址地层的时候，废液中大量的 $CaCl_2$ 就留存在遗址地层中。考虑到 Ca 盐、Mg 盐的性质比较稳定，很难在土壤中发生迁移，一般都会以絮状物的形式存在，特别是 Ca 盐还会以钙化物的形式存在，因此可以把 Ca、Mg 元素作为制盐业兴衰的指示剂。而其中又以 Ca 盐的性质最为稳定，并且根据表 4.1.11 的检测结果可以看到，在中坝制盐遗址地层样品中 Ca 元素的含量远远大于 Mg 元素，受环境背景值的影响很小。因此可以将 Ca 元素含量作为制盐业兴衰的指示剂，所以本节在 4 个元素中选取 Ca 作为特征元素之一；另外一个特征元素选取的是 NaCl 中的主要元素 Na。本节在孙智彬（2007）的研究基础上，发现用 Na、Ca 元素含量在遗址地层中的反向相关关系可以揭示中坝遗址制盐业的兴衰过程。制盐业发达的时期，地表盐场提取食盐后排放盐卤废液多；制盐业衰退的时期，地表盐场析盐后排放盐卤废液就少。人类的这一活动在遗址地层元素指标上体现为，制盐业兴盛的时候，Mg、Ca 离子就在遗址地层中大量富集，与此对应的是，Na 含量减少；制盐业衰退的时候，Mg、Ca 离子就减少，而相应的 Na 元素含量则相对较高。此外，通过与前人中坝遗址研究成果的对比，可以将制盐业的兴衰与遗址地层经历的洪水期和文化层堆积进行相互验证，从而了解中坝遗址文化间歇层出现的原因及其对制盐业兴衰的影响。

表 4.1.11　中坝遗址 T0102 探方 Na、Ca、Mg、K 元素含量测定表

序号	考古断代	Na /(μg/ml)	Ca /(μg/ml)	Mg /(μg/ml)	序号	考古断代	Na /(μg/ml)	Ca /(μg/ml)	Mg /(μg/ml)
1	现代层	12 091	122 394	11 119	34	宋代	5176	148 679	8248
2	现代层	13 645	25 201	10 942	35	宋代	5511	145 112	8691
3	近现层	13 876	26 261	11 766	36	宋代	5078	198 250	8662
4	近现层	13 424	26 727	10 877	37	宋代	5976	162 201	9424
5	1981 洪水	17 644	19 618	8533	38	宋代	4851	155 953	8548
6	1981 洪水	17 201	18 906	8339	39	宋代	6322	138 613	10 366
7	1981 洪水	15 934	33 038	9797	40	宋代	6358	128 443	9739
8	清代	11 257	29 872	10 494	41	宋代	5372	121 935	8273
9	清代	11 225	34 481	10 876	42	洪水层	7731	92 768	10 990
10	清代	9685	40 995	11 235	43	宋代	4165	116 679	7270
11	清代	14 462	23 145	9594	44	宋代	10 286	38 337	10 556
12	清代	13 649	25 691	9838	45	宋代	5609	129 149	8434
13	清代	13 515	27 611	10 110	46	宋代	9002	115 720	11 564
14	洪水层	16 387	17 210	8783	47	宋代	4650	123 284	8046
15	洪水层	15 624	19 743	9818	48	宋代	4825	122 395	8359
16	明代	10 066	49 827	11 641	49	宋代	6844	132 989	11 562
17	明代	8892	85 899	11 989	50	宋代	4636	159 108	9092
18	宋代	8626	46 825	10 293	51	宋代	4418	159 229	8340
19	宋代	7519	50 077	8951	52	宋代	12 256	38 422	10 832
20	宋代	5229	64 904	7310	53	宋代	13 812	20 223	10 156
21	宋代	3922	57 401	5802	54	宋代	10 323	121 077	13 031
22	宋代	5165	54 574	9030	55	宋代	8457	197 071	14 470
23	宋代	4947	63 713	8406	56	唐代	11 826	87 733	11 245
24	宋代	4081	137 655	7322	57	唐代	11 060	96 236	11 841
25	宋代	3444	167 009	6800	58	唐代	10 689	119 453	10 855
26	宋代	3205	114 865	6347	59	唐代	10 693	158 855	11 721
27	宋代	3887	55 675	5501	60	唐代	13 924	97 480	9689
28	宋代	4185	81 183	5911	61	六朝	9940	188 907	9922
29	宋代	3947	87 924	5639	62	西汉	18 727	176 202	11 739
30	宋代	4532	62 252	6139	63	西汉	17 766	95 324	11 729
31	宋代	8873	97 894	11 484	64	汉代	9751	94 627	11 106
32	宋代	8207	104 828	10 951	65	汉代	10 703	56 562	12 007
33	宋代	6502	114 116	8982	66	汉代	11 730	50 311	12 354

续表

序号	考古断代	Na /(μg/ml)	Ca /(μg/ml)	Mg /(μg/ml)	序号	考古断代	Na /(μg/ml)	Ca /(μg/ml)	Mg /(μg/ml)
67	汉代	2045	46 223	9338	100	春秋	11 462	375 700	13 002
68	汉代	12 260	51 757	10 647	101	春秋	10 661	301 645	14 492
69	秦代	12 688	164 806	10 292	102	春秋	8888	334 360	20 592
70	秦代	15 592	10 413	11 109	103	春秋	9560	51 847	20 652
71	战国	9538	16 493	11 855	104	春秋	9403	220 215	21 221
72	战国	12 445	169 357	11 297	105	春秋	14 665	174 029	11 578
73	战国	9372	356 525	13 604	106	春秋	10 830	275 889	12 937
74	战国	8286	172 058	14 915	107	西周	11 401	380 586	11 677
75	战国	7745	322 684	16 669	108	西周	9630	312 044	18 209
76	战国	11 784	323 884	12 298	109	西周	8413	266 091	24 062
77	战国	9488	269 643	15 394	110	西周	7554	381 166	15 933
78	战国	7688	368 719	22 046	111	西周	9644	445 929	14 262
79	战国	9968	105 620	20 210	112	西周	4984	401 711	19 597
80	战国	8711	361 210	15 367	113	西周	6881	261 501	25 980
81	战国	2534	294 617	6903	114	西周	6894	181 897	22 032
82	战国	8292	325 397	16 828	115	西周	8693	38 781	18 931
83	战国	8336	52 867	19 575	116	西周	8355	88 694	13 055
84	战国	9688	262 339	19 722	117	西周	13 103	97 955	11 967
85	洪水层	12 225	203 657	11 652	118	西周	15 199	16 338	16 212
86	战国	10 287	214 875	18 920	119	西周	15 724	17 527	17 024
87	战国	9986	195 950	16 501	120	洪水层	13 343	278 454	10 939
88	战国	11 124	293 286	17 329	121	洪水层	13 801	188 524	9951
89	战国	10 653	209 194	17 421	122	西周	6928	241 179	20 318
90	春秋	8113	185 909	21 044	123	西周	9573	157 819	16 651
91	春秋	10 916	438 582	16 538	124	西周	6202	329 276	15 770
92	春秋	10 185	407 167	18 462	125	西周	3746	125 378	6954
93	春秋	8275	119 781	23 532	126	西周	4434	146 414	17 523
94	春秋	8170	147 169	24 643	127	西周	4421	103 543	8170
95	春秋	15 619	209 277	11 938	128	西周	10 260	160 619	12 355
96	春秋	13 135	425 220	14 000	129	西周	11 551	166 523	11 896
97	春秋	10 440	443 823	15 752	130	商代	9764	237 720	14 618
98	春秋	8386	169 213	26 469	131	商代	9474	229 967	17 595
99	春秋	7697	167 449	26 278	132	商代	8721	267 948	18 416

续表

序号	考古断代	Na /(μg/ml)	Ca /(μg/ml)	Mg /(μg/ml)	序号	考古断代	Na /(μg/ml)	Ca /(μg/ml)	Mg /(μg/ml)
133	商代	8903	285 038		168	新石器	9969	433 406	12 630
134	商代	8121	178 724	15 257	169	新石器	10 472	321 951	15 294
135	商代	7489	194 523	14 701	170	新石器	9670	300 739	13 679
136	商代	8813	313 702	12 988	171	新石器	10 043	550 870	11 329
137	商代	9227	286 377	13 259	172	新石器	10 452	490 749	11 032
138	商代	7702	222 074	12 016	173	新石器	10 703	373 403	15 012
139	商代	8015	210 894	10 909	174	新石器	8366	487 814	11 937
140	商代	9373	218 668	10 342	175	新石器	10 485	196 501	11 729
141	商代	9563	117 592	10 020	176	新石器	10 515	377 600	13 413
142	夏代	8384	124 286	18 071	177	新石器	13 477	310 798	13 275
143	夏代	9722	210 186	12 562	178	新石器	10 461	311 646	12 007
144	夏代	10 598	90 363	13 534	179	新石器	11 082	441 414	11 807
145	夏代	8957	45 078	13 814	180	新石器	10 608	282 388	11 655
146	夏代	11 505	23 967	12 375	181	新石器	8616	34 516	12 042
147	夏代	10 149	45 954	10 365	182	新石器	12 068	217 247	11 495
148	夏代洪水层	12 594	142 078	11 151	183	新石器	15 251	682 422	12 473
149	夏代洪水层	12 568	217 307	13 475	184	新石器	13 135	229 762	13 285
150	新石器	10 628	423 454	14 957	185	新石器	13 533	471 162	10 838
151	新石器	10 783	209 862	17 975	186	新石器	15 653	80 528	9856
152	新石器	9278	187 434	14 426	187	新石器	15 140	454 682	9264
153	新石器	10 822	215 132	14 636	188	新石器	19 155	689 654	9893
154	新石器	9019	391 722	9214	189	新石器	14 735	643 882	9855
155	新石器	11 218	450 831	12 332	190	新石器	12 653	781 516	9921
156	新石器	10 234	335 491	13 487	191	新石器	13 917	637 583	10 780
157	新石器	8791	456 454	13 994	192	新石器	11 892	391 846	11 635
158	新石器	11 301	344 201	13 448	193	新石器	13 042	445 974	10 867
159	新石器	8816	420 955	12 812	194	新石器	14 042	843 793	10 701
160	新石器	11 004	418 382	13 401	195	新石器	14 008	268 766	10 176
161	新石器	9993	539 933	13 838	196	新石器	12 055	33 794	11 797
162	新石器	9396	479 613	14 673	197	洪水层	17 359	34 553	10 310
163	新石器	8846	380 981	14 674	198	洪水层	16 273	37 935	11 235
164	新石器	9092	190 738	13 877	199	洪水层	17 124	34 436	10 640
165	新石器	10 028	407 855	14 355	200	新石器	16 089	87 812	10 601
166	新石器	11 139	376 913	13 436	201	新石器	18 047	100 793	99 214
167	新石器	10 151	336 442	13 104					

注：表 4.1.11 中洪水层研究结果见参考文献（朱诚等，2005）。

由前所述，制盐业对本区地层元素含量的影响可用一句话来概括：制盐业造成了食盐的主要成分 Na 元素在遗址地层中的贫化，同时也造成制盐废弃物 Ca 元素在遗址地层中的富集。所以，中坝遗址地层样品中特征元素 Na、Ca 的含量与本区制盐业密切相关。

为了从中坝遗址地层中获取有关该遗址制盐业历史过程的信息，作者对中坝遗址 T0102 探方采集的 201 个样品进行了 ICP 等离子发射光谱检测，测试采用的仪器为美国 Jarrell-Ash 公司 J-A1100 型号 ICP 等离子发射光谱电感耦合等离子发射光谱仪。对所有待检测样品都严格按实验标准做了前处理。

(二) 中坝遗址地层 Na、Ca 元素含量反向相关规律的发现

根据 ICP 等离子发射光谱对 Na、Ca 元素含量的测定，综合 T0102 探方 AMS[14]C 测年数据以及考古断代结果 (朱诚等，2005；孙智彬，2007)，可以得到图 4.1.38。

从图 4.1.38 可见以下特征：①中坝遗址地层存在较明显的 35 个 Na、Ca 元素反向相关期，即：当 Ca 元素为峰值时，Na 元素为谷值，反之亦然。②其中，Ca 元素为峰值、Na 元素为谷值的反向相关期有 21 次 (见图 4.1.38 中红色斜线框标示的位置)；Na 元素为峰值、Ca 元素为谷值的反向相关期有 14 次 (见图 4.1.38 中绿色斜线框标示的位置)。③图 4.1.38 中 21 个 Ca 元素为峰值、Na 元素为谷值的反向相关期揭示出中坝遗址近 5 ka 来制盐业有过近 21 个兴盛期，分别出现在 3000 BC～2040 BC 的新石器时代 7 次，新石器中坝文化三期至夏代 1 次，商代 1 次，西周 2 次，战国时期 4 次，六朝至西汉 1 次，唐代 1 次，宋代 3 次，现代 1 次。④图 4.1.38 中 14 个 Na 元素为峰值、Ca 元素为谷值的反向相关期揭示出中坝遗址近 5 ka 来制盐业也有过近 14 个衰落期，分别出现在 3000 BC～1730 BC 的新石器时代 2 次，夏代 1 次，西周时期 2 次，春秋至战国时期 3 次，秦代 1 次，宋代 3 次，清代以来 2 次。

若与前述研究结果对比，可以发现，图 4.1.38 反映中坝制盐业衰落的 14 个时期中，有 7 个时期与洪水期对应，即图 4.1.38 中的①为新石器时代古洪水层，②为夏代古洪水层，③为西周古洪水层，④为战国古洪水层，⑤为宋代古洪水层，⑥为清代古洪水层，⑦为 1981 年洪水层。根据对表 4.1.12 的进一步分析可知，7 个洪水层样品的 Na 元素含量在垂向地层中显著偏高，而其 Ca 元素含量明显偏低，表明洪水发生期间对中坝制盐业有较大负面影响。

考古发掘得出的"中坝制盐业萌发于新石器时代、夏商发展、西周至汉代为鼎盛期、唐宋时代维持稳定发展，宋以后由于海盐进入川江地区 (孙智彬，2008) 导致中坝制盐业逐渐衰落、但 20 世纪 70～80 年代仍有生产"的结论，与本节依据 Na、Ca 元素含量反向相关性得出的研究结果是一致的。

(三) 中坝遗址与非制盐业遗址的对比

为与非制盐业遗址作对比验证，特选择距中坝遗址上游约 40 km 的玉溪遗址作了对比。表 4.1.12 是玉溪遗址 T0403 探方测年数据及 Na、Ca 元素含量测定结果，图 4.1.39 是该遗址 T0403 探方地层 Na、Ca 元素含量曲线图。

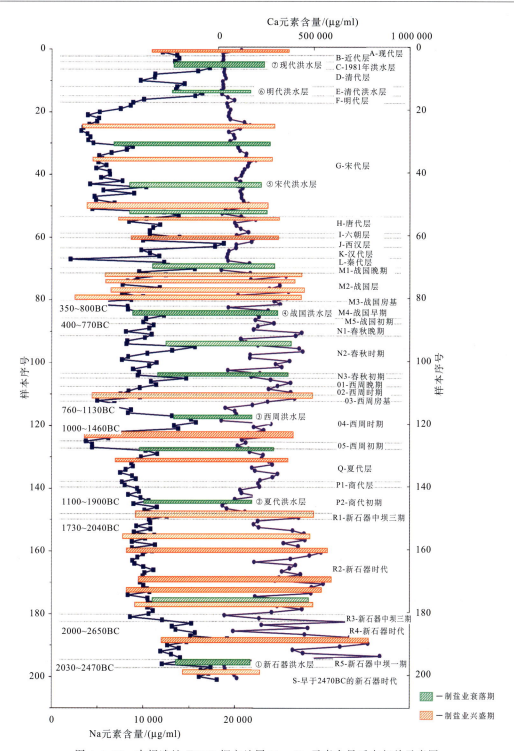

图 4.1.38 中坝遗址 T0102 探方地层 Na、Ca 元素含量反向相关示意图

表 4.1.12　玉溪遗址 T0403 探方测年数据及 Na、Ca 元素含量测定表

序号	样品编号	地层性质与考古断代	AMS^{14}C 实测年代 /cal. a BP	Ca/(μg/ml)	Na/(μg/ml)
1	1	现代耕土层		19 133	11 154
2	2a	明清～近现代层		17 802	11 167
3	3	玉溪坪文化层		9783	11 283
4	4			9816	11 636
5	5	玉溪上层文化早期（6.2～5.8 ka BP）	6278～6169	8108	11 335
6	6			25 360	11 302
7	7			33 237	10 307
8	8a			41 710	10 225
9	8b			43 963	10 532
10	8c	玉溪上层文化早期（6.4～6.2 ka BP）		46 185	10 447
11	8d			45 837	9902
12	8e			40 770	10 077
13	9	玉溪下层文化晚期	6350～6360	35 231	10 442
14	10a	玉溪下层文化晚期淤积层		17 928	7477
15	10b	玉溪下层文化晚期淤积层		47 840	10 387
16	10c	玉溪下层文化晚期淤积层		48 033	10 373
17	11	玉溪下层文化晚期	6570～6407	39 724	8716
18	12	玉溪下层文化晚期淤积层		46 933	10 616
19	13	玉溪下层文化晚期		88 867	9274
20	14a	玉溪下层文化晚期淤积层		40 035	10 934
21	14b	玉溪下层文化晚期淤积层		46 264	11 201
22	15	玉溪下层文化晚期		47 758	11 093
23	16a	玉溪下层文化晚期淤积层		48 635	11 358
24	16b	玉溪下层文化晚期淤积层		37 797	10 730
25	17	玉溪下层文化晚期		41 014	11 002
26	18	玉溪下层文化晚期淤积层		43 446	11 196
27	19a	玉溪下层文化中期		45 566	10 806
28	19b	玉溪下层文化中期		45 194	10 685
29	20a	玉溪下层文化中期淤积层		47 684	10 586
30	20b	玉溪下层文化中期淤积层		45 963	10 907
31	21a	玉溪下层文化中期	6660～6460	45 390	9698
32	21b	玉溪下层文化中期		40 388	11 197
33	22a	玉溪下层文化中期淤积层		43 801	9981
34	22b	玉溪下层文化中期淤积层		44 850	11 402

序号	样品编号	地层性质与考古断代	AMS^{14}C 实测年代 /cal. a BP	Ca/(µg/ml)	Na/(µg/ml)
35	23a	玉溪下层文化中期		54 448	2386
36	23b	玉溪下层文化中期		43 527	11 549
37	24a	玉溪下层文化中期淤积层		53 179	2327
38	24b	玉溪下层文化中期淤积层		40 768	11 050
39	26a	玉溪下层文化中期淤积层		44 783	11 798
40	26b	玉溪下层文化中期淤积层		37 631	11 231
41	26c	玉溪下层文化中期淤积层		39 775	11 421
42	27	玉溪下层文化中期	7320~7240	41 771	12 050
43	28	玉溪下层文化早期淤积层		45 140	11 650
44	29	玉溪下层文化早期		42 059	11 143
45	30	玉溪下层文化早期淤积层		47 359	11 537
46	生土 a			41 669	11 295
47	生土 b			48 867	11 447

注：1）AMS^{14}C 年代由中国科学院地球环境研究所卢雪峰同志协助测定。2）据出土器物考古断代，玉溪坪文化层 5.5~4.8 ka BP；玉溪上层文化早期 6.2~5.8 ka BP；玉溪上层文化早期（8a~8e）6.4~6.2 ka BP；玉溪下层文化晚期 6.8~6.4 ka BP；玉溪下层文化中期 7.2~6.8 ka BP；玉溪下层文化早期 7.6~7.2 ka BP。

从图 4.1.39 可知，玉溪遗址 Na、Ca 元素含量曲线与中坝遗址有所不同，图 4.1.39 中灰色斜线框为 Na、Ca 值高低变化一致的正相关期有 15 处之多。对于玉溪遗址局部地层亦有 Na、Ca 含量反向相关的现象，分析认为，玉溪遗址虽不制盐，但先民仍然会食用盐，不排除其地层中亦含有盐卤等残留物；另外，自然地层中本身也存有 Na、Ca 元素，因此，虽然非盐业遗址 Na、Ca 元素含量反向相关不如盐业遗址地层来得明显，但 Na、Ca 元素的淋洗和富集规律有一定相似性。

对比中坝遗址与玉溪遗址地层 Na、Ca 元素含量曲线变化（表 4.1.11 和表 4.1.12，图 4.1.38 和图 4.1.39）可以发现：①中坝制盐业遗址地层样品的 Na、Ca 元素含量反向相关性明显，其反向相关共有 35 处之多，而 Na、Ca 值高低变化一致的正相关只有 9 处（如表 4.1.11 中第 67、90、94、99、127、135、181、188 和 194 号样品）；非制盐的玉溪遗址地层样品其 Na、Ca 值高低变化一致的正相关性明显，反向相关性不明显（正相关期为 15 处，反向相关的为 10 处）。②中坝遗址洪水地层 Na 高、Ca 低的情况明显（见表 4.1.11 和图 4.1.38），而这一规律在玉溪遗址具有洪水沉积特征的淤积层中则不明显（朱诚等，2008）。③考古发掘表明（孙智彬，2003），如图 4.1.39 所示的红色斜线框处也是中坝遗址出土制盐器物如尖底陶杯、侈口陶罐、尖底陶罐等遗存较多的层位。这说明本节对中坝遗址 Na、Ca 元素含量测得的反向相关结果与考古发掘出土器物的实证资料是可以对应的。④从以上对比研究可以发现，中坝制盐遗址地层 Na、Ca 元素含量反向相关性是十分明显的，利用这一反向相关的原理来判断盐业遗址制盐业的兴衰过程是可行的。

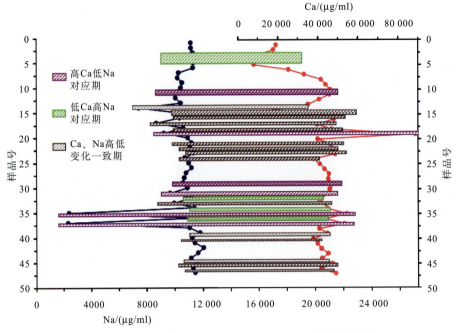

图 4.1.39　玉溪遗址 T0403 探方 Na、Ca 元素含量曲线图

（四）Na-Ca 元素含量揭示的制盐业兴衰史讨论

（1）中坝制盐遗址地层中存在以下明显的 Na、Ca 元素含量反向相关的规律。中坝遗址地层 Na、Ca 元素含量反向相关期有 35 处之多，即：当 Ca 元素为峰值时，Na 元素为谷值，反之亦然。其中，Ca 元素为峰值、Na 元素为谷值的反向相关期有 21 次，揭示出中坝遗址近 5 ka 来制盐业有过近 21 个兴盛期，分别出现在 3000 BC～2040 BC 的新石器时代 7 次，新石器中坝文化三期至夏代 1 次，商代 1 次，西周 2 次，战国时期 4 次，六朝至西汉 1 次，唐代 1 次，宋代 3 次，现代 1 次。其中，14 个 Na 元素为峰值、Ca 元素为谷值的反向相关期揭示出中坝遗址 5 ka 来制盐业也有过近 14 个衰落期，分别出现在 3000 BC～1730 BC 的新石器时代 2 次，夏代 1 次，西周时期 2 次，春秋至战国时期 3 次，秦代 1 次，宋代 3 次，清代以来 2 次。其中，有 7 个衰落期与洪水地层对应，表明洪水发生对中坝制盐业有较大负面影响。

（2）非制盐业的玉溪遗址与中坝遗址有显著不同，其遗址地层样品 Na、Ca 含量值高低变化一致的正相关性明显（正相关期为 15 处），反向相关性相对不明显。而且中坝遗址洪水地层 Na 高、Ca 低的规律在玉溪遗址的洪水地层中则不明显。

（3）上述发现于中坝制盐遗址中 Na、Ca 元素含量的反向相关规律可以用于揭示盐业遗址的制盐业兴衰过程历史。

第二节　中坝遗址出土动物骨骼揭示的动物多样性
及环境变化特征

一、剖面地层及年代序列

中坝遗址 T0202 探方位于中坝遗址Ⅰ区中部（图 4.2.1），探方边长 10 m×10 m，深约 9 m。发掘工作由美国洛杉矶加利福尼亚大学 R. K. Flad 博士和四川省文物考古研究院的张仲云负责，当时雇用了 10 名当地村民，发掘工作一直持续到 2002 年 6 月 23 日。发掘中使用了在中坝发掘区其他探方没有采用的方法，即将该探方的所有土过筛，对遗物进行收集，T0202 探方发掘的所有土都经过一个孔径为 6 mm 的铜筛进行筛选，从中发现大量动物骨骼，包括 20 多万件含哺乳类、鸟类、鱼类、两栖类和爬行类至少 42 个以上属的动物骨骼等，故该遗址被评为 1998 年全国十大考古发现之一。

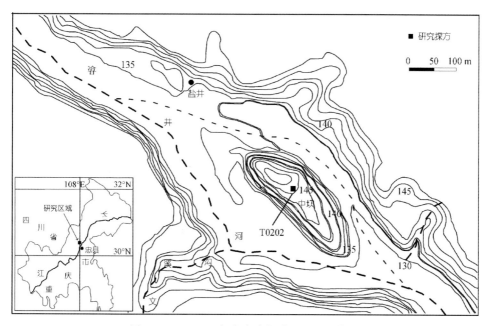

图 4.2.1　T0202 探方在中坝遗址Ⅰ区的位置

图 4.2.2 是 T0202 探方地层比较齐全的北壁剖面图。该探方从上到下共有 68 层，本节研究的范围自第 18 层开始至探方底部的第 68 层（第 17 层以上为秦汉以来的遗存）。表 4.2.1 是根据出土器物确定的考古断代地层的划分，其中第 18 层为秦代遗存；第 19~33 层为战国遗存；第 34~43 层为春秋遗存；第 44~49a，52a 和 53 层为西周遗存；49b~50 为商代后期-西周初期遗存；第 52b 为夏代晚期—商代前期遗存；第 54~65a 为新石器时代晚期中坝文化第三期遗存；第 65b~68 为新石器时代晚期中坝文化第二期遗存。发掘后分别从第 18，33，38b，43，46，48，49a，49b，50，56，64 和 68 层共 12 个层位中挑选了测年样品，最终对 13 个骨头和 3 个木炭样品在北京大学核物理

与核技术国家重点实验室做了 AMS[14]C 测年，对测定结果使用国际通用的[14]C 校正程序 CALIB 5.01 版本校正（Stuiver et al.，1998）。从表 4.2.2 可见，这些地层的 AMS[14]C 年代跨度为 2370 BC～466 BC。分析表明，AMS[14]C 测定的地层年代顺序与考古断代顺序基本一致。根据国内外研究惯例，当[14]C 测年数据与器物断代结果有误差时，应以器物断代结果为主。因此，本节按惯例亦遵循此原则。

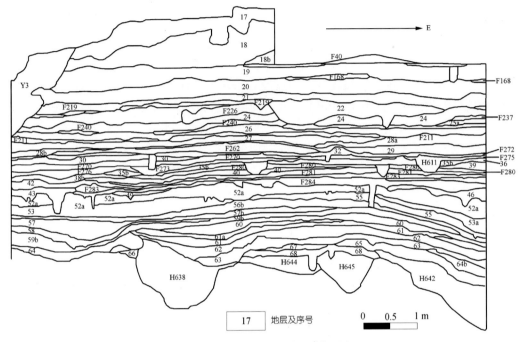

图 4.2.2　T0202 探方北壁剖面图

表 4.2.1　中坝遗址 T0202 探方根据考古器物断代得出的地层相对年代表

文化名称	分期/时代	地层
澄井沟文化	第四期（秦代，221 BC～207 BC）	18，17
	第三期（战国，472 BC～221 BC）	33～19
	第二期（春秋，770 BC～476 BC）	43～34
	第一期（西周，1121 BC～771 BC）	53，52a，51b，49a～44
三星堆文化渝东类型	第二期（商代后期-西周初，1765 BC～771 BC）	50，49b
	第一期（夏代晚-商前期，2207 BC～1765 BC）	52b
中坝文化	第三期（新石器时代晚期，2207 BC 之前）	60～54，63～61a，65a～64a
	第二期（新石器时代晚期，2207 BC 之前）	66～65b，68～67

二、动物骨骼种类数量及其分布状况

该探方共出土近 20 万件动物骨骼，均是将探方中所有土过 6 mm 孔径的铜筛后得到。经对其中 129 165 块骨骼标本归类分析，发现这些骨骼可归为哺乳类、鱼类、鸟类、两栖类和爬行类这 5 大类，共有 13 目 28 科 42 属（表 4.2.3，图 4.2.3）。其中有牛科（Bovidae）、猪科（Suidae）、鹿科（Cervidae）、犬科（Canidae）、猫科（Felidae）、熊科（Ursidae）、鼬科（Mustelidae）、豪猪科（Hystricidae）、兔科（Leporidae）、犀科（Rhinoceotidae）、猴科（Cercopithecidae）、鼠科（Muridae）、竹鼠科（Rhizomyidae）、松鼠科（Sciuridae）、隐鳃鲵科（Cryptobranchidae）、龟科（Testudinidae）、鳖科（Trionychidae）、鲟科（Acipenseridae）、鲤科（Cyprinidae）、鲿科（Bagridae）、鲶科（Siluridae）和雉亚科（Phasianinae）等。其中有多种动物在该地区已经灭绝或濒临灭绝，如犀牛（Rhinoceotidae）、白唇鹿（*Cervus albirostris*）、叶猴（*Trachypithecus* sp.）和金丝猴（*Rhinopithecus* sp.）等。

前期研究（孙智彬和罗龙洪，2002；Flad，2004）已证明，该遗址能延续 5 ka 之久与其自古以来即为制盐业遗址有关。其次，现场辨析发现上述骨骼多有被烧砍痕迹，系历代制盐者食用就近猎取和渔获的野生动物及鱼类和人工饲养家畜后丢弃所致。出土动物种类之多，表明当时人类对动物性食物来源的利用是不加选择的。因此，这些动物骨骼的大量出土为我们研究该区环境演变提供了重要的证据。

表 4.2.2 T0202 探方地层 AMS^{14}C 年龄测定及校正结果

样品编号	层位	测年材料	实验室编号	AMS^{14}C 未校正年代/a BP	AMS^{14}C 校正年代/BC（1σ 范围）	AMS^{14}C 校正年代中间值/BC
BA01361	18	骨头	FCN0104-2	2380±70	544~389	466
BA01357	18	骨头	FCN 0006	2430±80	556~404	480
BA01420	33	骨头	FCN2136	2460±60	595~504	549
BA01373	38b	骨头	FCN2275	2540±60	648~549	598
BA01429	43	骨头	FCN2379	2490±70	767~537	652
BK2002045	46	木炭	FCN2514	2730±85	943~806	847
BA01433	48	骨头	FCN2578	2780±60	1001~892	946
BA01434	49a	骨头	FCN2728	3110±120	1512~1212	1361
BA01382	49b	骨头	FCN2613-1	3100±60	1435~1301	1368
BK2002047	50	木炭	FCN2658	3210±120	1636~1375	1505
BA01397	56	骨头	FCN2975-4	3540±60	1950~1862	1906
BA01390	56	骨头	FCN2958-1	3590±60	2033~1880	1956
BA02028	64	骨头	FCN3329	3660±100	2147~1901	2024
BK2002048	64	木炭	FCN3320	3800±70	2347~2136	2241
BA01403	68	骨头	FCN3582-6	3840±60	2350~2204	2277
BA01398	68	骨头	FCN3582-1	3880±90	2471~2274	2370

表 4.2.3　中坝遗址 T0202 探方动物种属统计表

纲	目	科	属	种
哺乳动物纲 Mammalia	偶蹄目 Artiodactyla	牛科/牛亚科 Bovidae/Bovinae	牛属 *Bos* Linnaeus	牛 *Bos* sp.
			水牛属 *Bubalus* H. Smith	水牛 *Bubalus* sp.
		鹿科/鹿亚科 Cervidae/Cervinae	鹿属 *Cervus*	白唇鹿 *Cervus albirostris*
				马鹿 *Cervus elaphus*
				鹿 *Cervus* sp.
			麋鹿属 *Elaphurus* Milne-Edwards	麋鹿 *Elaphurus davidianus*
		鹿亚科 Muntiainae	毛冠鹿属 *Elaphodus* Milne-Edwards	毛冠鹿 *Elaphodus cephalophus*
			麂属 *Muntiacus* Rafinesque	黄麂 *Muntiacus reevesi*
				麂 *Muntiacus* sp.
		獐亚科 Hydropotinae	獐属 *Hydropotes* Swinhoe	獐 *Hydropotes inermis*
		猪科/猪亚科 Suidae/Suinae	猪属 *Sus* Linnaeus	野猪 *Sus scrofa*
				猪 *scrofa* sp.
	食肉目 Carnivora	犬科 Canidae	犬属 *Canis* Linnaeus	狗 *Canis familiaris*
			狐属 *Vulpes* Frisch	狐 *Vulpes* sp.
			貉属 *Nyctereutes* Temminck	貉 *Nyctereutes procyonides*
		猫科 Felidae	未定属	未定种
		熊科 Ursidae	棕熊属 *Ursus* Linnaeus	棕熊 *Ursus arctos*
		鼬科/鼬亚科 Mustelidae/Mustelinae	貂属 *Martes* Pinel	貂 *Martes* sp.
		水獭亚科 Lutrinae	水獭属 *Lutra* Brisson	水獭 *Lutra lutra*
		獾亚科 Melinae	狗獾属 *Meles* Brisson	狗獾 *Meles meles*
	兔形目 Lagomorpha	兔科 Leporidae	兔属 *Lepus* Linnaeus	兔 *Lepus* sp.
	奇蹄目 Perissodactyla	犀科 Rhinoceotidae	未定属	未定种
	灵长目 Primates	猴科/猴亚科 Cercopithecidae/Cercopithecinae	猕猴属 *Macaca* Lacepede	猕猴 *Macaca mulatta*
				猴 *Macaca* sp.
		疣猴亚科 Colobinae	仰鼻猴属 *Rhinopithecus* Milne-Edwardsor	金丝猴 *Rhinopithecus* sp.
			乌叶猴属 *Trachypithecus* Rrichenbach	叶猴 *Trachypithecus* sp.
	啮齿目 Rodentia	豪猪科 Hystricidae	未定属	未定种
		鼠科 Muridae	家鼠属 *Rattus* Fischer	黑家鼠 *Rattus rattus*
		竹鼠科 Rhizomyidae	竹鼠属 *Rhizomys* Gray	中华竹鼠 *Rhizomys sinensis*
				竹鼠 *Rhizomys* sp.
		松鼠科 Sciuridae	未定属	未定种

续表

纲	目	科	属	种
鸟纲 Aves	鸡形目 Galliformes	雉亚科 Phasianinae	原鸡属 *Gallus*	原鸡 *Gallus gallus*
两栖纲 Amphibian	有尾目 Caudata	隐鳃鲵科 Cryptobranchidae	大鲵属 *Andrias* Tschudi	大鲵 *Andrias davidianus*
爬行纲 Reptilia	龟鳖目 Testudinata	龟科 Testudinidae	未定属	未定种
		鳖科 Trionychidae	未定属	未定种
硬骨鱼纲 Osteichthys	鲟形目 Acipenceriformes	鲟科 Acipenseridae	鲟属 *Acipenser* Linnaeus	鲟 *Acipenser* sp.
	鲤形目 Cypriniformes	鲤科 Cyprinidae	光唇鱼属 *Acrossocheilus*	云南光唇鱼 *Acrossocheilus yunnanensis*
			鳙属 *Aristichthys* Oshima	鳙 *Aristichthys nobilis*
			草鱼属 *Ctenopharyngodon* Steindachner	草鱼 *Ctenopharyngodon idellus*
			鲤属 *Cyprinus* Linnaeus	鲤鱼 *Cyprinus carpio*
			红鲌属 *Erythroculter* Berg	红鲌 *Erythroculter* sp.
			鲢属 *Hypophthalmichthys* Bleeker	鲢鱼 *Hypophthalmichthys molitrix*
			鲂属 *Megalobrama* Dybowsky	鲂 *Megalobrama* sp.
			青鱼属 *Mylopharyngodon* Peters	青鱼 *Mylopharyngodon piceus*
			赤眼鳟属 *Squaliobarbus* Gunther	赤眼鳟 *Squaliobarbus curriculus*
	鲇形目 Siluriformes	鲿科 Bagridae	未定属	未定种
		鲇科 Siluridae	鲇属 *Silurus*	鲇 *Silurus asotus* Linnaeus
	鲈形目 Perciformes	鲈科 Serranidae	鳜属 *Siniperca* Gill	鳜 *Siniperca* sp.

　　根据对动物骨骼的统计和与地层年代的对比（表4.2.4），发现 T0202 探方的动物骨骼类型和数量变化可划分为 3 个明显阶段，阶段 I 约为 2370 BC～1750 BC，阶段 II 约为 1750 BC～1000 BC，阶段 III 约为 1000 BC～200 BC，其中 I 和 III 阶段还可进一步划分为次一级阶段。

　　通过对 T0202 探方出土的骨骼按各个阶段进行动物学分类统计（表4.2.5），可知在该探方中，鱼类和哺乳类动物在动物遗存中占绝大多数，在可以鉴别的 129 165 块骨骼中，属于这两大类的有 124 543 块，占 96%，其余的为鸟类、两栖类和爬行类，共占 4%。

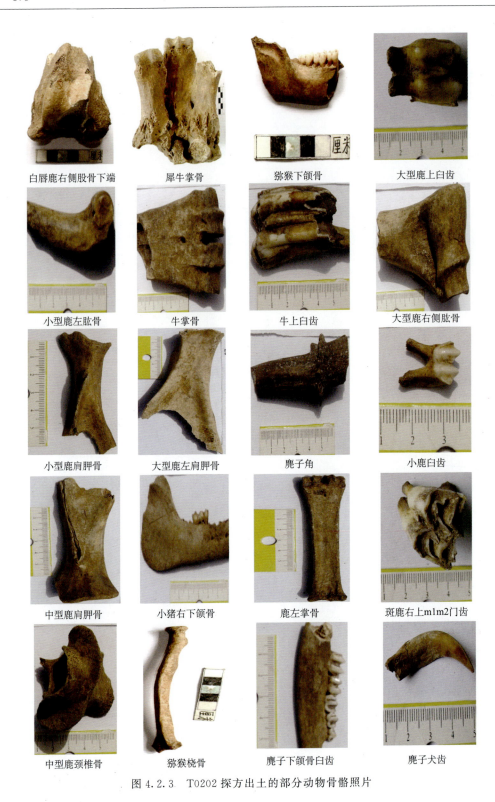

图 4.2.3　T0202 探方出土的部分动物骨骼照片

表 4.2.4　T0202 探方根据动物骨骼类型和数量变化划分的阶段

对应的考古时代	阶段	次一级阶段	T0202 探方层位	年代/BC
湭井沟文化第三～四期（战国—秦代）		5	19～18	310～200
湭井沟文化第三期（战国时代）		4	22～20	380～310
湭井沟文化第三期（战国时代）	III	3	29～23	500～380
湭井沟文化第二～三期（春秋—战国）		2	42b～30	700～500
湭井沟文化第一期（西周—春秋）		1	47～43	1000～700
三星堆文化渝东类型—湭井沟文化第一期（商代—西周时期）	II		51b～48	1750～1000
中坝文化（新石器时代晚期—夏代晚期—商代前期）		3	56～52a	2000～1750
中坝文化第三期（新石器时代晚期）	I	2	60b～57	2250～2000
中坝文化第二～第三期（新石器时代晚期）		1	68～61a	约 2370～2250

表 4.2.5　T0202 探方各阶段动物骨骼数量

阶段	次一级阶段	鸟类	百分比/%	爬行类	百分比/%	哺乳动物	百分比/%	鱼类	百分比/%	总数
	1	20	0.27	31	0.42	3703	49.8	3681	49.5	7435
I	2	4	0.06	23	0.39	2017	34.4	3820	65.1	5864
	3	51	0.32	122	0.78	6308	40.4	9114	58.4	15 595
I 总量		75	0.26	176	0.61	12 028	41.6	16 615	57.5	28 894
II	1	193	4.64	195	4.69	1598	38.45	2170	52.21	4156
II 总量		193	4.64	195	4.69	1598	38.45	2170	52.21	4156
	1	505	3.39	295	1.98	3753	25.23	10 321	69.39	14 874
	2	325	0.21	222	1.42	2765	17.66	12 344	78.84	15 656
III	3	363	1.91	212	1.11	3531	18.54	14 928	78.39	19 044
	4	780	2.20	656	1.85	7224	20.38	26 781	75.56	35 441
	5	353	3.18	272	3.45	2550	22.97	7925	71.39	11 100
III 总量		2326	2.42	1657	1.72	19 823	20.62	72 309	75.23	96 115
总数		2594	2.00	2028	1.57	33 449	25.89	91 094	70.53	129 165

　　图 4.2.4 是 T0202 探方主要动物骨骼占动物总数比例在不同阶段的变化，从中可见以下特征：①哺乳类、鱼类、爬行类和鸟类的骨骼数量变化有一定相同之处，即以 III_4 阶段为最多，其次分别为 III_1 阶段、I_3 阶段、III_3 阶段、III_2 阶段、III_5 阶段、II 阶段、I_1 阶段和 I_2 阶段。②从各时期动物所占总数比例看，I_1 阶段、I_2 阶段和 I_3 阶段哺乳类最多，鱼类次之，鸟类最少；第 II 阶段和 III_4 阶段爬行类（从表 4.2.3 可知，爬行类主要是龟鳖目）最多，鸟类次之，哺乳类最少。分析认为，鱼类和爬行类的增多应与水面扩大有关，而哺乳类的增多应与森林和草地面积扩大或长势良好有关，鸟类的增多亦与森林面积扩大有关。上述不同动物骨骼数量的变化应能指示当地不同时期生态环境变化的特征。

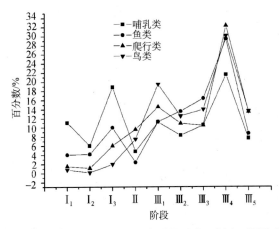

图 4.2.4　T0202 探方主要动物骨骼占动物总数比例在不同阶段的变化

图 4.2.5 是 T0202 探方主要动物骨骼在同期地层中所占比例变化的情况，从中可见：①鱼类骨骼的变化有两个峰值和谷值，第一个峰值出现在 I_2 阶段，第二个峰值出现在 III_2 阶段，总体上，鱼类骨骼在各阶段所占的比例均高于其他动物骨骼。②哺乳类骨骼在 I_1 阶段最高，此后呈逐渐波动下降趋势，III_5 阶段略有回升趋势。③爬行类和鸟类在整个研究阶段内变化不大。

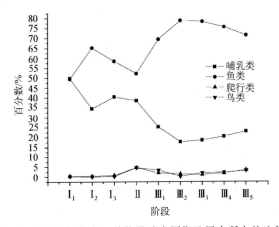

图 4.2.5　T0202 探方主要动物骨骼在同期地层中所占的比例变化

表 4.2.6 列出了探方各阶段哺乳动物种类的最小个体数，从表 4.2.6 可知，牛（未定种）和水牛（未定种）只在 I_1 和 I_2 阶段出现；白唇鹿和獐只在 III_5 阶段出现，麋鹿在 I_1 和 III_5 阶段出现；马鹿在 III_2 阶段出现。鹿（未定种）、毛冠鹿和麂（未定种）则在每个阶段均有出现，而且各阶段最小个体数分布比较均匀（多在 2 左右）。犀牛主要在 I_3、III_1 和 III_2 阶段出现，人类饲养的猪和狗亦在各阶段均有出现。狐则在 I_1 阶段出现，此后未发现。棕熊则是自第 II 阶段开始后一直有出现。猕猴、金丝猴和猴（未定种）主要是自第 III_1 阶段后出现。啮齿类兔和黑家鼠几乎在各阶段均有出现，哺乳动物最小个

体数尤以黑家鼠为最多。竹鼠在大部分阶段均有出现，而中华竹鼠则只在 III$_4$ 阶段出现。

表 4.2.6　T0202 探方各阶段动物种类最小个体数[a]

动物种名称	I$_1$	I$_2$	I$_3$	II	III$_1$	III$_2$	III$_3$	III$_4$	III$_5$
牛（未定种）	1	1	0	0	0	0	0	0	0
水牛（未定种）	1	2	0	0	0	0	0	0	0
白唇鹿	0	0	0	0	0	0	0	0	1
马鹿	0	0	0	0	0	1	0	0	0
鹿（未定种）	2	2	2	2	2	2	2	3	2
麋鹿	1	0	0	0	0	0	0	0	1
毛冠鹿	1	1	1	1	1	1	1	2	2
獐	0	0	0	0	0	0	0	0	1
黄麂	0	0	0	0	1	1	0	0	0
麂（未定种）	2	0	1	2	2	2	1	4	1
猪	6	4	3	1	2	2	1	3	7
犀牛（未定种）	0	0	1	0	1	1	0	0	0
狗	2	1	1	1	2	1	4	4	1
貉	0	0	0	0	0	1	0	0	0
狐（未定种）	1	0	0	0	0	0	0	0	0
棕熊	0	0	0	1	1	1	1	1	1
水獭	0	0	1	0	0	0	0	0	0
貂（未定种）	0	0	0	0	0	0	1	0	0
狗獾	0	0	0	0	0	1	0	0	0
獾（未定种）	0	0	0	0	0	1	0	0	0
猕猴	0	0	0	0	0	0	0	1	0
猴（未定种）	0	0	0	0	1	0	1	2	1
金丝猴（未定种）	0	0	0	0	0	0	0	0	1
叶猴（未定种）	0	0	1	0	0	0	0	0	0
兔（未定种）	1	1	1	0	1	4	1	1	1
黑家鼠	11	2	8	6	10	12	17	21	6
中华竹鼠	0	0	0	0	0	0	0	1	0
竹鼠（未定种）	0	1	0	2	0	1	0	2	3
总数	11	9	10	8	11	15	10	12	14

注：a) 0 代表未发现，1~21 为发现该种的数量。

以上最小个体数变化表明：①中坝地区在 I$_1$～III$_5$ 阶段绝大部分时间均有分布的动物主要是栖息林间和草地的鹿、毛冠鹿、麂、先民饲养的猪和狗、啮齿类的兔和黑家鼠，表明本区在第 I$_1$～III$_5$ 阶段基本上存在着良好的森林和草地生态环境，先民饲养家畜从第 I$_1$ 阶段就已开始，并一直延续了下来。②犀牛只在 I$_3$、III$_1$ 和 III$_2$ 阶段出现，可能暗示这几个阶段草地和湿地生态环境更好一些（Przewalski，1883），人类的猎杀影响相对较小，所以有利于犀牛生长。③而猴和棕熊只在第 II 阶段以后出现，可能表明第 II 阶段至 III$_5$ 阶段期间森林条件更为优越，有利于林栖动物生长。④水牛（未定种）和牛（未定种）以及水獭最小个体数出现在 I$_1$～I$_3$ 阶段可能暗示早期水域面积比后期更广。

三、出土的部分已绝迹动物骨骼暗示的环境演变特征

中坝遗址 T0202 探方出土的动物骨骼中包括当地目前已经绝迹或灭绝的动物种类，如犀牛、白唇鹿等。我们可采用"将今论古"的法则，通过分析它们现生种的分布和生境条件，来探讨 2370 BC～200 BC 时期中坝地区的气候和生态环境。

（一） 犀牛 （Rhinoceotidae）

中坝遗址在 I$_3$（2000 BC～1750 BC）、III$_1$～III$_2$（1000 BC～500 BC）阶段的地层，均发现有犀牛科（Rhinoceotidae）的骨骼（表 4.2.3，图 4.2.3），而亚洲现生犀牛仅有印度犀（*Rhinoceros unicorris*）、爪哇犀（*R. sondaicus*）和苏门答腊犀（*Dicerorhinus sematraensis*），它们主要分布在印度（现年平均气温约 26.9℃，年降水量约 1800mm 的地区）、印尼爪哇（现年平均气温约 27.6℃，年降水量约 2263 mm 的地区）和苏门答腊（现年平均气温约 27.1℃，年降水量约 1500 mm 的地区）、缅甸（现年平均气温约 27.4℃，年降水量约 2681 mm 的地区）和泰国（现年平均气温约 27.8℃，年降水量约 1498 mm 的地区）等南亚热带和热带潮湿茂密的丛莽草原和密林中（文焕然等，1995；王应祥，2003）。由此可知，现今犀牛分布地区的年平均气温均在 25℃以上，年降水量大都在 1500～2000 mm。而忠县中坝现年平均气温 18℃，年降水量约 1198 mm，现生犀牛甚至在中国境内也已经绝迹。因此，根据以上现生犀牛的分布及生境分析，可以初步推测在 2000 BC～1750 BC 和 1000 BC～500 BC 时中坝年平均气温和降水量均比现今要高。

值得提出的是，文焕然等（1995）对中国野生犀历史分布变迁研究的结果，与本区 T0202 探方在 2000 BC～500 BC 期间地层中发现犀牛骨骼存在的事实是一致的，表明 4～2.5 ka BP 左右气温较现今温暖得多，所以犀牛在长江中上游有较多存在。此后年均气温逐渐降低，唐贞元十三年（公元 797 年），以及贞元末（9 世纪初），热带国家所送驯犀在长安皇家动物园中均有冻死（文焕然等，1995），上述史书记载与中坝遗址地层出土犀牛骨骼的情况是一致的，可以互以为证。

（二） 白唇鹿 （Cervus albirostris）

在中坝遗址 III$_5$ 阶段（310 BC～200 BC）出土了白唇鹿骨骼（表 4.2.3 和图 4.2.6，图 4.2.3）。白唇鹿别名黄臀鹿、白鼻鹿，是中国青藏高原特有种。最早发现的一例白唇鹿标本，是 1876 年 Przewalski（1883）在对西藏东部进行第三次探险考察过程中，在甘肃省西部采集到的。1884 年 Przewalski 在第四次探险中，又在青海省再次采集到两头（Blanford，1983）。1892 年 Throld 在拉萨附近（现今年平均气温 7.5℃，年降水

量约 420 mm）也曾获得一头（Flerov，1930）。白唇鹿分布的地域绝大部分是海拔
4000～5000 m 的草原，在长江、澜沧江、怒江、雅鲁藏布江流域，白唇鹿沿着河流也
分布在海拔 2000～3000 m 的地带，其分布地区的年平均气温一般在−5～5℃，年降水量
在 200～700 mm（盛和林等，1992），多以草甸草原、灌丛和疏林草原中占优势的莎草科、
禾本科及豆科等植物为食（Flerov，1930；盛和林等，1992）。从上述现代白唇鹿生态环境
的情况，可以推测在 310 BC～200 BC 期间中坝地区年平均气温和降水量均比现今要低。
高华中等（2005）对中坝遗址地层有机碳含量的研究亦得出与本书一致的结果。

四、中坝遗址动物多样性及其揭示的环境变化特征讨论

（1）T0202 探方动物骨骼最小个体数变化表明：①中坝地区在 I_1～III_5 阶段绝大部
分时间均有分布的动物主要是栖息林间和草地的鹿、毛冠鹿、麂、先民饲养的猪和狗、
啮齿类的兔和黑家鼠，表明本区在第 I_1～III_5 阶段基本上存在着良好的森林和草地生态
环境，先民饲养家畜从第 I_1 阶段就已开始，并一直延续了下来。②犀牛只在 I_3、III_1 和
III_2 阶段出现，可能暗示这几个阶段草地和湿地生态环境更好一些，人类的猎杀影响相
对较小，所以有利于犀牛生长。③猴和棕熊只在第 II 阶段以后出现，可能表明第 II 阶
段至 III_5 阶段期间森林条件更为优越，有利于林栖动物生长。④水牛（未定种）和牛
（未定种）以及水獭最小个体数出现在 I_1～I_3 阶段可能暗示早期水域面积比后期更广。

（2）中坝遗址在 I_3 阶段（2000 BC～1750 BC）、III_1～III_2 阶段（1000 BC～500 BC）
的地层，均发现有犀牛科（Rhinoceotidae）的骨骼，根据现生犀牛所处的气候与生态环
境分析，可初步推测在 2000 BC～1750 BC 和 1000 BC～ 500 BC 时中坝年平均气温和降
水量可能比现今要高。1100 BC～850 BC 虽然处于竺可桢先生提出的五千年来的第一个
低温期，但大九湖泥炭地层（朱诚等，2006a）揭示该时期仍存在有大量桑属、榆、水
青冈、栎、栗等孢粉，应表明至少在大九湖和中坝遗址地区气候仍然较为适宜。

（3）中坝遗址在 III_5 阶段（310 BC～200 BC）出土了白唇鹿骨骼，根据现生白唇鹿
所处的气候与生态环境分析，可初步推测在 310 BC～200 BC 期间中坝地区年平均气温
和降水量比现今要低。

第三节　中坝遗址人类与动物牙釉质和骨骼稳定同位素揭示的哺乳类食物构成特征

一、牙釉质碳和氧同位素在重建中坝遗址哺乳类过去生存模式中的应用

虽然一些研究表明牙釉质化石受到成岩作用的影响（Bryant and Froelich，1995；
Schoeninger et al.，2003a），最近一项用电子光谱分析、电子微探针分析和 X 射线衍射
分析的结果表明，大多数牙齿化石牙釉质的表面已经发生变化，里面的变化却很小
（Schoeninger et al.，2003b）。在用 C 和 O 同位素重建古食物和过去生态环境方面，牙
釉质被广泛地认为是最适合的材料，因为它含有较低的有机质和高密度的晶状体球蛋

白，比骨头和牙本质更不易受成岩作用的影响（Newesely，1989；Ayliffe et al.，1994；Antoine et al.，2004）；同时在生长过程中牙釉质在表面逐渐生长且长成后成分就不再变化，而不像骨头与牙本质那样不断溶解与沉积而改变，因此牙釉质能反映牙齿生长过程中食物和水分来源情况（Hoppe，2004）。植物固定 CO_2 的光合途径可分为 3 种（Lee-Thorp and Merwe，1987）。其中最主要的两种是 C_3 光合途径和 C_4 光合途径。由于这两种光合途径对 C 同位素分馏作用不同，导致不同光合作用植物的 C 同位素构成不同。C_3 植物一般包括乔木、灌木和温带的草本植物，$\delta^{13}C$ 值的范围较大；缺水干旱环境里的植物富集 ^{13}C 分子，比 C_3 植物的平均值 −27‰ 要大，能达到 −21‰；而密闭森林里的植物损耗 ^{13}C 分子，比开阔生境里的植物要低，$\delta^{13}C$ 值可以达到 −35‰（Merwe and Medina，1989）。C_4 植物主要包括生长在温带、热带开阔地带的草本植物，受水分的影响比较小，其 $\delta^{13}C$ 值变化范围较小，为 −10‰ ~ −14‰（Wright and Schwarcz，1998）。C 同位素在消费者组织中进行分馏，导致 $\delta^{13}C$ 值偏大，也就是动物和它所吃的植物之间的 $\delta^{13}C$ 差值。分馏系数因我们分析的组织不同而不同。如对肉食动物和人来说，牙釉质分馏值是 9.5‰，而草食动物的牙釉质是 14‰。因此，动物所吃的食物 $\delta^{13}C$ 值加上分馏系数就是动物组织的 $\delta^{13}C$ 值。根据这些数值，可以推断出完全吃 C_3 植物的动物牙釉质的 $\delta^{13}C$ 值应为 −13‰ ~ −17‰。

牙釉质磷酸盐里的 O 同位素主要来源于身体里的水分，身体里的水分是动物从大气降水和植物中吸收的（Luz and Kolodny，1985）。因为中大型动物体温保持恒定，生物磷酸盐 O 同位素并不受新陈代谢影响，而随大气降水成分的变化而变化。大气降水的 O 同位素成分与气候有关，所以牙釉质 O 同位素记录了动物生存时的大气降水情况和气候特征。大气降水的 O 同位素具有时空变化的特征。一般而言寒冷地区和季节里的 $\delta^{18}O$ 值比温暖地区和温暖季节里的要高。由于蒸发作用，在干旱地区水面也有较高的 $\delta^{18}O$ 值。在蒸腾时，^{16}O 容易散失，导致植物叶子比其他组织含有更多的 ^{18}O，而植物其他组织的 O 同位素成分和水表面相似。

（一）　材料来源与实验方法

从中坝遗址发掘来看，至少有 33 种哺乳动物，18 种鱼类，许多不能确认的鸟类以及两栖类和爬行类动物。常见的哺乳类动物有偶蹄类动物、食肉类动物、兔类、奇蹄类动物、灵长类、啮齿类。偶蹄类动物包括 Bovidae（*Bos* sp.，*Bubalus* sp.），（*Cervus albirostris*，*Cervus elaphus*，*Cervus* sp.，Cervidae *Elaphurus davidianus*，*Hydropodes Inermis*，*Muntiacus reevesi*，*Muntiacus* sp.），Suidae（*Sus scrofa*）和其他未确定种类。灵长类有 *Homo sapiens*，*Macaca mulatta*，*Macaca* sp.，*Rhinopithecus* sp.，*Presbytis* sp. 和其他未能确定的种类。这里研究的材料来自于探方 T0202 的牛、鹿、猪和人的牙釉质，主要是用来重建从新石器早期到青铜器晚期这一时期内中坝地区生态环境及动物和人类的食性特征。由于牙齿不易受成矿作用影响，而且中坝遗址牛、鹿、猪和人牙齿样本距今时间不长，所以这些样本保存较好（图 4.3.1）。样本所在层的年代采用 27 个动物骨头和 5 个炭屑的 AMS^{14}C 测年和考古断代相结合的方法来确定（朱诚等，2005；Flad，2004）。

牙釉质样本的处理采用一套既定的方法（Wang et al.，1994）。先用牙钻将牙釉质

战国时代人牙齿

新石器时代人牙齿

猪上颌白齿

猪上颌白齿

牛上颌白齿

牛下颌白齿

小鹿白齿

大鹿上颌白齿

图 4.3.1 中坝遗址部分牙齿样本照片

表面磨去，并且与牙本质和其他矿物分开，然后磨成 75 μm 的粉末。将粉末状的牙釉质浸在 5% 的 NaOH 溶液中并过夜，以除去有机质成分，然后用蒸馏水清洗。再将样本放在 0.1 mol/L 的醋酸中浸 20 h，以除去矿物质，用蒸馏水清洗，然后冷干。冷干粉末在真空下与 70℃ 的 100% 的磷酸反应 6h，产生 CO_2，这些 CO_2 来自磷酸盐结构 CO_3^{2-}，C 和 O 稳定同位素在中国科学院南京地理与湖泊研究所湖泊与环境国家重点实验室 Delta plus Advantage 质谱仪上测定。

重复性测试结果显示 C 和 O 同位素的误差分别小于 0.01‰ 及 0.2‰。C 和 O 同位素的比率采用标准千分比符号 $\delta^{13}C$ 和 $\delta^{18}O$（δ = ［（Rsample/Rstandard）－1］ × 1000‰，这里 R＝$^{13}C/^{12}C$ 或 $^{18}O/^{16}O$），标样采用白垩系海相化石箭石（PDB）。

为了确定不同两组动物均值之间是否存在显著差别，用 SPSS 软件进行 t 检验。根据零假设原理如果 $p > 0.05$，就认为两组数据不存在差别；如果 $p < 0.05$ 就认为两组数据存在显著差别（Paul et al.，1998）。

（二）实验结果分析

中坝遗址牙釉质 C 和 O 同位素测试结果如表 4.3.1 所示。图 4.3.2 描述了 C 和 O 同位素 δ 值分布情况，X 轴表示表示 $\delta^{13}C$ 值，Y 轴表示 $\delta^{18}O$ 值。

人类牙釉质的 $\delta^{13}C$ 值为 -8.4‰～-2.0‰ ［(-3.7 ± 1.79)‰，$N = 10$］，而猪牙釉质 $\delta^{13}C$ 值为 -10.7‰～-7.0‰ ［$6.6 \pm 2.34)$‰，$N = 7$］。猪的 $\delta^{13}C$ 均值比人类比人类的要低 2.9‰，它们之间存在显著性差别（Students's t-test，$p < 0.01$）。牛的 $\delta^{13}C$ 值变化范围为 -13.41‰～-9.1‰ ［(11.5 ± 1.60)‰，$N = 8$］，而另一种草食性动物鹿的 $\delta^{13}C$ 值变化范围为 -15.0‰～-10.1‰ ［(13.7 ± 1.96)‰，$N = 6$］。牛的 $\delta^{13}C$ 均值比鹿的大 2.2‰，且它们之间也存在显著性差别（Students's t-test，$p < 0.05$）。

表 4.3.1　中坝遗址地层人类和动物牙釉质 C 和 O 同位素组成

种类	样本编号	样本年代	$\delta^{13}C$（‰）	$\delta^{18}O$（‰）
人	99ZZM81	新石器中坝一期早期（考古断代）	−2.7	−5.8
人	99ZZM80	新石器中坝一期（考古断代）	−3.9	−7.9
人	99ZZM78	新石器中坝一期（考古断代）	−2.0	−8.1
人	97ZZM82	新石器中坝一期晚期（考古断代）	−4.4	−8.6
人	99ZZM84	新石器中坝二期早期（考古断代）	−3.0	−8.3
人	98ZZ I M1	新石器中坝二期（考古断代）	−2.5	−7.6
人	98ZZM45	新石器中坝三期（考古断代）	−3.2	−7.2
人	99H392	战国（考古断代）	−3.2	−7.2
人	97ZZ I M11	战国（考古断代）	−8.4	−7.2
人	98ZBM35	西汉（考古断代）	−3.7	−7.1
猪	3456-2	2500BC～2250BC（考古与相邻测年数据推算）	−4.2	−7.1
猪	2975-4	2250BC～2000BC（AMS[14]C 测年）	−3.1	−8.3
猪	2675	1680BC～1670BC（AMS[14]C 测年）	−6.1	−9.7
猪	2645-4	1650BC～1500BC（考古与相邻测年数据推算）	−7.7	−7.8
猪	2642	1650BC～1500BC（考古与相邻测年数据推算）	−7.5	−10.7
猪	2613	1240BC～1210BC（AMS[14]C 测年）	−8.4	−9.0
猪	2219-2	670BC～640BC（AMS[14]C 测年）	−9.7	−7.7
牛	3329-1	2400BC～2380BC（AMS[14]C 测年）	−9.3	−7.9
牛	3328-3	2250BC～2000BC（考古与相邻测年数据推算）	−12.8	−5.6
牛	3125	2150BC～1870BC（考古与相邻测年数据推算）	−9.1	−7.2
牛	3112-1	2170BC～2080BC（考古与相邻测年数据推算）	−12.6	−6.9
牛	3084	1840BC～1820BC（AMS[14]C 测年）	−13.4	−4.1
牛	3456-6	2500BC～2250BC（考古与相邻测年数据推算）	−11.3	−7.8
牛	2990	1500BC～1250BC（考古与相邻测年数据推算）	−12.4	−6.5
牛	2379	770BC～510BC（AMS[14]C 测年）	−11.6	−6.9
鹿	3228-2	2400BC～2250BC（考古与相邻测年数据推算）	−14.3	−8.0
鹿	3112-2	2150BC～1880BC（考古与相邻测年数据推算）	−15.5	−7.2
鹿	3228-1	2150BC～1880BC（考古与相邻测年数据推算）	−13.0	−6.6
鹿	2975-2	1950BC～1750BC（AMS[14]C 测年）	−14.1	−7.2
鹿	2379-1	1100BC～800BC（考古与相邻测年数据推算）	−15.0	−8.4
鹿	1083	600BC～500BC（考古与相邻测年数据推算）	−10.1	−7.7

人类牙釉质的 $\delta^{18}O$ 值为 −8.6‰～−7.1‰ [（7.6±2.67）‰，$N=10$]，而猪牙釉质的 $\delta^{18}O$ 值为 −10.7‰～−7.0‰ [（8.6±1.26）‰，$N=7$]。猪的 $\delta^{13}C$ 均值比人类比人类的要低 1.0‰，它们之间存在显著性差别（Students's t-test，$p<0.05$）。牛的 $\delta^{18}O$

值变化范围从 $-7.9‰ \sim -4.1‰$〔$(6.6 \pm 1.24)‰$，$N = 8$〕，鹿的 $\delta^{13}C$ 值变化范围为 $-8.4‰ \sim -6.6‰$〔$(7.5 \pm 0.64)‰$，$N = 6$〕，但它们之间不存在显著性差别（Students's t-test，$p > 0.05$）。

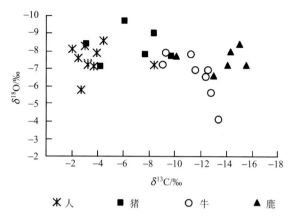

图 4.3.2　中坝遗址人和动物牙釉质 C 和 O 同位素组成分布图

（三）牙釉质碳和氧同位素揭示的食性特征、水分来源与人类社会活动关系

1. 食性特征

一般认为完全以 C_3 植物为食物的生物磷灰石 $\delta^{13}C$ 值的范围很大，为 $-20‰ \sim -8‰$；而完全以 C_4 植物为食物的生物磷灰石 $\delta^{13}C$ 值变化范围较小，从 $+1‰$ 到 $+4‰$（Cerling et al.，1997）。从图 4.3.3 可以看出牛和鹿牙釉质 $\delta^{13}C$ 的值范围分别为在 $-13.4‰ \sim -9.1‰$ 之间和在 $-15.0‰ \sim -10.1‰$ 之间，表明这两种动物都是以 C_3 植物为食物的草食性动物（Browsing herbivores）。这比南非内陆的以 C_3 植物为食物的动物牙釉质的均值 $-14.5‰$ 要偏高（Merwe et al.，2003）。但鹿牙釉质 $\delta^{13}C$ 值和牛牙釉质 $\delta^{13}C$ 值之间存在明显的差别（Students's t-test，$p < 0.05$），鹿牙釉质 $\delta^{13}C$ 比牛的要小。原因有二：①鹿生活在较密闭的树林里，而牛生活在开阔地带，由于屏蔽效应，鹿吃的植物的 $\delta^{13}C$ 值要比牛的低；②鹿吃高处的枝叶，处在较高的生态位，而牛吃较低的地方的草茎，处在较低的生态位。由于蒸腾作用，上面的枝叶比下面的草茎的 ^{12}C 易挥发，所以鹿所吃的食物 $\delta^{13}C$ 值较低，含有较多的 ^{13}C。同时鹿和牛的牙釉质 $\delta^{13}C$ 值存在重叠（图 4.3.3），说明虽然它们处于不同的生态位，但食物方面有一定的相似性（Bryant et al.，1996）。

人和猪的食性特点是杂食性的。人的样本中除了一个 97ZZM84 这个特小值外，其他样本的 $\delta^{13}C$ 值在 $-4.4‰ \sim -2.0‰$，他们所吃的食物中 C_3 植物的含量较少。在亚洲 C_3 作物主要为水稻、小麦、块茎作物、水果和干果等；C_4 作物有高粱、粟、玉米和甘蔗等（Krigbaum，2003）。因此长江流域中坝先民的食物以粟等 C_4 作物为主，水稻、小麦等 C_3 作物所占的比例很小。而猪牙釉质 $\delta^{13}C$ 值在 $-9.7‰ \sim -3.0‰$，它们所吃的食物中 C_3 植物的含量较大。虽然人和猪牙釉质 $\delta^{13}C$ 值存在显著差别（Students's t-test，

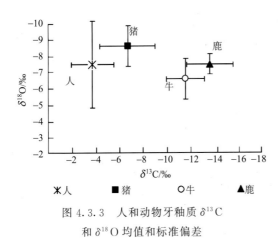

图 4.3.3　人和动物牙釉质 δ^{13}C
和 δ^{18}O 均值和标准偏差

$p<0.01$），但他们的 δ^{13}C 值存在重叠（图 4.3.2），说明猪的食物与人类食物有相似性。但杂食性的人和猪的 δ^{13}C 值和草食性的牛和鹿的 δ^{13}C 值差别很显著（Students's t-test，$p<0.001$），说明这两组动物之间在食物来源方面有很大的差异。因为人处于食物链的终端，以猪、牛和鹿为食，对这些动物的 δ^{13}C 有富集作用，因此人的牙釉质 δ^{13}C 值比动物的都要偏高。

总的来看，中坝遗址地层牙釉质的 δ^{13}C 值很分散。本节述及的人、猪、牛、鹿牙釉质 δ^{13}C 值在 $-15.0‰\sim-2.0‰$，δ^{13}C 值的变化达 13‰，食性从以 C_4 植物为主到完全以 C_3 植物为主。种内变化方面，人牙釉质 δ^{13}C 值变化为 6.4‰，猪牙釉质 δ^{13}C 值变化为 6.7‰，牛牙釉质 δ^{13}C 值变化为 4.3‰，鹿牙釉质 δ^{13}C 值变化为 4.9‰。与其他遗址地层相比，中坝遗址地层种间和种内牙釉质 δ^{13}C 值的变化范围很大，这可能与当地复杂的地形如山脉、河流、山间盆地等有关。复杂的地形使当地的生态环境多样化，从而使当地的植物也多样化。因此，人和动物的食物来源非常丰富，即使是同一种动物，它们食物的成分也存在很大差别。

2. 水分来源

影响动物 O 同位素的成分因素有食物、饮水和生理作用。由于蒸腾作用，植物水分比天然水里含有较多的 ^{18}O，同时，植物嫩叶比草茎含有较多的 ^{18}O。生理作用对中大型动物的 O 同位素成分影响很小。鹿和牛的 δ^{18}O 值不存在显著差别（Students's t-test，$p>0.05$），表明鹿和牛体内水分来源基本相同。人和猪 δ^{18}O 的值也存在显著差别（Students's t-test，$p<0.01$），表明人和猪的体内水分来源不同。杂食性的人和猪比草食性的牛和鹿的 δ^{18}O 明显偏正（Students's t-test，$p<0.05$），这与南非一个遗址情况相似（Iacumin et al.，2004）。原因可能是一方面人和猪的食物部分来源于牛和鹿，因此人和猪的 δ^{18}O 值与牛和鹿的相似或更高；另一方面，牛和鹿所需的大部分水分来源于植物，由于蒸腾作用，这些植物里的水分富集 ^{18}O（Sponheimer & Lee-Thorp，1999）。从图 4.3.3看出人、猪、牛、鹿之间的 δ^{18}O 值存在一定的重叠，说明他们的体内水分来源具有相似性。整体上，三峡遗址动物 O 同位素的 δ^{18}O 值在 $-10.7‰\sim-4.1‰$，与中国北方遗址动物 O 同位素的 δ^{18}O 值（$-10.2‰\sim-3.8‰$）构成基本一致，而与南非遗址动物 O 同位素的 δ^{18}O 值（$30.5‰\sim39.7‰$）差别很大（Sponheimer and Lee-Thorp，1999），说明当时三峡的气温、降水和中国北方相似，与南非则明显不同。

3. 食性特征与人类社会活动

牛和鹿是完全的草食性动物，它们的牙釉质 δ^{13}C 的值能代表环境的变化（White

et al.，2001）。从图 4.3.4 可以看出人、牛、鹿的牙釉质 δ^{13}C 值和时间的线性模拟系数很小，只有猪的 δ^{13}C 值和时间模拟系数较大，达到 0.842。牛和鹿牙釉质 δ^{13}C 值与时间不成线性关系，说明中坝在这期间环境没有大的变化，比较稳定，这与中坝的粒度研究结果一致（朱诚等，2005）。人牙釉质 δ^{13}C 值与时间不成线性关系，说明这期间中坝人饮食习惯没有变化，也表明中坝人栽培的农作物物种没有明显变化。而猪牙釉质δ^{13}C值与时间成线性关系，而且 δ^{13}C 值越来越小，说明人类饲养猪的方式有了变化（Abdulla，2004）。新石器时代生产力较低，每个家庭只养一两头猪，人和猪同住同吃；猪主要吃人剩的食物，与人类的食物基本相似，其中含有较多的 C_4 植物和其他动物的残体，所以猪牙釉质 δ^{13}C 值较高。以后生产力有所提高，随着养猪数量增多和人们卫生意识的加强，人和猪分开居住，猪可能放养，猪还有机会吃到人剩的食物，与人类的食物有一定的相似。后来，人类生产力进一步提高，饲养量进一步增大，采用圈养的方式养猪，猪的食物中 C_3 作物的成分越来越多，如水稻和小麦等，使猪牙釉质 δ^{13}C 值越来越低。这与玛雅文化中饲养动物狗的食物中 C_4 成分含量越来越多相反（Paul et al.，1998）。

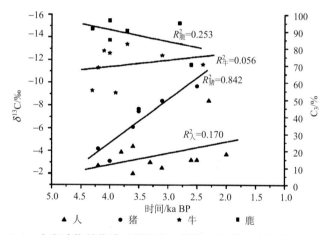

图 4.3.4　人和动物牙釉质 C 同位素 δ 值及 C_3 植物丰度与时间的相关性

植物 C 同位素成分通过食物链保存在牙釉质里，但经过一系列的分馏作用，牙釉质已富集 δ^{13}C。设 a 为分馏因子，测得牙釉质 $\delta^{13}C_{enamel}$ 的值为 R，则根据下列公式可推导所食植物的 δ^{13}C 值（胡耀武等，2005）

$$\delta^{13}C_{enamel} = \left(\frac{R\ (^{13}C/^{12}C)_{enamel}}{R_{standard}} - 1 \right) 10^3 = R, \tag{1}$$

$$\frac{R_{enamel}}{R_{standard}} - 1 = 0.00R, \tag{2}$$

$$\frac{R_{enamel}}{R_{standard}} = 1 + 0.00R, \tag{3}$$

$$\frac{R_{diet}}{R_{standard}} = \frac{R_{enamel}/R_{standard}}{a} = \frac{1 + 0.00R}{a}, \tag{4}$$

$$\delta^{13}C_{diet} = -1 + \frac{1 + 0.00R}{a}。 \tag{5}$$

如果假设 C_4 植物的 $\delta^{13}C$ 平均值为 $-13‰$，C_3 植物 $\delta^{13}C$ 平均值为 $-27‰$，哺乳动物牙釉质磷酸盐 $\delta^{13}C$ 较食物富集 9.6，那么 C_3 在食物中的比例应为（胡耀武等，2005；Pechenkina et al.，2005）

$$C_3(\%) = -100 \times (\delta^{13}C_{enamel} - 9.6 + 13)/(27 - 13)。 \tag{6}$$

根据式（5）和式（6），可以计算人和猪所吃的食物 $\delta^{13}C$ 值和 C_3 植物在食物中的比例。除了样本 97ZZIM11 的 C_3 植物含量为 39.2% 外，其他人的 C_3 植物的含量都少于 15%；高 $\delta^{13}C$ 值的人主要消费 C_4 作物和以 C_4 作物喂养的猪、鸡和狗等。而猪的食物中 C_3 植物的含量在 0～50%，猪的食物 $\delta^{13}C$ 值总体上比人的要高，人的食物中 C_3 植物的含量比猪要低，而同时期中国北方遗址人的食物中 C_4 作物含量少于猪的食物 C_4 作物的含量，这可能表明当时中国南北方在家畜饲养方面存在差别（Pechenkina et al.，2005）。

牙釉质 $\delta^{13}C$ 值较小表示动物生存的环境比较密闭，较大表示动物生存的环境比较开阔（Krigbaum，2003）。样本 97ZZIM11 的食物 $\delta^{13}C$ 值（$-17.8‰$）与其他 9 个先民的食物 $\delta^{13}C$ 值的均值存在显著差别（Students's t-test，$p < 0.01$），比其他样本 $\delta^{13}C$ 的值小很多；同时样本 97ZZIM11 的食物中 C_3 植物的含量高达 39.2%，远远高于其他先民食物中 C_3 植物的含量。而当地的耕作模式、环境等因素不能解释此原因。此人很可能是从种植大量 C_3 作物（如水稻）的地方迁徙过来，因为中国距今 7 ka 就开始有水稻的种植（Masao et al.，2005）；或者从比中坝更密闭的生态环境中迁徙到中坝进行盐业生产，但可以排除从北方过来的可能性，因为同时期中国北方以 C_4 作物为主要食物（Pechenkina et al.，2005）。同时说明到战国时期，人类的生产力已经提高，人类活动范围增大。

（四）牙釉质碳和氧同位素重建中坝遗址哺乳类过去生存模式讨论

C 和 O 两种同位素成分分析相结合，是重建过去食物成分和生态环境的一个非常有效的手段。通过中坝 32 个人和动物牙釉质 C 和 O 同位素分析，结果表明人和猪的食物有差别，也有相似性；同时人和猪的来源也有所不同。牛和鹿所处的生态位不同，鹿吃较高处的嫩叶，牛吃较低处的草茎，导致鹿的 $\delta^{13}C$ 和 $\delta^{18}O$ 值比牛的要低，但牛和鹿之间在食物方面有相似性。杂食的人、猪和草食的牛、鹿之间 $\delta^{13}C$ 和 $\delta^{18}O$ 值存在较大差别，它们的体内水分来源和食物来源都不同。复杂的地形使当地的生态环境多样化，从而使当地的植物也多样化，因此种内和种间的动物食物成分差别都比较大。

研究结果还表明，中坝遗址的先民主要以 C_4 作物为食物，从新石器到汉代时期，人们的农作物耕作方式没有明显改变，饮食习惯也没有改变。但猪的养殖方式有所变化，从放养到圈养，同时猪的食物中 C_3 作物含量越来越大。人的食物中 C_3 作物含量少于猪食物中 C_3 作物的含量，与中国北方相反，可能表明中国南北方在家畜饲养方面存在差别。随着生产力水平的提高，到战国时期，中坝地区已经有了人类迁徙活动，且迁徙的活动范围增大。

二、哺乳动物骨骼化石 C 和 N 稳定同位素分析

骨骼化石里的骨胶原能够很好的保存生物体里的 C、N 同位素成分。骨胶原 δ^{13}C 和 δ^{15}N 反映的是动物一生中骨胶原 C、N 同位素成分的平均值，反映动物的食性特征。而气候通过影响植物的 δ^{13}C 值和 δ^{15}N 值直接影响陆生哺乳动物的 δ^{13}C 值和 δ^{15}N 值 (Vogel and van der Merwe，1977；Ambrose，1990；Drucker and Bocherens，2004)。因此，骨骼化石里骨胶原的 C、N 同位素在环境考古中被广泛的应用 (Deniro，1985；Hobson and Schwarcz，1986)。从 20 世纪 60 年代开始相关研究以来，国外学者利用骨骼化石骨胶原 C、N 同位素对古食物结构、古环境变化以及人类活动等进行了深入的研究。如利用大型食草动物骨骼化石骨胶原 C、N 恢复意大利南部更新世的古生态环境变化 (Iacumin et al.，1997)；对牛、鹿、马的骨骼化石骨胶原 C、N 同位素分析，重建了50000 年来欧洲的气候变化 (Robert et al.，2004)；对密西西比河流域的古人类的稳定同位素分析，揭示了该地区不同等级之间以及不同性别之间在食物方面存在差异 (Stanley et al.，2003)。中国相关研究开始于 20 世纪 80 年代，主要是用 C 同位素研究新石器时期人类的食谱 (蔡莲珍和仇士华，1984)。最近，在应用骨骼稳定同位素重建过去稻作农业模式和先民获取肉食资源的形式等方面获得重要进展 (Hu et al.，2006；付巧妹等，2010)。

在中坝遗址丰富的测年数据基础上，本节通过对哺乳动物鹿、牛、猪骨骼化石骨胶原 C、N 稳定同位素的分析，对中坝过去哺乳动物的食性特征、古生态环境和早期人类进行家畜贸易活动进行研究。根据 C、N 同位素的标准偏差，建立该地区代表鹿、牛、猪 δ^{13}C 和 δ^{15}N 均值的最小样本数。

(一) 基本原理

(1) C 同位素。植物固定 CO_2 的光合途径可分为 3 种 (Lee-Thorp and Merwe，1987)。其中最主要的两种是 C_3 光合途径和 C_4 光合途径，通过这 2 种光合途径固定 CO_2 的植物分别称为 C_3 植物和 C_4 植物。由于这两种光合途径对 C 同位素分馏作用不同，导致不同光合作用植物的 C 同位素构成不同。C_3 植物一般包括乔木、灌木和气候寒冷地区的草本植物，δ^{13}C 值的范围较大；缺水干旱环境里的植物富集 ^{13}C 分子，其 δ^{13}C 值比 C_3 植物的平均值 -27‰要大，能达到 -21‰；而密闭森林里的植物损耗 ^{13}C 分子，比开阔生境里的植物要低，δ^{13}C 值可以达到 -35‰ (Merwe and Medina，1989)。C_4 植物主要包括生长在温带、热带开阔地带的草本植物，受水分的影响比较小，其 δ^{13}C 值变化范围较小，在 -10‰ $\sim$ -14‰ (Wang and Deng，2005)。由于新陈代谢作用，植物 C 同位素在消费者组织中进行分馏，使动物组织中同位素富集的 ^{13}C 比 ^{12}C 多，导致动物组织比它所吃植物的 δ^{13}C 值大。与所吃食物的 δ^{13}C 值相比，动物肌肉大约有 1‰的富集作用，而骨骼中骨胶原则大约富集 12‰ (Jenkins et al.，2001)。因此，通过对动物骨骼化石骨胶原的 δ^{13}C 值分析，可推断当时动物所吃的植物类型，进而推断当时的气候环境。

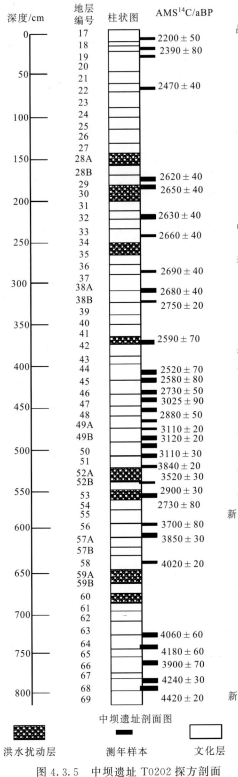

深度/cm　地层编号　柱状图　AMS¹⁴C/aBP

战国

战国
春秋

春秋
西周

西周

夏商

夏商

新石器

新石器

中坝遗址剖面图

洪水扰动层　　　测年样本　　　文化层

图 4.3.5　中坝遗址 T0202 探方剖面

（2）N 同位素。土壤中 N 元素 δ 值的变化范围非常大，大约从 $-7‰ \sim 18‰$。固氮细菌的固氮过程受到气候的影响。高温和干旱的环境不利于固氮作用。季节变化和植物根的深度也影响植物 N 元素 δ 值（Ambrose，1991）。N 同位素可以为我们提供有关动物所处的营养级和蛋白质来源信息。虽然有研究表明，消费者的 $\delta^{15}N$ 比所吃的食物的 $\delta^{15}N$ 富集 $6‰$，但一般情况下动物的 $\delta^{15}N$ 比所吃的食物的 $\delta^{15}N$ 富集 $3‰ \sim 5‰$。目前还没有一种模型来概括植物 N 同位素的分布。能够直接固定 N 元素的植物的 $\delta^{15}N$ 值一般接近 0，通常是豆科植物，其中典型的是蚕豆。木本植物比草本植物的 $\delta^{15}N$ 要小。大多数从土壤硝酸盐中固定 N 元素的植物 $\delta^{15}N$ 值大约 $3‰ \sim 5‰$。草食动物的 $\delta^{15}N$ 值比它们的食物高约 $3‰ \sim 4‰$，这种营养富集效应在每个食物链级别上都起同样的作用（Iacumin et al.，2000）。海洋里食物网也许有更多的营养级，许多海洋鱼类的 $\delta^{15}N$ 值大于 $10‰$；淡水生境一般也有很长的食物链，因此淡水鱼也有较大的 $\delta^{15}N$ 值（Joan et al.，2004）。在干旱的环境中生物的 $\delta^{15}N$ 值比较大，这是因为动物通过汗液和尿液分泌 N 元素使机体的 $\delta^{15}N$ 值增大。

（二）材料与方法

（1）材料来源。本节研究的骨骼化石材料来自中坝遗址地层中的 17～68 层。中坝遗址 T0202 探方 17 层以上为秦汉遗存，17～33 层为战国遗存，34～43 层为春秋遗存，44～49A、52A、53 层为西周遗存，49B～52B 层为夏商时期遗存，54～68 层为新石器时代晚期。69 层为被多个新石器时期灰坑打破的生土层（见图 4.3.5）。从中坝遗址发掘来看，至少有 33 种哺乳动物，

18 种鱼类，许多不能确认的鸟类、两栖类和爬行类动物。常见的哺乳类动物有：偶蹄类动物、食肉类动物、兔类、奇蹄类动物、灵长类、啮齿类。偶蹄类动物包括 Bovidae（*Bos* sp.，*Bubalus* sp.），Cervidae（*Cervus albirostris*，*Cervus elaphus*，*Cervus* sp.，*Ela-phurus davidianus*，*Elaphods cephalophus*，*Hydropodesinermis*，*Muntiacus reevesi*，*Muntiacus* sp.），Suidae（*Susscrofa*，*Sus* sp.）和其他未确定种类。这里研究的材料来自于探方 T0202 的哺乳动物牛、鹿、猪骨骼化石，其中草食性动物鹿骨骼样本 51 件，草食性动物牛骨骼样本 14 件，杂食性动物猪骨骼样本 42 件，主要是用来重建从新石器早期到青铜器晚期这一时期内中坝地区生态环境和人类的活动。

（2）年代测定。遗址地层的年代采用 27 个动物骨头和 5 个炭屑的 AMS^{14}C 测年来确定（Flad，2004），AMS^{14}C 测年由北京大学核物理与核技术国家重点实验室协助完成，测年结果及校正年代见表 4.3.2。

表 4.3.2　中坝遗址 T0202 探方剖面 AMS^{14}C 测年数据及校正年代

测年编号	材料	层位	野外样本编号	^{14}C 年代/a BP	校正年代（OxCal 3.0）/（68.2% probability，cal. a BP）
BA01357	骨头	18	FCN 0006	2380±70	2470～2310
BA01361	骨头	18	FCN 0104-2	2390±70	2150～2250
BA01409	骨头	22	FCN 0643	2430±60	2430～2510
BA01362	骨头	29	FCN 0981-1	2430±80	2600～2640
BA01367	骨头	29	FCN 1082	2450±60	2610～2690
BA01419	骨头	32	FCN 2094	2460±60	2590～2670
BA01420	骨头	33	FCN 2136	2460±60	2620～2700
BA01424	骨头	37	FCN 2229	2480±80	2660～2720
BA01368	骨头	38b	FCN 2219-1	2490±70	2730～2770
BA01373	骨头	38b	FCN 2275	2520±70	2640～2720
BA01429	骨头	43	FCN 2379	2540±60	2550～2660
BK2002044	木头	46	FCN2050	无结果	无结果
BA01374	骨头	46	FCN 2513-1	2600±60	2450～2590
BK2002045	木头	46	FCN 2514	2640±60	2680～2780
BA01380	骨头	46	FCN 2527-1	2680±70	2510～2650
BK2002046	木头	46	FCN 2528	2730±80	2985～3065
BA01433	骨头	48	FCN 2578	2730±85	2830～2930
BA01382	骨头	49b	FCN 2613-1	2780±60	3090～3130
BA01384	骨头	49a	FCN 2613-3	3025±90	3100～3130
BA0143	骨头	49a	FCN 2728	3100±60	3080～3140
BK2002047	木头	50	FCN 2658	3110±100	3460～3500

续表

测年编号	材料	层位	野外样本编号	¹⁴C 年代/a BP	校正年代（OxCal 3.0）/（68.2% probability, cal. a BP）
BA01435	骨头	50	FCN 2675	3110± 120	3520～3550
BA01437	骨头	52a	FCN 2699	3210± 120	2870～2930
BA01439	骨头	53	FCN 2842	3240± 100	2730～2810
BA01390	骨头	56	FCN 2958-1	3540± 60	3820～3880
BA01397	骨头	56	FCN 2975-4	3590± 60	3620～3780
BA02018	骨头	58a	FCN 3142	3640± 100	4000～4040
BK2002048	木头	64	FCN 3320	3660± 100	4120～4240
BA02028	骨头	64	FCN 3329	3800± 70	4000～4120
BA02030	骨头	65b	FCN 3498	3800± 80	3830～3970
BA01398	骨头	68	FCN 3582-1	3840± 60	4210～4270
BA01403	骨头	68	FCN 3582-6	3880± 90	4400～4440

（3）C 和 N 同位素测定。按照 Koch 等（1997）的实验方法，用手术刀和打磨机去除样品表面的污染物，将样品在玛瑙研钵中粉碎、研磨，收集粒度为 75 目的骨粉，并在电子天平上精确称量各骨粉样品。然后，用 0.1 mol/L HCl 浸泡脱钙，每隔 1 天换新鲜酸液 1 次，直至看不见明显的颗粒。再用去离子水清洗至中性后，在 0.125 mol/L NaOH 中浸泡 20 h，并洗至中性。最后，加入 0.001 mol/L HCl 于 95℃明胶化过夜，次日趁热过滤，收集滤液并冷干得骨胶原。在电子天平上称量骨胶原，计算其产量。C、N 稳定同位素的测量在中国科学院南京地理与湖泊研究所湖泊与环境国家重点实验室完成。使用的质谱仪型号为 Delta plus Advantage（Finnigan 公司）。C、N 元素的含量分析使用 VARIOEL III 元素分析仪（Elementar 公司）。重复性测试结果显示，C、N 同位素的误差分别小于 0.1‰和 0.2‰。C 同位素的比率采用标准千分比符号 δ^{13}C，标样采用白垩系海相化石箭石（PDB）；N 同位素的分析结果以相对 N_2（气态）的 δ^{15}N 表示。骨胶原产量及 C、N 稳定同位素组成见表 4.3.3，C、N 稳定同位素的分布见图 4.3.6。

表 4.3.3　中坝遗址地层哺乳动物骨胶原产量及 C、N 稳定同位素组成 [a]

层位	编号	种类	δ^{13}C	δ^{15}N	C 含量/%	N 含量/%	C : N（摩尔比）	骨胶原含量/（mg/g）
18	**104a**	鹿（左肩胛骨）	**−24.2**	**2.8**	**11.1**	**3.7**	**3.4**	**4.2**
18	**104b**	鹿（左肩胛骨）	**−23.8**	**5.1**	**6.0**	**1.8**	**3.7**	**21.4**
19	112a	鹿（右肩胛骨）	−23.9	4.0	22.1	7.9	3.2	19.1
20	296	鹿（左肩胛骨）	−25.6	4.0	21.4	7.6	3.2	20.7
22	643a	鹿（肱骨）	−23.1	4.2	11.2	4.0	3.2	23.3

层位	编号	种类	$\delta^{13}C$	$\delta^{15}N$	C 含量 /%	N 含量/%	C：N (摩尔比)	骨胶原含量 /(mg/g)
22	643b	鹿（肱骨）	−23.1	4.2	16.8	6.0	3.2	8.4
22	643c	鹿（股骨）	−22.9	4.8	23.8	8.4	3.2	79.3
22	643d	鹿（掌骨）	−22.7	5.0	13.7	4.9	3.2	10.9
22	643e	鹿（股骨）	−22.6	4.9	20.2	7.4	3.1	4.1
23	715	鹿（左肩胛骨）	−22.0	3.9	27.7	9.8	3.2	19.2
25	809	鹿（左肩胛骨）	−24.9	3.8	31.5	11.4	3.2	16.8
27	909	鹿（右胫骨）	−25.2	5.5	20.1	7.1	3.2	20.6
27	912	鹿（左肩胛骨）	−22.5	4.9	30.9	11.2	3.2	64.5
28b	**975**	**鹿（左桡骨）**	**−24.8**	**3.7**	**5.2**	**1.7**	**3.5**	**4.6**
29	981	鹿（肩胛骨）	−23.5	5.0	26.1	9.5	3.2	46.8
31	2082	鹿（左胫骨）	−23.0	3.5	18.6	6.6	3.2	7.1
32	2094a	鹿（肩胛骨）	−22.1	3.6	31.4	11.1	3.2	33.2
33	2016a	鹿（髋骨）	−22.1	4.3	21.7	7.9	3.2	23.4
33	**2016b**	**鹿（桡骨）**	**−22.0**	**2.3**	**0.9**	**0.2**	**4.8**	**55.3**
33	2136a	鹿（趾骨）	−24.1	4.0	32.3	11.5	3.2	41.4
33	**2136b**	**鹿（桡骨）**	**−19.7**	**4.7**	**13.6**	**4.4**	**3.6**	**34.8**
33	2136c	鹿（趾骨）	−25.3	4.3	28.7	10.3	3.2	10.5
33	2136d	鹿（胫骨）	−22.3	6.3	29.7	10.5	3.2	23.2
34	2151a	鹿（右跟骨）	−22.8	5.4	19.5	7.1	3.2	34.1
34	2128	鹿（髋骨）	−20.0	4.5	24.1	8.7	3.2	23.4
34	2151b	鹿（趾骨）	−22.9	4.6	21.8	7.8	3.2	44.7
36	2225a	鹿（右肱骨）	−22.0	5.3	33.2	11.9	3.2	27.9
38a	2244	鹿（髋骨）	−23.1	4.5	27.5	10.0	3.2	45.5
38b	2219	鹿（趾骨）	−21.8	4.3	26.4	9.5	3.2	20.9
40	2316g	鹿（右胫骨）	−23.1	6.6	18.7	6.6	3.2	32.3
42	2345a	鹿（掌骨）	−24.3	5.0	28.7	10.5	3.1	28.7
42	2345b	鹿（左肱骨）	−23.3	7.0	29.1	10.3	3.2	33.4
43	2379a	鹿（桡骨）	−25.4	5.4	22.5	8.1	3.2	59.2
43	2379b	鹿（距骨）	−22.0	4.2	29.2	10.5	3.2	41.1
45	2053	鹿（桡骨）	−22.1	4.1	30.6	10.7	3.3	53.2
46	2513	鹿（股骨）	−23.2	4.7	33.0	11.7	3.2	18.2
46	2527a	鹿（掌骨）	−22.8	6.0	17.1	6.1	3.2	77.1
47	2563	鹿（右胫骨）	−24.2	6.4	25.8	9.0	3.3	16.6
48	**2578**	**鹿（颈椎骨）**	**−23.1**	**3.4**	**2.7**	**0.6**	**4.6**	**6.2**

续表

层位	编号	种类	δ^{13}C	δ^{15}N	C 含量/%	N 含量/%	C∶N（摩尔比）	骨胶原含量/(mg/g)
50	2645c	鹿（右胫骨）	−24.5	3.9	20.8	7.6	3.1	50
50	2642	鹿（肱骨）	−23.3	5.4	14.9	5.4	3.2	70
50	2679a	鹿（肩胛骨）	−23.8	5.2	14.8	5.2	3.2	56.5
50	2679b	鹿（胫骨）	−22.6	4.9	6.8	2.2	3.5	7.7
51b	2735	鹿（左髋骨）	−26.0	4.6	9.6	3.3	3.3	22.1
52a	2914	鹿（肩胛骨）	−21.7	4.2	27.6	9.8	3.2	21.7
55b	2942	鹿（颈椎骨）	−22.2	6.1	31.7	11.4	3.2	76.3
60	3211	鹿（右胫骨）	−22.6	5.0	9.8	3.4	3.3	11.2
63	3298d	鹿（左距骨）	−23.4	6.2	1.3	0.7	2.2	6.1
64	3329c	鹿（髋骨）	−24.2	4.0	15.7	5.9	3.1	36.7
67	3559	鹿（肩胛骨）	−23.5	1.7	1.1	0.2	5.2	17.4
68	3582c	鹿（肩胛骨）	−19.8	4.9	7.6	2.6	3.3	15.1
18	104c	猪（肱骨）	−21.4	2.9	2.1	0.7	3.5	32
18	104d	猪（跟骨）	−16.4	1.8	0.8	0.1	5.1	72
19	112b	猪（肱骨）	−21.2	4.2	34.7	12.0	3.3	41.4
19	112c	猪（下颌骨）	−16.3	7.9	54.7	19.2	3.3	27.7
21	492a	猪（肩胛骨）	−22.0	5.3	17.6	6.2	3.2	13.8
21	492b	猪（肱骨）	−20.5	7.1	27.7	9.9	3.2	54.8
22	643f	猪（掌骨）	−22.1	1.8	1.5	0.4	3.8	30.3
26	869a	猪（髋骨）	−23.9	5.1	21.5	7.5	3.3	60.5
26	869b	猪（跟骨）	−21.5	3.8	2.9	0.8	4.1	77.3
29	981b	猪（趾骨）	−19.8	7.8	23.8	7.8	3.5	19.5
31	2073	猪（椎骨）	−21.5	5.1	20.4	7.4	3.2	46
33	2136e	猪（椎骨）	−20.7	4.3	34.9	12.2	3.3	31.2
36	2225b	猪（尺骨）	−12.0	5.7	17.9	6.4	3.2	16
38b	2219a	猪（跟骨）	−19.8	4.6	14.4	5.1	3.2	10.9
38b	2219b	猪（肱骨）	−21.6	4.4	27.4	9.8	3.2	87.4
38b	2219c	猪（肱骨）	−20.3	5.6	30.9	11.0	3.2	20.6
46	2527b	猪（跟骨）	−12.3	7.2	31.5	10.9	3.3	47.2
46	2527c	猪（椎骨）	−10.9	7.1	22.4	8.1	3.2	78.4
50	2645a	猪（胫骨）	−16.4	4.6	21.3	7.6	3.2	58.1
50	2645b	猪（肩胛骨）	−17.9	5.1	12.5	4.4	3.2	51.5
52a	2699a	猪（髋骨）	−22.5	11.8	0.8	0.6	1.5	2.7
53	2842b	猪（胫骨）	−21.0	7.0	3.8	1.3	3.3	44.9

续表

层位	编号	种类	$\delta^{13}C$	$\delta^{15}N$	C含量/%	N含量/%	C：N（摩尔比）	骨胶原含量/(mg/g)
53	2842c	猪（桡骨）	−16.4	6.6	25.3	9.0	3.2	53.4
56	2975	猪（尺骨）	−15.4	5.1	16.9	6.0	3.2	35.4
58	3142a	猪（髋骨）	−9.4	5.8	16.5	5.8	3.2	60.2
58	3142b	猪（胫骨）	−19.0	4.5	17.0	6.2	3.2	38.4
62	**3487a**	**猪（掌骨）**	**−20.0**	**5.1**	**18.2**	**6.6**	**3.1**	**34.4**
62	3487b	猪（肱骨）	−10.0	5.5	19.5	7.0	3.2	51.8
62	3265	猪（桡骨）	−18.9	5.8	3.0	0.9	3.6	36.6
62	3487c	猪（股骨）	−8.2	6.3	39.2	14.0	3.2	30.7
63	3298a	猪（上颌骨）	−16.7	6.3	19.8	7.1	3.2	59
63	3298b	猪（肱骨）	−16.4	5.5	18.3	6.5	3.2	71.1
63	3298c	猪（尺骨）	−23.2	4.1	23.8	8.5	3.2	7.8
64	**3329a**	**猪（尺骨）**	**−13.1**	**6.1**	**12.3**	**4.5**	**3.1**	**8.6**
64	3329b	猪（桡骨）	−10.4	5.3	16.9	6.3	3.1	37.2
65	3456a	猪（髋骨）	−13.6	4.8	14.0	5.3	3.0	85
65	3456b	猪（椎骨）	−22.6	6.0	14.3	5.1	3.2	27.6
65	**3456f**	**猪（距骨）**	**−14.2**	**5.6**	**5.2**	**2.2**	**2.7**	**27.9**
65	3456g	猪（股骨）	−15.9	5.8	33.9	12.0	3.2	32.8
65	2472a	猪（肱骨）	−16.4	4.0	19.9	7.4	3.1	18
65	**2472b**	**猪（跟骨）**	**−17.9**	**6.7**	**3.3**	**1.6**	**2.3**	**4.4**
30	2016c	牛（肋骨）	−23.0	3.5	18.6	6.6	3.2	41.9
50	2679c	牛（腕骨）	−18.8	5.6	13.9	5.1	3.1	70.3
52a	**2699b**	**牛（距骨）**	**−20.3**	**4.6**	**2.4**	**0.8**	**3.3**	**40.8**
52a	**2699c**	**牛（肩胛骨）**	**−20.2**	**5.4**	**4.9**	**1.7**	**3.3**	**13.2**
53	2842a	牛（跗骨）	−22.8	4.4	18.3	6.5	3.2	35
56	2958a	牛（肩胛骨）	−21.4	4.6	14.1	5.1	3.2	81.8
56	**2958b**	**牛（腕骨）**	**−20.1**	**4.1**	**8.3**	**3.0**	**3.2**	**20.9**
61	3250	牛（肩胛骨）	−15.2	6.6	25.0	9.0	3.2	19.1
64	**3329d**	**牛（肩胛骨）**	**−17.8**	**5.4**	**8.3**	**3.3**	**2.9**	**32.8**
65	**3456c**	**牛（趾骨）**	**−19.5**	**4.8**	**10.9**	**4.3**	**2.9**	**36.8**
65	3456d	牛（掌骨）	−18.4	6.9	15.8	5.8	3.1	44.2
65	3456e	牛（下颌骨）	−19.1	6.3	17.4	6.8	2.9	34.8
68	**3582a**	**牛（肢骨）**	**−20.5**	**6.0**	**9.4**	**3.4**	**3.1**	**70.8**
68	3582b	牛（肋骨）	−18.5	4.9	16.8	6.3	3.1	39.3

注：a）黑体表示骨样已污染。

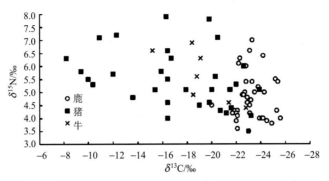

图 4.3.6　中坝遗址哺乳动物骨胶原 C 和 N 同位素组成分布图

（4）数据统计分析。用软件 SPSS 11.0 对数据进行统计分析。为了确定不同 2 组动物均值之间是否存在显著差别，进行 t 检验。根据零假设原理（Abdulla，2004），如果 $P > 0.05$，认为 2 组数据不存在差别；如果 $P < 0.05$，认为 2 组数据存在显著差别。

（三）结果分析与讨论

1. 骨胶原保存质量

C：N 摩尔比是判断骨胶原保存状态的一个重要指标。现代活的动物骨骼骨胶原 C：N 摩尔比在 2.9～3.6（Kerstin，1995）。如果 C：N 摩尔比在该范围（2.9～3.6）内，可认为样本骨胶原没有受到污染。如果 C：N 摩尔比超出该范围（<2.9 或>3.6），可认为样本骨胶原在动物死后受到了污染（Deniro，1985）：也许周围环境中的 C、N 元素进入了骨胶原，也许骨胶原中的 C、N 元素流失到了周围环境。判断骨胶原是否保存完好的另一个标准是：骨胶原中 C、N 元素的质量百分含量是否分别大于 13.0%、4.8%（Kerstin，1995）。参照这 2 个标准，结果发现，51 件鹿骨骼样本中有 40 件保存完好，11 件有污染；41 件猪骨骼样本中有 31 件保存完好，10 件有污染；14 件牛骨骼样本中有 8 件保存完好，6 件有污染。骨骼保存情况见表 4.3.3，其中受到污染的样本用黑色加粗表示，猪的骨骼污染数目相对较多。实验室骨胶原保存的成功率均大于 50%。通常情况下，干冷气候利于骨骼保存。中坝地区温度较高，湿度较大。中坝遗址动物骨骼保存的比较好，可能是因为骨骼在埋藏之前肌肉与内脏已经剥离。

骨骼骨胶原的流失是否导致动物骨骼的生前生物同位素信息改变？中坝动物骨骼实验结果表明，剔除污染的样本后，骨胶原的产量差别很大：最小为 4.1 mg/g，最大为 87.4 mg/g；均值为 38.4 mg/g；标准偏差为 21.29 mg/g。同一层的同种动物骨骼骨胶原的产量差别也很大。三种动物骨胶原的产量与 C、N 同位素值的模拟系数均 <0.15（见图 4.3.7），说明骨胶原产量的降低与，C、N 同位素值大小没有关系。这与意大利一个遗址的情况相似（Iacumin et al.，1997）。

2. C 同位素分析

鹿、牛、猪的骨胶原 δ^{13}C 均值分别为 -23.1‰、-19.6‰、-17.1‰。鹿与牛、

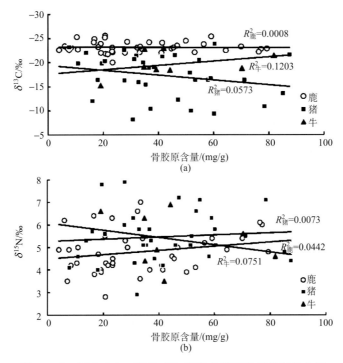

图 4.3.7　δ^{13}C（a），δ^{15}N（b）值和骨胶原产量的相关分析

鹿与猪、牛与猪之间的 δ^{13}C 均值均存在显著差别（students's t-test，$P<0.01$），说明这 3 种动物的食物存在明显差别。如果骨胶原 δ^{13}C 值比动物所吃食物富集 5‰，鹿、牛和猪所吃食物的 δ^{13}C 值将分别为 −28.1‰、−24.6‰、−22.1‰。鹿的骨胶原 δ^{13}C 值为 −25.6‰～−20.0‰，对应的所吃植物的 δ^{13}C 值为 −30.6‰～−25.0‰。这说明鹿生活在森林密闭的环境中，完全以 C_3 植物为食物，屏蔽效应导致这些植物的 δ^{13}C 值都很低（France，1996）。牛的骨胶原 δ^{13}C 值为 −23.0‰～−15.2‰，对应的所吃植物的 δ^{13}C 值为 −28.0‰～−20.2‰。这说明牛也完全以 C_3 植物为食物。牛的骨胶原均值比鹿的大，可能是因为牛生活在比较开阔的林地。从图 4.3.8 可见，鹿的 δ^{13}C 值的标准偏差（1.18‰）比较小，说明鹿的食物来源比较一致；牛的 δ^{13}C 值的标准偏差比鹿的大，说明牛的食物变化范围比鹿的大。猪为杂食性动物，其骨胶原 δ^{13}C 值为 −23.9‰～−8.2‰，标准偏差达 4.46‰（见图 4.3.6），变化范围相当大。猪所吃食物的对应 δ^{13}C 值为 −28.9‰～−13.2‰，从完全以 δ^{13}C 植物为食物变化到完全以 C_4 植物为食物，表明中坝遗址猪的食物成分差别很大。因此，推断中坝遗址猪的饲养方式有很多种，可能这些猪并不都是当地饲养的，一部分猪是通过贸易从其他地方运到中坝的（Pechenkina et al.，2005）。中坝当时的经济基础是盐业生产（Koch et al.，1997），而不是农业和畜牧业。我国 7000 年前就存在家养猪的贸易（Masao et al.，2005；田晓四等，2008）。通过盐的交换来获得猪等食物，这作为当地盐业生产的基础是切实可行的。

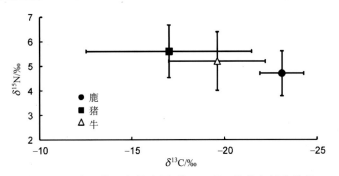

图 4.3.8　鹿、猪、牛骨胶原 $\delta^{13}C$、$\delta^{15}N$ 均值和标准偏差

3. N 同位素分析

鹿、牛、猪的骨胶原 $\delta^{15}N$ 均值分别为 4.7‰、5.2‰、5.5‰（见图 4.3.8）。鹿与牛、鹿与猪、牛与猪之间 $\delta^{15}N$ 均值也都存在显著差别（students's t-test，$P < 0.01$）。鹿在比较密闭的生境中以树叶和灌木为食，牛在开阔的生境中以非木本植物为食。与非木本植物相比，树叶和灌木含有较低的 $\delta^{15}N$（Delwiche et al.，1979）。因此，鹿的骨胶原 $\delta^{15}N$ 均值比牛的小。中坝当时的家养猪主要食用人类的剩饭剩菜（Ekaterina et al.，2005；田晓四等，2008），其中含有牛和鹿的残渣。因此，猪的营养级比牛和鹿的高。由于富集作用，猪的骨胶原 $\delta^{15}N$ 均值比鹿和牛的都高。但猪分别与牛、鹿的骨胶原 $\delta^{15}N$ 均值之差远远小于 1 个营养级的差别（3.0‰），表明猪的食物中肉食成分很低。草食性动物鹿、牛与现代欧洲草食性动物骨胶原 $\delta^{15}N$ 均值（2.5‰~6‰）相近，而与现代非洲草食性动物骨胶原 $\delta^{15}N$ 均值（7.1 ± 2.4‰）差别较大，说明当时中坝的空气潮湿状况和现代欧洲相近，与非洲差别很大（Ambrose，1991）。

4. 古气候与古环境重建

受人类活动影响，遗址中的相关物理化学指标不能真实反映环境变化；而完全草食性的野生哺乳动物骨胶原 C、N 稳定同位素组成能反映环境变化（White et al.，2001）。很多地层没有牛骨骼样本。牛骨骼样本数量有限，不具有统计意义。鹿骨骼样本数量较多，因此选择鹿骨胶原 $\delta^{13}C$ 和 $\delta^{15}N$（不包括已污染的鹿骨骼骨胶原 $\delta^{13}C$ 和 $\delta^{15}N$）来重建中坝地区的生态环境。为研究中坝地区生态环境在不同时期的变化，将测年年代和考古年代相结合（见图 4.3.5），把 T0202 探方分成 3 个时期即 I、II、III 期，它们对应的层位分别为 50~64 层（3500~4200 a BP，夏朝和新石器晚期）、34~50 层（2800~3500 a BP，西周时期）和 18~33 层（2200~2800 a BP，春秋战国时期）。不同时期鹿骨胶原 $\delta^{13}C$ 和 $\delta^{15}N$ 值的统计描述见表 4.3.4，鹿骨骼骨胶原的 $\delta^{13}C$ 值和 $\delta^{15}N$ 值的地层和时间分布见图 4.3.9。草食性动物骨胶原 $\delta^{13}C$ 值与它所吃植物的 $\delta^{13}C$ 值有关；植物的 $\delta^{13}C$ 值与气候和森林密闭情况有关，低温、降水量大和密闭森林环境使植物 $\delta^{13}C$ 值变小（Ambrose，1991）。根据 T 检验，3 个时期 I、II、III 之间的鹿骨胶原 $\delta^{13}C$ 值不存在差别（students's t-test，$P < 0.05$）。因此，在 2200~4200 a BP 期间中坝地区的

气温、降水量和植被情况基本稳定，没有大的波动。植物 δ^{15}N 值的变化通过食物链传递给草食动物，在暖干的环境中植物的 δ^{15}N 值较大，导致在此环境中的草食性动物骨胶原 δ^{15}N 值也较大（Hedges et al.，2004）。根据 T 检验，3 个时期 I、II、III 之间的鹿骨胶原 δ^{15}N 值也不存在差别（students's t-test，$P<0.05$），说明在 2200～4200 a BP 期间中坝地区的气温、降水量变化不大。孢粉分析显示该区域在 3200 BC～500 BC 期间，乔木和灌木主要类型的浓度较高，水生草本、蕨类和禾本科、毛莨科孢粉浓度也很高，表明在该期间本地区气候温暖湿润（朱诚等，2008），气候波动不大。中坝处于长江中上游亚热带谷地之中，西北有大巴山，东南有巫山，地势南北高而中间低，因此该地区受低温影响相对较小（张强等，2006）。中坝遗址地层中鹿骨胶原 δ^{13}C 和 δ^{15}N 值都没有随时间的变化而发生显著变化。鹿骨胶原的 2 个环境指标 δ^{13}C 和 δ^{15}N 共同证明了在 2200～4200 a BP 期间中坝地区的气候和环境没有较大的波动，这可能是中坝遗址地层比较完整的原因。

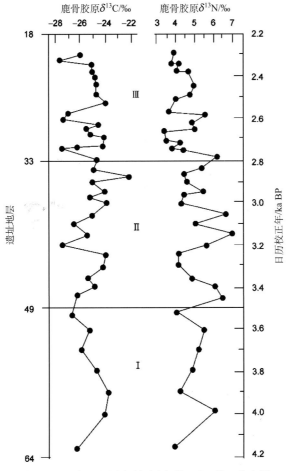

图 4.3.9　遗址地层鹿骨胶原 δ^{13}C 和 δ^{15}N 分布图

表 4.3.4　不同时期鹿骨胶原 δ^{13}C 和 δ^{15}N 值的统计描述

稳定同位素 δ 值	时期	N（样本数）	最小值	最大值	均值	标准偏差
δ^{13}C	Ⅰ	7	−24.5	−21.7	−23.2	1.0
	Ⅱ	15	−25.4	−20.0	−22.8	1.2
	Ⅲ	18	−25.6	−22.0	−23.3	1.3
δ^{15}N	Ⅰ	7	3.9	6.1	4.8	0.8
	Ⅱ	15	4.1	7.0	5.2	0.9
	Ⅲ	18	3.5	6.3	4.5	0.7

5. 样本最小数

动物骨骼化石数量不多，化石被实验破坏后无法恢复，因此考古研究中的动物化石比较珍贵。应用 C、N 同位素均值进行古食谱研究时样本数不能太少，否则研究结果不具有代表性。因此，研究样本最小数在环境考古中具有一定意义。本节中，鹿 δ^{13}C 标准偏差为 1.18。在置信度为 95%、均值误差范围不超过 1‰ 的条件下，能代表中坝地区鹿 δ^{13}C 值的样本数不能少于 9 个。骨胶原 δ^{13}C 和 δ^{15}N 的标准偏差、均值误差范围不得超过 1‰ 和 95% 的置信度（污染的骨骼除外）（Kathryn et al.，2005）。应用中坝地区鹿、猪、牛 C、N 同位素均值时，建议应测试的最小样本数见表 4.3.5。由于猪和牛的 δ^{13}C 标准偏差较大，所需相应的最小样本数也较大，分别为 73 和 16。本研究中猪和牛的有效样本数分别为 31 和 8，在研究 C 同位素均值时明显不足。除此之外，其他样本均能满足计算 C、N 同位素均值最小样本数的要求。

表 4.3.5　代表 C、N 同位素均值的样本最小数

稳定同位素	鹿	猪	牛
SD（δ^{13}C）	1.18	4.46	2.61
δ^{13}C 样本最小数（置信度：95%）	8	73	16
SD（δ^{15}N）	0.91	1.07	1.19
δ^{15}N 样本最小数（置信度：95%）	4	5	6

（四）中坝遗址出土的哺乳动物骨骼化石稳定同位素环境考古意义讨论

通过对中坝遗址哺乳动物鹿、牛、猪骨骼化石骨胶原 C、N 同位素的分析，重建了该区哺乳动物食性特征、古气候、古生态环境以及人类活动等，主要有以下几点认识：

（1）大部分中坝遗址哺乳动物骨骼化石保存很好，没有受到污染；骨骼中骨胶原的流失没有改变骨骼中的生物同位素信息。

（2）鹿和牛都以 C_3 植物为食，它们生存的生态系统相同。但鹿和牛所处的生境不同，鹿生活在密闭的环境中，牛生活在开阔的环境中。由于屏蔽效应，鹿的 δ^{13}C 值比牛的小。猪的 δ^{13}C 值范围很大，为 −23.9‰ ～ −8.2‰。猪所吃食物的对应 δ^{13}C 值为

−28.9‰～−13.2‰，食物成分差别很大。因此推测，这些猪不都是当地饲养的，部分猪是通过贸易从别处运到该地区。鹿以树叶和灌木为食，牛以禾本科植物为食；树叶和灌木比禾本科植物的 $\delta^{15}N$ 值小。因此，鹿的 $\delta^{15}N$ 值比牛的小。猪的食物中含有部分牛和鹿的残渣，猪的营养级比牛和鹿的高。由于 N 元素的富集作用，猪的 $\delta^{15}N$ 值比牛和鹿的大。

（3）鹿骨胶原的 C、N 稳定同位素研究结果显示，不同时期鹿骨胶原 $\delta^{13}C$ 之间不存在差异，不同时期鹿骨胶原 $\delta^{15}N$ 之间也不存在差异。结果表明，在 2200～4200 a BP 期间，中坝地区的气候和生态环境比较稳定，这可能是中坝遗址地层比较完整的原因。

（4）在置信度为 95%、均值误差范围不超过 1‰ 的条件下，中坝地区能代表 $\delta^{13}C$ 均值的最小样本数分别是 8（鹿）、73（猪）、16（牛）；能代表 $\delta^{15}N$ 均值的最小样本数分别是 4（鹿）、5（猪）、6（牛）。

第四节　长江三峡库区玉溪遗址古洪水遗存考古发现及其沉积特征

一、玉溪遗址概况与地层堆积特征

（一）玉溪遗址概况

玉溪遗址位于丰都高家镇金刚村长江右岸一级阶地，玉溪河从遗址北侧自东西流入长江（图 4.4.1 和图 4.4.2），遗址顶面海拔 155 m 左右，面积约 8000 m²。遗址发现于 1992 年（四川省文物考古研究所，1998），1994、1998 及至 2000 年以来发掘面积累积达 5000 m²（四川省文物考古研究所，1998；邹后曦等，2003）。发掘者根据地层叠压关系和包涵物特征不同，将发掘所获主要分为"玉溪下层遗存"和"玉溪上层遗存"（邹后曦等，2003）。2005 年重庆市文物考古所白九江、祁自立等严格按照《田野考古

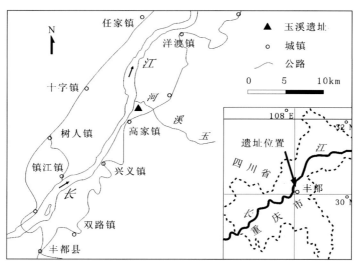

图 4.4.1　玉溪遗址位置示意图

工作规程》，从上到下、由晚及早再次对玉溪 T0403 探方等逐层清理，出土物严格按单位编号、收集，共划分出 31 层（第 31 层为生土层），确认玉溪上层遗存之上为玉溪坪文化遗存（第 3 层），而直接叠压在玉溪坪文化遗存之上的是唐、明清至现代的文化堆积（第 2、1 层），其间地层缺失近 3500 年（为后期江水冲蚀坍塌所致）。

图 4.4.2　分布于长江岸边的玉溪遗址探方　　　　图 4.4.3　玉溪遗址 T0403 探方

（二）剖面和地层堆积特征

由图 4.4.3、图 4.4.4 和表 4.4.1 可知，玉溪遗址 T0403 西壁共划分包括生土层在内的考古地层 31 个（白九江等，2008），剖面堆积时代下自新石器早期玉溪下层遗存[30～9 层，27 层 AMS^{14}C 年代为（7411±55）a BP]，向上依次过渡到玉溪上层遗存（8～4 层）、玉溪坪文化遗存（3 层）、唐及明清以来至现代（2、1 层，测年数据见表 4.4.2）。

玉溪遗址地层堆积特征，除有长期缺层现象外，就是上、下部堆积物和结构的差异。上部以文化层为主（9～1 层），下部则以文化层与自然层互层为特征（30～10），即表现为骨渣层与淤砂层的相间堆积。遗物多集中出现在 23～18 层的骨渣层中，出土遗物主要有石器和动物骨骼，陶器较少。从地层堆积形态看，虽然是倾斜度较大的坡状堆积，但其骨渣层与淤砂层间的接触面清楚，相互混杂的情况很少，应是原生堆积。玉溪遗址出土陶器不足 1000 片，主要来自第 21～9 层的玉溪文化中、晚期阶段。陶器的陶质以夹泥岩颗粒为主，少量夹砂。陶色红褐不匀，极少灰褐胎。纹饰以散乱或纵向较浅的绳纹为主，有少量细绳纹，在器口与圈足外沿多施小花边，素面陶有抹红色泥浆的做法。陶器均泥片贴塑法制作，烧制温度低，质极疏松。器物种类仅罐、釜、碗、钵 4 类，以圜底器为主，圈足器次之，少见平底器，不见三足器。总体上，陶器器类简单、特征鲜明，其陶质、陶色、纹饰还是器形特征和火候、制法，无不反映出其原始性，是目前渝东峡江地区发现的年代最早的新石器时代文化遗存（邹后曦等，2003）。

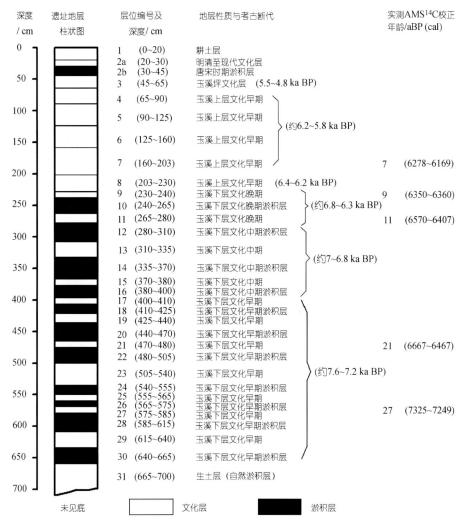

图 4.4.4　玉溪遗址 T0403 探方地层剖面图

表 4.4.1　玉溪遗址 T0403 探方地层特征[a]

层位编号	遗址统一编号	据器物确定的考古学地层年代	距地表深度/cm	地层特征
1	1	现代耕土层	10.5	灰褐疏松土层，夹大量植物根系，较多炭点，少量红烧土颗粒及现代垃圾，如现代铁钉、瓦片等
2a	2	明清至现代文化层	49.5	浅灰褐土，较软，夹少量炭点及红烧土颗粒，包含物少，有青花瓷片及近代瓦片，可辨器型有青花瓷碗底
2b	3	唐宋淤积层	89.5	浅褐色较软土层，夹少量炭点及红烧土颗粒，出土少量青瓷片、缸胎硬陶、打制石片等
3	4	玉溪坪文化层	111.5	黄褐色质硬黏土，质较纯，夹零星红烧土颗粒及炭点，包含物极少，有泥质陶片、石器残片

续表

层位编号	遗址统一编号	据器物确定的考古学地层年代	距地表深度/cm	地 层 特 征
4	5	玉溪上层文化早期	177.5	浅黄褐色质较纯硬黏土，夹少量黄褐色土块、炭屑，包含物少，仅出土两片泥质素面灰陶片及打制的残石片
5	6	玉溪上层文化早期	188.9	黄褐色黏土、质硬，微含沙，夹少量炭屑，包含物仅有数块打制石片
6	7	玉溪上层文化早期	203.7	浅黄色黏土、质硬，较纯，夹少量炭屑，包含物仅数片打制石片
7	8	玉溪上层文化早期	222.7	黄褐色硬质土，夹少量鱼骨渣和少量动物骨头，含零星炭点、颗粒状红烧土，底层有较多砾石和打制石片
8a	9	玉溪上层文化早期	244.9	黄灰色质硬较纯土，夹零星红烧土颗粒，无包含物
8b	10	玉溪上层文化早期（新石器时代文化间歇层）	247.9	青黄色砂土，较紧密，含较多细石颗粒、零星红烧土颗粒，无文化遗物
8c	11	玉溪上层文化早期（新石器时代文化间歇层）	250.9	黄褐色砂土，略泛红，较紧密，含较多细礓石颗粒、零星红烧土颗粒，出土极少量的动物骨渣
8d	12	玉溪上层文化早期（新石器时代文化间歇层）	255.9	深黄色砂土，较紧密，纯净，不出文化遗物
8e	13	玉溪上层文化早期（新石器时代文化间歇层）	260.9	浅青黄色砂土，细致紧密，极纯净，不出文化遗物
9	32	玉溪下层文化晚期	263.9	灰色土，较软，夹大量鱼骨渣、少量田螺壳、鹿角及较大动物骨头，包含物多为打制过的石料残片
10	33	自然淤积层	268.1	浅黄色砂土，夹杂少量鱼骨渣、零星红烧土颗粒及炭点，出土极少量石制品，时代同下
11	35	玉溪下层文化晚期	283.1	灰色土，较软，夹大量炭屑，少量红烧土颗粒及砾石，包含物多为打制的石料残片，出土骨锥2件
12	37	自然淤积层	287.3	黄色砂土，质软而纯，夹少量炭屑，出土极少量打制石器，时代同下
13	39	玉溪下层文化中期	290.1	浅灰色土，夹较多鱼骨渣、红烧土颗粒、炭屑，少量动物残骨及砾石，包含物均为打制过的石料残片
14	41	自然淤积层	293.8	灰黄色砂土，较疏松，包含极少量骨渣、炭屑，时代同下
15	42	玉溪下层文化中期	303.8	浅灰色土，夹较多鱼骨渣，少量动物残骨，较多红烧土颗粒及炭屑，并有少量砾石及砂石片，包含物主要有打制的石料残片和少量陶片
16	43	自然淤积层	321.1	灰褐色砂土含少量骨渣、炭屑，时代同上
17	49	玉溪下层文化早期	349.5	灰褐色土，泛红微硬，夹较多炭屑、鱼骨渣，少量动物骨头及红烧土颗粒，包含物有打制的石料残片和夹砂红陶片

续表

层位编号	遗址统一编号	据器物确定的考古学地层年代	距地表深度/cm	地层特征
18	50	自然淤积层	379.6	浅黄色砂性土，土质较软，较纯，夹杂少量炭屑及砾石，时代同下
19	51	玉溪下层文化早期	407.2	浅灰色泛红土，夹较多鱼骨渣、少量动物骨头、炭屑、红烧土颗粒，包含物为打制的石料残片和灰陶片
20	52	自然淤积层	446.2	浅黄色砂土，较疏松，夹杂少量炭屑、零星鱼骨渣，时代同下
21	53	玉溪下层文化早期	481.7	浅灰色土，夹较多红烧土颗粒及炭屑，少量鱼骨渣、动物残骨，包含物主要是打制的石料残片和红陶片
22	55	自然淤积层	518.5	褐色胶泥土，偏暗红，土质紧密．有极少量的炭屑、骨渣，出土部分石制品、陶片，时代同上
23	56	玉溪下层文化早期（自然淤积层）	559.5	暗红色胶泥土，较纯净、紧密，有板结现象，土质颗粒感强，出土极少量文化遗物，时代同上
24	67	自然淤积层	601.8	青色砂土，较疏松而纯净，时代同上
25	68	玉溪下层文化早期	636.1	浅灰褐色土，夹大量灰烬，含较多红烧土颗粒、鱼骨渣及少量动物残骨、砾石，出土鹿头盖骨和水牛类动物头骨及石器各一件
26a	69	自然淤积层	671.3	浅黄色软质土层，夹大量鱼骨渣，砂石片、炭屑，无包含物，时代同上
26b	70	自然淤积层	676.3	浅黄色、微含砂的较纯净土层，夹少量炭屑，无包含物，时代同上
27	71	玉溪下层文化早期	707.3	灰褐色土，夹较多鱼骨渣、红烧土颗粒、灰烬，少量田螺壳、蚌壳、动物骨头，部分残骨有火烧痕迹，包含物均为打制的石料残片
28	72	自然淤积层	717.3	青褐色砂土，较疏松而纯净，时代同下
29	73	玉溪下层文化早期	747.3	土色黄褐，泛红，质硬，夹少量鱼骨渣、鹿角、木炭屑，包含物较少，均为打制过的石料残片
30	74	自然淤积层	772.3	黄褐色淤土、微含砂、局部泛红，土质较软，较纯，夹杂零星木炭屑及砂砾，时代同上
31	75	自然淤积生土层	797.3	黄褐色淤土层，微含砂，无包含物

注：a）据出土器物考古断代，玉溪坪文化层5.5～4.8 ka BP；玉溪上层文化早期6.2～5.8 ka BP；玉溪上层文化早期（8a～8e）6.4～6.2 ka BP；玉溪下层文化晚期6.8～6.3ka BP；玉溪下层文化中期7.2～6.8 ka BP；玉溪下层文化早期7.6～7.2 ka BP。

玉溪遗址下部文化层中鱼骨渣堆积丰富，有些层中还含有较多的动物骨头。玉溪文化中、晚期地层中碳屑及红烧土颗粒相对较多，其他文化层仅见少量或零星的碳屑及红烧土颗粒，且21～9层出土少量陶片，22层以下各层均不见陶片。据上述特点，有理由认为玉溪遗址史前人类活动主要集中在玉溪文化中晚期阶段。从玉溪下部堆积层

（30～10 层）的特征以及几个测年数据（表 4.4.1 和表 4.4.2）可知，以骨渣层为代表的文化层堆积速率比文化层间所夹淤砂层的堆积速率缓慢得多，也就是说淤砂层是相对快速堆积的结果。

二、玉溪遗址地层磁化率、Hg、Rb、Sr 及 Rb/Sr 分析

铷（Rb）、锶（Sr）微量元素在表生环境下具有独特的地球化学行为（Dasch，1969；Gallet et al，1996；陈骏等，1996，1999，2001），Dasch（1969）对地层 Rb、Sr 迁移规律的研究认为，Rb/Sr 大小与风化程度呈正相关。从成因机制上讲，Rb/Sr 反映岩土或地层 Rb、Sr 元素的淋溶程度，即气候暖湿，降水丰富，化学风化强烈，Sr 淋溶丢失程度高，Rb/Sr 大；反之，气候干冷，Sr 淋溶丢失程度低，Rb/Sr 小。洛川、歧山黄土剖面 Rb、Sr 及 Rb/Sr 研究表明，该指标不仅可清晰识别古土壤地层单元（Gallet et al，1996），还可反映高原夏季风强弱变化（陈骏等，1996），并且具有比磁化率更高的灵敏度（庞奖励，2001）。陈骏等（2001）进一步研究揭示，黄土中 Rb、Sr 含量的变化与粒度及相态有关，即 Rb 在黏粒中含量高，基本存在于残留态中；Sr 则主要分布于砂和粉砂粒级中，并以残留态与碳酸盐结合为主要赋存相态。南方下蜀土 Rb、Sr 及 Rb/Sr 比研究反映出，低 Rb/Sr 值指示冬季风占优势的冷干期；高 Rb/Sr 值则指示夏季风占优势的暖湿期（李福春等，2003）。尽管湖相沉积物中 Rb、Sr 含量及 Rb/Sr 值的变化同样反映流域经历的化学风化和气候演变历程，但青海湖、岱海湖相沉积物研究表明（金章东等，2001），高 Rb/Sr 值是湖相沉积中低 Sr 含量决定的，它与低磁化率、低 TOC、低 $CaCO_3$ 含量相对应，反映不利于风化的寒冷气候条件；反之，温暖期则表现为低 Rb/Sr 值。究其原因，环境中 Rb、Sr 含量及 Rb/Sr 值的变化不仅受风化作用控制，还可能与不同物源、不同粒度及不同相态的影响有关。相比之下，遗址地层中 Rb、Sr 含量及 Rb/Sr 比的古气候研究则有待深入。

表土中汞盐含量往往受当地活动构造、断层、岩盐以及含硫矿体的控制（熊定国和廖激，1994；潘家永等，1999），同时又与植被、降水和沉积物粗细有关，还可能受到人类活动的影响（陈忠勤和吴学娟，2001；黄维有和德力格尔，2003；刘汝海等，2003）。如富含有机质的页岩中 Hg 含量就明显高于其他岩层（熊定国和廖激，1994），而黏土堆积通常更易于富集 Hg（黄维有和德力格尔，2003）。

（一）样品测试方法、结果及地层年代

玉溪遗址共采集：①质量磁化率样品 497 个，由南京大学区域环境演变研究所捷克 AGICO 公司 KLY-3（卡帕桥）型磁化率仪测定。结果表明，磁化率值变化范围在 40.44～133.70（SI）之间，平均值为 70.02；②Hg 样品 48 个，由南京大学现代分析中心原子吸收光谱仪所测，结果表明，除两个异常高值外（25 层出现的 10 518.17 ng/kg 和 26 层出现的 4139.11 ng/kg，Hg 值变化范围在 201.98～1370.27 ng/kg，平均值为 663.67 ng/kg；③共采铷锶样品 48 个，Rb 和 Sr 值由南京大学现代分析中心 X 射线荧光光谱仪（XRF）所测，结果表明，Rb、Sr 及 Rb/Sr 值变化范围分别在 88～118 μg/g、

$130 \sim 208$ μg/g 和 $0.47 \sim 0.91$，平均值分别为 95.08 μg/g、159.85 μg/g 和 0.58。另外，AMS^{14}C 年代样品取自玉溪遗址第 7、9、11、21 和 27 层的动物骨头，测试结果见表 4.4.2。

表 4.4.2　玉溪遗址 T0403 西壁部分地层 AMS^{14}C 年代数据

地层编号	AMS^{14}C 测年/a BP	校正年代/a BC*	地层编号	AMS^{14}C 测年/a BP	校正年代/a BC*
7	6001±89	4653～5030	21	6720±100	5427～5754
9	6300±40	5162～5312	27	7411±55	6156～6371
11	6637±90	5416～5673			

注：样品由北京大学重离子物理研究所加速器所测。* 经 ^{14}C 校正软件（Stuiver et al., 1993）校正。

（二）古气候记录分析

玉溪下层文化与三峡库区东部城背溪文化均处于前仰韶时代，约相当于 $8 \sim 7$ ka BP（赵宾福，2004）。玉溪 T0403 西壁第 27 层 AMS^{14}C 校正年代为 6156 BC～6371 BC，属玉溪下层文化早期，第 29 层为玉溪遗址时代最老的文化层，其底部年代应超过 8.2 ka BP。笔者认为，尽管玉溪地层与中坝地层同是文化堆积层，然而两考古遗址的性质及其堆积物组成特征存在较大差异：①遗址性质不同。中坝遗址属于盐业生产型遗址，玉溪遗址则是具有聚落特征的遗址；②遗址文化内涵差别大。中坝遗址文化内涵丰富，文化遗存（遗迹、遗物）容量大，种类繁多，分布密度高，有的文化层甚至可以说是由密集器物碎片（陶片）堆叠而成，反映出人类活动异常强烈的特性。相比之下，玉溪遗址上部文化层包含物很少，多为受人类活动扰动的自然堆积物，下部为相对较厚的自然淤砂层和相对较薄的文化层互层，其文化层多为人类活动废弃的生活垃圾，以鱼骨渣为主，层中含有散乱分布的颗粒状红烧土及炭屑，陶片很少或不含陶片，且陶片时代老，低温特征明显，这一点也与中坝不同；③遗址文化堆积代表不同的时代。中坝是新石器晚期以来的盐业文化堆积，时代约自 5 ka BP 至近现代。玉溪遗址主要属于新石器早、中期聚落生活垃圾型堆积遗址，时代约 $8.2 \sim 5$ ka BP，其上有较薄的唐以来文化扰动层；④从时代上讲，两者基本可以衔接起来。也就是说中坝遗址地层恰可以弥补玉溪遗址中自玉溪坪文化层发育以后的长期缺失，从某种意义上说，两者结合可使区域环境考古获得连续性的考察平台。然而，由于遗址性质特征的较大差异，因此其地层环境代用指标指示意义可能存在较大的差异，这也是研究中必须注意的问题之一。

据对图 4.4.5 分析后认为，玉溪遗址地层 Rb、Sr 值及 Rb/Sr 与中坝遗址地层 Rb、Sr 值及 Rb/Sr 环境代用指标的指示意义相同，甚至可以说玉溪遗址地层 Rb、Sr 值及 Rb/Sr 反映古气候变化应当更接近真实，原因是玉溪遗址地层受人类活动的干扰比中坝遗址弱得多。作者同时也注意到，玉溪遗址地层质量磁化率与中坝遗址地层质量磁化率的指示意义存在差异，即玉溪遗址地层质量磁化率曲线在一定程度上能够反映气候变化；而中坝遗址地层质量磁化率曲线则不能反映气候的变化，原因是中坝遗址地层质量磁化率主要受人类活动强度及活动方式的驱动。中坝遗址剖面磁化率分布曲线高、低值可相差两个数量级，多次出现异常高值现象是由地层中碎陶片含量高以及遗址工作面反映当时用火强度和规模远远超过一般聚落遗址所造成的（史威等，2007），而这在玉溪遗址堆积中是很难见到的（除个别异常值外）。作为遗址堆积，玉溪地层难免不受人类活动的干扰，同时也可能受到不同来源的物质成分对磁化率的影响，但从图 4.4.5 中仍可看出：①质量磁化率和 Rb、Sr 值及 Rb/Sr 曲线具有一定的相关变化趋势；②曲线主体部分，即自第 31 层生土层至第 3 层玉溪坪文化层的新石器时期（约 8～5 ka BP），明显分为两个阶段。31 至 10 层（约 8.2～7 ka BP），曲线波动频繁，反映气候不稳定，该阶段相当于全新世大暖期早段，为大暖期中的"不稳定阶段"。第 9 至 3 层（约 7～5 ka BP），Rb 值、Rb/Sr 曲线表现为相对稳定的高域值，Sr 曲线处于相对稳定的低域值。磁化率曲线基本与 Rb、Rb/Sr 曲线成反相关；而与 Sr 曲线成正相关，即它们的变化趋势基本保持一致，反映气候不仅温暖湿润，而且相对稳定，该阶段相当于全新世大暖期中的"气候适宜期"，其中约 6.5～5 ka BP 间达到鼎盛；③"气候不稳定阶段"和"气候适宜阶段"分别对应玉溪遗址地层下段"文化层与淤砂层互层"和上段"文化层"；④降温事件主要出现在"气候不稳定阶段"（约 8.2～7 ka BP），以 7.5 ka BP、7.8 ka BP 及 8 ka BP 前后及 8.2 ka BP 前显得突出；⑤Hg 曲线的高域值范围主要与地层上部玉溪上层和玉溪坪文化层对应，反映遗址中 Hg 含量的增加可能主要与人类活动有关。

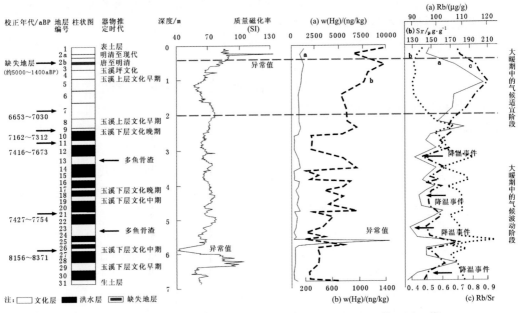

图 4.4.5　玉溪遗址 T0403 西壁地层磁化率、Hg、Rb、Sr 及 Rb/Sr 值

Hg 曲线 b 为剔除个别异常值后的曲线

通过上述讨论和分析，可进一步推论：①玉溪遗址下部密集堆积的淤砂层应是不稳定气候的产物；②比较而言，地层中 Rb、Sr 值及 Rb/Sr 曲线不易受人类活动的影响，磁化率受人类活动的影响程度要视人类活动强度以及活动方式而定，玉溪遗址磁化率的变化受人类活动的影响远不及中坝遗址，因此一定程度上反映了气候的变化；③玉溪上层和玉溪坪文化的长期发展并形成稳定堆积与这一阶段相对适宜的气候背景分不开。

如果把玉溪遗址质量磁化率、Rb、Sr 及 Rb/Sr 值曲线所反映的气候变化与中国若干地点依据孢粉谱建立的全新世温度变化曲线（图 4.4.6）进行对比，可以发现：①曲线变化趋势和特征具有一定的可比性；②玉溪地层所反映约 7～5 ka BP 间的"气候适宜期"，在四川螺髻山、内蒙古、河北东部及江苏庆丰剖面等都有反映；③约 8.2～7 ka BP 气候的不稳定性或降温事件在黄土高原、江苏庆丰、四川螺髻山、辽南、长白山西部剖面（图 4.4.6）也有体现。

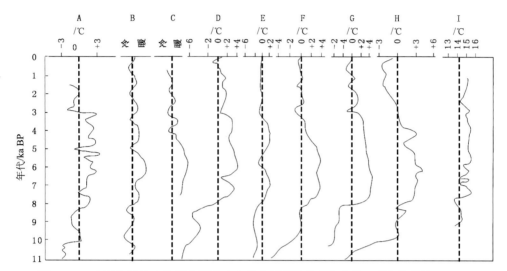

图 4.4.6　中国若干地点依据孢粉谱建立的全新世温度变化曲线（引自施雅风，1992）
A. 四川螺髻山（27°35′N，102°15′E）；B. 青海湖（30°54′N，100°11′E）；C. 内蒙（41°20′N，113°E）；
D. 黄土高原；E. 北京（41°N，110°E）；F. 河北东部；G. 辽南（39°30′N，122°E）；H. 长白山西部
（42°30′N，126°20′E）；I. 江苏庆丰剖面（33°40′N，120°30′E）

三、玉溪遗址地层古洪水遗存考古发现及其沉积记录

（一）样品和测试方法

粒度、锆石和重矿测试样品采自玉溪遗址 T0403 探方西壁剖面第 10、12、14、16、18、20、22、24、26、28 和 30 层淤砂层，同时选取中坝遗址 1981 年（朱诚等，2005）和 2004 年现代洪水部分样品以及中坝遗址 T0102 探方西壁剖面中清代、宋代、战国、西周、夏代和新石器晚期洪水淤砂层部分样品粒度、锆石和重矿测试结果（朱诚等，2005）进行比较对照。

粒度数据由英国 Malvern Mastersizer 2000 型激光粒度仪测试，依据测试结果绘制粒度参数表和概率累积曲线图并进行推移、跃移和悬移质组分分析。锆石在南京大学现代分析中心扫描电镜实验室采用日本 Hitachi Scanning Electron Microscope 扫描电镜做了表面形态鉴定分析（前处理主要是将样品中的锆石在双目显微镜下挑出后置于圆形铜靶上，以离子溅射喷金后上镜观察）。重砂矿物成分鉴定由江苏省地质矿产厅地质调查研究院鉴定得出鉴定结果。

(二) 淤砂层粒度、锆石和重矿分析

前文已从宏观角度讨论过三峡库区考古遗址堆积层中所夹淤砂层的特点、性质和动力来源。玉溪遗址下部集中堆叠的淤砂层与前述库区其他考古遗址普遍存在的淤砂层特点相似，已初步判断为古洪水沉积。这些考古遗址堆积中极少含文化碎片或几乎为纯净淤砂的沉积，有些甚至可见细微的水平或倾斜层理，从地貌部位以及沉积学上讲，认定其"古洪水成因说"是合理的。然而，这并不意味着不应当从微观角度进行深入的分析和验证，因为①这不仅有利于对比不同考古遗址的古洪水发生层；②也可适用于考古遗址与自然剖面中古遗址就存在这种现象。中坝淤砂层粒度、锆石和重矿等的古洪水分析已取得较好效果（朱诚等，2005），因此笔者认为，从宏观与微观两个方面都具有说服力的研究结果，如中坝的六个古洪水层的研究结果是令人信服的（朱诚等，2005）。因而玉溪遗址下部 11 层淤砂层粒度、锆石和重矿分析是有必要的，其宏观上的表现如得到微观上的验证，则其所反映古洪水成因的意义远不是文化层中所夹疑似古洪水沉积物能比的。比较而言，前者更可能代表的是古洪水频发期或特大古洪水事件；而后者则仅可能是一般性古洪水或较大洪汛对文化层的扰动。

玉溪遗址淤砂层粒度参数测试结果（表 4.4.3）表明。

(1) 平均粒径变化在 $4.87 \sim 5.87 \Phi$，属于粗、中粉砂。

(2) 分选系数变化在 $1.76 \sim 2.00$（S_0），平均值为 1.90（S_0）。标准离差变化在 $1.09 \sim 1.41$（S_D），平均值为 1.28（S_D），分选程度偏差。

(3) 沉积物粒度的粗端和细端对沉积环境的反映较灵敏，偏度和尖度参数反映粒度粗、细端的变化（Friedman et al.，1978；任明达和王乃梁，1985），也可作为判断分选程度的依据。偏度变化在 $0.05 \sim 0.28$（S_K），平均值为 0.19（S_K），为近对称至正偏。尖度变化在 $0.94 \sim 1.15$（K_G），平均值为 1.01（K_G），为中等至尖窄，又反映出一定的分选性。

表 4.4.3　玉溪遗址 T0403 探方西壁下部 11 层淤砂粒度参数

地层序号	平均粒径/Φ	分选系数/S_0	标准离差/S_D	偏度/S_K	尖度/K_G
10	5.61	1.95	1.33	0.18	0.99
12	5.81	1.99	1.41	0.20	0.94
14	4.87	1.78	1.09	0.28	1.15
16	5.39	1.81	1.18	0.28	1.06
18	5.51	1.94	1.34	0.22	0.97
20	5.08	2.00	1.36	0.22	1.00
22	5.32	1.92	1.28	0.24	1.03
24	5.10	1.76	1.20	0.22	1.00
26	5.78	1.77	1.23	0.08	0.97
28	5.87	1.95	1.33	0.05	1.00
30	5.33	1.98	1.35	0.16	1.01

从图 4.4.7 可以看出，T0403 探方西壁第 10、12、14、16、18、20、22、24、26、28 和 30 层淤砂层的概率累积曲线，具有明显河流相沉积的三段式曲线特征（Friedman

et al.，1978；任明达和王乃梁，1985），结合粒度参数看，总体上反映了玉溪遗址淤砂层以悬移质粉砂为主体的沉积特征。而 T0403 探方西壁第 2A、15、23 和 25 这 4 个文化层样品的粒度概率累积曲线呈 4 段或 5 段式（图 4.4.8）。需要指出，第 4、5、6、7、8 号地层虽有少量炭屑和打制石片器物出土，但其概率累积曲线亦呈明显的河流三段式特征，表明这 5 个地层亦遭受过洪水的影响。

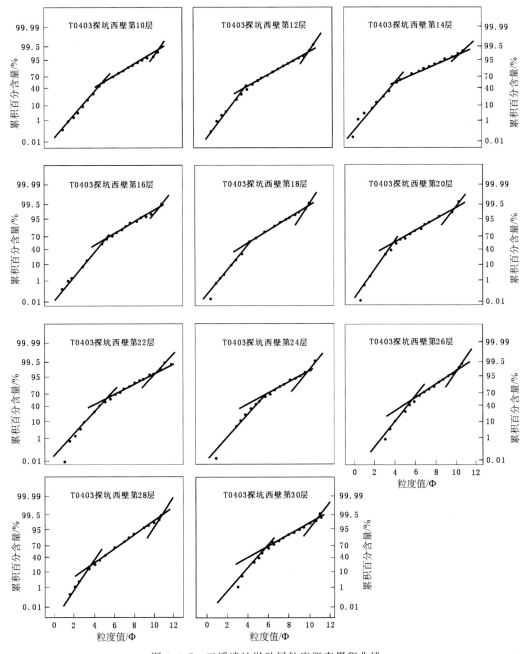

图 4.4.7　玉溪遗址淤砂层粒度概率累积曲线

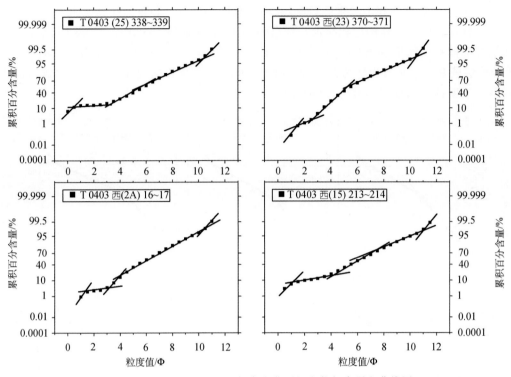

图 4.4.8　玉溪遗址 T0403 探方文化层沉积物概率累积曲线图

　　T0403 探方西壁淤砂层所含重矿物成分主要有：磁铁矿、赤褐铁矿、绿帘石、石榴子石、电气石、角闪石、锆石、金红石、磷灰石和榍石（表 4.4.4）。辉石、绿泥石、十字石、白钛石、锐钛矿、重晶石、黄铁矿和透闪石等少见或仅有个别出现。在重矿中，矿物含量较高的主要是赤褐铁矿、绿帘石、磁铁矿、石榴子石和锆石。显微镜下所见重矿特征多呈半棱角状、粒状或柱状。锆石、磷灰石等多呈半浑圆状或浑圆柱状。

　　双目显微镜下所见之原生锆石晶体（$Zr[SiO_4]$）形态主要为四方双锥形，多产于酸性以及碱性火成岩与片麻岩中，因化学性能稳定，耐酸耐磨损程度高于石英，故常见于河流沉积物中。然而，玉溪遗址 T0403 探方西壁淤砂层样品在双目显微镜下所见之锆石晶体形态（图 4.4.9），主要为呈浑圆柱状和浑圆状，推测其应是由被冲刷搬运磨蚀后而呈浑圆状的。由于锆石比重较大、硬度较高，抗磨损相对较强，其表面微形态的比较是判断沉积物沉积性质的重要依据。

（三）与现代洪水沉积物对比

　　中坝遗址 1981 年洪水沉积物粒度参数测试结果（表 4.4.5）表明：①平均粒径为 $3.37\sim5.63\Phi$，属于细砂、极细砂、粗砂至中粉砂；②分选系数为 $1.58\sim2.16$（S_0），平均值为 1.87（S_0）。标准离差在 $1.43\sim2.21$（S_D），平均值为 1.79（S_D），分选程度比较差；③偏度为 $-0.36\sim0.30$（S_K），平均值为 0.06（S_K），为负极偏至正偏。尖度为 $0.78\sim1.61$（K_G），平均值为 1.17（K_G），为宽平至极尖窄，存在一定的分选性。

表 4.4.4　玉溪遗址 T0403 探方疑似古洪水层与 1981 年和 2004 年现代洪水层的重矿成分比较

类别	2004年 玉溪现代洪水层		1981年 中坝现代洪水层		疑似洪水层 10号		疑似洪水层 12号		疑似洪水层 14号		疑似洪水层 16号		疑似洪水层 18号		矿物特征
	矿物重量/g	矿物含量/(g/t)	矿物重量/g	矿物含量/(g/t)	矿物重量/g	矿物含量/(g/t)	矿物重量/g	矿物含量/(g/t)	矿物重量/g	矿物含量/(g/t)	矿物重量/g	矿物含量/(g/t)	矿物重量/g	矿物含量/(g/t)	
磁铁矿	0.07	227.3	0.08	562.8	0.11	235.2	0.09	260.1	0.07	205.3	0.09	221.6	0.10	243.8	黑色，棱角-半棱角粒状，具磁性
赤褐铁矿	0.10	309.3	0.18	1226.2	0.16	333.4	0.14	391.8	0.13	358.9	0.14	368.4	0.12	294.3	黑色、褐色，半棱角粒状
绿帘石	0.17	533.0	0.14	924.6	0.28	587.3	0.22	648.3	0.18	510.8	0.15	393.1	0.15	377.1	浅黄绿色，半棱角粒状
石榴子石	0.003	10.6	0.08	542.7	0.05	111.1	0.03	90.3	0.02	68.9	0.06	159.7	0.03	73.5	粉红色，棱角-半棱角粒状
电气石	0.003	10.6	0.004	26.8	0.008	15.8	0.005	15.0	0.0007	2.0	0.005	12.2	少	少	三方柱
角闪石	0.02	63.9	少	少	0.19	412.6	0.09	256.1	0.12	331.3	0.08	196.4	0.06	137.9	浅绿色，柱状
辉石	少	少	少	少	少	少	少	少	少	少	少	少	个别	个别	茶绿色，柱状
绿泥石	少	少	少	少	少	少	少	少	少	少	少	少	少	少	浅绿色，不规则粒状、硬度低
十字石	个别	个别	个别	个别	个别	个别	个别	个别	个别	个别	个别	个别	个别	个别	红褐色，粒状
锆石	0.02	59.8	0.06	408.7	0.04	86.6	0.03	83.1	0.03	91.8	0.03	64.1	0.03	69.5	无色或浅紫、四方双锥、半浑圆状
金红石	0.01	19.6	0.02	113.9	0.02	41.5	0.01	42.4	0.01	36.7	0.01	29.0	0.01	24.0	金红色，粒状、柱状
磷灰石	0.004	15.7	0.009	60.3	0.01	27.7	0.009	26.5	0.01	30.7	0.009	23.9	0.009	21.5	无色、六方柱、浑圆或浑圆柱状
榍石	少	少	0.001	6.7	0.0008	1.6	0.0006	1.7	0.0007	2.0	少	少	0.0005	1.2	浅黄色，粒状
白钛石	个别	个别	0.005	33.5	少	少	少	少	少	少	少	少	少	少	浅土黄色，浑圆状
锐钛矿	个别	个别	个别	个别	个别	个别	个别	个别	个别	个别	个别	个别	个别	个别	浅蓝色，粒状
碳酸盐类	0.04	139.9			0.01	26.2	0.01	26.2	0.02	44.5	0.006	14.7	0.0005	1.2	无色透明、菱形或不规则粒状
重晶石	0.0004	1.2					个别		个别						无色、板状
黄铁矿							个别		个别		个别				浅黄铜色、立方体或不规则粒状
云母	个别		个别		个别		个别								无色、细小片状
板钛矿							个别								浅黄黑色、黑蓝色、板状、双锥状
透闪石					个别		个别				个别				无色、柱状
备注	分析 311.02g；重矿占原样 0.14%		分析 809.83g；重矿占原样 0.37%		分析 471.79g；重矿占原样 0.19%		分析 346.29g；重矿占原样 0.18%		分析 348.25g；重矿占原样 0.17%		分析 393.00g；重矿占原样 0.15%		分析 408.06g；重矿占原样 0.12%		少：指10颗以内；个别：1~2颗

续表

类别	疑似洪水层 20号		疑似洪水层 22号		疑似洪水层 24号		疑似洪水层 26号		疑似洪水层 28号		疑似洪水层 30号		石宝寨 2004年 现代洪水层		矿物特征
	矿物重量 /g	矿物含量 /(g/t)	矿物重量 /g	矿物含量 /(g/t)	矿物重量 /g	矿物含量 /(g/t)	矿物重量 /g	矿物含量 /(g/t)	矿物重量 /g	矿物含量 /(g/t)	矿物重量 /g	矿物含量 /(g/t)	矿物重量 /g	矿物含量 /(g/t)	
磁铁矿	0.15	291.1	0.14	300.0	0.11	299.6	0.04	137.1	0.06	215.0	0.06	236.7	0.03	97.4	黑色, 棱角-半棱角角粒状, 具磁性
赤褐铁矿	0.19	368.1	0.20	451.1	0.16	439.1	0.08	249.0	0.09	323.8	0.07	272.7	0.04	132.2	黑色, 褐色, 半棱角粒状
绿帘石	0.25	471.7	0.23	504.2	0.27	743.1	0.13	425.2	0.16	585.2	0.11	428.8	0.05	161.6	浅黄绿色, 半棱角粒状
石榴子石	0.06	115.0	0.03	66.4	0.02	67.5	0.02	52.0	0.02	62.3	0.02	58.5	0.001	3.6	粉红色, 棱角-半棱角粒状
电气石	少	少	少	少	少	少	少	少	少	少	少	少	0.001	3.6	浅褐色, 三方柱
角闪石	0.09	172.6	0.10	225.5	0.12	357.9	0.06	207.4	0.07	248.9	0.05	185.1	0.009	32.9	浅绿色, 柱状
辉石	少	少	少	少	少	少	少	少	个别	个别	个别	个别	少	少	茶绿色, 柱状
绿泥石	少	少	0.006	13.3	少	少	0.01	31.2	0.003	12.5	个别	个别	少	少	浅绿色, 不规则粒状, 硬度低
十字石	个别	个别	个别	个别		个别	少	少	少	少	个别	个别			红褐色, 粒状
锆石	0.04	70.1	0.05	107.7	0.04	104.9	0.02	68.5	0.03	116.9	0.02	95.2	0.006	22.2	无色或浅浅紫, 四方双锥, 半浑圆状
金红石	0.02	29.8	0.02	42.2	0.02	42.1	0.007	24.1	0.008	29.8	0.008	32.1	0.002	6.4	金红色, 粒状, 柱状
磷灰石	0.01	27.1	0.02	46.8	0.02	46.7	0.014	44.5	0.02	59.7	0.008	28.6	0.003	9.7	无色, 六方柱, 浑圆或浑圆柱状
榍石	0.0007	1.3	0.001	2.4	0.0009	2.4	少	少	少	少	0.0005	1.9	个别	个别	浅黄色, 粒状
白钛石	少	少	少	少	少	少	少	少	少	少	少	少	少	少	浅土黄色, 浑圆状
锐钛矿	个别	个别	个别	个别	个别	个别	个别	个别	个别	个别	个别	个别	个别	个别	浅蓝色, 粒状
碳酸盐类	少	32.0	0.01	32.0	0.009	23.2	0.006	18.5	0.008	29.8	0.003	10.7	0.007	24.3	无色透明, 菱形或不规则粒状
重晶石					个别		1颗 <0.1mm								无色, 板状
黄铁矿													少	少	浅黄铜色, 立方体或立方体不规则粒状
透辉石	个别		个别		个别								少		无色, 柱状, 粒状
辰砂															深红色, 粒状, 硬度低
板钛矿													少		浅黄黑色, 黑蓝色, 板状, 双锥状
备注	分析 525.92g; 重矿占原样 0.15%		分析 449.95g; 重矿分析占原样 0.18%		分析 365.76g; 重矿占原样 0.21%		分析 307.61g; 重矿占原样 0.13%		分析 271.15g; 重矿占原样 0.17%		分析 261.47g; 重矿占原样 0.14%		分析 278.99g; 重矿占原样 0.05%		少: 指 10 颗以内; 个别: 1～2 颗

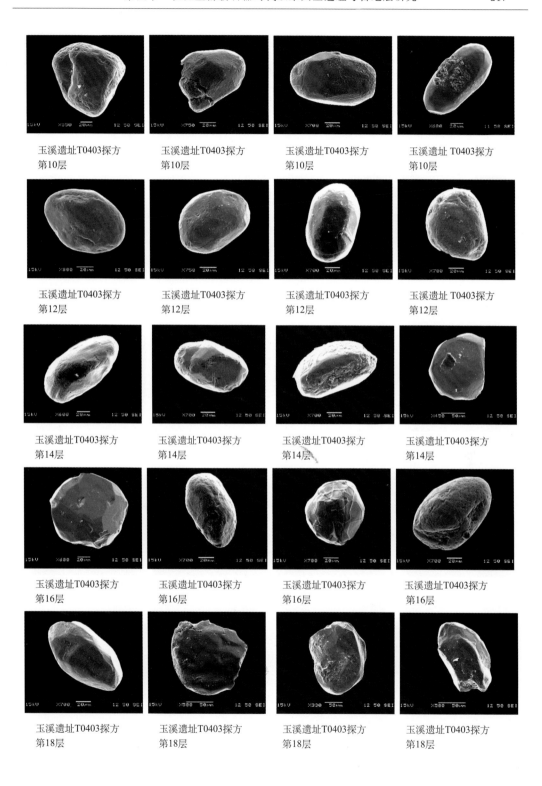

玉溪遗址T0403探方
第10层

玉溪遗址T0403探方
第10层

玉溪遗址T0403探方
第10层

玉溪遗址 T0403探方
第10层

玉溪遗址T0403探方
第12层

玉溪遗址T0403探方
第12层

玉溪遗址T0403探方
第12层

玉溪遗址 T0403探方
第12层

玉溪遗址T0403探方
第14层

玉溪遗址T0403探方
第14层

玉溪遗址T0403探方
第14层

玉溪遗址T0403探方
第14层

玉溪遗址T0403探方
第16层

玉溪遗址T0403探方
第16层

玉溪遗址T0403探方
第16层

玉溪遗址T0403探方
第16层

玉溪遗址T0403探方
第18层

玉溪遗址T0403探方
第18层

玉溪遗址T0403探方
第18层

玉溪遗址T0403探方
第18层

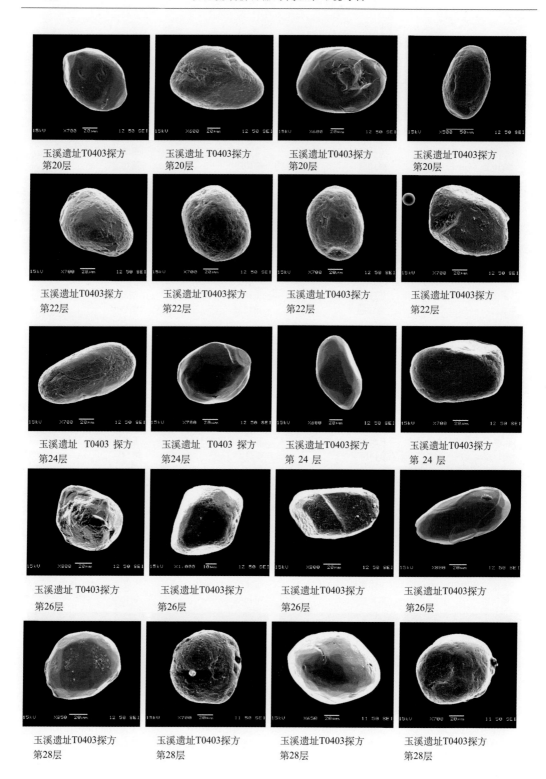

玉溪遗址T0403探方
第20层

玉溪遗址 T0403探方
第20层

玉溪遗址T0403探方
第20层

玉溪遗址T0403探方
第20层

玉溪遗址T0403探方
第22层

玉溪遗址T0403探方
第22层

玉溪遗址T0403探方
第22层

玉溪遗址T0403探方
第22层

玉溪遗址 T0403 探方
第24层

玉溪遗址 T0403 探方
第24层

玉溪遗址T0403探方
第 24 层

玉溪遗址T0403探方
第 24 层

玉溪遗址 T0403探方
第26层

玉溪遗址T0403探方
第26层

玉溪遗址T0403探方
第26层

玉溪遗址T0403探方
第26层

玉溪遗址T0403探方
第28层

玉溪遗址T0403探方
第28层

玉溪遗址T0403探方
第28层

玉溪遗址T0403探方
第28层

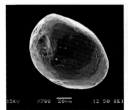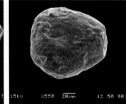

| 玉溪遗址 T0403探方 | 玉溪遗址T0403探方 | 玉溪遗址T0403探方 | 玉溪遗址T0403探方 |
| 第30层 | 第30层 | 第30层 | 第30层 |

图 4.4.9　玉溪遗址古洪水淤砂层中的锆石形态

表 4.4.5　中坝遗址 1981 年洪水沉积粒度参数

样品编号	平均粒经/Φ	分选系数/S_0	标准离差/S_D	偏度/S_K	尖度/K_G
2b-1	3.37	1.58	1.43	0.30	1.61
2b-2	4.20	1.88	1.72	0.25	1.12
2b-3	5.63	2.16	2.21	−0.36	0.78

　　中坝遗址 2004 年洪水沉积物（主要为浅红色细砂，图 4.4.10 为具体采样位置）粒度参数测试结果（表 4.4.6）表明：

　　（1）平均粒径为 2.25～2.70Φ，平均值为 2.57，属于细砂范围。

　　（2）分选系数为 0.94～1.50（S_0），平均值为 1.18（S_0），分选程度较好。

　　（3）偏度为 0.07～0.36（S_K），平均值为 0.27（S_K），为近对称至极正偏。尖度为 1.42～1.70（K_G），平均值为 1.53（K_G），为尖窄至很尖窄，反映分选程度好。

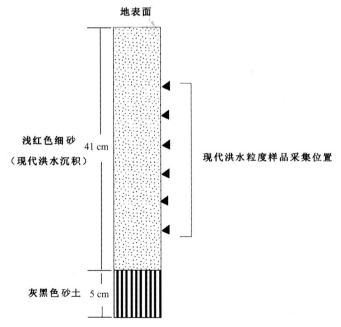

图 4.4.10　中坝遗址 2004 年洪水沉积剖面及本项研究粒度取样深度

表 4.4.6　中坝遗址 2004 年洪水沉积粒度参数

样品编号	距地表深度/cm	平均粒经/Φ	分选系数/S_0	偏度/S_K	尖度/K_G
10A	10	2.25	0.94	0.26	1.42
15A	15	2.68	1.26	0.36	1.64
20A	20	2.53	1.21	0.33	1.70
25A	25	2.55	1.07	0.30	1.46
30A	30	2.70	1.12	0.28	1.54
35A	35	2.70	1.50	0.07	1.44

把玉溪遗址 T0403 西壁 11 层淤砂粒度参数同中坝遗址 1981 年以及 2004 年洪水沉积物粒度参数进行比较不难发现，除中坝遗址 2004 年洪水沉积物平均粒径略粗，以浅红色细砂为主外，其余粒度参数特征包括变化范围和平均值都极为相近，因此有理由认为它们是由相似水动力条件作用下的产物。中坝遗址和玉溪遗址相距不过 40 km 左右，中坝遗址 1981 年和 2004 年洪水沉积物皆为现代洪水所致，之所以 1981 年洪水沉积物粒径与玉溪淤砂粒径相近，而 2004 年洪水沉积物粒径略粗，可能与三峡大坝蓄水过程对洪水动力条件的影响有关。

玉溪遗址地层 AMS[14]C 测年、粒度、锆石微形态和重矿等指标研究表明，约 8～6.3 ka BP 间玉溪遗址第 10、12、14、16、18、20、22、24、26、28 和 30 层古洪水层，与中坝 1981 年现代洪水层以及中坝遗址 2004 年现代洪水层沉积物对比可以看出：

（1）重砂矿物组分及形态特征上具有相似性，扫描电镜观察发现，洪水层中的锆石多呈半浑圆状或浑圆柱状，棱角均有被明显磨圆的痕迹（图 4.4.9 和图 4.4.11）。

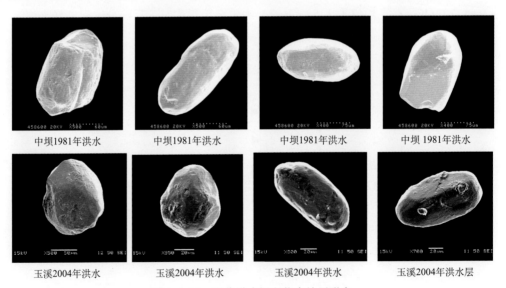

图 4.4.11　现代洪水沉积物中锆石形态

（2）重砂矿物成分及特征上有磁铁矿、赤褐铁矿、绿帘石、石榴子石、电气石、角闪石、锆石、金红石、磷灰石和榍石这 10 种重砂矿物组成，而辉石、绿泥石、十字石、白钛石、锐钛矿、重晶石、黄铁矿和透闪石等少见或仅有个别出现（表 4.4.4）。在重矿中，矿物含量较高的主要是赤褐铁矿、绿帘石、磁铁矿、石榴子石和锆石。显微镜下所见重矿特征多呈半棱角状、粒状或柱状。

（3）粒度概率累积曲线具有相似的三段式河流相沉积特征（图 4.4.7 和图 4.4.12）。

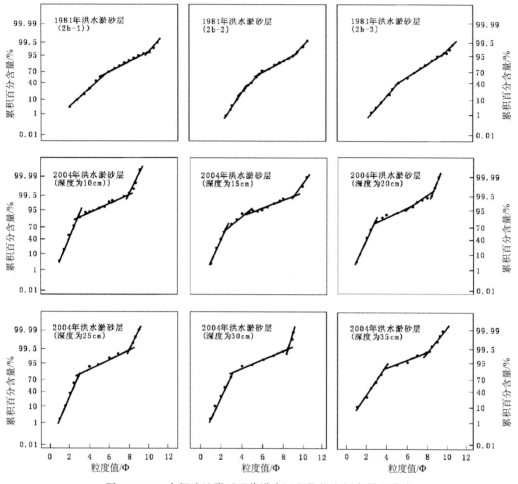

图 4.4.12　中坝遗址附近现代洪水沉积物粒度概率累积曲线

（四）古洪水层确认的文物考古方法

（1）疑似洪水层与文化层存在区别。应当说，仅就现场观察到的土质而言，疑似洪水层和文化层差异不大，这可能是由于当时人类从其他地方搬运来的土壤不多，人类活动的遗物直接倾倒在疑似洪水层表面，在下一次洪水来临时，洪水沉积物直接浸没文化遗物形成文化层所致。

（2）文化层含有大量的动物碎骨。这些动物碎骨可能是人们肢解和食用动物后遗留下来的（图 4.4.13）。根据 1999～2001 年发掘出土的动物骨骼的研究，玉溪遗址的动物有水鹿、黄麂、水牛、猪、犀牛、狗、黑熊、獾、虎、豹猫、狸猫、花面狸、猕猴、豪猪、竹鼠、青鱼、草鱼、鲢鱼、鲟鱼、河蚌、螺、龟鳖以及鸟类等 27 种动物（赵静芳，2003）。而疑似洪水层一般比较纯净，只有个别层中含有少量的骨渣，应为洪水扰动下层文化层形成的。

（3）文化层含有大量的灰烬，有的还有少量的红烧土等。这些灰烬和红烧土应是当时人类生产、生活活动的遗留，而烧烤食物则是最可能的行为。考古发现，文化层内出土了大量的动物骨骼，其中一部分上面常见烧灼痕迹。玉溪下层文化早期的部分文化层内的骨渣几乎全为一种小螺壳，上面均有烧痕。但在疑似洪水层中，灰烬和红烧土这类人类活动的遗留均极少见。

图 4.4.13　T0403 南壁与 T0304 西壁交界处的骨渣层与疑似洪水层

（4）在疑似古洪水层中发现了一些砾石。这些砾石一般呈椭圆形，表面磨蚀度较大，不见人工加工痕。作者选取了 T0403 探方内出土的部分砾石做了测量。测量结果显示：① 砾石的轴向（X 轴）基本一致（表 4.4.7），偏差幅度在 2° 左右，均为北西至南东向。这一方向大体与长江、玉溪的流向交叉相合。长江玉溪段的走向是向北略偏西，并在此稍显膨大，流过玉溪河后，则转向正北方向；玉溪河在此段的走向则是向西北流向。当洪水袭来时，长江在玉溪河段受玉溪水流的影响，形成局部回流，故此段洪水与江水的流向大体相反。② 砾石在当时地表的坡度稍大于 45°，坡度差不超过 9°。而在所发现的疑似洪水层中，绝大多数均呈缓坡状堆积，且均为由东南向西北倾斜。砾石的这一特征与疑似洪水层的坡度存在一定坡差，但倾斜的方向一致。由此可见，砾石现有产状特征应为抵御当时洪水上涨的结果，洪水来水方向应为北偏西方向。

表 4.4.7　疑似洪水层中部分砾石产状表

位置	遗址统编地层	长径方向（X 轴）	短径方向（Y 轴）	坡度（Z 轴）
T0403 东壁（10）层	33 层	156°	66°	56°
T0403 南壁（10）层	33 层	155°	65°	53°
T0403 东壁（12）层	37 层	155°	65°	55°
T0403 东壁（14）层	41 层	157°	67°	62°

（5）人工遗物的有无或多少也能体现出文化层和疑似洪水层的差异。在发掘工作中，作者对出土的陶片全部进行了收集。由于玉溪遗址同时是一处石器加工点，原料、石片、石核、碎屑、毛坯、废品、石器等数量庞大，无法完全收集，所以作者在发掘过程中，对出土石制品的各地层，均进行了选择性采集。石器、毛坯、废品全部收集，其他类型的石制品则仅挑选了部分标本。此外，遗址中发现的骨器也全部进行了采集。

从出土的陶片看（图 4.4.14），总共 32 层新石器时代疑似洪水层中，除第 55 层发现 4 块陶片外，其余的疑似洪水层中均未发现陶片。如果以人工遗物的有无作为判断疑似洪水层的指标，那么，陶片指标的契合率达 96.88％。

石制品的数量，作者仅统计了 T0304、T0305 和 T0402 探方的采集物，在新石器时代的疑似洪水层中，含石制品的有 8 层，不含石制品的有 24 层，石制品指标的契合率达 75％。

相反，新石器时代的 38 层文化层中，共有 18 层不含陶片，含陶片的有 20 层，契合率达 52.63％。根据 T0304、T0305 和 T0402 内采集的石制品统计（图 4.4.15），不含石制品的有 12 层，含石制品的有 26 层，契合率达 68.42％。如果以包含石制品、陶片中的任意一种遗物作统计，文化层中共有 28 层含其中一种人工遗物，契合率达 73.68％。如果考虑到骨器，上述指标可能还会更高。由此可见，人工遗物指标在很大程度上支持了我们对疑似洪水层的认知。

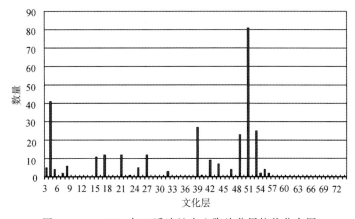

图 4.4.14　2004 年玉溪遗址出土陶片分层柱状分布图

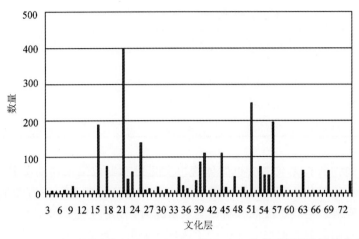

图 4.4.15　2004 年玉溪遗址 T0304，T0305 和 T0402 采集石制品分层柱状分布图

（五）对古洪水层高程的测量结果

以上研究基本证实 T0403 探方第 10、12、14、16、18、20、22、24、26、28 和 30 这 11 层应属于古洪水沉积层，而且其上部第 4、5、6、7 和 8 层也留下了古洪水影响的遗迹。为了解各洪水层的高程情况，作者于 2005 年 1 月 13 日采用瑞士 Leica 702R 自动免棱镜全站仪利用遗址附近的大地水准点为基准点，对该探方各洪水层的高程情况作了测量。表 4.4.8 是测量结果。

表 4.4.8　玉溪遗址 T0403 探方古洪水层全站仪高程测量结果表

层位	各层表面实测吴淞高程/m（a.s.l.）	洪水层性质
地表	154.747	
4	153.692	留有洪水遗迹的文化层
5	152.972	留有洪水遗迹的文化层
6	152.858	留有洪水遗迹的文化层
7	152.710	留有洪水遗迹的文化层
8	152.520	留有洪水遗迹的文化层
10	152.298	出土器物极少的典型洪水层
12	152.270	出土器物极少的典型洪水层
14	152.066	出土器物极少的典型洪水层
16	151.809	出土器物极少的典型洪水层
18	151.252	出土器物极少的典型洪水层
20	150.675	出土器物极少的典型洪水层
22	149.930	出土器物极少的典型洪水层
24	149.152	出土器物极少的典型洪水层
26	148.386	出土器物极少的典型洪水层
28	147.574	出土器物极少的典型洪水层
30	147.024	出土器物极少的典型洪水层

从表 4.4.8 可见，T0403 探方古洪水层第 10、12、14、16、18、20、22、24、26、28 和 30 层的表面实测吴淞高程，分别为 152.298、152.270、152.066、151.809、151.252、150.675、149.930、149.152、148.386、147.574 和 147.024 m（a.s.l.）。需要指出的是：①上述各类实验证据表明 T0403 探方第 10、12、14、16、18、20、22、24、26、28 和 30 层这 11 层属古洪水沉积无疑，而且该探方上部的第 4、5、6、7 和 8 层也留下洪水影响过的遗迹。②玉溪遗址位于紧邻长江的一级阶地江岸处，又位于玉溪河一级支流入长江干流的交汇处，每年夏季强降雨季节，玉溪河入江对长江干流的顶托会使江水在此处壅水高程增大，由此加大洪水作用对玉溪遗址的影响。洪水长期对一级阶地前缘的浸泡和冲刷还会造成阶地前缘的垮塌．分析认为，该遗址缺少 4.8 ka BP 至唐代之间文化层的原因，可能就是因为上述时段文化层堆积位于遗址上部，受江水冲刷高处堆积物首先产生垮塌所致，类似情况在长江三峡工程考古遗址抢救性发掘中并不少见。③实际上，玉溪遗址与中坝遗址受洪水影响的共同特点还有：当每年洪水位高程未达到遗址地表面时，洪水会从遗址侧面流过（在中坝遗址处，由于其岛状地形，洪水会从遗址四周绕流而过），而当洪水位高程超过遗址地表面时则会在遗址表面发生沉积，这种沉积多以悬移质沉积为主。所以，玉溪遗址中出现明显的 11 层古洪水沉积，以及其他 5 层也有洪水遗迹并非代表 7.6 ka BP 以来该遗址只经历过 16 次洪水作用过程。实际上，许多次古洪水由于当时壅水高程未达到该遗址地表，故未在遗址地层中留下沉积证据，人类活动也可能会对遗址原有古洪水层的保留产生破坏影响，这些是今后长江流域考古遗址古洪水地层研究中值得重视的问题。④表 4.4.8 和本节研究表明，7.6 ka BP 以来，该区水位在吴淞高程 147.024 m（a.s.l.）以上的古洪水至少在玉溪遗址 T0403 探方地层中留下了 16 次沉积记录。2004 年 9 月 4 日至 9 月 8 日该遗址周边地表的现代洪水沉积主要是由于长江三峡大坝一期工程竣工壅水、适逢上游地区强降雨所造成，与正常情况下发生的洪水事件有所区别。有关玉溪遗址 7.6 ka BP 以来受新构造运动影响高程升降变化问题尚需做更深入的研究。

（六）玉溪遗址地层记录的古洪水事件周期与频率

作者在前文已经论证了玉溪遗址的疑似古洪水在地层分布上，呈现与文化层相间的坡状堆积景观，其跳跃性分布具有一定的规律，推测是长江周期性洪水上涨造成的结果。

从各洪水层所属的考古年代看，唐代在本遗址留下了 1 次洪水遗迹，玉溪上层文化与下层文化的过渡时期共有 5 层，而玉溪下层文化时期则多达 27 层（算上 G33 内的 6 层，共 33 层。G33 较深，海拔高度较低，故可见到更频繁的洪水沙层）。其中，玉溪下层文化早期有 10 层洪水层，中期有 7 层洪水层，晚期有 10 层洪水层。从以上情况看，玉溪下层文化早期和晚期发生的洪水次数相对较多，而中期则相对要少一些，一定程度上反映了当时洪水的发生频率。但这一状况的形成，也不排除是由于早、晚期的地层基底海拔相对较低，洪水上涨至此的机会相对较多造成的。上述分期基础，通过对各期绝对年代和时间跨度的测定，就可获得不同时间尺度内更为精确的洪水周期频率。玉溪遗址 2004 年地层中采集到的兽骨进行 [14]C 测年所得骨胶原年代如表 4.4.9 所示。

表 4.4.9　2004 年玉溪遗址部分地层兽骨测年表

样品地层	统编地层	实验室编号	AMS^{14}C 年龄（骨胶原）/a BP	校正年龄/cal. a BP		考古年代
				1σ 范围（起～止）	2σ 范围（起～止）	
T0403（7）	8	XA57	5398±84	6287～6169	6312～5986	玉溪上层文化早期
T0403（9）	32	XA58	5567±40	6350～6306	6410～6288	玉溪下层文化晚期
T0403（11）	35	XA59	5709±90	6570～6407	6669～6308	玉溪下层文化晚期
T0403（15）	42	XA60	6168±99	7163～6939	7268～6846	玉溪下层文化中期
T0403（19）	51	XA61	6795±123	7533～7510	7844～7431	玉溪下层文化早期
T0403（21）	53	XA62	5773±100	6667～6467	6758～6394	玉溪下层文化早期
T0403（27）	71	XA63	6365±55	7325～7249	7422～7207	玉溪下层文化早期

从表 4.4.9 可以看出，其年代序列与地层的早晚关系并不完全一致，这可能是由于晚期地层对早期地层造成破坏的结果，或高处的早期遗物顺坡滚落至晚期地层所致。如果剔除第 53 层这一明显偏晚的数据，结合 2000 年玉溪遗址发掘出土兽骨的 12 个测年结果，可以初步得出玉溪下层文化的年代约从 7.6 ka BP 延续到约 6.3 ka BP，其早期约为 7.6～7.2 ka BP，中期约为 7.2～6.8 ka BP，晚期约为 6.8～6.3 ka BP，分别延续了 400、400 和 500 年。玉溪上层的开始年代大约为 6.2 ka BP 左右，下层文化与上层之间的过渡期大约只有几十年到百年间。

那么，根据上述绝对年代的估算，可以大致知道玉溪下层文化时期发生高于海拔 147 m 的洪水大约平均每 48.1 年就会发生 1 次，如将 G33 内的 6 次洪水计算在内，则这一频率可提高到 42.4 年。其中玉溪下层早期的洪水周期约为 40 年，中期约为 57.1 年，晚期约为 50 年（算上 G33，则为 31.25 年）。而在下层文化和上层文化之间的过渡期，洪水的周期性则十分短暂。但到了玉溪上层文化早期阶段，则未见洪水痕迹。

四、玉溪遗址古洪水沉积特征讨论

1）在对遗址地层考古断代和 AMS^{14}C 测年基础上，多种研究证据表明，玉溪遗址 T0403 探方除存在 7.6～6.3 ka BP 之间的第 10、12、14、16、18、20、22、24、26、28 和 30 这 11 个较典型古洪水沉积层外，该探方上部 6.4～4.8 ka BP 之间的第 4、5、6、7 和 8 文化层也遭受过古洪水浸淹影响，判定依据主要有：

（1）玉溪遗址 T0403 探方 7.6～6.4 ka BP 地层段的第 10、12、14、16、18、20、22、24、26、28 和 30 这 11 个古洪水层，以及上部 6.4～4.8 ka BP 地层段的第 4、5、6、7 和 8 文化层，与该处 2004 年现代洪水层以及中坝遗址 1981 年现代洪水层沉积物，在粒度概率累积曲线上具有相似的三段式河流相沉积特征。

（2）玉溪遗址 T0403 探方第 10、12、14、16、18、20、22、24、26、28 和 30 这 11 个古洪水层与当地 2004 年现代洪水层沉积物在重砂矿物成分及特征上有以下相似性：①主要都由磁铁矿、赤褐铁矿、绿帘石、石榴子石、电气石、角闪石、锆石、金红石、磷灰石和榍石这 10 种重砂矿物组成，而辉石、绿泥石、十字石、白钛石、锐钛矿、重晶石、黄铁矿和透闪石等少见或仅有个别出现。②在重矿中，矿物含量较高的主要是赤褐铁矿、绿帘石、磁铁矿、石榴子石和锆石。③显微镜下所见重矿特征多呈半棱角状、粒状或柱状；锆石和磷灰石多呈半浑圆状或浑圆柱状；玉溪遗址文化层第 3、9、11 和 13 层中的锆石形态则多呈棱角鲜明的四方双锥体形态，与古洪水层锆石有明显差异。

（3）玉溪遗址古洪水层与同遗址文化层磁化率、Hg 及 Rb/Sr 含量变化有以下特点：①古洪水层与现代洪水层磁化率值均很低（分布于 40.44～70.10 SI），而文化层分布范围为 59.59～188.68 SI，尤其是古洪水层与相邻的文化层相比，磁化率值通常总是偏低。②Hg 的含量变化与磁化率值有相同之处，古洪水层 Hg 的含量分布范围为 290.71～742.51 ng/g，文化层分布范围为 344.16～10518.17 ng/g。古洪水层与相邻文化层相比，Hg 含量通常也总是偏低。③T0403 探方 11 个典型古洪水层中，第 10、12、14、22、24 和 26 这 6 个层位 Rb/Sr 值明显高于相邻文化层的 Rb/Sr 值，而第 16、18、20、28 和 30 这 5 个古洪水层 Rb/Sr 值仅高于相邻的两个文化层中的一个，表明 Rb/Sr 值高的相邻文化层也可能经历过洪水影响。尤其含较纯硬黏土沉积的第 4、5、6、7 和 8 文化层 Rb/Sr 值较高，表明已留下古洪水影响的遗迹。

2）对遗址古洪水层的高程测量和地貌分析表明：

（1）洪水层第 10、12、14、16、18、20、22、24、26、28 和 30 层的表面实测吴淞高程，分别为 152.298、152.270、152.066、151.809、151.252、150.675、149.930、149.152、148.386、147.574 和 147.024 m（a.s.l.）；当洪水位高程未达遗址地表面时，洪水会从遗址侧面流过，当洪水位高程超过遗址地表面时，会在遗址表面形成以悬移质为主的沉积；研究表明，7.6 ka BP 以来，该区水位在吴淞高程 147.024 m（a.s.l.）以上的古洪水至少在玉溪遗址 T0403 探方新石器时代地层中留下了 16 次沉积记录。有关 7.6 ka BP 以来该区新构造运动对古洪水位的影响问题需做更深入的研究。

（2）玉溪下层文化时期，玉溪遗址所见洪水海拔高程高于该地现长江冬季常年枯水位约 26 m，丰都县现常年洪水位为 140～146 m，则相对要高出近 10 m。由此可见，玉溪遗址的新石器时代洪水遗迹均非当时的常年洪水位，而是一些大洪水的遗留。从玉溪遗址的考古收获看，新石器时代的玉溪一带长江江岸要比现代宽阔一些，到了唐宋时期，人类活动遗存已经向前推进了 20 多米。显然，在宽河床上形成的洪水，其径流量应当是比较大的。

3）玉溪下层文化时期，正处于全新世全球气候变暖的鼎盛期（大西洋期，7.5～5.5 ka BP）前段，当时气温普遍比现在高 2～4℃，应当属于高温多雨的气候。朱诚等（1997）对长江三峡及江汉平原地区全新世以来到汉代以前的洪水研究表明，这一地区先后有过两次洪水频发期，一是 8.0～5.5 ka BP 的第一洪水期，对应着一个全新世高温期；二是 4.7～3.5 ka BP 的第二洪水期。玉溪下层文化发现的众多洪水遗迹，印证了第一洪水期前期多洪水的认识。从玉溪上层文化阶段开始，遗址内的洪水遗存突然大大减少了，可能反映了气候已从温热多雨转变为高温少雨的状况。气候的变化，也反映在文化、生计经济的变化上。此时，气候变化带来环境的剧烈变化，玉溪下层文化的人们实行的渔猎采集经济难以适应这些变化，其文化传统基本中断，代之而起的是一种外来的全新的文化系统——玉溪上层文化。玉溪上层文化时期，人们发展起了一种台地旱作农业，以适应高温少雨的气候状况。

4）洪水的发生频率一定程度上可以反映气候、环境的变化。应当说，玉溪下层虽处于高温多雨的时期，但大洪水的频率并不太高。据有的学者研究，若从东周算起，至清代的 2.5 ka BP 内，长江流域可考的水灾为 255 次，平均周期为 9.73 年一次。若以朝代计，东周至秦平均 259 年一次，汉代平均 42.7 年一次，唐代平均 18 年一次，宋元时期平均 5～6 年一次，明、清时代平均 4 年左右一次（刘沛林，2000）。就这一趋势而言，显然洪水的周期大大缩短了。这既与气候的周期性变化有关，更与人类对环境的过度开发相关。

5）玉溪遗址与其下游中坝遗址在地层特征上有一定差异。中坝遗址文化层与间歇层差异明显，文化层主要由人类活动产物堆积而成，间歇层则多为古洪水形成的粉砂淤泥层（其中不含文化器物）；而玉溪遗址的文化层与间歇层两者差异不太明显，表现为文化层中也夹杂少量纯净的淤泥质粉砂，间歇层中则偶然夹杂有人类活动遗留的器物和遗迹。分析认为，造成以上差异的原因在于两处遗址分布的地貌部位以及遗址性质的差异所致。玉溪遗址座落于长江干流右岸一级阶地处，遗址旁又有玉溪河一级支流入江，洪水期玉溪河入江对长江干流的顶托会使长江在此处壅水增强，并会使洪水影响作用加大。这是该遗址除有明显的古洪水淤积层（间歇层）外，文化层也含有古洪水遗迹的主要原因所在。中坝遗址位于长江一级支流㵲井河左岸的冲积扇处，经现场调查访问发现，该遗址洪水主要有以下特点：每年春季 4～5 月间，先是一级支流㵲井河上游春汛来水（一般规模不大），春汛退水后，7～8 月间长江干流洪水上涨，会沿㵲井河河口溯源倒灌，此时两股水交汇才会对中坝遗址产生影响。但从两处遗址古洪水地层的数量和沉积厚度特征分析，表明玉溪遗址遭受的洪水规模相对较大，洪水发生的频率要高。同样，遗址地层中各期古洪水层面的高程也并非能代表与其时代对应的真实古洪水水位（即当时的水位可能远高于古洪水沉积物表面的高程），古洪水沉积物层面高程只能代表当时古洪水至少达到这一水位。

6）近年来，由于水土流失严重，洪水频发，加之机动船舶对江岸的影响，长江河床又出现了加速变宽的趋势。自 1999 年重庆市文物考古所开始在玉溪遗址开展考古发掘工作以来，江岸已经后退了 15 m 以上，最早发掘的离江岸还有 10 多米的探方，到 2004 年时，已坍塌暴露无遗。由此可见，对于古洪水的研究，不仅具有重要的历史意义，也具有非常重要的现实意义。

第五节　长江三峡大宁河流域典型遗址考古地层研究

位于长江三峡库区的大宁河发源于重庆市巫溪县大巴山南麓的高楼乡新田坝，绕过高山脚下的古峡，形成弯曲而狭窄的河道，从巫山大昌镇进入小三峡，再环巫山县城注入长江，全长约 250 km。位于大宁河宽阔地带的大昌镇，处于巫溪到巫山的中间站，上下距离都是 60 km（易继魁，1992）。它是著名的千年古镇，曾是明末农民起义将领张献忠的根据地，镇西河岸两侧分别是张家湾遗址和双堰塘遗址所在。本区位于大巴山、川东和川陕鄂隆褶带交会处，地质构造较复杂，地貌上属四川盆地东部边缘部分，长期在内外力相互作用下形成崎岖山地，只在河谷或大型溶蚀洼地中出现相对高程不超过 20 m 的微波起伏缓丘平坝。土壤以在紫红色砂泥页岩上发育的紫色土为主；植被以亚热带和温带植被为主，热带与寒带植被很少。本区属亚热带湿润季风气候，年平均气温 15～16℃，最热 7 月平均 26～27℃，最冷 1 月平均 3.4～5.1℃；年降水量为1000～1300 mm，夏季多暴雨，冲刷侵蚀十分强烈，崩塌、滑坡时有发生（郑霖等，1994）。

张芸和朱诚（2001，2004，2007）曾于 2000～2001 年期间在长江三峡大宁河两岸的张家湾遗址、双堰塘遗址和下沱遗址开展了环境考古研究工作，并发表了相应的论文。本节则把大宁河两岸古遗址结合在一起，从地理学、地层学、考古学、历史学等综合角度寻找遗址地层所反映的环境演变与人地关系信息，重点探讨大宁河流域河流地貌发育与考古文化演变之间的关系。

一、大宁河流域古遗址分布特征

根据一些考古专业期刊和专著（重庆市博物馆，1975；中国社会科学院考古研究所长江三峡考古工作队，1996；长江水利委员会文物考古队，1997；四川省文物管理委员会等，1999；石俊会，2006）的发表资料以及考古部门内部资料统计结果表明，大宁河两岸共有 51 处考古遗址（图 4.5.1），分别为旧石器文化遗存（如江东嘴遗址）、新石器文化遗存（如欧家老屋、魏家梁子和琵琶洲山顶遗址）、夏、商、西周文化遗存（即巴文化）（如江东嘴、琵琶洲和双堰塘遗址）、东周时期文化遗存（如刘家坝、蓝家寨、张家湾、林家码头、涂家坝和琵琶洲遗址等）、汉晋文化遗存（如刘家坝、张家湾、林家码头、双堰塘、涂家坝、江东嘴、欧家老屋、琵琶洲和榨屋梁子遗址等）、南北朝文化遗存（如江东嘴、琵琶洲遗址的墓葬、大宁河小三峡两岸的岩墓和悬棺葬）、隋唐文化遗存（如蓝家寨和张家湾遗址）和宋至明清文化遗存（如大昌古城、巫山古城、双堰塘、林家码头、涂家坝和琵琶洲遗址）（石俊会，2006）。

在地貌上，大宁河流域属四川盆地东部边缘部分，大宁河上游为山间谷地，中下游为大昌盆地，盆地中部有中低山和各级台地，被北东部大巴山脉和西南部巫山山脉环绕，这种独特的封闭环境使该区较少受到极端气候变化的影响，有着较为适宜人类生活的环境。同时，大宁河流域的山间谷地、大昌盆地和各级台地、阶地，共同构成了长江三峡地区最大的大宁河宽谷。这里土质肥沃，依山傍水，是古人类生养邑聚的理想之地，为大宁河流域的人类提供了优良的农业耕作环境和生活环境。复杂多样的地貌形态又为各种丰富的动植物资源提供了良好的生存环境。因此，大宁河地区古文化类型甚为丰富，从旧石器时代开始就有人类活动，并且经历了新石器、夏商和西周、东周、汉晋、南北朝、隋唐、宋至明清等多期发展阶段（石俊会，2006）。

但与长江三峡其他区域相比较（张芸和朱诚，2007），大宁河两岸早期文化遗存则显得偏少，且多属历史时期的文化遗存，而且集中分布在巫溪以下的大宁河中上游区，从巫溪到双龙尤其是大昌镇则更为密集；其次，这些地区的地层明显缺乏早期文化层，

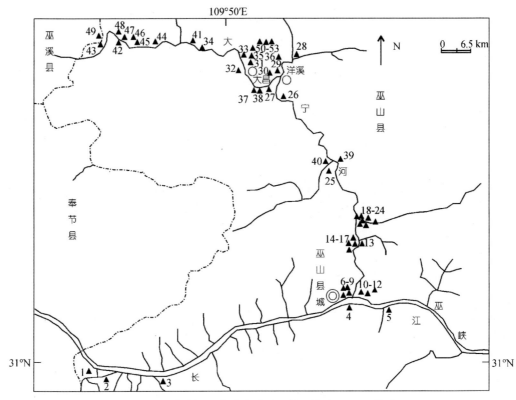

图 4.5.1　大宁河两岸考古遗址（据石俊会，2006 修改）

而早期文化遗址多集中于下游地带；由此可见，新石器文化及其他早期文化从三峡西部沿长江只影响到大宁河的下游地带。另外，大宁河的遗址大多地域接近，时代相同，文化内涵一致。特别是双堰塘、琵琶州、七里和罗家院子等遗址均出现以锯齿形口沿夹砂绳纹（或篮纹）褐陶器及灰陶（平底或尖底陶器为典型特征）以及中原地区常见的铜器等器物特征，表明大宁河流域是个特殊的文化区域，推测可能大宁河流域有一支拥有青铜器铸造的文化——方国文化。据《巫山县志》记载，夏商之际"有巫山阿戬盼姓帝后，广韵有戬国，其位置在旧之巴东，今之巫山也"。《山海经·大荒南经》"戬民"作"载民"，"有载民之国，帝舜生无淫，降至载处，是谓巫载民，巫载民盼姓"。巫山"群巫"中也发现有"巫盼"。可见虞舜之时，巫山即有"载（戬）民之国"的存在，大宁河流域的方国文化，也许就是载（戬）的文化遗存（四川省文物管理委员会等，1999）。因此，大宁河作为沟通汉水流域与长江的南北通道，使当地文化吸收中原地区文化，或进行文化交往，都具有交通上的方便，从而也促进了大宁河流域文化的发展。由此可见，河流对文化传播起了较为重要的作用和影响。

二、研究地点和研究方法

（一）典型遗址剖面概况

大宁河流域北部大昌段两岸主要分布有张家湾东周—汉代古遗址（西岸）和双堰塘西周古遗址及林家码头遗址等（东岸）。流域南部主要有巫山县城附近的下沱遗址（东岸）。

张家湾东周—汉代古遗址（31°16′25″N，109°46′40″E，海拔 142～149 m）位于重庆市巫山县大昌镇兴春村 3 组，南距巫山县城约 20 km，东南距大昌镇约 1 km，地处大宁河（长江的一级支流）西岸一级阶地，西部为张家坡山（巫山山脉支脉）山麓，地势西高东低，是大昌盆地遗址群中一处较重要的遗址。遗址 T911 探方（2000 年第二次发掘）西壁地层剖面（图 4.5.2）特征为：①第 1 层厚 10～15 cm，棕褐色耕作层，出土现代青瓷片、残铁器和现代砖瓦碎块等。②第 2 层厚 25～35 cm，棕红色砂砾层，粗细砾互层，有明显的沉积韵律，砾石粒径差别悬殊，细砾直径达 1～2 mm，粗砾直径达 1～2 cm，砾石呈次圆和次棱状，其沉积结构为两粗砾间隔三层细砾层。③第 3 层厚 15～20 cm，浅红色泥砾层，夹杂大量黄绿色风化物的粗砂砾层，混杂堆积，结构紧密，砾径相差悬殊，粗者达 4 cm，细者为 1～2 mm，夹杂次棱角状砂砾石。④第 4 层厚 10～25 cm，棕黄色混杂泥砾层，也夹有一定量的黄绿色风化物，质地坚硬，结构紧密，沉积物颗粒较粗，砾径为 1～70 mm 不等，夹杂次棱角状砂砾石。⑤第 5 层厚 0～13 cm，深棕红色粉砂层，夹有少量细砾，质地疏松。⑥第 6 层厚 15～20 cm，棕红色混杂泥砾层，砾石粒径相差悬殊，砾石粒径大者可达 7～8 cm，小者只有几毫米，夹杂次棱角状砂砾石，质地疏松。⑦第 7 层厚 10～20 cm，棕色细砂砾层，有明显的沉积韵律，该层的顶部与底部为细砂，中间夹有粗砾，砾石呈次圆和次棱状。⑧第 8 层厚12～16 cm，灰红色泥质层，夹细小砾石，结构较紧密，包含少量瓦片、陶片，有的探方出土南宋瓷片，考古界确定为扰乱层。⑨第 9 层厚 10～20 cm，黑灰色泥质层，结构较紧密，该层出土大量夹细砂灰褐色陶片、泥质灰褐色陶片及瓦片。除素面外，纹饰主要有绳纹、弦纹、带状网格纹，可辨器形有罐、盆和钵等。此外还发现有许多残铁渣，动物骨骼及牙齿，另出土有铜环、戒指、半两钱、青铜三棱箭镞、五铢钱，夹有红烧土、炭粒，另有大量的铁刀、铁锸等铁质农具，考古界确定该层为东汉文化层。⑩第 10 层厚 20～31 cm，灰红色泥质层，质地比第 9 层紧密，含少量砾石，出土大量瓦片、夹砂和泥质灰褐色陶片及残砖片、动物骨骼与牙齿等，可辨器形有罐、盆、钵、甑、算、豆、网坠和明货等，为西汉至新莽时期的文化层。第 10 层以下为紫红色砂砾生土层，厚 40 cm，砾石、黏土、粉砂混杂堆积，砾石砾径较大，大者可达十几厘米，砾石多呈棱角状，未见底。根据第 9 层中出土的古钱币，并结合考古器物排比法定年，T911 剖面为汉代以来（206 BC～220 AD）地层堆积。

双堰塘西周古遗址（31°17′20″N，109°46′40″E，海拔为 140～145 m）位于重庆市巫山县大昌镇龙兴村西北部，东距大昌镇约 3.5 km，遗址西濒大宁河，东临红土山脉，北临七里桥，地处大宁河东岸一级阶地，地势平缓。双堰塘遗址 T439 探方西壁地层剖面（图 4.5.2）特征为：①第 1 层厚 15～20 cm，灰褐色耕土层，含砂、砾和现代砖瓦碎块等。②第 2 层厚 15～28 cm，浅红色粉砂层，土质较硬，夹少量砾石，砾石砾径小，土内夹少量近代瓷片和砖瓦碎块。③第 3 层厚 25～35 cm，浅褐色粉砂层，夹少量砾石，砾石砾径小、土质稍硬、板结，夹有少量的近代瓷片和砖瓦碎块。④第 4 层厚 24～40 cm，灰红色泥砾层，土内孔隙大、密度大、土块板结、砾石砾径较大，呈次棱状到次圆状，砾石有一定的风化度。该层出土少量明清时期的瓷片，清代的"乾隆通宝"，汉代的青花瓷片、铁刀、砖瓦、木块等，可能是当时山洪暴发从山上倾泻而下的红土淤积的地层。⑤第 5 层厚 40～80 cm，灰黑色泥质层，土质较上层松软，夹有大量的木头、红烧土块及炭粒，土内孔隙较多，出土遗物较丰富，有大量的陶器口沿及腹片出土，陶片以夹砂陶为主，纹饰以粗绳纹为主，陶器器形以具花边的鬲为主，考古界确定为西周文化层。⑥第 6 层厚 30～80 cm，灰黄色生土层，粉砂质砂或砂质粉砂，土内含有细砂粒，土质疏松。第 6 层以下为出露完好的古河流相卵石层，砾石磨圆度较高（张芸等，2001）。

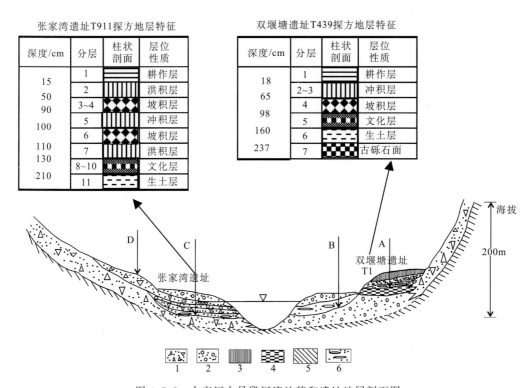

图 4.5.2　大宁河大昌段河流地貌和遗址地层剖面图

1. 坡积层；2. 河流相砂砾层；3. 冲积层；4. 次生黄土；5. 基岩；6. 文化层；A. 西周文化层；B. 汉晋墓葬；C. 东周—汉代文化层；D. 台地；T1. 一级阶地

　　该剖面第 4 层以上为近现代层。第 5 层出土物具有西周时期的文化特征，花边口罐、尖底的杯、盏均为巴蜀一带所特有；并出土卜甲 2 片，在龟甲壳里面凿刻长方形的凹槽，边壁平齐，代表西周中晚期的技术，并根据考古器物排比，推测该层为西周时期（1100 BC～770 BC）的文化堆积。1994 年 4 月采自该遗址 T13 探方第 5 层南壁烧土坑的炭化种子（编号为 ZK-2827）[14]C 年代为（2790±68）a BP（即 840 BC），树轮校正年代为 910 BC～806 BC（中国社会科学院考古研究所长江三峡工作队，1996），位于西周中晚期。探方 T420 东隔梁第 6 层中距古河流相卵石层之上 8～18 cm 采集的样品热释光年代测定为（28.72±2.44）ka BP，因此推测该区西周文化层之下的灰黄色生土层可能形成于 30 ka BP 左右（国家地震局地壳研究所测定）。

下沱遗址位于重庆市巫山县境内大宁河与长江交汇处的东岸，行政区划隶属巫山县巫峡镇江东村一组，遗址北为陡峻的山体，南临长江，东为柳家沟，再向东 1 km 即为巫峡峡口，西面为江东嘴遗址，与巫山县城隔河相望。遗址中心地理坐标为 31°4′N、109°13′E。遗址所在地貌属长江一级阶地，台地长 45 m，宽 11 m，现保存面积大约为500 m²，台地南面因当地村民 1997 年修建乡村公路而遭破坏，台地地势北高南低，地表倾斜度大约为 15°～20°，海拔高度约 130～132 m，位于三峡工程一期水位线以下，遗址地表为耕地，种植有柑橘、蚕豆等。

遗址东 T8 探方西壁剖面厚 2.89 m，从上往下可分 5 层，各层又分亚层，所有地层均依地势由北向南倾斜，地层剖面特征为：①第 1 层为黄褐色耕作层，厚 20～55 cm，依地势由北向南呈倾斜状堆积，主要种植蔬菜，土质较疏松，包含现代砖瓦碎块，另有少量的青瓷片和厚胎瓦片等。②第 2 层又分两个亚层，从上到下分别是 2a 和 2b 层。第2a 层为灰褐色泥质层，该层厚 45～90 cm，土质较黏而疏松，亦呈由北向南的倾斜状堆积，南半部含砂较多，夹有少量砾石，砾石最大为 1 cm，砾石含量为 1%，有少量红烧土，出土物较杂，有泥质红褐陶和灰陶以及大量的青瓷，据出土物推测该层是唐宋扰乱层。第 2b 层厚 0～32 cm，浅灰色淤砂层，土质疏松而纯净，无出土物。③第 3 层为浅灰褐色泥质层，厚 70～85 cm，土质较疏松，夹有极少量的砾石，出土物陶片较多，陶系较杂，可辨器形有筒瓦、豆柄、罐、钵、瓮以及鬲足、鼎足等，该层包含的最晚遗物为汉代，该层大致可以判断为汉代文化层。④第 4 层又分 3 个亚层，从上到下分别是4a、4b 和 4c 层。第 4a 层为灰褐色泥质层，厚 0～130 cm，有少量炭屑，含有较多红烧土，土质较致密，出土物较丰富。出土物以陶片为主，可分为泥质、夹细砂和夹粗砂三类，陶色以灰褐陶、黑陶为主，器形有罐、釜、瓮、钵、灯形器、器盖等，考古界确定该层为商周文化层。第 4b 层为灰色淤砂层，该层厚 80 cm，无出土物。第 4c 层为黄色生土层，厚 51 cm 左右，其上层为灰黄色砂质粉砂层，厚 2 cm，无出土物。第 4 层以下为基岩面，本区基岩主要为三叠系下统嘉陵江组，薄至中厚层石灰岩夹白云质灰岩及页岩、角砾岩等。根据考古器物排比法，剖面第 2 层为唐宋扰乱层（1332～674 a BP），第 3 层为汉代文化层（2156～1730 a BP），第 4 层为商周文化层（4000～2500 a BP）。

（二）研究方法

在张家湾遗址 T911 探方内采集 15 个样品，在双堰塘遗址 T439 探方内采集 6 个样品，在下沱遗址 T8 探方内采集 10 个样品，送至南京大学海岸与海岛开发教育部重点实验室用日产 SKC-2000 型光透式粒度分析仪进行粒度测试。另在下沱遗址 T8 探方西壁剖面采集 15 个样品做孢粉鉴定，采集 15 个样品测定磁化率。

三、实验结果与分析

（一）粒度数据与洪水灾害

风成和水成沉积物的结构和构造信息提供沉积环境能量和水分等方面的信息，河流阶地及其沉积物组成是研究第四纪沉积环境的重要陆相沉积记录，其中沉积地层则蕴含有内陆和边缘区气候演变的重要信息（Blum and Törnqvist，2000）。

1. 张家湾遗址 T911 剖面粒度特征

一般来说，粗粒沉积物出现于高能沉积动力环境下，而细粒沉积物多出现于低能的沉积环境下。T911 西壁剖面层次共同的特征是砾石含量最高，黏土含量不高。含量最高的层次（第 2 层）砾石沉积物含量高达 94.9%，其他自然层的含量也在 40% 以上（表 4.5.1），这反映剖面各自然层均处于高能沉积动力环境下。由表 4.5.1 可以看出，第 2 层样品（Z_{10-E}，Z_{10-D}，Z_{10-C}，Z_{10-B}，Z_{10-A}）和第 7 层样品（Z_{5-D}，Z_{5-C}，Z_{5-B}，Z_{5-A}）从上往下明显出现平均粒径偏粗→偏细→偏粗→偏细的特征。另外，第 2 层样品从上往下 $\sigma_1 < 1$，反映沉积物分选较好，并且从上到下 $\sigma_1 < 0$ 与 $\sigma > 0$ 交替变化，第 7 层样品从上往下 $\sigma_1 < 1$ 与 $\sigma > 1$ 也交替变化，反映这些层次从上往下分选好→分选较好或较差→分选好→分选较好或较差交替变化，符合野外观测到的粒度韵律变化的现象。从偏度系数 S_K 看，除生土层和第 6 及 9 层外，其他样品均在 $0.3 \sim 1.0\Phi$，为极正偏。从尖度 K_G 看，第 2 层样品从上往下表现为很宽平→极尖窄→很宽平→极尖窄的交替变化，第 7 层样品也表现为很宽平→尖窄→很宽平→中等交替变化现象，生土层样品为很宽平，其他层次为极尖窄。

表 4.5.2 为张家湾遗址 T911 剖面样品粒度分布、搬运方式以及截点的关系，从该表可以看出该剖面沉积物在水动力搬运方面有以下特点：

（1）除 Z_{5-A} 样品外，第 2 层和第 7 层样品的推移组分含量（71% ~ 95%）较高，反映水动力极强。而且，这两层砾石磨圆度较高，并有明显的粒度韵律，物质由粗到细再到粗，砾石磨圆度较好，结合粒度参数变化特征以及符合野外观测到的粒度韵律变化的现象，初步推测这两层为河流沉积环境。引入 B. K. Suhu 沉积环境公式（徐馨等，1992）

$$Y = 0.2825Mz - 8.7604\sigma_1^2 - 438\,932S_K + 0.0482K_G。$$

当 $Y < 9.8433$ 时，属浊流沉积，$Y > 9.8433$ 时，应属河流沉积环境。计算结果表明，除第 7 层 Z_{5-D} 样品外，第 2 层和第 7 层其他样品 Y 值均大于 9.8433，因此判断这两层为洪积层。

（2）第 11 层主要由砾石和砂组成，碎石中充填物为粉砂质或少量黏土，砾石粒径一般小于 30 cm，大多为 10 ~ 20 cm，平均粒径均比上层细，正态概率曲线呈三段式和四段式。张家湾遗址座落在张家坡山的山坡脚下，野外实地调查及对剖面沉积物岩性特征分析表明，生土层为山坡风化岩层的产物，其岩性与张家坡山上的岩性相同，均为侏罗系紫红色砂岩，综合以上结果可判断生土层为坡积物，物源为张家坡山的碎屑沉积物。

表 4.5.1 张家湾遗址 T911 剖面粒度组成和粒度参数特征

样品号	地层	深度/cm	粒度参数				
			平均粒径 Mz/Φ	标准离差 σ_1/Φ	偏度系数 S_K/Φ	尖度 K_G/Φ	中值粒径 M/Φ
$Z_{10\text{-}E}$	2	18	−0.08	0.57	1.0	−0.89	
$Z_{10\text{-}D}$	2	28	0	−0.17	0.5		
$Z_{10\text{-}C}$	2	31	−0.57	0.40		−1.75	−1.70
$Z_{10\text{-}B}$	2	36	−0.66	−0.58	1.0		
$Z_{10\text{-}A}$	2	38	−0.35	0.47		−4.50	−1.30
Z_9	3	51	1.82	2.59	1.21	0.09	−0.75
Z_8	4	70	0	0.45	0.50	−0.88	
$Z_{6\text{-}B}$	6	100	0.20	1.39	1.97	−0.25	
$Z_{6\text{-}A}$	6	106	1.53	2.17	1.03	1.20	0.50
$Z_{5\text{-}D}$	7	115	−0.36	−0.27	0.50	−1.47	
$Z_{5\text{-}C}$	7	119	1.34	2.29	0.30	0.76	2.80
$Z_{5\text{-}B}$	7	125	−0.13	0.81	1.00		−1.50
$Z_{5\text{-}A}$	7	128	3.07	2.52	0.30	1.08	−0.10
$Z_{11\text{-}3}$	11	215	2.11	2.64	1.00	0.53	
$Z_{11\text{-}1}$	11	225	2.48	2.56	0.47	0.58	1.70

表 4.5.2 张家湾遗址 T911 剖面样品粒度分布、搬运方式与截点关系

样号	地层	深度/cm	推移组分			跃移组分			悬移组分		
			含量/%	粒径范围/Φ	斜率/(°)	含量/%	粒径范围/Φ	斜率/(°)	含量/%	粒径范围/Φ	斜率/(°)
$Z_{10\text{-}E}$	2	18	86	−2∼0.2	24	14	0.2∼4	5			
$Z_{10\text{-}D}$	2	28	95	−2∼0.9	24	5	−0.9∼1	4			
$Z_{10\text{-}C}$	2	31	90	−2∼0.6	32	10	0.6∼4	7			
$Z_{10\text{-}B}$	2	36	94	−2∼−1	20	6	−1∼0	10			
$Z_{10\text{-}A}$	2	38	92	−2∼1	37	8	1∼4	5			
Z_9	3	51	56	−2∼−0.5	40	15	−0.5∼0.6	18	29	0.6∼6	5
Z_8	4	70	81	−2∼−1	23	8	−1∼2	6	11	2∼3	21
$Z_{6\text{-}B}$	6	100	81	−2∼0.7	30	7	0.7∼5	9.5	12	5∼6	35
$Z_{6\text{-}A}$	6	106	71	−2∼1.5	30	15	1.5∼5.2	7−21	14	5.2∼6	2
$Z_{5\text{-}D}$	7	115	94	−2∼0	33	6	0∼4	9.5			
$Z_{5\text{-}C}$	7	117	75	−2∼1.4	49	5	1.4∼4	5	20	4∼6	25
$Z_{5\text{-}B}$	7	125	87	−2∼0.4	27	7	0.4∼5	5	6	5∼6	20
$Z_{5\text{-}A}$	7	128	9	−2∼−1	26	65	−1∼4	40−10	26	4∼5	10
$Z_{11\text{-}3}$	11	205	75	−2∼5.9	6	21	5.9∼7	60	4	7∼8	20
$Z_{11\text{-}2}$	11	215	65	−2∼0.2	16	7	0.2∼4.3	4	28	4.3∼6	23
$Z_{11\text{-}1}$	11	225	45	−2∼0.2	20	48	0.2∼7	70−42	7	7∼8	20

（3）第 3、4 和第 6 层砾石均为次棱角状，反映搬运距离较短，正态概率曲线呈三段式，第 Z9 号样品推移组分含量为 56%，粗截点为 -0.5Φ，跃移组分为 15%，悬移组分为 29%；第 Z8 号样品推移组分含量为 81%，粗截点为 -1Φ，跃移组分为 8%，悬移组分为 11%；第 Z6 号样品的推移组分含量为 71%~81%，粗截点为 -1.5~0.7Φ，跃移组分含量为 15%~7%，悬移组分含量为 12%~14%。由此可见，第 3、4 和 6 层是短暂的山区洪水暴发引起的大面积坡面片流，而导致坡积物的堆积。

2. 双堰塘遗址 T439 剖面粒度特征

双堰塘 T439 剖面的自然层与生土层中缺少黏土级和砾石级的沉积物，主要由砂及粉砂组成。第 6 层的 S_{10} 号样品砂含量最高（64.9%），该层其他样品砂含量均在 45% 以上，反映该层样品可能是在高能沉积动力下搬运的结果。由表 4.5.3 可以看出，灰黄色生土层颗粒较粗，但下层 S_1 号样品粒径比上层 S_5 和 S_{10} 号样品细。从标准离差 σ_1 看，整个剖面大多 $>0.1\Phi$，反映沉积物分选差。从偏度系数看，S_1 号样品 S_K 值为 0.5Φ，为极正偏，其他样品 S_K 值均为 -0.30~-0.1Φ，为负偏。从尖度 K_G 看，灰黄色生土层 $K_G < 0.1\Phi$ 为双峰曲线，其余层次均为窄峰曲线。

表 4.5.3　双堰塘遗址 T439 剖面样品粒度分布、搬运方式与截点的关系

地层	样号	深度 /cm	推移组分			跃移组分			悬移组分		
			含量 /%	粒径范围 /Φ	斜率 /(°)	含量 /%	粒径范围 /Φ	斜率 /(°)	含量 /%	粒径范围 /Φ	斜率 /(°)
2	S_{26}	30	36	1~4	34	48	4~5	78	16	5~6	20
3	S_{22}	55	40	1~4	33	54	4~5	62	6	5~6	38
4	S_{18}	90	15	1~2.2	28	67	2.2~5	19~53	18	5~6	18
6	S_{10}	168	44	1~2.3	30.5	44	1~2.3	26			
6	S_5	205	32	1~2.5	37	56	2.5~4	10			
6	S_1	232	55	1~3.3	35	68	3.3~5	13	32	5~6	20

同时，该剖面沉积物在水动力搬运方面有以下特点：①第 2 和第 3 层的概率累积曲线均为粗三段式，包括推移组分、跃移组分和悬移组分，粗截点在 2.5~3.3Φ 左右。推移组分含量较高，约为 30%~40%，跃移动组分含量则占 40%~55%，细截点为 4~5Φ，悬移组分含量较少，只占 6%~16%，这些特点与野外观测的河流相沉积特点较为吻合。Visher 曾将粗截点小于 2.25Φ 为急流搬运作用（徐馨等，1992），而本层位粗截点为 2.5~3.3Φ 左右，表明该层具有动力较弱的洪积-冲积特征。②第 4 层的推移组分含量很少，而跃移组分稍高，且出现双跃移成分，反映受动荡环境影响，再结合本区野外地质地貌调查，判断该层为坡积层。③第 6 层 S_{10} 和 S_5 号样品的概率累积曲线均为粗二段式，不含悬移组分，只有推移组分和跃移组分，跃移组分含量很高，反映样品沉积时水动力较强。

上述粒度特征表明，S_1 号样品粒径较细，含有一定的悬移质组分，水动力较

弱，是风尘原始堆积；而 S_{10} 和 S_5 号样品粒径较粗、分选差，具有较高的跃移组分，缺少悬移质，表明这可能是原始风尘堆积物后期经历了较强的流水改造作用，与南京江北地区阶地的黄土层以及南京宝华山地区地表以下灰黄色粉砂层（史威等，2007）成因相似。S_{26} 和 S_{22} 号样品所在层位也有一定的水流作用，是河流泛滥沉积的地层。

3. 下沱遗址 T8 剖面粒度特征

在粒度组成方面，由表 4.5.4 可以看出，整个剖面共同的沉积特征是，不含砾石，而粉砂的含量较高。第 4b 层的 X_4 样品砂含量最高，为 59.82%，其次为第 2b 层的 X_{11} 号样品，含量为 41.2%。黏土含量最高的是第 4c 层和第 2a 层，分别是 15.93% 和 14.07%，含量最低的为 4b 层，为 5.62%。由此可见，第 4b 层和第 2b 层沉积时所受水动力较强。

在粒度参数方面，在垂向上粒级是交替变化的，反映剖面成因机制的交替变化，但变化幅度不大。从标准离差看 σ_1 在 1.845～2.487Φ，该剖面所有样品按福克分类，只第 2b 层的 X_{11} 号样品和第 4b 层的 X_4 号样品的标准离差介于 1.00～2.00Φ 中，属分选差，其他样品 σ_1 都在 2.00～4.00Φ，反映分选较差，表明该剖面大多数样品都可能经历了比较明显的急流搬运作用。所有样品的偏度值都集中在 +0.10～0.30Φ，均为正偏态，即分布中主要粒度集中在粗端部分，只有第 4C 层位样品的偏度为 −0.10～+0.10Φ，为近对称，第 4B 层的 X_4 号样品 S_k 值介于 0.30～1.001Φ，属极正偏。从尖度看，所有样品均处于 0.90～1.11Φ，表明均处于中等变化。只第 4b 层的 X_3 号样品的尖度稍大于 1.1Φ，反映尖窄（表 4.5.4）。

表 4.5.4　巫山下沱遗址东 T8 剖面样品粒度分布、搬运方式与截点的关系

样品号	分层	深度 /cm	推移组分			跃移组分			悬移组分		
			含量 /%	粒径范围 /Φ	斜率 /(°)	含量 /%	粒径范围 /Φ	斜率 /(°)	含量 /%	粒径范围 /Φ	斜率 /(°)
X_{14}	2a	45	5	1～2.5	60	30	2.5～4.5	46	65	4.5～10	31
X_{11}	2b	95				48	1～4.5	53	52	4.5～10	28
X_9	3	130	25	1～3.5	56	27	3.5～5.2	32	48	5.2～10	25
X_7	4a	173	1.8	0～1.8	30	48.2	1.8～5	46	50	5～10	34
X_6	4a	185				52	1～4.5	52	48	4.5～10	29
X_5	4a	210	3	0～1.2	33	52	1.2～5.2	11～48	45	5.2～10	33
X_4	4b	233				63	2～4.2	59	37	4.2～10	24
X_3	4c	260				40	1～4.4	49	60	4.4～10	28
X_2	4c	276	4	0～1	45	42	1～5	30～40	34	5～6	30
X_1	4c	285	2	0～2.4	20	30	2.4～4.7	65	68	4.7～10	30

同时，该剖面沉积物在水动力搬运方式有以下特点：第 2b 层的第 X_{11} 号样品、第 4b 层的 X_4 号样品和第 4c 层的 X_3 号样品，均有共同的沉积特征，第 4c 层的 X_3 号样品和第 2b 层的 X_{11} 号样品悬移组分含量均在 35% 以上，悬移组分上限粒径为 4.2～4.5Φ；跃移组分粒径范围为 1～4.5Φ，跃移组分含量以第 4b 层的 X_4 号样品最高，为 63%，其他均为 40%～50%，跃移组分的斜率以第 4b 层的 X_4 号样品为最大，为 59°，X_{11} 和 X_3 号样品均为 49°～53°，斜率分选中等，均没有推移组分。结合该剖面所处海拔高度及野外地质地貌调查，认为可能是短暂洪水暴发引起坡面片流而淤积的砂层，由于较长时间的搬运坡积物颗粒较细。

(二) 河道变迁与考古遗址分布

1. 考古文化层的扰乱现象

众多考古发掘表明，一个遗址的周围环境如果没有大的变化，一般来说，文化层应呈连续堆积，但从本区遗址文化层的堆积状况来看，文化层扰乱现象非常显著。张家湾遗址为西汉至东汉时期文化层堆积，其上部则为唐宋扰乱层；双堰塘遗址是西周时期文化层堆积，其上部为汉代与清代扰乱层，这可能是由较大的突变事件造成的。考虑到遗址分布于大宁河两岸的事实，初步推测这一现象可能与大宁河河道的变迁或河流洪水有关。

2. 古河流相卵石层

双堰塘遗址西周文化层之下为灰黄色粉砂质生土层，底部（距地表 1.24～1.44 m）为出露完好的厚达 2 m 多的河流相卵石层（据重庆市石油钻探内部资料和发掘资料）；张家湾遗址第 10 层以下的地层则为深红棕色砂砾与黏土、粉砂混杂堆积的生土层，砾石粒径较大，大者可达十几厘米，多为棱角状，无分选性，含水分较多，未见底，另外，其地层底部钻探并未发现古河流相卵石层（仍为坡积物）（图 4.5.3）。这些野外钻探资料表明本区河床早期可能发育于双堰塘一带，30 ka BP 后河床开始逐步向西摆动，直到今天的位置。

3. 古砾石面砾相组构分析——古流向分析

古流向分析应包括流向的测量、古流向数据的整理、古流向资料的解释和应用（刘宝珺，1980）。在双堰塘遗址古河流相卵石面上选择 100 块砾石做砾向组构测量，进行古流向分析，去除某些异常点，以最大主轴倾角小于 20° 的偏角绘制砾石组构玫瑰图（徐馨等，1992）。

由图 4.5.4 可以看出，偏角显示一定的方向性，大致呈北西向，指示当时的水流方向基本呈西北-东南向，表明早期河床位置可能在双堰塘遗址区。因为在稳定水流作用下，砾石常呈明显的定向性排列，扁平砾石的最大扁平面倾向河流上游。

图 4.5.3　双堰塘遗址和张家湾遗址、坑洞遗迹和汉晋墓葬
(a) 双堰塘遗址底部河流砾石层；(b) 张家湾遗址底部未见河流砾石层；(c) 坑洞遗迹；(d) 汉晋墓葬

4. 坑洞遗迹

双堰塘遗址近大宁河一侧探方古河流相卵石面上，发现一排呈东南—西北走向的基本在一条直线上排列的圆形坑洞（见图 4.5.3），共有 11 个，各洞间距约 3 m 左右，洞径为 20～30 cm 左右；在砾石面以上深 20～30 cm，洞中未发现任何炭粒、木屑等遗物，从圆洞成一条直线排列、延伸 70～80 m 的情况来看，这些圆洞可能是当时人类为防洪用的拦水坝，而不是房屋建筑的柱洞；由此推断，西周早期河床在坑洞西侧，属于双堰塘遗址范围区。坑洞起端有一个沟槽，沟槽内充填灰土，下挖深度在 20～50 cm，可能是起排水作用。

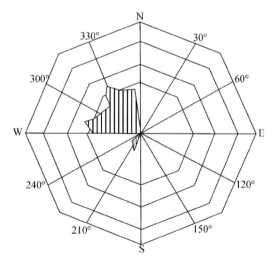

图 4.5.4　大宁河大昌段双堰塘
剖面古砾石砾向组构图

5. 汉晋墓葬

中国社会科学院考古研究所在大宁河东岸河漫滩上的考古发掘中发现有汉晋时期的墓葬（图 4.5.3），对这一墓葬埋藏物品的清理结果表明，该发掘区周围是一处规模较大的东汉或稍晚时期地位较高的家族墓冢地。这一墓葬群与张家湾遗址汉代文化层属同一时代，表明这一墓葬群可能与张家湾遗址有一定的联系。一般来说，先民是不可能在河漫滩上埋葬家庭成员的，推测当时进行埋葬的时候，河漫滩之上应该覆盖较厚的松散沉积物，后来由于大宁河河床迁移和河床侧蚀，将这一层松散沉积物冲刷掉，从而成为现在的状态。

（三）下沱遗址的磁化率和孢粉记录

下沱遗址东 T8 剖面磁化率曲线具有以下特征：

（1）剖面磁化率值范围在 $67.213 \times 10^{-5} \sim 135.459 \times 10^{-5}$ SI，磁化率上下变幅较大，最高值出现在第 4a 层的第 X_6 号样品，为 135.459×10^{-5} SI，最低值出现在表层为 71.134×10^{-5} SI。

（2）一般情况下磁化率高值对应着气温高值，磁化率低值对应着气温低值区，磁化率值与样品中的铁磁性矿物含量有关（史威等，2007），铁磁性矿物含量愈高，磁化率值愈高，而铁磁性矿物含量又与当地沉积环境有关，在湿热化显著的环境中，沉积物受氧化作用明显，Fe^{3+} 增多，铁磁性矿物富集，易导致磁化率升高。整个剖面有三个明显的波峰和三个明显的波谷，波峰反映是高温高湿期，波谷反映是低温低湿期。第一个波谷位于生土层的中部，反映在商周以前气候波动较大；第一个波峰位于商周中晚期，此时磁化率为全剖面最高值，反映商周中晚期气温较高。第 2 个波谷位于汉代早期，温度从商代中期开始下降，此时气候可能出现短暂的变干、变冷的灾变事件；第 2 个波峰位于汉代末期，此时本区经历过短暂的气候灾变事件后，气温又恢复到较高的程度。第 3 个波谷为唐宋以前，也反映此时为短暂的变干变冷阶段，第 3 个波峰位于唐宋时期，有一个小的波峰，气候转为温暖潮湿。商周时期、汉代末期、唐宋文化层磁化率值较高一是由于该层受人类生产、生活及用火影响而使磁化率升高，另外也反映此时是气候适宜期，才能出现较发达的人类文明，遗址地层出土大量器物。

（3）把磁化率值与平均粒径对比：在多数情况下磁化率高值与较细的平均粒径相对应（如本剖面的 X_{10}、X_9、X_6、X_3 和 X_1 号样品），磁化率低值与较粗的平均粒径相对应（如本剖面的 X_{11}、X_5 和 X_4 号样品），反映磁化率与粒径之间的关系，粒径越细，相对成壤作用较强，磁化率为高值，气候状况较好。Zhou 等（1990）和 Maher 等（1991）发现古土壤中超顺磁性矿物比黄土中的多（An et al.，1991），提出了黄土中古土壤磁化率增强的土壤成因观点，他们一致认为成土作用是造成古土壤磁化率增强的主要原因。此外，岩石磁学和土壤化学相结合（Verosub et al.，1993）以及同位素（Beer et al.，1993）研究结果分别从不同角度证明成土过程中有大量的超细粒亚铁磁性矿物生成。

下沱遗址剖面 15 个样品中经孢粉鉴定共发现 43 属、12 科的植物孢粉类型，其中木本植物花粉（28 属、6 科）有松属 *Pinus*、云杉属 *Picea*、铁杉属 *Tsuga*、落叶松属 *Larix*、杉科 Cupressaceae、杉木属 *Canninghamia*、桤木属 *Alnus*、柳属 *Salix*、桦木属 *Betula*、栎属 *Quercus*、鹅耳枥 *Carpinus*、枫杨属 *Pterocarya*、胡桃属 *Juglans*、山矾属 *Symplocos*、蔷薇 *Carya*、青冈属 *Cyclobalanopsis*、桑/荨麻属 *Morus/Urti*、紫株属 *Callicarpa*、椴属 *Tilia*、山核桃属 *Rosa*、杜鹃属 *Rhododendron*、忍冬属 *Loricera*、芸香科 Rutaceae、黄皮属 *Clausena*、花椒属 *Zanthoxylum*、桃金娘科 Myrtaceae、豆科 Leguminosae、藤黄科 Guttiferae、阿丁枫属 *Altingia*、胡椒属 *Piper*、胡颓子属 *Eleaglus*、朴树属 *Celtis*、榆属 *Ulmus*、瑞香科 Thymelaeaceae；草本植物花粉（6 属、8 科）有禾本科 Gramineae、藜科 Chenopodiacee、菊科 Compositae、蒿属 *Artemisia*、莎草科 Cyperaceae、百合属 *Lilium*、毛茛科 Ranunculaceae、唐松草 *Tnalictrum*、乌头属 *Aconitum*、大戟科 Euphorbiaceae、蓼属 *Polygonum*、苋科 Amaranthaceae、石竹科 Caryophyllaceae、车前属 *Plantago*、香蒲 *Typha*；蕨类植物孢子（6 属、1 科）有石松属 *Lycopodium*、卷柏属 *Selaginella*、膜蕨 *Hymenophyllm*、水龙骨属 *Polypodium*、水龙骨科 Polypodiaceae、凤尾蕨属 *Pteris*、鳞盖蕨属 *Microlepia*；藻类植物孢子（2 属）有环纹藻属 Concentricystes、盘星藻属 *Pediastrum*。

　　从图 4.5.5 可以看出，文化层为青冈属—桑属—禾本科—葵科—水龙骨科孢粉带，此层孢粉组合中以木本和草本植物为主，有少量的蕨类植物，并有淡水藻类出现，木本植物主要由青冈属、芸香科、忍冬属、桃金娘科、朴属等组成，草本植物主要由禾本科、菊科、蓼属、毛茛科等组成，蕨类植物主要以水龙骨科、石松属、卷柏属和凤尾蕨属为主，这些花粉类型反映了该区当时的气候环境类似于现在当地的气候环境。尤其是在剖面 233 cm、185 cm、130 cm、84 cm 层位花粉相比较其他层位高，而这些层位磁化率都相当高，这些层位相当于夏商、汉代和唐宋时期，孢粉和磁化率分析结果都表明为亚热带温暖潮湿气候条件，有利于人类生产和文化活动，有助于人类文明的兴盛。文化层上部孢粉组合以木本和草本植物为主，草本植物数量增多，有少量蕨类植物，木本植物主要由松属、榆属、栎属、桦木属等组成的，草本植物主要由禾本科、车前属等组成，蕨类植物主要有鳞盖蕨属孢子，这些都反映了此时的气候条件比下层的偏干，其中

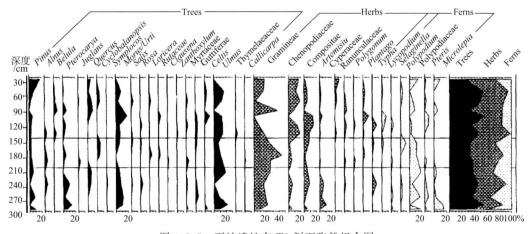

图 4.5.5　下沱遗址东 T8 剖面孢粉组合图

车前属和禾本科等较多出现，与前两个遗址剖面对比，作者认为可能是因为人类活动的强度加大而导致的结果。

四、大宁河流域典型遗址考古地层记录讨论

（一）大宁河大昌段河流地貌演变

根据以上野外考察和考古发掘结果，推测大宁河大昌段河床在史前和历史时期曾发生摆动，河流地貌发生了一系列变化，深刻影响着本区考古遗址分布和古文化的传播。30 ka BP左右，大宁河河床应在双堰塘遗址区东侧，之后河床可能开始西移并下切，形成一级阶地。此时处于晚更新世晚期，欧洲处于玉木冰期，中国则为大理冰期期间，双堰塘遗址剖面样品的磁化率和地球化学指标特征均表明此时为干冷环境，在一级阶地和河漫滩上堆积有灰黄色生土层（张芸等，2001）。

西周早期，河床在近大宁河一侧双堰塘遗址区探方内的坑洞遗迹附近，坑洞遗迹反映了当时河岸的位置所在，长期的冲刷、堆积使该处形成巨厚的鹅卵石层。西周早期气候好转，水热条件较好（张芸等，2001），在次生黄土上开始有人类活动，形成西周文化层。汉代时期，河流西岸成为汉代先民主要居住区，并在离岸较近地区修有墓葬。由于河床继续西移和河流侧旁侵蚀，汉晋墓葬之上的松散沉积物被冲刷殆尽，只剩下墓葬层，出露河漫滩之上。另外，双堰塘遗址汉晋墓葬至高点距枯水面只有9 m，仅高于河漫滩2 m左右。据当地群众反映，常年一般洪水季节，遗址和墓葬全被淹没，现在人们居住虽多紧靠江水边，但也不会居住在一般洪水线内，由此也可以推断当时河道发生变迁。

（二）环境演变与人类活动

张家湾遗址T911剖面第5层、双堰塘遗址T439剖面第2和3层为粉砂质分选很好的河流冲积层，是洪水泛滥时留下的悬移质沉积。张家湾遗址T911剖面第2和7层中含大量具洪积特征的砾石，砾石磨圆度较高，并有明显的沉积韵律，推测可能为洪积层。西周时期，双堰塘遗址区是先民主要居住区（张家湾遗址区迄今未发现西周遗存和遗物），汉代时期，随着河床西移，先民生活范围不再局限于河流东岸，文化中心发生西移，张家湾遗址区此时成为汉代先民主要居住区。汉代后期，该区发生多次洪水泛滥，迫使先民由低处迁往高处。《巫山县志》、《巫溪县志》和《四川省两千年洪灾史料汇编》均有关于汉代之后洪水史料的记载（四川省巫溪县志编纂委员会，1992；水利部长江水利委员会等，1993）。

张家湾遗址T911剖面第3、4和6层以及双堰塘遗址T439第4层均具有典型的坡积层特征，砾石无层理、杂乱堆积、呈棱角状，这可能是由于短暂的山区洪水暴发引起的大面积坡面片流，从而导致坡积物的堆积。根据年代地层对比，这些层次也多为汉代以来形成的坡积层。推测可能是汉代后期至近期该区人类过度砍伐森林和垦殖，导致森林植被被破坏，山洪灾害频繁，导致水土流失，张家坡山表面失去了植被的保护作用，而使山坡表面的碎屑物质在降水集中的气候条件下，以山地河流的形式经多次搬运冲刷

下来，形成文化层之上的紫红色砂砾层。而且，当时又由于大宁河发生多次洪水泛滥，先民也被迫迁往高处，该区汉代文化层发生中断，汉代之后再无连续的文化层堆积，而由于山洪暴发导致了坡积物在此大量堆积。考古调查也在张家坡山上发现了明清时期人类活动的遗迹，据《汉书·地理志》等一些史料记载，秦朝灭巴蜀后，"移秦民万家实之"，导致该区人口大量增长，顺帝永和五年，巴蜀等地人口增至 899 227 户；明代又有"湖广填四川"之说。在汉代时，四川已是祖国的粮仓之一，汉武帝时，"曾以巴蜀之粟济江南"（蓝勇，1992），在张家湾遗址中出土了许多铁锸农具，表明当时的农业生产较为发达。另根据探方灰坑中出土的猪、牛、马等大型家养牲畜的牙齿、腿骨等动物骨头，表明农业生产除满足人们的日常需求外，已能提供足够的粮食来饲养家畜。另外，在遗址中发现的陶窑以及出土的相当数量残缺的铁器（刀、锸、锄、锥和钁等）以及铁渣来看，当时人们还从事金属冶铸活动。由此可见，农业、手工业的发展，人类不可避免地采伐森林和垦殖，植物资源易于退化，则会使原本良性发展的生态环境变得脆弱。森林植被大量破坏，水土流失就会加重，据统计，历史上水土流失面积达到总土地面积的 30%（水利部长江水利委员会等，1993）。另据史料记载，如《旧五代史》《五行志》中记载 933AD（唐长兴四年）"七月夔州市甲山崩，大水漂溺居民"，《元史》的《五行志》和《涪州志》的《灾祥》也有相关记载（水利部长江水利委员会等，1993）。另据《巫山县志》记载（易继魁，1992），"汉武帝十三年（101AD），巫山崩"；晋太元二年（377AD）"山崩"；公元 1960，1967，1969，1979，1982，1983 和 1985 年均发生较大规模的崩塌和滑坡现象。由此可见，历史记载和考古遗址均反映出历史时期以来山洪灾害较为频繁。

下沱遗址 T8 剖面商周、汉代、唐宋时期磁化率位较高，孢粉种类数量较多，磁化率和孢粉综合分析结果都表明当时气候温暖湿润，有助于古文化发展和兴盛。剖面粒度和孢粉记录都表明该区新石器时代以来至少发生了三次特大的古洪水。第 4b 层的 X_4 号样品、第 4c 层的 X_3 号样品和第 2b 层 X_{11} 号样品具有明显的山区坡面片流沉积特点，孢粉鉴定结果表明有三处香蒲含量较高，一处是在深度 260～272 cm 处，即第 4c 层的 X_3 号样品所处位置，一处是在深度 230～238 cm 处，即第 4b 层的 X_4 号样品所在位置；另一处是在深度 72～99 m 处，即第 2b 层的 X_{11} 号样品所处位置，表明这些层位沉积时水域面积较大，而其中以深度 230～238 cm 处香蒲含量最多，可推测当时洪灾范围较广。第 4a 层为商周文化层，那么第 4b 层的第 X_4 号样品形成的特大洪水就可能为公元前4000 年左右发生的特大洪水。第 4c 层的 X_3 号样品是在商周之前沉积，虽然目前没有确定的年代资料，但是通过与其他遗址比较，推测这次可能是在新石器文化期间出现的特大洪水。江东嘴遗址第一次发掘 I 区和下沱区面临长江，地层堆积普遍含沙量较重，多数探方都有比较纯净的淤沙沉积层，II 区第 1 层为耕作层；第 2 层为灰褐色黏土层属现代扰乱层；第 3 层为黄褐色黏土层，土质致密，为扰乱层；第 4 层为灰黑色黏土层，为汉代文化层；第 5 层为黄色风化砂岩层，是自然堆积层；第 6 层为红褐色黏土层，土质致密，包含人量的红烧土粒。根据出土的陶器以泥质红陶为主，推测可能为新石器文化层。该遗址新石器时代文化遗存主要发现于 II 区东南面的 II T24 和 II T25 的第 6 层，海拔高度稍高于其他几个方，未发现房基、墓葬层等其他遗迹现象，仅发现该时期的陶片，陶片以泥质红陶数量较多，其次为泥质灰陶，另有少量的红褐陶和黑陶，纹饰以素面为主，有少量的绳纹、方格纹、篮纹和绚索纹等，未见完整器和可复原器。可辨器形有罐、豆、钵、瓮、鼎足等。另外，在附近两个区采集到新石器时代的石器和陶支座等物。从陶器特征来看，似乎更接近于巫山魏家梁子下层遗存（中国社会科学院考古研究所长江三峡工作队，1997）和姊归庙坪新石器时代遗存，而与巫山大溪遗址差别较大，属新石器时代晚期。可见，从大溪文化时期起，江东嘴遗址已是一处重要的聚落遗址（湖北省文物考古研究所，1998）。与江东嘴遗址的新石器文化层对比，可知下沱遗址商周以前可能也为新石器文化层，但由于遗址地势低，遭自然（水灾）和人为破坏，洪水易把这层冲刷掉，另外，遗址的二次堆积现象明显反映人为破坏严重。所以由此可以断定第4c层的X_3号样品可能是新石器文化时期遗留的洪积层。第2b层的X_{11}号样品，属于唐宋文化层，推测这期特大洪水可能发生于唐宋时期。

综上所述，长江三峡大宁河流域典型遗址考古地层记录的环境演变和人类活动研究给我们提出了两点警示：一是河流洪水对先民生存的影响，洪水泛滥会威胁人类生存，导致文化层发生中断；二是人类过度砍伐森林和垦殖，会导致自然环境的破坏，干扰环境的自我恢复和自我组织能力。因此，本区汉代之后频繁的河流洪水和山洪灾害均体现了人地关系的复杂性。

第六节　长江三峡库区新石器时代生产工具演变所反映的人地关系

上述内容主要是根据考古发掘资料，将其应用于考古断代、遗址的分布、环境状况和地层剖面特征等研究，本节则侧重于对出土生产工具的分析，揭示其反映的人与环境的关系。通过阅读考古发掘报告可知，生产工具在各个考古遗址中广泛存在，并且随时代和地区的不同而有明显的变化。历史唯物主义认为，生产工具是生产力发展水平的重要标志。而生产力是人们生产物质资料的能力，它表示人们改造自然和征服自然的水平，反映了人和自然界的关系。整个生产力的变化总是从劳动资料的变化，特别是生产工具的变化开始的（蔡久忠和邵宝禄，1987）。各种经济时代的区别，不在于生产什么，而在于怎样生产，用什么劳动资料生产？这很容易让人联想到，如果能以某地区考古出土生产工具及其变化为主线，辅以其他遗存和遗址地层剖面的环境信息，就有可能得到该地区该考古时期人们的生产方式以及环境与人关系的例证。这对于客观理解该地区考古时期的人地关系是有积极意义的。

有鉴于此，本节遴选了三峡库区的桅杆坪（湖北省清江隔河岩考古队和湖北省文物考古研究所，2004）、柳林溪（国务院三峡工程建设委员会办公室和国家文物局，2003）、窝棚墩（湖北省文物考古研究所，1998）、中堡岛（国家文物局三峡考古队，2001）、西寺坪（湖北省清江隔河岩考古队和湖北省文物考古研究所，2004）、官庄坪（国务院三峡工程建设委员会办公室和国家文物局，2005）、双堰塘（中国社会科学院考古研究所和长江三峡工作队巫山县文物工作队，2001）和中坝（朱诚等，2005）等8个遗址（图4.6.1），以新石器至战国时期为时间段，以生产工具为主线做初步的人地关系探讨。

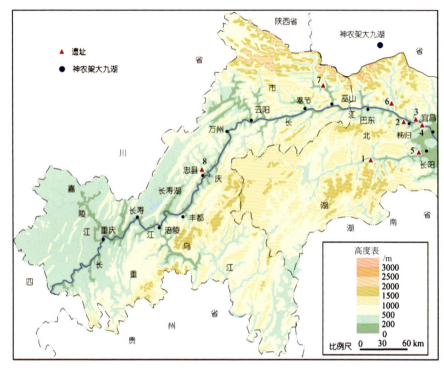

图 4.6.1　长江三峡库区部分新石器时代遗址分布示意图
1. 桅杆坪；2. 柳林溪；3. 窝棚墩；4. 中堡岛；5. 西寺坪；6. 官庄坪；7. 双堰塘；8. 中坝

一、生产工具的分类组合状况

对发掘的资料分析发现，三峡地区以磨制石器为代表的新石器生产工具出现于 7.0 cal. ka BP 以前，并在整个新石器时代广泛使用。这些具有新石器文化特点的生产工具在青铜工具来临的商朝时期并没有很快消失，而是仍在大量使用，直到战国时期铁器大量出现后，才显著减少。因而本节以新石器早期、中期和晚期，夏—商时期，西周和战国时期等 5 个阶段考察新石器生产工具的演变所反映的人地关系。本节所选遗址在上述考古文化时期有可分辨的石质、骨质、陶质、铜质和铁质 5 类生产工具，共 62 种 8190 件，其中，石器 31 种计 7220 件，占总数的 88.15%；陶器 4 种计 702 件，占总数的 8.57%；骨器 13 种计 89 件，占总数的 1.09%；铜、铁器 14 种计 179 件，占总数的 2.19%；石质生产工具占有绝对多数的原因与遗址的考古时期及石器的抗风化性质有关。

依据生产工具的用途，表 4.6.1 和表 4.6.2 将各种生产工具分类组合为：砍伐与木材加工工具、渔猎与取食工具、农业与纺织工具、基础工具等 4 类（以下分别简称砍伐类、渔猎类、农业类和基础类），商、周以后出现的铜铁质工具单列在表 4.6.3 中。由于一种工具的功能可以是多样的，所以有几种工具重复出现在各类组合中。如此，砍伐

表 4.6.1　长江三峡部分先秦遗址出土的砍伐类、农业类和基础工具

时代/cal. a BP	遗址名称	砍伐与木材加工工具 石器 砍砸器	石斧	石锛	刮削器	石凿	石楔	砍斫器	骨器 骨锯	骨凿	农业与纺织工具 石器 石铲	石锄	磨棒	石臼	石纺轮	陶纺轮	陶骨器 骨铲	勾形器	基础工具 砍砸器	敲砸器	石器 石锤	雕刻器	石砧	砺石
新石器早期 >7000	楷杆坪	7	1								1										2			1
	柳林溪		124	7		4					4	1	12				1			7	1			
	窎棚墩		8	2		1																		
新石器中期 7000~5000	楷杆坪	1	65	25		4					12	1					1	1	1			4		4
	柳林溪	5	99	5		6			1			6	5				3		5					
	中堡岛	61	1554	307	176	38					362	219			5	40			61	118	92	4		34
	西寺坪		250	129	4	18					6	4			12	6	1			8	1		3	68
新石器晚期 5000~4000	柳林溪	10	167	10	1	3					20	9	8	1					10				2	10
	中堡岛	1	326	111		14					44	33			1	10								10
	官庄坪	15	13	4	1					1						1			1					
	中坝	3	60	134		43	1			1	9					15			15					
夏—商时期 4000~3100	柳林溪		30	20	2	9				1	11					11			3					5
	中堡岛		67	20																7		2		3
	官庄坪		33	4		6		2		2					1	16								
	中坝	1	50	215	1	52					5					45								
西周—战国时期 3130~2100	柳林溪	2	37	12												8			1		1			1
	官庄坪		100	88		7						1	2			40			2		1	1		6
	中坝		56	164	1	48		2		1		1	1	1	3	98					1	5		8
	双堰塘	2	2	1							1					14								

表 4.6.2　长江三峡部分先秦遗址出土的渔猎类工具

时代/cal. a BP	名称	渔猎与取食工具																												
		石器																	陶骨器											
		砍砸器	石刀	石匕	石钺	石镞	石矛	石球	石弹丸	石剑	石核	石片	石网坠	石锚	砍斫器	盘状器	尖状器	刮削器	陶网坠	陶球	陶弹丸	骨锥	骨镞	骨鱼钩	骨刀	骨削	骨匕	骨矛	骨刮刀	骨枪头
新石器早期 >7000	栖杆坪	7										10																		
	柳林溪							1																						
	窝棚嘴							3																						
新石器中期 7000~5000	栖杆坪	1			2			1	2			14	2			2			9			6	1							
	柳林溪	5	6					1	4																					
	中堡岛	61	20			7		111	260			20	1				15	176		8	8	10	5							2
	西寺坪					2		24								461		4	3	7		15		1	1					
新石器晚期 5000~4000	柳林溪	10	7			1	1		8																					
	中堡岛		16		1		4	4									11	1		4	3									
	官庄坪	1	1	1										1				1												
	中坝	15				6	1	5		1	11					1	3	2	2			2				1				
夏—商时期 4077~3100	柳林溪	3								1	6		2		2	1	1	1	7			3	1			1				
	中堡岛		4		2						16						1	1												
	官庄坪					1	2										10			1										
	中坝					10	10						3						3		2	17	2				2			
西周—战国时期 3130~2100	柳林溪	1					6	1																				1		
	官庄坪	2	12			1	6	4							2				327		3	3				2				
	中坝					9		1								3		1	11										1	
	双堰塘		4			4			2																					

类、渔猎类、农业类和基础类工具分别有 4959 件、2105 件、1135 件和 494 件，相应的工具种类是 11 种、39 种、10 种和 6 种。生产工具的数量在各时期差别很大，它与古聚落人口规模、生存时间长短以及兴盛与否有关，不宜进行简单的纵向比较。但各类工具占同时期生产工具总数的百分比，屏蔽了以上问题，可以表达各类生产工具的相对重要程度（表 4.6.4），然后纵向比较各时期各类生产工具占同时期生产工具总数的百分比，就可以了解这种相对重要程度随时间的变化，并可依此探究其变化的原因。

表 4.6.3　　长江三峡部分先秦遗址出土的铜、铁质工具

时代 /cal. a BP	遗址 名称	铜器										铁器			
		铜斧	铜匕	铜钺	铜削刀	铜镞	铜剑	铜渔叉	铜锥	铜鱼钩	铜刀	铁斧	铁臿	铁犁	铁刀
夏—商	中坝					4				1					
西周— 战国 时期	官庄坪			1	5	23	1			1	5				
	中坝	1	1	2	4	61		1		6	3				
	双堰塘				2	10			4		5				
	柳林溪					10						1	19	3	4

表 4.6.4　　长江三峡部分先秦遗址各考古时期生产工具比例表

时期	工具数量 小计	砍伐与木材加工工具		渔猎与取食工具		农业与纺织工具		基础工具	
		数量	百分比/%	数量	百分比/%	数量	百分比/%	数量	百分比/%
新石器早期	205	154	75.12	21	10.24	19	9.27	11	5.37
新石器中期	5108	2748	53.78	1279	25.04	683	13.37	398	7.79
新石器晚期	1218	914	75.04	186	15.27	142	11.66	39	3.20
夏—商时期	719	517	71.91	103	14.33	94	13.07	22	3.06
西周—战国时期	1355	526	38.82	608	44.87	197	14.54	24	1.77

二、砍伐类工具演变所反映的人地关系

砍伐类工具主要由砍伐树木用的石斧、砍砸器和加工木材用的石锛、石凿和刮削器等组成。其中石斧和石锛两种工具几乎存在于每个遗址的各时期地层中，数量达 4300 件，占本节中 8190 件工具总数的 52.5%。可见新石器时代三峡先民最繁重并且在各个时期都不可或缺的生产活动是砍伐与木材加工。表 4.7.2 中新石器早期至战国时期，砍伐类工具占同时期工具总数的百分比变化于 75.12%～38.82%，有明显的波动（见表 4.7.4）。

作者 2004 年在位于重庆东北 396 km、宜昌西北 149 km 的湖北神农架大九湖自然沼泽采集了泥炭（本书第二章已详细提及），在北京大学核物理与核技术国家重点实验室做了 AMS^{14}C 测年，并以 2 cm 间隔检测了孢子花粉数量，其中 9.2～7.5 cal. ka BP

乔木、灌木和水生草本孢粉数量较少而中旱生草本数量较多，孢粉总浓度低而波动较大，反映气温波动上升和趋于干旱的特点；7.5～4.1 cal. ka BP 木本植物、水生草本及蕨类孢粉数量均有较大增加并稳定地维持较高水平，中旱生草本数量则波动下降，孢粉浓度在全剖面最大，是温暖湿润期，其中从约 5.0 cal. ka BP 开始孢粉总浓度下降，温湿程度逐步降低；4.1～2.0 cal. ka BP 该带花粉浓度低、波动大，水生草本花粉和蕨类孢子浓度平均值很低，整体看该时期属含常绿树种的落叶阔叶林，体现出温干的气候特点。依此可以对砍伐类工具数量百分比在各时期的波动与自然环境的演变进行关联性探讨。

在新石器早期，气温波动上升表明气候不稳定，而干旱则使日较差增大，这些条件使古人需要较多的木材以取暖，所以需要的砍伐类工具较多；新石器中期是温暖湿润期，按照施雅风等（1992）研究，三峡地区该时期气温约比现在高 2～3℃，高温使人们对燃烧用木材的需要量下降，砍伐类工具的数量也随之下降。新石器晚期已逐步远离了大暖期最盛期，气温逐步降低，所以人们对砍伐类工具的要求回升。夏—商时期是多灾的时期，异常洪水常冲毁家园（张强和张生，2002；朱诚等，2005），人们需要大量砍伐木材重建家园和取暖驱寒。而到了商朝—战国时期，虽然石器工具的制造工艺和水平比早期有巨大进步（图 4.6.2），但商—周铜质砍伐工具的出现，给石质砍伐工具一定的冲击，战国时期铁器的出现则使砍伐工具发生了质的变化，其工作效率和耐用水平远非石器所能相比，使得该时期石质砍伐工具大量减少。可见砍伐类工具数量百分比在各时期的波动与自然环境的演变、以及人们对工具的变革具有良好的关联性。从三峡地区砍伐类工具占同时期工具数量的百分比看，从新石器早期到夏商时期，其数值分别达到 75.12%，53.78%，75.04% 和 71.91%，远高于其他生产工具，虽在新石器中期有较大的下降，但仍然保持首位。西周—战国时期，渔猎类工具的数量百分比进入第一位。即使如此，该类工具的百分比仍高达 38.82%（图 4.6.3）。

窝棚墩 石斧
T3①：5
11.6 cm×7.2 cm×2.1 cm
新石器早期

柳林溪 石斧
T2②：9
15.2 cm×8.5 cm×2.4 cm
新石器中期

柳林溪 石斧
T1015⑦：14
13.3 cm×6 cm×3.1 cm
新石器晚期

官庄坪 石斧
H105：2
8 cm×6 cm×3 cm
夏—商时期

柳林溪 铁斧
H18：2
11 cm×6 cm
战国时期

图 4.6.2　从石斧到铁斧的演变

相比较之下，气候偏凉，地貌为平原或低矮丘陵的中国黄河、淮河流域的同时期遗址出土的生产工具，虽然砍伐类工具占有一定数量，但比例却小得多。如 9.0～7.8 cal. ka BP 河南省的舞阳贾湖遗址（河南省文物考古研究所，1999），砍伐工具仅占石质生产工具总数的 12.39%。又如黄河南岸的郑州大河村遗址（郑州市文物考古研究所，2001），6.8～5.1 cal. ka BP 的仰韶前期地层出土工具中砍伐类工具占 28.05%，

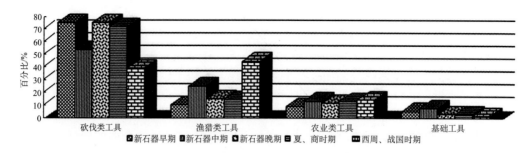

图 4.6.3　长江三峡先秦各时期各类生产工具的数量百分比图

5.1～4.1 cal. ka BP 的仰韶后期占 21.74％。再如淮河中游 5.0～4.0 cal. ka BP 的蒙城尉迟寺遗址（中国社会科学院考古研究所，2001），该类工具比例为 24.78％。

　　造成三峡地区砍伐类工具高比例的原因首先来自于生产和生活的需要，该地区出门即山，优越于黄淮地区的温湿条件又使得山地草木繁茂，人们在狩猎、采集等活动中为克服荆棘草木的阻碍，砍伐工具是必备之物，直到近现代，进山的人们仍随身携带砍刀之类的工具。其二，遗址沿江岸多卵石，对加工该类工具十分方便，考古发掘报告（国家文物局三峡考古队，1998；重庆市文物局和重庆市移民局，2001，2003；国家文物局三峡考古队，2001；长江水利委员会，2002；国务院三峡工程建设委员会办公室和国家文物局，2003，2005，2006；湖北省文物考古研究所，2004；成都市文物考古研究所，2006）中的此类石器确实多为鹅卵石打制成坯，再进行琢制及刃部的磨制加工而成，也有用卵石通体磨制或打制后不加琢制直接磨制而成的。其三，三峡地区的古聚落遗址多处于峡谷之中，据王祖承等（2003）研究，该地区存在典型的山谷风，其中山风在日落时分刮起，直至晚 8：00 许达到最强，随后逐渐减弱。另根据张强等（2005）计算，由于河谷地形的影响，使海拔 139.9 m 的宜昌县乐天溪气温日较差增大 1.3℃，这些因素使三峡地区古人取暖的燃烧量增大，砍伐类工具的需要量也随之增大。

　　在加工木材的工具中，缺少在长江中下游和黄河、淮河流域该时期遗址中常见的石楔，本节所列遗址中仅有柳林溪西周以后的地层中发现一例。石楔的功能一般是用来劈开粗大的木料，缺少石楔是否意味着三峡古人不需要或没有能力砍伐粗大的树木呢？宜昌中堡岛遗址新石器晚期的屈家岭文化地层中的房屋遗迹（国家文物局三峡考古队，2001）否定了这一疑问：位于探方 T0601 东北部的 F2 有 12 个柱洞，直径为 14～24 cm；位于探方 T0901 的 F3，有 14 个柱洞，直径为 7～52 cm。可见三峡先人需要、也有能力砍伐粗大的树木，而劈开的办法可以使用尺寸各异，数量仅次于石斧的石锛。2007 年 5 月 6 日钱江晚报报道浙江余杭南湖遗址极罕见地发现两件马桥文化时期装木柄的石锛，直观地告诉了我们石锛的基本用途。

　　该地区的石凿出现在新石器早期，新石器中、晚期在中堡岛和中坝遗址被大量使用，从石凿的用途看，至少从 7.0 cal. ka BP 起，先民们就有可能开始给生产或生活工具安装木柄以及木料之间结合使用卯榫结构。宜昌市博物馆的杨华（2001）研究了三峡新石器时期建设房屋的形式，主要为地面台式、干栏式和半地穴式，附图中木料之间的结合为捆绑式，这与三峡地区发掘出的该时代大量石凿的事实不甚相符。木料之间的结合使用卯榫结构，可以使房屋和木器的结合更加紧密与牢固。

三、渔猎类工具所反映的人地关系

表4.6.2中渔猎工具的数量在大多数时间位列第二。到西周-战国时期，渔猎工具发展的非常迅速，成为数量比例最高的生产工具。自始至终渔猎类工具的种类位于第一，说明其方法和手段最为丰富。如果把渔猎工具中的狩猎和捕鱼工具分开，则从新石器早期到夏商时期，狩猎工具的种类数量都占有绝对优势。

新石器早期，桅杆坪、柳林溪和窝棚墩3个遗址的狩猎工具仅发现石球，其狩猎方式是投掷。经验告诉我们，对于小型动物来说，石球的准确投掷是致命的，但对大型动物却未必奏效。新石器中期三峡地区大溪文化盛行（杨华，2006），同时也是狩猎工具大发展的时期。该时期共有19种计1279件渔猎类工具被发掘出来，其中有141个石球和11个陶球，还发现了274颗石丸和15颗陶丸，它说明人们虽然继承和扩大了投掷狩猎的方式，但此种方式已经不能满足人们的需要了，因而发展了射猎。相对于用手臂投掷石球来说，用石丸射猎延长了人们的手臂，有很好的隐蔽性和突然性，增加了猎获的水平。而同时期更强有力的石镞和骨镞也开始出现，从威力看，这是射猎时代真正的开始，并随着时代的前进在不断的改进（图4.6.4）。但遗憾的是，清点各考古遗址该时期以后地层中的遗存，石镞和骨镞的数量一直没有较大的提高。推敲之下，古人没有理由拒绝绩效优异的石镞与骨镞！仔细观察发现，该工具体小而复杂，镞身呈三棱形或菱形，分锋、身、铤3个部分，相比其他生产工具磨制不易，因此不易形成大量储藏，而使用后更不易寻回，这可能是被发现数量较少的原因之一。其优越的性能在西周以后的遗存中展现出来，铜镞几乎伴随着青铜的出现而立即出现，而且数量较多（表4.6.3），古人把宝贵的青铜大量制作铜镞说明了该种工具的高效能和在狩猎中的重要性。

窝棚墩 石球
T3①：8
直径5 cm~5.5 cm
新石器早期

古寺坪 石镞
T13③：4
5.6 cm×2.6 cm
新石器中期

官庄坪 石镞
T1118⑧：3
2 cm×1 cm
新石器晚期

柳林溪 石矛
T0915④：2
8 cm×3.5 cm
夏—商时期

官庄坪 铜镞
T1118⑧：1
5.5 cm×1.5 cm
西周时期

图4.6.4 长江三峡库区不断改进的狩猎工具

当然，狩猎方式决不仅仅是投掷和射猎，各种工具与方法的共同运用，才能使人们有丰厚的猎获。生存于新石器早、中期的桅杆坪遗址，出土的狩猎工具的数量和种类不多（表4.6.2），也无特异之处，但出土的动物和鱼类骨骼却多达30多种，其中有大熊猫、黑熊、猪獾、豪猪、竹鼠、苏门犀、黑鹿、獐子、豹、圣水牛和中国貘等。可见仅以发掘出的狩猎工具，实不易猎获以上动物中某些大型和凶猛的动物，它告诉了我们隐藏在这些动物骨骼之后的一些秘密：当年必然还存在着类似于围猎、陷阱等其他多种捕猎方式。新石器中晚期的其他遗址中，随着更多种类和数量的狩猎工具被发现，也同时发现了更多的动物骨骼。柳林溪（国务院三峡工程建设委员会办公室和国家文物局，2003）遗址出土的大量森林性野生动物骨骼，反映当时那里是一个森林茂密、降水丰沛、野生动物繁多的自然环境。西周以后的中坝（杨华，2006）、官庄坪（国务院三峡工程建设委员会办公室和国家文物局，2005）等遗址地层中，仍有现在生活在热带地区的苏门犀等动物的骨骼。这一方面说明狩猎一直是三峡先人重要的谋生手段，另一方面说明三峡地区在新石器早期至战国时期的气候环境虽有波动，但都暖于现代。

本节所列遗址在新石器中期地层开始发现捕鱼工具，它们是骨鱼钩、石网坠和陶网坠，共16件。古人进入全面利用水生和陆生动物资源谋生的时代。他们不仅以钩垂钓，还会用网捕捞，用网捕捞与石镞的出现一样是意义重大的，它是生产工具的巨大发展和进步，极大的提高了生产力水平，中堡岛遗址100多处鱼骨坑（国家文物局三峡考古队，2001）就是证明。撒网捕捞把渔船与渔网联系了起来，编织鱼网使人们制造了更多捻制网线的纺轮，制造渔船增加了人们对砍伐和木材工具的需要。这不仅告诉我们一个三峡地区出土的砍伐类工具异常多的新原因，也同时发现了纺轮捻制纱线的新用途；不仅知道从该时期起逐步增多的纺轮给人们取暖遮羞以更多的保障，而且也解释了一些遗址地层出土大量网坠的同时还出土了大量纺轮的原因。如中坝遗址，在西周地层出土330件网坠的同时还出土了101件纺轮，当然还有同一地层出土的大量鱼骨作证。付罗文和袁靖（2006）在中坝遗址137个探方、8000 m² 的发掘面积中选择了100 m² 的99ZZDT0202探方，对动物骨骼进行了全面采集，共收集到200 000以上的骨骼碎片，对其中近130 000片进行了初步分析。分析表明，其中3/4以上是鱼类骨骼，识别出的鱼类有鲤鱼、青鱼、草鱼、赤眼鳟、鲂鱼、鲢鱼、鳙鱼、鳞科、鳜鱼、鲟、云南光唇鱼、红鲌属、棘六须鲶、鲳科和鲈形目等15种。中坝遗址出土丰富的鱼骨说明众人合作使用渔网、渔船等新型生产工具所带来的强大生产能力。

四、农业类和基础类工具所反映的人地关系

表4.6.4和图4.6.3可见，农业类工具在各时期的百分比变动为9.27%～14.54%，波动不大，并在大多数时间与渔猎工具的百分比接近。农业工具中最受瞩目的是石铲与石锄，其数量（表4.6.1）仅次于石斧与石镞。这足以证明锄耕一直是受三峡先民重视的生产活动。新石器早期的地层中，就埋藏有石铲、骨铲和石锄，柳林溪遗址还出土了12件磨棒，说明从那时起三峡先人就有了农作物的种植与农产品的加工。

新石器中期是锄耕农业广泛发展的时期，各遗址都发现了锄耕农具，还出现了有孔石铲，石锄的样子已与近现代农家自用的铁锄很相像。本节遗址中该时期的地层都属大溪文化层，据卫斯（1996）研究，大溪文化的居民以稻作农业为主，在房屋建筑遗迹的红烧土块中经常发现稻壳印痕。该时期共发现614件农业与纺织工具，其中中堡岛的四期大溪文化地层出土了581件，可见农业之发达。其发达的原因除大暖期的气候条件，

还有地理位置和地形条件等原因。在长江三峡，该遗址相对接近新石器时代长江中游地区的水稻生产中心（卫斯，1996），便于农业生产技术的传入。中堡岛位于西陵峡三斗坪镇西 1 km 许，四周为河漫滩，中部隆起而平缓，全岛东西长约 1000 m、南北宽 300～400m，南侧近山，中隔一条宽约数十米的江汊。据地貌观察，中堡岛在较早的年代是与南侧山岗相连的山前河谷台地，大片平缓的地貌条件成为大溪文化时期锄耕农业的良好基础。

本节新石器晚期的 4 个遗址中，官庄坪和中坝遗址没发现锄耕农具，其中官庄坪直到西周以后的地层中才出土少量的锄耕农具，而中坝遗址则一直没有发现。夏—商时期，遗址中锄耕农具数量大为下降。经探讨发现至少有如下原因：一是中堡岛和柳林溪遗址在夏初受到了洪水的侵袭，人们在洪水期间为躲避洪水而迁移别处，致使农业生产中断，所以遗址地层中锄耕农具极少。如中堡岛 T6、T8 探方剖面图和柳林溪遗址东一区 T0915 探方东壁剖面，在这一时期确实存在河水泛滥所遗留的沙土层（图 4.6.5）。T8 探方中：1 耕土层，2 扰土层，3B 黄沙土层（夏），4～11 为新石器时代文化层，其中 5～6 层之间是鱼骨坑和淤沙层。T0915 探方中：1 耕土层，2 扰土层，3 黄褐色砂土（周），4 黄砂土层（夏），5 浅黄色黏土层（夏），6～9 为新石器时代地层。夏朝初期的沙土层在三峡地区其他遗址中也普遍存在（朱诚等，1997，2005；张强和张生，2002）。在世界上和中国其他地区，这种由于气候的突然变化常导致人类文化中断的现象屡见不鲜。如美索不达米亚平原上以降水补给为主的苏美尔文明农业，在 2200 BC 突然的干旱伴随风力加强以及随后的火山爆发事件，导致了土地利用条件变差，最终使得 TellLeilan 古城废弃（Weiss et al.，1993）。Yucantan 半岛的湖泊沉积记录以及考古发掘结果表明，玛雅文化的消失是由于持续的气候变干事件导致的（DeMenocal，2001），夏正楷和杨晓燕（2003）也在青海民和的遗址中发现了 4 ka 前灾害性洪水的证据，4 ka 前是一个温度降低、洪水频发的时期，这种气候转型对整个中原文明的形成也产生了重要影响（Wu and Liu，2004）。二是新石器时期三峡部分古聚落的先民有渔猎生产的偏好。如官庄坪和中坝遗址的先民就喜好渔猎，他们在该时期地层中没留下锄耕农具，却藏有大量的渔猎设备，同时还丢弃了大量的陆生动物和鱼类的骨骼。在官庄坪（国务院三峡工程建设委员会办公室和国家文物局，2005）甚至在先民的墓葬中普遍存在使用大熊猫、苏门铃、水鹿和獐等动物的下颌骨陪葬的文化现象，可见其渔猎偏好之盛行。西

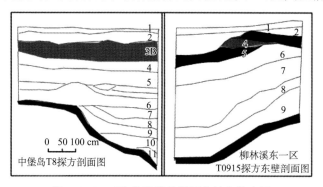

图 4.6.5　三峡先秦遗址剖面上的大洪水层

周-战国时期，出现了铜、铁质新式农具，如铁犁和铁耜等，相对低劣的石器农具迅速减少，逐渐退出了历史舞台。

概观三峡新石器时代遗址出土的农具，总体感觉是谷物加工设备不足。因为既然有很多的锄耕农具，自然会有相应的种植收获。我们在重庆采样时发现，江边、山前多有表面平整或比较平整的巨大石块，其上应当可以加工谷物；此外，当地人和三峡各县地方志中皆言峡区人祖辈的粮食是稻谷和杂粮。这里的杂粮，就是三峡世代流传的"三大坨"：苞谷、红苕、洋芋（即玉米、番薯和土豆）。如果在新石器时期先民所种植的作物与此相似，则加工粮食的负担比种植单一的谷物来说相对较轻，从而发掘出土的加工工具较少就多了一个可以解释的理由。该地区采集农业使用的勾形器仅在新石器中期发现一件，在此后的地层中发现的只是没有加工的可以作为勾形器使用的鹿角。这些遗址的周围多为地势较陡的低矮山地，土壤瘠薄，但易于生长各种低矮的灌木和草本植物，三峡地区在新石器时代的气候条件应使它们一年四季都可生长，如采摘野生的果实和谷物一般可以不用勾形器。

基础类工具是制造石器的工具，并与制造的石器工具一起去制造木器、骨器等工具。自始至终该类工具在组合类型中比例最小，只是各时期工具总量的 1.77%～7.79%。砍砸器和砺石是其中经常使用的两种工具，占该类工具的 49.7%。根据各遗址考古资料的记述和已有的研究（陈任贤和谢达远，2004），砍砸器的岩石类型主要为火成岩，石质坚硬（国务院三峡工程建设委员会办公室和国家文物局，2003，2005），砺石则岩性单一，一般以砂岩为主，灰岩次之，说明古人对岩石岩性的认识历史悠久，所制作工具的岩性特点与其所担负的工作基本相符。

五、长江三峡新石器生产工具演变反映的人地关系讨论

本节探讨了长江三峡地区新石器生产工具的演变所反映的人地关系。研究表明：从新石器早期至战国时期，砍伐类工具数量百分比的波动与邻近地区自然剖面所示的环境演变以及工具的变革有良好的相关性，砍伐类工具的百分比远高于其他生产工具，也高于气候偏凉的中国黄河、淮河流域的同类遗存的原因与人们生产和生活的需要、石器石料的来源以及局地环流等因素有关。三峡先人可能以石锛作为加工木材的主要工具，并很可能从新石器早期起就懂得卯榫结构的优势。新石器初期出土工具所表达的狩猎的方式是投掷，新石器中期人们延续了这种方式且发展了射猎，增加了猎获。该时期出土的动物骨骼暗示当年还存在着其他多种捕猎方式。新石器中期开始出现捕鱼工具，其中用网捕捞是生产工具的巨大进步，该方式还解释了中坝遗址在西周地层大量网坠、纺轮和鱼骨同时出土的原因。石铲与石锄广泛存在于各遗址之中，其数量证明三峡先民十分重视农业生产。新石器早期的地层中就埋藏有石铲、骨铲、石锄和磨棒。新石器中期锄耕农业广泛发展，其中大溪文化时期中堡岛农业发达与气候、地理位置和地貌条件等条件有关。新石器晚期农具数量大为下降的原因可能与夏初的大洪水及部分古聚落的渔猎偏好有关。砍砸器和砺石是基础类工具中经常使用的两种工具，工具的岩性与其所担负的工作基本相符。

本节研究展现了新石器早期至战国时期三峡先民重视渔猎与农耕，以生产工具为媒介应对自然，并不断创造、改进和综合利用，谋求生存和发展的人地关系。

第七节　成都平原郫县马街遗址古洪水沉积特征

一、马街遗址简介

马街遗址位于成都市郫县古城镇马街村，2014 年 5 月在该地区房地产开发中被发现，由成都文物考古研究所进行发掘，遗址地理坐标为 30°53′37.1″N，103°55′39″E，地处研究区内著名的广汉三星堆遗址、成都金沙遗址和新津宝墩遗址上游。郫县是四川成都市下辖的一个县，它地处川西平原腹地，介于 103°42′~104°52′E，30°43′~30°52′N，距成都市约 30 km（图 4.7.1）。从地形地貌分析看，该县整体地势由西北到东南逐渐下降，相对高差为 121.6 m，境内除西北角有一面积为 4.6 km² 的浅丘台地外，其余均为平原。县境西北与都江堰搭界，南倚温江，北靠彭州，东北面为新都，县城郫筒镇东至成都市金牛区仅 19 km。

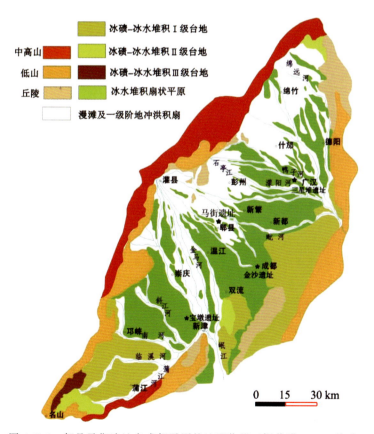

图 4.7.1　郫县马街遗址在成都平原的地理位置（据黄明，2013 修改）

二、高程测量与古洪水事件遗存特征

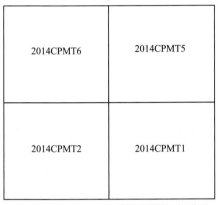

● 遗址地表测量点1位置

● 遗址地表测量点2位置

图 4.7.2　马街遗址探方编号及测量点位置

在成都文物考古研究所协助下，野外实地调查发现马街遗址是一处含有古洪水事件遗存的典型遗址，为了解成都平原古代文化兴衰特别是三星堆文明消失和金沙文明兴起的环境成因提供了重要线索。作者首先对马街遗址中发现的相关特征、遗迹和遗存等进行系统的高程测量。测量实际采用了三星堆遗址测绘所用的 1985 黄海高程基准点高程 518.087 m－42 m＝476.087 m，据此高程换算后测得马街遗址四个 10 m×10 m 探方和埋藏古树的高程（图 4.7.2 和图 4.7.3，表 4.7.1）。结果表明，古树木主要被埋藏于南侧地势偏

低的 2014CPMT T1-T2 探方中，其北侧为地势较高埋藏有较多砾石层的河岸地形，表明遗址中的古树木主要是沿当时古河岸冲刷下来的古树木沉积所致。从表 4.7.1 可见，树干和竹篓距地表埋深是在 2.78～1.66 m，T1-T2 与 T5-T6 探方有 10 cm 高差，好几个探方均有古树，砾石层地表海拔较低，距地表高差仅有 1.64 m，具有河岸沉积的特征。图 4.7.4 是现场拍摄的 T5-T6 探方中的砾石和淤沙层。根据梁斌等（2014）的研究，成都平原是由断陷—坳陷而形成的盆地，最终形成于晚更新世（约距今 10 万～1 万年）以来，这一时期的砾石沉积最厚处约 30 m，考古发掘表明砾石距地表 1～5 m，砾石层之上的黄土层形成于全新世初（距今约 1 万年左右）。由于马街遗址砾石层距地表高度仅为 1.64 m（表 4.7.1），高于大批树干沉积，因此，它不属于晚更新世的砾石沉积。根据沉积学原理，受相同洪水沉积和古洪水事件影响的沉积物在沉积物岩性和砾石层特征上均具有相似性特征（朱诚等，2005），故作者对该遗址 2014CPMT1-T2 探方古树木沉积基础下方的砂砾石层亦进行了观测。调查发现该遗址在其表层黄土台下明显分布有由古洪水冲击作用堆积成的古树根 1 处、古树干 10 处和古竹篓 1 处（图 4.7.3）。作者又对所有的古木质沉积物特征进行了分析和测试，发现编号 3 的大型古树根（其上部树干直径 110 cm，下部树枝直径 350 cm）仍然未被冲走且保留在原地，其他古木群亦保留在 T1-T2 探方中。从表 4.7.2 中古木质沉积物的沉积特征来看，它们均被洪水冲击后堆积在当时的地表上，木质沉积物平面倾向大都为 NW—NE—SW，如编号为 6、7、8、11、12、13、15 至编号为 1、2、3、4、5、10、14、16 的古木质沉积物，反映出它们被水流冲来的方向是从 T5-T6 至 T1-T2，也就是在郫县西北的现代岷江和都江堰地区所在方向。由于现场调查发现 T1-T2 探方中埋藏的树木种类大都一致，经中国科学院林木工业研究所对上述木质样品中的 2、4、5、10 号树木进行光学方法鉴定分析发现，编号 2 号的树根和 10 号树木等主要为古代秋枫树（*Bischofia javanica*）残

体，系亚热带常绿或半常绿乔木（图 4.7.5），喜温暖而耐寒较差，常分布于海拔 800 m
以下山地潮湿沟谷林中或平原地区。

(a) T1-T2中的古树和黄土台地

(b) T1-T2中的古树根2

(c) T1-T2中的树干10和11

(d) T1-T2南侧所见古树

(e) T1-T2西侧所见古树

(f) T1-T2西南所见古树

图 4.7.3　郫县马街遗址发掘现场及埋藏古木、黄土台地等遗迹

表 4.7.1　马街遗址各测量点实测海拔高程

序号	测量点	实测高程/m	距地表高差/m
1	遗址地表 1	499.758	左为地表实测高程
2	遗址地表 2	499.671	左为地表实测高程
3	树根顶部	497.944	1.67
4	树根内淤泥顶部	497.583	2.03
5	独木舟底	497.611	2.00
6	斜坡状竹篾顶部	497.585	2.03
7	斜坡状竹篾底部	496.830	2.78
8	黄土台 1 顶高	498.037	1.58
9	黄土台 1 底部淤沙层顶	497.212	2.40
10	黄土台 2 顶高	498.241	1.37
11	黄土台 2 底部淤沙层顶	497.029	2.58
12	取样上部铁盒顶部	497.643	1.97
13	取样下部铁盒底部	496.333	3.28
14	树干 1	497.432	2.18
15	树干 2	497.094	2.52
16	树干 3	497.379	2.23
17	树干 4	497.400	2.21

序号	测量点	实测高程/m	距地表高差/m
18	树干 5	496.944	2.67
19	树干 6	497.759	1.85
20	树干 7	497.948	1.66
21	树干 8	497.927	1.69
22	树干 9	497.097	2.52
23	砾石层高	497.970	1.64

　　从表 4.7.3 中马街遗址 T1-T2 探方西南角砾石层中 100 个砾石的倾向倾角分析结果来看，古洪水沉积旁的 T1-T2 探方西南角砾石沉积来源虽然主要是北部，但测量的 100 个砾石沉积倾向 NE 共 21 处、SE 共 22 处、SW 共 31 处、NW 共 26 处，砾石岩性主要是花岗岩，从其磨圆度等特征和主要位于古洪水沉积物之下可知其是古洪水沉积物形成之前的古河流堆积（图 4.7.4）。从图 4.7.6 中亦可知遗址砾石层的砾向组构来自 NE、SE、SW 和 NW 四个方向，但主流向是 NW 和 SW，这与河流在此摆动沉积有关。

图 4.7.4　马街遗址 2014CPMT5-T6 探方中的砾石层

(a)　　　　　　　　　　　　　　　　　(b)

图 4.7.5　被鉴定为秋枫（*Bischofia javanica*）的马街遗址中部分古树

（a）测定的树根 2 上采集的样品；（b）测定的树干 10 上采集的样品

表 4.7.2 古木质沉积物沉积倾向和倾角

编号	沉积物属性	沉积物倾向	沉积物倾角	沉积物直径/cm	沉积物长度/cm
1	木船	210°	150°	88	660
2	竹篾	210°	6°	140	710
3	树根	155°	20°	110	350
4	树干	70°	9°	29	225
5	树干	85°	6°	375	24
6	树干	355°	19°	40	200
7	树干	273°	9°	21	202
8	树干	355°	25°	253	17
9	木椽	240°	60°	9	56
10	木椽	53°	12°	22	183
11	木椽	345°	18°	21	60
12	木椽	350°	10°	30	213
13	木椽	350°	12°	29	210
14	木椽	120°	5°	21	214
15	木椽	350°	14°	280	7
16	木椽	10°	25°	220	97

表 4.7.3 马街遗址 CPMT1-T2 探方西南角砾石产状及粒径

序号	岩性	磨圆度	AB 面倾向	AB 面倾角	A 轴长/cm	B 轴长/cm	C 轴长/cm
1	花岗岩	次圆	260°	34°	21	16	7
2	花岗岩	次圆	225°	24°	16	14	4
3	花岗岩	次圆	245°	40°	15	10	6
4	花岗岩	次圆	10°	24°	16	17	4
5	花岗岩	次圆	290°	10°	20	12	7
6	花岗岩	次圆	260°	10°	23	13	6
7	花岗岩	次圆	230°	40°	14	11	6
8	花岗岩	次圆	300°	14°	14	8	4
9	花岗岩	次圆	180°	9°	19	10	5
10	花岗岩	次圆	190°	25°	16	9	5
11	花岗岩	圆形	355°	32°	13	11	4
12	花岗岩	次圆	170°	44°	12	8	3
13	花岗岩	次圆	170°	10°	12	10	5
14	花岗岩	次圆	110°	44°	16	11	7
15	花岗岩	次圆	240°	5°	12	8	4
16	花岗岩	次圆	350°	22°	12	10	6

续表

序号	岩性	磨圆度	AB 面倾向	AB 面倾角	A 轴长/cm	B 轴长/cm	C 轴长/cm
17	花岗岩	次圆	246°	23°	15	8	6
18	花岗岩	次圆	292°	58°	14	7	5
19	花岗岩	次圆	170°	30°	10	7	4
20	花岗岩	次圆	248°	16°	13	7	4
21	花岗岩	次圆	260°	26°	17	12	6
22	花岗岩	次圆	282°	30°	16	9	8
23	花岗岩	次圆	53°	33°	11	7	4
24	花岗岩	次圆	33°	19°	15	8	6
25	花岗岩	次圆	140°	21°	10	6	3
26	花岗岩	次圆	210°	13°	11	7	5
27	花岗岩	圆形	143°	9°	7	6	3
28	花岗岩	次圆	79°	5°	20	11	7
29	花岗岩	次圆	327°	21°	23	12	8
30	花岗岩	次圆	329°	25°	19	10	5
31	花岗岩	次圆	50°	15°	24	15	7
32	花岗岩	次圆	335°	25°	19	13	7
33	花岗岩	次圆	305°	39°	19	11	3
34	花岗岩	次圆	175°	17°	17	8	5
35	花岗岩	次圆	33°	22°	15	14	5
36	花岗岩	次圆	355°	14°	10	9	3
37	花岗岩	圆形	316°	23°	10	7	4
38	砂岩	次圆	325°	17°	18	11	6
39	花岗岩	次圆	70°	25°	25	13	6
40	花岗岩	次圆	255°	24°	11	8	3
41	花岗岩	次圆	350°	30°	25	14	5
42	花岗岩	次圆	280°	2°	14	7	5
43	花岗岩	次圆	330°	21°	17	11	9
44	花岗岩	次圆	70°	22°	12	9	5
45	花岗岩	次圆	45°	30°	11	7	4
46	花岗岩	次圆	243°	10°	18	11	5
47	花岗岩	次圆	246°	8°	17	10	7
48	花岗岩	次圆	335°	34°	24	15	6
49	花岗岩	次圆	120°	26°	19	9	4
50	花岗岩	次圆	93°	41°	12	7	4
51	花岗岩	次圆	35°	18°	20	11	7

序号	岩性	磨圆度	AB面倾向	AB面倾角	A轴长/cm	B轴长/cm	C轴长/cm
52	石英砂岩	次圆	95°	32°	16	12	3
53	花岗岩	次圆	179°	17°	24	13	5
54	花岗岩	次圆	22°	40°	26	15	7
55	花岗岩	次圆	50°	48°	24	15	8
56	花岗岩	次圆	280°	15°	12	8	6
57	花岗岩	次圆	205°	17°	15	9	4
58	花岗岩	次圆	332°	21°	12	7	5
59	花岗岩	次圆	265°	10°	11	6	3
60	花岗岩	次圆	250°	21°	13	9	3
61	花岗岩	次圆	262°	40°	15	8	3
62	花岗岩	次圆	5°	4°	18	9	4
63	花岗岩	次圆	175°	3°	12	9	5
64	花岗岩	次圆	270°	38°	17	10	5
65	花岗岩	次圆	110°	27°	10	6	4
66	花岗岩	次圆	113°	15°	13	9	5
67	花岗岩	次圆	78°	34°	12	11	5
68	花岗岩	次圆	108°	21°	11	7	4
69	花岗岩	次圆	242°	41°	17	9	5
70	花岗岩	次圆	240°	36°	10	7	5
71	砂岩	次圆	270°	10°	10	5	3
72	砂岩	次圆	160°	26°	10	6	3
73	花岗岩	次圆	225°	10°	13	7	4
74	花岗岩	次圆	80°	46°	16	14	6
75	砂岩	次圆	295°	41°	16	9	6
76	花岗岩	次圆	345°	40°	10	7	6
77	花岗岩	次圆	45°	25°	10	6	4
78	花岗岩	次圆	95°	15°	12	9	4
79	花岗岩	次圆	325°	21°	17	10	6
80	花岗岩	次圆	115°	31°	12	7	4
81	花岗岩	次圆	120°	23°	10	6	3
82	花岗岩	次圆	350°	27°	11	7	4
83	花岗岩	次圆	295°	27°	12	6	3
84	花岗岩	次圆	300°	41°	10	5	4
85	砂岩	次圆	150°	10°	11	8	3
86	花岗岩	次圆	135°	30°	7	4	2

续表

序号	岩性	磨圆度	AB面倾向	AB面倾角	A轴长/cm	B轴长/cm	C轴长/cm
87	砂岩	次圆	200°	15°	10	6	4
88	花岗岩	次圆	261°	36°	6	4	3
89	花岗岩	次圆	285°	30°	6	5	2
90	花岗岩	次圆	225°	27°	10	6	4
91	花岗岩	次圆	345°	20°	17	10	6
92	花岗岩	次圆	35°	13°	19	10	7
93	砂岩	次圆	345°	32°	17	13	7
94	花岗岩	次圆	35°	8°	21	12	5
95	花岗岩	次圆	350°	36°	13	8	6
96	花岗岩	次圆	75°	20°	13	9	6
97	花岗岩	次圆	65°	40°	15	8	6
98	花岗岩	次圆	13° NE	45°	15	8	4
99	花岗岩	次圆	30° NE	50°	16	11	3
100	花岗岩	次圆	255° SW	21°	12	7	4

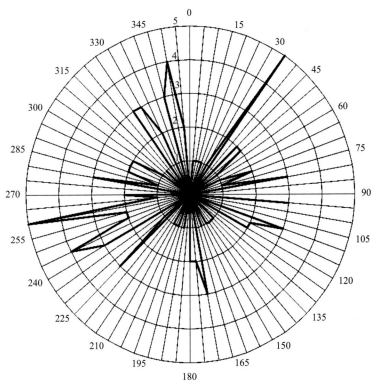

图 4.7.6　马街遗址 CPMT1-T2 探方西南角砾石 AB 面倾向玫瑰花图

三、古洪水事件年代分析

在马街遗址 CPMT1-T2 探方共采集 AMS[14]C 测年样品 4 个，在中国科学院地球环境研究所加速器质谱中心最终测得 T1-T2 探方中树干 2、3、5 和橡子 9 共计四个年代数据，经 Calib 7.0.4 国际通用程序树轮校正（Reimer et al.，2013），年龄分布为 2600～2400 cal. a BP（表 4.7.4），由于郫县马街遗址西北距成都 56 km 的都江堰是由战国时期秦国蜀郡太守李冰于公元前 256 年～前 251 年率众修建的水利工程，从上述年代分析结果来看，马街遗址 T1-T2 探方中的古洪水沉积物应该是约 650 BC～450 BC 都江堰工程尚未开始修建的周代（1046 BC～256 BC）由古岷江洪水从北往南冲刷堆积所致。成都平原考古发掘中除都江堰修建之前的考古遗址如宝墩遗址、三星堆遗址和金沙遗址尚可能保存有古岷江古洪水沉积物外，都江堰工程阻挡了后期岷江洪水对成都平原的影响。

表 4.7.4　马街遗址 2014CPMT1-T1 探方古树 AMS[14]C 测年及树轮校正结果

实验室编号	测年材料	采样位置	[14]C 年龄/a BP	1σ 校正年代/cal. a BP	2σ 校正年代/cal. a BP
XA11882	遗址被埋的古树	T1 探方树干 3	2566±78	2547±52	2578±213
XA11883	遗址被埋的古树	T1 探方树干 5	2540±85	2548±56	2565±204
XA11884	遗址被埋的古树	T1 探方树干 2	2426±72	2429±74	2533±185
XA11885	遗址被埋的古树	T1 探方树干 9	2420±70	2427±74	2531±184

四、对马街遗址的认识与讨论

通过上述对成都平原郫县马街遗址 AMS[14]C 测年、地层堆积特点、埋藏古木等包含物、砾石产状和磨圆度等特征的多角度分析，确认了马街遗址中古洪水事件遗存即古代岷江洪水的遗留，其年代约为 2600～2400 cal. a BP（或 650 BC～450 BC）都江堰工程尚未开始修建的周代（1046 BC～256 BC）由古岷江的洪水从北往南冲刷堆积所致。古洪水沉积地层中的埋藏古木主要是秋枫树的残体，这些木质沉积物的平面倾向大都沿 NW—NE—SW 方向，反映出这些沉积物被水流冲来的方向主要是郫县西北的岷江和都江堰地区，与古洪水泛滥冲刷的方向相一致。

长江上游成都平原的古蜀文明分为宝墩文化（4.5～3.7 ka BP，相当于中原龙山文化至夏代早期）、三星堆文化（3.7～3.2 ka BP，相当于中原夏代晚期至商代后期）、金沙—十二桥文化（3.2～2.5 ka BP，相当于中原商代后期至春秋时期）、晚期蜀文化（2.5～2.3 ka BP，即《蜀王本纪》中的鳖灵即开明时期，相当于中原战国时期）四个时期。约 3.2 ka BP 处于鼎盛时期的三星堆文明突然消失，而与之有许多相似特征的成都金沙文明出现，公元前 316 年，秦灭巴蜀，至西汉中期汉武帝时期，巴蜀文化最终融于汉文化中，巴蜀文化历史至此结束（陈德安等，1998；肖先进等，2001；雷雨，2007；成都金沙遗址博物馆，2006，2010）。关于三星堆文明突然消失的原因，起初最普遍的观点是政治中心的迁移（Reineck and Singh，1980），而提出和支持洪水说的学者依据是三星堆文化层之上及其周边地区有约 20～50 cm 的自然洪水淤积层（傅顺等，2005；赵殿增，2005；林向，2006）。成都平原马街遗址古洪水事件考古遗存的考古发现与研究为了解三星堆文明消失的洪水成因说提供了重要线索和依据。因目前对长江上游古蜀文明以上重要阶段文明兴衰过程的确切成因至今尚未获得令人信服的科学解释，因此，继续对成都平原及其周边地区考古遗址地层中的古洪水遗存等现象以及年代学证据进行更深入的研究才是解释三星堆文明消失和金沙文明兴起的重要途径。

第八节　四川温江红桥村遗址距今 4000 年前水利工程特征分析

一、红桥村遗址发掘概况

2005～2008 年，作者曾与考古界联合对长江三峡库区中坝和玉溪遗址的古洪水沉积作过研究（Zhu et al.，2005，2008），但在三峡库区未见新石器时代先民的水利工程。众所周知，公元前 256 年，蜀郡太守李冰设计的都江堰至今仍在发挥巨大的作用，成都平原受益匪浅，灌溉面积从当时的一百多万亩扩大到今天的一千多万亩（李映发，2004）。2008年以来，成都文物考古研究所与成都市温江区文物管理所为配合温江区"红桥村一组项目"建设（刘雨茂等，2009），对工程区地下文物做了勘探和考古发掘工作，主要包括：确认台地的范围、面积、文化属性及年代，对台地及周边进行大规模钻探，对台地边缘的土埂子进行试点性解剖，建立遗存分布的 GIS 系统，进行布点性试掘和重点区域的大规模发掘。在研究中共布方 19 个，规模均为 5 m×5 m，编号分别为 2008CWJT0101～2008CWJT0308，发掘面积达 450 m²，经过多年发掘，初步判断成都平原宝墩文化时期先民就已在此创造了最早的水利工程（距今约 4000 年前），以下是对其主要特征的分析。

距都江堰 58.9 km 的红桥村遗址位于温江区公平街办红桥村，是一处宝墩文化三期（4.1～3.9 ka BP）的大型聚落，地处江安河北岸的台地之上，高出周围地面 0.5～2 m 不等，平面呈不规则形，面积约 19 万平方米，台地南侧约 150 m 处即为江安河，台地西侧为河漫滩，目前总发掘面积约 1.5 万平方米（图 4.8.1 和图 4.8.2）。

图 4.8.1　温江区在成都市的位置（左图）和温江红桥村遗址位置图（右图，红色线条为发掘区）

在考古发掘中与古水利工程最密切相关的是内墙体沟槽解剖Ⅱ段（图 4.8.3），从图 4.8.3 中可见其内墙体沟槽中间有大量木桩的柱洞和基槽（见图 4.8.3 中 G2、G3、G4 和 G5 右侧沟内白圈代表的木桩柱洞）。因时间长久，沟内木桩已腐烂，这些木桩便是宝墩文化三期（4.1～3.9 ka BP）先民在红桥村遗址古河道旁为抵挡洪水建筑水利工程所采用的木桩及夯土，其西侧则为当时遗留的防洪夯土工程设施（图 4.8.4 砾石与夯土交替出现）。

图 4.8.2　成都温江区红桥村遗址发掘现场航拍照片　　图 4.8.3　红桥村遗址内墙体沟槽解剖Ⅱ段

二、红桥村遗址年代和先民生活区特征

根据 2008 年度考古发掘可以对该遗址的文化面貌、内涵和分期做出初步判断（刘雨茂等，2009）：红桥村遗址属于早期的地层遗迹单位有 2008 年发掘的第 7 层和第 7 层下的灰坑 H1～H7，出土陶器有绳纹花边口沿罐、喇叭口高领罐、尊形器、壶、盆、曲沿罐、卷沿罐和豆盆等，石器有斧、锛、杵以及刮削器等。在出土器物群中发现折沿尊形器、敞口尊形器和 A 型器底占有很大数量，这与鱼凫村遗址二期的器物特征是一致的（蒋成等，1998）。2008 年考古发掘的灰坑 H5 中出现了 1 件曲沿罐（H5：8），与郫县古城晚段所出的曲沿罐相似（蒋成和颜劲松，1999），而曲沿罐的出现最早在宝墩文化的三期晚段（王毅等，1997；江章华，2002）。根据以上发掘，可以推测新石器时代的红桥村遗址出现在宝墩文化三期中段至三期晚段之间。红桥村遗址是温江区继鱼凫村遗址之后又一处新发现的新石器时代遗址，它分布在鱼凫村东南约 15 km 处，是成都平原史前遗址又一处重要发现，不仅为宝墩文化分析提供了新的实物资料，而且对长江上游史前文明的探索具有非常重要的意义。从近年的发掘看，2014 年上半年对红桥村遗址先民生活区的发掘发现有以下遗存特征：灰坑 245 个、灰沟 25 条、墓葬 54 座、房址 6 座、水渠 1 条、水利设施 1 处（史诺，2014）。图 4.8.5 是台地西边北段高后坎特征，其中圆形主要为灰坑，长形沟主要为灰沟。

图 4.8.6 是红桥村遗址生活区发掘出的石斧和石锛等石器遗物。根据表 4.8.1 和表 4.8.2 对夯土台编号 K5 和 K6 沉积岩和岩浆岩岩性以及对 H236 灰坑中岩性的鉴定，发现石斧中砂岩占 61.5%，泥岩占 27%，岩浆岩占 11.6%；石锛中砂岩占 41.7%，泥岩

图 4.8.4　红桥村遗址宝墩文化三期台地（右侧）与人工护堤（左侧砾石层）交界处

图 4.8.5　红桥村台地西边北段高后坎特征

(a)　　　　　　　(b)　　　　　　(c)

图 4.8.6　红桥村遗址发掘出的部分石器遗物

(a) 大型石斧（H4-1）；(b) 石斧（Ts17wl⑤-1）；(c) 石锛（H1-10）

占50%，岩浆岩占4.2%（梁娜，2014），表4.8.3是对H236灰坑内石器岩性种类的鉴定。通过鉴定发现，红桥村遗址中石器主要是石斧、石锛和石凿，其岩性主要由砂岩、泥岩、岩浆岩和燧石加工而成。根据对周边石器来源的鉴定发现，红桥村遗址石器的石料主要来自岷江河道的沉积物。图4.8.7是宝墩文化三期地层中出土的人类墓葬。根据成都文物考古研究所江章华等发掘和研究的结果（王毅等，1997；江章华等，2002），表明宝墩文化一期年代为4.5～4.3 ka BP，宝墩文化二期年代为4.3～4.1 ka BP，宝墩文化三期年代为4.1～3.9 ka BP，宝墩文化四期年代为3.9～3.7 ka BP。

表4.8.1　红桥村遗址夯土台K5岩性鉴定表

岩　性	沉积岩类				岩浆岩类			
	燧石	石英砂岩	砂岩	长石砂岩	花岗岩	流纹岩	闪长岩	岩浆岩
数量/件	10	1	1	10	40	2	2	2
百分比/%	14.7	1.5	1.5	14.7	58.9	2.9	2.9	2.9

表4.8.2　红桥村遗址夯土台K6岩性鉴定表

岩　性	沉积岩类					岩浆岩类
	燧石	石英砂岩	砂岩	长石砂岩	岩屑砂岩	花岗岩
数量/件	4	2	6	2	1	31
百分比/%	8.7	4.3	13	4.3	2.2	67.4

表4.8.3　红桥村遗址灰坑H236内岩性鉴定表

石器岩性	砂岩/件	泥岩/件	燧石/件	岩浆岩类/件
石斧（共26件）	16（61.5%）	7（27%）	——	3（11.6%）
石锛（共24件）	10（41.7%）	12（50%）	1（4.2%）	1（4.2%）
石凿（共11件）	3（27.3%）	4（36.3%）	——	4（36.3%）

三、红桥村遗址宝墩文化三期的水利工程特征

从图4.8.1红桥村遗址总平面图可见，目前红桥村遗址南侧是现代江安河，在红桥村遗址旁其流向主要是从西向东流，但在红桥村遗址发掘中发现，宝墩文化期的古河道流向是先从北往南再往东流。从其沉积物及粒度组成特征分析，反映的是宝墩文化时期古岷江河道的流向。由于在红桥村遗址古河道东岸发现有较多人工夯土层（图4.8.8）以及夯土层旁沟槽（图4.8.3），为了解红桥村宝墩文化三期人工夯土在当时对防水防洪的抗压能力，作者在图4.8.3和图4.8.8所在夯土层区现场采集了18个样品（图4.8.9），在水利部基本建设工程质量检验中心用三轴强度仪A004做了抗压强度检测，获得了表4.8.4夯土层和底部生土层抗压强度的数据。

图 4.8.7　红桥村宝墩文化三期出土的先民墓葬

表 4.8.4　四川红桥村遗址夯土层和底部生土等抗压强度比较

序号	试样编号	颜色	距地表深度/cm	含水率 w/%	湿密度 ρ /(g/cm³)	无侧限抗压强度 qu/kPa	干密度 pd /(g/cm³)
1	TS17W13-夯土-1 含树桩	黑色	3～8	2.1	1.69	1406.9	1.66
2	TS17W13-夯土-2 含树桩	黑色	3～10	2.1	1.67	1368.5	1.64
3	TS17W13-沟槽土-1	黄色	5～8	2.5	1.75	2531.1	1.71
4	TS17W13-沟槽土-2	黄色	5～10	2.5	1.70	2033.8	1.66
5	TS18W13-Q3-1-夯土层	黄色	20～13	5.6	1.84	1158.9	1.74
6	TS18W13-Q3-3-夯土层	黄色	30～40	5.8	1.82	1284.3	1.72
7	TS18W13-Q3-4-夯土层	黄色	30～40	5.7	1.71	1185.7	1.62
8	TS18W13-Q3-6-夯土层	黄色	60～70	6.0	1.79	1050.4	1.69
9	TS18W13-Q8-1-夯土层	黄色	85～100	7.5	1.84	1057.1	1.71
10	TS18W13-Q8-2-夯土层	黄色	85～100	7.4	1.77	1001.2	1.65
11	TS18W13-09-1-夯土层	黄色	100～110	8.6	1.75	1099.6	1.61
12	TS18W13-底部生土-1	黄色	140～160	3.8	1.67	811.7	1.61
13	TS18W13-底部生土-2	黄色	140～160	3.7	1.61	833.7	1.55
14	TS18W13-Q7-1-堆土层	黄色	90～100	5.3	1.80	958.5	1.71
15	TS18W13-Q7-2-堆土层	黄色	90～100	5.0	1.82	996.4	1.73
16	TS18W13-Q9-2-堆土层	黄色	100～110	7.6	1.82	998.1	1.69
17	TS18W13-Q9-3-堆土层	黄色	110～120	8.3	1.83	853.1	1.69
18	TS18W13-Q9-4-堆土层	黄色	110～120	7.7	1.79	873.4	1.66

注：水利部基本建设工程质量检测中心严丽雪检测，王芳校核。

　　从表 4.8.4 可见，由于 TS17W13-夯土层中含有宝墩文化三期先民为确保防水防洪效果所设的树桩，有树桩夯土层颜色呈黑色，其距地表深度虽然只有 3～10 cm，但由

图 4.8.8　红桥村遗址古河道东岸人工夯土层（红色箭头所示）

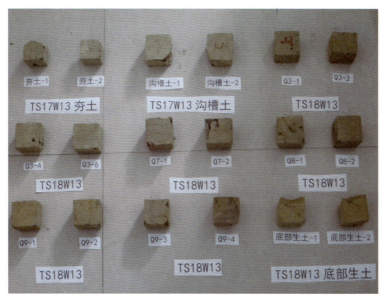

图 4.8.9　在红桥村遗址东岸采集的宝墩文化三期夯土及底部生土

于其含有黑色树桩，抗压强度高达 1406.9～1368.5 kPa，其下部的 TS17W13 沟槽土层呈黄色，抗压强度高达 2531.1～2033.8 kPa。其他夯土层埋藏深度虽逐渐变化，但抗压强度均在 1000 kPa 以上。夯土层底部生土和堆土埋藏深度虽然较深，时代也早于宝墩文化三期，但由于未经历人工夯土作用力，因此，其抗压强度均在 1000 kPa 以下，其抗压强度一般只在 811.7～998.1 kPa。这表明人工夯土以及在夯土层中加入树桩的夯土工程有明显的防水防洪作用。

　　图 4.8.10 是在现场从东往西拍摄的照片，反映的是红桥村遗址南侧古河道从西往东的流向（上部为西侧，下部为东侧），中间为人工堆积的防水工程砾石层，东部亦为人工夯土层及宝墩文化三期地层。此处经纬度为 30°41.359′N，103°53.107′E，高程 H＝520 m。其中，河床高 530 m，河岸高 532 m，最上部台地比沙土层高 2 m，砂土层比漫滩高 2 m，漫滩比现代河床高 2 m。图 4.8.11 是红桥村南侧现场照片，其下部砾石层主要为水平的自然沉积砾石层，左侧是人工护堤堆积的第 3、4、7 层砾石层，砾石没有优势倾向。右上部第 6、8、9 层为宝墩文化三期人工夯土层。在红桥村遗址北壁则可见到由 3B 唐宋层、4C 汉代层、5 汉代层、6 汉代层以及 Q1、Q3、Q8、q1 和 qq 构成的宝墩文化三期黑褐色夹砂陶文化层及 ST 生土层。其中 Q1 为含有宝墩文化三期泥质陶的文化层（北京大学夏正楷教授发现），Q1 和第 6 层下方为含淤沙沉积的古洪水层（图 4.8.12）。

图 4.8.10　红桥村遗址南侧古河道从西往东的流向（上部为西侧，下部为东侧）

图 4.8.11　红桥村南侧现场（下部为自然水平沉积砾石层，左侧为人工堆积防水工程砾石层）

　　为了解红桥村遗址在宝墩文化三期古洪水流向及其砾石产状，作者对该遗址
TS18W13 东壁、TS21W12 西壁、TS21W11 坝体护坡卵石、TS18W13 东壁以及
TS21W12 西壁作了全面量测，每个地点均量测 100 块砾石，并现场测定记录其岩性和
磨圆度情况，以加深对古洪水层特征的了解。从表 4.8.5 和表 4.8.6 量测的红桥村遗址
砾石流动倾向及磨圆度和岩性特征可知，该遗址 TS18W13 东壁砾向组构图和
TS21W12 西壁组构图（图 4.8.13）均揭示该区在宝墩文化三期时河流中的砾石倾向主
要均来自 NW 方向，岩性主要为花岗岩、石英砾岩，磨圆度以次圆和圆性为主。以上
与目前岷江河道沉积物具有较高的一致性（张会平，2003），表明红桥村遗址中宝墩文
化三期表 4.8.5 和表 4.8.6 中的砾石主要由岷江河道沉积所致。由于红桥村遗址中大量
含砾石的地层目前一是与现代河流和流水地层没有联系，二是与江安河也无直接联系，
根据现状分析可知，红桥村宝墩文化三期地层中的古河流相泥砂及砾石均是自北向南流
动的古岷江河道流水沉积。当时的先民是为了生存和防水之需，在此开创了约4000 a BP
的防水工程。根据对红桥村自北向南流动的古河道东侧 TS21W11 坝体护坡卵石砾向组
构量测发现，人工堆积的 100 块河流砾石砾向组构主要为 SW 流向，表明是宝墩文化三
期先民将河道砾石层加固为河岸夯土时所致（表 4.8.7 和图 4.8.14）。

图 4.8.12　红桥村遗址北壁所见宝墩文化三期泥质陶及其下部古洪水层

表 4.8.5　温江红桥村 TS21W11 坝体护坡卵石砾向组构测量表

序号	岩性	磨圆度	AB 面倾向/(°)	AB 面倾角/(°)	A 轴长/cm	B 轴长/cm	C 轴长/cm
1	石英砾石	次圆	235	35	17	8	4
2	花岗岩	次圆	232	25	9	8	5
3	花岗岩	次圆	245	45	16.5	14	8
4	花岗岩	次圆	205	36	14	10	5
5	花岗岩	次圆	235	32	10	5	2
6	花岗岩	次圆	200	28	12	12	3

续表

序号	岩性	磨圆度	AB面倾向/(°)	AB面倾角/(°)	A轴长/cm	B轴长/cm	C轴长/cm
7	花岗岩	次圆	235	32	12	7	2.5
8	花岗岩	次圆	280	26	7	6	1.5
9	花岗岩	次圆	228	20	14	10	5
10	花岗岩	次圆	180	40	8	6	3
11	石英砾石	次圆	220	20	9	7	2.5
12	石英砾石	次圆	245	32	10	7	3
13	石英砾石	次圆	210	30	12	8	2.7
14	石英砾石	次圆	165	20	8	7	5
15	石英砾石	次圆	252	40	14	10	6
16	石英砾石	次圆	222	31	17	8.5	6
17	石英砾石	次圆	295	40	10	5	4
18	石英砾石	次圆	230	22	9	7	3
19	花岗岩	次圆	275	58	13.5	7	6
20	花岗岩	次圆	265	32	5	4	3
21	花岗岩	次圆	250	44	9	8	3
22	花岗岩	次圆	105	30	8	6	2.5
23	花岗岩	次圆	210	38	5	3	3
24	花岗岩	次圆	330	40	12	10	4
25	花岗岩	次圆	280	28	15	14	8
26	花岗岩	次圆	155	10	12	7	4
27	石英砾石	次圆	240	15	11	5	1
28	石英砾石	次圆	300	21	15	9	4
29	石英砾石	次圆	100	80	11	11	5
30	石英砾石	次圆	220	24	16	9	8
31	石英砾石	次圆	122	13	6	4	3
32	石英砾石	次圆	80	30	9	4	3
33	石英砾石	圆	350	10	9	7	2
34	花岗岩	圆	250	27	7	5.5	2
35	花岗岩	圆	270	52	10.5	6.5	6
36	花岗岩	圆	245	25	7.5	5	2
37	花岗岩	次圆	255	20	8.5	6	3
38	花岗岩	次圆	220	28	7	5	3
39	石英砾石	圆	160	25	10	9.5	4.5
40	石英砾石	圆	210	35	7	5	3
41	石英砾石	圆	85	15	8.5	5	3

序号	岩性	磨圆度	AB面倾向/(°)	AB面倾角/(°)	A轴长/cm	B轴长/cm	C轴长/cm
42	石英砾石	圆	280	50	7	6	2
43	花岗岩	圆	285	40	7	4.5	2.5
44	花岗岩	圆	250	36	10	8	2
45	花岗岩	圆	185	30	9	6	3.5
46	花岗岩	圆	200	24	7.5	7	3.5
47	花岗岩	圆	170	35	8	4.5	3.5
48	花岗岩	圆	210	50	5.5	5	3
49	花岗岩	圆	265	30	9.5	7	3
50	花岗岩	圆	320	18	9	7	6
51	花岗岩	圆	85	12	7	5.5	1
52	石英砾石	圆	200	30	10	9	3
53	石英砾石	圆	120	35	7	7	3
54	石英砾石	圆	340	15	11	8	3.5
55	石英砾石	圆	230	30	8.5	5	4
56	花岗岩	圆	260	5	11	9	4
57	花岗岩	圆	250	22	11	10	2.5
58	花岗岩	圆	130	35	7	4.5	2
59	花岗岩	圆	220	50	11	6	4.5
60	花岗岩	圆	220	15	8	6	2.5
61	石英砾石	圆	230	32	14	8.5	3.5
62	石英砾石	圆	310	35	6.5	4.5	2.5
63	石英砾石	次圆	80	30	13	5	4.5
64	石英砾石	次圆	70	42	14	13.5	5.5
65	花岗岩	圆	55	32	14.5	13	3
66	花岗岩	圆	140	35	9.5	6	4
67	花岗岩	圆	5	25	7	7	3.5
68	花岗岩	圆	140	15	12	7	5
69	花岗岩	圆	220	40	11	6	3
70	花岗岩	圆	60	20	6.5	5	3.5
71	花岗岩	圆	235	24	18	9.5	6.5
72	花岗岩	圆	210	40	13	10	3.5
73	花岗岩	圆	215	12	10	7.5	3
74	花岗岩	圆	175	17	7	7	3
75	石英砾石	圆	140	28	7	6	3.5
76	石英砾石	圆	190	14	10.5	7	4

续表

序号	岩性	磨圆度	AB 面倾向/(°)	AB 面倾角/(°)	A 轴长/cm	B 轴长/cm	C 轴长/cm
77	石英砾石	圆	200	20	11	10.5	6
78	石英砾石	圆	240	26	10	6	3
79	石英砾石	圆	220	23	11	7	4
80	石英砾石	圆	210	35	8	6	3
81	花岗岩	圆	225	30	7	4	2
82	花岗岩	圆	265	40	14	6.5	4
83	花岗岩	圆	20	40	9.5	8.5	5
84	花岗岩	圆	170	32	11	7	4.5
85	花岗岩	圆	195	40	8	8	4
86	花岗岩	圆	185	20	13	12	5
87	花岗岩	圆	210	20	12	10	6
88	花岗岩	圆	105	45	10	7	4
89	花岗岩	次圆	320	53	14	8	6
90	石英砾石	次圆	225	40	9	6	5
91	花岗岩	次圆	70	35	10	6	6
92	花岗岩	次圆	260	45	6	5	3
93	花岗岩	次圆	295	30	5	5	3
94	花岗岩	次圆	240	20	6	5	1.5
95	花岗岩	次圆	225	50	8	4	3
96	花岗岩	次圆	210	85	14	6	5
97	花岗岩	圆	225	70	9	8	5
98	花岗岩	圆	245	30	11	9	4
99	花岗岩	圆	330	10	10	9	5
100	石英砾石	圆	340	65	12	8	3

注：量测时间：2014.1.17；地点：温江红桥村 TS21W11 坝体护坡卵石；天气：晴；经纬度：N30°41′23.631″；E103°53′07.820″；测量人：陆福志，曾蒙秀。

表 4.8.6　温江红桥村 TS18W13 东壁砾向组构图量测表

序号	岩性	磨圆度	AB 面倾向/(°)	AB 面倾角/(°)	A 轴长/cm	B 轴长/cm	C 轴长/cm
1	花岗岩	圆	340	42	8	7	2.5
2	花岗岩	圆	345	19	12	8	5
3	花岗岩	圆	340	20	10	9	4.5
4	花岗岩	圆	320	70	14	10	5
5	花岗岩	次圆	315	85	11	7	6
6	花岗岩	圆	325	65	18	13	9

序号	岩性	磨圆度	AB面倾向/(°)	AB面倾角/(°)	A轴长/cm	B轴长/cm	C轴长/cm
7	石英砾石	次圆	335	46	11	5	4.5
8	石英砾石	次圆	322	56	15	11	7
9	石英砾石	次圆	355	15	14	8	4
10	石英砾石	次圆	330	25	14	12	6
11	石英砾石	次圆	350	42	7	6	3
12	石英砾石	圆	345	45	7	5	4.5
13	石英砾石	圆	330	25	13	10	6
14	石英砾石	圆	330	35	8	6	4
15	石英砾石	次圆	335	42	18	11	6
16	石英砾石	圆	165	52	7	5	4
17	石英砾石	圆	345	35	8	5	3.5
18	石英砾石	圆	340	25	10	9.5	4
19	石英砾石	次圆	340	20	7	6	5
20	石英砾石	圆	325	35	8	7	4
21	石英砾石	圆	325	40	10	7	5
22	石英砾石	圆	345	38	14	11	6
23	石英砾石	圆	340	48	7	5	1.5
24	石英砾石	圆	300	15	12	9.5	4
25	石英砾石	次圆	325	35	10	8	5.5
26	石英砾石	次圆	325	45	10	7	6
27	石英砾石	圆	335	35	9	5	4
28	石英砾石	次圆	340	40	11	7	3
29	石英砾石	次圆	330	46	8	7	3
30	石英砾石	次圆	325	40	15	11	6.5
31	石英砾石	次圆	280	15	10	7	4
32	石英砾石	次圆	290	62	11	6	3
33	石英砾石	次圆	325	66	14	9	6
34	花岗岩	圆	325	75	8	7	5
35	花岗岩	次圆	305	47	10	8	6
36	花岗岩	次圆	195	12	12	9	4
37	石英砾石	次圆	310	43	11	6	4
38	石英砾石	次圆	215	15	13	10	5
39	石英砾石	次圆	10	15	10	9	4
40	石英砾石	次圆	36	38	12	9	8.5
41	石英砾石	次圆	345	18	8	8	3

序号	岩性	磨圆度	AB面倾向/(°)	AB面倾角/(°)	A轴长/cm	B轴长/cm	C轴长/cm
42	石英砾石	次圆	315	48	8	7	4
43	石英砾石	次圆	310	55	13	11	8
44	石英砾石	次圆	325	55	11	11	4
45	石英砾石	次圆	320	32	15	14	4
46	石英砾石	次圆	335	30	9	8	6
47	石英砾石	次圆	330	25	8	6	4
48	石英砾石	次圆	345	65	9	7	3.5
49	石英砾石	次圆	315	25	13	8	5
50	石英砾石	次圆	350	20	15	10	5
51	石英砾石	次圆	345	32	10	7	4
52	榴辉岩	次圆	320	20	17	11	5
53	榴辉岩	次圆	280	40	10	8	4
54	砂岩	次圆	255	18	12	11	4
55	砂岩	次圆	330	12	10	8	3
56	砂岩	次圆	325	60	11	10	5
57	砂岩	次圆	340	25	8	8	5
58	砂岩	次圆	300	40	10	8	3
59	石英砾石	次圆	335	55	14	12	5
60	石英砾石	次圆	325	45	9	7	3
61	石英砾石	次圆	315	50	13	10	7
62	石英砾石	次圆	330	25	11	11	5
63	石英砾石	次圆	25	42	10	9	7
64	石英砾石	次圆	65	55	11	9	5
65	石英砾石	次圆	325	26	11	8	4
66	石英砾石	次圆	305	15	13	9	5
67	石英砾石	次圆	355	50	8	7	4
68	石英砾石	次棱	5	36	9	5	4
69	石英砾石	次圆	345	50	20	16	7
70	石英砾石	圆	340	40	14	14	7
71	石英砾石	圆	20	52	14	11	6
72	石英砾石	圆	355	8	12	10	5
73	石英砾石	圆	5	40	25	21	6
74	石英砾石	圆	350	20	20	15	7
75	石英砾石	圆	350	14	14	9	4
76	石英砾石	圆	340	17	12	7	4
77	石英砾石	圆	355	15	13	11	4
78	石英砾石	圆	335	30	11	8	5
79	石英砾石	圆	355	15	13	9	3.5

续表

序号	岩性	磨圆度	AB面倾向/(°)	AB面倾角/(°)	A轴长/cm	B轴长/cm	C轴长/cm
80	石英砾石	圆	350	36	14	13	6
81	石英砾石	圆	280	20	12	7	5
82	石英砾石	圆	330	30	11	7	4
83	石英砾石	圆	280	30	7	5	3
84	石英砾石	圆	335	50	13	12	4
85	石英砾石	圆	350	45	10	9	3
86	石英砾石	圆	350	60	10	9	5
87	石英砾石	圆	220	12	14	10	7
88	石英砾石	圆	135	25	12	11	3
89	花岗岩	圆	330	35	14	11	4
90	花岗岩	圆	60	43	12	11	9
91	花岗岩	圆	355	23	9	8	4
92	花岗岩	圆	350	25	13	9	6
93	花岗岩	圆	350	20	10	9	4
94	石英砾石	圆	345	30	10	8	4
95	石英砾石	圆	350	20	12	11	4
96	石英砾石	圆	330	25	13	9	3
97	石英砾石	圆	340	32	15	11	3
98	石英砾石	圆	10	52	10	8	4
99	石英砾石	圆	335	20	15	13	5
100	石英砾石	圆	330	15	16	10	4

注：量测时间：2014.1.16；地点：温江红桥村 TS18W13 东壁；天气：晴；经纬度：N30°41′428″；E103°53′106″；测量人：田晓四、管后春。

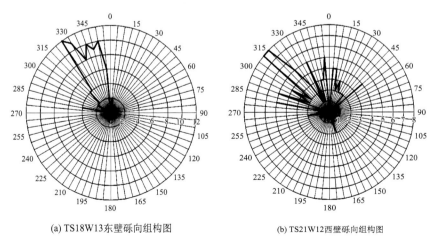

(a) TS18W13东壁砾向组构图　　　　(b) TS21W12西壁砾向组构图

图 4.8.13　红桥村遗址宝墩文化三期东壁和西壁砾向组构图

表 4.8.7　温江红桥村 TS21W12 西壁砾向组构图量测表

序号	岩性	磨圆度	AB 面倾向/(°)	AB 面倾角/(°)	A 轴长/cm	B 轴长/cm	C 轴长/cm
1	花岗岩	次圆	315	20	13	11	3.5
2	花岗岩	次圆	290	32	10	7	4
3	花岗岩	圆	295	50	8	8	2.5
4	花岗岩	次圆	110	30	15	9	4.5
5	花岗岩	次圆	40	25	6	5	2
6	花岗岩	次圆	30	28	14	5	5
7	花岗岩	次圆	315	40	15	12	8
8	花岗岩	次圆	335	23	8	6	4
9	花岗岩	圆	290	50	9	8	4.5
10	花岗岩	圆	355	60	15	13	9
11	花岗岩	圆	310	20	16	12	7
12	花岗岩	次圆	280	55	10	7	2.5
13	花岗岩	次圆	210	70	10	9	5
14	花岗岩	次棱	310	5	18	10	5
15	花岗岩	圆	315	25	10	10	2.5
16	花岗岩	圆	290	25	9	8	3
17	石英砾石	次圆	345	30	5	4	3
18	石英砾石	次圆	295	40	7	5	3.5
19	石英砾石	次圆	300	45	6	5	3
20	石英砾石	圆	290	36	10	9	3
21	石英砾石	次圆	320	45	10	17	3
22	石英砾石	次棱	60	25	6	4.5	3.5
23	石英砾石	次圆	310	35	8	5	3
24	石英砾石	次圆	280	30	8	6	5
25	石英砾石	次圆	20	48	17	7	3
26	石英砾石	次圆	305	40	8	6	6
27	石英砾石	次圆	15	45	11	7	3
28	石英砾石	次圆	340	8	10	6	3
29	石英砾石	次圆	15	40	16	10	8
30	石英砾石	次圆	160	38	10	9	4
31	石英砾石	次圆	50	45	10	8	3.5
32	石英砾石	次圆	35	25	8	6	4
33	石英砾石	次圆	350	40	6	5	3
34	石英砾石	次圆	50	30	17	12	8
35	石英砾石	圆	160	10	14	12	2.5

续表

序号	岩性	磨圆度	AB面倾向/(°)	AB面倾角/(°)	A轴长/cm	B轴长/cm	C轴长/cm
36	石英砾石	次圆	95	52	8	5	4
37	石英砾石	次圆	20	30	7	5	3
38	石英砾石	圆	52	8	11	10	4
39	石英砾石	次圆	35	58	10	5	4
40	石英砾石	次圆	75	38	8	5	4
41	石英砾石	次圆	85	32	9	8	5
42	石英砾石	次圆	280	40	6	4.5	2
43	石英砾石	次圆	325	35	12	9	4
44	榴辉岩	次圆	335	45	15	9	7
45	榴辉岩	次圆	315	22	12	8	4
46	榴辉岩	次圆	10	40	14	9	6
47	榴辉岩	次圆	165	25	10	8	7
48	榴辉岩	次圆	315	50	12	10	5
49	榴辉岩	次圆	40	25	9	7	5
50	榴辉岩	次圆	305	32	7	5	3
51	榴辉岩	次圆	310	35	12	5	4
52	榴辉岩	次圆	29	42	7	6	5
53	榴辉岩	次圆	280	15	9	8	4
54	榴辉岩	次圆	330	25	8	6	4
55	榴辉岩	次圆	310	40	90	7	4
56	石英砾石	次圆	280	9	7	5	2
57	榴辉岩	次圆	5	25	8	7	4
58	榴辉岩	次圆	50	45	5	4	3
59	榴辉岩	圆	355	15	6	4	3
60	榴辉岩	次圆	25	40	7	5	4
61	榴辉岩	次圆	335	46	13	10	7
62	榴辉岩	次圆	345	45	7	5	3
63	榴辉岩	次圆	260	15	7	5	3.5
64	榴辉岩	圆	290	40	6.5	6	3
65	榴辉岩	次圆	10	42	7	5	3
66	榴辉岩	次圆	350	40	9	5	3
67	榴辉岩	次圆	315	56	8	5	4
68	榴辉岩	次圆	5	22	8	6	4
69	榴辉岩	圆	325	12	9	8	3.5
70	榴辉岩	次圆	320	35	9	7	3

续表

序号	岩性	磨圆度	AB面倾向/(°)	AB面倾角/(°)	A轴长/cm	B轴长/cm	C轴长/cm
71	榴辉岩	圆	245	20	7	6	4
72	榴辉岩	次圆	335	15	6	4	3
73	榴辉岩	圆	5	18	12	9	6
74	榴辉岩	次圆	310	35	5	2	2
75	榴辉岩	次圆	150	55	5	4	3
76	榴辉岩	次圆	325	45	7	4	1
77	榴辉岩	次圆	25	40	7	4	3
78	榴辉岩	次圆	320	40	7	6	3
79	榴辉岩	次圆	355	30	8	5	3.5
80	榴辉岩	圆	265	60	7	5.5	1
81	榴辉岩	次圆	10	42	6	4	2.5
82	榴辉岩	次圆	235	12	7	5	3
83	榴辉岩	次圆	320	26	15	7	7
84	榴辉岩	次圆	355	35	8	6	4
85	榴辉岩	次圆	260	48	10	7	3
86	榴辉岩	次圆	335	20	7	5	3
87	榴辉岩	次圆	300	42	6	5	3
88	榴辉岩	次圆	315	30	5	4	3
89	榴辉岩	圆	310	50	7	7	6
90	榴辉岩	次圆	320	40	5	4	2
91	榴辉岩	次圆	20	20	7	6	3
92	榴辉岩	次圆	350	46	7	6	3.5
93	榴辉岩	次圆	355	42	6	4	3
94	榴辉岩	次圆	315	16	11	9	4.5
95	榴辉岩	次圆	10	8	5	4	2
96	榴辉岩	次圆	345	36	14	4.5	3
97	榴辉岩	次圆	310	52	5.6	5	3
98	榴辉岩	次圆	300	16	5	3	1
99	榴辉岩	圆	5	30	3	3	2.5
100	榴辉岩	圆	300	75	10	10	3

注：量测时间：2014.1.17；地点：温江红桥村 TS21W12 西壁；天气：晴；经纬度：N30°41′；E103°53′；海拔：524 m；测量人：田晓四、管后春。

以上是红桥村东岸和西岸自然堆积砾石层和护坡坝体堆积的砾卵石层砾向组构特征。为进一步了解该区自然沉积特征，作者对红桥村遗址西壁 TS20W13 采样现场（图4.8.15）先民未做人工夯土和砾石堆积的自然沉积砂层做了粒度测定。从表 4.8.8 可见，该处采样点未见古河床砾石沉积，仅有宝墩文化三期和汉代的河流泥砂沉积。图 4.8.16 是上述各采样点泥砂和淤积土层粒度概率累积曲线。从图 4.8.16 可知该处河流西岸仍以三段式河流相沉积为主，粒径为 1～11Φ，但宝墩文化三期人类主要在河流东岸有夯土水利工程的高台地生存为主。

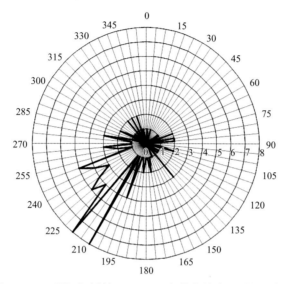

图 4.8.14　温江红桥村 TS21W11 坝体护坡卵石砾向组构图

图 4.8.15　红桥村遗址西壁 TS20W13 采样现场

表 4.8.8　红桥村遗址西壁 TS20W13 采样特征

探方号	编号	层位	时代及样品体征	距地表深度/cm
TS20W13	HQC1	4	汉代砂（有文物）	69～70
TS20W13	HQC2	4	汉代砂（有文物）	93～94

探方号	编号	层位	时代及样品体征	距地表深度/cm
TS20W13	HQC3	5	汉代砂（无文物）	96～97
TS20W13	HQC4	5	汉代砂（无文物）	110～111
TS20W13	HQC5	6	汉代砂（无文物）	113～114
TS20W13	HQC6	6	汉代砂（无文物）	126～127
TS20W13	HQC7	7	汉代砂（无文物）	129～130
TS20W13	HQC8	7	汉代砂（无文物）	169～170
TS20W13	HQC9	8	宝墩文化三期（有陶片）	171～172
TS20W13	HQC10	8	宝墩文化三期（有陶片）	202～203

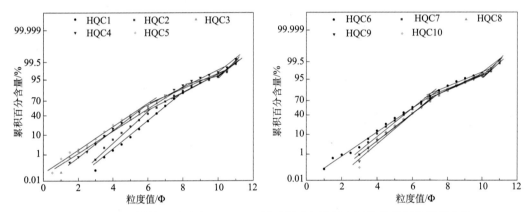

图 4.8.16　红桥村遗址西壁 TS20W13 剖面泥砂和淤积土层的粒度概率累积曲线

根据区域地质调查发现（梁斌等，2014），温江红桥村遗址宝墩文化三期水利工程的修筑有其独特的地质基础和先民对第四纪地质和水文作用不利影响的防治。根据四川省地质局的调查可知，成都平原第四系综合地质剖面主要由砂砾卵石、黏质砂土、成都黏土、含泥砂砾卵石、黏土、含砂泥砾、含泥砾碎石层、泥砾、基岩、断层和Ⅰ、Ⅱ、Ⅲ级台地构成（图 4.8.17）。从地貌及晚近构造活动看（梁斌等，2014），成都平原周边为中低山、丘陵台地环境构成盆地地貌景观。平原本部地形平坦，地面高程 730～460 m，由北西向南东倾斜，地面比降 11‰～3‰，平原主要由以下几种地貌单元组成：

（1）冲洪积扇群：主要分布于平原西侧山前地带，其中以岷江扇规模最大，其范围可由灌县抵郫县犀甫、永定一带。扇面比降，大扇缓小扇陡，岷江扇比降 3‰～5.8‰。

（2）冰水堆积扇状平原：由晚更新统冰水-流水堆积组成，广布于平原东、南、南东部，以 2‰～3‰之比降向东及南东微倾。表面形态有大平小不平的特点。沿河分布时为河流二级阶地，比高 4～17 m，但有时与一级阶地间不具明显陡坎，呈条埂状或覆舟状，构成河间地块，近平原边缘部位，表现为基座阶地（图 4.8.10 和图 4.8.11 所见红桥村两侧古河道即为受宝墩文化三期人工夯土层作用影响下形成的基座阶地）。

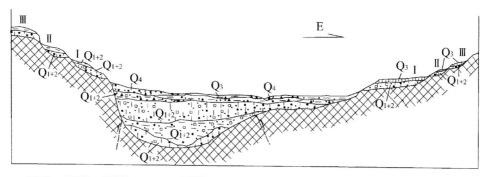

图 4.8.17　成都平原第四系综合地质剖面

1. 砂砾卵石；2. 黏质砂土；3. 成都黏土；4. 含泥砂砾卵石；5. 黏土；6. 含砂泥砾；7. 含泥砾碎石
层；8. 泥砾；9. 基岩；10. 断层；11. I、II、III 级台地

（3）河流漫滩及一级阶地：在红桥村遗址区，可见古河漫滩分布于古河道两岸，高出河水面 0～2 m，往往不具明显陡坎，滩面倾向河心，组成物为灰白砂砾石层（图 4.8.4、图 4.8.10 和图 4.8.11）。

红桥村遗址砾石层主要位于宝墩文化三期以来的全新世沉积，因此，未见第四纪冰期冰碛与冰水台地的堆积。

四、对红桥村遗址的几点认识

通过对成都平原红桥村遗址考古发掘、地层沉积物岩性分析、地层中砾向组构特征量测、古洪水沉积层特征分析，确认了红桥村遗址中古洪水事件及其水利工程夯土层与护堤修筑年代为宝墩文化三期（4.1～3.9 ka BP）。该遗址距都江堰 58.9 km，海拔 524 m，地处江安河北岸台地之上。由于台地地势高耸，又位于古岷江河道漫滩和二级阶地东岸之上，因此成为宝墩文化三期先民优选的生存地带。为抵抗古岷江河道洪水袭击，先民们主要采用了两种防治洪水的工程方法：一是在河岸堆土区采用了夯土层加固的方法，夯土层中还增添了木桩加固的办法。宝墩文化三期先民为确保防水防洪所设的夯土层及木桩和沟槽土层抗压强度高达 1406～2531.1 kPa，早于宝墩文化三期的底部生土层等由于未经历人工夯土作用力，抗压强度一般只有 811.7～998.1 kPa，这表明宝墩文化三期的人工夯土工程有明显的防水防洪作用。二是在河岸地区采用漫滩中的砾石层在河流东岸和南岸设置了砾石层堆积和加固的办法，使防洪工程得到稳定发展。在调查中虽然在古河道东岸宝墩文化三期地层中发现有泥质陶和局部古洪水冲积地层沉积物，但先民在红桥村遗址古河道东岸堆积的河漫滩砾石层和上部加固的夯土层，却牢牢加固了宝墩文化三期时代的人居河流东岸生存环境。历史时期以来该区地貌发育和演变特征，与四川西部青藏高原和川西北高原的逐步隆起和抬升导致的岷江等河道总体上呈自北向南以及自西向东、最终流入长江的演替密切相关，由此导致都江堰工程修筑之前岷江等河道逐渐自北向南和自西向东演变，并为红桥村遗址在距今约 4000 年前修筑我国新石器时代最早的水利工程奠定了基础。

第九节　岷江改道对宝墩遗址兴衰的影响

一、宝墩遗址概况

宝墩遗址位于四川成都市区西南 38 km 的新津县城西北约 5 km 的龙门乡宝墩村，地理位置为东经 103°45′、北纬 30°26′，海拔 472～474 m。遗址东北距发源于崇州市的西河约 4 km，西南 500 m 处有铁溪河由西北流向东南（图 4.9.1）。遗址的文化面貌独特，它以花边口高领罐、宽折沿器、喇叭口形器、绳纹罐、圈足器作为代表性器类。夯筑城墙在遗址中是较晚时期修建的，是在该遗址原始聚落基础上发展起来的，这对研究长江上游早期文明的形成具有重要的学术价值。此后，成都文物考古研究所等陆续发现都江堰芒城村、崇州双河村和紫竹村、郫县古城村、温江鱼凫村等其他五处遗址，这六处遗址是宝墩文化遗址群的主要代表。宝墩遗址 2001 年被评为全国重点文物保护单位。目前，根据 AMS^{14}C 年代校正数据（图 4.9.2），宝墩文化可分为四个前后相继的发展阶段：宝墩文化一期年代为 4.5～4.3 ka BP，宝墩文化二期 4.3～4.1 ka BP，宝墩文化三期 4.1～3.9 ka BP，宝墩文化四期 3.9～3.7 ka BP。

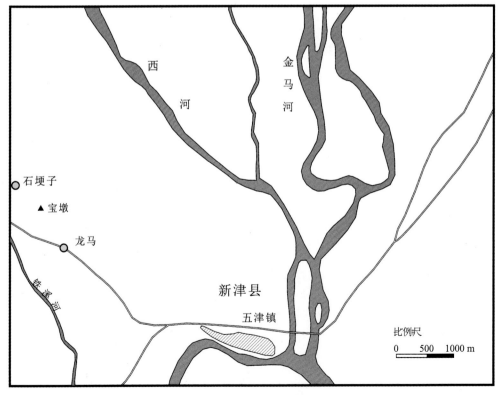

图 4.9.1　宝墩遗址位置示意图（据黄明，2013 修改）

二、宝墩遗址地貌调查

2014 年 1 月 11 日，在成都文物考古研究所的支持下，作者对宝墩遗址探方做了调查和采样等分析。此次发掘和采样地点位于宝墩村、尹林至西河河岸地带，周长6.68 km，西部高程为 470.9 m，东部高程为 457.3 m，N30°26′34.29″、E103°44′48.33″至 N30°26′40.2″、E103°48′50.8 之间。此次重点采集了宝墩遗址 I 区 1 号 T3321探沟地层（图 4.9.3），GPS 经纬度为 N30°26.906′，E103°44.938′，地表海拔 499.88 cm。剖面描述特征为：第 1 层深 0～13 cm 为耕土层（灰黑色黏土层），第 2 层深 13～21 cm为耕土层（灰色黏土块），第 3 层深 21～40 cm 为明清层（灰色黏土层），第 4 层深 40～55 cm 为唐宋层（灰褐黏土层），第 5 层深 55～77 cm 为唐宋层（灰黄黏土层），第 6a层深 77～97 cm 为唐宋层（深褐色黏土层），第 6b 层深 97～119 cm 为唐宋层（棕褐色黏土层），第 7 层深 119～130 cm 为汉代层（灰色黏土层），第 8a 层深 130～139 cm 为汉代层（黄褐色黏土层），第 8b 层深 139～151 cm 为汉代层（灰褐色黏土层），第 9 层深 151～200 m 为宝墩文化层（含铁锰结核粒的灰褐色黏土层），第 10 层深 200～214 cm 为宝墩文化层（灰黄夹较小铁锰黏土层），第 11 层深 214～230 cm 为宝墩文化层（灰黄色黏土层），第 12 层深 230～247 cm 为白善泥层（青灰色淤泥层），第 13 层深 247～292 cm 为灰黑色含砂淤泥层（其中深度 270～271 cm 处为埋藏古树，图 4.9.4），292 cm 以下为砾石层。

经中国科学院林木工业研究所对作者采集的深度 270～271cm 处埋藏古树进行的光学方法鉴定分析发现，该处的埋藏古树为古代石斑木（拉丁学名为 *Rhaphilepis indica*），其别名为：春花、雷公树、白杏花、报春花、年轮梅，原产于中国及印度，在中国主要分布在华东、华南至西南，其为亚热带树种，花朵美丽、树叶密生，能形成圆形紧密树冠。经中国科学院地球环境研究所西安加速器质谱中心最终测得 T3321 探沟深度 270～271 cm 处埋藏的古石斑木年代为 5526 BC～5463 BC。

三、岷江改道对宝墩遗址兴衰影响的分析

在遗址海拔高程调查中发现，宝墩遗址的最西侧位于宝墩村西部，海拔为 470.9 m，而本次调查的遗址点最东部位于西河河岸，海拔仅有 457.3 m，整体上呈西高东低。在对该遗址各探方地层的量测时发现，该区网纹红土及其古砾石层位于西侧探方及高地地层剖面中，而灰褐色土层及鹅卵石一直到西河河岸均有发育，但西部的鹅卵石大都发育在高阶地上，而且西部鹅卵石颜色偏红、硬度较大、海拔较高，东部鹅卵石颜色偏黑、硬度较小、海拔较低，鹅卵石在遗址区形成西高东低的四级阶地（图 4.9.5 和图 4.9.6）。该区网纹红土及其砾石层所在的 T3937—T3938 探方（图 4.9.7）其 1985年黄海高程约 471 m；该区 I 区 1 号 T3321 探沟采样点黄海 1985 年高程约 471 m，该点地表距下部砾石层表为 3.1 m，据此可推测该区域古河道河床砾石层高程约 468 m；西河河床处砾石 1985 年黄海高程约 457 m；西河桥的黄海高程仅为 466.6 m。

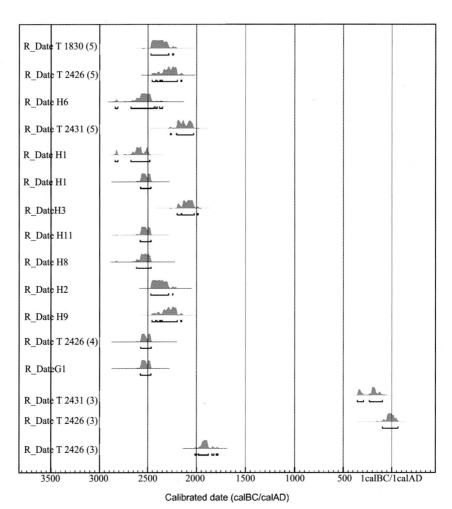

图 4.9.2　宝墩文化遗址 AMS^{14}C 年代校正结果
（由北京大学吴小红教授和成都文物考古研究所江章华研究员提供）

　　为判断各遗址中砾石沉积与当时水动力搬运的关系，分别对宝墩遗址 T3937—T3938 探方砾向组构和Ⅳ-1 区 1421 探沟砾向组构图各量测了 100 块砾石的砾向组构（图 4.9.8 和图 4.9.9），从中可以看出 T3937—T3938 探方砾向组构特征是该处地层中砾石的组构主要倾向 SW、NW 和 NE。而Ⅳ-Ⅰ区 1421 探沟砾向组构特征是该处地层中砾石的组构主要倾向 NW，表明当时水流来向主要是 NW，这表明不同时代地层中水流向有一定区别，但 NW 是其中保留时间最长的流向。这揭示了岷江古河道水流作用对该区砾石冲刷和搬运的影响。

　　综上所述可知：

　　（1）网纹红土代表最早阶地高程——470.9 m。

　　（2）Ⅰ区-1T3321 采样点古河道河床砾石代表较晚阶地高程——468 m。

　　（3）现代西河河床高程代表现代阶地高程——457.3 m。

(a)　　　　　　　　　　　　　　　　(b)

图 4.9.3　宝墩遗址 I 区 1 号 T3321 探沟及取样剖面

（a）I 区 1 号 T3321 探沟；（b）T3321 探沟取样剖面（第 13 层含埋藏古树）

图 4.9.4　宝墩遗址 I 区 1 号 T3321 探沟的埋藏古树石斑木（*Rhaphilepis indica*）

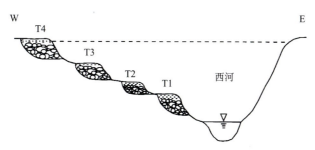

图 4.9.5　2014 年宝墩遗址发掘区四级阶地及河流剖面示意图

（4）本区四级阶地和探沟剖面特征揭示了岷江古河道从西北向东南冲击和搬运河道中砾石对宝墩遗址区地层剖面冲击作用的影响，致使该区河流阶地自西向东演变，地形逐渐从高向低发展。

（5）历史时期以来该区地貌发育和演变特征，与四川西部青藏高原和川西北高原的逐步隆起和抬升导致的岷江等河道总体上呈自北向南以及自西向东、最终流入长江的演替密切相关。由此导致在都江堰工程修筑之前岷江等河道逐渐自北向南和自西向东的演

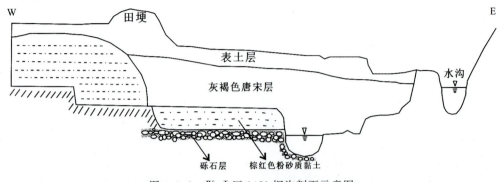

图 4.9.6　Ⅳ-Ⅰ区 1421 探沟剖面示意图

T3937-T3938 探方南壁　　　　　　Ⅳ-Ⅰ区1421探沟南壁

图 4.9.7　岷江古河道砾石沉积物

变,并为宝墩遗址在距今约 4500 年前诞生提供了基础,且由于水涝灾害的影响其逐渐向三星堆文明发展,宝墩文化在距今约 3700 年左右逐渐衰亡。

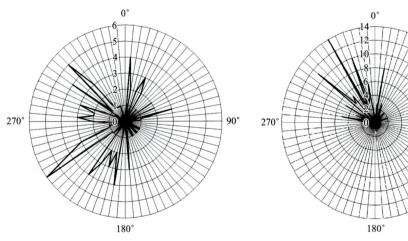

图 4.9.8　宝墩遗址 T3937-T3938 探方砾向组构　　　图 4.9.9　宝墩遗址Ⅳ-Ⅰ区 1421 探沟砾向组构

四、对宝墩遗址的几点认识

根据对宝墩遗址发掘区地貌的调查及岷江改道的深入分析得出以下三点认识：

1) 对 2014 年宝墩村至西河岸之间遗址发掘区地貌调查发现，宝墩遗址的区域分布选择在成都平原的河流台地上，其西侧网纹红土及砾石层所在的 T3937-T3938 探方地表海拔高程约 471 m，向东逐渐下降至 468～467 m，西河桥的高程仅为 466.6 m。这反映了古人在遗址上已具有对水利的防洪和对战争的设防能力。

2) 历史时期以来该区地貌发育和演变特征，与四川西部青藏高原和川西北高原的逐步隆起和抬升导致的岷江等河道总体上呈自北向南以及自西向东流动演替密切相关。由此导致在都江堰工程修筑之前岷江等河道逐渐自北向南和自西向东的演变，并为宝墩遗址在距今约 4500 年前诞生提供了基础，且由于水涝灾害的影响其逐渐向三星堆文明发展，宝墩文化在距今约 3700 年左右逐渐衰亡。

3) 从地貌分析看，成都平原的河流台地分布和宝墩遗址格局的选择与古岷江河流地貌分布的特征密切相关。前文温江红桥村遗址堤坝、木桩和治水夯筑的发现，表明实际上是在都江堰工程（公元前 256 年）出现之前，成都平原宝墩文化时期先民就创造了最早的水利工程（距今约 4000 年前）。

第五章　长江中游新石器时代以来
自然沉积记录研究

第一节　江汉平原荆州江北农场湖相沉积地层概况

江汉平原位于湖北省中南部，地处长江中游和汉江下游，是典型的由河间洼地组成的洪泛平原，从上游地区带来的泥沙淤积在平原洼地区域，不断改变着江汉平原的水系格局。在河湖交替演化的过程中，河床相、洪泛相、湖相及沼泽相沉积交替出现，这些河湖沉积物便成为研究江汉平原晚冰期以来气候环境变迁的良好地质载体。考古研究证实江汉平原自新石器时代以来即有广泛的人类活动，亦在很大程度上影响着江汉平原环境变迁（周凤琴，1994；张玉芬等，2005）。从1990年代的洪湖钻孔到利用孢粉、粒度、有机碳同位素、磁化率等多种环境替代指标分析，一些研究关注到江汉平原气候波动、环境变化和湖群演化及其与人类活动的关系（张丕远，1996；羊向东等，1998；Boyle et al.，1999；谢远云等，2006；Yin et al.，2007；陈正洪等，2009；方修琦和侯光良，2011；李中轩等，2011）。其中，朱诚等（1997）通过对新石器文化遗址的分布、文化层、自然地层和埋藏古树的研究，并结合历史文献资料的分析，揭示了江汉平原全新世异常洪涝灾害发生的规律。谢远云等（2007）通过对江汉平原江陵湖泊沉积物的粒度特征进行分析，并对湖泊区的气候环境变迁进行了初步探讨。羊向东等（1998）基于孢粉分析结果，结合主成分分析、^{14}C年代测定，重建了江汉平原沔阳地区一万多年来的古季风气候变迁历史，同时对人与自然环境的关系进行了探讨。本章在前人研究基础上，重点对江汉平原地区晚冰期以来高分辨率的环境变化与重建研究作了探讨。

一、研究区概况

江汉平原位于湖北省中南部的长江中游，是由长江与汉江冲积而成的平原，介于北纬29°26′~31°10′，东经111°45′~114°16′，面积3万余平方公里。江汉平原有大小湖泊300多个，湖泊一般底平水浅。平原属北亚热带季风气候，年均日照时数约2000小时，年太阳辐射总值460~480kJ/cm^2。无霜期240~260天，10℃以上持续期230~240天，活动积温5100~5300℃。现代植被类型属针阔叶混交林，热带植物属种含量较少，针叶、落阔叶乔木占优势，常绿阔叶树种分布较少。

二、材料与方法

为了解湖泊沉积记录与全新世人类文明发展的关系，对江汉平原荆州江北农场四监区二砖厂一湖相沉积剖面（以下简称 JZ2010 剖面）作了现场系统采样和实验研究，该剖面采样位置见图 5.1.1。根据谭其骧等（1982）历史地理考证，该剖面位置在战国（350BC 期间）至秦代位于云梦泽所在之处。据杨怀仁和唐日长（1999）、周凤琴和唐从胜（1994，2008）多年研究，该剖面所在地区在全新世早中期属于江汉平原具有冲积相特征的黏性土沉积，全新世晚期以来应属于长江干流与支流之间的湖泊洼地沉积。有关该区的湖泊沉积记录，朱育新等（1997，1999）、羊向东等（1998）、谢远云等（2006，2008a，2008b）曾做过较详细的孢粉研究，获得过不少该区全新世以来孢粉和植被序列与气候波动变化的信息，表明该处是研究长江中游全新世自然环境和古气候演变的重要地点。如谢远云等（2006，2008a，2008b）的研究表明，该区全新世河湖相地层孢粉含量较丰富，（8850±100）cal. a BP 以来的湖泊沉积厚达 2.83 m，但其研究采样间距多为 10 cm，分辨率仅在 150 年左右；且多数学者对该区的研究（朱育新等，1997，1999；羊向东等，1998；谢远云等，2006，2008a，2008b）与人类文明发展阶段联系较少，多指标综合性分析不够，过去年代学方面多采用常规^{14}C 方法（朱育新等，1999；羊向东等，1998；谢远云等，2006，2008a，2008b），测年密度和样品数偏少。同时，前人研究结果有不一致之处，如朱育新等（1997，1999）和羊向东等（1998）对江汉平原沔城 M1 孔的研究认为，该区 6.8～4.4 ka BP 是全新世气候暖湿的最适宜期；而谢远云等（2006，2008a，2008b）根据对江汉平原江陵江北农场二砖厂剖面的研究认为，6.3～4.6 cal. ka BP 是本区全新世冷干气候期。有鉴于此，本项研究主要在野外实地踏勘的基础上，选择荆州 JZ2010 湖相沉积地层进行了系统采样，时间为 2011 年 3 月 27 日。采样地点 GPS 位置为 30°11′01″N，112°22′02″E，海拔 29.32 m（图 5.1.1）。

图 5.1.2 是荆州江北农场 JZ2010 湖相沉积地层柱状剖面图。该剖面采样点从地表往下至 637 cm 深度组成物质主要由湖相粉砂质黏土或含黑色有机质的蓝灰色淤泥层组成，自上而下岩性具体描述如下：

根据颜色和质地的差异，共分为 17 个不同层次，即从上往下依次为，第 1 层：棕色极细粉砂的表土层；第 2 层：棕色极细砂和细粉砂层；第 3 层：具水平层理、夹多层黑色有机质的棕色粗粉砂层；第 4 层：具水平层理的棕色细粉砂和极细粉砂层；第 5 层：具水平层理含黑色有机质和锈斑的灰红色细粉砂和极细粉砂层；第 6 层：具水平层理的灰红色极细粉砂层；第 7 层：具水平层理含铁锈的红灰色细粉砂层；第 8 层：具水平层理含黑色有机质和少量生物壳的灰红色极细粉砂层；第 9 层：具水平层理含黑色泥炭和棕灰色薄层的极细粉砂层；第 10 层：含少量泥炭夹植物茎叶的蓝灰色细粉砂层；第 11 层：夹杂植物的蓝灰和暗灰色极细粉砂层；第 12 层：夹杂植物和黑色有机质的暗灰与棕色极细粉砂层；第 13 层：夹杂植物和锈斑的黑棕色极细粉砂层；第 14 层：夹植物和锈斑的黑棕色黏土层；第 15 层：夹锈斑和植物的黑棕和棕黄色极细粉砂层；第 16 层：夹杂植物和锈斑的暗棕色和黄棕色极细粉砂与细粉砂层；第 17 层：夹杂植物和黑色有机质的黄棕与黑棕色细粉砂及蓝灰色淤泥层。

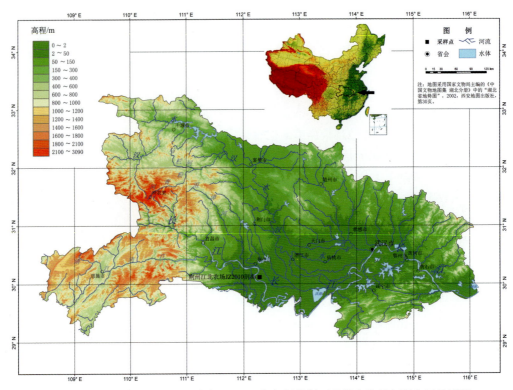

图 5.1.1　江汉平原荆州江北农场 JZ2010 湖相沉积剖面采样点位置与研究区地形图

三、年代序列确立

根据 JZ2010 剖面地层的沉积结构、质地、颜色和粒级的差异特点，自第 9 层至第 17 层以 2 cm 间距采样，第 1 层至第 8 层以 1～3 cm 间距采样，共采集样品 259 个。此外，该剖面表层由于当地居民取土烧砖而被剥去故而未作采样。为建立地层年代坐标，分别在该地层剖面距地表 232 cm、264 cm、320 cm、395 cm、435 cm 和 633 cm 深度处采集 AMS^{14}C 测年样品 6 个，每个样品层厚 2 cm，由中国科学院广州地球化学研究所 AMS^{14}C 制样实验室和北京大学核物理与核技术国家重点实验室联合完成测定。测出的 AMS^{14}C 数据经国际通用的校正程序 CALIB 6.0.1 版本（Stuiver and Reimer，1993；Stuiver et al.，1998；Reimer et al.，2009）进行树轮校正获得了 JZ2010 剖面沉积年代序列（见表 5.1.1）。从线性回归结果看，该剖面地层的自然沉积年代与沉积速率之间具有很好的线性关系（见图 5.1.3）。而 202 cm 以上地层是具有水平层理特别明显的沉积物，分析认为这应是现代湖泊或洪水沉积造成的。作者于 2005～2008 年在重庆市忠县中坝遗址上部曾发现当地老乡指认的 1981 年洪水留下的粉红色粉砂层厚达 1.5 m（Zhu et al.，2005），可以证明该江陵区江北农场二砖厂地层中存在 2 m 厚的现代洪水沉积层是完全可能的。

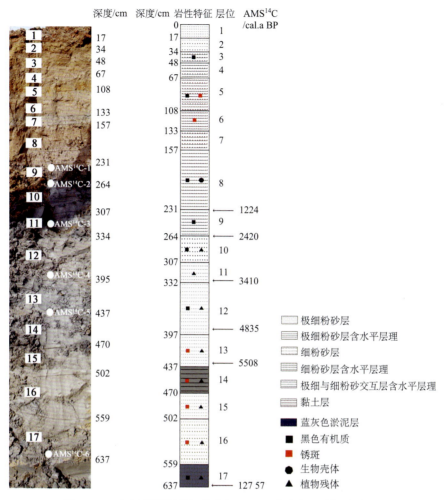

图 5.1.2　江汉平原荆州江北农场 JZ2010 湖相沉积剖面柱状图

表 5.1.1　江汉平原荆州江北农场 JZ-2010 湖相沉积剖面 AMS¹⁴C 测年结果

送样编号	样品性质	采样深度 /cm	测试编号	AMS^{14}C 年代 /a BP	2σ 校正年代	日历年代 /cal. a BP
JJ-2010 AMS^{14}C-6	泥 炭	231～232	GZ4100	1270±20	678AD（100%）775AD	1224
JJ-2010 AMS^{14}C-5	泥 炭	262～264	GZ4099	2405±20	539BC（98.1865%）401BC	2420
JJ -2010AMS^{14}C-4	泥 炭	318～320	GZ4098	3185±20	1497BC（100%）1422BC	3410
JJ -2010AMS^{14}C-3	淤 泥	395～397	GZ4096	4235±20	2903BC（85.9137%）2867BC	4835
JJ -2010AMS^{14}C-2	淤 泥	435～437	GZ4095	4815±25	3588BC（67.242%）3528BC	5508
JJ -2010AMS^{14}C-1	淤 泥	635～637	GZ4094	10870±35	10 943BC（100%）10 670BC	12 757

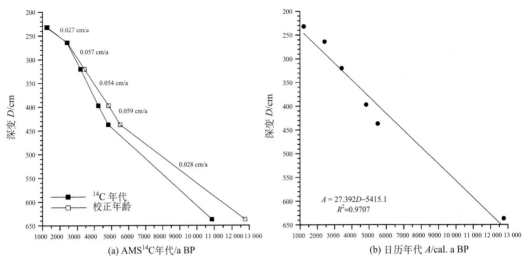

图 5.1.3　江汉平原荆州江北农场 JZ-2010 湖相沉积剖面年代与深度的线性关系图

　　江汉平原荆州 JZ2010 湖相沉积 AMS14C 年龄测定值与地层新老关系一致,未出现年龄倒置现象(见表 5.1.1)。根据表 5.1.1 和图 5.1.3 的测年结果,可计算出从地表往下 0~231 cm 沉积速率为 0.19 cm/a;231~266 cm 沉积速率为 0.027 cm/a;266~320 cm 为 0.057 cm/a;320~395 cm 为 0.054 cm/a;395~435 cm 为 0.059 cm/a;435~637 cm 为 0.028 cm/a。根据各段沉积速率使用外推内插法可以计算出该剖面各地层的年代。

第二节　荆州江北农场湖相沉积地层环境演变的孢粉多指标记录

　　对 JZ2010 剖面采集的 259 个孢粉样品,在实验室内每个样品均取 30 g,进行盐酸、氢氟酸、碳酸氢钠处理。经过孔径 7 mm 的筛子在超声波清洗器中进行冲洗,后用比重为 2.0 的重液浮选两次,经过清水稀释、小管集中,最后制活动薄片在显微镜下进行鉴定统计,结果共发现 70 个科属的孢粉,其中乔木植物有分布范围较广的针叶树冷杉属(*Abies*)、云杉属(*Picea*)、松属(*Pinus*)、铁杉属(*Tsuga*)和鸡毛松属(*Dacrycarpus*)、落叶阔叶树种有桤木属(*Alnus*)、桦木属(*Betula*)、鹅耳枥属(*Carpinus*)、栗属(*Castanea*)、胡桃属(*Juglans*)、枫杨属(*Pterocarya*)、黄杞属(*Engelhardtia*)、水青冈属(*Fagus*)、落叶栎(*Quercus*(D))、枫香属(*Liquidanbar*)、无患子科(Sapindaceae)、椴属(*Tilia*)、榆属(*Ulmus*)、糙叶树属(*Aphananthe*)、五加科(Araliaceae)、漆树属(*Rhus*),以分布在热带亚热带为主的常绿阔叶树有栲属(*Castanopsis*)、常绿栎属(*Quercus*(E))、楝科(Meliaceae)、杨梅属(*Myrica*)、山核桃属(*Corya*)、夹竹桃科(Apocynaceae)等。灌木有榛属(*Corylus*)、猕猴桃科(Actinidiaceae)、黄栌属(*Cotinus*)、冬青属(*Ilex*)、胡颓子科(Elaeagnaceae)、蔷薇科(Rosaceae)、麻黄属(*Ephedra*)、杜鹃科(Ericaceae)、木犀

科 (Oleaceae)、忍冬科 (Caprifoliaceae)。草本植物有蒿属 (*Artemisia*)、桔梗科 (Campanulaceae)、石竹科 (Caryophyllaceae)、藜科 (Chenopodiaceae)、菊科 (Compositae)、旋花科 (Convolvulaceae)、十字花科 (Cruciferae)、大戟科 (Euphorbia)、禾 本 科 (Gramineae)、葎 草 属 (*Humulus*)、唇 形 科 (Labiatae)、豆 科 (Leguminosae)、百合科 (Liliaceae)、蓼属 (*Polygonum*)、毛茛科 (Ranunculaceae)、茜草科 (Rubiaceae)、地榆属 (*Sanguisorba*)、茄科 (Solanaceae)、伞形花科 (Umbelliferae)、荨麻科 (Urtica) 和水生草本植物香蒲属 (*Typha*)、荇菜属 (*Nymphoides*)、莎草科 (Cyperaceae)、泽泻科 (Alismataceae)。蕨类植物孢子有单缝孢子 (Monolites)、三缝孢子 (Trilites)、膜蕨科 (Hymenophyllaceae)、水蕨科 (Parkeriaceae)、水龙骨科 (Polypodium)、凤尾蕨科 (Pteridium)、卷柏科 (Selaginella)、中国蕨科 (Sinopteridaceae)、桫椤科 (Cyatheaceae)。根据本剖面孢粉特征，结合本区人类文明发展过程，637 cm 厚的地层可划分为 13 个孢粉带。图 5.2.1 是该剖面孢粉百分比图谱特征。

图 5.2.2 是对该剖面采集的 259 个样品在南京大学现代分析中心用 X 射线荧光光谱仪、ICP 等离子发射光谱仪，以及南京大学区域环境演变研究所采用捷克 AGICO 公司 KLY-3 (卡帕桥) 型磁化率仪、英国 Malvern Mastersizer 2000 型激光粒度仪所测定出的各类代用指标与孢粉鉴定结果垂向对比分析图。其中，孢粉鉴定表明，常绿阔叶和水生植物孢粉多的时期代表湿热环境，针叶和草本或蕨类多时期代表较干冷的环境。通常情况下，Rb/Sr 的高值对应于相对较湿的环境，低值代表偏干的环境；沉积物平均粒径粗值对应于降水少的干旱环境，平均粒径细值对应于较湿润的环境；Fe_2O_3 高值对应于干热的环境；一般情况下，磁化率高值对应于人类活动强和用火较多的地层，磁化率低值对应于降雨较多的湿润环境。以下是根据孢粉图谱结合人类文明发展阶段的综合分析。

一、新仙女木事件之前晚冰期间冰阶（日历校正年代为 12.78～12.03 cal. ka BP）

孢粉带 I：单缝孢子-水龙骨-凤尾蕨-三缝孢子-松属-铁杉-蒿-藜科等为主，包括 12 块样品，代表 637～615 cm 地层段。本带孢粉含量较高，共发现 3762 粒孢粉，每个样品平均含 314 粒孢粉。蕨类植物孢子占优势，为孢粉总数的 76.7%，有单缝孢子、三缝孢子、凤尾蕨科、水龙骨科、水蕨科、桫椤科。木本植物花粉含量高于草本植物花粉，木本植物花粉占 15.8%，以分布范围较广的针叶乔木松属、铁杉属为主，针叶乔木冷杉属、云杉属断续出现，落叶阔叶树有常绿栎、枫香属、落叶栎、胡桃属、栗属，灌木有蔷薇科、麻黄属；草本植物花粉占孢粉总数的 7.5%，有蒿属、藜科、十字花科、葎草属、蓼属、桔梗科、菊科、石竹科、禾本科、毛茛科、百合科，代表当时以蕨类植物为主的稀疏针阔叶混交林景观。该阶段 Rb/Sr 值除 12.69～12.61 cal. ka BP 以及 12.18～12.11 cal. ka BP 在 1.00～1.03 外，其他时段均在 0.85～0.94。Fe_2O_3 除 12.54 cal. ka BP 和 12.11 cal. ka BP 分别为 7.02% 和 7.14%，其他时段均在 6.09～6.76%

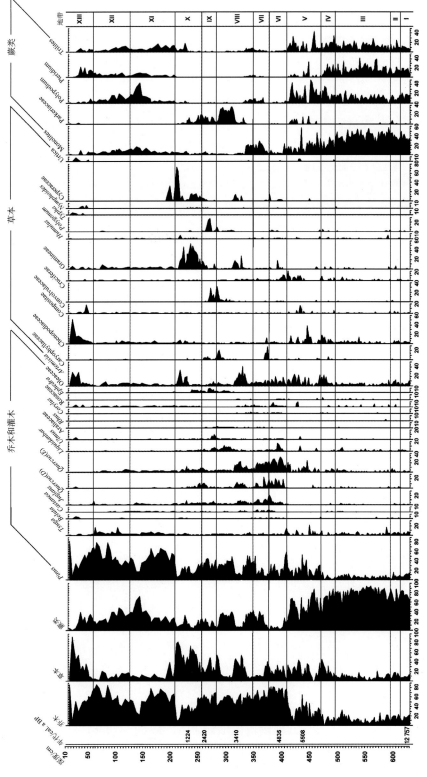

图 5.2.1　江汉平原荆州江北农场 JZ2010 湖相沉积剖面孢粉图谱

I：晚冰期 12.76～12.03 cal. ka BP；II：新仙女木阶 12.03～11.45 cal. ka BP；III：全新世早期 11.45～7.8 cal. ka BP；IV：城背溪文化时期 7.8～6.9 cal. ka BP；V：大溪文化时期 6.9～5.1 cal. ka BP；VI：屈家岭文化时期 5.1～4.5 cal. ka BP；VII：石家河文化时期 4.5～4.0 cal. ka BP；VIII：夏商周时期 4.0～2.77 cal. ka BP；IX：春秋战国时期 2.77～2.27 cal. ka BP；X：秦汉～隋唐时期 221BC～907AD；XI：五代十国至宋代（中世纪暖期）907AD～1279AD；XII：元朝至明朝；XIII：清朝至民国

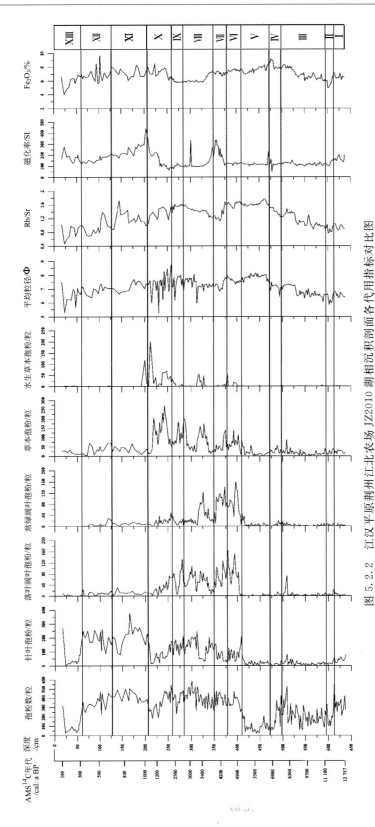

图 5.2.2　江汉平原荆州江北农场 JZ2010 湖相沉积剖面各代用指标对比图

I: 晚冰期间冰阶 12.76~12.03 cal. ka BP; II: 新仙女木事件 12.03~11.45 cal. ka BP; III: 全新世早期 11.45~7.8 cal. ka BP; IV: 城背溪文化时期 7.8~6.9 cal. ka BP; V: 大溪文化时期 6.9~5.1 cal. ka BP; VI: 屈家岭文化时期 5.1~4.5 cal. ka BP; VII: 石家河文化时期 4.5~4.0 cal. ka BP; VIII: 夏商周时期 4.0~2.77 cal. ka BP; IX: 春秋战国时期 2.77~2.27 cal. ka BP; X: 秦汉~隋唐时期 221BC~907AD; XI: 五代十国至末代（中世纪暖期）907AD~1279AD; XII: 元朝至明朝; XIII: 清朝至民国

波动。平均粒径变化不大，均在 6.34～6.79Φ 波动。磁化率在 12.90 cal. ka BP 和 12.47 cal. ka BP 分别为 195.19 和 201.59，其他时段均在 136.96～179.55 波动。分析认为，这一孢粉带谱和代用指标特征代表了本区新仙女木事件之前晚冰期阿勒罗德暖期（AW）间冰阶温凉偏干的气候和生态环境。神农架大九湖泥炭层孢粉重建的年平均温度曲线（Zhu et al.，2008）证实了此研究结论的可靠性。

二、新仙女木事件（日历校正年代为 12.03～11.45 cal. ka BP）

孢粉带Ⅱ：单缝孢子-凤尾蕨-三缝孢子-水龙骨-松属-铁杉-蒿等为主，包括 9 块样品，代表 615～597 cm 地层段。本带孢粉含量比前带降低，共发现 2036 粒孢粉，每个样品平均含 226 粒孢粉。蕨类植物孢子含量由前带的 76.7％降到 74.1％，以单缝孢子、三缝孢子、凤尾蕨科、水龙骨科为主，水蕨科少量；木本植物花粉含量为 15.8％，针叶乔木为主，有松属、铁杉属及断续出现的云杉属，阔叶乔木有桦属、栲属、落叶栎属、常绿栎属、枫香属、胡桃属、鹅耳枥属等，灌木有蔷薇科、麻黄属；草本植物花粉含量上升，占孢粉总数的 10.1％，有蒿属、藜科、十字花科、葎草属、蓼属、菊科、石竹科、禾本科。根据对孢粉的鉴定分析可以发现，在该时间段的 11.74 cal. ka BP，孢粉总数仅有 97 粒，同时常绿阔叶孢粉非常少，其中 11.60 cal. ka BP 和 11.82 cal. ka BP 常绿阔叶孢粉数为 0，水生植物孢粉数量也为 0，反映气候总体较干。落叶阔叶孢粉在 12.03 cal. ka BP 为 24 粒，而后持续下降，在 11.45 cal. ka BP 只有 3 粒，11.74 cal. ka BP 和 11.60 cal. ka BP 落叶阔叶孢粉数为 0。针叶孢粉由 12.03 cal. ka BP 的 62 粒到 11.53 cal. ka BP 时减少至 6 粒，此后又有增多趋势，到 11.45 cal. ka BP 增至 18 粒。草本孢粉数量的变化与针叶有类似现象。在此期间，孢粉数量虽然总体较多，但绝大多数是蕨类孢子。Rb/Sr 比值总体低，大多在 1 以下，总体反映降水量较低。Fe_2O_3 含量总体下降，从 12.03 cal. ka BP 时的 6.75％，到 11.45 cal. ka BP 降至 5.95％。粒径总体上以 6Φ 为主，11.67 cal. ka BP 时最粗为 5.86Φ。磁化率值总体趋势是下降，由该阶段开始时的 12.03 cal. ka BP 的 160.79 逐渐下降至 11.60 cal. ka BP 时的 98.01。由上可知，在 12.03～11.45 cal. ka BP 期间，该处地层中不仅孢粉总数为较低值，常绿阔叶和水生草本孢粉基本没有，Rb/Sr 值低，沉积速率也低，平均粒径为全剖面最粗（5.86Φ），揭示的是长达约 580 年的新仙女木冷干事件期。

三、全新世早期（日历校正年代为 11.45～7.8 cal. ka BP）

孢粉带Ⅲ：单缝孢子-凤尾蕨科-三缝孢子-水龙骨科-松属-铁杉属-蒿属-藜科-十字花科组合带，剖面深度 597～498 cm，分析样品 50 块。本带孢粉含量继续下降，共发现 10 675 粒孢粉，平均每个样品含 214 粒孢粉。蕨类植物孢子含量上升，而种子植物花粉含量下降。蕨类植物孢子占本带孢粉总数的 79.9％，有单缝孢子、水龙骨科、凤尾蕨科、三缝孢子；木本植物花粉含量比前带降低，由 15.8％降到 12.2％，其种属繁多，以松属、铁杉属、常绿栎、枫香属、落叶栎占主要百分比，桦属、鹅耳枥属、栗属、胡桃属、栲属、榆属、无患子属、糙叶树属、五加科少量参与；草本植物花粉含量下降，由前带的10.1%降到7.9%，有蒿属、藜科、菊科、十字花科、石竹科、禾本科、百合科、香蒲属、茄科。以上总体反映出以蕨类为主的干凉环境。需要指出，从孢粉鉴定看，本区8.2 ka BP前后的冷事件应出现在8.48～8.34 cal. ka BP时，此时期各地层孢粉数量仅在177～128粒，且主要是蕨类孢子（145～106粒）、针叶乔木6～26粒、常绿阔叶孢粉非常少，大部分时间段为0，落叶阔叶、灌木和水生草本孢粉基本未发现。总体上看，蕨类在全新世早期呈上升趋势，从10.44 cal. ka BP时的152粒至本阶段结束7.9 cal. ka BP时的169粒，最高值出现在8.19 cal. ka BP时，为325粒。草本总体呈增加趋势，最高值88粒出现在8.26 cal. ka BP。针叶乔木从10.44 cal. ka BP的6粒，至8.26 cal. ka BP为80粒。Rb/Sr值前期低，10.44 cal. ka BP为0.88，后在8.34 cal. ka BP增为1.49，在7.9 cal. ka BP又降至1.23。Fe_2O_3含量在10.44 cal. ka BP时为7.16%，而后下降，在9.79 cal. ka BP为最低点5.95%，而后稳步上升，在8.12 cal. ka BP达最大值8.33%，此后有所降低，在7.9 cal. ka BP降至7.84%。平均粒径Φ值总体上升变细，从该阶段开始时10.44 cal. ka BP的6.49Φ增长至7.97 cal. ka BP时的7.21Φ。磁化率值由刚开始10.44 cal. ka BP时的107.21，后增至7.97 cal. ka BP时的125.96。以上反映该区全新世早期经历了总体较干凉环境，其中冷事件出现在8.48～8.34 cal. ka BP。

从作者过去对遗址时空分布研究看（朱诚等，2007），湖北在整个旧石器时代共有77处人类遗址，但由于旧石器时代农业尚未出现，人类活动对自然环境的影响很小，湖北省目前发现7.8 ka BP以前的新石器时代遗址也极少。因此，上述孢粉带Ⅰ至Ⅲ主要反映的是自然界本身的环境演变特征。

四、城背溪文化时期（日历校正年代为7.8～6.9 cal. ka BP）

孢粉带Ⅳ：单缝孢子-凤尾蕨科-三缝孢子-水龙骨科-松属-蒿属-藜科组合带，剖面深度498～472 cm，分析样品13块。本带孢粉含量继续下降，13块样品共发现2410粒孢粉，平均每个样品含185粒孢粉。种子植物花粉含量上升，但仍以蕨类植物孢子占优势，为本带孢粉总数的74.4%，有水龙骨科、单缝孢子、三缝孢子、凤尾蕨科、水蕨科、卷柏科；木本植物花粉含量占本带孢粉总数的10.5%，有松属、铁杉属、桦属、常绿栎、落叶栎、枫香属、榛属、麻黄属等；草本植物花粉含量占本带孢粉总数的15.1%，有蒿属、藜科、十字花科、石竹科、菊科、禾本科、葎草属、唇形科、豆科等。分析认为，此阶段蕨类孢子较多，常绿阔叶少，水生孢粉基本没有。Rb/Sr值虽有升高趋势，由1.24升至1.52，但从全剖面看呈中间值状态。平均粒径变动在7.00～7.50Φ，变化不大。磁化率由7.83 cal. ka BP时的120.09逐渐波动下降至7.32 cal. ka BP时的108.31，在7.10 cal. ka BP时达到最低值46.53，后又于6.99 cal. ka BP升至119.65，以上总体反映了由温湿向温干转化的环境。

考古发掘证实，该时期的居民已开始定居生活，种植水稻，采集和渔猎是其经济生活的主要内容。从参考文献（朱诚等，2007）可知，城背溪文化时期，湖北人类文化遗址数量仅有 23 处,JZ2010 剖面当时处于湖泊沉积位置,其附近几乎没有人类遗址分布,但在其上游直线距离为 75 km 的长江沿岸枝城附近,有 7 处人类遗址(海拔均在 50~200 m 范围内)。因此,上述孢粉谱虽有一定的人类活动影响,但考虑到遗址数量有限,因此可认为该时期孢粉谱仍反映了以自然为主的气候与生态环境特征。

五、大溪文化时期(日历校正年代为 6.9~5.1 cal. ka BP)

孢粉带 V:单缝孢子-水龙骨科-三缝孢子-松属-常绿栎-蒿属-十字花科-藜科等为主,剖面深度 472~411 cm,分析样品 31 块。本带孢粉含量比前带明显降低,31 块样品共发现 2834 粒孢粉,平均每样 91 粒孢粉。种子植物花粉含量上升至 48.6%(包括木本和草本植物),其中木本植物花粉含量占本带孢粉总数的 29.6%,以广泛分布的针叶乔木松属(17.8%)和常绿栎(6.4%)占主要百分比,其他还有铁杉属、桤木属、栲属、无患子科、榆属、蔷薇科、麻黄属等;草本植物花粉含量占本带孢粉总数的 18.9%,有蒿属、藜科、十字花科、菊科、石竹科、葎草属、香蒲属、莎草科、荨麻科等;蕨类植物孢子占 51.4%,有水龙骨科、单缝孢子、三缝孢子、水蕨科、凤尾蕨科、桫椤科。此阶段基本上无水生植物孢粉,主要以蕨类为主,但木本尤其是铁杉和常绿栎,以及草本蒿属、藜科、十字花科、菊科等显著增加。Rb/Sr 值在 6.81 cal. ka BP、5.73~5.65 cal. ka BP、5.17~5.10 cal. ka BP 阶段较高,分别为 233.02、122~124 以及 122~128,其他时间段值较低,多在 104~117 波动。Fe_2O_3 含量由 6.89 cal. ka BP 时的 8.58% 降至 5.65 cal. ka BP 时的 7.05%,后又逐渐升至 5.10 cal. ka BP 时的 7.71%。平均粒径总趋势是该阶段初期 6.81~6.67 cal. ka BP 粒径稍粗,Φ 值为 7.43~7.72,从 6.60~5.24 cal. ka BP Φ 值在 7.74~8.13 波动、粒径变细。磁化率值在 6.81 cal. ka BP 为最高值 233.02,其次高值在 5.17~5.10 cal. ka BP 期间为 122.03~128.63,最低值出现在 5.41 cal. ka BP 为 98.40。根据以上代用指标综合分析看,反映气候总体上逐渐向暖湿转化。

在大溪文化时期,人类遗址数量增至 104 处(朱诚等,2007),这一时期的居民主要从事稻作农业,还饲养家禽家畜,渔猎经济也占有一定比重。在 JZ2010 剖面上游约 50 km 宜昌至荆州长江两岸分布有这一时期的人类遗址 33 处(见朱诚等,2007 图 3),在宜昌以上的长江三峡两岸还分布有 39 处遗址。因此,这一时期的孢粉谱应有受人类农业活动影响的因素。值得注意的是,从 JZ2010 剖面孢粉图谱草本百分比含量看,其禾本科在早期(6.60~6.52 cal. ka BP)有一小的峰值,但在后期(5.58~5.10 cal. ka BP)十字花科含量在全剖面孢粉带谱中是最高的。从分析看,该阶段十字花科的增长可能与人类农业文明发展导致伴人植物蔬菜被大量驯化种植有关。

六、屈家岭文化时期(日历校正年代为 5.1~4.5 cal. ka BP)

孢粉带 Ⅵ:松属-常绿栎-落叶栎-蒿属-十字花科-枫香属-胡桃属-铁杉属-栲属-禾本科-蔷薇科-单缝孢子-三缝孢子组合带,剖面深度 411~379 cm,分析样品 16 块。本带孢粉含量明显升高，16 块样品共鉴定到 5562 粒孢粉，平均每块样品 347.6 粒孢粉。木本植物花粉在本带占优势，为孢粉总数的 71.4%，而且以落叶阔叶乔木占主要百分比，为本带孢粉总数的 41.92%，有常绿栎、落叶栎、枫香属、胡桃属、栲属、栗属、桦属、桤木属、黄杞属、杨梅属、榆属、五加科、椴属、山核桃属等，针叶乔木为 25.82%，有松属、铁杉属、鸡毛松等，灌木植物花粉含量较低，有蔷薇科、麻黄属、榛属、冬青属、忍冬科、杜鹃科；草本植物花粉占 20.1%，有蒿属、十字花科、禾本科、藜科、石竹科、莎草属、蓼属、桔梗科、茜草科、茄科、菊科、百合科、地榆属、荨麻科，水生植物花粉莎草科为主，香蒲属、荇菜属次之；蕨类植物孢子仅占 8.5%，有单缝孢子、三缝孢子、水龙骨科、水蕨科、凤尾蕨科。此期间 Rb/Sr 值在 1.48～1.70 间波动，最高值出现在 5.04 cal. ka BP 为 1.70，最低值出现在 4.80 cal. ka BP 为 1.48，其他时间段 Rb/Sr 值多为 1.55～1.66。Fe_2O_3 含量总体呈下降趋势，由 5.07 cal. ka BP 时的 7.62% 逐渐下降至 4.54 cal. ka BP 时的 7.00%。平均粒径由 4.50 cal. ka BP 时的 7.75Φ 降低至 4.27 cal. ka BP 时的 6.95Φ，后又逐渐升为 4.01 cal. ka BP 时的 7.14Φ，反映沉积物粒径先由细变粗，再又由粗变细的过程。磁化率值具有逐渐升高，在末期又再次下降的趋势，即由 4.50 cal. ka BP 时的 120.19 逐渐升至 4.12 cal. ka BP 时的 335.59，后又逐渐降至 4.01 cal. ka BP 时的 177.26。以上代用指标综合分析表明本阶段总体上是以落叶阔叶树为主的针阔叶混交林植被，但在气候上存在早期偏湿、中期略干、晚期又转湿的变化。

在屈家岭文化时期，湖北人类遗址数量增至 191 处（朱诚等，2007），在 JZ2010 剖面上游 20～75 km 范围的长江两岸分布有人类遗址约 40 处，海拔主要在 50～200 m 以及 20～50 m 范围地区。这一时期早期（5.03～4.80 cal. ka BP）孢粉图谱中十字花科有一峰值，而禾本科峰值出现在这一时期的中期（4.80 cal. ka BP），表明人类农业文明的影响逐渐增大，后期虽然常绿栎孢粉仍保持一定浓度，但禾本科和十字花科孢粉含量均明显下降。根据对该时期周边人类遗址主要分布在 50～200 m 海拔高度的分析，表明屈家岭文化后期人类生存和农业耕作可能受到过水域扩大和洪涝灾害的影响。

七、石家河文化时期（日历校正年代为 4.5～4.0 cal. ka BP）

孢粉带Ⅶ：松属-常绿栎-胡桃属-落叶栎-石竹科-蒿属-单缝孢子组合带，剖面深度 379～351 cm，分析样品 14 块。本带孢粉总粒数比上一阶段要高，14 块样品共统计到 5524 粒孢粉，平均每块样品 395 粒孢粉。木本植物花粉含量比前带略有降低，为本带孢粉总数的 61.3%，但落叶阔叶含量由前带的 41.92% 上升到 55.0%，有常绿栎、落叶栎、胡桃属、栲属、枫香属、栗属、桦属、桤木属、榆属、山核桃属、杨梅属等；针叶乔木占 17.9%，有松属、铁杉属、云杉属、冷杉属；灌木仅占 1.1%，有榛属、蔷薇科、黄栌属、麻黄属、冬青属；草本植物花粉占 15.5%，石竹科、蒿属、藜科、十字花科、禾本科、莎草科、香蒲属、伞形花科；蕨类植物孢子仅占 23.2%，单缝孢子、三缝孢子、水龙骨科、凤尾蕨科、中国蕨科、水蕨科。以上表明本阶段是以落叶阔叶和常绿阔叶为主的植被环境。从孢粉谱变化趋势看，孢粉总数由 4.50 cal. ka BP 时的 315

粒增至 4.09 cal. ka BP 时的 481 粒，但在 4.05 cal. ka BP 又降至 307 粒。常绿阔叶孢粉是先升后降，该阶段刚开始只有 70～84 粒，在 4.42～4.09 cal. ka BP 这段时间常绿阔叶孢粉数多在 93～142 粒波动，石家河文化末期 4.05～4.01 cal. ka BP 常绿阔叶孢粉数再次降至 10～49 粒。水生孢粉总体很少，仅在 4.50～4.31 cal. ka BP 和 4.20～4.12 cal. ka BP 阶段有 1～9 粒水生孢粉。针叶乔木和蕨类都有逐渐增加趋势，前者由 4.50 cal. ka BP 时的 24 粒逐渐增至 4.01 cal. ka BP 时的 144 粒，后者由 4.50 cal. ka BP 时的 5 粒逐渐增至 4.01 cal. ka BP 时的 155 粒。Rb/Sr 值总体呈逐渐下降趋势，由 4.50 cal. ka BP 时的 1.60 逐渐降至 4.01 cal. ka BP 时的 1.26。Fe_2O_3 含量总体升高，从开始的 6.77% 至本阶段结束时达到 7.21%，而最大值出现在 4.20 cal. ka BP，为 7.36%。这些均表明石家河文化时期气候总体向干旱趋势发展。

在石家河文化时期，湖北人类遗址数增至 374 处，在 JZ2010 剖面上游及周边 50～75 km 范围内分布有遗址 69 处（朱诚等，2007），海拔以 50～200 m 居多，20～50 m 之间次之。从 JZ2010 剖面孢粉看，这一时期虽常绿栎孢粉数量较多，但禾本科、十字花科等与人类生存相关的伴人植物花粉大为减少，水生草本花粉亦很少，表明该时期经历过干旱气候事件，石家河文化的消亡可能受此气候事件影响。从 Rb/Sr 值分析看，该文化早期 Rb/Sr 值曾高达 1.60～1.69，但在晚期仅为 1.18～1.26，表明其干旱程度是逐渐增强的。

八、夏商周文化时期（日历校正年代为 4.0～2.77 cal. ka BP）

孢粉带Ⅷ：松属-水蕨科-常绿栎-落叶栎-胡桃属-栲属-蒿属-禾本科-莎草科等组合带，剖面深度 351～285 cm，分析样品 34 块。本带孢粉含量继续上升，34 块样品共统计到 13 890 粒孢粉，平均每块样品 409 粒孢粉。木本植物花粉含量继续降低，为本带孢粉总数的 55.0%。针叶乔木含量增加，为孢粉总数的 31.6%，有松属、铁杉属、冷杉属、云杉属、鸡毛松属；阔叶树有常绿栎属、胡桃属、落叶栎属、栲属、栗属、桦属、鹅耳枥属、桤木属；灌木植物花粉有榛属、蔷薇科、木犀科、麻黄属、胡秃子科。草本植物花粉含量明显上升，由前带的 15.5% 增加到 20.9%，以蒿属、禾本科、莎草科为主，还有藜科、十字花科、石竹科、菊科、旋花科、香蒲属、伞形花科、大戟科、葎草属、荨麻科；蕨类植物孢子占 24.1%，有单缝孢子、水龙骨科、三缝孢子、凤尾蕨科、水蕨科、卷柏科。以上反映了仍以木本为主的湿热气候环境。从各时代孢粉图谱看，JZ2010 剖面夏代各地层孢粉数在 268～459 粒。其中，在该时代早期（2023 BC～1798 BC）以针叶孢粉和蕨类孢子占优势，该时代晚期（1760 BC～1610 BC），落叶阔叶、常绿阔叶和草本逐渐占优势。值得注意的是，夏代晚期（3.56 cal. ka BP）水生草本出现 48 粒，据此可推测本区夏代早期气候偏凉干，晚期偏暖湿。该时代 Rb/Sr 值是逐渐增加的，由早期的 1.20 逐渐升至末期的 1.44，暗示降水量和湿度是逐渐增大的。在商代早期地层中常绿阔叶、落叶阔叶和水生草本较多，但在商代晚期水生草本几乎消失，针叶乔木和蕨类孢子增加明显，反映气候向干凉转化。在西周至东周（春秋）时期，水生草本孢粉较少，以针叶乔木、草本和蕨类孢子为主，其次为落叶阔叶和常绿阔叶。Rb/Sr 值逐步上升，刚开始 1.20 最终上升至 1.61。Fe_2O_3 含量逐渐下降，从开始 7.37％到最后降至 5.76％。磁化率下降明显，由刚开始的 269.89，逐步下降，至该阶段末 2.830 cal. ka BP 为 94.70，反映降水量有逐渐增加的趋势。

夏商周和春秋时期（2070 BC～477 BC），共有 299 处遗址（图 5.2.3 和表 5.2.1）。与石家河文化时期相比，人类遗址分布有以下特点：一是从时间进程和海拔高程看，湖北夏代遗址数仅有 7 处，全部分布在海拔 50 m 以上地区（其中 3 处分布在海拔 150～600 m 地区），这一分布态势充分表明位于长江中游的湖北省，在 2070 BC～1600 BC 的夏代经历过显著的特大洪水事件，受这次洪水影响，人类只能在海拔 50 m 以上地区生存。二是湖北在 1600 BC～1046 BC 的商代主要遗址有 60 处（其中有 3 处与夏代有继承关系），分布在海拔 2～50 m 处的有 39 个，分布在海拔 50～150 m 处的有 14 个，分布在 150～300 m 处的有 5 个，分布在 400～600 m 处的仅有 2 个，表明该时期人类遗址多分布在地势较低的河谷地区，揭示了可能与该时期有密切相关的干旱气候事件。由此可知，"河竭而商亡"的历史记载并非仅指黄河流域，当时的长江中游湖北地区也同样如此。三是洪湖以上的长江干流沿岸仅有 11 处遗址分布，在石家河文化时期长江三峡地区存在的 10 处遗址在该时期全部消失。洪湖以上流入长江的一级支流如汉水和沮漳河的中下游地区原有石家河文化时期存在的遗址在该阶段大为减少，而洪湖以下长江干流南岸（尤其是武汉→黄冈→黄石沿线长江以南地区）遗址数却大增，此外在汉水上游地区遗址数也增加明显。四是在 1046 BC～477 BC 的西周与东周时期，湖北人类文化遗址有 290 处（其中 41 处与商代有继承关系）。该时期分布在海拔 2～50 m 处的遗址有 133 个，分布在 50～150 m 处的有 82 个，分布在 150～300 m 处的有 39 个，分布在 300～400 m 处的有 16 个，400～600 m 处有 11 个，600～800 m 处有 2 个，800～1000 m 处有 2 个。由上可见，该时期仍以分布在海拔 2～50 m 处的遗址占优势，但从海拔角度看，总的说来比夏商周时期分布较为均匀。

九、春秋战国时期（日历校正年代为 2.77～2.27 cal. ka BP）

孢粉带Ⅸ：松属-水蕨科-旋花科-蓼属-落叶栎-胡桃属-常绿栎-枫香属-蒿属-榆属等组合带，剖面深度 285～260 cm，分析样品 12 块。本带孢粉含量依然较高，13 块样品共统计到 5153 粒孢粉，平均每块样品 396 粒孢粉。草本植物花粉含量上升，蕨类植物孢子含量下降。木本植物花粉含量变化不大，占本带孢粉总数的 57.7％，针叶乔木占 34.0％，有松属、铁杉属、云杉属、鸡毛松属；落叶阔叶树种占 18.3％，有胡桃属、榆属、枫香属、常绿栎属、落叶栎属、五加科、栲属、糙叶树属、水青冈属、山核桃属、枫杨属、桦属、鹅耳枥属、漆属、椴属、栗属、无患子科、杨梅属、黄杞属；灌木植物花粉占 5.4％，有木犀科、榛属；草本植物花粉占 29.0％，有旋花科、石竹科、蒿属、禾本科、藜科、蓼属、十字花科、大戟科、莎草科、香蒲属、莕菜属；蕨类植物孢子占 13.2％，有水蕨科、单缝孢子、水龙骨科、三缝孢子、中国蕨科、凤尾蕨科。总体看来，常绿阔叶、落叶阔叶、针叶、灌木、草本、水生草本和蕨类在该历史时期均有一定的同步性变化，例如，在 2.73～2.63 cal. ka BP 和 2.45～2.27 cal. ka BP 期间各种类孢粉数量都较多，其他时间段如 2.59～2.52 cal. ka BP 只有灌木和草本比较多。以上总体反映气候仍较为湿热。本区战国时期地层中孢粉总数仍较多（在 379～442 粒），其中以针叶乔木、草本、落叶阔叶、蕨类和常绿阔叶为主，水生草本也显著增加，禾本科在后期出现一个小的峰值，表明战国时期气候仍较为湿热。Rb/Sr 值除该阶段末为 1.36 较低外，其他时期多在 1.50～1.62 波动。磁化率值体现为先升后降的过程，2.76～2.73 cal. ka BP 磁化率值为 94.70～99.58，2.69～2.45 cal. ka BP 磁化率值在 100.01～125.73 波动，2.42～2.27 cal. ka BP 在 70.42～92.23 波动。综合分析该阶段仍属于较暖湿的气候阶段。

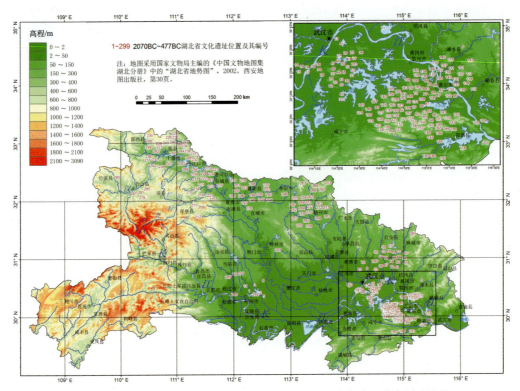

图 5.2.3　湖北夏商周和春秋时期（2070BC～477BC）考古遗址分布图及海拔/m

表 5.2.1　湖北省夏商周与春秋时期不同海拔遗址分布及数量变化

分类	海拔高程和遗址数量/处						
	20～50m	50～150m	150～300m	300～400m	400～600m	600～800m	800～1000m
夏代（2070 BC～1600 BC）	0	4	1	0	2	0	0
商代（1600 BC～1046 BC）	39	14	5	0	2	0	0
西周至春秋（1046 BC～477 BC）	133	82	39	16	11	2	2

十、秦汉至隋唐时期（日历校正年代为 2.2～1.07 cal. ka BP，246BC～885AD）

孢粉带Ⅹ：禾本科-松属-莎草科-水蕨科-蒿属-常绿栎-落叶栎-胡桃属-藜科组合带，剖面深度 260～208 cm，分析样品 22 块。本带孢粉浓度虽有减少，但孢粉数量总体比较高。22 块样品共统计到 7972 粒孢粉，平均每块样品 362 粒孢粉。木本植物花粉占本带孢粉总数的 39.4%，针叶乔木以松属为主，铁杉属、云杉属、冷杉属少量出现；落叶阔叶和常绿阔叶乔木有常绿栎属、胡桃属、落叶栎属、桦属、榆属、栗属、无患子科、椴属、鹅耳枥属；灌木植物花粉有蔷薇科、木犀科、榛属、麻黄属；草本植物花粉占本带孢粉总数的 47.7%，水生植物莎草科、中旱生植物禾本科和蒿属占主要百分比，另有少量的藜科、葎草属、石竹科、菊科、十字花科、蓼属、桔梗科、荨麻科、茄科及水生植物香蒲属、荇菜属、泽泻科等；蕨类植物孢子占 12.8%，有水蕨科、三缝孢子、单缝孢子、水龙骨科、凤尾蕨科。246BC～726AD 孢粉数量均在 373～485 粒波动，749AD 为 281 粒，至 908AD 为 258 粒，孢粉总数稍有波动，下降趋势。常绿阔叶、落叶阔叶、水生草本、草本和针叶乔木孢粉数量在 246BC～749AD 期间含量总体均较高，反映该时期气候总体较湿热，仅在 772～794AD 气候较为干凉。值得重视的是该时期的禾本科和水生孢粉莎草科在 JZ2010 剖面孢粉图谱上呈最高峰值，水生孢粉莎草科在 862～885AD 多达 118～202 粒，表明该时期是适应人类稻作发展水热气候条件的适宜期，禾本科孢粉在该时期达到峰值应揭示人类以水稻为主的稻作农业在该时间段得到大发展。Rb/Sr 值有两个高值和两个低值时期，高值出现在 246BC 和 128～726AD，Rb/Sr 值分别为 1.54 和 1.40～1.54；低值出现在 171BC～53AD 以及 749～885AD，Rb/Sr 值分别为 1.15～1.37 以及 1.27～1.39。Fe_2O_3 含量亦有两个高值和两个低值时间段，即 246BC～22BC 和 749～862AD，Fe_2O_3 含量分别为 6.03%～6.58% 以及 6.63%～6.98%；53～726AD 和 885AD，Fe_2O_3 含量分别为 7.14%～7.82% 以及 7.16%。这表明该时期虽以温和湿润气候为主，但仍有一些干凉气候的波动过程。

十一、五代十国至宋代（日历校正年代为 1.04～0.68 cal. ka BP，908AD～1270AD）

孢粉带Ⅺ：松属-铁杉-水龙骨-三缝孢子-单缝孢子-常绿栎-蒿属-禾本等为主，包括 16 块样品，剖面深度 208～129 cm，对应于中世纪暖期。本带孢粉含量较高，但孢粉浓度继续降低。16 块样品共统计到 6703 粒孢粉，平均每块样品 419 粒孢粉。本带木本植物花粉含量升高，为孢粉总数的 57.3%，针叶乔木占 51.5%，松属占绝对优势，还有铁杉属、冷杉属、云杉属；落叶阔叶及常绿阔叶树含量较低但种类丰富，有常绿栎属、落叶栎属、桦属、栗属、桤木属、枫香属、榆属、糙叶树属、椴属等；灌木有蔷薇科、榛属、木犀科、杜鹃科、胡颓子科、忍冬科、麻黄属；草本植物花粉含量由前带的 47.7% 下降到 10.0%，有莎草科、禾本科、蒿属、藜科、菊科、石竹科、荨麻科、蓼属等；蕨类植物孢子占 32.7%，有三缝孢子、单缝孢子、水龙骨科、凤尾蕨科、中国蕨科、卷柏科、水蕨科。从孢粉类型看，以针叶乔木、蕨类和草本为主。针叶乔木孢粉大多在 200～300 粒，蕨类多在 100 粒以上，草本多在 20～50 粒，常绿阔叶和落叶阔叶多在 6～15 粒。值得重视的是，水生孢粉莎草科在 953AD 多达 119 粒，属于 JZ2010 剖面孢粉垂向带谱上的第 2 个峰值。908AD～930AD、1044AD～1089AD 以及 1202AD 和 1270AD 水生孢粉仅在 1～16 粒，其他时间段没有水生孢粉。与人类农耕有关的禾本科和十字花科孢粉在该时期也明显下降。Rb/Sr 值呈中间高、两头低的趋势，908AD～930AD 为 1.04～0.98，953AD～1225AD 多在 1.10～1.73，1248AD～1270AD 为 0.89～0.88。磁化率也有由高逐渐降低，再由低逐渐升高的趋势。以上孢粉和代用指标综合分析表明，该时期虽在 953AD 气候较为湿润，但与人类农耕业密切相关的禾本科和十字花科以及常绿阔叶等孢粉数量显著减少，一是表明该时期水热气候条件不太利于人类耕种；二是可能与该历史时期我国战乱频繁有关，但尚有待进一步研究证实。

十二、元代至明代（日历校正年代为 0.66～0.30 cal. ka BP，1293AD～1655AD）

孢粉带 XII：松属-铁杉-水龙骨-单缝孢子-凤尾蕨-三缝孢子-蒿-禾本等为主，剖面深度 129～162 cm，包括 8 块样品。本带孢粉含量比前带略有下降，孢粉浓度继续降低。17 块样品共统计到 5963 粒孢粉，平均每块样品 351 粒孢粉。本带蕨类植物和草本植物含量明显下降，木本植物花粉含量上升。木本植物花粉占本带孢粉总数的 61.3%，针叶树种占 55.7%，占绝对优势，松属、铁杉属占主要百分比，云杉属、冷杉属少量出现；落叶阔叶和常绿阔叶树种在本带含量低，种属也贫乏，有胡桃属、常绿栎属、枫香属、漆属、桦属、落叶栎属、鹅耳枥属、桤木属等；灌木植物花粉含量略有上升，属种也较丰富，有蔷薇科、木犀科、忍冬科、杜鹃科、冬青属等；草本植物花粉占 9.9%，属种丰富，有蒿属、禾本科、藜科、菊科、十字花科、蓼属、荨麻科、桔梗科、香蒲属、大戟科、石竹科；蕨类植物孢子占 28.8%，有凤尾蕨科、水龙骨科、单缝孢子、三缝孢子、中国蕨科、膜蕨科、水蕨科。绝大多数时间孢粉总数在 307～473 粒，其他时段也有 228～279 粒。孢粉类型中以针叶类最多，除 1338AD 为 87 粒外，其他时段大多在 150～264 粒。其次以蕨类孢子为多，大多在 60～157 粒。草本多在 10～71 粒。禾本科在中后期略有增多，1565AD 达 31 粒。落叶阔叶、常绿阔叶和灌木相对较少，多在 5～29 粒。水生草本仅在 1293AD、1316AD 和 1565AD 期间存在 2～3 粒，其他时段未发现。Rb/Sr 值在 1338AD～1383AD 以及 1655AD 时分别为 1.17～1.39 以及 1.00，其他时段均在 0.69～0.99。平均粒径有由细变粗，再由粗变细的趋势，从 1293AD～1429AD 多为 7.05～7.37Φ，1451AD～1610AD 多为 6.50～6.96Φ，从 1633～1655AD 为 7.11～7.16Φ。磁化率总趋势是逐渐波动下降的，由 1293AD 时的 201.41 到 1655AD 时的 119.32。以上总体反映为温干的气候环境。

十三、清代至民国（日历校正年代为0.27～0.02 cal. ka BP，1678AD～1927AD）

孢粉带ⅩⅢ：松属-凤尾蕨-藜-蒿-三缝孢子-单缝孢-水龙骨-铁杉等为主，剖面深度62～0 cm，包括12块样品。本带孢粉含量和孢粉浓度大幅度降低。17块样品共统计到1279粒孢粉，平均每块样品75粒孢粉，植物种属也较少。木本植物花粉占62.4%，仍以针叶乔木占主要百分比为特征，落叶阔叶乔木零星出现，但植物科属比前带出现较多，有松属、铁杉属、云杉属、桦属、胡桃属、落叶栎属、榆属；未发现灌木植物花粉；草本植物花粉含量上升，占本带孢粉总数的17.7%，有藜科、蒿属、禾本科、荨麻科、香蒲属、荇菜属、桔梗科、石竹科、大戟科、豆科、莎草属等；蕨类植物孢子含量由前带的28.8%下降到19.9%，有凤尾蕨科、单缝孢子、三缝孢子、水龙骨科、中国蕨科、卷柏科等。需要指出，在1746AD～1905AD时间段各地层孢粉含量均在100粒以下，常绿阔叶、落叶阔叶、灌木和水生草本含量均很少。Rb/Sr值仅在1678AD和1927AD分别为1.00和1.02，其他时段大多在0.46～0.90。平均粒径以1769AD和1905AD较粗，分别为5.64Φ和5.29Φ，其他时段多为6.18～7.49Φ。磁化率有两个高值，分别出现在1723AD和1905AD，分别为202.14和277.62，其他时间段多在154.97～195.05。孢粉和代用指标综合分析揭示该时段是气候干冷的小冰期。

第三节　荆州江北农场湖相沉积地层环境干湿变化的地球化学记录

对沉积物中特定化学元素性质和环境磁学特征的分析可以获取沉积环境方面有价值的数据，有助于揭示过去气候变化的信息（Dearing，1986；Thompson and Oldfield，1986；Lowe and Walker，1997；Schilman et al.，2001）。近年来以沉积物中元素Ti、Rb、Sr的含量分布及Rb/Sr值变化为替代指标重建古气候（Chen et al.，1999；陈骏等，2001；Haug and Güther，2003；庞奖励等，2006），并进一步结合磁化率指标探讨区域环境演变及其驱动因素取得进展（李福春等，2003；Yancheva et al.，2007；Ver Straeten et al.，2011）。随着研究的深入，学者们也发现这些环境代用指标在气候地层学研究中的广泛应用仍存在不确定因素（Chen et al.，1999；陈骏等，2001；李福春等，2003；庞奖励等，2006；Yancheva et al.，2007；李中轩等，2010）。本节研究尝试以沉积剖面中连续提取的Ti、Rb、Sr含量和磁化率测定数据，在AMS[14]C测年建立的地层年代基础上，通过元素分布、Rb/Sr值及磁化率变化曲线的对比分析，探讨江汉平原12.76 cal. ka BP以来的气候波动和沉积环境变化，以期深入理解地球化学元素分布和环境磁学替代指标在环境变化研究中的应用特点。同时，这也是在江汉平原首次利用Ti、Rb、Sr元素分布和高分辩率Rb/Sr值、磁化率替代指标重建古气候、古环境，对江汉平原河湖生态系统演变、洪涝灾害评估与防治乃至研究区域经济社会可持续发展，都具有重要的科学价值和现实意义。

一、地球化学实验方法

对荆州 JZ-2010 湖相沉积剖面采集的 259 个样品经自然风干，人工研磨至 200 目后压制成薄片，在南京大学现代分析中心 ARL-9800 型 X 射线荧光光谱仪（XRF）进行分析，再经国家地球化学标准样（GSS1 和 GSD9）分析，误差为 $\pm 1\%$（10^{-6}），最后得到地层样品中元素 Rb、Sr、Ti 的含量。磁化率以自然风干的 259 个样品在南京大学区域环境演变研究所采用 KLY-3 型卡帕桥磁化率仪测试完成。

二、实验结果与分析

（一）磁化率曲线变化

对比 JZ-2010 剖面磁化率值，5 层以下平均为 26.20，标准偏差 42.60，磁化率曲线基本平稳（图 5.3.1），只分别在 7.0～6.6 cal. ka BP、4.4～3.8 cal. ka BP 和 3.0 cal. ka BP 出现异常高值；而 5 层以上平均值增加为 197.92，标准偏差 60.03，两者均比 5 层以下为高，磁化率曲线形态也呈现高频大幅波动并出现峰值。Thompson 和 Oldfield（1986）指出磁化率值越高反映流域内原生磁性矿物的输入量越大；也有研究通过磁化率测量获取人类活动引起的沉积速率和流域土地利用类型变化的信息，认为磁化率值升高反映了流域内由于耕作和森林砍伐而导致基岩侵蚀加剧（Sandgren and Fredskild，1991；Beach et al.，2006）。JZ-2010 剖面的沉积速率和磁化率特征，显示磁化率值异常体现了沉积环境变化，响应着江汉平原新石器时代不同文化类型的演替，特别是 1.2 cal. ka BP 以来人类活动的效应显著增强。

（二）Ti 元素含量及表生环境中的 Ti

表 5.3.1 为 JZ-2010 剖面中元素 Ti、Rb、Sr 以及 Rb/Sr 值的分析统计结果。整个剖面中这三种元素的分布变幅都不大，但始终波动频繁，说明 Ti、Rb 和 Sr 元素在表生地层中的含量分布对沉积环境变化的响应较为敏感。其中，Ti 取值范围为（3983.41～7998.21）$\times 10^{-6}$，平均值为 5827.76×10^{-6}，标准偏差 693.39，变异系数 12%。JZ-2010 剖面中 Ti 元素总体含量较高（元素 Ti 的地壳平均丰度 5700×10^{-6}）（刘英俊等，1984），分析一方面 Ti 本身是自然界丰度较高且化学性质稳定的元素，在风化壳内部通常由于其他元素于风化、水化过程中流失使 Ti 产生相对富集；另一方面受到白垩纪以来江汉平原持续沉降，且沉降量大于沉积量的区域条件影响（任美锷，2004），使 Ti 元素在表生环境中不断累积而稳定增长。同时，腐殖质酸能够溶解部分 Ti 而导致其流失（刘英俊等，1984），剖面 Ti 含量于 7.9 cal. ka BP 后转为波动下降，并于黑色泥炭发育良好的第 5 层达到谷值，表明腐殖质酸的溶解作用是重要因素。由此可见全新世早期以来江汉平原植被覆盖良好，地表侵蚀减弱而成壤作用强烈，腐殖质酸大量生成加强了对表生环境中 Ti 元素的溶解。剖面描述中 7 层和 6 层多夹杂植物残体、炭屑和有铁锰聚集，而 5 层则发育泥炭的变化，也正体现了 Ti 元素含量曲线波动的环

境背景。以上种种也表明，江汉平原地区 Ti 元素含量受到多重因素影响。

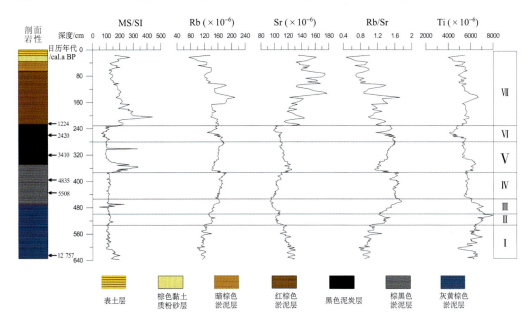

图 5.3.1　江汉平原荆州 JZ-2010 湖相沉积剖面环境代用指标变化

表 5.3.1　江汉平原荆州 JZ-2010 湖相沉积剖面 Ti、Rb、Sr 含量和 Rb/Sr 值分析统计

剖面层号	深度/cm	样品数	Ti/($\times 10^{-6}$) 范围	Ti/($\times 10^{-6}$) 均值	Rb/($\times 10^{-6}$) 范围	Rb/($\times 10^{-6}$) 均值	Sr/($\times 10^{-6}$) 范围	Sr/($\times 10^{-6}$) 均值	Rb/Sr 范围	Rb/Sr 均值
1	0～17	1	5507.14	5507.14	137.79	137.79	134.86	134.86	1.02	1.02
2	17～48	7	3983.31～5542.61	4789.88	74.70～128.03	107.59	131.53～161.91	145.69	0.46～0.97	0.75
3	48～67	7	5410.70～5723.84	5529.43	122.57～141.22	135.85	139.08～153.72	145.68	0.81～1.00	0.93
4	67～231	38	4916.00～6679.17	5540.96	120.89～210.20	152.86	114.16～177.70	141.60	0.69～1.73	1.11
5	231～334	53	4111.02～5872.10	5144.86	127.67～178.10	160.58	98.72～113.82	108.79	1.15～1.62	1.48
6	334～470	69	5408.69～6722.68	5870.51	141.44～184.43	161.18	94.44～125.25	106.99	1.13～1.76	1.52
7	470～637	84	4856.58～7998.21	6468.43	98.78～151.88	125.34	95.91～130.63	113.43	0.76～1.52	1.12

（三）Rb、Sr 的差异分布和 Rb/Sr 值变化

JZ-2010 剖面 Rb 取值范围为 $(74.70～210.20)\times 10^{-6}$，平均值为 145.99，标准偏差 21.66，变异系数 15%；Sr 取值范围为 $(94.44～177.70)\times 10^{-6}$，平均值为 116.72，标准偏差 16.89，变异系数 14%。Rb/Sr 取值范围为 0.46～1.76，平均值 1.28，标准偏差 0.28，变异系数 22%。该 Rb、Sr 含量和 Rb/Sr 值与我国长江下游地区下蜀黄土剖面中的 Rb 值 $(76～223)\times 10^{-6}$、Sr 值 $(109～207)\times 10^{-6}$ 和 Rb/Sr 值 $(0.41～1.20)$ 相似（李福春等，2003）。研究表明，Rb、Sr 离子半径等化学性质的不同使其在地表沉积过程中形成分布差异，即 Rb 趋向于赋存在黏土矿物中，相反 Sr 则主要在砂和粉砂

粒级中富集。JZ-2010 剖面以淤泥为主，粒度分布偏细，5 层以下 Rb、Sr 分别呈富集和流失的总趋势；4 层以上随粒度稍粗至地表渐成黏土质粉砂，其分布趋势呈 Rb 的流失和 Sr 的富集，这与前人的研究成果相符（陈骏等，1999，2001；Chen et al.，1999；李福春等，2003；申洪源等，2006）。

　　进一步分析可发现，JZ-2010 剖面 Rb、Sr 的含量分布在 5~7 层和 1~4 层两部分有明显不同，特别是 Sr 在下部平均值（110.08）和变异系数（7%）均很低，至上部显著增高（平均值和变异系数分别为 142.55 和 12%）；相应的 Rb/Sr 平均值在下部较高（1.34）而上部较低（1.03），变异系数 22% 也明显高于单个元素的统计值，说明 JZ-2010 剖面 Rb/Sr 值的变化主要受 Sr 含量影响，且 Rb/Sr 值对沉积环境变化的响应较单个元素更敏感。

三、江汉平原晚冰期以来环境干湿变化的地球化学记录讨论

（一）Ti 元素的环境变化指示意义

　　JZ-2010 剖面底部 Ti 元素含量为 $(5700~6200)\times10^{-6}$，可视为江汉平原晚冰期偏干环境的初始值。晚冰期向全新世过渡时期，东亚季风区夏季风持续增强诱导的降水量增长（陈骏等，1999；Rohling et al.，2009），有效改善了环境湿度条件，地表径流发育，流水侵蚀增强，陆源碎屑沉积通量的增加形成稳定元素 Ti 在表层沉积中的相对富集，表现在剖面 Ti 含量曲线自底部向上波动上升；此期间 Ti 含量的明显降低，则反映了气候变干降水减少导致的侵蚀减弱与沉积通量减少。8.0 cal. ka BP 以来，赤道热带辐合带（ITCZ）逐渐南移导致东亚季风降水持续减弱（董进国等，2006；Rohling et al.，2009），剖面中 Ti 含量于 7.9 cal. ka BP 达到峰值后波动下降，降水减小影响地表径流发育，从而减弱流水侵蚀，导致沉积量减少是原因之一。前面结果分析中已指出，大量腐殖质酸的溶解作用也是造成 Ti 含量下降的重要原因。则此过程中 Ti 含量的突然增加，如 JZ-2010 剖面中 4.3~3.9 cal. ka BP 的情形，则可能指示偏干环境导致腐殖质发育减缓或中断，腐殖质酸溶解作用减弱甚至停止；还可能伴有水分条件变差破坏原有良好的植被覆盖，导致基岩暴露侵蚀沉积增大。因此，沉积剖面中 Ti 含量变化受到多重因素影响，对于环境干湿程度转变的解释必须结合研究区域具体情况，并辅以其他环境替代指标。

（二）Rb/Sr 值的古环境意义

　　对中国黄土地层的研究显示，Rb/Sr 值变化本质上反映了东亚季风系统的两个相互消长因子——冬季风和夏季风在轨道时间尺度上的循环交互（陈骏等，1999；2001；Chen et al.，1999）。近年就 Rb/Sr 值作为古气候环境替代指标的进一步研究表明，Rb/Sr 值的变化不仅受风化作用控制，还与沉积物源、粒度及赋存相态的影响有关（陈骏等，1999；金章东等，2004；申洪源等，2006；黄润等，2007）。比对洛川黄土剖面中 Rb（$(76~133)\times10^{-6}$，平均值 104×10^{-6}）、Sr（$(115~213)\times10^{-6}$，平均值 $170\times$

10^{-6}）的分析结果，尽管 JZ-2010 剖面总体上 Rb 含量偏高而 Sr 含量偏低，但在各层中分布的差异性接近黄土剖面的古土壤层，而不同于各期黄土层两者相对均匀分布的特征；更有意义的是 JZ-2010 剖面 Rb/Sr 值的变化范围，与洛川黄土剖面中古土壤层的 Rb/Sr 值（0.45~1.20）也近乎一致。与此相对，内陆封闭湖泊沉积物的研究则显示，Rb/Sr 高值反映了不利于化学风化的冷湿气候环境，较强风化作用的温暖时期则对应了低 Rb/Sr 值阶段（金章东等，2004；申洪源等，2006）。结合江汉平原自然条件和 JZ-2010 剖面的沉积特征，认为 Rb/Sr 值是与东亚季风环流影响的降水量和干湿程度密切相关的环境替代指标：Rb/Sr 高值指示夏季风增强带来较多降水的湿润环境；相反 Rb/Sr 低值指示夏季风减弱导致降水量减少的偏干环境。

（三）沉积环境干湿变化阶段划分

根据元素 Ti、Rb、Sr 含量数据分析，结合 Rb/Sr 值和磁化率的变化特点，JZ-2010 剖面所记录的江汉平原环境干湿变化可划分为 7 个阶段（图 5.3.1）。

阶段 I，12.76~9.06 cal. ka BP（637~535 cm）。这是晚冰期向全新世过渡和偏干环境逐渐转向偏湿的阶段。各环境替代指标于 12.0~11.5 cal. ka BP 显著波动，综合分析是研究区域对 YD 事件的响应，其时段与邻近的大九湖泥炭 TOC 和 δ^{13}C（Ma et al.，2008）、南京葫芦洞 δ^{18}O（Wang et al.，2001）及贵州茂兰石笋 δ^{18}O（覃嘉铭等，2004a，2004b）的记录部分重合。随后各指标 10.7~10.4 cal. ka BP 和 9.9~9.6 cal. ka BP 又记录了两次较明显的变干。

阶段 II，9.06~7.9 cal. ka BP（535~503 cm）。该阶段初期各环境替代指标都呈明显变化，指示着江汉平原全新世早期显著的环境变化。随后各指标显示江汉平原区降水和湿度持续增加。对非洲全新世湖泊水位变化的研究显示，在 9.0 ka BP 从 15°30′S 向北的所有湖泊均处于高水位（Kiage and Liu，2006）。Spaulding（1991）通过模拟研究认为是轨道变化驱动夏季辐射增加，进而导致低纬度地区季风增强，影响范围估算在 10°~35°N。这些理论和研究结果有力的支持了本节的讨论。前人研究指出（Alley et al.，1997）约 8.2 ka BP 出现全新世以来范围最大、程度最强的气候突变，而 JZ-2010 剖面各指标表现均不突出。显然，江汉平原对显著变冷干的 8.2 ka BP 事件无明确响应，其环境变化的区域独特性值得结合其他替代指标进行更深入探讨。

阶段 III，7.9~6.05 cal. ka BP（503~452 cm）。本时期江汉平原环境湿润程度继续增强，植被发育良好使基岩侵蚀减弱，沉积通量减少且沉积组分变细。但在约 7.1~6.6 cal. ka BP 期间磁化率异常波动，Ti 含量也显著升高，可能是先民活动的反映。考古研究证实，江汉平原新石器时代大溪文化起始时间即为约 6.9 ka BP（王红星，1998）。

阶段 IV，6.05~4.42 cal. ka BP（452~375 cm）。该阶段江汉平原处于全新世以来最湿润的环境。对新石器时代人类遗址时空分布与环境变迁关系的研究表明，此期江汉湖群不断扩张（王红星，1998；朱诚等，2007）。而 5.2~4.8 cal. ka BP 的气候相对变干时期，推测是促成大溪文化向屈家岭文化转变的自然背景。

阶段 V，4.42~2.7 cal. ka BP（375~280 cm）。该阶段初期各环境替代指标都现突

变，磁化率值异常偏高，侵蚀加剧且较粗颗粒组份增多，显示江汉平原 4.42～4.0 cal. ka BP 经历了显著的干旱事件，此前 7.9～4.42 cal. ka BP 持续约达 3.5 ka 的湿润期迅速结束。自然环境的变化促进了屈家岭文化向石家河文化转变，人类开始进入江汉平原腹地定居（王红星，1998；朱诚等，2007）。4.0 cal. ka BP 后环境又快速转向偏湿直至本时段结束。约 3.0 cal. ka BP 的磁化率异常偏高应与古楚人迁入江汉平原有关（谭其骧，1980）。

阶段 VI，2.7～1.22 cal. ka BP（280～231 cm）。该阶段前期各指标变化显示江汉平原经历了由湿润转偏干再转湿的过程。现存史料对这一阶段的环境变化有着明确记载（谭其骧，1980；周凤琴，1994）。对比各指标对 4.42～4.0 cal. ka BP 干旱事件和本阶段 2.2～1.9 cal. ka BP 变干的记录，本阶段磁化率并无异常增高，Ti 含量亦以溶解降低为主，结合史料推测原因应是楚人迁入江汉平原后，研究区长期作为楚王游猎的禁苑保护地，客观上减少了人类活动对植被的破坏，减弱了侵蚀和沉积。

阶段 VII，1.22 cal. ka BP 至今（231～0 cm）。该阶段各环境替代指标波动剧烈，江汉平原环境整体向偏干发展，侵蚀加剧，水位与沉积条件变化迅速，气候与环境都极大程度的受到人类活动干扰，磁化率峰值和 Ti 的高含量显示其影响于唐宋时期达到高峰。

综上所述，在 JZ-2010 剖面 AMS¹⁴C 测年建立的时间序列基础上，通过对沉积物中的元素 Rb、Sr 和 Ti 含量及 Rb/Sr 值、磁化率等多项环境替代指标的综合分析，江汉平原 12.76 cal. ka BP 以来环境干湿变化可划分为 7 个阶段，即晚冰期由偏干转向偏湿波动、全新世开始湿度增强、全新世中期偏湿到湿润再至干湿波动，全新世晚期至现代偏湿到偏干的过程；同时多指标明确记录了 YD、4.2 cal. ka BP 和 2.0 cal. ka BP 的变干事件。

第四节　荆州江北农场湖相沉积记录与人类文明发展的关系

综上所述，荆州江北农场 JZ2010 剖面 259 块样品 13 个孢粉带和各类代用指标鉴定分析，揭示了江汉平原 637 cm 厚湖相沉积地层记录的古植被、古气候及古环境变化与人类文明发展关系的如下特点：

本区新仙女木事件之前的晚冰期间冰阶即阿勒罗德暖期（AW）出现在 12.76～12.03 cal. ka BP 时期，是以单缝孢子-水龙骨-凤尾蕨-三缝孢子-松属-铁杉-蒿-藜科等为主的孢粉带。该带蕨类孢子占孢粉总数的 76.7%，木本植物花粉占 15.8%，草本占 7.5%，Rb/Sr 值多在 1.00～0.85，各代用指标揭示的是晚冰期阿勒罗德暖期（AW）间冰阶温凉偏干的气候和生态环境。欧洲和北美等地晚冰期的陆相记录（Lowe and Walker，1997）以及神农架大九湖泥炭层孢粉重建的年平均温度曲线（Zhu et al.，2008）证实了此研究结论的可靠性。

本区新仙女木事件出现在 12.03～11.45 cal. ka BP，是以单缝孢子-凤尾蕨-三缝孢子-水龙骨-松属-铁杉-蒿等为主的孢粉带。在该阶段蕨类植物占 74.1%以上，木本植物占 15.8%，草本植物占 10.1%。在该时间段，地层中不仅孢粉总含量较少，常绿阔叶和水生草本孢粉基本没有。Rb/Sr 比值低，沉积速率低，平均粒径为全剖面最粗（5.86Φ），揭示的是长达约 580 年的新仙女木冷干事件。Shen 等（2006）对 16.0 cal. ka BP 以来青海湖沉积物孢粉、TOC、TN、有机碳同位素及粒度等多指标高分辨率研究结果和 Zheng 等（2007）对若尔盖红原泥炭剖面的脂类生物指标、有机碳等多指标分析结果与上述研究基本一致。

11.45～7.8 cal. ka BP 为本区全新世早期，显示为单缝孢子-凤尾蕨科-三缝孢子-水龙骨科-松属-铁杉属-蒿属-藜科-十字花科组合成的第Ⅲ孢粉带。蕨类植物占孢粉总数的 79.9%。值得重视的是，从孢粉鉴定看，本区 8.2 ka BP 前后的冷事件应出现在 8.48～8.34 cal. ka BP，此时期主要为蕨类孢子，常绿阔叶、落叶阔叶、灌木和水生草本孢粉基本未发现。与本研究区邻近的神农架大九湖泥炭的孢粉记录（Zhu et al.，2010）和山宝洞 SB10 石笋的 $\delta^{18}O$ 记录（Shao et al.，2006）也清晰地揭示出了这一冷事件。由于湖北省目前发现 7.8 cal. ka BP 以前的新石器时代遗址极少，因此上述孢粉带Ⅰ至Ⅲ主要反映的是自然界本身环境演变特征。

7.8～6.9 cal. ka BP 是本区城背溪文化时期，属于单缝孢子-凤尾蕨科-三缝孢子-水龙骨科-松属-蒿属-藜科组合成的第Ⅳ孢粉带。考古发掘虽证实该时期居民已定居生活并种植水稻，但该时期湖北人类遗址仅有 23 处，JZ2010 剖面当时处于湖泊沉积位置，其附近几乎无人类遗址分布，在其上游 75 km 的长江沿岸虽有 7 处遗址，但因遗址数量有限，该孢粉谱仍反映了自然为主的气候与生态环境特征。其蕨类植物孢子占孢粉总数的 74.4%，常绿阔叶少，水生孢粉基本没有。结合 Rb/Sr 值等代用指标分析，总体反映了该时期由温湿向温干转化的环境。Chen 等（2009）根据安徽巢湖湖泊沉积 ACN 岩芯的孢粉分析得出巢湖地区 8.55～7.55 cal. ka BP 气候温暖湿润，但在 7.55～6.05 cal. ka BP 青冈属和栎属显著减少，而旱生草本植物比例增加，与研究区同样出现干旱化过程；Zhu 等（2003）根据新石器时代人类遗址时空分布研究发现长江三角洲地区全新世高海面可能出现在 7.0 cal. ka BP 以前，这些均证实这一时段发生了明显的湿度或降水量变化。

6.9～5.1 cal. ka BP 是本区大溪文化时期，孢粉以单缝孢子-水龙骨科-三缝孢子-松属-常绿栎-蒿属-十字花科-藜科等为主组合成第Ⅴ孢粉带。孢粉和代用指标综合分析表明，该时期气候总体是逐渐向暖湿转化。Wu 等（2010，2012）根据巢湖湖泊沉积物孢粉记录研究了巢湖流域中全新世环境演变与聚落变更的响应关系，表明 6.04～4.86 cal. ka BP 是该地区森林扩张和最温暖湿润期；Yu 等（2003a）对瑞典南部沿海 Ryssjön 湖泊沉积物的研究，也发现该湖盆在 7.0～5.3 cal. ka BP 发生过两次不同规模的海水入侵，从侧面旁证了这一暖湿期的存在。在 JZ2010 剖面上游约 50 km 宜昌至长江三峡两岸分布有这一时期的人类遗址 72 处，该时代地层沉积已有受人类农业活动影响的因素，从 JZ2010 剖面孢粉图谱看，禾本科在早期（6.60～6.52 cal. ka BP）有一小的峰值，但在 5.580～5.104 cal. ka BP，十字花科含量在全剖面孢粉带谱中是最高的。分析认为，该阶段十字花科的增长可能与人类农业发展导致的伴人植物蔬菜被大量驯化种植有关。

5.1～4.5 cal. ka BP 是屈家岭文化时期，属于松属-常绿栎-落叶栎-蒿属-十字花科-枫香属-胡桃属-铁杉属-栲属-禾本科-蔷薇科-单缝孢子-三缝孢子为主组合成的第Ⅵ

孢粉带。木本植物花粉占孢粉总数的 71.4%，落叶阔叶乔木占木本孢粉总数的 41.92%，常绿栎和水生花粉增加明显，结合代用指标分析，可能该时代早期气候偏湿、中期略干、晚期又转湿。该时代早期 5.03～4.80 cal. ka BP 孢粉图谱中十字花科有一峰值，而禾本科峰值出现在该时代中期 4.80 cal. ka BP，表明人类农业文明的影响逐渐增大。根据该时代后期人类遗址主要分布在 50～200 m 海拔高度的分析，表明屈家岭文化后期人类生存和农业耕作可能受到过水域扩大和洪涝灾害的影响，这得到了本区及邻近地区部分遗址发现屈家岭文化晚期古洪水淤砂层沉积的证实（朱诚等，1997；史威等，2009；查小春等，2012）。

4.5～4.0 cal. ka BP 是本区石家河文化时期，属于松属-常绿栎-胡桃属-落叶栎-石竹科-蒿属-单缝孢子第Ⅶ孢粉组合带。木本占孢粉总数的 61.3%，但水生孢粉总体很少，禾本科、十字花科等与人类生存相关的伴人植物花粉大为减少，Rb/Sr 值在早期高达 1.60～1.69，在晚期仅为 1.18～1.26，结合遗址分布和代用指标的综合分析表明，石家河文化时期气候总体向干旱化发展，且其干旱程度是逐渐增强的，这是国内外学者普遍关注的 4.2 ka BP 事件（Cullen et al.，2000；Wu and Liu，2004；Yasuda et al.，2004；Wang et al.，2005；Huang et al.，2011）在本区的体现。与研究区相邻的神农架山宝洞 SB10 和 SB26 石笋氧同位素记录（Shao et al.，2006；Wang et al.，2008）表明 4.4 cal. ka BP 之后为降水较少的干旱期；Yu 等（2006）对青藏高原东部红原泥炭记录的研究则反映了 4.1 cal. ka BP 以来中晚全新世过渡期的干冷气候特征；神农架大九湖泥炭和天目山千亩田泥炭腐殖化度记录也发现约 4.2 cal. ka BP 前后季风衰退，气候由暖湿转向凉干（Ma et al.，2009）。

4.0～2.77 cal. ka BP 是夏商周文化时期，属于松属-水蕨科-常绿栎-落叶栎-胡桃属-栲属-蒿属-禾本科-莎草科等为主的第Ⅷ孢粉组合带，木本植物花粉占孢粉总数的 55.0%。该区夏代早期气候偏凉干，晚期偏暖湿，商代晚期水生草本几乎消失。值得注意的是，湖北全省夏代主要遗址仅有 7 处，全部分布在海拔 50 m 以上地区（其中 3 处分布在海拔 150～600 m 地区），这一分布态势充分表明在 2070BC～1600BC 的夏代经历过显著的特大洪水事件，受洪水影响，人类只能在海拔 50 m 以上地区生存；而湖北在 1600BC～1046BC 的商代 60 处主要遗址中有 39 处分布在海拔 2～50 m 的低地区，揭示了可能与商王朝兴衰密切相关的干旱气候事件。对巢湖流域先秦时期考古遗址时空分布与湖泊沉积植硅体记录关系的研究，也揭示出商周时期气候向温和干燥方向发展（范斌等，2006；Wu et al.，2010）。由此可知，《国语·周语》中"殷纣三十三年（1066BC），河竭而商亡"的历史记载并非仅指黄河流域，当时的长江中游湖北地区以及长江下游巢湖地区也遭受过同样的干旱环境。

2.77～2.27 cal. ka BP 是春秋战国时期，属于松属-水蕨科-旋花科-蓼属-落叶栎-胡桃属-常绿栎-枫香属-蒿属-榆属等为主的第Ⅸ孢粉组合带，木本花粉占孢粉总数的 57.7%。总体看来，常绿阔叶、落叶阔叶、针叶、灌木、草本、水生草本和蕨类在该历史时期均有一定的同步性变化，水生草本也显著增加，禾本科在后期出现一个小峰值。结合各代用指标分析，该阶段仍属于较暖湿的气候阶段。本时期出现了关于古云梦泽的最早历史记载，位在江汉平原的中西部，侧面揭示了湖沼水域面积有所扩大（杨怀仁和唐日长，1999）。

2.20～1.07 cal. ka BP（246BC～885AD）是秦汉至隋唐时期，属于禾本科-松属-莎草科-水蕨科-蒿属-常绿栎-落叶栎-胡桃属-藜科等为主的第Ⅹ孢粉组合带，木本植物花粉占孢粉总数的 39.4%，常绿阔叶、落叶阔叶、水生草本、草本和针叶孢粉数量在 246BC～749AD 期间含量较高，气候较湿热；772AD～794AD 气候较为干凉。值得重视的是，该阶段古云梦泽水域的变化与气候环境具有较好的一致性，秦汉时期以来云梦泽主体开始向东部移动，使城陵矶至武汉间的广大区域泛滥成为湖沼，《水经注•沔水注》记载当时云梦泽"周三四百里，及其夏水来汇，渺若沧海，洪潭巨浪，萦连江沔"，而至唐以后云梦泽水域范围开始不断缩小，深度也渐变的较为平浅（蓝勇，2003）。另一值得注意的是该时期禾本科和水生莎草科在 JZ2010 剖面孢粉图谱上呈最高峰值，水生孢粉莎草科在 862AD～885AD 多达 118～202 粒，表明该时期是适应人类稻作发展水热气候条件的适宜期，禾本科和水生孢粉在该时期同时达到峰值，揭示人类以水稻为主的稻作农业在该时间段得到大发展。Rb/Sr 值等代用指标出现两个高值和两个低值，表明该时期虽以温和湿润气候为主，但仍有一些干凉气候的波动过程。Maldonado 和 Villagrán（2006）根据智利 Palo Colorado 沼泽森林钻孔孢粉记录得出智利海岸地区 2.2～1.3 cal. ka BP 沼泽森林重新开始扩张，气候环境逐渐转向湿润；王心源等（2008a，2008b）对安徽巢湖湖泊沉积物孢粉、粒度和磁化率等记录的研究发现 2.17～1.04 cal. ka BP 阔叶树种自然更新力较强，气候总体上温和湿润；Zhu 等（2010）对神农架大九湖泥炭孢粉记录的研究也得出该区 2.0～1.0 cal. ka BP 湿生草本花粉百分比含量上升，开始转为较为温和湿润的气候。以上均可证实这一时期温和湿润气候的存在。

1.04～0.68 cal. ka BP（908AD～1270AD）是五代十国至宋代即欧洲的中世纪暖期，孢粉属于松属-铁杉-水龙骨-三缝孢子-单缝孢子-常绿栎-蒿属-禾本等为主的第Ⅺ孢粉带，木本植物花粉占孢粉总数的 57.3%。孢粉和代用指标综合分析表明，该时期虽在 953AD 气候较为湿润，但与人类农耕密切相关的禾本科、十字花科和常绿阔叶等孢粉数量显著减少，一是表明该时期水热气候条件不太有利于人类耕种，二是可能与该历史时期我国的战乱频繁有关，值得进一步研究证实。本阶段也是古云梦泽解体时期（蓝勇，2003），宋代文献中已经不见云梦泽广大水域的记载，志书中提到的马骨湖仅为周围 15 km 的小湖沼，根本无法与汉晋时代"周三四百里"相比，江汉平原上大面积湖面消失，演变为星罗棋布的小湖沼（仝秀芳等，2009）。这可能与江汉三角洲的不断发展以及宋代大量人口南迁导致的开垦有关（杨怀仁和唐日长，1999）。

0.66～0.30 cal. ka BP（1293AD～1655AD）是元代至明代时期，属于松属-铁杉-水龙骨-单缝孢子-凤尾蕨-三缝孢子-蒿-禾本等为主的第Ⅻ孢粉带，木本植物花粉占孢粉总数的 61.3%，禾本科在中后期略有增多，落叶阔叶、常绿阔叶和灌木相对较少，水生草本极少，对代用指标的综合分析表明，该时期总体上属于温干的气候环境。

0.27～0.02 cal. ka BP（1678AD～1927AD）是清代至民国时期，属于松属-凤尾蕨-藜-蒿-三缝孢子-单缝孢-水龙骨-铁杉等为主的第ⅩⅢ孢粉带，木本植物虽占孢粉总数的 62.4%，但以针叶乔木为主。需要指出，在 1746AD～1905AD 期间各地层孢粉含量均在 100 粒以下，常绿阔叶、落叶阔叶、灌木和水生草本含量均很少。Rb/Sr 值大多在 0.46～0.90，揭示该时段是气候干冷的小冰期。

　　综合以上讨论得到，江汉平原荆州江北农场 JZ2010 湖相沉积记录综合反映了本区晚冰期以来的气候环境变化，明确记录了 AW、YD、8.2 ka BP 和 4.2 ka BP 等气候事件，与前人对周边地区的研究有很好的相关性，同时区域自然环境演变与全新世人类文明发展关系也非常密切。考虑到全新世以来该区的新构造运动背景，认为江汉平原地区的环境演变主要受到太阳辐射变化与亚洲季风演化等外部因素的影响；同时也表现出较强的区域独特性，即受到白垩纪以来持续构造沉降，以及东北、北、西三面环山而东南面向夏季风倾斜开放的地势影响。早中全新世以来人类活动对河湖环境演变的影响逐渐增强，体现出区域环境系统演变的复杂性。

第六章 长江中游新石器时代以来考古
遗址时空分布与环境的关系

第一节 长江中游地区新石器时代以来考古学文化演进特点

我国早期文明起源地往往沿大江、大河呈链状分布，如辽河链、黄河链和长江链，宋豫秦等（2002）将其称为文化生态区。划分文化生态区的标准是中尺度的气候、地貌、地理和文化类型组合，如新石器时代大暖期在长江流域的气候状况相当于现代的中亚热带南部，气候湿热多雨，年降水量 1300～1800 mm，山地覆盖着常绿阔叶林，河湖三角洲地区河网密布，湿地连片。位于长江中游地区的大溪文化和屈家岭文化即是在这种生态环境下脱颖而出的。迄今发现的长江中游地区时代最早的新石器时代考古学文化是以澧县彭头山（湖南省文物考古研究所，1996）和八十垱遗址（湖南省文物考古研究所和澧县文物管理所，1990）为代表的彭头山文化（8.8～7.6 ka BP），此时已出现原始陶器，种植稻谷。继之而起的是城背溪文化或皂市下层文化时期（8.0～7.0 ka BP），前者主要分布于鄂西山地及峡江地区，后者主要分布于洞庭湖西北一带。

大溪文化（6.4～5.3 ka BP）以后，长江中游地区新石器文化进入蓬勃发展时期，稻作农业得到较大发展（郭立新，2005）。据统计，迄今发现的大溪文化之前的新石器时代遗址加起来只有四、五十处，而大溪文化时期突然增加到约百余处，遗址平均面积从此前的 8000 m² 增加到 17 000 m²（郭凡，1992）。大溪文化时期文化面貌更加多样化，出现了主要分布在鄂西和峡江地区的大溪文化关庙山类型；分布于洞庭湖西北岸的汤家岗类型和分布于汉江东部以京山、天门一带为中心的油子岭类型（张绪球，1992）。大溪文化中期偏晚阶段，峡江地区手工业生产开始萌芽，但当时的聚落仍多为小型聚落。到了大溪文化晚期，社会生产力显著发展，各群体在控制资源及拥有财富的能力方面开始出现差别，一些聚落的规模增大，并逐渐向中心聚落发展（郭立新，2005）。

到了屈家岭文化早期（5.0～4.8 ka BP），由于生产力提高带来的社会繁荣导致人口激增和各群体之间的资源竞争，出现了中心聚落和依附于它的一般聚落的等级结构形态。屈家岭文化晚期至石家河文化早期（4.8～4.4 ka BP），长江中游地区史前文化的发展进入鼎盛期。表现在：① 制陶业者的专门化程度进一步提高；②群体内部阶层分化明显。但是，大约从石家河文化中期偏晚阶段开始（4.3 ka BP），长江中游地区的文化开始衰落；到了石家河文化晚期，原有的城垣大多被废弃，文化中心区消失，文化面貌发生突变。在石家河文化以后相当长的一段时期内（大约相当于夏商时期），长江中游地区社会文化发展滞后，迄今发现的考古遗存数量极少（郭立新，2005），说明石家河文化在夏商时期已经衰落了，弄清其衰落的原因则是中华文明探源的重要研究内容。

长江中游地区新石器时代考古学文化的演进历程，存在四个重要的发展阶段：彭头山文化为初兴之时，大溪文化时期蓬勃发展，大溪文化晚期至屈家岭文化时期社会分化逐渐加剧，至石家河文化晚期长江中游地区的史前文化彻底衰落。在这四个重要的文化发展转折阶段生态环境状况如何？社会文化发生重大转变的背后是否包含有环境变迁的因素？同时，由于长江中游地区是我国人类活动历史悠久的地区之一，人为引起的植被变化在反映气候导致的植物群落变化研究方面常常得出模棱两可的结论（Bradbury，1982；Jason and David，1996；张强等，2001），因而从遗址分布的地理空间角度，综合典型遗址地层的地球化学和古生物证据以及特殊的文化层、自然层的地球物理和沉积学特征考察其环境信息的工作就自然而然的成为环境考古学研究的重要内容。

长江中游及峡江地区地处我国地形三级台阶的第二、三级阶梯的过渡地区，地形差别悬殊，既有海拔超过 3000 m 的山地、也有海拔 20 m 的河积湖积平原低地；既有不足百米的河流阶地也有沃野千里的两湖平原。自中新世以来的喜马拉雅运动导致本区以洞庭湖为中心的地层差异沉降活动曾经形成大面积的湖泽（张修桂，1980；谭其骧，1980）。大溪文化中、晚期湖群进一步扩张，人类居址局限于平原与低岗过渡带。屈家岭文化时期至石家河文化早中期湖群不断萎缩，人类重新来到平原上的一些高地定居。但自石家河文化晚期以后，湖群再次扩张，人类再次离开低地平原（朱育新等，1997；蔡述明等，1998）。期间的洪涝、干湿冷热等极端气候事件对该区人类的生存环境影响较大（肖平，1991；周凤琴，1994；朱诚等，1997）。结合典型遗址地层的沉积学、地球化学、孢粉学特征信息和遗址考古器物反映的社会发展水平信息分别从遗址的宏观空间结构和遗址不同时期人类活动地表遗迹反映的人类活动的微观特征借以恢复环境变迁与人类活动的响应机制是研究中全新世时期人地关系的重要内容，也是 PAGES 研究计划的组成部分。

一、长江中游新石器文化的地位

李伯谦（1997）曾经指出："只要对黄河、长江这两河流域文明的进程有个基本的了解，中国文明起源的问题就基本解决了。"长江中游是长江流域的一个重要环节，也是一个相对独立的原始文化区域，长江中游文明进程的探索，不仅旨在了解长江中游文明化的步伐是如何迈进的，而且还在于探求其新石器时代文化的演进机制，为进一步理解长江流域文明化进程和探索中国文明起源奠定基础。

江汉地区是长江中游最重要的一个文化区，具有古老而发达的史前文化，并独立成体系：城背溪→大溪→屈家岭→石家河文化体系。鄂西一带，发现有巨猿（与人类有近缘关系）牙齿化石、郧县猿人化石和长阳人化石（李天元，1990）。江汉地区是我国研究人类从山区走向平原，从旧石器时代转变为新石器时代的重要地区；鄂西至湘北一带有新石器较早的城背溪文化和彭头山文化。江汉地区应是我国最早的新石器时代文化分布区之一。从郧阳人到城背溪、彭头山文化，可以从各个不同阶段的文化内涵中了解到古人类在江汉地区，不但完成了从山区洞穴走向平原定居的历史性重大转变，而且逐渐形成了以种植水稻为主，以饲养、渔猎为辅的人类共同体，长江流域是我国稻作农业的发源地。

大约到了新石器时代晚期的较早阶段，江汉地区的史前文化已发展到了相当高的水平。这个时期的大溪文化，无论是时代的上限，还是发达的程度都可与黄河流域的仰韶文化相比。在长江西陵峡中段有密集的大溪文化遗址（杨权喜，1991），以中堡岛为中心，周围有朝天嘴、三斗坪、杨家湾、白狮湾、伍相庙等遗址，构成一个大型的聚落群遗址。大型聚落群的出现，促使氏族内部的社会分工、手工业与农业的分离。在中堡岛和杨家湾都发现有相当规模的石器制作工场，从工场中采集到的各种石器成品、半成品、石料和制作过程中的抛弃物观察，石器的制造过程可分打、琢、磨等工序；石器成品的种类繁多，大小形状不同，用途显然是多方面的。同时，大溪文化中期的少量薄胎彩陶单耳杯、碗，在全国彩陶系统中显示出较大特点和较高工艺水平。这证明当时从事手工业的活动已经进入专业化阶段。所有这些大溪文化遗址的居住区都集中在地势较高的位置上。显然这个大型聚落群已开始脱离了居住、劳作、埋葬及其他活动相混杂的形态，正向具有整体布局的都市形态变化（杨权喜，1994）。

至 5100 a BP，长江中游地区进入了屈家岭文化发展阶段。屈家岭文化以大量种植粳稻和彩陶纺轮、蛋壳彩陶、朱绘黑陶、双腹陶器而闻名于世。并以此证明屈家岭阶段江汉的农业、纺织业、制陶手工业等方面都有重大变革（张绪球，2004）。经过初步调查或局部发掘的屈家岭文化城址，在湖北境内的有天门石家河、荆门马家垸、江陵阴湘城。屈家岭文化时期，稻作农业不断发展，生产规模、技术水平进一步提高。这与大溪文化时期以逐水而渔的生产方式截然不同。在陶器和红烧土中，稻谷壳作为掺和料继续广为使用。水稻品种一改以往仅有小粒形稻种的情况，而广泛种植了较大粒的粳稻优良品种，这从一个侧面明显反映出两湖平原地区史前稻作农业已相当发达。（屈家岭考古发掘队，1992）。屈家岭文化的彩陶，以彩陶器内外壁上的晕染画法和较普遍的在陶纺轮上绘彩为特点，而这在我国新石器时代文化中独占特殊的地位。

石家河文化（4600～4000 a BP）聚落以石家河古城及其聚落群最典型。古城工程浩大，内涵丰富，集中了许多独特和精华的东西，远非一般石家河文化聚落可相比拟，为石家河文化最上层的政治中心，也是龙山时代体现一个文化"首府"性质的核心聚落之一。该古城城垣大体呈圆角长方形，面积约 12×10^5 m²。城垣四边规则地围绕着周长 4800 m 左右的宽大护城河，目前在史前城址中则居首位（任式楠，2005）。从邓家湾遗址出土的石家河文化时期的陶偶看，邓家湾当时是陶偶的专门和批量生产烧造地，许多陶偶的造型几乎完全一样，体现了较高的专业化技术与规模，作为特殊用品的规格要求，还达到了一定程度的标准化。此外，天门肖家屋脊、钟祥六合等地出土了一批小型象生玉雕，种类有玉人（神人）头、兽类、鸟禽和昆虫，其形态多样，写实形象与想像造型并存，总量也较丰富，共约 90 多件，这在我国新石器时代实属罕见和独特（荆州地区博物馆，1987）。

二、长江中游主要新石器文化概况

（一）大溪文化（6400～5300 a BP）

在江汉流域大溪文化的分布范围相对有限，主要分布在江汉平原西部的钟祥、京山和天门一带。主要代表遗址是：京山油子岭（屈家岭考古发掘队，1992）、朱家嘴（张绪球，1992）、屈家岭（张绪球，2004）、钟祥边畈（张绪球，1992）、六合（荆州地区博物馆，1987）等。

根据张绪球的研究（1987），汉江中下游地区属于油子岭类型，器物中多见支座。何介钧（1987）对大溪文化的关庙山类型分为4期。第一期（6300～6000 a BP）：典型遗存有关庙山遗址、荆南寺遗址等。陶器以夹炭粗泥红陶为主。陶器表面多施深红色或红褐色陶衣。纹饰有刻划纹、细绳纹、戳印纹和镂孔，仅有极少量彩陶。第二期（6000～5700 a BP）：典型遗址有关庙山、红花套等地。陶器以夹炭红陶仍较多，器表为红色陶衣。但泥质红陶、红陶、夹砂、夹蚌陶有所增加。第三期（5700～5400 a BP）：典型遗址有关庙山、毛家山、红花套等。陶器以泥质红陶为主，夹炭、夹砂泥红陶减少，泥质黑陶和灰陶增加。第四期（5400～5200 a BP）：典型遗址有关庙山、清水滩等。陶器仍是泥质红陶，黑陶和灰陶明显增加。

（二）屈家岭文化（5000～4600 a BP）

根据有关测年数据（张绪球，2004），屈家岭文化大约存在于5000～4600 a BP之间，属于铜石并用时代初期，在此之前，长江流域的新石器文化已经历了7000余年的发展过程，这一过程由于自然环境的变迁和社会结构的演替而充满了曲折。屈家岭文化作为一种后起的地域文化，应当是由几种原始文化长期融合发展而产生的。

屈家岭文化分布范围较广，以江汉平原为中心向南向北分别延伸至湖南省和河南省境内。在汉水流域主要分布在江汉平原中北部汉水中游到涢水流域之间的地区，包括天门、京山、钟祥、应城等地，该区为屈家岭文化区的中心部位。鄂西北及鄂北地区主要包括十堰市和襄樊市管辖的范围，本区的屈家岭文化遗址主要有：郧县青龙泉、大寺、梅子园等地；丹江口林家店、观音坪，房县羊鼻岭，竹山县霍山等地。河南省境内的屈家岭文化主要分布在南阳盆地地区。

器物形制一般以黑陶为主，灰黑陶次之，还有少量红陶和泥质橙黄陶。快轮制陶技术较为普遍，一些厚重的炊器和容器仍用手制。陶器多素面，以凸弦纹和镂孔为主要装饰，也有少量凹弦纹、刻划纹、附加堆纹、压印菱形纹、蓝纹和绳纹。有较多彩陶，主要施于壶形器、薄胎陶杯和纺轮上。晕染法流行，主要纹饰有网格、棋盘格、菱形、卵点、涡旋纹等。

本期流行双腹碗、双腹豆、双腹鼎、壶形器、高领罐、薄胎喇叭形陶杯等。前屈家岭文化时期的曲腹杯、簋、直壁瓶和深腹豆少见。

屈家岭文化时期的文化面貌较大溪文化时期均质性明显加强，不同区域的器物形制在长江中游史前时代是最小的时期（郭立新，2005）。根据器物组合和形制差异，张绪球（1992）将屈家岭文化分为二期：早期和晚期。早期器物制作精致，双腹器的腹部较浅，仰折明显；喇叭形薄胎彩陶杯腹部斜直，底径大；壶形器多为扁圆腹。晚期陶器变化不大，但一些器物陶胎增大，制作粗糙。双腹器腹部相对加深，仰折程度不如早期明显，双腹豆圈足出现台座；喇叭形薄胎彩陶杯底径变小，腹变深，腹壁呈弧形；壶形器腹部出现扁折，腹腔变小。

（三）石家河文化（4600~4000 a BP）

石家河文化是长江中游地区继屈家岭文化之后发展起来的一种考古学文化，与北方的龙山文化大致处于同一时期，其中心范围在江汉平原中北部。

石家河文化的陶器以夹砂陶、泥质陶、夹炭陶和红陶为该时期的主流。陶器饰纹以蓝纹为主，后期拍印方格纹、绳纹渐多。器物以圈足器、三足器为主。圈足器有豆、盘、碗；三足器有鼎；平底器以罐、缸为主。本期器物的风格是厚重粗大、制作粗糙。郭立新（2005）将石家河文化按器物形制分为三期。

石家河文化早期：代表遗址有天门石家河和肖家屋脊等地。早期陶器的屈家岭文化因素还较浓厚。红陶开始增加，以蓝纹为主，还有一定的凹凸弦纹、镂孔、按窝纹、网状划纹等。薄胎红陶外壁施有红陶衣，制作相对精致，主要器物有宽扁足盆形鼎、罐形鼎、高领罐、豆、圈足盘、鬶等。

石家河文化中期：典型遗址有房县七里河遗址、天门肖家屋脊等。本期红陶剧增，彩陶少见，尚有少量素面磨光陶器，有饰纹的陶器增加，仍以蓝纹为主，拍方格纹增加，绳纹少见。制作工艺已显粗糙。新出现的器形有腰鼓形罐、夹砂厚胎陶臼、实足高足杯、直领折肩小罐。壶形器和细长条形特高圈足杯已罕见。泥质红陶塑动物数量大量出现。

石家河文化晚期：典型遗址有房县七里河遗址晚期，通城尧家林遗址、天门肖家屋脊遗址早期晚段等。该期陶器制作工艺粗糙、以大型器物为主，器表施以蓝纹、方格纹和绳纹等。凹弦纹之间施蓝纹或方格纹的复合纹饰出现。罐形鼎增加，侧装扁三角形鼎足增高。麻面足或饰凸棱的宽扁足鼎仍流行，锥足鼎渐多。

第二节　湖北旧石器至战国时期人类遗址分布与环境演变的关系

湖北省是旧石器时代以来人类活动和自然环境演变较为典型的地区，该区不仅有丰富的旧石器和新石器时代考古遗址，还有神农架大九湖旧石器时代以来形成的连续泥炭沉积地层，对这两者的综合集成研究可为我们提供该区旧石器以来人类活动历史及其与地貌和环境演变关系的重要科学信息。朱诚等（1997）曾根据该区新石器时代遗址离河高度的变化及地层特征和史料讨论过该区全新世异常洪涝灾害问题，近年在以前研究基础上，根据新中国成立以来我国考古界研究成果《中国文物地图集·湖北分册》（国家文物局，2002），绘制了该区旧石器时代以来至楚文化时期遗址分布图，获得以下新认识。

一、研究方法

根据1362处遗址考古发掘获得的出土器物组合特征和[14]C测年数据，湖北旧石器时代至战国时代的考古学文化可划分为以下几个阶段（国家文物局，2002），即：旧石器文化阶段（距今约 1.15 Ma～10 ka BP），新石器文化以及楚文化阶段以年代为序依次是：城背溪文化（7.8～6.9 ka BP）→大溪文化（6.9～5.1 ka BP）→屈家岭文化（5.1～4.5 ka BP）→石家河文化（4.5～4.0 ka BP）→楚文化（770～278 BC）。采用将考古界多年发掘和作者实地调查获得的湖北旧石器时代至楚文化时代 1362 处考古遗址时空分布情况，如实填绘于用 Mapinfo 软件矢量化绘制的不同海拔分层设色的地形图上，可以结合地貌以及该区大九湖晚冰期以来连续沉积的泥炭地层的孢粉记录，探讨人类活动与地貌和环境演变的关系。

二、遗址时空分布状况

（一）旧石器时代文化（1.15 Ma～10 ka BP）

据考古界多年发掘和调查发现，该区旧石器文化遗址共计 77 处（见图 6.2.1），主要集中分布于十堰东北部汉水流域（今丹江口水库所在的地区以及荆州西南和荆门以东）属于旧石器时代早期的重要地点有 4 处：郧西白龙洞（图 6.2.1 第 32 号）、郧县龙骨洞（图 6.2.1 第 24 号）、郧县学堂梁子（图 6.2.1 第 31 号）和建始巨猿洞（图 6.2.1 第 44 号）；中期主要遗址有长阳下钟家湾（图 6.2.1 第 59 号）、枝城九道河（图 6.2.1 第 58 号）和黄石石龙头（图 6.2.1 第 75 号）；晚期主要有荆州鸡公山（图 6.2.1 第 49 号）、房县樟脑洞（图 6.2.1 第 38 号）、丹江口石鼓村（图 6.2.1 第 23 号）、金鸡咀（图 6.2.1 第 72 号）、纱帽山（图 6.2.1 第 73 号）和军营坡（图 6.2.1 第 1 号）。除房县樟脑洞和丹江口石鼓村（图 6.2.1 第 23 号）两地是洞穴堆积外，其他遗址主要分布

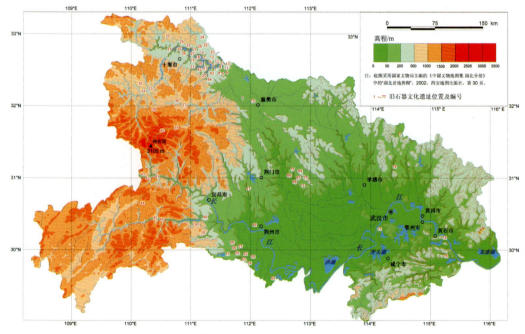

图 6.2.1　湖北旧石器时代（1.15 Ma～10 ka BP）考古遗址分布

于河流阶地区。从河流地貌发育角度看，此时期河流还分布在较高山地区，在渔猎经济时代人类依山傍水而居，从而导致当时遗址分布在较高位置。

旧石器时代有31处遗址分布于海拔50～200 m的地区（图6.2.1，表6.2.1），如十堰市以东的丹江口一带第4～9号、14、15号遗址以及荆门市以东的第66～69号遗址等；另有29处遗址分布于海拔200～500 m地区，且主要集中在十堰市以东如21～30号和61～64号等；还有8处分布在海拔0～50 m的平原地区，如荆州市西南部的49～51号、53～54号、57号和65号遗址等；另有9处分布于海拔500 m以上地区。

（二）城背溪文化（7.8～6.9 ka BP）时期

从图6.2.2可见，城背溪文化时期遗址数量锐减至23处，原有的旧石器遗址分布区此时的遗址分布寥寥无几，西南部宜昌附近的长江沿岸却明显增多，并成为该时期一个重要的分布区。其中编号12～16为上部叠压有大溪文化层的城背溪文化遗址；17～23号则为相当于城背溪文化阶段的文化遗存。遗址主要集中分布于鄂西长江两岸，如宜都城背溪（图6.2.2第4号）、枝城北（图6.2.2第9号）、秭归柳林碛（图6.2.2第12号）和秭归朝天嘴（图6.2.2第13号）等。城背溪文化的居民已开始定居生活，种植水稻、采集和渔猎是其经济生活的主要内容。因此，绝大多数遗址（11处）分布于海拔0～50 m的地区（如5～7号、16～21号遗址等），遗址分布有明显的自西部山麓向东部武汉、孝感地区迁移的趋势；另有7处分布于海拔50～200 m地区，如第1号、3号、4号、8号、10号、13号和15号等遗址，这些遗址所处的地貌部位主要位于鄂西山地东侧山麓一带；仅有5处遗址分布于海拔200 m以上的较高地区，如2号、12号、14号、22号和23号遗址。

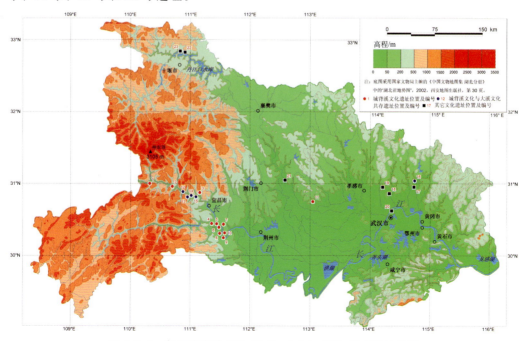

图6.2.2　湖北城背溪文化（7.8～6.9 ka BP）考古遗址分布

（三）大溪文化（6.9～5.1 ka BP）时期

大溪文化遗址数量在经历城背溪文化低潮后，又增加至104处（图6.2.3），这一时期的遗址主要集中分布于宜昌以西的长江三峡两岸地区以及宜昌与荆州之间的当阳、枝江和松滋地区。该时期遗址位于0～50 m地区达42处，如荆门市东南部的第7～18号，荆州和宜昌之间的第47～57号和86～91号；此外，50～200 m的遗址也达到32处，如第3～6号和80～86号等；200～500 m的遗址达26处，如27～30号、32～38号、60～72号等；仅有4处遗址分布于海拔500～1000 m的鄂西山地区，如第24号、26号、67号和93号遗址。大溪文化主要是在城背溪文化基础上发展起来的，主要分布于长江三峡地区、清江和沮漳河流域。发掘出的主要遗址有枝江关庙山（图6.2.3第50号）、宜都红花套（图6.2.3第40号）、伍相庙（图6.2.3第95号）、松滋桂花树（图6.2.3第56号）和荆州阴湘城（图6.2.3第55号）等。这一时期的居民主要从事稻作农业，还饲养家禽家畜，此时渔猎经济仍占有一定比重。图6.2.3中93～97号为大溪文化叠压在城背溪文化之上两种文化共存的遗址；98～104号为相当于该文化期的其他文化遗存。

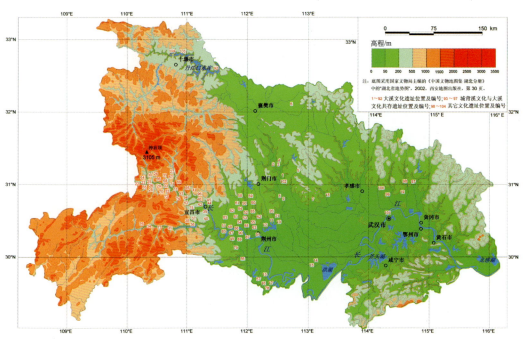

图 6.2.3　湖北大溪文化（6.9～5.1 ka BP）考古遗址分布

（四）屈家岭文化（5.1～4.5 ka BP）时期

从图6.2.4可见，屈家岭文化期的遗址数增加至191处，与图6.2.3相比，可见原先分布在宜昌以西长江三峡地区的34处遗址有32处消失，而在荆门—襄樊以东和孝感以北地区遗址却猛然增长了近90处，黄石以南和荆州西南也新出现多处遗址。该时期遗址位于50～200 m地区为93个，主要分布于襄樊东北（第120～132号）、孝感西北（第70～

76号、149～153号)、襄樊至荆门之间(第133～137号)、黄石以南(第180～185号)以及宜昌至荆州之间(第99～102号)等;0～50 m地区的遗址数达84个,主要分布在孝感以西和以北地区(第141～146号、57～66号和154～163号),以及荆州西北(第103～115号)和黄石以南(第186～191号),其中以孝感以西和以北地区遗址数增加最多;另有13处遗址分布于200～500 m的较高地区,如十堰市四周的低丘陵区(第2～4号、117～119号)、荆门和孝感之间地区(第45～46号)等;仅有1处遗址位于500～1000 m的山地区(宜昌以北的第90号遗址)。屈家岭文化是在大溪文化基础上发展起来的,在枝江关庙山(图6.2.4第172号)、松滋桂花树(图6.2.4第168号)等遗址中,都发现了屈家岭文化和大溪文化的地层叠压关系(张绪球,2004;王红星,1998)。在地域上屈家岭文化与大溪文化的分布范围基本重合,区别仅在于大溪文化的中心区域偏西,而屈家岭文化的中心区域略偏东。图6.2.4中117～178号为上部叠压有石家河文化的屈家岭文化遗址,179～191号为相当于该文化时期的其他文化遗存。

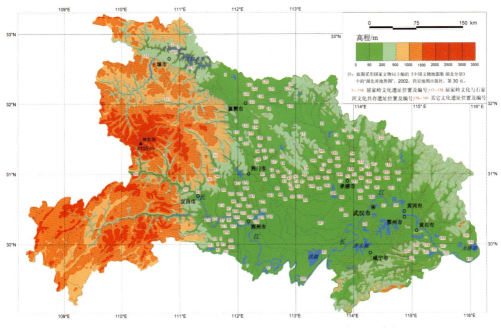

图6.2.4　湖北屈家岭文化(5.1～4.5kaBP)考古遗址分布

(五) 石家河文化 (4.5～4.0 ka BP) 时期

石家河文化是在屈家岭文化基础上发展起来的,其分布范围与屈家岭文化大体一致,但该时期遗址分布的范围有进一步向北、向南扩展的趋势,宜昌以西地区遗址也呈增加趋势。该时期主要遗址有天门北石家河(图6.2.5第321号)、郧县青龙泉(图6.2.5第6号)、随州西花园(图6.2.5第161号)和通城尧家林(图6.2.5第219号)。从图6.2.5可知,这一时期遗址数猛增至374个,其中以50～200 m地区增加最多,达204处,主要分布于襄樊以北和以南地区(第9～95号、303～320号遗址),以及襄樊以东和孝感以西及以北地区（第 156～174 号、144～153 号遗址）、黄石以南地区（第 363～368 号）；0～50 m 地区的遗址数也多达 153 个，主要有新增加的孝感西南的第 99～135 号，新增的武汉、鄂州以南和洪湖以东的第 191～207 号，新增的黄石东南和龙感湖四周的第 369～374 号，以及荆州以北和以东的第 282～294 号、孝感以东和武汉以北的第 337～346 号；另有 16 处遗址分布于 200～500 m 的较高海拔区，如十堰以北的第 1～8 号和 301～302 号遗址，宜昌东北的 241～242 号遗址；仅有 1 处遗址分布于 500～1000 m 的海拔区，如宜昌北部的第 240 号遗址。图 6.2.5 中 300～361 号为屈家岭文化与石家河文化共存遗址；363～374 号则是相当于这一时期的其他文化遗存。

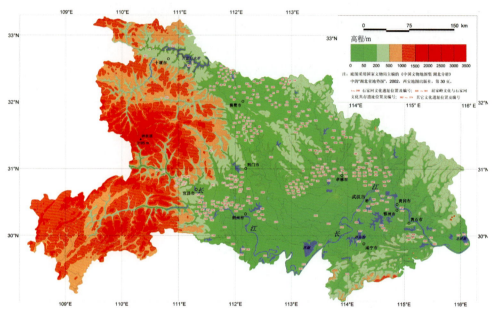

图 6.2.5　湖北石家河文化（4.5～4.0 ka BP）考古遗址分布

（六）楚文化（770 BC～278 BC）时期

楚文化时代包括西周晚期至战国晚期。湖北是楚文化形成和发展的中心区域，与图 6.2.5 相比，石家河文化时期分布在宜昌以东与荆州-荆门之间地区的遗址在楚文化时期大范围减少，而十堰—襄樊—荆门—孝感一线以北地区呈密集增加趋势。另外，楚文化时期的遗址分布明显具有从低海拔地区向高海拔地区转移的特征，该时期遗址分布最密集的区域在鄂西沮漳河流域，即当阳、江陵和枝江一带，其次在鄂西北汉水中游地区，即宜城、襄樊和郧县一带。主要遗址有宜城楚皇城（图 6.2.6 第 250 号）、襄阳邓城（图 6.2.6 第 591 号）、孝感云梦楚王城（图 6.2.6 第 55 号）和黄冈禹王城（图 6.2.6 第 366 号）。从图 6.2.6 可见，该时期遗址数多达 593 处。其中，海拔 50～200 m 地区就有 373 处，主要分布于襄樊西北、襄樊东南、襄樊以东和荆门以西，如第 488～571 号、142～176 号、230～269 号、208～228 号，以及咸宁西南和东南的 319～335 号，孝感以北的 438～455 号，以上绝大部分为新增遗址。该时期 0～50 m 海拔区的遗址也达到 159 处，主要分布于荆州以东、孝感西南和洪湖南岸，如第 278～311 号，荆州以南（第20～41号），孝感以西以北（第71～76、63～68和8～84号），还有武汉东北（第401～406号），以上绝大多数为新增遗址。此时200～500 m海拔区遗址为49个，主要分布于襄樊以东和以北（第178～180、204～207号）、十堰东南和以北及以西（第477～479、481～483、468～470和472～475号）、黄石东北（第394～396号）和宜昌西北（第578～581号）。另有11处位于500～1000 m海拔区，如襄樊—荆门以西（第586～587、574和583号）、襄樊东北（第187～188号）、黄石东北（第392～393号）、咸宁西南（第337号）。以上主要为新增遗址；仅有1处（第577号）遗址位于神农架顶东南侧海拔1000～1500 m的山区。

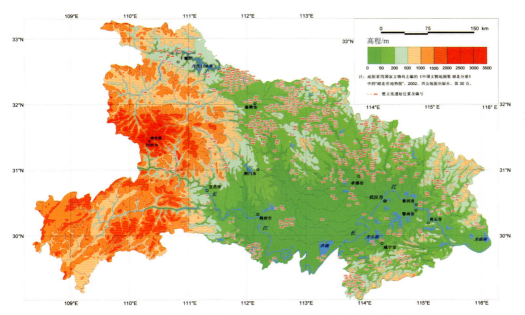

图6.2.6　湖北楚文化（770 BC～278 BC）考古遗址分布

三、遗址时空分布规律与特征

湖北省自旧石器时代至战国时期遗址时空分布变化有如下特征（表6.2.1）：

表6.2.1　湖北省旧石器时代至楚文化时期不同海拔遗址分布的变化

分类	海拔高程和遗址数量（处）						
	0～50m	50～200m	200～500m	500～1000m	1000～1500m	1500～2000m	2000～2500m
旧石器时代(1.15 Ma～10 ka BP)	8	31	29	5	2	1	1
城背溪文化(7.8～6.9 ka BP)	11	7	4	1	0	0	0
大溪文化(6.9～5.1 ka BP)	42	32	26	4	0	0	0
屈家岭文化(5.1～4.5 ka BP)	84	93	13	1	0	0	0
石家河文化(4.5～4.0 ka BP)	153	204	16	1	0	0	0
楚文化(770～278 BC)	159	373	49	11	1	0	0

　　(1) 遗址的空间变化有以下特征 (图 6.2.1 至 6.2.6)：旧石器文化遗址主要分布在十堰东北部汉水流域以及荆州西南和荆门以东，鄂西山地和鄂东仅有零星分布。城背溪文化时期原有的旧石器遗址分布区此时的遗址分布寥寥无几，相反，在西南部宜昌附近的长江沿岸却明显增多，并成为该时期一个重要的分布区。大溪文化时期遗址主要集中分布于宜昌以西的长江三峡两岸地区以及宜昌与荆州之间的当阳、枝江和松滋地区。屈家岭文化时期原先分布在宜昌以西长江三峡地区的 34 处遗址有 32 处消失，而在荆门—襄樊以东和孝感以北地区遗址却猛然增长了近 90 处，黄石以南和荆州西南也新出现多处遗址。石家河文化时期在屈家岭文化期基础上，该时期遗址有进一步向北、向南扩展的趋势，宜昌以西地区遗址也呈增加趋势。楚文化时期，原先分布在宜昌以东与荆州—荆门之间地区的石家河文化遗址大范围减少，而十堰—襄樊—荆门—孝感一线以北地区呈密集增加趋势，该时期的文化遗址分布明显具有从低海拔地区向高海拔地区转移的特征。

　　(2) 从图 6.2.1 至图 6.2.6 可见，遗址时空分布变化的总趋势是从西往东逐渐增加的，反映在地貌上则是随时间推进遗址有从高往低逐渐增多的现象。这与内蒙古西拉木伦河流域考古遗址时空分布变化有相似性 (夏正楷等，2000)，表明人类遗址主要分布于河流两岸的 1~2 级阶地区，由于受区域构造抬升影响，河流下切作用加强，在形成新的河谷和阶地的同时，老阶地也逐渐抬升到较高位置，而后期的人类仍会选择新的 1~2 级阶地作为自己的生存场所，这就造成该区遗址在时空分布上出现从高到低的变化。这并非是旧石器时代人类生活在高处、新石器时代人类往低处迁徙的表现，反映的则是人类出于水源就近选择的需要，顺应河流地貌和气候、降水、水文条件的变化，始终选择离河面高度适宜、即靠近水源、又便于抵御洪水袭击的第 1~2 级阶地生存的智慧体现。

　　(3) 旧石器时代海拔 50~200 m 和 200~500 m 的遗址数占总遗址数的 78%，而新石器时代至战国时代 71%~95% 的考古遗址分布于 50~200 m 和 0~50 m 的海拔区。新石器时代遗址主要分布于两大地貌类型区：0~50 m 的平原或 50~200 m 的丘陵岗地和河谷地带 (王红星，1998)。除城背溪文化和大溪文化期海拔 0~50 m 的遗址数占主要地位外，其他时代均以 50~200 m 海拔区遗址数最多。

四、遗址分布与环境演变关系讨论

　　根据上述讨论结合大九湖泥炭地层孢粉记录揭示的区域环境演变特征可知，从年代学上看，大九湖孢粉带 I、II (15.753~9.218 ka BP) 对应于湖北旧石器时代末次冰期以来至全新世初的时间段 (15.753~10 ka BP)；孢粉带 III、IV (9.218~4.051 ka BP) 对应于城背溪文化阶段 (7.8~6.9 ka BP)；孢粉带 IV (7.53~4.051 ka BP) 还对应于大溪文化 (6.9~5.1 ka BP)、屈家岭文化 (5.1~4.5 ka BP) 和石家河文化 (4.5~4.0 ka BP) 时代；孢粉带 V (4.051~0.911) 对应于石家河文化末期至楚文化时代 (2.77~2.278 ka BP)。

　　对该区遗址时空分布变化与环境演变的关系做出以下讨论：

　　1) 湖北旧石器时代至战国时期 1362 处遗址时空分布的总趋势是从西往东、从高往低逐渐增加的。旧石器时代海拔 50～500 m 的遗址数占当时遗址总数的 78%，而新石器时代至战国时代 71%～95% 的遗址分布于 0～200 m 的海拔区。该区遗址时空分布变化主要受两方面影响：一是各时代人类都需要选择既靠近水源、又便于抵御洪水的河流 1～2 级阶地为生存地点。而全新世以来受区域构造抬升影响，河流下切会形成新河谷，且构造运动稳定期河流侧旁侵蚀与堆积也导致大量新阶地在低海拔区增多。因此，人类为适应河流阶地位置变化的迁徙，导致该省中东部低地区遗址逐渐增多。二是该区人类遗址时空分布变化还受气候条件影响。

2）在末次冰期至全新世初，孢粉带 I、II 的特征揭示该区经历了最老仙女木冷期、博令暖期、老仙女木冷期、阿勒罗德暖期和新仙女木冷期，气候波动显著。旧石器文化遗址主要分布在十堰东北部汉水流域以及荆州西南和荆门以东，从河流地貌发育角度看，该时期遗址分布在较高位置与此时期河流主要分布在较高地势区有关。较高的地势既便于抵御洪水侵袭，又有靠近山林、利于狩猎、采集和渔获之便利。

3）城背溪文化阶段对应于孢粉带 III 和 IV，从孢粉谱的变化特征可知，城背溪文化初期正值该区达到 7.7 ka BP 前后的全新世最热时期，降水量也较大。在长江三角洲，10～7.0 ka BP 是温湿较高的高海面时期（Zhu et al.，2003）。城背溪文化时期原有的旧石器遗址分布区此时的遗址分布寥寥无几，相反，在西南部宜昌附近的长江沿岸却明显增多，并成为该时期一个重要的分布区。大九湖孢粉带 IV 揭示此时亦是剖面中孢粉浓度最大的中全新世暖湿期，暗示位于孢粉带 IV 下部的城背溪文化阶段湖北地区暖湿、降水显著。因此，城背溪文化期遗址数只有 23 处可能与当时处于全新世湿热期降水量较大以及洪水较多有关。

4）大溪文化、屈家岭文化和石家河文化对应于大九湖孢粉带 IV 的中上部，这一阶段亦处于全新世温暖湿润期，总体上气候适宜，是有利于农业文明发展的全新世暖湿期，在湖北中东部地区各时代遗址数递增显著，所以遗址数由城背溪文化时期的 23 处增至大溪文化时的 104 处。但屈家岭文化时期，原先分布在长江三峡地区的 34 处大溪文化遗址有 32 处消失，而在襄樊—荆门—孝感一线以北的较高地势区却猛然增长了近 90 处，此种变化可能与当时水域范围扩大有关。孢粉特征揭示这一时期木本植物、水生草本及蕨类孢子浓度均有较大增加，山宝洞 SB10 石笋氧同位素记录（Shao et al.，2006）均证实此时为降水丰沛期。为抵御长江干流和各支流洪水，这一时期增加的早期大溪文化遗址仍然以长江三峡高阶地区和宜昌东南长江以北海拔 50～200 m 的地区为主。石家河文化遗址数 374 处在屈家岭文化 191 处基础上又进一步增大。新增的遗址除大部分位于荆门—孝感—武汉一线以北的海拔 50～200 m 地区外，还有许多出现在海拔 0～50 m 的江汉平原区，表明石家河文化期降水量和水患程度均低于前几个文化期，使得农业文明进一步在江汉平原得到发展。当然，此前全新世数千年间由于区域构造抬升、河流下切、新河谷的发育以及构造运动稳定期间河流侧旁侵蚀与堆积作用造成的新阶地的增多，也是导致这一时期湖北东部低海拔区人类遗址增多的原因之一。

5）楚文化时期对应于大九湖孢粉带 V，处于全新世温干气候阶段，但当时的温湿条件仍有利于农业耕种，故该时期遗址数骤增至 593 处。除在十堰—襄樊—孝感—黄冈一线以北的 50～200 m 海拔区遗址增加最多外，在 0～50 m 的鄂东南江汉平原区也增加不少遗址。湖北东南部荆州—荆门—孝感—武汉—咸宁—洪湖一线所环绕的海拔 0～50 m 的湖群区因地势低洼，洪涝严重，所以成为历代遗址分布最少的地区。

第三节　湖南旧石器至新石器晚期文化遗址分布与环境演变的关系

大量研究表明，全新世环境的快速变化，不仅有自然环境演变，还有人类活动的交叉影响，如何研究自然和人文复合影响是一个复杂并有一定难度的科学问题（朱诚，2005）。近二十年来，长江流域环境考古研究取得了丰硕的成果（Wu et al.，2012；朱诚等，2014），尤其长江三角洲（Zhu et al.，2003；朱诚等，2016）和长江三峡地区（朱诚等，2010），但对于处于中游的湖南省，环境考古和第四纪环境演变研究则相对薄弱。本节利用数十年来湖南省考古发掘的旧石器至新石器时代晚期人类文化遗址的时空分布，并结合自然背景资料，来探讨文化发展与气候、环境的关系。

一、研究区域概况

湖南省位于长江中游南部，大部分地区在洞庭湖之南，境内湘江贯穿南北，又简称为湘；东临江西，西接重庆、贵州，南毗广东、广西，北连湖北（图 6.3.1）。

湖南省处于云贵高原向江南丘陵和南岭山地向江汉平原的过渡地区（湖南省志编纂委员会，1962）。在地质构造上，北部属扬子准地台江汉断拗，南部则属华南褶皱系赣湘桂粤褶皱带，志留纪末的晚加里东运动使之转化为地台，并与扬子准地台合并，而后沉积了与扬子准地台大致类似的泥盆系到中三叠统地台盖层。在强烈的中生代燕山运动影响下，北部的江汉断拗形成，从白垩纪开始发育为陆相断陷盆地；南部的赣湘桂粤褶皱带使泥盆系至中三叠统沉积盖层全面褶皱，并伴以花岗岩和花岗闪长岩岩浆侵入，奠定全省现代地貌的轮廓基础。在湘西北地区，主要表现为褶皱运动，并伴有纵向断层，造成褶皱带和介于其间的山间洼地，在地貌上成为大致东北—西南走向的平行背斜山地和向斜谷地；湘西和湘西南则构成弧形构造山地及小块山间盆地；在东部地区中北部表现为断块运动，形成一系列褶皱山、断块山和山间盆地；东部湘赣边境山地的崛起构成北北东—南南西走向的岭谷平行地貌雏形；北部断陷成洞庭湖盆地；中部拗陷成众多红层盆地。湘南地区主要为断裂运动，构成南岭主体。新生代以来，由于新构造运动的影响，省境边缘山地仍缓慢上升，北部洞庭湖区继续下陷，进一步显示出全省现代地貌轮廓的特色。

湖南省河网密布，流长 5 km 以上的河流 5341 条，总长度 9 万公里，其中流域面积在 5000 km² 以上的大河 17 条。省内除少数属珠江水系和赣江水系外，主要为湘、资、沅、澧四水及其支流，顺着地势由南向北汇入洞庭湖，经城陵矶入长江，形成一个比较完整的洞庭湖水系。洞庭湖平原位于湖南省东北部。范围东起汨罗、岳阳，西到临澧、常德、桃源，南至益阳、乔口、湘阴，北接湖北荆江以南。面积 12 690 km²（湖南省境内），海拔 30～50 m，系洞庭湖长期淤积、湖底出露而成的湖积冲积平原。洞庭湖平原与湖北省中南部的江汉平原合称两湖平原，是全国三大平原之一的长江中下游平原的重要组成部

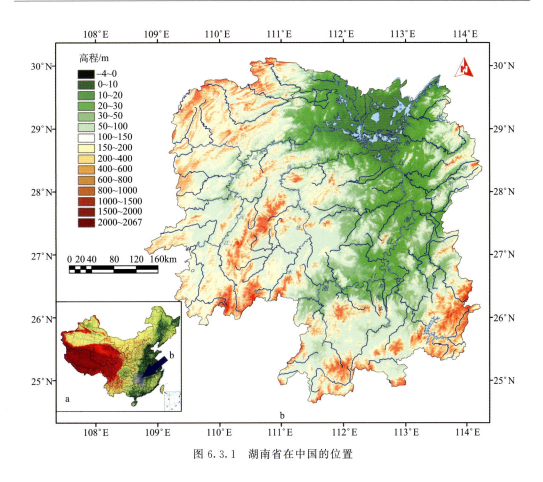

图 6.3.1　湖南省在中国的位置

分。全省以山地、丘陵为主，山地面积 1084.9 万公顷，占全省总面积的 51.22%（包括山原面积 1.66%）；丘陵面积 326.27 万公顷，占 15.40%；岗地面积 293.8 万公顷，占 13.87%；平原面积 277.9 万公顷，占 13.12%；水面 135.33 万公顷，占 6.39%。

　　湖南为中亚热带季风湿润气候。省境距海 400 km，受东亚季风环流的较大影响。气候具有三个特点：第一，光、热、水资源丰富，三者的高值又基本同步。湖南 4～10 月总辐射量占全年总辐射量的 70%～76%，降水量则占全年总降水量的 68%～84%。第二，气候年内与年际的变化较大。冬寒冷而夏酷热，春温多变，秋温陡降，春夏多雨，秋冬干旱。气候的年际变化也较大，极大值与极小值的地区差值比平均值的地区差值大 1.29 倍，雨量最多年份与最少年份相差 1460 mm，最多年几乎为最少年的 3 倍。第三，气候垂直变化最明显的地带为三面环山的山地。尤以湘西与湘南山地更为显著。湖南热量丰富，气温高，年平均温度为 16～18℃。湖南冬季处在冬季风控制下，而东南西三面环山，向北敞开的地貌特性，有利于冷空气的长驱直入，故一月平均温度多为 4～7℃，湖南无霜期长达 260～310 天，大部分地区都在 280～300 天。年平均降水量为 1200～1700 mm，雨量充沛，为我国雨水较多的省区之一。

二、研究方法

　　根据考古发掘获得的出土器物组合特征和[14]C 测年数据，湖南旧石器时代至新石器时代晚期的考古学文化可被划分为以下几个阶段（国家文物局，1997），即：旧石器文化阶段（约 1.15 Ma～10 ka BP），新石器文化阶段以年代为序依次是：玉蟾岩文化（约 10.0 ka BP）→彭头山文化（8.8～7.6 ka BP）→皂市下层文化（8.0～7.0 ka BP）→大溪文化（6.4～5.3 ka BP）→屈家岭文化（5.0～4.6 ka BP）→石家河文化（4.6～4.0 ka BP）。本节主要采用将考古界多年发掘和作者实地调查获得的 1000 余处湖南省旧石器和新石器考古遗址时空分布情况如实填绘于用 ArcGIS 软件矢量化绘制的不同海拔分层设色的地形图上，并结合地貌特点以及该区已发表的高分辨率自然沉积记录结果探讨人类活动与地貌和环境演变的关系。

三、结果分析

（一）旧石器遗址分布特点

　　湖南旧石器遗址最早的为中更新世后期，最晚的在更新世晚期到全新世之交，其年代跨度为距今 10 万～20 万年到距今 1 万年前后。总体上看，湖南旧石器发现地点基本上集中于西部的沅水、澧水流域，东部的湘水、资水流域发现很少。从海拔上看（图 6.3.2 和图 6.3.3，表 6.3.1），遗址点主要分布在 30 m 到 900 m 之间，其中 26% 的遗址海拔为 200～400 m，21% 的遗址分布在 50～100 m。沅水流域的旧石器主要分布在中游，即怀化地区和湘西自治州，以灰色、灰黄色条带状变质砂岩为主要原料（国家文物局，1997），器体相对较小，器类组合单调，主要为砍砸器、刮削器、石锤等，宽大薄石片和长体侧刃砍砸器为其突出特点；澧水流域的旧石器主要在澧水平原和洞庭湖西岸平原，即常德地区和大庸市，石器主要以红色石英岩为原料（国家文物局，1997），器体浑厚硕大，器类组合丰富，以砍砸器和大尖状器为主，尤以各种形式的大尖状器最具特色。湖南旧石器文化遗存主要分布在湘、资、沅、澧四水流域的河流阶地堆积中。据地质部门研究（湖南省志编纂委员会，1962），湖南四个流域阶地至少有五级，旧石器分别发现于各级阶地中。一级阶地堆积通常为棕黄色、灰黄色亚黏土，形成于晚更新世晚期。该类堆积地点以泸溪县岩坪遗存为代表，其文化时代为旧石器时代晚期；二级阶地堆积为橘黄色砂黏土，具有不典型的灰白和黄白色网纹构造，形成于中更新世晚期或晚更新世早期。该堆积中的旧石器遗存地点有澧县鸡公垱、新晃大桥溪，其文化时代为旧石器中期；三、四级阶地堆积为砖红色、棕红色黏土，典型的细密网纹构造，时代为中更新世中期或稍早。该层位的旧石器遗存为早期偏晚阶段，其代表地点有津市虎爪山。以上说明该地区人类居住文化从穴居逐步向河流附近草地地带迁徙过渡。各遗址采集的石器无论在打造工艺还是石料选材方面，也可以确定该地区人类智力的发展程度及其生产力的水平在不断提高。

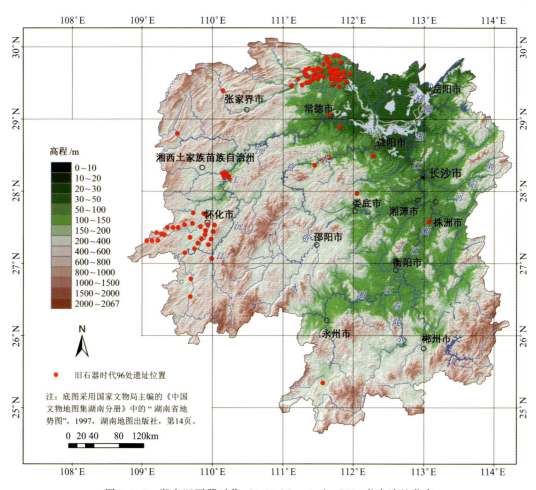

图 6.3.2　湖南旧石器时代（1.15 Ma～10 ka BP）考古遗址分布

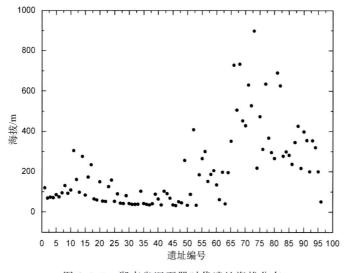

图 6.3.3　湖南省旧石器时代遗址海拔分布

表 6.3.1　湖南省旧石器时代至新石器晚期不同海拔遗址分布的变化

分　类	海拔高程和遗址数量（处）										
	0～10m	10～20m	20～30m	30～50m	50～100m	100～150m	150～200m	200～400m	400～600m	600～800m	800～1000m
旧石器时代（约 1.15 Ma～10 ka BP）	1			17	20	11	8	25	7	6	1
彭头山文化（8.8～7.6 ka BP）			2	14	10	6	2	5			
皂市下层文化（8.0～7.0 ka BP）			6	22	12	6	2	6	1		
大溪文化（6.4～5.3 ka BP）	1	1	16	55	26	5	10	9	1	1	
屈家岭文化（5.0～4.6 ka BP）			15	62	15	7	4	7			
石家河文化（4.6～4.0 ka BP）			70	292	133	26	12	23	1	1	1

（二）新旧石器过渡阶段玉蟾岩遗址文化类型

湖南省道县西北 20 km 寿雁镇玉蟾岩遗址（图 6.3.4），是 1986 年道县文物管理所在文物普查过程中发现的一处灰岩洞穴遗址，现场发现有打制石器、人工蚌制品及螺蚌、鹿类角牙等动物标本。湖南省文物考古研究所有关专家当时将其初步判定为新石器

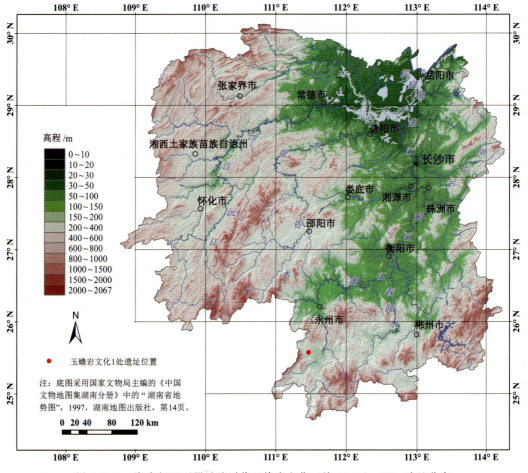

图 6.3.4　湖南新旧石器过渡时代玉蟾岩文化（约 10.0 ka BP）遗址分布

时代文化遗存。1988 年 9 月湖南省文物考古所再次对玉蟾岩洞穴遗址进行了考察。1993 年 10～11 月，进行了第一次发掘。1995 年 10～12 月，进行了第二次发掘。玉蟾岩两度发掘出土了大量从旧石器向新石器时期过渡的文化遗物，如石器、棒器、动物骨头残骸、种子，最重要的是当时发现了栽培水稻的谷壳标本和陶器。1995 年 11 月，湖南省文物考古研究所组织农学专家和环境考古专家多学科合作，对玉蟾岩遗址发现的 4粒古稻谷经鉴定后认为：此为栽培种，尚保留野生稻、籼稻及粳稻的综合特征，年代为14～12 ka BP——这是目前世界上发现最早的人工栽培稻标本。2004 年 11 月，中美联合考古队在玉蟾岩遗址再次发现 5 粒古稻谷，从而揭开长江流域人类稻作起源之谜。玉蟾岩遗址还出土了年代早于距今 1 万年的陶器碎片，Journal of Archaeological Science在 2009 年刊发文章（Prendergast et al.，2009），根据对该遗址出土遗存的 AMS[14]C 和释光等方法测年，认为玉蟾岩出土遗存的年代为 17.7～13.8 ka BP；但据《中国考古学大辞典》，仍认为玉蟾岩文化当在约 10.0 ka BP 左右（王巍，2015）。玉蟾岩陶器的出土，表明玉蟾岩遗址存在资源强化利用的现象，这是人类从定居走向农业生产的先兆。随着气候的变化和人口的增加，可供玉蟾岩食用的动植物资源日趋不足，玉蟾岩人加强了现有资源的有效利用，孕育了原始农业。此外，在玉蟾岩遗址还发现了超过数十种属的动物（包括 27 种属的鸟类、5 种鱼类、33 种螺蚌类），40 余种植物果核以及平地烧灰堆，大量的石、骨、角、牙、蚌制生产工具和陶器碎片等，体现了玉蟾岩遗址在长江流域新旧石器过渡阶段的经济形态和人类生活面貌。其出土的距今超过万年的有人工育化迹象的稻壳和陶器遗存，展现了其在长江流域新旧石器过渡方面的重要地位。2001年 3 月，玉蟾岩遗址被中国社会科学院列入中国 20 世纪 100 项重大考古发现之一。

（三）新石器时代文化遗址分布特点

1. 彭头山文化遗址分布特点

湖南的彭头山文化遗址点较少，目前只发现 39 处，海拔范围较低，在 25～260 m（图 6.3.5 和图 6.3.6），主要分布在澧水下游、资水下游、洞庭湖南岸和湘江的中下游，澧水、沅江和湘江的上游有零星分布，其中 41% 的遗址分布在 50 m 以下的平原地区。此时已出现原始陶器，种植稻谷，在聚落周围修筑壕沟（湖南省文物考古研究所和澧县文物管理所，1990；张文绪等，2003），遗址是处于当时沉积基底起伏较高的低矮岗地上。这种湖泊与岗地共存的平原景观，极适宜早期人类依逐水草、背山带河而居，为人们从事渔猎、采集和一些简单耕作提供了便利条件。

2. 皂市下层文化遗址分布特点

皂市下层文化遗址数量较彭头山文化遗址数量增多，达到 55 个，主要分布在澧水上游和下游、洞庭湖平原、资水下游、湘江和沅江流域零星分布，海拔分布在 25～465 m（图 6.3.7 和图 6.3.8，表 6.3.1），其中，40% 的遗址分布在 30～50 m，22% 的遗址分布在 50～100 m。遗址分布的密集地区主要分布在澧县和临澧县境内的澧水以北和东洞庭湖区的岳阳钱粮湖地区。该文化地层中出土了大批石器如石斧、石锛、石镞、石核、石片、刮削器、尖状器、砍砸器等和大批陶器如釜、罐、钵、盘、器座、支垫等，其陶器的制法、

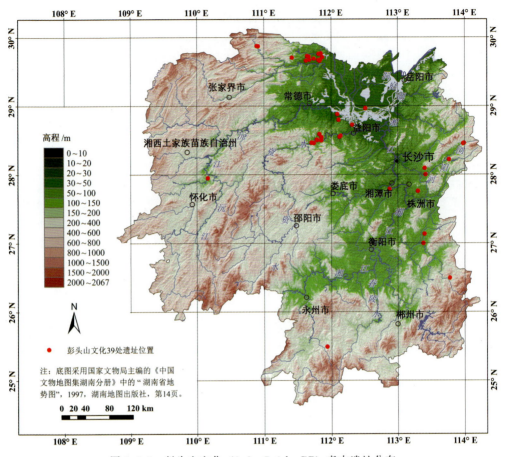

图 6.3.5　彭头山文化（8.8～7.6 ka BP）考古遗址分布

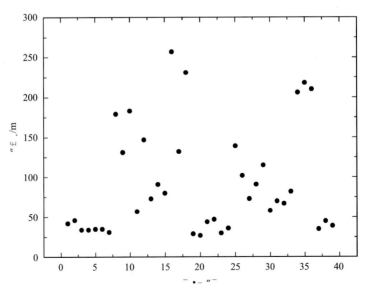

图 6.3.6　湖南省彭头山文化遗址海拔分布

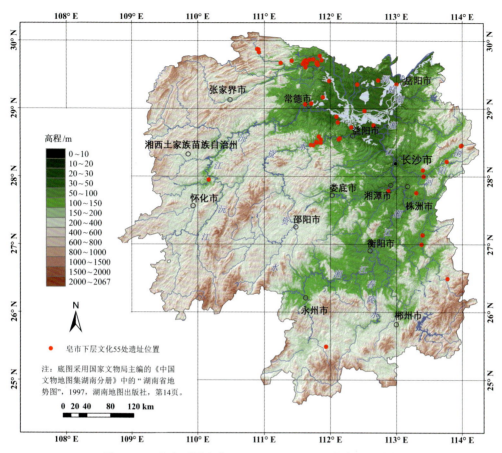

图 6.3.7　皂市下层文化（8.0～7.0 ka BP）考古遗址分布

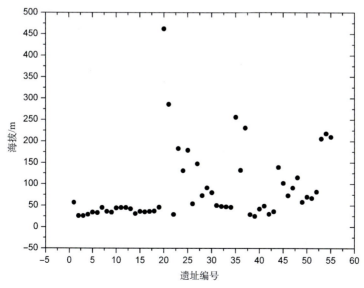

图 6.3.8　湖南省皂市下层文化遗址海拔分布

器形、纹饰均显示独特性（湖南省博物馆，1986）。遗存中有大量的野猪、野牛、鹿等10多种动物骨骼，反映出狩猎在经济生活中有很大的成分。

3. 大溪文化遗址分布特点

大溪文化遗址数量较皂市下层文化遗址数量大幅度增多，达125个，主要分布在澧水流域尤其是澧阳平原及洞庭湖平原，湘江流域和沅江上游零星分布，海拔在24～670 m，其中13％的遗址分布在20～30 m，44％的遗址分布在30～50 m，21％的遗址分布在50～100 m，遗址分布最密集的地区是澧水北岸（图6.3.9和图6.3.10，表6.3.1）。遗址一般位于低矮的土岗上，并且靠近水源。可以看出，湖南省新石器文化在该时期蓬勃发展，文化面貌更加多样化，出现了主要分布在鄂西和峡江地区的大溪文化关庙山类型，分布于洞庭湖西北岸的汤家岗类型和分布于汉江东部以京山、天门为中心的油子岭类型（张绪球，1992）。大溪文化中期偏晚阶段，峡江地区的制石业、汉东地区的快轮制陶和薄胎陶器等带有专业化特色的手工业生产开始萌芽。但当时的聚落仍多为小型聚落，没有出现明显的聚落分化迹象；墓葬所反映的人际分化也不明显。但到了大溪文化

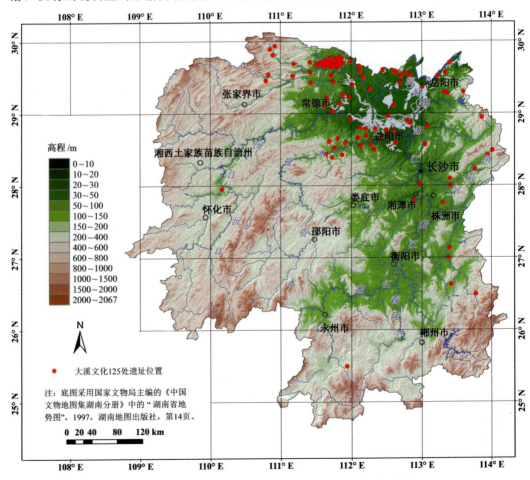

图 6.3.9　湖南大溪文化（6.4～5.3 ka BP）考古遗址分布

晚期，社会复杂化迈出了最为关键的第一步，社会分工得到发展；社会成员之间出现了分化，群际分化渐趋明显，各群体在控制资源及拥有财富的能力方面开始出现差别，一些聚落的规模增大，并逐渐向中心聚落发展（郭立新，2003）。大溪文化时期，湖南省稻作农业得到较大发展，稻作遗址数量增多，遗址面积增大，平均人口规模则是大溪以前平均数的12倍（郭立新，2003）。

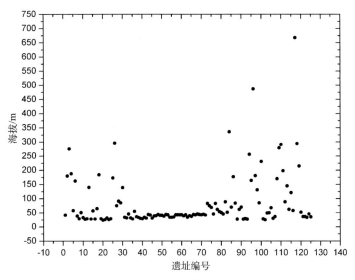

图 6.3.10　湖南省大溪文化遗址海拔分布

4. 屈家岭文化遗址分布特点

　　屈家岭文化时期遗址数量较大溪文化时期遗址数量稍少（110个），主要分布在澧水流域尤其是澧阳平原、洞庭湖平原和沅江下游，湘江流域和沅江上游零星分布。海拔在22～395 m，其中66.4%的遗址分布在50 m以下的平原地区，17.3%的遗址分布在50～100 m的区域（图6.3.11和图6.3.12，表6.3.1）。该文化往往和大溪文化处于同一遗址中，叠压在大溪文化层之上。因此，一般都分布在高于平地而又接近于水源的台地、平顶小山上。当时的经济生活是以稻作为特征的原始农业。从墓葬中出土的大量扁平穿孔石铲（何介钧，1986）可推断当时的人们主要选河湖边冲积而成的疏松土壤进行开垦种植。屈家岭文化早期，社会冲突空前激烈，战争频繁（郭立新，2003）。迄今在长江中游地区发现的大部分防御性城址如湖北天门石家河城、应城门板湾、荆门马家垸、公安鸡鸣城、石道走马岭以及湖南澧县城头山、鸡叫城都出现于这一时期前后。各群体之间为控制资源而展开竞争，群际分化扩大为政治上的聚落等级，出现了中心聚落和依附于它的一般聚落。像天门石家河这样的中心聚落（群）人口相对集中，规模较大，并在政治、经济、文化、宗教和军事等方面处于主导地位。中心聚落与其周围所依附的一般聚落在政治经济上进行联合与结盟，形成一个个社会——政治共同体。屈家岭文化晚期，湖南省文化的发展进入鼎盛期，主要手工业产品的专门化程度进一步提高，分化出一批技术高超的专业制陶者，采用当时最先进的方法，大量烧制高质量的陶器。

群体内部的社会分化大大发展，群体内部阶层分化更为明显。

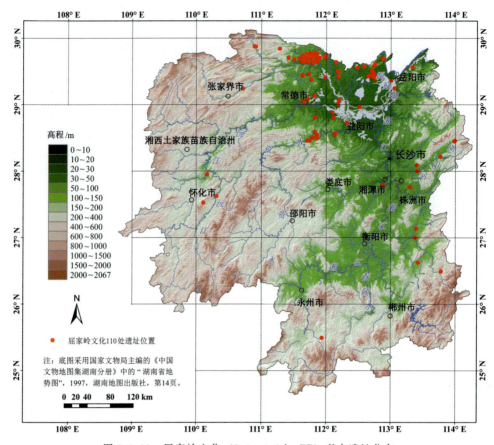

图 6.3.11　屈家岭文化（5.0～4.6 ka BP）考古遗址分布

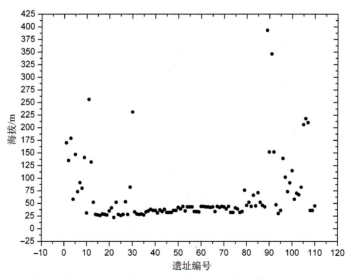

图 6.3.12　湖南省屈家岭文化遗址海拔分布

5. 石家河文化遗址分布特点

石家河文化（很多文献也把此时期文化归为龙山文化）时期遗址数量很多，达 559 个，无论从数量还是分布范围、密度都超过了早期各个时期文化，分布遍及湖南北部和东部的澧阳平原、洞庭湖平原和湘江中下游地区，沅江上游和湘江上游零星分布，海拔分布范围为 22～776 m，其中 64.8% 的遗址分布在 50 m 及以下的平原地区，23.2% 的遗址分布在 50～100 m 的低海拔地区（图 6.3.13 和图 6.3.14，表 6.3.1）。继大溪文化、屈家岭文化之后，石家河文化继续从事水稻的栽培和各种手工业生产，并不断吸取先进经验，使社会生产力得到较快的提高。在石家河遗址，发现大片红烧土内夹有丰富的稻壳和茎叶，表明当地的农业生产以种植水稻为主，并且产量较高。许多遗址出土的农业生产工具也反映了这种情况。在农业发展的基础上，家畜饲养业也在稳定的发展。大约从石家河文化中期偏晚阶段开始（约 4.3 ka BP），该地区文化开始衰落；到了石家河文化晚期，原有的城垣大多被废弃，文化中心区消失，文化面貌发生突变，原有的社会—政治结构遭受严重破坏。在石家河文化以后相当长的一段时期内（大约相当于夏商

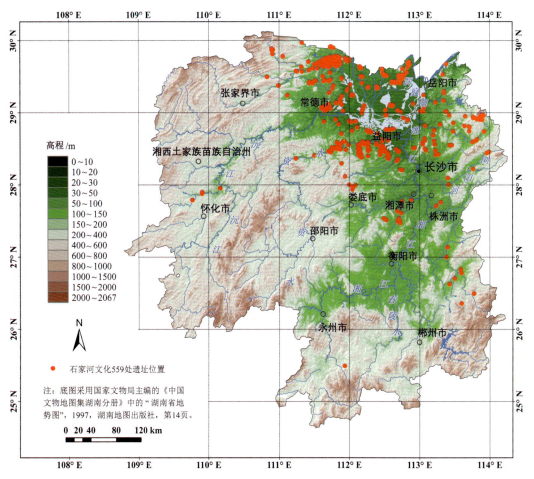

图 6.3.13　石家河文化（4.6～4.0 ka BP）考古遗址分布

时期），湖南省社会文化发展滞后，迄今发现的考古遗存数量极少（郭立新，2003）。

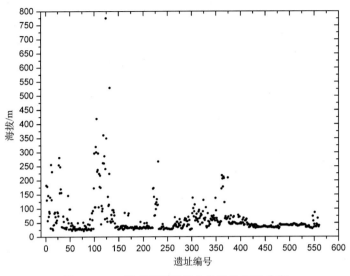

图 6.3.14　湖南省石家河文化遗址海拔分布

（四）湖南省人类文化遗址时空分布规律

　　总体上看，湖南旧石器遗址发现地点基本上集中于西部的沅水、澧水流域，东部的湘水、资水流域发现很少。从海拔上看，遗址点主要分布在 30 m 到 900 m 之间，其中 26% 的遗址海拔为 200～400 m，21% 的遗址分布在 50～100 m。湖南省新石器文化遗址不仅数量多（目前已发现 1000 余处），而且分布范围较广，特别是新石器时代晚期遗址（如石家河文化遗址），遍布全省各地。湖南省新石器文化遗址主要分布在湘、资、沅、澧四水流域，在湘西武陵山、湘东幕阜山和湘江中上游地区也有发现。湖南的彭头山文化遗址点较少，主要分布在澧水下游、资水下游、洞庭湖南岸和湘江的中下游，澧水、沅江和湘江的上游有零星分布，其中 41% 的遗址分布在 50 m 以下的平原地区，多处于当时沉积基底起伏较高的低矮岗地上。皂市下层文化遗址数量较彭头山文化遗址数量增多，主要分布在澧水上游和下游、洞庭湖平原、资水下游，湘江和沅江流域零星分布，海拔分布在 25～465 m，其中，40% 的遗址分布在 30～50 m，22% 的遗址分布在 50～100 m。遗址分布的密集地区主要分布在澧县和临澧县境内的澧水以北和东洞庭湖区的岳阳钱粮湖地区。大溪文化遗址数量较皂市下层遗址数量大幅度增多，达 125 个，主要分布在澧水流域尤其是澧阳平原及洞庭湖平原，湘江流域和沅江上游零星分布，海拔在 24～670 m，遗址分布最密集的地区是澧水北岸。遗址一般位于低矮的土岗上，并且靠近水源。屈家岭文化时期遗址数量较大溪文化时期遗址数量稍少，主要分布在澧水流域尤其是澧阳平原、洞庭湖平原和沅江下游，湘江流域和沅江上游零星分布。海拔在 22～395 m，一般都分布在高于平地而又接近于水源的台地、平顶小山上。石家河文化时期遗址数量很多，无论从数量还是分布范围、密度都超过了早期各个时期文化，分布遍及湖南北部和东部的澧阳平原、洞庭湖平原和湘江中下游地区，沅江上游和湘江上游零星分布，海拔分布范围为 22～776 m，其中 64.8% 的遗址分布在 50 m 及以下的平原地区，23.2% 的遗址分布在 50～100 m 的低海拔地区。综观湖南新石器时代考古学文化的演进历程，存在四个重要的发展阶段：彭头山文化为初兴之时，大溪时期文化蓬勃发展，大溪晚期至屈家岭文化时期社会分化逐渐加剧，至石家河文化晚期史前文化衰落。

四、湖南省人类文化遗址分布与环境变化的关系

(一) 第四纪地貌演变与文化发展

湖南省地貌的基本骨架是由燕山运动奠定，而现代地貌的基本定形则是由于新构造运动和第四纪气候的变迁，由内外营力作用塑造的结果。可以说，新构造运动和第四纪气候变化是影响现代地貌发育的基本因素。

以江汉洞庭平原为中心的长江中游地区，地形地貌受到两种不同作用力的影响。首先，江汉洞庭地区处于几个不同大构造单位的接触地带，在地质构造运动影响下，四周抬升，中部沉降。中部的云梦沉降区自新生代以来长期下沉，在以下沉作用为主的过程中，其边缘部分呈不等量的抬升。而在云梦沉积区的外围，新构造运动比较强烈。鄂西地区呈大面积不等量上升隆起，形成鄂西山地（杨怀仁，1996）。鄂西隆起使该区高度自西向东递降，中更新世以来形成了六级阶地。南部的雪峰山构造带自西南向东北延伸。大体呈东西向的华容隆起，将南流之长江干流阻断，迫使其转向东流；并将云梦沉降区一分为二，其北现为江汉平原，南为洞庭湖平原。北部荆山与大洪山受掀升作用影响，平缓向南倾斜。再往北，桐柏—大别山自早更新世晚期以来不断发生着自北向南的掀斜隆升，受其影响长江主河道不断南移，湖相沉积范围由北向南收缩和迁移（李长安，1998）。

与相对缓慢的地质构造运动相比，对全新世早中期地表形态塑造更为明显的是沉积作用，这是一种与沉降方向相反的加积活动。晚更新世末次冰盛期以来，该区西部可能为河流冲积扇，东部江汉腹地为扇前平原。由于海面下降一百余米，长江纵比降增加，河床下切，挟水挟沙能力增强，使该区沉积活动趋于停滞，湖沼萎缩。但进入全新世以后，受全新世大暖期的影响，自全新世中期重新发生强盛沉积，水位升高，湖群扩张，使当时的地貌景观发生巨大变化，这是文化发展的基础。

(二) 第四纪气候环境变化与人类适应

1. 更新世气候环境与旧石器文化发展

目前该区贯穿第四纪的高分辨率地质记录还没发现，但洞庭湖区多个钻孔资料也给出了初步的第四纪气候变化规律（张人权等，2001）。早更新世早期，由冷干转为温湿；早更新世中期，为温湿至暖湿；早更新世晚期，由温凉转暖湿。在中更新世早期，由寒冷转湿热再转温干；中更新世中期，由凉干转暖湿；在中更新世晚期，为温湿至暖湿；晚更新世晚期由凉干转寒冷。金潭湾洞高分辨率石笋氧同位素（Cosford et al.，2010）

记录了 30~11 ka BP 的气候变化（图 6.3.15），而湘西北地区在更新世时期（Q_1~Q_3 期）曾经属于热带、亚热带雨林湿润气候，使适应温热带气候的哺乳动物群在该地区得以长期发展。

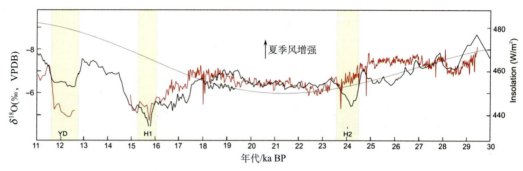

图 6.3.15　湖南金潭湾洞石笋氧同位素曲线（Cosford et al.，2010）

2. 新旧石器文化过渡阶段环境对该区人类文明发展的影响

由前所述，玉蟾岩遗址的历史价值和科学价值主要表现在以下几个方面：一是玉蟾岩遗存文化单纯，内涵丰富，对于研究一万年以前华南旧石器文化向新石器文化过渡阶段的文化特征、经济生活、演化规律具有重要的资料价值。二是玉蟾岩遗址出土了目前世界上最早之一的栽培水稻实物标本，对探索稻作农业起源时间、地点及水稻演化历史具有重要意义。三是玉蟾岩的陶片是中国目前最原始的陶制品之一，其复原的釜形器是目前中国最早的具有完整形态的陶器，对探讨中国制陶工艺的起源与发展有着重要价值。四是玉蟾岩遗址含有大量种类丰富的动、植物标本，其中有些种类如猕猴桃、梅的果实是目前世界上人工遗存中发现的最古老的标本，不仅反映了当时人们的经济生活，而且对于研究更新世末期至全新世早期的生态、气候环境和探索生物演化历史提供了重要的科学资料。

从地理环境看，玉蟾岩遗址位于北纬 25°30′南岭—都庞岭的东南侧，属于湘江上游潇水流域，处于中亚热带和南亚热带的分界处，年均温为 16~18℃，年降雨量达 1250~1750 mm，水热条件好。从地貌条件看，该遗址为喀斯特洞穴遗址，洞外地势低平适合人类耕作，洞内冬暖夏凉适合史前人类生活居住。因此，即使在末次冰期期间，该区气候仍然适合人类生存和稻作农业的发展。需要指出，玉蟾岩遗址位于灰岩洞穴内，碳酸盐沉积中的碳交换效应是否会对出土遗存物测年产生偏老影响也是值得继续深入研究的问题。

3. 全新世气候环境与新石器时代文化发展

彭头山文化（8.8~7.6 ka BP）时期，正处于全新世大暖期初期的第一个适宜期，澧阳平原晚冰期以来风成沉积物稀土元素和粒度记录显示全新世早期表现为升温阶段（毛龙江等，2010）。但也有资料显示，研究区域在 8.5~7.2 ka BP 期间以不稳定的由暖变冷的温度波动为特征（施雅风等，1992），这一时期前五百年气候暖湿，为新石器文化的兴起和迅速发展奠定了条件。彭头山遗址的孢粉分析（湖南省文物考古研究所，1996）显示该时期以喜温的杉、松占绝对优势，反映出温润性暖温带气候，并发现了人工栽培水稻。

　　皂市下层文化（8.0～7.0 ka BP）时期胡家屋场遗址（南京大学地理系，1993）的孢粉反映出以栎、青冈栎、栗等为主的常绿落叶阔叶林与针叶混交林的植被景观，且孢粉含量与种类都达到了峰值，说明水热条件适宜，气候更加温暖。莲花洞石笋的氧碳同位素数据表明该时期季风降雨增强（Cosford et al.，2008，2009，图 6.3.16）。此时处于全球气候最适宜期，降水丰富，海平面上升，长江水位由于河床及自然堤溯源加积而上涨，影响湘、资、沅、澧四水的排泄，则有可能在原来的河网切割平原上涌水成湖。虽然此时水面扩张，但由于气候温暖，环境变化缓慢，恶劣气候很少出现，适宜于人类活动的发展。而大部分文化遗址分布于岗丘区，说明洞庭湖湖区不便于居住。

　　大溪文化（6.4～5.3 ka BP）开始时正处于大暖期的鼎盛时期，此时温热多雨（Cosford et al.，2008，2009），植被繁茂，生物产出量大，资源丰富，处于最适宜期；河旁洼地已经潴水成湖，河流汛期泛滥，水、肥、地等自然条件都非常有利于稻作农业的发展。此后温度虽然波动下降，但总的说来仍然处于暖湿期，适宜人类生存。大溪文化早中期的文化也呈发展繁荣之势。从大溪文化中期偏晚阶段开始，气候转冷，洪水位升高，湖群扩张；到了大溪文化晚期，气候较冷，资源条件大不如前。环境的恶化对栖息于此的人类诸群体形成压力；这种压力在当时社会与文化的迅速变迁中得到反映。就是在这一时期，出现了最初的社会分化。

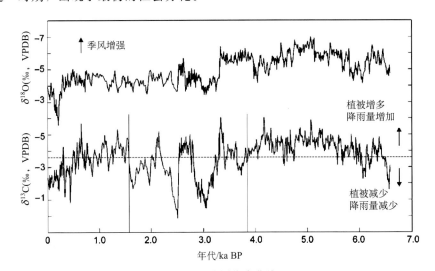

图 6.3.16　湖南莲花洞石笋氧、碳同位素曲线（Cosford et al.，2009）

　　到了屈家岭文化早期（5.0～4.8 ka BP），气温持续偏低，并出现冷锋；但这时洪水位仍较高；云梦泽基本形成，一些低处的自流灌溉稻田被淹没，人口与资源的矛盾更加突出。与此同时，社会冲突加剧，城址纷纷出现，出现了大型中心聚落。屈家岭文化晚期（4.8～4.6 ka BP）气候重新变暖，降水增加，进入新的适宜期；至石家河文化早期，气候温暖湿润，洪水位降低，湖群萎缩，可自流灌溉的农地增加，自然环境非常有利，其社会文化发展也繁荣一时。

石家河文化（4.6～4.0 ka BP）早期到中期，气候适宜，文化大发展。但到中期偏晚阶段（大约 4.0 ka BP 前后），气候又开始恶化，气温下降，洪水频发，同时云梦泽再次扩张。与此相应的是湖南省史前文化的全面衰落。

综上所述，可以看出湖南旧石器至新石器时代人类遗址分布的特征及其与环境的关系：

（1）湖南旧石器发现地点基本上集中于西部的沅水、澧水流域，东部的湘水、资水流域发现很少。从海拔上看，遗址点主要分布在 30 m 到 900 m 之间。

（2）全新世是人口增多和人类文明快速发展的重要阶段，民以食为天，人类文明的发展离不开食物。就玉蟾岩遗址及其出土的文物而言，正如我国著名考古学家夏鼐先生所言，人类进入文明社会有四大标志：一是陶器及青铜器的发明，二是农业的产生和发展，三是城市的兴起和繁荣，四是文字的出现。而人类步入文明关键的第一步和第二步，玉蟾岩都走在了前列。由此可见，湘江上游的潇水流域在中华远古文明史和世界文明史上都有着其独特而重要的地位和作用。

（3）湖南省新石器遗址不仅数量多（目前已发现 1000 余处），而且分布范围较广，特别是新石器时代晚期遗址（如石家河文化遗址）遍布全省各地。总体来看，湖南省新石器遗址主要分布在湘、资、沅、澧四水流域，在湘西武陵山、湘东幕阜山和湘江中上游地区也有发现。文化的演进历程存在四个重要的发展阶段：彭头山文化为初兴之时，大溪时期文化蓬勃发展，大溪晚期至屈家岭文化时期社会分化逐渐加剧，至石家河文化晚期史前文化衰落。

（4）第四纪地质地貌变迁是文化发展的基础，而气候与环境变化影响了文化的发展。更新世气候的冷暖交替使得旧石器文化没有得到蓬勃发展。更新世到全新世过渡阶段（10.0～8.5 ka BP）没有发现人类文化遗址，应是气候环境恶劣不适于人类的生存。早全新世的增温促使了彭头山文化的兴起和发展，全新世气候与环境适宜期使得皂市下层文化、大溪文化、屈家岭文化和石家河早中期文化大发展，但到石家河文化晚期，季风强度下降、气候开始恶化，气温下降，洪水频发，使得湖南省史前文化全面衰落。

第四节　江西新石器至夏商周时期遗址时空分布与环境的关系

一、研究区概况

江西地处长江中下游的长江南岸，地理坐标 24°07′～29°09′N，114°02′～118°28′E。江西省北与湖北、安徽隔江相望，东临浙江、福建，南连广东，西接湖南，是我国东南大三角腹地。其地势南高北低，东西高、中间低，众多河流从东、西、南三面山区流向中部、北部，形成以鄱阳湖为中心自南往北的五大向心水系，直入鄱阳湖，最后汇入长江。江西省境内除北部较为平坦外，东西南部三面环山，其东北部、东部是怀玉山、武夷山，南部有大庾岭、九连山，西北部、西部有幕阜山脉，北靠长江，中部丘陵起伏，成为一个整体向鄱阳湖倾斜而往北开口的巨大盆地。

全境有大小河流 2400 余条，赣江自南向北纵贯全境，从盆地中部流过，形成赣江、抚河、信江、修河和饶河，为江西五大河流。五大水系中、下游的冲积平原与鄱阳湖流域的地造天合，便形成了著名的"赣鄱平原"，低矮丘陵与盆地交错，湖泊与水网相连。

江西地势狭长，南北气候差异较大，但总体来看是春秋季短而夏冬季长。全省气候温暖，日照充足，雨量充沛，一般表现为南多北少、东多西少、山区多盆地少。武夷山、怀玉山和九连山一带年均降水量多达 1800 mm 到 2000 mm，长江沿岸到鄱阳湖以北以及吉泰盆地年均降水量则约为 1350 mm 到 1400 mm，其他地区多在 1500 mm 到 1700 mm 之间。江西山清水秀，资源丰富，气候温暖，适宜耕作。山间盆地、山前台地、河谷阶地、河口冲积平原等处则是古人类生活的理想场所，优越的自然地理环境和气候条件，使得该地区自古就是人类生息繁衍的好地方。

二、研究方法

根据遗址考古发掘获得的出土器物组合特征、^{14}C 年代数据，以及建国以来我国考古界的研究成果（王巍，2015），绘制了江西省新石器至夏商周时期遗址分布图。江西省新石器至夏商周时期的考古学文化一般被划分为以下几个阶段：①江西新石器时代遗址 95 处，新石器文化阶段以年代为序依次是：仙人洞文化：（12.5～9.0 ka BP）（2 处）→拾年山文化：（6.0～5.5 ka BP）（7 处）→郑家坳类型文化：（5.5～5.0 ka BP）（3 处）→筑卫城下层文化：（5.1～4.6 ka BP）（20 处）→山背文化：（5.0～4.5 ka BP）（2 处）→樊城堆文化：（5.3～4.3 ka BP）（47 处）→社山头文化 ：（4.5～4.0 ka BP）（14 处）。②江西夏商周时期遗址 840 处，夏商周文化阶段以年代为序依次是：万年文化（3.5～3.3 ka BP）（205 处）→吴城文化：（3.5～3.0 ka BP）（238 处）→樊城堆—筑卫城上层文化：（3.1～2.2 ka BP）（397 处）。

本节主要采用将考古界多年发掘和调查获得的江西省新石器至夏商周时期 935 处考古遗址时空分布情况如实填绘于用 ArcGIS 软件矢量化绘制的不同海拔分层设色的地形图上，并结合地貌以及该区地层沉积记录探讨人类活动与地貌和环境演变的关系。

三、江西新石器时代考古遗址空间分布与环境的关系

江西省地处长江中、下游之交叉点上，又是古代通往岭南的必经之道；在赣江—鄱阳湖水系地区，已知的古文化遗存点是相当密集的。仅以新近的文物普查结果看，新发现的分布在全省范围的古文化遗址就有一千余处。

但是，从八九千年前的万年仙人洞遗址，到距今四五千年的修水跑马岭遗址、到清江（樟树）筑卫城遗址中、下层，还有很大的一段缺环；就新石器时代晚期文化遗存而言，它们的文化内涵、分布地域、相互关系，以至区系、类型的划分，为研究江西新石器时代的人地关系打下了基础。

（一）仙人洞文化（12.5～9.0 ka BP）

万年仙人洞位于万年县大源乡，是 12.5～9.0 ka BP 期间新石器时代文化遗址。主洞空旷幽深，长 60 m、宽 25 m、高 3 m，可容纳 1000 余人；左右各有支洞，深长莫测，是我国首次发现的从旧石器向新石器时代过渡的人类活动文化遗迹，其出土的栽培稻和陶器距今一万年以前，是现今已知世界上年代最早的栽培稻遗存和原始陶器之一。

江西仙人洞文化类型遗址共计 2 处（图 6.4.1），其海拔都为 60～80 m，遗址分布在江西省的东北部，鄱阳湖的东岸，处于低山丘陵地区，这与古人择水而居的生活习性有关。

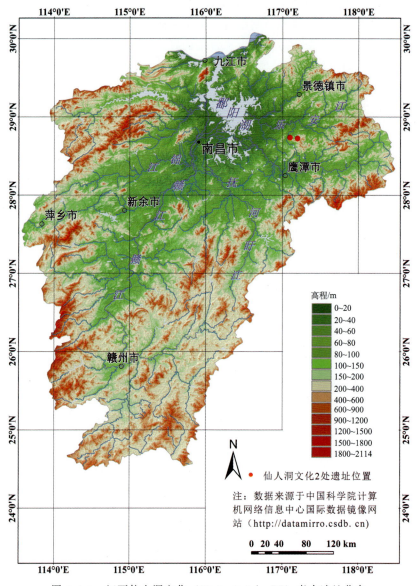

图 6.4.1　江西仙人洞文化（12.5～9.0 ka BP）考古遗址分布

（二）拾年山文化（6.0～5.5 ka BP）

拾年山一期类型有着较高超的石器制作技术，能够磨制出精湛的漫、锌、穿孔器等，但其以夹砂红陶施红衣为主体的陶系，以敞口圆底器为特色的陶器制作，以棍棒压印和粗略刻划为主的装饰艺术，却无一不显示其简朴、粗劣的制陶工艺，表明其生产生活水平相对低下的事实。在江西的新石器时代，除万年仙人洞文化的制石及制陶技术显示其相对落后外，其他原始文化的水平都要先进得多。因此，拾年山一期类型在江西地区尚不能找到相关的文化因素，但其与西部的大溪文化，东部的马家浜文化却有着相似的时代特色。

拾年山一期类型所见的牛鼻式器耳也是马家浜文化的常见之物。因此，在时代上拾年山一期类型应接近大溪文化及马家浜文化，即距今约 5000～6000 年，而其谱系上更接近大溪文化的内容。江西拾年山文化共有 7 处遗址（图 6.4.2），主要分布于江西省的北部和东部，北面濒临长江，东部位于武夷山山麓。遗址分布高差相对较大，海拔为0～400 m 不等，可能反映该时期气候环境的不稳定性。

（三）郑家坳类型文化（5.5～5.0 ka BP）

郑家坳类型以其独特的墓葬习俗及黑皮磨光陶、泥质灰陶为主的陶系而明显区别于其他类型文化。这些特征，与江北安徽省的薛家岗文化第二期有着一脉相承的联系。薛家岗文化主要分布在皖河流域，西到鄂东龙感湖，它促进了大溪文化向屈家岭文化的过渡，同时包容郑家坳类型文化。郑家坳类型其实就是薛家岗文化的一部分，该类型中所见到的屈家岭文化因素，恰好反映出三者之间微妙的亲缘关系，由此也可证明郑家坳类型时代接近薛家岗文化二期，即距今约 5000～5500 年左右。

江西郑家坳类型文化遗址共有 3 处（图 6.4.3），分别为乐家寨遗址（40～60 m）、郑家坳墓群（80～100 m）、竹园下遗址（100～150 m）。三处遗址分布较零散，其中，该时期人类活动已逐渐由江西省的北部和东部地区扩展到南部地区，但遗址仍然位于水系的支流，反映了该时期人类活动呈条带状由北向南的延伸，海拔普遍较低（40～150 m），说明该时期江西可能处于较为干旱的时期，人们择水而居。

（四）筑卫城下层文化（5.1～4.6 ka BP）

江西筑卫城下层文化下文化层相当于新石器时代晚期，是距今 4500 年的原始村落，属父系氏族社会。遗址内有石斧、石铲、陶罐、陶壶等遗物和房基柱洞、方形地窖等遗迹。

江西筑卫城下层文化（5.1～4.6 ka BP）时期遗址共有 20 处，主要位于江西省的北部濒临长江地区和江西省的东部地区，中部地区也有零星分布（图 6.4.4）。这个时期处于气候适宜期，古人人口数量及活动范围扩大，而且与前一个时期的遗址数量及分布也有较大区别，遗址数量增加，且从江西省的南部地区再次回迁到北部和东部地区。这个时期遗址海拔普遍较低，大多位于 100 m 以下，反映该时期江西省可能亦处于较为干旱时期，河流和湖泊水位下降，人们不得不迁徙以追赶水源，由高处向低处逐步迁移。

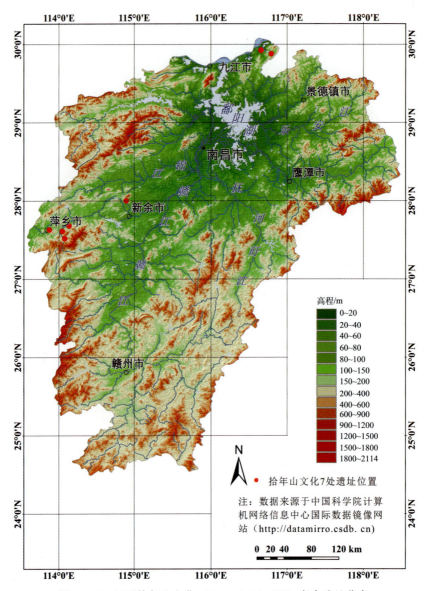

图 6.4.2　江西拾年山文化（6.0～5.5 ka BP）考古遗址分布

（五）山背文化（5.0～4.5 ka BP）

江西山背文化是东南地区新石器时代晚期阶段的典型遗存之一，距今约 4300 年左右，因首次发现于江西修水山背而命名。江西山背遗址的文物堆积保存较好，包含物丰富，陶器成形基本手制，少量经慢轮修整。夹砂和泥质红陶为多，其他为夹砂和泥质灰陶及少数黑陶。三足器和圈足器比较普遍，器形以鼎、鬶、豆、簋、壶、罐、钵等多见，其中大袋足带把鬶、杯形豆为典型器；鼎足变化较多，有扁平、圆锥和羊角等式。陶器多为素面和磨光，部分饰物弦纹或齿形弦纹，个别器物出现了拍印几何纹饰，对我国东南地区印纹硬陶起源的研究有重要价值。

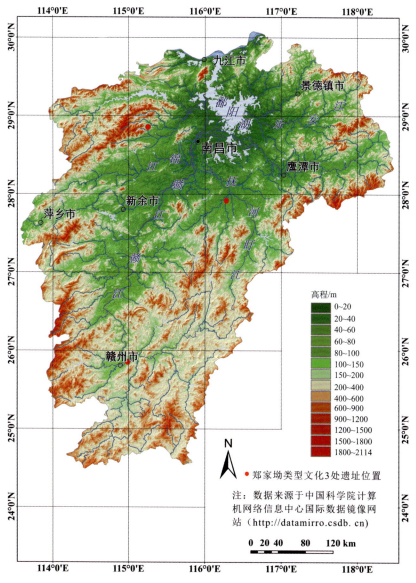

图 6.4.3　江西郑家坳类型文化（5.5～5.0 ka BP）考古遗址分布

　　山背文化系新石器时代晚期文化，是长江中下游和鄱阳湖地区一种以段石锛和红砂陶为主要特征的文化遗存。山背文化、石峡文化、昙石山文化并列为中国东南地区三种代表性的新石器晚期文化。以山背文化为代表的新石器晚期文化遗存，与江汉平原屈家岭、浙江良渚、岭南石峡等处新石器文化有较多近似点，可见与这些地区的原始居民有密切交往。

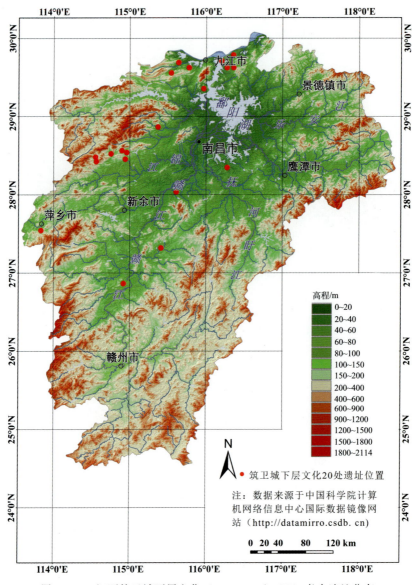

图 6.4.4　江西筑卫城下层文化（5.1～4.6 ka BP）考古遗址分布

　　原始社会考古表明，九江先民们早在中石器时代就在这里劳动、生息、繁衍。进入新石器时代，他们已经较熟练的掌握了制陶技术，在新石器时代早期其陶制品就与江西万年仙人洞出土的陶制品有相似之处，之后既有自身文化发展规律，又受邻近各省文化的相互影响。到了新石器时代晚期，山背遗址下层那种以有段石锛和夹砂红陶为主要特征的文化遗存广泛的分布在鄱阳湖滨和赣江中下游地区。

　　江西山背文化遗址共有 2 处，分别是山背遗址（200～400 m）和谢家洼遗址（0～20 m），主要分布于江西省的西北和北部，濒临鄱阳湖，遗址数量较前一时期文化类型少（图 6.4.5）。从与同时期的另外两种文化类型遗址数量的比较来看：筑卫城下层文化20处，樊城堆下层文化47处，而随后的山背文化类型的遗址数突然下降，一方面可能反映气候环境的变迁，使得以渔猎为主的维持生计的活动受阻，导致人口数量下降；另一方面反映山背文化可能是一种外来文化类型，与当地的土著文化有较大差异性，该类型的文化遗址也相应较少。

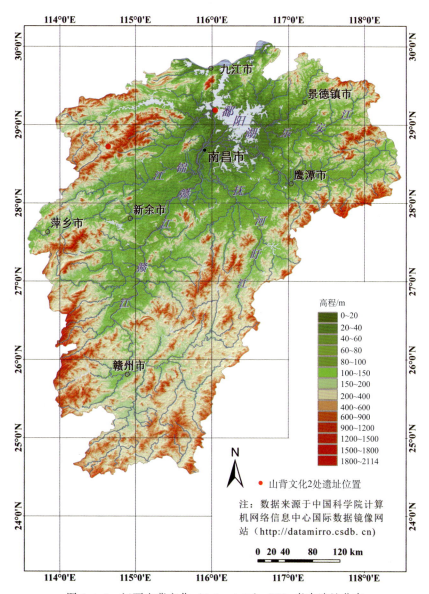

图6.4.5　江西山背文化（5.0～4.5 ka BP）考古遗址分布

（六）樊城堆文化（5.3～4.3 ka BP）

江西樊城堆遗址下文化层的文化内涵与筑卫城遗址下文化层属同一类型，是赣江中、下游具有代表性的新石器时代晚期遗址，而且分布范围很广，考古界已提出命名其为"樊城堆文化"。樊城堆文化是新石器时代晚期江西地区最重要的考古学文化。樊城堆文化遗存的分布地域，据目前发掘和调查资料看，大体是沿着赣江及其主要支流两侧。上游有于都县的上湖塘遗址，中下游有永丰县的尹家坪遗址、新余市的拾年山、盘山遗址、清江县的筑卫城和樊城堆遗址，下游有高安县的相城下陈遗址、靖安县的郑家坳遗址以及赣北九江县的神墩遗址等。

樊城堆文化可能是广东曲江石峡文化的起源，岭南粤北地区的新石器晚期农耕文明分为两支，一支可能是江西的樊城堆文化沿赣江而上传播过去的广东曲江县石峡文化，一支可能是湖南的彭头山文化沿洞庭湖、湘江、漓江而上传播过去的广西资源县晓锦文化。

江西樊城堆文化遗址共发掘 47 处，遗址分布集中，主要分布在江西省的中西部、鄱阳湖的西南部（图 6.4.6）。遗址数量较多，分布集中，海拔较低，多分布在海拔 100 m 以下，反映这个时期古人类人口数量有了大的增加，而且分布较为集中，可能与当时的环境适宜性有关。

（七）社山头文化（4.5～4.0 ka BP）

江西省广丰县五都镇前山村的社山头文化遗址，是新石器时代晚期至商周时期的古文化遗址，社山头文化遗址距今约有 5000 年，属典型台地遗址，面积约 1.1 万平方米，文化堆积层 3.3 米。该遗址保存完好，文化内涵充实丰富，地层关系清晰，共分七层：第一层为耕土层；第二层为商周时期文化，距今约 2800 年；第三层文化，距今约 3500 年；第四、第五层文化，距今约 4000 年前；第六、第七层文化，距今约 4500～5000 年。

社山头遗址是目前江西省埋藏最好、出土文物最多的遗址之一，其出土的卷沿深腹盆、敞口深腹外饰凸棱平底盆，与河南偃师二里头遗址的同类器相近，袋足束颈冲天流盉与洛阳矬李遗址的同类器相一致，证明当时夏文化的影响已到达此地。其中，两只完整的鬶，朝天式流口，空心肥袋足，饰有凸旋纹，流口由平而扁逐渐朝上捏成鸟喙形，是我国目前出土最大最完好的鬶，也是我国最古老的瓷，即由陶到瓷过渡时期的原始瓷。

社山头遗址下层可分为三期。其一期文化年代大体与筑卫城文化相当，即距今约 5000～4500 年；二期文化年代当在距今约 4500～4000 年；三期文化年代的下限距今约 2800 年。

社山头文化遗址共有 14 处，主要分布在江西省的东北部，濒临鄱阳湖及其支流，只有 2 处遗址分布在江西省的东部地区（图 6.4.7）。这个时期的遗址数量有所下降，而且分布的海拔差别较大，大多在海拔 200～400 m，而 100 m 以下也有分布，遗址空间分布上海拔相差也较大，可能反映这个时期气候不稳定，河流和湖泊水位动荡。

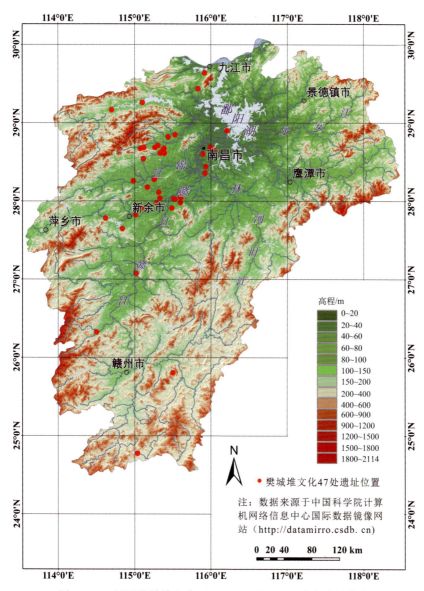

图 6.4.6　江西樊城堆文化（5.3～4.3 ka BP）考古遗址分布

四、江西夏商周时期考古遗址空间分布与环境的关系

（一）万年文化（3.5～3.3 ka BP）

江西万年文化是以万年县陈营镇发现的一处大型商周文化遗址为代表的一种文化类型。该商周遗址出土各种纹饰的商周陶片、红烧土、各类石器等，其中陶器以泥质灰陶和夹粗砂红陶为主。陶器纹饰丰富，有绳纹、回纹、曲折纹、云雷纹等，有些陶片上还发现刻画符号。器型则包括高足碗、甗、罐、豆、盂等。此外，在这一遗址上还发现了

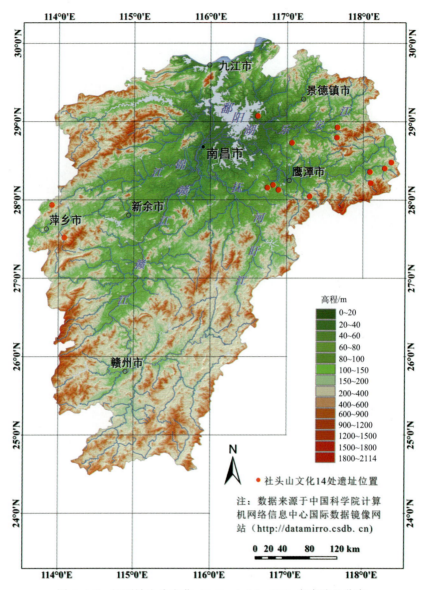

图 6.4.7　江西社山头文化（4.5～4.0 ka BP）考古遗址分布

商周时期的窑址遗迹和墓葬群。

　　赣江、鄱阳湖东区商代遗址主要分布在抚河、乐安江和信江的河谷阶地、河口冲积平原、丘陵的山前二级台地上（图 6.4.8），经调查的商代遗址有多处，其中，经试掘和发掘的有万斋山遗址、肖家山墓葬、鹰潭角山窑址、叭乐平高岸岭遗址、都昌小张家遗址等，过去的研究将这一地区的商代遗址称为万年类型。该大型遗址的发现进一步打破了商文化不过长江的论断，对研究江南商代文化的起源、发展以及与周边文化的交流具有重要意义。其中，20～100 m 海拔高程的遗址最多。

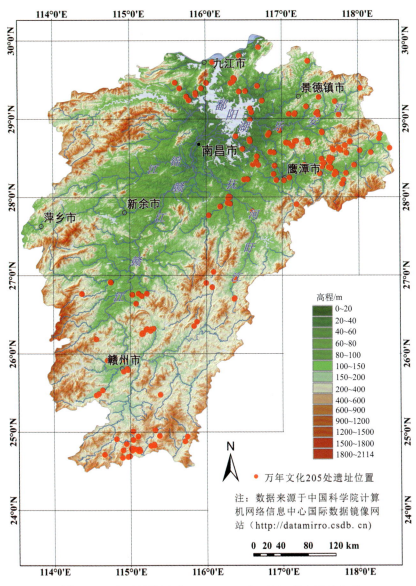

图 6.4.8　江西万年文化（3.5～3.3 ka BP）考古遗址分布

（二）吴城文化（3.5～3.0 ka BP）

吴城文化是指商时期分布在赣江中下游鄱阳湖以西的赣北、赣西北、赣中地区的一支地方青铜文化（图 6.4.9）。吴城文化典型代表性遗址位于萧江上游丘陵坡地樟树市，这是我国最早发现的长江以南地区商代遗址，其发现、发掘标志着江西早期文明研究进入了崭新的阶段，揭开了南方地区商代考古的新篇章。随后的系列研究发现，吴城遗址出土文物既有自身浓厚的地方特色，又受到中原殷商青铜文化的深刻影响。

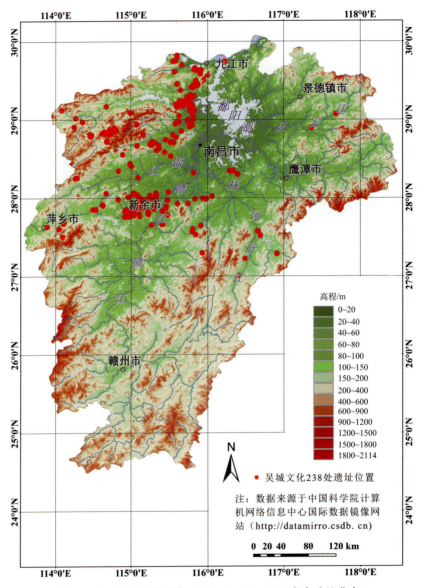

图 6.4.9　江西吴城文化（3.5～3.0 ka BP）考古遗址分布

　　根据地层叠压关系和考古资料进行分析研究，吴城文化分商代中期、晚期以及商末周初三个时期，前后延续整整 400 年。出土文物所反映的文化内涵，既受中原文化的强烈影响，又具有鲜明的地方特色。该遗址的发现具有重大历史意义和科学价值，遗址中陶文、原始瓷、铸铜遗迹、龙窑的发现为江西省考古史上重大发现，标志着吴城地区早在 3500 年前已进入文明时代，否定了"商文化不过长江"的论断。大量的陶文和符号等实物资料，论证了殷商时期赣鄱地区不是"荒服之地"，而是高度的文明区域，早在三千多年前这里就和中原一样，能熟练地掌握铸造技术，生产高质量的青铜器，解决了南方地区殷商时期能否铸造青铜器的重大学术问题。大量的完整器物，特别是四十多种印纹陶纹样是打开研究江南古文化的一把"钥匙"和年代学"标尺"，结束了江南考古长期存在的文化年代上的紊乱。

吴城文化既有鲜明的自身特色，也带有浓郁的中原商文化色彩，越往北商文化色彩愈浓，反之则地方特色愈鲜明。商代早期，由于商王朝政治、军事力量的扩张，使商文化迅速扩展。南下的商文化，不仅在江汉平原形成了自己的文化区商文化荆南寺类型、盘龙城类型，而且在很大程度上影响、乃至改变了整个长江中游地区原有的政治格局，强烈影响了长江以南的土著文化。这样，在长江中游地区，商王朝势力总体上从南方撤退至大别山以北。与此同时，各地土著文化兴起，在考古学文化上的表现是从殷墟一期开始，商文化因素迅速消退和地方青铜文化的迅速繁荣。吴城三期文化面貌的新变化，正是在整个长江中游地区历史文化变迁的时代背景下发生的。

江西吴城文化类型遗址共计 238 处，分布相对集中，主要位于江西省的中部和西北部，而赣东和赣南却少有分布，其中以江西省新余市和鄱阳湖西岸地区分布最为集中。从对吴城文化类型 238 处遗址海拔高度的统计结果来看，遗址绝大多数分布在海拔 50 m 以下位置，其中海拔最高的遗址为编号 197 的下排遗址，其海拔高度达到 460 m。吴城文化时期，农业生产兴旺，手工业高度发展，商业贸易活跃，与周边地区有着广泛的交流往来，繁荣的社会经济基础，促使社会各阶层分化和早期城邑的兴起，并在此基础上形成了具有强烈地方色彩的可以与中原殷商文明媲美的文明形态，成为长江中游地区一个辉煌的文明中心，吴城古城便是这一文明的政治、经济、文化中心。

（三）樊城堆-筑卫城上层文化 （3.1～2.2 ka BP）

樊城堆—筑卫城上层文化类型遗址共有 397 处（图 6.4.10）。遗址分布相对集中，主要位于江西省中西部，而赣东和赣南却少有分布，其中以江西省新余市和鄱阳湖西岸地区分布最为集中。

从对樊城堆—筑卫城上层文化类型 397 处遗址海拔高度的统计结果来看，遗址绝大多数分布在海拔 200 m 以下，其中沿着鄱阳湖周边分布的遗址，其海拔高度都在 100 m 以下，而在山麓地带分布的遗址，其海拔高度大多集中在 100～200 m 之间，其中海拔最高的遗址为编号 28 的洞背岭遗址，其高度达到 545 m；遗址分布相对集中，主要位于江西省的中西部，而赣东和赣南却少有分布，其中以江西省新余市和鄱阳湖西岸地区分布最为集中。

五、江西考古遗址时空分布与环境的关系讨论

从对江西新石器至夏商周时期 10 种文化类型 935 处遗址的时空分布图的叠加分析来看，江西地区新石器时代文化与夏商周时期的文化遗址总体上是由北向南、由"赣鄱平原"向山麓地带有一个逐渐扩张的过程，而且在不同时期遗址数量的变化也较大，反映该地区早期文明发生发展的轨迹，这与该地区生态环境及早期先人逐水而居，对自然环境具有较高的依赖性有关。

赣江中下游地处鄱阳湖和幕阜山、罗霄山脉之间，北靠长江，南通赣江上游。从长

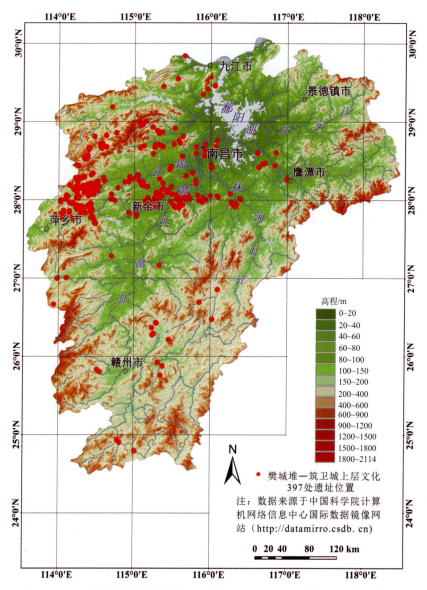

图 6.4.10　江西樊城堆-筑卫城上层文化（3.1～2.2 ka BP）考古遗址分布

江进入赣江，溯江而上，在江西大余县翻越大庚岭，这条古驿道自古以来这就是中原通向岭南的主要通道，既是中原地区进入赣中腹地和通向岭南的主要通道，又是江西对外交往的门户。这一独特的交通区位特点，使得赣江两岸成为多种文化交汇之地，各种文化在此接触、碰撞、进退、融合。因此，研究这一地区的新石器至夏商周时期的 10 种文化类型遗址的空间分布特征，对于研究江西 12.5 ka BP 以来区域环境变迁具有重要意义。

　　从地理位置来说，赣鄱地区地处长江中下游南岸，东、南、西三面环山，分别为武夷山、南岭、罗霄山等，而与东南沿海的闽江流域、长江中游的洞庭湖流域天然分隔，自然地理也相对独立。赣都地区地形平缓，是长江南岸与岭南地区的自然通道，表现出赣都地区的土著文化各文化（类型）之间的关系错综复杂，并存在着发展的不平衡性和特殊性。赣都流域的新石器时代晚期文化内涵复杂，类型多样，代表了不同时空的文化。具体来说，拾年山类型文化、樊城堆文化为赣江中、下游新石器时代晚期文化的两个阶段，山背文化为鄱阳湖西岸水系所在的赣都地区西北部新石器时代晚期文化，社山头类型文化为这一地区的东北部水系新石器时代晚期文化。

江西新石器时代晚期遗存主要分布于鄱阳湖、赣江中下游地区及其五大支流附近的丘陵山岗或二级台地、土墩之上。最主要的特点就是聚落遗址数量增多和分布地域的扩展，以及中心聚落的逐步形成。它是赣都地区新石器晚期的一支主体文化，此后的商周青铜文明就是由此而发生并发展起来的。江西新石器时代晚期文化遗存均处在鄱阳湖平原和赣江流域的丘陵盆地，居址多为台地，其面积往往在 1 万平方米以上，说明这一带原始农业发达，氏族部落繁荣，为日后社会发展奠定了基础。

江西地区古代文化遗存具有多样性和复杂性，揭示了各种考古学文化的文化归属及各支文化的兴衰年代。自新石器时代中、晚期开始，江西古代文化就较为发达，而且一直是长江中游地区古代南北文化的交汇地。考古材料与古文献记载可相互印证表明，夏代二里头文化的影响已经波及这一地区；商周时期，赣江、鄱阳湖既是一条地理分界线，也是一条文化的分界线，但这一地区地势平坦，赣江、鄱阳湖水面平缓，并不足以阻挡或妨碍吴城文化东进或万年文化西进；春秋时期，江西被称为"吴头楚尾"地带，楚国与越国、吴国在此交锋，或进或退，国境线在赣江、鄱阳湖两岸犬牙交错。值得注意的是，万年文化与浙江的高祭台类型、马桥文化和闽北青铜文化连成一片，成为没有受以分档扁、假腹豆、深腹盆为代表的商文化影响的区域，而这一大片地区也是周代的百越文化区。其实，赣江、鄱阳湖两岸文化的差异，早在新石器时代业已形成，赣江、鄱阳湖东部地区是社山头文化，该文化一期保留有一些樊城堆文化因素，相当于新石器时代晚期的第二、三期文化中，樊城堆文化因素已基本消失，西部地区是樊城堆文化分布区，这种文化的差异是因为当时两地的居民不同。

根据萧家仪等（2007）对位于赣、粤两省交界的南岭山地、江西省定南县城南2.5 km处的大湖深 346 cm 泥炭剖面的研究结果来看，华南南岭山地及江西南部地区末次盛冰期以来植被与气候历史经历了如下阶段：18 330～15 630 cal.a BP，景观是落叶阔叶林，气候温凉偏湿；15 630～11 600 cal.a BP，植被是常绿阔叶树的落叶阔叶林，气候温和湿润；11 600～6000 cal.a BP，植被演替为以栲/石栎为建群种的常绿阔叶林，气候温暖湿润；而 6000 cal.a BP 以来，植被中森林面积减少，气候温暖偏干，蕨类植物和草本植物增加。从孢粉序列中识别到的一系列凉干事件，大致与全新世千年尺度事件对应，说明低纬地区与高纬地区气候变化密切相关。与中国高纬地区的季风气候事件对比，大湖地区气候事件温度、湿度的变幅远低于中国北方内陆地区。江西新石器至夏商周考古遗址时空分布的特征与之有较好的对应的关系，遗址的数量、分布的海拔高度，以及遗址空间分布（滨湖、滨河）等特征很大程度上受到该地区 12.0 ka BP 以来环境变迁的影响。

第五节　河南南阳盆地新石器文化的地理分布、
传播路径及生业模式

　　南阳盆地位于河南省西南部，构造上属于中新生代南阳—襄阳坳陷，其北、西、南分别为伏牛山、秦岭、桐柏山环绕，区内河流多源于伏牛山区，呈扇状向南部边缘汇集（图 6.5.1），属于长江流域中游地区的汉江水系。盆地南北各有隘口连接中原地区和江汉平原，中全新世时期成为中原文化与江汉区古文化的交错地带，其史前文化的边际效应和复杂的文化景观使本区成为研究史前时期人地关系的良好素材。国内已有不少学者对全新世以来的人地关系进行了较详尽的研究（李宜垠等，2003；邓辉等，2009；侯光良等，2010；吴立等，2012），但鲜有文献关注史前文化传播路径、生计模式与文化变迁之间的关系。全新世以来南阳盆地的新石器文化以中原类型为主导，但源于汉水中下游的屈家岭文化和石家河文化深刻影响了南阳盆地史前文化演变的内容和过程。本节将对南阳盆地南北两种文化的分布、传播及生业模式的演变进行归纳解析，以求南阳盆地史前文化进退与古环境变迁的对应关系。

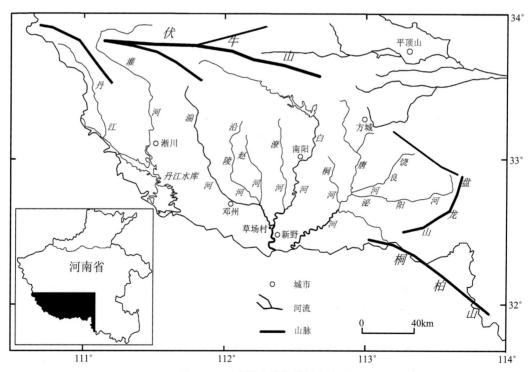

图 6.5.1　南阳盆地的位置和水系

一、南阳盆地的史前文化类型与时空分布

（一）南阳盆地的史前文化类型

南阳盆地在地域上位于中原新石器文化核心区和江汉新石器文化核心区的边缘地带，同时受两种地域文化的影响，史前文化兼具"北""南"两种文化特色。但在中全新世时期由于两种文化的势力对比，本区的主导文化类型序列是：仰韶文化、屈家岭文化、石家河文化和龙山文化。

（1）仰韶文化（7.0～5.0 ka BP）。仰韶文化是新石器文化的代表类型，广泛分布于黄河流域和淮河流域。该时期陶器以泥质红陶、夹砂红陶、泥质灰陶为主，在南阳盆地受江汉文化类型影响出土的陶器形制与中原地区有别。

（2）屈家岭文化（5.0～4.6 ka BP）。长江中游新石器文化的重要类型，它是继大溪文化之后由几种原始文化长期融合发展而产生。屈家岭文化分布范围较广，以江汉平原为中心向南向北分别延伸至湖南省和河南省境内。在汉水流域主要分布在江汉平原中北部、汉水中游到涢水流域之间的地区，核心文化区在湖北天门、京山、钟祥、应城等地。

（3）石家河文化（4.6～4.0 ka BP）。该文化与北方的龙山文化大致处于同一时期，其核心区在江汉平原中北部。石家河文化的陶器以夹砂陶、泥陶和夹炭陶为主的红陶为标志。南阳盆地区的石家河文化多为中期类型且遗址数量有限。

（4）龙山文化（4.6～4.0 ka BP）。龙山文化是我国北方新石器文化的又一繁荣期，影响范围遍及黄河中下游和淮河流域，龙山时期的原始农业已经占据社会经济的主导地位；该时期器物以表面饰有绳纹与篮纹的灰黑陶器为突出特征。

（二）南阳盆地史前文化的时空分布

南阳盆地北部边缘是波状起伏岗地，海拔140～200 m，岗顶平缓宽阔，岗地间隔以浅而平缓的河谷凹地，呈和缓波状起伏。盆地中部为海拔80～120 m 的冲积洪积和冲积湖积平原。将不同时期的史前文化遗址的坐标（国家文物局，1991）和南阳盆地DEM 图像在 Mapinfo 7.0 中叠加可以得到南阳盆地四个文化时期史前人类遗址的分布图（图 6.5.2）。图 6.5.2（a）显示，本区的仰韶文化遗址共 77 处，多分布在白河中上游、赵河以及灌河的二、三级阶地上，并集中于盆地外缘的岗地区。屈家岭类型遗址共73 处，分布在白河两侧，且集中于唐河上游、湍河上游和丹江河谷［图 6.5.2（b）］。到了龙山文化时期，遗址数量达 83 处，几何中心从高海拔区向低地迁移，该期遗址集中于赵河、沿陵河、潦河三条河流下游的交汇地域，而丹江中游谷地亦是遗址分布集中区［图 6.5.2（c）］。石家河文化遗址的数量在南阳盆地仅 17 处，集聚在丹江中游谷地和唐白河下游一带。与屈家岭文化遗址的强劲扩散态势不同，本期遗址主要分布在盆地南缘，而在通向中原地区的方城隘口地区无遗址点分布［图 6.5.2（d）］。

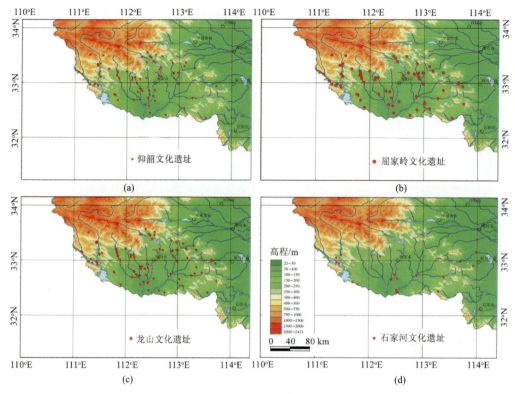

图 6.5.2　南阳盆地史前文化遗址分布

（a）仰韶文化遗址分布；（b）屈家岭文化遗址分布；（c）龙山文化遗址分布；（d）石家河文化遗址分布

二、南阳盆地史前文化的地域特征和传播路径

（一）史前遗址分布的地貌态势

南阳盆地的整体地势自盆地北缘的岗地向唐白河交汇处的低地降落，盆地内等高线大致呈三级分布。本节把南阳盆地按高程范围分为五部分：T1 区（海拔 50~100 m）、T2 区（海拔 100~150 m）、T3 区（海拔 150~200 m）、T4 区（海拔 200~250 m）、T5 区（海拔＞250 m），以便将四个文化时期的遗址分布比例与所在地域的地形剖面作直观对比，如图 6.5.3 所示。

图 6.5.3 显示，除石家河时期外其他三个时期的遗址集中分布于 T2 和 T3 地貌单元，本区为起伏和缓的河间高地，利于原始农业且能规避洪涝灾害，仰韶期遗址在本单元比例为 68.7%，屈家岭期遗址比例为 75.2%，龙山时期遗址比例为 76.6%。T5 区属于起伏较大的低山丘陵单元，仰韶期遗址分布在该地貌区比例最高达 10.4%，是仰韶文化早期以渔猎采集生计模式为主体的结果。与之对应的是石家河时期遗址分布于 T1 地貌单元的比例高达 38%。本区为河流冲积低地、易渍易涝，石家河时期遗址在南阳盆地的布局范围集中于唐白河下游和丹江河谷低地，与其他三个时期遗址分布的地貌单元存在明显差异。

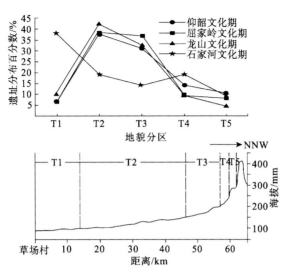

图 6.5.3　南阳盆地史前遗址在五个高程区的分布比例（a）与南阳盆地地形剖面（b）

史前遗址分布与河流的关系可以通过河流缓冲区覆盖的遗址数加以体现。表 6.5.1 显示，从仰韶文化时期到龙山文化时期遗址布局对河流的依赖程度逐渐降低，盆地内各河流 3 km 缓冲区内分布的遗址比例从仰韶期的 53.2% 下降到龙山时期的 42.2%，表明新石器晚期的史前人类已基本改变了渔猎采集型的生业模式，对自然资源利用的范围逐渐扩大。

表 6.5.1　南阳盆地史前文化遗址在 3 km 河流缓冲区内数量比较

文化时期	遗址数/个	3 km 缓冲区遗址数/个	缓冲区内遗址比例/%
仰韶文化	77	41	53.2
屈家岭文化	73	34	46.6
石家河文化	17	7	41.2
龙山文化	83	35	42.2

（二）史前遗址分布的聚集特征

聚集度与分散度是讨论史前人类遗址布局的重要指标，它既体现了人类活动区自然环境的优劣和资源的丰富程度，也反映了史前人类对住所选择的文化偏好。Batty（2008）认为某一地理单元内的内居民点的空间演化在时间轴上的分布遵循分形几何体的生长原则，本节引入聚集分形维数对本区的史前遗址进行刻画。

在二维空间里一般取欧氏维数为 2，所以当聚集维数 $D<2$ 时，表明遗址分布由几何中心向外围呈现密度衰减，中心遗址的凝聚作用显著，整个遗址系统的向心引力明显。图 6.5.4 是南阳盆地不同文化期人类遗址的聚集维数拟合结果：$D_{石家河时期}>D_{龙山时期}>D_{仰韶时期}>D_{屈家岭时期}$。总体上，各个时期遗址聚集维数（函数 K 值）均小于 1，体现出显著的向心性特征。另一方面，从石家河时期→龙山时期→仰韶时期→屈家岭时期遗址系统的向心凝聚作用由弱到强，表明屈家岭时期人类活动的聚集性最显著，而石家河时期人类活动则趋于分散。

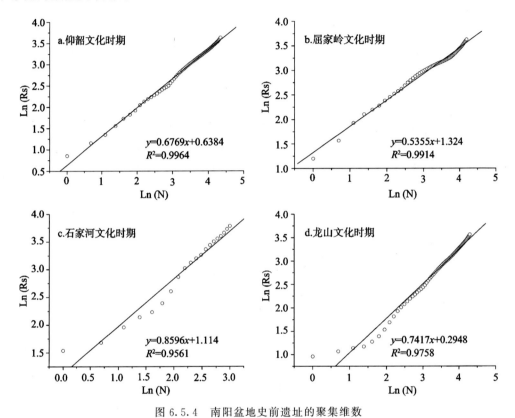

图 6.5.4　南阳盆地史前遗址的聚集维数

a. 仰韶遗址聚集维数；b. 屈家岭遗址聚集维数；c. 石家河遗址聚集维数；d. 龙山遗址聚集维数

（三）南阳盆地史前文化的传播与文化锋面的位置

南阳盆地北依中原腹地，南接江汉平原，中全新世以来两种区域文化在此交汇融合形成复杂的新石器文化景观，并具有文化边界效应的特殊地区，尤其是 4.6～4.0 ka BP 时期石家河文化与屈家岭文化并存，形成复杂的文化景观。

图 6.5.5 是基于 ArcGIS 10.0 平台用 Kriging 插值法绘制的南阳盆地史前人类遗址密度拟合图与文化传播路径。从南阳盆地东北部的方城隘口到南部唐白河下游的南襄隘道是两大区域文化的主要传播路径。北方型文化（仰韶文化和龙山文化）是南阳盆地史前文化的主导，仅在屈家岭时期（5.0～4.6 ka BP）为南方型文化控制，而石家河时期与龙山文化同期且仅隅踞在唐白河下游和丹江河谷一带。

处于文化过渡带的南阳盆地在文化脉络上受北方文化左右，但在屈家岭时期受江汉文化影响深远，尤其是 T1 和 T2 地貌区在地理上毗邻江汉平原，因而其史前文化要素兼有南北两种文化的特质。为了量化史前文化的影响范围和程度，我们用该文化期的遗

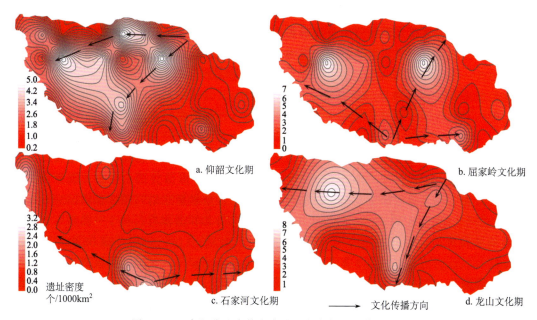

图 6.5.5　南阳盆地史前人类遗址密度与文化传播方向
a. 仰韶文化传播路径；b. 屈家岭文化传播路径；c. 石家河文化传播方向；d. 龙山文化传播路径

址数与其跨越时空范围之积定义文化场的量度，称之为"文化势（Pc）"

$$Pc = N(s) \cdot A \cdot T$$

式中，$N(s)$：遗址数量；A：文化区面积（本节以所跨流域数代替）；T：文化持续时间。（6-1）根据相关数据（国家文物局，1991；郭立新，2000；张绪球，2004）量化南阳盆地几个不同类型文化的文化势如表 6.5.2 所示。

表 6.5.2　南阳盆地史前不同时期文化势对比

文化类型	遗址数/千处	跨流域数/个	时间跨度/ka	Pc
仰韶文化	0.63（河南省）	3	＞2.5	4.73
屈家岭文化	0.16（汉水流域）	2	约 0.4	0.13
石家河文化	0.18（汉水流域）	2	约 0.6	0.22
龙山文化	1.25（河南省）	3	约 0.6	2.25

从表 6.5.2 可见，仰韶时期的文化势最强 Pc 值达 4.73，其次是龙山时期文化势为 2.25，远大于石家河文化势的 0.22 和屈家岭文化势的 0.13，与南阳盆地史前人类生业模式内容和范围基本一致。也要看到，屈家岭文化在南阳盆地的影响远大于石家河文化但其文化势却小于石家河文化势，表明史前文化场强（遗址密度）存在局部差异性。另外，鉴于南阳盆地的史前文化的过渡性特征，可以用鼎盛期文化锋位置粗略地描述两种文化的进退和交错图式（图 6.5.6），以考察不同文化的影响范围和发展趋势。

仰韶文化和龙山文化繁荣期的锋面大致在湖北十堰、襄阳、枣阳一带，而屈家岭文化锋面在繁荣期推进到伏牛山南麓，但石家河文化锋面仅占据 T1、T2 地理区。显然，文化锋的进退是史前文化综合实力的表现，并与环境变迁相关联。

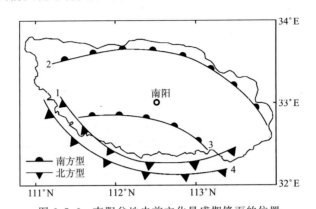

图 6.5.6 南阳盆地史前文化最盛期锋面的位置
1. 仰韶文化锋；2. 屈家岭文化锋；3. 石家河文化锋；4. 龙山文化锋

三、南阳盆地史前人类的生业模式

（一） 南阳盆地中全新世的气候特征

位于南阳盆地西北部丹江南岸的淅川县下王岗遗址地层完整地记录了本区中全新世以来的古环境特征。据 ^{14}C 测年数据，遗址文化地层跨度为 6.0～2.5 cal. ka BP，涵盖仰韶—屈家岭—龙山—商等文化时期；而且该遗址出土的动物化石中，南方种占 35.48%，广布种占 61.29%，北方种仅占 3.23%（计宏祥，1996）。遗址的仰韶文化层（9～7 层）动物化石共 24 种，喜暖动物的比例高，表明该期为暖湿的时代。屈家岭文化层（6～5 层）动物化石仅有猪獾、家猪、斑鹿及狍，其中狍是属于古北界的种类，暗示气候有变冷的趋势。龙山文化层（4 层）共 9 种动物化石，包括喜欢暖湿的水鹿与轴鹿，显示气候有变暖的倾向。

石家河时期的气候特征在丹江西岸的凌岗遗址地层中有所记录，图 6.5.7 分别是遗址地层的烧失量（LOI）、风化指数、Rb/Sr 和 Rb/Ca 指标的变化。Al_2O_3/（Na_2O+K_2O+CaO）即风化指数，该值越高表明含 Na^+、K^+、Ca^{2+} 活性物质迁移量越大，表征湿热的风化环境；反之则指示相对干凉的风化环境（Christopher et al.，1995）；烧失量间接反映地层堆积期有机质含量。

图 6.5.7 显示，从 95～100 cm LOI、Al_2O_3/（Na_2O+K_2O+CaO）、Rb/Sr 值都有暖湿迹象，而在 150 cm 层位的龙山早期文化层 LOI 达到了 6.04%，Rb/Sr 比值升至 1.11，表明该地层期为湿热气候环境下的风化活跃期。石家河时期的 Rb/Sr、Rb/Ca 曲线在 175 cm 和 180 cm 层位有局部峰值，与风化指数和 LOI 对比可知该时期存在短暂暖湿环境，但总体上石家河时期以干凉气候为主。

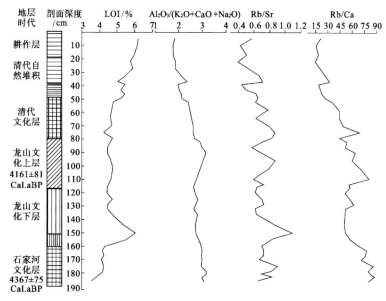

图 6.5.7　淅川县凌岗遗址地层环境指标的变化

（二）南阳盆地史前人类生产工具的组合特征

新石器时期人类的生产工具决定其生产方式和生产效率，根据淅川县黄楝树遗址和八里岗遗址出土的器物组合（表 6.5.3），可以反映本区中全新世时期的生产力水平（长江流域规划办公室考古队河南分队，1990；李绍连，1995）。

表 6.5.3　南阳盆地新石器时期典型遗址出土的生产、生活器物类型和数量

类型	器形	仰韶时期	屈家岭时期	石家河时期	龙山时期
农业器物	石刀	2	16	1	11
	石斧	14	99	1	87
	石锛		30	1	12
	石镰	3	10		5
	石凿		44		17
渔猎器物	石饼	4	2		
	石网坠	2	5		7
	骨鱼钩		2		
	镞	27	163	5	69
	骨匕		18		
	砺石	1	12		6

类型	器形	仰韶时期	屈家岭时期	石家河时期	龙山时期
生活器物	陶纺轮	17	263		108
	石球		1		3
	陶球		2		
	骨锥		3		19
	骨针		2		1
	石臼杵		1		
	陶杵		2		
		打制石器时期	磨制石器时期	金石共用时期	金石共用时期

注：石家河时期器物数据来自八里岗遗址挖掘报告，其他三个时期数据来自黄楝树遗址挖掘报告。

表 6.5.3 显示，仰韶时期出土的器物中，渔猎工具数量（34 件）远大于农业生产器物的数量（19 件）代表一个以渔猎采集为主要经济内容的社会生业模式。屈家岭文化时期和龙山文化时期农业生产工具的数量得到较大幅度的提高，反映了农业在生业模式中的主导地位。同时，屈家岭时期和龙山时期出土大量陶纺轮器物，表明此时纺织手工业地位也很突出。值得注意的是，在这个农业和手工业相对繁荣的时期，生活类器物如骨锥、骨针和陶球（一种原始玩具）数量亦较多，显示南阳盆地屈家岭时期和龙山时期的史前人类生活内容较仰韶文化时期得到极大丰富。根据进化适应原则，石家河时期生产工具的质量应高于屈家岭时期但因出土器物数量较少，难以窥探其生计细节。

（三）南阳盆地史前人类的农业类型

仰韶文化时期的南阳盆地水热条件适合开展稻作农业，屈家岭时期气候转凉但受江汉文化影响稻作农业进一步得到发展，在石家河时期和龙山时期南阳盆地稻作农业普遍，因而稻米应是本区居民的主食之一。图 6.5.8 是邓州市八里岗遗址植物遗存记录的 T1 区中全新世时期本区居民食物的构成（邓振华和高玉，2012）。

图 6.5.8 显示，仰韶时期八里岗遗址植物遗存中稻的比例为 37.9%，而屈家岭时期这一比例最高为 87.2%，石家河和龙山时期基本稳定在 70% 上下。仰韶文化早期尚处于打制石器时期，当时的生业模式仍以采集渔猎为主，而且仰韶型的农业以旱作农业为特色，因此八里岗遗址本期植物遗存中粟黍占 61%，表明南阳盆地南部边缘区在新石器早期仍以粟作农业为主。下王岗遗址（T3 区）动物组合表明屈家岭时期南阳盆地属于凉干气候，但八里岗遗址（T1 区）该期稻种子占植物遗存的 87.2%，说明气候变化对 T1 区的稻作农业影响有限（姜钦华和张江凯，1998）。

处在 T3 区的淅川县沟湾遗址屈家岭期的粟黍比例略高于稻（王育茜等，2011），石家河时期和龙山时期气候重新变暖，T1、T2 区的水稻生产趋于稳定，但在 T3 区粟黍的比例仍然高于稻的比例（邓振华和高玉，2012）。事实表明，尽管屈家岭时期的稻作农业在南阳盆地影响深远，但偏旱的地理环境和深厚的粟作农业传统让南阳盆地的新石器文化更多地显示出北方文化的特质。

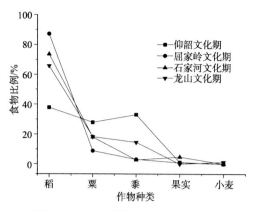

图 6.5.8　八里岗遗址植物遗存比例

　　贾兰坡和张振标（1977）认为，从屈家岭中晚期开始下王岗地区的先民就开始从事家庭畜牧业。其中最普遍的家畜是狗和猪，它们的骨骼遍及仰韶时期到西周时期的地层，另一类家畜是黄牛和水牛，骨骼遗存较少，但牛额骨、牛角的结构有别于野生类型，表明在龙山时期或更早黄牛已在南阳地区开始家庭饲养。

（四）南阳盆地史前人类的食谱特征

　　史前人类的食谱构成可以通过测定人骨中的骨胶原和羟磷灰石的 C、N 同位素含量进行研究（Richards，2002），C_3（稻类等）、C_4（粟类等）食物与先民骨胶原中 $\delta^{13}C$ 关系以及先民素食或肉食食谱与 $\delta^{15}N$ 的对应关系如表 6.5.4 示（Van der Merwe et al.，1982；Bocherens et al.，1994）。淅川县沟湾遗址先民骨胶原测试结果表明（Fu et al.，2010），本遗址居民 $\delta^{13}C$ 均值为 $-14.3‰$，$\delta^{15}N$ 均值为 8.3‰。表明该遗址先民的食谱兼有 C_3、C_4 类作物特征且处于混杂类营养级。

表 6.5.4　史前时期人类骨胶原 C、N 同位素含量与食物类型对应关系

食物类型	$\delta^{13}C/‰$	食物类型	$\delta^{15}N/‰$
C_3 类作物	-21.5	植物性食物	$3\sim7$
C_3+C_4 作物	-15.5	混杂性食物	$7\sim9$
C_4 类作物	-7.5	动物性食物	>9

　　如图 6.5.9 所示（王育茜等，2011），沟湾遗址先民的食谱在仰韶文化时期 C_3、C_4 类食物比例基本相当，属于 C_4 类食物占主导地位的稻粟混杂食谱，而屈家岭时期更为明显。另一方面，仰韶文化二期和三期居民的 $\delta^{15}N$ 值较高（8.7‰），说明该期居民食用高蛋白的水产品食物较多；而仰韶一期的居民更倾向以采集的果实为食。屈家岭时期由于气候干冷导致水产类食品数量减少（$\delta^{15}N<7‰$），该期先民以粟稻为主食同时辅以低蛋白含量的家畜产品。

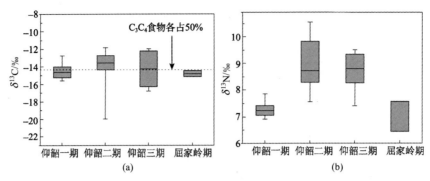

图 6.5.9　淅川沟湾遗址可鉴定人骨 C（a）、N（b）同位素含量

四、讨论

（一）南阳盆地史前遗址分布的演化

仰韶文化早期的史前人类以渔猎采集为生计依托，可渔猎和可采集资源的多寡是决定其活动地域的主导因素，此时的聚落多是可迁徙类型，资源的地域分布和周期变化大致与人类活动分布和迁徙周期一致。在南阳盆地，仰韶早期文化自沙颍河上游地区经方城通道向唐河、白河上游扩散。

仰韶文化中期以后，原始农业逐渐取代渔猎和采集业成为人们的主要生业模式，定居聚落逐渐增多、迁徙聚落减少。旱作农业倾向于地貌起伏和缓、洪涝罕见的丘陵岗地；稻作农业适宜在地势低平、易排易灌的平原低地或河谷平原布局。因而南阳盆地的史前人类为迎合农业生产所需的水热条件，居民点布局开始出现循河而居的趋势，发展农业和捕捞业条件兼具，且便于汲水和舟楫。这一时期的遗址点主要集中于丹江、湍河、白河、唐河的干支流两岸。

古环境变迁导致人类可以利用的自然资源分布发生变化、农业生产条件受到严重制约，从而引起史前聚落的迁徙。距今五千年和四千年的广域降温事件以及距今四千年前后我国东部的洪水灾害期都对史前人类活动地域产生深刻影响（方修琦等，2004）。中国中全新世气候适宜期从 5 ka BP 开始逐渐衰退，4.5~3.0 ka BP 则是由海洋季风主导向大陆季风主导转变的时期，气候系统变得高度多变且不稳定，多干旱及降温事件，同时伴有频繁发生的洪水现象（Xiao et al.，2004）。据淅川下王岗遗址动物骨骼组合和大九湖石笋记录，仰韶时期南阳盆地为暖湿气候、屈家岭时期变为暖干气候（Wang et al.，2005）；石家河时期和龙山时期南阳盆地气候转为干凉，且 4 ka BP 前后出现大范围洪水灾害。图 6.5.2 显示，屈家岭时期和龙山时期遗址分布与南阳盆地的古气候特征一致，反映了暖干气候与旱作农业生产的某种契合。

史前社会结构特征与阶层更迭亦是影响人类活动地域的重要因素。黄楝树遗址揭露的屈家岭时期社会关系表明（郭立新，2004），具有血缘关系的近亲聚落具有很强的凝聚力，居民的住房形态和聚落布局往往受亲族势力的核心机构统一规划，但社会关系的主流是平等参与。石家河时期社会阶层分化严重（郭立新，2009），贵族阶层和宗教权威先后垄断了社会的公权力、权力阶层主宰了社会发展方向，人类活动的时空域被叠加上浓厚的文化符号。因此，石家河时期和龙山时期的史前遗址的地理分布受地域文化因素的影响十分显著，如聚落内不同阶层房屋布局出现分化、石家河中期文化盛行"祭宗族、崇巫术"聚落分布的向心性突出（王银平，2013），而石家河后期文化衰落、聚落向心性消失。

（二）南阳盆地史前文化传播路径的选择

史前文化传播路径基本遵循"沿河推进、寻隙拓展"的原则。仰韶中期的文化势十分强劲，对江汉地区影响深远，仰韶文化自南阳盆地内的丹江、白河、唐河南下，至襄阳附近分两路，一支经随枣走廊，经涢水达长江北岸；另一支沿汉水到枝城一带（王红星，1998）。其后的屈家岭文化、石家河文化和龙山文化亦经此通道，与江汉地区和中原地区相互影响（刘俊男，2013）。与南阳盆地区不同，丹江下游谷地的文化类型包含了江汉地区的石家河类型、关中地区客省庄类型和中原龙山文化类型，形成多元文化交流的枢纽（樊力，2000）。

在仰韶早期，具有中原特征的仰韶文化与源于长江中游的大溪文化在随枣地区交汇，仰韶文化元素向南渗透。到了仰韶文化晚期，江汉地区的屈家岭文化大举北进，南阳盆地和丹江下游已是屈家岭文化的覆盖范围，而且该文化的前锋局部已达中原腹地。影响南阳盆地的石家河文化属青龙泉二期类型（樊力，1998），且集中于盆地南缘的邓州和新野一带。龙山时期的南阳盆地文化重新被中原文化（煤山文化二期）控制（袁广阔，2011），但同时盆地内文化亦含有江汉型、丹江型文化符号，如邓州八里岗四期遗存。

史前文化传播的物质载体是石器、陶器、玉器等手工制品，基础是原始农业、手工业技术的进步，而文化的内核是人们对自然环境认识的深化以及通过社会关系的再调整推动的生产力进步。并且文化要素的传播的途径往往选择交通便利的水、陆走廊，南阳盆地恰好是连接中原地区和江汉地区的交通枢纽，因而成为多元文化的集散地。

（三）南阳盆地中全新世时期居民生业模式的变迁

南阳盆地在仰韶文化时期的气候特征是暖湿多雨，比后来的屈家岭、龙山和石家河文化时期更适于稻作农业的发展，但此时江汉地区的边畈文化（6.9～5.9 ka BP）、油子岭文化（5.9～5.1 ka BP）仅囿于京山、天门和涢水中下游地区（北京大学考古文博院和南阳文物研究所，2000），与旱作农业相比、稻作文化对南阳盆地影响较小。出土的器物组合特征表明，本区仰韶文化中期以前的生业模式以渔猎采集为主，原始农业并非主导。仰韶文化晚期，受屈家岭文化影响，稻作农业已有较快发展。图6.5.8表明邓州八里岗出土的稻的比例已达37.9%，随后的屈家岭时期和石家河时期该遗址居民的稻米食物的比例已占绝对优势，表明屈家岭文化以来南阳盆地南部地区稻作农业已成为当地居民的主要生业，与表6.5.3显示的农业器物的变化特征一致。

南阳盆地北部地貌以和缓丘陵低地为主，与连接随（州）—枣（阳）走廊一带的南部在气候和地貌组合上存在差异，淅川县沟湾遗址的食物遗存表明，从屈家岭到龙山时期粟黍种子比例高于稻米比例。图 6.5.9（b）刻画了沟湾地区史前人类食物变迁的特征，仰韶早期人们的食物以采集的果实为主，$\delta^{15}N$ 含量较低；仰韶文化中晚期人们的捕捞技术进步，获取食物以高蛋白的水产品为主 $\delta^{15}N$ 含量升高；屈家岭时期气候变干，人们的食物更多地依赖粟稻和人工养殖的家畜，$\delta^{15}N$ 含量再一次降低。可见，南阳盆地史前时期人们的生业模式存在南北差异，这种差异主要受农业生产的水热条件支配，同时受农业生产技术和文化的深刻影响。另一方面，史前人类生业经济的类型演变也是对气候波动变迁的响应。

五、对南阳盆地史前文化的几点认识

南阳盆地史前文化处于中原与江汉文化的过渡地带，两种文化的角逐与融合贯穿了整个新石器时代：

（1）南阳盆地史前遗址集中分布于 T2、T3（100～200 m）起伏低缓的地貌区，早期的仰韶文化和屈家岭文化遗址集中于盆地内白河、沿陵河、湍河和丹江等河流上游，而晚期的石家河和龙山文化人类活动区域集中于这些大河的中下游。另外，丹江由于是沟通江汉地区与关中地区的重要通道，所以丹江中下游谷地一直是盆地内史前文化枢纽地带。

（2）江汉型史前文化传播途径主要溯汉水、唐白河干流北上，向南阳盆地推进。中原型文化更多选择旱作农业的适宜区作为文化传播通道，因而南阳盆地中地势和缓、不易积涝的低丘岗地成为北方文化南拓的走廊。虽然文化影响力与文化势相关，但文化场强的差异导致南阳盆地史前文化密度的不均一。同时，鼎盛期文化锋的位置暗示中原型文化的兴衰与农业环境的适宜度密切相关，因而江汉型文化的北进均为北方旱作农业的低潮期。

（3）南阳盆地史前遗址出土的器物组合表明，仰韶早期本区先民普遍使用打制石器，主要生业内容是进行果实采集和渔猎捕捞；仰韶时期南阳盆地气候温暖湿润，已有稻的种植，但其原始种植业仍以粟、黍为主。受屈家岭文化影响，南阳盆地的稻作农业从南到北得到普及；本期的农业生产工具趋于复杂多样，磨制石器开始广泛使用，稻作农业亦得到长足发展。龙山时期和石家河时期先民的生产工具类型更多样、更精致，受江汉文化的影响稻作农业在盆地内已相当普遍。此外，南阳盆地在屈家岭中晚期已开始成规模地人工豢养猪、狗、黄牛等家畜。

南阳盆地史前文化的进退和文化景观主要表现为稻作农业和粟作农业的角力过程，盆地中北部的 T2、T3 区属于中原文化势力范围，T1 区和丹江水库一带为中原文化与江汉文化缓冲区。北方旱作农业的低潮往往伴随江汉文化的北进，而粟作农业的鼎盛期则驱动中原文化的南扩，这种文化锋的进退又与古气候演变和地域性地貌环境相关联。

第七章 长江中游新石器时代以来典型遗址考古地层研究

第一节 湖北沙洋钟桥遗址新石器时代古洪水事件研究

长江中游的江汉平原是洪水灾害多发地区，也是中华文明起源与发展的重要地区之一，如何判断该区考古遗址地层中的古洪水沉积层是一个难题，而这对于探讨本区古洪水事件的发生历史以及古洪水对古气候变化的响应，确定古洪水发生的时间、气候背景、水文特点以及对古代人类文明发展所产生的影响具有重要意义。近些年来，考古部门在江汉平原南水北调引江济汉工程抢救性考古发掘中已发现考古地层中存在众多疑似古洪水沉积的现象。本节在由湖北省文物考古研究所主持的沙洋县钟桥遗址抢救性考古发掘中，采用了将今论古的法则将该遗址地层中疑似古洪水沉积物与该区 1998 年长江现代洪水沉积物做了 AMS^{14}C 测年、粒度、锆石微形态、磁化率、Rb/Sr 和 Cu 等地球化学指标相似性对比研究，从而确定疑似古洪水沉积层的真实属性，进一步揭示了江汉平原新石器文化兴衰与古洪水事件及气候变化的关系。

一、钟桥遗址简介

钟桥遗址位于湖北省沙洋县县城以南 60 km 与荆州交界的长湖北岸，遗址东西长约 70 m，南北宽约 300 m，总面积 21 000 m^2。遗址中心地理坐标为东经 112°27′00″，北纬 30°31′14″N，地表高程 27～31 m，隶属于荆门市沙洋县毛李镇钟桥六组（图 7.1.1），遗址由此得名。钟桥遗址呈东北-西南向陈列，地貌为黏土质淤积平原，是江汉平原西北边缘与荆山余脉的红土阶地和岗地交界地带。

钟桥遗址是江汉平原地区南水北调引江济汉工程抢救性考古发掘以来新发现的考古文化层厚度较大、新石器文化层较为齐全的重要遗址之一。湖北省文物部门委派的考古队于 2009 年 10 月～2010 年 1 月对钟桥遗址进行了较大规模的发掘，基本弄清了钟桥遗址的文化内涵及分布情况。图 7.1.2 和图 7.1.3 是该遗址 T0405 探方剖面情况，为便于研究，图 7.1.3 系该探方西壁和南壁地层的综合累积深度图。该剖面具有从新石器时代石家河文化早期→石家河文化中期→石家河文化晚期→唐宋→明清至近现代长达数千年的自然和人类文化堆积。

二、古洪水层年代和沉积特征研究

（一）古洪水层年代、沉积物粒度和磁化率特征

现场调查发现，该探方最突出的特点是在石家河文化层之下以及石家河文化层之间

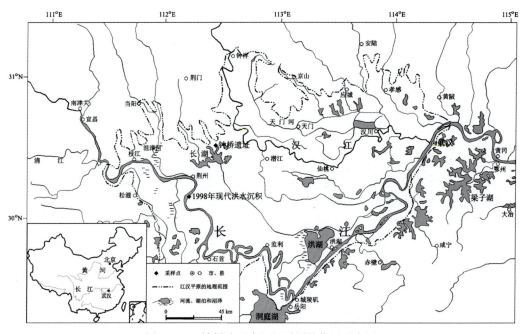

图 7.1.1　钟桥遗址在江汉平原的位置示意图

图 7.1.2　钟桥遗址 T0405 探方西壁剖面

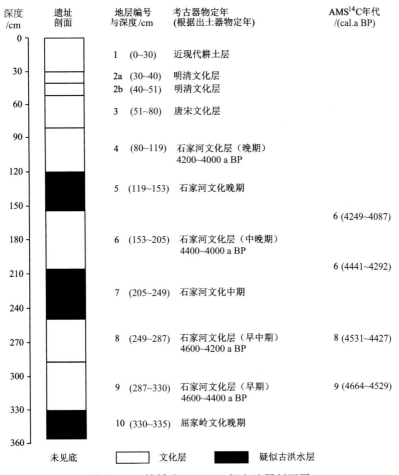

图 7.1.3　钟桥遗址 T0405 探方地层剖面图

存在三处不含任何文化器物的自然沉积层（表 7.1.1）；这与重庆忠县中坝遗址自然沉积层中不含任何器物以及人类活动痕迹的特点相一致（Zhu et al.，2005）。这些自然沉积层主要由灰黄色黏土质粉砂构成，厚度在 20～45 cm，多有夹铁锈的水平沉积层理，并有灰黄颜色的交替变化。

表 7.1.1　钟桥遗址 T0405 探方疑似古洪水层与一般文化层特征比较

层位编号	层位属性	距地表深度/m	据出土器物确定的考古学地层年代	地 层 特 征
1	耕土层	0.30	近现代时期	灰棕色黏土夹浊棕色砂质土，性质混杂，多植物根系，含许多草木灰、炭屑等
2a	明清文化层	0.40	明清时期	灰黄棕夹浊黄棕色黏土，夹极少量棕灰色斑黏土，极多植物根系，含青花瓷片、碎灰黑色陶片、锈斑及少量有机质

续表

层位编号	层位属性	距地表深度/m	据出土器物确定的考古学地层年代	地 层 特 征
2b	明清文化层	0.51	明清时期	浊黄棕夹灰黄棕色团块粉砂质黏土，含植物根系、较多锈斑、青花瓷片及碎红色陶片等
3	唐宋文化层	0.80	唐宋时期	灰黄棕色粉砂质黏土，含植物根系及锈斑，较多有机质，出土宋代瓷片、碎灰黑色陶片等
4	石家河文化层	1.19	石家河文化晚期	棕灰色夹灰棕色黏土质粉砂，颜色质地混杂，含植物根系、碎红色陶片、白色斑点等，有团粒结构及扰动波纹
5	疑似古洪水层	1.53	石家河文化晚期	灰黄棕色夹棕灰色粉砂质黏土，含植物种子结核状锈斑、虫孔等，扰动波纹大
6	石家河文化层	2.05	石家河文化中晚期	黑棕色粉砂，含植物及大量有机质，有虫孔、锈斑、大量红或红棕色碎陶片等
7	疑似古洪水层	2.49	石家河文化中期	灰黄棕色夹浊黄棕色黏土质粉砂，植物、有机质、虫孔较多，含大量锈斑及结核，有扰动现象
8	石家河文化层	2.87	石家河文化早中期	棕色夹棕灰色黏土，植物、有机质多，有虫孔，锈斑多且有少量结核，多红或红棕色碎陶片
9	石家河文化层	3.30	石家河文化早期	黑棕色黏土质粉砂，含植物及大量有机质，虫孔多，有锈斑和结核，出土红或红棕色碎陶片
10	疑似古洪水层	3.55	屈家岭文化晚期	灰黄棕夹棕灰色粉砂质黏土，含植物，有虫孔，有机质多，有锈斑和结核等，水份极多，未见底

钟桥遗址由于距长江干流仅 30 km，受夏季洪水和长江干流涨水顶托双重作用的影响易形成洪水憩流沉积（slack-water deposit），因此已具备憩流沉积的研究条件，是非常理想的古洪水研究地点。遗址南部长江中游沿岸的堤外滩地文村夹和二圣洲均发现有保留完好的现代洪水沉积物，它们具有清晰的水平层理和粗细交互沉积的韵律层，其中还有 1998 年的洪水沉积物。为判定该遗址 T0405 探方文化层与自然沉积层（疑似古洪水层）的确切年代和成因，首先采集该探方第 6、8 和 9 号文化层炭屑样品共 4 个，由中国科学院广州地球化学研究所 AMS-^{14}C 制样实验室和北京大学核物理与核技术国家重点实验室联合完成 AMS^{14}C 测年。表 7.1.2 是该遗址 T0405 探方地层 AMS^{14}C 年代测定及校正结果，校正程序使用 CALIB 6.0.1 版本（Stuiver and Reimer，1993；Stuiver et al.，1998；Reimer et al.，2009）。

钟桥遗址剖面文化层 4 个 AMS^{14}C 测年数据表明，第 5 层疑似古洪水层年代应在 4168 cal. a BP 之后，第 7 层疑似古洪水层年代为 4479~4367 cal. a BP，而第 10 层疑似古洪水层年代应在 4597 cal. a BP 之前。结合钟桥遗址出土器物确定的考古学地层年代，第 4 层石家河晚期文化层年代为 4200~3850 cal. a BP，而遗址第 10 层下部第 11 层屈家岭早期文化层年代为 5100~4800 cal. a BP，取中值后可以推断出第 5 层疑似古洪水层年代约为 4168~3850 cal. a BP，第 10 层疑似古洪水层年代约为 4800~4597 cal. a BP。

表 7.1.2　钟桥遗址 T0405 探方地层 AMS^{14}C 年代测定及校正结果

采样编号	采样深度/m	实验室编号	样品性质	AMS^{14}C 年代/(a BP)	2σ 树轮校正年代	日历年代 (cal. a BP)
T0405-6-154	1.54	GZ3855	炭屑	3791±28	2299BC（99.4584%）2137BC	4249～4087
T0405-6-205	2.05	GZ3856	炭屑	3937±24	2491BC（96.0129%）2342BC	4441～4292
T0405-8-250	2.50	GZ4102	炭屑	4030±20	2581BC（97.8171%）2477BC	4531～4427
T0405-9-288	2.88	GZ3858	炭屑	4119±25	2714BC（56.472%）2579BC	4664～4529

在上述沉积物样品年代学研究的基础上，采集长江中游沿岸 1998 年现代洪水沉积物以及钟桥遗址 T0405 探方各地层沉积物样品，经英国 Malvern Mastersizer 2000 型激光粒度仪测试后得到各地层样品粒度参数特征（表 7.1.3），磁化率由南京大学区域环境演变研究所环境磁学实验室用捷克 AGICO 公司 KLY-3（卡帕桥）型磁化率仪测定。从表 7.1.3 可见，T0405 探方各地层与 1998 年现代洪水层的平均粒径在 5.95～7.24 Φ 之间，属中粉砂至细粉砂范围；分选系数 σ$_1$ 在 1.59～2.35，分选相对较差；峰态在 0.89～1.15，属中等偏窄的沉积物峰态。这些都显示出该处遗址地层在沉积物平均粒径和分选系数等参数方面与长江中游现代洪水沉积物相比没有太大区别。以上粒度参数总体上也反映了钟桥遗址疑似古洪水层以悬移质粉砂为主体的沉积特征。

表 7.1.3　钟桥遗址 T0405 探方疑似古洪水层与文化层及长江中游现代洪水层粒度参数特征

样品号	层位性质	平均粒径（Φ）	偏度（S$_k$）	峰态（K$_g$）	分选系数（σ$_1$）	磁化率（SI）
1-8	耕土层	5.95	−0.16	1.09	2.35	80.09
2a-20	明清文化层	6.57	0.38	1.15	1.64	182.21
2b-26	明清文化层	6.59	0.34	1.12	1.63	263.32
3-29	唐宋文化层	6.84	0.34	1.04	1.69	156.42
4-49	石家河文化晚期	6.86	0.32	1.03	1.64	64.60
5-76	疑似古洪水层	6.63	0.32	1.15	1.62	63.01
5-85	疑似古洪水层	6.61	0.34	1.14	1.59	63.09
6-120	石家河文化中晚期	6.63	0.34	1.06	1.73	359.96
7-141	疑似古洪水层	6.76	0.35	1.09	1.64	120.70
7-157	疑似古洪水层	7.15	0.29	0.97	1.69	80.66
8-174	石家河文化早中期	7.01	0.34	1.03	1.68	173.25
9-203	石家河文化早期	7.24	0.23	0.92	1.75	694.47
10-217	疑似古洪水层	6.81	0.36	1.03	1.64	83.65
WCJ-1	1998 年现代洪水层	6.76	0.22	0.89	1.85	133.71
ESZ-1	1998 年现代洪水层	6.84	0.19	0.98	1.70	67.41
ESZ-2	1998 年现代洪水层	6.59	0.26	0.97	1.70	74.68

沉积物的粒度特征主要取决于沉积物的物源和沉积环境（徐馨等，1992）。粒度概率累积曲线和分布频率曲线是粒度特征研究中的重要手段之一，其分析结果有助于推断

沉积物的来源、搬运动力及沉积环境，从而推断其性质类型（徐馨等，1992；Lu and An，1998；陈建强等，2004；Thorndycraft et al.，2005；Huang et al.，2007，2010）。钟桥遗址 T0405 探方剖面第 5、7 和 10 三个疑似古洪水层沉积物粒度概率累积曲线和分布频率曲线与长江中游现代洪水层很相似（图 7.1.4 和图 7.1.5），属于典型的河流悬移质沉积曲线类型。粒度概率累积曲线都显示出明显的河流相沉积的三段式曲线特征（Zhu et al.，2005，2008）；而分布频率曲线都以单峰为主，主峰显著偏向粗颗粒方向，显示出中-细粉砂成分含量突出，其中 10～40 μm 占相当份额，表明这些疑似古洪水层及其携带的泥沙与长江中游沿岸洪水沉积物具有共同的物质来源，这也再次说明洪水层沉积物具有多悬移质粉砂的特征。

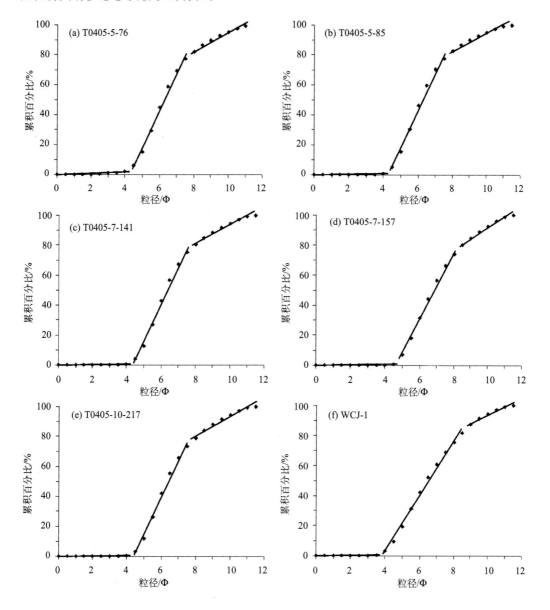

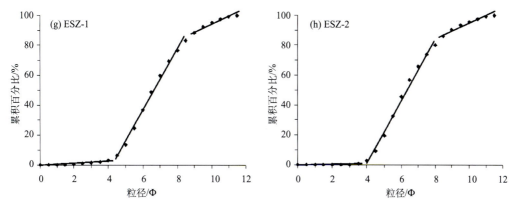

图 7.1.4　钟桥遗址 T0405 探方疑似古洪水层与长江中游现代洪水层粒度概率累积曲线

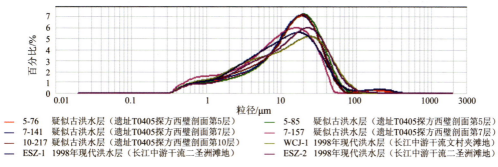

图 7.1.5　钟桥遗址 T0405 探方疑似古洪水层与长江中游现代洪水层粒度分布频率曲线

由表 7.1.3 可见，钟桥遗址疑似古洪水层和 1998 年现代洪水层沉积物的磁化率值均很低，分布范围绝大部分在 63.01～133.71 SI，比文化层磁化率值（分布范围为 64.60～694.47 SI，绝大部分在 156.42 SI 以上）普遍偏低，而长江上游的中坝遗址（Zhu et al.，2005）和玉溪遗址（Zhu et al.，2008）以及美国新英格兰 Ritterbush 流域（Brown et al.，2000）古洪水层的研究亦得出类似的结果。这是由于文化层中多含陶片（含较多铁磁性矿物）并受人类用火烘烤作用影响（Kletetschka and Banerjee，1995；史威等，2007），铁磁性矿物易积累，而铁磁性矿物在由悬移质构成的洪水憩流沉积物中相对较少所致。因此，以上沉积物粒度与环境磁学特征可作为判定第 5、7 和 10 层这三处疑似古洪水层确实为古洪水沉积物的重要证据之一。

（二）疑似古洪水层与现代洪水沉积物的锆石微形态比较

根据地质学的"将今论古"法则，遗址内古洪水层与同一流域的现代洪水沉积物应具有相似的上游物质来源和搬运特征，故其重砂矿物及其微形态应具有相似性。其中，锆石是常见于河流沉积物中的重矿物之一，其主要产于酸性或碱性火成岩与片麻岩中，原生形态主要是四方双锥形（徐茂泉和李超，2003；朱诚等，2010）。由于锆石（Zr[SiO$_4$]）比重较大（4.68～4.7），硬度较高（7.5），抗磨损相对较强，其表面微形态

比较是判断沉积物沉积性质的重要依据。根据这一原理，作者将该遗址疑似古洪水层和
1998 年长江中游现代洪水沉积物以及各文化层沉积物共 15 个样品在南京大学区域环境
演变研究所采用日本 Keyence 公司 VHX-1000 型超景深三维显微系统做了锆石微形态
鉴定分析与比较（图 7.1.6）。实验室前处理主要是先将样品经自然风干称重后，放入
玛瑙研钵中研成细颗粒，再将样品置于淘洗盘上先用清水反复冲洗再用酒精淘洗；而后
称重剩下的重矿物并用永久性磁铁和电磁仪将重矿物分为磁、电、重三部分；最后将样
品重矿物部分颗粒中的锆石在显微镜下鉴定挑出后置于圆形铜靶上，而后在 Keyence
VHX-1000 型超景深三维显微系统镜下鉴定锆石微形态并拍照。

图 7.1.6　VHX-1000 型超景深三维显微系统观察到的洪水层中锆石微形态

　　表 7.1.4 是钟桥遗址 T0405 探方沉积物样品在显微镜下所见的锆石晶体形态分析
结果。从表 7.1.4 可见，钟桥遗址地层中的锆石在显微镜下观察主要呈浑圆柱状、浑圆
状、四方双锥状、复四方双锥状和四方柱状，而由于其特有的原生四方双锥体形态，其
在被冲刷搬运磨蚀后呈浑圆状的仍然偏少。遗址疑似古洪水层所在的第 5、7 和 10 层其
浑圆柱状所占比例最高，达 45.13%～51.14%，与 1998 年长江中游现代洪水层浑圆柱
状所占的比例 47.26%～48.96% 相似，而与长江上游的中坝遗址 1981 年现代洪水层浑
圆柱状所占的 55.36% 以及玉溪遗址 2004 年现代洪水层 60.92% 的比例相比略低。与此
相对应，遗址文化层所在的第 2a、2b、3、4、6 和 8 层中原生四方双锥状锆石所占比例
最高，达 51.66%～64.51%，而浑圆柱状所占比例一般在 22.98%～32.05%。
　　从各疑似古洪水层与 1998 年长江中游现代洪水沉积物以及各文化层中锆石微形态
的对比照片中可以看出，该遗址 3 个疑似古洪水层与 1998 年长江中游现代洪水层沉积
物中的锆石在微形态上十分相似，与长江上游中坝遗址 1981 年现代洪水沉积物以及玉
溪遗址 2004 年现代洪水层沉积物在锆石微形态上亦有相似之处，主要表现在：①形态
多为半浑圆状，棱角均有被明显磨圆的痕迹；②1998 年长江中游现代洪水层 WCJ-1、
ESZ-1 和 ESZ-2 号样品，钟桥遗址 T0405 探方疑似古洪水层 5-77、5-84、7-142、7-158
和 10-218 号样品的这些锆石已由四方双锥形态被磨至近于浑圆状，表明均具有被流水
长途搬运后留下的一定程度的磨圆特征；③钟桥遗址 T0405 探方文化层 2a-19、2b-25、
3-31、4-51、6-112 和 8-175 号非洪水层沉积物中的锆石微形态则呈棱角鲜明的四方双

锥体形态，与洪水层锆石微形态有明显差异。以上锆石表面微形态的相似性比较可作为判定该遗址三处疑似古洪水层为古洪水沉积物的又一有力证据。

表 7.1.4　钟桥遗址 T0405 探方沉积物与长江中游现代洪水沉积物锆石晶体微形态分析结果

编号	深度/m	浑圆柱状		浑圆状		四方双锥		复四方双锥		四方柱		总颗粒数	合计/%
		颗粒数	百分比/%	颗粒数	百分比/%	颗粒数	百分比/%	颗粒数	百分比/%	颗粒数	百分比/%		
1-9	0.18	103	28.85	14	3.92	213	59.66	5	1.40	22	6.16	357	99.99
2a-19	0.37	359	32.05	18	1.61	655	58.48	30	2.68	58	5.18	1120	100
2b-25	0.49	172	30.07	13	2.27	369	64.51	6	1.05	12	2.10	572	100
3-31	0.60	129	29.25	20	4.54	264	59.86	12	2.72	16	3.63	441	100
4-51	0.99	169	29.96	22	3.90	322	57.09	9	1.60	42	7.45	564	100
5-77	1.35	170	49.28	18	5.22	139	40.29	8	2.32	10	2.90	345	100.01
5-84	1.42	247	51.14	22	4.55	198	40.99	3	0.62	13	2.69	483	99.99
6-112	1.77	441	22.98	139	7.24	1011	52.68	150	7.82	178	9.28	1919	100
7-142	2.19	162	46.96	17	4.93	152	44.06	3	0.87	11	3.19	345	100.01
7-158	2.35	217	48.44	25	5.58	181	40.40	8	1.79	17	3.79	448	100
8-175	2.56	101	30.51	23	6.95	171	51.66	15	4.53	21	6.34	331	99.99
10-218	3.41	1011	45.13	123	5.49	911	40.67	86	3.84	109,	4.87	2240	100
WCJ-1	—	535	47.26	38	3.36	506	44.70	15	1.33	38	3.36	1132	100.01
ESZ-1	—	779	48.96	30	1.89	713	44.81	12	0.75	57	3.58	1591	99.99
ESZ-2	—	602	48.67	44	3.56	531	42.93	17	1.37	43	3.48	1237	100.01
ZB-81	0.30	191	55.36	4	1.16	134	38.84	7	2.03	9	2.61	345	100
YX-04	—	53	60.92	3	3.45	28	32.18	1	1.15	2	2.30	87	100

三、古洪水层与文化层 Rb/Sr 及 Cu 元素含量变化特征分析

为获得古洪水层的其他证据，作者还对该遗址 T0405 探方地层样品做了 Rb/Sr 及 Cu 元素含量变化特征分析。Rb、Sr 及 Cu 元素含量测定在南京大学现代分析中心完成，其测试方法为：取风干后的样品 5 g，置于玛瑙研钵中研磨至 200 目以下，用压片机压片后在瑞士 ARL-9800 型 X 射线荧光光谱仪（XRF）上进行测试；分析过程采用国家地球化学标准沉积物样（GSS1 和 GSD9）全程监控，分析误差小于 $\pm 1\%$，数据的准确度和精确度都很好，可靠性强。钟桥遗址 T0405 探方剖面疑似古洪水层与文化层 Rb/Sr 及 Cu 元素含量变化对比结果列于表 7.1.5。

Rb 的化学性质较为稳定而 Sr 的化学活性较高，在表生地球化学过程中二者常发生分馏（Heier，1964；Glodstein，1988）。从表 7.1.5 可见，除去受后期人类活动干扰较大的耕土层与明清文化层外，钟桥遗址疑似古洪水层的 Rb/Sr 值主要分布于 0.82～

0.92 之间，普遍高于文化层 0.72~0.80 的分布值。这是因为在沉积物化学风化或雨水淋溶过程中，Rb 的离子半径（0.147 nm）比 Sr 的离子半径（0.113 nm）大，具有很强的被吸附能力，易被地层中的黏土矿物吸附而保留在原地，而离子半径小的 Sr 则主要以游离态形式被地表水或地下水带走（Chen et al.，1999）。因此，随着化学风化程度的加强，原地残留部分的沉积物 Rb/Sr 值逐渐增大（Dasch，1969；Chen et al.，2003）。Rb/Sr 值的大小实际上指示了与洪水发生密切相关的降水量强度大小（Chen et al.，1999），Rb/Sr 高值反映的是与洪水有关的高降雨量环境，而 Rb/Sr 低值往往指示降雨量少的干旱环境。

Cu 元素含量的变化与前述磁化率值有相似之处，钟桥遗址疑似古洪水层的 Cu 含量分布范围在 17.40~38.70 μg/g，普遍低于文化层 25.10~59.60 μg/g 的 Cu 含量。分析认为，由于石家河文化时期已经进入铜石并用时代并已发现铜器残片（Wang et al.，2007），人类长期的相关生产活动会造成遗址文化层中 Cu 元素含量增加（李中轩等，2008）；而疑似古洪水层中 Cu 元素含量偏低主要是受水流冲刷淋洗减少所致。以上元素含量变化特征分析结果可作为判定该遗址 3 个疑似古洪水层确定为古洪水遗留沉积物的其他证据。由此，通过用上述粒度、磁化率、锆石微形态、Rb/Sr 和 Cu 等地球化学指标的比较已充分表明钟桥遗址地层中确实存在 3 期古洪水层。

表 7.1.5　钟桥遗址 T0405 探方剖面疑似古洪水层与文化层 Rb/Sr 及 Cu 元素含量变化对比

样品号	层位性质	Rb/(μg/g)	Sr/(μg/g)	Rb/Sr	Cu/(μg/g)
1-8	耕土层	114.90	81.37	1.41	46.00
2a-20	明清文化层	79.08	88.56	0.89	25.10
2b-26	明清文化层	73.62	90.20	0.82	56.50
3-39	唐宋文化层	72.45	95.65	0.76	40.30
4-45	石家河文化晚期	83.03	103.32	0.80	35.80
5-68	疑似古洪水层	84.15	97.21	0.87	23.20
5-78	疑似古洪水层	84.14	100.96	0.83	25.40
5-86	疑似古洪水层	83.71	101.95	0.82	24.70
5-94	疑似古洪水层	89.74	106.43	0.84	17.40
6-112	石家河文化中晚期	85.14	118.64	0.72	54.90
7-131	疑似古洪水层	97.10	107.66	0.90	20.30
7-141	疑似古洪水层	95.06	103.47	0.92	24.80
7-158	疑似古洪水层	89.11	101.96	0.87	38.70
7-170	疑似古洪水层	90.27	100.84	0.90	21.40
8-181	石家河文化早中期	113.37	157.92	0.72	45.90
9-203	石家河文化早期	119.86	151.34	0.79	59.60
10-219	疑似古洪水层	86.35	98.05	0.88	27.00
10-225	疑似古洪水层	85.15	97.33	0.87	35.60

四、钟桥遗址地层记录的新石器时代古洪水事件讨论

在对遗址地层考古断代和 AMS[14]C 测年基础上，多种分析证据表明，钟桥遗址地层具有石家河文化晚期（4168～3850 cal. a BP）、石家河文化中期（4479～4367 cal. a BP）和屈家岭文化晚期（4800～4597 cal. a BP）3 期古洪水沉积物。其判定依据主要有：

（1）钟桥遗址 T0405 探方地层的第 5、7 和 10 这三个古洪水层与该区长江中游现代洪水层沉积物在粒度概率累积曲线上具有相似的三段式河流相沉积特征，在粒度分布频率曲线与其他粒度参数特征方面两者亦具有相似性；古洪水层与现代洪水层磁化率值（63.01～133.71 SI）均较低，而文化层（64.60～694.47 SI）较高，尤其是古洪水层与相邻文化层相比，磁化率值通常总是偏低。

（2）钟桥遗址三个古洪水层与该区长江中游现代洪水层沉积物在锆石微形态上具有相似性，形态多为半浑圆状或浑圆柱状，现代洪水层 WCJ-1、ESZ-1 和 ESZ-2 号样品，古洪水层 5-77、5-84、7-142、7-158 和 10-218 号样品的这些锆石已由四方双锥形被磨至近浑圆状，表明均有被流水长途搬运后留下的一定程度的磨圆特征；而钟桥遗址 6 个文化层中的锆石微形态则多呈棱角鲜明的四方双锥形态，与古洪水层和现代洪水层有明显差异。

（3）钟桥遗址三个古洪水层与同遗址文化层的 Rb/Sr 和 Cu 元素含量变化特征方面与上述磁化率值有相似之处，三个古洪水层的 Rb/Sr 值主要分布在 0.82～0.92 之间，均高于文化层的 Rb/Sr 值（0.72～0.80）；古洪水层的 Cu 含量（17.4～38.7 μg/g）较低，而文化层（25.1～59.6 μg/g）偏高；且古洪水层与相邻文化层相比，Rb/Sr 值和 Cu 含量通常也总是偏低。

（4）史料记载的长江洪水事件很多，但钟桥遗址 T0405 探方目前只发现三个洪水事件层。作者认为缺少更多古洪水层的原因一是目前我们只研究了一处探方，其他许多探方还有待进一步研究；二是表明，各时代古洪水只有当其水位高于当时的钟桥遗址古地貌面表层时才有可能保留洪水憩流沉积物，而后期的自然侵蚀作用或人类活动也会造成原有古洪水层缺失或其厚度发生变化。由于位于长江上游的中坝遗址和玉溪遗址古洪水沉积亦有与此相似的特征，综合研究表明，利用将今论古法则对考古遗址地层中疑似古洪水沉积物与同区域现代洪水沉积物的 AMS[14]C 测年、粒度、磁化率、锆石微形态、Rb/Sr、Cu 等地球化学指标相似性比较研究来确定古洪水层的真实属性确实是可行的。

第二节　湖北天门石家河谭家岭遗址新石器时代环境考古

石家河文化是长江中游地区具有代表性的新石器晚期文化，由屈家岭文化发展而来，是长江中游中华文明发展的重要源流之一（湖北省文物考古研究所，2009；湖北省荆州博物馆等，1999）。石家河文化命名地谭家岭遗址位于江汉平原的腹地石河镇。该遗址遗存特点最能反映江汉地区土著文化的面貌，石器生产工具一般经过磨制，以泥质

陶为主，出现专业化分工，存在祭祀区，更重要的是石家河一带的聚落已经发展到和今天村落差不多的稠密程度，遗址普遍具有规模大、堆积厚、遗存丰富的特点，因此石家河古城是国内外学界广泛关注探讨中华文明进程的重要热点区域之一（郭立新，2000，2003）。在 4 ka BP 前后，石家河文化分布范围南迁，文化性质发生较大改变，石家河古城废弃，盛极一时的石家河文化走向衰落，这一问题是学术界关注的热点。前人（史辰羲等，2009；李宜垠等，2009）研究认为全新世中期以来高海面对长江水位的顶托、泥沙淤积、平原区新构造活动引起的地面下降等因素，导致了江汉平原区相对水位的抬升，同时人口增加促使人类活动范围不断向平原低地扩展，这一矛盾过程所引发的水患灾害加重，是引起石家河晚期文化衰落的重要环境原因；也有学者认为是石家河文化晚期由争夺资源等引起的战争导致了石家河文化的衰落（王劲，2009）；日本学者 Yasuda 等（2004）则认为是长期干旱导致石家河文化的消亡，对上述问题目前还存在争议。本节从石家河文化命名地谭家岭遗址着手，利用孢粉、总有机碳（TOC）、总氮（TN）等地球化学指标，试图阐明在 4 ka BP 前后，石家河古城废弃、文化范围南迁、性质改变的原因，进而探讨石家河文化兴衰的环境因素与人类活动的关系。

一、研究区和遗址概况

研究区地处中亚热带北缘，年平均气温 16～18℃，年平均降水量 1100～1700 mm，植被成分具有从北亚热带向中亚热带过渡的特征。由于人类活动频繁，落叶阔叶和常绿阔叶混交林只是局部分布，马尾松（*Pinus massoniana*）林及一些次生灌丛广泛发育。该区属于汉水流域，河湖水系众多，水生植被也很发育。研究剖面所在的遗址点周围已开垦成农田，种植水稻、棉花和小麦等。附近的丘陵上分布有白栎（*Quercus albus*）、短柄枹（*Quercus glandulifera*）树林和灌丛，山地上分布有以马尾松林以及栓皮栎、短柄枹树、苦槠（*Castanopsis sclerophylla*）、青冈栎林为主的亚热带常绿、落叶阔叶混交林。

谭家岭遗址位于湖北省天门市石河镇西北石家河古城内（图 7.2.1），海拔 30～44 m，该城地处古云梦泽的北岸、大洪山以南的江汉平原中北部，地势西北高而东南低。古城总面积约 8 km²，内部面积 1.20×10⁶ m²。谭家岭遗址位于古城中心部位，地理坐标为 30°46′17.39″N，113°04′48.27″E，海拔约 33 m。遗址地层存在石家河早期淤积层。采样剖面为 T0620 南壁（图 7.2.2，表 7.2.1），其中第 1～2 层为现代扰乱层，第 3～5 层为石家河文化晚期文化层，第 H2 层为石家河文化中期灰坑，第 6～8 层为石家河文化中期文化层，第 9 层为石家河文化早期淤积层。各层描述如下：

在 T0620 南壁新鲜剖面上，第 9 层黑色淤泥层以 2 cm 间距取样，文化层以 5 cm 间距取样，共取样品 58 块，分别进行了孢粉分析和总有机碳（TOC）、总氮（TN）、有机碳同位素（δ¹³C$_{org}$）分析。

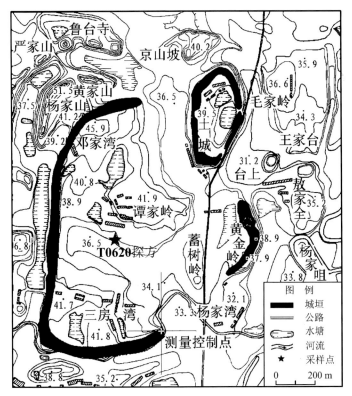

图 7.2.1　石家河文化命名地谭家岭遗址位置图

表 7.2.1　谭家岭遗址 T0620 南壁剖面地层描述

层位	深度	地层描述
第 1 层	0～8 cm	灰白色耕土层
第 2 层	8～32 cm	灰白色壤土层
第 3 层	32～76 cm	灰白色壤土层
第 4 层	76～116 cm	深灰褐色黏土层，含较多红烧土块和炭屑
第 5 层	116～142 cm	灰黄色黏土层，夹较多红烧土块和炭屑
第 H2 层	142～185 cm	灰黄色黏土层，含草木灰多，并含少量红烧土块
第 6 层	185～199 cm	灰黄色黏土层，夹红烧土块
第 7 层	199～208 cm	灰黄色黏土层，夹红烧土块和少量炭屑
第 8 层	208～215 cm	灰黄色黏土层，夹少量红烧土块
第 9 层	215～330 cm	黑色淤泥层，夹较多草木灰炭屑，含黑陶、红陶及古木（315 cm 处），未见底

　　实验室花粉提取采用常规 HF-重液浮选的方法（Faegri et al.，1989），每块样品取样重量为 20 g，处理前每块样品添加石松孢子示踪剂一片（约 27 637 粒/片），以计算孢粉浓度。统计鉴定在 400 倍的尼康 E200 光学显微镜下进行，因样品中孢子含量较

图 7.2.2　谭家岭遗址 T0620 探方剖面现场采样照片

大，所以每块样品鉴定花粉总数在 200 粒以上，120 cm 之上大都不够 150 粒，特此说明。孢粉百分比图由 TILIA 软件完成，进行 CONISS 聚类分析（Grimm，1987）。采集样品后现场装入聚乙烯塑料袋密封，带回室内自然风干，剔除砾石及炭屑、陶片、动物骨骼等侵入物，磨碎后先过 10 目（2 mm）筛，研磨后再过 100 目尼龙筛备用。土壤有机碳含量的测定采用高温外热重铬酸钾氧化 & 容量法（鲁如坤，2000），有机碳、有机氮同位素在中国科学院南京地理与湖泊研究所测定。年代测定由中国科学院广州地球化学研究所 AMS-[14]C 制样实验室和北京大学核物理与核技术国家重点实验室联合完成。为了准确判定地层年代序列，还结合该探方剖面及其附近石家河文化遗址 6 个文化层 [14]C 测年数据综合分析。所得年龄均经国际最新通用的校正程序 CALIB 6.0 版本进行日历年龄校正（Stuiver and Reimer，1993；Stuiver et al.，1998；Reimer et al.，2009）。结合考古断代，所得年代如表 7.2.2。

表 7.2.2　谭家岭遗址 T0620 探方剖面及其附近石家河文化遗址 [14]C 测年数据与年代校正

采样位置	样品性质	测试编号	^{14}C 年代 /a BP	1σ 树轮校正年代/BC	2σ 树轮校正年代/BC	1σ 中值年代 /cal. a BP	2σ 中值年代 /cal. a BP
肖 H98	木炭	BK89038	4135±70	2777 (70.69%) 2623	2890 (96.65%) 2566	4650±77	4678±162
茶 H21	木炭	BK84071	3960±140	2634 (88.46%) 2276	2879 (98.63%) 2131	4405±179	4455±374
谭 T0620-H2	炭屑	*GZ5043	3920±25	2470 (42.54%) 2434	2475 (96.55%) 2336	4402±18	4356±70

续表

采样 位置	样品 性质	测试 编号	^{14}C 年代 /a BP	1σ 树轮校 正年代/BC	2σ 树轮校 正年代/BC	1σ 中值年代 /cal. a BP	2σ 中值年代 /cal. a BP
茶 T1-5	木炭	BK84066	3860±80	2462 (83.39％) 2276	2497 (94.75％) 2130	4319±93	4264±184
茶 H18	木炭	BK84069	3830±130	2470 (95.41％) 2133	2625 (99.86％) 1900	4252±169	4213±363
石 T11-3	木炭	BK84052	3770±85	2301 (75.38％) 2113	2464 (97.28％) 2007	4157±94	4186±229

注：* 为 AMS^{14}C 测年；肖——肖家屋脊遗址；茶——茶店子遗址；石——石板巷子遗址；H 和 T 分别表示灰坑和探方，其后为编号

二、孢粉鉴定与地球化学分析结果

本遗址剖面共鉴定 69 个科/属，乔木植物有松属（*Pinus*）、铁杉（*Tsuga*）、常绿栎（*Quercus* E）、落叶栎（*Quercus* D）、栲属（*Castanopsis*）、阿丁枫（*Altingia*）、槭属（*Acer*）、桤木（*Alnus*）、桦木属（*Betula*）、枫杨属（*Pterocarya*）、胡桃属（*Juglans*）、山核桃（*Carya*）、榆属（*Ulmus*）、栗属（*Castanea*）、芸香科（Rutaceae）、木兰科（Magnoliaceae）、蔷薇科（Rosaceae）等。草本植物有葎草属（*Humulus*）、大戟科（Euphorbiaceae）、豆科（Leguminosae）、唇形科（Lamiaceae）、藜科（Chenopodiaceae）、蒿属（*Artemisia*）、禾本科（Gramineae）、毛茛科（Ranunculaceae）、莎草科（Cyperaceae）、蓼属（*Polygonum*）、十字花科（Cruciferae）、菊科（Compositae）、牵牛属（*Pharbitis*）、百合科（Liliaceae）、旋花科（Convolvulaceae）、茄科（Solanaceae）、茜草科（Rubiaceae）、伞形科（Umbelliferae）、龙胆科（Gentianaceae）、木犀科（Oleaceae）、葫芦科（Cucurbitaceae）等。蕨类植物有里白属（*Hicriopteris*）、紫萁属（*Osmunda*）、石松属（*Lycopodium*）、蹄盖蕨科（Athyriaceae）、水蕨科（Parkeriaceae）、水龙骨属（*Polypodium*）等单缝和三缝孢子。还有环纹藻属（*Concentricystes*）等藻类。对于整个剖面来讲，孢粉的种类和数量变化较大，第九层孢粉浓度较大，平均为 8508 粒/克，说明该时期生态环境良好，且木本植物的孢粉浓度相对于其他层来讲比较高。第 1～8 层文化层孢粉浓度较低，平均为 409 粒/克，且主要以松属花粉以及一些草本植物花粉为主，表明该遗址地生态环境较差。从孢粉图谱（图 7.2.3 和图 7.2.4）上看，草本植物花粉占 49％，木本植物约占 30％，蕨类孢子约占 21％。

整个剖面的 TOC 含量在 0.332％～7.306％变化，平均值为 1.696％，第 1～8 层变化不大，平均值为 0.869％，比整个剖面的平均值略小；第 9 层总有机碳含量增大，平均值为 2.280％。TN 含量在 0.017％～0.172％，平均值为 0.0704％，TN 含量变化幅度较大，第 1～8 层，TN 含量变化不大，平均值为 0.04％；第 9 层 TN 含量逐渐增大，平均值为 0.092％。TN 和 TOC 含量在 300 cm 以下的淤积层含量减少。C/N 值的变化范围为 10.8～56.2，平均值为 23.5，C/N 值从 H2 开始增大，在 300 cm 以下开始减少。TN、TOC 和 C/N 值变化具有较好的一致性，与 δ^{13}C 变化趋势相反。δ^{13}C$_{org}$ 的变化范围为 −26.22‰～20.88‰，平均值为 −23.75‰，这个范围表明基本上是以 C$_3$ 植物

生长为主。第 1~8 层 $\delta^{13}C_{org}$ 的变化较小，平均值为 -23.935‰，第 9 层机碳同位素 ^{13}C 值略有增大，平均值为 -23.6381‰（图 7.2.5）。

根据剖面的孢粉组合特征和孢粉百分比的 CONISS 分析结果，将孢粉图谱划分为 5 个孢粉带（图 7.2.3 和图 7.2.4），孢粉组合特征按由老到新的顺序简述如下：

组合带 I（石家河文化早期，年代约为 4.6~4.5 ka BP，深度 330~270 cm）：本带孢粉浓度较高（2016~15 702 粒/g，平均 5150 粒/g），但浓度值自剖面下部向上逐渐减小。木本植物花粉含量 20%~47%，平均 30%，达到整个剖面的最大值，以常绿栎（10%~22%，平均 15.9%）为主，其次是松属（0~6%，平均 2%）、阿丁枫（0.7%~81.8%，平均 3%）、栗属（0.3%~2.6%，平均 1.5%）、榆属（0.8%~3.5%，平均 1.8%）、桦木属（0~2.7%，平均 1.5%）。草本花粉在本带占绝对优势（30%~62%，平均 54%），主要以禾本科（8%~33%，平均 24%）和蒿属（1%~34%，平均 15%）花粉为主，其次是大戟科（0~10.5%，平均 3.2%）、豆科（0.8%~5.2%，平均 2.8%）；水蓼（0~1.2%，平均 1.3%）、莎草科等湿生植物花粉有出现。TOC 的变化范围为 0.593%~3.45%，平均值为 2.522%；TN 的变化范围为 0.078%~0.158%，平均值为 0.125%；C/N 变化范围为 15.85~22.42，平均值为 20.279；$\delta^{13}C_{org}$ 的变化范围为 -23.838‰~-21.185‰，平均值为 -22.57‰。在此总的趋势下，根据 CONISS 聚类分析，结合主要孢粉属种含量存在的次级波动，又把组合带 I 划分为以下两个亚带。

亚带 I-1（石家河文化早期，深度 330~300 cm）：孢粉浓度较高（2947~47 420 粒/g，平均 10 537 粒/g），木本植物花粉含量 20%~47%，平均 30%，以常绿栎（10%~22%，平均 15.9%）为主，其次是松属（0~6%，平均 2%）、阿丁枫（0.7%~8.8%，平均 3%）、栗属（0.3%~2.6%，平均 1.5%）、榆属（0.8%~3.5%，平均 1.8%）、桦木属（0~2.7%，平均 1.5%）。草本花粉占绝对优势（30%~62%，平均 54%），主要以禾本科（8%~33%，平均 24%）和蒿属（1%~34%，平均 15%）花粉为主，其次是大戟科（0~10.5%，平均 3.2%）、豆科（0.8%~5.2%，平均 2.8%）；水蓼（0~1.2%，平均 1.3%）、莎草科等湿生植物花粉有出现。TOC 的变化范围 0.593%~3.45%，平均值为 2.522%；TN 的变化范围为 0.078%~0.158%，平均值为 0.125%；C/N 变化范围为 15.85~22.42，平均值为 20.279；$\delta^{13}C_{org}$ 的变化范围为 -23.838‰~-21.185‰，平均值为 -22.57‰。

亚带 I-2（石家河文化早期，深度 300~270 cm）：孢粉浓度为（2076~8146 粒/g，平均为 4262 粒/g）。孢粉组合整体上较亚带 I-1 变化不大，木本花粉含量略有降低（18%~31%，平均 25%），仍然以常绿栎花粉为主（9%~21%，平均 17%），松属次之（2%~10%，平均 5.4%），其次是桦木属、胡桃属。草本花粉占绝对优势（42%~66%，平均 53%），草本植物以蒿属和禾本科花粉为主，百分含量分别为 3%~26%、平均 21% 和 8%~32%，其次是毛茛科，莎草科、水蓼及香蒲等湿生植物花粉含量增加。TN 与 TOC 以及 C/N 值突然增大，TOC 的变化范围为 1.53%~7.306%，平均值为 3.39%，TN 的变化范围为 0.07%~0.172%，平均值为 0.12%。C/N 变化范围为 17.3~56.2，平均值 27.435，$\delta^{13}C_{org}$ 的变化范围为 -25.25‰~-22.19‰，平均值为 -23.61‰。

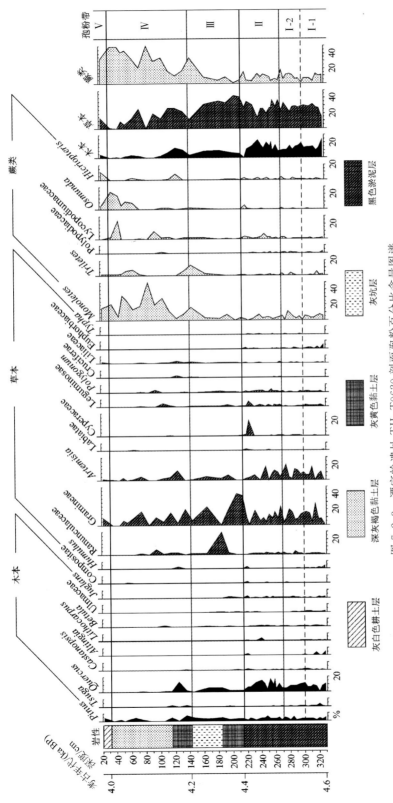

图 7.2.3　谭家岭遗址 TJL-T0620 剖面孢粉百分比含量图谱

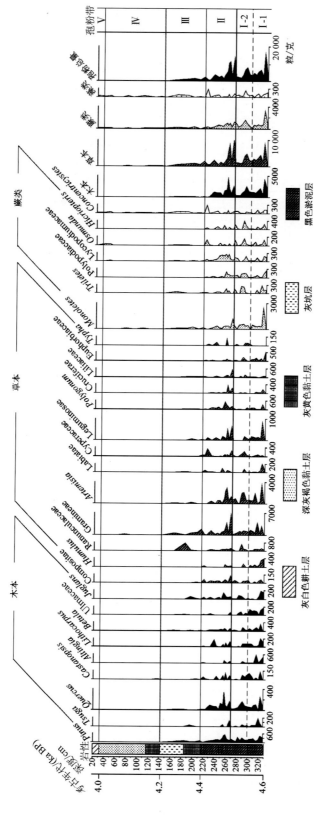

图 7.2.4 谭家岭遗址 TJL-T0620 剖面孢粉浓度含量图谱

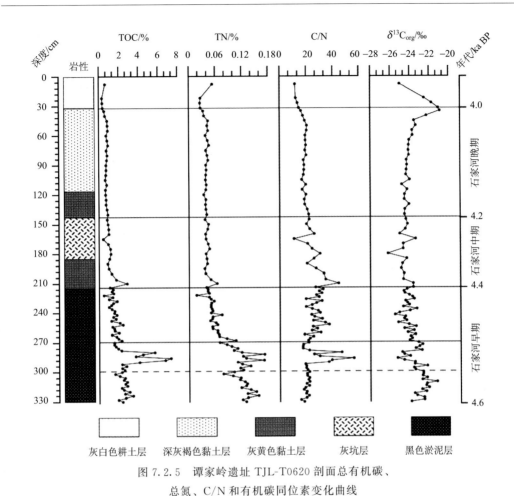

图 7.2.5　谭家岭遗址 TJL-T0620 剖面总有机碳、
总氮、C/N 和有机碳同位素变化曲线

灰白色耕土层　　深灰褐色黏土层　　灰黄色黏土层　　灰坑层　　黑色淤泥层

　　组合带 II（石家河文化早期，年代约为 4.5～4.4 ka BP，深度 270～215 cm）：孢粉浓度有所增加（822～11 252 粒/g，平均 5025 粒/g），从下到上有减少趋势，木本植物花粉降低（0～46%，平均 27%），草本花粉含量略有增加（37%～74%，平均56%），蕨类孢子占 16%，还有环纹藻等淡水藻类。木本植物主要是松属（1%～11%，平均 5.3%）、常绿栎（12%～34%，平均 20%）、桦木属（0～3%，平均 1.4%）、胡桃属（0～4.7%，平均 1.2%）。草本植物主要以禾本科（0～47%，平均 21.8%）和蒿属（0～35%，平均 15%）为主，百合科（0～5.8%，平均 1%）、十字花科（0～3.1%，平均 0.87%）、豆科（0～13.7%，平均 3.6%）的含量略有增加，水蓼0.4%～4.7%，平均 2.96%。TN 与 TOC 较上层有较为一致的减少趋势，TOC 的变化范围为0.469%～2.29%，平均值为 1.505%；TN 的变化范围为 0.017%～0.107%，平均值为 0.057%；C/N 变化范围为 27.6～21.4，平均值为 26.96；$\delta^{13}C_{org}$ 的变化范围为 −26.225‰～−23.101‰，平均值为 −24.22‰。

　　组合带 III（石家河文化中期，年代约为 4.4～4.2 ka BP，深度 215～142 cm）：本带孢粉浓度急剧降低（27～2353 粒/g，平均 1170 粒/g），其中 H-73、5-77、4-79 层样

品统计的数量少于 100 粒，其百分含量仅能部分指示环境变化。木本植物含量为 7%～19%，平均 13%，主要是松属（0～13%，平均 5.6%）、常绿栎（0～26%，平均5.7%）、桦木属（0～1.9%，平均 0.67%）、胡桃属（0～3.4%，平均 0.78%）。草本植物变化范围为 23.8%～86%，平均 65.7%，草本植物中主要为禾本科（0～82%，平均 42.8%）、毛茛科（平均 11.8%），其次是蒿属（0～9.5%，平均 4.9%）、水蓼（0～2.1%，平均 1.08%）、豆科（0～1.9%，平均 1.7%）、莎草科（0～2.9%，平均0.59%）。蕨类孢子（1.3%～68.2%，平均 20%）主要是单缝孢子。TOC 的变化范围为 0.987%～2.857%，平均值为 1.153%；TN 的变化范围为 0.036%～0.064%，平均值为 0.043%；C/N 变化范围为 10.85～44.64，平均值为 26.1。$\delta^{13}C_{org}$ 的变化范围为－25.008‰～－24.386‰，平均值为－24.37‰。

　　组合带 Ⅳ（石家河文化晚期，年代约为 4.2～4.0 ka BP，深度 142～30 cm）：本带很多样品统计数量不够 100 粒，孢粉浓度急剧降低（0.52～122 粒/g，平均为 62 粒/g），木本植物的孢粉浓度仅为 6.5 粒/g，草本植物为 25 粒/g，蕨类孢子为 32 粒/g，藻类为 16.8 粒/g。木本植物主要是松属，草本植物主要是禾本科和蒿属。其中，草本植物主要以禾本科（0～47%，平均 29%）和蒿属（0～26.3%，平均 5.8%）为主，百合科（0～2.6%，平均 0.26%）、十字花科（0～5.3%，平均 0.67%）和豆科（0～8.7%，平均 1.3%）的含量略有增加，其次是水蓼和莎草科等湿生植物，但其含量已经很小。TOC 的变化范围为 0.676%～0.912%，平均值为 0.777%；TN 的变化范围为 0.034%～0.046%，平均值为 0.04%；C/N 变化范围为 16.7～21.9，平均值为19.2；$\delta^{13}C_{org}$ 的变化范围为－24.788‰～－20.88‰，平均值为－24.22‰。

　　组合带 Ⅴ（近现代耕土层，深度 30～8 cm）：耕作层带的花粉浓度较大（32～27 799 粒/g，平均为 9292 粒/g），木本植物的浓度为 814 粒/g，草本植物为 8186 粒/g，蕨类孢子为 292 粒/g。木本植物、草本植物以及蕨类分别占 8%、57%、33%。耕作层代表了近现代人类农耕活动对自然植被的影响。木本植物主要是次生性松属、常绿栎等，草本植物主要是禾本科、十字花科、豆科和百合科等，可能与近现代人类的农业耕作活动有关，此外还有一些蕨类孢子。TOC 的变化范围为 0.353%～0.635%，平均值为 0.477%；TN 变化范围为 0.026%～0.054%，平均值为 0.034%；C/N 变化范围为11.8～16.1，平均值为 14。$\delta^{13}C_{org}$ 的变化范围为－22.496‰～－21.507‰，平均值为－21.762‰。

三、环境演变与人类活动记录讨论

　　本遗址石家河文化早期（约 4.6～4.4 ka BP），孢粉浓度大，种属多，主要是以常绿栎、阿丁枫、栗属、榆属等亚热带植被为主且湿生植物孢粉占一定比例，表明当时生态环境较好，气候较为暖湿，湿地面积较大。TOC 含量一般指示当时原始生产力水平和区域生物量的变化，温暖湿润的气候条件下 TOC 含量高，反之 TOC 含量低（Meyers and Ishiwatari，1993；高华中等，2005）。自然界的陆生植物根据其光合作用路径的不同，可以分为 C_3、C_4 和 CAM 型植物三大类。C_3 植物适合在大气 CO_2 浓度较高和较湿润的气候条件下生长，$\delta^{13}C_{org}$ 值的变化范围在 $-32‰\sim-20‰$（白雁等，2003）。TOC、TN、C/N 指标显示遗址区初级生产力较高，有机质输入量较大；$\delta^{13}C_{org}$ 的变化指示当地植被类型主要为 C_3 木本植物，气候条件相对温湿。第 9 层主要是黑色淤泥层，夹较多草木灰炭屑，出土器物主要为黑陶、红陶及古木（315 cm 处），沉积特点以及出土器物特征自下而上变化不大，但在 300～270 cm（Ⅰ-2 带），TOC、TN、C/N 指标增大明显，常绿栎、湿生孢粉含量增加，表明气候更湿润，遗址区环境发生过水域面积增大且持续时间不长的变化。第 9 层下部存在大量埋藏古木，这与江汉平原地区在石家河文化初期（4.6～4.4 ka BP）气候湿润较为一致（李枫等，2012）。

　　石家河文化中期（年代约为 4.4～4.2 ka BP，深度 215～142 cm），孢粉浓度减少，木本植物的含量急剧下降，草本植物的含量迅速上升，尤其是禾本科植物花粉百分比含量增加明显，这可能与古人的农业活动有关（吴立等，2008）。TOC、TN、C/N 指标也持续减少，反映当时的生物原始生产量减少，有机质输入减少，气候转凉干，人类活动干扰较大。

　　石家河文化晚期（年代约 4.2～4.0 ka BP，深度 142～30 cm）孢粉浓度和种类持续减少，且 TOC、TN、C/N 指标较上层略微减少，表明有机质的输入继续减少，气候较为凉干，这不仅与前人对江汉平原河湖相沉积的研究结果较为一致（李枫等，2012；王晓翠等，2012），且得到考古学方面证据的证实：同在石家河古城内的三房湾遗址下部 3 m 处还出土了石家河文化晚期墓葬，其海拔比谭家岭遗址更低，表明当时地下水水位较低，气候较为干旱。

　　由上述分析来看，谭家岭遗址 TJL-T0620 剖面孢粉与地球化学分析综合反映了遗址区石家河文化时期环境演变与人类活动的关系。石家河文化早期，遗址区孢粉种类多且浓度大，喜暖湿的常绿植物孢粉含量达到整个剖面最大值，喜湿的香蒲和莎草科含量较大；TN、TOC 和 C/N 值偏高，$\delta^{13}C_{org}$ 偏低，表明遗址区以 C_3 植物为主，植被覆盖好，区域有机质生产量大，气候较为温暖湿润，当时该遗址可能为积水洼地，且期间有过水域面积增大但持续时间不长的变化。石家河文化中晚期，遗址区孢粉种属和浓度减少，TN 和 TOC 持续减少，$\delta^{13}C_{org}$ 偏高，植被覆盖较差，表明气候较凉干，区域有机质输入减少，地下水位下降，谭家岭遗址已经转变为古人居住用地，受到当时人类生产及生活活动的较大影响。

　　需要指出的是，正如本章上一节对湖北江汉平原地区沙洋钟桥遗址地层中淤积层研究的结果所言，即便在石家河文化经历的干旱阶段，仍不排除有洪灾这种突变事件的发生，钟桥遗址地层具有石家河文化晚期（4168～3850 cal. a BP）、石家河文化中期（4479～4367 cal. a BP）古洪水事件层就是重要的证据。

第三节　湖北郧县辽瓦店遗址地层记录的环境变迁与人类活动关系

　　辽瓦店遗址位于汉江上游，南接巫山、北连秦岭、东与南阳盆地毗邻，为我国地形第二与第三阶梯的地理分界和鄂、豫、陕交接的三角地带。该区山峦叠嶂、植被繁茂、气候温和湿润，是古人类和古文化发展的重要区域（高星，2003）。本节利用湖北郧县辽瓦店遗址 T0709 探方南壁地层样品，通过粒度、重矿、地球化学等环境指标的分析，对辽瓦店地区夏代以来环境演变与人类活动之间的关系进行了探讨。

一、遗址概况及年代标尺建立

（一）辽瓦店遗址概况

辽瓦店遗址（32°49′33″N，110°41′18″E）位于湖北省郧县县城西南约 18 km 的汉江南岸，西侧与辽瓦店村毗邻（图 7.3.1），属于北亚热带季风气候，年均降水量 860 mm、年均气温 15.2℃。该遗址总面积达 20×10^4 m²，由于南水北调工程丹江口水库扩容，遗址区将被淹没；2005 年 3 月开始，武汉大学考古系、湖北省文物考古研究所联合发掘了该遗址，并初步确定其为从新石器时代到有人类文明历史以来的通史式遗址，是夏、商、周时期一个重要文化遗存。

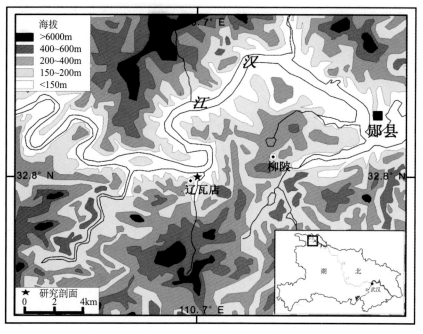

图 7.3.1　辽瓦店遗址的地理位置

研究探方 T0709 位于汉江南岸的一级阶地面上，北距汉江约 20 m，海拔 149.8 m。东、西、南三面有低山环绕，东侧 100 m 有一季节性河流，距汉江平水期水位（142 m）约 7.8 m；遇有特大洪水阶地面会有溢岸憩流沉积。另外，季节性洪流也会在遗址面产生洪积层。本研究剖面为 T0709 探方的南壁（图 7.3.2 和图 7.3.3），该剖面自上而下的主要特征是：

第 1 层为耕土层，呈灰色，土质疏松，包含植物根茎和砾石，堆积厚度 6 cm。

图 7.3.2　辽瓦店遗址 T0709 探方南壁照片

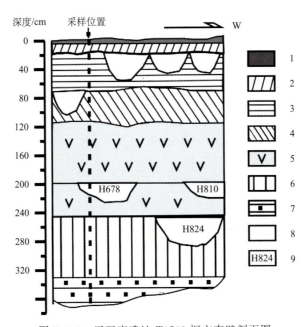

图 7.3.3　辽瓦店遗址 T0709 探方南壁剖面图

1. 耕作层；2. 近现代层；3. 清代文化层；4. 明代文化层；5. 东周
文化层；6. 夏代文化层；7. 自然堆积层；8. 近现代土坑；9. 灰坑

　　第 2 层为近现代文化层，呈灰褐色，堆积厚度 15 cm，含少量砾石；本层下部略显
黄褐色，土质疏松，包含物少。

第 3 层为清代文化层，为砂质灰黄色土层，质地坚硬，包含砖瓦碎屑，堆积厚度 50 cm；含多处近现代人类活动堆积的灰坑。

第 4 层为明代文化层，为黑褐色砂姜土，含大量红烧土粒和炭粒，有褐陶、灰陶和瓷片；堆积厚度 49 cm。

第 5 层为东周文化层，土色呈灰黄色，土质坚硬，包含有大量红烧土粒、炭屑、骨屑和陶片。堆积厚度 136 cm。该层含人类活动堆积的灰坑。土层含较多骨屑、炭屑和红烧土粒，堆积厚度从 10～40 cm 不等（采样处厚 15 cm）。

第 6 层为夏代文化层，土质紧密，堆积物呈灰褐色、纯净，偶见陶片。堆积厚度为 70 cm。下为自然堆积层，未见底。

该剖面的 4、5 层之间和 5、6 层之间为文化断层，即存在时代不整合现象。但与同一遗址区的 T0713 等有完整文化层序列[①]（其商代文化层为浅褐色砂质黏土，平均厚度 18 cm；唐宋文化层为灰褐色泥质砂土层，厚 20～33 cm）的剖面对比后可知，这两期文化断层很可能为人类活动改造的结果。

（二）文化地层的界定

整个剖面地层按出土器物排比法结合古钱币定年。根据辽瓦店遗址 22 个探方出土的器物（表 7.3.1）及其形制特征可以确定该剖面文化层时代的下界。辽瓦店遗址最老文化层出土的器物以陶罐、釜、大圈足盘为主，少见高圈足杯。这些陶器制作风格粗糙豪放，多大型红褐色陶器，黑灰陶次之。饰纹以竖拍篮纹为主，其次是菱形方格纹，凹弦纹（或带纹）之间施篮纹、方格纹的复合型纹饰流行。这组器物组合与湖北天门的肖家屋脊遗址（BK89038）后石家河文化时期地层出土器物的形制特征组合相近，在文化地层上具有可比性。据 BK89038 剖面该期文化地层的 ^{14}C 测年结果为：2185±70 BC（石家河考古队，1999）；考虑到有青铜器出土（夏代文化层的主要标志），可以断定辽瓦店遗址最老文化地层堆积期为大约 2100 BC ～2000 BC。而 T0709 探方出土的陶器多为灰黑陶，其上有中、粗绳纹纹饰，陶罐为卷沿方唇、腹部圆胖；夹砂陶类型多，如小口瓮、瓠、盉、爵、角、斝、鬶等食器均与二里头出土器物相似（图 7.3.4），因此可以确定辽瓦店遗址 T0709 探方最老文化层属于夏代而不早于后石家河文化晚期。

东周文化层的确定主要根据具有楚文化特征的青铜器物组合。该遗址可以辨别的青铜器主要包括鼎、壶、盘、匜、镖、镞、刀等。它们多出土于楚国墓葬，故将含有较多青铜器的地层定为东周文化层。另外，饰纹为阴线网状、羽状浮雕的玉牌雕刻工艺也明显区别于西周时期的内线细、外线宽的双钩阴线风格。

明清文化层多出土明清期的陶、瓷碎片，砖瓦碎片及钱币。这些陶、瓷碎片大多做工精细，遍施白釉，在瓷器的内心和外缘均有豆青和粉青色釉质花饰；做工细腻的青花瓷壶瓶多有纹饰或产地，加之明清时期出土钱币的佐证，从而确定该地层的堆积年代。

---

① 湖北省文物局，武汉大学考古系 . 湖北郧县辽瓦店遗址考古发掘汇报 . 2006

表 7.3.1　辽瓦店遗址出土器物及其时代特征[①]

地层号	出土器物	器物形制及特征	鉴定地层年代
2	近代砖瓦及玻璃碎片；铁制农具	砖瓦与现代当地农居建筑砖瓦近似；农具形制与现代传统农具相当	近现代文化层
3	青花瓷碟、盘、碗碎片；砖、瓦碎片；钱币	瓷碟为圆唇、敞口、平折沿，沿面稍内凹，圈足，边缘施有粉青釉莲花纹饰；瓷盘胎体厚、薄不一，胎色细白，通体遍施白釉层，里外边缘均施有青釉花饰，做工精细；瓷碗胎体较厚，胎色不纯，仅在外面施以青釉，且色调浓淡不均，工艺粗糙；砖瓦碎片上有菱形凸纹	清代文化层
4	(1) 陶器：罐、壶、盘、盏形器； (2) 瓷器：盘、壶、瓶； (3) 铜器：铜碗	瓶形壶为圆唇、撇口、长束颈、圆鼓腹，圈足有削痕；除圈足底施一圈紫红色釉外，通体施豆青釉，釉色晶莹润泽。盘、碗的胎体较厚，胎质较细，胎色细白，圆唇，平折沿，沿面微内凹，浅坦腹，圈足；除足心外，通体施豆青釉，内底心饰首尾相向的印花双鱼纹	明代文化层
5	(1) 陶器：罐、盂、豆、釜、甑； (2) 青铜器：鼎、盂、壶、盘、匜、镦； (3) 石器：石网坠、石牌、玉璜	多夹细砂黑陶罐、豆、釜等，纹饰以绳纹为主，其次是弦纹和方格纹。石质网坠为河卵石简单加工而成。青铜器物缺损严重，质地坚硬，疑似铜、锡合金所制；玉璜表明饰纹为阴线网状、羽状浮雕	东周中晚期
6	(1) 食器：罐形鼎、罐、钵、釜、盂、圈足盘、铜瓿等； (2) 工具：石镦、石刀、石网坠、石凿、骨镖、蚌刀、骨鱼钩；铜镦、铜刀、铜鱼钩； (3) 饰物：石牌饰、骨簪、铜牌饰	制作粗糙、多大型红褐色陶器，黑灰陶次之，偶见青铜器物；饰纹以竖拍篮纹为主，其次是菱形方格纹，凹弦纹（或带纹）之间施篮纹、方格纹的复合型纹饰流行；凸棱、划纹渐少见；罐形鼎增加，锥足鼎渐多；折沿垂腹釜的最大腹径下移；出土器物多以釜、大圈足盘为主，高圈足杯少见	对比地层：肖家屋脊 BK89038 剖面[14]C 测年结果为 2185 ± 70 BC（石家河考古队，1999）；青铜器出现标志该地层已进入夏代

二、样品采集与实验方法

(一) 样品采集

样品于 2007 年 11 月采自湖北省郧县辽瓦店遗址 T0709 探方的南壁，剖面深度为 325 cm。采用自下而上不等距采样方法共获取有效测试样品 27 个，用于各种指标的测试。为尽量避开人类干扰严重的地层部位，采样位置见图 7.3.3 中的竖直虚线处。另在 T0709 探方北侧约 20 m 处汉江河岸剖面采集了 2 个疑似洪水憩流沉积物的对比样品 C1 和 C2。

[①]　武汉大学考古系. 湖北郧县辽瓦店子遗址考古发掘记录. 2005～2007

小口罐形鼎　　　　　　罐　　　　　　　盉

釜　　　　　　　　陶钵　　　　　　　圈足盘

图 7.3.4　辽瓦店遗址夏代文化层出土的陶器

（照片由武汉大学考古系王然教授提供）

（二）实验方法

粒度测试采用标准方法，在南京师范大学地理科学学院地表过程实验室完成。

地球化学元素含量：用实验室内自然风干的样品，碾磨至 200 目，取 0.125 g 加 5～6 滴亚沸水润湿后加 4 ml HCl，混合均匀加热 1 小时（100～105℃）。降温后加 2.5 ml HNO$_3$、加热 20 分钟，再加 0.25 ml HClO$_3$，然后加 6～7 ml HF。加热、定容后，在南京大学现代分析中心用美国 Jarrell-Ash 公司产 J-A1100（精密度：RSD≤2%）的 ICP-AES 进行测试。

氧化物含量：将风干后的样品以 5 g 为单位先研磨至 200 目以下，通过高温熔融法制片后，用瑞士产 ARL-9800 型 X 射线荧光光谱仪（XRF）在南京大学现代分析中心完成，再用国家地球化学标准样（GSS1 和 GSD9）分析误差为 ±1‰（×10^{-6}）。

重矿鉴定：样品先后经过洗泥、筛分、磁选，再用三溴甲烷（CHBr$_3$）将轻重矿物分离，然后用酒精清洗、烘干、称重，最后在莱斯实体显微镜下对重矿类型进行鉴定。

三、实验结果与分析

（一）粒度特征

一般地，粗粒沉积物出现于高能沉积动力环境下，而细粒沉积物多出现在低能动力环境下（Friedman and Sanders，1978）。为恢复整个剖面沉积环境特征，同时考虑到研究剖面距汉江仅 5 m（遗址核心区距汉江 20 m），其地层自然沉积属性大于其文化属性，因此为获取较为全面的古环境的信息，我们对 27 个样品进行了粒度测试（见图 7.3.5）。

从图 7.3.5 中的粒级组分柱状图可见，变化显著的粒级是＜2 μm、＞63 μm 和 30～

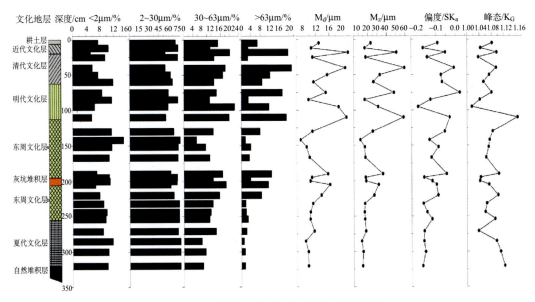

图 7.3.5　辽瓦店遗址 T0709 剖面的粒度特征

63 μm。而它们所区分的粒度变化特征与各样品的平均粒径变化的特征一致，即平均粒径的高值对应 >63 μm 粒级的高值、平均粒径的低值对应 <2 μm 粒级的高值；而 30～63 μm 粒级的变化特征与 >63 μm 粒级基本相同。显然，样品的平均粒径变化更具沉积物沉积环境的综合特征。

　　该剖面中值粒径（M_d）和平均粒径（M_z）的平均值分别为 12.7 μm 和 25.6 μm，它们的 CV 值（离差系数）分别为 0.32 和 0.54，表明样品的 M_z 变化较大。其中 285 cm 层位（25 号样品，文中的样品号均按采样层位自上而下排列，并与曲线点位相对应）的 M_z 为 13.5 μm，40 cm（5 号样品）的 M_z 为 59.3 μm。M_z 曲线上的 6 个峰值自上而下分别位于近代文化层底部（18 cm，3 号样品）、清代文化层（40 cm，5 号样品）、明代文化层顶部（75 cm，8 号样品）、明代文化层底部（110 cm，11 号样品）、上东周文化层底部（190 cm，16 号样品）、下东周文化层顶部（205 cm，19 号样品）。这 6 个样品的粒度峰值中前 4 个均在 48 μm 以上。与 >63 μm 组分含量柱状图对比可知，这 6 个样品在 >63 μm 粒级含量均大于 17%，应是高能沉积环境所致。而从下东周文化层中部（232 cm）到夏代文化层（320 cm）平均粒径波动较小，反映了相对稳定的沉积动力环境。12 cm（2 号样品）、25 cm（4 号样品）、60 cm（7 号样品）、85 cm（9 号样品）和 142 cm（13 号样品）层位为平均粒径（M_z）曲线的谷值地层（见图 7.3.5），除 60 cm 层位样品的 $M_z = 25.9$ μm 外，其余 4 个平均粒径介于 11.9～16.9 μm。它们与 <2 μm 粒级含量柱状图的高值对应（9.6%～15.1%），为汉江洪水形成的溢岸憩流在阶地面低洼部位形成的细粒沉积层（杨晓燕等，2005）。

　　就其偏度（S_{K_1}）而言，洪积物样品（3、5、8、11、16 和 19 号样品）S_{K_1} 值在 -0.09～0.02，接近常态；而憩流沉积物样品（如 2、4、7、9 和 13 号样品）S_{K_1} 值在 -0.17～-0.06，显负偏。同时，测试样品的峰态（K_G）曲线的走势与平均粒径

（M_z）基本一致，表明憩流沉积物频率曲线尖锐而洪积物频率曲线相对缓和。

　　为便于不同沉积动力形成的沉积物及其环境背景的讨论，现将测试样品按粒级的四分位粒径值进行比较分类（图 7.3.6）。图中矢量方向反映 Q3（含量为 75％ 的粒径值）数量特征、矢量长度反映 Q1（含量为 25％ 的粒径值）的量度，而矢量的位置表示其中位数 Q2（含量为 50％ 的粒径值）的大小。图 7.3.6 显示，沉积特征近似的沉积物矢径矢量和标量值相近，可以大致将沉积物分为高能沉积型（A 区）、低能沉积型（C 区）和过渡型（B 区）。

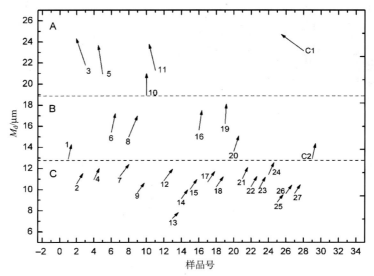

图 7.3.6　沉积物的四分位-中值矢量图

图中数字为自上而下排列的样品号；C1 和 C2 是比较样品

（二）重矿特征

　　重矿组合是物源变化极为敏感的指示剂，重砂矿物的搬运距离受矿物本身的化学稳定性和物理特征（硬度、解理、晶型等）控制（何钟铧等，2001）。因此，可以根据已知沉积物的类型组合判断未知沉积物的沉积动力属性。本节鉴定了 T0709 剖面地层的第 2（12 cm）、3（18 cm）号样品和汉江南岸出露的沉积物样品（C1 和 C2）的重矿类型。

　　图 7.3.7 是 4 个样品不同晶形重矿的百分含量。4 个样品可以分为两类：2 号样品浑圆柱和四方双锥晶型重矿含量在 40％～50％；3 号、C1 和 C2 号样品浑圆柱晶型重矿含量＜40％，四方双锥晶型重矿含量＞50％。这两个类型除四方柱晶型重矿含量有差别外，其他晶型重矿含量差别不大。3 号样品晶型特征与 C1 和 C2 沉积物相似，且 3 号、C1 和 C2 浑圆状晶型重矿含量分别是 1.96％、2.35％ 和 1.47％，表明 C1 号沉积物被搬运距离略大于 C2 和 3 号沉积物。2 号沉积物浑圆柱晶型矿物含量较高，反映了较远的搬运距离，但在四方双锥和四方柱晶型重矿含量的差异表明 2 号样品与其他样品的物源差异。

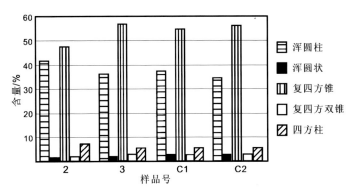

图 7.3.7　鉴定样品的晶形百分数

从鉴定的 4 个沉积物样品的重矿类型看，主要重矿的类型基本相同（表 7.3.2），并且它们多源自强氧化环境（陈静生，2007）。但 2 号（12 cm）沉积物主要矿物缺少不稳定的角闪石，推断 2 号样品层位沉积物物源较远。而 3 号（18 cm）、C1 和 C2 地层沉积物均含有角闪石，表明这类沉积物的物源较近。考虑到 3 号样品沉积物为高能动力沉积型，而溢岸憩流沉积物多为弱动力沉积环境，那么以 3 号样品为代表的图 7.3.6 中 A 区及 B 区部分沉积物（如 8、16、19 号样品）应为遗址东侧季节性河流洪积作用形成的洪积扇地层。

综合地层的粒度特征和重矿类型，T0709 剖面地层的沉积物大体分为两类：一是汉江上游洪水造成的溢岸憩流形成的憩流沉积，这类沉积物的平均粒径较小，分选较好。重矿组成中为稳定性矿物，由于长距离搬运，矿砂常有一定的磨圆度，如 2 号样品 [图 7.3.8（a）和图 7.3.8（b）]。另一类是山前洪积地层，沉积物的平均粒径较粗，分选较差；重矿组分中含近距离搬运的不稳定矿物如角闪石。由于搬运距离近，这些矿砂的外形往往有尖锐的棱角，如 3 号样品 [图 7.3.8（c）和图 7.3.8（d）] 以及 C1、C2。因此，对照粒度的四分位分布，参考重矿类型特征，大体可以把 T0709 剖面地层分为憩流沉积（图 7.3.6 中 C 区）和洪积层（图 7.3.6 中 A 区和 B 区）两类。

表 7.3.2　辽瓦店遗址 T0709 剖面地层重矿类型组合

样品编号	重砂矿物含量/%	主要重砂矿物类型	次要重砂矿物类型
2	0.14	绿帘石、赤褐铁矿、磁铁矿、石榴石、锆石、金红石、磷灰石、重晶石	电气石、角闪石、绿泥石、辉石、榍石、白钛石、锐钛矿、碳酸盐类、黄铁矿、蓝晶石、辰砂
3	0.40	绿帘石、赤褐铁矿、磁铁矿、石榴石、锆石、角闪石、金红石、磷灰石、重晶石	电气石、绿泥石、辉石、阳起石、榍石、白钛石、锐钛矿、碳酸盐类、黄铁矿、辰砂
C1	0.17	绿帘石、赤褐铁矿、磁铁矿、石榴石、锆石、角闪石、金红石、磷灰石、重晶石	电气石、绿泥石、辉石、阳起石、十字石、榍石、白钛石、锐钛矿、碳酸盐类、黄铁矿、辰砂
C2	0.47	绿帘石、赤褐铁矿、磁铁矿、石榴石、锆石、角闪石、金红石、磷灰石、重晶石	电气石、绿泥石、辉石、透辉石、榍石、白钛石、锐钛矿、碳酸盐类、黄铁矿、辰砂

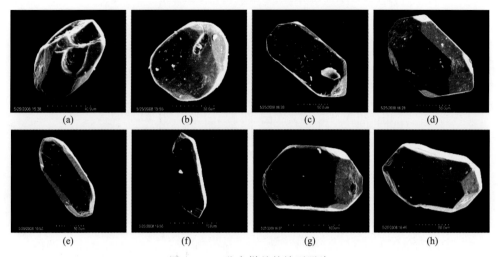

图 7.3.8　鉴定样品的锆石照片

［(a)，(b)］2 号样品；［(c)，(d)］3 号样品；［(e)，(f)］C1 样品；［(g)，(h)］C2 样品

（三）元素地球化学特征

元素地球化学在黄土沉积（张西营等，2004）、湖泊沉积（陈敬安和万国江，1999）、遗址地层（朱诚等，2005）的古环境变化信息提取中广泛应用。地球化学元素的迁移、沉积规律与其地球化学行为有关，同时又受沉积物化学组成的多因素控制，和人类活动有关。目前常通过元素含量的加和或比值去放大元素指标对气候变化的响应，或减少各种扰动因素的影响（陈克造和 Bowl，1990）。因子分析方法则可以将庞杂的原始数据按成因上的联系进行归纳，以提供逻辑推理的方向（舒强等，2001）。本节利用辽瓦店遗址剖面 27 个样品分析取得的 32 个元素含量（用 ICP-AES 方法测试）的原始数据，对其进行标准化处理后，在 SPSS.13 上用 R 因子分析中的主成分分析（PCA）方法，设置公因子最小方差贡献值为 1，经方差极大正交旋转后，选取公因子负载绝对值大于 0.6 的变量（表 7.3.3）。

表 7.3.3　主成分载荷矩阵及方差解释

元素	主成分载荷矩阵 主成分因子						旋转后主成分载荷矩阵 主成分因子					
	F1	F2	F3	F4	F5	F6	F1	F2	F3	F4	F5	F6
Al	0.95	−0.2	0.10	0.02	−0.08	−0.05	0.96	0.13	0.12	0.08	0.08	0.07
B	0.36	0.19	−0.18	−0.32	−0.47	0.49	0.23	0.30	0.11	−0.40	0.12	0.66
Ba	0.80	0.33	−0.3	0.22	−0.11	−0.16	0.59	0.67	0.31	0.06	−0.18	−0.03
Be	0.84	−0.23	0.10	−0.18	−0.15	−0.01	0.88	0.05	0.05	−0.10	0.12	0.13
Ca	0.01	−0.15	0.33	0.81	0.28	0.16	−0.03	−0.14	0.14	0.92	0.07	−0.01
Cd	0.23	0.62	−0.63	0.09	−0.12	0.08	−0.08	0.86	0.16	−0.15	−0.19	0.12

续表

元素	主成分载荷矩阵						旋转后主成分载荷矩阵					
	主成分因子						主成分因子					
	F1	F2	F3	F4	F5	F6	F1	F2	F3	F4	F5	F6
Ce	0.75	0.16	−0.22	−0.23	0.32	−0.08	0.59	0.53	−0.04	−0.14	0.29	−0.25
Co	0.79	0.06	0.06	−0.22	0.23	0.27	0.65	0.33	0.04	−0.04	0.53	0.07
Cr	0.94	−0.09	0.01	0.22	−0.08	−0.06	0.89	0.28	0.18	0.22	−0.02	0.06
Cu	0.25	0.47	0.52	0.28	−0.41	−0.1	0.15	−0.06	0.87	0.08	−0.09	0.10
Fe	0.87	−0.33	0.29	0.01	−0.05	−0.08	0.96	−0.12	0.15	0.09	0.07	0.09
In	0.68	0.23	0.38	−0.34	0.12	−0.11	0.61	0.05	0.42	−0.28	0.37	−0.14
K	0.87	0.44	−0.05	−0.13	−0.05	−0.07	0.65	0.56	0.42	−0.20	0.16	−0.05
La	0.89	−0.01	−0.09	0.19	0.24	−0.08	0.77	0.43	0.07	0.27	0.14	−0.16
Li	0.87	−0.38	0.14	0.05	−0.12	−0.06	0.96	−0.02	0.02	0.13	0.02	0.09
Mg	0.64	−0.35	−0.23	0.55	0.11	0.13	0.61	0.31	−0.20	0.63	−0.11	0.15
Mn	0.38	0.81	−0.21	−0.21	0.17	−0.02	0.03	0.74	0.40	−0.31	0.27	−0.19
Na	0.62	0.25	−0.59	0.05	0.24	0.18	0.35	0.85	−0.15	0.06	0.12	0.03
Ni	0.80	0.03	0.18	0.15	−0.13	−0.04	0.74	0.16	0.34	0.14	0.05	0.08
P	0.19	0.75	0.39	0.24	−0.09	−0.05	−0.05	0.22	0.87	0.08	0.12	−0.08
Pb	0.23	−0.13	0.64	0.15	0.45	0.19	0.22	−0.30	0.17	0.45	0.59	−0.13
Sb	0.13	0.50	0.44	−0.4	0.23	0.29	−0.07	0.05	0.41	−0.26	0.72	−0.02
Sc	0.92	−0.23	0.27	−0.06	−0.08	−0.04	0.96	−0.02	0.16	0.04	0.18	0.06
Si	−0.08	0.28	−0.01	−0.18	0.52	−0.55	−0.12	0.14	0.03	−0.15	0.09	−0.79
Sn	0.29	−0.08	0.17	−0.15	0.40	0.31	0.23	0.04	−0.12	0.11	0.57	0.00
Sr	0.50	0.49	−0.23	0.63	0.17	0.11	0.17	0.74	0.36	0.53	−0.01	0.00
Ti	0.92	−0.07	−0.19	−0.14	−0.03	0.06	0.84	0.41	−0.03	−0.09	0.13	0.12
V	0.77	−0.57	−0.19	−0.04	0.04	−0.02	0.89	0.09	−0.39	0.11	−0.01	0.07
Y	0.83	−0.28	0.24	−0.32	−0.01	−0.05	0.90	−0.07	0.02	−0.16	0.28	0.00
Zn	0.40	0.73	0.41	0.19	−0.22	−0.02	0.15	0.25	0.92	0.02	0.12	0.02
Zr	0.77	−0.33	−0.38	0.07	−0.15	−0.09	0.80	0.32	−0.24	0.05	−0.24	0.12
W	0.79	0.10	−0.03	−0.2	0.15	−0.07	0.68	0.35	0.10	−0.13	0.26	−0.13
特征值	14.47	4.51	3.05	2.54	1.73	1.06	12.46	4.87	3.87	2.52	2.26	1.39
方差/%	45.24	14.11	9.52	7.93	5.42	3.29	38.93	15.22	12.09	7.89	7.06	4.34
累计/%	45.24	59.35	68.87	76.8	82.22	85.51	38.93	54.15	66.24	74.13	81.19	85.52

　　由表 7.3.3 可知，所有元素被分成 6 个主成分，找出与这 6 个主成分相关系数绝对值最大的元素，并考虑其环境意义，进而选出 6 组特征相关元素进行环境和人类活动的

分析研究。根据旋转后主成分载荷矩阵，从 F1 因子中挑出相关系数大于 0.95 的 Al、Fe、Li 和 Sc；从 F2 因子中挑出相关系数大于 0.74 的 Cd、Na、Mn 和 Sr；从 F3 因子中挑出相关系数大于 0.86 的 Cu、P 和 Zn；从 F4 因子中挑出相关系数大于 0.63 的 Ca 和 Mg；从 F5 因子中挑出相关系数大于 0.6 的 Pb；从 F6 因子中挑出相关系数大于 0.79 的 Si，制成地球化学元素含量随深度变化的曲线，进行环境和人类活动信息的提取。

图 7.3.9 是 6 组特征元素随遗址地层变化的曲线组合图。图 7.3.9 显示，F1 组元素曲线变化特征基本一致，4 个元素的平均含量分别是：Al 为 366.66 mg/g，Fe 为 185.53 mg/g，Li 为 0.19 μg/g，Sc 为 0.07 μg/g。温湿气候条件下，沉积物中岩矿物质化学风化作用强烈，有机质分解快，富含气体及有机物的酸性水溶液最容易侵蚀含铁矿物和其他金属矿物，大量 Al、Fe、Sc、Li 等元素从岩矿中风化出来造成沉积物中元素的大量积累。相反，在干冷气候条件下，沉积物中岩矿物质风化作用减弱，这些元素含量一般较低。因此，Al、Fe、Li、Sc 等元素在风化壳物质迁移中具有指示意义，F1 因子主要反映了剖面地层沉积时的风化环境及相应的气候背景。F1 组元素曲线变化在上东周文化层（130 cm，12 号样品）、下东周文化层的晚期（220 cm，20 号样品）有两个显著低值，暗示较弱的风化壳形成环境和干旱气候条件；而 3 个高值分别位于清代文化层中部（40 cm）、明代文化层中部（95 cm）和夏代文化层顶部（254 cm），反映了 3 个文化层经历过活跃的风化作用过程和温湿的气候背景。

F2 组元素包括 Cd、Na、Mn 和 Sr，它们在本剖面中的平均含量分别是：Cd 为 0.009 μg/g，Na 为 65.91 mg/g，Mn 为 5.36 mg/g，Sr 为 0.77 μg/g：其中 Na 和 Sr 是用于指示淋溶程度的重要指标（陈骏等，1999），因此 F2 因子反映剖面地层中元素的淋溶水平，间接指示沉积环境当时降水的淋溶程度。图 7.3.9 中 F2 组元素曲线在夏代文化层顶部（232 cm）至下东周文化层底部（254 cm）、明代文化层中下部（85～110 cm）为两个高值区间，是整个剖面地层中两个显著的多雨期。

F3、F4、F5 和 F6 组元素涵盖了 Cu、P、Zn、Ca、Mg、Pb、Si 等元素，四组特征元素的平均值分别是：Cu 为 0.19 mg/g，P 为 12.9 mg/g，Zn 为 0.65 mg/g，Ca 为 70.99 mg/g，Mg 为 57.79 mg/g，Pb 为 0.29 mg/g，Si 为 5.58 mg/g。在人类活动遗址地层它们含量的异常往往代表了人类生产、生活的特征信息（Pierce et al.，1998；Wilson et al.，2008），可以把这类（F3、F4、F5、F6）主成分因子作为人类活动的指示因子。此外，该类元素含量曲线变化与 F1 和 F2 组元素有相似的一面，既示踪了环境的风化强度（如 130 cm 和 220 cm 样品层位的低值），也记录了人类活动的相关信息。

Cu 含量在上东周文化层（152 cm）到灰坑堆积层（200～205 cm）为显著高值区间，尤以上东周文化层中部、灰坑堆积层为代表。据 Terry 等（2004）的研究，Cu 可以指示动物粪便、墙壁灰浆、生活垃圾和动物骨骼的存在，但其低值则反映炭屑物质的存在。图 7.3.9 中 P 和 Zn 含量走势相似，它的高值可以指示古人类的集居点、可耕地、作物残体和动物骨骼以及生活垃圾等残留物（Wilson et al.，2008）。因此，明代文化层中部（85 cm）、上东周文化层-灰坑堆积层（152～205 cm）的异常高值可能暗示当时该剖面所在地人类集居的繁荣期。研究认为，Ca、Mg 在人类遗址的高含量对应集

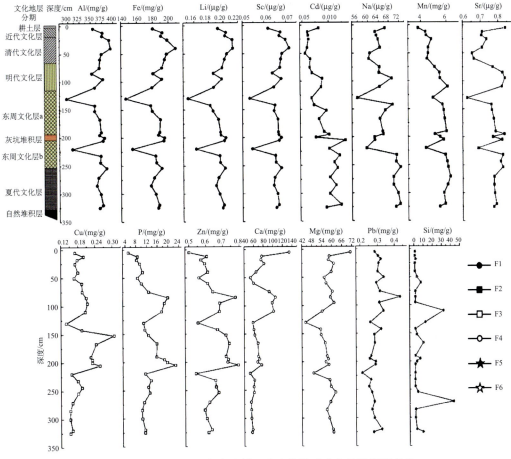

图 7.3.9　T0709 探方南壁剖面地球化学元素含量随深度变化

居地灶房的红烧土、耕作区、动物骨骼、房屋墙壁灰浆、手工制品及生活垃圾存储地等。而 Pb 含量变化与陶瓷和金属器物的手工作坊相关联。图 7.3.9 显示 Ca、Mg 曲线在明代文化层中下部（85～90 cm）为高值区间，可能暗示生产、生活的炉灶遗存。而 Pb 曲线的变化表明在清代文化层底部（60 cm）、明代文化层中部（85 cm）、上东周文化层中部（142 cm）、灰坑堆积层（200 cm）和夏代文化层底部（320 cm）均指示该地层有手工制作活动遗迹。

F6 因子的指示元素 Si 含量总体变化平稳，平均值为 5.58，但在明代文化层底部（110 cm）和夏代文化层上部（271 cm）有两个异常峰值（32.09 mg/g 和 43.20 mg/g），与同地层的 F1 和 F2 组元素变化对比发现，指示风化程度的其他元素含量并无异常表现，而 Si 元素的淋溶化学蚀变指数（CIA）超过 90（Nesbitt and Markovics，1997），这是北亚热带边缘地区的温湿条件所难以达到的，那么 Si 含量的高值可能是石器制作活动的结果。

四、辽瓦店遗址环境变迁与人类活动的关系

(一) 辽瓦店遗址的环境演变

从图 7.3.5 中平均粒径 (Mz) 曲线、图 7.3.7 中的地层分类和重矿鉴定结果可知，辽瓦店遗址自下东周文化层中期以来 (<244 cm)，沉积物以细粒的憩流沉积和粗粒的山前洪积物交替出现。而在夏代文化层和下东周文化层 (244～325 cm) 的沉积物平均粒径小 (6.59 μm) 且相对稳定，在数值上相当于憩流沉积的水平 (见图 7.3.6 中 C 区样品)，洪积层缺失 (见图 7.3.6 中 C 区样品)。整个夏代地层 (图 7.3.6 中 23～27 号样品) 缺乏山前洪积层，表明当时遗址附近区域的植被可以有效阻滞山间洪水的形成，反映了该区较高的植被覆盖度和良好的生态环境。而其后各文化地层的平均粒径大幅振荡，而且均有洪积层出现 (图 7.3.5 中 Mz 曲线中高值点和图 7.3.6 中 A 和 B 区样品)，意味着人类对生活资料的需求量增加，传统的采集渔猎不能满足人类的生存需求，只有通过伐林造田、种植农作物来弥补生活资料的不足。于是植被覆盖面积减少、森林生态系统涵养水源的功能下降，造成江水泛滥、山洪频仍。在遗址地层表现为山前洪积层与汉江的憩流沉积层交替出现。

此外，T0709 剖面在商代和秦代至元代分别有约 500 年和 1500 年的文化层间断，对比同一遗址区有完整文化层的 T0713 探方[1] (其商代文化层为浅褐色砂质黏土，平均厚度 18 cm；唐宋文化层为灰褐色泥质砂土层，厚 20～33 cm) 地层推测，该文化断层的成因主要与历史上人类的制陶、制砖活动相关。可见，人类活动对自然环境的改造强度随生产力进步而加深。

为反映遗址地层形成的气候背景，引入 $(K_2O+Na_2O+CaO)/Al_2O_3$ (文启忠等，1995) (活性组分/惰性组分，称之为风化系数) 比值反映风化强度以间接指示气候特征。图 7.3.10 是 T0709 剖面地层样品的氧化物含量 (用 XRF 方法测试) 变化曲线，夏代文化层底部 (320 cm) 一直到下东周文化层顶部 (205 cm) 风化系数值处于第一个低值期，即活性元素迁移率较高，对应的气候特征表现为温暖湿润特征。进入上东周文化层 (190 cm)，风化系数升高，并在上东周文化层顶部 (130 cm) 进一步升高，在明代文化层中部 (85 cm) 达到峰值，指示了上东周文化层风化强度渐弱，在明代文化层中部层位达到风化强度最低值的环境特征。这意味着该区从上东周文化层开始气候渐趋干冷，并在明代文化层中部层位达到干冷的极致。其后的清代文化层堆积时期 (20～70 cm) 风化系数走低，气候转入暖湿阶段。类似地，地层样品的烧失量 (LOI，在电炉加热 550℃，3 小时前后分别称重) 可以反映地层中有机质的量度 (Linden et al.，2008)。由于地层中堆积的有机质源于流水搬运的地表有机物 (暖湿期地表有机质分解快，量少；干冷期有机质分解慢，量多)，因此，LOI 的低值间接反映暖湿期地层沉积特征，高值则表示干冷期沉积。

---

① 武汉大学考古系．湖北辽瓦店子遗址野外发掘记录．2005～2007

　　图 7.3.10 显示 LOI 曲线变化基本与风化强度系数曲线一致，但 LOI 指示了上东周文化层顶部（130 cm）的暖湿期。由于 Ca^{2+} 迁移能力大于 Mg^{2+}，Mg/Ca 比值可以表示雨水淋溶强度（Aston et al.，1998），图 7.3.10 的 Mg/Ca 比值曲线在 LOI 的低值区间均表现为高值，验证了温暖期的湿润特征。另外，Al_2O_3 和 CaO 的百分含量变化分别指示了环境的风化强度和雨水淋溶强度，它们反映的风化强度及环境背景特征与 LOI 曲线记录的有机质变化特征十分吻合。因此，LOI 曲线可以作为该剖面气候变化的代用指标。

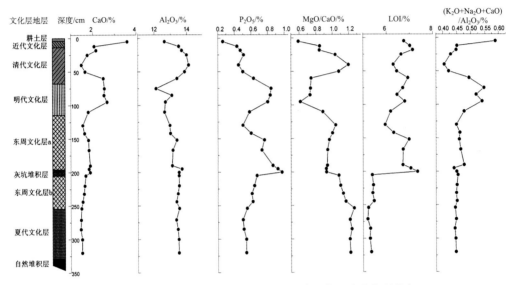

图 7.3.10　T0709 探方南壁剖面反映环境风化强度的相关指标

　　就地球化学元素的主成分因子 F1 和 F2 组元素变化特征而言（见图 7.3.9），上东周文化层（130 cm）、下东周文化层的晚期（220 cm）出现两次明显的异常低值，意味着两次气温和降水的异常。而在夏代文化层顶部（254 cm）、明代文化层中部（95 cm）和清代文化层中部（40 cm）都有元素高值显示，表明风化作用强度增大和暖湿的古气候特征。对比图 7.3.10 的 LOI 曲线，下东周文化层底部地层 244 cm 处的 LOI 值从原来的 5.22％ 上升到 5.46％，表明气候开始变干旱。到了下东周文化层顶部（220 cm）LOI 增加到 7.34％，干旱程度在整个剖面最高。上东周文化层顶部（130 cm）LOI 为 5.94％，到明代文化层底部（110 cm）LOI 增至 6.18％。F1、F2 组元素指示的夏代文化层中部、明代文化层中部、清代文化层中部的 LOI 分别为对应区间的低值位，它们的 LOI 分别是：夏代文化层中部 5.22％、5.19％（254、271 cm），明代文化层中部 6.46％（85 cm），明代文化层中部 6.3％（40 cm）。

　　对比显示，T0709 探方剖面地层的 F1 和 F2 组地球化学元素含量变化（图 7.3.9）与对应地层的烧失量（图 7.3.10）有较好的可比性，并与剖面的风化强度系数曲线基本一致。但 F1 和 F2 组元素变化的分辨率不如 LOI 清晰，如上东周文化层顶部（130 cm）的暖湿期在 F1 和 F2 组元素曲线上并不明显。

另外，LOI 曲线特征表明，辽瓦店地区在夏代文化层时期（250～325 cm）气候特征相对稳定，进入上东周文化层后气候特征表现为冷暖振荡态势，虽然历经多次暖湿期，但在程度上都不及夏代文化层时期的暖湿水平。

（二）人类活动与环境的关系

在夏代文化层时期（250～325 cm），图 7.3.9 中的 F5 和 F6 组的 Pb 和 Si 含量在夏代文化层底部出现异常值：Pb 为 0.32 mg/g（平均值为 0.29 mg/g），Si 为 43.2 mg/g（平均值为 5.59 mg/g）。该时期地层在 LOI 曲线上表现为低值区间，暗示温暖湿润的气候特征。从沉积层粒度特征看，主要组分是 2～30 μm 的黏土质粉砂和 <2 μm 的黏土，属于图 7.3.6 中 C 区沉积物类型，主要重矿中不含角闪石、阳起石等不稳定类型，属于溢岸憩流沉积。在人类遗址区，Pb 和 Si 含量的异常通常与金属、石器加工活动相关（Aston et al.，1998）。鉴于该时期生态环境良好、气候温湿、附近少山洪灾害，人类的生产活动需要大量各种工具，如石镞、石刀、石斧等，陶罐、釜、鼎等，骨镞、骨刀等，那么，大规模生产工具的加工及废弃物会导致重金属含量的积累，如制陶过程中会有 Pb、Zn 等个别重金属的污染现象（杨凤根等，2004），石器制作坊地层的 Si 含量陡增等。

东周文化层（120～250 cm）。图 7.3.10 的 LOI 曲线变化显示，从下东周文化层（200 cm）开始，气候进入向干旱气候转化的过渡期，干旱程度在上东周文化层中部达到最强（152 cm，LOI＝6.98%），到了上东周文化层顶部（130 cm）LOI 下降至 5.94%，气候进入暖湿期。该地层的平均粒径只有在上、下东周文化层交接层出现两次波动（190 cm 和 205 cm，图 7.3.6 中 B 区类型），此时恰好是由下东周文化层的凉干气候向上东周文化层的干旱气候急变时期，地层粒度的变化与气候变迁造成的异常洪水形成的小规模洪积层有关。图 7.3.9 显示，上东周文化层中部（152 cm）Cu 含量为异常高值 0.31 mg/g，另一个高值在灰坑堆积层（0.26 mg/g）。该层位除陶器外还有青铜鼎、刀、镖和镞出土，表明当时的青铜器使用进入了繁荣期。该时期 Zn 含量均值为 0.73 mg/g，高于整个剖面均值（0.65 mg/g）；Pb 在上东周文化层顶部也存在高值（0.32 mg/g），并且地层包含大量炭屑，加之辽瓦店一带是楚国在鄂西北的核心腹地，青铜器的使用和修造有相当规模（李桃元等，1996），地层的重金属污染现象表明遗址有青铜器制作历史。P 含量在灰坑堆积层最高（22.73 mg/g），与该灰坑堆积层含有猪、牛、鹿、鱼骨骼残留相吻合，反映了该区人们驯养、捕猎动物的类型。地层中 Si 含量较稳定，只在上东周文化层（130 cm 和 167 cm）有两次小幅升高，表明石器制作的地位已大大下降。显然，青铜器使用的繁荣期出现在气候的干旱期，表明环境恶化促进了生产力水平的提高，但自然生态却面临更大程度的破坏。东周时期金属工具开始广泛使用，生产效率提高，生产和生活用地面积急剧增加，建筑用木材的需求量扩大，原始森林被大规模砍伐，天然生态系统遭受破坏，人类对自然环境的干扰程度加深。

明清文化层（20～120 cm），LOI 记录的气候特征是总体上气候趋于干冷。明代文化层底部 LOI 逐渐升高，意味着气候逐渐变干；明代文化层中部（85 cm）有短暂暖湿期，其后继续进入干冷期，这与 17 世纪汉江曾有 7 次封冻的记录相吻合（竺可桢，

1973)。清代文化层中下部（40 cm）为 LOI 低值区间（6.3％），表现为暖湿期，顶部地层 LOI 升高，气候进入新一轮干旱期。图 7.3.5 显示，自上东周文化层（<120 cm）以来遗址地层的平均粒径开始出现振荡，沉积动力的差异暗示汉江洪水和附近季节性山洪的频率大大增加。

图 7.3.9 表明，自明清时期以来，遗址地层记录的铜器使用数量减少。Zn 和 Pb 含量在明、清代文化层中部（85 cm 和 50 cm）各有一个高值，而且对应地层含有瓷片，表明遗址区青铜器制作已转变为制陶作坊。P 含量在明代文化层中下部为高值区间，平均值为 18.6 mg/g（整个剖面平均值为 12.9 mg/g），对应地层中的动物骨骼碎屑遗迹。可能是气候进入干旱期后，粮食产量不足，人们不得不以渔猎品弥补粮食缺口。

Ca 含量在明代文化层中下部（85～110 cm）为高值区，平均含量为 101.5 mg/g；而 75 cm、85 cm 和 95 cm 层位中 Mg 含量同为高值区，平均含量是 60.27 mg/g。加之本层包含大量红烧土屑和炭屑，且该层位存在类似陶窑的大量陶片遗迹，推断该地层可能是陶窑或制陶垃圾倾泻场所。同时，Mg 和 Ca 含量的高值也与耕作区、粉墙用灰浆、生活垃圾存储地等人类活动相关，Ca 和 Mg 含量在近现代层逐步升高也验证了人类活动强度逐渐增加的事实。

综上所述，湖北郧县辽瓦店遗址 T0709 探方南壁地层的地球化学元素指标记录了自夏代以来的气候变迁和人类活动特征：

（1）夏代时期（250～325 cm）。气候温暖湿润、生态环境良好、少山洪灾害，古人类活动与自然环境和谐相处。该期地层平均粒度变化较小（平均粒径 15.17 μm），Pb 和 Si 含量的异常表明当时有原始的石器制作活动。

（2）东周时期（120～250 cm）。从下东周文化层开始，气候进入向干旱气候转化的过渡期，干旱程度在上东周文化层中部达到最强（LOI＝6.98％）。到了上东周文化层顶部（130 cm）气候进入暖湿期。地层的平均粒径出现两次波动，与气候变迁造成的异常洪水和山洪沉积有关。该期地层 Cu（152 cm）和 Pb（152 cm）含量为异常高值（分别是 0.31 mg/g 和 0.32 mg/g）且含有青铜器，表明当时的青铜器使用比较普遍。P 含量高值（22.73 mg/g）指示了恶劣环境下人类食用动物的骨屑遗存。Si 含量较稳定，表明石器制作业的地位下降。

（3）明清时期（20～120 cm）气候整体趋于干凉，明代文化层中期（85 cm）有短时暖湿期，其后又进入冷干期。清代文化层中下部（50～70 cm）表现出暖湿特征，晚期重新进入冷干期。Ca（均值 101.5 mg/g）、Mg（均值 60.27 mg/g）、Zn 和 Pb 的高含量及出土的瓷片，可能暗示遗址附近曾有瓷器作坊历史。另外，Ca 和 Mg 含量在现代层逐步升高揭示了人类活动对自然环境的改造程度。本期地层的平均粒径反复振荡，显示汉江洪水和季节性山洪的频率增加，天然生态系统遭受极大程度破坏，人类活动对自然环境的反馈效应开始凸现。

第八章 长江下游典型自然沉积地层全新世环境演变记录研究

第一节 江苏南京林峰桥自然沉积剖面记录的环境演变

一、林峰桥自然沉积剖面概况

（一）林峰桥剖面概况

江苏省东门镇位于南京市长江北岸海拔约 10 m 的二级阶地区，距南京长江大桥北桥头堡仅 4 km 左右。在东门镇西北面的林峰桥旁有出露良好的地质剖面及泉华和埋藏古树沉积。近些年来，对林峰桥剖面的研究集中分布于以下三个剖面：

剖面 Ⅰ：采样剖面厚度 3.90 m，从上往下可分 11 层，即：棕褐色表土层、灰黄色黄土层、棕灰色砂砾石层、灰色与黄色淤泥交替互层、含灰色淤泥的棕黄色砂砾石层、含炭化木的灰色淤泥层、棕黄色砂砾石层、含炭化木的灰色淤泥层、棕黄色砂砾石层、青灰色淤泥层、黑色泥炭层（因其下部在河水面以下，故未见底）。具体采样位置、剖面分布、岩性和构造特征见图 8.1.1。

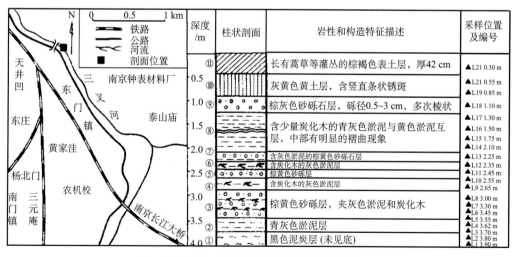

图 8.1.1 南京江北地区林峰桥剖面 Ⅰ

剖面 Ⅱ：与剖面 Ⅰ 在相同位置，对剖面进行了进一步挖掘。挖掘厚度为 4.1 m 左右（未见底），从下向上共分 11 个层次：第 1 层，厚约 50 cm（430～380 cm，未见底），为灰黑色淤泥层，质地致密；第 2 层，厚约 34 cm（380～346 cm），为黑色泥炭层，质地均匀，有白小旋螺（*Gyraulus albus*）、灰白圆螺（*Cyelohorus pllens*）等化石；第3层，厚为12 cm（346~344 cm），为灰黑色淤泥层，质地细密均匀；第4层，厚约56 cm（344~278 cm），棕黄色砂砾石层，质地松散，砾石砾径为1~5 cm，但以直径为1 cm左右的居多，呈次棱角状，有铁锰结核，[14]C年代为（8200±126）a BP；第5层，厚约23 cm（278~255 cm），为一含大量炭化木的灰黑色淤泥层，呈透镜状夹于第4层和第6层之间；第6层，厚19 cm（255~236 cm），为灰黄色砂砾石层，并夹有三层灰色泥质层，泥质层厚2 cm，所含砾石的砾径多为0.5~1 cm，上细下粗；第7层，厚29 cm（236~207 cm），为一夹灰黄色砂砾石透镜体的灰黄色泥质层，灰色泥质层中含炭化木，透镜体长30 cm、厚8 cm，碳化木的[14]C测年为（7562±90）a BP；第8层，厚达82 cm（207~125 cm），为灰色、黄色厚为1 cm左右的泥质夹层；质地细密均匀；第9层，厚31 cm（125~94 cm），灰黑色泥质砂砾层，质地致密，并夹有少量风化长石，粒径多为0.2 cm左右；第10层，厚达13.5 cm（94~80 cm），为一土黄色砂砾层，胶结紧密，粒径一般为0.2~0.5 cm；第11层，厚为80 cm（80~0 cm），为灰黄色次生黄土层，胶结紧密，质地坚硬。

剖面Ⅲ：在前两处剖面东500 m，厚约4.68 m，按岩性、岩相差异大致可分15层，由上至下依次为（图8.1.2）：第1层：0~140 cm，棕黄色次生黄土层；第2层：140~158 cm，灰黄色粉砂层；第3层：158~240 cm，灰色与黄色淤泥质泥炭交替互层；第4层：240~265 cm，含灰色淤泥的棕黄色砂砾层；第5层：265~272 cm，含炭化木的灰色淤泥层；第6层：272~287 cm，棕黄色砂砾层；第7层：287~294 cm，含炭化木的灰色淤泥层；第8层：294~311 cm，棕黄色砂砾层；第9层：311~320 cm，青灰色淤泥层；第10层：320~342 cm，棕黄色砂砾层；第11层：342~345 cm，灰色淤泥层；第12层：345~361 cm，棕黄色砂砾层；第13层：361~368 cm，灰色淤泥层；第14层：368~392 cm，棕黄色砂砾层；第15层：392~468 cm，黑色泥炭层（未见底）。

（二）地层年代学

为获得剖面Ⅰ年代学数据，在该剖面2.35 m深处采集了灰色淤泥层中的大量炭化木样品（L12），经南京大学地理与海洋科学学院[14]C测年实验室测定年龄为（7562±90）a BP。此外另有5处炭化木和埋藏古树树干据曹琼英等（1989）所测[14]C年代如下：① 深度3.30 m处灰色淤泥层中的炭化木样品（L7号）年代为（8200±126）a BP；② L（14）处的埋藏古树年代为（7670±160）a BP和（7822±250）a BP；③ L（15）处的埋藏古树年代为（4805±95）a BP和（4290±100）a BP；④ L（16）处的埋藏古树年代为（3730±90）a BP；⑤ L1处的黑色泥炭年代为（14 415±265）a BP。剖面Ⅱ由于和剖面Ⅰ属于同一剖面，采用相同的年代数据。

剖面Ⅲ的4个[14]C年龄由中国科学院南京地理与湖泊研究所湖泊与环境国家重点实验室采用液体闪烁计数法测定。根据测定结果，并参照前人的研究（曹琼英等，1989；朱诚等，1997；Yu et al.，2003b）（表8.1.1），按沉积速率推算上部泥炭层约形成于8.4~6.6 cal. ka BP；下部泥炭层形成于12.8~12.1 cal. ka BP。上部泥炭层的沉积速率为 0.052 cm/a，下部泥炭层的沉积速率为 0.098 cm/a（图 8.1.3）。

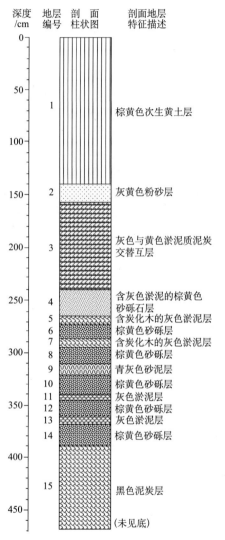

图 8.1.2　南京江北地区林峰桥剖面Ⅲ

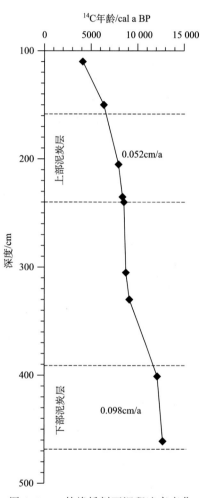

图 8.1.3　林峰桥剖面沉积速率变化

表 8.1.1　林峰桥剖面泥炭层 ^{14}C 年龄测定结果

样品号	实验室编号	深度 /cm	岩性	^{14}C 年龄 /a BP	校正年龄 /cal. a BP	备注
Lf01	Kf03056	205	灰黄色淤泥	7122±151	8300～7600	
Lf02	Kf03057	401	黑色淤泥	10 497±261	13 050～11 250	
Lf03	Kf03058	150	夹淤泥灰黄色黏土	5612±179	6800～5950	
Lf04	Kf03059	461	淤泥质泥炭	11 109±450	14 150～11 350	
L7		330	灰色淤泥	8200±126	9500～8750	曹琼英等，1989

续表

样品号	实验室编号	深度 /cm	岩性	^{14}C 年龄 /a BP	校正年龄 /cal. a BP	备注
L12		235	灰色淤泥	7562±90	8550~8170	朱诚等，1997
	ND-8807	110	淤泥质泥炭	3730±90	4300~3830	Yu et al.，2003
	ND-8811	305	淤泥质泥炭	7820±250	9300~8170	Yu et al.，2003
	ND-9932	240	淤泥质泥炭	7640±210	9000~8100	Yu et al.，2003

二、粒度特征及其古环境意义

（一）林峰桥剖面 I 粒度分析

在林峰桥剖面 I 共采集样品 21 个（采样位置如图 8.1.2 所示）用于粒度分析，表8.1.2 是由日本产 SKC-2000 型光透式粒度分析仪测定的该剖面样品部分粒度参数值。

表 8.1.2　南京江北林峰桥剖面样品部分粒度参数特征表

样品号	深度/m	粒度参数				
		平均粒径 M_z/Φ	标准离差 σ_1	偏度系数 S_K	尖度 K_G	中值粒径 M_d/Φ
L（14）	3.00	5.00		0.10		4.90
L19	0.85	6.20	2.44	0.90	0.62	5.80
L15	1.75	4.30	0.83	0.00	2.25	4.40
L13	2.25	3.30	1.55	−0.75	0.90	4.10
L12	2.35	3.60	1.25	−0.50	1.05	4.10
L9	2.65	4.30	1.21	−0.10	1.23	4.50

注：L（14）为包裹着埋藏古树的沉积物

由表 8.1.2 可知，从垂向上看，该剖面平均粒径介于 3.30~6.20Φ，以深度2.25 m 处 L13 号样品物质最粗，表层和底层物质偏细。从标准离差 σ 看，L9、L12、L13 和 L19 号样品 σ 值均＞1.0，反映其沉积物分选差，L15 号样品 σ 值＜1.0 表明其沉积物分选中等。从偏度系数 S_K 看，L19 号样品 S_K 值＞0.5 为极正偏，L9、L12 和 L13样品 S_K 值均在 −0.10~0.75，为负偏和极负偏，L15 号样品 S_K 值为 0.00 呈近对称态。此外，结合尖度和中值粒径可知，该剖面粒度总体分布特征一是下部黑色泥炭层和灰色淤泥层粒径较细、分选较差；垂向往上至中部棕黄色砂砾石层时，粒径逐渐变粗，在L15 青灰色与黄色淤泥层位 S_K 值为 0 呈粗细相对均匀状态，分选相对较好。再往上至L19 灰黄色黄土层粒径最细（6.20Φ），但分选较差。二是包裹着埋藏古树的沉积物样品 L（14）粒径较细（5.00Φ），分选很差。

从表 8.1.3 可见该剖面沉积物在水动力搬运方面有以下特点：

表 8.1.3　林峰桥剖面 I 粒度分布、搬运方式与截点的关系

样品号	深度 /m	推移组分			跃移组分			悬移组分		
		含量 /%	粒径范围 /Φ	斜率	含量 /%	粒径范围 /Φ	斜率	含量 /%	粒径范围 /Φ	斜率
L（14）	3.00	30	0～3.7	23°	48	3.7～7.6	28°	22	7.6～9	70°
L19	0.85	5	0～1.8	50°	52	1.8～5.7	30°	43	5.7～10	50°
L15	1.75	8	0～2	40°	12	2～3.7	20°	80	3.7～6	70°
L13	2.25	15	0～1	58°	33	1～3.8	28°	52	3.8～5.8	70°
L12	2.35	18	0～1.8	42°	17	1.8～4	23°	65	4～6	70°
L9	2.65	8	0～2	50°	12	2～3.7	22°	80	3.7～7	60°

注：L（14）为包裹着埋藏古树的沉积物

（1）推移组分以包裹着埋藏古树的沉积物 L（14）为最多（达 30%），L19 层为最少（为 5%），表明前者物质沉积时经历了较强的水动力搬运环境，后者物质沉积时所受外动力条件相对较弱，其余层位的沉积水动力条件介于两者之间。

（2）跃移质组分以 L19 号样品含量最高（52%），其截点处斜率也最高（为 30°，反映出其分选相对较好），再从其粒径范围 3～4Φ 看，其上述特征均类似于兰州黄河一级阶地的次生黄土组成特征。L9 和 L15 号样品情况与之相比则正好相反，这两者的含量均低达 12%，粒径范围均在 2～3.7Φ，斜率也在 20°～22°，分选不如 L19 号，总体上反映受水流搬运后的沉积特征。

（3）该剖面不同层位沉积物悬移质组分的含量差异较大。如包裹着埋藏古树沉积物的样品 L（14）其含量仅为 22%，而 L9 和 L15 则高达 80%，反映出 L（14）主要受短距离急促洪流搬运的特征，而 L9 和 L15 号沉积物表明其经历了较长搬运距离的悬移质沉积环境。

（二）林峰桥剖面 II 粒度分析

对林峰桥剖面 II 由下至上共采集样品 29 个，采样间距根据岩性不同采用 6～28 cm 不等距采样，将样品采集并分别在标号的塑料样品袋中密封，由南京大学海岸与海岛开发教育部重点实验室完成粒度分析测试。

粒度变化曲线表明砂的含量分布与粉砂及黏土呈负相关，而粉砂与黏土分布则呈正相关，砂的百分含量分布曲线呈三峰、二谷型。在剖面第 9 层、第 5 层、第 7 层及第 2 层，砂的含量高而粉砂和黏土低，表明当时处于高能环境，由地层沉积相分析为洪积成因；而第 1 层、第 3 层和第 8 层，砂的含量低而粉砂和黏土含量则处于峰值，表明当时沉积动力环境为低能环境。中值粒径可以表征当时沉积物的沉积速率，Meese 等（1994）通过对 GISP2 钻孔（72.6°N，38.5°W，海拔 3200 m）的沉积物粒度研究发现，沉积速率可与 GISP2 钻孔的稳定氧同位素对比，$\delta^{18}O$ 高值（指示温暖环境）对应沉积速率高值，而相反，$\delta^{18}O$ 低值（指示冷的环境）对应沉积速率低值。Hayward 和

Lowell（1993）也发现了这一规律。从该沉积剖面相应层位的沉积特征分析，Meese 等（1994）所研究的结果可以用于此剖面古环境的恢复。因此，沉积速率也可以作为环境温度的替代性指标。由此可以推断出第 4 层为一显著低温期，第 5 层至第 9 层则显示为一相对高温期，在此过程中有多次次一级的冷暖波动。从总体上来看，沉积速率显示该剖面有两段较明显的高温期和两段较明显的低温期，但值得注意的是，第 1 层、第 2 层、第 3 层从粒度来看，其中值粒径较大。根据 Meese 等（1994）的研究似乎为气温较高的环境，而 14 000 a BP 为末次冰期盛冰期（约18 000 a BP 左右）以来的低温环境。笔者以为，第 1 层、第 2 层、第 3 层为沼泽相沉积，从岩性及地球化学分析来看，从第 3 层到第 4 层为沼泽的退化过程，在此过程中，可能受到陆源物质的影响而使粒度总体上变大。同样在第 7 层，中值粒径也有一个低值，第 7 层主要是灰黄色泥质层，故粒度偏低。

为进一步深入分析，根据国家海洋局 1975 年的等比制（Φ 标准，$\Phi = -\log d/2$）粒级分类标准，划分为 4 个粒级进行分析：砾石（$-8 \sim -1\Phi$）、砂（$0 \sim 4\Phi$）、粉砂（$5 \sim 8\Phi$）及黏土（$4 \sim 11\Phi$）。

由表 8.1.4 不难看出，剖面的第 1 层、第 2 层、第 3 层主要以粉砂及黏土级松散沉积物为主。第一层中 $S_{K\Phi}$ 偏度指数为 $-0.35 \sim 1.15$，为负偏到极正偏。$Q_{D\Phi}$ 分选系数为 $0.85 \sim 1.85$，按 1957 年福克和沃德提出的 Φ 值分选系数七分位离差法，$Q_{D\Phi}$ 属分选中等至分选较差的等级，表明当时沉积环境为一平稳低能的沉积动力环境，在剖面的 300 cm 处，即地层剖面的第 4 层、250 ～ 200 cm（即第 7 层）和 100 ～ 75 cm 处（即第 10 层），沉积物组分含有大的砾石。对应的砂、粉砂及黏土级沉积物较少。剖面第 4 层砾石级沉积物百分含量达到 43.2% ～ 94.7%，而第 7 层和第 10 层砾石百分含量较少，各占总样品的 12.3% ～ 9.3% 与 45% ～ 4%。其中第 4 层和第 7 层均为棕黄色砂砾石层，含有大量炭化木，从沉积物粒径及炭化木的磨圆度来看，是典型的冲、洪积成因特征（朱诚等，1997）；第 10 层也为砂砾石层，砾石的粒径达到 0.2 ～ 0.5 cm，说明当时为一高能的沉积动力环境。剖面第 5 层也含大量炭化木，呈楔状插于第 4 层与第 6 层间。第 5 层砾石含量为 5.2% ～ 10.2%，分选系数 $Q_{D\Phi}$ 为 1.5 ～ 3.45，分选差。偏度系数 $S_{K\Phi}$ 为 $-0.15 \sim -0.8$，为极负偏到负偏，表明该层沉积物粒径较偏粗，反映当时一种沉积动力较强的沉积环境。第 6 层砾石百分含量则为 9.3% ～ 27.9%，砾石含量高于第 5 层，其分选系数 $Q_{D\Phi}$ 为 1.5 ～ 3.45，分选差；偏度系数 $S_{K\Phi}$ 为 0.05 ～ -0.1，仅粒径概率

表 8.1.4　林峰桥剖面 II 各沉积地层粒度参数一览表

样号	L1	L2	L3	L4	L5	L6	L7	L8	L9	L10	L11	L12	L14	L15
$S_{K\Phi}$	-0.05	1.15	1.05	-0.1	-0.35	0.8	-1	0			-0.8	-0.15	0.05	0.1
$Q_{D\Phi}$	0.85	1.85	1.75	0.9	0.85	1.5	1.4	1.2			2.4	1.65	3.45	1.5
样号	L16	L17	L18	L19	L20	L21	L22	L23	L24	L25	L26	L27	L28	L29
$S_{K\Phi}$	-0.8	0.7	-0.1	-0.05	-0.55	0	-0.05	-0.05	-0.05	-0.4		1.75	1.5	1.15
$Q_{D\Phi}$	1.9	2.6	1.3	1.05	0.85	0.6	0.55	1.55	0.65	1.4		2.25	2	1.75

分布曲线近于对称。从砾石的百分含量来看，似乎形成于比第 5 层更强的沉积动力环境。剖面 200～300 cm，即剖面的第 8 层、第 9 层两个层次，虽然无砾石级沉积物，但砂与粉砂级的沉积物较多，而黏土级的松散沉积物较少。第 8 层的分选系数 $Q_{D\Phi}$ 为 0.55～1.3，分选较好。偏度系数 $S_{K\Phi}$ 为 0～−0.55，为极负偏到负偏。而第 9 层分选系数 $Q_{D\Phi}$ 和偏度系数 $S_{K\Phi}$ 分别为 0.65～1.4 和 0.05～−0.4，从以上分析来看，第 8 层、第 9 层与第 1 层、第 2 层、第 3 层相比，分选较差，沉积物的粒径总体水平要粗，反映了第 8 层、第 9 层经历了比第 1 层、第 2 层、第 3 层形成时能量较高的沉积动力环境。第 11 层分选系数 $Q_{D\Phi}$ 和偏度系数 $S_{K\Phi}$ 分别为 1.75～2.25 和 1.15～1.75，分选较差，$S_{K\Phi}$ 偏度系数为极正偏表明粒径较细，为风成沉积成因。

三、泥炭层 $\delta^{13}C$ 记录的古气候变化

（一）林峰桥剖面 III 样品采集与实验分析

选择了南京江北地区林峰桥剖面 III 两个泥炭层进行有机碳同位素分析，探讨其与气候变化的关系。分别在该剖面的第 3 层（深度为 1.58～2.40 m 的泥炭层，以下称上部泥炭层）和第 15 层（深度为 3.92～4.68 m 的泥炭层，以下称下部泥炭层）以 2 cm 间距进行采样，共采集供 $\delta^{13}C$ 测试样品 81 个（上部泥炭层采集样品 42 个，下部泥炭层采集样品 39 个）。同时在该剖面深度 1.50 m、2.05 m、4.01 m 和 4.61 m 处采集了淤泥层和泥炭层中的炭化木等供 ^{14}C 测年样品 4 个。样品有机质的 $\delta^{13}C$ 分析由中国科学院南京地理与湖泊研究所湖泊与环境国家重点实验室完成。实验先称取预先研磨并过 80 目筛的粉状样品 1～2 g 左右，加入 5% 的 HCl 多次搅拌，浸泡约 1 昼夜，然后用中性去离子水清洗至中性（pH＝7），烘干后研磨过 150 目筛。再取含 5 mg 有机碳的烘干样品，置于石英舟内，放入燃烧管中，在 800℃ 的真空系统中灼烧 5～15 分钟，使有机碳完全燃烧。生成的 CO_2 气体用液氮冷冻进一步纯化。提取纯化后的 CO_2 在美国 Thermo Finningan 公司 Deltaplus advantage IRMS 型气体同位素质谱仪上测定出 CO_2 气体的碳同位素比值，获得其有机质的 $\delta^{13}C$ 值。$\delta^{13}C$ 值样品数据为相对于国际标准 PDB 值，在样品的分析过程中，每 5 个样品里面加入一个国家标准（GBW04407 或 GBW04408）进行质量监控。

（二）林峰桥剖面泥炭层 $\delta^{13}C$ 实验结果与讨论

林峰桥剖面泥炭层主要由陆源植物的有机质构成，而陆源植物按其光合作用途径分为 C_3、C_4 和 CAM 三种类型（Bown，1988）。不同类型植物光合作用的固碳方式有较大差异，其植被的生理习性和同位素分馏效应也不同。C_3 植物主要生活在温度较低、日照不强、高降雨量和高土壤湿度环境，其 $\delta^{13}C$ 值较低，一般为 −33‰～−21‰，平均为 −27‰，并且 C_3 植物的 $\delta^{13}C$ 值愈小，表明植物生长环境的温度愈低（Degens，1969）；C_4 植物则不同，温度越高，日照越强，生长越茂盛，较偏爱干旱的低土壤湿度环境。其 $\delta^{13}C$ 值为 −21‰～−9‰，平均为 −14‰。CAM 植物类型较少（例如仙人掌

科），典型生境为干旱环境，其 $\delta^{13}C$ 值变化范围较大，介于 C_3、C_4 植物之间，随环境不同而变化，约在 $-30‰\sim-10‰$。

林峰桥剖面泥炭层中有机质未经成岩过程，因此沉积物中有机质的 $\delta^{13}C$ 值指示当时植被生长的环境是有效的。样品的测定结果显示，上部泥炭层 $\delta^{13}C$ 值变化于 $-27.70‰\sim-23.79‰$ 之间，平均值则为 $-26.15‰$；下部泥炭层的 $\delta^{13}C$ 值变化于 $-29.89‰\sim-25.90‰$ 之间，平均值为 $-28.42‰$。可见，无论是上部泥炭层还是下部泥炭层，$\delta^{13}C$ 值皆较低，均属于 C_3 植物，主要为高等植物来源，因此沉积物中有机碳的 $\delta^{13}C$ 值与气温成正相关关系。相比较而言，上部泥炭层 $\delta^{13}C$ 值较高，表明上部泥炭层形成时的环境温度高于下部泥炭层形成时期。这与上部泥炭层主要形成于全新世大暖期稳定暖湿的鼎盛阶段，下部泥炭层主要形成于新仙女木时期是相吻合的。

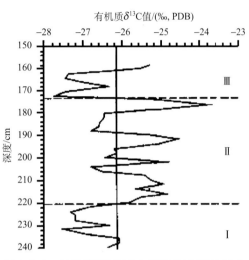

图 8.1.4　林峰桥剖面 III 上部泥炭层 $\delta^{13}C$ 记录

图 8.1.4 显示林峰桥剖面上部泥炭层有机碳同位素组成与深度的关系，根据剖面中 $\delta^{13}C$ 值的变化特征，可划分 3 个次级阶段，指示气候在大暖期温暖湿润时期依然存在波动。

阶段 I：$8.4\sim8.2$ cal. ka BP（$240\sim221$ cm），有机碳的同位素 $\delta^{13}C$ 值变化于 $-27.52‰\sim-26.10‰$ 之间，平均值为 $-26.80‰$，明显偏负。该时段持续时间较短，表现为短暂的温凉气候环境，可视为全新世大暖期中的一个低温时期，张强等（2001）通过该剖面地球化学元素分析，也显示这一时段 Fe_2O_3/FeO、TFe_2O_3、Zn 为一明显谷值，反映变干、变冷的气候特征。

阶段 II：$8.2\sim7.0$ cal. ka BP（$221\sim173$ cm），有机碳同位素 $\delta^{13}C$ 值变化于 $-26.78‰\sim-23.79‰$ 之间，平均值为 $-25.67‰$。与前一阶段相比，有机碳同位素 $\delta^{13}C$ 值明显升高。该时段时间跨度相对较长，为全新世大暖期稳定暖湿的鼎盛阶段，气候温暖湿润。朱诚等（2003）通过对龙虬庄遗址同时代地层孢粉分析，得出当时该地区环境是以栎属、青冈属、枫香、松为主的常绿阔叶和落叶阔叶混交林与暖湿草地水沼景观，这与以上的研究结果较为一致。此外，$\delta^{13}C$ 值的变化曲线还显示，该时段的气候变化依然较大，表现为 4 次较为明显颤动。其中，深度约 176 cm（约 7.1 cal. ka BP）处，$\delta^{13}C$ 值表现为一明显峰值，反映该时段结束时的一次强烈升温。

阶段 III：$7.0\sim6.6$ cal. ka BP（$173\sim158$ cm），有机碳同位素 $\delta^{13}C$ 值变化于 $-27.70‰\sim-25.30‰$ 之间，平均值 $-26.76‰$。与阶段 I 和阶段 II 相比，$\delta^{13}C$ 值介于二者之间，但更接近阶段 I，持续时间介于阶段 I 和阶段 II 之间，表现为总体温暖湿润期之后的明显降温。张强和朱诚（2000）通过地球化学元素及粒度研究，表明该层 SiO_2/Al_2O_3 有一小的峰值，而 Fe_2O_3/FeO、TFe_2O_3、K_2O、Zn 等均一致表现出低谷。沉积物粒度表现为砾石含量少，砂、粉砂级的松散沉积物较多，而粘粒级的沉积物则较

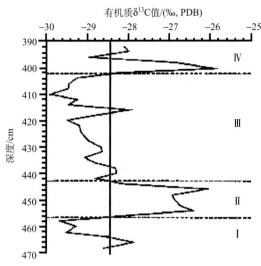

图 8.1.5　林峰桥剖面 III 下部泥炭层 δ^{13}C 记录

少，表明地表径流较少，沉积动力较小，因而指示为干冷的气候条件。朱诚等（2003）的研究也表明，龙虬庄剖面该时段地层（^{14}C 测年为 6300～5500 a BP）中上部，表现为孢粉的数量和种属均大大减少，且未发现有水蕨、菱科、青冈属、枫香、莎草科等植物种属的孢粉，指示气候有向凉干变化的趋势。徐馨等（1984）对镇江地区地层的孢粉研究也表明这一时期出现松栎林植被和松树花粉的最低值，气温下降约 1～2℃。

图 8.1.5 显示的是林峰桥剖面下部泥炭层有机质 δ^{13}C 值随深度的变化曲线，根据剖面中 δ^{13}C 值的变化特征，该层可进一步划分为 4 个阶段，反映末次冰消期气候与环境波动剧烈。

阶段 I：12.8～12.7 cal. ka BP（468～457 cm），有机碳同位素 δ^{13}C 值变化于 −29.67‰～−27.89‰之间，平均值为 −28.91‰，偏负，气温较低。时间大致对应于老仙女木事件（Older Dryas）的晚期。

阶段 II：12.7～12.6 cal. ka BP（457～443 cm），有机碳同位素 δ^{13}C 值增大很快，变化于 −28.13‰～−26.11‰之间，平均值为 −27.01‰，明显偏正。该时段表现为 Older Dryas 事件后的一个显著的暖期，从时间上来看可与阿勒罗德（Allerod）事件（Lotter，1991）对比。李小强等（2000）通过孢粉研究证明，在反映气候变化敏感的沙漠—黄土过渡带，这个时段的花粉种类逐渐丰富，草本虽以蒿、藜为主，但一些中、湿生草本及少量水生植物出现，并伴有桦属（*Betula*）、榛属（*Corylus*）等落叶阔叶乔木属种，表明降水逐步增多，湿度逐渐增大。这与本节的结论较为一致，显示这一时期中国大部总体处于较温湿的气候环境。

阶段 III：12.6～12.2 cal. ka BP（443～403 cm），有机碳同位素 δ^{13}C 值变化于 −29.89‰～−27.98‰之间，平均值为 −29.00‰，偏负，指示的气温较低。这一时期与 Younger Dryas 时段相当，但与其他地区相比，该时段持续的时间略短（王文远和刘嘉麟，2001；Tang et al.，2003；覃嘉铭等，2004a，2004b）。张嘉尔（1985）、刘金陵和 Willam（1996）根据孢粉资料推测，在与此相当期间（^{14}C 测年为（10 850±200）～（10 380±270）a BP），长江下游镇江地区的植被为稀树草原、针叶林草原，气候严寒而干燥。王开发等（1984）认为当时气温较今低 6～8.4℃。

阶段 IV：12.2～12.1 cal. ka BP（403～392 cm），有机碳同位素 δ^{13}C 值变化于 −28.92‰～−25.90‰之间，表现为一峰值，显示出 Younger Dryas 之后的迅速增温，可视为全新世开始的标志。同时也表明，从 Younger Dryas 结束进入全新世适宜期存在气候环境快速转换过程（周卫建等，1996）。

　　总之，林峰桥剖面泥炭 δ^{13}C 沉积记录显示，本区晚更新世末期以来，在 12.8～12.1cal. ka BP 和 8.4～6.6 cal. ka BP 是两次明显的泥炭形成期，但这两个时期的气候条件相差很大。其中上部泥炭层约形成于全新世大暖期稳定暖湿的鼎盛阶段前后，下部泥炭层则形成于 Younger Dryas 事件前后，上部泥炭层形成时的温度明显高于下部泥炭层，可见泥炭的形成不完全取决于温度的高低。

　　上部泥炭层的 δ^{13}C 分析表明，本区全新世大暖期稳定暖湿的鼎盛阶段，在此阶段的前后，表现的是持续时间相对较短的低温气候环境，显示出上部泥炭层在形成时期气候环境在总体温暖湿润的背景下，仍存在至少 3 次气温略高或略低的波动，尤其是在 8.2～7.0 cal. ka BP 阶段还存在更次一级的温度高低颤动。

　　下部泥炭层的 δ^{13}C 测定结果指示，12.8～12.1 cal. ka BP，本地的气温高低波动频繁。其中，12.8～12.7 cal. ka BP 和 12.6～12.2 cal. ka BP 两时段气温较低，可与 Older Dryas 和 Younger Dryas 事件对比；而 12.7～12.6 cal. ka BP 和 12.2～12.1 cal. ka BP 两时段气温较高，其中的 12.7～12.6 cal. ka BP 阶段可与 Allerod 事件对比，12.2～12.1 cal ka BP 本区表现的是 Younger Dryas 之后气候的迅速增暖，标志着全新世的开始。

四、元素地球化学记录的环境演变

（一）林峰桥剖面Ⅱ X 荧光光谱（XRF）分析

　　首先，基于 X 荧光光谱（XRF）对林峰桥剖面Ⅱ进行元素地球化学分析。整个剖面由下至上共采集样品 29 个，采样间距根据岩性不同采用 6～28 cm 不等距采样。将样品采集并分别在标号的塑料样品袋中密封，地球化学测定由南京大学现代分析中心完成。

　　测定结果表明，SiO_2 的含量最多，平均值为 65.7%，显示了 SiO_2 为地壳主要组成元素的特点。其次为 Al_2O_3，平均值为 12.8%；含量较少的为 MnO，仅为 0.04%，再次为 TiO_2，为 0.86%。各氧化物百分含量随剖面变化的趋势基本一致，共同反映了该区全新世环境演变的基本特征。

　　铝为化学性质较稳定的元素，在潮湿气候条件下的沉积过程中，由于水介质为酸性，铝元素常常富集，而当向干旱气候逐渐演变时，随水介质中酸性减弱而碱性增强，铝元素含量则相对降低。故而 Al_2O_3 含量分布较高的层位所反映的沉积气候环境相对比较潮湿；相反，Al_2O_3 含量较低的沉积地层，其沉积时气候环境则相对比较干旱（高尚玉等，1985）。铝元素在剖面各层的分布在 200～260 cm 处波动较大，这表明剖面第 5 层、第 6 层、第 7 层形成时的气候环境变动较大。这一结论也可以从沉积地层的岩性特征反映出来，第 5 层、第 7 层分别为灰黑色淤泥层和含灰黄色砂砾石透镜体的灰黄色泥质层，两层中均含有大量炭化木，并有一定的磨损，这是非常典型的洪积特征（朱诚等，1997），充分反映当时环境变动之剧。Al_2O_3 含量在剖面上存在三波峰、三波谷的变化形式。在约 80 cm 处有一波峰，表明当时气候湿润，而向下 Al_2O_3 含量减少，表明气候有变干的趋势；再向剖面下方，Al_2O_3 含量有几次大的波动，显示了气候有几次干湿波动现象，至 340 cm 处存在一波谷，表明当时气候干燥。

　　TiO_2一般在偏碱性、偏氧化性的环境中不易发生迁移（李铮华和王玉海，1998）。同时，Ti 又是植物生长不可缺少的重要元素，植物生长茂密，需要吸收大量的此种元素，然后又随枯枝落叶在土层中富集。因此，一般来讲，TiO_2富集的层位，其形成的环境为有利于植物生长的温湿气候环境，反之，TiO_2含量低或减少的层位，其形成的环境为较干凉的环境，不利于植物的生长（李铮华和王玉海，1998）。TiO_2的含量变化与Al_2O_3在剖面的含量变化呈正相关。这说明，TiO_2和Al_2O_3的环境指示作用是相同的。而 MnO 也同TiO_2一样，为生物生长所必不可少（李铮华和王玉海，1998），与TiO_2的环境指示作用相似，除第 2 层、第 5 层极个别的数据与TiO_2及Al_2O_3变化不同外，其余几乎与TiO_2及Al_2O_3含量变化同步，共同反映气候变迁。

　　样品中Fe_2O_3和 FeO 的均值分别为 2.92 和 1.48；其变异系数分别为 0.54 和 0.53，说明该剖面沉积物中Fe_2O_3的离散度较 FeO 值大。在沉积过程中，通常以Fe^{2+}和Fe^{3+}的含量代表沉积环境的氧化还原程度（余素华和文启忠，1991）。还原环境中，Fe^{2+}存在于 pH 值变化范围较大的溶液中，因此它的迁移性较大。而在氧化环境中，在 pH 值较低（pH > 3）时就会水解而发生沉淀，故Fe^{2+}的迁移能力较小。pH 值和温度影响高价铁与低价铁相互转化（余素华等，1997），因此，地层中铁元素的变化是反映气候环境最为敏感的元素之一（刘东生等，1985；文启忠等，1989；余素华等 1991）。Fe_2O_3和 FeO 及两者的比值在剖面中的变化可以看出，在剖面底部Fe_2O_3含量低而 FeO 的含量较高，反映了该层为还原环境，可能为沼泽沉积，使沉积物难与空气中的氧接触，给其创造了一个厌氧环境。向上至第 5 层、第 6 层、第 7 层，两者含量有几次大的波动，再向上至 10 层，Fe_2O_3有峰值，显示为强的氧化环境。通过将Fe_2O_3的含量变化与Al_2O_3的含量变化曲线进行比较不难看出，Fe_2O_3与Al_2O_3的含量变化几乎完全同步，而 FeO 则与其变化呈反相关，这一现象表明，气候相对湿润则氧化能力较强，反之，则氧化能力较弱。

　　另外，CaO 和 MgO 含量在剖面的变化也呈正相关关系，其中 CaO 的含量变化并不十分明显，只有极其微小的波动，但在剖面底部 340 cm 处却有一明显的峰值，这是由于在第 2 层中，有白小旋螺（*Gyraulus albus*）、灰白圆螺（*Cyelohorus Pllens*）等存在，这些生物介壳的存在导致Ca^{2+}的含量显著升高。同时也发现，MgO 在第 1、2 层中也显示出高值，表明这一沉积过程之后有一洪积过程（Binford et al.，1997）。FeO 在剖面低部显示高值表明该层（第 1 层、第 2 层）沉积为沼泽相沉积，以还原环境为主，而含量低的沉积阶段为冲积洪积相或河流相，与前述 CaO 和 MgO 所反映的沉积环境一致。以上结果表明，剖面底部沉积为沼泽相沉积，沼泽水面上升，从而创造一种还原环境，这种还原环境导致潜育化。此后，CaO、MgO 和 FeO 的值降低，而Fe_2O_3的值上升，表明沼泽水面下降，环境氧化能力提高，气候逐渐变干，这与Al_2O_3所反映的环境状况一致。从沉积地层也可以看出，第 5 层为灰黑色淤泥层，含大量炭化木；第 4 层为棕黄色砂砾石层，砾石多为次棱角状，很明显具有洪积特征，与前述 CaO、MgO 所反映的环境演变状况相一致。

（二）林峰桥剖面 II 电感耦合等离子发射光谱（ICP）分析

　　将林峰桥剖面 II 第 5～7 层 40 个样品送南京大学现代分析中心，经前处理后用美国 63 道电感耦合 ICP 等离子发射光谱仪测试，获得 Al、Ba、Be、Ca、Cr、Cu、Fe、K、Li、Mg、Mn、Na、P、Pb、Sc、Sr、Ti、V 等 18 个元素的含量值。

　　王景华和饶莉丽（1990）根据在华北平原唐山附近西葛各庄胥 11 孔钻孔岩芯中元素与孢粉、有孔虫等对比研究发现，第四纪以来 Fe、Mn、Ca、Mg、Cu、Zn、Ni 元素的高值对应于孢粉和有孔虫反映的温暖湿润气候环境；反之，上述元素的低值对应于孢粉和有孔虫揭示的寒冷干燥环境。这是由于在温暖湿润气候条件下沉积物中矿物质化学风化作用强烈，有机质分解快；富含气体及有机物的酸性水溶液最容易侵蚀含铁矿物和其他金属矿物，大量元素从矿物中风化出来造成沉积物中这些元素的大量积累。相反，在冷气候条件下，沉积物中的矿物质化学风化作用减弱，元素含量一般较低。

　　测试结果表明，该剖面第 5～7 地层中 Fe、Mn、Ca、Mg、Cu、Al、K、Na、Ba、Be、Cr、Li、Sc、V 和 Ti 元素的高值主要出现在距地表 190 cm、198 cm、188 cm、234 cm 深度处，对应的年代分别为 5120 cal. a BP、6240 cal. a BP、4840 cal. a BP 和 8914 cal. a BP；而上述元素的低值主要出现在距地表 216 cm、200 cm 深度处，对应的年代分别为 8523 cal. a BP 和 6520 cal. a BP。

五、石英砂扫描电镜及孢粉分析揭示的环境变化

（一）林峰桥剖面 I 石英砂扫描电镜分析

　　林峰桥剖面 I 埋藏着一古树（栎树，直径 20 cm，^{14}C 年代为（4085±95）a BP 和（4290±100）a BP），树干中有泥质充填物，四周为泥和砾石包裹。包裹古树的 L（14）号沉积物样品中石英砂表面特征由扫描电镜照片可见（图 8.1.6～图 8.1.8）。从照片可

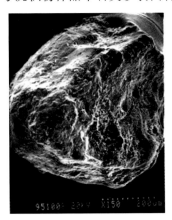 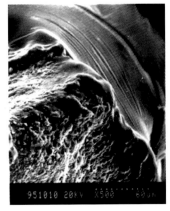 

图 8.1.6　L（14）号样品中石英砂表面在扫描电镜下的特征。从照片可见次棱至次圆状外表，石英砂边缘表面一组弧形冲击沟、平行上翻解理上的溶蚀坑和 SiO_2 沉淀（放大 150 倍）

图 8.1.7　L（14）号样品中石英砂局部表面在扫描电镜下的特征。从照片可见石英沙边缘表面一组弧形冲击沟、发育在平行上翻解理面上的溶蚀坑和硅质球沉淀（放大 500 倍）

图 8.1.8　L（14）号样品中石英砂局部表面在扫描电镜下的特征。从照片可见石英砂表面一组冲击沟及其溶蚀作用和 SiO_2 沉淀（放大 700 倍）

分别看到次棱至次圆状外表、石英砂边缘表面弧形冲击沟、平行上翻解理上的溶蚀坑和 SiO_2 沉淀等现象。证实了前述粒度分析得出的该处埋藏古树主要受中距离急促洪流搬运的结论和以物理机械冲击作用为主,表面化学溶蚀沉淀作用为辅的特点。

(二) 林峰桥剖面 I 孢粉学分析

为了取得南京江北地区比较准确的全新世沉积环境状况,对林峰桥剖面 I 共采集 21 个样品用于孢粉分析。表 8.1.5 是该剖面部分样品孢粉鉴定统计情况,从表 8.1.5 可见以下特征:

表 8.1.5　林峰桥剖面 I 孢粉鉴定统计情况

样品号	采样深度/m	孢粉种类及镜下所见颗粒数
L (14)	3.00	松 5　栎 12　榆 1　榉 1　青冈栎 1　鹅耳枥 1　禾本科 1　菊科 1　百合科 1　香蒲 2　蒿 1　三缝孢 16　单缝孢 21
L19	0.85	栎 4　禾本科 1　三缝孢 2　单缝孢 2
L17	1.30	松 5　栎 61　榉 1　栗 1　山矾 1　禾本科 8　莎草科 1　三缝孢 3　单缝孢 7　环纹藻 1
L14	2.10	松 23　栎 70　鹅耳枥 1　栗 2　紫箕 2　禾本科 2　藜科 1　莎草科 1　香蒲 5　麻黄 1　三缝孢 10　单缝孢 9
L12	2.35	栎 88　鹅耳枥 2　栗 8　胡桃科 2　榛属 4　百合科 1　禾本科 5　藜科 2　蒿 3　蓼 1　莎草科 2　香蒲 3　单缝孢 2　环纹藻 1
L9	2.65	松 5　栎 78　榉 1　青冈栎 4　栗 4　山矾 2　紫箕 1　百合科 1　禾本科 4　藜科 2　菊科 1　香蒲 5　蒲公英 1　单缝孢 4
L7	3.30	松 9　栎 76　榆 3　枫香 1　鹅耳枥 1　栗 5　槠 2　胡桃科 3　禾本科 15　藜科 2　蒿 3　莎草科 11　香蒲 2　蒲公英 1　单缝孢 22

(1) 该剖面孢粉无论是数量还是种类,均以第 3 层 L7 号样品最多 (为 156 粒),其次为深度 2.1 m 的 L14 号样品 (127 粒),以及深度 2.35 m 的 L12 号样品 (124 粒)。距地表 0.85 m 的 L19 号样品孢粉极少 (仅见 9 粒)。这已直接反映出该剖面不同层位经历的古环境差异,即从孢粉种类和数量看,剖面下方的第 3 层、第 4 层、第 6 层以及中间的第 8 层均反映出比上方第 10 层更有利于植物生长的环境。

(2) 从第 3 层、第 4 层、第 6 层各类样品孢粉种类看,有较多反映亚热带喜暖湿的树种,如喜暖的阔叶树种有枫香 (*Liquidambar*)、栎 (*Quercus*)、榆 (*Ulmus*)、榉 (*Zelkova*)、青冈栎 (*Cyclobalanopsis*)、栗 (*Castanea*)、鹅耳枥 (*Carpinus*)、槠 (*Castanopsis*)、胡桃 (*Juglans*);常见树种有松 (*Pinus*),草本的种类很多。

由此,从垂向剖面孢粉数量和种类分布看,本区在 (8200±126) ~ (7562±90) a BP 的晚北方期气候暖湿。当时环境是以栎、榆、榉、青冈栎、枫香、栗、鹅耳枥、槠、胡桃科、禾本科、藜科、莎草科、香蒲、蒲公英和常见种松等为主构成的针阔叶落叶混交林和草地景观,在此期间该区还经历了多次规模较大的流域性洪水。具体表现在:① 该剖面第 3 层由具有冲积特征厚 70 cm 的夹淤泥和炭化木的次棱状砂砾石构成。

② L（14）号样品采集处（图 8.1.9）包裹埋藏古树的泥砾沉积物具有典型的洪积特征；③在该剖面第 5 层、第 7 层、第 9 层中均含有具洪积特征的砾石层。

（7562±90）a BP 之后，本区气候和沉积环境变化较大。该剖面第 8 层上下部的孢粉样品已具有差异性特征：例如下部 L14 样品中仍有较多喜暖湿的针阔叶树和草本孢粉，如栎、鹅耳枥、栗、常见种松以及紫箕、禾本科、蓼科、莎草科和香蒲等，孢粉数达 127 粒；而第 8 层上部的 L17 号样品喜暖的阔叶树种和孢粉数大量减少，只有栎、桦、栗、山矾、常见种松等木本和禾本科、莎草科、三缝孢及单缝孢等，孢粉数降至 89 粒。该层中部具有扰动褶曲现象的灰黄色细砂砾层，分析属于流水沉积形成的底辟挤压构造。从孢粉和沉积等综合特征分析，第 8 层仍反映了大西洋期（4450～7450 a BP）本区气候以暖湿为主的特点，只是从孢粉垂向往上的减少表明气候已逐渐向干凉转化。

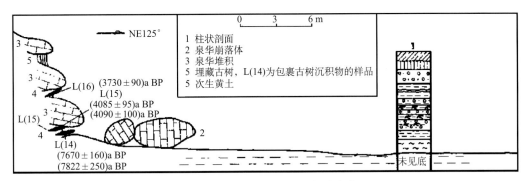

图 8.1.9　林峰桥剖面埋藏古树分布情况

该剖面第 10 层灰黄色黄土层的 L 19 号样品，孢粉只见栎、禾本科三缝孢和单缝孢共 9 粒，反映了明显的亚北方期（2450～4450 a BP）干凉环境特征。结合前述粒度、扫描电镜特征及同行学者多年研究结果（刘东生等，1985；杨怀仁，1987；曹琼英等，1989），可以认为该层应属于我国全新世主要寒冷期之一（1000BC～850BC）风成黄土堆积的产物。

值得提出的是，本区亚北方期虽大部分时间属干凉风尘黄土堆积环境，但从图 8.1.9 中 L（15）、L（16）两处具冲积特征的埋藏古树[14]C 年代分别（4085±95）a BP、（4090±100）a BP、（3730±90）a BP 以及剖面第 9 层（含次棱状砾石层，分析属于洪积物）来看，表明本区在大西洋期末和 3000 a BP 以前的亚北方期前期至少经历过 3 次大的洪水过程。

（三）对区域沉积环境的认识

根据区域调查和对该剖面沉积物样品的分析得出下述认识：

（1）林峰桥剖面的粒度及石英砂扫描电镜分析表明，下部黑色泥炭层和灰色淤泥层粒径较细、分选较差，垂向往上至中部粒径逐渐变粗、分选相对较好，再往上粒径最细；除第 10 层外，石英砂多呈次棱至次圆状，石英砂表面边缘有多道弧形冲击沟且具大量平行上翻解理上的溶蚀坑和 SiO_2 沉淀等现象。除上部灰黄色黄土层外，孢粉多含喜暖针阔叶树种，反映出南京江北浦口地区自晚北方期（8200±126）a BP 至亚北方期前期 3000 a BP 之间以湿热气候为主。第 3 层～第 9 层中的大量炭化木、具冲积特征的埋藏古树和砂砾石层表明这段时间经历了高温多雨的洪水环境。该剖面位于长江北岸二级阶地上，剖面中洪积层系由古洪水期长江摆动时沉积所致。为此可推测当时主要经历的是流域性洪水。结合埋藏古树和炭化木的年代以及具冲积特征的砂砾石层层位可以推测，在 8200～3000 a BP（主要属于全新世气候最适宜期），南京江北浦口地区至少在（8200±126）a BP、（7822±250）～（7670±160）a BP、（7562±90）a BP、（4085±95）～（4090±100）a BP，以及（3730±90）a BP 期间经历过规模较大的洪水，而当时自然景观主要为亚热带针阔叶混交林。

（2）综合分析还表明，尽管本区自全新世最适宜期以来气候以湿热为主，但该剖面上部 0.53 m 厚的黄土层是在相对干凉环境中主要由风尘搬运堆积所致，L19 号样品孢粉反映了当时明显的干凉环境。结合其粒度分析和前人研究结果（刘东生等，1985；杨怀仁，1987；曹琼英等，1989）可认为该层沉积物是在亚北方期相当于杨怀仁先生提出的全新世主要寒冷期（3000～2850 a BP）时所形成的。

（3）从 L（14）、L（15）和 L（16）三处埋藏古树的年代和位置看，它们均是晚北方期至亚北方期气候期内地区性洪水遗留的产物。各层埋藏古树之间的厚层石灰华则是在年降水分布较均匀的气候适宜期内，当降水和地表水渗流经本区石灰岩地层后形成含过饱和碳酸盐类水，在排入三叉河主干流时因蒸发沉淀而形成的泉华堆积。

（4）以上研究结果主要揭示了前人较少考虑的全新世沉积环境与本区主要自然灾害——洪涝灾害在发生时间序列上的联系。即本区自晚北方期（8200±126）a BP 以来至少经历过数次大规模洪水过程，在亚北方期 3000～2850 a BP 经历过相对干凉的风尘堆积。

第二节　南京宝华山地区全新世沉积环境研究

有关南京宝华山地区全新世沉积环境的研究，曹琼英等（1989）曾报道了储山口剖面中炭化木的年代和动植物群化石的特征；孔昭宸等（1991）曾根据上述剖面中发现的山龙眼化石提出 5100 a BP 时宝华山地区最冷月平均气温较现今高 6.3℃，年平均气温较现今高 3.5℃。本节在前人工作的基础上，于近年对含有埋藏古树的山麓和平冲剖面作了进一步分析，得出以下新的认识。

一、剖面位置及沉积特征

宝华山和平冲溪流发源于宝华山南麓甫家宕（188.9 m a.s.l.）、倪家山（153 m a.s.l.）和斗山（157 m a.s.l.）之间，流经宝华山西麓东阳镇后与宝华山北麓的中心河汇合，流入便民河后经三江河在三江口附近流入长江。和平冲溪流虽仅长 10 km 左右，但因位于山前溢出带上，故常年不涸。和平冲剖面位于宝华山西麓和平冲溪流北侧一级阶地处，东距宝华山最高点拜经台约 4 km，此处海拔 5～7 m。1994 年冬，该处因兴修水利，厚约 1 m 的表土层被人工挖除之后，继而开挖出厚度为 2.5 m 的剖面，该剖面从上往下可分为 5 层（图 8.2.1）。

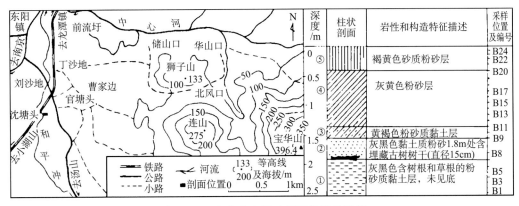

图 8.2.1　宝华山和平冲剖面位置及特征

（一）粒度及石英砂扫描电镜分析

表 8.2.1 是由日产 SKC-2000 型光透式粒度分析仪测定的该剖面样品部分粒度参数值。该剖面平均粒径介于 $4.40 \sim 6.80 \Phi$ 之间，表层和底层物质偏粗，中间三层偏细。从标准离差 σ_1 看，从下往上（图 8.2.1）第 1 层、第 2 层、第 5 层 σ_1 值均 >1.0，反映其沉积物分选差，第 3 层、第 4 层 σ_1 值均 <1.0，反映其沉积物分选中等。从偏度系数 S_K 看，第 2 层 S_K 值 >0.5 为极正偏，其余层位样品 S_K 值均在 $0 \sim -0.05$ 之间为近对称型。从尖度 K_G 看，第 1 层、第 2 层、第 3 层样品 K_G 值 <1.0 为双峰曲线，第 4 层、第 5 层样品 K_G 值均 >1.0 为窄峰曲线。

表 8.2.1　宝华山和平冲剖面部分粒度参数特征表

样品号	深度/m	粒度参数				
		平均粒径	标准离差	偏度系数	尖度	中值粒径
		M_z/Φ	σ_1	S_K	K_G	M/Φ
B_{23}	0.10	4.40	1.09	0.00	1.59	4.50
B_{13}	1.10	5.10	0.89	-0.05	1.08	5.10
B_{11}	1.30	5.20	0.99	0.00	0.99	5.30
B_7	1.80	6.80	1.89	0.60	0.58	6.50
B_1	2.50	4.70	2.89	0.70	0.70	4.40

图 8.2.2 和表 8.2.2 是和平冲剖面样品正态概率累积曲线和粒度分布、搬运方式与截点的关系。从图 8.2.2 和表 8.2.2 可见，该剖面沉积物在水动力搬运方面有以下特点：

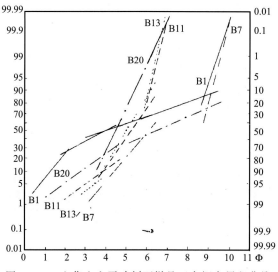

图 8.2.2　宝华山和平冲剖面样品正态概率累积曲线

表 8.2.2　宝华山和平冲剖面粒度分布、搬运方式与截点的关系

样品号	深度 /m	推移组分			跃移组分			悬移组分		
		含量 /%	粒径范围 /Φ	斜率	含量 /%	粒径范围 /Φ	斜率	含量 /%	粒径范围 /Φ	斜率
B_{20}	0.4	25	1～4	35°	无	无	无	75	4～7	65°
B_{13}	1.1	4	2～3	35°	80	3～6	58°	15	6～7	75°
B_{11}	1.3	10	2～4	40°	65	4～6	55°	25	6～7	75°
B_7	1.8	45	2～6	50°	30	6～9	25°	15	9～10	70°
B_1	2.5	25	0～2	50°	60	2～9	25°	15	9～10	70°

1）推移质组分以含埋藏古树的 B_7 层位最多（达 45%），B13 层位最少（为 4%），表明前者物质沉积时经历了较强的水动力搬运环境，后者物质沉积时水动力条件相对较弱。

2）B_{20} 样品基本上没有跃移组分，悬移和推移组分较发育，这一现象的原因可能有两种：一是反映了短暂急促的山区河流二元相冲积物特点，即暴雨冲积粗粒物质后很快转为悬移质沉积环境；二是可能与沉积物沉积后经历了淋溶淀积过程有关。

3）所有样品的悬移质斜率都很高（达 65°～75°），反映出沉积物的分选性很好。和平冲剖面距河源仅 10 km 左右，在这样短的距离内悬移质分选好表明本区除 B_7 层位外，其他层位物质经历的水动力沉积条件相对较和缓稳定。

从该剖面下部含树根和草根的灰黑色粉砂质黏土层中的石英砂扫描电镜照片看，分别见到次棱状的石英砂形态、贝壳状断口、石英砂边缘表面的弧形冲击沟、平行解理表面的 SiO_2 沉淀等现象，反映出沉积物只经历短距离搬运和以物理机械冲击作用为主、以表面化学溶蚀沉淀作用为辅的特点。

（二）年代和孢粉学特征

该剖面 1.9 m 深含树根和草根的灰黑色黏土质样品（B_6 号）^{14}C 年龄为（6588±192）a BP，此年代表明该剖面主要属于全新世大西洋气候期以来的沉积。应该指出，该剖面与孔昭宸等（1991）研究的储山口剖面相距仅 2.5 km，但沉积物埋深和 ^{14}C 测年数据的差别较大，分析其原因是该处剖面上部厚约 1 m 的表土层因兴修水利被挖除，使天然剖面厚度减薄，若考虑表土层的因素，该剖面与储山口剖面两地的沉积物埋深和 ^{14}C 年代应是一致的。表 8.2.3 是该剖面部分样品孢粉鉴定统计情况。从表 8.2.3 可见以下特征：

表 8.2.3　宝华山和平冲剖面孢粉鉴定统计情况

样品号	采样深度/m	孢粉种类及镜下所见颗粒数
B_{23}	0.10	松 33，栎 2，柳 1，藜科 2，蒿 2，禾本科 7，石竹科 1，蓼科 13，十字花科 5，莎草科 16，里白 30，凤尾蕨 1，单缝孢 2，环纹藻 6，孢粉总数 115
B_{14}	1.00	松 1，单缝孢 1，环纹藻 1，孢粉总数 2
B_{11}	1.30	松 1，环纹藻 15，孢粉总数 1
B_7	1.80	松 6，栎 12，榆 2，枫杨 2，柳 3，藜科 6，菊科 1，蒿 15，禾本科 19，石竹科 2，爵床科 3，蓼科 1，十字花科 2，百合科 2，唇形科 2，葎草 1，莎草科 9，香蒲 1，小二仙草科 71，里白 12，总数 176
B_{1u}	2.50	松 34，栎 2，榆 1，枫杨 4，化香 1，藜科 1，菊科 3，蒿 10，禾本科 51，石竹科 8，爵床科 4，莎草科 6，香蒲 2，荇菜 1，里白 10，单缝孢 2，孢粉总数 140
B_{1H}	2.50	栎 2，禾本科 1，里白 74，单缝孢 29，环纹藻 59，孢粉总数 106

1）该剖面孢粉无论是数量还是种类，均以含埋藏古树树干的灰黑色黏土质粉砂层 B_7 号样品（深度 1.8 m 处）最多（为 176 粒），其次为剖面下部距地表 2.5 m 的 B_1 号样品，以及距地表 0.1 m 的 B_{23} 号样品。该剖面距地表 1.3 m 的 B_{11} 号和距地表 1 m 的 B_{14} 号样品孢粉极少，前者只发现 1 粒松粉，后者只见松和单缝孢孢子各 1 粒，这已直接反映出该剖面不同层位经历的古环境差异，即从孢粉种类和数量看，剖面下方的第 1 层、第 2 层以及上方的第 1 层反映出比第 3 层、第 4 层更有利于植物生长的环境。

2）从第 1 层、第 2 层各类样品孢粉种类看，有较多反映亚热带喜暖湿的树种，如喜暖的阔叶树种有枫杨（*Pterocarya*）、化香（*Platycarya*）、栎（*Quercus*）、榆（*Ulmus*）和柳（*Salix*），喜暖的针叶树种有松（*Pinus*），而且草本的种类很多。由此，从垂向剖面孢粉数量和种类分布看，反映出本区在（6588±192）a BP 以前的大西洋期早期气候温和，当时周围环境是以松、栎、榆、枫香、禾本科和里白为主的针阔叶落叶混交林和草地景观。（6588±192）a BP 之后，则是本区气候最适宜期，B_7 号样品孢粉反映了当时以松、栎、榆、枫杨、柳、藜科、蒿和禾本科为主的针阔叶落叶混交林和草地景观，该层中出现的埋藏古树树干具有一定磨圆和冲积特征，表明此处当时曾经历了洪涝。此后，气候逐渐转为干凉。在距地表 0.4~1.3 m 的次生黄土层（灰黄色粉砂层）

中，B_{11} 和 B_{14} 号样品孢粉反映的是以松为主的针叶林景观，其他植被极少，结合上述多种指标分析，可认为此处次生黄土是在干凉的环境下风尘搬运堆积所致。再往后，气候又转为暖湿，本区又呈现以松、栎、柳、禾本科、蓼科、十字花科和莎草科为主的针阔叶混交林和草地景观。

(三) 氧化物分析

该剖面共采集样品 6 个，由南京大学现代分析中心采用容量法测试化学元素氧化物全量。表 8.2.4 和表 8.2.5 是该剖面各项测试和统计结果。

由表 8.2.4 可知，该剖面氧化物以 SiO_2 为最多（64.46%～75.92%），Al_2O_3 次之（10.71%～15.50%），再其次为 Fe_2O_3（2.37%～3.99%）。此种显著的富硅铝铁化现象证实了本区大西洋气候期以来以湿热为主的气候特点。值得提出的是，刘东生等（1985）多年对黄土高原研究的结果表明，黄土在风化成土过程中，Fe_2O_3、Al_2O_3、SiO_2 和 K_2O 及 MgO 相对积聚，而 CaO、Na_2O 相对淋溶。该剖面尽管总体上反映的是本区（6588±192）a BP 以来以湿热为主的气候，但由表 8.2.5 可知，剖面第 4 层（灰黄色粉砂层）B_{11}、B_{15} 号样品其 SiO_2 和 Fe_2O_3 的积聚与 CaO 的淋溶表现明显，这与黄土高原洛川等剖面氧化物组成相似。结合前述该层样品单调的以松为主的干凉环境孢粉特点和反映较弱水动力的沉积学特征，可进一步证实该层物质主要是风成的。

表 8.2.4　宝华山和平冲剖面样品容量法化学元素氧化物全量分析结果

样品编号	距地表深度/m	烧失量/%	Na_2O/%	MgO/%	Al_2O_3/%	SiO_2/%	P_2O_5/%	K_2O/%	CaO/%	TiO_2/%	MnO/%	TFe_2O_3/%	FeO/%	Fe_2O_3/%
B_{22}	0.20	4.24	1.31	0.78	10.96	75.39	0.08	1.89	0.82	0.77	0.09	3.64	0.59	2.98
B_{15}	0.90	4.23	1.32	0.86	11.06	75.23	0.10	1.90	0.79	0.81	0.09	3.73	0.45	3.23
B_{11}	1.30	3.97	1.57	0.92	10.71	75.92	0.12	1.86	0.80	0.80	0.03	3.66	0.50	3.10
B_8	1.70	7.64	1.13	1.49	15.50	64.46	0.12	2.39	0.80	0.87	0.12	5.74	1.57	3.99
B_7	1.80	6.35	1.14	1.04	12.99	69.81	0.14	2.12	0.88	0.84	0.09	4.43	1.45	2.82
B_1	2.50	4.87	1.47	0.77	10.96	74.52	0.16	2.01	0.79	0.72	0.07	3.95	1.37	2.37

表 8.2.5　宝华山和平冲样品氧化物比值与相关成分分析

样品编号	距地表深度/m	SiO_2/Al_2O_3	FeO/Fe_2O_3	CaO/MgO	K_2O/Na_2O	$(CaO+K_2O+Na_2O)/Al_2O_3$	$SiO_2/(Al_2O_3+Fe_2O_3)$
B_{22}	0.20	6.88	0.20	1.05	1.44	0.37	5.41
B_{15}	0.90	6.80	0.14	0.92	1.44	0.36	5.26
B_{11}	1.30	7.09	0.16	0.87	1.18	0.39	5.50
B_8	1.70	4.16	0.39	0.54	2.12	0.28	3.31
B_7	1.80	5.37	0.51	0.85	1.86	0.32	4.42
B_1	2.50	6.80	0.58	1.03	1.37	0.39	5.59

二、区域古气候变化的定量重建

为揭露某些特殊地层形成时期的气候背景，本节选取上述孢粉分析结果并结合前人关于宝华山地层的孢粉资料及图谱（曹琼英等，1989；孔昭宸等，1991；朱诚等，1997；韩辉友等，2000）作为定量恢复古气候的原始资料来源。前人研究的宝华山剖面自下而上共分9层，最老地层^{14}C测年为（6733±143）a BP（孔昭宸等，1991；韩辉友等，2000），其中包含4个侵蚀面。具体采用R-Q型因子分析（王开发等，1982；王学仁，1982；唐领余和沈才明，1992），利用R型与Q型因子分析的对偶性，把二者结合为一种统一的方法，找出数目较少的彼此独立的基本变量，揭示样品与变量间的内在联系。其中，R型结果（变量因子载荷矩阵）反映每个主因子的环境意义；而Q型结果（样品因子载荷矩阵）反映环境意义明确的主因子数值大小和相对变化。通过对应分析，结合孢粉组合及其代表的古植被和古环境（吴征镒，1980；周忠泽和张小平，2000；许清海等，2004；张玉兰和贾丽，2006），估算年均温和年均降水量指标值。另外，考虑到不同剖面同期沉积相的差异，沉积物中也可能携带质、量有差别的环境示踪物，故研究中尤其注重沉积相宏观显性特征与微观隐性环境代用指标的相互印证。

（一）中晚全新世沉积相与古气候分析

对应分析采用的原始变量为孢粉类型，原始数据是孢粉在原始样品中的百分含量。选择孢粉类型时，剔除了一些环境指示意义不明显的类型，考虑到本区新石器时期水稻栽培已很广泛（朱诚等，2003；申洪源等，2004），故禾本科（Gramineae）未列入原始数据矩阵。筛选后，选取了松（*Pinus*）、栗（*Castanea*）、栲（*Castanopsis*）、青冈栎（*Cyclobalanopsis*）、栎（*Quercus*）、枫香（*Liquidambar*）、枫杨（*Pterocarya*）、胡桃（*Juglans*）、椴（*Tilia*）、榆（*Ulmus*）、化香（*Platycarya* sp.）、蒿（*Artemisia*）、莎草科（Cyperaceae）等13种作为原始变量。利用因子分析模型进行计算，最终得出R型因子载荷和Q型因子载荷。

R型因子分析的数学模型为

$$X_1 = \alpha_{11}F_1 + \alpha_{12}F_2 + \cdots + \alpha_{1k}F_k$$
$$X_2 = \alpha_{21}F_1 + \alpha_{22}F_2 + \cdots + \alpha_{2k}F_k \qquad (1)$$
$$\cdots\cdots$$
$$X_p = \alpha_{p1}F_1 + \alpha_{p2}F_2 + \cdots + \alpha_{pk}F_k$$

其中，X_1、X_2、$\cdots$、X_P为变量，α_{ij}（$i = 1, 2, \cdots, p$；$j = 1, 2, \cdots, k$）为R型因子载荷，F_1、F_2、$\cdots$、F_k为因子。

Q型因子分析的数学模型为

$$S_1 = \alpha_{11}F_1 + \alpha_{12}F_2 + \cdots + \alpha_{1k}F_k$$
$$S_2 = \alpha_{21}F_1 + \alpha_{22}F_2 + \cdots + \alpha_{2k}F_k$$
$$\cdots\cdots$$

$$S_n = \alpha_{n1}F_1 + \alpha_{n2}F_2 + \cdots + \alpha_{nk}F_k \qquad (2)$$

其中，S_1、S_2、$\cdots$、S_n 为样品，α_{ij}（$i = 1, 2, \cdots, n$；$j = 1, 2, \cdots, k$）为 Q 型因子载荷，F_1、F_2、$\cdots$、F_k 为因子。

前者反映主因子对变量（孢粉类型）的影响程度，后者反映主因子对样品的影响程度。模型计算得到 3 个主因子，经分析后于表 8.2.6 中列出与气温和降水量关系最为密切的第一主因子 F_1 和第二主因子 F_2。F_1 和 F_2 因子载荷值只是反映气温和降水的相对大小，故还须根据孢粉植物群所反映的温湿状况，按式（3）、式（4）（王开发等，1982；唐领余等，1990）求出样品沉积时的年均温度和年均降水量（表 8.2.6）。

$$T = T_A + (F_1 - F_{1A}) = (T_A - T_B) / (F_{1A} - F_{1B}) \qquad (3)$$

$$P = P_A + (F_2 - F_{2A}) \times (P_A - P_B) / (F_{2A} - F_{2B}) \qquad (4)$$

式中，T 和 P 分别为某一样品沉积时的年均温度和年均降水量；T_A、T_B 和 P_A、P_B 分别为参考点 A、B 样品沉积时的年均温和年均降水量估计值；F_{1A}、F_{1B} 和 F_{2A}、F_{2B} 为参考点 A、B 样品第一和第二因子载荷值；F_1 和 F_2 为某一样品第一和第二主因子载荷值。

表 8.2.6　宝华山地层孢粉含量对应分析 Q 型结果（样品因子载荷巨阵）与气候指标值

地层层序	层位深度/m	样品编号	主因子		气候指标	
			F_1	F_2	年均温/℃	年降水量/mm
9	0~0.7	Y_{13}	0.551	0.409	15.00	1100.00
8上	0.7~	Y_{12}	0.821	0.382	17.07	1186.16
8下	1.4	Y_{11}	0.737	−0.162	16.42	1637.88
7	1.4~2.0	Y_{10}	0.947	−0.138	18.03	1612.84
6上	2.0~	Y_9	0.936	−0.139	17.95	1613.56
6下	2.5	Y_8	0.943	0.032	18.00	1500.00
5	2.5~3.2	Y_7	0.787	−0.191	16.81	1668.72
4	3.2~4.0	Y_6	0.747	0.547	16.50	943.08
3	4.0~4.6	Y_5	0.232	0.771	12.56	716.40
2上	4.6~	Y_4	0.952	−0.200	18.07	1715.87
2下	4.8	Y_3	0.947	−0.208	18.02	1754.97
1上	4.8~	Y_2	0.638	−0.256	15.67	1805.67
1下	5.1	Y_1	0.952	−0.177	18.07	1722.22

参考点样品的选择，考虑到宝华山剖面层 6 下之样品 Y_8 的孢粉组合中，以栎、青冈栎、胡桃、枫杨、松等为主，栲、鹅耳枥、枫香占有一定比例（孔昭宸等，1991；韩辉友等，2000），年均温和年均降水量可分别为 18℃ 和 1500 mm（吴征镒，1980）。层 9 之样品 Y_{13} 的孢粉组合中，常绿阔叶成分减少，榆、椴、柳、落叶栎类增加并含相当数量的凤尾蕨、海金沙等蕨类孢子（韩辉友等，2000），其孢粉植物组

合相当于北亚热带常绿–落叶阔叶混交林，年均温和年均降水量分别为 15℃ 和 1100 mm（吴征镒，1980）。

结合南京附近地区典型地层、泥炭及埋藏古树资料绘制综合图 8.2.3。结果表明：本区全新世中晚期以来，绝大部分时段年均温和年均降水量比今天高，暖湿期主要出现在 7000～4000 a BP 间，4300 a BP 后气候开始进入转型期，4100～3700 a BP 间气候波动频繁，剖面沉积相表现突出，气候变化曲线揭露出大暖期中出现过干燥降温事件。总的说来，灰色调淤泥质层、含泥炭淤泥层及黑色泥炭层多出现在高温多雨时段；浅黄、黄色、棕黄色调的砂层、夹砂砾土层、角砾层以及青灰色夹棱角、次棱角砾石以及古木（炭化木）的淤泥质层往往与降温期或降温干燥期对应。前者形成期多与长江下游普遍发育的泥炭期一致；后者则与埋藏古树形成期更为吻合。图中还显示侵蚀面形成期与低海面期有很好的对应关系。

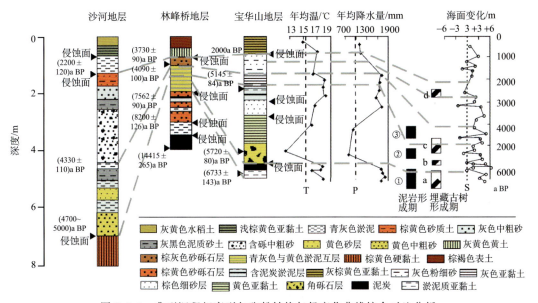

图 8.2.3　典型沉积相序列与孢粉转换气候变化曲线综合对比分析

T 为宝华山地层孢粉转换年均温变化曲线；P 为宝华山地层孢粉转换年降水量变化曲线；S 为根据泥炭和贝壳堤恢复的海面变化（于世永等，2000）；①、②、③为泥炭形成期；a、b、c、d 为埋藏古树形成期；用于比对的溧阳沙河剖面自下而上共分为 14 层，最老地层为晚更新世晚期硬土层（Reineck and Singh，1973），其上覆地层时代约 4700～5000 a BP（邹厚本等，2000），包含有 3 个侵蚀面；以上测年为 ¹⁴C 校正年代，注 * 的 ¹⁴C 测年为考古器物推定年代及地层对比推定年代

（二）宝华山洪–坡积相与 5700 a BP 前后短暂的干燥降温期事件

宝华山剖面中 5700 a BP 前后形成的一套洪–坡积相地层，角砾与砂土相互契入混杂，约占整个剖面厚度的 35%（图 8.2.3），其沉积速率之快，反映当时曾经历过气候突变和动力条件异常活跃期。该沉积相对应的气候曲线明显处于低谷段，最低年均温为 12.56℃，最低年均降水量为 716.40 mm（表 8.2.6，图 8.2.3）。按照中国现代年均温和年均降水量的分布形式（《中华人民共和国气候图集》编委会，2002），上述温度值表

明宝华山地区在 5700 a BP 前后的最低年均温已越过今天的西安（今西安年均温 13.3℃）向北；降水量值则表明该地区在 5700 a BP 前后的最低年均降水量仅略多于今天的北京（今北京年均降水量 682.9 mm）；一月均温已处于 0℃ 以下，与今天的宝华山地区相比，估计霜期要延长 50 天以上。全新世中晚期以来本区地貌变化、构造变动极微弱（陈吉余等，1959），不足以显著影响沉积过程与沉积相的表现形式。由此可推断，当时的物理风化，尤其温度风化作用显然要比今天强许多，即干燥低温条件为洪-坡积层（含角砾）的形成提供了大量的碎屑物质来源。因此可以说，宝华山 5700 a BP 前后快速堆积的洪-坡积相是与干燥降温事件密切相关的，且与同期伴随出现的异常降水变率、激烈降水过程（从空间分布上讲，中国季风区年均温、年均降水量与降水变率及降水激烈程度呈反相关）及古洪水事件直接相关。

　　全新世大暖期中降温事件并不鲜见（施雅风等，1992；Meese et al.，1994；姚檀栋，1996；葛全胜等，2002；许清海等，2004；贾铁飞等，2006；王建力等，2006；谢远云等，2006，2007；黄润等，2007；李月丛等，2007；吴江滢等，2007；赵景波等，2007；朱江玲等，2007；朱西德等，2007），5700 a BP 前后的降温事件在本区周边地区也有反映（图 8.2.4），但沉积相的表现不如宝华山突出，这可能与区域地貌及沉积差异的影响有关。然而，宝华山 5700 a BP 前后干燥降温事件却与同时期北京温度负距平（施雅风等，1992）、敦德冰川 $\delta^{18}O$ 值变化（姚檀栋，1996）、格陵兰 GISP2 冰芯记录（Meese et al.，1994）的显著低值具有更强的对比性（图 8.2.5），由此表明 5700 a BP 前后干燥降温期的异常气候表现具有全球变化征候，也即宝华山浅棕黄色砂土夹角砾石层洪-坡积相是全新世全球变化区域响应在地层学上的反映。

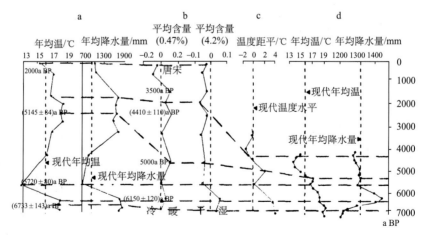

图 8.2.4　宝华山气候变化曲线（a）与马桥（朱诚等，1996）冷暖、干湿相对变化曲线（b）、杭州湾（吴维棠，1983）温度变化曲线（c）及沪苏杭（刘会平等，1998）孢粉-气候转换曲线（d）综合对比

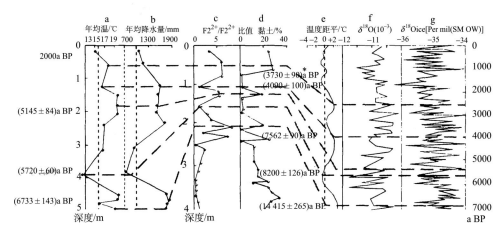

图 8.2.5 宝华山气候变化曲线（a、b）与林峰桥 Fe^{3+}/Fe^{2+} 比值和黏土百分含量变化曲线（c、d）、北京地区气温变化距平曲线（e）、敦德冰川 $\delta^{18}O$ 值变化曲线（f）及格陵兰 GISP2 冰心气候记录（g）综合对比

三、对沉积环境与气候突变事件的认识

根据该剖面沉积物样品的分析，综合以上讨论，得出下述认识：

1）粒度及石英砂扫描电镜分析表明，含树干和草根的粉砂质黏土层底层沉积物偏粗，分选差，石英砂表面出现大量贝壳状断口，石英砂边缘有多组弧形冲击沟；孢粉含较多喜暖针阔叶树种；富硅铝铁化现象明显，反映出宝华山地区大西洋期至少在（6588±192）a BP 期间气候湿热。该层中的埋藏古树和草根表明当时本区经历了高温多雨的洪水环境。从粒度、孢粉和石英砂表面等综合特征看，该层中的古树和沉积物只经历了短距离搬运，为此可推测当时主要经历的是山地洪水。结合距此 2.5 km 的宝华山储山口剖面（曹琼英等，1989）特征（该剖面分别在距地表 1.6~2.3 m 和 5.9~8.9 m 深处，发现年代为（5410±120）~（5145±84）a BP 以及（5720±80）a BP 具有洪冲积特征的埋藏古树样和含大量炭化木的石英角砾层）可以推测，在 4000~7000 a BP 的全新世气候最适宜期（曹琼英等，1989），宝华山地区至少在（6588±192）a BP、（5720±80）a BP 和（5410±120）~（5145±84）a BP 期间，发生了规模较大的山地洪水，而当时自然景观主要为亚热带针阔叶混交林。孔昭宸等（1991）对储山口剖面山龙眼化石植物群的研究结果证实了这一点。

2）综合分析还表明，尽管本区自全新世最适宜期以来气候以湿热为主，但该剖面距地表 40~150 cm 深度的灰黄色粉砂层和黄褐色粉砂质黏土层是在相对干凉环境中主要由风尘搬运堆积所致。B_{11} 和 B_{14} 号样品孢粉反映了当时是以松为主的针叶林景观，粒度分析反映了当时较弱的水动力特征。结合前人研究结果（曹琼英等，1989；孔昭宸等，1991）可以认为，该层沉积物是在亚北方期相当于杨怀仁先生（1987）提出的全新世第一寒冷期（即 1000 BC~850 BC）形成的。

3）该剖面最上部的褐黄色砂质粉砂层，由于再次出现较多喜暖湿针阔叶混交林孢粉，且沉积物具有短暂急促的山麓河流二元相冲积特征，结合附近储山口剖面上层亦存在具河漫滩相的棕黄、灰黄色亚黏土层堆积（曹琼英等，1989；孔昭宸等，1991），可认为该层沉积物应属于亚大西洋期（2450～1980 a BP），相当于杨怀仁先生（1987）提出的 5000 a BP 以来第 2 个温暖期（700 BC～AD 初）形成的堆积。另外，因该剖面上覆表土层被挖除，故无法分析 AD 初以来本区的沉积环境。

4）全新世中晚期以来，本区绝大部分时间段年均温和年均降水量比今天高，最高年均温可比今天高 2.5℃～3℃，最高年均降水量可比今天高 500～700 mm；5700 a BP 前后本区经历过干燥降温时期并有可能引发多次古洪水事件，干燥降温时期最低年均温和最低年均降水量分别比今天低 2.84℃ 和 244.6 mm；进一步对比研究发现，5700 a BP 前后干燥降温期的异常气候表现具有全球变化征候，宝华山浅棕黄色砂土夹角砾石层洪-坡积相是全球变化区域响应在地层学上的反映。

5）以上研究结果主要揭示了前人较少考虑的全新世沉积环境与本区主要自然灾害-洪涝灾害在发生时序上的联系，即本区自全新世大西洋期以来至少经历过 3 次大规模山地洪水灾害；在亚北方期（2450～4450 a BP）经历过相对干凉的风尘堆积；而在亚大西洋期（2450～1980 a BP）于暖湿环境下经历了河漫滩相堆积过程。作者对长江三角洲地区文化断层和埋藏古树时空分布的调查（朱诚和程鹏，1995；朱诚等，1996），表明与上述研究结果具有一致性。这一结果是否与学术界曾提出的"气候-海面的短期振荡与突变事件"（杨怀仁，1987）有关，还有待进一步研究证实。

第三节　江苏胥溪河成因的沉积环境研究

一、胥溪河历史概况

胥溪河位于江苏宁镇地区茅山山脉南麓高淳县境内，西经固城、石臼湖通长江，东接荆溪入太湖，长 30.6 km，流域面积 225 km²（图 8.3.1）。胥溪河以东坝为分水坝，坝西为水阳江-青弋江水系，坝东为太湖水系。胥溪河自固城湖口至东坝河段称上河，长 9.7 km；东坝至下坝之间称中河，长 5.6 km；下坝以下至朱家桥河段称下河，长 15.3 km。有关胥溪河的成因，历史上多有争论，主要有"天然河道说"和"人工运河说"两种。

"天然河道说"（林承坤，1992）依据是：我国最早的地理著作《禹贡》提出长江下游曾存在"三江"的记载（顾颉刚，1959）："淮海惟扬州。彭蠡既潴，阳鸟攸居；三江既入，震泽底定"。同《禹贡》时代接近的《周礼·职方》也记载扬州："其川三江"。可见春秋战国时期的著名史书都认为当时在长江下游存在有"三江"，但由于这些史书记载简单，未指明"三江"的具体位置，且长江下游属冲积河流，河道演变迅速，常导致某些河道埋塞，所以汉代以来对长江下游是否有"三江"以及"三江"的位置均存在争议。如清代经学家程瑶田（1725～1814，安徽歙县人），长于旁搜曲证，不为经传注疏所束缚。曾撰《禹贡三江考》，谓《禹贡》扬州的"三江"，实只一江，以订正郦道元

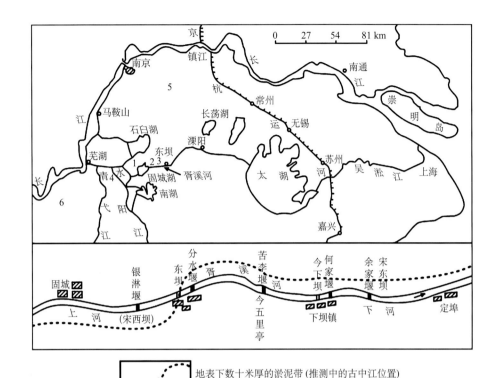

图 8.3.1　胥溪河位置及五堰分布示意图

1. 高淳薛城新石器遗址；2. 高淳朝墩头新石器遗址；3. 高淳下家宕村新石器遗址；4. 水阳江旧石器
遗址；5. 句容放牛山旧石器遗址；6. 繁昌人字洞旧石器遗址

《水经注》。程氏考证道："索隐韦昭云：'三江谓松江、钱唐江、浦阳江'今按：地理志有南江、中江、北江，是为三江。其南江从会稽吴县南，东入海。中江从丹阳芜湖县西南，东至会稽阳羡县入海。北江从会稽毗陵县北，东入海。……正义泽在苏州西南四十五里。三江者，在苏州东南三十里，名三江口。一江西南上七十里至太湖，名曰松江，古笠泽江；一江东南上七十里至白蚬湖，名曰上江，亦曰东江；一江东北下三百余里入海，名曰下江，亦曰娄江；于其分号处曰三江口。顾夷吴地记云'松江东北行七十里，得三江口。东北入海为娄江，东南海为东江，并松江为三江'是也。言理三江入海，非入震泽也。……诸儒及地志等解'三江既入'皆非也。周礼职方氏云'扬州薮曰具区，川曰三江'。按：五湖、三江者，韦昭注非也。其源俱不通太湖，引解'三江既入'，失之远矣"。由上可知，判定三江的存在及其位置是两千多年来我国地理学研究的一大难题。其三江之中江位置更是古今学者探寻的热点（丁文江，1919；郦道元，1933；顾祖禹，1955；顾颉刚，1959；林承坤，1959；1961；班固，1962；李吉甫，1962；谭其骧，1987）。总之，"天然河道说"认为（魏嵩山，1980），胥溪河原是一自然河流，只是很早被利用于航行，至五代以后经历次大规模整治，终于被改造成运河。

"人工运河说"（汪家伦和孙仲明，1986）认为，胥溪河相传为春秋吴国伍子胥主持开凿，这个传说在北宋前期即已流传于世。春秋时期诸侯纷争，各国不断开凿水道，以利军运。吴王阖闾当时国力日渐强盛，为图谋霸业，吴楚连年交战。但当时吴楚交战通常在江淮之间。吴国进军路线大致有两条：一是由吴淞江出海，沿海北上至淮河口，然后溯淮西进；一是北出长江，溯江西上至濡须口，进入淮南地区。这两条进军路线不但迂回曲折，绕道遥远，且有江海风涛之险。为便利军运，有必要开凿一条从苏州往西直达芜湖出江的水上通道。于是为适应对楚战争的需要，公元前6世纪初，吴王阖闾根据伍子胥的谋划，沿荆溪上游向西开挖运河，凿通东坝一带的岗阜，形成一条连接东西水道的人工运河。"自是，河流相通，东南连两浙，西入大江，舟行无阻矣"。后世为纪念伍子胥的功绩，遂命名此河为"胥溪河"。

"天然河道说"与"人工运河说"争论的焦点还在于：开凿胥溪一事不见于《左传》、《国语》、《史记》等书。因此，"天然河道说"认为此处水源本来相通，不以吴国开胥溪之说为然，除清代经学家程瑶田的三江实为一江说之外，还有以胥溪为《禹贡》三江之一的中江（班固，1962），或指胥溪为古濑水（顾祖禹，1955）等观点。但均认为胥溪原是一条自然的河流（魏嵩山，1980），而非人工开凿的运河。

二、对胥溪河是否为古中江位置的新认识

针对以上争论，作者于近年对胥溪河流域进行了实地考察，调查结果表明，胥溪河原本为天然河道、后经人工改造为运河的说法可以找到如下新的证据：

（一）来自钻孔资料的证据

据高淳县水利局提供的1975年在胥溪河东坝北岸淳东抽水北站的钻孔（图8.3.2）可以发现，该河段4处钻孔表明，该区地层主要由砂壤土层、壤土层、砂夹泥砾土层或砂土层所构成。在7508、7201和7503这三处钻孔中，均存在两层砂夹泥砾土层或砂土层，其中自地表往下砂土层出现在黄海高程8.3～8.7 m处；第一砂夹泥砾土层出现在黄海高程5～8.6 m处；第二砂夹泥砾土层只在7508孔中出现，所在深度为－3.7～－5.8 m。应该指出，这一钻孔柱状剖面给我们的提示应该是：① 从砂土层和砂夹泥砾土层在钻孔中的黄海高程分布上看，砂土层和第一砂夹泥砾土层有可能是春秋吴国时期（阖闾执政时期514 BC～496 BC）（中华五千年长历编写组，2002）人工开凿运河之后的河流堆积物。② 但7508孔黄海高程－3.7～－5.8 m处厚2 m的砂夹泥砾土层的存在至少证明，该河段在春秋吴国开凿运河之前曾经历过天然河流的发育这一可能性不能排除。因为没有任何证据表明春秋吴国开凿的胥溪河的深度能达到黄海海面以下－3.7～－5.8 m处。③ －3.7～－5.8 m处2 m厚的砂夹泥砾土层不是一条河流在短期内可以堆积而成的。④ 以上钻孔中砂夹泥砾土层的年代，根据吴王阖闾执政的年代（中华五千年长历编写组，2002）以及该水系两岸最早有人类居住的薛城遗址年代（朱诚等，2000）推测：中部砂夹泥砾土和砂土层堆积年代应为514 BC～496 BC；上部应晚于514 BC～496 BC；下部应早于6300 a BP。⑤ 汪家伦和孙仲明（1986）提出的镇江水利局三个浅钻孔资料（高淳东坝镇8019号孔、高淳东坝至下坝间8179号孔和东坝中

和桥下游6449号孔）底部虽缺乏有韵律的河流相堆积，但8179号孔下部存在4.5 m厚的中、细、粗砂层，这一事实本身就说明8179号孔实际上存在着有粗细韵律变化的水动力冲积层，不能排除该区存在古代河流相沉积的可能。因此，可以表明春秋吴国开凿胥溪运河之前，该处存在过规模较大的天然河流，后来河道经历了堙塞，河流沉积物和坡积物经历了很长的成土过程形成土壤层。

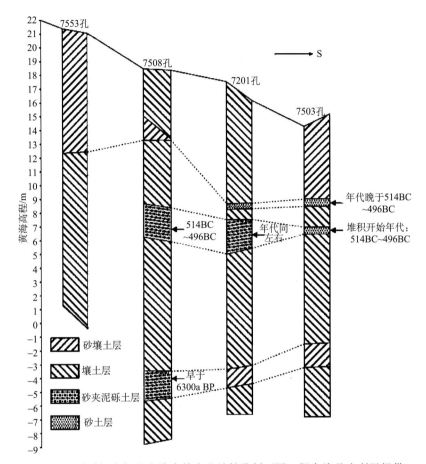

图 8.3.2　胥溪河东坝北岸淳东抽水北站钻孔剖面图（据高淳县水利局提供）

（二）来自地质构造、地貌和地带性土壤的证据

调查发现，胥溪河流域在大地构造上属于南京凹陷南缘，受中生代燕山运动后期的断裂作用影响，溧（阳）—高（淳）背斜西北翼断裂下沉，产生了包括固城湖、石臼湖、丹阳湖及西部圩田区范围广阔的凹陷盆地，中生代以来，固城、石臼凹陷形成后一直处于缓慢下沉过程中。发源于皖南山地的水阳江、青弋江直接注入这个凹陷地区，古代文献记载的古丹阳大泽（包括芜湖以东石臼湖、固城湖、南漪湖和长荡湖）正好也位于这一地区，经地貌调查，这一地区地质构造和地貌特征与《禹贡》三江的中江位置是对应的。

　　表面看来，胥溪河在穿过太湖流域与水阳江流域的分水岭岗地部位处海拔达 20 m 左右，而分水岭两侧水系的海拔在 7～8 m，似乎与古中江之说有矛盾，但仔细分析可知，此分水岭并非由基岩构成，而是由坡积物堆积而成，它完全可能是茅山南麓的坡积物在古代受多次洪水搬运作用造成古中江被埋塞的产物。另据高淳县文物管理所所长濮阳康京先生多年来实地调查和对当地农民的走访，发现若以东坝为界，在东坝以西地区胥溪河南岸 1 km 范围内以及东坝以东胥溪河北岸 1 km 范围内均发现地表数米以下便是厚度达数十米的淤泥层（图 8.3.1），这更是古中江在胥溪河一带存在的重要证据。

　　再从土壤发育角度看，据国内同行（徐馨，1984；朱景郊，1988；朱诚，1995）多年研究表明，网纹红土主要是中更新世长江以南的重要地带性气候土壤。然而，多年来位于江南的南京市区及市郊一带一直未发现网纹红土的存在。但近年调查表明，此种网纹红土在江南芜湖以西基本呈连续分布，在芜湖以东只沿青弋江→水阳江→固城湖→胥溪河一带向东连续分布；而此带以北南京、汤山和句容等地只见灰色网纹土，并非为常见的网纹红土。从分析看，此种地带性网纹红土在芜湖以东部地区的缺失以及主要沿胥溪河一带分布的现象可能与第四纪长江古河道的原始分布位置有关。

（三）来自考古遗址分布以及出土器物的证据

　　调查表明，胥溪河流域还存在春秋以前的多处新石器时代遗址及出土器物，前已提及，1997 年南京市博物馆曾在胥溪河附近发现该区最早的新石器遗址——高淳薛城遗址（见第十章第五节），此外在胥溪河与固城湖交汇附近的朝墩头有新石器时代从崧泽→良渚→东周时期的遗址及器物；在胥溪河北岸有古柏镇早御巷乡下家宕村新石器遗址（各遗址位置见图 8.3.1 所示）及出土的石器。这些均可表明在春秋吴国开挖胥溪运河之前，这一带就已有新石器时代人类在古中江两岸生活居住。另外，1998 年以来，中国科学院古脊椎动物与古人类研究所在安徽繁昌人字洞遗址发现大量 2.4～2 Ma BP 的北方啮齿类动物化石（金昌柱，1998），表明长江下游河段至少在第四纪初尚未贯通入海。此外，近年考古发现（房迎三等，2002），现今位于江南的水阳江中下游和句容县放牛山旧石器地点，两地 0.5 Ma BP 地层中出土的石器器型差异很大，前者主要为大尖状器、砍砸器和石球等大石器，后者则为刮削器、雕刻器等小石器。而两地 0.1 Ma BP 地层中出土的石器则已转为型制相同的尖状器、砍砸器和石球等大石器为主的类型，此种器型的时空差异，一是暗示 0.5～0.1 Ma BP 间两地气候和环境经历过巨大变迁；二是证实了贾兰坡先生（北京大学与南京市博物馆联合考古队，1996）提出的第四纪时长江在芜湖—胥溪河一线至现今南京以下长江一线之间经历过摆动的推论。从上述胥溪河钻孔柱状剖面分析看，钻孔中砂土层和砂夹泥砾土层的不连续应与第四纪时长江的摆动有关。因此，上述种种迹象从某种意义上也暗示了古中江在胥溪河一带的存在。

三、对胥溪河成因的沉积环境及其开发利用的探讨

　　胥溪河东坝北岸 7508 钻孔柱状剖面中 -3.7～-5.8 m 深处 2 m 厚的砂夹泥砾土层和东坝至下坝间的 8179 号孔下部存在 4.5 m 厚的中、粗、细粒砂层表明，在春秋吴国

开凿胥溪运河之前，该处就存在规模较大的天然河流；胥溪河沿岸薛城遗址、朝墩头遗址和下家宕新石器时代遗址的存在，以及胥溪河东坝至下坝河岸以北 1 km 范围内地表数米之下厚达数十米的淤泥层更是古中江在胥溪河一带存在的重要证据。若能在胥溪河沿线及其沿岸地带做进一步的钻孔调查和古河床沉积物的测年，应能更准确的确定古中江位置及其存在的年代。

　　如上所述，姑且不论胥溪河一带究竟是否在春秋之前就存在过天然河流还是仅为春秋吴国开凿的人工运河，但有一点是肯定的，那就是它沟通了太湖与水阳江的联系，有利于两水系间的水量调剂，也有利于水运交通。五代以前，胥溪河上筑有五堰（图 8.3.1），节制西水东注，下游太湖地区水网圩田系统完整，北宋以后，五堰逐渐圮毁。

　　在历史上，石臼湖、固城湖和丹阳诸湖水易东泄，使得太湖地区水患加重，据统计（汪家伦和孙仲明，1986），宋代太湖地区水灾平均 5.8 年一次，远远超过五代和吴越时期 21 年一遇的频率。明初胥溪河筑东坝以后，西水东泄受阻，太湖地区西部来水减少，圩田得以大力发展，但上游水阳江流域因胥溪河东坝的阻挡使得洪涝灾害加重。汪家伦和孙仲明（1986）统计表明。筑东坝以后的五百年内，高淳县发生水灾 66 次，平均 7.6 年一次。由于排水受阻，水阳江流域的河湖水位在夏季普遍壅高，仅高淳一县就废圩 46 座，没于泽国的圩田达十余万亩（汪家伦和孙仲明，1986）。安徽芜湖市和当涂县境内著名的万春圩也于明正统年间（1436～1449 AD）被淹成湖（汪家伦和孙仲明，1986）。

　　正如汪家伦等（1986）所言，就胥溪河来说，从历史看，筑坝断流是牺牲上游、以保下游，是不得已而为之的下策。它没有考虑到对胥溪河的水利利用，造成了太湖西部防洪与引水灌溉的矛盾。太湖西部地区地势较高，又远离长江和太湖，干旱年份水源短缺，本可利用胥溪河引水补给灌溉水源，明初胥溪河筑坝以后这一水源被截断，每逢降水稀少的年份，便加重了干旱威胁。

　　从目前看，胥溪河在东坝处仍筑有长 160 m、宽 14 m 的船闸，船闸以西冬季水位 5 m 左右，夏季 10 m 左右；船闸以东冬季水位 3.5 m，夏季 4 m 左右。该处枯水季节可通行排水量 10 多吨的船只，夏季可通行 200 吨的大型船只。东坝以西的上河受长江和发源于黄山、天目山河流的影响，水系丰富、水位变幅大。下坝以东的下河集水面积小，蓄水条件差，水量不丰，多水时调控不佳，易成涝灾；少水时抽调不及，旱年河水枯竭，易成旱灾。针对以上现状，我们提出下述胥溪河开发利用的方案。

　　一是认为要发挥胥溪河的经济效益，首先应该采取开坝通流的方案，即降低目前东坝船闸一带河床的海拔高度，保证胥溪河的畅通。因为从应用角度看，长江是黄金水道，最繁忙拥挤的是下游河道，多年来长江下游河道不断有船只相撞事故发生均与航运拥挤有关。若进一步拓宽从芜湖→固城湖→胥溪河→东坝→溧阳→宜兴→太湖的水运航道，将带来多方面的社会经济效益：首先，此航线将比现今走长江入太湖的航线缩短近 170 km，小型江轮船队还可避免长江风险，分流部分小型船只与小船队对提高长江通航效率及安全是十分必要的。再者，由于我国目前城市化进程在加快，由于城市基础建设大发展，长江河道砂石料遭受过度开采，已经危及流域生态和堤防安全。而长江古河道蕴藏有丰富的优质砂砾石资源，将其适当开发既可缓解此类资源的危机，在开发古河道砂砾石资源的同时，又使古河道得到了及时的疏浚，为夏季分洪排涝和保证航道畅通奠定了牢固的基础。此外，太湖地区地表水污染问题多年来一直未得到根治，而胥溪河水主要来自发源于天目山的水阳江和发源于黄山的青弋江，胥溪河流域主要为农业区，胥溪河水质明显好于太湖，畅通的胥溪河水对冲排太湖污染物、改善太湖水质是极其有益的。

　　二是为了防止特大洪水年份石臼湖、固城湖等诸湖水过多东泄造成太湖地区水患，可采取将北宋以前五堰中 2～3 个堰（如银淋堰、苦李堰和余家堰）改建为可通船的节制闸的措施，并在安徽芜湖市长江与青水河交汇处、石臼湖、固城湖、南湖与胥溪河等各水系交汇处设节制闸，目的在于调节洪枯水位，使水阳江流域与太湖水系整合为一个有机整体，以此确保芜太运河流域在获得众多经济利益的同时又不遭受洪水和干旱的威胁。当然，要完成以上工程，苏皖两省政府和有关部门的通力协调合作是十分必要的。

　　综上所述，目前胥溪河东坝所建的船闸不利于水阳江和太湖水系的沟通，也不利于发挥胥溪河流域灌溉和航运的应有作用，建议江苏和安徽省当地政府和有关部门能及早开发芜（湖）-太（湖）运河，即进一步拓宽芜湖→固城湖→胥溪河→东坝→溧阳→宜兴→太湖的水运航道，清除水阳江和太湖水系之间由坡积物构成的分水岭岗地堆积物，在主要河流与湖泊交汇处修建节制闸，这样，不仅可缩短长江入太湖的水上航线，还可分流长江航运船只、开发古河道砂砾石资源、稳固长江堤防，推动胥溪河和太湖流域经济可持续发展。

第四节　浙江天目山千亩田泥炭地层记录的中全新世以来气候变化

一、千亩田泥炭沼泽剖面概况

（一）研究区自然地理概况

　　天目山主要山体位于浙江省境内，地理位置为 119°15′～119° 45′E，30°16′～30°40′N，东西长约 46 km，南北宽约 35 km，面积约 1610 km²。其在浙江境内的最高峰为龙王山，海拔 1587.3 m；位于安徽境内的天目山西南端最高峰——清凉峰海拔为1787 m。山区地处中亚热带北缘，濒临东南沿海，属亚热带季风型气候。天目山植被的垂直带谱发育，自下而上可划分为常绿阔叶林（山麓～850 m）、常绿落叶阔叶混交林（850～1100 m）、落叶阔叶林（1100～1200 m）、落叶矮林（1350 m 以上）和山地草甸（1400 m以上）5 个垂直带（朱诚，2000）。

　　有关天目山地区的第四纪、尤其是全新世环境研究，国内学者（李四光，1934；刘金陵和叶萍宜，1977；徐馨和韩辉友，1981；蔡祖仁，1985；顾嗣亮，1985；邱淑彰，1995；朱诚，1995）曾做过大量的工作，取得不少成就。如邱淑彰（1995）通过实地调查认为，天目山第四纪时期曾有过不止一次的冰川发育，冰川地貌在 800 m 以上，尤其在 900～1000 m 以上的山顶地区普遍存在，并将天目山的冰期划分为上背岭冰期、报福坛冰期、泥岭冰期和龙王庙冰缘期。朱诚（1995）通过对姚砂岭剖面混杂堆积物的粒度、Fe^{3+}/Fe^{2+} 及氧化物、古地磁、孢粉、磁化率等指标分析，证实该地区在更新世既经历过暖湿与暖干环境也经历过湿热与干热过程，中更新世以洪积和冲积环境为主，全新世以残坡积为主，认为天目山地区不具备冰川发育的条件。徐馨和朱明伦（1995）通过对天目山冰坑、平溪、道源洞等剖面孢粉分析，认为天目山及其外围地区在第四纪期间温度带由中亚热带向寒温带变化，植被由常绿阔叶林演替为北温带暗针叶林；气候变幅最大达 16℃以上，最低年均温为 −6℃，最高年均温达 19～20℃，存在过冰川发育。总的看来，以往对该区第四纪环境的研究主要集中在是否经历过冰川发育，高分辨率的全新世自然环境重建还显不足。

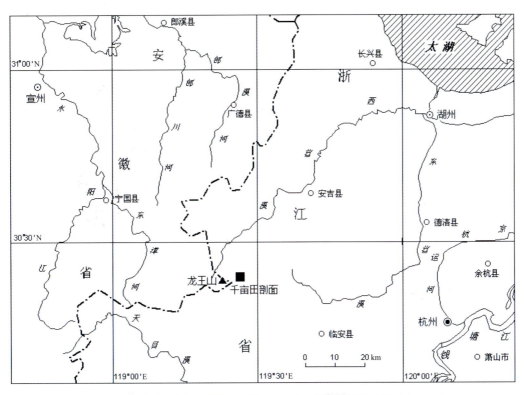

图 8.4.1　千亩田沼泽泥炭剖面位置及样品采集情况

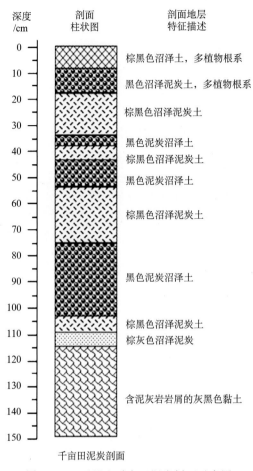

图 8.4.2　天目山千亩田泥炭剖面示意图

千亩田泥炭沼泽（30°29′58″N，119°26′27″E）位于天目山在浙江境内的最高峰龙王山顶附近，地处桐杭岗与千亩田峰之间的低洼处，海拔 1338 m（图 8.4.1）。沼泽区年平均气温为 8.8℃，年降水量 1870 mm。泥炭沼泽周围保存着完好的天然林植被及典型的中亚热带山地森林生态景观，植被类型为落叶矮林，植物种类主要有天目琼花、黄山溲疏、荚迷、伞形八仙、华东野胡桃、缺萼枫香、茅栗、四照花、野海棠、豆梨、野山楂、野珠兰、冰川茶子、三桠乌药、崖椒、箬竹等。土壤类型为山地黄棕壤，沼泽区主要是山地泥炭沼泽土。

（二）野外采样与剖面特征

由于缺乏天然露头，千亩田泥炭样品采自千亩田人工剖面，剖面深 148 cm，根据地层岩性差异自上而下划分为 11 个层次（图 8.4.2）：0～9 cm 为棕黑色沼泽土，多植物根系；9～18 cm 为黑色沼泽泥炭土，多植物根系；18～34 cm 为棕黑色沼泽泥炭土；34～38 cm 为黑色泥炭沼泽土；38～44 cm 为棕黑色沼泽泥炭土；44～54 cm 为黑色泥炭沼泽土；54～75 cm 为棕黑色沼泽泥炭土；75～104 cm 为黑色泥炭沼泽土；104～110 cm 为棕黑色沼泽泥炭土；110～115 cm 为棕灰色沼泽泥炭；115～148 cm 为含泥岩岩屑的灰黑色黏土。

以 15 cm×15 cm×100 cm 马口铁土壤盒采集柱状样 1 套（2 盒，中间交错 50 cm，图 8.4.1），以 5 cm 为间距采集袋装样 30 个备用。柱状样在实验室以 1 cm 为间距分样 148 个，以聚乙烯袋密封供测定。

（三）地层年代学

在千亩田剖面 146 cm 处采集 1 个树木残体样品，由中国科学院地球环境研究所制样、北京大学核物理与核技术国家重点实验室协助做 AMS[14]C 年代测定。为了获取可信年龄，对混合样品的前处理选择 60～180 μm 粒级的泥炭（湿选后，进行 HCL-NaOH-HCL 化学处理）进行样品制靶（周卫健等，2001）。另外，在千亩田剖面深度 55 cm、66 cm、84 cm 处分别采集泥炭混合样送往中国科学院南京地理与湖泊研究所[14]C 实验室进行常规[14]C 测定。全部数据使用国际通用的校正程序 CALIB 6.0.1 版本

(Stuiver et al.，1998；Reimer et al.，2009) 进行日历年校正。对校正结果采用分段线性拟合建立年代深度模式，然后内插外推得出其他样品的年代 (表 8.4.1)。

表 8.4.1　天目山千亩田泥炭剖面¹⁴C 年代 CALIB 6.0.1 校正结果

采样编号	采样深度/cm	实验室编号	测试材料	^{14}C 年代/a BP	2σ 树轮校正年代	日历年代/cal. a BP	中值年代/cal. a BP
QMT54-55	54～55	KF04080	泥炭	1381±140 (常规)	397AD(100%)972AD	1553～978	1266
QMT65-66	65～66	KF05032	泥炭	2477±131 (常规)	896BC(97.722%)355BC	2846～2305	2576
QMT83-84	83～84	KF04086	泥炭	3086±127 (常规)	1629BC(99.7627%)994BC	3579～2944	3262
QMT145-146	145～146	KF04085	树木残体	4135±40 (AMS)	2874BC(94.9406%)2618BC	4824～4568	4696

　　根据测定结果 (表 8.4.1)，结合深度-年代模式计算了泥炭剖面的沉积速率。千亩田泥炭剖面在 65.5～83.5 cm 之间沉积速率最快，为 0.025 cm/a，在 54.5～65.5 cm 之间最慢，为 0.0085 cm/a，平均约 31.6 cm/a，均达到高分辨率研究的要求。文中根据测年数据的沉积速率，内插推算出每个样品的年龄。由于没有近代测年手段控制，千亩田 0～54 cm 的样品年龄由外推所得。由于泥炭堆积目前仍在进行，故可假定泥炭表面的年代为零。

二、腐殖化度记录的气候环境变化

　　千亩田泥炭腐殖化度的测定采用了传统的碱提取溶液吸光度法。烧失量可以指示沉积物和土壤中有机碳的含量，因而也可以反映过去气候和环境状况。烧失量值越高，土壤中有机碳的含量就越高，说明有机碳得到了积累，表明气候冷干，反之则相反。为了对比分析，对所有样品同时做了烧失量实验，以简单测定有机质含量。腐殖化度实验和烧失量实验在南京大学现代分析中心完成。

　　千亩田泥炭腐殖化度和烧失量时间序列见图 8.4.3，两者表现出很好的相关性。总的来说可以分为 3 个大的阶段：I 在泥炭沼泽底部 (146～90 cm)，时间为 4696～3401 cal. a BP，腐殖化度和烧失量总体上呈递增趋势。其中，又可划分出两个亚阶段：I_1 为 4696～3979 cal. a BP (146～115 cm)，腐殖化度逐渐升高；I_2 为 3979～3401 cal. a BP (115～90 cm)，腐殖化度快速上升，但是在 3609 cal. a BP (99 cm) 左右，腐殖化度和烧失量呈现出短暂的相对低值；该时段腐殖化度和烧失量数值的增长在整个千亩田剖面中增长幅度是最大的。II 为 3401～576 cal. a BP (90～25 cm)，腐殖化度和烧失量虽处于高值，但是波动剧烈，可以细分为 4 个亚阶段：II_1 为 3401～3110 cal. a BP (90～80 cm)，在 3262 cal. a BP (84 cm 处) 存在一个波谷；II_2 为 3110～1504 cal. a BP (80～57 cm)，数值波动剧烈，但是幅度都较小，2576 cal. a BP (66 cm 处) 出现了一次波谷；II_3 为 1504～1036 cal. a BP (57～45 cm)，波动幅度开始较大，随后减小，但是波动剧烈，期间在 1197 cal. a BP (52 cm 处) 出现一个明显波谷；II_4 为 1036～576 cal. a BP (45～25 cm)，数值依然波动剧烈，并且有不断减小的趋势，这段时期，腐殖化度和烧失量是整个剖面波动最为剧烈的阶段，但是前期变化幅度较小，后期变化幅度很大；III 为 576～0 cal. a BP（25～0 cm），数值变化趋于平缓；576～184 cal. a BP（25～8 cm）之间，出现过两个波谷，到 184 cal. a BP（8 cm）时达到最大值。从 184 cal. a BP（8 cm 处）开始，腐殖化度和烧失量开始逐渐降低。

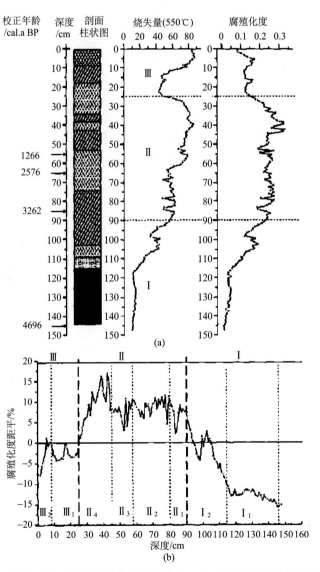

图 8.4.3　浙江千亩田泥炭腐殖化度和烧失量（a）及泥炭腐殖化度距平图（b）

天目山千亩田泥炭沼泽剖面最深处年代为 4696 cal. a BP 左右（见表 8.4.1），正是全新世中期的产物。4696～3401 cal. a BP 期间（146～90 cm），泥炭腐殖化度与烧失量呈现出高度一致性（图 8.4.3a），早期表现出低值，说明此时的气候较暖湿；从 3979 cal. a BP（115 cm）开始，腐殖化度和烧失量发生较大幅度变动，距平图（图 8.4.3b）显示数值增幅很大，表示气候由暖湿向干冷转化。这一时期的孢粉数据也表现出相同的变化

（郑朝贵，2005），如早期水生植物连续出现，但在中期 4002 cal. a BP（116 cm）时，热带、亚热带植物孢粉含量开始下降；4002～3447 cal. a BP（116～92 cm），蕨类植物只是零星出现，孢粉组合的这种变化也显示该阶段气候由湿热逐渐向降温、变干方向转化。

3401～576 cal. a BP（90～25 cm），从泥炭腐殖化度、烧失量和泥炭腐殖化度距平图（图 8.4.3）可以看出，这一时期气候依然延续了上个阶段末期的干冷状况，但是期间气候冷暖交替明显，持续了较长时间，直到 1036 cal. a BP（45 cm），气候发生了一次大的变化并逐渐向暖湿转变。孢粉组合同样显示，前期蕨类植物依然零星出现，反映气候干冷；后期主要成分虽仍以落叶阔叶和常绿阔叶树种为主，但是常绿阔叶树种的含量在逐渐降低，温带落叶阔叶树种含量逐渐上升，并且水生草本植物花粉在本段断续出现，说明气候波动明显，干冷暖湿转变频繁（郑朝贵，2005）。这一期间气候主要冷暖波动发生在：①3401～3262 cal. a BP 前后（90～84 cm）腐殖化度和烧失量下降很快，并在 3262 cal. a BP（84 cm）形成明显的波谷，可能指示了一次短暂而又强烈的升温过程。②3262～3110 cal. a BP（84～80 cm），腐殖化度和烧失量又逐渐上升，到 3110 cal. a BP（80 cm 处）达到峰值，指示了一次降温过程，这次降温事件在《竹书纪年》中得到了验证，书中记载在长江一个大支流汉水，有两次结冰，发生于公元前 903 年，并且提到结冰后，紧接着就是大旱，《诗经》也证实了这点（竺可桢，1973）。③2576 cal. a BP（66 cm）前后，又出现了一次明显的升温过程，在 66 cm 处达到波谷。《左传》中提到：山东鲁国过冬，冰房得不到冰，在公元前 545 年时尤为如此（竺可桢，1973）。④1266～1197 cal. a BP 前后（55～52 cm），气候出现了一次明显的降温过程，在 1220 cal. a BP（53 cm 处）达到波峰。据文献记载，在公元之初，我国天气有趋于寒冷的趋势，有几次冬天严寒，到晚春时，国都洛阳还降霜降雪，冻死不少穷苦人民（竺可桢，1973）。从 1036 cal. a BP（45 cm）开始，腐殖化度和烧失量开始逐渐变小，在 576 cal. a BP（25 cm）时达到最小，当然中间也穿插了几次波动，如在 38 cm、34 cm、31 cm 处又分别出现了 3 次峰值（图 8.4.3a），指示了几次变冷事件。这期间腐殖化度和烧失量的变化总的来说较为准确地指示了长达 500 a 的逐渐变暖变湿过程。文献中也记载了中国气候在第 7 世纪中期变得暖和，但是在 12 世纪、13 世纪末期，气候又变得严寒（竺可桢，1973）。泥炭腐殖化度与烧失量在 3401～576 cal. a BP（90～25 cm）这段时期所反映的趋势一致，但是在更细的变化上泥炭腐殖化度表现的比烧失量更为敏感（图 8.4.3a）。

576 cal. a BP（25～0 cm）以来，腐殖化度和烧失量在总体变化趋势上相同，但在变化幅度上稍有不同。576～184 cal. a BP（25～8 cm）期间，腐殖化度和烧失量有升有降，576～391 cal. a BP（25～17 cm）时段，呈波动上升趋势，在 391 cal. a BP（17 cm）时达到峰值，表明一次气候变冷干过程。从 184 cal. a BP（8 cm）开始一直到现代，腐殖化度和烧失量开始逐渐降低，指示气候逐渐由干冷转为暖湿，此阶段孢粉组合显示为以针叶树为主的针阔混交林草原（郑朝贵，2005），与本节结论一致。此阶段也出现过距平值高于平均值阶段（图 8.4.3b），指示可能出现过降温变干事件，不过持续时间很短。576～0 cal. a BP（25～0 cm）这一时期与早期 4696～3401 cal. a BP（146～90 cm）时的温度和湿度相比，总体上较低。

总之，天目山千亩田泥炭腐殖化度和烧失量两项气候代用指标记录了距今近 4800 cal. a BP 以来该地区的主要气候变化阶段：4696～3401 cal. a BP（146～90 cm）为湿热阶段，其后期温度逐渐降低并向干冷方向转化；3401～576 cal. a BP（90～25 cm）为温度相对较低、偏干时期；576 cal. a BP（25～0 cm）以来，为温凉湿润时期。总的来说，天目山地区 4800 cal. a BP 以来的气候环境变化开始时属于全新世大暖期（8300～3000 cal. a BP）（施雅风等，1992），气候温暖湿润，但是从 4000 cal. a BP 开始出现了明显的波动下降，向干冷方向发展，且这种气候持续了近 2000 a，当然期间出现了多次短暂的较温暖期。泥炭腐殖化度与烧失量的比较研究结果与竺可桢根据物候资料得出的 5 ka 来的温度变化趋势相似。

三、其他环境代用指标记录的变化特征

（一）千亩田剖面 $\delta^{13}C$ 变化特征

根据研究时段需要，对千亩田剖面深度 0～121 cm 以 1 cm 间距采集供 $\delta^{13}C$ 测试样品 121 个。样品有机质的 $\delta^{13}C$ 分析由中国科学院南京地理与湖泊研究所湖泊与环境国家重点实验室完成。先称取预先研磨并过 80 目筛的粉状样品 1～2 g 左右，加入 5% 的 HCl 多次搅拌，浸泡约一昼夜，然后用中性去离子水清洗至中性（pH＝7），弃去样品中无机碳酸盐，烘干后研磨过 150 目筛。再取含 5 mg 有机碳的烘干样品，置于石英舟内，放入燃烧管中，在 800℃ 的真空系统中灼烧 5～15 分钟，使有机碳完全燃烧。生成的 CO_2 气体用液氮冷冻进一步纯化。提取纯化后的 CO_2 在美国 Thermo Finningan 公司 Delta^{plus} advantage IRMS 型气体同位素质谱仪上测定出 CO_2 气体的碳同位素比值，获得其有机质的 $\delta^{13}C$ 值。$\delta^{13}C$ 值样品数据为相对于国际标准 PDB 值，样品分析过程中，每 5 个样加入一个国家标准（GBW04407 或 GBW04408）进行质量监控。

千亩田剖面地层中有机质未经成岩过程，因此沉积物中有机质的 $\delta^{13}C$ 值指示当时植被生长的环境是有效的。

图 8.4.4 显示的是千亩田剖面有机碳同位素组成与深度的关系，根据剖面中 $\delta^{13}C$

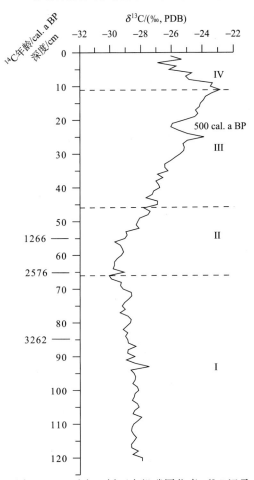

图 8.4.4　千亩田剖面有机碳同位素 $\delta^{13}C$ 记录

值的变化特征，可划分为 4 个阶段。

阶段 I：4120 ～ 2580 cal. a BP（121 ～ 66 cm），有机碳同位素 $\delta^{13}C$ 值变化于 $-30.05‰ ～ -27.47‰$，平均值为 $-28.65‰$，偏负。有机碳同位素 $\delta^{13}C$ 变化曲线还显示，该时段有机质 $\delta^{13}C$ 值总体趋于下降，并从 $-27.94‰$ 减少至 $-30.05‰$。

阶段 II：2580 ～ 1060 cal. a BP（66 ～ 46 cm），有机碳同位素 $\delta^{13}C$ 值变化于 $-30.05‰ ～ -27.39‰$，平均值为 $-28.90‰$，偏负。此阶段 $\delta^{13}C$ 值总体表现为增大趋势。

阶段 III：1060 ～ 250 cal. a BP（46 ～ 11 cm），有机碳同位素 $\delta^{13}C$ 值变化于 $-27.80 ～ -22.86$，平均值为 $-25.60‰$，偏正。$\delta^{13}C$ 值表现为渐增趋势。与前一阶段相比，$\delta^{13}C$ 值且波动增大，其中，深度约 22 cm（约 500 cal. a BP）处，$\delta^{13}C$ 值表现为一明显谷值。

阶段 IV：250 ～ 0 cal. a BP（11 ～ 0 cm），有机碳同位素 $\delta^{13}C$ 值变化于 $-26.90‰ ～ -23.34‰$，平均值为 $-25.15‰$，偏正，有机质 $\delta^{13}C$ 值总体趋于下降。

（二）千亩田剖面磁化率变化特征

环境磁学应用于泥炭研究虽然不多，但效果却十分明显。早在 20 世纪 80 年代初对英国各地泥炭的研究就发现泥炭普遍存在越往地表磁性越强的现象，并认为是工业化革命以来矿物燃料燃烧量增加的结果，磁性颗粒来源于矿物燃料燃烧产生的飘尘（Thompson and Oldfield，1986）。已有的研究表明，泥炭或湖泊沉积物磁化率的高低反映其所含磁性矿物的数量，通常细粘滞颗粒对磁化率有着较大的贡献（Thouveny et al.，1994；Creer and Morris，1996）。磁化率可以反映泥炭或湖泊流域土壤受侵蚀的程度，指示区域地表径流带入泥炭或湖泊沉积物的分量，间接反映了区域降水量的多寡和强度。何报寅等（2003）通过对神农架大九湖沼泽泥炭样品的环境磁学参数测量、X 射线荧光分析、孢粉鉴定和统计建模，获得了该区分辨率为 25 a 的约 2600 a 来的气候变化记录，同时发现，低频磁化率与铁元素含量之比（x_{lf}/Fe）的变化曲线与利用孢粉分析数据恢复的大九湖气候变化曲线对应得很好，表明磁化率也是泥炭剖面的一个较好的气候记录代用指标。

对厚度 148 cm 的千亩田沼泽泥炭剖面以 1 cm 间距选择样品 148 个，对其进行磁化率值测定与分析。样品磁化率测定在南京大学区域环境演变研究所环境磁学实验室完成。将风干样装入 10 ml 无磁性圆柱形样品测量盒压实、称重，用 Czech AGICO 公司生产的 Kappabridge KLY-3 磁化率仪测定样品的质量磁化率，其单位采用 SI 制，为 $10^{-6} m^3/kg$。

磁化率测定结果显示，千亩田沼泽泥炭剖面地层磁化率值变化于 $1.21 \times 10^{-6} ～ 108.84 \times 10^{-6} m^3/kg$，平均为 $28.76 \times 10^{-6} m^3/kg$，变化比较明显。

根据剖面中磁化率值的变化特征，可将千亩田剖面磁化率随深度变化曲线划分为 3 段（图 8.4.5）：

阶段 I：4740 ～ 3030 cal. a BP（148 ～ 78 cm）。磁化率变化于 $8.16 \times 10^{-6} ～ 108.84 \times 10^{-6} m^3/kg$ 之间，平均值为 $39.38 \times 10^{-6} m^3/kg$，变化较大，由下至上呈现下降趋势，

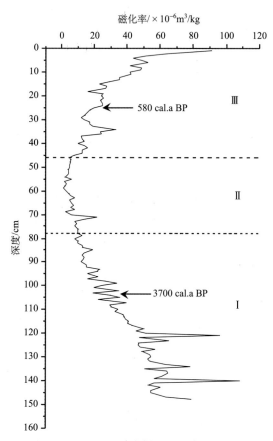

图 8.4.5　千亩田泥炭剖面磁化率变化曲线

并在该时段前期表现为几个异常峰值。

　　阶段 II：3030～1060 cal. a BP（78～46 cm）。磁化率变化于 $1.21×10^{-6}$～$21.55×10^{-6}$ m^3/kg 之间，平均值为 $6.38×10^{-6}$ m^3/kg。磁化率较低，为整个剖面的谷值，且变化较小。

　　阶段 III：1060～0 cal. a BP（46～0 cm）。磁化率变化于 $4.65×10^{-6}$～$27.46×10^{-6}$ m^3/kg，平均值为 $39.38×10^{-6}$ m^3/kg，变化较大，且由下至上总体呈上升趋势。该时段末期（距地表深度 5 cm 之内）磁化率值增大很快，表现出泥炭剖面越接近地表磁性越强的共性特征。

　　考虑到近现代人类活动的影响因素，认为深度大于 5 cm 剖面地层磁化率应是当时沉积环境状况较为真实的反映。

（三）千亩田剖面 Rb/Sr 值变化特征

　　国内外许多学者（Gallet et al.，1996；Chen et al.，2001；陈旸等，2003；李福春等，2003）对 Rb、Sr 在表生风化成壤中的迁移规律进行了研究，表明古风化壳、黄土-古土壤序列随着化学风化程度的加强，残留部分的 Rb/Sr 值逐渐增大（陈骏等，

1997，1998；Chen et al.，2001）。相应地，
湖泊沉积物中的 Rb/Sr 值将因流域化学风
化率的增大而变小（金章东等，2001）。

　　对厚度 148 cm 剖面以 1 cm 间距选择样
品 148 个，对样品进行 Rb、Sr 含量测定与
分析。样品 Rb、Sr 含量测定在南京大学现
代分析中心采用 X 射线荧光光谱方法
（XRF）进行。先将样品在玛瑙研钵研磨，
过 200 目筛，取约 5 g 过筛样品置于直径 40
mm 的 PVC 环内，在压片机上加压至 28 t
制成压片，再在瑞士 ARL 公司生产的
9800XP＋型 X 射线荧光光谱仪上测试。测
定结果经国家标准样品 GSD9 控制，相对误
差＜1%。

　　测定结果显示，千亩田剖面 Rb 含量变
化于 18.60～115.02 μg/g，平均含量为 65
μg/g。Sr 含量变化于 28.14～78.88 μg/g，
平均值为 50.46 μg/g。可见，剖面中 Rb 的
含量略高于 Sr。剖面的 Rb/Sr 值变化于
0.35～1.78，平均值为 1.25，变动幅度
较大。

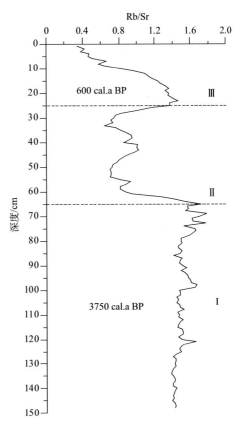

图 8.4.6　千亩田泥炭剖面 Rb/Sr 值变化曲线

　　图 8.4.6 显示了千亩田剖面 Rb/Sr 值
随深度变化的曲线。根据其变化特征，可划分为 3 个阶段。

　　阶段 I：4740～2460 cal. a BP（148～65 cm）。Rb/Sr 值变化于 1.38～1.78，平均
值为 1.5，为整个剖面的高值阶段。

　　阶段 II：2460～600 cal. a BP（65～26 cm）。Rb/Sr 值变化于 0.64～1.39，平均值
为 0.87，Rb/Sr 值较低，为整个剖面的谷值，且变化幅度较上阶段大。

　　阶段 III：600～0 cal. a BP（26～0 cm）。Rb/Sr 值变化于 0.35～1.46，平均值为
0.98，变化幅度较上阶段大，且由下至上呈明显下降趋势。

四、对天目山地区中晚全新世气候环境演变的认识

　　依据千亩田沼泽泥炭剖面的地层特征、年代测定结果并以腐殖化度、烧失量、有机
碳同位素δ^{13}C为主要代用指标，以磁化率、Rb/Sr 值为参照指标，结合前人孢粉研究
（郑朝贵，2005），将天目山地区中晚全新世以来的气候环境变化进行重建。综合分析将
天目山地区中晚全新世气候环境演变划分为以下四个阶段：

　　阶段一：温热湿润，气温波动下降时期（4.7～3.0 cal. ka BP）

　　从时间上看，这一时段正处于全新世大暖期后期（施雅风等，1992），气候总体温

暖湿润，但期间波动相对较大。本阶段腐殖化度和烧失量等记录表明季风降水整体处于高值，但波动剧烈，其中在约 4.2 cal. ka BP 前后，季风降水急剧下降（吸光度值快速增大），在 3.7 cal. ka BP 前后达到最干旱的峰值后又快速回升，显示该阶段气候在总体湿热背景下逐渐降温、变干的变化特征。同期千亩田剖面泥炭有机碳同位素 $\delta^{13}C$ 平均值为 $-28.49‰$，总体呈下降趋势，尤其在 93～78 cm，下降速度较快，从 $-27.47‰$ 减少至 $-28.86‰$，指示该时段温度趋于降低且在后期下降速度较快的气候变化特征。但在这一变化特征背景上，仍有频繁的气温高低之变化，这与前述的孢粉分析得到的结果较为一致。该阶段千亩田剖面地层的磁化率变化依然反映的是气候环境逐渐变干，但相比较而言，该时段前期（148～120 cm）磁化率高低变化较大，出现 3 个明显峰值，同样表现为即使在大暖期暖湿的鼎盛阶段，该区气候环境波动仍较为强烈。Rb/Sr 值在这一阶段表现为整个剖面的高值，指示当时的风化和淋溶作用较强，因而气候温暖湿润。

阶段二：温凉湿润，温度相对较低时期（3.0～1.1 cal. ka BP）

该时段进入晚全新世温度波动式下降明显的时期（施雅风等，1992）。腐殖化度和烧失量等记录表明季风降水强度整体较弱（吸光度值整体偏高），但也存在明显的次级干湿波动，反映气温较前一阶段有所降低，降水明显下降。

有机碳同位素 $\delta^{13}C$ 和磁化率在这一阶段均表现为相对低值，其中，$\delta^{13}C$ 比上一阶段下降了 1.83%，并于 66 cm 处（约 2.6 cal. ka BP 左右）出现整个剖面最低值；该阶段磁化率平均值比上一阶段下降了 83.71%，并于 59 cm 处（约 1.7 cal. ka BP 左右）出现最低值，表明气温较阶段一有所下降。但 $\delta^{13}C$ 和磁化率波动幅度比阶段一明显要小，表明这一时期气候的稳定性较阶段一强。

Rb/Sr 值在这一阶段下降幅度较大，从 1.78 降至 0.64，指示风化和淋溶作用明显减弱，反映降水和温度较阶段一有明显下降趋势。

阶段三：温凉稍干，温度波动下降时期（1.1～0.3 cal. ka BP）

该时期处于晚全新世后期，温度和降水呈明显的波动式下降时期。腐殖化度和烧失量等记录反映为稍干的暖凉带气候环境。

千亩田剖面泥炭有机碳同位素 $\delta^{13}C$ 在此阶段表现为与孢粉不尽一致的变化，其平均值比上一阶段上升 11.25%，呈波动上升趋势。但在剖面深度 25～22 cm（580～500 cal. a BP 前后）下降很快，并在 22 cm 处（约 500 cal. a BP 前后）形成明显谷值，指示一次短暂而又强烈的降温过程。

这一阶段剖面沉积物的磁化率总体较低，但呈上升趋势，且波动明显，尤其在深度 34 cm 处（约 780 cal. a BP 前后）表现为一峰值，可能指示一次短暂的升温过程。

Rb/Sr 值仍然总体上表现为低值，但在 25～12 cm 处明显表现为峰值，指示风化和淋溶作用逐渐增强，反映该阶段后期气温和降水有明显上升趋势。

阶段四：温凉湿润，气温逐渐下降时期（0.3～0 cal. ka BP）

从腐殖化度和烧失量等记录来看，最近 300 a 我国东部的气候环境与之前相比，表现为温度和降水总的呈波动下降趋势，主要历经了小冰期等快速降温事件。

有机碳同位素 $\delta^{13}C$ 和 Rb/Sr 值在这一阶段皆呈下降趋势，同样指示本区温度逐渐降低。然而这一阶段磁化率却增大明显，与 $\delta^{13}C$ 和 Rb/Sr 值呈反相变化趋势，无疑是受人类活动影响所致。

由上分析可见，在天目山地区中晚全新世气候环境变化表现为以下两个特点：① 继承了中晚全新世气候逐渐由温暖湿润向冷干发展的总背景，这一时期气温总体上存在较明显的波动下降趋势，其中，约 580～500 cal. a BP 前后的降温十分显著，对应小冰期的到来；② 降水变化与温度变化具有大致相同的趋势，反映了在东亚季风环流背景下，暖湿和冷干为其主要的气候组合类型。

第九章　长江下游新石器时代以来考古遗址时空分布与环境的关系

第一节　长江下游新石器时代以来考古学文化演进特点

自 1936 年西湖博物馆对杭州老和山（古荡）、杭县良渚和长明桥等遗址进行发掘以来，长江三角洲和太湖地区已发现新石器文化遗址千余处，是目前长江下游地区乃至全国史前文化发展序列最为清晰的地区之一。根据器物组合特征和 ^{14}C 年代，长江三角洲和太湖地区新石器时代被划分为四个前后相继的考古学文化发展阶段，即马家浜文化（7000～6000 a BP）→崧泽文化（6000～5300 a BP）→良渚文化（5300～4300 a BP）→广富林文化（4300～4000 a BP）的发展序列（邹厚本等，2000；王巍，2015）。

一、马家浜文化

马家浜遗址发掘于 1959 年，1977 年夏鼐先生（1977）将其命名为"马家浜文化"。以其为代表的马家浜文化遗址主要有常州圩墩（吴苏，1978；常州市博物馆，2001）、吴江袁家埭（江苏省文物工作队，1963）、广福村（上海市文物保管委员会，1962）、吴县草鞋山（南京博物院，1980）、武进潘家塘（武进文化馆和常州市博物馆，1979）、苏州越城、张家港东山村（苏州博物馆和张家港市文物管理委员会，2000）、许庄（苏州博物馆和张家港市文物管理委员会，1990）、青浦崧泽（上海市文物保管委员会，1990）、福泉山（上海市文物保管委员会，1990）、嘉兴马家浜（浙江省文物保管委员会，1961）、吴兴邱城（梅福根，1959）、桐乡罗家角（浙江省文物考古研究所，1981）、余杭吴家埠（田名利，2010）等。

从器物来看，马家浜文化早期的器物群大体相同，少鼎而多牛鼻耳大陶罐，以夹砂褐陶为主，泥砂陶较少。晚期以夹砂陶和泥质红陶为主，泥质陶多施红衣。主要器物有夹砂红陶的腰沿圜底釜、遍锥足釜形鼎、双耳小罐、单把杯；泥质红陶的喇叭形圈底豆、大口收腹的盘和钵。陶器之外，还可加上穿孔的舌形石斧、石块、鹿角靴形器等。

从生活设施看，当时建筑建造在地面上，盛行木架结构，编扎芦苇涂泥作为墙壁，用芦苇、竹席和草束盖顶。为加强柱子的承重性，常在柱洞底衬垫一两块木板。房屋地面一般要经过防潮处理。这些建筑特点既适应了本地自然条件，又满足了当时的实际需要，体现了马家浜先民的聪明才智。此外，崧泽遗址马家浜文化层下两座古水井的发现（上海市文物管理委员会，1992），说明先民在马家浜文化晚期已学会开凿筒形的水井。

从经济形态来看，马家浜文化时期水稻已开始在本区种植，在这一文化时期的许多遗址地层发现了水稻的花粉、炭化谷粒、蛋白石和植硅石（浙江文物考古研究所，

1981；上海市文物管理委员会，1987；南京博物院，1980；游修龄，2001；萧家仪，1994；苏州博物馆和吴江市文物陈列室，2001）。此外，1992～1995年中日考古人员还在草鞋山遗址发现了马家浜时期的水稻田遗迹（草鞋山水田考古队，1996），也表明马家浜时期先民种植水稻的历史。许多研究还表明，除种植水稻外，渔猎和采集也是马家浜时期人类不可缺少的食物来源（浙江省文物管理委员会，1960；张明华，1982；黄文几，1978；黄象洪，1991）。由此可见，马家浜时期人们过着的是一种农业和渔猎、采集并重的经济生活，但农业耕作方式尚处于粗耕阶段（陈杰和吴建民，1996）。目前该区的马家浜文化可分为以下三种类型：

（1）东山村类型。主要分布于苏南沿江地带。已发掘的遗址有张家港东山村、许庄，常州圩墩，武进潘家塘等处。

东山村类型受西部宁镇、皖南早期原始文化影响较大。晚期出现并逐渐增多的小口长颈凿型足带把鬶、束腰把豆、束腰型壶，胎质较薄，器形规整，大多为黑皮陶，与之相同和相近的器物在薛家岗遗址中可以找到。鼎的带把风格，厚胎陶器，罐形豆等器形，显然受北阴阳营文化的影响。马家浜文化是以釜罐豆为主要组合的红陶文化，越至晚期，越受西部以鼎豆为组合的灰黑陶文化的影响和冲击，东山村类型的罐形鼎与马家浜文化其他类型流行的釜形鼎区别较大，它不是从釜直接发展而来的，而与西部原始文化罐形鼎面貌基本一致。

（2）草鞋山类型。主要遗址有吴县草鞋山，苏州越城，吴江袁家埭、广福村，昆山少卿山，上海崧泽、福泉山，吴兴邱城，嘉兴马家浜等处。

草鞋山类型位于太湖流域腹地，处于西北部的东山村类型和东南部的罗家角类型之间，受二者的影响较大，侈口鼓腹釜、罐形鼎等器物，显然受东山村类型的影响，而三足平底鬶、双牛鼻耳罐则受罗家角类型的影响。

（3）罗家角类型。目前发现的遗址相对较少，以罗家角和吴家埠为代表，器物特征明显。罗家角类型分布区与同时期分布于宁绍平原的河姆渡文化隔钱塘江相望，受河姆渡文化影响较深，如有脊釜、腰沿的多角形、较多的骨木器等都明显受到河姆渡文化的影响。

二、崧泽文化

崧泽文化的分布范围大致与马家浜文化相同，主要遗址有上海崧泽、福泉山，常州钱底巷，吴县张陵山、草鞋山、澄湖，苏州越城，武进乌墩，常州寺墩，张家港徐家湾、许庄、东山村，嘉兴南河浜（浙江省文物考古研究所，2005）、双桥（党华，1955），吴兴邱城，余杭吴家埠等。

崧泽文化的陶器以夹砂红陶和泥质灰陶为主，另有部分泥质黑皮陶。主要器物有：凿足或扁足的釜形鼎，高把豆和大圈足豆，在把上和圈足上有弦纹、镂孔和弧线三角纹组成的装饰；折肩、折腹或鼓腹的罐、盆；瓦楞纹的罐、壶、杯。石器中常见弧刃斧、石铲、条形石锛、"桥形"石璜等。在制法上，采用手制轮修，胎壁厚薄均匀，器形规整。崧泽文化的石器种类不多，仅见有斧、锛、凿、纺轮等，但制作比马家浜时期更加精制。玉器已较多发现，大多是崧泽人的装饰品，主要有玉石质的璜、镯、环、坠。

崧泽文化时期的建筑遗迹保存不好，目前只发现了一些残迹和室内地面。如在福泉山遗址崧泽文化时期的地层中，曾发现一片硬土面，是以红烧土块与介壳混合堆积而成的，其台面平整，堆土坚实，似经过拍打（上海市文物管理委员会，2001）。但崧泽时期的水井，从凿井技术上看比马家浜时期显得更加考究（上海市文物管理委员会，1985）。

崧泽文化时期水稻种植已相当普遍，生产工具相对于马家浜文化时期类型增多，制作也更加精制。特别是崧泽文化晚期，犁形器的出现对提高劳动效率、促进稻作农业的发展，产生了重要的影响（陈文华，1981；牟永抗和宋兆麟，1981；上海市文物管理委员会，1985）。此外，崧泽、福泉山、龙南等遗址动物骨骼鉴定显示，崧泽文化时期，野生动物仍是人们狩猎和食用的主要对象（上海市文物管理委员会，1987；吴建民，1991；上海市文物管理委员会，2001）。由上可见，崧泽文化时期，人们的经济结构仍然沿袭了马家浜文化时期的方式，以稻作农业和狩猎、采集为主要生存手段。但从人们肉食来源的动物组合上看，经济形态在崧泽晚期已发生了变化（陈杰和吴建民，1996）。目前该区的崧泽文化可分为以下三种类型：

（1）徐家湾类型。徐家湾类型遗址主要有张家港徐家湾、许庄、东山村、蔡墩、西张，武进寺墩、乌墩、潘家塘，常州圩墩等，沿长江南岸分布。

与其他崧泽文化类型相比，徐家湾类型有其显著特点。陶系以夹炭陶及较薄的泥质陶为主。胎质轻薄疏松，器类中壶的数量较少，而杯、钵的数量较多。鼎以盆形鬼脸足为主，束腰形甗颇具特色，罐多平底，三足钵较多，豆盘下沿常设一周凸棱，豆把分三级，但最上一级不甚明显，豆圈足上除弦纹和镂孔外，缺少各种刻划纹，直口花瓣足杯腹壁饰弦纹，另有较多的觚形杯，深腹盆常有附加堆纹、鋬手。玉器中的半壁形宽桥璜，玉坠饰利用制璜废料制成。石器中石斧背部平直，长条形石斧为其他类型遗址所未见，构成了徐家湾类型独特的文化风貌。由于分布区位于太湖流域西部，因此，徐家湾类型一定程度上受宁镇地区、皖南地区同期原始文化的影响较深。

（2）吴家埠类型。吴家埠类型遗址主要有余杭吴家埠、嘉兴南河浜等，分布于浙北地区。

吴家埠类型器物有明显的地方特色，有许多因素为其他崧泽文化少见。在陶器方面，鼎足普遍流行鱼鳍足，鼎腹流行折腹，豆把呈竹节形，钵带把或带鋬，另有瘦长形带盖杯，带假圈足的扁腹罐，各类动物形器物附件等。在玉器方面，冠形饰、钮形玉为其他类型所没有。

（3）崧泽类型。崧泽文化中的崧泽类型遗址发现最多，分布于太湖周围水网密布的平原地区，主要有上海崧泽、福泉山，苏州越城，吴县草鞋山、澄湖、张陵山，常州钱底巷，吴兴邱城等。

崧泽类型特征明显，在陶器方面，刻划纹及镂孔组合纹饰丰富多彩，彩绘陶器占一定比例，盛行矮圈足器，壶的数量多，而成为主要组合之一。由于崧泽类型地处太湖腹地，位于徐家湾类型和吴家埠类型之间，一定程度上受到它们的影响。例如，崧泽类型晚期较多的折腹盆形鼎，少量的罐形豆，豆盘下腹带垂棱作风，一些器物底部附矮三足风格，鱼鳍足鼎，瘦长形杯等，应是受到吴家埠类型的影响。

三、良渚文化

良渚文化是 1936 年由施昕更先生调查发现，并于 1959 年由夏鼐先生命名的（夏鼐，1960）。良渚文化是太湖地区史前文化发展最灿烂的一页，并以其轮制的黑陶和精美的玉器而闻名于世。

据统计，目前发现的良渚文化遗址有 400 余处，主要有江苏武进寺墩（南京博物院，1984），吴县草鞋山，苏州越城，吴江龙南，昆山少卿山；上海青浦福泉山、寺前村、亭林；浙江余杭反山、瑶山、莫角山、吴家埠，杭州水田畈，吴兴钱山漾，嘉兴双桥、雀幕桥，嘉善新港，湖州花城，海盐龙潭港，桐乡普安桥，海宁达泽庙、徐步桥、盛家埭，平湖平邱墩，德清辉山等。

良渚文化的陶器以夹砂灰褐陶、泥质灰陶、泥质黑陶为主，少量夹砂红陶、泥制橙红陶也颇具特色。石器品种繁多，以穿孔石斧、有段石锛、耘田器、有柄石刀、穿孔石犁、石镞、石镰等为代表。良渚文化时期的玉器造型独特、制作精细、数量较多、品种丰富，在中国玉器发展史上独树一帜。

良渚文化的房屋居址可划分为干栏式建筑、浅地穴式建筑和地面式建筑三种形制。除干栏式建筑外，室内地面一般都要经过烘烤、压实等工序处理，这是马家浜文化时期建筑风格的延续，也是长江三角洲新石器时代房屋建筑特有的方式。村落和房屋一般临河而建，以方便取水。良渚时期先民开凿水井已十分普遍，古井的建筑形式主要有土井和木筒井两种，其中的木筒井筑井技术比较多样。此外，礼仪和祭祀建筑也是良渚文化建筑的一大特色（朱薇君，2000）。

良渚时期的原始农业经济已相当发达，与崧泽文化相比，水稻种植更加广泛、生产工具更加先进，灌溉系统十分发达。有关的研究（吴建民，1991；袁靖和宋建，1997）还表明，良渚文化时期先民的食物构成也发生了明显的变化，家养动物已成为人们肉食的重要来源，表明良渚文化时期经济已转变为以稻作农业为主，狩猎、采集经济为辅的形态（陈杰和吴建民，1996）。目前该区的良渚文化可分为以下三种类型：

（1）龙南类型。龙南类型遗址主要有苏州越城，吴县张陵山、澄湖、草鞋山，吴江龙南、袁家埭，常州罗墩，昆山少卿山、赵陵山、黄泥山，上海福泉山、崧泽、汤庙村、金山坟，常州圩墩，丹阳西沟居，嘉兴大坟、双桥等。龙南遗址是颇具典型意义的，地层堆积丰富，出土大量器物，且遗迹现象丰富，房子、河流、水井、道路、河埠、灰坑等构成独具特色的村落。

（2）反山-瑶山类型。该类型北起太湖南岸，南到钱塘江下游，是良渚文化遗址最密集的分布区域，已经发掘的遗址主要有杭州水田畈（浙江省文物管理委员会，1960）、老和山（蒋赞初，1958），余杭反山（浙江省文物考古研究所，1988）、瑶山（浙江省文物考古研究所，1988）、余家埠、庙前（浙江省文物考古研究所，1993）、葛家上口山（杨楠，1994）、汇观山（浙江省文物考古研究所和余杭市文管会，1997）、大观山果园，海宁千金角、徐步桥、盛家埭、三官墩、达泽庙（浙江省文物考古研究所和余杭市文管会，1997）、郜家岭（王明达，1989）、荷叶地（浙江省文物考古研究所，2005），吴兴钱山漾（浙江省文物管理委员会，1960）、邱城，德清辉山，平湖平邱墩，嘉兴雀幕桥、双桥，湖州花城（浙江省文物考古研究所，1993）等。以余杭大观山果园为中心，包括反山、瑶山和汇观山等在内的良渚遗址群发达程度和等级最高、规模最大，在同时期中国新石器文化中极为罕见。

（3）寺墩类型。该类型遗址分布从太湖北岸到长江一带，包括江苏无锡、常州等地区。这一区域遗址的数量较前两期要少，经过发掘的也不多，主要有武进寺墩、无锡仙蠡墩、江阴璜塘舆（尤维祖，1981）、江阴高城墩等，其中以寺墩最为重要。寺墩遗址面积甚大，内有十分可观的人工堆积台地以及祭坛和大墓，其作用与地位和赵陵山、福泉山等不相上下，为良渚文化一方政治、经济和文化中心。

第二节　江苏新石器时代人类遗址时空分布与环境演变

江苏自全新世以来人类活动频繁，在生产力低下的全新世早中期，人类居住地一般选择在靠近水源附近的高地或丘陵缓坡地带，生活受海平面、湖泊、河流等水体变化影响显著。迄今已有不少学者对江苏境内的部分新石器时代典型文化遗址地层特征及其反映的沉积环境进行过研究（Yu et al.，2000；Li et al.，2008，2009；李兰等，2010）。

江苏目前发现的新石器时代遗址主要分布于太湖平原、宁镇丘陵、江淮平原、黄淮平原四个区域。根据江苏考古遗址地层、出土的器物组合特征和相关测年数据（国家文物局，2008；王巍，2015），太湖地区的考古学文化序列主要为马家浜文化（7.0～6.0 ka BP）→崧泽文化（6.0～5.3 ka BP）→良渚文化（5.3 ka～4.3 ka BP）→广富林文化(4.3～4.0 ka BP)；黄淮平原的考古学文化发展序列主要为北辛文化（7.4～6.2 ka BP）→大汶口文化（6.2～4.6 ka BP）→龙山文化（4.6～4.0 ka BP）；宁镇丘陵和江淮平原的新石器时代文化面貌之间的关系尚未完全缕清，宁镇丘陵主要有北阴阳营文化和昝庙遗存，江淮地区主要有青墩文化和龙虬庄文化等。

一、研究方法

在前人研究的基础上，本节主要根据江苏省近六十年的考古发掘成果（邹厚本等，2000；国家文物局，2008），从整体上对江苏新石器时代文化遗址的生产力和生产方式进行概述，对遗址发现数量和分布范围等进行统计和分析。本节主要运用 Mapinfo 和 ArcGIS 等软件绘制江苏新石器时代遗址分布图，并结合地形地貌、海拔等统计综合分析江苏新石器时代人类活动变化与生产力发展、环境演变的关系。

二、遗址分布状况

考古工作者通过多年调查发现和现场发掘，发现江苏新石器时代文化遗址有 278处，主要集中在太湖流域、江淮和黄淮地区（国家文物局，2008）。

（一）马家浜文化时期（7.0～6.0 ka BP）

从 7.0～6.0 ka BP 江苏遗址分布图（图 9.2.1）中可以看出，马家浜文化时期遗址主要分布于太湖流域和淮河流域附近的高地。

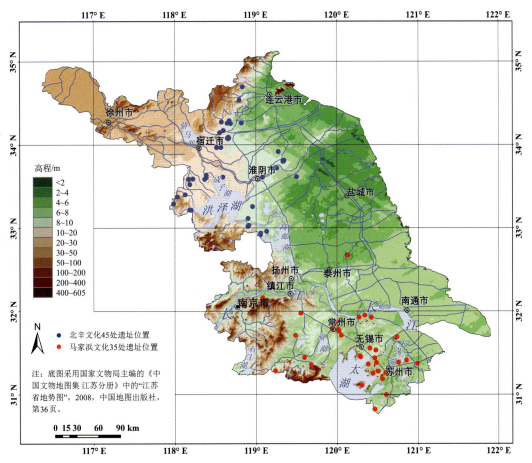

图 9.2.1　马家浜文化（7.0～6.0 ka BP）时期江苏遗址分布

此时期苏南（江苏境内长江以南）地区有马家浜文化和丁沙地类型，其中太湖流域的马家浜文化比较有特色；苏北（江苏境内长江以北）地区以北辛文化为主，北辛文化遗址主要分布在海拔 5 m 以上的山麓和河流阶地，包括洪泽湖和骆马湖周围及连云港、赣榆等沿海地区；其次较多遗址分布在射阳湖周围，地面高程都在 2 m 以上。

马家浜文化（吴汝祚，1999；张照根，1999；张之恒，2004；郑建明和陈淳，2005）的生产方式以稻作农业为主，渔猎经济在生活中也占有一定地位；生产工具有石器和骨器，石器以锛、斧、凿等器形为主，骨器以镞、镖、匕等器形为主，还有少量网坠、陶杵等陶质工具。在陶器及器形方面，早期以夹砂褐陶为主，器形以牛鼻耳罐比较有特色，晚期以夹砂陶和泥质红陶为主，器形以腰沿釜、釜形鼎、单把杯、豆、收腹盘等比较有特色；房屋建筑方面，多为长方形，用木板做柱础，用蚌壳等铺垫夯实，周围多有排水沟；墓葬方面，随葬器物较少，以日用陶器为主，部分墓葬中有使用玉璜等装饰品的现象。

北辛文化（Gao et al.，2007；卢建英，2009；方拥，2010）农业生产方式处于起步阶段，渔猎经济占有重要地位，生产工具有石器和骨器；陶器方面，以红褐陶为主；北辛文化的器形更多地与中原地区的裴李岗文化和山东地区的北辛文化相近；房屋建筑方面以杆栏式建筑为主；墓葬方面，随葬器物较少，以日用器为主，发现少量玉器。

（二）崧泽文化时期（6.0～5.3 ka BP）

图 9.2.2 是崧泽文化时期江苏文化遗址的分布图。此时期太湖流域以崧泽文化为主，宁镇丘陵地区以北阴阳营文化为主，江淮平原以龙虬庄文化为主，黄淮平原以大汶口文化为主，其中以崧泽文化和大汶口文化发展较为成熟。

大汶口文化（高广仁，1978；山东省博物馆，1978；何德亮和孙波，1997；肖燕和春夏，2001；张翔宇，2003）的生产方式以种植粟等农业为主，兼营畜牧业，辅以狩猎和捕鱼业；生产工具以石器和骨器为主，石器以磨制为主，器形有石斧、石锛、石凿等，骨器有镖、钩、镞等。陶器方面，以夹砂红陶为主，中后期灰陶较多，器形以三足

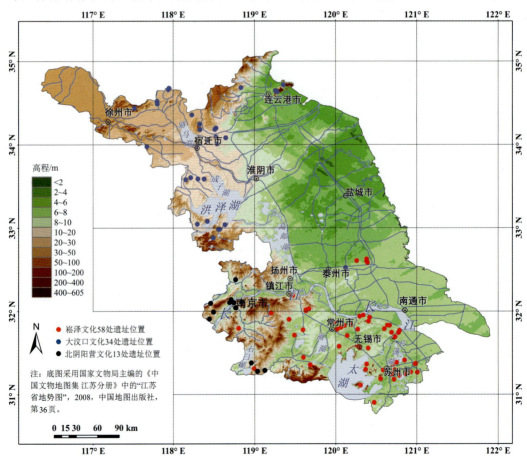

图 9.2.2　崧泽文化（6.0～5.3 ka BP）时期江苏遗址分布

器、圈足器、平底器较多，有鼎、鬶、单耳和瓠形杯、高领罐、背水壶等，发现少量彩陶；墓葬方面，随葬器物数量不同，种类差别较大，出现贫富分化，有普遍随葬獐牙的风习，有的还随葬猪头、猪骨等。

崧泽文化（王仁湘，1984；郝明华，2001；郭明，2004；张之恒，2004）的生产方式以畜牧和稻作农业为主，辅以采集和渔猎；生产工具以磨制石器为主，器形有宽面穿孔石铲、长方形穿孔石斧、扁平和长条形石锛、小石凿等，此外还有部分陶纺轮、陶网坠，很少发现骨角器；陶器方面，以夹砂红陶和泥质灰陶为主，已有慢轮修整技术，器形有罐形豆、釜形鼎、折腹罐、壶、花瓣式的圈足等，外形变化多样，发现少量彩绘陶。墓葬方面，随葬品多为日用陶器和生产工具，部分墓葬还有玉、石等装饰品，随葬器物出现多寡不一现象。

本次统计共发现大汶口文化遗址 34 处，崧泽文化遗址 58 处。从图中可以看出，苏北大汶口文化遗址发现数量相对较少，遗址密度较为集中，遗址多位于岗地或山丘缓坡带等地势较高且附近有河流水系处；苏南崧泽文化遗址数量增加，密度增大，遗址分布范围也更为宽广，遗址多集聚于湖荡平原区。

（三）良渚文化时期（5.3～4.3 ka BP）

图 9.2.3 是良渚文化时期江苏古文化遗址的分布图。此时期苏北主要有龙山文化和陆庄类型，其中以龙山文化比较有特色，苏南以良渚文化为主。

江苏境内的龙山文化（崔大庸，1994；孙广清和杨育彬，1994；高华中，2006；纪东，2010）生产方式以稻作农业为主，辅以渔猎。生产工具中磨制石器特别发达，有斧、锛、刀、镞、凿等；陶器方面，以灰陶为主，磨光黑皮陶最有特色，器形有杯、盘、碗、盆、罐、鼎、甑、器盖、器座及鬲等，部分陶器已采用模制成型；发现的玉器以装饰品为主；除此之外还有遗址中发现有大量的骨器和蚌器等。龙山文化的特色之处，除黑陶之外，还有相对完整的城址、用于占卜的骨器、铜器的出现等。

良渚文化（尤维组，1981；浙江省文物考古研究所，1999；张之恒，2004；刘恒武，2008；李乃胜等，2009）的生产方式以农业和手工业为主。农业生产以水稻栽培为主，部分遗址发现有从事蔬菜、瓜果及一些油料作物种植的证据，农业耕作方式由耜耕转变为犁耕，农业中灌溉技术成熟；石制生产工具有三角形犁形器、斜柄刀、"耘田器"、半月形刀、镰和阶形有段锛等。手工业以制陶和玉器为主，陶器以泥质黑皮陶和夹砂灰黑陶为主，器形以圈足器和三足器为多，代表器形有鱼鳍形鼎、竹节形把豆、贯耳壶、大圈足浅腹盘、宽把带流杯等，普遍采样快轮成型技术；玉器以其数量多、质量高而著称，主要器形有璧、琮、钺、璜、玉镯、玉珠、玉管、玉坠、玉带、环、三叉形器、冠形器、柱形器、锥形器等，多为随葬品；除此之外，木器、竹器、丝麻纺织、玉雕以及髹漆等手工业也具有较高水平。

本次统计共发现龙山文化遗址 25 处，良渚文化遗址 68 处。从图中可以看出，苏北地区龙山文化遗址主要集中在赣榆—东海—宿迁—泗洪一带，地面高程一般都在 10 m以上，仅少数在 5～10 m，遗址分布仍较分散，遗址数量相对于大汶口文化时期有明显增加；苏南地区遗址数量显著增多，密度进一步增大，尤其是长江三角洲平原地区遗址

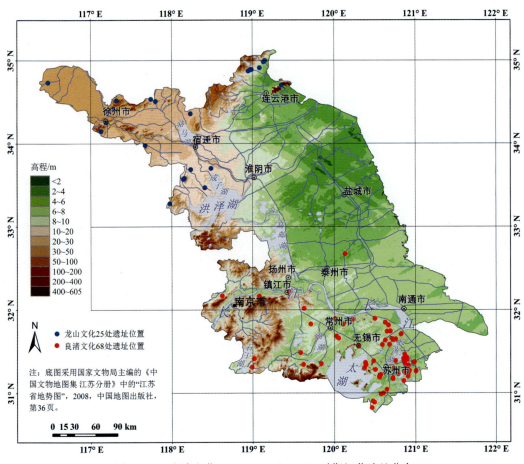

图 9.2.3　良渚文化（5.3～4.3 ka BP）时期江苏遗址分布

显著集聚，同时遗址多位于土墩之上，附近多湖泊或河流，还有部分遗址位于平地，但其附近多有小山和河流。

三、遗址分布规律与环境的关系

　　苏北地区地形大势为西高东低、北高南低，大致呈北西-南东向由低山丘陵逐渐过渡为倾斜冲积平原、滨海平原，北有黄淮平原、中有江淮平原、南有长江。在地质构造单元上，苏北属华北准地台和北部的徐州至连云港一线鲁中南低山丘陵的南延部分，唯云台山、锦屏山、大伊山等块垒孤山耸立于海州湾滨海平原之上；东部沿海为黄河和淮河及其支流携带的泥沙沉积而成的滨海平原，有一定的盐渍土；南部为黄泛平原，由于黄河的多次决口、改道，平原上形成了洼地、沙地、盐碱地；在西北部及黄泛平原与北部低山丘陵之间为淮河及其源出的山东沂蒙山区的支流——沂河、沭河形成的冲积平原。苏南地区总体东高西低，西有宜溧山地和宁镇丘陵、中有太湖洼地、东临长江三角洲和太平洋。

一般认为，每一个考古点的数据由三个基本变量构成：第一变量是考古点的平面位置（如经度和纬度）、第二变量是考古点所包含的文化遗存所处的高程（标高值）、第三变量是这些文化遗存所属的时代。这三个变量能够确定任一考古点的时空位置。其中，第一、三变量的变化反映了人类居住地点的水平迁移情况，第二、三变量的变化反映了人类居住地点的垂向升降过程。在低平的沿海地区，这两种变化显然反映了海面波动的影响（Turney and Brown，2007；Chen et al.，2008）。据此，考古遗址时空分布的探讨，重点从三个方面展开：①遗址的时间分布，以遗址地层的测年数据为基础，主要考察遗址数量随时间变化的特征；②遗址的平面空间分布，主要考察遗址分布密度、遗址域范围等特征；③遗址的垂直空间分布，主要考察遗址所处的高程、地貌、遗址堆积特征等。

（一）遗址数量对比分析

同一研究区域，遗址数量随时间的变化既反映了人类自身发展的强弱变化，也在一定程度上反映了其所处自然环境状况的变化。调查表明，目前除 2010 年苏北泗洪县海拔 32 m 处发现的顺山集遗址（新石器时代文化层年代 8.5～8.0 ka BP）外，在苏北和苏南地区均未发现 10～7 ka BP 之间的新石器时代文化遗址（顾维玮和朱诚，2005；朱诚等，2006b），Zhu 等（2003）研究认为这是全新世早期高海面造成的。本节搜集到江苏地区 7～4 ka BP 迄今已调查和发掘的新石器时代文化遗址共 278 处。马家浜文化时期 80 处，占总数的 28.8%，其中苏北发现遗址数量 45 处，苏南发现 35 处，其空间分布见图 9.2.1；崧泽文化时期 105 处，占 37.7%，其中苏北发现 34 处，苏南发现 71 处，其空间分布见图 9.2.2；良渚文化时期 93 处，占 33.5%，其中苏北发现 25 处，苏南发现 68 处，其空间分布见图 9.2.3。在崧泽文化时期，除了在苏南和苏北地区继续发现先后相继的文化遗址外，在宁镇丘陵地区发现了北阴阳营文化，文化面貌相对独立，自成体系。苏南遗址与苏北遗址综合对比分析发现，苏南遗址呈现逐渐递增的趋势，而苏北遗址反而呈下降趋势。

（二）遗址分布的地貌类型

不同地域，构造背景、地貌大势等自然条件的不同，可以影响当地考古文化的演替方式和传承模式，造成考古文化演替与传承模式的区域分异。这些区域分异规律反映了自然条件对人类文化的影响和控制（申洪源等，2003）。

表 9.2.1 和表 9.2.2 分别是马家浜文化时期苏南和苏北遗址海拔统计表，表 9.2.3 是对同时期苏南和苏北遗址海拔统计的综合对比分析表。本次共统计马家浜文化时期苏南遗址 36 个，苏北遗址 24 个，以遗址中心点为原点，以 2 km 为半径，统计遗址 2 km 活动范围内的最高海拔与最低海拔（遗址范围内的现代最高海拔与最低海拔均来源于 Google Earth 6.0.2 版），并统计遗址调查和发掘时的平均文化层堆积深度，推算遗址先民活动范围内的最低海拔及生活的地貌类型。

表 9.2.1　马家浜文化时期苏南遗址海拔高程统计表

编号	马家浜文化时期苏南遗址名称	经度	纬度	现在海拔/m 最高	最低	文化层平均堆积深度/m	当时海拔/m	资料来源
1	句容丁沙地	119°02′57.84″	32°09′33.16″	28	22	2	20	文物 01/05
2	丹阳凤凰山	119°33′32.11″	31°58′20.24″	12	6	2.2	3.8	东南文化 90/1
3	常州圩墩	120°03′34.48″	31°43′07.95″	9	4	1.8	2.2	考古 78/04
4	丁堰果园	120°02′20.29″	31°45′08.55″	6	3	1.7	1.3	www.qsy.gov.cn
5	常州新岗	119°56′09.79″	31°48′05.57″	9	3	3	0	文物 01/05
6	常州箸帽顶	119°59′21.85″	31°51′50.23″	7	3	2	1	文物 01/05
7	常州潘家塘	119°54′09.68″	31°46′46.76″	12	2	1	1	考古 79/05
8	金坛三星村	119°29′37.74″	31°40′53.18″	10	2	4.2	−2.2	考古 97/07
9	溧阳神墩	119°10′37.78″	31°37′57.19″	56	32	2	30	东南文化 88/06
10	无锡洪口墩	120°16′44.91″	31°26′55.89″	87	2	2	0	考古学年鉴 08
11	无锡赤马嘴	120°16′19.92″	31°28′43.07″	76	2	2	0	考古学年鉴 08
12	无锡葛埭桥	120°16′27.62″	31°27′12.57″	133	2	2	0	考古学年鉴 08
13	无锡彭祖墩	120°28′42.81″	31°31′54.77″	45	3	2.15	0.85	考古学报 06/04
14	无锡东亭	119°49′41.39″	32°01′13.85″	43	4	2	2	考古 61/03
15	江阴前栗山	120°02′21.85″	31°53′13.59″	7	1	2	1	文物 01/05
16	江阴祁头山	120°18′58.50″	31°53′37.93″	66	2	3	−1	文物 06/12
17	苏州金鸡墩	120°33′43.35″	31°20′31.19″	31	2	3.7	−1.7	考古 61/03
18	宜兴西溪	119°35′47.68″	31°26′22.49″	10	1	2	−1	东南文化 02/11
19	宜兴骆驼墩	119°40′45.60″	31°20′32.56″	165	3	3	0	考古 03/7
20	苏州越城	120°35′39.33″	31°11′16.55″	6	0	8	−8	考古 82/05
21	吴县平江山	120°25′17.95″	31°20′28.96″	32	2	0.5	1.5	东南文化 88/6
22	吴县虎山	120°23′17.39″	31°18′05.04″	156	1	2	−1	考古 61/03
23	吴县华山	120°29′11.13″	31°23′25.46″	46	3	2	1	文物 73/6
24	吴县俞家渡	120°18′11.89″	31°05′41.16″	139	0	2.7	−2.7	考古 90/10
25	吴县笔架山	120°14′26.90″	31°30′19.24″	174	0	2	−2	考古 62/3
26	吴县徐巷	120°45′50.33″	31°21′40.28″	7	1	2	−1	考古 90/10
27	吴县乌龟墩	120°27′04.20″	31°16′36.43″	99	1	2	−1	考古 90/10
28	苏州草鞋山	120°46′25.77″	31°25′14.21″	6	0	11	−11	文物 73/6
29	张家港东山村	120°24′37.17″	31°55′42.20″	126	5	3	2	文物 00/10
30	常熟钱底巷	120°43′31.51″	31°41′30.04″	75	3	1.8	1.2	考古学 96/4
31	昆山绰墩	120°50′34.34″	31°24′41.24″	8	0	2.4	−2.4	文物 84/2
32	吴县东庄	120°52′07.57″	31°15′05.91″	6	0	2	−2	考古 62/3
33	吴江袁家埭	120°35′55.24″	30°59′43.24″	8	0	3	−3	考古 63/6
34	吴江广福村	120°40′04.90″	30°53′37.45″	13	2	2	0	文物 01/03
35	东台开庄	120°07′54.37″	32°39′27.73″	3	0	1	−1	考古 05/04
36	金坛北渚荡	119°36′05.81″	31°46′00.36″	8	3	2	1	考古 85/08

表 9.2.2　马家浜文化时期苏北遗址海拔统计表

编号	马家浜文化时期苏北遗址名称	经度	纬度	现在海拔/m 最高	现在海拔/m 最低	文化层平均堆积深度/m	当时海拔/m	资料来源
1	连云港二涧村	119°09′58.29″	34°32′02.49″	256	1	2	−1	考古 62/03
2	连云港大村	119°15′23.31″	34°38′40.02″	257	5	1	4	考古 62/03
3	灌云大伊山	119°14′22.39″	34°18′32.17″	193	4	4	0	东南文化 88/02
4	东海焦庄古	118°53′56.09″	34°35′20.13″	19	4	4	0	文物 75/08
5	新沂花厅	118°18′40.31″	34°14′38.19″	76	30	2.2	27.8	文物 90/02
6	邳县大墩子	117°58′35.94″	34°39′27.08″	34	25	5	20	考古学报 64/02
7	阜宁梨园	119°31′57.08″	33°36′29.65″	6	2	3	−1	考古学报 95/09
8	淮安半塔	119°16′23.25″	33°43′31.21″	8	4	3	1	东南文化 90/05
9	淮安韩庄	119°13′18.90″	33°40′35.81″	15	6	3	3	东南文化 90/05
10	淮安荚陵	119°21′38.58″	33°40′59.27″	16	3	3	0	东南文化 90/05
11	淮安青莲岗	119°17′21.87″	33°43′29.48″	15	5	4	1	考古 00/04
12	淮阴钵池山	119°03′47.48″	33°36′06.74″	17	3	3	6	地理科学 05/02
13	泗洪顺山集	118°10′15.09″	33°34′33.62″	47	17	3	14	考古 64/05
14	泗洪东山头	118°11′22.61″	33°13′19.87″	37	10	3	7	考古 64/05
15	泗洪孙大庄	118°22′22.97″	33°07′51.06″	29	10	3	7	考古 64/05
16	沭阳万北	118°49′48.49″	34°15′33.98″	7	1	3.6	−2.6	东南文化 92/01
17	高邮龙虬庄	119°30′51.51″	32°49′50.00″	4	0	2	−2	东南文化 95/04
18	阜宁东园	119°49′54.64″	33°42′18.43″	4	0	3	−3	考古 04/06
19	阜宁停翅港	119°37′29.17″	33°43′22.10″	5	1	3	−2	考古 64/01
20	邳县刘林	117°58′55.86″	34°27′51.88″	81	23	3	20	考古学报 62/01
21	涟水笪巷	119°20′41.88″	33°48′34.31″	10	5	3	2	考古 62/03
22	涟水大庄	119°20′14.38″	33°55′42.60″	9	5	3	0	地理科学 05/02
23	涟水杨庄	118°55′52.80″	33°35′35.78″	21	8	3	5	地理科学 05/02
24	涟水三里墩	119°18′18.99″	33°53′51.57″	10	4	4	0	东南文化 90/05

表 9.2.3　马家浜文化时期遗址海拔综合分析表

文化遗址	湖荡平原 (0~2m) 数量/个	湖荡平原 (0~2m) 占比%	山前/河谷平原 (2~5m) 数量/个	山前/河谷平原 (2~5m) 占比%	高亢平原 (5~10m) 数量/个	高亢平原 (5~10m) 占比%	岗地或丘陵缓坡带 (10~50m) 数量/个	岗地或丘陵缓坡带 (10~50m) 占比%	最低海拔 (<0m) 数量/个	最低海拔 (<0m) 占比%	最高海拔 (>50m) 数量/个	最高海拔 (>50m) 占比%	合计/个
苏南	17	47	2	5	0	0	2	5	15	42	12	33	36
苏北	8	33	3	12	3	12	4	17	6	25	5	21	24

根据统计发现，苏南遗址中，有33％的遗址最高海拔超过50 m，这说明遗址附近多为岗地和小山丘，有47％的遗址生活面最低海拔在0～2 m，42％的遗址生活面最低海拔在0 m以下，这说明遗址附近不仅海拔相差较大，生活地形复杂，而且遗址的生活面多位于湖荡平原区和海平面以下；苏北遗址中，有21％的遗址最高海拔超过50 m，有33％的遗址生活面最低海拔在0～2 m，25％的遗址生活面最低海拔在0 m以下。苏南与苏北遗址统计综合对比发现，苏南遗址的文化层平均埋藏深度（2.59 m）要低于苏北（3.08 m），同时苏南遗址的生活面平均最低海拔（0.80 m）也低于苏北遗址（4.42 m）。苏南遗址附近虽多岗地和小山丘，但同时多湖荡和河谷，生活面海拔高低相差较大，苏北遗址附近多平原，遗址堆积较厚。

总体分析认为，各文化时期分布于湖荡平原附近的坡麓型遗址数量一直处于主导地位，其占同时期遗址总数的比例皆超过1/3，表明7～4 ka BP太湖地区湖荡平原附近的山地丘陵始终是先民主要居住的地貌类型。

同时从图中可以看出，6～4 ka BP分布于三角洲平原遗址的数量和比例一直呈上升趋势，表明7 ka BP以来，随着三角洲的发育，长江三角洲平原逐渐成为人类适宜生存的地区，从而扩大了本区人类居住的范围。

统计结果也表明，与马家浜文化时期相比，崧泽文化时期分布于高亢平原的遗址数量和所占比例皆明显增多，而分布于水网平原的遗址数量和比例则相对减少，表明崧泽文化时期遗址有明显向高处迁移的趋势；与崧泽文化时期相比，良渚文化时期分布于高亢平原、河谷平原和岗地等地势较高地区遗址比例下降，而分布于水网平原等地势较低地区遗址比例上升，表明良渚文化遗址有向低处迁移的趋势。但一个值得注意的情形是，良渚文化时期分布于山前平原遗址的数量和比例比崧泽文化时期明显增大。有关研究发现，约5 ka BP前后，该区发生于15 ka BP前的第四纪更新世以来的最后一次大规模海侵——卷转虫海侵基本结束（陈桥驿，1995），肥沃的沼泽平原大面积呈现，依山傍河和低丘广布的地形使当时先民的农业有良好的发展基础，并免遭许多洪水之患，使得这一地区经济相对较为发达，人口密度激增，因而成为当时的政治和经济中心。

（三）居住面高程变化

江苏北部是我国湿润与半湿润气候带的交界处，是现今亚热带的北界，也是暖温带落叶阔叶林与亚热带常绿落叶阔叶混交林的分界线；而苏南太湖地区处于我国暖温带与亚热带的交界处，位于大陆型地壳开始向大洋型地壳过渡的地带，不论植被特征、地质构造，还是人们的生产生活方式都具有过渡性，气候影响更为显著，一旦气候发生较大变化，该地区的生态环境亦发生改变，同时也会波及人类的生产生活方式和文化面貌。

全新世以来，南黄海海面曾发生大幅度的升降变化，江苏海岸线随海面变化与河流变迁多次迁移（严钦尚和许世远，1987；严钦尚等，1993）。全新世早期至中期，海面变化频率较高，变化幅度较大，呈现较强的振荡性；全新世晚期，变化频率低，幅度较小。高海面时期，海水大范围入侵苏北平原和太湖地区，波浪作用活跃，与河流及沿岸流共同作用，形成了大量淤积层。同时，辐射状潮流场的中心在古长江河口湾附近，加速了长江三角洲的形成。

气候和海面的波动，对江苏地区新石器时代文化的兴衰起着重要的影响作用。本区人类活动场所常在江海高水位附近的低平地带，与古代的海岸、河口有着某种"亲缘"关系（杨怀仁论文选集编辑组，1996）。因此居住面高程的变化很大程度上是江河湖海水位涨落的反映。本文根据每个遗址现在所处的海拔、文化层埋深得出相应时期先民居住面高程。对相关文献中无高程记录的遗址，主要根据遗址所处位置在大比例尺地形图上读取其分布的地面高程进行换算。

对江苏马家浜文化时期苏南和苏北遗址的统计（表 9.2.1 和表 9.2.2）发现，部分遗址最低生活面海拔低于 0 m，即遗址生活于海平面之下的问题，初步推测可能与 7 ka BP 以来海平面上升、地下水位变化、地面沉降等因素有关。马家浜文化最低生活面海拔小于 0 m 的遗址中，平均最低生活面海拔为 −2.5 m；太湖地区自全新世中期以来，虽一直处于沉降过程之中，但地面沉降较大的地区一般以人口稠密的城市为中心，尤其是近年来地下水的过量抽取造成地面沉降。古文化遗址所在地区一般地面沉降速率相对较小，因而地面沉降不可能是遗址海拔高差的主要因素；同时地面的压实作用也不可能在这么短的时间内压实 2.5 m 的厚度，所以海平面上升是该情况的主要原因；综合分析认为，这种现象的存在应该是海平面上升和沉降过程综合作用的结果，以海平面上升作用为主要因素。

相关调查发现，苏北地区的遗址大多有上、下两个文化层，文化层之间有平均厚度至少 1 m 的自然淤积层，这也证明苏北地区可能存在过水域泛滥的情况，同时也可能成为苏北地区目前文化遗址发现较少的原因之一。

同时对具有明确分期的遗址高程分析表明，马家浜文化时期，平均居住面高程总体变化不大；崧泽文化时期平均居住面高程起伏较大，其中早期和晚期较高，而中期呈明显低谷。良渚文化时期平均居住面高程趋于下降，这与遗址分布的地貌类型特征分析结果较为一致。

四、遗址分布揭示的环境演变对人类生产力发展水平的影响

苏北地区遗址经历了北辛→大汶口→龙山文化时期，从北辛文化时期开始先民已经开始过着定居生活。从生产方式、生产工具、陶器、随葬品、房屋建筑等方面综合分析认为，北辛文化的生产力水平相对低下，不管是农业还是手工业等都处于起步阶段，对自然环境的依赖程度最大；在龙山文化时期，大量陶器和玉器、铜器的出现、城址的发现等都说明社会生产力得到空前发展，人类抵抗自然灾害的能力提高，人类对自然环境的依赖程度大大降低。

苏南地区遗址经历了马家浜→崧泽→良渚文化时期，从马家浜文化开始已有房址的集中发现，说明先民已开始以聚落为主体的定居生活。从生产方式、生产工具、陶器类型及作坊规模、随葬器物、房屋、城址等方面综合分析认为，马家浜文化的生产力已发展到一定水平，对自然环境的依赖程度相对低于北辛文化；崧泽文化在马家浜文化的基础上生产力稳步快速发展，对自然灾害的抵抗程度提高；良渚文化的生产力空前发展，社会等级分化现象严重，大量的玉器和陶器、大规模的城址等，都说明其先民不仅对自

然环境的依赖程度降低，而且对自然灾害的防御能力较高。

从发现遗址数量来看，苏南发现遗址数量逐渐增多，而苏北发现的文化遗址数量呈现下降趋势。

从遗址分布范围和密度来看，苏北地区遗址主要位于黄淮平原区，早期遗址分布范围相对集聚，大汶口文化和龙山文化发现分布范围相对分散；苏南马家浜文化时期遗址主要分布于太湖地区，崧泽文化遗址分布范围扩大，开始向宁镇地区和长江三角洲地区延伸，良渚文化遗址多向南扩展。

从分布地貌类型来看，早期遗址不仅在丘陵和岗地有分布，在河流和湖荡平原等地势较低的区域也有分布，而大汶口文化时期发现的遗址多位于岗地等海拔较高的区域，龙山文化时期遗址居住面高程相对于大汶口文化时期有所降低；苏南遗址多位于山地丘陵前的湖荡平原区，但在崧泽文化时期分布于丘陵和岗地的遗址数量增多，在良渚文化分布于长江三角洲平原的遗址数量增加。

综合分析认为：苏北大汶口文化时期前后江淮平原区曾有水域泛滥等情况，自然环境恶化导致很多区域不再适合人类居住；在龙山文化时期，气候有从湿润转向干旱的趋势，同时通过多年的发展和积累，先民生产力水平提高，对自然环境的依赖程度降低，可供生存的空间范围扩大。苏南地区的整体生产力发展水平比苏北高，发展速度比苏北快，先民对自然环境的认识提高，在湖荡平原等海拔较低地区仍可以生存。

新石器时代早期，生产力低下，人类生活多依赖于自然，研究发现，附近有河流的小山丘和岗地地形更利于人类生产生活，这种地形既有利于先民生产生活又利于抵御水体带来的各种自然灾害，依山傍水的地理条件有利于人类文明的繁衍与发展。

第三节　安徽新石器至夏商周时代遗址时空分布与人地关系

位于江淮流域的安徽省经过几代考古工作者的努力，新石器时代文化遗址考古发掘成绩斐然，众多的新石器文化遗址已呈现在我们面前，但该时期人地关系研究甚少。这段时期至夏商周时期自然环境是如何演化的？人地关系是怎样发展的？众多学者正在进行艰苦的探索（安徽省地方志编纂委员会，1998；周昆叔，2000；黄润等，2005；朱光耀等，2008；高超等，2009；王心源等，2009；Wu et al.，2010）。本节对安徽省新石器至夏商周时代各时期文化遗址时空分布特征作了初步研究。

一、安徽省主要遗址的时空分布状况

作者查阅了安徽省 1949 年以来新石器时代的考古资料，并于 2003～2013 年实地调查了安徽省 15 个城市与各县区。选取了安徽省文物志（安徽省地方志编纂委员会，1998）中记载的县级保护以上典型遗址 178 个，还收集了近几年列入各地区重点保护的 76 个遗址，总计为 254 个。在这些遗址中，有新石器时代各时期遗址 152 个，夏商周时期遗址点 102 个。需要说明的是，夏商周纪年问题虽已在中国"九五"计划的"夏商周断代工程"中做了初步研究，但由于这一时期的文字记载极少，故本节也将该时期西

周以前遗址分布的人地关系列为探讨内容。文中考古遗址的时期划分采用了张之恒（2004）的考古学年代体系，并根据遗址的地理位置和年代制作了前后时期相连的安徽省新石器至夏商周时代文化遗址分布演变图（图 9.3.1 至图 9.3.3）。

安徽省新石器早期（10~7.5 ka BP）文化遗址仅有 2 个（图 9.3.1）。分别位于淮北北部和长江南岸。新石器中期（7.5~5.0 ka BP）遗址总数为 28 个，包括了新石器早期延续下来的 1 个遗址。从图 9.3.1 可以看出它们主要分布于沿淮和淮北地区。如以流域划界，则淮河流域与长江流域的遗址数分别为 19 个和 9 个。由图 9.3.2 可知，新石器晚期（5.0~4.0 ka BP）遗址数量骤增、范围扩展。此时期遗址数为 144 个，其中有 21 个为早期和中期延续下来的，该时期淮河流域遗址数量有 94 个，长江流域 46 个，新安江（属钱塘江水系）流域 4 个。夏商周时期（4.0~2.8 ka BP）文化遗址数增加更为显著，有 169 个，包括新石器晚期延续下来的 67 个。全省新石器时代以来文化遗址分布趋势是淮河流域北部遗址群急剧萎缩，沿淮及低洼地区更加稀疏；长江以南山麓平原地区遗址数量增加，但山区数量减少；江淮之间遗址群连片扩展。

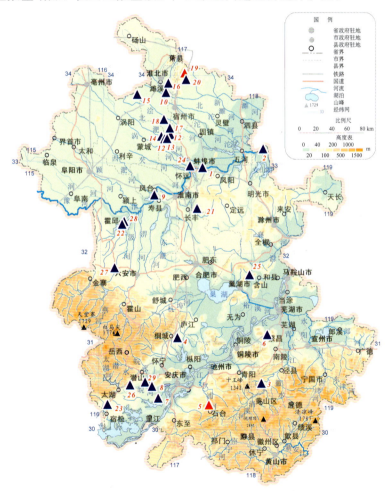

▲ 新石器早期遗址，其中编号5未延续到中期　　▲ 新石器中期遗址

图 9.3.1　安徽省新石器时代早期（10~7.5 ka BP）和中期（7.5~5.0 ka BP）考古遗址分布图

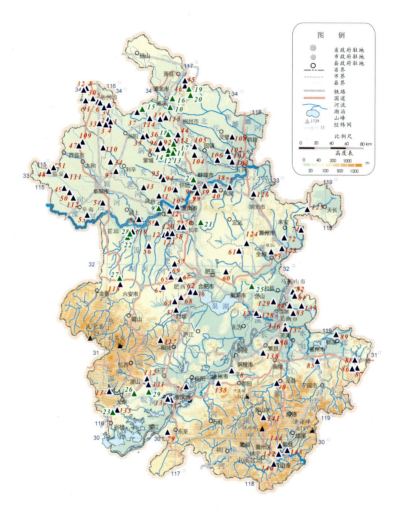

▲ 起始于新石器晚期的遗址，编号1~8,30~44　▲ 新石器中期延续下来的遗址，编号9~29(与图9.3.1编号一致)

图 9.3.2　安徽省新石器时代晚期（5.0～4.0 ka BP）考古遗址分布图

二、遗址时空分布与环境演变的联系性

（一）新石器早期文化遗址分布与人地关系

安徽省新石器早期的遗址稀少，仅有江南的沟汀和淮北的小山口。小山口遗址约 8000 a BP（中国社会科学院考古研究所安徽队，1993），沟汀遗址则略早于此（黄宁生，1999）。石台县沟汀遗址位于矾滩镇秋浦河的右岸阶地上，坐落于圈椅状小盆地内，三面靠山，一面靠水。小山口古聚落位于宿州市北部，低矮残丘环绕，遗址略高于周围地区，南部是海拔 100 m 以上的高丘，西北部是东北流向的倒流河，东部、北部是平原。沟汀出土的打制石器比小山口多并粗糙。磨制石器有石锛、石凿、石斧、石铲、石刀和独特的四缺口石网坠，其中石网坠的数量超过了其他磨制石器数量的总和（黄宁

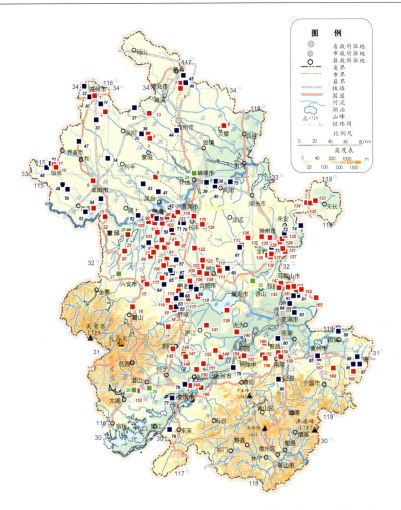

■ 起始于夏商周的遗址，编号1~23，91~169　　■ 新石器中期延续下来的遗址，编号24~29
■ 新石器晚期延续下来的遗址，编号30~39
图 9.3.3　安徽省夏商周时期（4.0~2.8 ka BP）考古遗址分布图

生，1999）。小山口的磨制石器有石锛、石斧、石磨盘、石磨棒及用各种兽骨制作的角
锥、骨管（中国社会科学院考古研究所安徽队，1993）等。

　　上述两个遗址虽相隔数百千米，然而从古聚落选址的位置看却皆有取水、避洪、渔
猎、采集、种植之利。从生产工具看，此时期已有了农业生产。地貌平坦且时间稍晚的淮
北小山口农业用具成熟一些，渔猎工具以猎器为主；而位于江南山环水绕的沟汀渔猎工具
则以渔器为主，体现了环境的差异和古人顺应自然、求取生存的变通性。此时期遗址分布
匮乏的原因，可能与以下三方面有关：一是时代久远、人烟稀少。二是从晚冰期到新石器
初期这一阶段处于升温期，但低温仍可能对该地区的人类活动有一定的限制作用。三是
10000~8000 a BP，因气候转暖，北半球大冰流崩溃融化，海面迅速上升引发了全新世第
一次大洪水，主要泛滥于华北地区（杨怀仁，1995），安徽省淮河流域所受影响较大。

（二）新石器中期文化遗址分布与人地关系

安徽省新石器中期主要古聚落遗址有 28 个，分布遍及全省。经考古发掘，在石山孜、侯家寨、薛家岗等遗址都发现了大量野生动物骨骼。如分布于江淮之间，起始于 7000 a BP 的定远县侯家寨（阚绪航，1989），出土了鹿、猪、狗、马、牛、羊、豹、鱼、鳖等动物骨骼和蚌壳、螺壳；分布于淮北的濉溪县石山孜（安徽省文物考古研究所，1992），出土了梅花鹿、水鹿、四不像、獐、麝、麂、狗獾、猪獾、猪、牛、鱼等动物骨骼和蚌壳、螺壳。从这些动物的生活习性看，当时聚落周围是一个河湖密布、森林草原并存的温暖湿润的生态环境。这些遗址中还出土了许多陶网坠、石镞、石矛和骨、角、牙器（阚绪航，1989；安徽省文物考古研究所，1992），起始于 7330 a BP（中国社会科学院考古研究所安徽工作队，1993），捕捞、鱼叉等花纹和伏击野猪的图案（徐大立，1989），反映了渔猎是此时期先民的重要生活方式。孢粉分析（唐领余和沈才明，1992）表明，直到 5100 a BP 左右，淮北北部的萧县仍拥有青冈、胡颓子、栲属等常绿阔叶树种，众多亚热带阔叶树种及喜湿润的水青冈属和粟属树种，年均温比现在高 1.2℃（唐领余和沈才明，1992）。现在安徽省的年均温约为 14～16℃（中国自然资源丛书编撰委员会，1995），因而当时安徽省北部的气候条件相当于现在北亚热带，中部和南部则更暖一些。该分析印证了上述考古发现。

优良的生存环境使安徽省的古聚落逐步发展起来。与长江流域相比，该时期淮河流域北部聚落较多。除个别遗址分布在海拔 40～100 m 外，其他都在海拔 40 m 以下。从淮河流域考古发掘出的大量石质、骨质及蚌壳所制的锛、斧、刀、镰、铲等生产用具看，农业生产兴旺，从石山孜和侯家寨出土猪和鹿的骨骼皆占出土动物骨骼总量的 80%（阚绪航，1989；安徽省文物考古研究所，1992）看，此时可能已有饲养业。人口的增长和饲养业发展需要种植业支撑。淮河北部地势平坦（图 9.3.1），由西北向东南略有倾斜，众多的支流平行向东南流入淮河，淮河南部遗址则主要分布于河谷平原。这些地貌条件都有利于发展农业生产。

在长江流域，遗址大部分分布在海拔 100 m 以下的平坦地区。北岸的望江汪洋庙（安徽省文物考古研究所，1986）遗址位于沿江平原，出土了磨损严重的弧顶宽刃石斧、方形和梯形有刃口的石锛、扁平梯形弧刃有孔石铲及大量的石镞；江南泾县四鼓墩和繁昌缪墩遗址出土了多种石器、骨器及网坠、陶纺轮（张宏民，1991），这些说明那里除农业外，同时还有纺织、采摘、渔猎等多种生产活动。

（三）新石器晚期文化遗址分布与人地关系

从图 9.3.2 可见，新石器晚期遗址的数量大增，该区域人口的发展进入高速发展时期。研究发现，图 9.3.1 中新石器中期的 28 个聚落有 21 个延续至晚期，占 75%，其中淮北地区新石器中期 14 个聚落有 13 个延续到新石器晚期，比例最高，结合新石器中期的优良自然条件，似乎反映了环境的良好稳定性，应该是新石器晚期聚落大量增加的原因。

作者在国家重点文物保护单位皖北蒙城尉迟寺的遗址剖面上采集了土样，在南京大学现代分析中心做了 ICP 测试，使用负责尉迟寺发掘的中国社会科学院考古研究所提供的^{14}C测年并经树轮校正的数据，绘制了剖面 Ti、V、Co、Se、Fe 等化学元素变化曲线（图 9.3.4）。根据关有志（1986）的研究，地层中这些第一过渡元素系的元素在温暖湿润的条件下富集，含量相对较高，在干冷环境条件下相反。图 9.3.3 中元素曲线的状况是，在新石器中期上述元素含量较高，然而在新石器中期结束前，元素含量突然下降，并在新石器晚期部分恢复后波动较大，总体呈缓慢下降趋势。因而该曲线可解释为：该地新石器中期温暖湿润，但在末期有一个强烈的冷干事件。新石器晚期恢复的温湿水平已不如中期，5000~4600 a BP 该地的温湿状况波动较大，4600~4000 a BP 以后趋向平稳，总体向干冷方向缓慢发展。对古人来说，这种环境变化对生存发展并不理想，但代表人口数量状况的聚落数为什么会大量增加呢？尉迟寺遗址探方剖面植物硅酸体的分析（中国社会科学院考古研究所，2001）表明，新石器晚期开始时该地区的种植业以粟类作物为主，稻类较少，后期稻类作物明显增多。稻类是高产作物，可以缓解人口的压力。这从一个方面说明，环境状况只是古聚落数量变化的基础因素，除此之外还有生产力水平的因素在起作用，在一定限度内它可以避免和改善环境的不利因素。

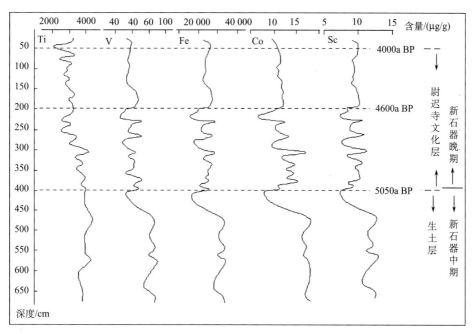

图 9.3.4　安徽蒙城尉迟寺遗址地层剖面 Ti、V、Fe、Co 和 Sc 等化学元素变化曲线

　　淮北地区此时期的聚落大多分布于河流沿岸或河间洼地。实地考察发现把聚落建在这里除近水的共性外，还有其他的原因。如西淝河、涡河、浍河等主要支流两岸分布的古聚落，与这里条带状分布的潮土有关，此种土壤广泛分布于中国东部长江流域及其以北地区的河流两侧（中国科学院《中国自然地理》编辑委员会，1981）。本地区该土壤的母质为黄土类物质，由于含有丰富的苛性钾、磷与石灰，一旦加入适当的水分，就成为极肥沃的土壤（冀朝鼎，1981）。近河岸的潮土土属为两合土和部分沙土，肥沃疏松，易于耕种，适合当时简陋的蚌铲、石铲等农具进行生产。又如在涡河与浍河之间聚集遗

址（图 9.3.2 中编号为 11～14，17、18、35、36、92、93、96、104、113 等遗址）的区域为河间洼地，该地貌是平行于河流或与河流交汇处易于积水的洼地，类似的聚落遗址淮北还有一些。洼地的土壤多是淮河北部分布最为广泛的砂礓黑土，此土易渍易旱，耕性不良。现代对砂礓黑土的改良方案是注重培肥、适时排灌或改作水田。聚落集中在这里，极易让人联想到古人很可能是在利用易于积水的洼地种水稻，或在其附近种粟以改善土壤的不良特性。从尉迟寺遗址周围深 4 m、宽 25 m 的环状围沟看，古人已有能力建设一些简单的灌溉设施。有关水稻开始种植的时间和来源问题王象坤等（1998）的研究作了回答：中国栽培稻在 8000 a BP 前首先在长江中游和淮河上游驯化成功，在 7000～6000 a BP 已扩展到长江下游和淮河中下游。

淮河以南的聚落大都建于现在肥沃的潴育水稻土区，遗址发掘尚未见有粟类遗存的报道。根据潴育水稻土的一般分布位置以及和地下水的关系，可知先民对种植条件的选择已有了丰富经验。本时期长江沿岸及皖南山区的聚落出土的生产用具很有特色。如潜山薛家岗（安徽省文物工作队，1982）出土的背部有钻孔的弧刃石铲、单面刃的石锛、9 孔、11 孔石刀等，表明了种植和采集同等重要。皖南山区新安江流域的歙县新洲遗址出土了长方形有孔石刀、半月形有孔石刀和大量的石质网坠，黄山蒋家山出土了磨制精细的双把牛头形石刀、双翘角石刀等（周秉根等，2011），相对于平原地区，出土的石锛、石铲等农具较少。从其所在的区位看，应比安徽省北部气候条件优越，其生态条件可以提供较多的天然食品，一些聚落的采集和渔猎经济可能因此占有特别重要的地位。

（四）夏商周时期文化遗址的分布与人地关系

夏商周时期是社会发展从蒙昧走向文明的重要过渡时期。发展到这个时期，人类的活动范围和规模应比昔日更大，聚落更多。考古发掘表明，这个说法在淮河以南地区是成立的，但皖北夏商周时期聚落数量大规模缩减。从聚落的延续性看，图 9.3.2 中淮河北部新石器晚期的 68 个遗址延续到夏商周时期的仅有 22 个，江淮之间新石器晚期的 53 个遗址有 32 个延续到了夏商周时期，江南新石器晚期的 23 个遗址有 13 个延续到夏商周时期。本节资料中上述三个地区新石器晚期聚落在夏初分别消失 67%、38% 和 41%。该时期新增的聚落（图 9.3.3）有 102 个，其中江淮之间的河谷平原、岗地缓丘和沿江地区有 79 个，淮河干流以北地区仅有 13 个。

探其原因，首先是长时间的持续降温。这在上述新石器晚期环境分析中已有明显趋势。而其后在 4000 a BP 左右的降温在世界各地都有表现，是中全新世以来最具影响力的一次小冰期（Wu and Liu，2004）。中国在 4000～3500 a BP 和 3000 a BP 左右是全新世的低温期（施雅风等，1992）。因而皖北的农业生产和渔猎经济会逐渐变得比较困难，它可能会促使部分聚落南迁。第二是夏初的大洪水侵袭。古籍《孟子·滕文公上》记载："当尧之时，天下犹未平，洪水横流，泛溢于天下……"。《史记·夏本纪》亦云："禹之时，天下大雨，禹令民聚土积薪择丘陵而处。"中国中原地区在 3500 a BP 前后有异常洪水事件（Xia et al.，2004）。淮北平原除萧县、怀远等少数地区的低缓残丘外，大部分地区海拔在 40 m 以下，坡度为 1/5000～1/12000（叶润清，1994），河道宽而浅，使居住在不高的河间平原与河间洼地的古人在大洪水的泛滥中无法生存。

同时期的皖中和皖南地区，丘陵地貌使那里所受洪灾较轻，灾后这些地区因热量条件较好使古聚落迅速发展起来。由于农业生产和躲避洪水的需要，新聚落大多位于海拔20～100 m的河间平原与低缓丘陵区。皖南山区因地貌条件不利于农耕而使聚落发展受抑，大别山区亦因此而聚落极少。这些形成了图9.3.3该时期聚落的分布特点。

三、遗址时空分布与人地关系的初步讨论

（1）安徽省新石器早期的遗址仅有淮北的小山口和江南的沟汀，虽然它们相隔数百千米，而聚落所选位置却皆有取水、避洪、渔猎、采集、种植之利。

（2）安徽省新石器中期的古聚落分布遍及全省。考古发掘的野生动物骨骼和皖北的孢粉分析表明，当时聚落周围是一个河湖密布、森林草原并存的生态环境。出土陶器上刻划着设网捕捞、鱼叉等花纹和伏击野猪的图案真实的反映了渔猎是此时期先民的重要生活方式。该时期淮河流域的聚落较多，与其地貌条件利于发展农业生产有关。长江流域也已有了发达的农业，同时还有纺织、采摘、渔猎等多种生产活动。

（3）新石器晚期聚落遗址迅增。淮河北部沿河分布的聚落与肥沃疏松的潮土有关，它适合用当时简陋的农具进行耕种，而建立在河间洼地的聚落，很可能表明古人已会利用洼地积水来改善砂礓黑土的不良特性。蒙城尉迟寺遗址的剖面分析说明，环境只是古聚落数量变化的基础因素，还有生产力的因素在起作用。淮河南部的遗址大都分布于现在的潴育水稻土地区。长江沿岸农业发达，皖南山区的采集和渔猎活动占有特别重要的地位。

（4）夏商周时期全省聚落总数增加，但淮北平原聚落大规模缩减。其原因一是长时间的持续降温，二是夏初的大洪水侵袭。该时期新增的聚落主要集中于江淮之间和沿江平原，丘陵岗地地貌使那里所受洪灾较轻。由于农业生产和躲避洪水的需要，新聚落大多位于海拔20～100 m的地方。

第四节　上海市新石器时代遗址时空分布研究

多年来，国内外考古界对上海地区新石器时代遗址和古文化进行过很多研究（Stanley and Warne，1994；Stanley and Galili，1996；Veski et al.，2005；Zhang et al.，2005；Kunz et al.，2010；Lespez et al.，2010），建立了马家浜文化（7000～5800 cal. a BP）、崧泽文化（5800～5000 cal. a BP）、良渚文化（5000～4000 cal. a BP）以及商周时期的马桥文化（3900～3300 cal. a BP）等前后相承的古文化发展序列，代表了该区前后相继的史前文化发展阶段（于世永等，1998）。某一时期古文化遗址分布范围和遗址数量的变化直接反映了气候环境的变化，在人类文明发展的初期阶段，由于当时人类生产力水平非常低下，人类抵御自然灾害的能力非常微弱，人类活动范围总是以人类自身的改造自然能力与自然界"威力"之间的平衡为界限，人们为了生存，必须选择自然环境优良、适宜人类生存的地区进行生产与生活，因而，新石器时代人类居住范围和位置严格受当时自然环境条件的限制（施少华，1992）。如果某一时期古文化遗址密集分布，则反映陆地广泛出露，人类活动范围广，生存条件良好；若遗址零星分布甚或缺

失,则反映湖泊浩瀚或洪水频繁(张晓阳等,1994)。本节搜集了上海地区大量古遗址点、贝壳砂、泥炭埋藏点以及埋藏古树等测年数据、地理位置及海拔等资料,拟对本区全新世以来人类文明发展与环境变迁的相关关系进行探讨。

一、研究区概况

上海地区(地理位置 31°14′ N,121°29′ E)地处长江下游三角洲地区顶端,属亚热带湿润季风气候区,四季分明。本区自然植被主要是落叶阔叶和常绿阔叶林,年平均降水量 1164.5 mm,夏季雨量占全年的 60% 而冬季降水仅占 21%。上海地区因靠近亚热带和暖温带不同气团的分界地区,对气候变化较为敏感;同时由于本区东部紧邻东海,在夏季(特别是 6~7 月,被称为梅雨季节)大陆-海洋气团交汇导致的过量降水或台风会带来严重的洪水灾害(梁萍和丁一汇,2008)。上海地区以平原地貌为主,海拔 3.5~4.5 m 的地区占绝大多数,只在西部有少量低丘分布,这使该区易受到洪水或海面变化的影响。

二、环境代用材料与方法

本节所用资料主要是搜集在上海地区的泥炭、贝壳砂堤、埋藏古树、新石器时代考古遗址点(包括其测年资料以及海拔)等数据,将测年资料运用国际通用 CALIB 6.0.1 软件进行树轮校正(Stuiver and Reimer,1993;Stuiver et al.,1998;Reimer et al.,2009),将点绘制成图,本区泥炭、贝壳堤以及埋藏古树的环境意义如下。

泥炭作为一种特殊的陆地生态系统,一般出现在低洼的湿地,只要土壤呼吸作用被抑制并且植物有机质积累大于分解,就有泥炭堆积。另外,在地势低平、大气降水较多、湿度较大的地区,地表较易积水或过度湿润,有利于沼泽植物的滋长而积累泥炭(钟金岳和张则友,1981;Ovenden,1990;Zoltai and Vitt,1990)。泥炭已作为一种水域面积变化以及海面变化的重要替代性指标而在环境变迁中得到广泛的研究与应用(Oertel et al.,1992;孙顺才,1992;Jordan and Mason,1999;Miller and Futyma,1987)。一般来讲,泥炭的形成通常是地下水位抬高或长期积水的结果。正如地下水位抬高和地面水域面积的扩大不一定会造成自然灾害一样,泥炭的形成时段不一定都存在文化断层,但是反过来,如果文化断层形成时段里有泥炭形成,则能反映环境变迁对古人类的影响。

贝壳堤是河流以及海潮等共同作用的产物,一般沉积在高潮位,其沉积特征是贝壳与粗砂混合沉积,是海浪从潮间带冲向高潮位位置的(刘苍字等,1985;Forsyth et al.,2010)。贝壳砂堤以及埋藏的海相贝壳层,作为第四纪海岸带地貌的一部分已成为恢复古海岸线位置以及过去海面变化的一种借用指标(Psuty,1966;Mason,1990;Vilas et al.,1999;Nott,2011)。

埋藏古树主要见于上海地区西部太湖东岸平原诸湖泊周围以及低丘河谷中,埋深约 0.6~8 m,这些埋藏古树多与砂砾或淤泥呈混杂堆积,大多数未经碳化并保存完整。石英砂表面扫描电镜观察结果表明,在太湖平原诸湖泊周围的埋藏古树是由于湖泊扩张而被原地掩埋形成的，而分布在低丘河谷中的埋藏古树则是经短距离、急促的山地洪水搬运又经后期的再沉积而形成的（Zhu et al.，2000）。

三、遗址时空分布特征

（一）古遗址时空分布

从图9.4.1～图9.4.4可以看出，不同考古学文化时期的古遗址都主要分布在上海西部地区，特别是靠近淀山湖一带，且古遗址空间分布随时间变化有从太湖平原向上海地区东南部扩展的趋势。这表明海岸线变迁对本区人类遗址的分布和扩展起着重要作用。

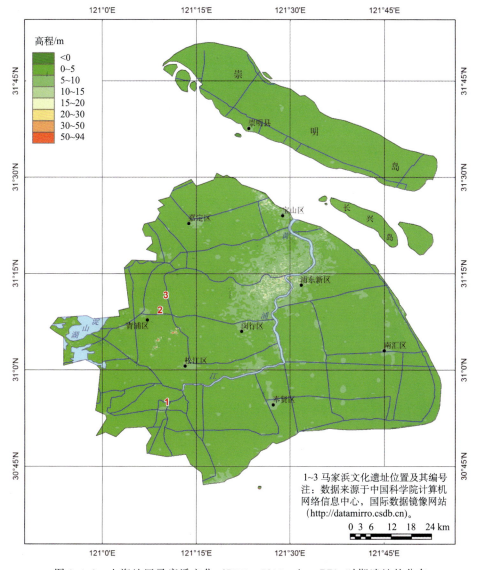

图 9.4.1　上海地区马家浜文化（7000～5800 cal. a BP）时期遗址的分布

　　图 9.4.1 表明本区新石器时代人类遗址首先出现在上海冈身以西地区，而贝壳堤主要分布在上海冈身以东地区，主要有青浦林家草、嘉定方泰张家宅、嘉定方泰黑家弄、马桥沙脊、金山漕径见龙、上海颛桥陈家塘、奉贤拓林储家庄、马桥公社、马桥俞塘等九处，这暗示当时的古海岸线可能正是沿着冈身分布在上海中部地区。然而，目前尚未在上海黄浦江以南地区发现该时期考古文化遗址，仅有两处贝壳堤点分布（金山漕径和奉贤拓林储家庄）。这可能指示黄埔江以南地区在马家浜文化时期仍属于杭州湾的一部分，处于海洋环境。古人类沿着海岸线和湖泊分布主要是便于获得生活材料。该时期有一处泥炭点（泗泾五金城，树轮校正后年代 6494±176 cal. a BP）分布在古海岸线附近，表明泥炭形成可能与海面变化有关。崧泽遗址马家浜早期文化层孢粉分析结果（王开发等，1980）表明，孢粉组合以水生植物占优势，如咸水或淡水环境中都宜生长的泽泻科和水生草本植物眼子菜、黑三棱以及蓼和水鳖属，说明遗址附近均有湖沼和大面积水域。在 7000～6000 cal. a BP，喜暖湿环境的亚洲象在华北地区也有活动，以后迅速南撤，现在只在云南盈江县境内有限的地区存在（文焕然和何业恒，1980），这些研究结果与上述所指示的环境状况相一致。同时，马家浜时期的房屋大多以干栏式为主，而且遗址大多分布在山坡和湖汉岸边稍高的岗地、土墩上（邹厚本等，2000），古人类的这种房屋建筑形式以及先民择高而居的特点也反映了当时气候潮湿，地面水域扩大的一种环境状况。

　　崧泽文化时期发现的泥炭地点有三处（松江、小葑漾和枫泾附近），比马家浜和良渚文化时期都要多，这可能与该时期较为凉湿的气候有关。新增加的泥炭地点主要分布在淀山湖以南地区，表明它们的形成可能与湖沼沉积和海面变化有关。该时期的海面可能比马家浜文化时期略高，其对地表水和地下水的顶托作用导致平原区一些浅水湖沼形成和湖面的扩大，这些都提供了适于泥炭累积的条件。崧泽文化时期古遗址多建于冈身与太湖之间的较高爽处（图 9.4.2），这进一步证实了以上的分析。从泥炭及遗址沉积物孢粉分析结果看（景存义，1989），当时的植物类型为以青冈栎-栲属-栎-禾本科-水龙骨科为主的常绿阔叶、落叶阔叶混交林，喜冷的针叶林亦在本时期有所增加（王开发等，1996），证明崧泽时期本区气候较温凉湿润，湖沼众多；草本植物中盐生植物占主导，表明该时期海水离泥炭形成点较近（于世永等，1999；Yu et al.，2000）。古遗址与贝壳砂堤的分布也对以上诸论点提供了有力证据。良渚文化时期泥炭埋藏点的分布较马家浜与崧泽文化时期少，仅有一处分布在上海西南部地区，而且距离湖泊较远，表明遗址的分布有从湖周围高地向中心低洼地发展的趋势。同时，也表明当时地理环境有所好转，适宜人类生活的空间变得更为宽广，遗址的分布开始分散在冈身与淀山湖之间的广大区域，特别集中分布在上海西北部地区（图 9.4.3）。而在南部沿海地区也出现了大量新石器遗址，特别是黄浦江的南岸地区新增加了 4 处遗址。这表明良渚文化时期该地区已是陆地环境。因此，该时期总体上应该经历了一个海退的过程，海岸线向南推进；但是冈身以东地区应仍是海洋环境，没有遗址分布。良渚文化层中水生植物花粉大量减少，旱生的菊科花粉数量急增，显示气候温暖干燥，湖沼面积缩小（Yu et al.，2000；Li et al.，2010）。同时，在常熟低洼地区的兴隆遗址中发现了该时期的水井 50余座（贺云翱，1985），表明先民们因气候干凉、水网密度与水域面积开始减少，而采取了挖掘水井、开采地下水资源的措施，以补充地表水的不足，从而发展了灌溉农业以维持较高的人口密度，史前的灌溉农业技术在良渚文化时期得到了前所未有的发展，这也是人类对生态环境适应的一种表现。该时期还有一个遗址分布在淀山湖底（Chen，2008），说明当时湖底有部分出露从而适宜人类定居。

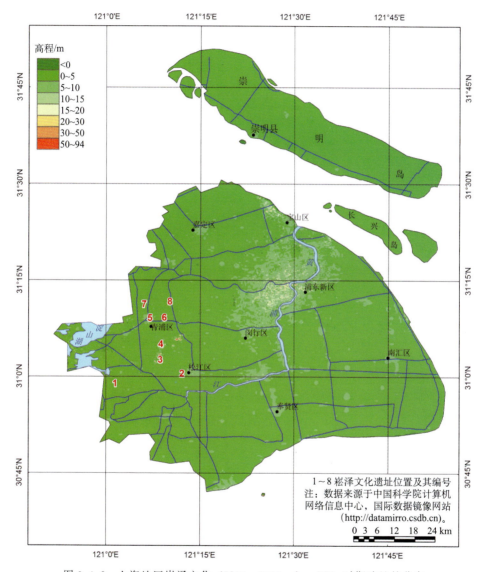

图 9.4.2 上海地区崧泽文化（5800～5000 cal. a BP）时期遗址的分布

温暖干燥的气候导致了更多可耕土地的增加，大部分被水淹没的地方逐渐出露水面，这为良渚文化时期聚落以及农业生产的发展创造了广阔的空间条件（景存义，1989）。良渚文化的分布范围以太湖流域为中心，东至舟山群岛，南及宁绍平原，西抵江苏宁镇地区，北达苏北，人类文明空前发展。然而，考古研究资料发现（吴建民，1988），在良渚文化末期这一发达的文化突然消失，地层中普遍有一淤泥或沼铁泥炭层，

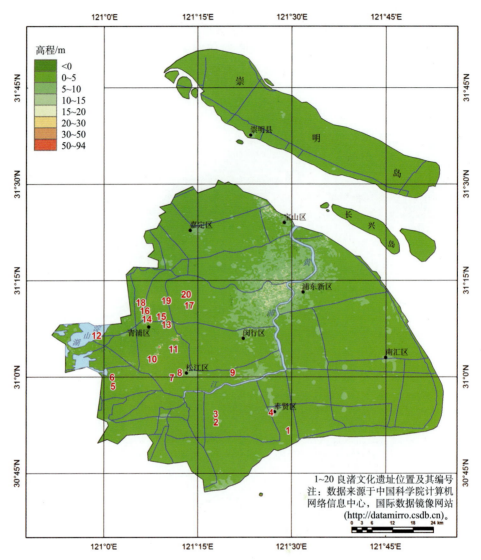

图 9.4.3　上海地区良渚文化（5000~4000 cal. a BP）时期遗址的分布

　　其上则为落后的马桥文化。地层中有大量的埋藏古树分布且多有砂砾与树木混杂的沉积特征（朱诚等，1996；Zhu et al.，2000），这应是洪水作用的主要标志之一。在上海果园林遗址等晚期良渚文化遗址中良渚文化层之上均有沉淀淤土的现象。张明华等（1998）在发掘上海江海遗址时发现良渚文化层面上大多有两三层沉淀状淤泥质土，地层测量表明同一土色基本保持在同一平面上，反映了洪水沉积特有的同一水平状态。由此可知，古洪水泛滥是良渚文化衰落的重要原因。

　　良渚文化消失后不久，上海地区出现了相对较为落后的马桥文化。从图 9.4.4 中可以看出，大部分马桥文化遗址都分布在上海冈身以西地区。然而值得注意的是，在黄浦江南岸地区贝壳砂堤分布地点与古遗址分布点较为一致，这表明马桥文化时期该区有过频繁的海岸线变迁和人类聚落迁移。但是，本期主要的变化趋势是海面相对有所上升，特别是在上海南部的杭州湾北部地区（Yan and Shao，1989）。海面上升的顶托作用与湖泊扩张导致的内陆洪泛可能导致了早期人类聚落的废弃（Chen and Stanley，1998；张生等，2002）。本区聚落与文化发展自马桥文化结束后直到唐朝（618～907 AD）才开始重新恢复，这与当时气候逐渐温暖、有利于农业耕作发展的适宜条件有关（Yu et al.，2000）。

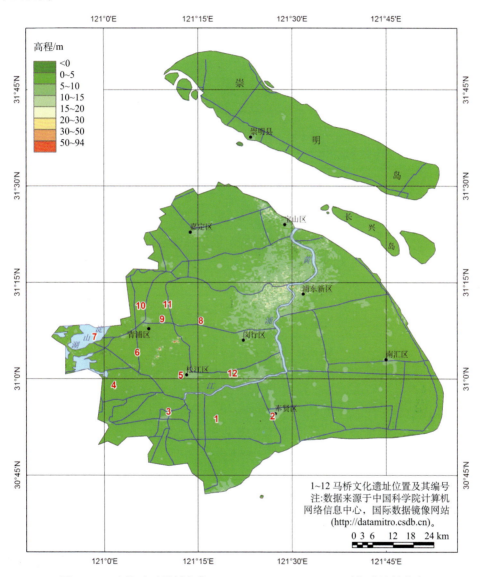

图 9.4.4　上海地区马桥文化（3900～3300 cal. a BP）时期遗址的分布

（二）遗址海拔

气候环境的变化与人类的生存和生活密切相关，无论在人类自身的演化方面，还是人类社会进步或文化演替方面以及小时间尺度上的演变方面，气候环境的变化都在扮演着一个极重要的角色。因此，在某种意义上讲，人类与气候环境演变之间的关系是一种协进化的关系（张晓阳等，1994）。人类活动与气候环境演变的关系是一个人类通过不断调整自己的行为去适应自然环境的动态过程，尤其是在人类文明发展的早期阶段。河姆渡古人类在建筑上的高杆栏式长屋便是对当时强台风、大暴雨、大水泛滥、易涝等恶劣气候环境的适应，而当古环境发生了变迁，如变干燥、台风减弱等，其建筑式样也发生了相应的变化，开始向更稳固的地面建筑发展（Chen and Daniel，1998）。上海地区地势低平，位于长江及东海的交界处，易受洪水、高潮位以及台风的影响，而且该区中西部湖泊众多，湖泊水域面积的扩张与缩小也对居住在湖泊周围及临近地区的人类活动产生重要的影响。因此，上海地区古遗址的海拔高程也是对该区这种特殊环境的适应，在某种程度上可以反映该区气候环境的变化、地面水域面积扩张与缩小以及洪水发生等环境因素的变化。

表 9.4.1　上海地区马家浜文化时期至马桥文化时期不同海拔遗址分布的变化

分类	海拔高程和遗址数量（处）			
	0～5 m	5～10 m	10～20 m	20～30 m
马家浜文化	3	0	0	0
崧泽文化	6	2	0	0
良渚文化	14	5	0	1
马桥文化	11	1	0	0

从表 9.4.1 可以看出，马家浜文化时期的 3 个遗址都位于海拔 0～5 m 的低洼湖荡平原和滨湖平原区，这反映了自 7000 cal. a BP 开始，新石器时代先民便已居住在上海西部地势低平、海拔多在 0～5 m 和水网密布的滨湖平原区。崧泽文化时期，8 个遗址中有 6 个位于海拔 0～5 m 的低洼湖荡平原和滨湖平原区，而新增加的两处 5～10 m 海拔遗址分布在青浦附近的较高地区；大量低海拔区遗址的发现表明这一时期并非高海面时期。良渚文化时期 0～5 m 海拔的主要遗址数达 14 个（新增加 8 个），与崧泽文化时期相比，相同海拔的遗址位置有所变化，主要位于青浦以北地区以及黄浦江南岸地区，向南进一步扩张的趋势明显；该时期 5～10 m 的遗址数量达到 5 个，另有一处 20～30 m 海拔的遗址分布在青浦与松江之间的汤庙村；需要指出的是，淀山湖底还发现了一处遗址，这表明良渚文化时期该区仍可能为低海面时期。马桥文化时期 0～5 m 海拔的主要遗址数有所减少，为 11 处，另有一处海拔 5～10 m 的遗址；该时期减少的遗址主要分布在上海西部地区中部以及沿杭州湾一带，这可能表明太湖周边内陆水域有所扩大，同时杭州湾北岸附近海面有所上升。

当然，影响遗址海拔，也就是影响人们居住地高低的因素相当多，先人们的"择高而居"在某种程度上也只是部分地防止海水倒灌及台风和洪水灾害的侵害而采取的一种手段（Chen and Daniel，1998），而不是全部。有的高位遗址则完全与地面水域的扩张与缩小无关，如在良渚文化遗存中存在的土筑高台遗址（如福泉山遗址等），这些遗址的"择高"则是与墓葬、祭坛等功用相联系的，是当时社会贫富差异发展到一定程度的表现。但笔者认为，先民们的"择高而居"主要还是对防止海水倒灌及台风和洪水灾害的侵害的一种本能反映，人们居住在湖泊或河流周围，而且择高而居，这种"居高傍水"的择地方式，既可以方便取水，又可以避免洪水的侵害，是先民们适应与充分利用地理环境的一种表现。

（三）遗址域面积及遗址域内遗址点密度

遗址区域是先民生产和生活活动的范围（荆志淳，1991），也被称作生活辐射区（肖彬等，1999）。在诸多自然资源中，某些资源（如水）居于最基本、最重要的地位，获取它们的路程必须尽可能最短。所以，古人的居住址一般位于河湖旁边或泉水附近。又由于人类对自然资源的利用存在一定差别并且随季节和时间变化，因此便出现了对聚落周围土地和自然资源利用的差异或分带（荆志淳，1991）。有关研究（张宏彦，2003）表明，人们一般在步行1小时的范围内耕作，在步行2小时左右的范围内狩猎，这样算来，古人一般不会离开居住地10公里以外的地方去获取资源。因此，本节以遗址周围10 km为其遗址域半径。

此外，遗址域内遗址点分布的密度高低，更是古人居住聚落集聚程度的真实反映，也间接反映了先民对居住区自然环境的适应程度和对资源的利用强度。因此，遗址域内遗址点密度应作为遗址域分析的一项重要指标（Wu et al.，2010）。

在ArcGIS中，对上海地区从马家浜文化时期至马桥文化时期古遗址，以10 km为半径做缓冲区分析，并对重叠的区域进行叠置（Overlay）处理。统计结果（表9.4.2）显示，本区从马家浜文化时期至良渚文化时期，遗址域面积呈现不断增大的趋势，并在良渚文化时期达到最大，而后在马桥文化时期有所减小，这与遗址数量的变化特征基本一致。

表 9.4.2　各时期遗址域面积及遗址域内遗址点密度

时期	马家浜文化	崧泽文化	良渚文化	马桥文化
遗址域面积/km²	689.1	1090.0	2277.0	2221
遗址域内遗址点密度/(点/100 km²)	0.435	0.734	0.878	0.540

由此计算出来的各时期遗址域内的遗址点密度表现出与遗址域面积变化相似的情形。良渚文化时期遗址域内的遗址点密度达到最大，表现出遗址点集聚的特征（表9.4.2），这应与当时文化的发达与聚落增加有关。但不同的是马桥文化时期的遗址点密度比崧泽文化时期还要低许多，说明该时期聚落遗址的集聚程度大幅度降低，这是文化衰退的一种表现之一。

四、对遗址时空分布规律的认识

通过以上的研究分析，本文得出如下几点新的认识：

（1）上海地区新石器时代以来人类文明的发展与生态环境的变迁有着非常密切的关系，在上海地区"近海"、"河网密布"、"湖泊众多"的环境下形成了具有区域特色的活动方式，如初期为了取得食物以及水的方便而"近湖而居"；良渚文化时期随着气候向干凉方向发展，大面积的土地裸露出来，加上水井的发明，人们开始向更为广阔的范围发展。为了避免受到洪灾影响，人们采取了"择高而居"的居住方式，出现了马家浜文化时期的"干栏式"建筑。

（2）人类的居住高程与地面水域的扩大与缩小有着一定的联系，在地表水域由于海面上升、降水增加、地表洪水泛滥等而扩张的时期，人类的居住高程有增高的趋势，反之则相反。这充分反映了人类对周围生存环境变化的适应以及对自然灾害所采取的防护措施。

（3）本节在探讨古海岸线变迁时是依据贝壳砂堤、具有明显海相性质的泥炭并参考考古遗址的分布划出的，只能大致说明当时的海岸线演变情况，因为各学者所用指标以及指标的来源不同，所恢复的海岸线稍有不同，因而下一步需依据更为充分详实的资料对上海地区乃至整个长江三角洲地区全新世以来的海面变迁进行定量恢复。另外，遗址高程随着时间的推移可能有所变动，现在采取的高程是发掘时遗址的高程，因而可能与原始遗址高程有所差异（确定古遗址的高程有相当难度），但从当前遗址高程变化还是可以看出环境变迁对人类活动的影响，在未来需用高分辨率遥感与地理信息系统的方法做进一步的研究。

（4）上海地区地势低平，东临东海，北有长江，河湖众多，使得本区极易受洪涝灾害的影响，这从新石器时代人类文明的发展与环境变迁关系研究中也可以看出。随着人类文明的发展，化石燃料的使用，温室气体的增加，使全球变暖对地球表面生态环境的影响愈加显著。在全球变暖的条件下，海面上升，降水变率增大，导致洪涝灾害发生的频率增大。同时，由于海面上升对长江水流的顶托作用，洪水期洪水排泄不畅，也极易导致"小水大灾"的现象。另外，海面上升也易导致海岸灾害发生频率的加大。从这一方面来讲，本节研究结果对于今后上海地区洪涝灾害以及海岸带灾害的预防具有一定的理论与实践意义。

第五节　全新世以来浙江地区史前文化对气候环境变化的响应

浙江省（以下称浙江地区）地处中国东南沿海长江三角洲南翼，东临东海，南接福建，西与安徽、江西相连，北与上海、江苏接壤，是东部亚热带季风区海陆过渡带的一部分，因此其自然环境具有强烈的过渡性和不稳定性，对气候环境变化具有显著的敏感性。作为中国史前文化分布的重要地区，从新石器时代早期的上山文化、小黄山文化开始，直到春秋战国，浙江地区都是中国东部史前文化活动最重要的场所之一。海陆过渡带自然环境对气候变化响应的敏感性，以及长期积累的丰富古人类文化遗存，使得浙江地区成为研究过去全球环境变化对人类社会影响的理想地带（方修琦等，2004；Wu and Liu，2004）。目前，已有学者对浙江地区的环境演变和古文化变迁开展了初步研究（吴维棠，1983；江大勇等，1999；叶玮等，2010），主要集中在典型遗址的考古地层学研究（Zong et al.，2007；Innes et al.，2009；Shu et al.，2010；史辰羲等，2011）以及自然环境演变（严钦尚和黄山，1987；顾明光等，2005；刘静伟等，2007）方面，而对全新世以来浙江地区史前文化遗址时空分布特征以及结合高分辨率自然环境演变序列开展环境考古的综合集成对比研究尚未受到重视。只有把浙江地区的史前文化与环境系统作为整体，才能全面地展现文化分布、演变及其与气候环境变化的关系。

一、浙江地区史前文化类别及其时空分布特征

（一）浙江地区史前文化类别

浙江境内富集有中国许多新石器时代的文化遗址，这些史前文化在中华文明的起源和发展中有重要作用。这些文化包括：上山文化、跨湖桥文化、河姆渡文化、马家浜文化、崧泽文化、良渚文化、马桥文化等。上山文化是目前浙江境内发现的最早的新石器时代文化类型，并发现有栽培水稻遗存，据 AMS^{14}C 和 OSL 测定其年代约为 11400～8600 cal. a BP（Mao et al.，2008）；跨湖桥文化是新石器时代早中期的一种文化，主要分布在浦阳江下游与钱塘江、富春江三江交汇处，彩陶片出土量大，年代约为 8200～7500 cal. a BP，与具有内陆性质的上山文化相比，跨湖桥文化产生于地势低平、近海的平原区，具有一定的海洋文化特征；河姆渡文化是继跨湖桥文化之后的一种以新石器中期湿地农业为主要生业形态的文化，属母系氏族公社时期，主要分布于杭州湾南岸的宁绍平原及舟山群岛，其时代为 7000～5300 cal. a BP；与此同时，杭州湾北岸的杭嘉湖平原上依次经历了马家浜文化（7000～5800 cal. a BP）和崧泽文化（5800～5000 cal. a BP），它们都是北部太湖流域发源而来的新石器中晚期文化，出现了玉器装饰品制作工艺；良渚文化是浙江境内的最后一种新石器时代文化，属原始社会解体时期并已具备国家雏形，其文化分布范围遍及浙江大部分地区，并以精良而发达的玉器制作工艺闻名于世，其时代为 5000～4000 cal. a BP；马桥文化是良渚文化之后出现的一种铜石并用时代的文化，也是浙江境内的最后一种原始文化，其年代为 3900～3300 cal. a BP，相当于中原的夏商时期（国家文物局，2009b）。可以看出，浙江地区的这些史前文化在时间上具有较好的连续性，地域上存在着一定的内在联系。因此，这为浙江地区史前文化遗址的时空变化研究提供了可能。

从另一方面看，浙江地区史前文化与其相邻的太湖流域史前文明具有密切关系（国家文物局，2009b），与同属东南沿海地区的福建史前文化也应有关系。目前，太湖流域与福建地区的史前文化都有专门的研究（林公务，2003；Zhu et al.，2003）。对于处于二者过渡地带浙江史前文化的研究，应该有特别的意义。

（二）浙江地区史前文化的时空分布特征

对浙江省 90 m 分辨率 SRTM DEM 数据、浙江省地形图及文物地图集，在 ArcGIS 下进行处理和矢量化，分别制作成点、线、面文件，并根据研究的具体内容将点、线、面文件进行叠置。在研究中，以点状分布的文化遗址为单位，以此来分析古文化遗址的空间分布规律。

　　浙江地区史前文化遗址具有点状分布的特征，主要集中在地势平坦、土地相对肥沃的杭嘉湖平原和宁绍平原周边地区，其次分布在浙东沿海丘陵以及浙南、浙西山地区的一、二级河流阶地上。

　　上山文化遗址类型数量在浙江地区发现还较少，加上与其属同时期的小黄山考古文化遗址，共有 2 处，仅分布于毗邻宁绍平原的南部浦阳江上游和嵊州曹娥江上游河谷盆地（图 9.5.1）。跨湖桥文化遗址数量也很少，仅有 1 处，与前阶段相比其聚落逐渐转移到浦阳江下游的平原地区分布（图 9.5.1）。河姆渡文化遗址分布的地貌类型与跨湖桥文化基本相同，其遗址广泛分布在宁绍平原东部海拔低于 100 m 的姚江河谷两岸地区，最大分布范围东起舟山群岛的部分岛屿，西到浦阳江的下游河谷盆地一带，北到杭州湾，南到浙江东南沿海丘陵，发现遗址多达 30 多处，其分布规律是东部姚江河谷地两岸密集，如仅余姚境内便发现河姆渡文化遗址 24 处，宁波 4 处，分别占河姆渡文化遗址发现总数的 72.7% 和 12.1%，是典型密集区，东部和南部其次，向西递减较快，仅有 1 处遗址（图 9.5.4）。

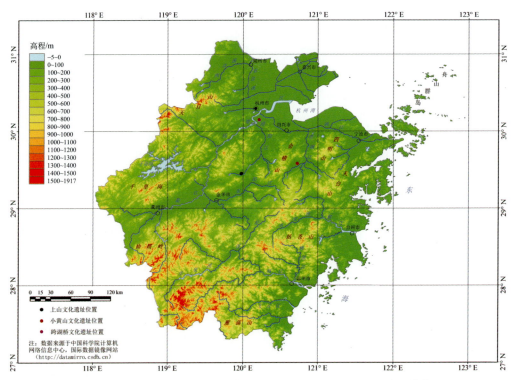

图 9.5.1　浙江地区新石器早期（11 400～7500 cal. a BP）遗址分布

　　在河姆渡文化兴起的同时，浙江杭州湾以北地区蕴育了马家浜文化，该遗址分布规律和河姆渡文化有很大差异。马家浜文化的分布地域较广，不仅向西北扩展到东、西苕溪上游的天目山山麓地区，而且在杭州湾以南的浦阳江中下游两岸地区也有发现（图 9.5.2）。但其遗址分布密度与河姆渡文化相比明显减少。河姆渡文化密集区遗址点密度为 5.24 个/100 km²，而马家浜文化的两个密集区（西部天目山山麓和东部杭嘉湖平

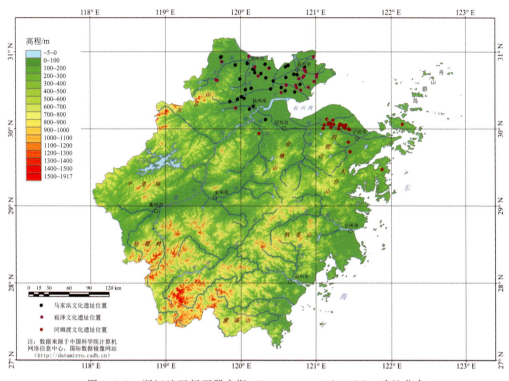

图 9.5.2　浙江地区新石器中期（7000～5300 cal. a BP）遗址分布

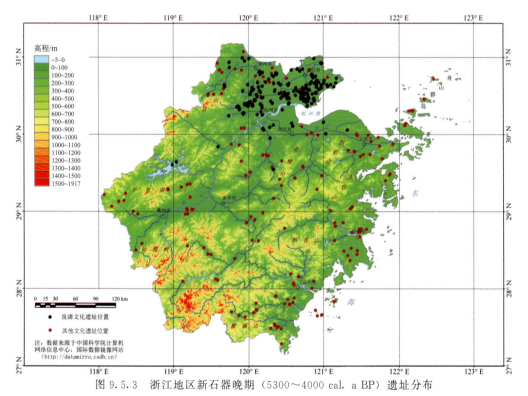

图 9.5.3　浙江地区新石器晚期（5300～4000 cal. a BP）遗址分布

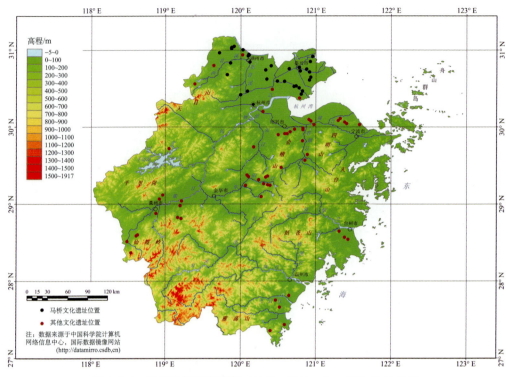

图 9.5.4　浙江地区夏商时期（3900~3300 cal. a BP）遗址分布

原）相应的遗址点密度分别为 0.63 个/100 km² 和 0.57 个/100 km²。值得注意的是，位于浙东沿海象山县的塔山遗址遗存反映出河姆渡文化与马家浜文化相遇而不完全相融的现象，形成一种新的塔山文化类型（蒋乐平，1999），这是目前已知以上两种文化分布的共同南界。

继马家浜文化之后发展起来的崧泽文化分布地区和马家浜基本相似，所不同的是呈现出东密西疏的分布特征，且分布地域面积有所减少（图 9.5.2）。该时期西部天目山山麓地区遗址数量大量减少，东苕溪河谷沿岸地区表现最为明显；但在东部杭嘉湖平原上向东扩展趋势明显，遗址分布更靠近现今杭州湾北岸沿线海岸带地区。还可发现，杭州湾以南没有崧泽文化遗址分布，仍然只有河姆渡文化密集分布在宁绍平原东部河谷平原地区。崧泽文化时期由于遗址数量减少，而分布地域向东扩展到嘉兴-海盐一线以东，其分布密度相对马家浜文化明显减少；但在东部杭嘉湖平原，崧泽文化密集区遗址点密度却明显增大，达到 1.54 个/100 km²，表明该时期聚落集聚和发展程度有大幅度提高。

良渚文化在浙江境内分布最为广泛，发现遗址数目最多（图 9.5.3）。良渚文化不仅覆盖了前几种文化的几乎所有分布地域，而且有了很大的拓展，遗址数量增加到 275 处；向西到了桐庐、淳安，向北拓展至太湖西岸的西苕溪流域北缘，向南扩展到浦阳江中上游的诸暨、义乌等市，向东延伸至姚江流域。从分布范围上来看，太湖南岸以南，千里岗-会稽山-四明山一线以北，天目山脉以东直至海岸带都有良渚文化分布。但其中心位置集中在杭嘉湖平原东部和东苕溪中上游两地，并向四周辐散，如仅海宁市境内遗址数就达 40 多处。该时期史前文化聚落集聚和发展程度达到最高，其中杭州湾以北密集区遗址点密度为 3.55 个/100 km²。另外，该时期在浙江广大地区范围内出现了许多文化性质不确定的非良渚文化遗址（图 9.5.3），其数目达到近 200 个，比较有代表性的有分布在浙南瓯江上、下游地区的好川文化类型遗址等（舒锦宏，2010）。

　　从良渚文化时期结束到相当于中原的夏商时期，浙江境内主要的考古学文化是马桥文化，相较于良渚文化其分布范围大大缩小，但仍主要分布在杭嘉湖平原东部，其次为太湖西南岸地区（图 9.5.4）。马桥文化墓葬在浙江地区尚未发现（国家文物局，2009b），单纯的遗址发现不多，仅有 34 处，其文化层一般叠压在良渚文化地层之上，遗物也不丰富，内涵较之良渚文化有很大差异。然而，该时期马桥文化分布最南端已达到温州以南的飞云江上游地区，以泰顺司前镇狮子岗和百丈镇牛头岗两处遗址为典型代表（国家文物局，2009b）。这一时期的浙江地区开始发现典型的古越文化先民踪迹，除遍及全省各地的遗址外，其墓葬形式在浙江北部和中部地区以土墩墓为代表，而在温州及其以南地区则以石棚墓为特征，表明当时古越族已经产生了分化，遗存面貌则突出地表现为普遍出现印纹陶和原始瓷器（宋建，1999）。

　　由此可见，11400～3300 cal. a BP 以来，从上山文化到马桥文化的数千年发展中，原始居民的生存空间总体上在不断扩大，仅在马桥文化时期缩减明显，其文化发展程度亦大不如前。较为显著的扩大有两次，一次发生在马家浜-河姆渡文化时期，跨湖桥文化分布非常有限，但到了 7000 cal. a BP 左右，史前文化分布范围急剧扩大，其后的崧泽-河姆渡文化时期分布范围基本一致，保持稳定态势。另一次发生在良渚文化时期，分布范围有较大拓展，并摆脱了沿山麓河谷和湖积平原发展的模式，有分别向海拔更高的山地丘陵和海拔更低的沿海平原蔓延的新特点；如果把与良渚文化同时期的各种未确定性质文化（如好川文化等），都看作是该时期浙江地区史前文化重要的有机组成部分的话，则史前先民分布范围更广。同时，浙江史前文化密集区不断东移，在杭州湾以北从马家浜文化仅在西部天目山山麓和东部杭嘉湖平原局部地区，到良渚文化时期扩展到东苕溪河谷以及嘉兴—海宁以东的海岸带平原；在杭州湾以南从上山文化仅在浦阳江上游山间盆地分布，到跨湖桥文化时迁移到浦阳江下游平原，再到河姆渡文化时期沿姚江河谷东移到宁绍平原东部沿海一带；伴随的文化迁移是以浙江地区各主要水系的河流谷地为通道，从西向东进行的。

二、浙江地区史前文化变迁与环境变化的关系

　　浙江地区史前文化的空间分布具有明显的地域性，其影响因素除地形外，海面变化与气候环境也是两个不可忽视的重要因子。事实上，海面变化往往也是由气候环境变化所驱动。

（一）史前文化变迁与海面变化的关系

　　由于浙江地区属于沿海省份，其沿海广大低地平原区受全新世海面波动的影响较为显著，特别是杭州湾两岸地区的史前文化遗址分布受海面变化的影响较大。在杭州湾以

北，杭嘉湖平原全新世沉积环境与海侵问题的研究表明（Yan and Shao，1989；Zhu et al.，2003），本区自全新世以来最大海侵发生在距今约7000年以前，之后经历了一个明显的东南方向的海退成陆过程；嘉兴—马家浜—崇福—长安镇一线以东以南地区当时处于浅海环境，而该线以西直至罗家角亦为滨海沼泽环境（严钦尚和洪雪晴，1987），故并不适宜古人类生活和居住。因此，在杭嘉湖平原至今未发现比马家浜文化更早的史前文化遗址。而到距今6000年左右，平原东部的海岸线已迅速推进到海盐—乍浦一线以西地区，南部的海岸线也推进到了余杭的南部（严钦尚和黄山，1987），该时期的马家浜文化遗址已广泛分布于杭嘉湖平原，但海盐—乍浦一线以东、余杭以南的古海岸线外侧尚未发现有马家浜文化遗址的分布。至距今5000年左右进入良渚文化时期时，杭嘉湖平原已全部成陆为接近现今面貌，杭州周边亦结束了河口湾沉积环境的历史（蔡保全，2001），良渚文化遗址在该时期密集分布于平原东部的沿海低地及杭州周边地区即是明证。而在马桥文化时期，嘉兴东部的沿海低地和杭州东北文化遗址大量减少，这可能与距今4000～3000年之间的一次海面升降变化有关（Chen et al.，2008）。

在杭州湾以南，全新世以来宁绍平原总体上经历了一个海退成陆的过程（冯怀珍和王宗涛，1986；Zhu et al.，2003）。相应的史前文化遗址分布在空间上逐步由上山文化时期的浙中河谷盆地、丘陵地区向跨湖桥和河姆渡文化时期近海的河口和平原地区集中。从河姆渡遗址和跨湖桥遗址的年代学、沉积地层学和微体古生物学分析可知（图9.5.5），宁绍平原全新世最大海侵应发生在7500～7000 cal. a BP，在7500 cal. a BP前后可能出现本区全新世以来的第一个高海面，当时已接近或略超过现代海面高度（Zhu et al.，2003；顾明光等，2005；Zong et al.，2007；史威等，2008）；跨湖桥—下孙遗址的地理位置、文化遗存上覆盖的海相层及其年代学证据证实了上述发生在该文化中晚期的高海面和海侵事件（Shu et al.，2010），同时也可窥见7500～7000 cal. a BP钱塘涌潮的踪迹（史威等，2008）。这可能是跨湖桥与河姆渡文化时期之间约500年时间尚未在宁绍平原发现文化遗址分布的重要原因。河姆渡文化遗址于7000 cal. a BP后出现在宁绍平原中东部，此时正值本区出现低海面阶段（Li et al.，2010），这与前述杭州湾北岸的海面变化情况相吻合。通过对宁绍平原典型文化遗址堆积地层中所含"事件层"的对比及其形成期的分析（史威等，2008），在距今约6000～5500年及5000～4500年文化遗址中多有"事件层"出现，这也可能与一些短尺度海面波动引起的地下水位上升或地面水域扩大有关。"事件层"时期古人类可能出现暂时性文化遗址迁移（孙国平，2002）。

（二）史前文化变迁与气候环境变化的关系

浙江地处东亚季风区东部沿海地带，是全球气候变化敏感区之一，全球的气候环境变迁往往首先在这些敏感区体现出来。对浙江天目山千亩田泥炭以及瓯江入海口岸外的东海内陆架泥质沉积记录的研究（Ma et al.，2009；Liu et al.，2010），揭示出全新世以来浙江地区气候环境的变化过程（图9.5.6）。前人研究可以反映出，在距今8400～6300年里，东亚冬季风较强且波动，浙江地区总体上温度不高，但植被仍主要是以常绿栎类、栲/石栎、铁杉属为主的北亚热带森林（Xu et al.，2010），说明该时期环境整

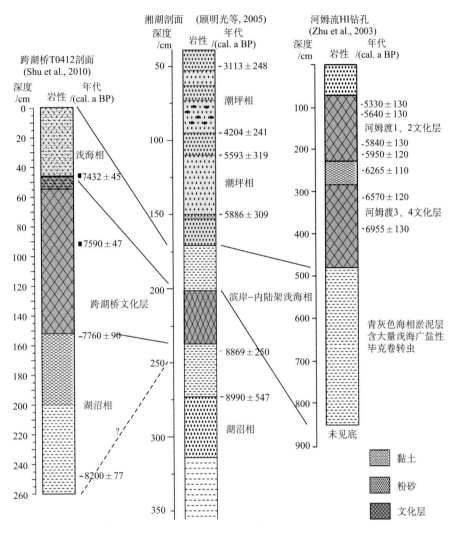

图 9.5.5　杭州湘湖剖面、跨湖桥和河姆渡遗址全新世地层对比及层位对应关系

体相对较湿。距今 6300～3500 年，冬季风较弱而夏季风降水整体处于高值，但波动剧烈，其中在约 4200 cal. a BP 前后季风降水急剧下降，在 3700 cal. a BP 前后达到最干旱的峰值后又快速回升（Ma et al.，2009），这个时期具有全球性（Bond et al.，1997；Cullen et al.，2000；Wu and Liu，2004；Booth et al.，2005；Shao et al.，2006；Huang et al.，2011）。在 3500 cal. a BP 以后，夏季风降水强度整体较弱，冬季风则处在高波动期且 1400 cal. a BP 以来稳定增强，该时期也存在明显的次级干湿波动，气候环境总体上呈现转冷转干趋势。

对照气候环境变化与浙江地区史前文化变迁（表 9.5.1），发现史前文化变迁与气候环境变化在时相上具有一致性：在 8400～6300 cal. a BP 的气候逐渐由温凉较湿向暖湿发展的时期，先后经历了跨湖桥文化、马家浜文化和河姆渡文化的兴起；6300～4200 cal. a BP 的气候温暖期则大体对应崧泽文化至良渚文化活动时代，与此同时在浙江境

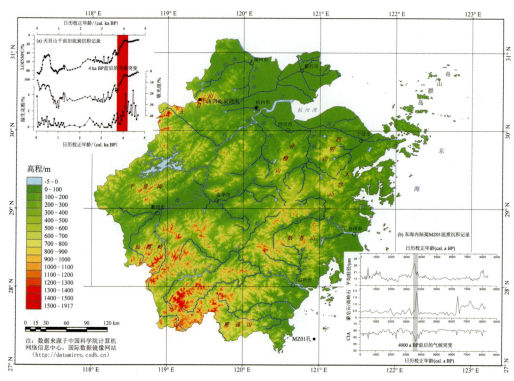

图 9.5.6　天目山千亩田泥炭（a）和东海内陆架泥质沉积（b）
记录的 4000 a BP 前后浙江地区环境变化

内广大地区都出现了数量众多的文化遗址，表现出史前文化发展的兴盛；4200～3700
cal. a BP 前的气候转变期发生时间正好和良渚文化消失与马桥文化兴起的时间相吻合，
同时文化遗址数量出现了大幅度减少。这些现象表明，二者之间存在着内在的联系。

表 9.5.1　浙江地区史前文化变迁及遗址数量

文化时期	文化类别	遗址数量/处	比重/%	遗址总数/处
上山-小黄山	上山	1	50	2
	小黄山	1	50	
跨湖桥	跨湖桥	1	100	1
马家浜-河姆渡	马家浜	41	55.4	74
	河姆渡	33	44.6	
崧泽-河姆渡	崧泽	28	45.9	61
	河姆渡	33	54.1	
良渚	良渚	275	58.4	471
	其他	196	41.6	
马桥	马桥	34	37.8	90
	其他	56	62.2	

（三）气候环境变化对史前文化的影响

1. 气候环境变化对浙江史前文化生产活动的影响

从考古资料来看，浙江地区史前文化的变迁伴随有一定的生产活动的改变（焦天龙，2010）。以上山和小黄山为代表的新石器早期文化，种植水稻已经成为经济活动的一部分，并有长期定居的村落和较成熟的制陶技术（王心喜，2006；蒋乐平和盛丹平，2007）。跨湖桥文化也以水稻种植和采集狩猎陆生动植物为主要的生计形态（Yang and Jiang，2010），但是当时的居民已开始认识和利用海洋。跨湖桥遗址出土了最早的独木舟，表明当时人们已经开始使用舟楫（Zong et al.，2007）。然而，该时期仅仅是海洋经济的初始阶段，遗址出土的海洋动物包括海豚、海龟等，数量较少（浙江省文物考古研究所和萧山博物馆，2004），说明海洋生物的获取只是农业经济活动的补充。河姆渡文化时期（包含马家浜文化至崧泽文化时期）进入一个新的海洋经济发展阶段。尽管稻作和狩猎陆生动植物仍是该时期主要的经济形式，但浙江沿海的海洋经济和航海术已经发展到了较高水平（浙江省文物考古研究所，2003）。现有的考古材料表明，至少有六种海洋生物已经成为河姆渡文化先民经常捕捞的对象，包括海龟、鲸鱼、鲨鱼、裸顶鲷鱼、金枪鱼和海蟹等。海贝也有可能是河姆渡先民的重要食物来源；河姆渡遗址 20％以上的出土陶器装饰有贝印纹，田螺山河姆渡文化遗址中也发现了部分陶器夹杂贝壳。河姆渡和田螺山遗址中都有相当数量的木浆发现，表明河姆渡人已非常善于舟楫（Li et al.，2010）。因此，在河姆渡文化晚期阶段，浙江地区文化和经济形态正在发生变化，与稻作农业相比，海洋日益成为更重要的食物来源。在河姆渡文化之后，浙江沿海地区的新石器文化出现了区域分化，主要表现在经济形态的分化上。良渚文化时期，内陆居民仍以稻作农业经济为主，海岸带居民海洋经济与农业经济并存，而海岛居民（如舟山群岛和南麂列岛）则基本以海为主，不从事任何农业活动，且航海技术发展到了较高水平，能够经常往来穿越于海岛之间或海岛与陆地之间（Tsang，2001；Jiao，2007）。该时期先民对海洋的进一步适应和开发将海洋经济和海洋文化推向了浙江史前时代的鼎盛阶段。然而，马桥文化时期的经济形态发生了很大的变化。在浙江北部，以稻作为主的栽培农业在马桥文化经济生活中所占的比例明显不及良渚文化（上海市文物管理委员会，2002）；据马桥文化出土动物遗骸的最小个体统计（表 9.5.2），良渚文化时期猪的数量多于鹿科动物，而马桥文化时期猪的数量则少于鹿科动物，尤以马桥文化早期为甚，表明从良渚文化到马桥文化，先民获取肉食资源的形式从以饲养家畜为主、狩猎活动为辅转变为以狩猎活动为主、饲养家畜为辅。在浙江南部，以主要分布在瓯江口海岸地带的黄瓜山文化为例，尽管农业生产和海洋捕捞仍然并存，但农业经济变得更为重要，海洋经济已不占主导地位，遗址地层中水稻植硅体和谷粒普遍存在，且在晚期地层中还发现了大麦和小麦等新的农作物（焦天龙，2010）；出土动物骨骼中，家猪数量占 25％以上，表明家畜饲养也已成为食物的重要来源（Jiao，2007）。

表 9.5.2　良渚文化和马桥文化猪与鹿科动物的最小个体统计表

动物名称 文化时期	猪	麋鹿	梅花鹿	小型鹿科动物
良渚文化	50%	6.25%	25%	12.5%
马桥文化早期	15.78%	14%	33.3%	29.8%
马桥文化晚期	27.5%	8.4%	32.6%	25%

资料来源：上海市文物管理委员会编著. 马桥：1993～1997 年发掘报告. 上海：上海书画出版社，2002

由上述讨论可以看出，4000 cal. a BP 前后浙江地区史前文化的经济形态发生了明显变化。这种生产方式的改变，其根本原因应该是气候环境变化。在全新世气候适宜期，原始居民的经济形式主要是种植农业。这也是这些文化形态沿着河流谷地逐渐向积温较高的东部扩散分布的重要原因，只有适宜的气候和平坦肥沃的土地，才适合发展农业。与此同时，由于 7000～4000 cal. a BP 经历了一个低海面阶段（Zhu et al.，2003），浙江沿海低地出露，海洋环境开放而稳定，为本区海洋经济和文化的发展提供了良好条件，这种生产模式导致出现了海岛居民的地域分布模式。然而，4200 cal. a BP 左右起气候开始变得干冷，到了 4000 cal. a BP 这种变化达到了最大值，同时东亚气候环境系统出现调整，气候变率增大，灾害事件频发，这就是被广泛证明了的"Holocene Event 3"事件（Wu and Liu，2004）。这次气候事件导致了浙江不同区域生产活动变化的差异性。在浙江北部，良渚文化主要的经济活动基础是以稻作为主的种植农业，其对光热和降水的要求都较高；这次事件带来的寒冷和干旱对稻作农业产生了极为不利的影响，加上生存环境的恶化，使得良渚文化的脆弱性大大提高；马桥文化替代良渚文化，为适应气候环境变化，生产方式也有了重大改变，狩猎重新成为重要的生产活动。在浙江沿海和南部，由于纬度降低、地处沿海且有地形阻挡，降温和干旱不如北部那么严重，因而农业经济得以继续发展；但是，越来越多海洋环境沉积记录指出，全新世期间在 4000 cal. a BP 左右 ENSO 发生了重大变化（Clement et al.，2000；Cole，2001；Barron and Anderson，2011；MacDonald，2011）。在科隆群岛和新几内亚岛的珊瑚记录表明（Tudhope et al.，2001；Riedinger et al.，2002），在 4000 cal. a BP 以前厄尔尼诺活动很弱，ENSO 仅有规则但很弱的季节循环；4000 cal. a BP 以后厄尔尼诺明显增强，ENSO 明显的年际变率掩盖了弱的季节性变化。厄尔尼诺和反厄尔尼诺的年际振荡使得西太平洋沿岸地区频繁交替的出现台风-风暴潮和季风减弱-干旱等灾害事件（Sandweiss et al.，1996；夏正楷，1997；Rodbell et al.，1999），直到 3000 年前增强到当前的水平才趋于稳定（Riedinger et al.，2002）。这对马桥文化时期浙江东南沿海居民的海洋经济发展无疑是巨大的打击。很显然，该时期沿海史前经济活动中农业和家畜饲养比重的显著增加，海洋经济的衰落，是先民适应沿海海洋环境恶化的结果，农业经济再兴起成为重要的生产活动。上述生产活动的调整也意味着文化的活动地域要有重大调整。

2. 气候环境变化对浙江史前文化活动地域的影响

由前述讨论可知，8400～4200 cal. a BP 是浙江地区气候最适宜期，该时期源于太湖流域的马家浜文化落户浙江北部，并在这个适宜期迅速扩大，形成了马家浜-崧泽-良渚文化系统。这段时期气候总体上呈温暖较湿状态，波动不大。因此，以农业生产为主的马家浜文化和崧泽文化逐渐向东部沿海地区扩展，占据了广阔的杭嘉湖平原。与此同时，浙江南部本土资源的河姆渡文化在宁绍平原发展起来，并逐渐向东南沿海扩散。除了进行稻作农业和采集狩猎陆生动植物外，河姆渡文化的海洋经济和航海术已经发展到了较高水平。进入良渚文化时期，浙江境内史前文化发展至鼎盛，不仅聚落遗址遍及山地、河谷和平原，且在广大沿海低地区以及岸外岛屿都有众多的聚落遗址分布。这种遗址总体呈东向沿海扩散的现象正与北部稻作农业经济和南部海洋经济发展的需求相关，响应于该时期较为稳定的气候环境状况。然而，在 4000 cal. a BP 左右的环境突变事件以后，浙江地区的聚落遗址数量锐减，史前文化活动地域急剧缩小，特别表现在沿海岸带广大区域遗址的大量减少，同时岸外海岛遗址全部消失。这说明在马桥文化时期，原始居民改变了生产方式，浙江北部马桥文化的主要经济形态又转变成了狩猎和采集活动，稻作农业萎缩；而南部各史前文化由于海洋经济的衰落，农业经济又变成更为重要的生产活动。浙江南北两种不同模式的生产方式转变带来的共同结果，是结束了本区持续 3000 多年的史前文化地域东向沿海扩散的分布趋势。

由此可见，浙江地区史前文化的两次显著扩展（马家浜-河姆渡文化时期和良渚文化时期）和一次显著收缩（马桥文化时期）和气候环境呈正相关。这和现今众多气候环境对人类早期文明影响的理论有相通之处（Cullen et al.，2000；Polyak and Asmerom，2001；Núñez et al.，2002；Haug et al.，2003；Yasuda et al.，2004；Booth et al.，2005；Turney and Brown，2007；Chen et al.，2008；Wu et al.，2010；MacDonald，2011）。

通过上面的论述可以发现：气候环境变化致使史前居民改变生产活动方式和经济形态，而新的生产活动方式和经济形态导致新的地域活动范围变化，乃至产生新的文化形式。因此，气候环境变化是浙江地区史前文化变迁的重要影响因子，其对史前文化的分布、传播、扩展和演变都有重要影响。

三、对浙江地区史前文化和气候环境变化互动响应规律的认识

（1）浙江地区史前文化在空间上，以境内近东西向或东北-西南向河流谷地为通道，从西向东不断扩展，明显的地域扩展有两次，一次发生在马家浜-河姆渡文化时期，另一次发生在良渚文化时期，同时伴随着文化密集区不断东移。然而，马桥文化时期各史前文化地域明显收缩，遗址东向沿海扩散的趋势终止。

（2）浙江地区史前文化分布与全新世海面波动有显著的关系，尤其是杭州湾两岸地区的史前文化遗址分布受海面变化的影响较大，关系最密切。7000 cal. a BP 以来的低海面-海退成陆过程为史前居民提供了广阔的陆地生存空间。

（3）气候环境变化与浙江地区史前文化分布和变迁有显著的相关性。在 8400～4200 cal. a BP 前的气候适宜期，马家浜-崧泽-良渚文化系统主要的生产活动是水稻种植业，其以杭嘉湖平原为分布的核心地带，西界没有越过天目山，向东则向沿海低地伸

展；河姆渡文化系统也以稻作和采集狩猎为主要生产活动，但海洋经济和航海术迅速发展，其以宁绍平原为分布的核心地带，西界没有越过钱塘江，向东则沿海岸线向东南沿海及岛屿扩散；至良渚文化时期，海洋经济与农业经济已分化并存于浙江大部分地区。这种遗址总体呈东向沿海扩散的现象正与北部稻作农业经济和南部海洋经济发展的需求相关，响应于适宜期内较为稳定的气候环境条件和低海面-海退成陆过程。4200～4000 cal. a BP 气候转变期后马桥文化代替良渚文化，生产活动中重新出现了较多的狩猎和采集因素，这是对气候环境向冷干方向发展的响应；而浙江南部各史前文化则出现了海洋经济的衰落与农业经济的再兴起现象，这是对沿海海洋环境恶化的响应。两种不同模式的生产方式转变带来的共同后果，是结束了本区持续 7000 多年的史前文化地域东向沿海扩散的过程。上述经济形态的变化其实是对 4000 cal. a BP 前后本区气候环境发生重大更替的响应。

（4）4000 cal. a BP 前浙江地区史前文化的东向地域扩展是在全新世气候适宜期背景下进行的，是农业文明和海洋文明共同作用下的扩展和延伸；而 4000 cal. a BP 后史前文化的地域收缩是在气候干冷和沿海海洋环境恶化的背景下发生的，伴随着本区南北两种不同模式的生产方式和经济形态转变。因此，气候环境变化致使史前居民改变原有的生产方式和经济形态，而新的生产方式和经济形态导致新的地域活动范围变化，乃至产生新的文化形式。综上所述，气候环境变化是浙江地区史前文化变迁的重要影响因子，其对史前文化的分布、传播、扩展和演变都有重要影响。

第六节　华东沿海全新世高海面时代的环境考古研究[①]

一、问题的提出

21 世纪全球海面变化对人类生存的影响已成为当前全球变化研究的前沿学科内容之一，而预测未来首先要弄清过去的海面变化情况。为此，从沿海地区考古地层剖面中寻找海面变化的海相层证据已成为当前该方面有特色的研究手段之一（Yu et al，2000；Jason et al，1996；Michael et al，1997）。国际学术界在全新世海面变化方面多年来以 Morner、Shepard、Fairbridge 三种假说为主（Morner，1980），这三种观点总体上认为末次冰期结束后自 13000 a BP 以来海面逐渐上升，在距今 4000 年左右逐渐达到现今的海面高度，其中 Fairbrige（Houghton et al，1990）认为 6000～4500 a BP 为全新世最高海面，高于现今海面约 3.7 m（图 9.6.1）。

Houghton 等（1990）根据对格陵兰冰芯同位素比率分析获得的过去 18 000 年来地球表面温度变化情况（图 9.6.2）似乎支持了 Fairbridge 全新世高海面的观点，其研究反映出距今 7000～4000 年是全新世大暖期最盛期（Holocene Maximum），受气温上升影响，两极冰体消融加速引起全新世高海面的出现。

---

① 原载于 Zhu C，Zheng C G，Ma C M et al. 2003. On the Holocene sea-level highstand along the Yangtze Delta and Ningshao Plain，East China. *Chinese Science Bulletin*，48（24）：2672～2683。（本节稍有改动）

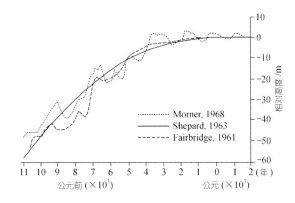

图 9.6.1　13000 年来世界海平面变化曲线（Morner，1980）

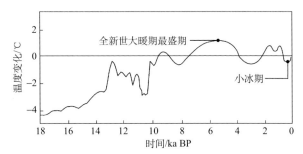

图 9.6.2　根据格陵兰冰岩芯分析获得的过去 18 000 年以
来地表的气温（据 Houghton et al.，1990 修改）

　　然而全球海面是否具有一致性的变化仍值得深入研究，如长江三角洲海面变化在我国学术界目前尚未取得共识。其中，赵希涛等（1992，1994）认为我国东部沿海全新世海面有过 7 次明显的高、低波动，高海面出现于 7500~4000 a BP，其中最高海面时期（6500~4000 a BP）海面可高于现今 2~3 m。严钦尚等（1993）认为 10 000 a BP 时海面尚停留在 −60 m，海水未进入江北三角洲地区，6500~5500 a BP 江北三角洲已成为前三角洲-浅海景观，其在晚全新世演变为潮滩-汊道河床-河口砂坝地形。杨怀仁和谢志仁（1984）认为，两万年来中国东部海面升降有较明显的 10 次波动（全新世有 5 次），末次冰期结束后海面迅速上升，大约在距今 7000~6500 年间海侵达到最大范围，海面接近现代。王富葆（1982）则认为距今 5000、3500、2600、1100~700 年间海面较高，6300~5600、4500~4000、3000 a BP 前后海面较低，变动幅度为 3~4 m。邵虚生（1987）提出 6910±540 a BP 时长江三角洲地区海侵达到最大范围，古海岸线向西扩展至茅山东麓的望仙—盘古—朱林—青春—唐王—社头—向阳一线（而此线以东正是长江三角洲新石器遗址分布最密集的地区，也是我国长江三角洲新石器时代人工栽培水稻起源和分布最广泛的地区）。

　　由上可知，多年来我国大多数学者倾向于认同存在全新世高海面，且大多认为高海面出现于 7000~5000 a BP。但是我国考古界半个世纪以来的考古发现似乎在证明着与地学家相反的结论。这就是,在过去对长江三角洲地区发掘的 205 个新石器时代主要遗址(其年代为 7000~4000 a BP,主要根据考古器物类型排比结合考古地层层序和遗址中埋藏古树与木炭的 ^{14}C 测年确定),其中绝大部分分布在地学家划定的 7000~4000 a BP 高海面海水淹没区。

二、长江三角洲新石器时代遗址分布特征

图 9.6.3~图 9.6.5 是本节作者根据半个世纪以来我国考古界研究成果(邹厚本等,2000;陈杰和吴建民,1996;张之恒,1995,1988)绘制的长江三角洲 7000~4000 a BP 新石器遗址分布图,在 205 个新石器时代主要遗址中,马家浜文化遗址 34 个、崧泽文化遗址 47 个、良渚文化遗址 124 个。从图 9.6.3~图 9.6.5 可见该区新石器遗址有以下分布特征:

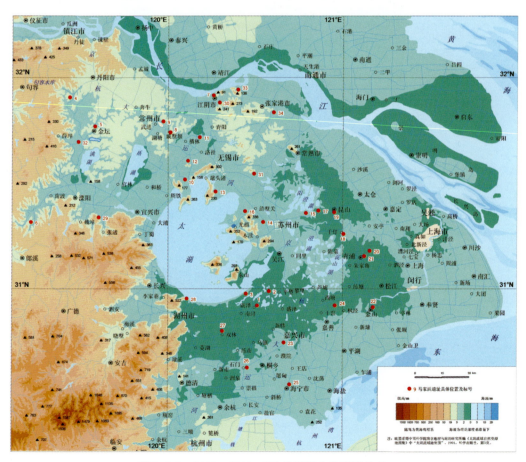

图 9.6.3　7000~5800 a BP 马家浜文化遗址分布

(1)马家浜文化(7000~5800 a BP)时期,34 个遗址中有 11 个主要位于太湖东部和西部海拔 0~2 m 的低洼湖荡平原和滨湖平原区;有 20 个主要位于太湖西北和东南部

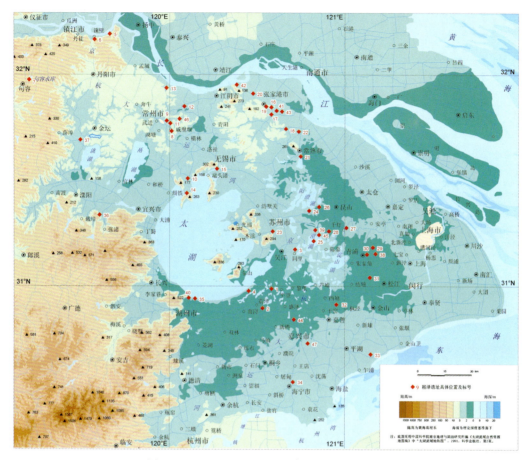

图 9.6.4　5800～5000 a BP 崧泽文化遗址分布

水网平原和高亢平原区；有 3 个主要位于太湖西部山前平原和东北部滨湖平原的土墩型台地上。这反映了自 7000 a BP 开始，新石器时代先民便已居住在地势低平、海拔多在 0～5 m、水网密布的滨湖平原区。

　　（2）崧泽文化（5800～5000 a BP）时期，47 个遗址中有 12 个遗址主要位于太湖东部和南部海拔 0～2 m 低洼湖荡平原和滨湖平原区，这 12 个遗址中有 8 个与马家浜文化时期 0～2 m 的遗址位置相同，另有 4 处遗址位置有所变化；这一时期海拔 2～5 m 的主要遗址数为 28 个（多于马家浜文化时期），而且有 21 处海拔 2～5m 遗址的位置与马家浜文化时期大不相同（其中包括该时期新增的重要遗址，如吴江同里、丹徒大港镇、镇江谏壁、武进潞城、常州郑陆三皇庙寺墩、无锡马山、沙洲塘桥、常熟谢桥新光钱底巷、吴县张陵山等）。这些新增的 2～5 m 海拔遗址多分布在太湖北岸和东岸地区，尤以在张家港—沙洲地区遗址增多最为突出，可能与张家港—沙洲地区位于长江凸岸，这一时期沿凸岸堆积作用加强扩大了人类生存空间有关。值得提出的是，虽然这一时期 5～10 m 海拔的主要遗址数有 5 个（多于马家浜时期的 3 个），10～50 m 海拔的遗址有 1 个，但发现的海拔 0～−5 m 的吴县澄湖湖底遗址表明这一时期并非为高海面时期。

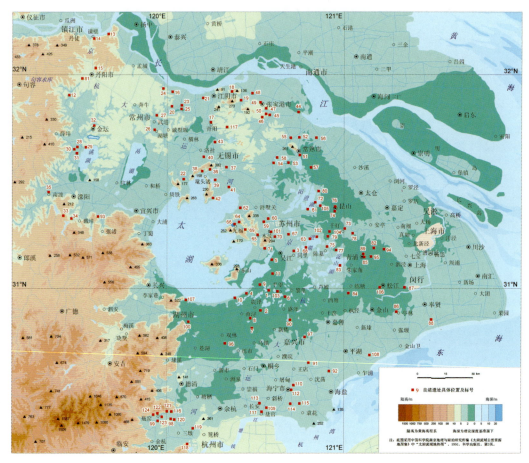

图 9.6.5　5000～4000 a BP 良渚文化遗址分布

（3）良渚文化（5000～4000 a BP）时期，这一时期以玉器为代表的良渚文化是长江三角洲史前文明最为灿烂的一页。0～2 m 海拔的主要遗址数达 30 个（新增 21 个），与崧泽文化期相比，相同海拔的遗址位置有所变化，新增的主要有吴江湖滨团结村大三瑾、常熟莫城黄土山、上海马桥、上海青浦罗家角解放村、吴江梅堰龙南、海宁盐官盛家埭、昆山火车站南荣庄、上海青浦蒸淀镇涂山墩、上海金山亭林、浙江湖州钱山漾、上海青浦汤庙村等遗址。0～2 m 海拔遗址变化的位置范围有向太湖以东和以南进一步扩张的趋势。2～5 m 的遗址数量多达 83 个，比崧泽文化时期多出 55 个，与崧泽文化期相比相同海拔遗址的位置有所变化，其中新增的有 67 个，主要有浙江余杭良渚遗址、余杭莫角山遗址（面积达 3×10^5 m²）、杭州水田畈、嘉兴雀幕桥、上海奉贤柘林等遗址。2～5 m 海拔遗址变化的位置范围有以太湖为中心，向北、东、南三个方向进一步扩展的趋势，北部以江阴、金坛、武进增加数量最多，南部以余杭、嘉兴、海宁地区增加最多，东部以无锡、吴县、昆山、青浦增加最突出。同样需要指出的是，虽然这一时期 5～10 m 海拔遗址数达到 8 个，但发现的淀山湖和澄湖湖底两处 0～-5 m 低于海平面的遗址仍可表明良渚文化时期该区依然为低海面时期。

（4）从以上遗址时空分布看，长江三角洲地区 7000 a BP 以来尽管遭受过洪涝灾害的影响（Yu et al，2000；朱诚等，1996；于世永等，1998；张强等，2000），但新石器时代遗址在太湖四周的分布是连续的和逐渐增多的，而且各时期均有大量分布于 0～2 m 甚至 0～−5 m 海拔的遗址，这一遗址分布特点本身就难以证明长江三角洲 7000～5000 a BP 海侵和高海面的存在。

三、长江三角洲一万年来高海面问题的考古地层学和钻孔海相微体古生物分析

近年来，作者曾分别对长江三角洲地区上海马桥遗址（朱诚等，1996a；于世永等，1998）、吴县唯亭草鞋山遗址（Yu et al，2000；于世永等，1999）、金坛三星村遗址（张强等，2000）和高淳薛城遗址（见第十章第五节）等做过年代学、海相有孔虫微古、孢粉、沉积学、地球化学等全剖面垂向采样测定和海岸带古贝壳堤年代学时空分布变化分析。其中，1997 年发掘的江苏金坛三星村遗址具有马家浜文化和崧泽文化层，出土了目前长江三角洲玉器、陶器最多的文化器物（两千多件），遗址区地表海拔仅 5 m 左右，文化层厚度达 3 m。我们在现场对考古地层全层位采样，一直采到生土层（现今海拔以下的晚更新世下蜀土层），在该遗址 7000～4000 a BP 地层内均未发现任何海侵有孔虫证据，但在马家浜文化层以下的灰色粉砂质黏土层中发现有暖水型的毕克卷转虫（*Ammoniabeccarii/tepida Group*）、深陷诺宁虫（*Nonion akitaense/depressulum Group*）、透明筛九字虫（*Cribrononion incertum*）和多变假小九字虫与多角口室虫组合（*Pseudononionella variabilis/Stomoloculina multacula Group*），这一特征与 Lin 等（1989）根据钻孔样品鉴定得出的全新世镇江海侵层海相微体古生物特征是一致的。值得提出的是，经研究发现（孙顺才和黄漪平，1993），镇江海侵的范围主要在镇江以下的沿江一带，不包括长江三角洲的太湖地区。

根据考古学界（邹厚本等，2000；孙顺才和黄漪平，1993）对吴县唯亭草鞋山遗址最底层古稻谷测年为 6275±205 a BP 分析，表明 6200 a BP 前古人已在此过着定居的农耕生活，而从野生稻谷演化到人工栽培稻谷，大约需要 1000 a 左右的时间。也就是说，7 ka BP 左右，这里就已是陆地环境。曾有学者认为（邹厚本等，2000）太湖地区的文化遗址主要是在地势较高的地方，因此未受到全新世海侵的影响，但据实地调查实际情况并非如此。大量的文化遗址均分布在低洼地区（如图 9.6.3～图 9.6.5），海拔 0～2 m，时代上是连续的，且由于地势低洼，文化层中曾数次夹有洪泛沉积物，而完全无 7 ka BP 以来的海侵迹象。

除前述澄湖湖底和淀山湖湖底存在崧泽和良渚文化遗址外，钱山漾遗址位于湖州市南部的浅水湖荡，地面高程仅 2 m，湖底有一系列古文化遗址，包括木棒等各种木器、竹绳等，该遗址年代为（4580±140）～（5260±135）a BP，其中古稻谷的测年为 5260±135 a BP。这表明，7 ka BP 以来这里未经受海侵，也并非为河口湾环境（孙顺才和黄漪平，1993）。

　　太湖平原西部，尤以洮、鬲湖区地形坦荡，地面高程 3～4 m。据洮湖、鬲湖湖底测量与调查，湖底均系坚硬的黄土质组成，鬲湖湖底除见有一系列古脊椎动物骨骼外，尚有古文化遗址。如 1972 年于鬲湖底发现楚国铜制"蚁鼻钱"；1934 年干旱，洮湖、鬲湖湖底均出露有古街道。由于这些平原邻近山地，全新世的一些河道穿越平原，甚至切过黄土层，以致全新世冲积物、湖沼沉积物以及泥炭等直接与下伏的晚更新世海相层呈假整合接触。上部泥炭年代为 6500～6800 a BP 前后，而下部海相层为 24720 a BP 前后。如在宜兴洋溪乡钻孔，下部海相层年代为 22302±656 a BP，而上覆淤泥并夹泥炭层年代为 4700 a BP，其底部见有毕克卷转虫、洁净先希望虫及中华丽花介等（孙顺才和黄漪平，1993），这在金坛、指前等地均有发现，它并不代表全新世海侵或海湾环境，仅为地形低洼及全新世河湖的侵蚀与堆积作用结果。中国科学院南京地理与湖泊研究所孙顺才和黄漪平（1993）根据 20 世纪 80 年代以来在太湖地区的 8 处钻孔资料鉴定分析发现，在太湖黄土层之上直接为全新世泥炭层，这些泥炭均属淡水河道型泥炭，无海相化石。

　　马桥遗址 1994 年考古发掘现场地层剖面，从地表到生土层共分 8 层，2a、3、5 为

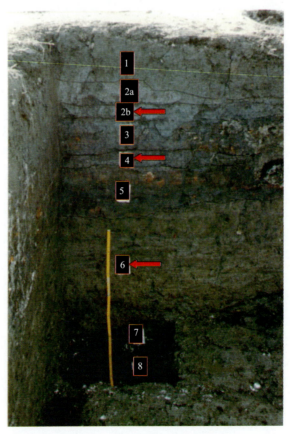

图 9.6.6　上海马桥遗址地层剖面图

从地表到生土层共分 8 层，2a、3、5 为文化层，2b、4、6 为文化

断层，8 为 6 ka BP 前后的古海岸贝壳堤

文化层，2b、4、6 为文化断层（自然淤积层），8 为 6000 a BP 前后的古海岸贝壳堤（图 9.6.6）。第 6 层中部年代为 5500 a BP，从此层以上未见任何有孔虫，是为上海地区成陆开始的标志层（朱诚等，1996）。因此，从地貌发育、地形演化、河湖沉积特征、古脊椎动物与微体古生物以及古文化遗址分布等均清楚表明，7 ka BP 以来除上海马桥岗身以东及南部（杭州湾北部）地区外，整个长江三角洲太湖平原广大腹地，均未遭受到海侵作用。

　　至于曾有报道（王富葆等，1996），在苏州及邻近地区现代地面沉积层中偶尔发现有有孔虫，但分析可知，在全新世高潮位时，海水沿某些感潮河段或河谷入侵，并夹有孔虫和海相介形虫，这也是正常现象，如现在长江口地区仍可见到，海潮可使海相介形虫出现在南通附近（李从先和汪品先，1998）。在历史上也有海水沿吴淞江倒灌到苏州城 5～10 km 的记载，但它并不代表一次广泛的海侵（孙顺才和黄漪平，1993）。

四、浙江宁绍平原全新世高海面分析

　　我们对河姆渡遗址地层的研究还获得以下新的结果：该遗址位于杭州湾以南、宁绍平原北部浙江余姚市河姆渡村，遗址海拔 2.4 m，文化层厚约 4 m，经 1973 年和 1977 年两次发掘发现该遗址范围约 40 000 m²，出土有大量人工栽培的稻谷、木制杆栏式建筑、木制水井、陶器、骨器、木船、木桨等。从对出土木头 ^{14}C 测年和稻谷鉴定，得知该遗址年代约为 7000～5000 a BP。2001 年 4 月应当地文物部门邀请，我们对该遗址做了三处钻孔取样（孔径 11 cm，孔深分别为 8.5 m、7.3 m 和 6.5 m）分析（见图 9.6.7）。

图 9.6.7　在河姆渡遗址区钻探采样

　　根据我们最近的现场调查、钻孔采样和对该遗址考古地层有孔虫、孢粉、含盐量、沉积物和地球化学测试分析发现，河姆渡遗址 4 m 厚的文化层之下是含有大量有孔虫的海相淤泥层，文化层顶部则为淡水沼泽相。这证实河姆渡文化恰恰是在地学家认为的 7000~5000 a BP 高海面时期诞生发展的，在 5000 a BP 前后该文化突然消失不知去向，在考古遗址地层中只出现与陆地洪水有关的淤泥沼泽相沉积。

　　图 9.6.8 为在该遗址取得的 HI 钻孔柱状图，从图可知位于遗址中心区的 HI 钻孔从地表往下共可分 4 个文化层，HII 和 HIII 钻孔由于位于遗址边缘区，第 1、2 文化层不明显且出土器物较少，但 3 处钻孔在第 2、3 文化层之间均有不含器物、由淤泥构成的文化间歇层。

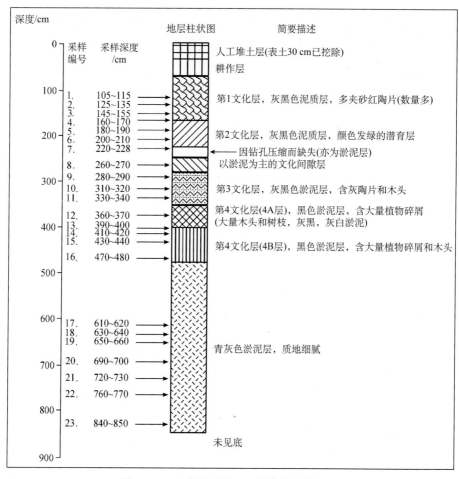

图 9.6.8　河姆渡遗址 HI 钻孔柱状剖面图

　　表 9.6.1 和表 9.6.2 是浙江省文物考古研究所对 4 个文化层出土的 22 块木头标本送中国社会科学院考古研究所[14]C 测年实验室所做的[14]C 测年和各层主要器物的统计。由表 9.6.2 可知，该遗址在距今（6955±130）~（6570±120）a BP 的第 4 文化层出土器物最多，其中石器达 385 件、骨器 1934 件、木器 328 件、陶器 191 件，此后以上各层器物数量均逐渐减少，到（5330±130）~4700 a BP 时的第 1 文化层均未发现骨器和木器。

表 9.6.1　河姆渡遗址 4 个文化层的¹⁴C 年代测定表（浙江省文物考古研究所，1978，1980）

文化层	深度/cm	厚度/cm	测定年轮校正年代（最早）	测定年轮校正年代（最晚）	测定标本数/个
第 1 层	80～155	10～105	5330±130	4700（未校正）	2
第 2 层	120～186	20～35	5840±130	5640±130	3
第 3 层	210～255	65～115	6265±110	5950±120	5
第 4 层	325～380	100～165	6955±130	6570±120	12

表 9.6.2　河姆渡遗址各文化层主要出土器物统计表

（浙江省文物考古研究所，1978，1980）单位：件

名　　称	第 1 层 （¹⁴C 年代 a BP） 5330±130～4700 （未校正）	第 2 层 （¹⁴C 年代 a BP） 5840±130～ 5640±130	第 3 层 （¹⁴C 年代 a BP） 6265±110～ 5950±120	第 4 层 （¹⁴C 年代 a BP） 6955±130～ 6955±130
石　　器	92	119	283	385
骨　　器	未见	49	1014	1934
木　　器	未见	8	10	328
陶　　器	66	23	123	191

　　从出土器物看，河姆渡遗址出土的生产工具、生活器具、原始艺术品等文物多达 6700 余件，有趣的是唯独缺乏该时代应有的兵器，如石镞、石钺等，木桨尚能保存，但却未发现原始的木矛一类的兵器。

　　作者对 3 处钻孔样品做了有孔虫和孢粉分析。表 9.6.3 是微古鉴定表，从表 9.6.3 可知，河姆渡遗址在厚达 4 m 的文化层之下是含大量有孔虫的海相淤泥层，有孔虫种类为浅海广盐性毕克卷转虫（*Ammonia beccarii* vars.（*linne*）），反映当时为水深 1～50 m 的滨岸-内陆架浅海环境。而自第 4 文化层开始垂向往上至地表均未发现任何种类的有孔虫

表 9.6.3　河姆渡遗址 HI 钻孔柱状剖面微古分析结果

有孔虫种类	数量/枚	样品干重/g	层位、样品号	丰度/(枚/每克干样)	分异度	分布环境
毕克卷转虫 *Ammonia beccarii* vars.（*linne*）	21	23.6	17	0.90	1	广盐种类对于指示海陆过渡相环境具有重要意义。水深 1～50 m，代表滨岸-内陆架浅海半盐水种
毕克卷转虫 *Ammonia beccarii* vars.（*linne*）	45	51.4	18	0.88	1	同　上
毕克卷转虫 *Ammonia beccarii* vars.（*linne*）	96	79.6	20	1.21	1	同　上

注：钻孔柱状剖面第 4 文化层以上各样品均未发现有孔虫

由孢粉和沉积学分析可知，文化层顶部为淡水沼泽相，这应能证实河姆渡文化恰恰是在地学家所指的全新世 7000～5000 a BP 高海面时期诞生发展的，5000 a BP 前后该文化的消失应与反映陆地洪水和长期积水的淤泥沼泽相沉积有关。

孢粉鉴定表明该遗址地层含有 71 属（科）种类，其中木本花粉 40 余属（科），草本 30 余属（科），还有近 10 种蕨类孢子，河姆渡遗址钻孔揭示的植物孢粉均属于热带-亚热带的植物种类，其中木本植物花粉有 40 余属（科），草本植物有 30 余属（科），还有近 10 种蕨类植物孢子（表 9.6.4）。

表 9.6.4　河姆渡遗址考古地层孢粉种类名录

名　称		
Pinus（松属）	Papillonaceae（蝶形花科）	Labiatae（唇形科）
Tsuga（铁杉）	Hamamelidaceae（金缕梅科）	*Cassia*（山扁豆属）
Alnus（桤木属）	*Ilex*（冬青）	Ranunculaceae（毛茛科）
Picea（云杉）	*Corylopsis*（腊瓣花属）	Gesneriaceae（苦苣苔科）
Cyclobalanopsis（青冈）	*Tilia*（椴属）	Amaranthaceae（苋科）
Castanea（栗属）	*Mallotus*（野桐属）	*Acorus*（菖蒲属）
Castanopsis（栲属）	*Trema*（山麻黄属）	Umbeelliferae（伞形科）
Quercus（栎属）	*Rosa*（蔷薇属）	Caryophllaceae（石竹科）
Salix（柳属）	Rutaceae（芸香科）	*Polygonum*（蓼属）
Carinus（鹅耳枥）	*Rhamnus*（鼠李属）	*Typha*（香蒲）
Betula（桦木）	Apocynaceae（夹竹桃科）	Euphorbiaceae（大戟科）
Liquidambar（枫香）	*Celtis/Pteroceltis*（朴树属/青檀属）	*Myriopteris*（狐尾藻属）
Michelia（含笑属）	*Zelkova*（榉属）	*Angiopteris*（莲座蕨属）
Magnolia（木兰属）	*Ulmus*（榆属）	*Polypodiaceae*（水龙骨属）
Acer（槭属）	Sapindaceae（无患子科）	*Polypodium*（水龙骨属）
Rhus（漆属）	*Hopea*（坡垒属）	*Pyrrosia*（石苇属）
Morus（桑属）	Gramineae（禾本科）	*Microlepia*（鳞盖蕨属）
Juglans（胡桃）	Gramineae（B）（禾本科（大））	Cyatheaceae（莎椤科）
Peterocarya（枫杨）	*Humulus*（律草属）	*Pteris*（凤尾蕨属）
Platecarya（化香属）	*Chenopodiacea*（藜属）	*Lygodium*（海金沙属）
Myrtaceae（桃金娘科）	Compositea（菊科）	*Lycopodium*（石松属）
Symplicos（山矾属）	*Artemisia*（蒿属）	Hymenophyllaceae（膜蕨科）
Pepermia（豆瓣绿属）	*Alsma*（泽泻属）	*Loxogramme*（石蕨属）
Leguminosae（豆科）	Liliaceae（百合科）	

从图 9.6.9 可知，河姆渡遗址 HI 钻孔厚度 7 m 的地层可分为 5 个孢粉带谱，从上往下分别对应于第 1、2、3、4 文化层和文化层出现之前的生土层（海相层）。

结合孢粉和有孔虫微古分析可获得以下新认识：

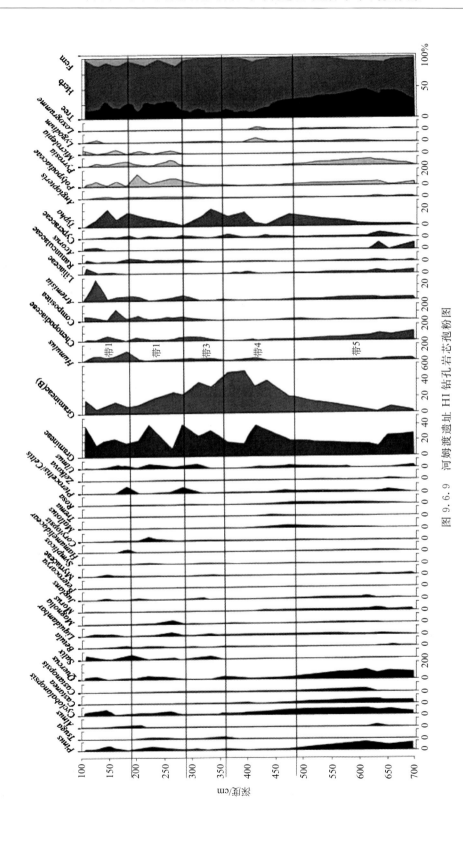

图 9.6.9　河姆渡遗址 H1 钻孔岩芯孢粉图

（1）根据大量钻孔揭示，浙江全新世海相层的厚度从几米到几十米不等，正常情况下最大厚度在 45 m 左右（冯怀珍和王宗涛，1986），作者此次 3 处钻孔最深达 8.5 m，第 4 文化层之下均为青灰色海相淤泥层，虽未见底，但应为全新世以来的沉积无疑。由此可知，河姆渡文化诞生之前的 10 000～7000 a BP 间，从对应的第 5 孢粉带分析看（深度 480～700 m），木本植物如山毛榉科的青冈、栎、栲、栗，以及野桐、桑科、胡桃、金缕梅和桃金娘等均较多出现，同时草本中菖蒲、香蒲和莎草均很多，反映的是一种南亚热带暖热湿润的气候，结合该层出现的大量毕克卷转虫，可以推论宁绍平原在全新世 7000 a BP 以前应为暖热湿润的高海面。

（2）从第 4 文化层对应的第 4 孢粉带分析看（深度 360～480 cm），该阶段河姆渡文明出现，禾本科尤其是水稻花粉含量丰富，可达孢粉总量的 50%，水生植物香蒲增多（15%），亚热带成分青冈、野桐、山麻黄、青檀仍保持相当数量，反映此阶段气候温暖湿润，但因未发现有孔虫，推测海水已退出，为淡水水网地带，故有利于水稻种植，并使河姆渡文化得以很快发展。

（3）从第 3 文化层对应的第 3 孢粉带分析看（深度 280～360 cm），该层禾本科仍很发育，水稻含量约占 40%，略低于前一文化层，同时出现较多榆科、杨柳科及藜科花粉，显示这一时期气候较前一阶段偏干，仍很温暖，水稻种植仍很广泛。

（4）从第 2 文化层对应的第 2 孢粉带分析（深度 180～280 cm），松属花粉有增加的趋势，其他暖温带成分如山毛榉科、桦木科、榆科等亦有增加，而禾本科水稻花粉明显减少，仍出现较多香蒲、毛茛科，表明气温有所下降，但气候较潮湿。

（5）从第 1 文化层对应的第 1 孢粉带（深度 100～180 cm）看，草本植物花粉如蒿属、菊科、藜科、葎草和石竹科等均有较多出现，木本植物主要有青冈、柳、栎、榆和松，显示气温仍在下降，气候温凉。本阶段中前期水稻不如前几阶段发育，但后期有一定增加。

（6）由于在河姆渡遗址第 1 文化层之上没有发现任何海相有孔虫，且其孢粉主要为反映温凉气候的草本花粉，故可认为河姆渡文化的突然消失与海侵（海面上升）事件没有任何关系；第 1 文化层之上的淤泥层可能与 5000 a BP 之后至 4000 a BP 前后的特大陆地洪水有关，这一地区流传甚广的大禹治水和大禹陵等遗址是其证据之一。

（7）英国学者 Smith 等（2011）、Turney 和 Brown（2007）在 *Quaternary Science Review* 杂志上发表论文，认为 8.7～8.1 ka BP 北美劳伦泰冰架的崩溃和淡水的注入，使温盐环流减弱，由此造成海面上升 1.4 m，使得北大西洋沿岸新石器时代部落灭绝或迁徙。Yu 等（2010）在 *Science* 上发表的论文证实美国五大湖所在的劳伦泰冰架在 9.3 ka BP 前后崩溃引起淡水注入北大西洋，造成温盐环流减弱，导致气候变冷。苏格兰学者则认为（Discovery Communications，2000），7 ka BP 前北大西洋因海底火山滑坡曾经历过海啸，并造成北欧沿岸原始部落的灭绝；美国学者（Discovery Communications，2000）认为夏威夷火山岛的垮塌应是太平洋大海啸暴发的原因。上述观点与我们过去的研究结果具有某些一致性，但对高海面出现的确切时代说法不一，需要进一步研究证实。另外需要指出，浙江省考古部门近年发现的上山遗址地表海拔 50 m 左右，上山文化的年代为 11 400～8600 a BP；与上山文化同时期的小黄山遗址海拔

45 m 左右，这两处遗址与苏北泗洪县海拔 32 m 的顺山集遗址均因海拔较高的缘故，并未受到全新世初华东沿海高海面的影响。宁绍平原跨湖桥遗址地表海拔 4 m 左右，跨湖桥文化的年代为 8 ~ 7 ka BP，该遗址上部 7 ka BP 之后的地层具有海相沉积特征，分析认为是因该遗址距杭州湾海岸线仅 5 km，表层海相沉积是受风暴潮沉积影响所致，不能代表 7 ka BP 以来华东沿海经历过高海面事件。

五、对华东沿海全新世高海面时代的几点认识

（1）从长江三角洲考古遗址时空分布看，该区缺少全新世初至 7000 a BP 的新石器时代遗址，7000~4000 a BP 是该区新石器遗址连续出现、逐渐增多、史前文明大发展时期。该区 7000 a BP 以来尽管遭受过洪涝灾害的影响（于世永等，1998；于世永等，1999），但新石器时代遗址在太湖四周的分布是连续的和逐渐增多的，而且各时期均有大量分布于 0~2 m 甚至 0~-5 m 海拔的遗址，从新石器遗址结合海岸贝壳堤时空分布看（朱诚等，1996；于世永等，1998），长江三角洲在全新世温度最适宜期（Climatic Optimum，即 7000~5000 a BP），海岸线并未到达茅山东麓。以上遗址和贝壳堤时空分布特征不能证明长江三角洲 7000~5000 a BP 海侵和高海面的存在。

（2）考古地层学和钻孔海相有孔虫鉴定发现，在长江三角洲地区各遗址地层中，海相有孔虫均出现在马家浜文化层之下的地层中，在 7000 a BP 以来的地层中未能发现海相有孔虫的存在，这一现象表明，该区全新世海侵应发生在 10 000~7000 a BP 之间。

（3）太湖西部众多时代连续的新石器遗址和水稻田遗存证明，有关全新世气候最适宜期该区为高海面或潮汐汉道的观点也难以成立。从地貌发育、地形演化、河湖沉积特征、古脊椎动物与微体古生物以及古文化遗址分布等均清楚表明，全新世以来除上海马桥岗身以东及南部（杭州湾北部）地区外，整个长江三角洲太湖平原广大腹地，均未遭受到 7000 a BP 以来的海侵作用，该区低洼湖荡平原河道中发现的 7000 a BP 以来的有孔虫不足以成为大范围海侵的证据。

（4）从河姆渡遗址文化层和出土器物年代、钻孔剖面微体古生物如有孔虫、孢粉证据可知，河姆渡文化正是在全新世气候最适宜期出现和发展的，过去地学界关于华东沿海在 7000~5000 a BP 为高海面的假说或理论在宁绍平原区也难以成立。考古地层学能够证明的应该是，宁绍平原全新世以来 7000 a BP 以前应为高海面、7000~5000 a BP 为低海面、5000~3900 a BP 为洪水频发期。

（5）考古遗址时空分布的事实和考古地层学证据表明，全新世大暖期温度最适宜期至少在长江三角洲和宁绍平原并非与高海面相对应。全球不同区域海面变化差异的原因以及本区新石器时代遗址在年代和海拔的三维时空分布及其考古地层学特征，不仅在中华文明起源问题上，而且在当前全球变化和未来海面变化研究上都蕴含有极为重要的研究信息和科学意义，值得进一步深入研究。国外同行近年研究得出的大西洋和太平洋在全新世初经历过高海面的观点与本书作者过去的研究结果具有很多一致性，但国外学者对全新世初高海面出现的确切时代说法不一，仍需要进一步研究证实。

第十章　长江下游新石器时代以来典型遗址考古地层研究

第一节　上海马桥遗址文化断层成因的考古地层学研究

一、剖面特征与微体古生物分析

考古部门多年发掘已证实在上海地区乃至整个长江三角洲地区普遍存在新石器时代以来成因不明的文化断层现象（吴建民，1988），即前后应当相继的文化层中间出现不同时间尺度、不含任何文化遗物的自然淤土、泥炭或沼铁层。从这一点出发，作者对马桥遗址古环境及文化断层成因作了进一步调查分析。

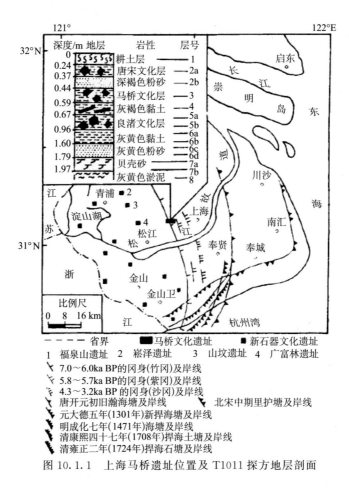

图 10.1.1　上海马桥遗址位置及 T1011 探方地层剖面

马桥遗址位于上海市闵行区马桥镇东 1 km 处，海拔 4.46～6.29 m，该遗址于 1959 年发现以来共经过 4 次发掘。发掘的结果是：以 T1011 探方剖面为代表，发现从地表往下依次有 9 个层次（图 10.1.1）；用陶器热释光测定了良渚文化层年代为 4410±11 a BP（上海市文物管理委员会，1978）；发现良渚文化层下有含大量砂粒的青灰色生土层以及一条南北向延伸长数里的贝壳砂带，对此处贝壳砂所作的 ^{14}C 测年年代为 6150±120 a BP（张景文等，1979）。以上结果初步表明此处 6150±120 a BP 时可能处于海岸带位置，但对于剖面出现的 3 个自然层成因却极少有过深入分析。

为区别该遗址剖面各层所属的不同海陆相沉积特征，首先对除表面耕土层以外的各层共 13 块样品作了微古生物分析。镜下鉴定发现，其中 6c, 6d, 7a, 7b 和 8 号样品均含底栖有孔虫，分属于 12 属 21 种，同时在这些样品中发现广盐性陆相介形虫 3 属 6 种（表 10.1.1）。

表 10.1.1　马桥遗址剖面微体古生物分析结果

每 10 g 干样中 含有孔虫枚数 有孔虫属种	6c	6d	7a	7b	8	分布环境
毕克卷转虫（变种）	1	95	215	204	199	滨岸—内陆架浅海半盐水种
凸镶边卷转虫					5	
丸桥卷转虫			13	17	21	内陆架浅海，50 m 深度以内浅海中
嵌线花朵虫					5	内陆架浅海
光滑九字虫		20	66	12		滨岸，15‰以下咸度中生活
孔缝筛九字虫		7		24	37	滨岸，沿岸 25‰半咸水
亚易变筛九字虫				2	5	内陆架浅海—滨岸，10‰～30‰半咸水范围内
多变假小九字虫虫		14	35	47	126	滨岸，不足 18‰半咸水体，尤以 10‰为多
亚卷曲希望虫				2	5	
缝裂希望虫			3	2	5	内陆架浅海，苏北沿岸水，低温低盐
清晰希望虫				2		内陆架浅海
粗糙希望虫					5	内陆架浅海
异地希望虫低凹亚种					5	内、中陆架
江苏小希望虫		37	73	26	21	典型沿岸种，15‰以下半咸水中
扁先希望虫			25	28	16	
中里假弯背虫				7		内陆架，沿岸盐度 15‰以下
施罗特假轮虫				5		内陆架浅海，典型暖水性种
中华假圆旋虫		31	47	45	52	滨岸种
多角口室虫				5	10	滨岸种

每 10 g 干样中 陆相介形虫枚数 陆相介形虫	6c	6d	7a	7b	8
近布氏土星介				5	
土星介未定种		7	9	5	10
弯曲玻璃介			6		
玻璃介未定种		7	9		
舒滨小玻璃介					10
小玻璃介未定种					5

微体古生物分析获得以下发现：①就该遗址第 4 次发掘现场看，其距地表 1.40 m 的 6c 以下各层（图 10.1.1）反映了与海相有关的沉积环境，而 6c 以上各层因未发现有孔虫，故应属陆相沉积；②从有孔虫壳壁类型看均为钙质有孔型，有 74% 的种在东海海底沉积中出现（汪品先等，1988），其余种可见于江苏和山东沿海第四系中（汪品先等，1980）；③主要属种为生活于半咸水中的滨岸种，同时每个样品中均含有一些畸形有孔虫个体及广盐陆相介形虫：如近布氏土星介、弯曲玻璃介和舒滨小玻璃介等。这些介形虫主要生活在淡水中，也能不同程度地容忍低盐度水体；④从 8 号样品向上至 6c 每克干样中有孔虫个体数由 52→43→48→20→0.1；其简单分异度由 15→15→8→6→1；其复合分异度亦是从 1.90→1.85→1.63→1.48→0，上述逐渐变小趋势从整体上反映了本区一次大的海退过程；⑤在 7b 号样品层位发现 5 枚典型暖水性种的施特罗假轮虫（汪品先等，1980），此种目前主要出现于南海现代海底沉积中，由此可知当时海水温度比现在要稍高一些；另因未发现浮游有孔虫，据此推断当时的滨海沉积环境基本上没有受到洋流的影响。

二、孢粉分析

为了解各地层和上述文化断层古气候环境，还对该剖面 13 块样品作了孢粉鉴定。该遗址孢粉含量总的来说不够丰富，统计发现仅 3 块样品孢粉数超过 200 粒（2a，4，5a），表现为木本花粉较少，草本和蕨类孢子较丰富，苔藓孢子有一定数量。大致可划分为 3 个孢粉带（图 10.1.2），自下而上依次为：

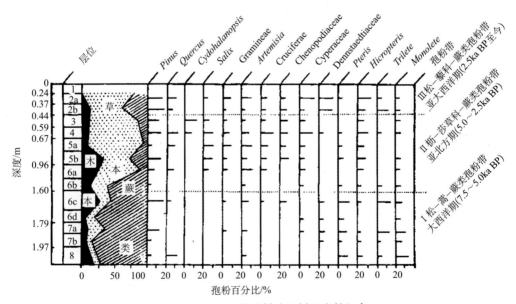

图 10.1.2　上海马桥遗址剖面孢粉组合

Ⅰ（8-6c 层）：松 Pinus-蒿 Artemisia-蕨类带，蕨类居优势，禾本和草本植物较少；其中湿生植物占有较大比例，蕨类孢子占 75%，以喜湿的单缝孢 Monolete、凤尾蕨

Pteris 和海金砂 *Lygodium* 为优势，反映了大西洋期该地区为滨海湿地环境，附近较高部位有森林生长。

II（6b-3 层）：栎 *Quercus*-莎草科 Cyperaceae-蕨类带，草本植物居优势，木本和蕨类植物较少，草本花粉占总数的 70% 以上，主要为喜干的蒿、禾本科 Gramineae、十字花科 Cruciferae 和藜科 Chenopodiaceae 等；木本植物以松、栎和柳 *Salix* 为主，也有少量喜暖的青冈栎 *Cyclobalanopsis* 等常绿阔叶树种；在局部低洼积水地带也有喜湿的里白 *Hicriopteri*、凤尾蕨等生长，反映了全新世亚北方期（5.0~2.5 ka BP）较暖、较干的疏林草原景观。根据微体生物分析，这段时间海水已经退出本区，其间也曾出现过短暂的陆地水域扩张事件，如在第 6a 和 5b 层，木本和喜湿的蕨类植物急剧增加，草本植物有所下降，沉积物颜色灰褐，反映了陆地洪水泛滥引起的淡水沼泽还原环境。良渚文化就是在海水退却，并经历了这种环境后发展起来的一种高度发达的史前文化。

III（2b-2a 层）：松-藜科-蕨类带，草本和蕨类植物为主，木本植物较少；草本花粉占总数的 55%，主要有藜科、十字花科和莎草科；蕨类孢子占 35%，主要有喜湿的碗蕨 Dennstaedtiaceae、里白等；木本花粉仅占 10%，主要为松、栎，反映了亚大西洋期（2.5 ka BP 以来）温暖湿润的针阔混交林-草原景观。其间也曾有过短暂的地表水域扩张期，如 2b 层，喜湿的蕨类植物孢子达到 45%，沉积物颜色深褐，反映了洪水泛滥引起的平原沼泽还原环境。这次洪水使马桥文化突然消失，本区成为沼泽环境，直到唐宋时期（618 AD~1127AD）一直不适合人类居住。在太湖流域此时也是湖泊发展时期，整治河道、疏浚三江就在这一时段（蒋新禾，1990）。

三、粒度分析

粒度分析结果表明，遗址剖面各层推移、跃移和悬移三种组分都有（图 10.1.3）。

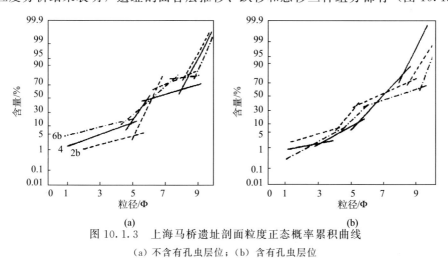

图 10.1.3　上海马桥遗址剖面粒度正态概率累积曲线
(a) 不含有孔虫层位；(b) 含有孔虫层位

含有孔虫的 6c~8 层沉积物平均粒径 7.1Φ，尖度中等偏尖窄，偏度均为负偏，分选较好；在粒度正态概率累积曲线上，跃移组分中都有一个截点，且粒度区间较宽（粒径 4~8Φ），斜率小于 10°，含量仅占 7％，显示了海滩砂的沉积特征（任明达和王乃梁，1985），应属滨岸沉积环境。根据有孔虫、陆相介形虫组合，自下而上依次为潮上带泥滩、贝壳堤和沙堤。

除去文化层，不含有孔虫的 6b、6a、5b、4 和 2b 层沉积物平均粒径 7.3Φ，尖度宽平，偏度均为负偏，分选较差；在粒度正态概率累积曲线上，推移组分粒度区间较宽（粒径 1~5Φ），斜率 20°左右，含量为 10％~15％，悬移组分粒径较细（8~10Φ），含量较推移组分多，为 40％左右，显示了动力较弱的洪积-冲积特征，故并非"海侵层"（吴建民，1988），而是陆地洪水泛滥沉积。孢粉组合中，上述各层湿生草本和蕨类植物占了相当大比例即可为证。

四、元素地球化学分析

（一）主要化学成分的含量

由表 10.1.2 可知，马桥遗址地层与许多碎屑类型沉积物一样，主要化学成分为 SiO_2，含量范围在 58.62％~69.55％，平均值为 63.04％；第 2 位为 Al_2O_3，含量在 12.50％~14.94％，平均值为 14.06％；第 3 位是 Fe_2O_3，含量在 1.63％~5.38％，平均值 4.50％；余下依次为 K_2O、CaO、MgO、Na_2O、FeO、TiO_2、P_2O_5、MnO 等。各组分在剖面上的分布明显分为两部分，以马桥文化层（即第 3 层，约 3500 a BP）为界线发生明显分异。该层往上 Na_2O、SiO_2、FeO 含量明显增多；而 MgO、Al_2O_3、K_2O、Fe_2O_3 含量明显减少。这说明马桥文化期前后，气候发生了明显变化。3500 a BP 前后气候虽有波动，但其幅度不大，这与竺可桢先生对 5000 年来中国气候变迁大趋势分析的结果基本吻合（竺可桢，1973）。为更加充分反映气候波动特性，本节采用了 FeO/Fe_2O_3，SiO_2/Al_2O_3 及 $CaO+Na_2O+K_2O/Al_2O_3$ 等氧化物比值的变化趋势分析（图 10.1.4）。FeO/Fe_2O_3 能反映氧化还原环境的变迁，气温越高，氧化作用越明显，比值越小，反之比值越大；SiO_2/Al_2O_3 是自然环境水热结构的重要标志，能反映某些矿物的含量关系、气候条件和风化条件，该比值越小，表明环境越湿冷，反之环境趋于干冷；$CaO+Na_2O+K_2O/Al_2O_3$ 反映活性组分和惰性组分之间的关系，气候越湿热，该值越小。分析结果也大致以第 3 层为界线分为两大部分。该层往上 FeO/Fe_2O_3 和 SiO_2/Al_2O_3 均有增大的趋势，这与剖面上化学元素的变化比较一致，表明了马桥文化前后，该区气候发生变化，从马桥文化以后，气候有变冷的趋势。可以看出，并非所有化学成分具有上述反映，P_2O_5 只在第 5 层，即良渚文化层（4500 a BP）有一显著峰值，在剖面其他处并无明显特征。P_2O_5 于第 5 层有明显峰值，这正说明马桥在良渚文化中期时是先民繁衍和兴旺时期。这是因为该文化层中含大量磷，为先民在此生存的标志，从而使文化层在整个剖面中出现异常值。CaO 含量在第 7、8 层（自然层）中含量大增，使 CaO 曲线反映的气候波动特性遭到破坏，究其原因是贝壳砂碎片所致。因为 CaO 含量大增，遂使上述 $CaO+Na_2O+K_2O/Al_2O_3$ 也无法准确反映气候波动特性。

表 10.1.2　上海马桥遗址 T1011 探方主要化学成分

样品	分层情况	深度/cm	Na_2O	MgO	Al_2O_3	SiO_2	P_2O_5	K_2O	CaO	TiO_2	MnO	FeO	Fe_2O_3
1	表土		1.50	1.56	12.50	67.33	0.27	2.30	1.26	0.85	0.06	2.76	1.63
2	2a 唐宋层	30.25	1.46	1.60	13.16	67.57	0.18	2.40	1.23	0.90	0.19	1.30	3.81
3	2b 自然层	40.25	1.57	1.52	12.50	69.50	0.18	2.31	1.29	0.91	0.17	0.95	3.48
4	3 马桥文化层	51.50	1.06	2.12	14.94	61.40	0.41	2.58	1.65	0.82	0.09	0.74	5.38
5	4 自然层	63.00	1.13	2.10	14.38	62.89	0.53	2.53	1.82	0.85	0.12	0.88	5.01
6	5 良渚文化层	74.25	1.12	2.23	14.30	61.90	0.67	2.56	2.00	0.83	0.19	0.80	5.21
7			1.10	2.05	14.30	61.90	0.48	2.59	1.71	0.83	0.09	0.92	4.84
8			1.12	2.08	14.35	63.74	0.34	2.65	1.40	0.85	0.08	1.03	4.78
9	6 自然层	120.00	1.20	2.20	14.61	63.57	0.31	2.70	1.38	0.88	0.20	0.97	5.03
10			1.10	2.70	14.89	61.18	0.33	2.72	2.07	0.87	0.17	0.92	5.20
11		152.00	1.13	2.70	14.92	61.00	0.24	2.75	1.93	0.87	0.12	1.20	4.93
12	7 贝壳砂	164.75	1.09	2.76	14.08	58.62	0.29	2.65	4.27	0.82	0.08	1.03	4.59
13			1.20	2.30	13.95	60.41	0.25	2.66	3.40	0.84	0.10	0.94	4.66
14	8 淤泥层	188.00	1.19	2.71	14.01	60.93	0.22	2.65	3.12	0.85	0.12	1.07	4.65

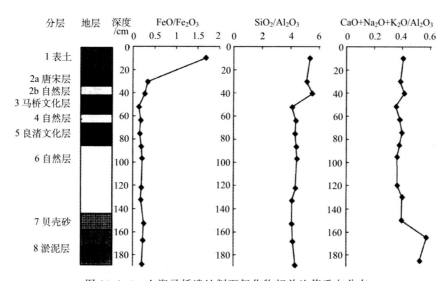

图 10.1.4　上海马桥遗址剖面氧化物相关比值垂向分布

（二）遗址剖面 Fe^{3+}/Fe^{2+} 周期性波动和古温度值的推算

赤铁矿的矿化程度，一般来说，与气候冷暖变化呈线形关系，即赤铁矿的矿化程度越高，反映的气候愈加炎热湿润；相反赤铁矿矿化程度越低，反映气候干燥和凉爽。用 Fe^{3+}/Fe^{2+} 推算第四纪地层古温度，需先用实验分析手段获得地层中各取样点的 $Fe^{3+}/$

Fe^{2+} 值，然后再求出地层中的 Fe^{3+}/Fe^{2+} 的平均值，最后，将各剖面的 Fe^{3+}/Fe^{2+} 值与地层中 Fe^{3+}/Fe^{2+} 相比较，小于其平均值的测点，则表明此点的沉积时年平均气温比现代年平均气温要低，相反则反映该测点沉积时的平均气温比现今年平均气温偏高。推算古温度公式如下：$t = T + TM/m$，其中 t 为推算古温度的值，T 为某地现今年平均温度，M 为某样品 Fe^{3+}/Fe^{2+} 与平均值之差，m 为各样品 Fe^{3+}/Fe^{2+} 的平均值。图 10.1.5 中虚线为修订值，因唐宋中晚期为一历史时期的高温期，这已为大家所公认。表层或接近表层数据的误差较大，故而订正之。经订正后其曲线能较好的反映气候的相对波动。

深度/cm	样号	序号	Fe^{3+}/Fe^{2+}	推测古温度/℃	推测古温度曲线	古温度曲线(除表土)	推测古温度(除表土)/℃
24	1	表土	0.53	2.00	2 7　16 25	27 16 25	
36.5	2	2a	2.63	9.94	3	3	9.34
44	3	2b	3.28	12.40			11.64
59	4	3	6.48	20.49			23.00
67	5	4	5.15	19.47	2	2	18.28
	6	5	5.87	22.19			20.84
96	7		4.71	17.80			16.72
	8	6	4.18	15.80	1	1	14.84
	9		4.69	17.73			16.65
	10		5.59	21.51			20.20
150	11		3.71	14.02	1	1	13.17
	12	7	4.01	15.16			14.24
169	13		4.47	16.90	凉　暖	凉　暖	15.87
187	14	8	3.80	14.36			13.49
190							

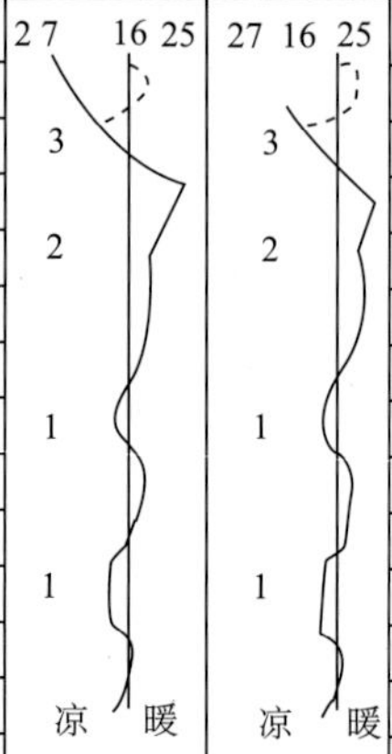

图 10.1.5　由 Fe^{3+}/Fe^{2+} 比值推测的马桥遗址古温度曲线

五、孢粉、埋藏古树、粒度等反映的文化断层成因

从孢粉分析来看，2a 和 2b 层孢粉组合木本以松、栎、栗、枫杨和柳为主，尚有榆和漆树等；草本以十字花科为主，该组合总体上反映了本区自亚北方期末至亚大西洋期以来以阔叶落叶、常绿阔叶和针叶混交林为主的景观。3～8 号样松粉相对减少，常绿阔叶的青冈栎、栲占一定数量，尚有一定数量的栎、栗、枫杨和桤木等落叶阔叶树花粉；在 5a 以上出现较多十字花科花粉，5a 层以下逐渐减少直至消失。从孢粉组合看，至少体现了这段地层处于大西洋期气候温热潮湿的特点。在 6c 及其以下 8 号样品中喜湿热的海金沙和喜湿的蕨类孢粉出现，且在 7b 样品中发现暖水性的施特罗假轮虫均证实了这一点。此后的亚北方期从孢粉组合看，6b 层孢粉总数和木本花粉已明显减少，反映出较干凉的气候环境。由于在良渚文化层（5b）与反映海相特征的 6c 层之间还存在着无有孔虫且无文化器物的 6a 和 6b 层，由此发现：6a 和 6b 层是出现于良渚文化之

前与海侵事件无关的自然层；良渚文化是在大西洋期高海面事件结束后经历了相对温凉环境才逐渐形成的一支发达文化，从而澄清了以前对良渚文化形成前本区仍为海侵区的模糊认识（吴建民，1988）。

值得重视的是，据对长江三角洲大量考古看（吴建民，1988），均发现在良渚文化末期该文化突然消失不知去向，其消失时在地层中普遍有一淤泥或沼铁泥炭层，其上则为落后的马桥文化，该剖面第 4 层正是如此，上述微体古生物分析已证实此层与海侵无关。从孢粉看，这一时期有大量栎、青冈栎、栗、栲、水青冈、枫杨和桤木等喜暖阔叶树，表明当时应是湿热环境。需要指出，表 10.1.3 统计的长江三角洲地区、上海地区包括马桥遗址本身均已发现该时期地层中具有大量埋藏古树，其多有砂砾与树木混杂的沉积特征，这应是洪水作用的主要标志之一。其中，溧阳沙河东陵沙矿最为典型，其具有厚达 7 m 的砂与腐木互层沉积，层中有石斧、石锛等良渚文化时的石器，层中埋藏树干 ^{14}C 年龄为 4200 a BP 左右。由此说明，马桥遗址良渚文化末期去向不明应是该时期长江三角洲出现的大规模洪灾所致。还应指出，史料记载中的鲧、禹治水也在这一时期。该层粒度分析表明，其平均粒径为 7.53Φ，在正态概率累积曲线图上，该层推移质组分为 1～5Φ，跃移质 5～9Φ，悬移质 9～10Φ；推移与跃移组分交点斜率 30°左右，跃移与悬移组分交点斜率 60°左右。这一特征除证实当时发生洪灾外，还表明此区因处于地势开阔平缓的三角洲平原，洪水搬运动力减弱，不仅悬移质增多且沉积物粒径普遍较细，应属于长期积水的淡水湖沼环境。分析认为马桥文化层至唐宋层之间的 2b 层亦与洪水灾害有关。据陈高庸等（1939）资料统计，仅自秦始皇元年至唐代中期（公元 982年），长江流域在 1200 多年间遭遇的洪水灾害达 201 次，其中大部分发生在长江中下游地区，而同时期遭受的旱灾只有 51 次记载。该层样品粒度及正态概率累积曲线与 4 号样品具有类似的特征证实了其洪灾引起的积水湖沼环境。

表 10.1.3　长江三角洲地区部分埋藏古树统计表

序号	埋藏地点	材料性质	层位	年代/a BP	文化期	资料来源
1	上海金山亭林遗址	树干残段		3730±95	良渚	中国社会科学院考古研究所，1979
2	南京浦镇东门抽水站	古树	埋深 8 m，砂砾层中	4085±95 4290±100		曹琼英等，1989
3	江苏溧阳沙河东陵沙矿	古树	剖面下部砂与腐木互层	4430±95 4410±100 4010±130	良渚	曹琼英等，1989
4	江苏吴江县梅堰遗址	树干		5300～4200	良渚	江苏文物工作队，1963
5	上海马桥遗址	树干	距地表 2.2 m	4200±95	良渚后期	上海市文物管理委员会，1978
6	江苏镇江七里甸	木头	埋深 3 m	4160±95		曹琼英等，1989
7	江苏常州圩墩	木头		5020±120 5630±140		中国社会科学院考古研究所，1983

六、剖面反映的沉积环境与全新世气候期对应分析

由于古地形和沉积环境的差异，以竹冈和海塘为界，上海陆地部分的成陆过程可划分为 4 个不同的区域（谭其骧，1973）。通过与邻区已经发掘的几个遗址剖面地层的对比（上海市文物保管委员会，1962，1989，1990）可以看出（图 10.1.6），马桥以西地区，因地势稍高（海拔 6～8 m）未受到海水直接影响（严钦尚和洪雪晴，1987）；但因高海面时，受海水顶托，地表洪水渲泄不畅，主要为陆地淡水沼泽沉积和三角洲平原洪—冲积沉积（蒋新禾，1990）。许多新石器文化遗址均分布在这一地区。福泉山马家浜文化遗址表明，早在 6 ka BP 该地即成为人类活动的主要场所。马桥地区位于冈身内外的交界处，成陆过程具有自身特点。松江故道以南共有 3 条贝壳堤，自西向东依次为竹冈、紫冈、沙冈（图 10.1.1），具有海积成因，因而可大致代表当时的岸线位置（章申民等，1987）。从现有的几个冈身贝壳砂[14]C 年代看（华东师范大学河口海岸研究所[14]C室，1987），竹冈形成于 7.2～6.0 ka BP，马桥地区当时应为滨海环境；这与微体生物分析结果一致。紫冈形成于 5.8～5.7 ka BP，根据地貌部位，马桥地区当时应为滨岸潮上带环境；样品中陆相介形虫开始增多，也反映出了海水逐渐东退。沙冈形成于 4.3～3.2 ka BP，当时气候转为干暖，马桥地区已完全摆脱了海侵环境，成为滨海平原。以后海水继续东退，在经历了一次洪水泛滥、湖沼扩展期后，先民们移居此地，创造了良渚文化。在良渚文化末，又经历了一次规模较大的洪水期，良渚文化消失，代之以马桥文化。在马桥文化末商周（1600 BC ～256 BC）初，又经历了一次洪水泛滥期，演变为三角洲平原沼泽环境。

海塘的兴废反映了海岸线的进退。上海最早的海塘修建于唐开元初（713 AD ～742 AD），称旧瀚海塘（图 10.1.1），表明当时海岸线已退到此地。此时马桥地区已经远离海岸，成为滨海平原。到北宋（960 AD ～1172 AD），海岸线已经退到川沙—南汇—奉城一线（图 10.1.1），在此修筑了里护塘。此时，现上海市的大部分地区已成为陆地（谭其骧，1973）。以后只是在南部杭州湾北岸的金山卫一带又有几次海水进退（张修桂，1983），但仍未到达马桥地区，岸线只是在金山卫一带摆动。

据上述环境考古分析，可总结出如图 10.1.7 的各时期沉积环境与全新世气候期的对应关系，即：马桥地区在大西洋期（4450～7450 a BP）至少经历了内陆浅海—滨岸潮间带—滨岸潮上带—滨岸淡水湖沼环境；在亚北方期（2450～4450 a BP）经历了干凉滨岸环境—洪灾积水湖沼和暖湿滨岸环境；在亚大西洋期（2450 a BP 以来）经历了洪涝湖沼环境以及伴有冷（如明代）、暖（如现今）波动但整体呈现为暖湿的环境。本区成陆后曾经历 3 次明显不利于人类生存发展的环境，即良渚文化形成之前及末期，以及商周至唐代之间，由此形成 3 次明显的文化断层。这些文化断层主要是因较长时间的陆地洪灾引起积水湖沼所致，均与海侵无关。

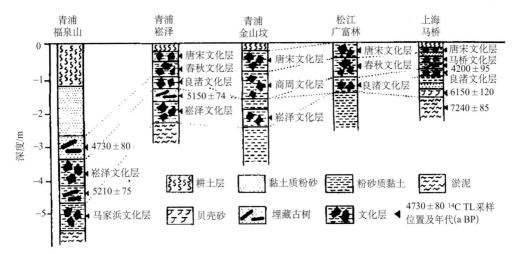

图 10.1.6　上海马桥遗址及其与邻区遗址柱状剖面地层对比

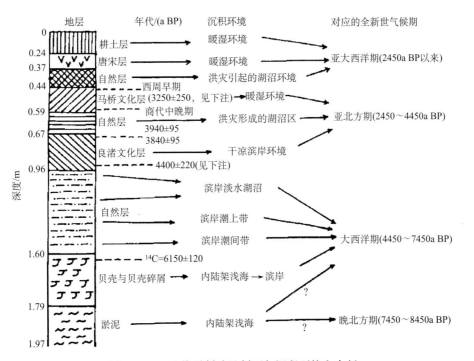

图 10.1.7　上海马桥遗址剖面与沉积环境和全新
世气候期的对应关系（朱诚等，1996）

注：1）良渚文化层上层与雀幕桥 3940±95aBP 和亭林文化 3840±95aBP 同期；

2）马桥文化层年代和良渚文化下层年代引自：上海博物馆实验室，热释光测定年代报告（一），上
海博物馆集刊（建馆三十周年特辑），1982，307.

第二节　宜兴骆驼墩遗址地层全新世沉积环境记录

一、骆驼墩遗址概况

宜兴骆驼墩遗址位于江苏省宜兴市新街镇塘南村（林留根等，2002；南京博物院考古研究所，2003），地处宜溧山地的山麓向平原地区过渡的地带。东距宜兴市约 10 km，西距溧阳市约 25 km。地理坐标为东经 119°42′、北纬 31°21′（图 10.2.1），海拔 3～5 m。遗址总面积 25×10^4 m²，已发掘面积 1309 m²。其具有 7 ka BP 以来马家浜文化、崧泽文化、良渚文化、广富林文化、春秋文化和唐宋文化层，以及文化层之间的贝壳层、埋藏古树和自然淤积层等。该遗址代表了太湖西部山地向平原过渡地带的新石器时代考古学文化。2001 年 11 月～2002 年 7 月，南京博物院考古研究所与宜兴市文物管理委员会组成考古队对该遗址进行了首次大规模发掘。发掘结果显示，距今 7000～5500 年的马家浜文化和崧泽文化时期，骆驼墩是太湖西部地区的大型中心聚落遗址。

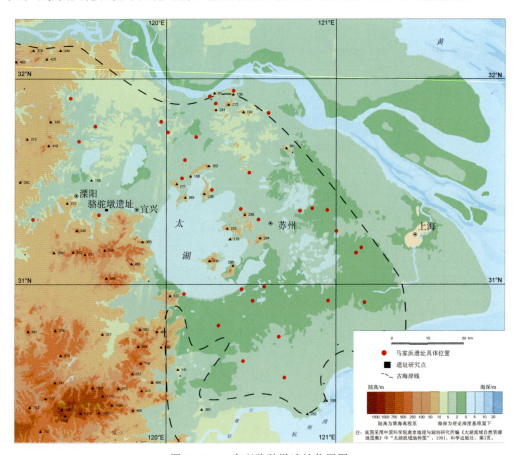

图 10.2.1　宜兴骆驼墩遗址位置图

二、地层、野外采样和测年

在南京博物院考古研究所骆驼墩遗址考古领队林留根研究员现场指导下，作者于2007 年 9 月 26～29 日在骆驼墩遗址现场进行了调查和采样，共采得样品 217 个。图10.2.2 是骆驼墩遗址现场探方剖面图，由图可看出马家浜文化层下部有厚达近 50 cm的泥炭层。表 10.2.1 是该遗址 T5033 探方地层的具体特征描述。

(a) 骆驼墩遗址发掘现场　　　　　　　　(b) 横线以下为泥炭层

图 10.2.2　T5033 探方地层特征

表 10.2.1　骆驼墩遗址 T5033 探方地层描述

层位与年代	层位	厚度/cm	地层相对年代	地层描述	主要出土遗物
	1	38	耕土层	耕土层	现代杂物、植物根茎
①	2A	36	西周春秋层	纯净黄灰色土层	陶器
②A	2B	25	广富林文化层	细腻灰褐色土层	陶器
②B	3	30	良渚文化层	夹锈斑褐灰色土层	陶器
③	4	30	马家浜文化层	夹锈斑深褐灰色土层	大量动物骨骸、陶器
④	5	19	马家浜文化层	夹黄斑灰黑色土层	动物骨骸、陶片、贝壳、河蚌
⑤	6	18	马家浜文化层	夹黄斑灰色土层	动物骨骸、碳化稻、陶器、贝壳、河蚌
⑥	7	21	马家浜文化层	青灰色土层	动物骨骸、陶片、贝壳、河蚌
⑦	8	19	马家浜文化层	夹炭屑青灰色土层	动物骨骸、碳化稻、夹蚌及细砂陶
4100±400 ⑧	9	19	黑色泥炭层	黑色泥炭层	动物骨骸、夹蚌及细砂陶
4325±375 ⑨	10	24	黑色泥炭层	黑色泥炭层	动物骨骸、树木、植物根茎
4925±475 ⑩ 7000±500 ⑪	11	未见底	黄色土层	黄色土层	

采样后，在发掘单位提供的相对年代基础上进一步挑选了 4 个样品送至中国科学院南京地理与湖泊研究所湖泊与环境国家重点实验室进行[14]C 测年，测试结果见表 10.2.2。

表 10.2.2　骆驼墩遗址 ^{14}C 测试数据及校正年代

实验室编号	样品原编号	样品名称	测年材料	结果/a BP	校正年代/cal. a BC
KF071204	T5033（8）-29	淤泥	有机碳	5281±175	4100±400
KF071205	T5033（9）-19	泥炭	有机碳	5464±165	4325±375
KF071206	T5033（10）-24	泥炭	有机碳	6016±200	4925±475
KF071202	T5033（10）-1	泥炭	有机碳	8036±190	7000±500

根据发掘单位提供的相对年代和测试年代，本节认为 KF071204、KF071205、KF071206 和 KF071202 这 4 个数据是有效的，即第 9 层以下年代应早于 7000 a BP。

三、微体古生物与海陆交互影响分析

在野外考察发掘采样的基础上，对地层和样品综合分析后选取其中的 63 个样品进行了微体生物化石分析，分析结果见表 10.2.3。

表 10.2.3　骆驼墩遗址地层样品组成成分分析

样品编号	深度/cm	地层	包含物
1~6	298~288	11	植物碎屑（片）为主，含植物化石
7~18	287~265	10	碳屑、植物碎片（屑），发现大量植物化石；夹细粉砂
19~28	263~245	9	植物碎屑、碳屑、植物化石
29~32	244~216	8	大量碳屑，夹石英砂岩、石英岩、千枚岩、角闪石、黑云母、长石、灰岩，少量粉砂
33	213	7	与 8-20、8-29 所含物质成分基本相同，大量碳屑中混杂石英砂岩、千枚岩、角闪石等
34	197	7	白色粉末状，待定
35	193	6	动物骨骼碎屑为主，以样本为代表；夹灰绿岩、砂岩
36	177	6	与 7-10 所含物质成分基本相同
37~38	173、161	5	骨骼碎屑
39	157	4	泥质粉砂岩、白色胶结物为主
40、41	143、131	4	夹碳泥质粉砂、红烧土、石英颗粒
42~44	127、113、101	3	泥质粉砂、石英
45~57	98~74	2	泥质粉砂、石英为主
58~61	72、65、52、39	2	泥质粉砂、石英为主，少量植物根茎
62~63	37、1	1	黏土质粉砂、石英为主

从上述统计表可知，第 5 层及第 6 层发现了大量的动物骨骼化石及其碎屑，第 8 层发现了大量碳屑及各种矿物晶体，第 9~11 层以大量碳屑及植物碎屑为主；植物化石主要集中于第 9~11 层。

（一）有孔虫

2007 年 10 月～2008 年 4 月在南京大学区域环境演变研究所进行微体化石分析。根据样品和层位需要，对 63 个样品作了有孔虫、介形虫的分析研究，用 250 孔、0.061mm 的铜筛前处理后样品经筛选分为小于和大于 0.15 mm 的细组分和粗组分两部分，然后用江南 JSZ6 双目体视显微镜鉴定。经鉴定，在第 10 层泥炭层中发现底栖有孔虫 2 种 1 属，即：*Ammonia compressiuscula*（压扁卷转虫）［图 10.2.3（a）、（b）］和 *Ammonia* cff. *sobrina*（近亲卷转虫相似种）［图 10.2.3（c）］。图 10.2.3 是在南京大学现代分析中心由日本 Hitachi 公司生产的 S-3400N II 型号 SEM 扫描的图片。卷转虫属于广盐性（汪品先等，1988），是现代海岸潮滩边半咸水常见分子。由地形可知，海相类有孔虫是该区典型的异地埋藏分子，可能是由海水上溯搬运至该区沉积而来。由此推测在 7500 BC～5400 BC 期间该区可能经历过与杭州湾和海岸带相通的古河道沉积环境（严钦尚和洪雪晴，1987；严钦尚和黄山，1987）。

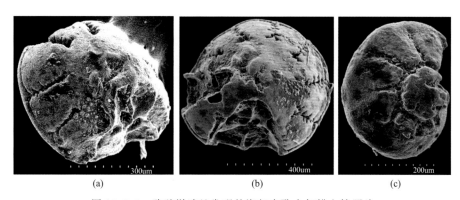

图 10.2.3　骆驼墩遗址发现的海相有孔虫扫描电镜照片

（a）（b）*Ammonia compressiuscula* 压扁卷转虫；（c）*Ammonia* cff. *sobrina* 近亲卷转虫相似种

（二）植物化石

对有孔虫等微体化石分析相应层位的 63 个样品还作了样品成分及其他大化石分析（表 10.2.4 和图 10.2.4）。从表 10.2.4 可知，本次分析共发现植物化石 9 种 450 颗，主要位于第 2、9、10、11 层，其中以第 9 层和第 10 层最为集中，分别占整个层位的 29.8% 和 62%；植物化石基本呈黑色，表明碳化现象比较严重。

根据地层特点及地貌现象分析可知：太湖地区从地貌上看主要呈四周高而中间低洼的碟状地形，骆驼墩遗址位于太湖西侧湖畔，地势低洼，其西北数十千米便是宁镇丘陵，而其西南部又是宜溧山地所在，因此，在气候湿热的 7500BC～5400BC 期间太湖地区在经历海侵事件时，距骆驼墩遗址数十千米以外的西北和西南部较高的宁镇丘陵和宜溧山地仍有淡水环境适合植被生长，在第 9 和第 10 层中发现的植物种子化石应是当时雨水和地表径流从西北和西南部高地搬运至太湖途中沉积所致。

表 10.2.4 骆驼墩遗址植物化石分布

样品编号	深度/cm	地层	合计
1~6	298~288	11	30
7~18	287~265	10	279
19~28	263~245	9	134
45~57	98~74	2	3
58~61	72~39	2	4
62、63	37、1	1	0
合计/颗			450

注：编号 29~44 为第 8 至第 3 层样品，未发现植物化石

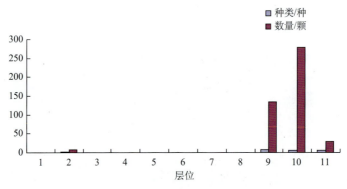

图 10.2.4 骆驼墩遗址植物种子分布

植物化石种类方面，主要有三种植物种子是比较常见的（图 10.2.5）。棕黑色长形植物种子化石 [图 10.2.5（a）] 源于地层第 10 层 3 号样品。红色球形植物种子化石 [图 10.2.5（b）] 源于地层 2A-22，与李兰等（2008）在藤花落遗址相关研究中发现的种属一致，这意味着这种圆形红色种子是当时比较普遍的种类。棕色长形植物种子化石 [图 10.2.5（c）] 来源于地层第 10 层 5 号样品；白色球形植物种子化石 [图 10.2.5（d）] 来源于地层第 10 层 23 号样品，与图 10.2.5（a），（c），（d）所代表的相同种属的植物种子在地层中依次发现了 241 颗、70 颗、53 颗，占整个植物化石的 53.6%、15.6%、11.8%。

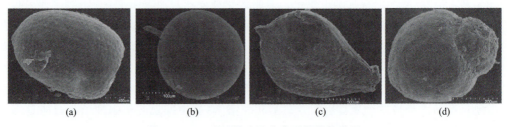

图 10.2.5 骆驼墩遗址中典型的植物种子

　　在以上实验的基础上，将植物化石标本送至中国科学院南京地质古生物研究所进行标本种类的鉴定。结果共统计出 4（科）属，即 *Polygonum* sp.（蓼属未定种）（图 10.2.6（a））、*Scirpus* sp.（藨草属未定种）（图 10.2.6（b））、*Najas* sp.（茨藻属未定种）（图 10.2.6（c））、*Physalis* sp.（酸浆属未定种）（图 10.2.6（d））。

(a)　　　　　　　　　　　(b)

(c)　　　　　　　　　　　(d)

图 10.2.6　骆驼墩遗址鉴定出的植物化石标本
（a）*Polygonum* sp.（蓼属未定种）；（b）*Scirpus* sp.（藨草属未定种）；
（c）*Najas* sp.（茨藻属未定种）；（d）*Physalis* sp.（酸浆属未定种）

　　蓼属为一年生或多年生草本，稀为半灌木或小灌木，广布于全世界，主要分布于北温带，我国南北各省均有分布；藨草属为丛生或散生的草本植物，广布于全国，多生长于潮湿处或沼泽中；茨藻属为一年生沉水植物，生于淡水或咸水的稻田、净水池沼或湖泊中；酸浆属为一年生或多年生草本植物，大多数分布于美洲热带及温带地区，少数分布于欧亚大陆及东南亚。已鉴定出的四种植物类群全部为草本植物，其中茨藻属为水生植物，藨草属为湿生植物，反映了取样点的生境应为湖泊、沼泽等水生环境。

（三）其他层位所含成分分析

　　第 5 层和第 6 层发现了大量的动物骨骼化石及其碎屑，推测当时该地已成为重要的聚居地。黄宝玉等（2005）曾对该遗址的软体动物化石进行了研究，主要发现了河湖间蚌壳类等。

第 8 层发现了大量碳屑及各种矿物晶体，说明当时有大量的用火迹象。

结合第 6~8 层的迹象分析认为，当时该遗址已成为人类重要的聚落遗址，在这几层中没有发现任何植物化石痕迹，据此推测，这种现象可能是由于生活区域的集中和生产力的低下造成了人类大量砍伐使用树木所致。

（四）气候环境与海侵事件讨论

根据许雪珉等（1996）对太湖地区一万年来孢粉等相关分析研究表明，11 000~9000 a BP 期间该区地带性植被已为亚热带落叶阔叶与常绿阔叶混交林，推测当时气温可能较今略低；9000~5000 a BP 期间为常绿阔叶林大发展时期，气候温暖适宜，为全新世最佳期，气温约较今高 1~2℃。气候的暖湿自然有利于农作物的生长、人类文明的发展。发现的大量植物种子化石说明宜兴骆驼墩遗址在此大背景下植被覆盖良好，水源充足，利于人类的生产和生活，人类开始在此逐渐聚居，文明逐渐起源和发展。

在生产力水平低下的新石器时代，人类对环境的依赖显得更加突出，地形、水源等是人类选择生活场所必须考虑的因素。骆驼墩遗址位于太湖西部，而且是山麓到平原的过渡带，近水源但同时又不会被洪水轻易淹没，同样适于人类文明的延续。

对于太湖区域的海侵问题前人已有较多的讨论，如杨怀仁和谢志仁（1984）提出在 7 ka BP 前后的一次冰后期海侵规模最大，太湖地区与外海相通，海水逼近丹阳—溧阳—吴兴一带的丘陵山地和黄土岗地；邵虚生（1987）认为全新世中期，即 7.0~6.5 ka BP，平原大面积受到海侵，太湖中部大片台地被海水浸没成为潮滩和浅水泻湖环境；严钦尚等（1993）认为太湖平原在全新世早期（10 000~7500 a BP），西北部为海湾，中部则为起伏不大的台地，到全新世中期，即 7000~6500 a BP，平原大面积受到海侵。前人研究多数是通过相关测试数据和历史文献分析得出的结论，并没有确切的实物证据；Zhu 等（2003）曾提出太湖地区全新世以来的高海面可能出现在 7 ka BP 以前的全新世初期，而本节通过测年和有孔虫鉴定的新发现，再次证明 7500 BC~5400 BC 该区经历过与杭州湾和海岸带相通的古河道沉积环境（严钦尚和洪雪晴，1987；严钦尚和黄山，1987），为本区至今未发现 7000 a BP 以前新石器时代文化遗址的疑难问题，提供了最新的科学解释，也为了解本区全新世海面变化和海陆交互影响的时间和范围提供了最新科学研究证据。

四、粒度和锆石微形态特征

（一）粒度特征

为进一步弄清该遗址马家浜文化出现之前的自然沉积环境背景特征，对马家浜文化层下方厚 43 cm 的泥炭层和 6 cm 厚的黄色自然沉积层分别以 1 cm 采样间距共采集地层样品 49 个，在南京师范大学地理科学学院沉积实验室用英国 Malvern Mastersizer 2000 型激光粒度仪对样品进行测定，尔后按照 Folk 和 Ward（1957）划分标准划定样品的沉积物类型，对平均粒径、分选、偏态、峰态等参数特征值进行制图并作初步分析。

图 10.2.7 中，第 9 层（245~264 cm）为黑色泥炭层上部，第 10 层（264~288

cm）为黑色泥炭层下部，第 11 层（288～298 cm）为黄色土层，部分夹杂泥炭，在粒度参数图中，层位交界处曲线都有明显的变化。

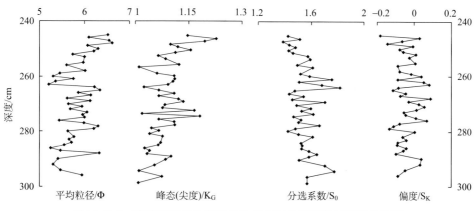

图 10.2.7　骆驼墩遗址马家浜文化层之下自然沉积层粒度参数图

从表 10.2.1 和图 10.2.7 可知，骆驼墩遗址马家浜文化层下方泥炭层的平均粒径为 5～7Φ，主要为粗粉砂到细粉砂，黄色自然沉积层以粗粉砂为主，泥炭层中含较多的中细粉砂；分选系数 S_0 多在 1.3～1.9，分选性好，若与泥炭层下方的黄色沉积层对比可以发现，下方黄色沉积层的分选系数（1.5～1.8）明显高于泥炭层，表明泥炭层分选性比黄色土层要好；从偏态上看，多在 −0.2～0.2，以对称分布为主；尖度 K_G 多在 1.0～1.3，属于中等和偏尖窄的沉积物峰态。平均粒径曲线的变化趋势与峰态曲线变化相似。

根据相关学者研究结果发现（Folk and Ward，1957；陈敬安等，2003；李军等，2003；杨作升和陈晓辉，2007；殷志强等，2008；郑洪波等，2008；李长安等，2009；战庆等，2009），河流环境中河床和边滩沉积物分选系数一般大于 1.2，偏度小于 1，以砂、砾为主；边滩、洪泛盆地沉积常具有各种粒级的砂甚至粉砂质泥、交错层理或平行层理，总的来说河流相沉积物具有粒度向上变细、层理向上变薄的特点，剖面中众值的粒径变化较大，以细砾至砂较为常见；偏态以正偏为主，有时也有负偏态；分选多为中等到差；海洋环境中海滩沉积物分选很好，分选系数一般在 1.1～1.23，偏度大多大于 1；一般而言沉积物质越粗，分选越好，峰态越大。湖泊沉积物粒度分布范围窄，粒度较细，属于粉砂到黏土质粉砂，分选较好，偏度为明显负偏，具层理，层面具泥裂、波痕，生物扰动构造发育。与以上几种沉积物的粒度特征进行对比，并结合野外调查发现，采集的沉积物部分样品与湖泊沉积物沉积特征相似，推测骆驼墩遗址在人类出现之前，可能经历过流速较缓和、水面较为开阔的浅水环境。

（二）锆石微形态特征

由于锆石比重较大（4.68～4.7），硬度达 7.5～7.8，耐酸耐磨损程度高于石英（钱一雄等，2007），其表面微形态的比较是判断沉积物沉积性质的重要依据，因此作者将骆驼墩遗址主要地层挑出的锆石在南京大学现代分析中心采用日本 JEO 公司 JSM-

6360V 型扫描电子显微镜做了表面形态分析。

图 10.2.8 是骆驼墩遗址各地层锆石扫描电镜照片与长江三峡库区玉溪遗址发现的洪水层锆石照片特征（Zhu et al.，2008）的对比。其中，（a）为骆驼墩遗址西周春秋层锆石，（b）为骆驼墩遗址广富林文化层锆石，（c）为骆驼墩遗址良渚文化层锆石，（d）为玉溪遗址 2004 年洪水层锆石，（e）为玉溪遗址古洪水层锆石，（f）为骆驼墩遗址泥炭层锆石。从图 10.2.8 可见，该遗址中西周春秋文化层、广富林文化层和良渚文化层中的锆石形态［（a）～（c）］基本上保留了锆石四方双锥状的特点，锆石两头的锥状体保存完好，未发现长途搬运和磨蚀的状况；图 10.2.8（d）是长江三峡库区玉溪遗址 2004 年地表现代洪水沉积物，图 10.2.8（e）是遗址地层中第 22 号样品 7.2 ka BP 前后古洪水沉积物中的锆石照片（Zhu et al.，2005），可见其被显著磨圆的特征；而图 10.2.8（f）是骆驼墩遗址马家浜文化层下方泥炭层中挑出的锆石照片，可见其锆石两端的尖锥体已被磨圆，但从整体上还保留次棱和次圆状特征，与洪水沉积物中的锆石有明显区别，其锆石两端虽已磨损，但磨圆程度又不及洪水沉积物中的锆石，这充分证实骆驼墩遗址马家浜文化层之下的泥炭层是经过较弱水动力搬运的沉积环境。骆驼墩遗址位于太湖西侧，宜溧山地的山麓向平原地区过渡的地带，地势低洼，同时在地层中发现大量植物化石和少量有孔虫化石，故推测可能当时该区为潮滩或浅水潟湖环境。

五、Rb/Sr 值

Rb 是一种在湿润气候环境中易于在沉积地层中富集的元素，而 Sr 是一种在干旱气候环境中易于在地层中沉积富集的元素，这是由于在雨水淋溶过程中，Rb 的离子半径大，具备很强的被吸附能力，易被黏土矿物吸附而保留在原地，而离子半径小的 Sr 则主要以游离 Sr 的形式被洪水带走，结果使洪水层中 Rb/Sr 值升高，因此 Rb/Sr 值的大小实际上指示了与降水量强度密切相关的气候干湿程度的变化，Rb/Sr 值高反映的是与洪涝积水有关的湿润环境，而 Rb/Sr 比值低常指示降雨量少的干旱环境（Chen et al.，1999；Nebel and Mezger，2006）。

为获得骆驼墩遗址地层与降水和干湿程度有关的特征证据，作者对遗址地层 61 个样品 Rb、Sr 元素含量变化特征作了分析，Rb、Sr 值由南京大学现代分析中心 X 荧光光谱仪（XRF）所测，图 10.2.9 是根据骆驼墩遗址地层 Rb、Sr 测试结果及计算出的 Rb/Sr 值绘制的曲线图。

从图 10.2.9 可知，由垂向地层变化看，Rb/Sr 曲线变化明显，最高值与最低值均出现在马家浜文化时期的中晚期（159～216 cm），反映当时气候波动幅度较大。Rb/Sr 值的变化说明，马家浜文化时期的晚期阶段降水量相对于早期急剧增加，增长幅度达到最大，之后逐渐减少；良渚文化时期（99～129 cm）Rb/Sr 值亦有几次明显的突变过程，变化趋势与马家浜文化时期基本一致，晚期降水量相对于早期大幅度增加。降水量在马家浜文化时期、良渚文化早晚期、广富林文化中后期等出现的较大变化说明同时期的气候亦出现过相应的变化过程。

值得注意的是，遗址最下部的黄色自然沉积层（288～298 cm）Rb/Sr 值较高，表

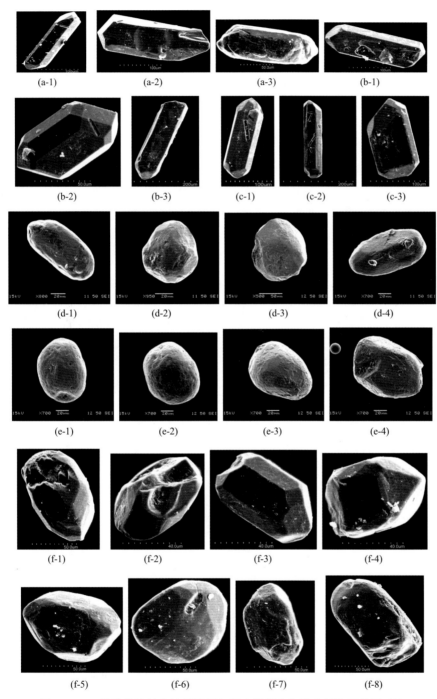

图 10.2.8 骆驼墩遗址各地层锆石扫描电镜照片与洪水层锆石特征对比

明在泥炭层沉积之前该区降水量较大，可能经历过较湿热的气候环境。舒军武等（2007）对太湖平原西北部地层的孢粉资料研究发现，该地区自全新世以来气候主要经

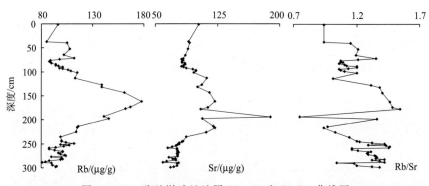

图 10.2.9　骆驼墩遗址地层 Rb，Sr 和 Rb/Sr 曲线图

历了全新世升温期、中全新世大暖期、温凉湿润期三个阶段。11 000～9500 cal. a BP 阶段孢粉浓度较高，气候较温暖湿润，为早全新世升温期；9500～3900 cal. a BP 森林繁茂，气候暖湿且较为稳定，对应于中全新世大暖期；3900 cal. a BP 以来，孢粉浓度减为最低，据研究区周边的孢粉资料推测此时期气候温凉湿润。

王心源等（2008a）对邻近的巢湖区域孢粉资料研究发现，该地区自全新世以来主要经历温暖湿润—温暖较湿—温和干燥的气候波动过程。于革和王苏民（2000）根据中全新世植被带迁移等的分析认为中国东部地区气候在此期间发生过较大变化，冬季温度显著升高。施雅风（1992）对中国全新世气候与环境的研究认为，8～3 ka BP 整体上为温暖湿润的时期。其中 8.5～7.2 ka BP 温度有所波动；7.2～6.0 ka BP 是大暖期中稳定的暖湿阶段，即大暖期的鼎盛阶段；6.0～5.0 ka BP 气候有所波动，并有变凉趋势；5.0～4.0 ka BP 为气候波动和缓的亚稳定暖湿期，4.0～3.0 ka BP 为一多灾时期。全新世初至大暖期鼎盛阶段前，有多次较强的气候波动。

上述孢粉鉴定结果所反映的气候变化与骆驼墩遗址地层中 Rb/Sr 测定的结果以及与前述粒度、重矿物和锆石微形态特征在地层中所反映的气候变化与沉积环境特征基本一致。

六、骆驼墩遗址全新世沉积环境讨论

（1）在骆驼墩遗址第 10 层泥炭层中发现的底栖有孔虫证明，遗址区在7500 BC～5400 BC 期间经历过与杭州湾和海岸带相通的沉积环境。这可能是本区至今未能发现早于 7000 a BP 以前新石器时代遗址的主要原因所在。

（2）根据地层特点及地貌现象分析可知：太湖地区从地貌上看主要呈四周高而中间低洼的碟状地形，骆驼墩遗址位于太湖西侧湖畔，地势低洼，其西北数十千米便是宁镇丘陵，而其西南部又是宜溧山地所在，因此，在气候湿热的 7500 BC ～5400 BC 期间太湖地区在经历海侵事件时，距骆驼墩遗址数十千米以外的西北和西南部较高的宁镇丘陵和宜溧山地仍有淡水环境适合植被生长，在第 9 层和第 10 层中发现的植物种子化石应是当时雨水和地表径流从西北和西南部高地搬运至太湖途中沉积所致。

（3）骆驼墩遗址中植物种子化石以第9～11层居多，向上逐渐减少的垂向分布说明，该遗址早期植被良好，生态环境优越，后期由于聚落原因人类活动影响加剧，遗址区的生态环境逐渐恶化。

（4）通过对骆驼墩遗址地层样品的粒度测试和研究发现，部分沉积物样品与湖泊沉积物沉积特征相似，推测骆驼墩遗址在人类出现之前，可能经历过流速较缓和、水面较为开阔的浅水环境。

（5）骆驼墩遗址马家浜文化层下方泥炭层中的锆石，其两端尖锥体已被磨圆，但被磨圆程度又不及洪水沉积物中的锆石，从整体上还保留次棱和次圆状特征，与洪水沉积物中的锆石有明显区别，这充分证实骆驼墩遗址马家浜文化层之下的泥炭层是经过较弱水动力搬运的沉积环境，同时结合骆驼墩遗址的地理位置及地层中发现的植物化石等，推测当时可能该区为潮滩或浅水潟湖环境。

（6）骆驼墩遗址最下部地层样品Rb/Sr比值较高，表明泥炭层沉积之前该区降水量较大，可能经历过湿热的气候环境。马家浜文化时期与良渚文化时期气候变化基本一致，早期降水量偏少，气候相对干凉，之后降水量突然增加，气候温湿，当降水量达到一定程度后又逐渐减少；表明该区域气候在温湿与干凉之间交替变换。

第三节　张家港东山村遗址地层揭示的全新世环境变迁

一、东山村遗址概况

东山村遗址位于江苏省张家港市金港镇东山村南沙办事处，地处太湖流域北部边缘带，东距张家港市中心约18 km，北距长江约4 km，西距香山2 km，遗址范围内最低海拔约3～5 m（南京博物院等，2010）。该遗址于1989年被发现，1989年和1990年由苏州市博物馆会同张家港市文物管理委员会组成考古队对遗址进行了两次调查和试掘；2008～2010年，由南京博物院主持，张家港市文物局、张家港博物馆等单位联合对该遗址再次进行了发掘，发掘总面积约2400 m²。东山村遗址1995年被评为江苏省重点文物保护单位，2009年入选中国社会科学院"中国六大考古新发现"之一，并于2009年被评为全国十大考古发现之一。

东山村遗址整体分布呈坡状，遗址中心区域平均高出周围农田约4 m，文化层堆积总体上西高东低，往东渐厚（顾篔，2010）。发掘显示，东山村遗址史前文化内涵以马家浜文化和崧泽文化为主，文化堆积丰富，遗迹现象复杂；尤其是崧泽文化时期聚落，早中期大墓与小墓的分区埋葬以及大房址的出现，证明至少在距今5800年前后，当时社会已有明显的贫富分化，出现了明显的社会分层（南京博物院等，2015）。这为研究长江下游社会文明化进程提供了新的考古资料，对中华文明起源的研究也具有重要意义。

二、马家浜文化时期聚落微观环境

对遗址TG8剖面第6、7、8层（马家浜文化时期）的24个样品进行沉积物组成成分和微体古生物分析发现，遗址地层中没有有孔虫等海相类生物化石，第 6 层以动物骨骼碎屑和石英等白色矿物晶体为主，第 7 层以动物骨骼碎屑和红烧土颗粒为主，第 8 层以植物碎屑为主，包含大量的轮藻遗存（图 10.3.1），同时在第 8 层底部发现了较多的黑色和墨绿色矿物颗粒。

图 10.3.1　东山村遗址 TG8 轮藻标本的三维照片

关于轮藻遗存的种属，作者通过标本表面微形态和结构特征的鉴定发现，本次发现的轮藻遗存种属基本一致，均属于左旋轮藻目中的似轮藻属（*Nitella* sp.）。此属轮藻世界性分布，时代为晚白垩世至今，广温性，生活于淡水或半咸水水体中，尤其是稻田、河流沼泽、滨湖等水体流速较缓的浅水环境。

关于第 8 层底部发现的黑色和墨绿色矿物颗粒，颗粒表面纹理主要有放射状、针尖状、片状等。将 4 个已烘干磨碎后的样品送至南京大学现代分析中心，分别用瑞士 ARL 公司生产的 XTRA 型 X 射线衍射仪和美国 NICOLET 公司生产的 NEXUS870 型红外光谱仪进行了测试和分析。分析发现，该种矿物颗粒与蓝铁矿十分相似。根据前人研究（赵永胜和赵霞飞，1991），蓝铁矿是海相或湖相环境中形成的自生矿物，在形成过程中，同时伴其他矿物的形成。

综上所述，关于东山村遗址马家浜文化时期的聚落环境可以得到以下认识：

第 8 层中发现了大量轮藻遗存，该轮藻属主要生活于淡水或半咸水水体中，尤其是稻田、河流沼泽、滨湖等水体流速较缓的浅水环境，这说明遗址附近区域早期存在长期的浅水环境。同时在第 8 层中发现有大量矿物颗粒，经鉴定分析认为可能为海相或湖相环境中形成的自生矿物。在遗址地层中没有发现有孔虫等与海相环境相关的证据；因此，轮藻遗存和矿物遗存的存在说明东山村遗址附近区域在马家浜文化之前存在湖沼相沉积环境。

三、崧泽文化时期气候变化与文化变迁

东山村遗址靠近长江三角洲入海口，受海洋性季风气候影响显著，降水量变化十分明显。为了解东山村遗址区域的气候变化与人类活动影响的相关信息，作者对 T2006 地层 194 个样品的 26 种氧化物含量进行了测定，并对崧泽文化时期气候变化进行了重点分析。

测试结果发现，Al_2O_3 含量变化与 Fe_2O_3 呈正相关关系、与 SiO_2 含量变化呈负相关关系。Fe 和 Al 在早期处于富集状态，反映 6.0 ka BP 左右该区域为暖湿气候，之后元素大量流失直到谷值（5.9 ka BP），从峰值到谷值的变化（3.97～3.7 m）时间短、速度快，说明该区域在 6.0～5.9 ka BP 期间气候由暖湿向温干方向发展；之后曲线变化相对平缓，说明气候相对稳定直到 5.7 ka BP 左右；在 5.7～5.6 ka BP（2.7～2.3 m）期间，K_2O、Fe_2O_3、SiO_2、Al_2O_3 等曲线出现了不同程度的波动，说明此时期气候在干湿冷暖之间波动频繁，十分不稳定，风化作用相对较强。

Na_2O 的存在与沉积环境的酸碱度有较大关系，Na_2O 在地层中含量变化间接指示在 6.0～5.9 ka BP 沉积环境由酸性向碱性过渡。

同时，在 6.0～5.9 ka BP（3.97～3.74 m），TiO_2 含量从最高值降低到最低值，之后又突然恢复到较高值，这说明该区域在 6.0～5.7 ka BP 之间气候暖湿，但在 6.0～5.9 ka BP 之间气候有一次突然的冷干事件。

风化强度指数 CIA（$CIA = Al_2O_3 / (Al_2O_3 + Na_2O + K_2O + CaO) \times 100$）可作为沉积物的风化系数，比值越高，说明活性物质（Na^+ \ K^+ \ Ca^{2+}）迁移量越大，风化作用强，反映暖湿（冷干）环境。6.0～5.9 ka BP 之间 CIA 出现了剖面的最高值和最低值，并且从最高值迅速减小到最低值，这是该时期气候由暖湿向冷干变化；在 5.9～5.7 ka BP 之间又迅速回升并保持相对稳定，综合说明气候在 5.9 ka BP 左右出现一次明显的冷干事件。

其余曲线比值的变化趋势与 CIA 变化基本一致，在 6.0～5.9 ka BP（3.97～3.74 m）之间比值快速下降，从峰值到谷值，说明此时期风化作用由强到弱；在 5.9～5.7 ka BP（3.7～2.8 m）之间比值快速增加后保持基本稳定，说明此时期风化作用再次增强并维持，降水量逐渐加大，气候以暖湿为主并保持稳定；在 5.7～5.6 ka BP（2.8～2.3 m）期间比值摇摆不定但变化幅度相对不大，这说明在 5.7～5.6 ka BP 期间遗址区域附近风化作用时强时弱，降水量时大时小，气候不稳定。

同时，遗址地层中，K_2O、P_2O_5、CaO 三种氧化物含量相对偏高，CuO、MnO、BaO 含量较低，P_2O_5 和 CaO 均在 5.9 ka BP（3.7 m）处达到最高值，说明此时段地层中的微量元素以富集为主；在 5.7～5.6 ka BP（2.6～2.4 m）之间，K_2O、CaO 等出

现了波动幅度较大的变化，说明此时段氧化物富集过程不稳定；从整个地层剖面来看，P_2O_5、CaO 在马家浜文化和崧泽文化时期地层含量明显高于其他层位，可能指示此段时期人类在此生活遗留物较多；K_2O 含量变化趋势与 P_2O_5 含量变化呈负相关，这可能说明该区域早期植被良好，地层中有较多的植物碎屑等残留物。

与气候变化、风化系数、人类活动等相关的氧化物综合分析发现，东山村遗址在 6.0~5.9 ka BP 之间，气候由暖湿逐渐向凉干转变，并可能在此期间发生过极端气候事件；5.9~5.7 ka BP 之间，气候相对稳定；5.7~5.6 ka BP 期间，气候十分不稳定，风化作用时强时弱，降水量时大时小，气候在干湿冷暖之间波动频繁。

崧泽文化一期高等级大墓出现时间分别为距今 5.89~5.72 ka BP（M92）、5.93~5.89 ka BP（M95）（南京博物院等，2015），刚好是该区域气候相对比较稳定的时候。而从崧泽文化早期一直持续到崧泽文化中期的社会结构分化、并最终产生阶级，这个时间段刚好也是东山村遗址区域气候变化最频繁的时候，这应该不是巧合。马家浜文化时期，该区域已有稻作农业，6 ka BP 开始的气候变化，逐渐影响到该区域的农业生产，同时也对附近的动植物资源产生了影响，导致一部分人丧失了赖以生存的物质条件而沦为另一些人的附庸，而资源开始向掌握一定技术和知识的人集中，并逐渐恶性循环，最终导致贫富分化加剧。

四、东山村遗址区域植被状态

为了解遗址附近植被状态，选取了 TG8 剖面地层部分样品进行了孢粉分析。孢粉鉴定结果共发现 52 个科属，其中乔木及灌木植物花粉有 26 个科属。根据 TG8 剖面所获得的孢粉组合特征，厚 2.83 m 的地层所负载的古植物及古沉积环境信息可划分为 4 个孢粉组合带（图 10.3.2），有以下几个特征：

1）孢粉带 I 所处的是距今七千多年前的全新世大暖期的前期，反映的是亚热带针阔叶混交森林，森林中热带阔叶树种较少生长，森林外草原不发育的植被景观，说明马家浜文化前期该区域气候温暖较湿；孢粉带 II 反映马家浜文化时期至崧泽文化时期气候整体温暖湿润，但中途出现较多的气候短暂变化事件。这跟当地所处的亚洲大陆东岸、中纬度的亚热带湿润季风气候区有很大关系。

2）孢粉带 II（马家浜文化至崧泽文化时期）和孢粉带 III（崧泽文化至隋唐时期）中孢粉含量比较接近，孢粉带 I 中的木本植物占优势而孢粉带 II 的草本植物占优势，孢粉带 II 中草本植物花粉含量由前带（孢粉带 I）的 30.3% 上升到 40.1%，这可能与禾本科植物花粉含量增高有关；孢粉中喜湿的水生草本植物种类和数量逐渐增加，反映遗址附近区域水体规模变大、水域扩张。

3）孢粉带 IV（隋唐至现代）代表当时为针阔叶混交林植被，反映气候温暖较干；孢粉含量和孢粉浓度均较小，说明植被覆盖度相对降低，这可能与近代人类在此区域活动频繁有关。

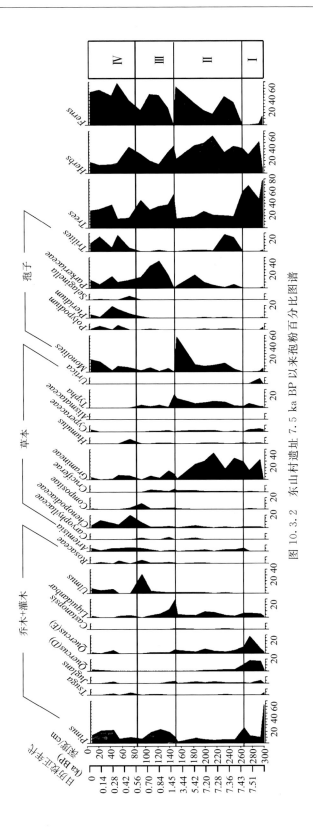

图 10.3.2　东山村遗址 7.5 ka BP 以来孢粉百分比图谱

五、全新世中期东山村遗址环境与文化

1) 马家浜文化时期，东山村遗址区域不仅植被状态优越，动植物资源丰富，而且有相对较为稳定的湖沼相水体存在，利于先民的生产生活；同时附近坡地地形又可以抵御后期因湖沼相水体不稳定带来的各种水患灾害，这种依山傍水的自然地理条件使崧泽文化因子在该区域迅速繁荣与发展。

2) 马家浜文化至崧泽文化过渡时期，东山村遗址附近区域，在 6.0～5.9 ka BP 之间气候由暖湿逐渐向凉干转变，并可能在此期间发生过极端气候事件；5.9～5.7 ka BP 之间，气候相对稳定；5.7～5.6 ka BP 期间，气候十分不稳定，风化作用时强时弱，降水量时大时小，气候在干湿冷暖之间波动频繁。而这种气候变化，影响到了早期社会的结构分化和贫富差距。

3) 在马家浜文化至崧泽文化时期，遗址附近以草本植物占优势，尤其是禾本科花粉含量较多，而且微体遗存分析也发现同层位的动物骨骼碎屑和红烧土颗粒含量十分丰富，说明人类活动较强；遗址附近植被种类和数量受到人类活动影响明显；后期（隋唐至现代）孢粉含量和孢粉浓度均较小，这种现象说明区域植被覆盖率降低，人类活动对该区域植被的破坏严重。

第四节　太湖地区新石器时代以来古水井分布及其环境意义

一、太湖地区的古水井

（一）水井的起源与演化过程

井是凿地取水的深穴，是人们生产生活的重要水源之一。汉字"井"字，最早见于《周易·井卦》：井的卦象是上为水，下为木。我国很早就掌握了人工挖井取用地下水的技术。《周书》中有"黄帝穿井"，"尧民凿井而饮"的记载，说明我国早在氏族公社时期就已经开始挖井取水了。《周易·象辞》说："木上有水，井。"朱熹注曰："木上有水，津润上行，井之象也。"这些都描述了木质井壁、井栏、井圈的水井形象。

迄今为止，我国考古发掘中发现的最早水井是浙江河姆渡遗址第二文化层的一口木构井和上海青浦崧泽遗址的两口马家浜文化时期的水井，年代均为距今约 6000 年左右。20 世纪 70 年代，考古工作者在浙江余姚县河姆渡遗址第二文化层中发现一口木构井（图 10.4.1），在一个直径约 6 m 的不规则圆坑中央，有一个约 2 m 的方坑，方坑四壁密排木桩支护，口部叠置二层井干方框，是当时聚落中的一个生活水源。水井的年代经 ^{14}C 测定并经树轮校正，距今约 6174～5921 年（浙江省文物考古研究所，1978）。20 世纪 80 年代，考古工作者在上海青浦县崧泽文化遗址下层，清理出两口马家浜文化时期的水井，井口呈圆形和椭圆形，井壁光滑，井身圆筒形，水井残深 1～2 m，井中残留物有陶釜、鹿骨等，据 ^{14}C 测定该文化层的年代为距今 5985±140 年（上海市文物管理委员会，1992）。

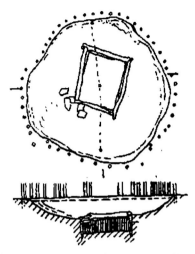

图 10.4.1　浙江余姚河姆渡木构
方形浅井（据黄渭金，2000）

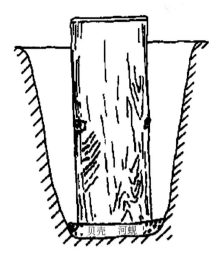

图 10.4.2　浙江嘉善新港良渚
文化木筒水井（据黄渭金，2000）

　　早期的水井一般是土井。但是由于泥土井壁经水浸后极易坍塌，导致井水浑浊，井深变浅。先民们为了保持井水清澈，井壁经久耐用，发明了多种保护井壁的措施，筑井的技术也日趋完善。从考古发掘的实物资料分析，筑井的发展过程大体上有土井、竹井、木井、陶井、石井和砖井。

　　在上海松江县汤庙村新石器文化遗址的下层，考古工作者发现一口以竹箍苇编加固井壁的水井。井身呈直筒形，中腹微鼓，最大腹径 0.7 m，深 2 m。井壁上有芦苇的印痕和零星的残存竹片，芦苇呈纵向排列，竹片作圆圈状横向排列以支撑井壁，属崧泽文化晚期遗存。

　　良渚文化时期，水井被改进并广泛开凿，为克服土质松软引起井壁易崩塌的弊端，良渚先民开始采用木质井壁，这是继马家浜和崧泽文化土井之后，第一次使用坚固物质做井壁。1990 年 11 月，考古队员在上海青浦区朱家角镇西漾淀清理鱼塘时发现了一口良渚木井（上海市文物管理委员会，1992）。井为圆筒形，口径 0.98 m，深约 2.0 m，用一棵对剖开的圆木，中间挖空后对合做井壁。浙江嘉善新港发现的一木筒浅井（陆耀华和朱瑞明，1984）（图 10.4.2），是由圆木剖成两半，挖空后用长榫拼合而成，井底垫有一层厚约 10 cm 的河蚬贝壳，用于过滤、净化水质。当然，这种以独木为井的实例并不多见，更多的是以多块木板为井壁的水井。如浙江湖州花城发现的一口水井，由厚 3～5 cm、宽 15～40 cm、残长 70～120 cm 的八块木板围成，底部用三块木板铺成，井壁由五块木板拼成。此类水井在上海西洋淀、浙江雀幕桥、江苏昆山太史淀、璜塘绛、苏州的澄湖、独墅湖、吴江梅堰龙南等太湖地区许多良渚文化遗址中都有发现。

　　商周时代凿井技术提高很快，凿井的工具不仅仅是石刀石斧，可能还有青铜器工具。这时期的水井主要是土井，造井技术有明显的进步，挖掘的水井更加垂直、浑圆，部分使用了木质井盘。20 世纪 70～80 年代，在河北藁城台西商代遗址中先后发现土井 6 座（河北省文物研究所，1985），都有木质井盘。其中较深的一口有 6 m 多，井壁涂了一层厚 2 cm 的草拌泥。1985 年，在江西省九江县新合乡神墩遗址发现大小水井各一口（诗家和柯水，1987）。小水井属商代晚期圆形竖穴井，口径 0.9 m，底径 0.8 m，井深 8.25 m，井壁光滑，无脚窝。大水井则为上圆下方漏斗状，口径 3.3～3.5 m，深 6.95 m。从井口下斜至 2.2 m，井壁变直，断面呈圆角方形，边长 2.4 m。井底设有方形二层台，台内空处呈锅底状。整个井壁光滑平齐，无脚窝，不见任何修边工具痕迹。这时期还有石井出现，如江苏东海县焦庄西周遗址发现了一口石井，井壁从上至下整齐的加砌了一圈大小一致的石块。

　　春秋战国时期，由于铁质工具的普遍使用，使得开凿水井更加方便，小井已十分普及。由于制陶工业的发展，水井形制出现了新的类型，即陶井。这时期的陶井在楚都纪南城龙桥河西遗址和北京蓟城遗址有大量发现（湖北省博物馆，1982）。陶井的井身是用一节一节的陶井圈套叠成井筒的，它的建造方法是将烧好的陶井圈，在挖好的土井中

套叠起来，或是在发掘井穴的过程中放进陶圈，随着井穴的挖深，井圈受到重叠在上面的井圈或人工施加的压力而逐渐下沉，并在下降的陶圈上加上新陶圈，一直挖到见水为止（张子明，1996）。这种建造水井的方法与现代修建桥墩时采用的沉井法很类似。根据不同地区不同的地质情况，陶圈的使用也不完全一样。有些井自下而上全部放置陶圈，有些井只在井穴上半部或者下半部置陶圈。

　　太湖地区也发现有大量陶圈井，时代多为汉代，如澄湖遗址和独墅湖遗址就出土了大量汉代的陶圈井（图 10.4.3）。苏州独墅湖遗址出土的汉代陶井圈，直径多在 70～80 cm，高度在

图 10.4.3　澄湖遗址出土的汉代
陶井圈（摄于澄湖出土文物馆）

20～30 cm，井深一般在 200～400 cm（中国历史博物馆考古组，1962；苏州博物馆和吴江市文物陈列室，2001）。

　　与陶井圈一起出土还有陶井栏（苏州博物馆和吴江市文物陈列室，2001），陶井栏质地大多为泥质灰陶，上口较下口要小，时代有汉代、六朝及唐宋时期。独墅湖遗址出土的汉代陶井圈，上口内径在 32～50 cm，底部内径在 55～65 cm，高则为 45～54 cm（图 10.4.4）。井栏壁也有倾斜度，并且与陶圈井一样井栏壁上也有圆孔，如果这种陶井栏放在地面上，吊水就极不方便，应该是放置地下坐在陶井圈的上面，井栏上口与地面平，下口与陶井圈相接。后期与砖井结合的陶井圈则坐在砖井壁上，由于井栏上口较井圈直径小，因此在吊水时，容器不至于碰到井壁。

　　砖井也是从汉代开始出现（图 10.4.5）。西汉时期，制砖已比较普遍了，于是砖井也应时出现。在河南洛阳发现的一口汉代家用水井，是我国最早的砖井（张子明，1996）。这口砖井的井壁全部用砖衬砌，口小肚大，采取错缝斗角叠砌，井口设有井台，井台上安有井盖，并建有井亭。苏州独墅湖遗址也发现有汉代的砖井，外径 80 cm，内径 65 cm。砖井的直径一般为 80～110 cm，砌法多种多样，基本上用长方形的砖侧立

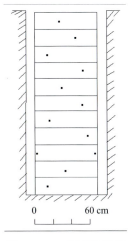

图 10.4.4 苏州独墅湖
遗址汉代陶圈井

图 10.4.5 苏州独墅湖遗址出土的汉代井砖

而砌，又分竖侧立和横侧立两种。从时间上来看，竖侧立早于横侧立，而基本在六朝之后，竖侧立就不被使用了。水井一周一般要用砖 9～12 块不等，各时期的砖大小不同，汉代和六朝时期砖比较大，往后逐渐变小。如吴江梅堰龙南遗址出土的六朝水井 97J3 的井砖大小为 35 cm×17.5 cm×4.5 cm，独墅湖遗址发掘的 2-5 区汉井 J1 的砖有 36 cm×18 cm×5.5 cm，而 3-1 区的宋代水井 J41 井砖的大小只有 26 cm×18 cm×5.3cm。砖的形状也有变化，汉代早期，砖的两头是平的，在砌筑时在两块砖的接头处外侧有空隙，用木楔镶嵌在空隙内；到了六朝时砖的两头做成斜面，接头处正好拼紧，而发展到唐宋时期，在砖的一头斜面上多出两个小榫头，另一头在相应位置处有两个凹窝，在砌筑时榫头正好镶嵌在凹窝内，增加了井壁的稳定性（苏州博物馆和吴江市文物陈列室，2001）。

陶圈井和砖井的出现，说明造井技术的日臻完善，也奠定了以土井和砖井为基本模式的井制，一直沿用到近代（图 10.4.6）。水井的发明是人类改造大自然的一大创举，标志着人类已经掌握了开发和利用地下水资源的技术与方法，大大减少了对江河湖泊地表自然水资源的依赖，它为人类开辟和利用自然资源、扩大生存空间，创造了极为重要的条件。

（二）太湖地区的古水井及其分布特征

从 20 世纪 70 年代，我国田野考古中陆续发现了一批新石器时代的古水井，这些水井比较集中地发现于长江和黄河流域的中下游。其中，太湖地区是我国古水井分布最为集中的地区之一，在吴中草鞋山、昆山太史淀、嘉兴雀幕桥、嘉善新港、湖州花城等地都发现有新石器时期的古水井。此外，在苏州的澄湖和独墅湖还发现有古井群。1974 年，南京博物院配合车坊公社在苏州澄湖西岸围湖造田，发现澄湖遗址，并清理发掘水井 150 多口。独墅湖位于苏州东郊工业园区境内，在 2001 年的抢救性发掘中，考古工作者在 2.2 km² 范围内清理了古水井 379 口，灰坑 445 个，平均约 0.21 个/100 m²（遗

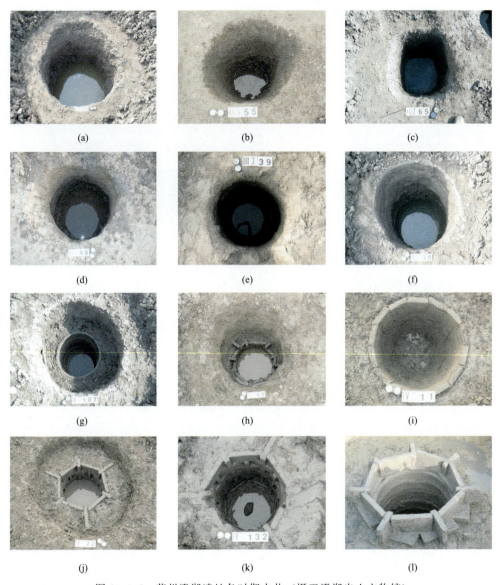

图 10.4.6　苏州澄湖遗址各时期水井（摄于澄湖出土文物馆）

（a）Ⅱ区 J25-崧泽文化时期水井；（b）Ⅱ区 J55-良渚文化时期水井；（c）Ⅱ区 J65-良渚文化时期水井；（d）Ⅱ区 J46-春秋时期水井；（e）Ⅲ区 J39-战国时期水井；（f）Ⅱ区 J30-战国时期水井；（g）Ⅳ区 J107-汉代时期水井；（h）Ⅱ区 J60-六朝时期水井；（i）Ⅳ区 J11-六朝时期水井；（j）Ⅳ区 J22-六朝时期水井；（k）Ⅳ区 J132-六朝时期水井；（l）Ⅳ区 J143-六朝时期水井

址总面积 $4×10^5$ m²）；2003 年，因苏沪高速公路建设用土需要，由苏州市吴中区水利局，在澄湖东北围湖 1.5 万亩。水抽干后，甪直郭巷村沿岸露出湖底，并在此发现大量古文化遗迹。考古工作者在郭巷村席墟至碛砂湖岸以外约 400 m 湖底总面积约 $3.4×10^5$ m² 的范围内合计发掘清理遗迹单位 872 处，其中包括 400 多口不同时期的古水井（苏州博物馆和吴江市文物陈列室，2001）。总的来看，太湖地区新石器水井有以下时间和空间上的分布特征（表 10.4.1 和表 10.4.2，图 10.4.7）：

（1）出现的时间很早。上海青浦崧泽遗址的两口井（87 崧 J3、89 崧 J1）和积水坑（87 崧 J5）（上海市文物管理委员会，1992）、江苏吴县草鞋山三组水井（谷建祥等，1998）、常州圩墩 J2（江苏省圩墩遗址考古发掘队，1995），都属于马家浜晚期，^{14}C 测定的年代均为 6000 a BP 前后，是我国发现年代最早的水井，比黄河流域早了一千多年（黄渭金，2000）。此外，早期水井的数目也较多，马家浜晚期水井的数目达到两位数量值，高于崧泽、马桥早期等时期的数量，是考古时代比较少见的多水井时期。

（2）良渚文化时期是水井数量最多的时期，其数量最多、密度最大、分布范围最广。在 1974 年发掘清理江苏吴县澄湖古井群的 150 余口古水井中，良渚时期的水井就占了总数的 1/3 左右。据有关学者在 1998 年时的统计，我国已发掘的良渚文化时期水井有 134 口（林华东，1998），如果再加上 2001 年澄湖遗址角直区和独墅湖遗址发掘清理的数量，太湖地区良渚文化水井的数量在 255 口以上，是罕见的多水井时期。相对于良渚文化时期，其他时期的古井数量则明显偏少。从目前看到的资料上统计，崧泽时期数量极少，"东湖林语"二期项目建设工地遗址发现一口，澄湖遗址角直区发现 7 口，2000 年度浙江嘉兴凤桥石矿头遗址发现一口，但材料发表不详细（浙江省文物考古研究所，2001）。马桥早期数量偏少，仅为个位数，马桥中期达到两位数（上海市文物管理委员会，2002）。

表 10.4.1　太湖地区各文化时期水井数量

文化分期	马家浜文化	崧泽文化	良渚文化	马桥文化	总计
水井数/个	14	8	121	14	157
所占比例/%	8.9	5	77	8.9	100

注：澄湖车坊区古井群没有计算在内，因年代归属不明确

（3）就目前已发表的资料来看，分布区以澄湖-淀山湖为中心的东太湖平原地区最为密集，太湖流域其他地区则明显偏少（图 10.4.7）。马家浜文化时期的水井遗迹已经发现了 10 余口，基本上在东太湖平原地区。进入良渚文化时期以后，该区的水井分布更为密集，上海青浦、江苏苏州等地区出现了大面积的古井群。

太湖地区的古水井为什么主要分布在太湖以东地区，其原因目前尚不十分清楚。这一地区当时近海，因此，水井的开挖与地表水易受海潮侵袭有关，即为应对海水侵染而开挖水井获取清洁的地下水。除此之外，该区自新石器时期以来稻作农业十分发达，为了农田灌溉的需要，在田边开挖水井引水是很便利的，因此，这也应是其中一个原因。

二、太湖地区 7 ka BP 以来的古水井及其环境意义

如上所述，水井是太湖地区发现量比较大的一类与水环境密切相关的考古遗迹，如澄湖遗址的两次发掘就发现各时期水井 500 余口，不仅出现的年代早，而且数量多，其中考古时代以良渚时期的水井数目最多。水井的分布以环太湖地区比较密集，尤其以太湖以东地区最多，其他地区则明显偏少。从水井的结构看，坑形和筒形的水井并存，井

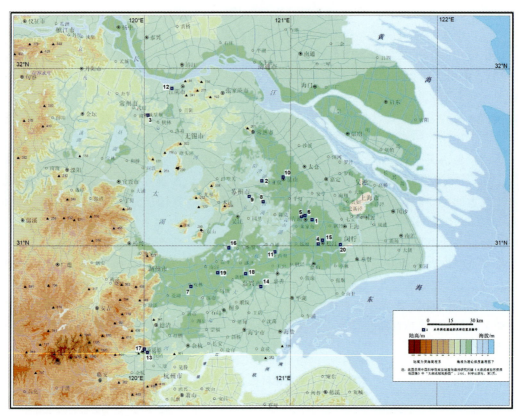

图 10.4.7　太湖地区马家浜文化（7～6 ka BP）至马桥文化（3.9～3.2 ka BP）水井遗址分布

1. 上海青浦崧泽；2. 江苏吴县草鞋山；3. 江苏常州圩墩；4. 上海松江汤庙村；5. 上海青浦西洋淀；6. 上海青浦寺前村；7. 浙江湖州花城；8. 江苏苏州澄湖；9. 江苏苏州独墅湖；10. 江苏昆山太史淀；11. 浙江嘉善新港；12. 江苏江阴璜塘绛；13. 浙江余杭庙前；14. 浙江嘉兴雀幕桥；15. 上海松江广富林；16. 江苏吴江龙南村；17. 浙江安溪钵体山；18. 浙江嘉兴双桥；19. 江苏吴江广福村；20. 上海马桥

的功用为生产或者生活。水井的存在，不仅可以作为先民生产生活的研究之用，水井的分布、数量甚至功能也包含了众多环境信息，如水井与地下水位的关系，井口标高与海面变化之间的关系等。

（一）水井与地下水位

水井的深度可以反映出水井所在地的地下水位情况。距今 7000 年前的河姆渡遗址地面海拔在 3～4 m 左右，水井井口所在层位低于现地表约 2 m，井深略超 1 m，因此推测当时井口高约 1 m，枯水期的地下水位约为 0 m 左右。距今 6000 年前的苏州草鞋山遗址现代海拔为 3.46 m，古水稻田遗址的井口高程大约为 0～0.2 m，水井的深度为 1.6～1.8 m，变化不大，推测枯水期地下水位在 -1.6 m 左右。良渚文化时期水井井口的最低高度与草鞋山遗址相近，水井深度多超过 2 m，比马家浜时期的要深。其中的原因，一是连续性使用的遗址堆积增厚，抬高了地表的海拔高度；其次也反映良渚文化时期总体气候可能趋向温干，水域面积在大部分时间里是缩小的过程，地下水位相对下降。浙江海宁坟桥港良渚文化时期编号为 T3 的这口水井，从简报上看（浙江省文物考古研究所，1990），位于地面 4 m 多深处还发现芦苇编织篓。但遗憾的是无法确定这口井开口位置距堆积地表的高度，井口高程不明。浙江余杭庙前的一口可能属于良渚文化中期的木构水井，深度 2.3 m，在井内海拔 1.8 m 处发现了一圈明显的带有腐朽痕迹的水位线（浙江省文物考古研究所，2001）。江苏璜塘绛的一口良渚文化水井深 3 m 左右（南京博物院和吴县文管会，1985）。马桥文化时期的水井除苏州的几处古井群外只在江苏吴江广福村和上海闵行马桥遗址有发现，江苏吴江广福村 J1 井深 2.97 m，闵行马桥的马桥文化时期水井深 1.2～2.4 m（苏州博物馆和吴江市文物陈列室，2001；上海市文物管理委员会，2002）。

　　苏州独墅湖和澄湖两处遗址都是因围湖造田和围湖取土工程而发现，遗址面积广袤，地面平坦（图 10.4.8），所有遗迹单位均位于湖底，在长时期自然和人为的作用下，水井上部都已被破坏，剩下部分因打穿生土层而得以保留（苏州博物馆和吴江市文物陈列室，2001）。因此，这两处遗址水井的残留深度对地下水位的变化具有直接的指示意义。作者对独墅湖遗址和澄湖遗址甪直区（以下简称澄湖遗址）发掘清理的崧泽—马桥时期的古水井深度进行了统计分析（表 10.4.2 和表 10.4.3）。澄湖遗址崧泽文化时期水井的残留深度大部分在 1.6～1.85 m 之间，最小 0.7，最大 2.05 m。良渚文化时期，澄湖水井的深度约为 1～2 m（图 10.4.9），水井深度分布图显示分布不太集中，最深为 1.9 m。独墅湖遗址良渚文化时期水井的残深则更深（图 10.4.10），约一半都在 1.9 m 以上，有 3 口水井的残留深度超过了 3 m。由此可见，良渚文化时期的地下水位总的来说可能比马家浜文化时期还要低，变化也比较大。马桥文化时期的水井相对良渚文化时期较浅，井深都在 0.7～2.2 m。由上可见，太湖以东地区马家浜至马桥文化时期的古水井的深度有不断加深的趋势，具体在良渚文化时期有所加深，马桥文化时又稍变浅，这很可能与该地区地下水位的变化直接相关。

图 10.4.8　澄湖遗址Ⅳ区湖底局部遗迹分布图

表 10.4.2　澄湖遗址甪直区 7000～3000 a BP 的水井统计表（苏州博物馆，2007）

文化分期	崧泽文化	良渚文化	马桥文化	总计
水井数/个	7	37	5	49
所占比例/%	5	77	8.9	100

表 10.4.3　独墅湖遗址 7000～3000 a BP 的水井统计表（苏州博物馆，2007）

文化分期	良渚文化	马桥文化	总计
水井数/个	82	8	90
所占比例/%	77	8.9	100

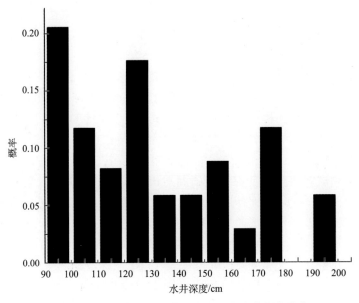

图 10.4.9　澄湖遗址角直区良渚文化水井深度分布

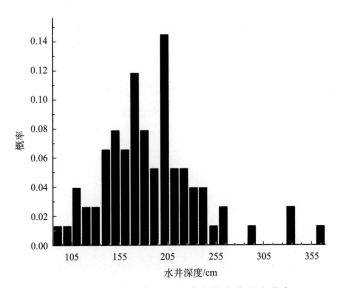

图 10.4.10　独墅湖遗址良渚文化水井深度分布

(二) 良渚文化水井的环境意义

古水井是太湖地区新石器时代遗址中的重要遗存,其中,良渚文化时期是水井数量最多的时期,其数量远远大于之前的马家浜、崧泽及之后的马桥。以江苏吴县澄湖古井群为例 (表 10.4.4 和表 10.4.5),在 1974 年发掘清理的 150 余口古井中,良渚文化水井约占总数的 1/3;而在 2003 年的发掘清理的时代明确的 220 口水井中,良渚文化时期的水井占史前水井数量的 3/4，占各时期总数的 17%（苏州博物馆和吴江市文物陈列室，2001）。据有关学者在 1998 年时的统计，我国已发掘的良渚文化时期的水井有 134 口（林华东，1998），如果再加上 2001 年澄湖遗址甪直区和独墅湖遗址发掘清理的数量，太湖地区良渚文化水井的数量在 255 口以上，是罕见的多水井时期。

表 10.4.4　澄湖遗址甪直区各时期水井统计表

| | 时代 | | | | | | | | | | 合计 |
	崧泽文化	良渚文化	马桥文化	西周	东周（春秋 10）	战国	汉代	六朝	隋唐	宋代	
水井数/个	7	37	5	2	29	28	15	35	38	24	220
所占比例/%	3	17	2	0.9	13	12.7	6.8	15.9	11	17	100

表 10.4.5　独墅湖遗址各时期水井统计表

| | 时代 | | | | | | | | 合计 |
	良渚文化	马桥文化	东周	战国	汉	六朝	唐宋	未知	
水井数/个	82	8	25	75	56	16	63	54	379
所占比例/%	21.6	2.1	6.6	19.8	14.8	4.2	16.6	14.3	100

　　为什么太湖地区良渚文化时期的水井在该区会如此密集的出现呢？原因可能是多方面的。第一，该区的水井与稻作农业的关系十分密切。在距今 6000 年左右，马家浜文化的居民已开垦了初具规模的原始水田（图 10.4.11），并因地制宜发明了两种灌溉系统：一是以水井为水源的灌溉系统，二是以水塘为水源的灌溉系统（谷建祥等，1998）。因此，水田多的地方水井也多，在某些地区，水井的密度可以反映当时农垦的情况，特别是稻作农业发展的情况。到了良渚文化时期，从马家浜文化时期开始的稻作农业已经相当发达，种植水稻成为农业的主体，与稻作密切相关的灌溉也随之完善，水井、水沟、水塘等共同构成了原始水田的灌溉系统。因此水井的数目众多可能与该时期水稻种植比较普遍，农业较发达有关系。第二，当时气候可能变得比较干旱。由前述对太湖地

图 10.4.11　苏州草鞋山遗址的水井、水渠与水稻田

区史前水井深度的分析与讨论中可知，良渚文化水井的深度相对较深，井底标高普遍低于现今海平面的高度，这反映了当时气候可能总体上趋于温干，海平面较低，地表河湖减少，地下水位也较低，先民只得开挖水井取水用于生活和灌溉，蓄水防旱。龙南、草鞋山、福泉山和寺前村等遗址孢粉分析也显示，良渚文化时期除早期有趋暖变湿的过程外，气候总体上趋于温干（萧家仪，1990；王开发等，1984；封卫青，1994；陈学林，1997；黄翡等，1998）。第三，太湖地区滨临东海，地理位置的原因使该地易于受海潮侵袭，与海相连的河湖受海潮涨落影响极大，易受潮汐作用（特别是每月的大潮）影响而咸水倒灌，河水不适宜饮用与灌溉，因而先民不得不掘井取水，人工开挖蓄水坑、渗水坑和水井来获取生活和农业用水。

（三）古水井与海面高度

苏南平原全新世中期有没有出现过高出现代海平面的高海面以及太湖是否由潟湖演化而来的问题长期以来说法不一（景存义，1985；孙顺才和伍贻范，1987；陈中原等，1997），相当一部分研究者认为（赵希涛，1984），6.5 ka BP 前的海面较现今高 2～3 m，海侵的西界抵宜溧山地的山麓（潘凤英等，1984），当时的太湖为潟湖，面积远大于今天。本节在前面的叙述中已对太湖地区特别是东太湖地区古水井的分布和高程做了统计分析，可知苏州草鞋山古水稻田遗址距今约 6 千年的古水井井口标高为 0～0.2 m，除 J33 外，所有井均开挖于黄褐色生土层中（谷建祥等，1998）。苏州澄湖、独墅湖湖底所揭露的众多古水井其时代为崧泽至马桥文化时期（6.0～3.2 ka BP），同时期的水井也见于昆山太史淀、吴县九里湖底及阳澄湖底等（张志新，1996）。根据对苏州澄湖湖底 62 处古水井井口和井底 GPS-CORS 系统的精确测量发现（图10.4.12），崧泽文化时期（6.0～5.3 ka BP）、良渚文化时期（5.3～4.3 ka BP）、夏商周和战国时期，古水井的井口大都位于 1985 黄海高程 0～－1 m，井底大都在－2～－3 m 左右；在六朝和

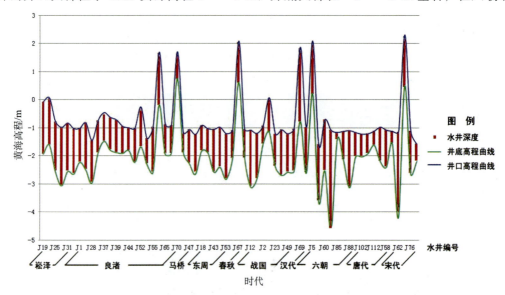

图 10.4.12　澄湖湖底 62 处古水井井口和井底 1985 黄海高程分布

宋代古水井的井口曾低于−1 m，井底曾低于−4 m。水井的深度可以反映出水井所在地的地下水位情况，间接指示海面变化。因此，古水井井口和井底标高证实了该区自新石器马家浜文化时期至宋代的大部分时间段并不存在有高过现代海面的高海面时期，而澄湖形成是在宋代或宋代之后。对澄湖湖底 102 处灰坑顶部和底部 GPS-CORS 系统的精确测量亦证实了上述结果（图 10.4.13）。在崧泽文化时期、良渚文化时期、夏商周和战国时期，灰坑顶部大都位于 1985 黄海高程−2～−1 m，井底大都在−2 m 左右；而六朝和唐代灰坑顶部曾低于−1.5 m，灰坑底部曾低于−3 m。澄湖中的灰坑遗迹时代亦从新石器一直延续到宋代。上述发现结合前述各节考古地层记录的分析表明，江苏南部苏州地区在 6.0 ka BP 直至宋代的大部分时间段为低海面时期，苏州澄湖是在宋代以后才逐渐演变为湖泊的。东太湖和澄湖地区众多湖泊的湖底分布着如此密集的古水井以及与其同时发现的灰坑、房屋、水田遗迹等，说明该区崧泽至宋代基本都为人类居住和耕作的场所，在此期间并不存在有高过现代海面的高海面时期。

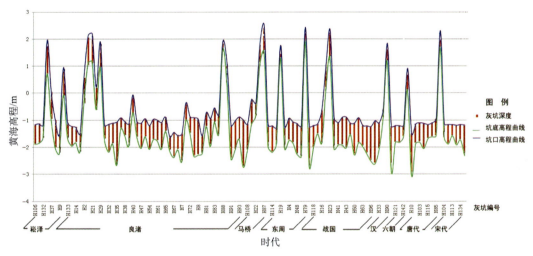

图 10.4.13　澄湖湖底 102 处灰坑顶部和底部 1985 黄海高程分布

（四）太湖地区古水井与该区湖泊形成和演变的关系

1. 水井井口高程变化反映的地面加积升高

草鞋山遗址位于苏州市唯亭镇东北阳澄湖畔，黄海高程 3.46 m。草鞋山遗址于 20 世纪 70 和 90 年代进行过两次发掘（谷建祥等，1998），70 年代在近低丘坡地处，90 年代在附近平原区，根据两次发掘所绘的遗址综合剖面图（图 10.4.14）。苏州草鞋山古水稻田遗址揭露的马家浜文化时期的古水井其井口高程在海拔 0～0.2 m 左右，[14]C 测定数据树轮校正后的年代为 6000 a BP 左右（谷建祥等，1998），其上覆地层的厚度约 2.5 m。从图 10.4.15 可以看出，自 6000 a BP 以来，这一带地面在不断加积增高，尤其是宋代，加积速度明显加快。随着地面的不断升高，水井井口高程也逐渐抬升，就草鞋山古水稻田开挖剖面所揭露的水井井口标高来说，马家浜文化时期井口高约 0.0～0.2 m，良渚文化时期为 0.5～1.0 m，宋代升至 3 m 左右。

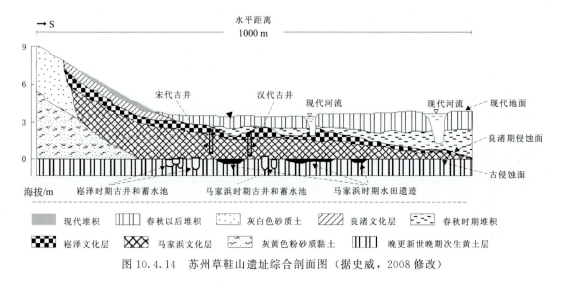

图 10.4.14　苏州草鞋山遗址综合剖面图（据史威，2008 修改）

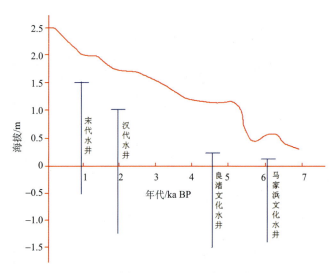

图 10.4.15　草鞋山遗址反映的古地面加积过程

　　马家浜文化层之上的堆积除马家浜文化后期及良渚文化的部分属文化层外，主要为河流泛滥沉积的褐黄色粉质黏土。其中良渚文化时期的地面还一度受到侵蚀，平原上缺失良渚至春秋前的地层，形成侵蚀面，而低丘坡地上良渚文化层的存在表明良渚时期人类依然在此活动。这一现象说明本区河流的侵蚀基准面在下降，验证了良渚文化时期的气候有向温干变化和地下水位下降这一论点。

　　马家浜文化时期以来地面加积的增高不仅见于该遗址区，其他地区也普遍形成了厚达 2.5～3.0 m 的淤积土层，如东太湖湖底黄土层之上的现代淤泥总厚也达 2.5～3.0 m（孙顺才，1992）。地面的加积增高不仅发生在太湖平原，在宁镇丘陵地区的沟谷中也普遍堆积了厚 2～3 m 以上的冲积土层（曹琼英等，1989），不过地面的加积增高速度在各时期是不同的（图 10.4.15）。在古遗址区地面的加积增高一方面可能是连续使用使遗址堆积增厚，抬高了地表的海拔高度，即受先民生产活动的影响，但就本区来说，主要是长江三角洲南岸自 6500 a BP 以来迅速向东延伸的结果。6500 a BP 时海岸的位置大约在沙冈向南至嘉定黄渡—金山县漕泾一线，4000 a BP 后岸线以每年 0.8～2.4 m 的速度迅速东延（曹琼英等，1989；张修桂，1997），距今 1200 年的岸线已达原上海主城区以东地区。三角洲的延伸使河道加长，坡降降低，因而不时泛滥，并使地面不断加积。

2. 古水井与澄湖等湖泊形成的关系

澄湖，又称陈湖或沉湖，位于江苏省苏州市东南约 15 km（31°15′N，120°55′E），湖面积约 45 km²，湖区周围地面海拔约为 2.2～3.3 m，最大水深 3.15 m，平均水深 1.83 m，与北面的阳澄湖、东南的淀山湖等一起，构成东太湖平原的中小型湖泊群。澄湖遗址车坊区、角直区通过 1974 年和 2003 年两次发掘，共发掘清理水井灰坑等遗迹 1000 多处（苏州博物馆和吴江县文物陈列室，2001），这些遗迹都位于澄湖的底部，这也带给我们一个疑问，澄湖究竟是何时形成的？

关于澄湖的形成，历史文献上有许多记载，如《吴县志》载为："陈湖，相传本邑聚所陷"。但这些文献与碑刻，基本都源于湖滨寝浦禅林内，明弘光元年所铸的钟上，而弘光元年（南明福王朱由崧的年号）距离"唐天宝六年春"也已经过了八百多年，因此其可靠性尚待研究。新中国成立以来，有关澄湖及太湖周围湖泊的形成，许多科学家做了调查和研究，有人认为同太湖及其周边湖泊一样，皆为潟湖演化而来（陈吉余，1959）；也有人认为这些湖荡是因地面沉降积水而成湖（景存义，1985），至今尚无定论。

澄湖遗址是一处面积广袤的古文化遗址，两次重点发掘的区域就有 100 多万平方米（丁金龙和张铁军，2004）。遗址的状况也很特殊，没有所谓的文化层。以车坊区为例，地面平坦，除了散落的石器陶片外，都是黄褐色的原生土，只有一个个灰黑色的圆坑——古井打穿原生土的部分，分布在湾面上（南京博物院和吴县文管会，1985）。因此澄湖的形成（特别是遗址部分的澄湖）不能归结为在太湖平原形成过程中由于地面差异沉降而产生。现今湖底与周边陆地的地层结构基本相似，仅有次生黄土层上覆地层的厚度不同，近湖心地带厚度小，向湖岸厚度增大，约为 3 m，这种地质结构显示东太湖地区原始地面略有高低起伏。

通过以上的研究，我们认为澄湖形成原因应该是多方面的，但最主要的原因还是由于 4000 年以来长江三角洲的东延，使该区河流坡降逐渐降低，河流泄水不畅以及河流泛滥导致沿河地区地面加积不断升高，最后在河间低地和内陆洼地上积水成湖。此外，本区位于长江三角洲的江南古陆部分，位于华夏褶皱以西的角直凹陷部位，第四系厚度较大，沉积物孔隙率大，地层的压密作用可使地面沉降，因此，这也可能是整个东太湖地区湖泊众多的原因之一。关于澄湖的形成时间，前文述及的澄湖遗址发掘清理的大量文物及文化遗迹（尤其是水井）已提供了宝贵的证据。澄湖遗址第一次发掘（1974 年）清理水井 150 余口，出土与征集文物 1200 多件，可分原始文化遗存、几何印纹陶遗存、汉—宋代文化遗存（南京博物院和吴县文管会，1985）。最早的遗存为新石器时代崧泽文化时期，最晚为宋代。第二次（2003 年）发掘清理各类遗迹 872 处，包括灰坑、水井、房址、水沟、池塘、水田等。其中水井就有 402 口，时间跨度从新石器时代一直延续到宋代（苏州博物馆和吴江县文物陈列室，2001）。这些资料，尤其是水井、房址等遗迹，可以充分证明澄湖地区最早在崧泽文化时期就是一片有人类活动的陆地，历经商周、春秋战国、汉—六朝以及唐宋，到了宋代之后才积水成湖，并不断扩大。此外，《宋史·五行志》和《吴县志》记载，宋代苏州郡、平江府的大水灾有十六次之多；《太平广记》载"此为陈县，有狮眼流红之说，事实近诞。然当水涸时，其中街衢、井穴历历可辨，余如上马石、田亩，不胜枚举。且有拾得铜锣铁链及器皿什物者"。《太平广记》成书时间为宋初期，因此，推测澄湖中心部分在宋代已经形成，而遗址区部分是宋代成湖之后逐渐被淹没的，河流泛滥很可能是澄湖中心部分形成的直接原因。

综上所述，基于太湖地区已发现清理的古水井资料，结合太湖地区的自然地理概况、该区史前文化研究及古环境研究成果，通过对太湖地区史前和历史时期水井的发展演变、水井分布、井口与井底的标高等进行统计分析，本区 7 ka BP 来的古水井所揭示的环境意义如下：

（1）良渚文化时期是水井数量最多的时期，占马家浜至马桥文化时期水井总数量的 77%。原因主要包括三个方面：一是该时期气候总体上趋于温干，地下水位下降；二是该区易受海潮侵袭，先民为了获取洁净的水源而打井；三是该区古水井除了满足先民的生活用水外，与稻作农业的关系也十分密切，稻作农业发达的地区，水井数目也较多。

（2）古水井是苏州澄湖和独墅湖遗址的主要遗迹，本节对这两处典型遗址发掘清理的崧泽文化至马桥文化的古水井深度进行了统计分析，结合研究区域其他遗址的古水井标高情况，对该区崧泽文化至马桥文化时期地下水位的变化进行了研究。崧泽文化时期枯水期的地下水位约在−1.8～−1.5 m；良渚文化时期地下水位总体有所下降，变化也较大，推测枯水期的地下水位最低低于−2.5 m。马桥文化时期的地下水位有所回升，最深在−1.7 m 左右，这些证实该区在 6～3.2 ka BP 间并不存在有高过现代海面的高海面时期。

（3）根据对苏州澄湖湖底 62 处古水井和 102 处灰坑顶部及底部 GPS-CORS 系统的测量发现，在崧泽文化和良渚文化时期直至夏商周和战国时期，澄湖湖底古水井井口和灰坑顶部大都位于 1985 黄海高程−2 ～0m，井底和灰坑底部多在−3 m 左右；在六朝至宋代古水井的井口和灰坑顶部曾低于−1 m，古水井的井底和灰坑底部曾低于−4 m，上述发现结合侵蚀基准面（海面）的分析表明，苏州地区在 6.0 ka BP 直至宋代的大部分时间段为低海面时期，苏州澄湖是在宋代以后才逐渐演变为湖泊的，为 4000 a BP 以来长江三角洲迅速东延，河流坡降逐渐降低，泄水不畅以及河流泛滥所造成。

第五节　南京高淳薛城遗址古环境重建与古长江摆动探讨

一、遗址位置及地层剖面特征

薛城遗址位于南京市高淳县薛城乡卫生院（薛四村）境内，距南京市区直线距离约

73 km（图 10.5.1），遗址面积约 6 万 m^2，海拔 11.4 m。在耕土层下有 50～52 cm 的墓葬层（出土 100 多处墓葬），在墓葬层下是文化层和生土层并有网纹红土出露。

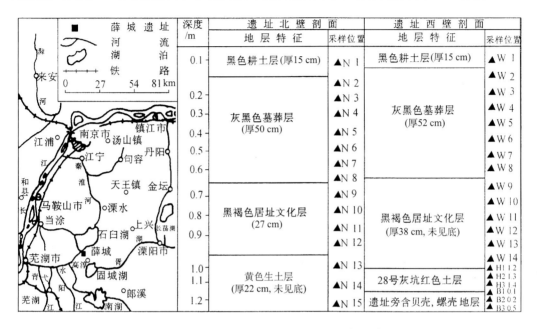

图 10.5.1　薛城新石器遗址位置及地层剖面特征

　　该区在大地构造单元上属于南京凹陷边缘，受中生代燕山运动后期的断裂作用，溧（阳）—高（淳）背斜西北翼断裂下沉，产生了包括固城湖、石臼湖、丹阳湖及西部圩田区范围广阔的凹陷盆地。中生代以来，固城、石臼凹陷形成后一直处于缓慢下沉过程中。发源于皖南山地的水阳江、青弋江直接注入了这个凹陷地区，第四纪中更新统网纹红土和上更新统风尘堆积特征的下蜀黄土也在这一地区沉积下来。网纹红土在胥溪河沿岸和安徽宣（城）、郎（溪）、广（德）境内广泛分布，成为本区网纹红土分布的北界。薛城遗址下部的红色生土层和黄色生土层便是网纹红土和具风尘堆积特征的下蜀黄土经历次生作用后的遗留产物。

　　在该遗址发掘探方北壁和西壁剖面共采集样品 35 个，分别做了孢粉、植硅石、[14]C 年代、粒度、古生物和地球化学鉴定分析（采样位置如图 10.5.1 所示）。

二、年代和孢粉学特征

(一) 器物排比法断代

　　据考古队及有关考古专家器物排比法分析，此遗址墓葬出土器物类型以平底釜数量最多，陶器主要为外彩，器物主要为陶制纺轮、带流的豆、三耳红陶罐、带把黑陶杯、圈足器、石锛、白色玉玦、玉璜、少量三足釜，上述特征比南京市北阴阳营出土的以内彩三足鼎和七孔石刀为主的大量圈足器和三足器更为原始。据此，考古学界认为该遗址地层年代相当于马家浜文化晚期（6300～5800 a BP），比北阴阳营文化要早，应属于南京地区最早的新石器文化遗址。

(二) ¹⁴C 测年

对采集的遗址西剖面下部居址文化层黑色淤泥质土 W14 号样品和遗址上部 B2 号含贝壳和螺壳样品，经南京大学地理与海洋科学学院¹⁴C 测年实验室测定年龄分别为 5735±76 a BP 和 3866±250 a BP。

(三) 孢粉鉴定统计

表 10.5.1 是该遗址地层部分样品孢粉鉴定统计情况。从表 10.5.1 可见以下特征：

表 10.5.1　薛城遗址孢粉鉴定统计表

孢粉名称及含量/粒	样品号与采样深度/m					
	N14	W1	W6	W11	H2	B2
	1.05	0.05	0.45	0.76	1.30	0.20
松属 *Pinus*		5	1			1
禾本科 Gramineae			3			
伞形科 Umbelliferae			1			
莎草科 Cyperaceae		2	4		1	
蒿属 *Artemisia*					1	
蓼属 *Polygonum*			1			
蕨属 *Pteridium*		2	5			
水龙骨科 Polypodiaceae		1	1			
紫萁属 *Osmanda*			1			
藜科 Chenopodiaceae						
卷柏属 *Selaginella*		2				
炭屑含量	+	+ + +		+ + +	+	
地层	黄色生土层	黑色生土层	灰褐色墓葬层	褐色居址文化层	灰坑红色生土层	含贝壳、螺壳地层

(1) 从墓葬层 W6 层和耕土层 W1 号孢粉种类看，有较多喜暖湿的草本和蕨类，其中以墓葬层 W6 号种类最多，如禾本科（Gramineae）、伞形科（Umbelliferae）、莎草科（Cyperaceae）、蓼属（*Polygonum*）、蕨属（*Pteridium*）、水龙骨科（Polypodiaceae）和紫萁属（*Osmanda*），常见树种有松属（*Pinus*）。耕土层样品 W1 号种类比墓葬层 W6 号少，缺禾本科、伞形科、蓼属和水龙骨科，但比墓葬层 W6 号多出卷柏属。

(2) 生土层 N14 和 H2 样品分别仅具有藜科（Chenopodiaceae）以及莎草科（Cyperaceae）和蒿属（*Artemisia*）三类旱生草本，反映了典型的干旱环境。B2 号贝壳和地层样品仅有常见树种松属（*Pinus*）的孢粉，结合贝壳和螺壳分析，可知该层物质主要是先民食用贝壳和螺壳后的残余物堆积，不属于自然沉积，故难于发现孢粉。

由此，从遗址地层垂向剖面孢粉数量和种类分布看，反映出本区新石器文化出现以前（6300 a BP 以前）经历过干冷环境，居址文化层下部的黄色和红色生土层就是在这种干冷环境下主要由风力搬运沉积的，当时环境是藜科、莎草科和蒿属为主的半干旱草地景观。黑褐色居址文化层因人类活动焚烧故未能发现孢粉，但从其上部墓葬层出土的器物类型排比分析（如前所述），可知其年代约为 6300～5800 a BP，正值全新世最暖期（Holocene Maximum），墓葬层较多的孢粉虽不排除当时人为扰动后堆积的可能，但该层特有的禾本科、伞形科、莎草科、蓼属、水龙骨科和紫萁以及常见树种松的孢粉组成已足以反映出当时温暖湿润的生态环境。

三、植硅石特征

据国内外学者（吕厚远和王永吉，1991）对表土植硅石背景分析发现，寒区环境下植硅石形态以长齿形、尖形和棒形为多，暖湿环境下以扇形和哑铃形居多。表 10.5.2 是薛城遗址地层植硅石鉴定统计表。

表 10.5.2　薛城遗址地层植硅石颗粒数统计表

植硅石类型	样　品　号					
	W11	W6	W1	N14	H2	B2
水稻	5	8	5	3		15
芦苇		9	5	3		6
扇形	28	> 23（多）	> 25（多）	5		3
哑铃形	2	1		2		1
双齿形		3	3			7
尖形		12	8			1
圆形	3	< 19（多）	4			
方形		5				
长条形						1
炭屑	＋＋＋	＋＋	＋＋	＋	＋	

从分析统计可以看出：

（1）植硅石种类和数量以西壁墓葬层 W6 号最多（共 8 种 80 粒以上），西壁近地表耕土层样品 W1 号次之（共 6 种 50 粒以上），其他依次为含贝壳螺壳地层 B2 号（7 种 34 粒）、居址文化层 W11（4 种 38 粒）和黄色生土层 N14 号（4 种 12 粒），灰坑红色生土层样品 H2 号未发现植硅石。

（2）上述含植硅石的样品中或多或少均见有水稻的植硅石，表明早在 6300～5800 a BP 时，水稻耕作就已是南京地区古代先民的重要经济生产活动之一。

（3）除居址文化层和生土层外，芦苇的植硅石在遗址地表中普遍存在，由此可知在

6300～5800 a BP，该遗址地区周围便有芦苇群落生长，是为湿润的生态环境。居址文化层缺少芦苇植硅石与该层堆积时人类的焚烧活动有关，该层样品未见任何孢粉亦证实了这一点。红色生土层样品未发现植硅石则进一步表明该层沉积时经历的是不利于植物生长的干旱环境。然而，黄色生土层 N14 号样品中存在植硅石亦可能与其上覆的居址文化层经过淋滤作用有关。

由此，从表 10.5.2 看，扇形哑铃形植硅石在遗址地层中大量出现，表明 6300～5800 a BP 遗址区一直处于温暖湿润的环境。

四、水生动物化石

薛城遗址墓葬区旁（西壁往西 1.5 m 处）有大量含贝壳和螺壳地层（贝壳和螺壳混为一层，该层厚 20 cm，位于厚 10～15 cm 的黑色耕土层之下）。贝壳与螺壳层之下为另一厚 40 cm 的黑土层（未见底）。

采集的贝壳与螺壳 ^{14}C 年代为 3866±250 a BP（如前所述），除测年外还对其作了种类鉴定，得出以下结论：

（1）遗址旁地层中的螺为铜锈环螺（*Bellamya aeruginosa*），属于田螺科环棱螺属。

（2）遗址旁地层中的贝类为河蚬（*Corbicula fluminea*），属于蚬科河蚬属。

（3）上述螺和蚬主要生活于淡水中（现今宁镇地区水网湖塘中仍有较多分布）。

上述鉴定结果表明，此类螺蚬虽采集于墓葬层上方地层，但墓葬层中亦偶可见，这反映此类螺蚬在本区已有 6300 年历史。

五、粒度和地球化学分析

表 10.5.3 和表 10.5.4 是由日产 SKC-2000 型光透式粒度分析仪测定的该遗址地层沉积物样品部分粒度参数值、粒度分布、搬运方式与截点的关系。

上述粒度分布特征表明，遗址最下部地层红色生土层 H2 号虽具有粒级细、分选好、搬运远的风尘沉积物特征，但其较高的跃移组分含量和较低的悬移组分含量表明此原生风尘堆积物经历过堆积后的流水再搬运作用。红色生土层上的黄色生土层 N14 号

表 10.5.3　薛城遗址地层剖面部分粒度参数特征表

样品号	深度/m	粒度参数				
		平均粒径 M_Z/Φ	标准离差 σ_1	偏度系数 S_K	尖度 K_G	中值粒径 M_D/Φ
N14	1.05	6.10	1.47	0.20	0.60	5.90
W11	0.76	5.30	2.29	0.05	0.80	5.30
H2	1.30	6.70	0.80	0.05	1.50	6.70
B2	0.40	5.50	3.90	0.45	1.20	5.00

表 10.5.4　薛城遗址地层沉积物粒度分布、搬运方式与截点的关系

样品号	深度/m	推移组分			跃移组分			悬移组分		
		含量/%	粒径范围/Φ	斜率	含量/%	粒径范围/Φ	斜率	含量/%	粒径范围/Φ	斜率
N14	1.05	4.10	1～3	23°	87.90	3～8	35°～72°	8.00	8～9	73°
W11	0.76	14.50	0～3	22°	80.50	3～8	28°～64°	5.00	8～9	72°
H2	1.30	13.20	1～5	23°	79.60	5～9	22°～70°	7.20	9～10	71°
B3	0.40	10.30	0～3	20°	79.70	3～7	33°～64°	10.00	7～8	74°

则主要反映了与流水作用无关的风尘堆积特征，居址文化层 W11 号和 B3 号含贝壳、螺壳地层的样品则主要反映了流水沉积的特点，只是居址文化层 W11 号在沉积过程中还可能经过一定的人类活动扰动影响。

　　由表 10.5.5 可知，该地层氧化物以 SiO_2 为最多（69.69%～76.5%），Al_2O_3 次之（9.42%～12.75%），再次为 Fe_2O_3（2.19%～4.05%），此种显著的富硅铝铁化现象证实了本区 6300～5800 a BP 以及现今以湿热为主的气候特点。从表 10.5.5 中还可发现 H1、H2、H3、N13、N14 和 N15 这 6 个生土层样品 Fe_2O_3、Al_2O_3、SiO_2 和 K20 及 MgO 含量在地层中较高，表现为相对积聚，而 CaO、Na_2O 含量较低，表现为相对淋溶．说明该遗址在 6300 a BP 前的生土层形成中，经历了与黄土类似的风化成土过程，

表 10.5.5　南京大学现代分析中心用 X 荧光法测得的遗址地层样品氧化含量情况

样品编号	深度/m	烧失量/%	Na_2O/%	MgO/%	Al_2O_3/%	SiO_2/%	P_2O_5/%	K_2O/%	CaO/%	TiO_2/%	MnO/%	TFe_2O_3/%	FeO/%	Fe_2O_3/%
W1	0.05	7.86	1.29	0.77	9.63	72.35	0.78	1.67	2.02	0.76	0.07	2.96	0.88	1.97
W2	0.18	7.21	1.26	0.81	10.23	72.51	0.83	1.72	1.80	0.74	0.07	3.20	1.36	1.69
W4	0.30	7.71	1.17	0.84	10.36	70.63	1.23	1.71	2.31	0.76	0.09	3.58	1.18	2.27
W6	0.45	7.32	1.14	0.82	10.48	71.15	1.00	1.71	1.98	0.74	0.08	3.63	0.70	2.85
W8	0.58	7.52	1.04	0.79	10.37	71.21	1.11	1.65	2.03	0.75	0.10	3.47	0.74	2.65
W9	0.65	7.04	1.07	0.75	9.84	72.81	0.94	1.62	1.80	0.76	0.09	3.26	0.72	2.46
W11	0.76	7.07	1.03	0.75	10.10	72.31	1.04	1.63	1.87	0.76	0.11	3.31	0.57	2.68
W13	0.92	5.75	1.08	0.68	9.64	76.00	0.55	1.60	1.24	0.86	0.06	2.85	0.42	2.39
W14	0.98	5.37	1.04	0.68	9.42	76.59	0.54	1.60	0.72	0.84	0.06	2.76	0.51	2.19
N13	1.00	7.07	0.93	0.89	12.75	69.69	0.35	2.04	0.84	0.90	0.06	4.26	0.40	3.82
N14	1.05	6.93	0.92	0.98	12.73	70.12	0.26	2.05	0.77	0.92	0.07	4.26	0.62	3.57
N15	1.13	6.84	0.90	0.98	12.70	70.26	0.24	2.03	0.74	0.94	0.07	1.25	0.25	3.97
H1	1.20	6.53	0.85	0.90	12.32	71.54	0.19	1.95	0.69	0.92	0.08	4.11	0.48	3.58
H2	1.30	6.90	0.75	0.90	12.67	71.04	0.21	1.96	0.71	0.92	0.07	4.24	0.17	4.05
H3	1.40	6.69	0.69	0.86	12.39	71.58	0.19	1.90	0.63	0.96	0.08	4.18	0.21	3.94

该遗址生土层氧化物与黄土高原洛川等剖面（刘东生等，1985）氧化物相似的组成可证实这一点。

六、薛城遗址古环境与古长江摆动问题讨论

在新仙女木寒冷期之后，本区迎来了人类突兴的全新世大暖期（Holocene Maximum），当 6300～5800 a BP 高海面期，长江口尚在镇江一带时，本区出现了南京地区最早的新石器文化——薛城文化，当时是温暖湿润的由禾本科、伞形科、莎草科、蓼属、蕨属、水龙骨科和紫萁以及常见树种松为主的草丛树林景观。先民们生活在比现今稍为暖湿的环境中，受当时高海面影响，附近水域中生存有大量耐半咸水的螺、蚬及鱼类。出土的大量水稻植硅石、鱼骨、鱼壳、螺蚬壳、石斧、石锛和石纺轮证实先民当时已具有稻作、渔猎和纺织等经济活动。螺壳和蚬壳的^{14}C 测年暗示此区先民的渔猎经济可能一直延续至 3866±250 a BP，只是后期人类活动破坏和干扰造成了 5800 a BP 以来文化层的缺失。此遗址发现的科学意义主要在于：

（1）由器物类型排比法和测年法证实了 6300～5800 a BP 的薛城遗址是南京地区最早的新石器遗址。

（2）证实了 6300～5800 a BP 南京地区的先民已掌握了水稻种植、渔猎和纺织技艺，稻作和渔猎是当时主要经济生产活动方式。

（3）网纹红土在长江以南广布，它是中更新世长江以南的重要地带性气候土壤。然而，多年来位于江南的南京市区及市郊一带一直未发现网纹红土的存在。近年在发现南京汤山猿人化石的同时，亦发现此猿人化石地层中含有大量类似于周口店北京猿人遗址区的北方周口店动物群化石（如葛氏斑鹿、肿骨鹿、中国鬣狗、三门马和李氏野猪等化石），贾兰坡先生（北京大学与南京市博物馆联合考古队，1996）据此提出长江在第四纪经历过摆动的假设。此次薛城遗址下部网纹红土的出现以及在固城湖北岸湖边、东坝附近胥溪河河床及其两岸呈东西带状分布的网纹红土的发现可能揭示了这样一个重要情景：

长江在第四纪确实经历过摆动。在中更新世中期之前，芜湖市附近并未出现今日所见向北近 90°的长江大拐，长江当时是沿高淳—溧阳市一线经宜兴和太湖向东入海，中更新世网纹红土沿此线及此线以南广泛发育应是主要证据。中更新世中后期是中国东部第四纪新构造运动强烈抬升期，受此抬升影响，中国东部庐山、黄山和天目山等山体大幅度抬升（朱诚，2000）。长江受其南部地层抬升掀斜的影响，其水道也在芜湖市附近沿断裂构造线发生向北的转折，江水直到南京附近才转向东流入海。这便是今日位于江南的南京—镇江一带未能见到网纹红土，而汤山中更新世动物群却具有北方周口店动物群特征的原因所在。如果这一情景成立的话，那么长江在第四纪的改道对中国东部人类起源和文明的发展影响是十分深刻的，它使宁镇地区和长江三角洲一带的旧石器和新石器文化受长江气候分界线摆动的影响烙上了南北兼容的文化特征。当然这一推论还有待得到进一步证实。

第六节　苏北里下河平原地区新石器时代海面变化的环境考古证据

　　海安青墩、东台陶庄和开庄是作者课题组与相关考古部门在前期合作预研究中发现的有全新世海相层存在的长江三角洲北缘苏北里下河平原地区新石器时代遗址（图10.6.1 和图 10.6.2），均属于古长江流域扬子大三角洲体系区域（王颖等，2012），为揭示该区无文字记载的全新世早中期海面变化，本节综合采用了地层测年、海相微体古生物鉴定、GPS-CORS 高程测量方法了解本区全新世海面变化时代和高程细节。综观前人的研究，本区新石器时代海面变化对人类影响研究尚存在的问题主要包括：①过去研究多存在常规 ^{14}C 测年误差较大问题，而现在可以采用对海相层进行 AMS^{14}C 测年的解决办法；②贝壳堤指示高海面的认识误区（岳军等，2012），而现在可以对典型遗址的海相层进行微体古生物组合分析来指示沉积环境；③1：5 万地形图 5 m 等高距的误差，这可以采用统一高程测量的解决办法。因此，通过准确测定各海相层的年代及其微体古生物组合指示的海相沉积环境，并采用全球定位系统 GPS-CORS（连续运行参考站系统）与全站仪相结合的方法测量出海相层海拔高度，将对探讨江苏新石器时代气候波动与海面变化的关系，以及高海面的具体年代、过程及其对人类聚落形态、文化变迁影响的人地关系提供十分重要的线索，也为后续深入研究本区新构造运动对海面变化的影响奠定基础。

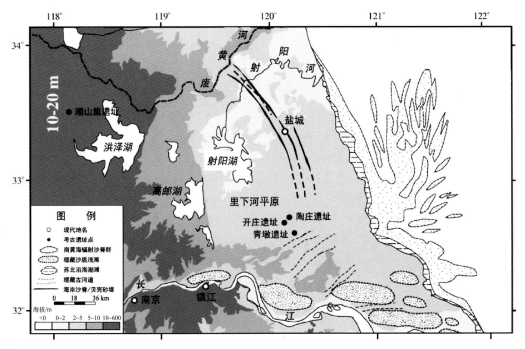

图 10.6.1　苏北里下河平原地区典型新石器时代遗址位置图

一、地层剖面及测年

青墩遗址剖面（32°36′N，120°14′E）位于海安县西北部南莫镇青墩村（图 10.6.1 和图 10.6.2），东距黄海、南距长江均约 60 km。这一带地处里下河地区东南部，地势低洼，平均高出海平面 2 m 多。遗址所在地青墩村，位于南莫镇东偏南 1.5 km 的一块面积约七万平方米的台地上，四面环水，青墩新村地面海拔 3.8 m。2013 年 4 月，在青墩遗址采集深度分别为 501 cm 和 502 cm 的两根平行柱状样品，编号为 QD，剖面距地表深度由上至下岩性特征为：第 1 层（0～31 cm），黑灰色耕土层，表层含砖瓦片；第 2 层（31～77 cm），黑色黏土层，含红烧土；第 3 层（77～141 cm），黑灰色黏土层，含红烧土；第 4 层（141～159 cm），黄色粉砂层；第 5 层（159～247 cm），黑灰色黏土层，含陶片；第 6 层（247～334 cm），黑色黏土层，底部见地下水，并含红烧土；第 7 层（334～403 cm），黄色粉砂层，其中在 389 cm 以下部分以粗粉砂为主，而上部则以细粉砂为主；第 8 层（403～502 cm），青灰色粉砂淤泥层。实验室进行分样时，通过地层对比并参照前人研究，对 QD 剖面进行分样，其中因前人对下部生土层的研究中发现大量盐生藜科花粉和水生植物花粉（张强等，2004），重点对 QD 剖面第 7 和第 8 层进行海相微体古生物分析，最后获得海相微体古生物分析样品 16 个。

陶庄遗址剖面（32°42′N，120°9′E），位于东台市时堰镇陶庄村，地处泰东河沿岸（图 10.6.1 和图 10.6.2）。2011 年 12 月对陶庄遗址进行了初步采样，6 块样品主要来自文化层下部淤泥层（距地表深度 175～215 cm），经海相微体古生物化石鉴定，发现每块样品中都含有较多的有孔虫和介形虫。为进一步了解陶庄遗址剖面的沉积物环境特点，2012 年 3 月第二次对陶庄遗址进行了采样，采样位置为 T204 探方西壁，对 230 cm 深度剖面进行采样，使用 20 cm×20 cm×100 cm 长方体铁盒运回实验室分样。剖面距地表深度由上至下岩性特征为：第 1 层（0～28 cm），灰褐色现代耕土层，粉砂，有虫孔、植物根须分布，结构较疏松；第 2 层（28～42 cm），明清文化层，灰褐色粉砂质黏土，含红烧土、锈斑和大量炭屑；第 3 层（42～74 cm），唐宋文化层，灰黑色粉砂质黏土，有锈斑，大量炭屑；第 4 层（74～95 cm），崧泽文化层，黑色粉砂质黏土，大量炭屑，有锈斑；第 5 层（95～106 cm），生土层，黄色粉砂层；第 6 层（106～210 cm），生土层，黄色粉砂层，其中在 156 cm 以下部分以中粉砂、粗粉砂为主，而上部则以细粉砂为主；第 7 层（210～230 cm），生土层，青灰色粉砂淤泥层。自上而下以 2 cm 间隔连续取样，共获得 114 个样品，并主要对下部第 4～7 层选择 39 个样品进行海相微体古生物分析。

开庄遗址剖面（32°41′N，120°8′E）位于东台市溱东镇西北的开庄村，西与兴化市毗邻。遗址处于苏北里下河水荡地区东部边缘—四面环河的圩田中央，面积 27 000 多平方米（图 10.6.1 和图 10.6.2）。2013 年 4 月 26 日在该遗址钻孔采集深度为 395 cm 岩心一根，岩心距地表深度由上至下岩性特征为：第 1 层（0～48 cm），黄褐色、褐色耕土层；第 2 层（48～88 cm），黑灰色黏土层，含红烧土、灰陶片、白螺壳等；第 3 层（88～198 cm），黑色淤泥层；第 4 层（198～395 cm），青灰色淤泥层，整体自下而上黏土成分和粉砂呈增加趋势，而砂含量则呈减少趋势。12 个样品主要采集自剖面下部

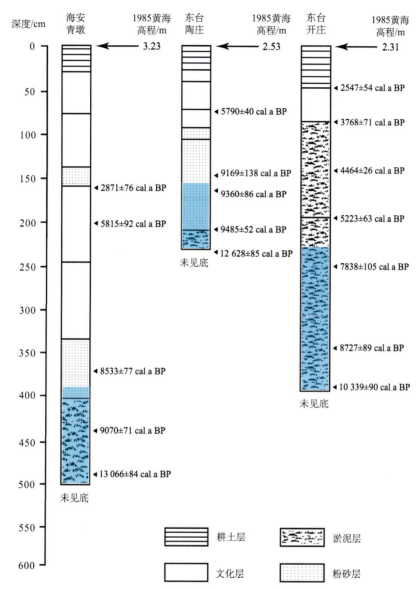

图 10.6.2　江苏青墩、陶庄和开庄遗址剖面全新世海相地层记录柱状图

图中[14]C 日历年代均采用 2σ 树轮校正结果，蓝色部分为发现海相微体古生物化石层位

的青灰色淤泥层，并对样品进行有孔虫和介形虫等微体古生物鉴定分析。

为建立上述地层年代框架，分别在青墩遗址、陶庄遗址和开庄遗址剖面中选择 5个、5 个和 7 个 AMS[14]C 测年样品，测试样品为沉积物中炭屑，在中国科学院广州地球化学研究所 AMS-[14]C 制样实验室制靶，而后送往北京大学核物理与核技术国家重点实验室进行测试。测得年代数据使用 CALIB 7.0.4 软件校正为日历年代（Reimer et al.，2013），结果见表 10.6.1 和图 10.6.2。

表 10.6.1　青墩、陶庄和开庄遗址地层 AMS¹⁴C 年代序列及 CALIB 7.0.4 校正结果

遗址名称	深度/cm	层位	¹⁴C 年代/a BP	1σ 树轮校正年代	2σ 树轮校正年代	1σ 中值年代/cal. a BP	2σ 中值年代/cal. a BP
青墩	160~161	5	2775±25	943 BC (71.8%) 895 BC	996 BC (100%) 845 BC	2869±24	2871±76
	202~203	6	5055±35	3941 BC (76.7%) 3856 BC	3957 BC (100%) 3773 BC	5849±43	5815±92
	371~372	7	7780±35	6649 BC (97.9%) 6589 BC	6660 BC (98.8%) 6506 BC	8569±30	8533±77
	440~441	8	8135±40	7143 BC (89.5%) 7064 BC	7191 BC (90.5%) 7049 BC	9054±40	9070±71
	490~491	8	11 195±45	11 157 BC (100%) 11 084 BC	11 200 BC (100%) 11 032 BC	13 071±37	13 066±84
陶庄	75~76	4	5105±30	3866 BC (65.3%) 3812 BC	3880 BC (59.4%) 3800 BC	5789±27	5790±40
	152~154	6	8225±40	7321 BC (100%) 7178 BC	7357 BC (99.1%) 7081 BC	9200±72	9169±138
	156~158	6	8330±30	7415 BC (59.0%) 7357 BC	7496 BC (100%) 7324 BC	9336±29	9360±86
	209~210	6	8470±45	7575 BC (100%) 7522 BC	7587 BC (100%) 7483 BC	9499±27	9485±52
	230~231	7	10 645±50	10 722 BC (100%) 10 630 BC	10 763 BC (100%) 10 593 BC	12 626±46	12 628±85
开庄	47~48	1	2515±25	640 BC (46.1%) 588 BC	651 BC (55.6%) 543 BC	2564±26	2547±54
	87~88	2	3495±25	1832 BC (66.9%) 1772 BC	1889 BC (100%) 1747 BC	3752±30	3768±71
	142~143	3	4045±20	2532 BC (61.5%) 2495 BC	2540 BC (50.1%) 2488 BC	4464±19	4464±26
	197~198	3	4470±25	3326 BC (70.0%) 3230 BC	3336 BC (58.8%) 3210 BC	5228±48	5223±63
	250~251	4	7010±45	5923 BC (68.9%) 5845 BC	5992 BC (100%) 5783 BC	7834±39	7838±105
	344~345	4	7935±35	6832 BC (70.5%) 6698 BC	6865 BC (58.9%) 6688 BC	8715±67	8727±89
	390~391	4	9190±30	8441 BC (66.5%) 8364 BC	8479 BC (97.1%) 8299 BC	10 353±39	10 339±90

二、海相微体古生物鉴定分析

对上述遗址地层下部生土层所采样品进行海相微体古生物鉴定，具体采用微体古生物学标准方法（李开封，2014）。对青墩遗址剖面的微体古生物鉴定发现，388 cm 以上地层含较多动物骨骼碎屑，且十分破碎，其中可辨别出有鱼类的牙齿、鱼鳍、鱼耳石和鱼类脊椎等，为陆相沉积。388 cm 以下地层则含较多有孔虫化石（图 10.6.3 和表 10.6.2），总计挑得 1556 枚壳体，有孔虫总丰度在深度 413 cm 样品中最高，为 432 枚/10 g，顶部样品中较低（16 枚/10 g）。底栖有孔虫计有 25 属 34 种，在样品中的分异度为 8~25 种，最低值发生在顶部样品，其下的多数样品在 20 种以上。依据生态特征，有孔虫可划分为浮游有孔虫和底栖有孔虫，后者进一步划分为浅海类、广盐类和半咸水类。故 388 cm 以下地层中有孔虫化石在属种数量上以浅海类居多。在数量丰度上（图 10.6.3 和表 10.6.2），有孔虫群落中以广盐类占优势，相对丰度 56.5%~95.3%，平均 73.9%；其中以 *Ammonia tepida*（暖水卷转虫）最为丰富，在每个样品中都是丰度最高的第一优势种，相对丰度 20.8%~68.8%，平均 31.3%。广盐类 *Elphidium magellanicum*（缝裂希望虫）和 *Cribrononion subincertum*（亚易变筛九字虫）丰度居次，平均丰度分别为 16.5% 和 10.1%。浮游有孔虫和浅海类底栖有孔虫只见于深度 402 cm

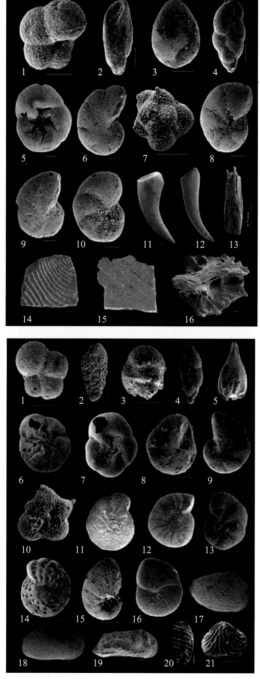

图 10.6.3　青墩和开庄遗址剖面中发现的微体化石

上图为青墩遗址剖面中发现的浮游有孔虫（1）、底栖有孔虫（2～10）和动物骨屑
（11～16）微体化石；下图为开庄遗址剖面中发现的浮游有孔虫（1）、底栖有孔虫
（2～17）、海相介形虫（17～19）、轮藻（20）和水蕨孢子（21）微体化石，下图中
标尺长 100 μm

表 10.6.2　青墩遗址剖面微体化石统计表

		深度/cm	380	389	402	413	426	439	452	464	476	489
		处理样品干重/g	76	78	78	82	71	62	61	60	60	87
		挑样干重/g	76	39	39	2.5	8.9	15.5	7.6	7.5	30	10.9
	浮游类	抱球虫类			1	8	10	6	15	1	10	7
		Gallitellia vivans（现生金伯尔虫）					1		2		2	
	瓷质壳类	*Qinqueloculina* sp.（五玦虫未定种）					1	1				1
	瓶虫类	*Fissurina* sp.（缝口虫未定种）			1	2	1		5		1	1
		Guttulina sp.（小滴虫未定种）					1					
		Lagena sp.（瓶虫未定种）			1		1	1	1			
		Oolina sp.（卵形虫未定种）										1
	列式壳类	*Bolivina* sp.（箭头虫未定种）			2		1	1	1	3		
		Brizalina striatula（条纹判草虫）			1	1	1	2	1			2
		Bulimina marginata（具缘小泡虫）			2		2		2	2	2	
		Buliminella elegantissina（最美微泡虫）			1	1	3		2		1	
		Globocassidulina sp.（盔球虫未定种）							2			
		Hopkinsina pacifica（太平洋霍氏虫）			1	1	6	3	10	4	5	3
		Trifarina sp.（三粉虫未定种）									1	
有孔虫	螺旋壳类	*Ammonia convexidorsa*（凸背卷转虫）			11	6	21	9	25	47	30	4
		Ammonia pauciloculata（少室卷转虫）			7		1	4		5	3	
		Ammonia tepida（暖水卷转虫）		44	85	37	51	31	54	58	45	31
		Buccella frigida（冷水面颊虫）						2				
		Epistominella naraensis（奈良小上口虫）			5	1	6	1	3	8	6	1
		Helenina anderseni（缝裂海伦虫）							1			2
		Pseudogyroidina sinensis（中国假圆旋虫）		1	1		2	3	1	2	3	2
		Pseudononionella variabilis（多变假小九字虫）		1	4	2	1	7	2	2	1	3
		Schakoinella globosa（球室刺房虫）				2	9	4	34	6	5	3
	平旋壳类	*Cribrononion poeyanum*（波伊艾筛九字虫）			1		2	2		3	3	2
		Cribrononion subincertum（亚易变筛九字虫）		10	22	11	23	24	18	24	16	3
		Elphidium advenum（异地希望虫）			1			1		6	3	
		Elphidium magellanicum（缝裂希望虫）		6	40	12	40	18	43	43	29	35
		Elphidium simplex（简单希望虫）							2	2	1	2
		Elphidium sp.（希望虫未定种）				12	5	3	5	9		8
		Elphidiella kiangsuensis（江苏小希望虫）						1		2	3	
		Florilus atlanticus（大西洋花朵虫）			2		4	1	2	2		2
		Florilus decorus（优美花朵虫）					1				1	
		Protelphidium tuberculatum（具瘤先希望虫）			15		3	2	3		3	2
		Protelphidium compressum（扁先希望虫）		1	2	6	1	5		1	2	1
		Rectoelphidiella lepida（精美直小希望虫）				1		5	1			1
		有孔虫总个数	0	64	216	108	215	144	260	239	186	124
		有孔虫丰度/g	0.0	1.6	5.5	43.2	24.2	9.3	34.2	31.9	6.2	11.4
		底栖有孔虫种数	0	8	21	14	25	22	23	19	21	21

续表

深度/cm				380	389	402	413	426	439	452	464	476	489
处理样品干重/g				76	78	78	82	71	62	61	60	60	87
介形虫		挑样干重/g		76	39	39	5.2	8.9	15.5	7.6	7.5	30	43
	陆相	*Candoniella albicans*（纯净小玻璃介）					2						
	海相	*Cytheropteron miurense*（三浦翼花介）					1						
		Dolerocypria mukaishimensis（向岛簿丽星介）									1		
		Loxoconcha ocellata（眼点弯贝介）									1		
		Pistocythereis bradyformis（布氏形纯艳花介）											1
		Sinocythere dongtaiensis（东台中华花介）					2						
		Sinocytheridea impressa（典型中华美花介）					1		1		1		1	2
介形虫个数				0	0	0	6	0	1	0	1	3	
介形虫丰度/10g				0.0	0	0.0	11.5	0.1	0.0	0.1	0.0	0.03	0.7

样品及其之下样品中，相对丰度平均为 21.8%。半咸水类丰度最低，平均 4.2%。上述各类属种中，浮游有孔虫和浅海类底栖有孔虫的个体普遍偏小，多数为未成年的幼虫或本身个体细小的成体所构成，推测这些有孔虫是由潮流从外海搬运而来的异地分子。而广盐类有孔虫属种的个体普遍较正常，多数为原地生活的分子或遭受短距离的搬运。因此，推断青墩遗址海侵层段的沉积环境总体上可能为开放的潮间带，因而有少量的浮游有孔虫和浅海底栖有孔虫随潮流进入，与当地生活的广盐类和半咸水类有孔虫一起形成所见的化石群。深度为 452 cm 样品中底栖有孔虫分异度及浮游有孔虫和浅海类有孔虫相对丰度均是该层段中最高的，分别达 23 种和 41.2%，反映其沉积环境的海相性程度最高，也即与开放海洋的联系程度最显著。而该层段顶部样品（深度389 cm）中有孔虫群落全由广盐类和半咸水类组成，缺失浮游有孔虫和浅海类底栖有孔虫，并且底栖有孔虫的分异度最低（8 种），推测该层段为较封闭的潮上带半咸水沉积环境。

根据鉴定的有孔虫和介形虫组成上的差异（图 10.6.4），陶庄遗址剖面含海相微体古生物化石的地层分为两个层段（图 10.6.5 和图 10.6.6）。下部 190～230 cm 层段的有孔虫丰度和种数最高，平均丰度为 377.7 枚/10 g，平均种数为 20.6 种；所含的浮游有孔虫和浅海类丰度较高，平均丰度分别为 25.0% 和 12.2%；其中丰度最高的是 *Hopkinsina pacifica*（太平洋霍氏虫），平均丰度 4.9%，其余较多见的种，按平均丰度依次为：*Nonionellina atlantica*（大西洋微九字虫，3.0%）、*Nonionella jacksonensis*（杰克逊小九字虫，2.7%）、*Epistominalla naraensis*（奈良小上口虫，2.5%）、*Schakoinella globosa*（球室刺房虫，2.0%）和 *Nonionellina decora*（优美微九字虫，1.7%）。广盐类有孔虫属种较少，见 3 属 6 种，但多数种的丰度高，平均为 59.3%，构成有孔虫群中的优势成分，按平均丰度依次是：*Cribrononion subincertum*（亚易变筛九字虫，22.3%）、*Elphidium magellanicum*（缝裂希望虫，19.8%）、*Ammonia tepida*（暖水卷转虫，10.8%）和 *Ammonia convexidorsa*（凸背卷转虫，6.9%）。同时，出现较多的海相介形虫和海胆类棘刺，其中浅海介形虫 10 属 10 种，其中较常见的是 *Neomonoceratina chenae*（陈氏新单角介）、*Pontocythere*（海花介）、Si-

nocythere dongtaiensis（东台中国花介）和 *Cytheropteron*（翼花介）等。上述这些属种在现代生活环境中要求正常盐度的海水，广布于我国沿岸陆架浅海（汪品先等，1988），反映其沉积环境的海相性最强，与外海的联系最强。但是，本层段也含少量陆相介形虫、水蕨孢子和真菌孢子等，如陆相类介形虫 *Candoniella albicans*（纯洁小玻璃介）、*Candoniella suzini*（苏金小玻璃介）和 *Eucypris* sp.（真星介），丰度较低，为 0.4~6.4 瓣/10g，平均只有 0.92 瓣/10g。这些种的存在可因搬运作用发现在河口、边滩等过渡相沉积环境。因而，190~230 cm 层段推测其沉积环境可能是接近河口的边滩或受河流影响的海湾边滩，水体盐度低于正常海水但具较大变化的潮滩，但与东方的浅海存在开放性的联系，从而有大量的浮游有孔虫和浅海底栖有孔虫、介形虫随潮流进入，与当地生活的广盐类和半咸水类有孔虫和介形虫一起形成所见的各类生态属种混杂的化石群。上部 156~190 cm 层段广盐类有孔虫丰度显著增加占绝对优势，平均丰度达 70.1%，其中丰度最高的种为 *Cribrononion subincertum*（亚易变筛九字虫）、*Elphidium magellanicum*（缝裂希望虫）和 *Ammonia tepida*（暖水卷转虫）；但是有孔虫总丰度和种数（179.9 枚/10g，平均分异度 16.2 种）、浅海类底栖有孔虫和浮游有孔虫丰度（平均分别为 20.0% 和 4.4%）、海相介形虫和海胆棘刺丰度（罕见，仅 3 种）明显降低，表明该层段沉积环境的海相性程度明显降低，推测可能为更靠近河口的边滩沉积，或封闭性较强的海湾边滩沉积。至顶部 74~156 cm 层段，鉴定样品中所含有的微体生物化石主要为陆相的真菌孢子、水蕨孢子及枫香花粉和鱼骨碎片，已为明显的陆相生物化石，说明海水已经退出陶庄附近地区，转变为陆相沉积环境。

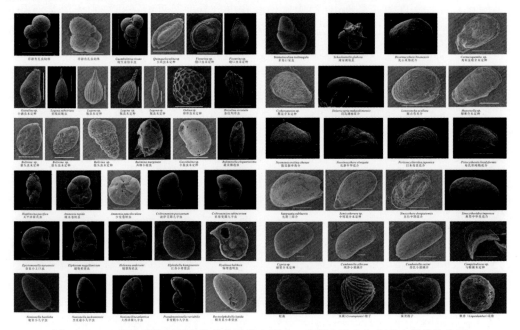

图 10.6.4　陶庄遗址剖面中发现的浮游有孔虫、底栖有孔虫和介形虫等微体化石

从图 10.6.3 和表 10.6.3 可见，开庄遗址剖面底部 2 个样品中有孔虫属种数量最多（20~26 种），以 *Ammonia tepida*（暖水卷转虫）、*Cribrononion subincertum*（亚易变

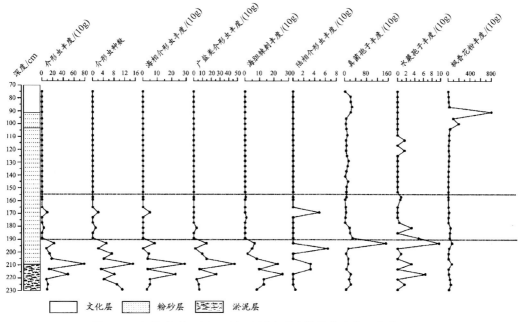

图 10.6.5　陶庄遗址剖面下部地层介形虫等其他微体生物化石分布

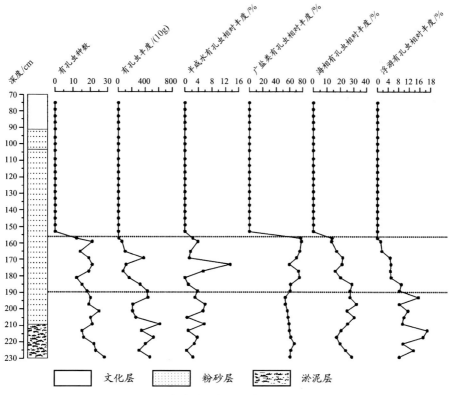

图 10.6.6　陶庄遗址剖面下部地层有孔虫分布

表 10.6.3　开庄遗址剖面微体化石统计表

		深度/cm	228-230	251-253	275-277	291-293	307-309	325-327	342-344	367-369	388-390
		处理样品干重/g	88	73	96	64	88	72	80	66	71
		挑样干重/g	2.8	2.4	1.5	3	1.4	1.2	5	4.1	2.2
	浮游有孔虫	抱球虫类			1			4		11	5
		Gallitellia vivans（现生金伯尔虫）								1	
	瓷质壳类	*Qinqueloculina* sp.（五玦虫未定种）						1			
	瓶虫类	*Fissurina* spp.（缝口虫诸种）						1		1	
		Guttulina spp.（小滴虫未定种）								1	
		Lagena sp.（瓶虫未定种）			1					1	1
	列式壳类	*Bolivina* sp.（箭头虫未定种）								1	1
		Brizalina striatula（条纹判草虫）			1			1		1	1
		Bulimina marginata（具缘小泡虫）									1
		Buliminella elegantissina（最美微泡虫）								1	
		Globocassidulina sp.（盔球虫未定种）								1	
		Hopkinsina pacifica（太平洋霍氏虫）		2	1					4	3
有孔虫		*Uvigerina* sp.（葡萄虫未定种）								1	
	螺旋壳类	*Ammonia convexidorsa*（凸背卷转虫）		2			1	3		22	
		Ammonia pauciloculata（少室卷转虫）			3						
		Ammonia tepida（暖水卷转虫种）	169	138	70	168	131	152	63	89	81
		Buccella tunicata（覆盖面颊虫）		2		6		17		1	
		Epistominella naraensis（奈良小上口虫）								10	2
		Helenina anderseni（缝裂海伦虫）						2		4	
		Pseudogyroidina sinensis（中国假圆旋虫）								7	
		Pseudononionella variabilis（多变假小九字虫）			1	3	6	2	3	11	3
		Schakoinella globosa（球室刺房虫）		1		3					1
	平旋壳类	*Cribrononion poeyanum*（波伊艾筛九字虫）		9	7	8	3	1	1		
		Cribrononion subincertum（亚易变筛九字虫）		9	1	14		13		14	10
		Elphidium advenum（异地希望虫）	5	21		17		20		6	
		Elphidium hispidulum（茸毛希望虫）	12	21	10	16	13	8	9	3	14
		Elphidium limpidum（清晰希望虫）		6	6	5	2		2	1	3
		Elphidium magellanicum（缝裂希望虫）			3	5	3	2	5	17	8
		Elphidium subcrispum（亚卷曲希望虫）			14			13			8
		Elphidium sp.（希望虫未定种）				2		5		5	
		Elphidiella kiangsuensis（江苏小希望虫）	1	6	2		1	3		1	2
		Florilus atlanticus（大西洋花朵虫）						1	1		2
		Florilus decorus（优美花朵虫）								1	1
		Nonion akitaense（秋田诺宁虫）								2	
		Protelphidium tuberculatum（具瘤先希望虫）						3			1
		Protelphidium compressum（扁先希望虫）	20	20	5	18	5	11	3		2
		Rectoelphidiella lepida（精美直小希望虫）		1				3		5	
		有孔虫总个数	207	238	126	265	179	252	87	223	150
		有孔虫丰度/g	73.9	99.2	84.0	88.3	127.9	210.0	17.4	54.4	68.2
		底栖有孔虫种数	5	13	13	12	11	18	8	26	20

续表

深度/cm			228-230	251-253	275-277	291-293	307-309	325-327	342-344	367-369	388-390
处理样品干重/g			88	73	96	64	88	72	80	66	71
	挑样干重/g		88	18.1	96	13.5	88	36	80	33	71
介形虫	陆相	*Candoniella albicans*（纯净小玻璃介）								3	
	海相	*Loxoconcha ocellatta*（眼点弯贝介）			2			29	2	1	37
		Neosinocythere elongata（长新中华花介）									1
		Sanyuania sublaevis（光滑三原介）									1
		Sinocytheridea impressa（典型中华美花介）			11			24	2	1	14
		Spinileberis furuyaensis（古屋刺面介）						1			
	介形虫个数		0	0	13	0	0	54	4	5	53
	介形虫丰度/10 g		0.0	0.0	1.4	0.0	0.0	15.0	0.5	1.5	7.5
	轮藻			1							

筛九字虫）、*Elphidium hispidulum*（茸毛希望虫）等为主；浅海类有孔虫相对丰度比上部其他样品高（9.3%～10.8%），并且出现了较多的浮游有孔虫（3.3%～5.4%），如抱球虫类，而广盐类的丰度相应较低，反映其海相性程度相对要高些。出现较多浮游有孔虫表明其沉积环境可能为向浅海开放程度较强的潮间带。分异度（或种数）方面、浅海类和浮游有孔虫的相对丰度在该层段均自底部向上逐步降低，而广盐类相对丰度相应自下而上逐步增加，反映了其沉积环境的海相性程度逐步降低，以潮上—潮间带的沉积环境为主。至该海侵层顶部样品（228～230 cm）分异度最低，群落中全由广盐类和半咸水类构成，浅海类有孔虫消失，其海相性程度最弱，推测沉积环境以潮上带半咸水为主。此外，海相介形虫化石数量在该层段也自底部向上逐步降低，主要属种有*Loxoconcha ocelatta*（眼点弯贝介）、*Sinocytheridea impressa*（典型中华美花介）等，其丰度在下部可达 7.5～15.0 瓣/10g。

三、海相层分布时代和高程范围

综合对苏北里下河地区 3 个遗址地层的 AMS[14]C 测年和海相微体古生物鉴定分析发现（图 10.6.2），青墩遗址距地表 389～489 cm（13.1～8.5 cal. ka BP）为海相沉积地层，且其地层沉积环境经历了开放的潮间带-半封闭的潮上带-陆相滨岸湖沼环境的变化过程；陶庄遗址海相沉积地层距地表 156～230 cm（12.6～9.2 cal. ka BP），并经历了潮下或潮间带-潮上带或河口边滩-陆相湖沼环境的变化过程；而开庄遗址距地表 228～390 cm（10.3～7.8 cal. ka BP）亦为显著的海相沉积地层，经历了向浅海开放程度较强的潮间带—潮上或潮间带—潮上带半咸水环境的变化过程。上述分析结果表明，在以海安青墩、东台陶庄和开庄遗址为中心的苏北里下河地区从早全新世初期至 7.8 cal. ka BP 总体上为浅海或滨海沉积环境，并且经历了明显的海退成陆过程。这与前期众多学者（严钦尚和洪雪晴，1987；Chen and Stanley，1998；Wang et al.，2012）揭示的长江三角洲全新世海平面变化过程（即距今约 9000 年海平面位置大约在−20 米，然后快速上升至距今约 7000 年左右达到最高海面，之后略有下降稳定在现今的位置）存在差异，说明三个遗址所在的苏北里下河区域全新世初高海面及海退相比长江三角洲地区更早一些。这应与全新世以来里下河地区东部潮成砂堤和岸外潮流沙脊群的发育有关。青墩、陶庄和开庄地区的下伏地形整体为自西北向东南倾斜的坡形地貌,且三处遗址所在处几乎为此坡形地貌的坡顶处(李从先和汪品先,1998;李从先等,1998;冯金顺等,2007)。末次冰消期海侵,海水从东部陆架首先侵入长江古河谷低洼处,根据对青墩遗址所在的海安东南部沿南孔下部发育的滨海沼泽相沉积中埋深分别为 25.6 m 和 25.1 m 处 ^{14}C 测年结果 11 780±370 a BP 和 11 220±380 a BP(树轮校正年代分别为 13 650±445 cal. a BP 和 13 080±352 cal. a BP)显示,在 14.0～13.0 cal. ka BP 时海水已到达沿南孔位置(李从先和汪品先,1998;李从先等,1999;华东师范大学地理系和华东师范大学比较沉积研究所,2011)。同时,沿南孔滨海沼泽相沉积上部的河口湾沉积测年(埋深 19.90 m,10 025±310 a BP,树轮校正年代为 11 660±490 cal. a BP)更发现在 12.0～11.0 cal. ka BP 海安东部地区已成为河口湾环境(李从先和汪品先,1998;李从先等,1999;华东师范大学地理系和华东师范大学比较沉积研究所,2011)。随着海面的进一步上升,河口继续沿着古长江河谷向内陆迁移,原来位于三仓—沿南一带的河口湾也随之向内迁移。HQ98 孔处河口湾发育时代的 AMS^{14}C 年代为 9080±120 a BP(树轮校正年代为 10 294±142 cal. a BP)(Hori et al.,2001),说明河口湾在 10.0 cal. ka BP 前后已迁移到黄桥一带。而此时原来三仓—沿南一带因海面升高,海洋性影响加强,不断发育潮成砂体。与此同时受外海潮流的作用,这一时期开始在苏北形成以弶港为顶点的岸外潮流沙脊群(李成治和李本川,1981;王建等,1998;Hori et al.,2001;冯金顺等,2007),这些岸外潮流沙脊群和海安东部三仓—沿南一带发育的潮成砂体可能共同限制了当时抵达海安周边地区的潮流能量。由于作用于该区的潮流作用逐渐减弱,潮流难以越过海安西北部的坡形地貌区,造成三个遗址所在的苏北里下河区域不断发生海退成陆,转变为滨岸环境。前人根据对该地区系列钻孔序列的分析也发现(李从先和汪品先,1998;李从先等,1998;冯金顺等,2007),末次冰消期以来的海相层呈 SE-NW 逐渐尖灭的楔形,地层由滨海相、河口湾相、浅海相和潮滩相构成一个完整的海进—海退层序,其中滨海相、河口湾相发育相对完全。而后,随着南部长江口河口砂坝发育及东部贝壳砂堤的发育(同济大学海洋地质系三角洲科研组,1978;王伟铭等,2010),显著阻隔了东部海水对研究区的影响,遂从滨岸或滨海环境转变为陆相湖沼环境。因此,通过海相泥炭层、贝壳砂堤年代以及考古遗址分布等众多证据得出的苏北地区距今 7000 年前的海岸线(大致北起连云港东,经过灌云—灌南—阜宁羊寨—建湖西—盐城龙岗—兴化西—东台西,南至海安沙岗,折向泰州—扬州一线)在上述三个遗址区向东推进了 60 多公里(杨怀仁和谢志仁,1984;曹琼英,1987;顾家裕等,1987;朱诚等,1996;顾维玮和朱诚,2005)。上述各遗址文化层 AMS^{14}C 测年日历校正的结果与考古出土器物断代相一致(如陶庄遗址剖面第 4 层崧泽文化层测年结果为 5790±40 cal. a BP 等),这也从侧面说明了 AMS^{14}C 测年结果的可靠性,海退成陆后各遗址所在区域才逐渐被先民所占据。

利用徕卡 Viva GS08 轻便型 GNSS 全球定位系统 GPS-CORS(Continuous Operational Reference System,即连续运行参考站系统)与 TPS702R 全站仪相结合的方法测

量 3 个遗址地层地表面的海拔，而后计算出海相层的海拔范围（图 10.6.2）。其中，青墩遗址海相层（距地表 389~489 cm）的 1985 黄海高程为 -0.65~-1.65 m、陶庄遗址海相层（距地表 156~230 cm）的 1985 黄海高程为 0.97~0.23 m、开庄遗址海相层（距地表 228~390 cm）的 1985 黄海高程为 0.03~-1.59 m。可以看出，这些遗址海相沉积地层分布的高程范围为海拔均不高于 1985 黄海高程 0.97 m。以上对遗址海相微体古生物地层的高分辨率测年和海拔高精度测量的研究，不仅提高了该区全新世海面变化研究的分辨率，也为今后寻找该区域新石器时代早期遗址提供了海拔和年代学方面的科学线索和依据。

　　通过上述对苏北里下河平原境内三处典型遗址中海相沉积地层的高分辨率年代学和高精度海拔测量研究，我们得出一些新认识。在该区考古遗址地层中，年代早于 7.8 cal.ka BP、黄海高程低于 1.08 m 的地层受全新世高海面的影响难以找到新石器早期的人类文化遗迹，人类遗址可能主要分布在高于黄海高程 1.08 m 以上的地区，江苏省最新发现年代在 7.8 cal.ka BP 之前的顺山集遗址分布于海拔 32 m 处就是这一推论的证明。通过对江苏省泗洪县顺山集遗址里古代鹿、野猪和水牛以及现代水牛和家养猪等哺乳动物牙釉质 C、O 稳定同位素的分析，表明该地区现代环境比古代环境郁闭度更小、更暖干，这些可能是砍伐森林和其他人类活动造成的；研究区古今生态环境的季节性变化都很明显且古今季节变化幅度相近（田晓四等，2013）。这与前文章节中关于古水井与海面变化关系的结论相一致。要弄清该区全新世海面变化对人类影响的过程，还需要对更多遗址海相层进行高精度测年和统一标高的测量。

第十一章 长江流域新石器时代以来环境演变与人类文明演进的关系

第一节 长江全流域新石器时代以来遗址时空分布变化研究

为充分了解和掌握长江全流域新石器时代以来环境演变与人类文明演进的关系，本章从长江全流域新石器时代以来主要考古遗址数据系统整理和统计入手，根据多年收集的考古资料和文献记录对主要考古遗址点进行数字化，建立了长江流域考古遗址时空分布的数据库。通过对数据的空间分析，建立各种定量的指标，通过这些定量的特征数据变化规律，探寻各时期遗址分布特征以及主要遗址文化层蕴含的重要环境信息，揭示人类活动对长江流域大尺度环境演变的响应过程。

研究思路遵循以下几点。

（1）遗址资料搜集。结合实地调查，主要注重对长江流域上中下游新石器时代考古遗址资料以下内容的搜集，包括遗址名称、平面位置、海拔、发掘时间、所属文化、古文化持续时间、包含的器物、剖面特征等。

（2）遗址时空分布指标信息提取。选取遗址数量、居住面高程、遗址分布密度、遗址距河（湖）岸距离、遗址域面积、遗址叠置系数、遗址分布空间相关系数等遗址时空分布指标，采用 GIS 技术和地统计学等方法，对以下各指标信息进行提取：

① 统计各时期遗址数量，分析遗址叠置系数指标，获得不同文化期遗址叠置特征；

② 居住面高程主要通过遗址发掘报告获得，针对发掘报告未有记录的居住面高程，则通过实地调查，或在大比例尺地形图上读取其现今地表高程并通过文化层埋深计算获得；

③ 针对不同文化期遗址分布，采用 GIS 分析得到其等密度线，并确定遗址分布密度中心；

④ 针对不同时期遗址分布，采用 GIS 邻近分析方法，获得其距最近河（湖）岸距离；

⑤ 以遗址为中心、10 km 为半径计算遗址域，通过 GIS 的缓冲区分析，获得不同时期遗址域面积，并计算遗址域内遗址点的密度；

⑥ 选取各文化时期遗址共有的、具代表性的器物为指标，建立相关模型，采用地统计学分析方法，建立遗址分布等密度线，获得不同时期遗址空间分布的相关性特征。

（3）遗址分布的时空特征分析。采用 GIS 技术、统计学和地统计学等分析方法，通过遗址时空分布各指标信息的对比分析，获得长江流域上中下游新石器时代考古遗址空间分布随时间变化的特征。

（4）长江流域上中下游地区遗址时空分布特征。通过对比分析，结合考古和全球变化相关资料，探讨长江流域上、中、下游地区遗址时空分布对环境演变的响应机制。

依据本章的内容和构思，构建了如图 11.1.1 所示的技术路线。

一、长江流域河流特征概述

长江是中国第一大河，世界第三大河。长江流域幅员辽阔，江湖众多，土地肥沃，气候温和，资源丰富，历史文化悠久，既是中华民族的重要发祥地，也是我国总体经济实力最为雄厚的地区。长江发源于青藏高原唐古拉山脉主峰、海拔 6221 m 的格拉丹冬雪山西南侧，沱沱河为其正源，流经青海、西藏、云南、四川、重庆、湖北、湖南、江西、安徽、江苏和上海等 11 个省、市、自治区，在上海的崇明岛以东注入东海，如图 11.1.2 所示。

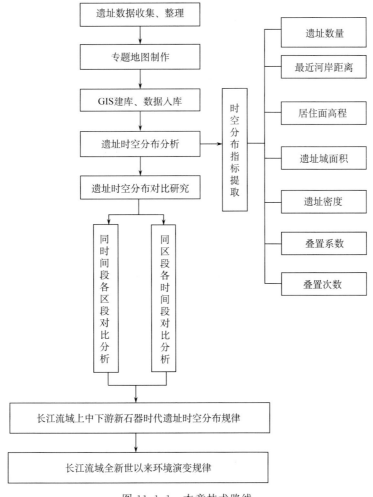

图 11.1.1　本章技术路线

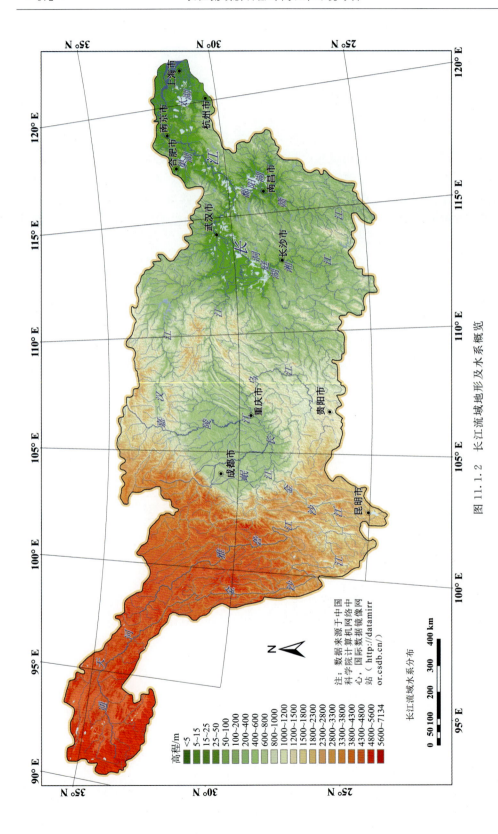

图 11.1.2　长江流域地形及水系概览

参照《中华长江文化大系》（中国长江航运集团，2008）的长江流域自然分界
线，北以巴颜喀拉山、西倾山、岷山、秦岭、伏牛山、桐柏山、大别山、淮阳丘陵
等与黄河和淮河流域为界，南以横断山脉的云岭、大理鸡足山、滇中东西向山岭、
乌蒙山、苗岭、南岭等与澜沧江、元江和珠江流域为界，东南以武夷山、石耳山、
黄山、天目山等与闽浙水系为界，长江源头地区的北部以昆仑山与柴达木盆地内陆
水系为界，西部以可可西里山、乌兰乌拉山、祖尔肯乌拉山、尕恰迪如岗雪山群与
藏北羌塘内陆水系为界，南部以唐古拉山与怒江流域为界；长江三角洲北部，地形
平坦，水网密布，与淮河流域难以分界，通常以通扬运河附近的江都至拼茶公路为
界；长江三角洲南部以杭嘉湖平原南侧丘陵与钱塘江流域为界。长江流域支流分布
情况见表 11.1.1。

表 11.1.1　长江流域主要支流

支流长度/千米	支流的流域面积/万平方千米	支流的年平均流量/亿立方米
汉水—1532	嘉陵江—16	岷江—868
雅砻江—1500	汉江—15.1	湘江—722
嘉陵江—1119	岷江—13.6	嘉陵江—683
沅江—1060	雅砻江—13	沅江—681
乌江—1018	湘江—9.46	赣江—648
湘江—836	沅江—8.9	雅砻江—568
赣江—744	乌江—8.7	汉江—565
岷江—735	赣江—8.2	乌江—520
沱江—623	资水—2.9	资水—251
资水—590	沱江—2.7	澧水—174
清江—408	澧水—1.9	沱江—158
澧水—372	清江—1.7	清江—143

长江流域平均位置在北纬 24°27′～35°54′和东经 90°13′～122°19′之间，南北跨 11 个
纬度，东西距 32 个经度，呈东西长、南北短的流域平面形状。长江流域横跨中国东部、
中部和西部三大经济区共计 19 个省、市、自治区，流域面积 1808500 km²，约占全国
国土面积的 18.92%。长江流域东西直线距离在 3000 km 以上，南北宽度除源头地区和
长江三角洲地区外，一般均达 1000 km 左右。2001 年，中国科学院遥感应用研究所在
专家刘少创主持下，利用卫星遥感影像测量计算，测出长江长度新数据 6211.3 km。支
流众多，其中长度 500 km 以上的支流 18 条，流域面积超过 1000 km²的支流达 437 条；
长江流域湖泊众多，湖泊总面积 15200 km²，约占全国湖泊总面积的 1/5。

长江流域整个地形与我国地势相对应，从东向西依次分为三级阶梯。第一级阶梯由
青海南部、川西高原和横断山脉组成，海拔一般为 3500～5000 m；第二级阶梯由秦巴
山地、四川盆地和渝鄂黔山地组成，海拔一般为 500～2000 m；第三级阶梯由淮阳地
区、江南丘陵和长江中下游平原组成，海拔一般均在 500 m 以下。一、二级阶梯间的
过渡带，地形起伏大，自西向东由高山急剧降至低山丘陵，是流域内强烈地震、滑坡、
崩塌及泥石流分布最多的地区。二、三级阶梯间的过渡带，海拔一般为 200～500 m，

地形起伏平缓，由山地向平原渐变过渡。

（一）长江流域上游河流特征概述

长江流域自江源各拉丹冬峰西南侧的姜根迪如南支冰川开始至湖北省宜昌市为上游流域。冰川融水往北穿过古冰川槽谷，出唐古拉山区与切苏美曲汇合后，称为沱沱河。沱沱河至囊极巴陇附近汇入当曲右岸后，称为通天河。通天河流经东南方向，河床逐渐变窄，河谷呈"V"形下切。直门达以下称金沙江，南流至云南丽江石鼓，为金沙江上段。此河段为典型的深谷河段，相对高差极大，除局部河段为宽谷外，大部分为峡谷。石鼓至四川宜宾为金沙江下段，横跨四川、云南两省，东南流向的金沙江过石鼓后急转流向东北，形成"长江第一弯"，然后穿过虎跳峡大峡谷，南北两岸为海拔5000余米的玉龙雪山和哈巴雪山。该段是金沙江落差最集中的河段。

长江自宜宾至宜昌河段通称川江，有岷江、沱江、嘉陵江、乌江四大支流汇入。奉节至宜昌200余千米河段，为举世闻名的长江三峡，三峡水利枢纽就建在西陵峡中。

（二）长江流域中游河流特征概述

湖北省宜昌市至江西湖口段为长江流域中游。长江自宜昌以下开始，即进入中下游平原，河床坡降小，水流平缓，沿江两岸均筑有堤防，并有众多大小湖泊与河网。长江中游段大支流较多，南岸有清江、湘江、沅江、资水、澧水和鄱阳湖水系的赣江、抚河、信江等；北岸有汉江。

长江中游夏季天气炎热，冬季气候温和，土壤肥沃，光热资源充足，是我国重要的农业生产基地。鄱阳湖、洞庭湖等大小湖泊水产丰富。水资源和水力资源也较丰富，在支流上已建成沅江五强溪、清江隔河岩、汉江丹江口、湘江东江、赣江万安等大型水利枢纽。

（三）长江流域下游河流特征概述

江西鄱阳湖的湖口至长江口为长江流域下游段，江面宽度大，水深，多洲滩分布。河道交汇口较多，以藕节状分汊。自安徽大通至长江口受潮汐影响，坍岸最为严重。长江三峡大坝蓄水前，长江多年平均输沙量约5亿t，因流速平缓和受潮汐顶托影响而沉积，形成江心洲、沙坝，使河道渐渐淤积成"拦门沙"，河道分汊，两岸形成沙嘴，河口三角洲陆地向大海伸展。长江口河道在径流、海潮和地转偏向力诸多因素的影响下，引起局部河床的冲淤变化，导致河道经常演变，长江三角洲由于受地面沉降和上游淤沙堆积影响，向海洋延伸的填海造陆现象明显。但蓄水后的2006年宜昌站的输沙量只有0.64亿t，大坝下游的含沙量只有以前的两成。来沙量减少，一是使长江三角洲由原来的沉积造陆作用减弱，水土流失和海水倒灌显现；二是造成沿江岸坡的冲刷，堤防崩岸频繁发生（李从先等，2004）。

长江下游段的主要支流有：南岸的青弋江、秦淮河、水阳江、黄浦江；北岸的巢湖水系、滁河和淮河入江水道（通过苏北里下运河）。

长江下游为亚热带季风气候，降水充沛，又承接上、中游洪水和下游支流洪水，水位居高不下，易造成外洪内涝。沿海一带夏秋遇台风、暴雨、潮汐等同时袭击，水患更为严重。同时，长江下游地区农业集约化程度高，工业基础雄厚，科技文化先进，智力资源丰富，城镇化程度高，水陆交通发达，是我国经济中心地带。

二、长江流域主要新石器时代考古文化概况

（一）长江流域主要新石器时代考古文化类型

长江流域主要新石器时代考古文化类型分地区列于表 11.1.2。

表 11.1.2 长江流域新石器至青铜时代典型考古文化类型

地区	文化类型
长江上游地区	营盘山新石器文化（5.3～5.0 ka BP） 桂圆桥一期文化（4.9～4.6 ka BP） 宝墩文化（4.5～3.7 ka BP） 三星堆文化（3.7～3.2 ka BP） 十二桥文化（3.2～2.5 ka BP） 边堆山遗址新石器文化（4.7～3.7 ka BP） 安宁河流域横栏山文化（4.5～3.6 ka BP） 礼州文化（4.0～3.0 ka BP） 海东遗存（5.0～4.0 ka BP） 曼干遗存（约 4.0 ka BP） 白羊村遗存（约 4.0 ka BP） 小河洞遗存（约 4.0 ka BP） 大墩子遗存（3.3～3.1 ka BP） 贵州新石器时代遗存（6.0～4.0 ka BP） 陆家大坪遗存（约 3.0 ka BP） 鱼腹浦遗存（8.5～7.8 ka BP） 玉溪下层文化（7.8～6.3 ka BP） 玉溪上层文化（6.3～5.3 ka BP） 玉溪坪文化（5.3～4.6 ka BP）
长江中游地区	仙人洞文化（约 12.5 ka BP） 玉蟾岩文化（约 10.0 ka BP） 彭头山文化（8.8～7.6 ka BP） 城背溪文化（8.5～7.0 ka BP） 皂市下层文化（8.0～7.0 ka BP） 汤家岗文化（6.8～6.3 ka BP） 大溪文化（6.4～5.3 ka BP） 屈家岭文化（5.0～4.6 ka BP） 石家河文化（4.6～4.0 ka BP） 樊城堆文化（5.3～4.3 ka BP）

地区	文化类型
长江下游地区	双墩文化（8.0～5.5 ka BP） 侯家寨类型（约7.0 ka BP） 薛家岗文化（6.0～5.0 ka BP） 凌家滩文化（5.5～5.3 ka BP） 北阴阳营文化（6.0～5.0 ka BP） 上山文化（9.0～7.7 ka BP） 跨湖桥文化（8.2～7.0 ka BP） 河姆渡文化（7.0～6.0 ka BP） 马家浜文化（7.0～6.0 ka BP） 崧泽文化（6.0～5.3 ka BP） 良渚文化（5.3～4.3 ka BP） 广富林文化（4.3～4.0 ka BP） 马桥文化（3.9～3.2 ka BP）

（二）长江流域主要新石器时代考古文化类型的时间序列

长江流域主要新石器时代考古文化类型的时间序列见表 11.1.3。

表 11.1.3　长江流域新石器至青铜时代典型考古文化类型的时间序列

时间序列	典型考古文化类型
12.5～9.0 ka BP	仙人洞文化、玉蟾岩文化
9.0～8.0 ka BP	鱼腹浦遗存、彭头山文化、城背溪文化、上山文化、跨湖桥文化
8.0～7.0 ka BP	鱼腹浦遗存、玉溪下层文化、彭头山文化、城背溪文化、皂市下层文化、双墩文化、侯家寨类型、上山文化、跨湖桥文化
7.0～6.0 ka BP	玉溪下层文化、玉溪上层文化、汤家岗文化、大溪文化、双墩文化、河姆渡文化、马家浜文化
6.0～5.5 ka BP	贵州新石器时代遗存、玉溪上层文化、汤家岗文化、大溪文化、双墩文化、薛家岗文化、北阴阳营文化、崧泽文化
5.5～5.0 ka BP	营盘山新石器文化、贵州新石器时代遗存、玉溪上层文化、玉溪坪文化、大溪文化、樊城堆文化、薛家岗文化、凌家滩文化、北阴阳营文化、崧泽文化、良渚文化
5.0～4.5 ka BP	桂圆桥一期文化、边堆山遗址新石器文化、海东遗存、贵州新石器时代遗存、玉溪坪文化、中坝文化、屈家岭文化、石家河文化、樊城堆文化、良渚文化
4.5～4.0 ka BP	宝墩文化、边堆山遗址新石器文化、安宁河流域的横栏山文化、海东遗存、曼干遗存、白羊村遗存、小河洞遗存、贵州新石器时代遗存、中坝文化、石家河文化、樊城堆文化、良渚文化、广富林文化
4.0～2.5 ka BP	宝墩文化、三星堆文化、十二桥文化、边堆山遗址新石器文化、安宁河流域的横栏山文化、礼州文化、大墩子遗存、陆家大坪遗存、中坝文化、马桥文化

三、空间数据来源与组织

（一）空间数据来源

基础地理要素包括：省会城市、地级市、县级市、单线河、双线河、水库、湖泊等数据，来源于中国矢量电子地图（mapinfo 格式，中国国家基础地图数据库下载）。

地图为 90 m 分辨率的数字高程模型，来源于国际科学数据服务平台（http://dat-amirror.csdb.cn/），而后经过合并裁剪生成长江流域 90 m 分辨率 DEM。

文化层遗址数据在 Mapinfo 环境下生产，在 ArcGIS Desktop 9.3 软件中转成 ESRI shp 格式文件，Mapinfo 格式的基础地理数据同样是在 ArcGIS Desktop 9.3 软件中转换成 ESRI shp 格式。

（二）空间数据组织

1. 矢量数据

与地理空间位置或特征相关的对象称为空间对象，这里所定义的空间对象是各种空间事物的抽象表达，如点、线、面、体状地物（龚健雅和夏宗国，1997）。根据存储空间对象的数据结构不同，分为矢量结构和栅格结构。矢量数据为矢量数据结构在计算机中存储的数据。在矢量结构数据中，点数据直接用坐标描述；线数据可以用一系列坐标序列描述；多边形数据（面数据）可以用边界线描述。各文化层遗址点作为点状要素，在矢量数据集中，仅保存有坐标数据和坐标编号。各省会城市和流域范围的地级市，以点状要素存储，并根据行政等级，用不同的点状符号表示。省会和地级市属性表中存储有城市编号、城市名称、经纬度。不同级别的河流分别以线状要素和多边形要素存储。长江干流作为长江流域的第一级河流，用多边形要素存储，二三级河流根据需要，用线状要素存储。湖泊以及各类水库水体，以多边形存储。属性中包括水体编号、水体名称、水体面积。

为了设计制作长江流域遗址时空分布的专题地图，需要先行制作关于遗址点和基础地理要素的数字线划图。数字线划图是与现有线划基本一致的各地图要素的矢量数据集，且保存各要素间的空间关系和相关的属性信息（黄家斌，2009）。长江流域数字线划图（图 11.1.3）作为遗址时空分布专题地图的基础数据，不仅包括各种要素的符号化设计，同时也是对矢量数据的精确化存储，在空间查询、属性查询、邻近分析、密度分析等空间分析中，简单直观，数据量小，冗余度小，便于分析。

2. 栅格数据

栅格数据作为一种以格网单元存储不同灰度或者属性值的空间数据组织结构，用以模拟连续分布的离散表面。DEM 作为一种描述高程的栅格数据，被定义为以数字形式存储的表示物体位置高程值的集合，是表示区域 D 上地形的三维向量的有限序列：$\{V_i = (X_i, Y_i, Z_i), i=1, 2, \cdots, n\}$，其中 (X_i, Y_i) 是平面坐标，Z_i 是 $(X_i,$

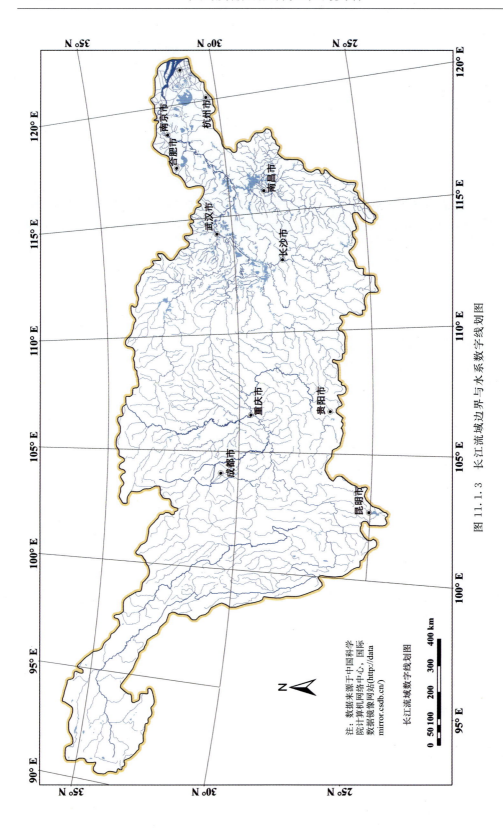

注：数据来源于中国科学院计算机网络中心、国际数据镜像网站(http://data mirror.csdb.cn/)

长江流域数字线划图

0 50 100   200   300   400 km

图 11.1.3 长江流域边界与水系数字线划图

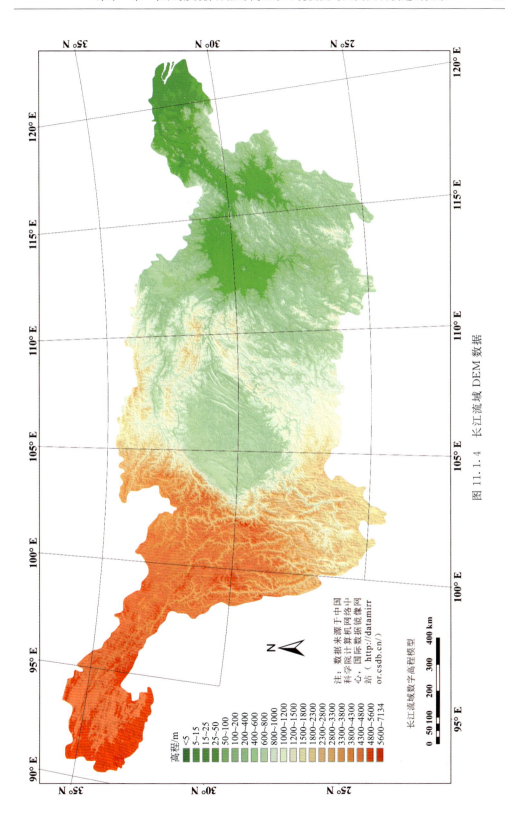

图 11.1.4 长江流域 DEM 数据

Y_i）对应的高程。本研究中所用栅格数据为 90 m 分辨率的数字高程模型，不仅作为专题地图底图（图 11.1.4），同时用以与遗址点数据进行叠合分析，获取遗址点的经纬度坐标和高程。

（三）遗址空间数据库建库

空间数据库的建库过程主要包括原始数据的生产和数据入库。数据生产首先生产图形数据和属性数据，在此基础上进行数据转换、属性挂接完成空间数据的生产（田锋，2009）。针对从中国国家基础地图数据库下载的中国基础地理数据，在多平台转换下，还需要对数据质量进行检查，以便入库，等待下一步的使用。具体的入库流程请参照图 11.1.5。

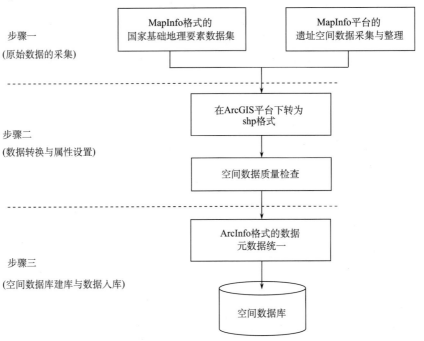

图 11.1.5　遗址时空数据入库流程

遗址空间数据质量检查包括：①入库数据文件完整性检查。河流、湖泊、省会、地级市各种地理要素是否完整。②空间数据的地理参考的适宜性。根据 1∶100 万基础地理要素地形图的要求，采用兰伯特投影，各省考古遗址分布的专题地图采用高斯克吕格投影；地理参考包括中央经线的选取、高斯投影带的选取。③空间数据格式标准，不同平台的空间数据格式及转换的可行性，主要是 MapInfo 的 Tab 格式数据和 ESRI 的 ArcGIS shp 数据格式的转换。④空间位置的几何精度，数据配准经度、遗址点位置精度等。⑤遗址空间地理特征的完整性，遗址点数据是否重叠等，考虑到部分文化层的连续性，有些遗址重叠的情况为正常，需要找出完全相同的两个重叠遗址点。⑥元数据一致性检查，包括遗址点属性表字段的一致性、空间参考的一致性、文件管理的一致性等。

四、长江全流域遗址时空分布特征分析

全流域新石器时代遗址不同时期的空间分布分幅如图 11.1.6～图 11.1.13 所示。

（一）遗址数量变化

长江流域新石器时代考古遗址资料主要来源于《中国文物地图集》（陕西分册上、下册）（国家文物局，2001）、《中国文物地图集》（浙江分册上、下册，文物出版社）（国家文物局，2009b）、《中国文物地图集》（四川分册上、中、下册）（国家文物局，2009a）、《中国文物地图集》（江苏分册上、下册）（国家文物局，2008）、《中国文物地图集》（云南分册）（国家文物局，2001）、《中国文物地图集》（青海分册）（国家文物局，2001）、《中国文物地图集》（河南分册）（国家文物局，1991）以及湖北省、安徽省和贵州省考古研究所同志提供的最新发掘资料。根据文献及其他资料统计（参考表 11.1.4），落在流域内的新石器时代遗址点数量为 4841 处。其中，新旧石器过渡时期 12.5～9.0 ka BP 遗址数量为 3 处，9.0～8.0 ka BP 遗址数量为 48 处，8.0～7.0 ka BP 遗址数量为 228 处，7.0～6.0 遗址数量为 651 处，6.0～5.5 ka BP 遗址数量为 534 处，5.5～5.0 ka BP 遗址数量为 1049 处，5.0～4.5 ka BP 遗址数量为 1120 处，4.5～4.0 遗址数量为 1208 处。

根据 4841 处遗址点分布情况，在 ArcGIS 9.3 平台下，对来自国际科学数据服务平台的 90 m 分辨率 DEM 进行融合裁剪并分层设色，结合中国国家基础地图数据库的基础地理数据的数字线划图，制作了自 12.5 ka BP 至 4.0 ka BP 的遗址时空分布专题地图（图 11.1.6～图 11.1.13）。

表 11.1.4 长江流域新时代以来各时期遗址数量

时间序列 /ka BP	12.5～9.0	9.0～8.0	8.0～7.0	7.0～6.0	6.0～5.5	5.5～5.0	5.0～4.5	4.5～4.0
遗址点数量/处	3	48	228	651	534	1049	1120	1208

从各时间段遗址数量对比来看（图 11.1.15），12.5～7.0 ka BP 阶段，遗址数量有快速增长的趋势。但是在 6.0～5.5 ka BP 阶段，遗址数量大量减少，但是仍旧比 8.0～7.0 ka BP 阶段的遗址数量多。5.5～5.0 ka BP 遗址数量存在一个剧增的过程，大量超过 7.0～6.0 ka BP 遗址点数量，但从 5.5～4.0 ka BP 阶段遗址数量保持稳定增长，在 4.5～4.0 ka BP 阶段达到最高峰。

（二）居住面高程变化

人类活动场所常在江河高水位附近的平缓地带，与古代的河面有着某种"亲缘"关系，因此居住面高程的变化很大程度上是江河水位变化的重要反映（Zheng et al.，

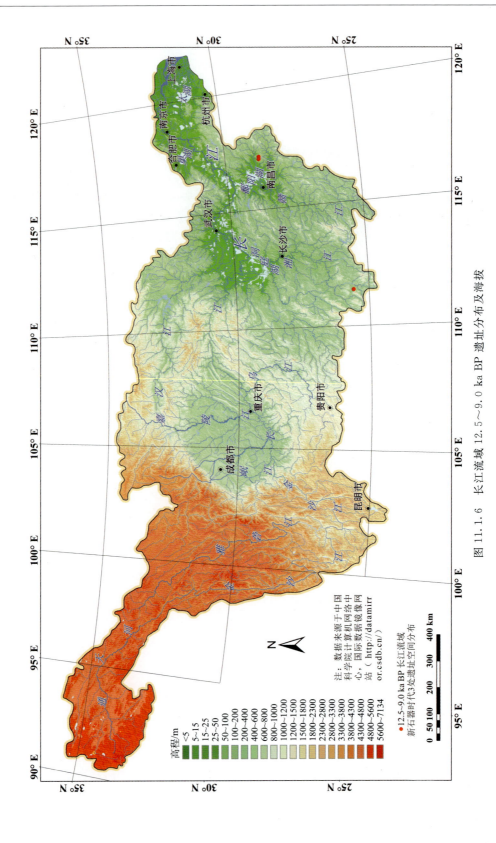

图 11.1.6　长江流域 12.5～9.0 ka BP 遗址分布及海拔

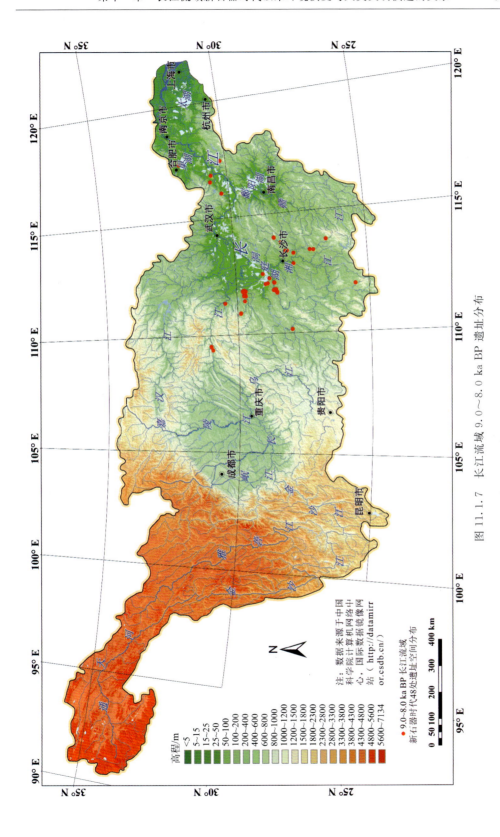

图 11.1.7 长江流域 9.0～8.0 ka BP 遗址分布

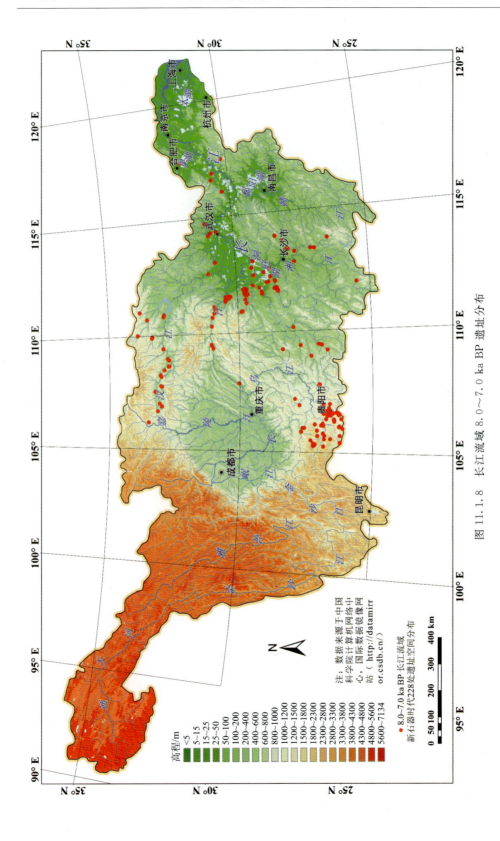

图 11.1.8　长江流域 8.0～7.0 ka BP 遗址分布

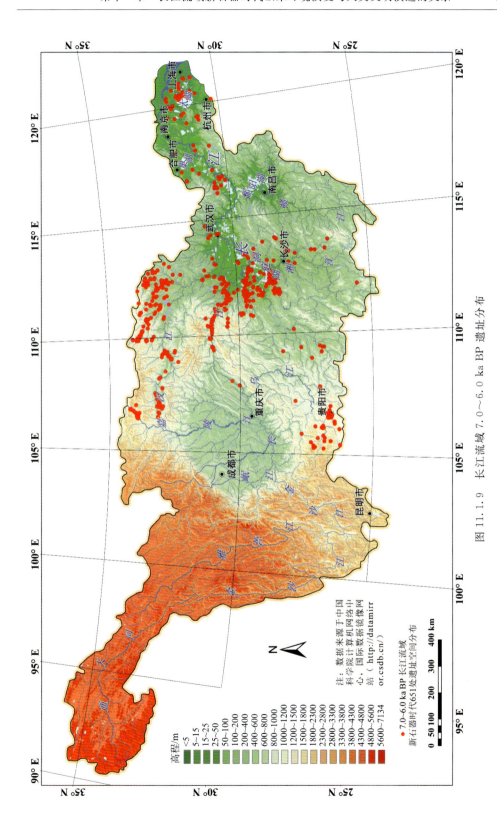

图 11.1.9　长江流域 7.0~6.0 ka BP 遗址分布

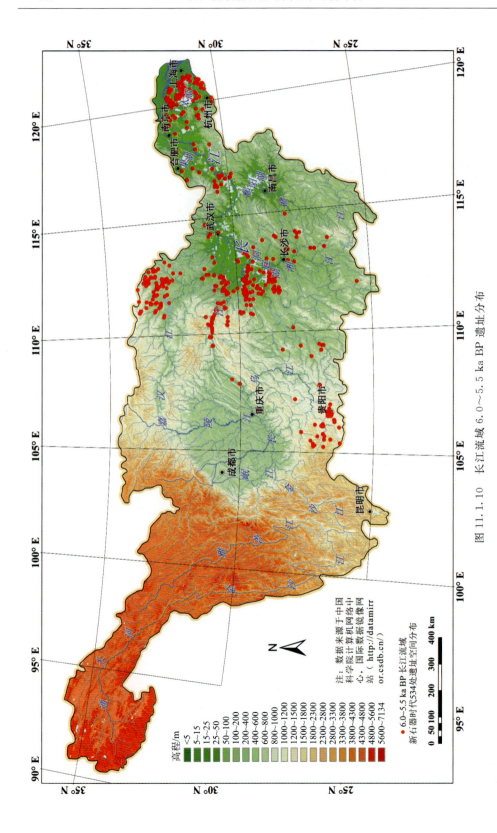

图 11.1.10　长江流域 6.0～5.5 ka BP 遗址分布

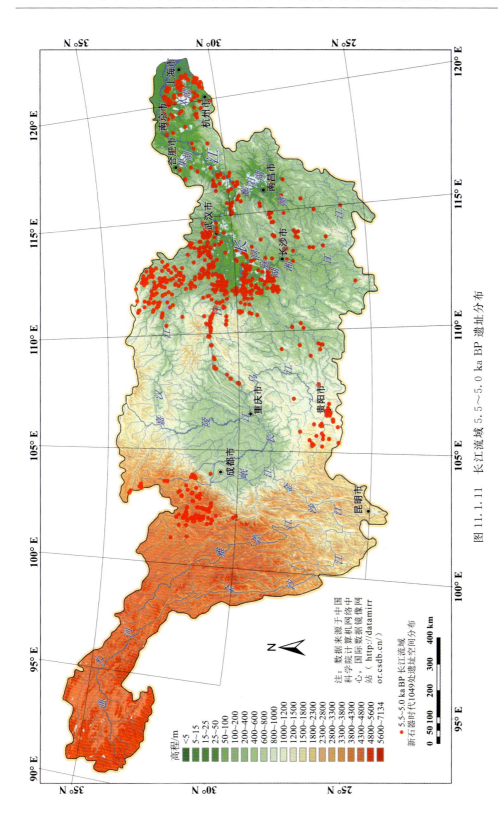

图 11.1.11　长江流域 5.5～5.0 ka BP 遗址分布

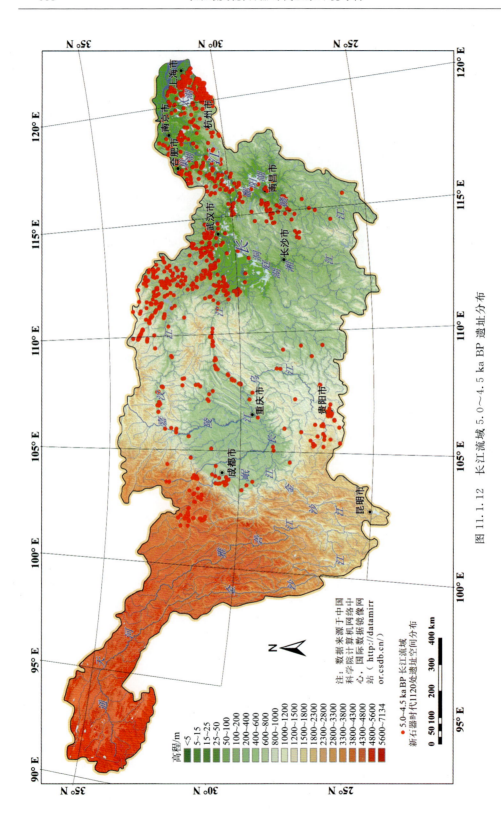

图 11.1.12　长江流域 5.0～4.5 ka BP 遗址分布

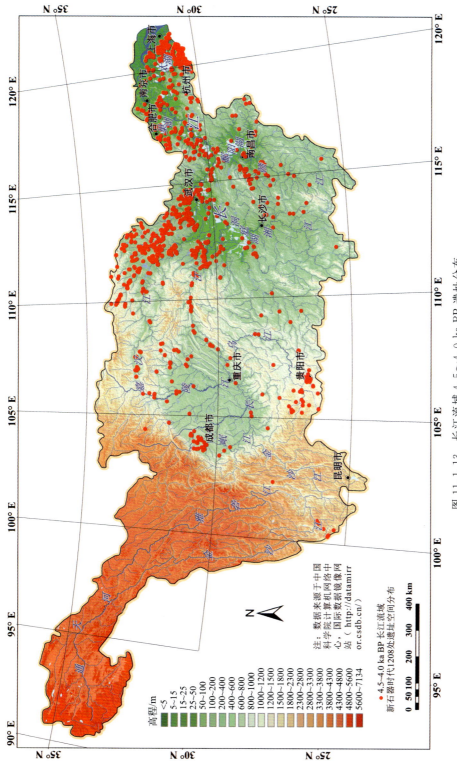

图 11.1.13　长江流域 4.5～4.0 ka BP 遗址分布

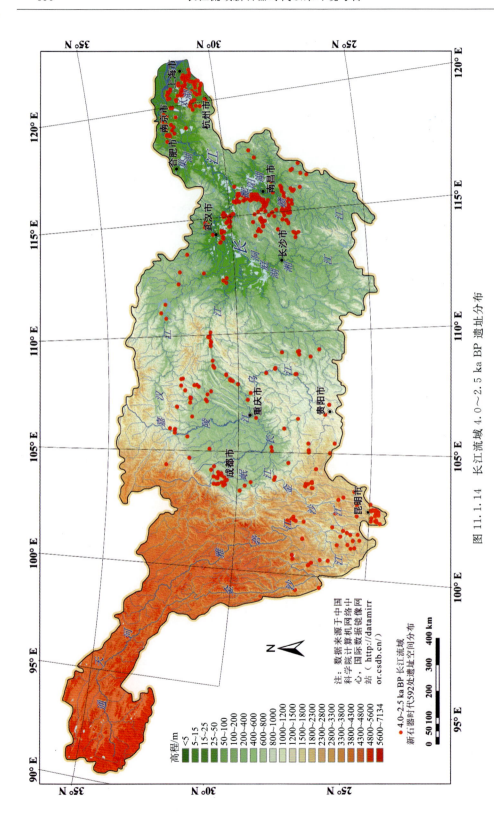

图 11.1.14　长江流域 4.0～2.5 ka BP 遗址分布

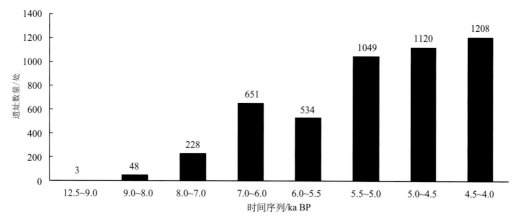

图 11.1.15　长江流域新时代各时期遗址数量变化情况

2008）。因长江流域内各个地区考古技术水平限制和考古记录的详细程度不同，以及相关文献中缺乏对遗址高程的记录，无法直接获得大部分遗址点的高程信息。为了获取遗址点高程信息，在 ArcGIS 9.3 软件中将遗址点矢量数据与长江流域数字高程模型分层叠加，打开 ArcGIS Extract Values to Points 工具，根据遗址点坐标搜索遗址点所在栅格象元，并把栅格像元的值（高程值）赋给遗址点。

表 11.1.5　长江流域新石器时代时代各时期居住面平均高程

时间序列 /ka BP	12.5~9.0	9.0~8.0	8.0~7.0	7.0~6.0	6.0~5.5	5.5~5.0	5.0~4.5	4.5~4.0
平均高 程/m	71	92.51	420.38	370.56	278.84	550.23	366.87	182.33

计算结果表明（表 11.1.5），12.5～9.0 ka BP 时期，遗址居住面高程为 71 m，至 9.0～8.0 ka BP 阶段平均高程缓慢增加至 92.51 m，但是在 8.0～7.0 ka BP 阶段居住面高程剧烈增加至 420.38 m。7.0～6.0 ka BP 阶段下降至 370.56 m，6.0～5.5 ka BP 阶段居住面高程继续下降至 278.84 m。5.5～5.0 ka BP 开始又一次出现峰值，居住面高程大幅增加至 550.23 m。5.0～4.5 ka BP 阶段居住面高程开始下降至 366.87 m，并且在 4.5～4.0 ka BP 阶段继续下降至 182.33 m。由图 11.1.16 可得各时期居住面平均高程变化规律为，12.5～8.0 ka BP 阶段居住面高程缓慢增长，在 8.0～7.0 ka BP 之间出现峰值，但是 7.0～5.5 ka BP 期间降至低谷，5.5～5.0 ka BP 期间再次增加，并在之后的 5.0～4.0 ka BP 阶段再次下降。

（三）距河岸距离的变化

遗址距河岸距离通常可以表示先民居住地点与水的关系。先民选择居住地点，一般会优先考虑取水状况。以往所挖掘的考古遗址通常是在河流附近阶地上，或者距离河流不会过远，以保证取水和生活方便。这种影响通过遗址距离河岸的平均距离可以得到体

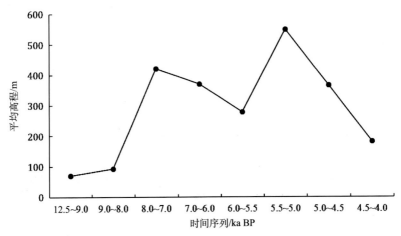

图 11.1.16　长江流域新石器时代时代各时期居住面平均高程变化情况

现。在 ArcGIS 中利用 Near 工具分析，计算各遗址点至最近水体的垂直距离，再根据遗址点数量求得遗址距河岸平均距离。

根据表 11.1.6 和图 11.1.17，研究区域遗址距河岸平均距离以 9.0～8.0 ka BP 阶段最大，为 12 090.13 m；4.5～4.0 ka BP 阶段遗址距河岸平均距离最小。12.5～6.0 ka BP 阶段波动较大，间断性的升降，6.0 ka BP 以后遗址距河岸平均距离都在小幅波动，且距河岸平均距离相对较小。遗址距河岸的最大距离以 9.0～8.0 ka BP 和 7.0～6.0 ka BP 最大，均为 60 484.25 m，为彭头山时期的代家咀遗址。最大距离均在 2 万 m 以上，一方面可能与基础地理要素的完备性有一定关系，部分河流可能没有采集入库，另一方面与古河道变迁有一定关系。遗址距河岸最小距离中，除 12.5～9.0 ka BP 为 3153.59 m 除外，其余阶段遗址点均在 20 m 以内。

表 11.1.6　长江流域新石器时代遗址点距离河岸距离　　（单位：m）

	时间序列/ka BP							
	12.5～9.0	9.0～8.0	8.0～7.0	7.0～6.0	6.0～5.5	5.5～5.0	5.0～4.5	4.5～4.0
平均	6742.57	12 090.13	6257.58	7447.94	4640.60	4749.42	4912.00	4594.07
最大	10 331.54	60 484.25	38 087.92	60 484.25	26 562.90	26 562.90	34 338.29	35 488.51
最小	3153.59	13.74	6.46	13.74	6.46	2.70	2.70	18.48

这里需要指出，基于 ArcGIS 的邻近分析是基于矢量数据的分析。如图 11.1.18 所示，其方法是确定输入要素和邻近要素后，设置搜索半径，在搜索半径范围内，确定输入要素中的每个要素与邻近要素中的最近要素之间的距离。邻近要素用于查找距离输入要素最近的要素。可以有一个或多个邻近要素的条目；每个条目可以是点、折线（polyline）、面或多点类型。默认不设置搜索半径，计算的距离为欧氏距离。邻近分析的类型为混合类型，为多种要素与多种要素间的最短距离分析。

在实际情况中，自然地形表面相当复杂，在邻近分析的时候，用水平面模拟复杂的

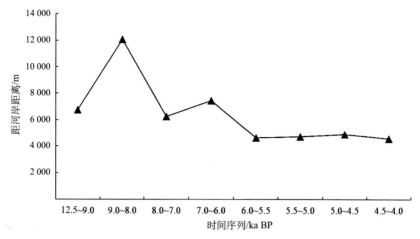

图 11.1.17　长江流域新石器时代遗址点距离河岸平均距离变化情况

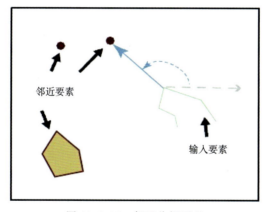

图 11.1.18　邻近分析原理

地表曲面，本身存在很大误差。为使分析结果更精确，应该根据地表的剖面线计算遗址点到最近水体的距离。由于研究区域实际情况复杂，本章不对邻近分析的具体实现方法进行深究。

根据葛兆帅等（2004）对长江上游古洪水的研究，考虑到新石器时期以来曾经出现过河道变迁；水体的消失与迁移，对先民居住地点的选择会产生显著影响。与今天的自然地理环境比对的"将今论古"方法，各文化层遗址表示先人选择活动位置与当时环境下的水体的关系，所计算出来的平均距离可以大致表示古河道的变动程度，但无法准确说明遗址点与现代河流的关系。

有关河道变迁的典型案例，《南京史话》（蒋赞初，1980）中曾有记录。同治《上江两县志．山考》记载："自江北以来，山皆无石，至此山始有石，故名石头城。"《建康志》也说："山上有城，又名曰石城山。"这里所说的"城"，就是石头城。石头城（图11.1.19）始建于楚威王七年（公元前333年），原为楚威王的金陵邑。东汉建安十六年

（211 年），吴国孙权迁至秣陵（今南京），在石头山金陵邑原址依山筑城，取名石头城，并据此扼守长江险要。据史料记载，当时长江水就在石头城城墙下。1800 多年后的今天，长江水道已经迁移到石头城西部 2.1 km 以外（图 11.1.20），现在流经城边的河流为人工修整过的秦淮河。

图 11.1.19　石头城近照　　　　　　　　图 11.1.20　今日石头城距长江距离

（四）遗址域及遗址密度分析

遗址区域是先民生产和生活活动的范围（荆志淳，1991），也被称作生活辐射区（肖彬等，1999）。该辐射区的拟合，可以为遗址预测和古代江、湖、海岸线追溯提供线索（肖彬等，1999）。水为人类活动最基本最重要的自然资源，考虑到取水的方便，先民的居住位置多数与水体的分布有关。又由于人类对自然资源的利用存在一定差别并且随季节和时间变化，因此便出现了对聚落周围土地和自然资源利用的差异或分带（荆志淳，1991）。张宏彦（2003）提出，人们一般在步行 1h 的范围内耕作，在步行 2h 左右范围内狩猎，因此根据人的正常活动情况，先民一般不会到离开居住地 10 km 以外的地方去获取资源（Zheng et al.，2008）。本节根据实际情况，以遗址为中心，10 km 为半径作圆形缓冲区，作为遗址域。

遗址域内遗址点分布的密度高低，更是先民居住聚落集聚程度的真实反映，也间接反映了先民对居住区自然环境的适应程度和对资源的利用强度（Zheng et al.，2008），一定时期内的遗址点密度同时也反映了先民类活动的密集程度。所以遗址点密度可以作为遗址时空分布的重要指标之一。

在 ArcGIS 9.3 软件中，对各个时期内的遗址点以 10 km 为半径做缓冲区，并将重合的区域合并。叠置后的面积为遗址域面积，遗址密度以遗址域面积和落在遗址域内的遗址点计算。根据统计结果（表 11.1.7）和图 11.1.21 表明，12.5～9.0 ka BP 阶段遗址域面积为 707 km²，9.0～8.0 ka BP 阶段遗址域面积为 9813 km²，8.0～7.0 ka BP 和 7.0～6.0 ka BP阶段分别为 36 182 km² 和 90 215 km²，12.5～6.0 ka BP 阶段遗址域面积一直保持增加的趋势，但是在 6.0～5.5 ka BP 略微下降至 85 066 km²。5.0～4.0 ka BP 阶段遗址域面积一直保持增长，并在 5.0～4.5 ka BP 阶段达到最大值。12.5～6.0 ka BP 阶段遗址密度保持快速增长，并在 6.0～5.5 ka BP 出现下降，5.5～5.0 ka BP 阶段转为继续增加，之后在 4.0~2.5 ka BP 遗址密度开始减小。5.5~4.0 ka BP 阶段遗址域面积与遗址密度存在相反的变化趋势，但是遗址密度表明，遗址聚集程度总体呈增长趋势。从图 11.1.21 可以看出，计算出来的遗址密度与遗址域面积的变化情况基本保持一致。

表 11.1.7　长江流域新石器时代各时期遗址域面积与遗址域密度

	时间序列/ka BP								
	12.5~9.0	9.0~8.0	8.0~7.0	7.0~6.0	6.0~5.5	5.5~5.0	5.0~4.5	4.5~4.0	4.0~2.5
遗址域面积 /km²	707	9813	36 182	90 215	85 066	137 998	150 198	142 187	85 814
遗址密度 /(点/100km²)	0.42	0.49	0.63	0.72	0.63	0.76	0.75	0.85	0.69

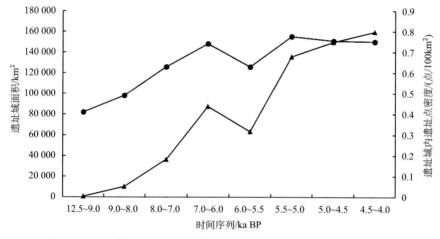

图 11.1.21　长江流域新石器时代各时期遗址域面积与遗址密度变化

（五）遗址叠置状况

新石器时代考古遗址的文化层堆积归结为两类：一类是只包含了一个类型文化堆积的遗址，称为单一型遗址；另一类是包含了不同类型文化堆积的遗址，称为叠置型遗址（黄宁生，1996）。根据文化层是连续或间断，还可以对叠置型遗址进行细分为连续型和间断型（Zheng et al.，2008）。为了揭示人类聚落位置间的承袭或转移规律，进而分析其与自然环境之间的关系，黄宁生（1996）提出了文化遗址叠置系数 C，计算公式为

$$C_{a/b} = \frac{n(\text{上覆有 b 类遗址的 a 类遗址个数})}{N(\text{a 类遗址的总个数})}$$

式中，a 类遗址为早期文化遗址；b 类遗址为晚期文化遗址。

文化遗址叠置系数作为后期遗址对前期遗址重复叠置的定量表示，同时也可以表示先人对居住点的依赖程度。新石器时代先民生产力水平低下，更多的是受自然环境的影

响，而不是影响环境。先民趋向于转移到更适宜自己生存的环境，如果自然环境变化相对较大，则会促使人类迁移，同一区域的文化层连续性不会太高，叠置系数较低。如果自然环境相对稳定，排除战争等人为因素的影响，那么古代人类迁移的可能性较低，叠置系数相对较高。

　　统计结果表明，长江流域新石器时代 12.5 ka BP 至 4.0 ka BP 期间遗址总数为 2437，叠置型遗址一共 1442 处，单一型遗址共 995 处，占遗址总数的 40.83%。根据表 11.1.8，从 12.5～9.0 ka BP 阶段至 9.0～8.0 ka BP 阶段长江流域新石器时代遗址均为仙人洞文化遗址，遗址叠置系数为 0。从 9.0～8.0 ka BP 阶段至 8.0～7.0 阶段遗址叠置系数增加至 1.98，但 8.0～7.0 ka BP 至 7.0～6.0 ka BP 阶段从 1.34 降至 7.0～6.0 ka BP 至 6.0～5.5 ka BP 阶段的 0.73，并在之后一直处理不断波动中。6.0～5.5 ka BP 至 5.5～5.0 ka BP 叠置系数为 1.36，5.5～5.0 ka BP 至 5.0～4.5 ka BP 阶段再次回落至 0.70，并在 5.0～4.5 ka BP 至 4.5～4.0 ka BP 阶段上升至 0.92。根据图 11.1.22，10.0～4.0 ka BP 叠置系数的波动比较明显，没有稳定地增加或减少的趋势。

表 11.1.8　长江流域新石器时代各时期叠置情况

参数项	$C_{12.5\sim9.0}$ /$C_{9.0\sim8.0}$	$C_{9.0\sim8.0}$ /$C_{8.0\sim7.0}$	$C_{8.0\sim7.0}$ /$C_{7.0\sim6.0}$	$C_{7.0\sim6.0}$ /$C_{6.0\sim5.5}$	$C_{6.0\sim5.5}$ /$C_{5.5\sim5.0}$	$C_{5.5\sim5.0}$ /$C_{5.0\sim4.5}$	$C_{5.0\sim4.5}$ /$C_{4.5\sim4.0}$	$C_{4.5\sim4.0}$ /$C_{4.0\sim2.5}$
某类文化遗址个数/N	3	48	228	651	534	1049	1120	1208
上覆有后期文化遗址的该类文化遗址个数（n）	0 48	95 228	305 651	478 534	725 1049	737 1120	1029 1208	286 592
叠置系数（C）	0	1.98	1.34	0.73	1.36	0.70	0.92	0.24

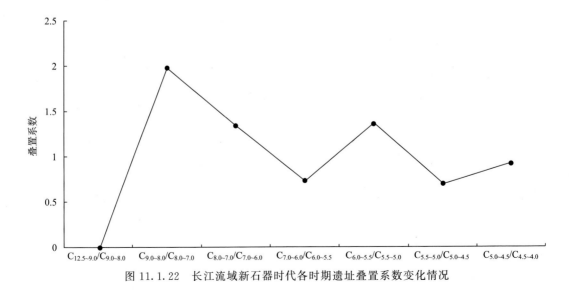

图 11.1.22　长江流域新石器时代各时期遗址叠置系数变化情况

第二节　长江流域新石器时代以来人类
文明演进与环境演变的关系

一、长江流域新石器初期遗址时空分布对环境变迁的响应

根据周叔昆和莫多闻等（2007）的研究，12.5～9.0 ka BP 为中国的新石器初期，9.0～7.0 ka BP 为新石器时代早期，7.0～5.0 ka BP 为新石器时代中期，5.0～4.0 ka BP 为新石器时代晚期。对新石器时代各个时期的划分仅仅是从考古上去解读，这个时代在地质年代上已进入全新世，也是人类文明迅速发展进步的时期。因此本节将从全新世环境演变的视角扼要阐述长江流域新石器时代环境与气候变迁以及人类活动对环境演变的响应过程。

如本书第六章对湖南省的环境考古研究所述，学术界长期以来认为，末次冰期至新仙女木事件期间的旧石器时代，全球气候仍处于较为寒冷阶段，新石器时代农业和稻作业的出现与全新世大暖期的到来密切相关。但是，湖南道县玉蟾岩遗址出土的我国长江流域目前时代最早之一的稻谷遗存（约 10 ka BP）和陶器遗存表明，长江流域某些处于特定地理和地貌环境条件下的某些遗址，同样也为人类提前创造农业文明提供了得天独厚的自然条件。玉蟾岩遗址出土了目前世界上公认的最早栽培水稻的实物标本之一，对探索稻作农业起源时间、地点及水稻演化历史具有重要意义。玉蟾岩的陶片是中国目前最原始的陶制品之一，对探讨中国制陶工艺的起源与发展有着重要价值。玉蟾岩遗址出土的大量种类丰富的动、植物标本，其中有些种类如猕猴桃、梅的果实是目前世界上人工遗存中发现的最古老的标本，不仅反映了原始人的经济生活，而且对于研究更新世末期至全新世早期的生态、气候环境和探索生物演化历史提供了重要的科学资料。就玉蟾岩及其出土的稻作遗存和陶器遗存而言，它们表明了长江流域在孕育中华远古文明史和世界文明史方面都有着其独特而重要的地位和作用。

新仙女木事件结束后的 11.0～9.0 ka BP 在地质年代上属于全新世早期，刚刚进入新石器时代初期，根据以往的考古资料记载，长江中游的江西省万年县大源仙人洞洞穴遗址，在我国迄今已发掘的新石器时代早期遗址中是最早一处（孔桂珍，1981），仙人洞遗址和吊桶环遗址对探讨我国新石器时代的文化渊源和发展研究，有着一定的参考意义。但仅从两个遗址点提取以遗址空间分布的宏观特征和定量指标，数据量又尚不足以分析。从遗址分布上看，仙人洞、吊桶环遗址位于江西省东北部，上饶市万年县境内，西邻鄱阳湖东南岸、紧靠乐安河下游。根据江西九江永安 ZK08 钻孔孢粉记录（谢振东和范淑贤，2005），10.2～9.4 ka BP 阶段孢粉稀少，表明当时的气候不利于植被的生存，显示该阶段气候相当恶劣，植被覆盖率极低（谢振东和范淑贤，2005）。这在一定程度上可以解释仙人洞、吊桶环遗址均在洞穴中，也是先人对恶劣环境的一种趋避。

二、长江流域新石器早期遗址时空分布对环境变迁的响应

长江流域新石器时代早期从 9.0 ka BP 开始，至 7.0 ka BP 期间结束（周昆叔和莫多闻，2007）。图 11.2.1 表明，9.0～8.0 ka BP 阶段，遗址数量由新石器初期的仙人洞、吊桶环遗址和玉蟾岩 3 处增加到 48 处；主要由分布在洞庭湖流域的彭头山文化遗址，沟汀遗址、岗赵遗址等遗址组成的安徽省新石器早期遗址群，三峡库区大宁河附近的鱼腹浦等遗址以及湖北城背溪遗址、浙江上山遗址组成。该时期不仅遗址数量增加，遗址空间分布格局也呈现扩散趋势和区域性集中的特征。

从长江流域新石器时代各时期遗址域面积与遗址密度变化图（图 11.1.20）可以直观地看到随时间变化，各时期遗址点密度也在曲折中呈增加的趋势，但用统计学方法获得的遗址密度只能作为大尺度流域遗址分布聚集强度的指标，而无法说明小尺度遗址聚集强度。在太湖地区文化遗址时空分布的环境考古研究中，郑朝贵（2005）提出了用遗址分布等密度线去分析遗址规律的方法。本节对其思路稍作改进，具体方法为：在 ArcGIS 9.3 环境下，用 Density 分析工具，根据遗址聚集程度合理设置扫描半径，用遗址点矢量数据计算生成栅格数据结构的密度分布图，每个栅格像元的值即为以此为中心落在扫描半径中遗址数量除以扫面面积计算而得的密度。按照此方法设计制作的长江流域 9.0～8.0 ka BP 遗址分布等密度图如图 11.2.1 所示，后面各时间段的遗址分布等密度图均按照此种方法计算设计并制作，不再一一详细说明。

遗址分布的等密度线一方面可以定量地表示遗址密度的数值以及分布特征，更可直接地说明文化中心的位置及文化迁移过程。由 12.5～9.0 ka BP 阶段至 9.0～8.0 ka BP 阶段的对比可知，除了遗址数量增加外，9.0～8.0 ka BP 阶段出现了若干分散的文化中心。大宁河地区鱼腹浦文化，洞庭湖西北和西南地区、湘江流域的彭头山文化，安徽沿江平原地区的新石器早期遗存，均可视为独立的文化中心。尤其以湖南省北部澧水流域和鄱阳湖西部更加密集。根据图 11.2.2，8.0～7.0 ka BP 阶段遗址分布有向西北扩散的趋势，尤其以汉江流域更为明显，从 9.0～8.0 ka BP 的大宁河流域扩散到汉江中下游均有分布，大多数均沿河流分布，并且在丹江流域裴李岗文化开始兴起。在彭头山文化的基础上出现了皂市下层文化，主要在洞庭湖西北和澧水中下游北岸，随着皂市下层文化的出现，洞庭湖地区的遗址密度逐渐增加，也开始出现文化堆积。城背溪文化的出现，导致三峡地区和武汉市西北出现了次一级的独立密度中心。合肥郊区的岗赵遗址和皖南沿江平原的安徽省新石器早期遗存在 8.0～7.0 ka BP 阶段基本保持稳定，没有太大变动。

值得注意的是，贵州省新石器早期文化遗存的出现，导致贵阳地区出现极大密度中心。但是贵州旧石器时代遗存是贵州考古工作的重点，新石器至商周时代的遗存之前受到的关注相对较少，工作也较薄弱（吴小华，2011）。作者根据贵州省考古所提供的资料，收集的遗址数据大多没有描述遗址具体年代的信息，因此除了对该数据作早中晚分期外，无法作更详尽的分类。所以下文不再针对贵州地区的遗址密度进行详细分析。

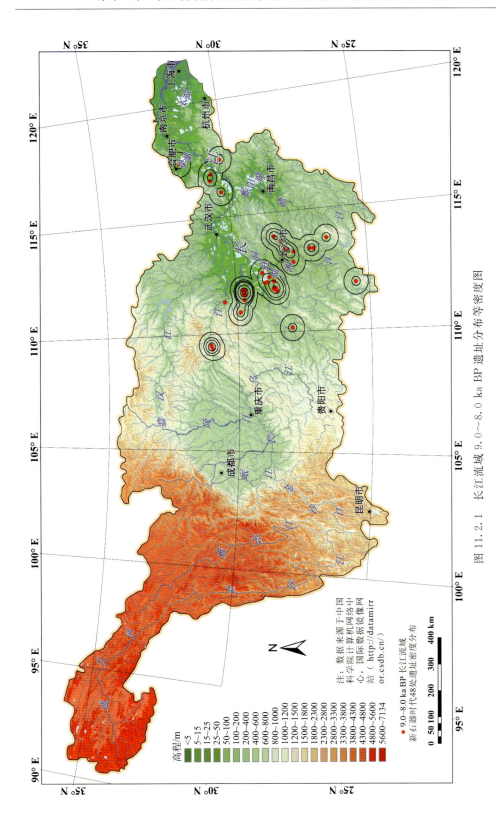

图 11.2.1　长江流域 9.0~8.0 ka BP 遗址分布密度图

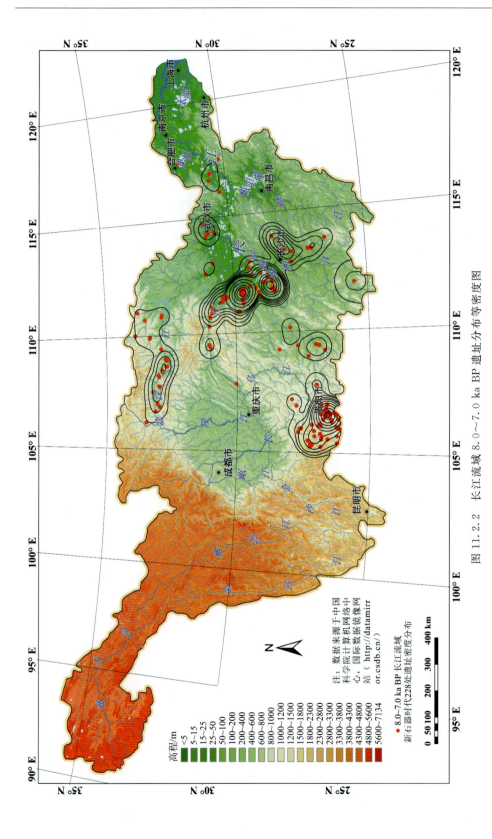

图 11.2.2　长江流域 8.0～7.0 ka BP 遗址分布等密度图

根据前人对神农架大九湖泥炭地层 15.753 ka BP 以来孢粉的记录（Zheng et al.，2008），"孢粉带Ⅱ（11.280～9.218 ka BP）代表了由旧石器时代冷湿气候向全新世温暖气候转换的早全新世过渡时期，该带花粉浓度升高，木本种类增多，且百分含量增大，体现出缓慢升温的过程（Zheng et al.，2008）"表明长江流域环境更加适合人类生存，这与 10.0 ka BP 以来遗址数量增加的趋势基本吻合。"孢粉带Ⅲ（9.218～7.530 ka BP）代表中全新世前期的气温波动上升期，该带孢粉浓度较前带低，但波动较大，反映了趋于高温和干旱的特点。到约 7.7 ka BP 前后达到全新世最热时期，之后略有下降（Zheng et al.，2008）"，表明该段时间内温度升高，干旱导致河床下降，与汉江流域和湘江流域多出现沿河流分布的遗址情况基本相同。沿峡江分布的遗存数量并没有因为气候转暖和干旱而迅速增加，只是零散的增加。这种情况一直延续到全新世之初至 8.5 ka BP 以前的新石器时代早期文化中（施雅风等，1992），表明先民在缓慢的适应新的环境的同时，也在协调自身与环境的关系，并没有出现文化的繁荣。

中国在 10.0～7.0 ka BP 是史前考古学上的缺环，所发现的遗址点较少（黄春长，1998），利用这一阶段的遗址时空分布特征去探究与环境演变的响应过程存在很大缺陷，相信随着更多考古遗址的发现，会进一步丰富对 10.0～7.0 ka BP 时期文化遗址与环境演变关系的研究。

三、长江流域新石器中期遗址时空分布对环境变迁的响应

7.0 ka BP 开始，长江流域已经进入新石器时代中期，并在 5.0 ka BP 结束（周昆叔和莫多闻，2007）。这一时期对应全新世大暖期。长江流域文化随着气温升高和人类对环境进一步的适应，进入了文化的持续繁荣时期。根据图 11.2.3，7.0～6.0 ka BP 阶段长江流域出现四大密度中心：一是三峡地区至洞庭湖流域；二是汉江流域至陕西南部；三是贵州高原地区；四是苏皖沿江地区。其中根据密度等级不同，又可分为几个子密度中心：三峡地区中下游、洞庭湖周缘及丘陵地区的大溪文化和皂市下层文化遗址；嘉陵江上游、汉江中上游和陕东南地区的仰韶文化；皖南沿江平原新石器中期遗存以及太湖流域的马家浜文化遗址。

与 8.0～7.0 ka BP 阶段相比，7.0～6.0 ka BP 阶段遗址分布出现了一些新的特征：一是中游地区密度显著增加，大溪文化与皂市下层文化大量堆积；二是太湖流域出现马家浜遗址；三是汉江流域老官台文化遗址被仰韶文化遗址替代，遗址数量增加并有向东扩张的趋势；四是贵州高原地区新石器中期遗址数量和密度均在减小。长江流域遗址分布在整体上呈现西少中多东部兴起的格局。下面将对上述几个新特征进行具体分析。

洞庭湖流域的皂市下层文化遗址主要分布于澧水中下游沿河丘陵阶地上，年代范围为 8.0～7.0 ka BP，此时为全新世高温期，降水丰富，洞庭湖水面扩展，洪水泛滥，湖区不适合人类生存（杜耘，2002）。之后大溪文化遗址广泛分布，主要位于洞庭湖周缘及丘陵地区（王文建和刘茂，1986）。据统计，皂市下层文化遗址共 54 处，湖南省大溪文化遗址共 125 处，较之前有超过 1 倍的增加，且文化层连续，说明当时洞庭湖平原地区气

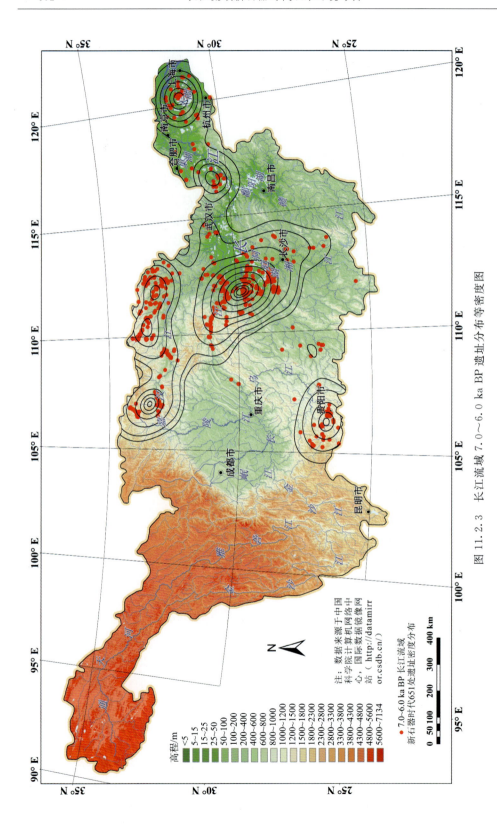

图 11.2.3　长江流域 7.0～6.0 ka BP 遗址分布等密度图

候条件比较稳定并且适合人类居住。6.0 ka BP 左右为全新世高温期中的降温期，此时气候变冷，降水减少，洞庭湖水面收缩，人类活动开始向平原中心发展（王文建和刘茂，1986）。澧水流域和洞庭湖平原增加的大溪文化遗存，均可以作为此种气候变化的依据。

根据史威等（2009）对长江三峡古遗址和古洪水层的统计分析，三峡地区全新世大暖期出现在 7.6～4.0 ka BP 阶段。9.3～7.6 ka BP 阶段气候极不稳定，波动幅度大，总体上冷湿，多次出现显著的降温或干旱事件（9.1、8.2 和 7.7 ka BP 前后），6～5 ka BP 阶段为大暖期的鼎盛期，气候稳定、温暖湿润，植被及生态条件优越，洪水发生频率低，其中 7.6～6 ka BP 为大暖期中具有不稳定特征的过渡期。根据图 11.2.3 和图 11.2.4，三峡中下游地区遗址的增加和临近河道的分布特征、遗址空间变动较弱与环境和气候的稳定性相关，也符合先民对温暖湿润、生态条件优越、洪水频率低的气候环境的响应。

根据图 11.2.4，6.0～5.5 ka BP 阶段遗址密度中心明显有东移的趋势，与 7.0～6.0 ka BP 阶段相比，有着明显的变化特征：一是汉江上游遗址消失；二是三峡地区中下游、洞庭湖周缘及丘陵地区遗址密集度持续增加，江西袁河流域出现拾年山文化密度中心；三是太湖流域遗址密集度增加，密度中心整体上呈西少东多的趋势。

汉江上游在 6.0～5.5 ka BP 阶段仰韶文化遗址的消失，可能与出现剧烈的气候变化或洪水灾害有关。同时，在汉江流域出现了文化中心向河南省转移的现象。这种转移主要是围绕江汉平原进行。文化中心区转移时，两湖平原就会分别出现遗址数量锐减或明显增多的现象。这些变化都同时发生，可见不是偶然，这可能与人类的生存环境发生变化有关系（王红星，1998）。朱诚等（2007）的研究也证实，8.0～5.5 ka BP 是长江三峡及江汉平原地区全新世的第一洪水期，为躲避洪水灾害，先民选择地势较高、距河较远的地点居住就不难理解，也有可能之前的遗址点被洪水层所淹没，根据目前的研究成果尚不能下确切定论。

另一个值得注意的问题是，7.0～6.0 ka BP 太湖流域出现密度中心，说明自马家浜文化开始，长江下游太湖地区便有了新石器人类活动。6.0～5.5 ka BP 阶段，崧泽文化承接马家浜文化，在太湖地区兴盛起来。与图 11.2.4 对比发现，从 6.0～5.5 ka BP 阶段以太湖平原为中心，遗址密度中心存在一个向东北移动的过程，结合遗址分布特征，说明该阶段马家浜文化发展到崧泽文化的过程中，朝着东向和北向存在移动和扩张的过程。10.0～7.0 ka BP 为高海面期、7.0～5.0 ka BP 为低海面期（Zhu et al.，2003），高海面期太湖地区人类活动范围有限，随着海平面降低，海岸线向东推进，随着陆地不断加积，先民开始向东部滨海平原迁移，推测这是崧泽文化遗址类遗址自 7.0～5.5 ka BP 阶段东向和北向扩张的主要原因。

5.5～5.0 ka BP 阶段是长江流域新石器时代空前繁荣的一个时期，参考图 11.2.5 和长江流域考古统计资料不难发现，江汉腹地出现了屈家岭文化并与仰韶文化逐渐融合，从密度分布上来看，似乎还存在一个向东南转移的文化通道。长江中游、湖北地区和洞庭湖北部地区大溪文化和屈家岭文化也存在融合的过程，并且较之前更密集。朱诚等（2007）研究成果表明：全新世数千年间由于区域构造抬升、河流下切、新河谷的发

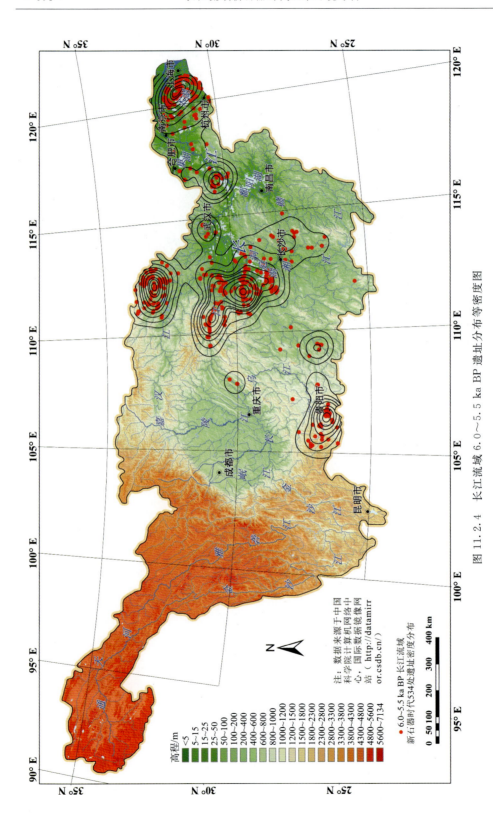

图 11.2.4　长江流域 6.0～5.5 ka BP 遗址分布等密度图

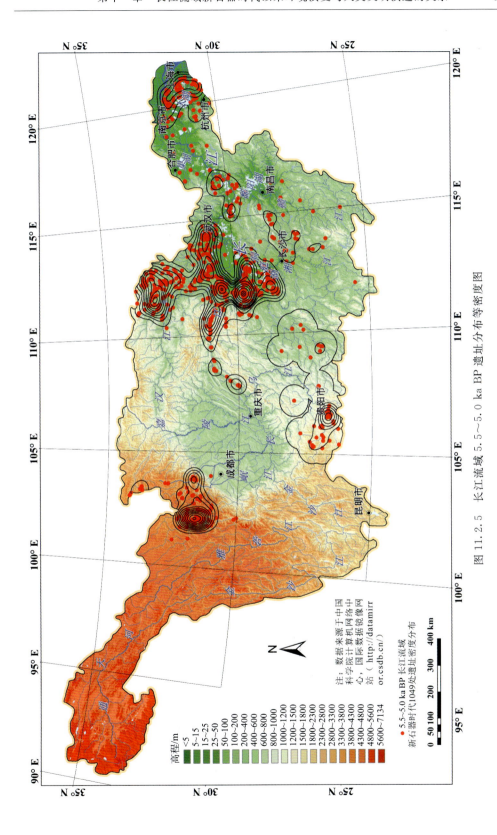

图 11.2.5　长江流域 5.5～5.0 ka BP 遗址分布等密度图

育以及构造运动稳定期间河流侧旁侵蚀与堆积作用造成的新阶地的增多，也是导致这一时期湖北东部低海拔区人类遗址增多的原因之一。

值得注意的是，在四川岷沱江流域和嘉陵上游出现了密度中心，主要由四川营盘山文化、斗胆村类型文化、箭山寨类型文化、大渡河上游史前文化第二期组成。同时，江西拾年山文化消失，由郑家坳类型文化替代，较之前不仅数量增加，分布也更加分散。这一阶段长江流域文化的空前繁荣，并且出现多种文化的融合。大九湖泥炭地层15.753 ka BP 以来的孢粉图谱也可以说明这一时期的气候适宜人类生存。孢粉带 IV（7.530～4.051 ka BP）代表中全新世温暖湿润期（Zheng et al.，2008）。孢粉浓度在全剖面最大，木本植物、中旱生草本、水生草本及蕨类孢子浓度均有较大增加并逐渐稳定。神农架山宝洞 SB10 石笋的氧同位素记录表明 9.3～4.4 ka BP 为降水丰沛的湿润期（Shao et al.，2006），这也可能是此段时期的文化兴盛原因之一。

四、长江流域新石器晚期遗址时空分布对环境变迁的响应

从 5.0 ka BP 开始，长江流域进入新石器时代晚期，至 4.0 ka BP 结束。根据史威等（2009）对长江三峡地区的研究，这一阶段为全新世大暖期中具有不稳定特征的过渡期，其中 5～4 ka BP 及 4 ka BP 前后的降温事件仍较显著，且多发洪水。江汉平原北部汉水以东地区水文情况受汉江和长江的共同影响，变化趋势与汉江平原一致。众多学者对此也进行过深入研究。朱诚等（1997）根据遗址的分布、文化间断、埋藏古树的统计，认为江汉平原 4.7～3.5 ka BP 属于洪水频发期，江汉湖群出现扩张。朱育新等（1997）根据江汉平原沔城 M1 孔的资料，认为江汉平原中心区域 6.8～3.5 ka BP 由河间洼地逐渐过渡到开阔湖区，湖面范围不断扩大。根据朱光耀等（2005）对皖北蒙城尉迟寺遗址所做的 ICP 测试，新石器晚期恢复的温湿水平已不如中期 5.0～4.6 ka BP 该地的温湿状况波动较大，4.6～4.0 ka BP 以后趋向平稳，总体向干冷方向缓慢发展。于世永等（2000）认为，5.0～4.0 ka BP 长江下游降水量增加，海面有所回升，海岸线向内陆推进。从以上研究成果不难看出，新石器晚期气候已经不如中期稳定，多洪水等水患灾害，但是作者对海侵海退事件存在异议，下面将进一步阐述。

根据图 11.2.6 以及四川省考古资料（张宏彦，2003），长江流域进入新石器晚期开始，遗址密度中心出现中期不曾有的变化特征：一是岷沱江流域和嘉陵江上游四川营盘山文化、斗胆村类型文化、箭山寨类型文化、大渡河上游史前文化第二期发展成宝墩文化、箭山寨类型、边堆山文化和三星堆一期文化，并且分布区域向东和向南进入成都平原，成都平原则出现了桂圆桥一期文化；二是重庆库区出现由玉溪坪文化、中坝文化构成的独立遗址密度中心；三是中游平原地区的遗址密度中心向两湖平原北部迁移，并且以屈家岭文化为中心，同时洞庭湖流域遗址数量大量减少；四是鄱阳湖流域出现由樊城堆文化、筑卫城下层文化构成的独立遗址密度中心；五是江淮苏皖地区形成文化通道，太湖流域南部良渚文化空前繁荣，遗址数量大量增加。

为了进一步研究新石器晚期遗址迁移对环境演变的响应过程，我们制作了 4.5～4.0 ka BP 遗址等密度线专题图（图 11.2.7）。对比图 11.2.6 可以发现，一是四川岷沱

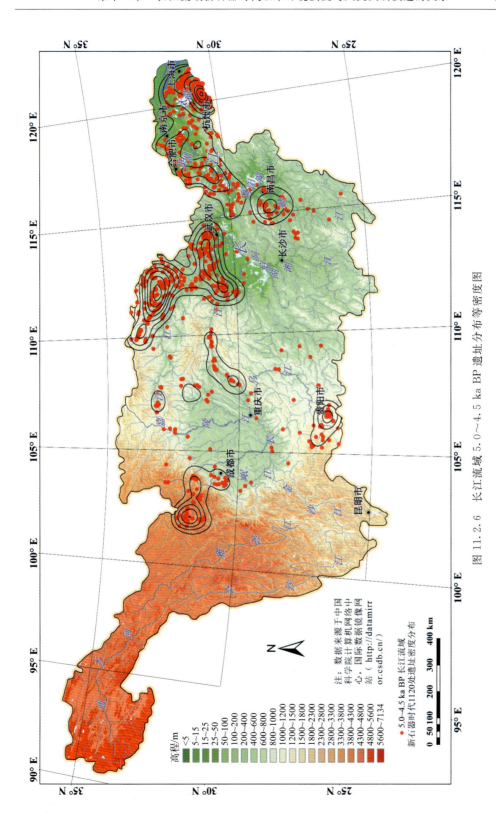

图 11.2.6 长江流域 5.0～4.5 ka BP 遗址分布等密度图

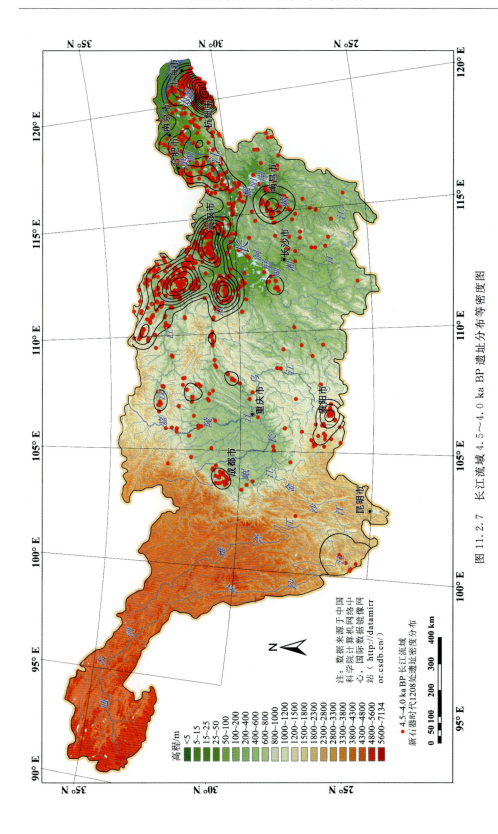

图 11.2.7 长江流域 4.5～4.0 ka BP 遗址分布等密度图

江流域遗址已经完全移至成都平原西北部，由宝敦文化、淄佛寺类型、边堆山文化、三星堆文化构成独立的遗址密度中心；二是重庆库区遗址规模略有缩小，玉溪坪文化遗址消失，同时在嘉陵江流域有零星的遗址密度中心，但是规模比较小；三是江汉平原的北部、西部和东部形成 3 个同等规模的石家河文化遗址密度中心，且密度中心有向东和北方向移动的趋势；四是在 5.0～4.5 ka BP 阶段洞庭湖周缘及平原丘陵地区出现文化断层后，4.5～4.0 ka BP 阶段重新出现由石家河文化构成的小规模遗址密度中心；五是巢湖流域出现的密度中心向北移动，并且有与太湖流域良渚文化融合的趋势；六是在云贵高原地区出现以白羊村文化类型构成的独立遗址密度中心。

　　成都平原位于四川盆地西部与青藏高原东南缘之间，是沿着北东—南西方向延伸的半封闭的复合洪冲积平原，在这种地理环境背景下没有诞生最早的人类，全新世中期以来繁荣的文化是由外来族群的迁徙进入并创造的（孙吉，2006）。根据前文所述，在新石器晚期以来，长江流域气候进入了全新世以来最为波动反复、灾变频仍的时代。有学者将西南地区（包括成都平原）的这一气候特征期命名为江北期，时间断限大致是 3300±1100 年和 4500±80 年（刘兴诗，1998），外族可能是受全新世亚北方期的到来，从黄河流域迁徙进入成都平原。据史书记载，最开始可能是黄河上游某些氐羌民族族群沿着横断山脉的大江大河向南迁徙，"子孙分别，各自为种，任随所之"（范晔，432），这也与 5.0～4.0 ka BP 岷沱江流域至川西平原遗址中心移动趋势相同，说明成都平原出现的文化，并非本土文化。至于旧石器时代至新石器时代中期成都平原尚未出现人类文化遗址，还需要进一步研究。

　　与成都平原不同，云南白羊村遗址属于新石器晚期在当地发展起来的以农业为主，兼营狩猎、采集与饲养家畜的社会经济。根据云南省博物馆的资料记载，遗址位于宾川县城东北 3 km 的宾居河东岸，系一河旁台地，高出现代河面 6 m。由于河水长期冲刷，遗址现存面积约 3000 m^2（阚勇，1981）。白羊村文化遗址在新石器晚期的突然出现，是否与当时的气候环境变化有一定关联？根据张美良等（2004）对桂林响水洞、荔波董歌洞和云南宁蒗泸沽湖拉家仙人洞 3 根石笋进行的 TIMS-U 系测年和氧同位素分析结果，6.0～4.0 ka BP 阶段气候表现为从温暖湿润环境逐渐向冷偏凉的气候环境转换，气温呈缓慢的波动下降，显示东亚夏季风和西南季风逐渐减弱的趋势。4.0～3.0 ka BP 阶段中国西南地区存在一次降温时间，也是历史时期以来最具影响力的一次小冰期。以此为标志，全新世气候最适宜时期的结束，晚全新世开始。而白羊村文化发展起来的时间为 3770±85 年（阚勇，1981），恰好与西南降温事件对应，推测可能由于这次降温伴随着湿度的下降，季风降水减少导致河道水位降低，露出的肥沃土地、河流阶地和台地为当地先民提供了居住、耕作和捕猎的良好场所。

　　石家河文化是在屈家岭文化基础上发展起来的，其分布范围与屈家岭文化大体一致，根据遗址等密度线分布（图 11.2.7）可以发现，4.5～4.0 ka BP 时期分布范围以汉东地区为中心进一步向北、向南扩展的趋势，宜昌以西地区遗址也呈增加趋势。新石器中晚期以来，江汉平原东部人类活动遗址增多，一方面可能由于此前全新世数千年间由于区域构造抬升、河流下切、新河谷的发育以及构造运动稳定期间河流侧旁侵蚀与堆积作用造成新阶地增多（朱诚等，2007），为人类提供更多适合生存的地区，另一方面可能与 4.5～4.0 ka BP 阶段降水量减少有关。山宝洞 SB10 石笋记录显示 4.3 ka BP 前后季风降水突然减少（Shao et al.，2006），导致江汉平原腹地降水减少和水患灾害减弱。适宜的生存环境让人类文明得以在江汉平原腹地延续和扩张。

国内大多数学者认为全新世高海面出现于 7.0～5.0 ka BP 之间（王富葆，1982；杨怀仁和谢志仁，1984；邵虚生，1987），但是根据太湖地区马家浜至良渚文化遗址分布特征来看，事实并非如此。38 处马家浜遗址中，高程 0～5 m 共 26 处；89 处崧泽遗址中，高程为 0～5 m 遗址共 57 处；良渚遗址共 316 处，其中高程为 0～5 m 的遗址点共 126 处，并且多数遗址分布在地势低平的滨湖平原地区，绝大部分分布在地学界划定的 7.0～4.0 ka BP 高海面淹没区。7.0 ka BP 之前仅有浙江小黄山、上山、江东顺山集等极个别遗址分布在周边地区，且居住面高程较高，7.0～4.0 ka BP 除了遗址高程下降外，遗址也在向更低地区扩张。这些均与 7.0～5.0 ka BP 高海面特征相悖。根据朱诚等对长江三角洲和宁绍平原海平面的研究，全新世最大海侵应发生在 10.0～7.0 ka BP 之间（Zhu et al.，2003），这与 7.0 ka BP 之前太湖地区遗址分布极少是一致的。而崧泽、良渚文化的发展与扩张，又可印证 7.0～5.0 ka BP 阶段为低海面期（Zhu et al.，2003）。5.0～3.9 ka BP 则为洪水频发期（Zhu et al.，2003），于世永等（1998）对马桥文化断层的研究也表明，良渚文化层和马桥文化层之间有自然淤积层，微体古生物、孢粉、埋藏古树、粒度等分析结果均指向这一断层为洪灾形成的湖沼沉积，而不是新石器晚期的海侵事件导致的海相沉积。以上所述均可表明长江三角洲地区 7.0～5.0 ka BP 不存在高海面，新石器晚期太湖地区文化主要受洪水影响，最终导致良渚文化消亡，而不是海侵的影响。

五、对长江流域新石器时代遗址时空分布与环境演变关系的几点认识

1）从遗址数量上看，根据图 11.2.8，6.0 ka BP 之前遗址数量持续增加显示人类文明在长江流域地区的繁荣，但是 6.0～5.5 ka BP 阶段上游和中游均出现遗址数量的减少，而下游在该阶段保持缓慢增长。这一阶段遗址变化可能与长江流域全新世第一洪水期有关。5.5～5.0 ka BP 阶段是长江流域史前文明空前繁荣的时期，各区段遗址数量大幅度增加，而之后 5.0～4.5 ka BP 的再一次下降，可能与长江流域气候进入了全新世以来最为波动反复、灾变频仍的时代，伴随突发的洪水事件有关。探究遗址与环境演变的关系，不能仅从数量上做分析，还需关注时空分布上许多值得探究的问题。从上述的讨论中可知，新石器时代遗址演变的各个时期与气候和环境变化的不同时期存在对应关系，即文化繁荣发展阶段对应气候适宜和环境稳定期；文化衰退或转型阶段对应气候不稳定、降温及干旱事件增多的时期，同时伴有频繁发生的洪水现象（史威等，2009）。

2）遗址到距离最近河岸最近距离的算法本身存在不合理的地方，但是在长江流域的大尺度框架内，可以暂且忽略这些因素。新石器初期和早期的遗址点较少，不具有代表意义。根据图 11.2.9，从 8.0 ka BP 以后遗址最邻近距离在小幅波动中下降，除了长江中游在 6.0～5.5 ka BP 阶段的一次剧烈增加过程，到了新石器时代晚期以后，遗址

距河岸距离基本保持了稳定中下降的趋势。5.5～5.0 ka BP 阶段是长江流域新石器时代空前繁荣的一个时期，此时江汉腹地大溪—屈家岭文化系统与仰韶文化逐渐融合，并东向移动。遗址距河岸距离的剧烈增加，有可能是因为区域构造抬升、河流下切、新河谷的发育以及构造运动稳定期间河流侧旁侵蚀与堆积作用造成的新阶地的增多而导致人类多居住于此，或者新遗址点在早期文化中得以延续发展，使得平均距离增加。长江上游和中游地区遗址距河岸距离在 8.0～6.0 ka BP 阶段均快速下降，但是在 6.0～4.5 ka BP 阶段中游遗址距河岸距离先增后降，上游是先降后增。这与进入全新世大暖期环境温暖湿润到洪水期水位抬升，后期两湖平原地区湖群扩张规律基本一致。作者认为江汉地区遗址在全新世中后期至今受江汉平原古洪水影响被埋藏的可能性很大，而古洪水导致的河道变迁又会使遗址点偏离古河道。目前的技术和条件尚不足以完全恢复古河道，用迁移后的河道去研究史前遗址分布规律，可能有较大偏差，尤其是在大尺度研究区域，因此遗址点距河岸距离对环境演变的说服力就会被削弱。

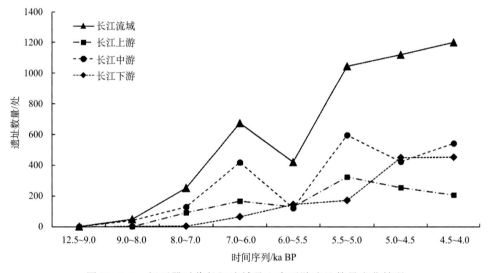

图 11.2.8　新石器时代长江流域及上中下游遗址数量变化情况

3）通过全流域以及各区段的遗址域面积（图 11.2.10）和居住面高程变化情况（图 11.2.11）对比，在遗址域面积上，长江中游地区最不稳定；在居住面高程上，长江上游地区最不稳定，而长江下游地区不论从遗址面积变化情况还是居住面高程来说均比较稳定。中游地区居住面高程从 7.0～5.0 ka BP 由一个峰值降到最低点，可能与前期的降水丰沛和水域扩张有关，人类需要向更高的地区转移以抵御该地区长江干流和支流的洪水，这也可以解释 6.0～5.5 ka BP 遗址域面积的突然减少。高程持续下降表明降水量和水患程度可能均低于前期，加上河流侧旁侵蚀与堆积作用造成的新阶地的增多，致使人类向两湖平原东部地区转移，这些均导致新石器时代中期长江中游居住面高程的下降。而上游遗址居住面高程的两次峰值也说明三峡地区人类选取生存地点时对水位面更加敏感，5.5～5.0 ka BP 阶段全新世洪水可能是居住面高程迅速增大的重要原因之一。

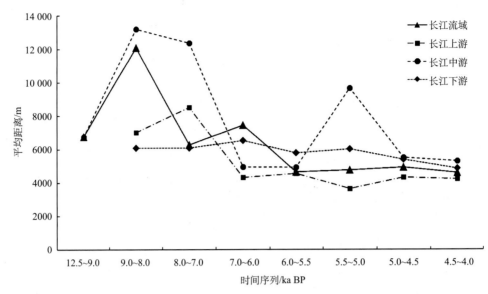

图 11.2.9　新石器时代长江流域及上中下游遗距离河岸平均距离变化

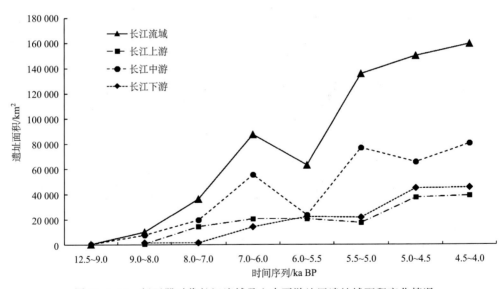

图 11.2.10　新石器时代长江流域及上中下游地区遗址域面积变化情况

4）遗址的叠置情况表明（图 11.2.12），7.0 ka BP 以后，长江流域上游和中游变动情况基本一致，而长江流域下游的遗址变动情况和中上游相反。叠置系数大于 1 说明后一时期文化在前一时期文化发展的基础上，数量大于落在前一时期遗址域内的遗址数，这一方面可以表明文化更加繁荣，另一方面说明两层文化具有传承性，表明当时的气候和环境比较稳定，没有造成大的文化迁移。而新石器初期和早期的遗址数量较少，叠置系数对环境和气候变化的参考意义不是很大。$C_{7.0\sim6.0/6.0\sim5.5}$ 变大也说明，6.0～

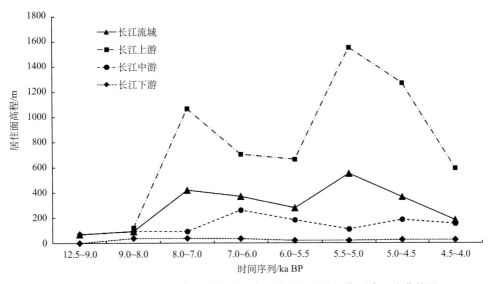

图 11.2.11　新石器时代长江流域及上中下游地区遗址居住面高程变化情况

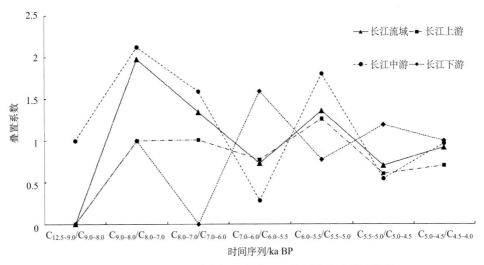

图 11.2.12　新石器时代长江流域及上中下游遗址叠置情况

5.5 ka BP 阶段，在承袭马家浜文化的基础上，崧泽文化在太湖地区开始兴盛。5.5 ka BP 前后的全新世古洪水导致长江中上游地区遗址数量的减少。而 5.5~5.0 ka BP 阶段长江下游地区叠置系数变小很可能因为新石器晚期海平面上升，海岸线向内陆推进，人类生存空间减少，导致良渚文化遗址主要在太湖西部平原和东北部丘陵平原一带发展。而图 11.2.13 表明三峡地区和江汉流域北部、洞庭湖西南部平原地区、皖南沿江平原地区、长江三角洲地区叠置次数均较高，说明新石器时代以来，这些地区环境比较稳定，没有造成人类生存地点的明显迁移。而长江上游地区、江汉平原腹地、洞庭湖周缘以及东北部地区，叠置次数较少，可能与江汉平原的洪水事件有一定的关系。洞庭湖地区可

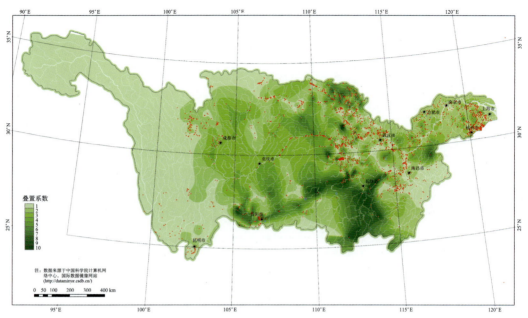

图 11.2.13　新石器时代长江流域遗址叠置系数图

能因为湖面水面受气候变化导致水面升降的关系，没有稳定的生存环境，从而导致叠置次数较低。而洞庭湖水面升降与太湖地区的海侵海退事件可能有一定关联，这里尚未有明确结论表明海平面对内陆地区河面的影响。贵州地区受数据影响，叠置次数高且缺乏这方面的环境演变资料，故不在讨论范围中。

5）根据长江流域新石器时代遗址时空分布特征，全新世前期、中期气候转暖，三峡库区出现极少的新石器遗址说明旧石器末期至新石器时代初期，人类从高海拔迁移到低海拔，在对环境的缓慢适应中发展。新石器中期长江中下游持续转暖，人类文明空前繁荣，但是 5.5 ka BP 左右出现的全新世洪水导致中期的结束，从而导致人类在两湖平原依次出现了文化繁荣和文化中心的转移。4.0 ka BP 云贵地区受降温和季风降水减少导致河道水位降低等气候因素，白羊村文化得以发展延续至新石器时代晚期。而进入新石器时代晚期以后，随着大规模海退和气候变凉干等诸多因素，长江三角洲文明得以发展与演变，但是最终造成良渚文化消亡的是洪水，不是海侵事件。最为明显是的良渚遗址文化中心的改变，说明海平面变动对太湖流域文明的重大影响。4.7～3.5 ka BP 属于洪水频发期，江汉湖群的扩张和水患灾害是两湖平原文化北向和东向迁移的原因之一，社会原因尚待进一步考虑。

6）与长江流域的地形图对比后可以发现，遗址密度中心多在地势较为平坦且水陆交通较为方便的地区，如两湖平原地区、太湖地区等，反映了先民在生活地点选取上既要保持合理获取食物来源，又要考虑生存空间的生存智慧。对多幅图的遗址密度中心对比发现，每当遗址中心发生明显迁移，前后多数有气候环境事件与之相对应，这也间接反映了人类文明对环境演变的响应过程。遗址中心可以认为是文化中心，从多幅图中

（图 11.2.1 至图 11.2.7）也可以发现文化融合的趋势，这对于文化迁移的研究也可以起到一定的参考价值。

六、对长江流域新石器时代以来环境考古研究的概括性总结

通过多年的努力，对长江流域新石器时代以来环境考古研究的主要成果概括总结如下：

1）长江上游地区

通过本项研究，充分利用了长江三峡工程文物抢救性发掘的宝贵机会，获取了重庆市忠县中坝遗址、丰都县玉溪遗址、巫山县张家湾遗址和双堰塘遗址以及神农架大九湖泥炭地层全新世以来环境演变对人类文明演进影响的宝贵信息，摸索出了一套利用年代学、沉积学、重矿物组分鉴定、锆石形态统计、地球化学和环境磁学方法辨别考古遗址地层中古洪水沉积的方法；建立了该区地表孢粉-气候的转换函数，并将其用于对神农架大九湖泥炭地层的研究，弄清了该区全新世以来环境演变的背景，并将自然沉积地层环境演变记录与典型考古遗址地层古洪水事件作了对比分析，达到了预期的研究目的。

遗址时空分布研究表明，长江三峡库区旧石器时代至宋代 677 处遗址时空分布总趋势是从西往东、从高往低逐渐增加，遗址多沿江河分布，且在河流交汇处呈聚集状态，这与人类多选择河流 1-2 级阶地为生、河流交汇处鱼类资源丰富有关。

典型遗址考古地层研究表明，中坝遗址能延续五千年的原因一方面与其盐业遗址的属性有关，另一方面与其长期具有良好的生态环境有关。从该遗址 T0202 探方出土近 20 万件动物骨骼的分类统计证明了这一点。7.6 ka BP 以来，水位在吴淞高程 147.024 m 以上的古洪水至少在玉溪遗址 T0403 探方中留下了 16 次沉积记录。利用沉积学、重矿组分和锆石磨圆形态统计对当地现代洪水与遗址地层沉积物作比较研究，是用将今论古法则判定古洪水存在的可靠方法。

自然沉积地层环境演变背景研究表明：神农架大九湖 297 cm 厚的泥炭及其 148 个孢粉样品和 10 个 AMS[14]C 测年数据表明该泥炭地层为本项目提供了理想的全新世自然环境演变背景，尤其 8.2 ka BP 前后的降温事件很明显，6.7～4.2 ka BP 为中全新世最适宜期，4.2 ka BP 前后由暖湿转为凉干，3.5～0.9 ka BP 季风降水整体较弱，0.9 ka BP 前后转为较凉湿。

根据对中坝和玉溪两处遗址地层的研究，在 8.2～6.7 ka BP 期间出现有 10 个古洪水层（即玉溪遗址的第 12、14、16、18、20、22、24、26、28 和 30 层）；在 6.7～4.2 ka BP 全新世最适宜期遗址地层中出现有 8 个古洪水层（即玉溪遗址的第 4、5、6、7、8、10 和中坝遗址的 76-2 和 50-1 地层）；在 3.5～0.9 ka BP 降水减少的时期，中坝遗址中仅出现 2 个洪水层（即西周时期的 37-1 和战国早期的第 21 层）；在 0.9 ka BP 以来降水较多的时期，中坝遗址中存在 3 个洪水层（即宋代中期的 11C-1 层、清代的 5-1 层和 1981 年的 2B-2 层）。这些表明，8.2～6.7 ka BP 的洪水在三峡地区次数是最多的，6.7～4.2 ka BP 的洪水数量次之。长江三峡库区的这一古洪水发生规律或许可以解释长江中游的江汉平原在 7.8～5.1 ka BP 期间遗址数量偏少的原因。

2）长江中游地区

本项研究表明，长江中游是长江流域广阔的腹地，这里由于地势和气候的优越，是长江流域人类文明起源和发展最重要的地区。这里不仅有长江流域新旧石器过渡阶段和稻作遗存、陶器制作最早的发源地——湖南道县玉蟾岩遗址，而且从长江流域新石器时代遗址分布数量上看也是最多的地区。本节拟以下述对长江中游江汉平原荆州江北农场自然沉积剖面与该区遗址分布关系的研究结论，作为对长江中游地区人类文明发展与环境之间主要关系的总结。

对荆州江北农场 JZ2010 剖面 259 块样品 13 个孢粉带和各类代用指标的鉴定分析，揭示了江汉平原 637 cm 厚湖相沉积记录的古植被、古气候及古环境演变与人类文明发展关系的如下特点：

（1）本区新仙女木事件之前的晚冰期间冰阶即阿勒罗德暖期（AW）出现在 12.76～12.03 cal. ka BP 时期，各代用指标揭示其为温凉偏干的气候和生态环境。本区新仙女木事件出现在 12.03～11.45 cal. ka BP，在该时间段地层中不仅孢粉总含量较少，常绿阔叶和水生草本孢粉亦未见；同时，本阶段 Rb/Sr 比值低，沉积速率低，平均粒径（5.86Φ）为全剖面最粗，揭示的是长达约 580 年的新仙女木冷干事件。11.45～7.80 cal. ka BP 为本区全新世早期，孢粉鉴定表明本区 8.2 ka BP 前后的冷事件应出现在 8.48～8.34 cal. ka BP，此时期主要为蕨类孢子，常绿阔叶、落叶阔叶、灌木和水生草本孢粉基本未发现。

（2）7.8～6.9 cal. ka BP 是本区城背溪文化时期，JZ2010 剖面孢粉谱中蕨类植物孢子占孢粉总数的 74.4%，常绿阔叶少，水生孢粉基本没有；结合 Rb/Sr 值等代用指标分析，总体反映该时期由温湿向温干转化。6.9～5.1 cal. ka BP 大溪文化时期，气候向暖湿转化。从孢粉图谱看，禾本科在早期 6.60～6.52 cal. ka BP 有一小的峰值，但在 5.58～5.10 cal. ka BP，十字花科含量在全剖面孢粉带谱中最高。分析认为，该阶段十字花科的增长可能与人类农业发展导致的伴人植物蔬菜被大量驯化种植有关。5.1～4.5 cal. ka BP 屈家岭文化时期，常绿栎和水生花粉增加明显，结合代用指标分析，该时代早期气候偏湿、中期略干、晚期又转湿。其中 5.03～4.80 cal. ka BP 孢粉图谱中十字花科有一峰值，而禾本科峰值出现在该时代中期 4.80 cal. ka BP，表明人类农业文明的影响逐渐增大。根据该时代后期人类遗址主要分布在 50～200 m 海拔高度的分析，屈家岭文化后期人类生存可能受到过水域扩大和洪涝灾害的影响。4.5～4.0 cal. ka BP 石家河文化时期，水生孢粉总体很少，禾本科、十字花科等与人类生存相关的伴人植物花粉大为减少。结合遗址分布和代用指标的综合分析表明，石家河文化时期气候总体向干旱化发展，且其干旱程度是逐渐增强的。

（3）4.0～2.77 cal. ka BP 夏商周文化时期，该区夏代早期气候偏凉干，晚期偏暖湿，商代晚期水生草本几乎消失。值得重视的是，湖北全省夏代主要遗址仅有 7 处，全部分布在海拔 50 m 以上地区，这一分布态势充分表明在 2070BC～1600BC 的夏代经历过显著的特大洪水事件，受洪水影响人类只能在海拔 50 m 以上地区生存；而湖北在 1600BC～1046BC 的商代主要遗址 60 处中有 39 处分布在海拔 2～50 m 的低地区，揭示了可能与商代密切相关的干旱气候事件。2.77～2.27 cal. ka BP 春秋战国时期，木本花粉占孢粉总数的 57.7%，水生草本也显著增加，结合各代用指标分析，该阶段仍属于较暖湿的气候阶段。

（4）2.20～1.07 cal. ka BP（246BC～885AD）为秦汉至隋唐时期，值得重视的是该时期禾本科和水生孢粉莎草科在 JZ2010 剖面孢粉图谱上呈最高峰值，表明该时期是适应人类稻作发展的水热气候条件适宜期；禾本科和水生孢粉在该时期同时达到峰值，揭示人类以水稻为主的稻作农业在该时间段得到大发展。1.04～0.68 cal. ka BP（908AD～1270AD）为五代十国至宋代（即欧洲的中世纪暖期），该时期虽在 953AD 气候较为湿润，但与人类农耕密切相关的禾本科、十字花科和常绿阔叶等孢粉数量显著减少，一是表明该时期水热气候条件不太利于人类耕种，二是可能与该历史时期我国的战乱频繁有关，值得进一步研究证实。

（5）657～295 cal. ka BP（1293AD～1655AD）元代至明代，落叶阔叶、常绿阔叶和灌木相对较少，水生草本极少，对代用指标的综合分析表明，该时期总体上属于温干的气候环境。272～23 cal. ka BP（1678AD～1927AD）清代至民国时期，在 1746AD～1905AD 期间各地层孢粉含量均在 100 粒以下，常绿阔叶、落叶阔叶、灌木和水生草本含量均很少。Rb/Sr 值大多在 0.46～0.90 之间，孢粉和代用指标综合分析揭示该时段是气候干冷的小冰期。

3）长江下游地区

从长江三角洲考古遗址时空分布看，该区缺少全新世初至 7.0 ka BP 的新石器时代遗址，7.0～4.0 ka BP 是该区新石器遗址连续出现、逐渐增多、史前文明大发展时期。该区 7.0 ka BP 以来尽管遭受过洪涝灾害的影响（于世永等，1998），但新石器时代遗址在太湖四周的分布是连续和逐渐增多的，而且各时期均有大量分布于 0～2 m 甚至 0～−5 m 海拔高程的遗址，从新石器遗址结合海岸贝壳堤时空分布看（朱诚等，1996；于世永等，1998），长江三角洲在全新世温度最适宜期（Climatic Optimum）即 7.0～5.0 ka BP，海岸线并未到达茅山东麓。以上遗址和贝壳堤时空分布特征不能证明长江三角洲 7.0～5.0 ka BP 海侵和高海面的存在。

考古地层学和钻孔海相有孔虫鉴定发现，在长江三角洲地区各遗址地层中，海相有孔虫均出现在马家浜文化层之下的地层中，在 7.0 ka BP 以来的地层中未能发现海相有孔虫的存在，这一现象表明，该区全新世海侵应发生在 10.0～7.0 ka BP 之间。作者（Li et al.，2009）近年对宜兴骆驼墩遗址马家浜文化层之下海相有孔虫的发现，以及国外学者 Smith 等（2011）、Turney 和 Brown（2007）近年对大西洋深海沉积研究的结果证实了这一研究结论。

太湖西部众多时代连续的新石器遗址和水稻田遗存证明，有关全新世气候最适宜期该区为高海面或潮汐汊道的观点也难以成立。从地貌发育、地形演化、河湖沉积特征、古脊椎动物与微体古生物以及古文化遗址分布等均清楚表明，全新世以来除上海马桥岗身以东及南部（杭州湾北部）地区外，整个长江三角洲太湖平原广大腹地，均未遭受到 7.0 ka BP 以来的海侵作用，该区低洼湖荡平原河道中发现的 7.0 ka BP 以来的有孔虫不足以成为大范围海侵的证据。

从河姆渡遗址文化层和出土器物年代、钻孔剖面微古有孔虫、孢粉证据可知，河姆渡文化正是在全新世气候最适宜期出现和发展的，过去地学界关于华东沿海在 7.0～5.0 ka BP 为高海面的假说或理论在宁绍平原区难以成立。考古地层学能够证明的应该是：宁绍平原全新世以来 7.0 ka BP 以前应为高海面、7.0～5.0 ka BP 为低海面、5.0～3.9 ka BP 为洪水频发期。英国学者 Smith 等（2011）、Turney 和 Brown（2007）在 *Quaternary Science Review* 杂志上发表论文，认为 8.7～8.1 ka BP 北美劳伦泰冰架的崩溃和淡水的注入，使温盐环流减弱，由此造成海面上升 1.4 m，使得北大西洋沿岸新石器时代部落的灭绝或迁徙。Yu 等（2010）在 *Science* 杂志上发表的论文证实美国五大湖所在的劳伦泰冰架在 9.3 ka BP 前后崩溃引起淡水注入北大西洋，造成温盐环流减弱，导致气候变冷。苏格兰学者则认为，7 ka BP 前北大西洋因海底火山滑坡曾经历过海啸，并造成北欧沿岸原始部落的灭绝；美国学者（Discovery Communications, 2000）认为夏威夷火山岛的垮塌应是太平洋大海啸暴发的原因。上述观点一方面证实了作者全新世初（10～7 ka BP 之间）华东沿海经历过高海面过程的观点，另一方面，上述观点虽与作者有关华东沿海全新世高海面时代的观点具有某些一致性，但对高海面出现的确切时代说法不一，需要进一步研究证实。

考古遗址时空分布的事实和考古地层学证据表明，全新世大暖期温度最适宜期至少在长江三角洲和宁绍平原并非与高海面相对应。全球不同区域海面变化差异的原因以及本区新石器时代遗址在年代和海拔的三维时空分布及其考古地层学记录，不仅在中华文明起源问题上，而且在当前全球变化和未来海面变化方面都蕴含有极为重要的信息载体和科学意义，值得进一步深入研究。

参 考 文 献

安成邦，冯兆东，唐领余，等. 2003a. 甘肃中部 4000 年前环境变化和古文化变迁. 地理学报，58（5）：
　　743-748

安成邦，冯兆东，唐领余. 2003b. 黄土高原西部全新世中期湿润气候的证据. 科学通报，48（21）：
　　2280-2287

安成邦，王琳，吉笃学，等. 2006. 甘青文化区新石器文化的时空变化和可能的环境动力. 第四纪研究，
　　26（6）：923-927

安徽省地方志编纂委员会. 1998. 安徽省志·文物志. 北京：方志出版社

安徽省文物工作队. 1982. 潜山薛家岗新石器时代遗址. 考古学报，（3）：283-324

安徽省文物考古研究所. 1986. 望江汪洋庙新石器时代遗址. 考古学报，（1）：43-60

安徽省文物考古研究所. 1992. 安徽省濉溪县石山孜遗址动物骨骼鉴定与研究. 考古，（3）：253-262

安芷生. 1993. 中国中、东部全新世气候适宜期与东亚夏季风变迁. 科学通报，38（14）：1302-1305

安芷生，Kukla G，刘东生. 1989. 洛川黄土地层学. 第四纪研究，（2）：155-168

安芷生，马醒华. 1991. 环境磁学初步研究//刘东生. 黄土、第四纪地质、全球变化（第二辑）. 北京：
　　科学出版社：143-150

安芷生，王俊达，李华梅. 1977. 洛川黄土剖面的古地磁研究. 地球化学，（4）：141-147

巴家云. 1992. 忠县中坝遗址新石器时代晚及商周遗址//中国考古学会. 中国考古学年鉴-1991. 北京：
　　文物出版社：272

白九江，邹后曦，朱诚. 2008. 玉溪遗址古洪水遗存的考古发现和研究. 科学通报，53（增刊Ⅰ）：17-25

白雁，刘春莲，郑卓，等. 2003. 海南岛双池玛珥湖沉积中的碳、氮地球化学记录及其环境意义. 古地理
　　学报，5（1）：87-93

班固（东汉）. 1962. 汉书·地理志. 北京：中华书局：1527-1528

班武奇. 1998. 印度河文明兴衰和地理环境变迁. 地理研究，17（3）：249-257

北京大学考古文博院，南阳文物研究所. 2000. 河南邓州八里岗遗址 1998 年度发掘简报. 文物，（11）：
　　23-31

北京大学考古系. 2001. 忠县干井沟遗址群哨棚嘴遗址发掘简报//重庆市文物局，重庆市移民局. 重庆
　　库区考古报告集（1997 年卷）. 北京：科学出版社：409-559

北京大学与南京市博物馆联合考古队. 1996. 南京人化石地点. 北京：文物出版社：1-2

蔡保全. 2001. 杭州湾两岸新石器时代文化与环境. 厦门大学学报（哲学社会科学版），（3）：126-133

蔡久忠，邵宝禄. 1987. 新编政治经济学. 北京：高等教育出版社

蔡莲珍，仇士华. 1984. 碳十三测定和古代食谱研究. 考古，（10）：945-955

蔡述明，赵艳，杜耘，等. 1998. 全新世江汉湖群的环境演变与未来发展趋势——古云梦泽问题的再认
　　识. 武汉大学学报（哲学社会科学版），（6）：121-127

蔡祖仁. 1985. 浙江天目山区第四纪地层与环境//中国地理学会，中国第四纪研究委员会. 中国第四纪
　　冰川冰缘学术讨论会文集. 北京：科学出版社：183-186

曹琼英. 1987. 苏北沿海地层的 ^{14}C 年代与晚更新世以来的海陆变迁//中国第四纪研究委员会碳十四年
　　代学组. 第四纪冰川与第四纪地质论文集（第四辑）. 北京：地质出版社：201-207

曹琼英，王富葆，韩辉友. 1989. 苏南和宁镇地区三万年以来地层的划分及自然环境变化中的若干问题.

中国第四纪研究，8（1）：122-132

草鞋山水田考古队.1996.草鞋山遗址 1992-1995 年发掘概要.//日本文化财科学会.稻作起源探讨.东京：稻作起源を探る编委会，日本文化财科学会：5-30

查小春，黄春长，庞奖励，等.2012.汉江上游郧西段全新世古洪水事件研究.地理学报，67（5）：671-680

柴岫.1990.泥炭地学.北京：地质出版社

长江流域规划办公室考古队河南分队.1990.河南淅川黄楝树遗址发掘报告.华夏考古，（3）：1-69

长江水利委员会.2002.宜昌路家河：长江三峡考古发掘报告.北京：科学出版社

长江水利委员会文物考古队.1997.三峡大坝施工区的考古发现与研究.中国三峡建设，（4）：41-43

常州市博物馆.2001.1985 年江苏常州圩墩遗址的发掘.考古学报，（1）：73-110

陈伯桢.2003.由早期陶器制盐遗址与遗物的共同特性看渝东早期盐业生产.盐业史研究，（1）：31-38

陈德安，魏学峰，李伟刚.1998.三星堆——长江上游文明中心探索.成都：四川人民出版社

陈发虎，黄小忠，杨美临，等.2006.亚洲中部干旱区全新世气候变化的西风模式——以新疆博斯腾湖记录为例.第四纪研究，26（6）：881-887

陈高庸，杜佐周，郑振铎.1939.中国历代天灾人祸表.上海：上海书店

陈吉余，余志英，恽才兴.1959.长江三角洲的地貌发育.地理学报，25（3）：201-220

陈建强，周洪瑞，王训练.2004.沉积学及古地理学教程.北京：地质出版社

陈杰，吴建民.1996.太湖地区良渚文化时期的古环境.//徐湖平.东方文明之光——良渚文化发现 60 周年纪念文集.海南：海南国际新闻出版中心，306-318

陈敬安，万国江.1999.洱海沉积物化学元素与古气候演化.地球化学，28（5）：562-570

陈敬安，万国江，张峰，等.2003.不同时间尺度下的湖泊沉积物环境记录——以沉积物粒度为例.中国科学（D 辑），33（6）：563-568

陈静生.2007.河流水质原理及中国河流水质.北京：科学出版社

陈骏，安芷生，汪永进，等.1998.最近 100ka 洛川黄土剖面中 Rb/Sr 分布和古季风变迁.中国科学：地球科学，28（6）：498-504

陈骏，仇纲，鹿化煜，等.1996.最近 130ka 黄土高原夏季风变迁的 Rb 和 Sr 地球化学证据.科学通报，41（21）：1963-1966

陈骏，季峻峰，仇纲，等.1997.陕西洛川黄土化学风化程度的地球化学研究.中国科学（D 辑）：地球科学，27（6）：531-536

陈骏，汪永进，季峻峰，等.1999.陕西洛川黄土剖面的 Rb/Sr 值及其气候地层学意义.第四纪研究，19（4）：350-356

陈骏，汪永进，杨旸，等.2001.中国黄土地层 Rb 和 Sr 地球化学特征及其古季风气候意义.地质学报，75（2）：259-266

陈可畏.2002.长江三峡地区历史地理之研究.北京：北京大学出版社

陈克造，Bowl J M.1990.四万年来青藏高原的气候变迁.第四纪研究，11（1）：22-31

陈佩英，周启永，林树基.1991.贵州威宁 15000 年来来的古环境——南屯泥炭层剖面研究.贵州地质，8（2）：141-152

陈佩英，周启永，林树基，等.1994.贵州安顺小黑土晚更新世古植被和古气候.贵州科学，12（2）：24-31

陈桥驿.1995.论古代的良渚人与良渚的自然环境.杭州师范学院学报，（2）：1-5

陈任贤，谢达远.2004.中堡岛新石器性质鉴定.//国家文物局三峡考古队.朝天嘴与中堡岛.北京：文物出版社，302-306

陈文华. 1981. 试论我国家具史上的几个问题. 考古学报，(4)：407-425

陈星，于革，刘健. 2002. 东亚中全新世的气候模拟及其温度变化机制探讨. 中国科学（D 辑），32（4）：335-345

陈星，于革，刘健. 2004. 东亚地区 Younger Dryas 气候突变的数值模拟研究. 第四纪研究，24（6）：654-662

陈学林. 1997. 上海青浦寺前遗址的孢粉组合及意义. 华东师范大学学报（环境遥感考古专辑），(12)：71-75

陈旸，陈骏，刘连文，等. 2003. 最近 13 万年来黄土高原 Rb/Sr 记录与夏季风时空变迁. 中国科学（D 辑）：地球科学，33（6）：513-519

陈振裕，杨权喜. 1984. 中国考古学年鉴. 北京：考古出版社

陈正洪，史瑞琴，陈波. 2009. 季节变化对全球气候变化的响应——以湖北省为例. 地理科学，29（6）：911-916

陈中原，洪雪晴，李山，等. 1997. 太湖地区环境考古. 地理学报，52（2）：131-137

陈忠勤，吴学娟. 2001. ICP 法测定盐水中的微量汞. 氯碱工业，(8)：33-34

成都金沙遗址博物馆. 2006. 金沙遗址. 北京：五洲传播出版社

成都金沙遗址博物馆. 2010. 金沙遗址博物馆. 成都：四川人民出版社

成都市文物考古研究所. 2003. 重庆市忠县杜家院子遗址 2001 年度发掘简报. //成都市文物考古研究所. 成都考古发现（2001）. 北京：科学出版社：43-53

成都市文物考古研究所. 2006. 重庆市巫山锁龙遗址 1997 发掘简报. 考古，(3)：14-31

程龙刚. 2001. 长江三峡地区自然盐泉发现时期考. 盐业史研究，(2)：41-43

重庆市博物馆. 1975. 略谈长江上游水文考古. 文物，(1)：74-78

重庆市文物局，重庆市移民局. 2001. 重庆库区考古报告集. 1997 卷. 北京：科学出版社

重庆市文物局，重庆市移民局. 2003. 重庆库区考古报告集. 1998 卷. 北京：科学出版社

重庆市文物局，重庆市移民局. 2006. 重庆库区考古报告集. 1999 卷. 北京：科学出版社

崔大庸. 1994. 山东龙山文化的墓葬、城址与房屋建筑. 济南大学学报，4（3）：11-16

崔建新，周尚哲. 2003. 4000 a 前中国洪水与文化的探讨. 兰州大学学报（自然科学版），39（3）：94-97

崔之久，杨晓燕，夏正楷. 2002. 初论古文化类型演替与传承模式的区域分异——以西拉沐沦河流域和汶泗河流域为例. 第四纪研究，22（5）：434-441

党华. 1955. 浙江嘉兴双桥发现的新石器时代遗址. 考古通讯，(5)：22-25

邓辉，陈义勇，贾敬禹，等. 2009. 8500 a BP 以来长江中游平原地区古文化遗址分布的演变. 地理学报，64（9）：1113-1125

邓振华，高玉. 2012. 河南邓州八里岗遗址出土植物遗存分析. 南方文物，(1)：156-163

丁金龙，张铁军. 2004. 澄湖遗址发现崧泽时期水稻田. 中国文化遗产，(1)：70-71

丁文江. 1919. 扬子江下游之地质. 太湖流域水利季刊，1（2）：1-36

董进国，孔兴功，汪永进. 2006. 神农架全新世东亚季风演化及其热带辐合带控制. 第四纪研究，2006，26（5）：827-834

杜耘. 2002. 洞庭湖新石器文化遗址与古环境. 华中师范大学学报（自然科学版），36（4）：516-520

樊力. 1998. 论屈家岭文化青龙泉二期类型. 考古，(11)：76-89

樊力. 2000. 豫西南地区新石器文化的发展序列及其与邻近地区的关系. 考古学报，(2)：147-182

范斌，许世远，俞立中，等. 2006. 巢湖沉积植硅体组合及中全新世以来的环境演变. 湖泊科学，18（3）：273-279

范国昌，李荣森，李小刚. 1996. 我国超磁细菌的分布及其磁小体的研究. 科学通报，41（4）：349-352

范念念，吴保生，刘乐. 2010. 地震导致河流改道与古蜀文明的变迁. 山地学报，28（4）：453-462

范晔. 432. 后汉书·西羌传. 宋文帝元嘉九年

范泽孟，岳天祥，陈传法，等. 2011. 中国气温与降水的时空变化趋势分析. 地球信息科学学报，13（4）：526-533

方刚，张建文. 2003. 巴文化研究的几点思考. //重庆市文物局，重庆市移民局. 重庆·2001 三峡文物保护学术研讨会论文集. 北京：科学出版社，126-141

方修琦，葛全胜，郑景云. 2004. 环境演变对中华文明影响研究的进展与展望. 古地理学报，6（1）：85-94

方修琦，侯光良. 2011. 中国全新世气温序列的集成重建. 地理科学，31（4）：387-393

方拥. 2010. 从房址和陶鼎看北辛文化的成因. 中国历史文物，（4）：4-10

房迎三，朱诚，张芸. 2002. 下蜀黄土与古人类活动信息. 龙骨坡史前文化志，（4）：16-21

封卫青. 1994. 福泉山考古遗址孢粉组合与先人活动环境分析. 上海地质，（1）：40-45

冯怀珍，王宗涛. 1986. 全新世浙江的海岸变迁与海面变化. 杭州大学学报，13（1）：100-107

冯金顺，孙磊，葛云，等. 2007. 江苏省里下河（兴化-泰州）地区浅表沉积物特征及古地理环境演变. 江苏地质，31（2）：101-107

付罗文，袁靖. 2006. 重庆忠县中坝遗址动物遗存的研究. 考古，（1）：79-88

付巧妹，靳松安，胡耀武，等. 2010. 河南淅川沟湾遗址农业发展方式和先民食物结构变化. 科学通报，55：589-595

傅顺，叶青培，王成善，等. 2005. 三星堆文明消失原因的古环境因素探讨. 地质科技情报，24（3）：43-47

高超，王心源，金高洁，等. 2009. 巢湖西湖岸新石器-商周遗址空间分布规律及其成因. 地理研究，28（4）：979-989

高广仁. 1978. 试论大汶口文化的分期. 考古学报，（4）：399-418

高华中. 2006. 鲁东南地区龙山文化时期的种植业结构初探. 农业考古，（1）：23-26

高华中，朱诚，孙智彬. 2005. 三峡库区中坝遗址考古地层土壤有机碳的分布及其与人类活动的关系. 土壤学报，42（3）：518-522

高尚玉，董光荣，李保生. 1985. 陕西榆林地区古风成沙地层中化学元素含量变化与气候环境. 中国沙漠，5（8）：25-30

高文. 1987. 四川汉代画像砖. 上海：上海人民美术出版社

高星. 2003. 德日进与中国旧石器时代考古学的早期发展. 第四纪研究，23（4）：379-384

葛全胜，方修琦，郑景云. 2002. 中国历史时期温度变化特征的新认识. 地理科学，21（4）：311-317

葛兆帅，杨达源，李徐生，等. 2004. 晚更新世晚期以来的长江上游古洪水记录. 第四纪研究，24（5）：555-560

龚健雅，夏宗国. 1997. 矢量与栅格集成的三维数据模型. 武汉测绘科技大学学报，22（1）：7-15

谷建祥，邹厚本，李民昌，等. 1998. 对草鞋山遗址马家浜文化时期稻作农业的初步认识. 东南文化，（3）：15-24

顾家裕，严钦尚，虞志英. 1987. 苏北中部滨海平原贝壳砂堤. //严钦尚，许世远，陈友飞，等. 长江三角洲现代沉积研究. 上海：华东师范大学出版社，49-58

顾颉刚. 1959. 禹贡篇注释. //侯仁之. 中国古代地理名著选读（第一辑）. 北京：科学出版社，16-18

顾明光，陈忠大，汪庆华，等. 2005. 杭州湘湖剖面全新世沉积物的地球化学记录及其地质意义. 中国地质，32（1）：70-74

顾嗣亮. 1985. 浙江天目山的第四纪冰川泥纹问题. //中国地理学会，中国第四纪研究委员会. 中国第

四纪冰川与冰缘学术讨论会文集.北京：科学出版社，163-165

顾维玮，朱诚.2005.苏北地区新石器时代考古遗址分布特征及其与环境演变关系的研究.地理科学，25（2）：239-243

顾筼.2010.江苏张家港市东山村遗址崧泽文化聚落发掘的重要收获.东南文化，（1）：22

顾祖禹（清）.1955.读史方舆纪要.第一版.北京：中华书局，947-948

关有志.1986.萨拉乌苏河地区第四纪地层中的元素分布于古气候.中国沙漠，6（1）：32-35

贵州省文物考古研究所.1999.贵州考古五十年.//文物出版社.新中国考古五十年.北京：文物出版社，390-400

贵州师范大学地理系.1990.贵州省地理.贵阳：贵州人民出版社

郭凡.1992.聚落规模与人口增长趋势推测-长江中游地区新石器时代各发展阶段的相对人口数量研究.南方文物，（1）：41-50

郭立新.2000.石家河文化的空间分布.南方文物，（1）：37-42

郭立新.2003.冲突与战争：从大溪到石家河.//国务院三峡工程建设委员会办公室，国家文物局.2003三峡文物保护与考古学研究学术研讨论文集.北京：科学出版社，137-156

郭立新.2004.屈家岭文化的聚落形态与社会结构分析.中原文物，（6）：9-14

郭立新.2005.长江中游地区初期社会复杂化研究（4300 BC～2000 BC）.上海：上海古籍出版社

郭立新.2009.邓家湾解读.江汉考古，（3）：45-57.

郭明.2004.试论崧泽文化分期.东方博物，（2）：39-50

国家文物局.1991中国文物地图集·河南分册.北京：中国地图出版社

国家文物局.1997.中国文物地图集·湖南分册.长沙：湖南地图出版社

国家文物局.2001.中国文物地图集·云南分册.昆明：云南科技出版社

国家文物局.2002.中国文物地图集·湖北分册.（上册）.西安：西安地图出版社

国家文物局.2006.中国文物地图集·青海分册.北京：中国地图出版社

国家文物局.2008.中国文物地图集·江苏分册.（上下册）.北京：中国地图出版社

国家文物局.2009a.中国文物地图集·四川分册.（上中下册）.北京：文物出版社

国家文物局.2009b.中国文物地图集·浙江分册.北京：文物出版社

国家文物局三峡考古队.1998.湖北省秭归朝天嘴遗址发掘简报.//湖北省文物研究所.三峡考古之发现.武汉：湖北科学技术出版社，69-79

国家文物局三峡考古队.2001.朝天嘴与中堡岛.北京：文物出版社

国家文物局三峡文物保护领导小组湖北工作站，厦门大学历史系考古教研室.2001.湖北巴东茅寨子湾遗址发掘报告.考古学报，（3）：361-396

国务院三峡工程建设委员会办公室，国家文物局.2003.秭归柳林溪.北京：科学出版社

国务院三峡工程建设委员会办公室，国家文物局.2005.秭归官庄坪.北京：科学出版社

国务院三峡工程建设委员会办公室，国家文物局.2006.巴东罗坪.北京：科学出版社

韩辉友，李升峰，张立新，等.2000.江苏句容宝华山全新世中晚期的花粉与环境.古生物学报，39（2）:295-300

韩家懋，Hus J J，刘东生.1991.马兰黄土与离石黄土的磁学性质.第四纪研究，（4）：310-325

韩嘉谷.2000.河北平原两侧新石器文化关系变化与传说中的洪水.考古，（5）：57-67

郝明华.2001.苏皖江北地区的崧泽文化因素.东南文化，（5）：18；23

何报寅，张穗，蔡述明.2003.近2600年神农架大九湖泥炭的气候变化记录.海洋地质与第四纪地质，23（2）：109-115

何德亮，孙波.1997.试论鲁南苏北地区的大汶口文化.东南文化，（3）：23-31

何介钧. 1986. 洞庭湖区新石器文化. 考古学报，(4)：385-408

何介钧. 1987. 关于大溪文化关庙山类型的分期问题. 江汉考古，(2)：26-34

何钟铧，刘招君，张峰. 2001. 重矿物分析在盆地中的应用研究进展. 地质科技情报，20 (4)：29-32

河北省文物研究所. 1985. 藁城台西商代遗址. 北京：文物出版社

河南省文物考古研究所. 1999. 舞阳贾湖. 上卷. 北京：科学出版社

贺云翱. 1985. 长江三角洲地区史前聚落的考察. //南京博物院. 南京博物院集刊 (8). 南京：南京博物
　　院：41-47

洪雪晴. 1989. 全新世低温事件及海面波动. //扬子庚，林和茂. 中国近海及沿海地区第四纪进程与事
　　件. 北京：海洋出版社：114

侯光良，许长军，樊启顺. 2010. 史前人类向青藏高原的三次扩张与环境演变. 地理学报，65 (1)：65-72

胡阿祥. 2006. 六朝社会变迁与经济发展的地理背景. //胡阿祥. 江南社会经济研究·六朝隋唐卷. 北
　　京：中国农业出版社：11-52

胡耀武，何德亮，董豫，等. 2005. 山东滕州西公桥遗址人骨的稳定同位素分析. 第四纪研究，25 (5)：
　　561-567

湖北神农架林区地方志编纂委员会. 1996. 神农架志. 武汉：湖北科学技术出版社

湖北省博物馆. 1982. 楚都的勘察与发掘. 考古学报，(4)：490-493

湖北省荆州博物馆等. 1999. 天门石家河考古发掘报告之一——肖家屋脊. 北京：文物出版社

湖北省清江隔河岩考古队，湖北省文物考古研究所. 2004. 清江考古. 北京：科学出版社

湖北省文物考古研究所. 2004. 湖北巴东李家湾遗址发掘简报. 江汉考古，(3)：14-27

湖北省文物考古研究所. 2009. 大洪山南麓史前聚落调查-以石家河为中心. 江汉考古，110，3-22

湖北省宜昌地区博物馆，四川大学历史系. 1987. 宜昌中堡岛新石器时代遗址. 考古学报，(1)：45-97

湖北文物考古研究所. 1998. 宜昌窝棚墩遗址的调查与发掘. //国家文物局三峡工程文物保护领导小组
　　湖北工作站. 三峡考古之发现. 武汉：湖北科技出版社：105-114

湖北宜昌地区博物馆，四川大学历史系考古专业. 1983. 湖北宜昌白庙遗址试掘简报. 考古，(5)：
　　415-419

湖南省博物馆. 1986. 湖南石门县皂市下层新石器遗存. 考古，(1)：1-11

湖南省文物考古研究所，澧县文物管理所. 1990. 湖南澧县彭头山新石器时代遗址发掘简报. 文物，
　　(8)：20-29

湖南省文物考古研究所. 1996. 湖南澧县八十当新石器时代早期遗址发掘简报. 文物，(12)：13-18

湖南省志编纂委员会. 1962. 湖南省志地理志. 第二卷 (下册). 长沙：湖南人民出版社

华东师范大学地理系，华东师范大学比较沉积研究所. 2011. 山海铭足迹——严钦尚教授纪念文集. 北
　　京：科学出版社

华东师范大学河口海岸研究所[14]C 室. 1987. 天然放射性碳年代测定报告 (一). 历史地理，(3)：
　　249-250

华东师范大学河口海岸研究所[14]C 室. 1987. 天然放射性碳年代测定报告 (二). 历史地理，(5)：292

黄宝玉，朱祥根，蔡华伟，等. 2005. 江苏宜兴骆驼墩、西溪遗址全新世软体动物. 海洋科学，29 (8)：
　　84-94

黄春长. 1998. 环境变迁. 北京：科学出版社

黄翡，王伟铭，李民昌. 1998. 苏州草鞋山遗址新石器时代以来的植硅石研究. 微体古生物学报，1998，
　　15 (1)：79-84

黄家斌. 2009. 深入探讨数字线划图数据与 GIS 数据格式差异. 科技创新导报，(19)：217

黄健民，徐之华. 2005. 气候变化与自然灾害. 北京：气象出版社

黄明.2013.新津宝墩遗址古地理变迁的初步研究.成都:成都理工大学硕士学位论文

黄宁生.1996.文化遗址叠置系数及其环境意义.大自然探索,15(2):51-53

黄宁生.1999.皖南沟汀遗址文化遗物分析及相关问题讨论.考古与文物,(6):31-33

黄润,朱诚,王升堂.2007.天堂寨泥炭地层的磁化率、Rb/Sr值及其反映的古气候意义.地理科学,
    27(3):385-389

黄润,朱诚,郑朝贵.2005.安徽淮河流域全新世环境演变对新石器遗址分布的影响.地理学报,
    60(5):742-750

黄维有,德力格尔.2003.土壤中的含汞量与土壤中岩石粒径大小的关系.山西地震,(2):35-36

黄渭金.2000.刍议水井起源.华夏考古,(2):81-86

黄文几.1978.圩墩新石器时代遗址出土动物遗物骨骼的鉴定.考古,(4):241-243

黄象洪.1991.常州圩墩新石器时代遗址的地层、动物遗骸与古环境.//周昆叔.环境考古研究(第一
    辑).北京:科学出版社:148-153

纪东.2010.精美绝伦的龙山文化蛋壳黑陶杯.中国博物馆,(2):70-71

计宏祥.1996.中国全新世大暖期哺乳动物与气候波动.海洋地质与第四纪地质,16(1):5-16.

冀朝鼎.1981.中国历史上的几个经济区与水利事业的发展.北京:中国社会科学出版社

贾兰坡,张振标.1977.河南淅川县下王岗遗址中的动物群.文物,(6):41-49.

贾铁飞,戴雪荣,张卫国,等.2006.全新世巢湖沉积记录及其环境变化意义.地理科学,26(6):
    706-711

江大勇,王新平,郝维城.1999.浙江中全新世古气候古环境变化与河姆渡古人类.北京大学学报(自
    然科学版),35(2):248-253

江苏省文物工作队.1963.吴江梅堰新石器时代遗址.考古,(6):308-318

江苏圩墩遗址考古发掘队.1995.常州圩墩遗址第五次发掘报告.东南文化,(4):69-94

江章华.2002.川东长江沿岸先秦考古学文化的初步分析.中华文化论坛,(2):40-47

姜钦华,张江凯.1998.河南邓州八里岗遗址史前稻作农业的植硅石证据.北京大学学报:自然科学版,
    34(1):66-71

蒋成,李明斌,黄伟.1998.四川省温江县鱼凫村遗址调查与试掘.文物,(12):38-56

蒋成,颜劲松.1999.四川省郫县古城遗址调查与试掘.文物,(1):32-42

蒋辉,吕厚远,支崇远,等.2002.硅藻分析与第四纪定量古地理和古气候研究.第四纪研究,22(2):
    113-122

蒋乐平.1999.塔山下层墓地与塔山文化.东南文化,(6):26-35

蒋乐平,盛丹平.2007.上山遗址与上山文化——兼谈浙江新石器时代考古研究//周昆叔,鲍贤伦 主
    编.环境考古研究(第四辑).北京:北京大学出版社:25-42

蒋新禾.1990.太湖地区晚更新世以来袍粉组合与古环境演变.//蔡启铭.中国科学院南京地理与湖泊
    研究所集刊(第7号),北京:科学出版社:19-25

蒋赞初.1958.杭州老和山遗址1953年第一次的发现.考古学报,(2):5-15

蒋赞初.1980.南京史话.南京:江苏人民出版社

焦天龙.2010.东南沿海新石器时代经济形态的变迁与南岛语族的扩散.//山东大学东方考古研究中心
    编.东方考古(第7辑).北京:科学出版社:128-135

金昌柱.1998.繁昌早更新世早期的人类活动证据.第四纪研究,(4):289-296

金章东,王苏民,沈吉,等.2001.小冰期弱化学风化的湖泊沉积记录.中国科学:地球科学,31(3):
    221-225

金章东,王苏民,沈吉,等.2004.全新世岱海流域化学风化及其对气候事件的响应.地球化学,

　　33（1）：29-35

靳桂云，刘东生.2001.华北北部中全新世降温气候事件与古文化变迁.科学通报，46（20）：1725-1730

荆志淳.1991.西方环境考古学简介.//周昆叔.环境考古研究（第一辑）.北京：科学出版社：35-40

荆州地区博物馆.1987.钟祥六合遗址.江汉考古，（2）：20-33

景存义.1985.一万年来太湖地区古地理环境的演变.南京师大学报（自然科学版），（1）：51-60

景存义.1989.太湖平原中石器、新石器时代人类文化的发展与环境.南京师大学报（自然科学版），
　　（3）：81-87

阚绪航.1989.定远县侯家寨新石器遗址发掘简报.//《文物研究》编辑部.文物研究（第五辑）.合肥：
　　黄山书社：157-170

阚勇.1981.云南宾川白羊村遗址.考古学报，（3）：349-368

孔桂珍.1981.万年仙人洞遗址的年代问题.南昌大学学报（人文社会科学版），（4）：92-94

孔昭宸，杜乃秋，张义君，等.1991.句容宝华山山龙眼化石植物群的发现及其在气候学和植物学上的
　　意义.第四纪研究，10（4）：326-335

蓝勇.1992.历史时期西南经济开发与生态变迁.昆明：云南教育出版社：10-50

蓝勇.2003.中国历史地理学.北京：高等教育出版社

雷雨.2007.三星堆，金沙与古蜀文明（三星闪烁、金沙流彩、神秘的古蜀文明）.香港：康乐及文明事
　　务署出版（香港文化博物馆编制）

李伯谦.1997.长江流域文明的进程.考古与文物，（4）：12-18

李长安.1998.桐柏-大别山掀斜隆升对长江中游环境的影响.地球科学——中国地质大学学报，
　　23（6）：562-566

李长安，张玉芬，袁胜元，等.2009.江汉平原洪水沉积物的粒度特征及环境意义——以2005年汉江大
　　洪水为例.第四纪研究，29（2）：276-281

李成治，李本川.1981.苏北沿海海岸沙成因研究.海洋与湖沼，12（4）：321-333

李从先，汪品先.1998.长江晚第四纪河口地层学研究.北京：科学出版社：29-68

李从先，杨守业，范代读，等.2004.三峡大坝建成后长江输沙量的减少及其对长江三角洲的影响.第
　　四纪研究，24（5）：495-500

李从先，张家强，杨守业，等.1998.苏北陆上潮成砂体的特征和古环境演化.中国科学D辑：地球科
　　学，28（5）：418-424

李枫，吴立，朱诚，等.2012.江汉平原12.76 cal.ka BP以来环境干湿变化的高分辨率研究.地理科
　　学，32（7）：878-884

李福春，谢昌仁，金章东，等.2003.南京老虎山黄土剖面中铷锶地球化学和磁化率与古气候变化的关
　　系.中国地质，30（1）：93-98

李吉甫（唐）.1962.元和郡县图志.北京：中华书局：683-684

李吉均，2014.最思念是故乡！彭州，我的故乡，彭中，我的母校.品鉴彭州，（9）：4-11

李军，高抒，孙有斌，等.2003.冲绳海槽南部沉积层序的粒度特征.沉积学报，21（3）：461-466

李俊，莫多闻，王辉.2005.成都平原全新世环境与古文化发展关系初探.水土保持研究，12（4）：
　　39-42

李开封.2014.苏北陶庄和青墩遗址全新世海退记录研究.南京：南京大学博士学位论文

李兰，朱诚，姜逢清，等.2008.连云港藤花落遗址消亡成因研究.科学通报，53（增刊I）：139-152

李兰，朱诚，林留根，等.2010.江苏宜兴骆驼墩遗址地层全新世沉积环境研究.第四纪研究，30（2）：
　　393-401

李明斌，陈剑.2006.重庆市巫山县锁龙遗址1997年发掘简报.考古，（3）：14-31

李乃胜，李清临，姚政权，等.2009.良渚文化陶器功用的初步科学研究.光谱学与光谱分析，29（1）：231-235

李绍连.1995.试从淅川下王岗文化遗存考察文明起源的历史过程.中原文物，（2）：21-26

李四光.1934.关于研究长江下游冰川问题的材料.中国地质学会杂志，13（3）：395-432

李桃元，胡魁，祝恒富，等.1996.鄂西北史前文化综述.江汉考古，（2）：54-59

李天元.1990.古人类研究.武汉：武汉大学出版社

李文漪，刘光琇，周明明.1992.湖北西部全新世温暖期植被与气候.//施雅风主编，孔昭宸副主编.
　　中国全新世大暖期气候与环境.北京：海洋出版社：94-99

李小强，董光荣，周卫健，等.2000.沙漠/黄土过渡带13ka BP以来季风演化的古植被记录.植物学报，
　　42（8）：868-872

李衍垣.1979.贵州文物考古三十年.贵州民族研究，（1）：15-25

李宜垠，崔海亭，胡金明.2003.西辽河流域古代文明的生态背景分析.第四纪研究，23（3）：291-298.

李宜垠，侯树芳，莫多闻.2009.湖北屈家岭遗址孢粉、炭屑记录与古文明发展.古地理学报，11（6）：
　　702-710

李映发.2004.李冰精神与都江堰文化.四川水利，（5）：43-44

李月丛，许清海，肖举乐，等.2007.中国北方几种灌丛群落表土花粉与植被关系研究.地理科学，
　　27（2）：205-210

李铮华，王玉海.1998.黄土沉积的地球化学记录与古气候演化.海洋地质与第四纪地质，1998，
　　18（2）：41-47

李中轩，朱诚，王然，等.2008.湖北辽瓦店遗址地层中多元素指标对古人类活动的记录.海洋地质与第
　　四纪地质，28（6）：113-118

李中轩，朱诚，闫慧，等.2010.静水沉积地层中Ti含量变化对干湿环境的响应——以重庆中坝遗址为
　　例.海洋地质与第四纪地质，30（5）：137-143

李中轩，朱诚，闫慧.2011.汉江中下游新石器文化遗址的空间格局.地理科学，31（2）：239-243

郦道元（北魏）.1933.水经注·江水.上海：商务印书馆：130-131

梁斌，朱兵，王全伟，等.2014.成都平原第四纪地质与环境.北京：科学出版社

梁娜，成都发现最早史前水利设施，2014年5月9日，中国文化报，第001版

梁萍，丁一汇.2008.上海近百年梅雨的气候变化特征.高原气象，27（增刊）：76-83

林承坤.1959.第四纪古长江与沙山地形.南京大学学报（自然科学版），（2）：93-106

林承坤.1961.河床学的研究对象与研究方法.地理，（6）：244-250

林承坤.1992.评长江下游航道的开发与建设.中国航海，（2）：55-63

林春.1984.宜昌地区长江沿岸夏商时期的一支新文化类型.江汉考古，（2）：29-38

林公务.2003.福建考古的回顾与思考.考古，（12）：7-18

林华东.1998.良渚文化研究.杭州：浙江教育出版社

林留根，田名利，谈国华，等.2002.环太平洋流域史前考古新突破.中国文物报，1

林向.2006.从三星堆到金沙——寻找失落的三星堆古城.文史知识，（8）：122-127

刘宝珺.1980.沉积动力学.北京：地质出版社

刘苍字，吴立成，曹敏.1985.长江三角洲南部古沙堤（冈身）的沉积特征、成因及年代.海洋学报，
　　7（1）：55-66

刘东生，等.1985.黄土与环境.北京：科学出版社

刘恩元.2005.浅谈贵州原始农业起源与发展.四川文物，（1）：34-39

刘光琇.1990.神农架大九湖地区表土孢粉分析.西北植物学报，10（3）：170-175

刘恒武.2008.良渚文化综合研究.北京：科学出版社

刘化石，罗龙洪，唐德兵，等.2001.忠县中坝遗址发掘报告.//重庆市文物局，重庆市移民局.重庆库区考古报告集-1997年卷.北京：科学出版社：559-609

刘会平，唐晓春，孙东怀，等.2001.神农架大九湖12.5kaBP以来的孢粉与植被序列.微体古生物学报，18（1）：101-109

刘会平，唐晓春，刘胜祥.2000.神农架花粉——气候转化函数的建立与初步应用.华中师范大学学报（自然科学版），34（4）：454-459

刘会平，王开发.1998.沪杭苏地区若干文化遗址的孢粉——气候对应分析.地理科学，18（4）：368-373

刘会平，谢玲娣.1998.神农架南坡常见花粉的R值研究.华中师范大学学报，32（4）：495-497

刘嘉琪，吕厚远，Negendan K J，等.2000.湖光岩玛珥湖全新世气候波动的周期性.科学通报，45（11）：1190-1195

刘嘉麒，吕厚远，袁宝印，等.1998.人类生存与环境演变.第四纪研究，（1）：80-85

刘金陵，William Y B Chang.1996.根据孢粉资料推论长江三角洲地区12000年以来的环境变迁.古生物学报，35（2）：136-154

刘金陵，叶萍宜.1977.上海、浙江某些地区第四纪孢粉组合及其在地层和古气候上的意义.古生物学报，16（1）：1-11

刘静伟，赵淑君，程捷，等.2007.杭州湾钱塘江两岸全新世以来的古植被及古气候研究.地学前缘，14（5）：235-245

刘俊男.2013.石家河文化的北渐及其对豫中西地区的影响.中原文物，（1）：23-62

刘启明.2003.贵州凉风洞石笋的古气候记录与古生态环境意义.中国科学院研究生院博士学位论文

刘汝海，王起超，郝庆菊等.2003.三江平原湿地土壤汞的分布特征及影响因素分析.水土保持学报，17（1）：122-125

刘沛林.2000.长江流域历史洪水的周期地理学研究.地球科学进展，15（5）：503-508

刘卫国.2002.试论渝东古盐泉向人工井的演进.盐业史研究，（1）：32-40

刘兴起，沈吉，王苏民，等.2002.青海湖16ka以来的花粉记录及其古气候古环境演化.科学通报，47（17）：1351-1355

刘兴诗.1998.成都平原古城群兴废与古气候问题.四川文物，（4）：34-37

刘兴诗.2005.三星堆文明与古地理环境.成都理工大学学报（社会科学版），13（1）：1-6

刘秀铭，刘东生，Show J.1993.中国黄土磁性矿物特征及其古气候意义.第四纪研究，（3）：281-287

刘英俊，曹励明，李兆麟，等.1984.元素地球化学.北京：科学出版社：360-372

刘雨茂，李涛，李平，等.2009.成都市温江区红桥村遗址2008年度发掘简报.//成都文物考古研究所.成都考古发现.北京：科学出版社：1-28

龙腾，夏晖.2002.蒲江县出土汉代牢盆考.盐业史研究，（2）：9-10

卢建英.2009.试析北辛文化与马家浜文化的关系.东南文化，（6）：39-46

鲁如坤.2000.土壤农业化学分析方法.北京：中国农业科技出版社：106-110

陆耀华，朱瑞明.1984.浙江嘉善新港发现良渚文化木筒水井.文物，（2）：45-60

吕厚远，郭正堂，吴乃琴.1996a.黄土高原和海南陆架古季风演变的生物记录与Heinrich事件.第四纪研究，16（1）：11-20

吕厚远，刘东升.2001.C_3，C_4植物及燃烧对土壤磁化率的影响.中国科学D辑：地球科学，31（1）：43-53

吕厚远，王永吉.1991.晚更新世以来洛川黑木沟黄土地层中植物硅酸体研究及古植被演替.第四纪研究，（1）：72-84

吕厚远, 吴乃琴, 刘东生, 等. 1996a. 最近 15 万年以来宝鸡黄土剖面植物硅酸体组合所反映的的季节性气候变化. 中国科学 D 辑: 地球科学, 26 (2): 131-136

毛龙江, 莫多闻, 周昆叔. 2010. 湖南澧阳平原玉成土壤剖面粒度组成及其环境意义. 土壤通报, 41 (1): 13-16

梅福根. 1959. 浙江吴兴邱城遗址发掘简介. 考古, (9): 479

孟宪玺. 1999. 中国沼泽志. 北京: 科学出版社: 408-409

莫多闻, 王辉, 李水城. 2003. 华北不同地区全新世环境演变对古文化发展的影响. 第四纪研究, 23 (2): 200-210

牟永抗, 宋兆麟. 1981. 江浙的石犁和破土器—试论我国犁耕的起源. 农业考古, (2): 75-84

南京博物院, 吴县文管会. 1985. 江苏吴县澄湖古井群的发掘. 文物资料丛刊, (9): 1-22

南京博物院, 张家港市文广局, 张家港博物馆. 2010. 江苏张家港市东山村新石器时代遗址. 考古, (8): 3-12

南京博物院, 张家港市文物管理委员会, 张家港博物馆. 2015. 张家港东山村新石器时代遗址发掘报告. 考古学报, (1): 55-100

南京博物院. 1980. 江苏吴县草鞋山遗址. //南京博物院. 文物资料丛刊 3. 北京: 文物出版社: 1-24

南京博物院. 1984. 1982 年江苏武进寺墩遗址的发掘. 考古, (2): 109-129

南京博物院考古研究所. 2003. 江苏宜兴市骆驼墩新石器时代遗址的发掘. 考古, (7): 3-11

南京大学地理系. 1993. 胡家屋场遗址孢粉分析. 考古学报, (2): 5

潘凤英, 石尚群, 邱淑彰, 等. 1984. 全新世以来苏南地区的古地理演变. 地理研究, (3): 68-72

潘根兴, 李恋卿, 张旭辉, 等. 2003. 中国土壤有机碳库量与农业土壤碳固定动态的若干问题. 地球科学进展, 18 (4): 609-618

潘家永, 张乾, 邵树勋, 等. 1999. 万山汞矿卤素元素地球化学特征及其地质意义. 矿物学报, 19 (1): 90-97

庞奖励, 黄春长, 刘安娜, 等. 2006. 黄土高原南部全新世黄土-古土壤序列若干元素分布特征及意义. 第四纪研究, 27 (3): 357-364

庞奖励, 黄春长, 张占平. 2001. 陕西岐山黄土剖面 Rb、Sr 组成与高分辨率气候变化. 沉积学报, 19 (4): 637-641

庞奖励, 黄春长. 2003. 关中地区新石器文化发展与环境演变耦合关系研究. 地理科学, 23 (4): 448-453

彭子成, 张兆峰, 蔡演军, 等. 2002. 贵州七星洞晚更新世晚期石笋的古气候环境记录. 第四纪研究, 22 (3): 273-282

蒲家奇, 孟德勤, 周文. 1995. 川东大池干井构造带形成机理分析及挖潜勘探评价. 天然气工业, 15 (2): 15-20

钱一雄, 何治亮, 蔡习尧, 等. 2007. 塔中地区上泥盆统东河砂岩和志留系砂岩的锆石特征、SHRIMP U-Pb 年龄及地质意义. 岩石学报, 23 (11): 3003-3014

乔玉楼, 陈佩英, 沈才明, 等. 1996. 定量重建贵州梵净山一万年以来的植被与气候. 地球化学, 25 (5): 445-457

邱淑彰. 1995. 浙江天目山第四纪冰川地貌与冰期的划分. 见: 中国地质学会第四纪冰川与第四纪地质专业委员会. 第四纪冰川与第四纪地质论文集 (第八辑). 北京: 地质出版社: 128-135

屈家岭考古发掘队. 1992. 屈家岭遗址第三次发掘. 考古学报, (1): 101-126

任桂园. 2002. 大宁河栈道与煮盐铁盆刍论. 盐业史研究, (4): 10-13

任美锷. 2004. 中国自然地理纲要. 第三版. 北京: 商务印书馆

任明达，王乃梁. 1985. 现代沉积环境概论. 北京：科学出版社

任式楠. 2005. 任式楠文集. 上海：上海辞书出版社

三峡考古队第三组. 1994. 湖北宜昌杨家嘴遗址发掘简报. 江汉考古，(1)：39-55

山东省博物馆. 1978. 谈谈大汶口文化. 文物，(4)：58-66

上海市文物保管委员会. 1962. 上海松江县广富林新石器时代遗址试探. 考古，(9)：465-469

上海市文物管理委员会. 1978. 上海马桥遗址第一、二次发掘. 考古学报，(1)：109-137

上海市文物管理委员会. 1985. 上海市松江汤庙村遗址. 考古，(7)：584-594

上海市文物管理委员会. 1987. 崧泽-新石器时代遗址发掘报告. 北京：文物出版社

上海市文物保管委员会. 1990. 青浦福泉山遗址崧泽文化遗存. 考古学报，(3)：307-337

上海市文物管理委员会. 1992. 1987年上海青浦崧泽遗址发掘报告. 考古，(3)：204-219

上海市文物管理委员会. 2001. 福泉山-新石器时代遗址发掘报告. 北京：文物出版社

上海市文物管理委员会. 2002. 马桥：1993-1997年发掘报告. 上海：上海书画出版社

上海文物保管委员会. 1989. 上海青浦县金山坟遗址试掘. 考古，(7)：577

邵虚生. 1987. 江苏金坛全新世海侵沉积层的研究. //严钦尚，许世远. 长江三角洲现代沉积研究. 上海：华东师范大学出版社：114-116

申洪源，贾玉连，李徐生，等. 2006. 内蒙古黄旗海不同粒级湖泊沉积物 Rb、Sr 组成与环境变化. 地理学报，61 (11)：1208-1217

申洪源，朱诚，贾玉连. 2004. 太湖流域地貌与环境变迁对新石器文化传承的影响. 地理科学，24 (5)：580-585

申洪源，朱诚，张强. 2003. 长江三角洲地区环境演变与环境考古学研究进展. 地球科学进展，18 (4)：569-575

沈吉，刘兴起，Matsumoto R，等. 2004a. 晚冰期以来青海湖沉积物多指标高分辨率的古气候演化. 中国科学 D 辑：地球科学，34 (6)：582-589

沈吉，杨丽源，羊向东，等. 2004b. 全新世以来云南洱海流域气候变化与人类活动的湖泊沉积记录. 中国科学 D 辑：地球科学，34 (2)：130-138

盛和林，曹克清，李文军，等. 1992. 中国鹿类动物. 上海：华东师范大学出版社：224-232

诗家，柯水. 1987. 记江西近年发现的商周水井. 农业考古，(2)：226-229

施劲松. 2015a. 三星堆文化. //王巍. 中国考古学大辞典. 上海：上海辞书出版社：413-414

施劲松. 2015b. 十二桥文化. //王巍. 中国考古学大辞典. 上海：上海辞书出版社：415

施少华. 1992. 中国全新世高温期环境与新石器时代古文化的发展. //施雅风，孔昭宸. 中国全新世大暖期气候与环境. 北京：海洋出版社：185-191

施少华. 1993a. 全新世高温期环境变化对太湖流域新石器文化的影响. 湖泊科学，5 (2)：136-143

施少华. 1993b. 中国全新世高温期中的气候突变事件及其对人类的影响. 海洋地质与第四纪地质，13 (4)：65-73

施雅风. 1992. 中国全新世大暖期气候与环境. 北京：海洋出版社

施雅风，孔昭宸，王苏民，等. 1992. 中国全新世大暖期的气候波动与重要事件. 中国科学（B辑）：化学，22 (12)：1300-1308

石家河考古队. 1999. 肖家屋脊. 北京：文物出版社

石俊会. 2006. 长江三峡大宁河流域的环境考古学研究. 四川文物，(3)：64-70

史辰羲，莫多闻，李春海，等. 2011. 浙江良渚遗址群环境演变与人类活动的关系. 地学前缘，18 (3)：347-356

史辰羲，莫多闻，毛龙江，等. 2009. 京山屈家岭地区全新世中晚期环境变化及其对人类活动的影响. 地

学前缘，16（6）：120-128

史诺.2014.四川成都发现最早史前防护堤.人民日报，2014年5月8日第19版

史威，马春梅，朱诚，等.2008.太湖地区多剖面地层学分析与良渚期环境事件.地理研究，27（5）：
1129-1138

史威，朱诚.2004.太湖流域水灾演变与环境变迁的相关分析.自然灾害学报，（1）：32-37

史威，朱诚，李世杰，等.2009.长江三峡地区全新世环境演变及其古文化响应.地理学报，64（11）：
1303-1318

史威，朱诚，徐伟峰，等.2007.重庆中坝遗址剖面磁化率异常与人类活动的关系.地理学报，62（3）：
257-267

舒锦宏.2010.论好川文化陶器造型.中国陶瓷，46（6）：78-81，93

舒军武，王伟铭，陈炜.2007.太湖平原西北部全新世以来植被与环境变化.微体古生物学报，24（2）：
210-221

舒强，钟巍，熊黑钢，等.2001.南疆尼雅地区4000a来的地化元素分布特征与古气候环境演化的初步
研究.中国沙漠，21（1）：12-18

水利部长江水利委员会，重庆市文化局，重庆市博物馆.1993.四川两千年洪灾史料汇编.北京：文物
出版社

水涛.2003.论长江三峡地区的屈家岭文化遗存.//国务院三峡工程建设委员会办公室，国家文物局.
2003三峡文物保护与考古学研究学术研讨会论文集.北京：科学出版社：125-129

四川省博物馆.1959.川东长江沿岸新石器时代遗址调查简报.考古，（1）：9-17

四川省博物馆.1981.巫山大溪遗址第三次发掘.考古学报，（4）：461-490

四川省文物管理委员会，四川省文物考古研究所，巫山县文化馆.1999.巫山县境内大宁河流域古遗址
调查简报.//国家文物局三峡工程文物保护领导小组湖北工作站.三峡考古之发现.武汉：湖北科
学技术出版社：60-65

四川省文物考古研究所.1998.丰都县三峡工程淹没区调查报告.//四川省文物考古研究所.四川考古
报告集.北京：文物出版社

四川省巫溪县志编纂委员会.1992.巫溪县志.成都：四川辞书出版社：43-88

宋长青，吕厚远，孙湘君.1997.中国北方花粉-气候因子转换函数建立及应用.科学通报，42（20）：
2182-2186

宋长青，孙湘君.1999.中国第四纪孢粉学研究进展.地球科学进展，14（4）：401-406

宋建.1999.马桥文化的分区和类型.东南文化，（6）：6-14

宋先世.1992.贵州新石器与新石器时代.贵州文史丛刊，（1）：27-31，69

宋先世.2005.半个世纪的征程——贵州考古学50年成就评述.贵州社会科学，198（6）：152-152，161

宋豫秦，等.2002.中国文明起源的人地关系简论.北京：科学出版社

宋正海，高建国，孙关龙，等.2002.中国古代自然灾异群发期.合肥：安徽教育出版社

苏州博物馆.2007.苏州文物考古新发现（苏州考古发掘报告专辑）.苏州：古吴轩出版社：50-150

苏州博物馆，吴江市文物陈列室.2001.江苏吴江广福村遗址发掘简报.文物，（3）：41-51

苏州博物馆，张家港市文物管理委员会.1990.江苏省张家港许庄新石器时代遗址调查与试掘.考古，
（5）：390-397

苏州博物馆，张家港市文物管理委员会.2000.张家港市东山村遗址发掘简报.文物，（10）：45-57

孙广清，杨育彬.1994.从龙山文化城址谈起-试论中国古代文明的起源.华夏考古，（2）：72-78

孙国平.2002.宁绍平原史前文化遗址地理环境特征及相关问题探索.东南文化，（3）：16-23

孙华.2000.四川盆地的青铜时代.北京：科学出版社

孙华. 2003. 四川盆地盐业起源论纲——渝东盐业考古的现状的问题与展望. 盐业史研究,（1）: 16-21

孙华. 2004. 渝东史前制盐工业初探——以史前时期制盐陶器为研究角度. 盐业史研究,（1）: 3-14

孙华. 2007. 滇东黔西青铜文化初论——以云南昭通及贵州毕节地区的考古材料为中心. 四川文物,
　　（5）: 12-25

孙华, 王玉, 朱萍. 2001. 忠县干井沟遗址群哨棚嘴遗址发掘简报. //重庆市文物局, 重庆市移民局. 重
　　庆库区考古报告集-1997年卷. 北京: 科学出版社: 610-657

孙华, 张钟云, 宋向光. 2003. 忠县瓦渣地遗址发掘简报. //重庆市文物局, 重庆市移民局. 重庆库区考
　　古报告集-1998年卷. 北京: 科学出版社: 649-678

孙吉. 2006. 成都平原更新世: 全新世中期的地理环境与文明进入和选择. 成都大学学报（社会科学
　　版）,（1）: 23-27

孙顺才. 1992. 太湖平原有全新世海侵吗? 海洋学报,（4）: 69-77

孙顺才, 黄漪平. 1993, 太湖. 北京: 海洋出版社: 23-89

孙顺才, 伍贻范. 1987. 太湖形成演变与现代沉积作用. 中国科学（B辑）,（12）: 1329-1339

孙湘君. 1987. 第四纪花粉学研究方法某些方面的进展. //穆西南. 古生物学研究的新技术、新方法. 北
　　京: 科学出版社: 119-143

孙智彬. 2003. 忠县中坝遗址的性质—盐业生产的思考与探索. 盐业史研究,（1）: 25-30

孙智彬. 2006. 论中坝遗址与老官庙遗址下层和哨棚嘴遗址新石器时代遗存间的关系. 考古与文物,
　　（4）: 23-30

孙智彬. 2007. 中坝遗址的盐业考古研究. 四川文物,（1）: 37-50

孙智彬. 2008. 中坝遗址的性质与环境关系研究. 科学通报, 53（增刊Ⅰ）: 52-65

孙智彬, 罗龙洪. 2002. 忠县中坝遗址. 见: 李文儒. 中国十年百大考古发现. 北京: 文物出版社:
　　264-268

孙智彬, 辛中华, 宋建民, 等. 2003. 忠县中坝遗址Ⅱ区发掘简报. //重庆市文物局, 重庆市移民局. 重
　　庆库区考古报告集-1998年卷. 北京: 科学出版社: 607-648

覃嘉铭, 袁道先, 程海, 等. 2004a. 新仙女木及全新世早中期气候突变时间: 贵州茂兰石笋氧同位素记
　　录. 中国科学D辑: 地球科学, 34（1）: 69-74

覃嘉铭, 袁道先, 程海. 2004b. 贵州都匀七星洞石笋剖面晚更新世高分辨率的气候地层学. 第四纪研
　　究, 24（3）: 318-324

谭其骧. 1973. 上海市大陆部分的海陆变迁和开发过程. 考古,（l）: 2-10

谭其骧. 1980. 云梦与云梦泽. 复旦学报（增刊）, 历史地理专辑, 111-123

谭其骧. 1982. 中国历史地图集. 北京: 中国地图出版社

谭其骧. 1987. 长水集（下）. 北京: 人民出版社: 130-165

唐将, 李勇, 邓富银, 等. 2005. 三峡库区土壤营养元素分布特征研究. 土壤学报, 42（3）: 473-478

唐领余, 沈才明. 1992. 江苏北部全新世高温期植被与气候//施雅风, 孔昭宸. 中国全新世大暖期气候
　　与环境. 北京: 海洋出版社: 80-93

唐领余, 沈才明, 韩辉友, 等. 1990. 长江中下游地区7.5-5.0ka BP气候变化序列初步研究. //施雅风
　　等. 中国气候与海面变化研究进展（一）. 北京: 海洋出版社: 9-10

滕铭予. 2006. GIS在环境考古研究中应用的若干案例. 吉林大学社会科学学报, 46（3）: 96-102

田锋. 2009. 浅谈空间数据库建库时空间数据的质量控制. 北京测绘,（2）: 60-62, 72

田名利. 2010. 略论环太湖西部马家浜文化的变迁——兼谈马家浜文化的分期、分区和类型. 东南文
　　化,（6）: 67-74

田晓四, 朱诚, 水涛, 等. 2013. 江苏省泗洪县顺山集遗址哺乳动物牙釉质C, O稳定同位素记录的食

性特征、生态环境和季节变化. 科学通报, 58 (30): 3062-3069

田晓四, 朱诚, 许信旺, 等. 2008. 牙釉质碳和氧同位素在重建中坝遗址哺乳类过去生存模式中的应用. 科学通报, 53 (增刊 I): 77-83

全秀芳, 肖霞云, 羊向东, 等. 2009. 湖北太白湖孢粉记录揭示的近 1500 年以来长江中下游地区的气候变化与人类活动. 湖泊科学, 21 (5): 732-740

同济大学海洋地质系三角洲科研组. 1978. 全新世长江三角洲的形成和发育. 科学通报, 23 (5): 310-313

万娇, 雷雨. 2013. 桂圆桥遗址与成都平原新石器文化发展脉络. 文物, (9): 59-63

汪家伦, 孙仲明. 1986. 关于胥溪运河的若干问题. //中国水利学会水利史研究会, 江苏省水利史志编纂委员会. 1986. 太湖水利史论文集: 109-116

汪品先, 卞云华, 李保华, 等. 1996. 西太平洋边缘海的 "新仙女木" 事件. 中国科学 D 辑: 地球科学, 26 (5): 452-460

汪品先, 章纪军, 阁秋宝. 1980. 海洋微体古生物论文集. 北京: 海洋出版社

汪品先, 章纪军, 赵泉鸿, 等. 1988. 东海底质中的有孔虫和介形虫. 北京: 海洋出版社

王富葆. 1982. 海州湾西岸埋藏贝壳堤与晚更新世以来的海面变化. //中国第四纪研究委员会, 中国海洋学会编. 中国第四纪海岸线学术讨论会论文集. 北京: 海洋出版社: 146-151

王富葆, 曹琼英, 韩辉友, 等. 1996. 太湖流域良渚文化时期的自然环境. //徐湖平. 东方文明之光——良渚文化发现 60 周年纪念文集 (1936-1996). 海南: 海南国际新闻出版中心: 300-305

王红光. 2006. 贵州考古的新发现和新认识. 考古, (8): 3-10

王红星. 1998. 长江中游地区新石器时代遗址分布规律、文化中心的转移与环境变迁的关系. 江汉考古, (1): 53-61

王宏. 1996. 论周梁玉桥文化. 江汉考古, (3): 45-54

王宏, 余介方, 金国林. 2003. 浅论三峡地区夏商周时期的文化及其变迁. //重庆市文物局, 重庆市移民局. 重庆·2001 三峡文物保护学术研讨会论文集. 北京: 科学出版社: 144-154

王华, 洪业汤, 朱咏煊, 等. 2003. 红原泥炭腐殖化度记录的全新世气候变化. 地质地球化学, 31 (2): 51-56

王华, 洪业汤, 朱咏煊, 等. 2004. 青藏高原泥炭腐殖化度的古气候意义. 科学通报, 49 (7): 696-691

王建, 刘泽纯, 姜文英, 等. 1996. 磁化率与粒度、矿物的关系及其古气候意义. 地理学报, 51 (2): 155-163

王建, 间国年, 林珲, 等. 1998. 江苏岸外潮流沙脊群形成的过程与机制. 南京师大学报 (自然科学版), 21 (3): 95-108

王建力, 王丽, 何潇, 等. 2006. 重庆地区末次冰期气候变化的石笋记录研究. 地理科学, 26 (5): 580-585

王建新, 王涛. 2002. 试论重庆万州中坝子遗址夏商周时期文化遗存. 江汉考古, (3): 46-59

王劲. 2009. 后石家河文化定名的思考. 江汉考古, 1 (102): 60-72.

王景华, 饶莉丽. 1990. 华北平原化学元素的表生迁移. 北京: 科学出版社: 13-18

王开发, 卞玉清, 孙玉华, 等. 1982. 东海沉积物中孢粉组合的因子分析. 海洋学报, 4 (5): 570-585

王开发, 张玉兰, 韩信斌. 1984. 长江三角洲全新世孢粉组合及其地质意义. 海洋地质与第四纪地质, 4 (3):69-88

王开发, 张玉兰, 封卫青, 等. 1996. 上海地区全新世植被、环境演替与古人类活动关系探讨. 海洋地质与第四纪地质, 16 (1): 1-4

王开发, 张玉兰, 蒋辉, 等. 1980. 崧泽遗址的孢粉分析研究. 考古学报, (1): 59-66

王明达. 1989. 海宁市郎家岭良渚文化墓地. 中国考古年鉴 (1989). 北京：文物出版社：157

王仁湘. 1984. 崧泽文化初论——兼论长江三角洲地区新石器文化相关问题. //《考古》编辑部. 考古学集刊（第四集），北京：文物出版社：278-306

王淑云，吕厚远，刘嘉麒，等. 2007. 湖光岩玛珥湖高分辨率孢粉记录揭示的早全新世适宜期环境特征. 科学通报，52 (17)：1285-1291

王巍. 2015. 中国考古学大辞典. 上海：上海辞书出版社

王伟铭，舒军武，陈炜，等. 2010. 长江三角洲地区全新世环境变化与人类活动的影响. 第四纪研究，30 (2)：233-244

王文建，刘茂. 1986. 湖南临澧县早期新石器文化遗存调查报告. 考古，(5)：385-393

王文远，刘嘉麒. 2001. 新仙女木事件在热带湖光岩玛珥湖的记录. 地理科学，21 (1)：94-96

王象坤，孙传清，才宏伟，等. 1998. 中国稻作起源与演化. 科学通报，43 (22)：2354-2363

王晓翠，朱诚，吴立，等. 2012. 湖北江汉平原 JZ-2010 剖面沉积物粒度特征与环境演变. 湖泊科学，24 (3)：480-486

王心喜. 2006. 小黄山遗址新石器时代早期遗存的考古学观察. 绍兴文理学院学报，26 (2)：6-10，20

王心源，莫多闻，吴立，等. 2008a. 长江下游巢湖 9870cal. aB. P. 以来孢粉记录的环境演变. 第四纪研究，28 (4)：649-658

王心源，吴立，吴学泽，等. 2009. 巢湖凌家滩遗址古人类活动的地理环境特征. 地理研究，28 (5)：1208-1216

王心源，吴立，张广胜，等. 2008b. 安徽巢湖全新世湖泊沉积物磁化率与粒度组合的变化特征及其环境意义. 地理科学，28 (4)：548-553

王鑫. 1998. 忠县干井沟遗址群哨棚嘴遗址分析——兼论川东地区的新石器文化及早期青铜文化. //四川省文物考古研究所. 四川考古论文集. 北京：文物出版社：112-119

王学仁. 1982. 地质数据的多变量统计分析. 北京：地质出版社

王毅，江章华，李明斌，等. 1997. 四川新津县宝墩遗址调查与试掘. 考古，(1)：40-52

王银平. 2013. 邓家湾遗址石家河文化墓葬相关问题再探讨. 江汉考古，(4)：84-92

王应祥. 2003. 中国哺乳动物种和亚种分类名录与分布大全. 北京：中国林业出版社

王颖，邹欣庆，殷勇，等. 2012. 河海交互作用与黄东海域古扬子大三角洲体系研究. 第四纪研究，32 (6)：1055-1064

王育茜，张萍，靳桂云，等. 2011. 河南淅川沟湾遗址 2007 年度植物浮选结果与分析. 四川文物，(2)：80-92

王云，魏复盛. 1995. 土壤环境元素化学. 北京：中国环境科学出版社

王璞瑜，宋长青，程全国，等. 1998. 利用花粉-气候响应面恢复察素齐泥炭剖面全新世古气候的尝试. 植物学报，40 (11)：1067-1074

王璞瑜，宋长青，孙湘君. 1997. 中国北方 4 个乔木属花粉-气候响应面模型研究. 植物学报，39 (3)：272-281

王祖承，陈正洪，陈少平，等. 2003. 三峡坝区的地面风场与大气扩散气候特征. 气象，(5)：37-40

卫斯. 1996. 关于中国稻作起源地问题的再探讨——兼论中国稻作起源于长江中游说. 中国农史，(3)：22-38

魏嵩山. 1980. 胥溪运河形成的历史过程. 复旦学报（社会科学版），(S1)：53-59

文焕然，何业恒. 1980. 中国历史时期的野象. 博物，(3)：3-5

文焕然，何业恒，高耀亭. 1995. 中国历史时期植物与动物变迁研究. 重庆：重庆出版社：220-231

文启忠，安芷生. 1989. 中国黄土地球化学. 北京：科学出版社

文启忠,刁桂仪,贾蓉芳,等. 1995. 黄土剖面中古气候变化的地球化学记录. 第四纪研究,(3):
　　223-231

吴家安,叶茂林. 1990. 四川万县地区考古调查简报. 考古,(4):314-321

吴建民. 1988. 长江三角洲史前遗址的分布与环境变迁. 东南文化,(6):16-36

吴建民. 1991. 龙南新石器时代遗址出土动物遗骸的初步鉴定. 东南文化,(Z1):179-182

吴江滢,邵晓华,汪永进. 2007. 南京年纹层石笋δ^{18}O记录的冰期气候事件特征. 地理科学,27(1):
　　75-80

吴立,王心源,张广胜,等. 2008. 安徽巢湖湖泊沉积物孢粉-炭屑组合记录的全新世以来植被与气候演
　　变. 古地理学报,10(2):183-192

吴立,朱诚,李枫,等. 2015. 江汉平原钟桥遗址地层揭示的史前洪水事件. 地理学报,70(7):
　　1149-1164

吴立,朱诚,郑朝贵,等. 2012. 全新世以来浙江地区史前文化对环境变化的响应. 地理学报,67(7):
　　904-916

吴汝祚. 1989. 宜昌中堡岛遗址第四层文化性质及其有关问题的探讨. 江汉考古,(1):41-47

吴汝祚. 1999. 马家浜文化的社会生产问题的探讨. 农业考古,(3):31-38

吴苏. 1978. 圩墩新石器时代遗址发掘简报. 考古,(4):223-243

吴维棠. 1983. 从新石器时代文化遗址看杭州湾两岸的古地理. 地理学报,38(2):113-126

吴文祥,刘东生. 2001. 4000aBP前后降温事件与中华文明的诞生. 第四纪研究,21(5):443-451

吴文祥,刘东生. 2004. 4000aBP前后东亚季风变迁与中原周围地区新石器文化的衰落. 第四纪研究,24
　　(3):278-284

吴小华. 2011. 近年贵州高原新石器至商周时期文化遗存的发现与分区. 四川文物,(1):43-49

吴艳宏,吴瑞金,薛滨,等. 1998. 13kaBP以来滇池地区古环境演化. 湖泊科学,10(2):5-9

吴耀利,丛德新. 1996. 试论魏家梁子文化. 考古,(8):19-26

吴征镒. 1980. 中国植被. 北京:科学出版社

武进文化馆,常州市博物馆. 1979. 江苏武进潘家塘新石器时代遗址调查与试掘. 考古,(5):404-407

席克定. 1994. 贵州的石器时代考古. 考古,(8):701-709

夏鼐. 1960. 长江流域考古问题. 考古,(2):1-3

夏鼐. 1977. 碳-14测定年代和中国史前考古. 考古,(4):217-232

夏正楷,邓辉,武弘麟. 2000. 内蒙古西拉木伦河流域考古文化演变的地貌背景分析. 地理学报,
　　55(3):329-338

夏正楷,杨晓燕. 2003. 我国北方4ka BP前后异常洪水事件的初步研究. 第四纪研究,23(6):667-674

夏正楷. 1997. 第四纪环境学. 北京:北京大学出版社

夏正楷. 2006. 贵州中水盆地史前遗址分布的地貌环境背景分布. //贵州省文物考古研究所. 贵州威宁
　　中水史前至汉代遗址,39-42

萧家仪. 1990. 江苏吴江县龙南遗址孢粉组合与先民生活环境的初步研究. 东南文化,(5):259-263

萧家仪. 1994. 江苏张家港东山村遗址中的古水稻蛋白石. 农业考古,(3):98-100

萧家仪,吕海波,周卫健,等. 2007. 末次盛冰期以来江西大湖孢粉植被与环境演变. 中国科学D辑:
　　地球科学,37(6):789-797

肖彬,谢志仁,间国年,等. 1999. GIS支持的考古信息管理系统—以长江三角洲地区为例. 南京师大学
　　报(自然科学版),22(3):111-114

肖平. 1991. 江汉平原全新世环境演变. 北京:北京师范大学博士论文

肖先进,敖天照,刘家胜,等. 2001. 三星堆发现发掘始末. 成都:四川人民出版社

肖燕，春夏. 2001. 皖北、豫东地区大汶口文化的分期与性质. 华夏考古，(3)：36-86

谢远云，李长安，王秋良，等. 2006. 江汉平原 9.0 ka BP 以来的气候演化：来自江陵沉积物剖面的记录. 地理科学，26（2）：199-204

谢远云，李长安，王秋良，等. 2007. 江汉平原近 3000 年来古洪水事件的沉积记录. 地理科学，27（1）：81-84

谢远云，李长安，王秋良，等. 2008a. 全新世以来江陵地区气候变化与人类活动的沉积记录. 地理与地理信息科学，24（1）：85-90

谢远云，李长安，王秋良，等. 2008b. 江陵地区全新世早期人类活动的孢粉记录. 地理科学，28（2）：276-281

谢振东，范淑贤. 2005. 江西九江 ZK08 钻孔孢粉记录及其反映的古环境信息. 地质通报，24（2）：170-175

熊定国，廖激. 1994. 四川省环境中的汞. 四川环境，(1)：46-49

徐大立. 1989. 蚌埠双墩陶器刻画初论. //《文物研究》编辑部. 文物研究（第五辑）. 合肥：黄山书社，246-258

徐茂泉，李超. 2003. 九龙江口沉积物中重矿物组成及其分布特征. 海洋通报，22（4）：32-40

徐鹏章. 2005. 四川历史考古文集. 成都：四川大学出版社

徐其忠. 1992. 从古文化遗址分布看距今七千年——三千年鲁北地区地理地形的变迁. 考古，(11)：1023-1032

徐馨. 1984. 长江中下游网纹层问题的讨论. //中国地质学会第四纪冰川与第四纪地质专业委员会. 第四纪冰川和第四纪地质论文集（第一辑）. 北京：地质出版社：104-112

徐馨. 1988. 贵州水城地区晚更新世的古气候探讨. 贵州地质，5（1）：72-77

徐馨，韩辉友. 1981. 浙江天目山地区第四纪孢粉组合及其气候上的意义. //中国地理学会. 1977 年地貌学术讨论会文集. 北京：科学出版社：78-83

徐馨，何才华，沈志达，等. 1992. 第四纪环境研究方法. 贵阳：贵州科技出版社

徐馨，朱明伦. 1995. 天目山地区第四纪孢粉分析及其在气候地层学及古环境上的意义. //中国地质学会第四纪冰川与第四纪地质专业委员会. 第四纪冰川与第四纪地质论文集（第八集）. 北京：地质出版社：72-81

许清海，阳小兰，杨振京，等. 2004. 孢粉分析定量重建燕山地区 5000 年来气候变化. 地理科学，24（3）：339-345

许雪珉，William Y B Chang，刘金陵. 1996. 11000 年以来太湖地区的植被与气候变化. 古生物学报，35（2）：175-186

严钦尚，洪雪晴. 1987. 长江三角洲南部平原全新世海侵问题. 海洋学报，9（6）：744-752

严钦尚，黄山. 1987. 杭嘉湖平原全新世沉积环境的演变. 地理学报，42（1）：1-15

严钦尚，许世远. 1987. 长江三角洲现代沉积研究. 上海：华东师范大学出版社

严钦尚，许世远，陈友飞，等. 1993. 苏北平原全新世沉积与地貌研究. 上海：上海科学技术文献出版社：33-71

羊向东，朱育新，蒋雪中，等. 1998. 沔阳地区一万多年来孢粉记录的环境演变. 湖泊科学，10（2）：23-29

《杨怀仁论文选集》编辑组. 1996. 环境变迁研究. 南京：河海大学出版社

杨凤根，张甘霖，龚子同，等. 2004. 南京市历史文化层中土壤重金属元素的分布规律初探. 第四纪研究，24（2）：203-212

杨华. 2001. 三峡地区过人类房屋建筑遗迹的考古发现与研究. 中华文化论坛，(2)：56-63

杨华. 2006. 长江三峡地区考古文化综述. 重庆师范大学学报（哲学社会科学版），(1)：5-15

杨华，李大地. 2003. 三峡坝址宜昌中堡岛遗址考古发掘及初略认识. //国务院三峡工程建设委员会办
　　公室，国家文物局. 2003 三峡文物保护与考古学研究学术研讨会论文集. 北京：科学出版社：
　　157-167

杨怀仁. 1987. 第四纪地质. 北京：高等教育出版社

杨怀仁. 1996. 荆江地貌与第四纪地质. //《杨怀仁论文选集》编辑组. 环境变迁研究. 南京：河海大学
　　出版社：49-51

杨怀仁，唐日长. 1999. 长江中游荆江变迁研究. 北京：中国水利水电出版社

杨怀仁，谢志仁. 1984. 中国东部近 20，000 年来的气候波动与海面升降运动. 海洋与湖沼，15 (1)：
　　1-13

杨怀仁，徐馨，杨达源，等. 1995. 长江中下游环境变迁与地生态系统. 南京：河海大学出版社

杨利容. 2005. 高密度电阻率法在考古探测中的应用研究. 成都：成都理工大学硕士学位论文

杨楠. 1994. 余杭县上口山新石器时代及汉宋遗址. //中国考古学会. 中国考古年鉴（1992）. 北京：文
　　物出版社：207-208

杨权喜. 1991. 试论城背溪文化. 东南文化，(5)：49-56

杨权喜. 1994. 试论中国文明起源与江汉文明. 浙江社会科学，(5)：90-95

杨权喜. 1997. 试论江汉地区的早期原始农业. 农业考古，(1)：64-77

杨晓燕，夏正楷，崔之久. 2005. 黄河上游全新世特大洪水及其沉积特征. 第四纪研究，25 (1)：80-85

杨作升，陈晓辉. 2007. 百年来长江口泥质区高分辨率沉积粒度变化及影响因素探讨. 第四纪研究，
　　27 (5)：690-699

姚檀栋. 1996. 冰芯研究与全球变化. 中国科学院院刊，(5)：368-371

姚檀栋，Thompson L G，施雅风，等. 1997. 古里雅冰芯中末次间冰期以来气候变化记录研究. 中国科
　　学 D 辑：地球科学，27 (5)：447-452

叶茂林. 2015a. 宝墩文化. //王巍. 中国考古学大辞典. 上海：上海辞书出版社：285

叶茂林. 2015b. 三星堆一期遗存. //王巍. 中国考古学大辞典. 上海：上海辞书出版社：286-287

叶润清. 1994. 安徽省宿州市芦城子遗址发掘简报//《文物研究》编辑部. 文物研究（第九辑）. 合肥：
　　黄山书社：101-119

叶玮，李黎霞，朱丽东，等. 2010. 浙江省全新世环境变化的文化响应. 浙江师范大学学报（自然科学
　　版），33 (4)：459-464

宜昌博物馆. 2004. 湖北秭归县茅坪镇长府沱商代遗址. 考古，(5)：17-28

易朝路，吴显新，刘会平，等. 2002. 长江中游湖泊沉积微机构特征与沉积环境. 沉积学报，20 (2)：
　　293-302

易继魁. 1992. 小三峡和小小三峡. 成都：电子科技大学出版社

殷志强，秦小光，吴金水，等. 2008. 湖泊沉积物粒度多组分特征及其成因机制研究. 第四纪研究，
　　28 (2)：345-353

尹善春，等. 1991. 中国泥炭资源及其开发利用. 北京：地质出版社

尤维祖. 1981. 江苏江阴璜舆塘发现四口良渚文化古井. //文物资料丛刊 5. 北京：文物出版社：
　　195-199

游修龄. 2001. 圩墩遗址出土炭化水稻鉴定. 考古学报，(1)：109-110

于革，王苏民. 2000. 中国中全新世植被带迁移的气候动力学机制探讨. 微体古生物学报，17 (2)：
　　147-154

于世永，朱诚，曲维正. 1999. 太湖东岸平原中全新世气候转型事件与新石器文化中断. 地理科学，

　　　19（6）：549-554

于世永，朱诚，史威.1998.上海马桥地区全新世中晚期环境演变.海洋学报，20（1）：58-63

于世永，朱诚，王富葆，等.2000.太湖流域全新世气候海面短期振荡事件及其对新石器文化的影响.地
　　　理科学，20（4）：331-336

于学峰，周卫健，Franzen L G，等.2006.青藏高原东部全新世冬夏季风变化的高分辨率泥炭记录.中
　　　国科学 D 辑：地球科学，36（2）：182-187

于学峰，周卫健，史江峰.2005.度量泥炭腐殖化度的一种简便方法：泥炭灰度.海洋地质与第四纪地
　　　质，25（1）：133-136

余素华，文启忠.1991.新疆北部地区第四纪沉积地球化学特征.地球化学，20（1）：56-63

余素华，朱照宇，李世杰，等.1997.西昆仑山南侧甜水海湖岩芯铁变化的环境记录.地球化学，
　　　26（6）：88-98

余秀翠.1987.宜昌杨家湾在新石器时代陶器上发现刻划符号.考古，（8）：762-169

袁广阔.2011.河南汝州市煤山龙山文化墓葬的发现与认识.考古，（6）：45-50.

袁靖，宋建.1997.上海市马桥遗址出土动物骨骼的初步鉴定.考古学报，（2）：225-231

原思训，陈铁梅，高世君.1986.华南若干旧石器时代地点的铀系年代.人类学学报，5（2）：179-190

岳军，Dong Yue，张宝华，等.2012.渤海湾西岸的几道贝壳堤.地质学报，86（3）：522-534

曾先龙.2003.中坝龙窑的生产工艺探析.盐业史研究，（1）：46-50

战庆，王张华，王昕，等.2009.长江口区晚新生代沉积物粒度特征和沉积地貌环境演变.沉积学报，
　　　27（4）：674-683

张弛，洪晓纯.2009.华南和西南地区农业出现的时间及相关问题.南方文物，（3）：64-71

张合荣.1996.贵州石器时代至青铜时代的经济.贵州文史丛刊，（2）：25-30

张合荣.2010.毕节青场瓦窑商周遗址发掘主要收获.贵州文史论丛，（1）：43-47

张合荣，罗二虎.2006.试论鸡公山文化.考古，（8）：57-66

张宏民.1991.皖南地区经济文化的源头.//《文物研究》编辑部.文物研究（总第十一期）.合肥：黄
　　　山书社：29-35

张宏彦.2003.中国史前考古学导论.北京：高等教育出版社

张华，蔡靖芳，刘会平.2002.神农架大九湖 12500a.B.P 以来的孢粉植物群与气候变化.华中师范大学
　　　学报（自然科学版），36（1）：87-92

张会平.2003.岷江断裂带新生代构造运动特征研究.北京：中国地质科学研究院硕士学位论文：1-57

张佳华，孔昭宸，杜乃秋.1998.烧失量数值波动对北京地区过去气候和环境的特征响应.生态学报，
　　　18（4）：343-347

张嘉尔.1985.长江下游晚冰期孢粉组合和气候回暖问题.//中国地理学会冰川冻土分会，中国科学院
　　　兰州冰川冻土研究所.中国第四纪冰川冰缘学术讨论会文集.北京：科学出版社：175-179

张景文，陈以健，李桂英，等.1979.上海马桥与拓林贝壳堤的年代测定.地震地质，1（4）：10

张兰生，方修琦，任国玉.1997.我国北方农牧交错带的环境演变.地学前缘，4（1-2）：127-136

张美良，林玉石，朱晓燕，等.2006.云南宁蒗地区中全新世晚期气候变化的石笋记录.海洋地质与第四
　　　纪地质，26（1）：35-40

张美良，涂林玲，林玉石，等.2004.中国西南地区中-晚全新世降温事件的石笋记录.中国岩溶，
　　　23（4）：283-289

张明华.1982.罗家角遗址的动物群.浙江省文物考古所学刊，1（1）：43-51

张明华.1998.良渚文化突然消亡的原因是洪水泛滥.江汉考古，（1）：62-65

张丕远.1996.中国历史气候变化.济南：山东科学技术出版社

张强，皖素琴，毛以伟，等.2005.三峡库区复杂地形下的气温变化特征.气候变化研究进展，1（4）：164-167

张强，张生.2002.长江三峡大宁河流域三千年来沉积环境与河床演变初步研究.水利学报，（9）：66-73

张强，朱诚，姜逢清，等.2001.南京江北地区晚更新世以来环境演变研究.地理科学，21（6）：498-504

张强，朱诚，姜逢清，等.2006.重庆巫山张家湾遗址2000年来的环境考古.地理学报，56（3）：353-362

张强，朱诚，姜彤，等.2004.江苏海安青墩地区新石器时代环境考古.地理研究，23（4）：513-520

张强，朱诚，宋友桂.2000.江苏全新世新石器时代环境变迁研究.海洋地质与第四纪地质，20（3）：91-99

张人权，梁杏，张国梁，等.2001.洞庭湖区第四纪气候变化的初步探讨.地质科技情报，20（2）：1-5

张森水，曹泽田.1980.贵州旧石器文化概论.贵阳师院学报（社会科学版），（2）：1-11

张生，朱诚，张强，等.2002.太湖地区新石器时代以来文化断层的成因探讨.南京大学学报（自然科学），38（1）：64-73

张威，穆克华，崔之久，等.2007.云南拱王山地区全新世以来的环境变化记录.地球与环境，35（4）：343-350

张文.2006.宋朝的自然灾害与荒政等级管理思想刍议.中华文化论坛，（1）：50-55

张文绪，裴安平，毛同林.2003.湖南澧县彭头山遗址陶片中水稻稃壳双峰乳突印痕的研究.作物学报，29（2）：263-267

张西营，马海州，谭红兵.2004.青藏高原东北部黄土沉积化学风化程度及古环境.海洋地质与第四纪地质，24（2）：43-47

张翔宇.2003.中原地区大汶口文化因素浅析.华夏考古，（4）：39-70

张晓阳，蔡述明，孙顺才.1994.全新世以来洞庭湖的演变.湖泊科学，（1）：13-21

张修桂.1980.云梦泽的演变与下荆江河曲的形成.复旦学报（增刊），历史地理专辑：125-131

张修桂.1983.金山卫及其附近一带海岸线的变迁.历史地理，（3）：38-51

张修桂.1997.上海地区成陆过程概述.复旦学报（社会科学版），（1）：79-85

张绪球.1987.汉水东部地区新石器新石器时代初论.考古与文物，（4）：122-127

张绪球.1992.长江中游地区新石器时代文化概论.武汉：湖北科学技术出版社

张绪球.2004.屈家岭文化.北京：文物出版社

张玉芬，李长安，陈国金，等.2005.江汉平原湖区周老镇钻孔磁化率和有机碳稳定同位素特征及其古气候意义.地球科学-中国地质大学学报，30（1）：114-120

张玉兰，贾丽.2006.上海东部地区晚第四纪沉积的孢粉组合及古环境.地理科学，26（2）：186-191

张芸，朱诚.2007.长江三峡考古遗址文化断层研究.地理学报，62（3）：243-256

张芸，朱诚，张强，等.2001.长江三峡大宁河流域3000年来的沉积环境和风尘堆积.海洋地质与第四纪地质，21（4）：83-88

张芸，朱诚，张强，等.2004.长江三峡大宁河流域的沉积环境与古洪水研究.中国历史文物，（2）：83-88

张照根.1999.关于马家浜文化的类型问题.农业考古，（3）：48-56

张之恒.1988.中国新石器时代文化.南京：南京大学出版社：162-246

张之恒.1995.中国考古学通论.南京：南京大学出版社：142-163

张之恒.2004.中国新石器时代考古.南京：南京大学出版社

张之恒，黄建秋，呈建民.2003.中国旧石器时代考古.南京：南京大学出版社：9-14

张志新.1996.良渚古井遗存及其文化特色.//徐湖平.东方文明之光——良渚文化发现60周年纪念文

集 (1936-1996). 海口：海南国际新闻出版中心：280-284

张子明. 1996. 秦汉以前水井的考古发现和造井技术. 文博，(1)：10-25

章申民，严钦尚，郭蓄民. 1987. 上海滨海平原贝壳砂堤//严钦尚. 长江三角洲现代沉积研究. 上海：华东师范大学出版社：37-47

赵宾福. 2004. 重庆峡江地区的四种新石器文化. 文物，(8)：54-60

赵殿增. 2005. 三星堆文化与巴蜀文明. 南京：江苏教育出版社

赵景波，蔡晓薇，王长燕. 2007. 西安高陵渭河近 120 年来的洪水演变. 地理科学，27 (2)：225-230

赵静芳. 2003. 重庆丰都高家镇玉溪遗址动物骨骼的鉴定和研究. 北京：北京大学硕士研究生学位论文

赵魁义. 1999. 中国沼泽志. 北京：科学出版社

赵希涛. 1984. 中国海岸演变研究. 福州：福建科学技术出版社

赵希涛，李波，鲁刚毅，等. 1992，江苏阜宁西园全新世风暴沉积与海岸沙丘的发现及其意义. 中国科学（B辑），22 (9)：994-1001

赵希涛，唐领余，沈才明，等. 1994. 江苏建湖庆丰剖面全新世气候变迁和海面变化. 海洋学报，16 (1)：78-88

赵永胜，赵霞飞. 1991. 云南星云湖中蓝铁矿结核的发现及环境意义. 沉积学报，9 (3)：116-122

浙江省文物保管委员会. 1961. 浙江嘉兴马家浜新石器时代遗址的发掘. 考古，(7)：345-351

浙江省文物管理委员会. 1960. 杭州水田畈遗址发掘报告. 考古学报，(2)：93-106

浙江省文物考古研究所，萧山博物馆. 2004. 浦阳江流域考古报告之一：跨湖桥. 北京：文物出版社

浙江省文物考古研究所，余杭市文管会. 1997. 浙江余杭汇观山良渚文化祭坛与墓地发掘简报. 文物，(7)：4-21

浙江省文物考古研究所. 1978. 河姆渡遗址第一期发掘报告. 考古学报，(1)：39-94

浙江省文物考古研究所. 1980. 河姆渡遗址第二期发掘的主要收获. 文物，(12)：1-15

浙江省文物考古研究所. 1981. 桐乡罗家角遗址发掘报告. //浙江省文物考古研究所. 浙江省文物考古所学刊. 北京：文物出版社：1-42

浙江省文物考古研究所. 1988. 余杭瑶山良渚文化祭坛遗址发掘简报. 文物，(1)：32-51

浙江省文物考古研究所. 1990. 海宁市坟桥港新石器时代遗址. //中国考古学会. 中国考古学年鉴 1989. 北京：文物出版社：156

浙江省文物考古研究所. 1993. 浙江省文物考古所学刊 (1980—1990). 北京：科学出版社

浙江省文物考古研究所. 1999. 良渚文化研究-纪念良渚文化发现六十周年国际学术讨论会文集. 北京：科学出版社

浙江省文物考古研究所. 2001. 浙江良渚庙前遗址第五、六次发掘简报. 文物，(12)：20-40

浙江省文物考古研究所. 2003. 河姆渡——新石器时代遗址考古发掘报告. 北京：文物出版社

浙江省文物考古研究所. 2005. 南河浜——崧泽文化遗址发掘报告. 北京：文物出版社

郑朝贵. 2005. 太湖地区 7～4ka BP 文化遗址时空分布的环境考古研究. 南京：南京大学博士学位论文

郑朝贵，朱诚，钟宜顺，等. 2008. 重庆库区旧石器时代至唐宋时期考古遗址时空分布与自然环境的关系. 科学通报，53 (增刊 I)：93-111

郑洪波，陈国成，谢昕，等. 2008. 南海晚第四纪陆源沉积：粒度组成、动力控制及反映的东亚季风演化. 第四纪研究，28 (3)：414-424

郑建明，陈淳. 2005. 马家浜文化研究的回顾与展望-纪念马家浜遗址发现 45 周年. 东南文化，(4)：16-25

郑霖，柴宗新，郑远昌，等. 1994. 四川省地理. 成都：四川科学技术出版社：10-156

郑州市文物考古研究所. 2001. 郑州大河村 (上). 北京：科学出版社

郑卓，王建华，王斌，等. 2003. 海南岛双池玛珥湖全新世高分辨率环境记录. 科学通报，48（2）：282-286

《中华人民共和国气候图集》编委会. 2002. 中华人民共和国气候图集. 北京：气象出版社

中国长江航运集团（刘锡汉、李宗琦等）. 2008. 中华长江文化大系. 武汉：中国言实出版社、武汉出版社联合出版

中国科学院《中国自然地理》编辑委员会. 1981. 中国自然地理-土壤地理. 北京：科学出版社：87-88

中国科学院考古研究所长江队三峡工作组. 1961. 长江西陵峡考古调查与试掘. 考古，（5）：231-236

中国科学院武汉植物研究所. 1980. 神农架植物. 武汉：湖北人民出版社

中国历史博物馆考古组. 1962. 燕下都城址调查报告. 考古，（1）：15

中国社会科学院考古研究所，长江三峡工作队巫山县文物工作队. 2001. 巫山双堰塘. //重庆市文物局，重庆市移民局. 重庆库区考古报告集. 1997 卷. 北京：科学出版社：31-64

中国社会科学院考古研究所. 2001. 蒙城尉迟寺. 北京：科学出版社

中国社会科学院考古研究所安徽队. 1993. 安徽宿县小山口和古台寺遗址试掘简报. 考古，（12）：1063-1075

中国社会科学院考古研究所安徽工作队. 1993. 安徽淮北地区新石器时代遗址调查. 考古，（11）：961-974

中国社会科学院考古研究所长江三峡工作队. 1996. 四川巫山县魏家梁子遗址的发掘. 考古，（8）：1-18

中国社会科学院考古研究所长江三峡工作队. 1997. 巫山大溪新石器时代至清代遗址. //中国考古学会. 中国考古学年鉴 1997. 北京：文物出版社

中国社会科学院考古研究所长江三峡工作队. 1999. 四川巫山县魏家梁子遗址的发掘. //国家文物局三峡工程文物保护领导小组湖北工作站. 三峡考古之发现. 武汉：湖北科学技术出版社

中国自然资源丛书编撰委员会. 1995. 中国自然资源丛书（安徽卷）. 北京：中国环境科学出版社

中国自然资源丛书编撰委员会. 1995. 中国自然资源丛书（安徽卷）. 北京：中央编译出版社

中华五千年长历编写组. 2002. 中华五千年长历. 北京：气象出版社：25-26

钟金岳，张则友. 1981. 我国沿海地区的埋藏泥炭及其形成的古地理. 海洋与湖沼，（5）：412-420

周必素. 1998. 西南地区新石器时代文化的分布、传播与地理环境的关系. 贵州文史丛刊，（1）：79-83

周秉根，王心源，陆应诚，等. 2011. 蒋家山新石器遗址古地理环境分析. 安徽师范大学学报（自然科学版），34（4）：370-379

周凤琴. 1994. 云梦泽与荆江三角洲的历史变迁. 湖泊科学，6（1）：22-32

周凤琴，唐从胜. 2008. 长江泥沙来源与堆积规律研究. 武汉：长江出版社

周静，王苏民，吕静. 2003. 洱海地区一万多年以来气候环境演化的湖泊沉积记录. 湖泊科学，15（2）：104-111

周昆叔. 1991. 关于环境考古问题. //周昆叔. 环境考古研究（第一辑）. 北京：科学出版社，7-15

周昆叔. 2000. 环境考古研究（第二辑）. 北京：科学出版社

周昆叔，莫多闻. 2007. 中国环境考古的根本任务. //周昆叔，鲍贤伦 主编. 环境考古研究（第四辑）. 北京：北京大学出版社：8-12

周明明，李文漪. 1993. 神农架大九湖全新世植被与环境. //李文漪，姚祖驹等. 中国北、中亚热带晚第四纪植被与环境研究. 北京：海洋出版社：33-45

周涛，史培军，王绍强. 2003. 气候变化及人类活动对土壤有机碳的影响. 地理学报，58（5）：727-734

周卫健，李小强，董光荣，等. 1996. 新仙女木期沙漠/黄土过渡带高分辨率泥炭记录. 中国科学 D 辑：地球科学，26（2）：118-124

周卫健，卢雪峰，武振坤，等. 2001. 若尔盖高原全新世气候变化的泥炭记录与加速器放射性测年. 科学

通报，46（12）：1040-1044

周忠泽，张小平. 2000. 孢粉地理学的研究方法. 地理科学，20（2）：172-175

朱诚. 1995. 天目山姚砂岭地区第四纪沉积环境研究. 沉积学报，13（3）：1-11

朱诚. 2000. 华东山地第四纪沉积环境研究. 南京：南京大学出版社

朱诚. 2005. 对长江流域新石器时代以来环境考古研究问题的思考. 自然科学进展，15（2）：149-153

朱诚，程鹏. 1995. 长江三角洲地区新石器文化断层与埋藏古树反映的环境演变特征. //中国科学技术
　　协会第二届青年学术年会. 中国科学技术协会第二届青年学术年会论文集（资源与环境科学分
　　册）. 北京：中国科学技术出版社：278-285

朱诚，马春梅，李兰，等. 2010. 长江三峡库区全新世环境考古研究进展. 地学前缘，17（3）：222-232

朱诚，马春梅，李中轩，等. 2008. 重庆忠县中坝遗址出土的动物骨骼揭示的动物多样性及环境变化特
　　征. 科学通报，53（增刊 I）：66-76

朱诚，马春梅，张文卿，等. 2006a. 神农架大九湖 15.753 ka BP 以来的孢粉记录和环境演变. 第四纪研
　　究，26（5）：814-826

朱诚，史威，宋友桂. 1998. 长江三角洲地区七千年以来古洪水灾害的环境考古研究. //崔鹏. 海峡两岸
　　山地灾害与环境保育研究（第一卷）. 成都：四川科技出版社：85-90

朱诚，宋建，尤坤元，等. 1996. 上海马桥遗址文化断层成因研究. 科学通报，41（2）：148-152

朱诚，吴立，李兰，等. 2014. 长江流域全新世环境考古研究进展. 地理学报，69（9）：1268-1283

朱诚，吴立，李兰，等. 2016. 对江苏新石器时代海面变化问题的再认识. 科学通报，61（3）：374-387

朱诚，于世永，卢春成. 1997. 长江三峡及江汉平原地区全新世环境考古与异常洪涝灾害研究. 地理学
　　报，52（3）：268-278

朱诚，郑朝贵，顾维玮，等. 2006b. 苏北在区新石器时代至商周时期人类遗址时空分布问题探讨. 地理
　　学报（中国台湾），（44）：68-78

朱诚，郑朝贵，马春梅，等. 2003. 对长江三角洲和宁绍平原一万年来高海面问题的新认识. 科学通报，
　　48（23）：2428-2438

朱诚，郑朝贵，马春梅，等. 2005. 长江三峡库区中坝遗址地层古洪水沉积判别研究. 科学通报，
　　50（20）：2240-2250

朱诚，钟宜顺，郑朝贵，等. 2007. 湖北旧石器至战国时期人类遗址分布与环境的关系. 地理学报，
　　62（3）：227-242

朱光耀，朱诚，凌善金，等. 2005. 安徽省新石器和夏商周时代遗址时空分布与人地关系的初步研究. 地
　　理科学，25（3）：346-352

朱光耀，朱诚，马春梅，等. 2008. 淮河中游新石器时代遗址出土石器的演变所反映的人地关系——以
　　双墩和尉迟寺遗址为例. 地理研究，27（1）：193-200

朱继平，王昌遂，秦颖，等. 2003. 长江三峡早期井盐开发的初步探讨. 中国科学技术大学学报，
　　33（4）：500-504

朱江玲，刘鸿雁，王红亚. 2007. 河北坝上地区湖泊沉积物记录的中全新世干旱气候. 地理科学，
　　27（3）：380-384

朱景郊. 1988. 网纹红土的成因及其研究意义. 地理研究，7（4）：12-19

朱薇君. 2000. 浅论良渚文化的建筑. 南方文物，（1）：43-47

朱西德，王振宇，李林，等. 2007. 树木年轮指示的柴达木东北缘近千年夏季气温变化. 地理科学，
　　27（2）：256-260

朱育新，王苏民，羊向东，等. 1999. 中晚全新世江汉平原沔城地区古人类活动的湖泊沉积记录. 湖泊科
　　学，11（1）：33-39

朱育新，薛滨，羊向东，等. 1997. 江汉平原沔城 M1 孔的沉积特征与古环境重建. 地质力学学报，
　　3（4）：44-55

竺可桢. 1973. 中国近五千年来气候变迁的初步研究. 中国科学，（2）：168-189

邹后曦，袁东山. 2003. 重庆峡江地区的新石器文化. //重庆 2001 三峡文物保护学术研讨会. 北京：科
　　学出版社：17-40

邹厚本，吴建民，谷建祥. 2000. 江苏考古五十年. 南京：南京出版社：49-139

Aaby B，Tauber H. 1975. Rates of peat formation in relation to humifieation and local environment，as
　　shown by studies of a raised bog in Denmark. Boreas，4：1-17

Aaby B. 1976. Cyclic climatic variations in climate over the past 5500yr reflected in raised bogs. Nature，
　　263：281-284

Abdulla A. 2004. Stable carbon isotope analysis of human tooth enamel from the Bronze Agecemetery of
　　Ya'amoun in Northern Jordan. Journal of Archaeologi Science，31：1693-1698

Alley R B，Mayewski P A，Sowers T，et al. 1997. Holocene climatic instability：A prominent，wide-
　　spread event 8200 yr ago. Geology，25（6）：483-486

Alley R B. 2000. The Younger Dryas cold interval as viewed from centralGreenland. Quaternary Science
　　Reviews，19：213-226

Ambrose S H. 1990. Preparation and characterization of bone and tooth collagen for isotopic analysis. J.
　　Archaeol. Sci.，17：431-451

Ambrose S H. 1991. Effects of diet，climate and physiology on nitrogen isotope abundances in terrestrial
　　foodwebs. J. Archaeol. Sci.，18：293-317

An Z，Kukla G J，Porter S C，et al. 1991. Magnetic susceptibility evidence of monsoon variation on the
　　loess plateau of central China during the last 130 000 years. Quaternary Research，36：29-36

Anders B. 2005. Holocene climate variability and periodicities in south-centralSweden，as interpreted
　　from peat humification analysis. The Holocene，15（3）：387-395

Anderson D E. 1998. A reconstruction of Holocene climatic changes from peat bogs in northwest Scot-
　　land. Boreas，27：208-224

Antoine Z，Christophe L，Simon M F. 2004. Diagenesis and the reconstruction of paleoenvironments：A
　　method to restore original δ^{18}O values of carbonate and phosphate from fossil tooth enamel.
　　Geochim. Cosmochim. Acta.，68：2245-2258

Aston M A，Martin M H，Jackson A W. 1998. The use of heavy metal soil analysis for archaeological
　　surveying. Chemosphere，37：465-477

Ayliffe L K，Chivas A R，Leakey M G. 1994. The retention of primary oxygen isotope composition of
　　fossil elephant skeletal phosphate. Geochim. Cosmochim. Acta，58：5291-5298

Barron J A，Anderson L. 2011. Enhanced Late Holocene ENSO/PDO expression along the margins of
　　the eastern North Pacific. Quaternary International，235：3-12

Bartlein P J，Prentice I C，Webb III T. 1986. Climatic response surface from pollen data for some eastern
　　North American taxa. Journal of Biogeography，13：35-57

Batty M. 2008. The size，scale and shape of cities. Science，319：769-771

Beach T，Dunning N，Luzzadder-Beach S，et al. 2006. Impacts of the ancient Maya on soils and soil ero-
　　sion in the central Maya Lowlands. Catena，65（2）：166-178

Beer J，Shen C，Heller F，et al. 1993. [10]Be and magnetic susceptibility in Chinese loess. Geophys. Res.
　　Lett.，20：57-60

Beget J, Stone D B, Hawkins D B. 1990. Paleoclimatic forcing of magnetic susceptibility variations in Alaskan loess during the late Quaternary. Geology, 18: 40-43

Berger A, Loutre M F. 1991. Insolation values for the climate of the last 10 million years. Quaternary Science Reviews, 10 (4): 297-317

Binford M W, Kolata A L, Brenner M, et al. 1997. Climate variation and the rise and fall of an Andean Civilization. Queternary Research, 47: 235-248

Blackford J J, Chambers F M. 1991. Proxy records of climate from blanket mires: evidence for a Dark Age (1400 BP) climatic deterioration in the British Isles. The Holocene, 1 (1): 63-67

Blanford W T. 1983. On a Stag. Cervus thorldi, from Tibet, and on the mammals of the Tibetan Plateau. Proceedings of the Zoological Society of London, (30): 444-449

Blum M D, Törnqvist T E. 2000. Fluvial response to climate and sea-level change: A review and look forward. Sedimentology, 47 (Supp. I): 2-48

Bocherens H, Fizet M, Mariotti A. 1994. Diet, physiology and ecology of fossil mammals as inferred from stable carbon and nitrogen isotope biogenchemistry: Implications for Pleistocene bears. Palaeogeography, Palaeoclimatology, Paleoecology, 107: 215-225

Bond G, Showers W, Cheseby M, et al. 1997. A pervasive millennial-scale cycle in North Atlantic Holocne and glacial climates. Science, 278: 1257-1266

Booth R K, Jackson S T, Forman S L, et al. 2005. A severe centennial-scale drought in mid-continental North America 4200 years ago and apparent global linkages. The Holocene, 15 (3): 321-328

Bown R. 1988. Is otopes in the earth Sciences. London: Elsevier Applied Science. 456-457

Boyle J F, Rose N L, Bennion H, et al. 1999. Environmental impacts in the Jianghan Plain: Evidence from Lake Sediments. Water, Air and Soil Pollution, 112: 21-40

Bradbury J P. 1982. Holocene chronostratigraphy ofMexico and Central America. Striae., 16: 46-48

Brown S L, Bierman P R, Lini A, et al. 2000. 10, 000 yr record of extreme hydrologic events. Geology, 28 (4): 335-338

Bryant J D, Froelich P N. 1995. A model of oxygen isotope fractionation in body water of large mammals. Geochim. Cosmochim. Acta, 59: 4523-4537

Bryant J D, Koch P L, Froelich P N, et al. 1996. Oxygen isotope partitioning between phosphate and carbonate in mammalian apatite. Geochim. Cosmochim. Acta, 60: 5145-5148

Caseldine C J, Baker A, Charman D J, et al. 2000. A comparative study of optical properties of NaOH peat extracts: implications for humification studies. The Holocene, 10 (5): 649-658

Cavani I, Cianvatta C, Gessa C. 2003. Identification of organic matter from peat, leonardite and lignite fertilizes using humification parameters and electrofocusing. Bioresource Technology, 86 (1): 45-52

Cerling T E, Harris J M, Ambrose S H, et al. 1997. Dietary and environmental reconstruction with stable isotope analyses of herbivore tooth enamel from the Miocene locality of Fort Terman, Kenya. J Human Evol, 33: 635-650

Chambers F M, Barber K E, Maddy D, et al. 1997. A 5500-year proxy-climate and vegetational record from a blanket mire at Talla Moss, Borders, Scotland. The Holocene, 7: 391-399

Chambers F M, Beilman D W, Yu Z. 2011. Methods for determining peat humification and for quantifying peat bulk density, organic matter and carbon content for palaeostudies of climate and peatland carbon dynamics. Mires and Peat, 7: 1-10

Chambers F M, Blackford J J. 2001. Mid- and Late-Holocene climatic changes: a test of periodicity and solar forcing in proxyclimate data from blanket peat bogs. Journal of Quaternary Science, 16: 329-338

Chen J, An Z S, Head J. 1999. Variation of Rb/Sr ratios in the loess-paleosol sequences ofCentral China during the last 130, 000 years and their implications for monsoon paleoclimatology. Quaternary Research, 51 (3): 215-219

Chen J, An Z S, Liu L W, et al. 2001. Variations in chemical compositions of the eolian dust in Chinese Loess Plateau over the past 2. 5 Ma and chemical weathering in the Asian inland. Science in China, Ser. D, 44 (5): 403-413

Chen L. 2008. Progress in environmental evolvement and environmental archaeology study in the Yangtze Delta (China). Geo-spatial Information Science, 11 (3): 228-234

Chen W, Wang W M, Dai X R. 2009. Holocene vegetation history with implications of human impact in the Lake Chaohu area, Anhui Province, East China. Vegetation History and Archaeobotany, 18: 137-146

Chen Y, Chen J, Liu L W, et al. 2003. Spatial and temporal changes of summer monsoon on the Loess Plateau of Central China during the last 130 ka inferred from Rb/Sr ratios. Science in China Series D-Earth Sciences, 46 (10): 1022-1030

Chen Z Y, Zong Y Q, Wang Z H, et al. 2008. Migration patterns of Neolithic settlements on the abandoned Yellow and Yangtze River deltas of China. Quaternary Research, 70: 301-314

Chen Z Y, Stanley D J. 1998. Sea-level rise on Eastern China's Yangtze Delta. Journal of Coastal Research, 14 (1): 360-366

Christopher J E, Htallis J. 2000. Climatic control of blanket mire development at Kentra Moss. Northwest Scotland. Journal of Ecology, 88: 869-889

Christopher M F, Nesbitt H W, Young G M. 1995. Unraveling the effects of potassium metasomatism in sedimentary rocks and paleosols, with implications for paleoweathering conditions and provenance. Geology, 23 (10): 921-924

Clement A C, Seager R, Cane M A. 2000. Suppression of El Niño during the mid-Holocene by changes in the Earth's orbit. Paleoceanography, 15 (6): 731-737

Cole J. 2001. A slow dance for El Niño. Science, 291: 1496-1497

Cosford J, Qing H R, Eglington B, et al. 2008. East Asian monsoon variability since the Mid-Holocene recorded in a high-resolution, absolute-dated aragonite speleothem from eastern China. Earth and Planetary Science Letters, 275: 296-307

Cosford J, Qing H R, Lin Y, et al. 2010. The East Asian monsoon during MIS 2 expressed in a speleothem δ^{18}O record from Jintanwan Cave, Hunan, China. Quaternary Research, 73 (3): 541-549

Cosford J, Qing H R, Mattey D, et al. 2009. Climatic and local effects on stalagmite δ^{13}C values at Lianhua Cave, China. Palaeogeography, Palaeoclimatology, Palaeoecology, 280: 235-244

Creer K M, Morris A. 1996. Proxy-climate and geomagnetic paleointensity records extending backing to Ca 75000aBP derived from sediments cored from Lago Grande Dimonticchio, Southern Italy. Quaternary Science Review, 5: 167-188

Cuffey K M, Clow G D. 1997. Temperature, accumulation, and ice sheet elevation in central Greenland through the last deglacial transition. Journal of Geophysical Research, 102 (C12): 26383-26396

Cullen H M, Demenocal P B, Hemming S, et al. 2000. Climate change and collapse of the Akkadian Empire: Evidence from the deep sea. Geology, 28 (4): 379-382

Dasch E J. 1969. Strontium isotopes in weathering profiles, deep-sea sediments, and sedimentary rocks. Geochimica et Cosmochimica Acta, 33 (2): 1521-1552

Davis M B. 1966. Determination of absolute pollen frequency. Ecology, 47: 310-311

Dean W E. 1974. Determination of carbonate and organic matter in calcareous sediments and sedimentary rocks by loss of ignition: Comparison with other methods. Journal of Sedimentary Petrology, 44: 242-248

Dearing J. 1986. Core correlation and total sediment influx. //Berglund B E (Eds.). Handbook of Holocene Palaeoecology and Palaeohydrology. Chichester & New York: John Wiley: 67-90

Degens E T. 1969. Biogeochemistry of stable carbon isotope. //G Eglinton. Organic geochemistry. Berlin: Springer-Verlag: 304-329

Delwiche C C, Zinke P J, Johnson C M, et al. 1979. Virginia, nitrogen isotope distribution as a preservative indicator of nitrogen fixation. Bot. Gaz., 140: 565-569

DeMenocal P B. 2001. Cultural responses to climate change during the late Holocene. Science, 292: 667-673

Deng Y, Zheng Z, Cour P, et al. 2002. Relation between pollen ratios and climate in east China and an attempt of paleoclimate reconstruction. Acta Micropalaeontologica Sinica, 41 (4): 508-516

Deniro M J. 1985. Postmortem preservation and alteration of *in vivo* bone collagen isotope ratios in relation to paleodietary reconstruction. Nature, 317: 806-809

Discovery Communications, 2000, Tsunami, Discovery Video, 1997 Inc All Right Reserved

Drucker D, Bocherens H. 2004. Carbon and nitrogen stable isotopes astracers of change in diet breadth duringmiddle and upper palaeolithic in Europe. Int. J. Ost., 14: 162-177

Dykoski C A, Edwards R L, Cheng H, et al. 2005. A high-resolution, absolute-dated holocene and deglacial Asian monsoon record from Dongge Cave, China. Earth and Planetary Letters, 233: 71-86

Eddy J A. 1976. The Maunder minimum. Science, 192: 1189-1202

Eddy J A. 1977. Cliamte and the changing sun. Climate Change, (1): 173-190

Ekaterina A P, Stanley H A, Ma X L, et al. 2005. Reconstructing northern Chinese Neolithic subsistence practices by isotopic analysis. J. Archaeol. Sci., 32: 1176-1189

Faegri K, lversen J. 1989. Textbook of Pollen Analysis. Oxford: Blackwell: 1-295

Flad R K, Zhu J P, Wang C S, et al. 2005. Archaeological and chemical evidence for early salt production in China. PNAS, 102 (35): 12618-12622

Flad R K. 2004. Specialized Salt Production and Changing Social Structure at the Prehistoric Site of Zhongba in the Eastern Sichuan Basin, China. Dissertation for the Doctoral Degree. Los Angeles: University of California: 235-270

Flerov K K. 1930. The white muzzle deer as the representative of a new genus Prezewalskium. Compt Rend Acad Sci URSS, Ser. A: 115-120

Folk R L, Ward W C. 1957. Barazos River bar: A study in the significance of grain size parameters. Journal of Sedimentary Petrology, 27 (1): 3-26

Forsyth A J, Nott J, Bateman M D. 2010. Beach ridge plain evidence of variable late-Holocene tropical cyclone climate, North Queensland, Australia. Palaeogeography, Palaeoclimatology, Palaeoecology, 297 (3-4): 707-716

France R. 1996. Carbon isotope ratios in logged and unlogged boreal forests: Examination of the potential for determining wildlife habitat use. Environ Man, 20: 249-255

Friedman G M, Sanders J E. 1978. Principle of Sedimentology. New York: John Wiley and Sons

Fu Q M, Jin S A, Hu Y W, et al. 2010. Agricultural development and human diets in Gouwan site, Xichuan, Henan. Chinese Science Bulletin, 55 (7): 614-620

Gallet S, Jahn B M, Torri M. 1996. Geochemical characterization of Luochuan loess-paleosol sequence, China and paleoclimatic implications. Chemical Geology, 133 (1-4): 67-88

Gao H Z, Zhu C, Xu W F. 2007. Environmental change and cultural response around 4200 cal. yr BP in the Yishu River Basin, Shandong. Journal of Geographical Sciences, 17 (3): 285-292

Glodstein S L. 1988. Decoupled evolution of Nd and Sr isotopes in the continental crust and the mantle. Nature, 336: 733-738

Goldschmidt V M. 1954. Geochemistry. Clarendon: Oxford at the Clarendon Press: 336-524

González-Sampériz P, Utrilla P, Mazo C, et al. 2009. Patterns of human occupation during the early Holocene in the Central Ebro Basin (NE Spain) in response to the 8. 2 ka climatic event. Quaternary Research, 71: 121-132

Grimm E C. 1987. CONISS: a FORTRAN 77 program for stratigraphically constrained cluster analysis by the method of incremental sum of aquares. Computers & Geosciences, 13: 13-35

Haug G H, Güther D. 2003. Climate and the collapse of Maya civilization. Science, 299: 1731-1735

Hayward R K, Lowell T V. 1993. Variations in loess accumulation rates in the mid- continent, United States, as reflected by magnetic susceptibility. Geology, 21: 821-824

Hedges E M, Stevens R E, Richards M P. 2004. Bone as a stable isotope archive for local climatic information. Quat. Sci. Rev., 23: 959-965

Heier K S. 1964. Rubidium/Strontium and Strontium-87/Strontium-86 ratios in deep crustal material. Nature, 202: 477-478

Heller F, Liu T S. 1984. Magnetism of Chinese loess deposits. Journal of the Royal Astronomical Society, 77: 125-141

Hobson K A, Schwarcz H P. 1986. The variation in ^{13}C values in bone collagen for two wild herbivore populations: Implications for palaeodiet studies. J. Archaeol. Sci., 13: 101-106

Hong Y T, Hong B, Lin Q H, et al. 2005. Inverse phase oscillations between the East Asian and Indian Ocean summer monsoons during the last 12000 years and paleo-El Niño. Earth and Planetary Science Letters, 231: 337-346

Hoppe K A. 2004. Isotopic variability, herd structure, and migration patterns of Late Pleistocene mammoths from multiple death assemblages. Paleobiology, 30: 129-145

Hori K, Satio Y Zhao Q H, et al. 2001. Sedimentary facies of the tide-dominated paleo-Changjiang (Yangtze) estuary during the last transgression. Marine Geology, 177 (3-4): 331-351

Houghton J T, Jenkins G J, Ephraums J J. 1990. Climate Change: The intergovernmental panel on climate change. Cambridge: Cambridge University Press

Hu Y W, Ambrose S H, Wang C S. 2006. Stable isotopic analysis of human bones from Jiahu site, Henan, China: Implications for the transition to agriculture. J. Archaeol. Sci., 33: 1319-1330

Huang C C, Pang J L, Zha X C, et al. 2007. Impact of monsoonal climatic change on Holocene overbank flooding along Sushui River, middle reach of the Yellow River, China. Quaternary Science Reviews, 26 (17-18): 2247-2264

Huang C C, Pang J L, Zha X C, et al. 2010. Extraordinary floods of 4100-4000 a BP recorded at the late Neolithic ruins in the Jinghe River Gorges, middle reach of the Yellow River, China. Palaeogeography, Palaeoclimatology, Palaeoecology, 289: 1-9

Huang C C, Pang J L, Zha X C, et al. 2011. Extraordinary floods related to the climatic event at 4200 a BP on the Qishuihe River, middle reaches of the Yellow River, China. Quaternary Science Reviews, 30: 460-468

Iacumin P, Bocherens H, Delgado H A, et al. 1997. Stable isotope study of fossil mammal remains from the Paglicci cave, Southern Italy. N and C as palaeoenvironmental indicators. Earth Planet Sci. Lett., 148: 349-357

Iacumin P, Nikolaev V, Genoni L, et al. 2004. Stable isotope analyses of mammal skeletal remains of Holocene age from European Russia: A way to trace dietary and environmental changes. Geobios., 37: 37-47

Iacumin P, Nikolaev V, Ramigni M. 2000. C and N stable isotope measurements on Eurasian fossil mammals, 40 000 to 10 000 years BP: Herbivore physiologies and palaeoenvironmental reconstruction. Palaeogeogr Palaeoclimatol Palaeoecol, 163: 33-47

Innes J B, Zong Y, Chen Z, et al. 2009. Environmental history, palaeoecology and human activity at the early Neolithic forager/cultivator site at Kuahuqiao, Hangzhou, eastern China. Quaternary Science Reviews, 28: 2277-2294

Jason H C, David A H. 1996. Climate variability on the Yucatan Peninsular during the past 3500 years, and implications for Maya Cultural Evolution. Quaternary Research, 46: 37-47

Jenkins S G, Partridge S T, Stephenson T R, et al. 2001. Nitrogen and carbon isotope fractionation between mothers, neonates, and nursing off-spring. Oecologia., 129: 336-341

Jiao T L. 2007. The Neolithic ofSoutheast China: Cultural Transformation and Regional Interaction on the Coast. New York: Cambria Press

Joan B C, John M H, Thure E C, et al. 2004. Stable isotope biogeochemistry and itsimplications for the palaeoecology of late Pleistocene, coastal southern California. Palaeogeogr Palaeoclimatol Palaeoecol, 205: 199-219

Jordan J W, Mason O K. 1999. A 5 000 year record of intertidal peat stratigraphy and sea level change from northwest Alaska. Quaternary International, 60: 37-47

Kaplan M R, Wolfe A P, Miller G H. 2002. Holocene environmental variability inSouthern Greenland inferred from lake sediments. Quaternary Research, 58 (2): 149-159

Kathryn A H, Sue S, Ronald A. 2005. The implications for paleodietary and paleoclimatic reconstructions of intrapopulation variability in the oxygen and carbon isotopes of teeth from modern feral horses. Quat. Res., 64: 138-146

Kerstin L. 1995. Megaliths, agriculture and social complexity: A diet study of two Swedish megalith populations. J. Anthropol. Archaeol., 14: 404-417

Kiage L M, Liu K B. 2006. Late Quaternary paleoenvironmental change in East Africa: a review of multiproxy evidence from palynology, lake sediments, and associated records. Progress in Physical Geography, 30 (5): 633-658

Kletetschka G, Banerjee S K. 1995. Magnetic stratigraphy of Chinese loess as a record of natural fires. Geophysical Research Letters, 22: 1341-1343

Koch P L, Tuross N, Fogel M L. 1997. The effects of sample treatment and diagenesis on the isotopic integrity of carbonate in biogenic hydroxylapatite. J. Archaeol. Sci., 24: 417-429

Krigbaum J. 2003. Neolithic subsistence patterns in northern Borneo reconstructed with stable carbon isotopes of enamel. J. Anthropol. Archaeol., 22: 292-304

Kukla G, An Z S. 1989. Loess stratigraphy in central China. Palaeogeography, Palaeoclimatology, Palaeoecology, 72: 203-225

Kunz A, Frechen M, Ramesh R, et al. 2010. Luminescence dating of late Holocene dunes showing remnants of early settlement in Cuddalore and evidence of monsoon activity in south east India. Quaternary International, 222 (1-2): 194-208

Lasaga A C, Soler J M, Ganor J, et al. 1994. Chemical weathering rate laws and global geochemical cycles. Geochim. Cosmochim. Acta, 58: 2361-2386

Lee-Thorp J A, Merwe N J. 1987. Carbon isotope analysis of fossil bone apatite. South African J. Sci., 83: 712-715

Lespez L, Clet-Pellerin M, Davidson R, et al. 2010. Middle to Late Holocene landscape changes and geoarchaeological implications in the marshes of the Dives estuary (NW France). Quaternary International, 216 (1-2): 23-40

Li L, Zhu C, Jiang F Q, et al. 2008. Research on the disappearance causes of the Tanghualuo Site in Lianyungang, Jiangsu Province, China. Chinese Science Bulletin, 53 (Supp. I): 161-176

Li L, Zhu C, Lin L G, et al. 2009. Evidence for marine transgression between 7500-5400BC at the Luotuodun Site in Yixing, Jiangsu Province. Journal of Geographical Sciences, 19: 671-680

Li M L, Mo D W, Mao L J, et al. 2010. Paleosalinity in the Tianluoshan site and the correlation between the Hemudu culture and its environmental background. Journal Geographical Sciences, 20 (3): 441-454

Li X Q, Zhou W J, An Z S, et al. 2003. The vegetation and mosoon variations at the desert-loess transition belt at Midiwan in northern China for the last 13 ka. The Holocene, 13 (5): 779-784

Lin J X, Zhang S L, Qiu J B, et al. 1989. Quaternary marine transgressions and paleoclimate in the Yangtze River Delta region. Quaternary Research, 32: 296-306

Linden M, Vickery E, Charman D J, et al. 2008. Effects and human impact and climate change during the last 350 years recorded in a Swedish raised bog deposit. Palaeogeography, Palaeoclimatology, Palaeoecology, 262: 1-31

Liu H Y, Cui H T, Tian Y H, et al. 2002. Temporal-Spatial variances of Holocene precipitation at the marginal area of the East Asian monsoon influences from pollen evidence. Acta Botanica. Sinica., 44 (7): 864-871

Liu S F, Shi X F, Liu Y G, et al. 2010. Records of the East Asian winter monsoon from the mud area on the inner shelf of the East China Sea since the mid-Holocene. Chinese Science Bulletin, 55 (21): 2306-2314

Lotter A F. 1991. Absolute dating of the late-glacial period inSwitzerland using annually laminated sediments. Quaternary Research, 35: 321-330

Lowe J J, Walker M J C. 1997. Reconstructing Quaternary Environments. Harlow: Addison Wesley Longman Limited

Lu H Y, An Z S. 1998. Paleoclimate significance of grain size of loess-palaeosol deposit in Chinese Loess Plateau. Science in China Series D-Earth Sciences, 41 (6): 626-631

Luz B, Kolodny Y. 1985. Oxygen isotope variations in phosphate of biogenic apatites: IV. Mammal teeth and bones. Earth Planet Sci. Lett., 75: 29-36

Ma C M, Zhu C, Zheng C G, et al. 2008. High-resolution geochemistry records of climate changes since late-glacial from Dajiuhu peat in Shennongjia Mountains, Central China. Chinese Science Bulletin, 53 (Supp. I): 28-41

Ma C M, Zhu C, Zheng C G, et al. 2009. Climate changes in East China since the Late-glacial inferred from high-resolution mountain peat humification records. Science in China Series D: Earth Sciences, 52: 118-131

MacDonald G. 2011. Potential influence of the Pacific Ocean on the Indian summer monsoon and Harappan decline. Quaternary International, 229: 140-148

Maher B A, Thompson R. 1991. Mineral magnetic record of the Chinese loess and palaeosol. Geology, 19: 3-6

Maher B A. 1998. Magnetic properties of modern soil and Quaternary loessic paleosols: paleoclimatic implications. Palaeogeography, Palaeoclimatology, Palaeoecology, 137: 25-54

Maldonado A, Villagrán C. 2002. Paleoenvironmental changes in the semiarid coast of Chile (~32°S) during the last 6200 cal years inferred from a swamp-forest pollen record. Quaternary Research, 58 (2): 130-138

Maldonado A, Villagrán C. 2006. Climate variability over the last 9900 cal yr BP from a swamp forest pollen record along the semiarid coast of Chile. Quaternary Research, 66 (2): 246-258

Mao L J, Mo D W, Jiang L P, et al. 2008. Environmental change since Mid-Pleistocene recorded in Shangshan archaeological site in Zhejiang. Journal of Geographical Sciences, 18 (2): 247-256

Martin-Neto L, Rosell R, Sposito G. 1998. Correlation of spectroscopic indicators of humification with mean annual rainfall along a temperate grassland climosequence. Geoderma, 81 (3-4): 305-311

Masao M, Akira M, Naotaka I. 2005. Patterns of prehistoric boar Sus scrofa domestication, and inter-islands pig trading across the East China Sea, as determined by carbon and nitrogen isotope analysis. Chem. Geol., 218: 91-102

Mason O K. 1990. Beach ridge geomorphology of Kotzebue sound: implications or paleoclimatology and archeology. PhD. Dissertation, University of Alaska, 262

Mauquoy D, Barber K E. 1999. A replicated 3000 yr proxy-climate record from Coom Rigg Moss and Felecia Moss, the Border Mires, northernEngland. Journal of Quaternary Science, 14 (3): 263-275

Meese D A, Gow A J, Grootes P, et al. 1994. The accumulation record f rom the GISP2 core as an indication of climate change throughout the Holocene. Science, 266: 1680-1683

Meng X, Derbyshire E, Kemp R A. 1997. Origin of the magnetic susceptibility signal in Chinese loess. Quaternary Science Review, 16: 833-839

Merwe N J, Medina E. 1989. Photosynthesis and $^{13}C/^{12}C$ ratios in Amazon rain forests. Geochim. Cosmochim. Acta, 53: 1091-1094

Merwe N J, Thackeray J F, Lee-Thorp J A, et al. 2003. The carbon isotope ecology and diet of Australopithecus africanus at Sterkfontein, South Africa. J. Human. Evol., 44: 581-597

Meyers P A, Ishiwatari R. 1993. The early diagenesis of organic matter in lacustrine sediments// MichaelH, Engel, Stephen, MackoA, eds. Organic geochemistry, 23: 185-209

Michael W B, Alan L K, Mark B, et al. 1997. Climate variation and fall of an Andean Civilization. Quaternary Research, 47 (2): 235-248

Miller N G, Futyma R P. 1987. Paleohydrological implication of Holocene peatland development in-Northern Michigan. Quaternary Research, 27: 297-311

Morner N A. 1980. The Fennoscandian uplift: geological data and their geodynamical implication//Earth

Rheology, Isostasy and Eustasy (Ed: Morner, N. A.). Chichester: Wiley: 251-284

Nebel O, Mezger K. 2006. Reassessment of the NBS SRM-607 K-feldspar as a high precision Rb/Sr and Sr isotope reference. Chemical Geology, 233: 337-345

Nesbitt H W, Markovics G. 1997. Weathering of granodioritic crust, long-term storage of elements in weathering profiles, and petrogenesis of siliciclastic sediments. Geochemica et Cosmochimica Acta, 61 (8): 1653-1670

Netajirao R P. 2000. Sharp decrease in summer monsoon strength 4, 000~35, 000 cal yr B. P. in the central higher Himalaya of India based on pollen evidence from alpine peat. Quaternary Research, 53: 122-129

Newesely H. 1989. Fossil bone apatite. Appl. Geochem., 4: 233-245

North Greenland Ice Core Project members. 2004. High-resolution record of Northern Hemisphere climate extending into the last interglacial period. Nature, 431: 147-151

Nott J. 2011. A 6000 year tropical cyclone record fromWestern Australia. Quaternary Science Reviews, 30: 713-722

Oertel G F, Kraft J C, Kearney M S, et al. 1992. Arational theory for barrier-lagoon development//Quaternary Coasts of the United States: Marine and Lacustrine Systems. Society of Economic Paleontologists and Mineralogists (SEPM Special Publication No. 48): 77-87

Ovenden L. 1990. Peat accumulation in northern wetlands. Quaternary Research, 33 (3): 377-386

O'Brien S R, Mayevoski P A, Meeker L D, et al. 1995. Complexity of Holocene climate as reconstructed from a Greenland ice core. Science, 270: 1952-1964

Paul A K, John T A. 1983. Re-evaluation of Pollen-Climate Transfer Functions in Keewatin, Northern Canada. Annals of the Association of American Geographers, 73 (4): 550-559

Paul L K, Kathryn A H, David W. 1998. The isotopic ecology of late Pleistocene mammals in North America. Part 1. Florida. Chem. Geol., 152: 119-138

Pechenkina E A, Ambrose S H, Ma X L, et al. 2005. Reconstructing northern Chinese Neolithic subsistence practices by isotopic analysis. J. Archaeol. Sci., 32: 1176-1189

Peyron O, Bégeot C, Brewer S, et al. 2005. Late-Glacial climatic changes in Eastern France (Lake Lautrey) from pollen, lake-levels, and chironomids. Quaternary Research, 64 (2): 197-211

Pierce C, Adams K R, Stewart J D. 1998. Determining the fuel constituents of ancient hearth ash via ICP-AES analysis. Journal of Archaeological Science, 25: 493-503

Polyak V J, Asmerom Y. 2001. Late Holocene climate and cultural changes in the southwesternUnited States. Science, 294: 148-151

Post W M, Emanuel W R, Zinke P J, et al. 1982. Soil carbon pools and world life zones. Nature, 298 (8): 156-159

Prendergast M E, Yuan J R, Bar-Yosef O, 2009. Resource intensification in the Late Upper Paleolithic: a view from southern China. Journal of Archaeological Science, 36: 1027-1037

Przewalski N M. 1883. Iz Zajsans cerez Chami vTibet I na verchov'ja Zeltoj reti. Tret'e putescstivie v Centr. Azii SPB Moskva. 111-112

Psuty N P. 1966. The geomorphology of beach ridges in Tabasco. Louisiana State Univ. Coastal Studies Inst. Techn. Report, (30): 51

Reid G C. 1991. Solar total irradiance variations and the global sea surface temperature record. Journal of Geophysical Research, 96 (D2): 2835-2844

Reimer P J, Baillie M G L, Bard E, et al. 2009. IntCal09 and Marine09 radiocarbon age calibration curves, 0-50, 000 years cal BP. Radiocarbon, 51 (4): 1111-1150

Reimer P J, Bard E, Bayliss A, et al. 2013. IntCal13 and MARINE13 radiocarbon age calibration curves 0-50000 years calBP. Radiocarbon, 55 (4): 1869-1887

Reineck H E, Singh I B. 1973. Genesis of laminated sand and graded rhythmites in stome-sand layers of shelfmud. Sedimentology, 18: 123-128

Reineck H E, Singh I B. 1980. Depositional sedimentary environments: with reference to terrigenous clastics. 2nd Edition. Berlin: Springer-Verlag

Richards M P. 2002. A brief review of the archaeological evidence for Palaeolithic and Neolithic subsistence. European Journal of Clinical Nutrition, 56: 1270-1278.

Riedinger M A, Steinitz-Kannan M, Last W M, et al. 2002. A ~6100 ^{14}C yr record of El Niño activity from the Galápagos Islands. Journal of Paleolimnology, 27: 1-7

Robert B. 2001. Ancient Scichuan: Treasures from a Lost Civilization. Princeton: Princeton University Press

Robert E M, Rhiannon E S, Michael P R. 2004. Bone as a stable isotope archive for local climatic information. Quat. Sci. Rev., 23: 959-965

Robert K B, Stephen T J. 2003. A high-resolution record of late-Holocene moisture variability from a Michigan raised bog, USA. The Holocene, 13 (6): 863-876

Rodbell D T, Seltzer G O, Anderson D M, et al. 1999. An ~15 000-year record of El Niño-driven alleviation in southwestern Ecuador. Science, 283: 516-520

Rohling E J, Liu Q S, Roberts A P, et al. 2009. Controls on the East monsoon during the last glacial cycle, based on comparison between Hulu Cave and polar ice-core records. Quaternary Science Reviews, 28 (27-28): 3291-3302

Sander V K, Patrick D, Franz X G. 2006. A 100000-year record of annual and seasonal rainfall and temperature for northwestern Australia based on a pollen record obtained offshore. Journal of Quaternary Science, 21 (8): 879-889

Sandgren P, Fredskild B. 1991. Magnetic measurements recording Late Holocene man-induced erosion in S. Greenland. Borea., 20: 215-228

Sandweiss D H, Richardson III J B, Reitz E J, et al. 1996. Geoarchaeological evidence from Peru for a 5000 years B P onset of El Niño. Science, 273: 1531-1533

Schilman B, Bar-Matthews M, Almogi-Labin A, et al. 2001. Global climate instability reflected by Eastern Mediterranean marine records during the late Holocene. Palaeogeography Palaeoclimatology Palaeoecology, 176 (1-4): 157-176

Schoeninger M J, Hallin K, Reeser H, et al. 2003a. Isotopic alteration of mammalian tooth enamel. Int. J. Osteoarchaeol., 13: 11-19

Schoeninger M J, Reeser H, Hallin K. 2003b. Paleoenvironment of Australopithecus anamensis atAllia Bay, East Turkana, Kenya: Evidence from mammalian herbivore enamel stable isotopes. J. Anthropol. Archaeol., 22: 200-207

Shao X H, Wang Y J, Cheng H, et al. 2006. Long-term trend and abrupt events of the Holocene Asian monsoon inferred from a stalagmite δ^{18}O record from Shennongjia in Central China. Chinese Science Bulletin, 51 (2): 221-228

Shen C M, Tang L Y, Wang S M. 1996. Vegetation and climate during the last 250000 years in Zoige

Region. Acta Micropalaeontologica Sinica, 13 (4): 373-386

Shen J, Wang Y, Liu X Q, et al. 2006. A 16 ka climate record deduced from δ13C and C/N ratio in Qinghai Lake sediments, northeastern Tibetan Plateau. Chinese Journal of Oceanology and Limnology, 24 (2): 103-110

Shi P J, Song C Q. 2003. Palynological records of environmental changes in the middle part of Inner Mongolia, China. Chinese Science Bulletin, 48 (14): 1433-1438

Shu J W, Wang W M, Jiang L P, et al. 2010. Early Neolithic vegetation history, fire regime and human activity at Kuahuqiao, Lower Yangtze River, East China: New and improved insight. Quaternary International, 227: 10-21

Smith D E, Harrison S, Firth C R, et al. 2011. The early Holocene sea level rise. Quaternary Science Reviews, 30: 1846-1860

Spaulding W G. 1991. Pluvial climatic episodes in North America and Africa: types and correlation with global climate. Palaeogeography, Palaeoclimatology, Palaeoecology, 84 (1-4): 217-227

Sponheimer M, Lee-Thorp J A. 1999. Oxygen Isotopes in Enamel Carbonate and their Ecological Significance. J. Archaeol. Sci., 26: 723-728

Stanley D J, Galili E. 1996. Sediment dispersal along northern Israel coast during the early Holocene: geological and archaeological evidence. Marine Geology, 130: 11-17

Stanley D J, Warne A G. 1994. Worldwide initiation of Holocene marine deltas by deceleration of sea level rise. Science, 265: 228-231

Stanley H A, Jane B, Harold W K. 2003. Status and gender differences in diet at Mound 72, Cahokia, revealed by isotopic analysis of bone. J. Ant. Archaeol., 22: 217-226

Stefanie A B, Subir K B, Yohan G. 2002. A 13200 year history of century to millennial-scale paleo-environmental change magnetically recorded in the Palmer Deep, westernAntarctic Peninsula. Earth and Planetary Science Letters, 194: 311-326

Stuiver M, Reimer P J, Bard E, et al. 1998. INTCAL98 Radiocarbon age calibration 24000~0 cal BP. Radiocarbon, 40: 1041-1083

Stuiver M, Reimer P J. 1993. Extended ^{14}C data base and revised CALIB 3.0 ^{14}C age calibration program. Radiocarbon, 35 (1): 215-230

Sun Z B. 2008. Research on the relationship between site function and environment at the site of Zhongba, Chongqing City, China. Chinese Science Bulletin, 53 (Supp. I): 58-73

Tang X Z, Chen Z, Yan W, et al. 2003. Youger dryas and Heinrich events recorded by magnetic susceptibility of sediments from the central temperature area of Western Pacific Warm Pool. Chinese Science Bulletin, 48 (8): 808-813

Taylor A S, Lasaga A C. 1999. The role of basait weathing in the Sr isotope budget of the oceans. Chem. Geol., 161: 199-214

Terry R E, Fernandez F G, Parnell J J, et al. 2004. The story in the floors: chemical signitures of ancient and modern Maya activities at Aguateca, Guatemala. Journal of Archaeological Science, 3: 1237-1250

Thompson R, Bloemendal J, Dearing J A, et al. 1980. Environmental applications of magnetic measurements. Science, 207: 481-486

Thompson R, Oldfield F. 1986. Environmental Magnetism. London: George Allen & Unwin

Thorndycraft V R, Benito G, Walling D E, et al. 2005. Cesium-137 dating applied to slackwater flood deposits of the Llobregat River, N. E. Spain. Catena, 59: 305-318

Thouveny N, Debeaulieu J L, Bonifay E, et al. 1994. climate varitions in Europe over the past 140 kyr deduced from rock magnetism. Nature, 371: 503-506

Tsang C H. 2001. Maritime adaptations in prehistoric southeast China: Implications for the problem of Austronesian expansion. Journal of East Asian Archaeology, 3 (1-2): 15-46

Tudhope A W, Chilcott C P, McCulloch M T, et al. 2001. Variability in the El Niño-Southern Oscillation through a glacial-interglacial cycle. Science, 291: 1511-1517

Turney C S M, Brown H. 2007. Catastrophic early Holocene sea level rise, human migration and the Neolithic transition inEurope. Quaternary Science Reviews, 26: 2036-2041

Van der Merwe N J. 1982. Carbon isotopes, photosysthesis and archaeology. American Scientist, 70: 596-606

Ver Straeten C A, Brett C E, Sageman B B. 2011. Mudrock sequence stratigraphy: A multi-proxy (sedimentological, paleobiological and geochemical) approach, Devonian Appalachian Basin. Palaeogeography, Palaeoclimatology, Palaeoecology, 304: 54-73

Verosub K L, Fine P, Singer M J, et al. 1993. Pedogenesis and paleoclimate: interpretation of the magnetic susceptibility record of Chinese loess paleosoil sequences. Geology, 21: 1011-1014

Veski S, Heinsalu A, Klassen V, et al. 2005. Early Holocene coastal settlements and palaeoenvironment on the shore of the Bultic Sea at Purnu, Southwestern Estonia. Quaternary International, 130 (1): 75-85

Vilas F, Arche A, Ferrero M. 1999. Subantarctic macrotidal flats, cheniers and beaches inSan Sebastian Bay, Tierra Del Fuego, Argentina. Marine Geology, 160 (3-4): 301-326

Vogel J C, van der Merwe N J. 1977. Isotopic evidence for early maize cultivation in New York state, American. Antiquity, 42: 238-242

Wang H X, Wang J C. 2007. Qujialing-Prehistoric Culture in the Middle Reaches of the Yangtze. Beijing: Cultural Relics Press

Wang Y J, Cheng H, Edwards R L, et al. 2001. A high-resolution absolute-dated late Pleistocene monsoon record from Hulu Cave, China. Science, 294: 2345-2348

Wang Y J, Cheng H, Edwards R L, et al. 2005. The Holocene Asian monsoon: links to solar changes and North Atlantic climate. Science, 308: 854-857

Wang Y J, Cheng H, Edwards R L, et al. 2008. Millennial- and orbital-scale changes in the East Asian monsoon over the past 224 000 years. Nature, 451: 1090-1093

Wang Y, Cerling T E, MacFadden B J. 1994. Fossil horses and carbon isotopes: new evidence for Cenozoic dietary, habitat, and ecosystem changes in North America. Paleogeography Paleoclimatology Paleoecology, 107: 269-279

Wang Y, Deng T. 2005. A 25 m. y. isotopic record of paleodiet and environmental change from fossil mammals and paleosols from the NE margin of the Tibetan Plateau. Earth Planet Sci. Lett., 236: 322-338

Wang Z, Zhuang C, Saito Y, et al. 2012. Early mid Holocene sea-level change and coastal environmental response on the southern Yangtze delta plain, China: implications for the rise of Neolithic culture. Quaternary Science Reviews, 35: 51-62

Webb III T, Bryson R A. 1972. Late and postglacial climate change in the Northern Midwest, USA: Quantitative estimates derived from fossil pollen spectra by multivariate statistic analysis.

Quaternary Research, 2: 70-115

Weiss H, Courty N A, Wetterstrom W et al. 1993. The genesis and collapse of third millennium north Mesopotamian civilization. Science, 261 (20): 997-1006

White C D, Pohl E D, Schwarcz H P, et al. 2001. Isotopic Evidence for Maya Patterns of Deer and Dog Use at Preclassic Colha. J. Archaeol. Sci., 28: 89-107

Wilson C A, Davidson D A, Malcolm S C. 2008. Multi-element soil analysis: an assessment of its potential as an aid to archaeological interpretion, Journal of Archaeological Science, 35: 412-424

Wright L E, Schwarcz H P. 1998. Stable carbon and oxygen isotopes in human tooth enamel: Identifying breastfeeding and weaning in prehistory. Am. J. Phys. Anthropol., 106: 1-18

Wu L, Li F, Zhu C, et al. 2012. Holocene environmental change and archaeology, Yangtze River Valley, China: Review and prospects. Geoscience Frontiers, 3 (6): 875-892

Wu L, Wang X Y, Zhou K S, et al. 2010. Transmutation of ancient settlements and environmental changes between 6000-2000 aBP in the Chaohu Lake Basin, East China. Journal of Geographical Sciences, 20 (5): 687-700

Wu W X, Liu T S. 2004. Possible role of the "Holocene Event3" on the collapse of Neolithic cultures around the Central Plain of China. Quaternary International, 117: 153-166

Xia Z K, Wang Z H, Zhao Q C. 2004. Extreme flood events and climate change around 3500 aBP in the Central Plains ofChina. Science in China Ser. D: Earth Sciences, 47 (7): 599-606

Xiao H L. 1999. Climate change in relation to soil organic matter. Soil and Environment Science, 8 (4): 300-304

Xiao J L, Xu Q H, Nakamurad T, et al. 2004. Holocene vegetation variation in the Daihai Lake region of North-central China: A direct indication of the Asian monsoon climatic history. Quaternary Science Reviews, 23: 1669-1679

Xiao J Y, Lü H B, Zhou W J, et al. 2007. Evolution of vegetation and climate since the last glacial maximum recorded at Dahu peat site, South China. Science in China Series D: Earth Sciences, 50 (8): 1209-1217

Xu D K, Lu H Y, Wu N Q, et al. 2010. 30 000-Year vegetation and climate change around the East China Sea shelf inferred from a high-resolution pollen record. Quaternary International, 227: 53-60

Xu H, Hong Y T, Lin Q H, et al. 2002. Temperature variations in the past 6000 years inferred from δ^{18}O of peat cellulose from Hongyuan, China. Chinese Science Bulletin, 47 (18): 1578-1584

Yan Q S, Shao X S. 1989. Evolution of shorelines along the north bank ofHangzhou Bay during the late stage of the Holocene transgration. Science China Chemistry, 32: 347-360

Yancheva G, Nowaczyk N R, Mingram J, et al. 2007. Influence of the intertropical convergence zone on the East Asian monsoon. Nature, 445: 74-77

Yang X Y, Jiang L P. 2010. Starch grain analysis reveals ancient diet at Kuahuqiao site, Zhejiang Province. Chinese Science Bulletin, 55 (12): 1150-1156

Yao T D, Thompson L G. 1992. Trend and features of climatic changes in the past 5000 years recorded by the Dunde ice core. Annals of Glaciology, 16: 21-24

Yasuda Y, Fujiki T, Nasu H, et al. 2004. Environmental archaeology at the Chengtoushan site, Hunan Province, China, and implications for environmental change and the rise and fall of the Yangtze River civilization. Quaternary International, 123: 149-158

Yi S H, Yoshiki S, Zhao Q H, et al. 2003. Vegetation andclimate changes in the Changjiang (Yangzi

River) Delta, China, during the past 13, 000 years inferred from pollen records. Quat. Sci. Rev., 22: 1501-1519

Yin H F, Liu G R, Pi J G, et al. 2007. On the river-lake relationship of the middle Yangtze reaches. Geomorphology, 85: 197-207

Yu S Y, Andrén E, Barnekow L, et al. 2003a. Holocene palaeoecology and shoreline displacement on the Biskopsmåla Peninsula, southeastern Sweden. Boreas, 32: 578-589

Yu S Y, Colman S M, Lowell T V, et al. 2010. Freshwater outburst from Lake Superior as a trigger for the cold Event 9300 years ago. Science, 328, 1262-1266

Yu S Y, Zhu C, Song J, et al. 2000. Role of climate in the rise and fall of Neolithic cultures on the Yangtze Delta. Boreas, 29: 157-165

Yu S Y, Zhu C, Wang F B. 2003b. Radiocarbon constraints on the Holocene flood deposits of the Ning-Zhen Mountains, lower Yangtze River area of China. Journal of Quaternary Science, 18 (6): 521-525

Yuan D X, Cheng H, Edwards R L, et al. 2004. Timing, duration, and transitions of the last interglacial Asian Monsoon. Science, 304: 575-578

Yu X F, Zhou W J, Franzen L G, et al. 2006. High-resolution peat records for Holocence monsoon history in the eastern Tibetan Plateau. Science in China: Series D Earth Sciences, 49 (6): 615-621

Zhang M L, Cheng H, Yuan D X, et al. 2004. High-resolution climate records from two stalagmites in Qixin Cave, southern Guizhou, and Heinrich events during the last glacial period. Episodes., 27 (2): 112-118

Zhang Q, Zhu C, Liu C L, et al. 2005. Environmental change and its impacts on human settlement in the Yangtze Delta, P. R. China. Catena., 60: 267-277

Zhang Y, Zhu C. 2008. Environmental archaeology of the Dachang region in theDaning Valley, the Three Gorges reservoir region of the Yangtze River, China. Chinese Science Bulletin, 53 (Supp. I): 140-152

Zheng C G, Zhu C, Zhong Y S, et al. 2008. Relationship between the temporal-spatial distribution of archaeological sites and natural environment from the Paleolithic Age to the Tang and Song Dynasties in the Three Gorges Reservoir of Chongqing area. Chinese Science Bulletin, 53 (Supp. I): 107-128

Zheng Y H, Zhou W J, Meyers P A, et al. 2007. Lipid biomarkers in the Zoigê-Hongyuan peat deposit: Indicators of Holocene climate changes in West China. Organic Geochemistry, 38: 1927-1940

Zhou L P, Oldfield F, Wintle A G, et al. 1990. Partly pedogenic origin of magnetic variations in Chinese loess. Nature, 346: 737-739

Zhou S Z, Chen F H, Pan B T, et al. 1991. Environment change during the Holocene in western China on a millennial timescale. The Holocene, 1 (2): 51-156

Zhou W J, Xie S C, Meyers P A, et al. 2005. Reconstruction of late glacial and Holocene climate evolution in southern China from geolipids and pollen in the Dingnan peat sequence. Organic Geochemistry, 36: 1272-1284

Zhou W J, Yu X F, Timothy Jull A J, et al. 2004. High-resolution evidence from southern China of an early Holocene optimum and a mid-Holocene dry event during the past 18 000 years. Quaternary Research, 62 (1): 39-48

Zhu C, Ma C M, Xu W F, et al. 2008. Characteristics of paleoflood deposits archived in unit T0403 of Yuxi Site in the Three Gorges reservoir areas, China. Chinese Science Bulletin, 53 (Supp. I): 1-17

Zhu C，Ma C M，Yu S Y，et al. 2010. A detailed pollen record of vegetation and climate changes in Central China during the past 16 000 years. Boreas，39：69-76

Zhu C，Yu S Y，2007，Lichenometric constraints on the age of the Huashan Grottoes，East China，Journal of Archaeological Science，34：2064-2070

Zhu C，Yu S Y，Zhang Q，et al. 2000. Neolithic Cultural Interruptions and Holocene Buried Palaeo-Trees in the Yangtze Delta. Journal of Nanjing University (Natural Sciences)，36 (6)：693-701

Zhu C，Zheng C G，Ma C M，et al. 2003. On the Holocene sea-level highstand along the Yangtze Delta and Ningshao Plain，East China. Chinese Science Bulletin，48 (24)：2672-2683

Zhu C，Zheng C G，Ma C M，et al. 2005. Identifying paleoflood deposits archived in Zhongba Site，the Three Gorges reservoir region of the Yangtze River，China. Chinese Science Bulletin，50 (21)：2493-2504

Zoltai S C，Vitt D H. 1990. Holocene climatic change and the distribution of peatlands in western interior Canada. Quaternary Research，33 (2)：231-240

Zong Y，Chen Z，Innes J B，et al. 2007. Fire and flood management of coastal swamp enabled first rice paddy cultivation in east China. Nature，449：459-462

Zong Y，Innes J B，Wang Z，et al. 2011. Environmental change and Neolithic settlement movement in the lower Yangtze wetlands of China. The Holocene，22 (6)：659-673

附录一 环境考古英汉词汇对照

A

AAS（Atom Absorb Spectrum） 原子吸收光谱

Above Sea Level（a. s. l.） 海平面以上

Absolute date 绝对年代

Absolute dating method 绝对年代测定方法

Absolute elevation 绝对海拔

Absolute height 绝对高度

Absolute location 绝对位置

Accelerator Mass Spectrometroy 加速器质谱法断代

Accumulate 堆积，积累

Accumulation 堆积物

Accumulation cave 洞穴堆积

Accumulation horizon 堆积层

AD 公元

AD 公历纪元

Agency 动因

Allerod 阿勒罗德暖期

Ammerse 阿默尔湖

AMS^{14}C（Accelerator Mass Spectrometry ^{14}C） 加速器质谱碳十四测年

Ancient zoology 古动物学

Anthropologist 人类学家

Anthropology 人类学

Antique 古物

Antiquity 古代

Ape man 猿人

Archaebotany 古植物学

Archaeobotany 考古植物学

Archaeobotany 植物考古

Archaeogeology 考古地质

Archaeological Geology 考古地质学

Archaeological Science 考古科学

Archaeologist 考古学家

Archaeology as anthropology 考古人类学

Archaeology 考古学

Archaeometry Laboratory 考古定年实验室

Archaic hominid 猿人

Artifact 手工艺品

Ashley ax 阿舍利手斧

Association for Environmental Archaeology 环境考古学会

B

BC（Before Christ） 公元前

BP（Before Present） 距今

B/M 界线 布容正向极性世与松山反向极性世界线

Bioarchaeology 生物考古学

Biogeography 生物地理学

biomass 生物量

biome 生物群落

Bolling 博令暖期

Bronze Age（青）铜器时代

C

Calcareous sinter（tufa） 石灰华

Calender 日历

Calendric 日历的

Calibrated and uncalibrated ^{14}C dates 校正与未校正 ^{14}C 年代

CAM（Crassulacean Acid Metabolism） 景天酸类型

Carbonized（millet） 炭化（小米）

Carex mulieensis 薹草

Cartography 制图法，绘图法

Charophyta 轮藻

Chart 图表

Circumscription Theory 限制理论

City-state 城邦

Civilization 文明

Clan 氏族

Class 纲

Climatic Optimum 温度最适宜期

Climatology 气候学

Coarse gravel 粗砾

Conch 海螺壳，大螺旋贝壳

Conchology 贝类学，贝壳学

Cultural complex 文化群

Cultural deposit 文化堆积

Cultural layer 文化层

Cultural remains 文化遗存

Cultural sequence 文化序列

Cultural style 文化面貌（风格）

Culture 文化

D

Dansgaard-Oescheger Oscillations D-O旋回

Dark nature— Rapid natural change and human responses 黑暗的大自然——快速自然变化与人类响应

DE 等效剂量

Decay 腐烂

Decline 减少

Deposite 堆积

Deposition 沉积物

Deserts 沙漠

Diamicton 混杂堆积物

Diatom 硅藻

Direct age determination 直接断代法

Distal pole 远极

Distal surface 远极面

Dose-rate 年剂量

E

Early Pleistocene 早更新世

Ecological Archaeology 生态考古

Ektexine 外壁外层

Endoexine 外壁内层

Environment and Archaeology 环境与考古

Environmental Archaeology 环境考古

Environmental Change 环境变化

Environmental Geology 环境地质学

EPICA (European Project for Ice Coring in Antarctica) 欧洲南极冰芯计划

Equatorial axis 赤道轴

Equatorial plane 赤道面

Equatorial view 赤道面观

ESR (Electron Spin Resonance) 电子自旋共振

Excavation 发掘

Exine 外壁

F

Family 科

First Dark Ages 第一黑暗期

Fluorine content dating of bone 骨化石含氟量断代

Foraminifera 有孔虫

Fossil 化石

FT (Fission-Track) 裂变径迹

Future Earth 未来地球计划

G

Genus 属

Geoarchaeological Science 地质考古科学

Geoarchaeology 地质考古

Geochronology 地质年代学

Geology 地质学

Geomorphology 地貌学

GIS (Geographic Information System) 地理信息系统

Global Environmental Change 全球环境变化

GPS (Global Positioning System) 全球定位系统

GPS-CORS (Global Position System-Continuous Operational Reference System) 全球定位系统-连续运行参考站系统

Grass 草

Great period 高速生长期

H

Hang's line 豪格线

HNLC（High nutrition low chlorophyll）　高营养低叶绿素

Holocene Maximum　全新世大暖期最盛期

Holocene　全新世

Hominid　人（科）

Homo erectus　直立人

Homo sapiens　智人

Hydration　水合作用

I

ICA（International Council of Archaeo-zoology）国际动物考古学会

ICS（International Commission on Stratigraphy）国际地层委员会

ICSU（International Council of Scientific Unions）国际科学联合会理事会

IGBP（International Geosphere-Biosphere Programme）国际地圈-生物圈计划

ILEC（International Lake Environment Committee）国际湖泊环境委员会

Indirect age determination　间接断代法

Intensification　强化

Interstadial　间冰阶

Intine　内壁

IPCC（Intergovernmental Panel on Climate Change）政府间气候变化专门委员会

IRD（Ice-Raffed Debris）　冰漂沉积

Iron Age　铁器时代

IUGS（International Union of Geological Sciences）国际地质科学联合会

L

Late Pleistocene　晚更新世

Laurentide　劳伦泰

LGM（Last Glacial Maximum）　末次冰期冰盛期

Lichen factor　地衣因子

Lichen species　地衣种

Lichenometry　地衣测年法

Limitation　限制

linear growth phase　线性生长期

Loess　黄土

M

Melange accumulation　混杂堆积

M/G　松山/高斯古地磁极界限

Magnetic susceptibility　磁化率

Majie fauna　马街动物群

Mammals　哺乳动物

Mammoths　猛犸象

Megadrought　长期干旱，超级干旱

Megathermal in Holocene　全新世大暖期

Microenvironment　微环境

Middle Pleistocene　中更新世

Milankovitch Cycle　米兰柯维奇旋回

Millennium　千年

MIS（Marine Isotope Stages）　深海氧同位素阶段

Morphology　形态学

Movius' line　莫维斯线

N

NBS　草酸标准

Neolithic Age　新石器时代

Neotectonic movement　新构造运动

Nexine　外壁内层

Non circumscribed conditions　非限制的地理环境

Non-calendric　非日历的

O

Oceanology　海洋学

ODP（Ocean Drilling Program）　大洋钻探计划

Older Dryas　老仙女木期

Oldest Dryas　最老仙女木期

Order　目

origin　起源

OSL（Optically Stimulated Luminescence）　光释光

P

PAGES（Past Global Changes）　过去的全球变化

Palaeomagnetism　古地磁学

Paleoanthropologist　古人类学家

Paleoclimatology　古气候学

Paleodose　古剂量

Paleoethno botany　考古植物学

Paleolithic Age　旧石器时代

Paleomagnetic method　古地磁方法

Paleomagnetic（Archaeomagnetic）dating　古地磁
断代

Palynology　孢粉学

Patina　锈层

Peat-bogs　泥炭

Perine　周壁

Period　周期

Perispore　周壁

Phenology　物候学

Phosphate analysis　磷酸盐分析

Phylum　门

Phytolith　植硅石

Pleistocene　更新世

Polar axis　极轴

Polar view　极面观

Pristine　原生

Process　过程

Proximal pole　近极

Proximal surface　近极面

Q

Quaternary　第四纪

Quaternary Geology　第四纪地质学

R

Radioactive carbon　放射性碳素

Radioactive Isotopic Dating　放射性同位素测年

Radiocarbon Dating　放射性碳测年

Relic　遗物，文物

Remains　遗迹，遗骸

Rhizocarpon geographicums　黄绿地图衣

RS（Remote Sensing）　遥感

Ruins　遗迹，废墟

S

SAR（Synthetic Aperture Radar）　合成孔径
雷达

Sedentism　定居模式

Sediment　沉积

Sedimentation　沉积分析法

Sequence dating　序列断代

Sexine　外壁外层

Similar materials　相似物质

Sinensis　披毛犀

Skull　颅骨

Slash-and-burn　刀耕火种

SMOW（Standard Mean Ocean Water）　标准平
均大洋水

Soil science　土壤学

Species　种

Spectro-chemical analysis　光谱化学分析

Spectroscopic analysis　光谱分析

Spore pollen　孢粉

Sporopollinin　孢粉素

SST（Sea Surface Temperature）　海水表面温度

Stadial　冰阶

Stone Age　石器时代

Stratigraphy　地层学

T

Taphonomy　化石学

TAQ（terminus antequem）　埋藏前年代

Tetrad mark　四分体痕

The Origins of Civilization　文明起源

The role of Holocene environmental catastrophes in
human history　全新世环境灾变事件在人类历
史进程中的作用

Thermo Luminescent Dating（TLD）　热释光
断代

TIMS（Thermal Infrared Multispectral Scanner）
热红外多光谱扫描仪

TIMS（Thermal Ionization Mass Spectrometry）
热电离质谱

TL（Thermo Luminescenece）　热释光

TOC（Total Organic Carbon）　总有机碳
TPQ（Terminus Post Quem）　埋藏后年代
Trace mineral analysis　痕量无机物分析
Tree-ring dating　树木年轮断代
Tree-ring　年轮
Tribe　部落
Trilete mark　三裂缝痕
Trilete　三裂缝
TRM　热剩磁性

U

UNESCO（United Nations Educational Scientific and Cultural Organization）　联合国教科文组织

V

VanAller belts　范·艾伦带
Varves　纹泥
Vostok　南极东方站

W

Wood　木头

X

Xanthoria elegans　石黄衣
XRF　X 射线荧光光谱仪

Y

YD（Younger Dryas）　新仙女木事件
Younger Dryas event　新仙女木事件

Z

Zooarchaeology　动物考古学
Zooarchaeology　动物考古

$\delta^{13}C$　碳同位素比值
$\delta^{18}O$　氧同位素比值
$\delta^{15}N$　氮同位素比值

附录二 中国历代年表

（引自：周昆叔．2007．环境考古．北京：文物出版社；

中华五千年长历编写组．2002．中华五千年长历．北京：气象出版社）

附表 1 考古文化期表

时　代		年　代	代表性考古学文化
新石器早期		12.0 ka BP～9.0 ka BP	上山文化 小黄山文化 仙人洞文化 玉蟾岩文化 独石仔文化 甑皮岩文化 海雷洞文化 龙王塘文化
新石器中期	晚段	7.0 ka BP～5.0 ka BP	新乐文化 赵宝沟文化 红山文化 仰韶文化 马家窑文化 北辛文化 大汶口文化 河姆渡文化 马家浜文化 崧泽文化 薛家岗文化 凌家滩文化 大溪文化 西樵山文化 火星山文化
	早段	9.0 ka BP～7.0 ka BP	兴隆洼文化 磁山文化 大地湾文化 贾湖文化 裴李岗文化 后李文化 跨湖桥文化 彭头山文化 皂市文化 城背溪文化 大坌坑文化 塘子沟文化

续表

时　代	年　代	代表性考古学文化
新石器晚期	5.0 ka BP～4.0 ka BP	龙山文化 齐家文化 良渚文化 屈家岭文化 石家河文化 桂圆桥文化 宝墩文化 白羊村文化

附表 2　夏商周年表

朝代	王	年代	朝代	王	年代	朝代	王	年代（公元前）	朝代	王	年代（公元前）
夏	禹 启 太康 仲康 相 少康 予 槐 芒 泄 不降 扃 廑 孔甲 皋 发 癸	公元前2070年～公元前1600年	商前期	汤 太丁 外丙 中壬 太甲 沃丁 太庚 小甲 雍己 太戊 中丁 外壬 河亶甲 祖乙 祖辛 沃甲 祖丁 南庚 阳甲 盘庚（迁殷前）	公元前1600年～公元前1300年	商后期	盘庚（迁殷后） 小辛 小乙	1300～1251	西周	武王 成王 康王 昭王 穆王 共王 懿王 孝王 夷王 厉王 共和 宣王 幽王	1046～1043 1042～1021 1020～996 995～977 976～922 922～900 899～892 891～886 885～878 877～841 841～828 827～782 781～771
							武丁	1250～1192			
							祖庚 祖甲 廪辛 康丁	1191～1148			
							武乙	1147～1113			
							文丁	1112～1102			
							帝乙	1101～1076			
							帝辛（纣）	1075～1046			

附表 3　公元前 2070 年～公元 1911 年年表

朝　代	年　代
夏　代	公元前 2070 年～公元前 1600 年
商代前期（迁殷前）	公元前 1600 年～公元前 1300 年
商代后期（盘庚迁殷后）	公元前 1300 年～公元前 1046 年
西　周	公元前 1046 年～公元前 771 年
东周（春秋）	公元前 770 年～公元前 476 年
战　国	公元前 476 年～公元前 221 年
秦　代	公元前 221 年～公元前 207 年
西　汉	公元前 202 年～公元 8 年
东　汉	公元 25 年～公元 220 年
三　国	公元 220 年～公元 280 年
晋　代	公元 265 年～公元 316 年
东　晋	公元 317 年～公元 420 年
南北朝	公元 420 年～公元 589 年
隋　代	公元 589 年～公元 618 年
唐　代	公元 618 年～公元 907 年
五代十国	公元 907 年～公元 960 年
北　宋	公元 960 年～公元 1127 年
南　宋	公元 1127 年～公元 1279 年
元　代	公元 1206 年～公元 1368 年
明　代	公元 1368 年～公元 1644 年
清　代	公元 1636 年～公元 1912 年

索　引